중국 현대정치사

THE POLITICS OF CHINA

1949~2009

중국 현대정치사 건국에서 세계화의 수용까지
THE POLITICS OF CHINA, *1949~2009*

초판 1쇄 발행 | 2012년 12월 31일
초판 2쇄 발행 | 2020년 3월 31일

엮은이 | 로드릭 맥파커
옮긴이 | 김재관, 정해용

펴낸이 | 김선기
펴낸곳 | (주)푸른길
출판등록 | 1996년 4월 12일 제16–1292호
주소 | (08377) 서울특별시 구로구 디지털로 33길 48 대륭포스트타워 7차 1008호
전화 | 02–523–2907, 6942–9570~2 팩스 | 02–523–2951
이메일 | purungilbook@naver.com
홈페이지 | www.purungil.co.kr

ISBN 978–89–6291–220–3 93910

이 도서의 국립중앙도서관 출판시도서목록(CIP)은 e–CIP홈페이지(http://www.nl.go.kr/ecip)와
국가자료공동목록시스템(http://www.nl.go.kr/kolisnet)에서 이용하실 수 있습니다. (CIP제어번호 :
2012006143)

건국에서 세계화의 수용까지
1949~2009

Sixty Years of the People's Republic of China

푸른길

중국 현대정치사 건국에서 세계화의 수용까지
THE POLITICS OF CHINA, 1949~2009

차 례

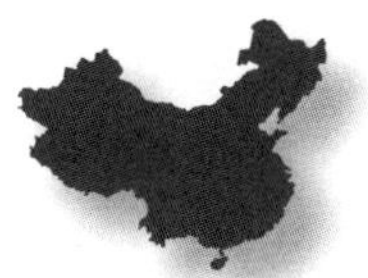

Sixty Years of the People's Republic of China

■ **표와 지도 차례**

표

지도

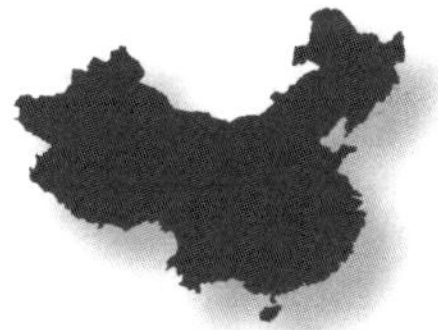

Sixty Years of the People's Republic of China

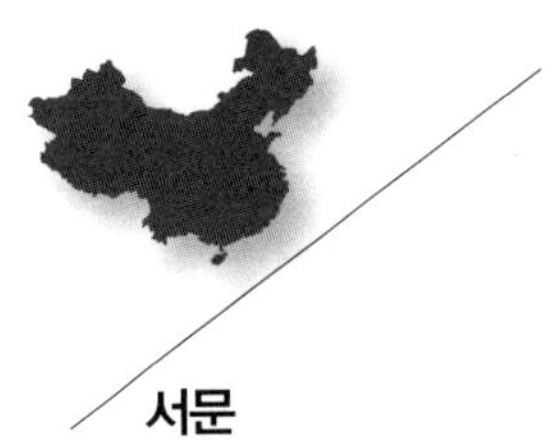

서문

이 책의 목적은 1949년부터 2009년까지 중화인민공화국 정치 60년사의 포괄적인 내용을 제공하려는 데 있다. 앞부분의 4개 장들은 마오쩌둥 시기와 그 사후인 1949년부터 1982년까지의 시대를 다루고 있는데, 『케임브리지 중국사(*Cambridge History of China*, 이후 *CHOC*)』 제14권과 제15권에서 뽑은 것이다. 제5장과 제6장은 덩샤오핑 시대를 담고 있는데, 이 책의 제1판과 제2판에서 권한을 위임받아 실었다. 제3판에 실린 제7장은 중국의 한 시대의 마지막 해들을 담기 위하여 썼다.

『케임브리지 중국사』에서 뽑은 각 장들은 통합적인 계획의 부분들인 바, 그 계획은 경제, 교육, 문화, 사회, 그리고 외교정책에 관한 내용을 담고 있었다. 그러나 마오 시대의 중국에는 모든 부분에서 '정치우선주의'가 횡행했기 때문에 이 밖에 다른 장들도 마찬가지로 정치에 관한 내용들을 담고 있다.

이 책의 초판이 출판된 이래 그 동안에 이 책에 글을 기고했던 저자들은 거취를 옮겼다. 프레더릭 트위스(Frederick Teiwes)는 지금 시드니대학 명예교수로 재직하고 있고, 케네스 리버설(Kenneth Lieberthal) 교수는 브루킹스연구소의 수석연구원이자 존 손턴 차이나센터(John L. Thornton China Center)의 소장직을 맡고 있다. 2009년에 해리 하딩(Harry Harding)은 버지니아대학 내 리더십 및 공공정책을 가르치는 바텐스쿨(Batten School)의 초대학장이 되었다. 조지프 퓨스미스(Joseph Fewsmith)는 보스톤대학교의 아시아연구센터 소장 겸 국제관계학과의 교수이다. 그러나 우리는 이들 저자들이 각자 맡아 쓴 장들의 제목들은 내용상 여전히 다시 가져와도 문제가 없다고 생각해왔다.

동아시아 연구를 진행해왔던 존 킹 페어뱅크 동아시아연구센터(John King Fairbank for East Asian Research)는 이제 페어뱅크 중국연구센터(Fairbank Center for Chinese Studies)로 개명되었다. 그러나 낸시 허스트(Nancy Hearst)는 여전히 사서 직무를 맡고 있으며 그녀는 제7장을 교정하는 데 힘들게도 많은 시간을 들여 도움을 주었다. 그리고 그녀는 한 권의 책으로 온전하게 통합시키기 위해 관계 문헌과 목록을 제공해 주었으며, 책의 마지막 부분에 부록도 업그레이드해 주었다.

제3판은 근대 중국에 관한 6권의 케임브리지 중국사를 만드는 데 천재적인 공헌을 아끼지 않은 존 킹 페어뱅크를 다시금 기리기 위해 헌정한다.

중국
현대정치사

건국에서 세계화의 수용까지

1949~2009

THE POLITICS OF CHINA
Sixty Years of the People's Republic of China

중국 개관

로드릭 맥파커

하버드대학 정치사학 리로이 B. 윌리엄스 교수

60여 년은 혁명정권이 생존하면서 다시금 활력을 되찾기에는 긴 시간일 수 있다.[1] 2009년은 중국공산당의 권력 획득과 중화인민공화국 성립 60주년 축하하는 해였는데, 이것은 한때 소비에트 '맏형' 역할을 했던 소련의 운명과는 극히 대조를 이루었다. 혹독한 인간적 비극과 정치적 소요, 이를테면 잘 알려진 1959~1961년의 대기근과 1966~1976년의 문화대혁명을 겪었음에도 불구하고 중화인민공화국(이하 중국)은 강력하고도 역동적인 국가로서 부상했다.[2] 이번 제3판에서는 어떻게 이런 일이 일어났는지에 관해 상술하고자 한다. 이 책 서론의 목적은 연대별로 중국이 성공할 수 있었던 원인에 대해 가설을 제공하는 것이다.

첫 번째 요인은 확실히 혁명적 지도부의 장기적인 존립이다.[3] 1949년부터 1965년까지의 시기를 다룬 이 책의 첫 번째 두 개의 장에서 상술한 바와 같이 혁명적 국가 건설 과정에서 엄청난 문제가 도사리고 있었음에도 7명의 중국공산당 정치국 상무위원들은 17년간 제자리를 유지했다. 이들의 자리는 마오가 문화대혁명 기간에 이 동료들을 믿지 않고 숙청하기 전까지 그대로 유지되었다.[4] 그렇다 하

---

1 17세기 영국혁명 — 크롬웰(Cromwell) 부자에 의한 호민관 정치 기간(1653~1659) — 은 1649년 찰스 I세가 처형된 뒤, 1660년 그의 아들 찰스 II세가 복위하면서 불과 10년이 조금 넘게 이어졌다. 프랑스 혁명의 상징적인 시작점인 1789년 7월 14일 바스티유 감옥의 습격은 1804년 나폴레옹이 황제로 등극하기까지 단지 15년간 유지되었을 뿐이었다. 그 사건을 1793년 루이 16세의 처형으로부터 계산한다면 그 혁명 기간은 10년 정도밖에 안 될 것이다. 소비에트 정권은 74년간 지속되었으나 1977년 볼셰비키 혁명 60주년을 기념할 무렵에는 브레즈네프 시기의 정체(停滯)와 부패로 허덕이고 있었다. 그리고 1980년대 말 고르바초프가 페레스트로이카(개혁)와 글라스노스트(개방)로 소련을 회생시키려던 시도는 소련의 몰락을 초래했을 뿐이었다. 소련의 소비에트 후원 중단과 미국의 금수 조치에도 불구하고, 쿠바 혁명정권은 카스트로 형제의 지속적인 영도 아래 2009년에 건국 50년 기념식을 거행했다. 베트남 혁명 — 부분적으로 해방투쟁 성격을 띰 — 은 마침내 1975년에 승리를 거두었고, 이 강력한 정권은 36년간 집권하고 있다.
2 기근에 대해서는 이 책 제2장 참조. 보다 상세한 내용은 *Frank Dikoetter, Mao's Great Famine: The history of China's most devastating catastrophe, 1958-1962* (London: Bloomsbury, 2010) 참조. 문화대혁명에 관해서는 이 책 제3장과 제4장, 그리고 *Roderick MacFarquhar and Michael Schoenhals, Mao's last revolution* (Cambridge, Mass.: Harvard Belknap Press, 2006) 참조.
3 영국의 크롬웰 섭정은 올리버 크롬웰 사후 2년만에 종식되었다. 로베스피에르, 당톤, 여타 저명했던 프랑스 혁명 지도자들은 1794년에 참수당했다. 이것은 루이 16세와 마리 앙투아네트가 처형된 후 불과 1년만이었다. 스탈린은 그 자신이 죽기 훨씬 전에 모든 볼셰비키 혁명 지도자들을 확실하게 처형했다.
4 스탈린과 달리, 마오는 중화인민공화국(PRC) 국가주석이던 류사오치 사건의 경우처럼 자신의 혁명 동료들이 감금 속에 방치되어 죽어 가게 준비했을지는 몰라도 결코 그 자신의 동료들을 처형하도록 명령을

더라도 문화대혁명 이전 정치국 상무위원에 속했던 덩샤오핑과 천원은 여타 다른 선임 지도자들과 마찬가지로 정치적 소용돌이에서 살아남았으며, 덩샤오핑은 1978년에 다시 부상하여 마오 사후 중국을 회복시키기 위해 자신의 혁명적 명성을 이용하였다. 90세 초반까지 생존했던 덩은 중국의 개혁개방 정책을 정초했으며, 1997년 서거하기 전까지 후계자를 리더십을 통해 확고하게 잘 해결할 수 있었다.

두 번째 요인은 군부의 통제이다. 이것은 혁명적 지도자가 자신의 의지대로 강행할 수 있는 궁극적인 수단을 가질 수 있는지를 결정한다. 마오쩌둥은 내전기 내내 그리고 자신이 죽기 전까지 중국공산당 중앙군사위원회 주석직을 유지했다. 마오는 1949년 혁명 이후에 오로지 유일한 민간 출신 동료인 덩샤오핑으로 하여금 이 군사위원회의 위원이 되도록 허용하였다. 이런 조치는 인민해방군 내부에서 덩샤오핑의 합법적 지위를 제고시켰다. 덩은 대 야전군의 핵심정치위원 역할을 맡아 내전기에 장제스의 국민당 군을 패배시키기도 했다. 그리고 1970년대와 1980년대에는 그는 두 번이나 인민해방군 총참모장직을 맡아 유일하게 민간인으로서 그 일을 수행하였다. 이런 그의 경력과 명성으로 말미암아 그는 이 책 제3장과 제4장에서 상술한 바와 같이 문화대혁명의 혼란기 동안에 분열된 공산당으로부터 정치권력을 잡았던 인민해방군을 그 정치적 지위에서 몰아낼 수 있었다. 이로 인하여 1989년 톈안먼 광장에 모인 학생들을 어떻게 처리할 것인가를 두고 그 위기 속에서 인민해방군은 시위자들을 해산시키라는 덩샤오핑의 명령을 따를 수 있었고, 필요한 곳이면 어디든 확실하게 무력을 행사할 수 있었다.[5]

내린 적이 없었던 것 같다.

5 이와 대조적으로 영국혁명에서 리차드 크롬웰은 그의 아버지(올리버 크롬웰) 사후에 권위를 상실했을 뿐만 아니라 찰스 2세의 복귀를 도왔던 몽크 (Monck, 1608~1670) 장군 수하의 좌익세력의 지지도 잃었다. 프랑스에서 프랑스 시민혁명 지도자들의 처형은 나폴레옹 보나파르트 장군으로 하여금 프랑스 혁명전쟁 동안에 급속히 확산되었던 권력공백을 채울 수 있게 하였다. 트로츠키와 이후 스탈린은 한층 더 잔혹하게 소비에트 적군과 그 최고위급 관료들에게 규율을 강화함으로써 엄격한 민간통제를 수용하도록 했다. 고르바초프는 자신의 장군들이 주도한 폭동에 직면했던 유일한 총서기였다. 장군들의 쿠데타는 아마

세 번째 요인은 통치의 준비가 되어 있었다는 점이다. 소련의 지도자들이 주로 1917년 이전에 이데올로기 논쟁에 관여했던 망명 지식인들이었던 것과 달리, 중국공산당원들은 혁명 성공 이전에 옌안뿐만 아니라 다른 여러 혁명 근거지에서 오랫동안 통치 경험을 한 적이 있었다. 중국공산당은 이미 강력한 권력의 도구를 연마하는 경험을 갖게 되었다. 그리고 다시금 소비에트와는 달리, 중국공산당원들은 그들이 권력을 잡기 전에 내전에서 싸워 이겼다. 그리하여 3년간의 경제회복 이후에 마오는 1920년대 초기 소련의 '자유주의적' 신경제정책(NEP)의 중국식 버전이라 할 수 있는 신민주주의를 철회할 수 있다고 느끼고서 농업의 집체화와 산업의 국유화를 단행하였다. 과거 소련의 스탈린이 제1차 5개년 계획 기간(1928~1932)에 유혈참사를 동반한 집체화로 대재난의 분열을 초래했던 것과는 대조적으로 마오는 농업의 집제화와 산업의 국유화 과정에서 이런 엄청난 재난을 겪지 않고 1956년 무렵에 이 계획을 완료하였다. 기실 소련의 유혈집체화와 제1차 5개년 계획은 소련의 농업에 지속적인 타격을 안겨 주었다. 1949년 무렵의 오랜 통치 경험으로 말미암아 중국공산당은 10년간의 문화대혁명의 대타격으로부터 손상을 입었으나 파멸되지 않고 부상할 수 있었다.

네 번째 요인은 혁명적 고조기의 장기성과 영향일지도 모른다.[6] 소련이 붕괴할 무렵에 소련이 제1차 5개년 계획 기간에 추진했던 농업집체화와 명령식 경제는 무려 60년 동안 지속되었다. 제1차 세계대전 이전의 자본주의 산업화를 기억하는 러시아인은 없다. 신경제정책은 소련의 역사책에서 머나먼 한 기억일 뿐이다.

도 실패할 수밖에 없었다. 왜냐하면 소비에트 장군들은 이런 역할에 익숙치 않았기 때문이었다. 그러나 그 쿠데타는 무정하게도 고르바초프의 몰락을 초래했다. 이 쿠데타는 혁명정권의 지도자에게 군부통제의 중요성을 분명히 드러냈다.

6 영국 시민혁명은 영국이란 작은 섬 전 영역에서 전투를 동반했다. 그리고 크롬웰은 자신이 죽기 전에 강력한 시민 질서를 제도화할 수 있는 시간을 거의 갖지 못했다. 프랑스 혁명가들은 새로운 월력을 만들었으나, 그들이 테러의 열풍에 희생양이 되기 전에 새로운 질서를 세울 수 있는 시간이 없었다. 다른 한편으로 농업집체화와 국유산업에 기반한 스탈린주의식 명령경제는 소비에트 집권 말기까지 55년 넘게 이어졌다. 이 경제는 탈소비에트 시기에 역동적인 새로운 경제의 출현을 방해했으나 파렴치한 경제적 과두재벌이 새롭게 양성되어 등장할 수 있는 길을 열어 주었다.

브레즈네프 집권기 동안의 기업가주의는 부패와 암시장을 초래했다. 이는 소련 붕괴 후 탈소비에트 러시아 경제에서 부정적으로 이득을 취득했던 올리가르히가 부상할 수 있는 적합한 배경을 마련해 주었다. 새로운 러시아는 광물자원에 과도하게 의존하게 되었다.

농촌사정에 정통했던 중국공산당은 상대적으로 쉽게 농업집체화를 단행할 수 있었고, 나중에 초대형의 집단적 인민공사 체제로 농민들을 몰고 갔다.[7] 이것은 소련의 형제들을 당황하게 만드는 모종의 승리였다. 그러나 거의 확실하게 중국의 농민들은 새로운 농촌조직에 합류하게 되었는데, 이것은 농민들이 사회주의로 전향하려고 했기 때문이라기보다는 공산당 간부들의 가차 없는 압력의 결과로 빚어진 것이었다. 대기근의 참상 때문에 집체화란 생경한 강령은 농민들의 마음속에 충분하게 주입되지 못했음이 분명했다. 심지어 마오의 일부 동료들조차도 탈집체화를 오히려 더 선호하였다. 1970년대 말엽 문화대혁명의 여파 속에서 극심한 기근을 겪고 있던 안후이(安徽) 성과 쓰촨(四川) 성 두 지역의 농민들은 농가생산책임제로의 전환을 선두에서 추진하였다.[8] 향진기업을 동반한 농업의 탈집체화는 중국 경제 기적의 도약대가 되었다. 사회주의적 고조기는 전통적인 중국의 농촌 경영 방식을 와해시킬 정도로 오래가지 못했다.

다섯 번째 요인은 민족주의일 것이다.[9] 마오를 포함해 1920년대에 중국공산당

---

7 마오쩌둥, 류사오치, 주더, 그리고 덩샤오핑은 모두 농촌배경(부유한 정도는 제각기 다름)을 갖고 있다. 그리고 심지어 농가 출신이 아닌 극소수의 지도자들도 1949년 이전에 농촌 근거지에서 체류하는 동안에 농촌에 대해 많은 것을 배웠다.

8 나중에 총리가 되었고, 이후 또 1989년 톈안먼 사건 때 당 총서기에서 해임되었던 자오쯔양은 쓰촨 성 제1 당서기로서 그 지역의 개혁에서 대부 역할을 했다(제5장 참고). 안후이 성에서 자오쯔양과 상응하는 지도자는 완리였다. 그는 나중에 톈안먼 사건 발발 당시 전국인민대표대회 상무위원회 위원장을 맡았다.

9 레닌과 초기 소비에트 지도자들에게 혁명은 그야말로 모든 것이었다. 즉 러시아 내전은 혁명을 수호하기 위한 것이었고, 볼셰비키 혁명은 독일이나 영국과 같은 나라들에서 동시에 일어날 때야만이 비로소 안전하다는 신념을 가지고 있었다. 이러한 혁명들이 동시에 일어날 수 없을 때, 스탈린의 '일국사회주의' 정책은 소련을 강화함으로써만 혁명을 방어할 수 있다는 쪽으로 정리되었다. 그러나 아마도 나치 침공 이전까지, 그리고 제2차 세계대전 이후에 서구에 반대하던 냉전기 동안에 소비에트 애국주의는 실제로 장려되었다.

에 가입했던 사람은 극소수였는데, 이들은 마르크스-레닌주의에 정통했다. 그러나 볼셰비키 혁명과 레닌의 제국주의에 대한 격렬한 비난은 중국공산당으로 하여금 쑨원의 국민당이야말로 더 나은 대안이 될 수 있다고 믿게 만들었다. 당시 정권을 장악하여 제국주의를 내몰고 마침내 과거 중국의 영광을 회복하기를 원했던 애국적인 젊은 지식인들에게 국민당은 하나의 도구였다. 물론 코민테른의 지도하에서 스탈린의 모델을 따랐던 중국의 혁명적 지식인들은 사회주의 강령을 자강의 핵심적인 부분으로서 실현하고자 했다. 집권한 마오는 자신의 사회주의적이고 평등주의적인 신념을 극한까지 실현하고자 하였다. 처음에는 대약진운동에서, 나중에는 사회주의적 교육운동(제2장)에서 그리고 문화대혁명에서 이러한 움직임이 더욱 극대화되었다. 마오는 동포들의 마음과 정신 속에 확고하게 사회주의 이념을 심어 놓으려고 노력하다가 중국을 정치적 경제적 혼란에 빠뜨리고 말았다.

마오의 이런 노력은 역효과를 낳았다. 문화대혁명에서 생존한 그의 동료들, 특히 덩샤오핑과 같은 사람들은 20여 년에 걸친 극좌적인 시도들이 강력하고 근대적인 중국을 건설한다는 혁명의 본래 목적을 전도시켰다는 것을 깨달았다. 덩샤오핑 개혁의 목표는 경제발전의 방향으로 당과 국가를 재정립하고 과도한 이데올로기로부터 벗어나는 것이었다. 30여 년의 개혁기(제5, 6, 7장) 동안에 이룩한 급속한 변화는 얼마나 많은 시간이 마오 집권기 동안에 허비되었는지 보여 주었다. 한편 중국의 현재 지도자들이 직면한 과제는 개혁이 고취해 왔던 부의 양극화를 조정하는 것—'선부론'—과 마오가 신봉했던 극단적 평등은 아닐지라도 보다 평등한 사회로 그 국가를 전환시키는 것이다.

그러나 이러한 사회적 경제적 과제들을 강조하는 것은 정치적인 이슈들이다. 덩샤오핑이 후세에 남겼던 엄청나게 중요한 개혁 계획에도 불구하고, 그는 온전하게 제도화된 정치체제(제6장)를 남기지 못했다. 장쩌민과 그의 후계자인 후진타오는 엄청난 국내의 사건들, 가령 파룬궁(法輪功), 사스(SARS) 전염병, 변질된 우유 유통 스캔들, 쓰촨 성 대지진 시 조잡하게 세운 학교 건물의 붕괴로 수천 명의 어린이들이 사망한 사건, 티베트와 신장 위구르 지역의 소수민족 분규, 매해 전국적으로 터지는 수만 건의 항의시위들을 공산당의 집권 위기 없이 그럭저럭 잘 극복해 왔다. 중국 지도부는 이미 자체로 지속적인 과두정체(a self-perpetuating oligarchy)가 되었다(제7장). 이 과두정체의 힘을 확대하기 위하여 장쩌민은 전문직업인들과 심지어 사영기업주에게도 당의 문을 개방하였으며, 이제까지 농민, 노동자, 군인 그리고 간부층으로만 채우던 전통적인 당원의 충원통로를 폐기하였다. 이런 조치들은 마치 늑대를 닭장에 집어넣는 것과 같이 보일 수 있다. 이것은 확실히 당이 '인민을 위해 봉사한다'는 윤리를 한층 더 약화시킬 것이고, 이미 만연한 당내 부패를 증가시킬 것이다.

세계관이자 행동준칙인 마르크스–레닌주의–마오쩌둥 사상이 사실상 방기되고, 중국을 이끌어 가는 사람들의 정당성이 상실되었으며, 법치가 부재하거나 희박한 상황에서 공산당은 정당성을 경제적 성공과 국가의 위세에 의존하고 있다. 베이징 올림픽, 건국 60주년 퍼레이드, 그리고 상하이 엑스포는 애국주의적 자긍심을 불러일으켰음에 틀림없다. 그러나 중국 사회는 억제할 수 없는 '블로그 공간'이 매일 보여 주는 바와 같이, 점차 현대화되고 정교해지고 있으며 한층 더 많은 요구가 터져 나오고 있다. 여전히 중국의 지도부는 정부 활동에 반대하는 음모 활동을 막기 위해 100여 년 전 고안된 비밀기구를 운영하여 13억 인민의 사회를 하나의 중심으로 통제하려고 한다. 이런 방식이 또다른 60년의 당 통치, 즉 또 다른 중국의 60년 순환을 보증할 수 있을 것인가? 아마도 그것은 이후 이 책의 또 다른 개정판에서 이야기해 줄 것이다.

중국
현대정치사

건국에서 세계화의 수용까지
1949~2009

제1장

새로운 정권의 건립과 공고화

1949~1957

프레더릭 C. 트위스

시드니대학 행정학 명예교수

서론

1949년 10월 1일 중화인민공화국이 정식으로 건립되었을 때, 국가의 새로운 지도자들은 여러 가지 어려움에 직면하였다. 사회와 정치체제는 분열되었고, 공공질서와 기풍은 이미 무너졌으며, 전쟁으로 인해 피폐해진 경제는 심각한 인플레이션과 실업으로 어려움을 겪었다. 중국의 기초경제 및 군사적 후진성은 부국강병을 목표로 하는 사회 엘리트들에게 있어서 큰 장애물이 되었다. 하지만 1957년에 이르러 중국공산당의 지도자들은 1949년 이후 한 시기의 중국 모습에 대해 상당히 만족하며 되돌아볼 수가 있었다. 강력한 중앙집권국가가 수십 년의 분열을 거쳐 이제 건립되었고 중국의 민족 자존심과 국제적 위신은 크게 신장되었다. 그 이유는 한국전쟁에서 세계 최강국가인 미국을 교착 상태에 빠뜨렸고, 공업화의 큰 진전과 놀라운 경제성장 속도를 이루어 세계의 주목을 끌었으며, 또한 인민의 생활수준은 눈에 띄게 많이 개선되었고, 국가의 사회제도도 이미 비교적 순조롭게 마르크스주의에 따라 개조되었기 때문이었다.

게다가 이 모든 성과는 당내 엘리트들의 분열이 거의 없는 상황에서 취득한 것이다. 마오쩌둥(毛澤東) 주석은 1956년 9월에 개최된 제8차 당대회에서 "우리는 … 또 사회주의 혁명의 결정적인 승리를 거두었다. (그리고) 현재 우리의 당은 과거 어느 때보다도 단결되어 있고 잘 뭉쳐져 있다."[1]라고 자신만만하게 발표하였다. 1년 후, 중국공산당이 대약진이라는 대담하고 새로운 발전전략을 시작했을 때 그 사이에 일어난 사건들과 반복된 문제들은 엘리트들의 갈등을 상당히 고조시켰다. 하지만 이러한 상황에서도 마오쩌둥은 사회주의 혁명이 이미 완성되었다고 재차 천명하였다.[2] 아울러 그의 동료인 류사오치(劉少奇)도 당의 단결은 여전

---

1 "Opening address at the Eighth National Congress of the Communist Party of China"(15 September 1956), in *Eighth National Congress of the Communist Party of China*, 1,7.

2 마오쩌둥의 "Talk at a meeting with Chinese students and traines in Moscow"(17 November 1957), U.S. Consulate General, Hong Kong, *Current Background*, Weekly(approx.), 1950-77,(이후 *CB*), 891, 26, 이

히 공고하다고 설득력 있게 주장했다.[3] 중국이 불확실한 방향으로 나아가고 있을 때, 중화인민공화국 최초의 8년은 성과와 단결의 시기라고 고위 관료들 또한 크게 신뢰감을 갖고 평가했다.

초창기의 성과를 무엇으로 해석할 것인가? 상당한 정도로, 1949년부터 1957년에 걸쳐서 지속되었던 중국 지도부의 단결은 다른 분야 성공들이 이루어질 수 있었던 기반이 되었다. 단호한 숙청과 격렬한 갈등으로 기록되어 있는 소련공산당의 역사와 1920~1930년대 중국공산당의 운명에 영향을 미쳤던 파벌 간 분열을 고려해 보았을 때 이러한 단결의 정도는 놀라운 것이다. 다만 한 차례의 중대한 숙청, 즉 1954~1955년의 가오강(高崗)과 라오수스(饒漱石) 사건만이 최고층 엘리트들에게 영향을 미쳤는데, 아래에서도 언급하겠지만 이 충돌 사건조차도 당 내 단결에 비교적 제한적인 영향을 미쳤을 따름이다. 더욱 중요한 것은, 1945년 중국공산당 제7차 당대회에서 당선된 살아 있는 거의 모든 중앙위원회 위원들이 1956년에 다시 당선되었다. 게다가 엘리트들의 안정성은 정치체제 내 고위층의 내부 서열이 그대로 유지된 데에서도 반영되었다. 비록 불가피하게 지위와 영향력에서 미묘한 변화가 나타났지만, 덩샤오핑과 같이 1945년 중앙위원회에서 비교적 낮은 25위 위원에서 1955년에 정치국원으로 진입하고 1956년 당 총서기로 승진하는 식의 극적인 부상은 드문 것이었다. 이 기간에 실제로 중앙위원으로부터 이탈한 일부 사람을 제외하고, 권력과 영향력을 잃은 핵심 인사들은 일반적으로 비교적 짧은 참회의 시간을 거친 뒤에 바로 제자리에 다시 복귀하였다.

지도부의 이러한 안정된 상황은 거대한 정치적 자산이었다. 당 엘리트들은 명확하게 한정된 권력관계와 당의 단결을 유지하는 데에 강력한 의지를 가지고 있

담화에서 마오는 1956년에 소유제의 변화로 대표되던 그 승리는 결정적인 것이 아니었으며, 1957년에야 정치적, 사상적 운동의 결과로서 "진정한 사회주의 혁명의 승리"를 획득하였다고 말하였다.

3 1957년의 각종 논쟁을 겪은 후, 류사오치는 12월에 방문한 인도 공산당 사람들에게 "우리 당은 한결같이 당의 단결을 수호하고 있기에 분열이 없다…. 또한 다른 마음을 품은 사람이 없다."라고 말했다. Cited in Roderick MacFarquhar, *The Origins of the Cultural Revolution*, 1. 311.

지도 1. 중화인민공화국 정치 구분도

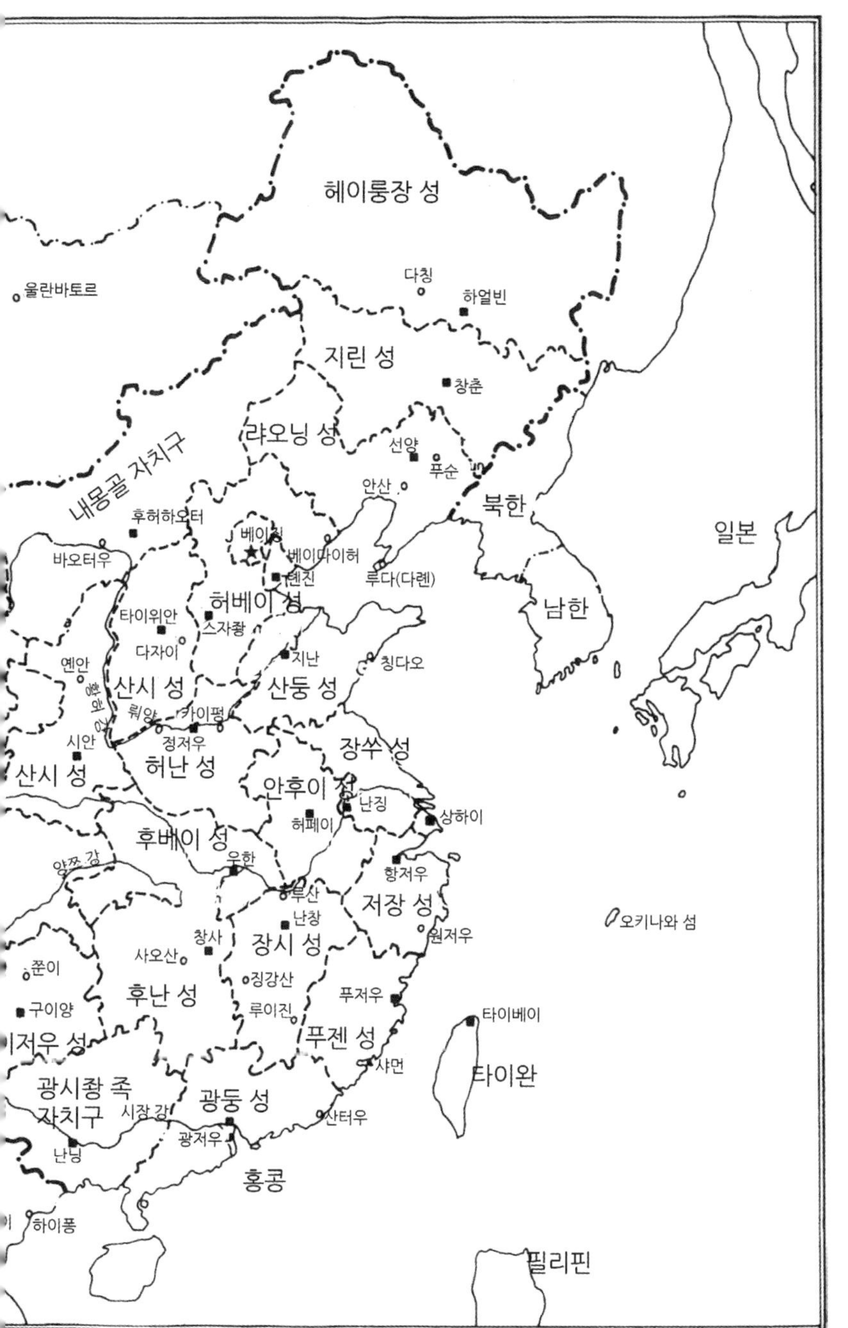

헤이룽장 성
울란바토르
다칭
하얼빈
지린 성
창춘
랴오닝 성
선양
푸순
안산
베이징
베이따이허
톈진
루다(다롄)
북한
일본
남한
내몽골 자치구
후허하오터
바오터우
타이위안
다자이
스자좡
허베이 성
옌안
지난
칭다오
산시 성
뤄양
카이펑
산둥 성
시안
정저우
장쑤 성
산시 성
허난 성
안후이 성
난징
상하이
후베이 성
허페이
우한
항저우
푸산
저장 성
양쯔 강
난창
원저우
창사
장시 성
사오산
쭌이
징강산
푸저우
구이양
후난 성
루이진
타이베이
저우 성
푸젠 성
샤먼
타이완
광시쫭 족
자치구
시장 강
광둥 성
산터우
오키나와 섬
난닝
광저우
홍콩
하이펑
필리핀

없기에, 정책 이슈들을 둘러싸고 공식적인 토론회에서는 격렬하게 논쟁을 벌일지라도 정권을 위험에 빠뜨리지는 않았다. 이러한 배경 속에서 사리사욕을 위한 개인적 수작은 최저한도로 통제되었다(확실히 지나치게 드러난 수작은 반작용을 일으킨다). 반면, 상대적으로 자유로운 논쟁은 안정적이고도 유연한 결정을 내릴 수 있는 가능성을 최대한도로 높여 주었다. 결의가 결정되는 한, 레닌주의 기율의 공식적 규범뿐만 아니라 단결에 대한 의무는 대개 결의가 중화인민공화국 각급 책임 지도자 사이에서 신속하게 관철되도록 보장하였다. 요컨대, 하나의 단결된 지도부가 형성한 권위와 믿음의 분위기는 보통 간부와 군중들에게 감동을 자아내고 그리하여 그들로 하여금 당 강령을 실현하려고 열정을 불사르거나 그 강령을 승인하게 만들었다.

지도부 단결의 근원은 여러가지였다. 아주 불리한 상황 속에서 달성한 1949년의 승리가 확실한 관건이었다. 이 승리는 오랫동안 지속된 혁명 투쟁이 정점에 이르렀고 민족 부흥의 기회를 쟁취하였음을 대변하였으며, 당의 탁월한 성공 전략을 개발했던 당 최고지도자들의 권위를 크게 강화시켰다. 한층 더 일상적인 차원에서 볼 때 혁명의 승리는 엘리트들 내부에서 폭넓게 누릴 수 있는 이권을 제공하였다. 1949년 이전 중국공산당의 많은 관료 조직과 군사 조직에 속한 개인과 단체, 홍군 창설로 이어진 1927년의 난창봉기나 1935년 12월 9일 베이징에서 일어난 항일학생운동 같은 특정 사건과 관련된 혁명 경력을 갖고 있던 지도자들, 그리고 지도층 내의 다양한 인맥은 모두 직위와 영향력 배분에서 이익을 얻었다. 비록 전반적으로 마오쩌둥과 가장 친했던 대장정 참가자들이 최고 기구에서 지배적 지위를 차지했지만, 마오쩌둥이 반박의 여지가 없는 최고 자리에 등극하기 전에 그를 반대했던 지도자들을 제외하고는 그 어떤 중요한 혁명 집단들도 차별받지 않았다. 심지어 마오쩌둥을 반대했던 사람들조차도 어떤 상징적인 지위나 실권을 취득하였다. 따라서 단결을 위협할 만한 직접적인 적개심을 품고 있는 집단은 거의 없었다.

또한 1949년 이후 마르크스주의를 공유하는 이념적 헌신과 공업화와 사회 개조를 야심차게 실현하겠다는 폭넓은 합의는 지도부의 응집력을 한층 더 높여 주었다. 비록 이데올로기 운동들이 분열과 암투를 조장한다는—중국공산당은 향후 몇 년 사이에 이러한 현상을 직면하게 되었다—사실은 모든 사람에게 다 알려지다시피 했고, 목표에 대해 광범위한 합의가 되었다고 해서 목표를 실현하는 수단과 무엇을 우선시해야 하는지에 대해 갈등이 벌어지는 것을 반드시 방지할 수는 없을지도 모르지만, 1950년대 초중반의 정세는 이러한 사태의 진전을 저지하는 데 도움이 되었다. 대부분 이는 이 시기 동안 당의 단결과 정책적 성공이 서로를 강화시키는 상호작용을 일으켰기 때문이었다. 단결은 효과적인 문제 해결에 유리하고, 성공적인 문제 해결은 지도부의 단결을 한층 더 심화시켰다. 성공은 또한 여러 목표를 둘러싼 잠재적인 충돌을 감추거나 감소시킨다. 빠른 경제성장만 취득할 수 있다면 현대화의 그 어떤 불미스러운 부산물도 기존 정책에 대한 도전에 근본적인 명분을 부여하기는 힘들었다. 다른 하나의 매우 중요한 요소는 어떠한 하나의 모델이 존재한다는 점이었는데, 그 모델은 목표들뿐만 아니라 수단까지도 구체화시켜 주었다. 앞서 사회주의를 건설한 소련의 경험이 바로 그 모델이었다. 소련모델을 따르는 것에 대해서는 광범한 합의가 이루어져 있었다. 이 모델은 정책 논쟁을 근본적인 경로 측면이 아닌 점진적인 개조의 측면으로 집중시키는 데 도움을 주었다. 따라서 이는 충돌의 위험을 감소시켰다.

1949년부터 1957년 사이 고도의 단결이 이루어졌다고 해서 지도부에 분열이 없었던 것은 아니었다. 다만 이후의 시기와 비교할 때 분열이 표면적으로 노출되지 않았을 뿐이었다. 잠재적인 분열의 원인 중 하나는 당내 엘리트들 사이에 존재하는 다양한 혁명 경력에 있었다. 사람들은 비록 더욱 큰 투쟁으로 단결되었지만, 동시에 서로 다른 혁명 사건 및 조직에 참여하여 그들 자신의 인맥과 집단 정체성들을 발전시켰다. 1965년 이후의 문화대혁명 때, 이런 유형의 집단적 조합화가 매우 중요해졌다. 예를 들면, 류사오치의 지도하에 '백구(白区)' 업무와 지하

공작(地下工作)을 한 사람들은 전반적으로 1966~1967년 동란 시기에 그들의 지도
자와 운명을 같이했다. 하지만 1949년부터 1957년까지, 1949년 이전의 서로 다
른 경력은 일반적으로 지도자들의 더욱 큰 응집력을 파괴하지 않았다. 정치적 이
익을 얻기 위하여 그러한 차별을 이용하려던 하나의 중대한 시도, 즉 가오강–라
오수스 사건은 결국 실패하였다.

혁명의 시기로부터 잔류해 내려온 다른 긴장 관계의 원인은 최고자리에 위치
한 중국공산당 엘리트 사이의 서로 다른 개성으로 인해 조성된 불가피한 갈등이
었다. 확연히 드러났던 사례는 마오쩌둥과 그의 주요한 장군들 중의 한 사람인
펑더화이(彭德怀)의 가시 돋친 관계이다. 보도에 따르면 이러한 관계로 하여 펑더
화이는 1953년에 "주석은 나를 좋아하지 않고, (又) 나를 존중하지 않는다."라고
원망하였다고 한다.[4] 비록 논쟁의 여지는 있지만 이러한 개인적인 충돌로 말미암
아 펑더화이는 1959년에 국방부장 직위로부터 면직되었다. 하지만 중화인민공
화국 초기, 이러한 개인적인 충돌은 기본적으로 표면에 노출되지 않았다. 왜냐하
면 펑더화이의 재능이 군사 면에서 핵심적으로 활용되었으며, 최고 정책 결정 기
구인 정치국 내에서 활용되고 있었기 때문이다.

다른 갈등들은 초기 상황들 자체로부터 생성된 것이다. 새로운 엘리트들이 직
면한 정책 이슈들의 큰 의제는 불가피하게 서로 다른 관점을 생성하였는데 이로
말미암아 여러 주장을 하는 사람들 사이에서 충돌이 빚어졌다. 거듭 충돌을 빚게
된 하나의 원인은 어떻게 신속하게 경제발전과 사회 개조를 추진할 것인가와 관
련된 문제였다. 그 어느 특정 문제를 둘러싸고서 어떤 사람들은 도달하고자 하는
목표를 향해 대대적으로 개혁을 추진하자고 주장하지만, 다른 사람들은 과속으
로 인한 파괴를 방지하자고 경고하였다. 하지만 여러 가지 접근법들의 차이는 상
대적으로 협소했으며, 게다가 최고지도부는 이러저러한 입장을 확고하게 견지하

---

4 홍위병이 출판한 Mass Criticism and repudiation bulletin(5 Octover 1957), trans in URI, *The Case of Peng Teh-huai 1959-1968*, 123.

는 것이 아니라, 이슈나 상황에 따라 바꾸었다. 그 결과 당시 지도층에서는 이후에 일어난 것과 같은 정견의 근본적인 대립이 발생하지 않았다.

극단적이지 않고 제한적인 갈등만 발생한 원인은 1950년대 중엽 새로운 제도가 형성되고, 또한 점차 관료화하면서 지도자 개인과 그들이 이끌고 있는 기구 및 부문의 이해관계가 더욱 일치되었기 때문이다. 예를 들어, 저우언라이(周恩来) 총리는 확고하게 당조직과 별개로 정부기구의 역할과 권력을 발전시키는 데 관심을 가졌지만, 류사오치와 덩샤오핑(邓小平)은 더 직접적으로 당조직에 관심을 가졌다. 반면에 펑더화이와 같은 군사 지도자들은 자연적으로 군사적 자원들을 극대화하는 데 관심을 가졌다. 그러나 1949년부터 1957년까지 이러한 대립적인 관료주의적 이해관계는 더욱 큰 목표를 추구함으로써 잘 조절되었다. 따라서 문화대혁명 시기에 나타난 당과 군의 직접적인 조직 간 갈등도 모면할 수 있었다. 비록 각자 자신이 지도하고 있는 조직의 관점에서 문제를 처리하는 경향이 나타나기는 하였지만, 지도자 개인은 여전히 당의 총 노선과 정치국의 통일성을 우선시하고 있었다.

전체적으로 볼 때, 1950년대 초반과 중반 정치국을 포함한 중국공산당 엘리트들 사이에는 엄청난 분열과 갈등이 존재하였지만, 주도적인 합의제 지도 방식을 심각하게 파괴하지는 않았다. 즉 갈등이 없었기 때문이 아니라, 마오와 그 동료들이 기존의 갈등을 최소화하려고 노력했기 때문에 초기의 독특한 통일성이 나타나게 되었다. 그러나 이러한 노력은 이 장에서 논구된 정황과는 분리될 수 없다. 이러한 정황들이 더 이상 지배적이지 못할 때 즉 소련모델이 더는 보편적인 인정을 받을 수 없게 되고, 관방(官方)의 정책이 일련의 성공이 아닌 대재난을 불러일으켰을 때, 잠재적인 분열은 뚜렷하게 표출되었고, 당의 단결은 약화되었으며 이어서 또 산산히 깨졌다. 이 극적인 상황은 마오쩌둥 영도의 특징(성격)이 중요한 요소였다. 이제 1949년부터 1957년까지 단결을 유지하는 동안 마오가 한 핵심적인 역할에 대해 살펴보도록 하겠다.

마오쩌둥의 역할

1949년부터 1957년까지 마오쩌둥은 당내의 어느 누구도 도전할 수 없는 지도자가 분명했다. 당내에서의 지위는 1940년대 중반에 이미 논쟁의 여지가 없어진 상태였다. 마오는 주요한 개인숭배의 대상이었을 뿐만 아니라, 1943년에 이르러서는 그의 주요 동료들도 그의 이론적인 역량에 자그마한 이의도 제기하지 않게 되었다. 또한 1945년에는 '마오쩌둥 사상'이 당의 새로운 당장(黨章)에 추가되었다. 게다가 비록 당의 장정(章程)에서는 집단 영도를 강조하고 있지만, 마오는 일부 상황에서 단독으로 문제를 처리할 수 있는 정식 권력을 부여받았다.[5] 마오의 권력이 빠르게 상승할 수 있었던 배경에는 1937년 중일전쟁이 시작된 이후 당의 여러 전략과 정책의 성공이 있었다. 그가 세운 전략과 정책은 그 어떤 지도자들보다도 많았다. 또한 1945년부터 1949년까지 이러한 전략과 정책의 결정적 성과는 그의 최고 권위를 견고하게 하였다. 1949년의 승리가 당의 총체적인 단결을 강화한 것처럼, 이 승리는 마오의 권위도 공고화하였다. 이런 승리 덕분에 마오는 카리스마를 가진 이상적인 지도자로 부상하였으며, 그의 탁월한 능력은 성공의 열쇠로 인정되었고, 또한 새 시대의 이상적인 창시자로 되었는데, 전통문화 속에서 그 역할은 모든 의미의 복종을 획득할 수 있는 것이었다.

마오의 권위는 또 1949년부터 1957년까지 그가 주도적으로 채택한 몇 차례의 중대한 행동으로 인해 한층 더 강화되었다. 이러한 사건 중에서 그의 개인적인 판단은 그의 주요한 동료 및 (혹은) 더 광범위한 엘리트들의 의견과 상충되었다. 이 기간 동안에 마오는 분명히 세 차례의 중대 사건에서만 주도권을 행사했을 뿐이었다. 첫 번째는 1950년 10월, 한국전쟁에서 미군의 북진에 대한 중국의 대응에 관한 것이다. 그 사건에서 마오는 동료들 대부분이 전쟁 개입의 비용과 위험

---

5 랴오카이룽(廖蓋隆)의 당내 보고에 근거하면, 1943년 3월 정치국은 마오쩌둥, 류사오치, 런비스(任弼時)로 구성된 서기처를 지정하여 일상 업무를 수행하도록 하였다. 하지만 마오쩌둥 개인에게는 서기처에 우선하여 관련 업무를 최종 결정하는 권력을 부여하였다. Liao Kai-lung, "Historical experiences and our road of development"(25 October 1980), in *Issue & Studies*, November 1981, 92.

도를 감안하여 반대하였으나, 이를 무효로 돌리고 동의를 얻어냄으로써 한국전에 중국공산당군의 참전을 명령하였다.[6] 비록 중화인민공화국이 한국전에서 시도한 모험의 대가는 확실히 매우 컸지만, 안전과 국제적 평화라는 측면에서 얻은 이익은 이러한 대가를 초월했다고 광범위하게 인식되었으며 그리하여 그의 정치적 지혜에 관한 명성을 강화시켜 주었다. 두 번째 사례는 아래에서 더욱 상세하게 토론할 것인데, 바로 1955년 중반에 마오 주석이 농업합작을 가속화할 것을 제안한 것이다. 불과 몇 개월 전에 정부는 발전 속도를 늦추기로 결정한 적이 있었다. 1956년 말에 이르러 이로 인해 획득한 농업합작의 기본 성과는 가장 낙관적인 추측을 훨씬 능가하였다. 이는 다시 한번 마오쩌둥의 통찰력을 입증한 듯하였다.

마지막 세 번째 주도 사례는 마오가 당 수뇌부의 많은 실제 보류의견을 마다하고, 1956년부터 1957년까지 백화제방운동(아래에서 구체적으로 분석할 것이다)을 통하여 당에 대한 지식인들의 비판을 적극 추진한 것인데 이것은 그다지 성공적이지 못했다. 그러나 그가 1957년 중반에 갑자기 입장을 전환했기 때문에 그의 위신에 대한 손상은 최소화되었다.

결국 건국 초기 더 광범한 성과와 한국전쟁 및 집단화 운동 측면에서 취득한 구체적인 성과는 비록 백화제방운동의 좌절에도 불구하고 1957년 말 마오의 지위를 이전같이 공고화시켰다. 주석의 영향력은 분명히 1953년부터 시작하여 제8차 당대회에서 유지·발전되었으며, 이어 1958년 초에도 다시 천명되어, 당의 영도를 두 '전선'으로 분리시키는 행동으로 나타났다. 이러한 안배 속에서 마오쩌둥은 '이선(二线)'으로 물러나 일상적인 업무에서 벗어난 채 이론과 전반적인 정책 문제에 대해 고민할 수 있었다. 이러한 조치들은 마오쩌둥이 자신의 최고 권위에 대해 안전하다는 큰 확신을 가지게 했을 뿐만 아니라, 또한 그의 지도부 동료들

내에서 상당한 신뢰를 얻고 있다는 점을 드러내는 것이었다.

마오쩌둥의 권위에 도전할 수 없다는 이 사실은 전체 엘리트 구조의 안정성에서 관건이 되었다. 상술한 바와 같이 마오는 과단성 있게 주도적으로 행동하기도 했지만 그의 동료들이 통일된 의견을 내지 못했을 경우 정책논쟁의 최후 중재자 역할을 담당했다. 이러한 상황 속에서 정책 논쟁은 레닌이나 스탈린이 서거한 후의 소련처럼 최고 권력을 추구하기 위한 것이 아니라 대체로 마오 주석의 동의를 획득하기 위한 것이다. 지도부 내의 모든 집단이 모두 마오에게 충성했기 때문에 그들 사이의 그 어떠한 잠재적인 긴장 상태도 기본적으로 모두 억제되었다.

마오의 권위는 지도자들의 통일을 가능하도록 하였지만, 권위가 반드시 응집력을 보증하지는 않았다. 스탈린은 이미 충분히 사람들에게 한 명의 최고지도자가 그의 부하들 사이에서 어떻게 의도적으로 불화를 조성하는가를 충분히 보여주었다. 이후의 세월 속에서 마오의 변덕스러운 행위는 엘리트 사이에 존재하는 긴장 관계를 격화시켰다. 그러나 1949~1957년 시기의 마오는 엘리트 사이의 단결을 모색하였는데, 그 일반적인 방법은 당의 집단 영도와 민주 토론이라는 공식적인 당의 규범을 견지하는 것이요, 보다 널리 활용되는 방법은 지도자로서의 기준이 되는 능력과 성과를 강조하는 것이었다. 스탈린과는 달리, 마오는 그의 동료들 사이에 불화를 불러일으키지 않았으며, 또한 그들로 하여금 마오와 긴밀한 파벌 관계를 유지하도록 강요하지도 않았다. 대신 통치 엘리트 중 선두에 있는 구성원은 재능 있는 사람이었고 또한 자신의 경력으로 중국공산당 역사에서 중요한 인물로 부상하였다. 류사오치는 적의 후방, 소위 '백구'에서 업무를 수행한 꽤 특이한 경력을 가지고 있었고, 서열 제3위의 인물로 정부 국무원 총리인 저우언라이는 심지어 1930년대 초반에 마오를 반대한 적도 있다. 홍군 지도자 주더(朱德)와 경제전문가 천윈(陈云)은 마오와 긴밀한 연계를 가지고 있었지만, 여전히 독립적인 위신을 가지고 있는 사람이었다. 다만, 1950년대에 가장 내부 핵심적인 구성원으로 참여한 덩샤오핑만이 마오의 개인적인 파벌에 장기간 속해 있던 구성원이었다고 할 수 있다. 자신의 권력이 점차 견고함에 따라 마오는 이러한 지도자들의 많은 재능을 활용하려고 했고, 또한 그들을 하나의 합작 팀으로 구성하였다. 마오가 단결을 강조했기 때문에 그에게 도전해도 어떤 이점도 없을 뿐더러 잠재적인 경쟁자들을 이기기 위해 정책상 차이들을 과장하는 것도 어떤 이익을 거두기는 힘들었다.

이러한 단결을 유지하려는 마오의 헌신성과 긴밀하게 연관되는 것은 기본적으로 집단지도 체제라는 공식적 규율을 기꺼이 따르고자 한 점이다. 비록 마오쩌둥은 일부 중요한 관심사에서 분명히 자신의 길을 견지하는 권리를 보류하였고, 또한 집단지도가 단순한 다수 통치를 의미하는 것은 아니었지만,[7] 1950년대 초반과 중반기에 있어 그의 전반적인 실천 방법은 광범위한 토론을 통하여 정책을 결정하는 것이었다. 토론 과정에서 관련 관료들의 견해는 모두 중시되었다. 이는 그들이 세련된 결정을 내는 데 도움이 되었기 때문이다. 게다가 또 몇 번의 과오를 거듭하면서 마오는 차라리 소수파 권리를 존중하는 원칙을 지키게 되었는데, 이로 인해 지도자 내부에 서로 다른 의견을 가지고 있는 사람은 자신의 견해를 견지할 수 있게 되었고, 심지어 향후에 이러한 견해를 다시 주장해도 처벌받을 우려를 하지 않게 하였다. 이러한 비교적 민주적인 방식은 마오에게 아주 유용하였는데 가령 중대한 문제에 대한 논쟁을 고무시킴으로써 당내 엘리트로 하여금 대체로 비교적 공개된 정책 결정 과정에 적극적으로 참여시키고 그리하여 지도부 단결의 전체적인 의식을 강화했다.

마오의 효과적인 정책 결정과 당 단결에 대한 공헌은 1949~1957년의 주요한 정치적 관심사에 대한 성향으로 인해 한층 더 강화되었다. 이 몇 년간, 마오는 자신의 개입을 주로 그가 가장 잘 아는 분야인 특히 농업과 혁명 분야로 제한하였

---

[7] 1962년 마오가 아래의 말로 민주집중제를 견지한다는 입장을 밝혔을 때, 그는 이를 인정하였다. "내가 한 말이 정확하든 틀리든 <u>모두가 동의하지 않는다면</u> 나는 그들의 의견에 따를 것이다. 그들이 다수이기 때문이다."(밑줄은 강조하기 위함). "Talk at an enlarged central work conference"(30 January 1962), in *Stuart Schram*, ed., *Mao Tse-tung unrehearsed: Talks and letters: 1956-71*, 165.

다. 마오 주석은 오랜 시간 동안 농촌을 근거지로 하는 혁명을 영도한 이후 스스로 자신을 농민 문제의 전문가로 여기고 있었다. 또한 1950년대에도 계속해서 농촌에서 상당히 오랜 시간을 보냈다. 마오가 주장하는 '혁명'은 중국공산당의 권력을 전면적으로 확대하고 사회주의 개조를 추진하는 전략이었다. 이러한 관심은 그의 1949년 이전 시기의 경험과 잘 어울린다고 할 수 있다.

마오쩌둥은 저우언라이와 함께 항일전쟁과 내전 기간에 국제적으로 중요한 인물들과 접촉한 적이 있는 합당한 적임자로서 대외 정책의 설계자이기도 했다. 마지막으로 마오는 1942년에 중국공산당의 기본 문화예술 방면 정책 결정자로서 이 분야와 고급 지식인들의 업무에 전반적으로 특이한 흥미를 보였다. 결국 문화 영역을 제외하고, 다른 모든 영역에서 마오쩌둥은 그의 동료들로부터 존중을 받을 자격을 구비하고 있었다. 문화 방면에서의 마오가 제시한 권위 있는 주장들은 자의적인 것이라거나 지식이 불충분한 것이라고 말할 수 없었다. 마찬가지로 중요한 사실은 마오쩌둥이 그가 익숙하지 않은 영역에 대해서는 일반적으로 더 전문적인 동료들의 여러 가지 의견을 종합하거나 중재하는 것으로 자신의 역할을 제한했다는 사실이다. 이것은 특히 이 시기 가장 중요한 정책 범주들 가운데 하나인 즉 경제 건설 측면의 사안에서 더욱 그러했다. 따라서 그가 사무에 대한 이해가 부족하다고 인정할 경우 자신의 관점을 타인에게 강요하지 않았기에, 그의 위신과 엘리트의 단결은 모두 강화되었다. 이후 시기와는 반대로, 1949년부터 1957년까지 마오쩌둥의 실질적인 정책 영향력은 상대적으로 제한적이었다. 당 단결에 대한 마오의 공헌은 그가 최종 중재자로서의 그의 역할을 적극적으로 수행하는 것으로부터 나왔으며 동시에 극적인 자신의 주도성을 최소한도로 유지하는 데 있었다.

마지막으로 지도부의 단결은 다음과 같은 사실, 즉 이 당시에 마오의 지적인 입장이 전반적으로 정통적이고 주류에 속했기 때문에 강화되었다. 그의 사회 변화에 대한 관념은 양호한 마르크스주의적 방식으로 소유제 형식의 변화에 집중하는 것이었으나, 그는 전형적인 스탈린주의 태도로 급속한 공업화를 최우선으로 삼았다. 대부분의 상황을 놓고 볼 때, 그와 그의 동료들은 경제와 기술 발전에 모두 깊이 몰두했으며, 당의 정책에는 객관적인 한계가 있다는 점을 잘 인식하고 있었고, 또한 모두 '좌파주의적' 과도함과 '우파주의적' 소심함 사이에서 방향을 잘 잡아야 한다는 점 또한 알고 있었다. 따라서 논쟁이 발생했을 때, 일반적으로 마오쩌둥의 비교적 중립된 입장은 지도부 내부의 갈등을 극단으로 몰아가기보다는 갈등을 완화하고 합의를 이끄는 데 기여하였다. 때문에 마오쩌둥의 사상적 입장은 전당일치라는 정치를 실현하는 데 도움이 되었다. 하지만 마오쩌둥의 사상 경향과 그의 합의정치는 실질적으로 소비에트의 사회주의 건설 경험에 크게 의존하였다.

소련모델

1949~1957년 중국공산당 지도자들 사이에는 소련식 사회주의 모델을 수용할 것인가를 둘러싸고 광범위한 합의가 존재했다. 이 모델은 국가조직의 유형들과 도시 지향적 발전전략, 현대식 군사기술과 다양한 분야의 정책과 방법을 제공하였다. 앞에서도 언급했다시피, 소련의 길을 걷는다는 문제에서 합의가 이루어짐으로써 정책 논쟁은 근본적인 차원에서 점증적인 차원으로 전환되었다. 사회주의 최종 형식과 사회주의를 완성하는 수단을 둘러싼 근본적인 차이로 말미암아 발생했던 1920년대 볼세비키의 격렬한 정치 논쟁과 대조적으로 중국의 정책논쟁은 이미 참고할 기존의 사회주의 모델이 있었기 때문에 대체로 뉘앙스나 정도의 문제에 대해서만 이루어졌다.

논쟁의 기본 문제는 아래와 같다. 소련모델의 긍정적인 특징과 부정적인 특징은 확실하게 무엇인가? 중국공산당은 중국 실정에 맞추려면 어떻게 이 모델을 적용해야만 하는가? 소련모델을 발전시키는 데 속도는 어느 정도여야 하는가? 비록 이러한 문제들은 활발한 논쟁을 불러일으켰지만 당내 분열을 초래하였다고는 말하기 힘들다. 게다가 소련에 이미 표면적으로 성공한 사회주의 체제가 존재한다는 사실은 전반적으로 중국 엘리트와 사회에게 관방 정책에 대한 믿음을 강화시켜 주었다. 왜냐하면 사람들은 그 진행 과정과 결과의 윤곽을 이미 알았기 때문이다.

소련모델의 여러 가지 측면과 중국적 적용에 대해서는 이 장과 다음 몇 개 장에서 분석될 것이다. 여기서는 당 지도자들이 소련의 경험을 결코 무비판적으로 수용하지는 않았다는 점만 언급하면 충분하다. 1949년 이전 마오쩌둥 혁명 강령의 정수는 중국 현실의 실제 수요를 충족시키는 것이었다. 사회주의 건설 단계에도 마오는 이 원칙을 포기하려 하지 않았다. 게다가 마오는 강렬한 민족주의를 바탕으로 1940년대 초반 소련이 중국공산당의 일에 그 어떤 간섭도 하지 못하도록 명확한 독립 선언을 하였는데, 이것은 소련모델의 기계적 모방을 방지하는 데 목적이 있었다.

이렇다 하더라도 모델을 수정하려는 의지는 영역과 시기의 차이에 따라 서로 다르게 나타났다. 당은 자신이 능력 있는 분야(예를 들면 농촌 정책 측면)에서는 여전히 소련모델이 일정한 영향을 미치기는 했지만, 독특한 중국적 접근법을 공통적으로 채용하였다. 반면 당이 경험이 없는 분야에서 그 창조력은 제한적이었다. 이 사실에 대하여 마오는 "건국 초기, 우리는 국가경제를 관리한 경험이 전혀 없기에 제1차 5개년 계획 기간은 소련의 방법을 모방하는 수밖에 없었다."[8]라고 밝혔다. 시간이 흐름에 따라 중국공산당의 지도자는 자신감을 얻었으며 1956년 무렵에는 경제와 기타 중요한 영역에서 소련 경험을 수정하기 시작하였다. 그러나 1958년 대약진에 이르러서야 소련모델과의 근본적인 분리가 나타났다.

1949년 이후, 중국의 지도부는 왜 그토록 과감히 소련모델을 받아들였을까? 이는 얼마간 '편향적인' 외교적 결정에 따른 논리적 결과라고 할 수 있다. 만약 내

---

8 "Reading notes on the Soviet Union's Political economic(1960-62)", *Miscellany of Mao Tse-tung Thought* (이후 *Miscellany*), 2, 310.

전 시기 미국이 중국공산당을 그토록 적대시하지 않았다면 더욱 세력 균형적인 국제정세가 출현할 가능성이 어느 정도 있을지도 모르지만, 1949년 중화인민공화국은 소련에서만 군사적 경제적 지원을 얻을 수 있다고 보았다. 소련의 선례를 모방하는 것은 이러한 지원을 받기 위해 반드시 지불해야 할 모종의 대가였다. 그러나 더욱 근본적인 이유는 소련을 지향하는 이데올로기의 장기적인 경향성에 있었다. 이는 국제 자본주의와 제국주의를 반대하는 공동운동의 일부분이라는 의식을 수반하였으며 기본적인 조직 원칙과 실천에도 반영되었다. 비록 주안점이 독특했고 마오쩌둥은 독립성을 강조하였지만, 근본적인 인식에서 중국공산당은 초기부터 줄곧 소련모델을 따르고 있었다. 그때 레닌주의의 조직 원칙과 방식들이 코민테른 대표를 통해 미숙했던 당 내부에 주입되었다.

또한 1949년 이후 잠시 동안 비록 마오는 어느 정도의 이데올로기적 독창성을 견지하면서도 여전히 소련의 이데올로기를 가장 권위적인 존재로 인식하였다. 이는 마오가 소련 대사 파벨 페도로비치 유딘의 숙소를 야간에 방문하여 이론적 갈등을 해소하는 데에서 충분히 나타난다. 회합의 토론 내용은 1951년에 출판된 『마오쩌둥 선집』의 원칙 조정에 도움이 될 것이었다.[9] 소련의 이데올로기를 광범위하게 받아들인 만큼 중국공산당은 소련의 사회주의 건설에 관한 견해도 비중 있게 받아들였다.

국제적인 요인들과 이데올로기의 전반적인 지향성이 중국공산당 지도부로 하여금 소련모델을 수용하게 만든 것은 분명하지만, 가장 중요한 요인은 중국공산당 지도자들이 사회주의 현대화에 대하여 강렬한 사명감을 가지고 있었다는 것이다. 중국공산당을 이끌어 1949년에 승리를 획득한 사람들은 농촌의 혁명가뿐만 아니라 사회주의의 미래를 개척해 나가는 마르크스주의자들이기도 하며, '부강한' 중국을 꿈꾸는 현대화론자들이기도 했다. 그들은 실제로 중국을 발전시키

---

9 흐루쇼프는 마오가 유딘을 방문한 사실을 보도하였다. Khrushchev remembers, 464-5, Khrushchev remembers: The Last testament, 242.

는 문제와 관련해 경험이 부족하다는 것을 느꼈다. 마오쩌둥이 1949년 중반에 말했다시피 "익숙한 것들은 제쳐두고, 익숙하지 못한 일들을 할 수밖에 없도록 강요받고 있었다."[10] 중국을 발전시키려는 열망과 소련이 낙후된 경제를 기반으로 하여 신속하게 사회주의 국가로 발전했던 유일하게 현존하는 국가의 사례라는 사실 때문에 소비에트 노선을 따른다는 결정은 거의 불가피했다.

이 결정은 중국공산당 지도자들이 모범적인 마르크스주의자로서, 도시 기반의 발전전략으로 전환하는 것을 혁명 성공의 자연스러운 결과라고 여겼기 때문이다. 비록 당 지도자는 그들의 혁명 전통에 자부심을 느끼고 있었고 또한 도시의 부패 경향에 관심을 보이고 있었지만, 그 어디에서도 마오쩌둥 및 여타 사람들이 초기에 옌안의 혁명 경험과 소련모델 사이에 근본 모순을 인식했다는 점은 지적되지 않았다. 오히려 지배적인 정서는 더욱 높은 단계로 전진하는 것이었다. 마오쩌둥은 본래 유격전을 하나의 목표로 본 것이 아니라, 오히려 중국공산당이 상대적으로 약세여서 강요된 투쟁 중의 하나인, 필수적인 과정이라고 보았다. 대병단이 대규모 전투를 하는 계기가 찾아왔을 때, 더 발전된 군사 유형이 대대적으로 추진되었다.

이와 유사하게 농촌혁명은 전반적으로 필요한 것이었지만 이는 늘 도시를 점령하는 서곡으로 간주되었다. 혁명 승리의 순간에 당의 지도자들은 국가 건설의 업무에 열중하였기에 수입된 소련의 전략이 중국공산당 전통과 충돌될지도 모른다는 가능성에 대해 거의 인식하지 못하였다. 심지어 이러한 인식이 1950년대 중반에 발전했음에도 불구하고, 그들은 그 어떤 모순도 마오식으로 말하자면 '비적대적'이기를 바랐고, 따라서 소련모델의 큰 틀 내에서 조절하는 방법으로 온전하게 처리될 수 있다고 믿었다.

결과적으로 다음 소련모델에 대한 몇 가지 개괄적 평가는 적절하다. 첫째, 단일한 소련모델은 사실 존재하지 않았다. 비록 제도와 경제의 기본 유형은 1950

---

10 Mao Tse-tung, *Selected Works of Mao Tse-Tung*(이후 *SW*), 4, 422.

년대 중반 이후 발전한 스탈린체제를 모방하였지만, 당 지도자는 소련의 역사 전체에서 모방할 시기와 사례를 선택할 수 있었다. 예를 들어 중국공산당은 농업 합작화 시기의 지도 방침을 스탈린이 1927~1929년 부하린(Bukharin)과의 논쟁 중에 명확하게 밝힌 원칙에서 착안하였으나 1929년 이후 스탈린식 집단화의 사례는 참고하지 않았다. 둘째, 비록 대규모로 소련 방식을 실행하려는 강렬한 욕망이 있었을지라도 필요한 기술자원의 부족으로 인해 소련 방식의 도입은 엄격하게 제한되었다. 특정한 소련의 관행들을 부분적으로 고치는 과정에서 또 하나의 고려사항은 중국공산당이 소련의 충고를 전부 거부하지는 않았다는 점이다. 1949~1957년, 소련의 지도자들과 전문가들은 자신들의 착오로부터 중국인들이 교훈을 얻을 수 있을 것이라고 생각했다. 특히, 독재자 스탈린 서거 이후 러시아인들의 스탈린주의에 대한 비판은 당시 스탈린식 경제발전 모델을 변경시켜야 될 필요성에 관한 공산당의 사고에 영향을 미쳤다.

마지막으로 소련이 최고 정책 결정자에 대한 태도를 넘어서서 더 광범하게 영향력을 발휘하였다는 사실은 매우 중요하다. 비록 주요 지도자는 시종일관 소련의 경험을 중국의 실제 상황에 알맞게 바꿀 필요성을 인식하고 있었지만, 일반 관원과 보통 군중은 소련의 선진 경험에 대한 공개적 강조에 압도되었다. 소련을 '큰형님'이라고 홍보하는 것과 "오늘의 소련은 바로 우리의 내일이다."와 같은 구호는 비판적인 모방을 거의 불가능하게 했고, 결국 많은 영역에서 소련모델을 그대로 모방하는 상황이 나타났다. 다른 어떤 의미에서 볼 때, 비록 소련과 중국 관원늘의 부인에도 불구하고 소련의 긍정적 이미지는 일부 중국 지식인들로 하여금 소련 지식인의 일부 덜 정통적인 경향들을 받아들이도록 허용했다. 요컨대, 1949~1957년에 소련은 다양하고 복잡한 방식으로 중국공산당의 정책과 중국 사회에 영향을 미쳤다. 어떤 의미에서 볼 때 그 과정은 당 지도자들이 통제할 수 있는 것이 아니었으며, 더욱 더 근본적으로 그들의 의식적인 선택을 반영했다. 이 지도자들이—혹은 그들 중의 지배적인 집단이—1957년 이후 소비에트 노선으로부터 결별할 필요성을 명확히 하였을 때 그들은 그렇게 할 능력을 가지고 있었다. 비록 소련의 많은 영향들은 불가피하게 계속 존재하였지만 말이다.

공고화와 재건, 1949~1952

1949년 혁명의 승리가 다가오는 속도는 놀라울 정도였다. 전통적인 수도 베이징은 1월 달에 협상을 통해 투항함으로써 넘어오게 되었다. 인민해방군은 양쯔강(장강)을 건너 4월에 신속히 상하이를 점령하였으며, 5월에는 중국 중부의 중심도시인 우한(武汉)을 점령하였다. 이때로부터 해방군은 장기적인 군사저항을 거의 받지 않았다. 중화인민공화국이 정식 성립된 후 오래지 않아 해방군은 10월에 남방의 상업 중심지인 광저우(广州)를 함락하였고, 마지막으로 12월에는 서남쪽 도시인 청두(成都)에 도착하였다. 1949년 말에 이르러 티베트와 타이완만이 베이징 새 지도부의 관할 밖에 있었다. 티베트는 1951년 군사적 행동과 지방정부와의 담판을 동시에 병행하여 상황이 바뀌었고, 타이완 문제는 이후 30여 년간 국가가 성사시키지 못한 미완의 과제 중의 하나였다.

1949년의 군사적 승리는 상당한 정도로 이전 40여 년 동안의 중대한 문제 중하나였던 국가 통일을 해결하였다. 당 지도자들이 아직 해결하지 못한 여러 가지문제와 씨름하고 있었기에 그들에게 국가 통일을 성취했다는 사실은 실질적인자산이 되었다. 중국의 위대함을 회복하는 데 필수적인 전국 통일은 애국적인 전중국인이 간절히 바라는 목표였다. 마오쩌둥은 1949년 9월에 중국인들의 정서를다음과 같이 표현했다. "우리 민족은 다시는 모욕당하지 않을 것이다. 우리는 이미 다시 일어섰다."[11]

교육받은 엘리트들의 시각에서 볼 때, 전국 통일이라는 성과는 새로운 정권을꽤 정당화해 주었고, 이는 또한 사회개조와 현대화를 실현하는 데 필요한 더욱

---

11 Mao, *SW,* 5, 17.

심화된 정치 통제를 확고하게 해 주었다. 하지만 이는 필연적으로 아주 옛날부터 중국 사회를 지배해 왔던 지방주의와 대립할 수밖에 없었다. 비록 중국공산당은 혁명 시기에 통제하던 화북 농촌 지역의 지평을 넓히는 데 일정한 성과를 이루었지만, 대부분 농촌 지역의 농민 인식과 이해관계는 그들의 농촌과 부근 지역에만 국한되어 있었다. 심지어 중국의 도시에서도 일반 백성들의 생활은 작은 사회 집단을 통해 연결되어 있으며, 그들은 도시나 혹은 전국 차원에서 발전을 하겠다는 각오가 아주 미미했다.

따라서 하나의 일체화된 전국적인 정치 제도는 이전의 정권이 한번도 시도해 본 적이 없는 방식으로 국가가 사회에 침투하는 것이었다. 이러한 침투는 차례로 신중하게 조직 자원들을 발전시키는 것과 대중동원을 적극적으로 진행하는 것을 필요로 했으며, 이를 통해 사회 각 계층이 협소한 관점에서 벗어나게 되었다. 사회로 깊이 침투함으로써 중국공산당은 새로운 지지 원천을 개발할 수 있었다. 동시에 이는 영향을 받은 집단과 불화를 빚을 위험을 무릅써야 했다. 신지도부는 10여 년간의 대규모 전쟁으로 인해 파생된 문제들을 해결해야 했다. 장기적으로 중국공산당과 투쟁해 왔던 사람들의 지속적인 반항을 극복해야 할 필요성, 심각하게 파괴된 경제를 회생시켜야 할 필요성, 그리고 질서정연하게 정부 활동을 회복시켜야 하는 필요성이 바로 그것이었다. 이 모든 것은 중국공산당의 자원들과 재능을 총동원해야 했다. 동시에 이러한 상황은 또 평화와 질서를 갈망하는, 전쟁에 지친 대중들의 실질적인 광범위한 지지를 만들어 내었다.

중화인민공화국 초기, 마오쩌둥과 그의 동료들은 3년 내에 중국의 생산을 전쟁 전의 수준으로 회복하고 사회주의 건설과 개조를 착수하려면 이보다 먼저 필요한 정치적인 통제력과 조직 역량을 열심히 확립해야만 한다고 말한 적이 있었다. 사실이 증명하다시피 이 계획은 주목을 끌 만큼 거의 완성되었다.

이 회복 기간에는 불가피하게 서로 충돌되는 중대한 문제들이 나타났다. 경제를 회복시키는 한편으로, 사람들에게 정치적으로 새로운 정권을 수용할 수 있도록 사회 내 주요 집단들을 안심시키고 그들의 이익을 가시적으로 양보하게 해야 했다. 하지만 민심 안정화 정책과 계획적 발전의 서곡으로서 공고한 조직적 통제를 구축하는 일은 서로 갈등을 일으키게 되었다. 비록 이러한 모순은 줄곧 존재해 왔고, 또한 지도자 내부에서 논쟁하던 주제였지만, 1950년 말기에는 중점이 분명하게 전환되었다. 그때부터, 즉 대체적으로 중국이 한국전쟁에 개입하기 시작했을 때부터, 중국공산당의 사회 개혁 프로그램은 강화되었고, 대중운동이 발동되었다. 그 정권은 시작 때보다 훨씬 더 철저한 방식으로 사회에 침투하였다. 하지만 집권 1년차의 불안정한 형세와 당이 쓸 수 있던 제한된 자원을 감안하여, 주요 초점은 민심을 안정시키는 데 두었다.

초기의 문제와 정책

1949년 새로운 지도자들이 직면한 문제들과 그들이 이 문제들을 해결하기 위해 고안한 정책들은 중국의 광활한 지역별로 많은 차이가 있다. 경제적·문화적 수준, 농업 형태, 지방 관습, 민족 성분 등 이런 측면에서의 차이들은 모두 적당하게 서로 다른 대응을 필요로 했다. 그러나 결정적인 차이는 1949년 이전에 중국공산당이 각 지역에서 실제로 존재하는 방식에 상이성이 존재했다는 점이다. 비록 이 측면에서의 변화는 매우 복잡하지만, 지역유형들은 넓은 의미에서 3가지 기본적인 차이를 드러내었다. 첫 번째 부류는 화북(华北), 동북(东北) 및 서북(西北)과 전국 인구의 약 4분의 1을 차지하는 화동(华东) 지역의 '구해방구'이다. 중국공산당은 1947~1948년 무렵 혹은 이보다 더 일찍 기본적으로 이러한 지역의 농촌에서 그들의 정권을 수립하였다. 혁명은 이 지역들에서 기본적으로 승리를 거두었다. 마오쩌둥은 1950년에 "[구해방구] 토지혁명의 승리가 있었기에 장제스를 무너뜨리는 승리를 이룰 수 있었다."라고 하였다.[12] 이 지역에서 중국공산당은 이미 조직을 기층 단위로까지 발전시켰고 많은 농민을 당원으로 흡수하여 조

---

12 Ibid., 33.

직적인 저항을 근본적으로 제거하였다. 또한 사회 개조 계획 측면에서도 거대한 진보를 취득하여 농촌사회 빈곤 계층에서 대량의 군중 지지를 획득하였다. 마오 쩌둥이 지적했다시피, 중국공산당은 1947~1948년 내전의 결정적 전투를 진행하고 있을 때 바로 이를 기반으로 '농촌이 도시를 포위'하는 고전적인 전략을 전개하였다. 1949년 무렵 이 지역의 주요한 임무는 정치적인 통제를 확대하고, 당이 이전에 통치하지 않은 작은 고립된 지역으로부터 토지개혁을 진행하며, 다른 지역에서의 토지개혁의 성과를 점검하고 초급 합작사 형태의 농업을 발전시키는 것이다. 1950년 중반에 구해방구의 토지혁명이 완성되었다고 선포되었고, 같은 해 이 지역 3분의 1의 농호가 호조조(互助組)를 구성하였다. 이는 집단화의 길을 향한 첫걸음이었다.

구해방구와 선명하게 비교되는 것은 '신해방구'였다. 이는 화동과 화중(华中) 대부분, 서북의 대부분, 양쯔 강 남쪽의 광활한 지역이 포함된다. 1920~ 1930년대에는 농촌혁명이 남겨둔 분산된 혁명 근거지(도시의 일부 지하 공산당원도 포함됨) 외에 당은 조직적 측면의 자원과 군중의 지지가 부족했다. 북방의 지속적인 혁명 투쟁과는 달리, 새로운 지역에서의 승리는 대부분 외지인으로 구성된 군대가 외부에서 군사 정복을 통해 획득한 것이었다. 농촌이 도시를 포위하는 전략과 반대로 여기서는 먼저 도시를 공략한 다음 그 통제 범위를 농촌 지역으로 확대하였다.

공산당이 부재했던 결과, 심지어 기본적인 군사적 승리를 획득한 이후에도 반공 집단들의 힘이 여전히 강대했다. 가장 극단적인 방식은 국민당의 잔여 부대, 비밀 집단의 세력, 소수민족 및 지방에서 조직된 기타 자위 집단들이 지속적으로 무장저항을 했다는 점이다. 심지어 1950년대 중반에 이르러, 마오쩌둥은 신해방구의 변두리 지역에 아직 40만 이상의 '토비'들이 산재하며 숙청되지 않았다고 했다. 1954년 해방군은 특히 서북 지역에서 계속 이런 세력들을 소탕하고 있었다. 관련 보도에 따르면 1951년 중반에 대부분의 지역은 이미 깨끗이 소탕되었다고 한다. 이러한 무장저항은 통제를 확립하는 과정을 확실하게 연장시켰다. 하지만 한층 더 중요한 점은 지방 엘리트들의 정치 사회적 영향력이었다. 그들의 이해관계는 현상 유지를 선호하는 데 있었다. 이러한 영향력을 제거하기 위해서는 철저한 토지개혁이 필요했다. 그리고 이 토지개혁은 생채기를 내면서 시작해야만 했다.

마지막으로 중국공산당은 새로운 지역의 중심 도시에서 구해방구 도시에서 했던 모든 임무들—공공질서를 확립하고, 생산을 회복하며, 통화 팽창을 억제하고 실업을 통제하는—을 한층 더 불안정한 위치에서, 말하자면 주변 농촌의 사정이 안정화되지 못한 상황에서 처리해야만 했다. 비록 구해방구의 한층 더 유리한 농촌 상황은 그곳의 도시들로 하여금 신 지역보다 훨씬 빠른 속도로 도시 재건 목표를 실현할 수 있게 했지만, 약 5000만 인구를 포함하고 있는 중심 도시들은 신구 해방구와 분리된 다른 또 하나의 범주로 볼 수 있다.

중국공산당은 1948년 후반까지도 화북과 동북 지역의 몇몇 중소 도시 이외에 중심 도시들을 장악하지 못했다. 이와 동시에 중심 도시에 대한 통제는 늘 취약하고 기간이 짧았다. 1949년 이전 대부분의 도시는 반공세력의 중심지였다. 이곳에서 중국공산당은 비교적 취약한 지하세력에 불과했다. 또한 남방의 지하세력은 북방보다 훨씬 약하였다. 이러한 공산당 세력들은 도시를 접수하는 과정에서 단지 보조적인 역할만을 할 수밖에 없었다. 해방구에서 온 당 간부들은 늘 지하당원을 비하하는 경향이 있었다. 그들은 지하당원이 승리를 획득하는 데 조금도 공헌을 하지 않았다고 보았다. 이러한 태도는 도시에서 건립한 새로운 정권을 통해 더욱 잘 나타났다. 도시 내 지하공작자(地下工作者)는 새로운 정권 속에서 분명히 부차적인 지위를 배분받았다. 권력은 인민해방군과 농촌 지역에서 경력을 쌓은 외지 사람들의 손에 장악되었다.

중국공산당이 중국의 대도시로 진입했을 때 그들은 실질적 자산들을 장악하고 있었지만, 또한 이러한 자산을 충분히 활용하지 못해 어려움을 겪었다. 역설적이게도 어떤 의미에서 1949년에 직면한 일부 문제는 신속한 최후 승리로 말미암아 더욱 심각해졌다. 이 승리는 당 지도자의 예상을 벗어난 것이었기 때문이다. 1946년 내전이 시작될 때 저우언라이 등을 비롯한 많은 지도자들은 투쟁이 20년 쯤 지속되어야 공산당이 최후 승리를 획득할 수 있다고 예측하였다. 심지어 1948년 봄, 화북 지역의 전세가 중국공산당에게 유리하게 진전되었을 때조차도, 마오쩌둥은 아직 3년 정도 지나야 승리를 획득할 수 있다고 예측하였다.[13] 공산당 통치 구역의 갑작스런 확대는 당으로 하여금 전국을 통치하기 위한 인원과 기능이 부족함을 깊이 느끼도록 하였다.

해결방법 중 하나는 중국공산당이 지리적 통제를 확대함에 따라 신속하게 새로운 당원을 흡수하는 것이었다. 1948년부터 1950년 말까지 당원은 약 280만 명에서 580만 명으로 확대되었다. 혁명 투쟁기에 광범위한 당원 유입과 점증하는 통치의 요구들은 잘 통제되지 못했다. 덩샤오핑은 1956년 당대회에서 "해방 전후 2년 사이에 심지어 어떤 지역은 실제로 공산당의 지도와 계획 없이 당조직을 설립할 정도로 당조직이 급속히 증가되었다."라고 비판하였다.[14] 이러한 통제되지 않은 성장과 체계적인 훈련이 부족한 상황 속에서 압도적으로 증가한 농민층 신당원은 심지어 마르크스주의 사상의 기본 지식 혹은 읽고 쓰는 가장 기본적인 교양조차도 부족했다. 또 하나의 문제는 가장 새로운 당원이 최후 승리가 코앞에 있는 상황에서 입당했다는 것이다. 그 결과 당 지도자들은 이 부류의 사람들이 진정한 신념을 기반으로 입당한 것인지 아니면 기회주의자인지 확신할 수 없었다. 따라서 비록 정권을 접수할 무렵에는 당의 신속한 확장이 당연히 필요했지만, 이 확장은 인재 및 기능 부족 문제를 부분적으로밖에 해결하지 못했다.

인력과 기능, 경험의 부족은 신해방구의 농촌에 영향을 미쳤지만 도시에서 가장 심각하게 나타났다. 상술한 바와 같이 당 지도자들이 현대적인 부분에 접촉하

---

13 저우언라이의 견해는 *The New York Times*, 25 September 1946에서 보도되었고, 마오쩌둥의 예측은 Mao, *SW*, 4, 225에서 찾을 수 있음.

14 Teng Hsiao-p'ing, "Report on the revision of the constitution of the Communist Party of China"(16 September 1956), in *Eighth National Congress*, 1., 215.

였을 때 그들은 자신의 부족한 경험을 심각하게 인식하게 되었다. 인력 면에서, 중국공산당은 72만 명의 자격을 갖춘 사람들에게 문관 간부로서 정부의 행정 업무를 담당하게 하였다. 하지만 국민당 정부에는 200만 이상의 직위에 이미 담당자가 있었다.[15] 비록 중국공산당의 결점은 선명했지만, 농촌근거지에서 얻은 기술과 경험이 여전히 대단했고 쓸모 있었다는 것은 확실하다. 비록 근거지가 도시같이 복잡하지는 않았지만, 1억이 넘는 사람을 관리하면서 전반적인 행정 기술을 분명히 익혔다.

유사한 상황은 또 있다. 비록 옌안 시대 특유의 평등주의적 기풍이 있었지만, 중국공산당은 이미 농업, 군사 분야뿐만 아니라 재정, 상업, 교육 등 전문 분야에서 능숙한 간부를 육성하고 있었다. 게다가, 이미 1945~1946년 중국공산당의 도시 통치는 제한적이었지만 이미 도시 규제를 공고화하고, 자산계급과 교류하며 도시 기업을 경영하는 등의 직접적인 경험을 당에 제공하였다. 확실히, 1949년 주요 도시들이 접수되었을 때 중국공산당은 현대 부문을 지배하는 2700개 대기업을 직접 운영할 수 있는 경제 관리 훈련을 받은 충분한 간부를 보유하고 있었다. 또한 당이 처음 도시를 관리하는 과정에서 나타난 급진적 행위는 1947년부터 1948년까지 더욱 온건한 정책을 시행하는 데 도움이 되었으며, 이 정책은 1949년에 명확히 천명한 강령의 기초가 되었다.

그러나 당이 가지고 있는 가장 소중한 자산은 당 지도자들이 열렬하게 도시혁명의 단계를 환영했다는 것이다. 1949년 초 마오쩌둥은 "지금부터 '도시에서 농촌으로의 시대', 또한 도시가 농촌을 이끄는 시기가 시작되었다."라고 선언하였다.[16] 당시 그는 도시 업무를 우선순위에 배치할 의지를 표시하였을 뿐만 아니라,

---

15   중국공산당의 수치는 안쯔원(安子文)에 의해 제공됨, An Tzu-wen(安子文), "Training the people's civil servants", *People's China*, 1 Januarary 1953. 국민당의 수치는 가오잉마오(高英茂)가 1948년 중화민국 통계연감의 수치에 근거하여 추측한 수치임. Yi-maw Kau(高英茂), "Govermental bureaucracy and cardres in urban China under communist rule, 1949-1965", 237.

16   Mao, *SW*, 4, 363.

도시 방식이야말로 가장 진보적이고 현대화로 향하는 유일한 통로라는 것을 인정하였다. 이 태도는 여러 측면에서 표현되었는데, 예를 들어 1950년 노동자를 당원으로 받아들이는 결정을 강조하였다. 이 조치는 중국공산당으로 하여금 더욱 소련의 정통에 부합되도록 하였다. 지도자들의 이러한 경향으로 인해 생성된 가장 선명한 효과는 도시문제를 도시 자신의 방식으로 처리할 수 있는 근거를 확보하였다는 점이다. 이는 '농촌의 도시화와 도시의 농촌화'라는 매력적이지만 쓸모없는 관념을 포기하게 하였다.[17] 이전에 중국공산당이 화북 근거지에서 성공할 수 있었던 것은 역량을 농촌의 실제 문제를 해결하는 데 견결하게 집중하였기 때문이었다. 도시 통치의 초기 단계에서 나타난 성과도 이와 마찬가지로 거의 도시와 관련된 임무에 집중하였기 때문이었다.

비록 이러한 자산을 가지고 있었지만, 기술 및 인원 부족은 분명 당으로 하여금 1949년에 도시를 전면적이고 효과적으로 통제하지 못하게 만들었다. 이러한 상황 속에서 중국공산당은 두 가지 전략을 채택하였다. 하나는 당이 일부 핵심적인 분야에 간섭하는 것을 제한하여 사회의 기타 분야 사업이 이전처럼 정상적으로 운영될 수 있도록 보장하는 것이고, 다른 하나는 계속하여 인적 자원 개발을 추진하여 정부와 공익사업들이 제대로 작동할 수 있도록 보장하는 것이다. 정권을 장악한 후 첫 조치는 바로 기존 인력들이 계속 자신의 일자리에 남아 있도록 하는 것이었다. 다만 국민당과 밀접한 연관이 있는 소수 사람들만이 체포되었고, 대다수 관원들은 기존의 업무를 계속 진행하고, 기존의 월급을 계속 지급받을 수 있도록 하였다. 공산당 간부는 각 행정기관과 중요한 경제 기업에 파견되어 정치적인 통제 업무를 맡아 보도록 하였지만, 실제적인 행정과 관리 업무는 대부분 여전히 국민당 시기의 '기존 인력'이 수행하고 있었다.

인적 자원의 두 번째 원천은 학생과 기타 교양 있는 도시 청년 대오로부터 충

---

17 1949년 중국공산당의 선전책자에 근거함. Suzanne Pepper, *Civil war in China: The political struggle, 1945-1949*, 379.

원한 '새로운 간부들'(반드시 새 당원은 아닐 수 있다)이었다. 이러한 지식 청년들은 군대를 따라 도시로 들어온 해방구의 '노간부들'이 구비하지 않았던 기능들을 가지고 있었다. 비록 이러한 새로운 인원들을 보충하는 것은 절대적으로 필요했지만, 이는 촉박하게 구성된 관료 계급 내부에서 상당한 긴장 관계를 조성하였다. 많은 노간부들은 스스로를 이미 혁명 투쟁 시기의 시련을 통해 검증되었다고 보고, 새 간부와 기존 인원들을 무시하였으며 그들을 믿을 수 없다고 여겼다. 특히 노간부들은 젊은 지식인들이 그들의 특정 능력에 따라 선정 배치되고 기존 인원들이 계속 원래의 봉급을 받는 동안, 자신들이 혁명 공급제하에서 일용 필수품만을 배급받는다는 사실에 큰 불만을 품고 있었다. 젊은 간부와 기존 인원들은 노간부의 오만한 태도에 불만을 품었으며, 노간부들이 기존의 정치 공헌을 기반으로 특혜를 누리고 있다고 생각했다. 단기적으로 당 지도자들은 다양한 집단의 불만을 해소하고 조화로운 관계 속에서 대두된 문제들을 해결하기 위해 노력하였다. 장기적으로 1951년부터 채택한 조치는 도시 업무에 필요한 기능을 갖추지 못한 노간부를 농촌으로 하방시키고, 점차 새로운 간부에 대한 정치와 전문 교육을 강화시키는 동시에 신뢰할 수 없다고 판정된 사람들을 제거하고, 새로 임용된 간부들을 활용할 수 있게 되었을 때 관직에 있었던 기존 인원들을 파면시키는 것이었다.

비록 당은 인적 자원을 늘리기는 했지만, 초기에는 자신의 활동 범위를 축소하였다. 많은 직능이 새로운 정부의 직접적인 능력으로는 감당할 수 없었기에, 다양한 비정부 집단들이 대중을 위해 서비스를 제공하는 것이 허용되었고 심지어 지지받았다. 예를 들면, 정부는 전통적인 자선 단체를 동원하여 가난한 사람을 구조하도록 하였고, 1950년까지만 해도 개인 단체와 종교 단체가 여전히 전국의 고등교육기관 중 거의 40%를 장악하고 있었다. 이러한 방법은 모종의 결정에 의해 나타난 것인데, 그 결정은 당의 제반 활동들의 범위를 제한하고 축소시키는 것이었다. 비록 중국공산당 최고 당국은 농촌의 계급투쟁 방법을 도시로 적용하지 말라고 여러 차례 경고하였지만, 1948년 말과 1949년 초, 신해방구 도시에 진입한 많은 간부는 여전히 피압박인민들을 동원하는 '좌파'적 관념에 매여 있었으며, 광범위한 기초 위에서 그렇게 동원하는 방법을 강구하였다. 그들은 제한된 자원을 소량으로, 적절히 조정하지 않은 채 전체 주민 거주 지역과 소형 기업에 보급시켰다. 이러한 방법은 류사오치가 1949년 4, 5월에 톈진에서 제창하고, 그 후 기타 중심 도시에서 채용한 조치에 의해 수정되었다. 류사오치는 정치 조직을 중앙집중화시키면서 현대 경제 부문, 교육계와 정부 행정 부문에 간부를 새로 안배하였지만, 전통 부문은 간섭하지 않았다. 마지막 결과는 중국공산당이 실제로 중요한 기구와 세력을 장악함으로써, 미래 사태 발전을 좌우하는 능력을 강화시킬 수 있었다는 점이다.

류사오치가 톈진에서 이룬 성과는 당으로 하여금 일부 핵심적인 경제 문제에서 양보를 할 수 있게 하였다. 마오쩌둥은 얼마 전에 이미 경제 문제를 도시 업무의 주요 핵심 사업—생산을 회복하는 것, 특히 공업 생산을 회복하는 것—으로 간주하였다. 이 측면에서 새로 들어온 간부의 열정은 또 하나의 장애로 판명되었다. 당은 이전 국민당 통치 시기에 노동자들이 여러 가지 요구를 제기하고 계속 소란을 피우도록 공식적으로 고무시켰기에, 열정적인 새 간부들은 산업 투쟁으로 인해 많은 공장이 돌아가지 못하는 상태가 벌어지더라도 노동자들이 관리자에게 반대하는 것을 지지하였다. 류사오치는 이를 경제 회복을 저해하는 좌파주의적 일탈이라고 주장했다. 그는 노동 기율을 제창하고, 고용자측이 임금을 제한하며 과격 행위를 한 직원을 해고할 수 있는 권리 및 '합리적'으로 분쟁을 해결할 수 있는 정책을 제정하였다. 노동자의 월급과 노동 조건 측면에 관련된 이익을 무시하는 것이 아니라, 그들의 요구를 제한하고 나아가 그들이 장기적인 이익을 위해 단기간 희생할 것을 호소하는 데 중점을 두었다.

이러한 정책은 성공적으로 생산을 회복시켰고, 1952년에 이르러 전국의 많은 분야가 이미 전쟁 전의 최고 생산량에 도달하였다. 결과적으로 심각한 도시 실업 문제를 완화하는 일에 역량이 집중되었다. 게다가 공업 생산을 회복하고, 내륙의 공급 노선을 개척하는 이 두 가지 성과는 국민당에 대한 불신을 낳았던 심각한 인플레이션을 억제시켰다. 이러한 진전 조치들—세금 징수, 국채, 강제 저축을 통해 화폐를 유통 경로에서 제거하고 행정 지출을 삭감하며 국영무역회사를 통해 주요 상품을 통제하고 투기를 엄격히 처벌하는 등—은 국민당의 천문학적 수치에 달하는 인플레이션을 1951년에 15%의 통제 가능한 수치로 감소시키는 데 성공하게 하였다.

한편, 중국공산당은 사영 부문의 통제력 강화와 경제 회복을 결합할 수 있었다. 비록 자본가들은 공산당 통제하의 노조를 노동자들이 양보하도록 하는 안전장치로 보았으나, 노동법에 의해 보장되는 합법 노조는 도시 노동자들의 운명을 적절하게 개선시킬 뿐만 아니라 당의 요구들을 강제하기 위한 강력한 장치를 공산당에게 제공하였다. 뿐만 아니라 대규모 국유기업, 국영무역회사와 은행들의 경제적 지도 역할은 대출, 국가의 제품 일괄 수매 및 원재료 공급용 계약서, 판매 대리인을 지정하고 관방에서 가격을 규정하는 등의 일련의 조치들을 통하여 자본가 기업들을 외부적으로 강력하게 통제할 수 있게끔 해 주었다. 결국 경제가 회복하는 과정은 중국공산당으로 하여금 광범한 군중의 지지를 획득할 수 있게 해 주었을 뿐만 아니라 지속적인 발전을 견인할 수 있는 당의 능력을 한층 높여 주었다.

통일전선과 민주독재

중국공산당이 초기에 통제를 강화하는 데 성공할 수 있었던 핵심적인 요인들 가운데 하나는 당의 지지를 극대화하고 두려움을 최소화할 수 있는 능력에 있었다. 일부 요인들은 당에 유리하게 작용하였다. 앞에서 상술한 바와 같이 통일되었다는 사실 자체가 교육 받은 엘리트의 애국적 지지를 낳았고 나아가 평화가 회복되었다는 광범위한 대중의 안도감을 불러일으켰다. 이것은 또한 전통적인 요소를 가지고 있었다. 왜냐하면 중화인민공화국이 자신의 정통성을 세울 수 있는 권리를 가진 하나의 새로운 왕조로서 폭넓게 받아들여졌기 때문이다. 또 다른 우호적인 조건은 특히 도시 중산계급 사이에 국민당을 거의 전적으로 불신하는 풍조가 있었다는 것이다. 심지어 공산당의 최종 목표를 두려워할 만한 충분한 이유를 가지고 있었던 산업자본가들과 같은 집단들로부터도 공산주의자들은 환영을 받았다. 적어도 도시에서 나타난 인민의 희망과 포용적인 태도가 단순히 상황에 따른 부산물이라고는 할 수 없었다. 이는 핵심 집단과 대중들을 전반적으로 안심시키려던 중국공산당의 지속적인 노력을 반영하였다. 앞에서 이미 언급했다시피 공무원은 그들의 자리가 유지되었고 자본가들은 그들의 기업을 회생시키는 데 도움을 받았다. 전반적으로 나무랄 데 없었던 점령군(공산당군)의 행위는 인민 전체에 깊은 인상을 남겼는데 이것은 국민당 세력들이 1945년에 도시로 돌아왔을 때 한 행위와 선명하게 대조를 이루었다.

이러한 조치들은 즉흥적인 것이 아니었다. 이러한 조치들은 마오의 전략에 선명한 특징 중의 하나인 통일전선 전략을 반영하고 있었다. 혁명의 승리는 비교적 한정된 목표를 설정하고 가능한 한 적의 범위를 최소화하는 방법을 통하여 광범위한 동맹 세력들을 규합하는 원칙에 기반해서 대부분 달성되었다. 해방 이후 국면에 적용된 것이 이러한 통일전선 전략의 실천이었다.

이 접근법은 중화인민공화국 건립 때 선언된 총강령과 제도적 장치들에 반영되었다. 핵심적 요소는 신정권과 구정권을 연계함으로써 정통성의 폭넓은 기반을 모색하려는 노력이었다. 이론적으로, 인민대표대회 제도를 건립하기 전까지 국가권력이 임시적인 최고기관은 중국인민정치협상회의였다. 중국인민정치협상회의는 외관상 다당기구로서 내전을 회피하기 위해서 1946년 초에 국민당에 의해 개최되었던 정치협상회의와 관련이 있었다. 이와 마찬가지로 통일전선의 선구자는 국민당의 창시자인 쑨이셴(孫逸仙: 쑨원)으로까지 거슬러 올라간다.

통일전선과 중국인민정치협상회의에 참가했던 세력은 소위 민주당파였다. 이는 중산계급과 지식인 집단들을 기반으로 한 작은 단체였다. 그들은 국공 내전

기간에 제3세력으로 성장하려고 시도하였다. 이러한 민주당파의 대표인수는 정식으로 중국공산당에 안배된 대표인수를 대대적으로 초과하였을 뿐만 아니라, 더욱 의미심장한 것은 신정부 24명 부장(장관) 중에서 11명이 소수당파의 대표 혹은 무당파 '민주인사'였다는 사실이다. 비록 정권은 분명 중국공산당이 장악하고 있지만, 이러한 직위들이 단순히 형식적인 것은 아니었다. 더 넓은 의미에서 말하면, 중화인민공화국 초기에는 명망이 있는 비공산당 인사들의 의견을 진심으로 구했다.

중국공산당의 공동강령에 나타난 미래의 청사진이 온건하고 타협적인 성격을 가졌다는 점도 마찬가지로 중요했다. 이 문건의 특징은 점진주의였다. 비록 문건에는 특히 경제영역의 장기적인 목표들이 포함되어 있었지만, 중점은 현재 업무에 두었다. 저우언라이의 말을 인용하면 사회주의와 공산주의의 최종 목표들을 "지금 써 넣지 않은 것은 그 목표들을 부정하는 것이 아니다."라고 하였다.[18] 1950년 중반 마오쩌둥은 심지어 당의 강령에서도 점진적 성격을 더욱 강조하였다. 당시 그는 "어떤 사람은 자본주의를 소멸시키고 앞당겨 사회주의를 실행할 수 있다고 주장하지만, 이런 사상은 오류이며, 우리나라 상황에 부합되지 않는다."라고 선언하였다.[19]

게다가 공동강령은 점진주의뿐만 아니라 전통적인 통일전선 전략을 채택하여, 적들의 범위를 '제국주의, 봉건주의와 관료자본주의'로 축소시켰다. 중국의 민족적 권리들을 옹호하고 서구 기업들을 배제하는 정책들은 확실히 민심을 얻었다. 그럼에도 불구하고 이러한 애국주의에 대한 호소는 소련과의 동맹 결정에 의해서 다소 약화되었다. '관료자본'—국민당과 관계가 밀접한 사람들이 경영하고 또한 새로운 국가에 의해 몰수되었던 제한된 수의 대기업—도 다수 대중들이 공격하는 대상이었다. 특히 개인자본가들('민족자본계급')도 국민당의 비호를 받은 유착

18　*Selected works of Zhou Enlai*, 1, 406

19　Mao, *SW*, 5, 30

관계의 기업들로부터 심각한 타격을 받았다. 마지막으로 봉건세력인데 이는 농촌 인구의 3~5%를 차지하는 지주계급에 한정되었다. 부농을 적으로 만들지 않을 뿐만 아니라 '부농경제'를 온존하려는 것은 중국공산당 농촌 정책의 핵심적인 특징이 되었다. 예를 들어 1950년 초 마오쩌둥은 이러한 방법이 "지주를 고립시켜, 중농을 보호하며 … 민족자본가(민족자산)계급을 안정시키는 데 유리하다"[20]라고 하였다. 그러한 농촌 정책은 토지 문제와 긴밀히 연계되어 있었다.

통일전선은 마르크스 이론 수준으로 추앙되었다. 건립된 '신민주주의국가'는 정통적인 프롤레타리아 독재가 아니고, '인민민주독재'였다. 인민민주독재에서 농민, 소자산계급, 민족자산계급은 노동계급과 연대하여 모두 통치 계급이 되었다. 중국공산당은 이 개념을 채용할 당시 대세였던 구소련의 국가 제도에 관한 정통 개념으로부터 벗어났다. 비록 소련의 이론가들은 1948년 이전에 자산계급(자본가계급)이 동유럽 '인민민주국가' 내 국가 기구의 구성 부분이라는 것에 동의하였지만, 이런 입장은 티토와 결렬한 후 완전히 변화되었다. 소련 사람들은 이때 중국의 이런 주장을 인정하지 않았다. 중국공산당의 이론가들이 무산계급독재와 인민민주독재의 기본적인 유사성을 인정하기 시작하였을 때, 당의 지도자는 이 입장을 1953~1954년까지 견지함으로써, 통일전선 전략의 중요성뿐 아니라 상황이 허락하는 한 이데올로기적인 독립과 정치적인 독립을 견지하려는 결심을 표명하였다.

비록 이러한 독립을 보호하고 유지하려는 태도를 취하였지만, 총체적인 이론이니 구체적인 정책 측면에서 소련의 영향력은 여전히 대단하였다. 여러 가지 소련의 이론 서적은 중국에서 광범위하게 학습되었고, 신민주주의 경제의 점진주의는 레닌의 신경제정책을 참고로 하였다. 한층 더 광범위한 정치 이념의 측면에서 국가 형식은 당연히 소련의 국가 형식과 똑같았고, 그 독재정치는 근본적으로 여전히 공산당 독재였다. 인민민주독재 이론에서 명확히 제시한 바와 같이, 국가

---

20 Ibid., 24-5

를 구성하는 여러 계급은 평등한 계급의 연합이 아니었다. 이 연합은 노동자계급 —즉 노동계급의 선봉대인 공산당—이 영도하고, 다른 계급들은 무산계급의 교육을 받아야 했다. 소련 사람들과 갈등의 한 요인이었던 민족자산계급의 경우에 이러한 교육은 확실히 가혹한 것이었다. 왜냐하면 민족자산계급은 동요하는 계급이고 착취하는 측면이 있는 계급으로 묘사되었기 때문이었다. 초기의 통일전선 관점은 민족자산계급과 대다수 대중들이 새로운 중국을 건설할 때의 역할을 강조하였지만, 민주독재는 늘 신속하게 '인민' 가운데 어떤 구성원의 정치적 지위를 재규정할 수도 있었다.

군사적 통치 및 대구역 통치

1949년의 형세는 먼저 공산당의 통치가 군사화, 분권화되도록 보장하였다. 신해방구가 인민해방군의 손으로 들어갔기에 '토비(土匪)'의 반항을 소멸하는 임무는 여전히 존재했다. 초기에는 군사관제위원회(軍事管制委员会)가 지방 최고 관리 당국의 역할을 맡았다. 그러나 이런 기구들은 분명 임시적인 성격을 갖고 있었다. 공동강령에 근거하면, 군사관제위원회의 기간은 엄격히 지방의 상황에 따라 결정되었다. 또한 일단 실행 가능하면 민간 정부가 이를 대체하도록 했다. 마찬가지로 지역 간의 거대한 차이는 분권화된 행정 조직을 필요로 했다. 이는 전국에 적용되는 하나의 통일된 정책이 없었기 때문이었다. 하지만 처음부터 이것도 과도적인 것으로 나타났다. 이 관제위원회의 기능에 따라, 중국은 6개의 대구역으로 나누어졌다(내몽골과 시짱은 제외, 이 지역들은 분리시켜 관리함). 그 시기의 상황을 반영하여 그중 4곳의 대구역—중남(中南), 화동(华东), 서북(西北)과 서남(西南)—은 군정위원회(軍政委员会)가 관리하고, 화북(华北)과 동북(东北)은 인민정부에 넘겨 군사임무를 성공적으로 완결짓도록 하였다. 이러한 대구역 관리 기구는 명칭상으로 몇 번 변경되었지만 1954년까지 존재하였고, 그들의 권리는 상황에 따라 점차 중앙으로 이전되었다. 당의 대구역 국(局)과 군구는 이러한 동일한 지리적 기반을 통해 유지되었다. 그러나 이들은 1954년부터 1955년까지 매우 점진적으로 폐지되었다.

군사 통치로부터 민간 통치로의 이양은 매우 순조롭게 진행되었다. 비록 초기의 군사관제위원회는 당정기구에 광범한 권력을 행사하였으나, 그 인원들은 곧 그들을 통제하러 간 단위(単位, the units)들에 의해 흡수되었다. 몇 달 안 되는 사이에 위원회는 조정 및 감독 기구로 전환되었다. 이 기구의 사무실에는 근무하는 인원이 얼마 없었다. 이는 행정업무를 점차 신정부가 직접 담당하게 되었기 때문이다. 1951년에 이르러 지방정부가 독자적으로 법령을 발표하게 되면서 관제위원회의 역할은 기본적으로 치안(治安)과 위수(衛戍) 업무 등으로 축소되었다. 장기적인 투쟁과정에서 정치공작요원(政工)과 군부요원들 사이에 맺어진 친밀한 관계는 민간 통치로의 순조로운 이행이 이루어진 이유를 잘 설명해 준다. 그러나 적어도 마오가 1938년에 명시했듯이 민간 당국과 군사 당국의 명확한 구분은 동등하게 중요했다. 즉 마오는 "우리의 원칙은 당이 총(군대)을 지휘해야 하며, 총(군대)이 당을 지휘하는 일은 절대로 용납할 수 없다는 것이다."라고 하였다.[21] 이런 원칙은 대구역 최고 장관의 임명에 반영되었다. 중국의 중남 지역 외 모든 대구역의 핵심적인 직위인 당의 제1서기는 정치공작요원이 담당하였고, 중남구는 인민해방군에서 가장 전공(戰功)이 탁월한 장교 중의 하나이자 마오쩌둥으로부터 제일 신임을 받는 린뱌오(林彪)가 제1서기로 임명받았다. 그 밖에 정치적 역할과 군사 역할의 제한적인 구분은 대대적으로 확대되어야만 했다. 공동강령은 공군과 해군의 군사 현대화를 호소하였으며, 한반도 전쟁은 소련의 원조하에 현대화를 진행하는 동력을 제공하였다. 비록 많은 인민해방군 지휘관들이 민간 업무를 담당하였지만, 대부분의 군인들은 날로 전문화되는 군사 분야에서 충분히 발전할 기회를 찾았다.

1949년부터 1952년 사이, 대구역 행정 기구의 권력은 상당히 컸다. 엄격히 법

---

21 Ibid., 2, 224

적 의미에서 볼 때, 이 상황은 선명하지 않았다. 왜냐하면 대구역들의 행정 권력들은 직접 베이징의 정무원(국무원) 영도 아래에 있어서 자주권이 없었기 때문이었다. 하지만 현실적으로 경험이 부족한 정부기구가 막 설립되었고, 또한 초보적인 계획과 통계 능력밖에 없었으므로, 대부분 사업은 대구역에게 맡길 수밖에 없었다. 게다가 각 지역마다 직면한 상황과 문제들이 서로 아주 달랐기에 중앙의 지도자들은 대구역에서 어느 정도의 권력을 필요로 하는지 갈피를 잡지 못하였고, 지역에서의 실험을 상당히 허용하였다. 전체적인 패턴은, 중앙에서 정책의 대체적인 틀을 짠 뒤 정책 실행의 속도와 방식들은 대구역에 맡기는 것이었다. 예를 들어, 1950년 중반에 베이징 당국에서는 토지개혁법이 통과되었지만, 전언에 따르면 중앙 감독 기구도 설립되지 않았으며, 이 법안의 실행은 각 대구역 정부에서 설립한 토지개혁위원회가 담당하였다.

대구역의 권력은 또한 아래의 몇 가지 사례를 통해 나타난다. 즉 초기에는 몇몇 중국공산당의 최고 권력자들이 군정위원회와 인민정부를 영도하였다. 최고지도자들의 경우를 예로 들자면, 약 3분의 2의 공산당 중앙위원들은 이 몇 년간 베이징 이외 지역에서 근무하였다. 변화의 중요한 표식은 이 시기가 지남에 따라, 그 지도자들이 점차 중앙으로 전임되었다는 점이었다. 비록 일반적으로 여전히 지방 권력도 함께 계속 행사하고 있었지만, 1952년에 이르러 대구역 권력의 핵심 인물들은 베이징에서 중요한 업무들을 담당하게 되었다. 게다가 중앙 관료의 지위들이 상승하고 대구역 내 상황들이 점차 통일됨에 따라 특정 권력은 베이징으로 이전되었다. 예를 들어 1950년 3월 정무원에서는 전국 재정 경제 업무를 통일하는 결정을 선포하였다. 하지만 한편으로는 1951년 11월 대구역의 임명권을 확대하는 결정의 경우 지방 분권화에 대한 계속적인 요구도 인정받았다.

물론 분권화는 일부 지방 이익을 확대시키기 위하여 중앙 지령을 무시하는, '지방주의적인' 일탈의 여지를 부여하였다. 1945년부터 1952년까지, 이 측면의 가장 선명한 사례는 토지개혁과 관련하여 남방의 광둥 성에서 발생하였다. 그곳

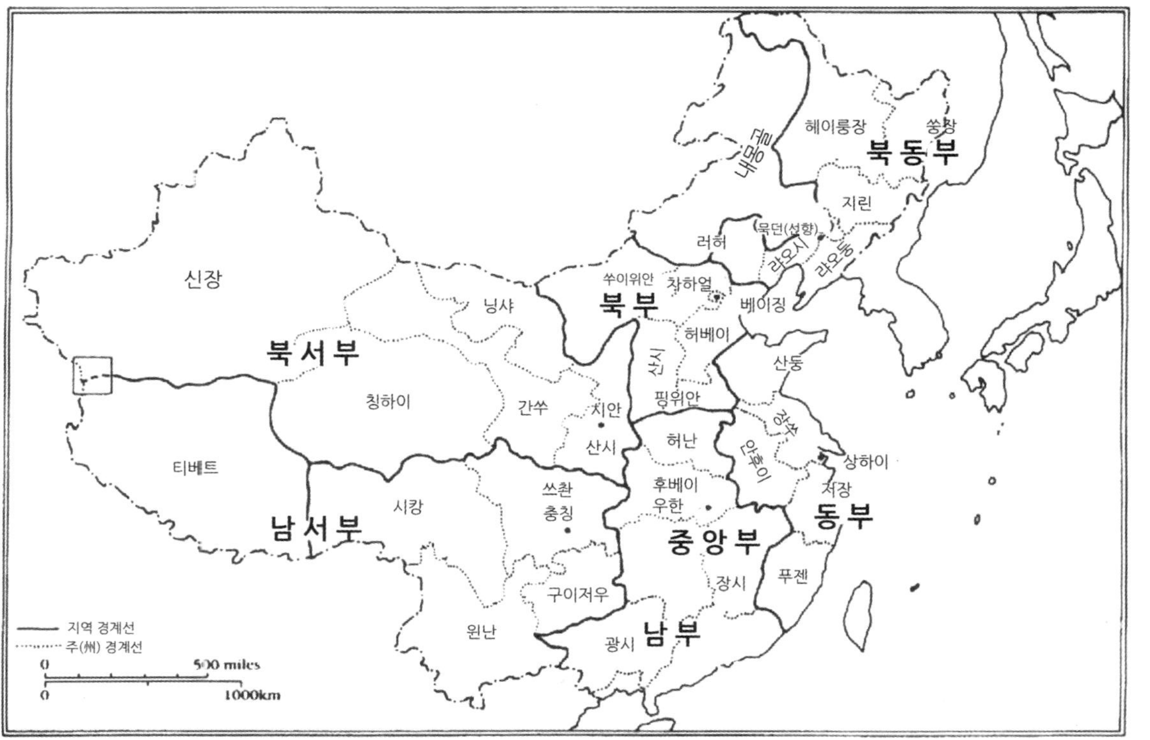

지도 2. 1949~1954년의 행정대구역

주: 1952년 말, 차하얼(察哈尔)은 내몽골, 산시, 허베이로 편입되었고, 핑위안은 허낭과 산둥으로 편입되었다. 1954년 행정대구역을 취소할 때, 쏭장은 헤이룽장으로 편입되었고, 랴오둥과 랴오시는 합병되어 랴오닝이 되었으며, 쑤이위안(绥远)은 내몽골로 편입되었고, 닝허는 간쑤의 일부분이 되었다. 1955년 시캉은 쓰촨과 시짱으로 편입되고, 러허는 내몽골, 랴오닝, 허베이로 편입되었으며, 1958년 닝허는 다시 나타나 닝허회족자치구가 되었다.

의 지방 간부가 다른 지방보다 더 온건하고 느리게 토지개혁을 진행한 결과 상급 조직의 비판을 받고 마침내 주요 인물들이 외부에서 파견된 새 지도자에 의해 대체되기에 이르렀다. 그러나 이 사건과 관련하여 의미심장한 것은 지방 간부와 대립한 주요 조직이 베이징의 중앙당국이 아니라 우한(武汉)에 위치한 중남 군정위원회의 지도자들이었다는 것이다. 비록 대구역의 불가피한 '착오'는 베이징의 비판을 받아야 했지만, 이 몇 년간 대구역이 중앙 권력에 저항했다는 증거는 아주 적다. 이러한 상황에서 발생한 변화는 중앙의 지도자에게 필요할 뿐만 아니라 바람직한 것으로 여겨졌다. 근본적으로 이것은 정세가 더 안정되고 조직 자원이 더 풍부했던 화북과 동북 지역에서 먼저 여러 가지 당의 계획이 시행되었고 이어 상황이 허용될 때만 남쪽으로 보급되었음을 의미했다. 서북과 서남은 중앙의 계획을 시행하는 것에서 유난히 뒤떨어져 있었다. 하지만 광둥의 사례와 달리 서북·서남 지역 내 '토비 세력'의 강력한 저항으로 인하여, 베이징 중앙당국은 이 대구역들의 낙후된 상황이 불가피하다고 생각했다.

대구역 특수성의 가장 두드러진 사례는 동북 지역이었다. 이는 가오강이 이미 그곳에 '독립된 왕국'을 건립했다는 이후의 왜곡된 혐의(나중에 토론할 것임)와는 거의 관계가 없었다. 반대로 이는 아래와 같은 사실을 반영하였다. 여러 가지 원인으로 동북 지역은 가장 진보하였고, 또한 전국의 다른 대구역에 비해 선도자 역할을 하였다. 첫째, 동북 지역은 일본 통치 시기로부터 공업화의 이득을 받았다. 따라서 가장 발달된 경제 기반을 구비하고 있었다. 동북은 1949년에 중국 공업 제품 생산의 34%를 제공하였고, 1952년에는 52%를 제공하였다. 둘째, 동북은 제일 처음으로 완전히 해방된 대구역이었기에 더욱 빨리 전면적으로 정책을 집행할 수 있는 방향으로 발전할 수 있었다. 1950년에 이르자 동북 지역에서는 대구역 계획을 시작할 수 있었다. 마지막으로 소련과 인접하고, 소련이 이 지역의 철로와 다롄, 뤼순(旅順) 두 항구를 소유하고 있다는 사실은 동북으로 하여금 소련의 원조와 영향을 더 쉽게 받을 수 있게 해 주었다. 예를 들어 동북은 소련식 경제 관리 방법(비록 숙련된 기술 인원의 부족으로 어려움에 직면하였지만)을 실행하였다. 일반적으로 이러한 방법은 전국으로 보급시키기 위해 베이징의 중앙 지도부의 승인을 받았다.

정책들을 전국적인 범위에서 추진하기 전에 먼저 시험하고 수정하게 하는 동북의 시범적 지위는 선진 공업 부문에만 국한된 것이 아니었다. 청년 업무 측면에서 동북 전반, 특히 하얼빈은 모범으로 추앙받았다. 이 시기에 개시된 군중 비판운동 중의 하나로도 시의 부패 현상에 반대하던 삼반운동(三反运动)은 처음에는 동북에서 시험적으로 전개되었다. 동북 지역에 대한 중앙 지도부의 태도는 중국 통일전선의 대표적인 인물이자, 쑨원(孙文)의 아내인 쑹칭링(宋庆铃)이 이 지역에 대한 인상을 담은 한 문장에서 개괄되었다. 그녀는 중국에 밝은 미래가 있으며, "우리 동북은 앞장서고 있다."라고 썼다.[22] 베이징은 동북의 선구적 역할을 지지하면서 동시에, 서북과 서남을 낙후 지역으로 간주하고 이들 지역들에는 완전히 다른 정책을 실행하는 것이 필요하며 타당하다고 하였다.

토지개혁

전반적으로 새로운 해방구에서 가장 중요한 임무는 토지개혁이었다. 중국공산당은 이 임무에 도시의 더욱 복잡한 상황을 처리할 때 종종 부족했던 경험과 인력을 동원하였다. 인민해방군이 양쯔 강을 건널 당시, 당은 이미 20여 년간 농촌 혁명을 진행해 온 상태였다. 그때 당의 지도자는 다양한 방식들을 시도했고, 또한 농민을 동원하는 일련의 방법들을 개선하였다. 그러나 당이 광대한 농촌에서 직면한 업무는 어떤 의미에서 볼 때, 도시에서 진행한 업무보다 더욱 힘들었다. 우선 당의 최고지도자마저 과거 경험을 새로운 상황에 어느 정도로 적용할 수 있는지에 대해 확실히 파악하지를 못하였다. 마오쩌둥은 1950년 초에 사람들로 하여금 이미 변화된 정세에 주의하도록 촉구하였다. "과거 북방의 토지개혁은 전쟁

---

22 『人民日报』(이후 *RMRB*), 1 May 1951.

중에 진행하였기에 전쟁 분위기가 토지개혁의 분위기를 가렸다. 지금은 전쟁이 거의 없기에 토지개혁은 특히 부각되며, 사회에 대한 충격도 특히 중대하게 나타날 것이다."[23]

더욱 중요한 것은 이때는 중국공산당이 이미 광활한 영토를 획득하였다는 것이다. 1949년 당시에 중국공산당이 450만 모든 당원들을 이들 지역에 기적적으로 파견할 수 있었다고 하더라도, 이로써 형성된 간부 역량을 넓게 분산된 농촌 인구로 침투시키기에는 여전히 역부족이었다. 게다가 당원들은 외지인으로서 현지 상황에 대한 이해가 아주 적은 상태로 신해방구의 촌락에 왔다. 또한 완전히 다른 농업과 소유제 형식을 기반으로 한 생각을 가지고 있었고, 심지어 현지 말을 할 수도 없었다. 인원이 분산되어 있고 또한 외지인이라는 신분을 가지고 있었기에, 1952년 가을 중국공산당이 농촌 인구의 90% 이상을 차지하는 지역에서 획득한 토지개혁의 성과는 초기 경험의 적절함과 당 지도자들의 결심을 증명하였다.

농촌으로의 침투는 먼저 해방군 부대의 형식으로 나타났다. 침투는 도시에서 농촌의 향·진(乡·镇)으로, 다음은 마을로 전개되었다. 이러한 부대의 업무는 '토비 척결'과 달리 일반적으로 현지 인민들의 무기를 압수하고, 치안 기능을 수행하며, 촌의 민병을 조직하는 쪽으로 제한되었다. 바로 인민해방군을 따라 마을로 들어온 것은 간부로 구성된 소조 혹은 다소 규모가 큰 공작대였다. 다만 그중 10% 정도되는 일부만이 북방 농촌 투쟁 경험이 있는 노간부들이었다. 대부분은 학생과 기타 도시의 지식인 집단, 지주 및 부농과 가족 관계가 있는 농촌의 지식 청년, 도시 실업자, 중국공산당의 유용한 지방 지하공작원(地下工作者, 만약 있다면)들이었다. 의심스러운 계급배경뿐만 아니라 급진적인 성격을 가진 청년들이 종종 이러한 정치 업무자들의 특징이 되었다.

그들의 첫 임무 중의 하나는 인민해방군의 도움으로 세금을 징수하여 새로운

---

23 Mao, *SW*, 5, 24.

58

정권을 지원하는 것이었다. 정권 인수 후 곡물세를 징수하려고 시도한 뒤 첫 해에만 3000명 이상의 간부가 살해되었다는 사실로 알 수 있듯이, 이 세금 징수 업무는 필연적으로 간부와 농민들 사이의 갈등을 조성하였다. 그러나 새로운 정책들이 점차 뚜렷이 세 부담을 가난한 사람으로부터 부자에게로 전이시키자 새로운 질서에 대한 지지가 생성되었다. 이 시작 단계에서 간부들이 취한 기타 조치들에는 농회(農會)를 조직하고 소작료와 이자를 삭감하며, '악질 토호' 혹은 '지방 토호', 바꿔 말하면 구 엘리트 가운데에서 가장 포악한 사람에 맞서는 투쟁이 포함되었다. 이러한 시도들 가운데 어느 것도 장애가 없는 것이 없었다. 악질 토호는 가끔 자의적으로 지명되기도 했다. 농민은 늘 비밀리에 지대를 다시 지주에게 돌려주곤 했다. 1950년 가을에 이르러 많은 지역들의 급조된 농회 중에서 단지 20%만이 신뢰할 만한 것으로 판정받았다. 확실히 토지개혁의 후반 단계에서 이후 계획들은 늘 두세 번 반복해야만 성공할 수 있었다. 전체적인 노력의 제한적 성격은 토지개혁이 끝날 무렵에 진행된 조사를 통해서 한층 더 분명히 드러났다. 조사에 따르면 어떤 지역의 경우 40%의 농민만이 농회에 참가하였다고 한다.

이 모든 조치는 토지개혁—지주의 토지를 몰수하여 재분배하는 것—이라는 주요한 업무를 위한 준비 작업이었다. 1950년 6월 중앙당국은 토지개혁법을 공포하여 이 업무를 지도하였다. 새로운 법률과 류사오치의 보고는 현재 상황과 북방 전쟁 시기 토지개혁의 차이점 및 '부농경제'를 유지하는 정책에 대한 마오의 관점을 반영하였으며, 이 계획을 위한 경제적 근거를 명쾌하게 제시하였다. 따라서 토지개혁의 주요 기능이 빈민을 구제하는 것이라는 관점은 거부되었고, '농촌생산력을 해방' 하고 '공업화의 기반을 구축'하는 것이라는 관점이 중시되었다. 또한 토지개혁법에서는 평화로운 상황이므로 지주의 반대를 쉽게 극복할 수 있을 것이라고 낙관하였으며, 이 임무의 시행을 위한 선행 조건으로서 정치 질서를 강조하였다.

그러나 신해방구 농촌에서 토지개혁 준비 업무는 어려움을 겪었다. 이는 이미 상술한 분석의 신뢰성을 떨어지게 하였다. 어려움의 원인 중 하나는 중국공산당의 방안이 어느 정도로 실행될 것인가에 대해서 농민 스스로 확실성을 갖지 못했다는 점이다. 특히 농민들은 토지 재분배가 부농뿐만 아니라 중농의 토지에도 영향을 미치는지에 대해서 관심을 보였다. 중국공산당의 관점으로 볼 때, 더욱 불길한 것은 지주가 농민에게 일반적으로 행사하는 전통적인 역량과 영향력이었다. 보통 농민들은 장기간 현지를 지배하고 있는 세력에 맞서는 것을 두려워할 뿐이었다. 왜냐하면 그들은 공산당의 통치가 전복되지 않을 것인가에 대해 거의 확신이 없었기 때문이었다. 특히 어려운 문제는 전통 마을에서 계급 경계가 명확하지 않았다는 점이다. 여러 부유한 농민 계층과 지주를 구분하는 법은 종종 외지에서 온 공작대가 현지 빈농들보다 더 잘 알고 있었다. 또한 사회의 긴장 상태는 어려운 시기에 지주가 농민에 대한 전통 의무를 다하고 특별한 가족적 유대감을 지닌 채 현지에서 거주했다는 점 그리고 하나의 씨족을 이루었다는 점으로 인해 완화되었다. 지주들은 이러한 모든 연계성들을 이용하여 농회를 파괴하고 자신들의 토지 및 재산을 숨기며, 비밀 단체 및 기타 수단으로 기존의 권력 구조를 유지하는 데 사용할 수 있었다.

1950년 늦여름, 현존하던 농촌 사회 질서의 확고한 세력을 나타내는 보고들이 책임을 맡은 당 지도자의 주의를 끌었을 때, 정책은 다시금 재고되기 시작하였다. 11월과 12월 중국이 한국전쟁에 개입한지 오래지 않아 더욱 더 급진적인 노선으로의 전환이 나타났다. 일부 정부의 공식성명들은 한국과의 충돌을 이런 노선 전환에 대해 정당화하는 근거로 삼았다. 확실히 격화된 사회 긴장 상태와 국민당이 대륙으로 역습한다는 소문들도 당연히 하나의 요인이었다. 그러나 변화의 근본 원인은 여전히 비교적 온건한 방안이 이미 여러 가지 거대한 난관에 직면하였기 때문이었다.

그 결과 점차 강력해진 신 토지개혁 방안은 계급투쟁을 강조하고 군중을 동원하였으며, 심지어 사회 동란이라는 모험을 무릅썼다. 이는 토지개혁법의 원칙과 선명하게 대비되었다. 중남 지역을 이끌던 주요한 관원 덩쯔후이(邓子恢)는 오래지 않아 중국공산당의 최고 농업 전문가가 되었다. 그가 평화적인 토지개혁을 공격하고 또한 정치가 반드시 경제에 선행해야 한다고 단언한 것은 사실 6개월 전 정부의 공식 노선을 비판하는 것이었다. 이렇게 큰 실질적인 정책 전환이 있었음에도 거의 정치적 다툼이 없었다는 점은 매우 유념해 둘 필요가 있다. 이는 초기 노선을 제시했던 사람들인 류사오치와 여타 사람들이 여전히 혁혁한 지위를 유지하고 있었기 때문이었다. 의심의 여지없이 이것이 가능했던 것은 부분적으로는 보다 온건한 정책이 마오 자신의 주장이었기 때문이었다. 하지만 이는 또한 정치적 이익을 위한 쟁점에 따르기보다는 새로운 현상으로 인한 필요에 따라 기꺼이 계획 변경을 받아들이는 모든 관련자들의 태도를 반영하였다.

새로운 노선하에 토지개혁이 추진되었다. 그 중대한 절차는 농촌에 거주하는 모든 농민의 계급성분을 확정한 뒤에 지주의 토지와 기타 생산적 재산을 몰수하고 다시 분배하는 것이었다. 이 과정에서 현급 토지개혁위원회에서 파견한 공작대가 지도적 역할을 하였다. 그들의 주요 기능들 중의 하나는 농회를 정화하고 그중에서 적극분자를 선발하여 지방의 지도 직무를 담당하게 하는 것이었다. 비록 정부 정책은 농회의 지도적 직위들 중 3분의 1을 중농에게 따로 할당하였지만, 이 새로운 지도부는 대부분 빈농층에서 인원을 충당하였다. 많은 지역에서 중농은 기술이 있었기에 지배적인 지위를 획득할 수 있었다. 게다가 공작대는 억울함을 호소하는 '하소연대회'(诉苦会, 압박받고 착취당하던 지난날의 생활을 서로 얘기하는 모임, 항일 전쟁 중에 대중을 지도하기 위하여 조직한 모임)와 공개재판을 통하여 전 촌을 동원하여 지주들을 반대하도록 하였다. 이러한 방법들은 지주로 하여금 공개적으로 면목이 없게 하였고, 공개재판은 결과적으로 이 지주계급 구성원의 대규모 처단을 초래하였는데, 그 수가 거의 100만에서 200만 명에 달했다.[24] "너무 일찍 과

---

24 공식적 통계 수치가 부족한 상황에서는 이와 연관된 사람 수를 파악할 수 없다. 그러나 1950년대 초기 반공 자료에서는 사망인수를 1400만 내지 1500만으로 추측하였다. 이는 분명히 너무 많은 수치로 보

도 행위를 바로잡지 말라."라는 이 새로운 지도 방침 아래에 고무된 군중은 자주 지주에게 제한 없이 폭력을 가하고 잔혹한 행위를 하였다. 이에 따라 더욱 많은 사망자가 발생했다. 비록 평화로운 토지개혁에 관한 보도가 운동 전반에 걸쳐 이어졌지만, 계속 계급적 차이를 구분하고 적대감을 조성하는 활동은 점점 더 심한 결과를 초래하였다.

하나의 경제개혁 방안으로서 토지개혁은 성공적으로 약 43%의 중국 경작지를 다시 약 60%의 농민들에게 재분배하였다. 빈농은 대대적으로 재산이 증가하였지만, 실제로는 중농들이 초기의 유력한 지위를 통해 가장 큰 이익을 얻었다. 토지개혁이 전체적인 농업생산력에 도대체 어느 정도의 공헌을 하였는지에 대해서는 여전히 논쟁의 여지가 있다. 어떤 의미에서 이 운동의 주요 성과는 정치에 있었다. 구 사회 엘리트의 경제적 자산들은 박탈되었고, 그중 일부 사람들은 살해되었다. 하나의 계급으로서 그들은 치욕을 당하였다. 결정적인 사실은 구체제가 이미 무력해졌고, 농민들은 이제 확신을 갖고 새로운 체제를 지지할 수 있게 되었다는 것이다. 씨족, 종묘, 비밀단체 등 구 농촌 조직들은 이미 새로운 조직들로 대체되었고 이 신기관들이 교육, 중재, 경제 기능들을 담당하였다. 빈농과 중농 대오 중에서 새로운 농촌 간부 엘리트들이 생성되었고, 이러한 빈농과 중농의 시야는 이미 중국공산당의 계급 지향적 관점에 의해 확대되었다.

이번 농촌혁명을 완성할 때 당은 강제와 설득의 두 방법을 동시에 사용하였다. 늘 구체제의 사악성과 새로운 제도의 우월성을 선전하는 것은 당연히 농민이 중국공산당의 방안을 지지하게 하는 하나의 중요한 요인이었지만, 지주에게 사용한 무력은 전체 농민들에게 어디에 힘이 있는지를 믿게 하는 관건이었다. 그러나

인다. 어떤 사람은 자료를 신중하게 검토하여 조심스럽게 추측하기를 처단한 인수가 20만에서 80만이라고 주장했다. Benedict Stavis, *The Politics of agricultural mechanization in China*, 25-30 참조. 어떤 보도는 피난자의 인터뷰에 근거하여 더 많은 수치를 제기하였다. 보도에 근거하면 "정책 규정에 따라 사실 각 마을에서는 최소로 하나의 지주를 선발하여(대개 몇 사람을 선정했다) 대중 앞에서 공개사형에 처했다." A. Doak Barnett & Ezra Vogel, *Cadres, bureaucracy and political power in communist China*, 228.

당의 정책들이 농촌에서 비교적 더 가난한 사람들에게 제공했던 실제적인 보수는 강제와 마찬가지로 중요했다. 더욱 공평한 세금 제도를 실행하고, 지대를 삭감하며, 나중에 토지를 분배하는 것은(게다가 가장 적극적인 사람에게는 지도자 직무를 배정했다) 대대적으로 농민 군중이 당 사업의 정당성을 신임하는 데 도움이 되었다. 토지개혁 기간에 중국공산당은 위협적인 역량을 갖고 있으며 비교적 좋은 생활을 제공할 것이라는 믿음을 줌으로써, 미래에 농민들을 설득할 만한 역량을 크게 강화하였다.

도시 대중운동

토지개혁이 중국 농촌 생활에 천지개벽의 변화를 일으키고 있을 때, 도시에서 일어난 일련의 대중운동은 도시에 영원히 지울 수 없는 영향을 남겼다. 대중운동 가운데서 가장 중요한 것으로는 1951년 2월에 시작하여 1953년까지 이어진 반혁명세력을 진압했던 대중운동, 1951년 가을부터 1952년 초가을까지의 부패한 간부를 반대하는 삼반운동(三反运动), 현재까지 존중을 받아 온 민족자산계급을 대상으로 한 오반운동(五反运动)과 지식인을 겨냥한 사상개조운동이 있다. 이런 운동들은 아주 격렬하게 진행되었으며 사회적으로도 상당한 긴장과 우려를 불러일으켰다. 농촌과 마찬가지로 도시에서도 정부 당국은 폭력을 대규모로 사용하였다. 특히 반혁명 진압운동에서는 폭력이 대규모로 사용되었으나 삼반오반운동에서는 그 폭력의 사용 정도가 많이 줄어들었다.[25] 이외의 여러 가지 조치는 사람들의 강한 심리적 압력을 초래했나. 그중에는 강제석으로 소조(小組)에서의 자백을 강요하는 것과 수만 명이 참여하는 공개재판(수백만에게 방송)에 참석하는 것이 포

---

25 정부의 정확한 통계 수치가 없는 상황에서 처형당한 사람이 얼마인지 모른다. 하지만 도시에서 주를 이룬 반혁명분자 반대 운동에서는 50만~80만 명이 사망하였을 가능성이 있다고 본다(Stavis, *The politics of agricultural mechanization*, 29. 참조). 이 수치는 이미 제거된 반혁명분자에 대한 자료를 근거로 1957년에 마오쩌둥이 제시한 것인데 자료의 문맥에서 문제가 된 사람들이 이런 특정 운동의 대상들이었는지 아니면 토지개혁과 기타 다른 운동의 피해자를 포함한 더욱 광범위한 범주의 희생자들을 가리키는지 알 수 없어서 수치가 애매하다.

함되어 있었다. 이는 불신임하는 분위기를 형성하였을 뿐만 아니라 기존에 형성된 개인적 관계도 파괴하였다. 또한 많은 사람들의 자살을 초래하였는데 그 수는 아마 수십만 명에 이를 것이다.[26] 이와 같은 대중운동은 광범위한 사회계층들을 겨냥했을 뿐만 아니라 사회변혁을 위한 당의 목표를 전반적으로 구현하려는 것이었다. 중점이 민심을 안정시키는 것으로부터 통제를 강화하는 것으로 전환되었기에 그때까지 기본적으로 방치되었던 많은 집단들도 직접 투쟁의 소용돌이에 휘말렸다. 1952년 말엽 대부분의 중국 도시 주민들에게, 중국공산당은 이미 무시할 수 없는 세력이 되었다.

이런 운동들은 모두 1950년 말 중국이 한국전쟁에 참전한 후에 발동된 것이었다. 때문에 이 운동들의 격렬함은 확실히 한국전쟁과 관계가 있었다. 당 지도부는 미국 침략의 위험성뿐만 아니라 국민당이 본토로 회귀할 가능성도 있었기 때문에 경계의 고삐를 늦추지 않았다. 여하튼 국민당의 파괴 활동은 하나의 현실이었고, 불만분자들은 한국전쟁으로 조성된 잠재적 기회에 고무되었다. 1950년 늦가을에 모든 집단들을 동원하여 '항미원조(抗美援朝)' 운동을 발동한 것은 사회의 전체적인 긴장 정도를 한층 더 높였다. 한국전쟁에 개입할 당시 지도부의 태도 전환을 마오쩌둥의 반혁명분자들에 대한 평론에서 알아볼 수 있다. 1950년 9월 말, 개입을 결정하기 전, 마오쩌둥은 반드시 견지하여야 하는 정책으로 한명의 앞잡이도 죽이지 않을 것을 발표하였지만, 1951년 초에 이르러 그는 "응당 죽여야 할 모든 반동분자를 단호하게 죽여야 한다."라고 주장하였다.[27]

그러나 비록 한국전쟁이 의심의 여지없이 태도의 변화를 촉진하여 각종 운동을 한국전쟁 이전보다 더욱 가혹하게 만들었지만 다른 의미에서 보면 당 지도부

---

26 자살의 규모에 관한 주요 자료는 피난자들의 서술에 근거하여 추려 낸 것이다. Chow Ching-wen, *Ten Years of storm: The true story of the communist regime in China*, 115, 133, 이 책에 의하면, 반혁명을 진압하는 시기에 50만 이상이 자살하였고 삼반오반 운동 때에도 20만이 자살하였다고 한다. 비록 이 수치는 과장된 면도 있지만 정부의 자료에 근거하면 자살은 분명히 중요한 하나의 현상이었다.

27 "Comments on the work of suppressing and liquidating counterrevolutionaries"(1950-1), in *Miscellany*, 1.6.

는 한반도의 형세를 이용하여 어차피 진행되었어야 할 일들을 추진한 것이었다. 반혁명분자들에 대처하는 각종 조치들은 이미 한국전쟁 이전에 만들어졌으며, 그 사상개조의 대상은 '동요된' 자산계급과 서구 지향적 지식인들이었다. 확실히 대부분의 중대한 운동은 한국전쟁 참전 1년 후인 1951년 가을에 시작되었다. 그러나 마오쩌둥은 오직 "토지개혁의 완결 이후 삼반과 오반운동을 개시할 수 있다."라고 말함으로써 국내의 상황이 우선적으로 고려되어야 함을 지적하였다.[28]

신정권에 적극적으로 저항한 간첩들과 여타 사람들이 반혁명세력을 진압하는 대중운동의 대상이 되었다. 타격해야 할 목표 리스트의 앞자리에는 전(前) 국민당 당원과 국민당과 연관 있는 조직들 및 비밀 집단의 우두머리들이 있었다. 하지만 '반혁명'의 정의는 매우 광범위하였다. 운동 추진 과정에서 적극적인 반대세력들 뿐만 아니라 대안적 지도자가 될 만한 잠재력을 갖춘 진정으로 명망이 높은 지역 인물들도 영향을 받았음이 드러났다. 운동 과정 중 중국공산당에서는 소련식 공안업무 방식을 피하기 위해 의식적으로 노력하였다. 비록 많은 측면에서 운동은 야간체포 운동을 특징으로 하는 전통적인 경찰 활동이었지만 마오쩌둥은 독특한 중국 방식을 강조하라는 명령을 내렸다. 우선, 반혁명분자를 색출하는 과정에서 대중의 참여를 확고히 하려는 노력이 존재했고, 과격한 행동 때문에 민심이 이반 하는 것을 피할 필요성을 인식하고 이를 위해 비당 인사에게 운동감독위원회에 참가하도록 요청하였다. 게다가 한층 더 중요한 점은 당위원회의 권위가 응당 모든 공안공작(公安工作)보다 상위에 놓여야 한다는 마오의 주장이었다. 이러한 방식은 스탈린식 방식과 완전히 달랐다. 소련의 비밀경찰은 실제로 당이 두려워할 정도로 독립적인 위계 조직이었지만 마오쩌둥은 보다 상위의 당조직이 반혁명 사건들을 엄격히 통제해야 한다고 강조하였다.

일반 대중의 경우 표면적으로는 반혁명 진압운동에 대해 두려워했지만 이해할

---

28 "Summing-up speech at 6th expanded plenum of 7th CCP Central Committee"(September 1955), in *Miscellany*, 1. 16.

만하다고 생각하였으며, 특히 외부의 위협이 있을 때는 두말할 필요가 없었다. 1951년부터 1952년까지 일어난 세 개의 서로 연관된 운동들은 그때까지 중국공산당으로부터 온건한 대우과 심지어 지지를 받았던 집단에게 큰 충격을 주었다. 삼반운동의 주요 대상은 도시 간부였다. 특히 자산계급과 접촉이 잦았던 재경 부문의 간부 중 부패에 연루된 사람들이 그 대상이었다. 비록 이런 사람들 가운데에도 비교적 고위층의 공산당원(하지만 중앙위원 혹은 장관급은 없었다)이 있긴 했지만 대부분은 정권 수립 이전부터 일하던 사람들이거나 공산주의 대의에 대한 헌신이 늘 의심받아 왔던 새로운 간부들이었다. 오반운동의 대상은 명확하게 불법자본가 그중 특히 대자본가들이었는데, 경제범죄의 혐의를 받았으며 국가와 대중들을 기만하였기 때문이었다. 하지만 운동의 더욱 큰 목표는 민족자산계급이라는 하나의 계급이었다. 비록 사상개조는 '미국식 문화제국주의'를 돕겠다고 단언한 상류층 지식인에 주로 초점을 맞추고 있었지만, 더욱 전면적인 목적은 중국공산당식의 마르크스-레닌주의를 배반하려는 모든 지적 흐름의 영향을 약화시키는 것이었다.

가장 넓은 의미에서 타격을 받았던 것은 그때까지 계속 용인되어 온 도시의 비공산주의적 가치관 전체였다. 자산계급을 고무시키는 정부 정책에서 지도 역할을 해 왔던 많은 간부들은 그동안 자본가를 사회적으로 선진적이고 능력 있는 사람으로 인식하였다. 한편 자본가들은 그들의 사업 관행과 부유한 생활을 유지하고자 희망하였다. 끝으로 주요 지도급 지식인들은 독립적인 사고를 중시하며 강제적으로 주입된 마르크스주의의 속박을 거절하였다.

이 세 가지 운동의 전반적인 효과는 이런 계급들로 하여금 복종하게 만들었다는 것이다. 이는 몇 가지 측면에서 표현되었다. 죄과가 가장 엄중한 사람에 대한 직접적인 징벌과 엄청난 심리적 압박은 관련된 집단의 자신감을 파괴하였다. 게다가 이러한 압력은 현존하고 있었던 사회적 관계 구조, 즉 꽌시(关系)를 파괴하였다. 여기서 꽌시란 가족, 학교, 혹은 직장의 유대를 기초로 형성된 개인 관계를 말한다. 이런 꽌시는 더 이상 국가 요구에 대해 저항할 수 없게 되었다. 이와 관련된 것은 당이 전통적으로 이들 집단에 대해 순종적인 태도를 보여 왔던 다른 사람들을 대상으로, 이들 집단의 신뢰성을 성공적으로 실추시켰다는 점이다. 그리하여 이전에는 고용주의 가부장주의적 행동을 받아들일 수밖에 없었던 소기업의 노동자들도 이제 정부와 같은 계급투쟁의 태도를 가지기 시작하였다.

새로운 노조를 설립하거나 원래 자본가와 꽌시나 친분이 있는 사람들이 관리하던 기존 노조들을 없애는 두 가지 방법으로 말미암아 자산계급의 기업 통제는 조직적으로 약화되었다. 기업과 정부에서 비교적 낮은 직급의 직위에 새로운 인재를 영입한 것이 아주 주요하게 작용했다. 잔류 인원과 타락한 신간부들이 제거됨에 따라 비게 된 자리와 경제 확장으로 인해 새로 설립된 직위들은 삼반오반운동 혹은 더 이전의 운동 과정에서 나타난 적극적인 노동자(工人)들이 대체하였다. 실질적으로 잔류 인원들에 대한 타격이 가능하였던 것은 이미 몇 년 전부터 행정업무의 훈련을 받아 그들의 공백을 보충할 수 있게 된 유능한 노동자들이 이제 책임 있는 자리로 승진하여 그 역할을 담당했기 때문이었다. 또한 운동이 진행되면서 표면적으로 중국공산당의 강령에 충성하는 대량의 새로운 간부들이 나타났다. 기존 집단의 관리 및 지적 기능들이 계속 필요했기에 그 변화는 농촌처럼 극적이지는 못했지만, 이 몇 년 동안에 농촌뿐만 아니라 도시에서도 마찬가지로 새로운 엘리트들이 출현했다.

마지막으로 삼반오반운동은 중요한 경제 효과를 가져왔다. 벌금 혹은 세금을 거둬들임으로써 대량의 투자와 발전 자금을 얻게 되었다. 이것 이외에도 삼반오반운동은 신규 대출과 정부 계약을(재정난이 있는 상황에서 자본가는 이런 것이 없어서는 안 된다는 것을 발견하였다) 체결함으로써 사영기업에 대한 정부의 통제를 크게 강화하였다. 이와 같은 강력한 외부 통제를 강화함과 동시에 나타난 것이 내부 통제였다. 결정적인 조치는 거액의 벌금을 지불해야 하는 기업들이 주식을 국가에 팔거나 공사(公私)합영 기업을 만들어야만 그들의 의무를 이행할 수 있게 한 것이었다. 이러한 과정에서 국가 간부들을 파견하여 관련 기업의 고위 임원직을 맡게 했다. 강화된 노조와 더불어 여러 대형 기업 혹은 중형 기업 내부의 당지부 설립, 특히 자본가의 '죄행'을 조사하는 과정에서 수집된 대량의 정보 등은 당국(공산당)에게 사영경제 영역의 내부 경영 실태에 대한 더욱 폭넓은 이해를 가져다주었다. 결과적으로 중국공산당의 지도부는 계획경제를 발전시킬 능력을 갖추게 되었다.

사회주의 건설과 개조, 1953~1956년

농촌과 도시에서 진행된 여러 가지 형식의 대중운동으로 인해 정치 통제가 실질적으로 강화되었다. 이것을 기초로 1953년 중화인민공화국은 사회주의 건설과 개조의 새로운 단계에 들어섰다. 그해 전국적인 경제 계획이 착수되었다. 초기 중국은 초보적 수준의 계획과 통계 능력, 한국전쟁의 수요 및 경제 원조에 대한 소련과의 교섭이 지연되어 연도 계획밖에 제정하지 못했다. 하지만 1953년 중반 한국전쟁 종식 및 소련과의 지원 협상이 끝남에 따라 전면적인 계획 작업이 시작되었다. 결론적으로 1953년부터 1957년까지의 제1차 5개년 계획은 1955년 중반에 이르러서야 승인을 받았던 셈이다.

계획 건설과 더불어 사회주의 개조, 즉 농업, 수공업, 자본주의 상공업을 사적 소유로부터 국가소유 혹은 집단소유제로 변환시키는 것이 동시에 수행되었다. '사회주의를 향한 과도기 총노선'이 1953년 중반에 제정되어 10월에 공표되면서 개조에 대한 새로운 강조가 이루어졌다. 이때 공포한 총노선은 몇 가지 측면에서 이전 시기의 노선과 연속성을 유지하고 있었다. 첫째, 이 노선의 특징은 점진주의이다. 공업화와 개조 모두 약 15년이라는 상당히 긴 시간을 거쳐 점진적으로 실현되도록 하였다. 또한 총노선은 여전히 통일전선의 틀 내에서 실행하였다. 특히 민족자산계급은 여전히 핵심적 역할을 하게 되어 있었다. 과도기의 초기 단계는 '국가자본주의'이다. 이 단계에서는 사영 부문이 국영 부문과 점차적으로 연계하게 되지만 자본가가 여전히 기업 이윤의 4분의 1을 보유했다. 중국공산당 통일전선 정책의 성격 때문에 개조 과정에는 물론 자산계급을 위협하는 몇 가지 측면이 있었지만 그 위협의 규모와 기세가 크지 않았다. 예를 들어 1954년 9월 류사오치는 "우리나라에 이미 계급투쟁이 없어졌다고 생각하는 것은 전적으로 틀린 것이다. (하지만) 평화적인 투쟁 방식으로 (자본주의 착취를 제한하는) 목적을 이룰 수 있다."라고 하였다.[29]

비록 연속성을 띠고 있긴 했으나 총노선은 좀 더 급진적인 정책을 의미했으며, 신민주주의보다는 사회주의로의 이행 개념을 반영한 것이었다. 게다가 1953년 총노선을 채택할 당시의 정치 형세는 지도부 내부에 몇 년 전부터 이미 의견 차이가 있었음을 보여 주었다. 여기서의 쟁점은 사회 내부의 주요 집단들을 안심시키는 것에 대해서는 얼마나 중점을 두고, 또 그들을 통제 혹은 개조를 하는 것에 대해서는 얼마나 중점을 두어야 하는가였다. 마오쩌둥은 비록 한국전쟁, 농업 집단화와 백화제방운동의 결정에서처럼 개인의 주도성을 발휘하지는 않았지만, 총노선의 중점을 개조 방향으로 돌리는 데 결정적으로 중요한 역할을 행사했다. 1953년 여름에 있었던 주요 재경공작회의에서 마오쩌둥은 몇 가지 문제점을 지적했는데 여기에는 부농에 대해 양보하고 있다는 점과 사회주의 농업 발전을 주저하고 있다는 점 등이 포함되었다. 그러나 가장 첨예한 이슈는 가오강 사건과 얽혀 있던 새로운 세금 제도였다. 이 새로운 세금 제도는 1952년 12월 재정부장(재정부장관)이었던 보이보(薄一波)가 민족자본계급의 세금 부담을 경감하기 위하여 채용한 것이었다. 마오쩌둥은 이 새로운 세금 제도는 "자본주의에 유리하고, 사회주의에는 해로운 자산계급 사상에 기반하고 있다."라고 표명하였다.[30]

보이보에 대한 규탄은 그와 비슷한 관점을 가지고 있는 사람들에게 경고를 보

---

29 *Collected works of Liu Shao-ch'i 1945-1957*, 292-3.

30 Mao, *SW*, 5, 104.

내 그들로 하여금 변화 과정의 속도를 높여야 할 필요성을 이해하게 하였다. 이 경고는 효과가 있었으며 파괴를 일으키지는 않았다. 왜냐하면 마오쩌둥이 전환을 촉구한 정책은 비교적 온건한 것이었으며 마오쩌둥이 우경적 일탈뿐만 아니라 좌경적 일탈 또한 방지해야 한다고 강조하였기 때문이었다. 게다가 보이보 문제에 대한 처리는 당 통합의 이익을 위해 엘리트들의 충돌을 제한한 하나의 사례였다. 회의에서 마오쩌둥은 보이보의 착오는 노선상의 실수가 아니라고 하면서 단결을 호소하였다. 비록 보이보는 재정부장의 자리에서 내려왔지만 1년이 약간 지난 뒤 다시 중화인민공화국의 중요한 경제 관련 직위들 가운데 한 직무를 담당하도록 배정되었다.

1953년 무렵에 중국공산당은 이미 사회주의 건설과 개조를 시작할 수 있을 정도로 대량의 자원을 축적하였다. 경제적으로 1952년 말까지 중공업의 70~80%와 경공업의 40%가 국가소유였다. 국영무역회사와 합작사의 거래액은 총거래액의 50% 이상을 차지하였으며 동시에 합영기업과 정비된 노조의 발전에 따라 정부의 기존 부서들에 대한 영향력이 증가되었다. 중국공산당은 훈련프로그램과 대중운동을 통해 많은 간부와 활동가들을 충원하였을 뿐 아니라, 1951년부터 1954년 초까지 진행된 '당을 정돈하고 건설하는 운동'의 결과로 당조직을 강화시켰다. 개조와 충원을 위한 이 운동을 통해 약 10%의 당원(58만 명)을 제거하였다. 정리된 당원들은 대부분 적대 세력들과 연계를 맺으면서 부패하거나 혹은 당의 강령에 대한 확신과 인식이 부족하였던 사람들이었다. 동시에 이 운동에서는 비교적 신중하게 약 128만 명의 새로운 당원을 받아들여 1953년 연말에는 당원의 총수가 650만 명에 달하였다.

1952년 후기에 이르러 중국공산당은 또 한 차례 조직운동을 통해 조직 네트워크를 확대하여 대부분의 도시 주민과 일부 농민들을 당에 포함시켰다. 1951~1952년의 운동의 영향 이외에도, 당은 도시의 거리별로 주민위원회(居民委员会)를 발전시킴으로써 도시 기층에까지 통제를 확대하였는데 이 과정은 1954년에서야 마침내 완성되었다. 동시에 관료 단위 사이의 연결은 도시에서 중국공산당의 조직 통제를 한층 강화시켰다. 단위는 정치 통제를 하는 하나의 강대한 역량이 되었는데, 그것은 두 가지 방식으로 가능했다. 첫째는 정부기구 내 대다수 사람들에게 일자리와 숙소, 그리고 사회적 교제의 기본틀을 제공함으로써 이루어졌고, 둘째는 정규적인 정치의식(政治儀式)의 확립을 통해 이루어졌는데, 이 의식에는 모든 단위의 성원들이 문건을 공부하거나 소조에서 상호비판을 하는 것과 같은 지정된 활동이 포함되었다.

이외에도 1949년에 전국적인 단체로서 주요 대중집단들을 교육, 동원하려고 조직된 '대중조직'은 이미 큰 규모를 가졌다. 1953년 무렵 신민주주의청년단은 이미 900만 명의 단원으로 발전하였고, 노조 회원은 1200만 명 그리고 부녀연합에는 적어도 7600만 명이 정식으로 참가 등록을 하였다. 비록 이런저런 대중조직들은 실질적인 활동에서 때때로 소극적인 태도를 보였지만, 당 정책과의 연계와 대중들의 참여 의식을 제공하기 위한 인상적인 체제를 상징하였다. 1955년에 마오쩌둥은 이렇게 "절대 다수가… 모두 어떤 하나의 조직에 귀속되어 있는….", 그러한 조직 규모는 몇천 년 역사에서 결코 나타난 적이 없다고 지적하였다. 하지만 마오쩌둥은 결과적으로 종종 자신이 한탄조로 "산사(散沙) 상태(흩어진 모래 같은 상태)와 같다."라고 했던 중국의 상황을 이제 전국적인 통일로 변화시켰다고 선언하였다.[31]

자원들을 경제발전에 집중시키는 가운데 중국공산당은 생활 조건 개선과 국가적 영광을 재현하겠다는 약속으로 인민들의 진심 어린 지지를 받았다. 시도사 집단 내부에서도 계획 건설만이 유일하게 받아들일 수 있는 방법이라는 데 의견일치가 나타났다. 왜냐하면 이런 계획 건설은 이데올로기적으로 선호되었을 뿐만 아니라 '무질서한' 자본주의 발전보다 더욱 효율적이기 때문이었다. 계획을 강조한 결과 나타난 현상 중 중요한 것 하나를 꼽자면, 계획이 경제적 목표들과 사회

---

31 Ibid., 173-4.

개조 사이에 모종의 핵심적인 연계성을 창출했다는 것을 들 수 있다. 소유제 형태의 계획적인 변화는 수상한 계급들의 재산을 빼앗았을 뿐만 아니라 국가가 경제자원들을 직접 통제할 수 있게 하였다. 이런 경제적 자원들 없이는 계획이 아무런 소용도 없었을 것이다. 그리하여 비록 이런 연계의 정확한 성격에 대해서는 격렬한 토론이 있었지만 현대화 부문뿐만 아니라 농업의 사회주의화에 대해서는 근본적인 합의가 존재했다. 국가계획위원회 주임이었던 리푸춘(李富春)의 말처럼 "사회주의는 소농경제를 기초로 건설될 수 없으며 오직 대규모 공업과 대규모 집단농업제의 기반을 갖추어야만 했다."[32] 제1차 5개년 계획을 진행할 당시, 중국 공산당의 지도자들에게 있어서 정치 목표와 경제 목표 사이에는 분명 근본적인 모순이 없었다.

계획 정신이 가져다 준 또 하나의 결과가 바로 모든 생활 영역에서 정규화를 추동했다는 것이다. 전반적인 제도화 차원에서 이 결과는 1953~1954년 인민대표대회의 선거 및 1954년 대회 개최 당시 통과한 공식적인 국가 헌법에서 표현되었다. 행정적으로 말하자면 정규화는 중앙집권화를 의미했다. 1952년 후반기에 국가계획위원회와 경제를 책임지는 새로운 부서들이 설립되었을 때, 여러 지역의 권력들은 축소되고 일부 권력은 직접 중앙에 회수되었다. 이후 1954~1955년 계획 건설의 요구에 부응하지 못한다는 이유로 대구역의 행정 기구와 그에 상응하는 당과 군 기구들이 폐지되었다. 비록 가오강사건의 영향을 받았을 가능성이 있는 시점이었지만 오랫동안 강화된 중앙 통제를 고려하면 이러한 해석은 설득력이 있다. 더욱 넓은 의미로 보자면, 정규화는 행정 업무, 조직 기구, 간부 충원, 훈련과 임금 등 각 방면을 법규화하려는 많은 활동에 영향을 미쳤다. 1955년 무렵 새로운 조직 편성표의 출현으로 이전의 각기 달랐던 행정 제도 건설이 규범

---

32 "Report on the First Five-Year Plan for development of the national economy of the People's Republic of China in 1953-1957"(5-6 July 1955), in Robert R. Bowie and John K. Fairbank, *Communist China 1955-1959: Policy documents with analysis*, 47.

화되었다. 각 부서의 업무를 조정하기 위해 사무국이 설립되었고, 전면적인 계획의 기초를 제공하기 위해 새로운 기록 보존 제도와 회계 제도들이 도입되었으며, 간부 임용의 절차를 특별훈련반과 개인 추천에서 정규 학교제와 공식 검증을 하는 방법으로 전환하였으며, 현금 월급제와 공급제가 뒤섞여 있던 이전의 임금 체제를 다양한 유형의 국가 공무원들을 위해 고정적이고 고도로 분화된 차등 월급제로 바꾸었다. 특히 의미 있는 변화는 1955년 채용한 군사 전문화의 조치들이었다. 이 조치에는 계급 휘장, 직급, 그리고 월급 등급제 도입이 포함되어 있었는데, 이는 인민해방군의 비정규적이고 평등주의적인 전통을 대대적으로 변화시켰다. 분명히 새로운 계획사회에는 중국공산당 혁명사와 모순되는 요소들이 포함되어 있었다. 그러나 이것에 큰 기대를 걸고 있던 당시 당의 지도자들은 이런 불일치되는 현상에 대해 특별히 주목하지는 않았던 것 같다.

계획경제 건설의 착수는 당시 소련모델의 영향을 심화시켰다. 1953년 초기 마오쩌둥은 "우리나라를 건설하기 위해 전국적으로 소련을 따라 배우는 큰 물결이 일고 있음에 틀림없다."라고 말하였다.[33] 1949~1950년, 혹은 더 이른 시기부터 중국의 일각에서는 소련모델을 모방하고 소련의 이론을 배우며 소련의 전문가들을 초빙하여 국가의 중요한 부서, 기업, 군사, 과학 교육 기구에서 고문 역할을 담당하게 하고 중국의 학생과 전문가를 러시아로 파견하며, 대량의 소련교과서들을 번역 출판하는 현상이 나타났다. 한편 심지어 초보적인 중앙 계획을 도입할 때에도 이러한 중요한 특징들이 상당히 강화되었다. 결정적인 요소는 역시 스탈린식 경제전략으로 높은 재투자율, 자본 집약적인 하이테크놀보지 계획에 억점을 두고, 농업을 산업을 발전시키는 중요한 자금의 원천으로 삼으며, 우선적으로 중공업에 투자한다는 것이었다. 비록 계획의 세부 절차와 예산의 분배 문제에 대해서는 지속적으로 논쟁이 벌어졌지만, 제1차 5개년 계획이 마침내 완성된 1955

---

33 "Closing speech of the fourth session of the [C]PPCC"(7 February 1953), in K. Fan, ed., *Mao Tse-tung and Lin Piao: Post-revolutionary writings*, 102.

년에는 원칙적으로 소련모델을 대부분 따라하였다. 소련이 계획의 핵심인 대규모 현대식 설비 시설 및 공장들을 위해 재정과 기술 원조를 진행하는 것도 중요한 의의가 있었다.

그러나 소련 정부의 모델과 소련의 원조라는 엄청난 영향 속에서도 중국은 독립적인 사고 능력을 상실하지는 않았다. 어떤 부서에서는 너무 서둘러 소련모델을 도입하여 나타난 문제들을 토론하기도 하였고 중국의 관원들이 특히 경쟁력이 있다고 여기는 영역에서는 소련모델을 거부하는 사람들도 있었다. 그렇지만 현대적인 부문을 다루던 많은 중화인민공화국의 행정 관원과 전문가들 사이에서 전반적인 추세는 또 다른 길이었다. 마오쩌둥은 훗날 "많은 분야에서 교조주의가 나타났다. (소련) 의견이 정확하든 그렇지 않든 고려치 않고 중국 사람들은 모두 경청하고 신봉한다."라고 원망하였다.[34] 하지만 1953~1955년의 기간 동안 중국공산당 최고층에서는 이런 상황을 바꾸려는 움직임을 거의 보이지 않았다.

가오강 사건

사회주의 건설과 개조가 시작된 지 얼마 지나지 않아 중국공산당에서는 1949~1957년 단 한차례 영도자들을 숙청하는 중대한 사건이 발생했다. 1954년 초기, 가오강과 라오수스는 당과 국가의 중요한 관직에서 제거되었으며 1년 후에는 당원 자격 또한 박탈당하였다. 이 사건은 이 시기에 가장 심각한 고위층의 충돌이었을 뿐만 아니라 성격상 다른 엘리트들 사이의 마찰과는 구분되는 엘리트 충돌 사건이었다. 이런 중요한 인물들은 모두 체제 내에서 최고 권력을 가지고 있는 사람들이었다. 가오강은 정치국 위원, 국가계획위원회 책임자(주임, 장관급), 동북 지역의 당·정·군 최고 관원이었고, 라오수스는 고위급 관료의 임면을 관장하는 당 중앙위원회 조직부 부장(장관급), 국가계획위원회 위원, 화동 지역에서의 최고 당정 지도자였다. 동북과 화동의 직급이 비교적 낮은 7명의 관원들도 그

---

34 "Talks at the Chengtu conference"(March 1958), in Schram, ed., *Mao Tse-tung unrehearsed…*, 98.

들과 함께 고발되었고, 문화대혁명 자료에서는 대략 10여 명의 중앙과 지방의 고위급 지도자들을 이 사건과 연루시키고 있는데, 그 신뢰도는 각기 달랐다.

가오강-라오수스 사건은 중국공산당의 역사에서 특히 모호한 사건들 가운데 하나이다. 당시에 작성된 자료의 양과 내용도 비교적 제한적이었고 문화대혁명 당시에도 주목을 비교적 적게 받았다. 충분한 정보가 부재한 상황에서 많은 분석가들은 정책에 대한 의견 불일치, 지방주의, 가오강과 소련의 관계, 마오쩌둥 건강 등의 요인들을 강조한 추측성 해석들을 내놓았다.[35] 비록 이런 모든 해석들도 어느 정도 신뢰도가 있긴 하지만 충분하지는 않았다. 다행스러운 것은 마오쩌둥이 서거한 후, 이전에는 공개되지 않았던 새로운 자료를 얻을 수 있게 되어 한때 어렵게 얻은 당의 단결을 위협할 정도였던 정치 권력의 개편에 대하여 더욱 상세하고도 정확하게 이해할 수 있게 되었다는 사실이다.[36]

가오강-라오수스 사건의 본질은 류사오치와 저우언라이를 중국공산당의 제2위, 제3위의 자리에서 끌어내리려고 시도한 것이었다. 주요 목표는 류사오치였다. 마오쩌둥의 공인된 후계자였던 류사오치는 가오강이 그의 야심을 실현하는 데 있어 주요 장애물이었다. 비록 가오·라오 두 사람이 공식적인 당의 회의에서 교묘한 책략을 도모한 적이 있지만, 그들은 기본적으로 조직 밖에서 활동하였으며 정권의 최고위급 인사들과 사적으로 교섭을 하였다. 이 사건에 대해 1955년 선포된 정부의 공식 평결에서는 그들의 활동이 개인의 권력을 강화시키기 위해

---

35 가오강-라오수스 사건의 가장 종합적인 해석은 Frederick C. Teiwes, *Politics and purges in China. Rectification and the decline of Party norms 1950-1965*, ch.5를 참조할 것. 이 글은 가오강에게 영향을 미친 중요한 환경적 요인으로서 마오의 악화되던 건강을 강조하고 있다. 다른 해석은 다음을 참조할 것. Franz Schurmann, *Ideology and organization in communist China*, ch.4(정책의 차이); John W. Lewis, *Chinese Communist Party leadership and the succession to Mao Tse-tung: An appraisal of tensions*(대지역주의); Mineo Nakajima, "The Kao Kang affair and Sino-Soviet relations", *Review*, March 1977(소련과의 관계).

36 마오쩌둥이 죽은 이후의 자료에 근거하여 본문과 같은 해석을 한 사람은 주로 陈诗惠, "关于反对高岗, 饶漱石反党阴谋活动的问题"; 政治学院中共党史教研室, 『中国共产党六十年大事简介』, 397-0, 405-9; 『邓小平文选』, 257-8; Liao Kai-lung, "Historical experiences", *Issues & Studies*, October 1981, 79; 그리고 중국 관료 및 학자들이 있다.

추진한 '음모적이고', '무원칙한' 활동이었다고 적절하게 평가하였다.

1953년 6~12월에 진행된 이들 활동과 우선 맥락상 직접적인 관계가 있는 것에는 당시 진행하고 있던 중앙집중화와 정규화 과정 그리고 새로운 총노선 추진을 둘러싼 논쟁들이 있었다. 첫 번째로 고려할 점은 계획경제 건설의 수요를 충족시키기 위한 조직 기구의 변화와 새로운 조직 기구에 임명될 인원의 변화를 꼽을 수 있다. 당시에는 새로운 국가 기구와 더불어 새로운 당 지도부 선출이 요구되었던 제8차 당대회의 개최를 준비하는 데에 모든 관심이 집중되어 있었다. 이러한 상황에서 연말에 내재되어 있던 권력 재편의 가능성들이 증폭되었다. 연말 당시 특히 자신의 직책을 줄이고자 희망했던 마오쩌둥은 당의 영도를 두 측면으로 나누는 문제를 제기했고, 그리하여 다른 사람들은 마오쩌둥의 책임을 분담하기를 원했다. 두 번째로 고려할 문제는 총노선과 관련된 논쟁이었다. 이 문제는 정책 토론이 잠재적으로 분열을 조장하는 정치적 분위기 속에서 진행되고 있었다는 것을 의미했다. 비록 정책 이슈들은 사실상 비교적 적었지만, 의견 차이들을 노선 문제로 확대시키려는 야심찬 정치가들에게는 기회가 된 셈이었다.

만약 이러한 상황들이 충돌의 가능성을 조성하였다고 한다면, 가오강의 권력 획득 시도에서 핵심적인 요인은 바로 마오쩌둥의 태도에 대한 가오강의 평가였다. 비록 보도자료에 의하면 가오강은 그의 지방 권력 근거지를 떠나는 것을 원하지 않았다고 하지만,[37] 1952년 말 베이징에 와서는 인상적인 새로운 권력인 국가계획위원회의 주임직을 맡으면서 마오쩌둥과의 친밀한 사적 관계도 다시금 돈

---

[37] 정부측에서 가오강을 동북에서 '독립 왕국'을 건립하였다고 고발한 가장 큰 근거가 바로 대구역에 대한 권력 독점이었다. 보도자료에 의하면, 가오강은 동북의 모든 권력을 그의 심복들의 손에 들어가게 하였으며 제2서기인 린펑(林楓)과 기타 관원들에게는 실권을 주지 않았다. 이것이 동북이 중앙 노선에서 벗어나 독립적인 노선을 채용했다는 것을 의미하지는 않는다. 사실, 동북에서는 중앙의 지령을 대대적으로 관철하고 여러 차례 앞장서 새로운 정책을 실행하여 표창을 받았다. 비록 신속하게 중앙의 정책을 관철하였으나, 마오쩌둥은 가오강이 불법으로 대구역 행정 제도를 이용하였다는 것을 각 대구역을 취소하는 이유로 삼았다. Mao, *SW*, 5, 293-4 참조. 대구역주의(the regionalism) 문제에 대한 보다 상세한 분석은 Teiwes, *Politics and purges*…, 184-91. 참조.

독히 하고자 했다. 옌안 시기에 가오강과 마오쩌둥은 친한 관계였다. 마오쩌둥은 가오강을 서북 혁명 근거지의 창시인이라고 하였으며, 기층 대중의 현실을 잘 이해하는 지방 간부로 여겼다. 또한 1949년 이후 가오강이 동북에서 이룬 성과는 마오쩌둥에게 더욱 깊은 인상을 남겨 중앙위원회 업무를 강화할 수 있는 유능한 지도자라고 생각하게 하였다. 가오강에 대한 이런 높은 평가는 류사오치와 저우언라이의 업무에 대한 일종의 불만—특히 그들이 경제 건설과 농업합작사 발전에 대해 보이는 태도는 마오쩌둥의 기대보다 한층 더 조심스러웠다—과 동시에 일어났다. 1953년 초 가오와의 몇 차례 사적인 자리에서 마오쩌둥은 그에게 그들에 대한 불만을 표시하였다. 마오쩌둥의 의도가 어쨌든 가오강은 이를 신뢰의 신호로 여겼으며, 류사오치와 저우언라이를 반대하는 기회로 삼았다.

소련에서 스탈린이 죽은 후 승계의 초기 결과는 가오강의 야심을 부추긴 또 다른 요인이었다. 소련에서 스탈린 사후에 한층 더 나이가 많은 바체슬라프 몰로토프나 라자르 카가노비치의 주장에도 불구하고, 비교적 젊은 게오르기 말렌코프가 지도권을 장악하였다. 비유를 통해 가오강은 자신이 중국공산당 지도자 가운데서 비교적 노장 세대를 대표하는 류사오치와 저우언라이를 대체할 수 있을 것이라고 추측하였다. 이 당시 가오강은 이미 라오수스의 지지를 얻었다. 라오수스는 가오강의 지위 상승이 곧 류사오치를 대신하여 후계자가 될 수 있는 서막이라고 믿었다. 비록 라오수스가 과거에 류사오치와 친분을 갖고 있었다고 해도 그는 패자의 편에 서려고 하지 않았다. 오히려 그 과거의 친분 때문에 라오수스는 가오강의 감언에 더 잘 넘어가게 되었다. 왜냐하면 라오수스의 직속 부하로서 중앙조직부 부부장(次官)이던 안쯔원(安子文)과 류사오치의 관계가 라오수스와 류사오치의 관계보다 더욱 친밀하였기 때문이다. 라오수스는 자신의 새로운 직위를 완전히 통제하지 못하고 있다는 느낌을 받아 류사오치를 반대하기 위해 가오강과 손을 잡았던 것이다.

비록 1955년과 마오쩌둥 서거 후 정부의 공식적인 평결은 가오-라오 음모 활동에 아무런 정책 내용이 없다고 하였지만 엄밀히 보면 그렇지 않았다. 가오-라오는 자신들의 전면적인 정책 강령을 제출하지는 않았지만, 그들은 새로운 총노선을 둘러싼 논쟁을 이용하여 기타 사람들의 정책을 공격하였다. 1953년 6~8월에 열린 재경공작회의에서 보이보의 세금 징수 정책에 대해 공격한 것이 중요한 사례였다. 가오강은 보이보의 정책을 부하린의 평화적 개조 운동에 비유했다. 마오쩌둥은 외관상 가오강의 이론적 세련됨에 흥미를 가지면서 그 비판에 합류하였다. 그러나 마오쩌둥은 이 사건을 가오강의 의도대로 극단으로까지 몰아가는 것을 원하지 않았기에 회의가 끝날 무렵 마오쩌둥은 노선상 착오는 존재하지 않으며 당의 통일을 견지하는 것이 가장 중요하다고 결론지었다. 하지만 이 단계에서 마오쩌둥이 가오강 활동의 전반적인 함의를 깨달았는지에 대해서는 정확히 알 수 없다. 그 후 9~10월에 걸쳐 개최된 중앙조직부 업무 회의에서 라오수스가 안쯔원을 공격했을 때처럼 가오강은 보이보를 공격함으로써 실질적으로 그의 후견인인 류사오치를 공격했다. 사정이 어떻든 간에 마오쩌둥은 단결에 대한 호소만으로 만족했던 것 같고, 가오강을 직접적으로 비판하지는 않았다.

가오강은 소련과의 양호한 관계 수립을 통하여 자신의 지위를 만들려고 하였다. 동북 지역 당의 영도자로서 가오강은 자연적으로 소련 사람들과 밀접한 업무 관계를 가지고 있었다. 하지만 그들의 관계는 점차 불확실한 쪽으로 발전하였다. 그는 주로 동북 지역의 소련 영사관 업무 인원과 모스크바에서 업무상 파견되어 온 코시긴과 친밀한 관계를 발전시켰다. 이들과의 토론에서 가오강은 류사오치와 저우언라이를 자신과 달리 소련을 반대하는 인물로 묘사하였다. 그 후 그가 정치적으로 패배했을 때, 이러한 관계가 폭로됨으로써 가오강을 반대하는 여론이 조성되었다. 비록 그 관계는 비정상적으로 간주되었지만 그렇다고 소련을 위해 일을 한다고는 볼 수 없었다. 가오강이 동북 지역에서 스탈린의 첩자였을 것이라는 서구측의 일부 해석과는 반대로 가오강은 권력 강화를 노리던 시기에 나타난 불안정한 상황에서도 소련의 지원을 믿으려고 노력했다고 한다. 이 시기에는 소련과 경제, 정치 그리고 이데올로기적 연계가 있었으므로 모스크바에 대한 호의적 태도는 정치적으로 유리한 요소가 되었다. 하지만 중국공산당 영도자들이 민족 독립을 수호하려는 강렬한 사명감(이에 대해 마오쩌둥보다 강렬한 사람은 없었다)을 가지고 있었기에 이것은 마치 승부를 가리기 힘든 도박과 같았다. 그 결과 가오강이 소련인들과 맺어 왔던 관계는 그의 음모 활동 혹은 그가 몰락하는 과정에서 미미한 역할을 하지 않았다. 하지만 이는 여전히 전체 계획 중의 일부 내용일 뿐이었다.

류사오치, 저우언라이 그리고 그들의 동맹에 대한 비판 또는 소련의 지원을 추구하는 것보다 더욱 중요한 것은 가오강이 새로운 가오강의 정권 내에서 고위급 지도자들에게 중요한 직책을 주겠다는 약속을 통해 자신의 목적에 대한 지지를 획득했다는 것이었다. 그리고 혁명 시기 주요 경력이 홍군과 농촌혁명 근거지에 집중되어 있는 일부 지도자들을 선동하여, 적진의 배후에서 업무를 하였던 백구(白区)의 전문가(예를 들면 류사오치와 저우언라이)에 대항하게 함으로써 그의 사업에 대한 지지를 얻으려고 하였다. 안쯔원은 류사오치가 모르는 사이에 정치국 명단을 만들었는데 그 명단은 군 지도자의 수를 줄이고 백구의 인물들에게 부적절하게 더 많은 직위를 부여한 것이었다. 이는 가오강에게 기회를 제공하였다. 군 간부의 관점에서 볼 때, 안쯔원이 만든 명단에 백구에서의 동료인 보이보는 포함되어 있었지만 걸출한 군 지도자인 린뱌오는 포함되지 않았다. 비록 군 간부들은 류사오치가 혁명적 대의에 많은 공헌을 했기에 2인자의 지위를 차지하는 것에는 동의했지만 해방군 지도자들을 희생시켜 펑전과 보이보에게 특출난 지위를 부여한 것에 대해서는 불만을 가졌다.

이러한 문제를 무기로 삼고 가오강은 그의 지지 세력을 더 얻기 위해 여름 휴가를 남쪽으로 떠났다. 이미 그는 자신의 동북 지역 그리고 라오수스를 통해서 이미 화동 지역의 지지를 얻었기에 펑전과 보이보가 통제하고 있던 화북 외에 6개 대구역 모두에서 지지를 얻을 수 있을 것이라고 예상하였다. 이 일을 추진하는 과정에서 가오강은 이미 마오쩌둥의 동의를 얻었다고 주장하였는데 이런 방법은—안쯔원의 명단에 대한 불만과 더불어—그에게 도움이 되었다. 중남의 린뱌오와 서북의 펑더화이는 모두 당과 국가의 조직을 개편하여 영도 직위를 새로 분배하여야 한다는 가오강의 관점에 동의하였다. 그러나 가오강이 그 외 두 핵심적 영도자인 덩샤오핑과 천원에게 접촉을 할 때는 그리 쉽지 않았다. 비록 덩샤오핑은 가오강의 요구에 대해서 '정식 협상'을 할 필요가 있다고 하였지만, 당내에서 류사오치의 지위가 '역사적으로 형성된 것'[38]이라는 이유로 마지막에 협상을 거절하였다. 가오강이 베이징으로 돌아왔을 때 당의 직책을 제안받았던 중앙의 경제권자 천원은 겉보기에 덩샤오핑보다 더욱 완고하였다.

천원과 덩샤오핑이 각자 마오쩌둥에게 가오강의 행동을 조심하라고 하였을 때 사건 전개의 전환점이 나타났다. 연초 마오쩌둥이 가오강과 개인 담화를 한 의도가 무엇이었든 이 시기 마오쩌둥은 가오강의 '지하 활동'에 대해 분노를 표시하였다. 12월의 정치국 회의에서 사태의 발전은 최고조에 도달하였다. 회의에서 마오쩌둥은 휴가를 가겠다고 제기하였는데 당시 규정에 의하면 마오쩌둥이 자리를 비우면 류사오치가 마오쩌둥의 업무를 책임지게 되어 있었다. 가오강의 활동이 폭로되기 이전부터 마오쩌둥은 여러 가지 이유로 인해 휴가를 갈 계획이었다. 휴가를 가는 이유는 여러 가지가 있었다. 하나는 건강상의 문제 때문이고 다른 하나는 새로운 국가 헌법에 대하여 숙고할 시간이 필요했기 때문이며 또 하나의 원인은 바로 한국전쟁에서 아들이 죽었기 때문이었다. 하지만 이번 정치국 회의에서 마오쩌둥은 가오강을 비난하였다. 회의에서 가오강은 권력을 류사오치에게 줄 것이 아니라 돌아가면서 영도하여야 한다고 제기하였으며 자신이 당의 부주석 혹은 총서기, 총리의 자리를 희망한다고 표명하였다. 이에 마오쩌둥은 재경 업무회의에서 이전에 하지 않았던 행동을 하였다. 그것이 바로 가오강을 향해 첨예한 비판을 한 것이다. 이번 회의와 마오쩌둥의 휴가 계획, 그리고 1954년 2월

---

38 『邓小平文选』, 257.

당의 단결을 강조하여야 한다는 것을 취지로 하는 중앙위원회 전체회의(中全会)를 류사오치에게 위탁하여 조직하게 한 것은 확실히 가오강과 라오수스의 계획을 수포로 돌아가게 했다.

이 사건이 종결되면서 단결을 확실히 중시하게 되었다. 마오쩌둥은 장래 중요한 책임을 맡기기 위해 가오강을 구제하고자 하였다. 하지만 가오강은 2월의 중전회 기간에 자살을 시도하였으며 결국 1954년 8월에 죽었다. 린뱌오와 펑더화이는 가오강과의 공모 관계에 대해 처벌을 받지 않았다. 가오강이 마오쩌둥의 지지를 받았다고 믿게끔 자신들을 속였다고 주장했는데 이것으로 충분히 해명되었다고 여겨졌다.[39] 그 밖에 안쯔원이 작성했던 명단으로 야기되었던 손상된 당의 단결을 복원할 필요성이 이미 인식되었으며, 덩샤오핑과 더불어 린뱌오는 정치국원으로 승진되었다.

당 단결의 중요성뿐만 아니라 취약성도 노출시켰던 가오-라오 사건으로부터 사람들은 몇 가지 교훈을 얻게 되었다. 정치적인 견지에서 가오강은 막강한 실력을 가지고 있는 류사오치와 저우언라이 두 사람과 경쟁하려고 하지 말았어야 했다는 것이다. 그리고 근거지에서 벌였던 무장투쟁을 포함해서 중국공산당의 전체 역사를 통해 중대한 경험을 공유했던 그들의 경력에 비추어 보았을 때, 류와 저우 두 영도자를 쉽게 백구의 인물로 분류하지 말았어야 했다는 것이다. 확실히 이 두 사람, 특히 저우는 해방군 영도자들과의 접촉이 가오강보다 광범위했다. 1935년 이전의 남방 혁명 단계에서 가오강은 아무런 역할을 발휘하지 못했다. 이런 약점을 가지고 있는 가오강도 6개 대구역 중의 4개구의 지지를 얻었다. 군부가 새로운 영도 구조에서 영향력을 발휘할 수 있는 가능성이 사라져감에 따라 당의 단결은 훼손되기 시작하였다. 다른 한편 천원과 덩샤오핑 측에서 당의 단결을

---

39 그러나 긴장 관계는 수면 아래에서 계속 유지되고 있었다. 1959년 루산회의에서 류사오치가 펑더화이를 반대하는 마오쩌둥을 유력하게 지지한 주요 원인은 바로 가오강 사건에서 펑더화이의 영향에 대해 마음에 두고 있었기 때문이었다.

수호하려는 헌신적 노력은 가오강의 계획을 교란시키는 데 핵심적 역할을 하였다. 이 두 사람은 만약 가오-라오가 개입되었던 비밀 파벌 활동이 실현되면 당을 해칠까 봐 그들의 활동을 반대하였으며 당의 규율을 소중히 하였다.

하지만 이 사건의 가장 큰 교훈은 바로 마오쩌둥의 중요한 역할에 있었다. 마오쩌둥의 가오강에 대한 사적인 언급들은, 그 의도가 무엇이었든지 간에 가오강의 야심에 불을 지폈고, 그의 분파 활동들을 촉진시켰다. 마오가 가오의 주도권을 지지했다는 주장은 가오가 한숨 돌릴 수 있을 만큼 여유를 주었으며 그가 접촉했던 사람들로부터 지지를 얻을 수 있게 해 주었다. 마지막으로 마오쩌둥이 가오강과 충돌하였을 때, 실질적으로 가오의 음모는 저항할 힘도 없이 실패하였다. 가오강-라오수스의 사건에서 마오쩌둥이야말로 지도부의 안정을 유지하는 데 없어서는 안 될 핵심적인 버팀목임이 드러났다. 그러나 이 사건의 전반적인 과정은 또한 마오쩌둥이 당의 단결을 위협할 수 있는 잠재력을 지니고 있음도 보여 주었다.

헌법 및 조직 형태

1954년 9월 중화인민공화국은 1949년도의 임시 조치를 대체하여 국가 헌법을 통과시켰다. 엄밀히 말하자면, 이것은 영구적인 헌법이 아니었다. 이것은 사회주의로의 이행기에 필요한 것들을 만족시키기 위한 것이었다. 하지만 이 시기의 장기성 때문에 사람들은 이 헌법이 오랫동안 지속될 것이라고 기대했으며 "이 헌법은 1949년 중국인민정치협상회의 공동강령을 기초로 하여 발전시킨 것이다."[40]라고 하며 과거와의 연속성을 뚜렷하게 부각시켰다. 헌법은 공동강령의 통일전선 입장뿐만 아니라 1949년 중앙인민정부조직법으로 제정한 기구 안배와 구조적으로 비슷한 부분이 있었다. 하지만 그때의 안배는 상대적으로 부족하였기

---

40 "Constitution of the People's Republic of China"(20 September 1954), in Harold C. Hinton, ed., *The People's Republic of China, 1949-1979: A documentary survey*, I. 99.

때문에 헌법에서는 더욱 명확한 국가구조를 제정하였다. 이런 큰 변화는 1949년 당시의 불안정한 상황과 새로운 계획적 발전 시기 사이의 차이점을 반영하였다. 1949년에 약속했던 이론상 최고국가권력기구인 전국인민대표대회 제도가 이때 정식으로 건립되었다.

더욱 중대한 정치적 의의는 최초 몇 년에 걸쳐 존재했던 군사 통치로부터 문민 통치로의 전환이 공식화되었다는 것이다. 예를 들어, 원래 정무원과 동일한 지위를 누리었던 인민혁명군사위원회의 형태로 구성되었던 군부는 헌법에 기초하여 중앙인민정부위원회의 직접적인 영도를 받게 되었으며, 국방부가 새로운 내각인 국무원의 휘하에 설립되어 국무원의 34개 부 및 위원회와 동등한 지위를 누리게 되었다.

1954년 중반, 마오쩌둥이 헌법을 "주로 자신의 경험을 기반으로 만들었으며, 소련과 각 인민민주국가 헌법의 좋은 부분을 참고하였다."[41]라고 표명하였지만 사실상 이 헌법은 기본적으로 1936년 스탈린 헌법을 모델로 하였다. 그 기본 구조는 지방 차원으로부터 국가 차원에 이르는 '선출된' 의회(인민대표대회)로 구성되어 있었는데, 이 의회는 이론적으로는 각급 정부 행정 기관을 임명하였다. 이런 행정기관은 법률적으로 그들을 임명한 인민대표대회와 상급 행정 기관에 속하였다. 그 밖에 겉으로 보기엔 독립적인 법원과 인민검찰청 같은 사법 제도도 수립되었다.

이미 열거한 것과 유사한 시민의 제반 권리와 의무 외에도 이와 같은 모든 것들은 1936년 소련 헌법에서 찾을 수 있었다. 중국과 소련의 헌법에 존재하는 차이점들, 예를 들어 소련의 선거제도 가운데 전 인민의 보통·평등·직접·비밀 투표를 중국인이 보장받지 못하는 것은 중국의 상황이 소련보다 낙후되어 있기 때문이라고 여겼다. 게다가 일부 사항들은 확실히 1924년 소련 초기 헌법의 조항을 반영하였다. 그러나 중국의 지도자들은 몇 가지 주요 사례에서 명백하게 소련의

---

41 Mao, *SW*, 5, 143.

방식을 중국 실정에 부합하지 않는다고 받아들이지 않았다. 예를 들어, 몇몇 국가 기구와 부서는 소련 헌법에는 없는 것이었다. 가장 중요한 것은 (하나의) 분명하게 독립적이고 특출한 국가 주석 자리를 설립한 것을 들 수 있다. 이것은 간단히 인민대표대회 체제(소련의 최고 소비에트)의 고위 관원들에 의지하여 국가 원수의 직능을 실행하게 하는 것이 아니었다. 이 점에 있어서 중국공산당의 지도자들은 그들 이전의 국민당과 마찬가지로 제국 시기의 방법을 수용하고 있었으며, 중국의 전통에는 이러한 직무가 필요하다는 것을 분명하게 느꼈다.

신헌법이 소련의 선례로부터 의식적으로 벗어나려고 했던 부분은 바로 소수민족 지역이 분리될 수 있다는 가설을 부정한 데 있었다. 중화인민공화국은 하나의 '통일된 다민족 국가'라고 선포하였기에 소수민족자치구는 국가 영토에서 불가분의 일부가 되었다. 소련에서 분리의 '권리'는 혁명 이후의 내전 시기까지 거슬러 올라갈 수 있다. 당시 이것은 일시적으로 대부분의 소수민족 지역들을 장악한 백군과 외국세력에 대응하는 효과적인 무기였다. 게다가 소수민족이 수십 년 동안 발전하여 소수민족의 인구가 소련 인구의 절반을 차지하게 되면서 이러한 '권리'를 철폐하기 적합하지 않았고 그럴 필요도 없어졌다. 중국의 입장에서 이 문제는 본질적으로 그렇게 크게 위험한 것이 아니었다. 왜냐하면 소수민족 인구는 전체 인구의 6%밖에 차지하지 않았기 때문이다. 그러나 여전히 중요한 문제였다. 왜냐하면 소수민족은 비록 인구수는 적지만 전국 영토의 60%를 차지하고 있었으며 그중에는 전략적 의의가 큰 국경지역과 대량의 광물질과 수목 자원이 매장되어 있는 지역이 포함되어 있었을 뿐만 아니라 또한 공산당 이전의 역대 정권이 주의를 기울여 선점했던 지역이었기 때문이다.

역사적으로 한족은 그들을 방해하는 '이적(夷狄)' 소수민족을 흡수하거나 혹은 그들을 쫓아내는 방법을 통하여 그들의 통제 세력을 화북 평원에서 밖으로 확대하였다. 어떻게 '이적'에 대처할 것인가가 제국 시대의 정책에서 중요한 문제가 되었다. 이 정책의 가장 두드러진 점은 통제의 최소화였다. 제국 정책의 목적은 침범하지 않겠다는 것과 제국 조정에 대해 충성을 하겠다는 모호한 보장을 받으려는 것이었고 다른 한편으로는 이방 지역의 생활 방식에 대한 간섭을 가능한 적게 하려는 것이었다. 이와 반대로 서구 민족주의 관념의 영향을 받은 국민당 정권은 소수민족 자치를 승인하지 않는, 더욱 동화주의적 색채를 띤 방법을 사용하였다. 그러나 국민당 체제의 내재적인 취약성은 소수민족과 타협하거나 강제적인 통제 정책 없이 소수민족들을 소외시키는 정책들로 귀결되었다.

중국공산당이 집권할 때, 공산당은 역효과를 낳는 국민당의 행태들을 회피하려고 했지만 그들의 장기적인 목표는 제국 시대의 소극적인 정책보다 더 많은 것을 필요로 하였다. 기타 업무와 마찬가지로, 중국공산당 영도자들은 소련의 모델이 적당하다고 인식하였다. 비록 분리할 수 있는 '권리'를 사용하지 않았지만(그는 1938년에 이미 분리의 권리를 확실히 포기하였는데, 이것은 아마도 공산당이 대장정 당시 접한 소수민족들의 적대적 태도와 외국 열강들의 독립운동 선동에 대한 반응이기도 했을 것이다) 하지만 '자치' 지역에 대한 소련의 기본 제도는 중국 정책의 기초가 되었다. 성(省)부터 자치향(自治乡)까지의 1급 행정 분할 구역에 '자치'의 지위가 부여되었다. 이러한 행정 분할구들은 늘 전통적인 소수민족 명칭을 사용하였다. 현지의 언어와 문화는 이와 같은 자치 지역에서 발전하였다. 소수민족 인사들에게 정부직무를 배정해 주었지만 실권은 여전히 한족인 당 간부에게 있었다.

비록 소련모델에서 변화하지 않는 요소 중의 하나가 자치의 원칙이었지만 중국공산당이 사용하는 자치의 내용에는 1929년 이후 스탈린 시기에 사용된 동화주의 방식이 아니라 1920년대의 온건한 소비에트 방식이 더 많이 반영되었다. 따라서 그들은 중점을 '국민화' 측면에 두었다. 여기서 국민화란 소수민족의 제도를 채택하는 것뿐만 아니라 소수민족을 간부로 채용하고, 한족 간부를 현지 방식으로 훈련시키려고 노력하며 '애국적인 고위층', 즉 현지에서 명망 높고 연륜이 있어 지역 주민들과 원활한 관계를 보장하는 소수민족의 기존 지도자들과 진심으로 협력하는 것 또한 포함하였다.

이러한 정책은 점차적으로 중국공산당의 통제를 강화하려는 다른 정책과도 연계되어 있었는데 그 정책으로는 한족 지역과의 운송과 통신을 연계시켜 발전시키는 것, 한족을 모든 소수민족 지역이 아닌 일부 소수민족 거주 지역으로 이주시키는 것, 지방 풍속을 파괴하지 않는 한도에서 신중하게 경제 환경의 개선을 위해 노력하고 새로운 행정 기관을 발전시켜 전통적인 구조를 대체하는 것, 소수민족들은 중국이라는 위대한 조국의 구성 부분이라는 점을 강조한 정치 교육을 실시하는 것, 대부분 소수민족 지역에서 한족 지역의 발전 형식으로 사회 개혁을 진행하지만 현지의 조건을 고려하여 한층 더 완만하게 진행하는 것 등이 있었다. 여하튼, 중국공산당의 정책은 소수민족을 점차적으로 중국의 주류로 진입시키는 것이었다. 이러한 정책의 목적은 근본적인 개조에 있었지만 속도와 방식 면에서는 지방의 풍습에 민감하게 반응하면서도 불필요한 파괴를 피하려 하였다.

중국공산당은 이런 정책을 운용하여 매우 성공적으로 광범위한 소수민족 지역을 중앙의 통제하에 두었으며 사회주의 개조를 시작하였다. 하지만 전통적으로 한족에 대한 적대적인 심리와 '후진적'인 사회 구조를 가지고 있던 소수민족을 개조하는 과정에서 긴장감이 조성되는 것은 불가피 했다. 비록 상대적으로 온화한 방식들을 적용하였지만 1950년대 초반에 걸쳐 한족 간부들이 기계적으로 중국식 관행들을 적용하여 현지 대중을 소외시키자 '한족 쇼비니즘'이라는 기사가 나왔다. 1956년을 시작으로 완화되다 1957년 백화제방운동 기간 동안 더욱 확대되었던(제5장 참조) 당의 결함에 정부의 공식적인 비판 운동의 전개는 한족 간부의 비행에 대해서뿐만 아니라 더욱 근본적으로 자치의 여러 가지 제한들에 대해서도 많은 공격을 초래했으며, 심지어 소수민족의 분리주의 요구까지 불러 일으켰다. 1956년 쓰촨 성 티베트족(四川藏族) 지역에서 일어났던, 개혁에 반대하는 반란은 소수민족을 소외시킨 결과 일어났던 가장 극단적인 저항의 표현이기도 했다. 그리하여 대량의 난민이 티베트 본토로 밀려드는 결과를 초래하였는데, 이 대량의 난민은 이후 1959년 티베트 대규모 소요의 중요한 요인이 되었다(제2장 참조).

분명 1949~1957년 사이의 능숙하게 조율된 정책들조차도 중국인의 통제에 대한 소수민족의 저항을 제거할 수 없었음이 드러났지만, 모든 것을 감안해 볼 때 중화인민공화국은 소수민족 지역에서 역대 어느 정권보다도 공고한 거점을 획득할 수 있었다.

소수민족 문제에서 볼 수 있듯이, 제도들이 실제로 시행되는 방식에는 헌법의 규정보다 더욱 중요한 의의가 있었는데 소련의 방법과 비교하면 비슷한 점도 있었지만 중대한 차이점도 있었다. 근본적으로 이것은 당과 국가 간 위계 조직들이 평행 병존하는 제도로 당은 헌법에 명시되지 않은 권력의 최종 소재지였다. 이 점에서 중국 제도는 스탈린이 사용한 실제 방법보다는 소련의 공식적인 당정 관계를 더 모방한 것이다. 스탈린 체제에서 당은 이론적으로는 최고 지위를 갖지만, 실제로는 스탈린의 통치를 보장하기 위해 개인적으로 조종할 수 있는, 독립적인 비밀경찰을 포함한 몇 개의 위계적인 조직들 가운데 하나에 불과했다. 레닌주의에 충실했던 중국에서 당의 영도는 소련에서보다 구체적인 실체를 갖고 있었다. 최종 정책 결정권은 당 중앙조직, 특히 정치국과 서기처에 있었고, 각급 지방의 1급 당위원회가 갖고 있는 권력은 인민정부의 것보다 컸다. 당의 통제는 이중 신분에 의해 보장이 되었고, 지도급 주요 당서기들은 핵심적인 행정직도 쥐고 있었다. 이런 중국의 방식은 심지어 스탈린 사후에 형성된, 더 독특한 소비에트 위계 체계와도 차이가 있는 것이었다. 확실히, 중국에서 계획 건설의 조직적인 패턴이 강화되는 동안, 스탈린 사후의 러시아에서는 소련공산당이 겨우 세력을 확보해 갔다.

하지만 다른 측면에서, 제도적 관계는 기본적으로 소련 방식의 영향을 받았다. 소련식의 명령경제는 국가 구조의 권한을 상대적으로 높인 일련의 집권화된 관료적 관행들을 필요로 했다. 비록 당이 정책 결정에 대한 최종적인 권한을 갖고 있다는 점에는 의심의 여지가 없지만 경제 관리와 관련된 수많은 행정 결정들은 국무원 및 그 산하 기관의 몫이었다. 지배적인 행정 방식은 수직적 통치였는데,

현대 부문의 각 단위는 중앙 각 부처의 직속으로 두었고 이로써 지방의 당위원회를 우회할 수 있었다. 마오쩌둥이 "오직 혁명과 농업에 관련된 대권은 중앙위원회가 갖지만 기타 권력은 국무원에 속한다."라고 선포하였을 때, 그는 이런 상황을 정확하게 파악했던 것이다.[42] 중앙 차원에서, 운용상의 결정권은 점점 자본-기술 집약적인 소련모델에서 필요로 하는 전문가들에게로 흘러들어갔으며, 행정 관리자들이 직접 휘하의 각급 기술 인원을 통제하게 되었다. 이는 저우언라이 총리의 지위를 받쳐 주었을 뿐만 아니라 천윈, 리푸춘, 리셴녠(李先念) 그리고 보이보 등 주요 경제 관료들의 지위도 받쳐 주었다.

현대 부문의 기층 단위 즉 공업 기업에서의 이런 상황은 당조직의 지위를 종종 주변부에 위치하게 하였다. 초기에는 공장 당위원회의 역할이 상당한 혼란과 변화를 겪었는데, 이후 1953년 무렵에는 그 기능을 교육과 선전으로 제한하고 공장장이 전면적인 경영 관리를 책임지는 추세로 바뀌었다. 이런 상황은 이후의 설명대로 1956년 변화하였으나, 제1차 5개년 계획 초기 공장 당위원회는 종종 기업 내 다른 직능 조직과 같이 취급되었다. 전반적으로 당은 여전히 모든 것보다 높은 위치에 놓여 있었지만 1953~1957년 사이 국가의 권력은 빈번하게 특정 당조직의 권력을 무색하게 만들었다.

국가 기구의 또 다른 핵심적인 부분인, 법원, 검찰과 경찰(공안)의 '정법공작제도'는 비록 몇 가지 중요한 측면에서 스탈린의 방식과 차이를 보였지만 소련모델의 영향을 깊이 받았다. 소련과 같이 법원과 검찰은 헌법상 독립적이라고 선포되었을 뿐만 아니라, 1954년 무렵에는 상당한 직능 자주권을 향유할 수 있는 소련식 행정방식이 채용되었다. 1950년대 중반에 정규화와 전문화를 전반적으로 강조하면서, 이론적으로 공안부 산하의 핵심적인 정부조직인 공안과 이들 기구는 지방의 당위원회 혹은 정부위원회의 간섭을 받지 않고 점점 개별적 안건들을 처리하게 되었다. 물론 궁극적으로 정법 기구들은 그 기초 방침이 중앙의 당조직

---

42 "Talks at the Nanning conference"(11-12 January 1958), in Miscellany, 1, 84.

에 의해 규정되며 공식 노선의 전반적인 목표에 밀접하게 편성된다는 점에서 중국공산당의 권위에 지배를 받았다. 또한 지방 당위원회는 이 민감한 영역에 대해 계속해서 총체적으로 관리했다. 이는 때때로 국가 정책상 허용된 자치권을 행사하고자 하는 일부 부서들과의 갈등을 초래했다.

공안은 분명 정법 기구들 중에서 가장 중요했다. 비록 공안 기구에 대한 확실한 정보는 부족하지만 공안은 중화인민공화국이 건립되면서부터 공공질서 유지와 통제의 도구로서 확실하게 핵심적 역할을 하였다. 일반 경찰로서의 역할과 정치경찰로서의 불명확한 역할 이외에도 공안은 하나의 거대한 징벌 시스템을 관리하는 역할을 했다. 이 징벌 시스템에는 수백만의 범인을 수감하여 국가에 상당한 경제 자원을 제공하는 노동수용소가 포함되어 있었다.[43] 공안이 그런 자원에 대해 재량권을 행사할 때에는 공고한 당의 통제가 필요했다. 앞에서 이미 지적하였듯이, 마오쩌둥은 스탈린과 달리 경찰(공안)이 당과 국가 기구의 통합과 정체성을 파괴할 수 있는 독립적인 압박 기구로 작동하게 해서는 안 된다고 주장하였다. 1955년 반혁명분자 반대 운동에서 당조직은 1951~1953년과 마찬가지로 다시금 엄격한 감독을 실시하였다. 공안에 의한 일상 통제는 공안부장인 뤄루이칭(罗瑞卿)이 책임졌다. 그는 당의 고위 관료였지만 정치국 위원보다 지위가 낮았다. 뤄루이칭은 마오쩌둥과 펑전에게 직접 보고를 했는데, 펑전은 정법공작과 가장 깊게 관련되어 있는 정치국 위원이었다.[44] 비록 공안 기구를 통한 영도는 확실히

---

43 비록 중화인민공화국의 노동개소 제도에 관한 자료가 적지만 A. Doak Barnett, *Communist China: The early years, 1949-1955,* 60-7에서 유용한 서술을 볼 수 있다. 그리고 Bao Ruo-wang(jean Pasqualini) and Rudolph Chelminski, *Prisoner of Mao*에서도 1차 자료를 볼 수 있다. 위 두 자료에서는 노동수용소 내의 사람 수가 수백만에 이른다고 추측하였으며 바오와 첼민스키는 대체로 1000만이 넘는다고 제기하였다.

44 외국의 관찰자들은 1930~1940년대 초기 공안 업무에 깊게 관여했던 정치국 위원 캉성(康生)이 1949년 이후에도 계속 경찰을 통제하였다고 추측하는데, 실제 상황은 그렇지 않다. 1945년 제7차 당대회 이후, 그의 공안 직책은 해제되었으며 1949년 병가를 내어 나타나지 않았는데 라오수스에게 부여된 화동 최고 직무 때문에 화가 난 것으로 보인다. 캉성은 가오-라오 사건 이후 복귀하였지만 이론 공작에 집중하였다. 문화대혁명 이후 그는 또 다시 이 고압적인 통치 기구와 관계를 맺게 된다. 中侃, 『康生评传』, 83, 96, 106-12 ,114, 191, 284 참조.

일부 인물들에게 내부 엘리트들 간의 갈등에서 잠재적으로 강력한 도구를 제공해 줄 수 있었지만 1950년대의 조건에서 그것은 엄격히 제한된 효용성을 띤 하나의 자원일 뿐이었다.

당-국가 위계 구조가 가장 핵심적인 역할을 했지만, 각종 대중조직도 중요한 보조적 역할을 담당하였다. 이런 단체들은 레닌이 말한 '전달의 통로(transmission belts)'라는 개념에서 만들어진 것이었다. 비록 이 단체들은 당 지도자들에게 단체 성원들의 견해들을 대변하는 역할을 수행하였지만 레닌과 스탈린이 실제로 이 조직을 운용할 때 그 일차적인 주요 기능은 그들이 대변하는 대중에게 당의 각종 정책들을 전달하는 것이었다. 해방 초기에 가장 중요한 대중조직이었던 중화전국총공회(中华全国总工会: 중국 노동조합총연맹)에서 이 두 가지 역할의 상대적 중요성에 대하여 의미 있는 논쟁을 한 적이 있었지만, 이 논의는 1951년 말경에 소련의 정통적인 실천 방식이 우세한 쪽으로 결론이 났다.

이 논쟁에서 리리싼(李立三)을 대표로 하는 공회(工会: 노동조합) 내의 많은 사람들은 사영기업 혹은 국영기업을 막론하고 노동조합이 관리자에게 너무 복종하여 노동자를 소외시켰다고 주장했다. 노동조합의 간부들은 노동조합의 기본 임무는 노동자의 이익을 수호하는 것이라는 입장을 견지하며 이 목적을 달성하기 위해서 일정한 정도의 업무상 자주성이 필요하다고 하였다. 1951년 말에 당 지도부는 이 문제에 개입하여 이런 관점들을 '경제주의'요 '노동조합에 대한 당의 영도를 부정'하는 것이라고 비난하며 철회할 것을 요구했다. 1952년 노동조합 지도부를 개편할 때, 리리싼의 중화전국총공회 주석 지위는 박탈되었다. 리리싼 개인의 지위 하락은 제한적이었는데—그는 노동부 부장(장관)과 중앙위원회 위원의 지위를 보존하였다— 이는 아마도 그가 1930년대 초에 마오쩌둥을 반대했던 주요 인물이라는 사실과 관련이 있었던 것 같다. 이 사건의 궁극적인 효과는 결국 당의 영도하에 노동조합을 확고하게 종속시켰다는 것이다. 이런 표준적인 소비에트(평의회)의 역할은 기타 대중조직에도 적용되었으며, 제1차 5개년 계획 시기에는 더욱 확연해져 사실상 당시의 모든 대중조직은 그들의 활동 계획을 이행하는 데 집중하였다.

농업합작화

여러 가지 의미로 1956년 말 농업합작화의 성공적인 완성은 제1차 5개년 계획의 중요한 변화 가운데 하나였다. 우선, 농업합작화는 대부분의 중국 사람들을 사회주의 조직 체계 아래 묶는 사회적이고 제도적인 개혁의 거대한 성과였다. 이 임무는 근본적으로 현대 부문의 사회주의화보다 더욱 힘든 것이기도 했다. 때문에 이 이유만으로도 성과에 대한 상세한 조사를 진행할 필요가 있다. 둘째로 비록 20년이 넘게 걸린 소비에트 집단화의 경험은 여러 측면에서 유의미했지만, 중국공산당의 지도자들은 그들 자신만의 접근법과 체계를 발전시켰다. 그리하여 중국에서의 합작화는 러시아에서 시작된 것보다 덜 파괴적이었다. 게다가 하나의 정책 이슈로서 합작화는 지도부 내 뜨거운 논쟁을 불러일으켰던 문제였다. 그럼에도 불구하고 이 논쟁은 근본적으로 당의 단결을 파괴하지 못하였다. 결국 이 이슈는 1955년 중반에 농업합작화 속도를 높여야 한다는 마오쩌둥의 개인적 제의에 의해 해결되었다.

부총리 천이(陳毅)가 서술하였듯이, 마오쩌둥의 개입은 "지난 3년의 논쟁을 해결하였다."[45] 뒤이은 합작화의 완성 과정에서 속도가 마오의 예상을 훨씬 뛰어넘었으며 방식도 종종 그의 지도 방침을 위반하였지만 합작화는 이전에 그가 구상했던 것보다 훨씬 빨리 완성되었다. 사람들은 1956년 후기 농업 분야에서 이룬 거의 전면적인 사회주의화를 당의 위대한 성공이며 또한 마오쩌둥 개인의 합작화에 대한 입장이 옳았음을 입증하는 결과라고 생각하였다. (이 발전에 관한 더욱 구체적인 경제 분석은 *CHOC* 14, 제3장 참조)

농업의 사회주의화를 향한 행동들은 심지어 전국 해방 이전부터 화북 근거지

---

[45] *RMRB*, 13 November 1955.

에서 호조조(互助組)―농민 노동력의 합작 경영 안배 방식―의 발전과 더불어 이미 시작되었다. 호조조 활동은 1949년 이후 신·구해방구에서 발전하기 시작하였으며, 1952년 말에는 전체 농가의 대략 40%가 호조조를 형성하였다. 동시에 농업생산합작사도 실험적으로 건립되었다. 하지만 이것들은 1952~1953년에서야 대량으로 나타났다. 1952~1955년 마오쩌둥이 간섭한 시기에 이르기까지, 합작화의 속도는 몇 차례 완급을 거쳤다. 표 1과 같이, 1952~1953년과 1954~1955년 겨울에는 합작사로 등록한 수가 급증하였지만 각기 다음 해 봄에는 증가율이 낮아졌을 뿐만 아니라 어떤 합작사는 해산하였다. 이런 패턴은 진행 중이었던 논쟁과 확실히 관련이 있었다. 하지만 여기에는 또한 체계와 계획의 혼란, 간부들의 경직된 업무 방식, 조급히 계획을 실현하다 일어난 부농들의 이탈 문제 등도 반영되었다. 한편 마오쩌둥이 개입한 이후 운동은 점점 더 빠른 속도로 발전하였을 뿐만 아니라 곧이어 1956년 봄에는 합작사가 새롭게 통합되기보다는 고급합작사나 완전히 집체화된 조직으로 재편성되었다.

중국 정책에는 소련 경험을 크게 수정한 부분이 얼마간 포함되어 있다. 첫째, 합작화를 소련과 같은 급격하고 무질서한 방식이 아니라 점차적이고 한 단계에서 다른 단계로 이어지는 과정으로 계획하였다. 중국공산당은 정책에 삼보행(三步走: three-step process)이라는 과정을 설정하였다. 첫 번째 단계는 호조조로 노동력을 합작하나 농민 개인은 토지와 기타 생산요소의 소유권을 유지하는 것이다. 다음 단계는 초급농업생산합작사(初級農業生産合作社)이다. 이 시기에는 생산성 재산은 집단에서 통제하지만 농민은 그들이 내놓은 토지, 농기구와 가축에 따라 이익을 분배받는다. 마지막 단계는 고급농업생산합작사(高級農業生産合作社, 혹은 완전 집단화된 합작사)로 이 시기에는 이익 분배가 취소되고 엄격히 일한 대로 보수를 받는다.

또 다른 중요한 차별점은 부농을 제한할 뿐 소멸시키지 않았다는 것이다. 러시아에서 부농(쿨락)을 강제추방하거나 살해했던 것과 달리, 중국의 부농은 경제적 지위가 각기 다른 방식으로 약화되었으며 농업생산합작사에 참가하는 허가를 받았을 때인 합작화 운동의 후반부 단계 전까지는 정치 동원의 목표로 이용당했다. 그리하여 부농은 비록 여전히 계급투쟁의 대상이었지만, 그들이 받은 상대적으로 온화한 대우는 소련 운동에서 현저하게 나타난 무질서와 경제 자원의 파괴를 방지하였다.

농촌 상황을 개선시켰던 세 번째 특징은 중국공산당이 스탈린의 방식, 즉 공업화를 위해 농촌의 잉여농산물을 추출하는 데 몰입했던 외골수의 편향적인 방식을 기피했다는 점이다. 중국의 제1차 5개년 계획 역시 농업에 크게 의존하여 공업을 지원하는 것이었다. 하지만 중국공산당의 영도자들은 중국 농촌에서 다른 쪽으로 돌릴 수 있는 잉여 농산품이 러시아의 농촌보다 현저히 적다는 것을 인식하였다. 그 결과 제1차 5개년 계획 기간 동안 정부의 주요 정책 목표는 농업생산량을 증가시키는 것이었다. 이는 국가의 공업 발전 계획을 만족시켰을 뿐만 아니라 또한 농민의 생활 수준도 제고시켰다. 비록 이런 목표가 어떻게 일관성 있게 실현될 수 있을지에 대해서는 여전히 불명확했지만, 당의 농민 생활에 대한 관심은 당에 대한 저항을 감소시켰을 뿐만 아니라 지지를 쟁취하는 데 도움이 되었다. 마지막으로, 경제와 기술상의 더 엄밀한 수정 정책은 1954년 중반에 출현하였다. 이는 중국의 낙후된 산업 기반을 고려할 때 집단화와 농업 기계화를 병행 발전시킬 것이 아니라 집단화가 응당 농업 기계화에 선행하여 전개되어야 한다는 것이었다.

하지만 소련모델을 벗어난 실질적 변화가 소련의 경험을 전면적으로 부정하는 것을 의미하지는 않았다. 반대로, 각양각색의 소련 저서에 대해 연구를 진행하여 합작사에 대한 정부의 지지 입장을 도출했을 뿐만 아니라, 1935년의 집단농장(콜호스)법 모델에 따른 소련의 고급합작사는 중국공산당이 기본으로 채택한 고급농업생산합작사의 거푸집으로 쓰였다. 게다가 발전 과정을 보면, 소련 경험은 중국공산당 내부의 모든 논쟁자들에게 교훈과 지지의 근거를 제공하였다. 집단화

표 1. 농업합작사: 발전과 목표

	현존하는 농업 생산합작사	1954~1955년 목표	1956년 목표	1957~1958년 목표
1952년 가을	3,644[a](0.1%)[b]			
1953년 봄	하북성은 5,800에서 3,645로 감소			
마오쩌둥 1953년 11월	약 15,000(0.2%)			"1957년까지" 700,000~ 1,000,000 (약 15~22%)
중앙위원회 1953년 12월	14,900(0.2%)	1954년 가을 35,800(약 0.5%)		
덩쯔후이(중국공산당 농촌업무부 부장) 1954년 7월	약 114,000(0.2%)	1955년 봄 600,000 (약 12~13%)	"1956년까지" 1,500,000 (약 33%)	"1957년까지" 3000,000 (약 66%)
중앙위원회 1954년 10월	약 230,000 (4.7%)	1955년 봄 600,000 (약 12~13%)		
1955년 2~3월	670,000에서 633,000으로 감소(14.2%)			
중앙위원회 농촌업무부 1955년 봄(5월?)	약 633,000 (14.2%)		10월 1,000,000 (약 22%)	
1955년 6월	634,000 (14.2%)			
제1차 5개년 계획 1955년 7월 30일	650,000 (약 14.3%)			"1957년까지" 33%
마오쩌둥 1955년 7월 31일	650,000 (약 14.3%)		10월 1,300,000 (약 29%)	1958년 봄 50%
1955년 9월 17~20개 성의 평균	?		춘계 37.7%	1957년 60.3%
중앙위원회 1955년 10월	1,277,000 (32%)			
1955년 11월 21개 성	1,583,000 (41.4%)	1955년 말 선진지역, 70~80%	1956년 말, 전부 70~80%	

	현존하는 농업 생산합작사	1954~1955년 목표	1956년 목표	1957~1958년 목표
마오쩌둥 1955년 12월	1,905,000(63.3%) (4% 고급합작사)		1956년 말 70~80%	
농업강요초안 1956년 1월	1,530,000(80.3%) (30.7% 고급합작사)		"1956년" 85%	"1958년까지 사실상 고급합작 사화 완료"
1956년 3월	1,088,000(88.9%) (54.9% 고급합작사)			
1956년 6월	994,000(91.9%) (63.2% 고급합작사)			
1956년 12월	756,000(96.3%) (87.8% 고급합작사)			

a. 농업생산합작사 수; 1955년 12월 이전의 초급농업생산합작사는 이후 고급과 초급합작사로 나누어졌다. 1956년 농업생산합작사 수가 적어졌는데 이는 고급합작사 규모가 더욱 커졌기 때문이다.
b. 농업생산합작사에 참가한 농호를 가리킨다.
자료: 史敬棠 et al., eds., 『中国农业合作化运动史料』, 989-91; "Agricultural Cooperativization in Communist China", *CB*, 373; Mao, *SW*, 5, 139-40; *Communist China 1955-1959*, 120.

의 신속한 진전에 반대하던 사람들은 과도한 추진 행위가 소련의 계획을 위태롭게 했을 때 "성공에 도취되어 판단력이 흐려져서는 안 된다."라고 했던 스탈린의 경고를 언급하였다. 하지만 여타의 사람들은 1955년 7월 당시의 마오와 마찬가지로, 소련의 경우처럼 신속하게 오류를 시정할 수 있으며 더욱 낙관적인 계획에 따라 합작화를 완성하는 것이 가능할 것이라고 주장하였다.

1955년 초부터 7개월 동안 마오의 결정적인 역할과 논쟁의 성격 등, 이 논의의 결정적인 무대가 일부 확실해졌다. 하지만 정확한 정치적 윤곽은 비교적 모호하다.[46] 앞에서 본 바와 같이, 1955년 초에는 합작화가 사회·정치적 목표는 물론이

---

46 다음 내용은 문화대혁명 자료에서 가져온 해석과 약간 다르다. 문화대혁명 자료에서는 마오쩌둥과 다른 중앙관리들 사이의 불화와 차이를 강조하였다. 예를 들어 Parris H. Chang, *Power and policy in China*, 9-17 참조. "Agricultural cooperativization in communist China", *CB*, 373; Kenneth R. Walker, "Collectivisation in retrospect: The 'socialist high tide' of autumn 1955-spring 1956", *CQ*, 26(1966); 그리고 특

고 경제적 목표에도 바람직스럽다는 확실한 합의가 존재했다. 7월에는 제1차 5개년 계획을 공표하면서 계획경제발전을 위해 농업생산합작사 건설이 중요하다는 것을 재차 강조하였다. 그 이후 시기에 비록 사회주의화 과정이 기계화 과정보다 어느 정도 앞서야 하는지에 대해서는 논란이 있었지만 집단화가 기계화보다 우선되어야 한다는 데는 의견이 일치했다. 이외에도 중국공산당이 직면한 문제에 대한 공동의 인식이 존재했다. 사회·정치적으로 소농 생산의 계속적인 존재는 농촌자본주의를 위태롭게 할 것이며 따라서 사회주의의 공고화에 위협을 가할 것이라고 모두 광범위하게 인정하였다. 경제적인 측면에서 보면, 논쟁에 참가한 모든 사람들은 농업생산이 실질적으로 공업 발전 속도를 결정하므로 농업 성장이 공업화의 계획된 발전 속도와 보조를 맞추는 데 실패하면 제1차 5개년 계획 전체가 위태로워질 것이라고 믿었다.

그 어느 주요한 정책 결정자도 공업 목표들을 실질적으로 줄이려고 하지는 않았으므로 어떻게 농업생산성을 증가시킬 것인가가 주요 관심사가 되었다. 농업생산합작사를 설립하는 속도가 논쟁의 중심 이슈였다. 몇 달 사이 중국공산당 중앙위원회 농촌공작부와 그 조직의 리더인 덩쯔후이가 정치국의 주요 경제전문가인 천원과 연계하여 하나의 신중한 접근 경로를 제기하였다. 처음에 이 접근법은 류사오치뿐만 아니라 마오쩌둥의 지지 또한 받았다. 덩쯔후이는 1954년과 1955년 봄 사이에 농업생산합작사의 급속한 팽창을 낳았던 지나치게 웅대한 계획, 간부들의 과도한 행위들, 그리고 한층 더 생산적인 농민들의 실망 등이 초래된 현상을 집중적으로 지적하였다. 이 관점에서 볼 때 만약 농민들의 적의가 아직 농업생산에 해를 끼칠 만큼 심하지 않다면, 기존의 농업생산합작사를 신중하게 강화하고 1956년 가을까지 100만 개의 합작사 설립을 목표로 완만하게 성장시킬

히 마오쩌둥 사후 내부에서 발행한 문헌『党史研究』. 2. 1(1981), 28 February 1981의 邓子恢, "在全国第三次农村工作会议上的开幕词"(21 April 1955)1981. 1, 2-9 ; 强远淦, 林邦光, "试论1955年党内关于农业合作化问题的争论".

필요가 있었다. 이런 정책을 실행하면서 덩쯔후이는 새로 성립되었지만 잘못 조직된 2만 개의 농업생산합작사에 대해 해체 명령을 내렸다. 사람들은 덩의 이 접근법에 반대하며 합작화 속도를 더 높여야 한다고 주장하였다. 농업생산합작사는 이미 증명된 생산 증대 능력을 구비하였고 더욱 쉽게 국가를 위해 잉여농산품을 취득할 수 있게 해 주었으며 또한 여전히 사유제 농업의 압도적 우위를 양산하는 농촌의 계급 양극화 경향을 억제할 수 있다는 것이 근거였다.

앞에서 이미 언급했다시피, 마오쩌둥은 초기에 덩쯔후이의 정책을 지지하였다. 3월에 마오쩌둥 주석은 "정지, 수축, 발전."이라는 구호를 제창하였다. 이는 새로운 발전을 하기 전, 기존의 것을 강화시키는 것이 중요하다는 것을 반영하였다. 하지만 5월 중순에 마오쩌둥은 자신의 입장을 합작화의 속도에 불만을 가진 사람들 편으로 전환하여 덩쯔후이와 격렬한 논쟁을 하였다. 덩쯔후이가 1956년 10월까지 농업생산합작사를 100만 개 만든다는 농촌공작부에서 제기한 목표를 견지했던 반면에, 마오쩌둥은 이 소극적인 접근법에 대하여 경고하면서 목표치를 130만 개로 늘려야 한다고 주장했다.[47] 회고해 보면, 정책 변화를 초래하는 데 결정적 작용을 한 것은 5월 하순 마오쩌둥의 제의이며, 학자들이 통상적으로 인용하는 7월 31일 마오쩌둥의 합작화 문제에 대한 발언이 아닌 것 같다.[48] 농업합작사의 수는 6월과 7월에 다시 증가하였을 뿐만 아니라 중앙에서는 5월에 새로운 반혁명분자 반대 운동도 일으켰다. 이 새로운 운동의 주요목적 가운데 하나는

---

47 마오쩌둥은 7월 31일 합작화에 관한 발언에서 그의 목표를 제기하였다. 그러나 이미 마오의 목표를 둘러싸고 5월에 덩쯔후이와 확실하게 논쟁한 적이 있다. Mao, *SW*, 5, 187; 强远淦, 林帮光, "试论1955年党内关于农业合作化问题的争论", 13.

48 마오쩌둥의 사후 자료를 사용하지 않는 분석가들은 5월 마오쩌둥의 활동을 분석할 때, 7월 마오쩌둥의 돌발적이고 결정적인 연설에 종종 중점을 두었다. 왜냐하면, 7월에 발표한 목표는 획기적인 돌파구를 거의 기대할 수 없는 더 보수적인 접근 방식이었지만, 1차 5개년 계획 때 발표한 목표보다 더욱 급진적이기 때문이다. 가령 Stuart R. Schram, "Introduction: The Cultural Revolution in historical perspective", in Schram, ed., *Authority, participation and cultural change in China*, 39 참조. 하지만 이런 분석들은 하나의 사실을 소홀히 하였다. 즉 제1차 5개년 계획에서 제정한 '1957년까지 전체 농호의 3분의 1이 농업생산합작사에 가입'이라는 목표가 1958년 마오쩌둥이 제기한 50%의 목표보다 보수적이지는 않았다는 점이다. 왜냐하면, 1957~1958년 사이의 겨울은 중대한 발전이 있을 시기였기 때문이다.

사회 전반에 걸쳐 집단화를 반대하는 사람들을 침묵시키는 데 있었다. 더욱이 마오쩌둥 발언 이전부터 집단화에 대해 확신하거나 입장을 바꾸거나 혹은 상황을 관망하는 상황이 등장했기 때문에, 농업부장 랴오루옌(廖魯言)과 덩쯔후이 이전의 맹우인 천윈 등과 같은 지도자들이 모두 분명한 태도로 집단화(집체화)를 위해 변호하였다.

1955년 5월에 시작되어 7월 연설에서 절정에 이른 마오의 개입 발언은 정책 쇄신보다는 결정적인 정치 행동이라는 측면에서 중요한 의미를 갖는다. 정책적 견지에서 보면, 비록 이후의 14개월 동안 농업생산합작사의 수를 두 배로 만들어 운동의 강도를 대대적으로 증가시켰지만 마오쩌둥의 계획이 과도하게 급진적이지는 않았다. 그는 새로운 합작사를 위해 세밀한 준비를 진행할 것을 호소하였고 농민들이 합작사에서 퇴사하거나 심지어 만족스럽지 못한 합작사를 해산시키는 것도 허용했으며, 동시에 합작화를 추진할 때 무모하거나 소심하게 진행하지 말라는 경고도 하였다. 마오쩌둥의 목표가 실질적으로 이전 농촌공작부에서 재정한 목표를 대대적으로 제고하는 것이었다고 해도, 그 증가율은 1954년 초에서 1955년 초에 도달한 비율에 미치지 못하였으며 또한 증가의 절대치도 조금 더 많을 뿐이었다. 확실히 1956~1957년에 정한 마오쩌둥의 목표는 1954년 중반 덩쯔후이가 한 예측보다 더욱 보수적이었다.

그러나 마오쩌둥의 계획이 과도하게 급진적이지 않았다고 해도 그 정치적 충격은 컸다. 마오쩌둥은 집체화의 확대만이 이데올로기적으로 유일하게 정확한 노선이라고 지적함으로써 몇 달 전까지만 해도 주저하던 태도를 바꾸어, 7월의 발언에서 "우리의 일부 동지들이 전족을 한 여성과 같이 이리 비틀 저리 비틀거리면서 길을 걷는다."[49]라고 비판을 시작했다. 그리고 이 시기 내내 계속 의견을 보류하고 있던 덩쯔후이를 '우경분자'라고 하였다. 이 이슈를 둘러싸고 마오쩌둥이 내린 첨예한 정치적 정의에 대하여 다른 의견을 가진 영도자들은 거의 없었

---

49 Mao, *SW,* 5, 184.

다. 그리하여 집체화 추진 운동이 대대적으로 전개되었다.

마오쩌둥의 승리는 무엇보다 그 누구도 도전할 수 없는 그의 영도자적 지위 때문이었지만 기타 몇가지 요인들도 그에게 유리하게 작용하였다. 하나는 상당히 온화한 성격의 계획과 계획의 논거에 있다. 비록 7월 발언의 정치적인 어조는 극단적으로 과감하지만 조사한 자료를 정리하고 엄밀하게 추론하는 작업이 이 발언에 상당한 힘을 실어 주었다. 마오쩌둥에 유리한 다른 한 가지는 그의 계획이 비록 획기적인 돌파구를 거의 기대할 수 없는 더 보수적인 접근 방식이었지만, 농업 부문에 드러난 심각한 문제들에 정면으로 대처하고 있다는 사실이었다. 정치적으로 마오쩌둥이 자신만의 의견을 제시한 것이 아니라 상당히 많은 부분을 차지하는 엘리트들의 의견들을 아울러 표현하였다는 사실은 그의 여러 정책 건의에 중요한 도움을 주었다. 집체화의 급속한 확대에 반대하던 사람들마저도 경제·사회적 이유로 농업생산합작사가 바람직하다는 점에는 동의하였다. 비록 이후 몇 년 사이에 덩쯔후이에게 '우경주의자' 꼬리표를 사용하는 것에 대해 문제를 제기하는 사람들도 있었지만, 당시에는 엘리트 내부의 각기 다른 의견을 가지고 있는 사람들에게 전통적인 온화한 접근 방식을 사용한 것이 사람들이 마오쩌둥을 따르게 하는 데 기여하였다. 덩쯔후이는 자아비판을 해야 했으며 권력 서열에서 일시적으로 밀려나는 어려움을 겪기는 했으나, 자신의 직위를 상실하지는 않았다. 마지막으로 집체화 운동이 가속화됨에 따라 마오쩌둥의 목표가 초과 달성되자 그와 반대 의견을 가진 자들은 불신을 받게 되었다.

확실히 1956년 말 무렵에 완전히 집체화된 농업생산합작사를 거의 완벽하게 추진할 수 있었던 것은 마오쩌둥의 계획이 아니라 당조직에서 열정적으로 전개한 운동에 기인한 바가 더 컸다. 중국 전역의 농촌 간부는 마오쩌둥의 발언과 반혁명분자 반대 운동으로 조성된 압력에 반응하면서 '영좌무우(寧左毋右: 좌경이 될지언정 우경은 되지 말라)'의 결론을 얻었다. 7월 발언 이후 1955년 말까지 중국은 하나의 패턴으로 움직였다. 즉 마오쩌둥과 당 중앙이 목표를 정하면 각 성에서는 이 목표를 초과 완수하고, 중앙에서 목표를 상향 조정하면 각 성에서 다시 그 목표를 초과 완성하는 식이었다. 심지어 그해 연말에, 마오쩌둥은 농업생산합작사의 고급 단계를 기본적으로 완결하는 데 다시 3년에서 4년 가까이 더 소요될지도 모른다고 예측하였다. 그러나 1956년 각 지방에서는 마오가 설정한 목표를 다시 대대적으로 앞질렀다. 이 과정에서 마오쩌둥이 1955년에 신중하게 주창했던 단계별 발전 정책은 철회되었다. 전체 농가의 4분의 1 이상이 호조조에 가입하는 중간 단계 없이 바로 농업생산합작사에 참가하였다. 또한 이와 동시에 초급농업생산합작사를 뛰어넘는 광범위한 경향이 전체적으로 나타났다. 비록 마오쩌둥은 1955~1956년 가을과 겨울 시기에 계속해서 급진적 좌경 행위에 경고를 보냈지만, 기본적으로는 합작화의 신속한 진전에 고무되어 있었다. 이런 급속도의 진전은 1956~1957년까지 심각한 조정의 문제들을 유발하였다. 하지만 근본적인 조직상의 돌파구는 이미 완성되었다.

상대적으로 중국 합작화의 완성은 소련 합작화보다 상당히 순조로웠다. 하지만 공개적인 반란 외에 합작사로부터 퇴사, 생산성 투자와 활동 수준의 감소, 가축 도살, 헛소문 유포 등, 러시아에서 이미 발생했던 농민저항의 양상들은 비록 정도는 약하지만 중국에서도 대부분 나타났다.

다양한 요인들을 통해 이런 비교적 순조로운 이행의 배경을 설명할 수 있다. 의식적으로 점진주의와 사회의 긴장 형세를 완화하는 방향으로 소련의 방식을 수정한 것은 물론 아주 중요한 역할을 했다. 또한 중요한 것은 소련의 경우 아주 미약했을 뿐만 아니라 심지어 존재하지도 않았던 농촌 내의 규율 있는 당조직과 조직력이었다. 강력한 현급 당위원회는 대량의 작업팀을 조직할 능력을 가지고 있었으며 농촌의 근본적인 변혁을 지도할 수 있었다. 특히 중요한 것은 중국공산당이 농촌 내에 존재했다는 점이다. 1955년 초 무렵에 모든 향(乡)의 70%에는 당지부가 있었으며, 그해 연말에는 당지부가 90%에 달하였다.

이런 토지개혁 시기에 등장했던 간부들은 농촌 엘리트의 기반이 되었다. 이런 기반 이외에도 합작화 운동 시기 동안 적극적이었던 사람들을 영입하여 새롭게 간부를 충원하였다. 1955년에 인사 영입의 과정을 강화하였으며 동시에 점차 빈농을 집중적으로 흡수하였다. 다음은 제대 군인을 영입했다. 이들은 1954~1955년 사이에 인민해방군이 군 현대화 조치를 강화했을 때, 이용할 수 있게 된 자산이었다. 이 농촌 간부들에게 사회주의 원칙을 주입하는 것도 중요했지만, 반복적인 훈련 계획을 실시하는 것도 중요했다. 비록 토지개혁이 끝났을 때, 간부들은 독립적인 경작 생활을 추구하려는 두드러진 경향을 보였지만, 그런 경향들은 모든 정부의 업무를 사회주의 개조의 개념과 연결시키려는 부단히 강화된 노력들에 의해 억제되었다. 농촌의 영도 구조를 결코 1920년대 소련에서 발생했던 것과 같이 전적으로 소농 생산의 지배하에 두지 않았다.

중국의 계획이 상대적으로 성공을 획득한 다른 하나의 중요한 요인은, 중국공산당이 심혈을 기울여 제정한 농촌 경제정책이 대다수 농민들에게 이익을 주었을 뿐만 아니라 전체 농민들에게 합작 이외에 다른 선택의 기회를 주지 않았기 때문이었다. 신용합작사, 공급수매합작사 및 식량과 기타 주요 상품의 구입 판매 계획 등의 모든 조치들은 모두 부농의 개인적인 경제 기회를 점차 제한하였으며 또한 우선적으로 경제 자원들을 합작 부문에 집중시켜서 결국 농업생산합작사로의 흡인력을 높였다.

정책 제정의 틀은 명확하게 상대적으로 부유하고 생산 능력이 있는 중농(中農)의 이익을 보호하는 쪽으로 맞춰졌다. 이 중농들은 1955년 중반까지는 종종 농업생산합작사 가운데서 지배적 지위를 차지했다. 이 밖에도 기본적인 선전에서는, 생활수준이 향상되었다는 것과 1953년과 1954년 흉작에는 그저 그런 수준이었지만 생활수준의 하락만은 피할 수 있게 해 준 정부 정책들의 전반적 능력을 강조했다. 이런 선전은 농민들에게 농업생산합작사로부터 가시적인 성과를 기대할 만한 모종의 명분을 제공했다. 1955년 중반 풍작을 배경으로 합작화 '고조기'가 나타났을 때에는 이미 토지개혁 시기에 확립되었던 경제 측면의 신뢰성이 여전히 중국공산당 정권에 작용하고 있었다.

토지개혁과 합작화 초기에 행정적 제반 압력, 규범적 호소, 강제 및 물질적 성과의 강고한 결합은 놀라운 성공을 거두게 해 주었다. 이런 몇 가지 요소의 강력한 결합은 '고조기' 시기에도 역할을 발휘하였다. 물질적 이익이 점차 빈농에 집중됨으로써 비교적 부유한 중농이 손실을 보게 되었다. 이런 상황은 이전 단계와는 선명하게 달랐다. 고급농업생산합작사 단계에서는 토지 이익 분배가 취소되었는데, 이는 경제 자원들이 이 두 집단(빈농과 중농) 사이에서 직접적으로 이전됨을 의미했다. 비교적 빈곤한 사람들이 수적 우위―전체 농민의 60~70%를 차지할 것으로 예측됨―를 차지했기 때문에 변혁을 요구하는 강대한 이익집단이 형성되었다. 규범적인 호소들은 여전히 번영의 약속과 긴밀히 연계되어 있어 결과적으로 빈곤한 사람들에게 특별한 흡인력을 발휘했다. 그러나 이 집단 내에서 망설이던 사람들도 자주 농업생산합작사에 참가하도록 강요당했다. 생활이 비교적 부유한 중농에게도 왕왕 강제에 가까운 압력이 가해졌고, 일부 부농을 포함한 '반혁명분자'에게는 체포와 대중투쟁 형식의 철저한 강제가 사용되었다.

이 모든 운동에서, 간부는 여전히 이런 유사한 형태의 압력들에 호응하는 동력이었다. 1955년 말엽 간부 충원 조치에 근거해 빈농 속에서 점차 많은 농촌 간부 지도자들이 나타났는데, 이들은 곧 각종 교육 활동의 주요 대상이었고 또한 강제성을 띤 행정 압력의 직접적 대상이었으며 동시에 지방 개혁의 주요한 수혜자들이었다. 고급농업생산합작사로의 전환은 간부들도 빈농처럼 수익을 받게 하였을 뿐만 아니라 간부들의 행정 업무들을 경감시켰다. 왜냐하면 그들은 더 이상 갈등을 초래하는 토지의 구분 배당금을 계산해 만들어 낼 필요가 없어졌기 때문이었다. 이러한 변화는 중농을 약화시킴으로써 간부들의 정치 지배력을 강화하였다. 이와 같이 물질적 이익을 기대할 명분을 갖게 된 대다수 농민들 및 엄격한 통제하에서 불리한 위치에 있었지만 아직 소멸될 위협을 받지 않았던 약세 집단 등 고도로 고무된 핵심 집단으로 인해 신속한 집단화의 추진력은 더 이상 막을 수 없게 되었다.

현대 부문의 개조와 첫 번째 대약진

1955년 가을 무렵에 합작화의 돌파구가 점차 선명하게 다가오자 마오쩌둥과 그의 동료들은 그들의 일부 주의력을 상공업 개조 방향으로 전환하였다. 삼반오반(三反五反) 운동은 토지개혁이 기본적으로 성공한 이후에서야 전개되었다. 이와 비슷하게, 광대하고 통제하기 힘든 농촌이 빠른 속도로 사회주의로 돌진하고 있었기 때문에 공산당 지도자들은 현대 부문에서 그들의 거대한 영향력을 사용할 시기가 되었다고 느꼈다. 이전의 상공업 사회주의 개조 속도에 관한 논쟁들과 농업생산합작사 속도에 관한 논쟁들은 서로 유사했다.

일부 사람들은 중앙계획경제를 적극 추진해야 할 필요가 있다고 보았고, 또 다른 일부 사람들은 조건이 성숙되지 못했으므로 지나치게 급속한 사회주의화는 생산을 파괴하고 국가의 초보적인 계획 능력을 넘어설 것이라며 신중하자고 촉구하였다. 그러나 1955년 가을, 현대 부문의 사회주의화는 반드시 합작화와 보조를 맞추어야 한다는 데 전반적인 의견의 일치를 보았다. 비록 상공업의 사회주의화는 1955년 중반의 합작화 수준을 앞서 있었지만, 제1차 5개년 계획의 말기에 이를 때까지의 목표는 '대부분'의 사영기업들을 '국가자본주의' 형식으로 수용한다는 온건한 것이었다.

그렇지만 그해 1955년 10월 말부터 1956년 1월까지, 마오쩌둥과 다른 지도자들은 유명한 자본가 몇 명과 만나, 겉으로는 그들의 의견을 경청하는 태도를 보였지만, 사실은 그들에게 사회주의 개조를 가속화할 필요성을 각인시켰다. 농업합작사 문제에 대한 태도와 마찬가지로, 마오쩌둥은 이 접견에서 급속한 개혁에 대해 경고하였으며, 심지어 천원보다도 더욱 신중하자고 주장하였다. 하지만 초청된 상공업 자본가들은 그 본질적인 메시지를 알아듣지 못했으며, 사회주의 개조를 가속화하는 것을 지지하겠다고 맹세하였다. 이런 맹세에 기반하여, 1957년 말 무렵에 공사합영기업(公私合營企業)으로 완전히 개조시키겠다는 새로운 목표가 세워졌다.

그 후에 뒤이은 일들은 농업생산합작사의 목표를 초과 완수하는 상황과 비슷했지만 그 양상은 놀라울 정도였다. 천윈은 새로운 목표의 실현을 추진하기 위해, 몇 차례 성 지도자들과 회의를 조직하였지만, 정치국 위원이며 베이징 시장인 펑전의 행동은 그를 급속도로 앞질러 나갔다. 12월 펑전은 1956년 연말을 베이징의 목표 완성 기한으로 정하고, 1월 10일까지 개조를 완성하겠다고 하였다. 기타 도시들도 뒤떨어지기 싫어하여 1월 말까지 모든 대도시 중심의 개조 과정이 기본적으로 완성되었다. 이처럼 성급한 개조는 분명히 피상적이었고 내실 있게 진행되지 못하였다. 이는 국가가 관리 통제할 수 있는 신중하게 준비된 프로세스가 아니었고, 소유제의 변경만 공식적으로 선포한 것과 같았으며, 인원이나 내부조직에는 아무런 변화가 없었다. 생산의 파괴를 방지하기 위해, 2월 초 국무원에서는 현존하는 경영 활동에 대해 개조 후 6개월 동안 변하지 않는다고 명령을 내렸다. 재고 상품 접수와 경제적 재조직화의 실질적인 업무는 점진적으로 진행되었으며, 동시에 개인자본가에 많이 의지하였다. 왜냐하면 간부들이 현저히 부족했던 현대 부문에는 그들의 기능이 여전히 필요했기 때문이다.

비록 농업에서 상공업으로 사회주의화가 신속하게 확대될 것은 예측하였지만, 마오쩌둥이 경제건설의 '약진'을 모색하고 있을 때, 예측하지 못할 전개가 나타났다. 12월에 마오쩌둥은 '우경 보수주의'를 다음과 같이 광범위하게 비판하였다. "현재의 문제는… 농업생산, 공업생산과… 수공업의 생산, 공업과 교통 운수의 기초 건설 규모와 속도, 상업과 기타 다른 경제 부서와의 협력, 과학·문화·교육·위생 등 분야와 각종 경제 사업의 결합 등에 있다. 이런 분야에 대해 상황 판단이 부족한 결점이 존재하는 데 이 점을 응당 모두 비판하고 극복하여야 한다."[50] 1955년 후반부터 1956년 초까지 마오쩌둥은 사회주의 개조 과정에서 보여

---

[50] Ibid., 5. 240.

주었던 것과 똑같은 방식으로 중국의 경제·문화적 낙후 상태에 대해 공격할 기
회를 발견한 것이 분명하다. 비록 마오쩌둥은 계속해서 '좌경 모험주의'와 '우경
보수주의'를 방지해야 한다고 경고하였지만 자신의 강화(연설) 때부터 1955년 말
까지의 사이에, 마오쩌둥의 사상은 급진주의로 약간의 선회가 이루어졌다.[51] 이
는 그가 합작화에 대해 논술한 저서에서 특히 선명하게 나타났다. 그는 "이것은
모든 요괴와 악마를 쓸어 가 버리는 바다의 노여운 파도이다."라고 하며 "만약 6
억 명의 빈민들이… 자기의 운명을 장악하게 되면… 인간의 모든 곤란을 해결할
수 있을 것이다."라고 하였다.[52]

마오쩌둥의 지극히 낙관적인 입장은 갈수록 많아진 문제들 앞에서 후퇴하였
다. 그러나 당시 최고 지도부 내에는 주목할 만한 반대 의견이 거의 없었다. 사회
주의화 진전에 대해 진정으로 열정을 가졌기 때문인지 아니면 단호한 의지를 가
진 당주석에 대해 도전하기를 꺼려서인지, 다른 지도자들은 중국의 제1차 '약진'
운동을 대대적으로 추진하는 데 참가하였다.

1955년 11월, 마오쩌둥은 구체적인 정책으로, 농업생산을 제고하는 약간의 장
기적 조치들을 제기하였다. 이 조치는 1956~1967년의 12년 농업발전강요의 초
안으로 1월에 확충 통과되었다. 이 요강은 야심찬 목표들을 담고 있었는데, 그중
에는 농업생산량을 100%에서 140%로 증대시킨다는 내용이 포함되어 있었다.
그러나 전 해의 가을까지만 해도 마오쩌둥은 이 목표에 대해 의심스러워하였다.
이 목표를 달성하기 위해서는 농민 노동력의 대중적 동원과 농촌의 재정 자원이
중심적인 역할을 해야 했다. 그러나 이 요강은 과학과 기술의 투입 및 물질적 자
극 또한 특히 강조하였다. 이 요강을 추진하면서 하급 단위에서 요강 초안의 목
표를 대대적으로 제고하여, 맹목적이고 파괴적인 방식으로 요강의 각종 조치들

---

51 랴오가이룽(廖盖隆)의 보고서인 "Historical experiences…", November 1981, 88에 따르면, 마오쩌둥의
    '좌경'적 사상의 근원은 1955년 후반 『중국 농촌의 사회주의 고조(中国农村的社会主义高潮)』의 서문까지
    거슬러 올라갈 수 있다.

52 Mao, *SW,* 5, 244, 250.

을 관철시키기 시작하자, 사회주의 개조 때와 동일한 현상이 나타났다. 이와 유사하게 "보다 많고, 빠르고, 좋으며, 절약하는(多, 快, 好, 省) 결과를 획득하자."라는 마오쩌둥의 구호를 내걸고, 각급 관리들은 공업과 농업생산의 단기 목표를 제고하여 1년 빨리 제1차 5개년 계획의 목표를 완성하기 위해 노력했다. 여러 공업의 부서들에서는 1956년의 목표치를 25% 정도 혹은 그보다 더 높게 설정했다. 저우언라이는 그해 식량 생산량의 최저 목표치인 9% 증가를 목표로 설정하였으나 일부 향의 지도자들은 식량의 생산량을 40% 증가시키겠다고 하였다. 이러한 현상은 행정 체제가 상급에서 온 압력에 대해 너무 민감하게 반응하고 있음을 다시금 증명하였기에 경제적 혼란을 초래하였다. 고조기와 약진으로부터 야기된 이러한 혼란과 기타 문제들은 곧 지도부의 주목을 끌게 되었는데, 이런 문제들을 처리하는 것이 뒤이은 조정 시기의 주요 특징이 되었다.

새로운 사회주의 체제의 조정, 1956~1957년

1956년 초에 등장한 새로운 방침은 중국의 기본 상황에 대한 재평가 속에서 나온 것이었다. 마오쩌둥의 그해 1월 강화에 따르면, 사회주의 개조의 고조기는 '정치상황의 근본적 변화'를 초래하였다.[53] 이 관점은 1957년 하반기에 변하기는 했지만, 전통적인 마르크스주의의 생산관계, 즉 소유 제도에 대한 관심을 반영했다. 그 시기의 생산 수단이 이제 주로 국유 혹은 집체 소유가 됨으로써 자본주의에 대한 사회주의의 승리가 기본적으로 확정되었다.

많은 관련 주장들은 이 분석을 통해 얻은 것이다. 우선, 계급투쟁은 결코 소멸되지 않았음에도, 새로운 상황 속에서 사회주의의 적들이 더 이상 주요한 경제 수단을 장악하지 못하게 되었고, 그 결과 계급갈등도 뚜렷하게 완화되었다. 따라

---

53 "Speech to Supreme State Conference"(January 1956), in Helene Carrére d'Encausse and Stuart R. Schram, comps., *Marxism and Asia: An introuction with readings*, 292.

서 마오쩌둥은 1년 후 "혁명 시기의 대규모 광풍식 대중계급투쟁은 기본적으로 끝났다."라고 지적하였다. [54] 두 번째로, 이 상황은 당의 우선 순위를 경제발전에 두는, 근본적인 전환을 요구하였다. 마오쩌둥은 1월 약진을 일으킬 당시 이런 새로운 방향에 대해 "사회주의 혁명의 목적은 생산력을 해방시키기 위한 것이다…. 수십 년 내에 중국의 경제적·과학적·문화적 후진성을 청산해야만 한다."[55]라고 개괄하였다. 그러나 이 새로운 우선 순위는 단순한 경제 압력의 산물이 아니었다. 그해 말 약진운동이 철회된 후에 제8차 중국공산당 전국대표대회(제8차 당대회)에서는 경제의 낙후성을 '주요 모순'의 핵심이라고 확정하였다.

세 번째 주장은, 이제 광범위한 사회적 역량이 통일전선의 새로운 적용을 위한 개발 노력에 집중될 수 있게 되었다는 것이었다. "모든 적극적인 요소들을 동원한다."라는 구호 아래 지도부는 사회에서 애매한 태도를 가진 세력들의 지지를 쟁취하려고 할 뿐만 아니라 모든 집단의 창조적인 참가를 독려하고자 했다. 특히 현대화 진행에서 절박하게 요구되는 기능들을 구비하고 있는 중국 지식인들의 참가를 격려하였다. 마지막으로 사회주의의 승리는 새로운 체제의 건설이 불가피하게 결함과 충돌을 수반한다는 점을 의미했다. 마오쩌둥은 이를 '인민 내부의 모순'이라고 불렀다. 이러한 관점에서 사회의 긴장 상태는 대개 이해관계의 당연한 차이를 나타내는 징후였다. 그리고 당의 과업은 새로운 사회주의 제도를 구현하는 동안 각기 다른 경제 부문들과 사회 집단의 주장을 조정하는 것이 되었다.

이 상황에서 주요 혁신은 지식인에 대한 새로운 정책이었다. 1955년, 지식인 문제를 거론하는 좌담회를 개최하고 우수한 과학자들에 대한 보상을 하는 등, 공산당은 지식인들의 지지를 얻기 위한 일련의 조치들을 취했다. 하지만 이런 조치들은 반혁명분자 반대 운동을 통해 문학 이론가인 후펑(胡风) 등과 같은 사람들을 공격함으로써 위태로워졌다. 그렇지만 1956년 보다 완화된 정치적 분위기 속

---

54 Mao, *SW*, 5, 395.

55 "Speech to Supreme State Conference…"(January 1956), 292-3.

에서 공산당은 지식인 유화 정책을 취하였는데, 이런 정치적인 분위기의 완화는 1955년 후반, 지식인에 대한 소련의 대우가 완화된 것에서 부분적으로 영향을 받았지만, 주로 사회주의 개조 이후에는 계급투쟁을 약화시켜야 한다는 가설의 영향을 받았기 때문이었다.

1956년 1월, 저우언라이는 경제 약진을 촉진하는 상황에서 신정책에 관한 주요 성명을 발표하였으며, 중국공산당 중앙선전부 부장(장관급)인 루딩이(陆定一)도 5월의 연설에서 신정책에 대한 더 진전된 조치를 발표하였다. 저우언라이는 월급 인상, 생활 환경 개선, 더욱 양호한 업무 환경과 자원 제공, 공산당 입당 절차의 간소화와 빠른 승진 등을 주장하였고, 루딩이는 마오쩌둥의 새로운 구호인 "백화제방, 백가쟁명(百花齐放,百家争鸣)."을 다시 해석하였다. 루딩이에 따르면, 자유로운 토론과 독립적인 사고는 학술적인 지체를 피하기 위해 필요하며, 지적인 삶에 교조주의의 속박을 억지로 가하는 것은 진정한 마르크스─레닌주의와 대립하는 것이라 하였다.

더욱 진전된 조치의 하나는 바로 1949년 통일전선에 이미 흡수되었던 소수민주당파들의 지위를 대대적으로 강화하는 노력이었다. "장기공존, 상호감독(长期共存, 相互监督)."이라는 구호 아래 지식인, 전 국민당 관료 및 상공업자들로 구성된 당파들은 정부의 성과를 비판하거나 자신들의 성원과 조직을 확대하도록 독려받았다. 비록 분위기는 보다 완화되었지만, 모든 조치들은 아래와 같은 몇 가지 요구 때문에 제한을 받았다. 즉 공산당의 영도 원칙을 재차 천명하는 것, 지식인의 계속적인 사상 개조를 호소하는 것, 후펑과 같은 반정부 인사를 처벌하는 것이 전적으로 옳다는 주장을 견지하는 것 등이었다. 결국 1956년 한 해 동안 지식인들은 고위층의 영도자들이 적극적으로 추진한 계획임에도 간부들 상당수가 이를 방해하려는 태도를 보일 만큼 날카로운 비판도 많이 했지만, 대체로는 신중하게 호응하는 모습을 보였다.

지식인들을 다루는 신정책은 1957년 중반기까지 지속되었다. 그렇지만 신속하게 진행되고 있던 사회주의 개조와 경제 약진은 1956년 늦은 봄 무렵 일련의 제도 조정과 정책 전환을 필요로 하는 문제들을 낳았다. 이 시기의 중앙 관료들은 경제 전반에서 여러 가지 불균형이나 계획의 혼란 상태를 점차 감지하였다. 동시에 그들은 농민들이 농업 계획 초안을 실현하는 데 드는 소모적인 노력 낭비와 새로운 농업합작사의 경직성에 대해서도 환멸을 느끼고 있음도 감지하였다. 1956년 4월부터 1957년 여름까지, 당은 '반모진(反冒進: opposing rash advance)'이라고 불리는 계획하에서 이같은 문제들을 다루기 위한 여러 가지 조치를 실시하였는데, 이 조치들은 현실적인 지표를 견지하는 것, 계획업무의 조정과 상품의 품질 강조, 농업생산합작사 틀 내에서 농민의 사적 생산 범위 확대, 제한적인 농촌 자유시장 재건, 농업생산합작사의 규모 축소, 농업생산합작사 간부들의 강제성을 띤 업무 지도 방법에 대한 신랄한 비판 등을 포함하였다. 이 계획의 주요 제정자는 저우언라이와 천원이었고, 당내 경제 분야 지도급 관료들의 광범한 지지가 아주 빠르게 형성되었다.

마오쩌둥은 그렇게 열정적이지 않았다. 비록 확실히 계획의 일부 내용에 대해 동의하였고, 특히 농민에 대한 물질적 자극을 강화하는 것과 계획 실시 초기에 지나친 행위를 억제할 필요성에 대해서도 인정하였지만, 1956년 중반 무렵 그는 생산의 약진을 정지시켰던 긴축 조치들에 대해 분명히 고민하고 있었다. 그렇지만 마오쩌둥은 새로운 계획에 대해 이견을 제시하지 않았고, 자신의 능력이 부족하다고 여기는 분야에서는 동료들의 의견을 받아들였다. 이러한 행동을 통해 마오쩌둥은 1949~1957년 그가 규범적으로 따랐던 합의형 스타일을 고수하였으나, 여전히 의심과 아쉬움을 가지고 있었다. 이런 회의적 정서가 대약진을 발동하는 데 핵심적인 역할을 했을 것이다.

소련모델의 적용

중국공산당 영도자들이 새로운 정세에 부응하기 위한 정책들을 전개하였을 때, 그들은 더욱 의식적인 비판의 태도로 소련모델을 검토하기 시작하였다. 이전 시기에 마오쩌둥 및 그의 동료들은 이미 소련의 모범에 따라 중요한 변화를 시도했으며, 동시에 소련의 경험을 중국 실정에 맞게 적용해야 한다고 전반적으로 호소하였다. 그러나 그들은 소련의 결점들이나 중국공산당의 혁신에 대해 공개하지도, 내부의 보고에서 상세하게 거론하지도 않았다. 확실히 마오쩌둥은 1956년 1월까지만 해도 여전히 중국공산당이 소련의 성과에 기초하여 발전해 왔으며, "소련의 10월 혁명 이래로 주목할 만한 그 어떤 새로운 것들도 갖고 있지 않다."[56]라고 공언하였다. 하지만 이 무렵에는 이미 소련모델에 대한 체계적인 검토가 진행 중이었으며, 이는 곧 러시아 체제의 결함에 대한 분명하고도 예리한 비판을 초래하였다.

이 모든 것은 1956년 2월 제20차 소련공산당 당대회가 열린 이래로 긴장되어 가던 중·소 관계의 맥락에서 전개되었다. 하지만 이러한 긴장 관계가 중국이 소련모델을 재검토하게 된 근본적 이유는 아니었다. 여하튼, 1956~1957년의 대부분 기간 동안 중국은 여전히 소련의 경험을 배우는 데 역점을 두었지만 소련의 사례에서 후진적 측면들을 버린다는, 고도의 취사선택적인 방식을 택했다.

소련은 중국보다 높은 수준의 공업적 기반에서 발전을 시작하였지만, 다소 완만한 발전 속도밖에 달성하지 못했다는 인식이 점점 확산되면서 소련모델을 재평가할 수 있는 분위기가 만들어졌다. 이 활동은 정치국과 34개 중앙 경제부서 책임자들의 몇 차례 토론을 포함했다. 이는 동시에 1956년 4월 마오쩌둥의 가장 중요한 연설 중 하나인 '10대 관계론(论十大关系)'을 탄생시켰다. 이후 마오쩌둥이 말한 바와 같이, 이 '10대 관계론'이란 연설은 이전 몇 개월간의 토론에 기반하여 도출된 종합적 결론이었기에 마오쩌둥 개인의 관점보다 더 많은 것을 대변하였다. 이 연설은 "원칙상 소련의 노선과 유사하지만 중국의 독자적인 건설 노선을

---

56 "在中共中央召开的关于知识分子问题会议上的讲话"(20 January 1956), in 『万岁』(1969), 33.

제기하기 시작했으며 우리들만의 내용을 담고 있었다."[57] 소련의 결함이 폭넓게 지적되었으나, 농업과 같은 많은 영역에서 중국의 실천은 중국반의 오랜 특색을 가지고 있었다. 마오쩌둥이 현행 사례 중 수정을 요청한 영역에서 제기된 변화들은 온건했으며, 기본적으로 소련식의 제도적 틀과 경제 전략은 그대로 유지하였다.

이 연설문의 핵심 문제는 두 측면, 즉 중공업에는 얼마를 투자하고, 경공업과 농업에는 얼마를 투자할 것인지에 대한 것이었다. 마오쩌둥은 중공업에 과도하게 집중하는 소련식 접근법을 공격하면서도 투자 자금 중 중공업 투자가 먼저라는 점을 재차 천명하고, 다만 "농업, 경공업에 대한 투자 비율을 좀 더 높여야 한다."[58]라고 요구하였다. 이 요구는 1956년 6월에 실현되었다. 그 당시에 중공업과 경공업의 투자 비중은 8:1에서 7:1로 축소되었고, 9월 제2차 5개년 계획을 위한 건의에서는 농업 투자가 약간 증가하여 제1차 5개년 계획 당시 7%였던 것이 10%로 증가하였다.

'10대 관계론'에서 관심을 가진 다른 하나의 중요한 사항은 경제 관리였다. "우리는 모든 것을 중앙정부의 수중에 집중시킴으로써 지방 정부들을 속박하고 그들의 자율 행동권마저 부정하는 소련모델을 따라서는 안 된다."[59] 이 점에서 또한 마오쩌둥은 신중하였다. 그는 지방당국자들과 더욱 많이 논의할 것을 호소했고, 중앙이 통일적으로 영도한다는 틀 내에서 '일정 정도' 지방 권력을 확대하고, 한층 더 10대관계 문제들을 조사해야 한다고 호소하였다. 여기서는 수직적인 중앙 부서의 통제를 벗어나 '이중 영도' 형식으로 변경하도록 하였다. 이런 영도 형식을 통해 중앙 부서와 대구역 당국 사이에서 권력이 공유되었지만, 그 실행 방법에 관해서는 명확하게 설명되지 않았다.

---

57 "Talks at the Chengtu conference"(March 1958), in Schram, ed., *Mao Tse-tung unrehearsed*⋯, 101.

58 Mao, *SW*, 5, 286.

59 Ibid., 292.

그 후, 국무원은 일련의 회의를 열어 과도한 권력 집중을 방지하는 방법에 관하여 토론을 하였다. 제2차 5개년 계획을 위해 제기된 여러 건의에서는 더욱 많은 건설 프로젝트 항목을 지방정부에 양도하였다. 이 밖에도 일부 사람들은 과도한 집중을 반대하는 기타 방법을 제기하였다. 이런 방법에서는 간접 계획(참조의 기준으로만 여겼다)과 시장 기제의 사용을 강조하였다. 이와 관련하여 천원은 1956년 9월에 열린 제8차 당대회에서 일부 건의문을 제의하였고, 그 후 몇 개월 동안, 기업의 자율권 강화와 시장에서의 선택적인 구매와 같은 방법들을 내세운 실험들이 진행되었다. 그러나 1957년 1월, 국무원은 계획 분배의 기본 형식을 그해에도 그대로 실행하기로 결정하였는데 왜냐하면 어떤 변혁이든 모두 복잡한 행정 문제를 해결해야 했으며, 많은 경제 계획 입안자들이 틀림없이 반대할 것이기 때문이었다. 이와 유사하게 비록 1957년 내내 경제 잡지에서 분권화 방법에 대한 치열한 논쟁이 나타났지만, 그해 가을 전까지만 해도 중대한 결정은 일어나지 않았다.

소련의 관리 방식을 어떻게 수정해야 할 것인가를 둘러싼 논쟁은 당시 소련의 발전으로 촉진된 측면이 있었다. 1955년 중반에 소련은 이미 스스로 분권화 조치들을 실시하였다. 경직된 중앙 계획 사업의 문제점을 극복해야 한다는 소련 경제학자들의 견해들은 중국 내 논쟁의 주요 참여자들에게 중요한 영향을 미쳤다. 심지어 중국공산당의 경제 계획 사업에 비해 소련모델에 의한 영향을 거의 받지 않은 영역에서도 소련의 개혁은 중요한 역할을 했다. 그리하여 당의 지도자들은 초기에 소련식 농업 기계화를 확대하는 수단으로 트랙터역을 사용하였다. 이런 트랙터역들은 계약서를 체결한 농업생산합작사를 위해 복무하는 독립적인 실체였는데, 매우 비효율적인 데다 작업을 할 때마다 자주 합작사와 충돌하였다.

1956년 봄, 정치국 위원인 강성이 중국공산당을 대표하여 동독공산당 당대회에 참석하였을 때에는 소련과 동유럽 트랙터역의 여러 결함에 대한 비판과 트랙터를 직접 집단농장에서 관리하게 하는 소련의 실험들이 이미 진행 중이었다. 이 문제는 이 당대회에서 광범위하게 토론되었으며, 캉성은 귀국하자마자 곧바로 조사를 진행하였다. 이 조사에 따라 11월의 비판적인 보고서와 1957년의 대안적 실험들이 탄생하였으며, 1958년에는 마침내 농업 기계를 직접 농업생산합작사에 맡기기로 결정하였다. 바로 이 해에 트랙터역이 소련에서 폐지되었다.

소련모델을 수정한 또 다른 몇 가지 사례들은 1956년 봄 정치국의 토론에서 나온 다른 문제인 공장관리제에서 드러났다. 1950년대 초반에 기업 내 최종 결정권을 공장장에게 부여하는 소련의 '공장장책임제=일장제(一長制: one-man management)'가 중국 동북 지역에서 널리 소개되었다. 1953년 초반에 이 제도는 전국 범위에서 추천되었지만 강제적으로 수행되지는 않았다. 1954년 이 제도를 비판하는 소리가 늘어났지만 변호하는 문장들 또한 발표되었다. 1954~1956년, 정치국에서 결정을 내리기 전까지 이 제도는 기업을 관리하는 하나의 방식으로서 계속 허용되었다. 이 제도가 중국에서 작동될 수 있었던 중요한 원인은 중국에서 이 제도를 수행할 수 있는 유능한 인재가 부족했다는 점이었다. 하지만 이 제도는 중국에서 전체적으로 우위를 점하지 못하였을 뿐만 아니라 심지어 동북 지역에서는 그저 부분적으로만 실시되었다. 이외에도 당 간부들 사이에서도 상당한 저항이 나타났다. 그들은 자기의 권력이 제한되는 것에 반대하고 의심스런 계급적 배경을 가진 공장장들이 권력을 잡은 것에 대해 크게 분노했다.

게다가 이 간부들은 이 제도가 공산당 지배와 집단적 정책 결정이라는 공산당의 전통을 위반하였다고 강력히 비난했는데, 즉 "오로지 집중만 있고 민주는 없다."라고 주장했다. 공장장책임제에 쓰일 인적 자원의 부족과 그전 몇 년 동안 기업에 채용되어 훈련받았던 당 간부의 증가는 위의 주장과 더불어 지도부가 공장장보다 공장 당위원회에게 더 높은 권력을 부여하는 새로운 제도를 채택할 때 중요한 역할을 하였다. 제8차 당대회에서 이 결정을 발표할 때 공업 담당 당 관료인 리쉐펑(李雪峰)은 당 전통의 중요성을 특별히 강조하였다. 하지만 이런 변화들은 소련의 공업 방식을 포기하는 것이 아니었다. 바로 이 시기에 소련식의 성과

급임금제도(piecework wage systems)가 전국적으로 보급되기 시작하였다.

소련모델을 적용하는 과정에서 중국공산당의 전통이 문제가 된 또 하나의 영역은 인민해방군의 현대화였다. 1956년 무렵 당 지도자들은 정치적 전통이 소련 원조하의 현대화 노력에 의해 파괴되고 있음을 인식하고 이런 흐름을 막기 위해 일련의 조치를 단행하였다. 그 조치들에는 가령 군 장교에 대한 정치 교육의 강화, 인민해방군 내 당위원회 조직의 증강, 과도한 전문화나 계급과 직함의 과도한 강조에 대한 공격, 생산 영역 내 인민해방군의 참여 증가, 고위급 장교들의 임금 삭감, 장교와 사병 간의 민주적 관계 강조 등이 포함되었다. 인민해방군 총정치부 부주임인 탄정(潭政)에 의하면 이런 조치를 통하여 당 지도자들은 "어떠한 현대화 건설도 우리 군대가 인민의 군대라는 사실을 바꿀 수 없다."라는 점을 확실히 하고자 했다.[60] 예를 들면 탄정은 현대식 전쟁에 적응할 필요성을 거부하는 게릴라전 골수분자들을 비판하였고, 비교조주의적 태도로 소련의 군사 경험을 흡수해야 한다고 강조했으며, 이런 현대화 조치들은 계속해서 진행되어야 한다고 주장하였다. 1957년 말에 5년 내에 모든 군 간부를 전문화한다는 계획이 발표되었다. 1956~1957년의 기본 목표는 여전히 군 현대화였지만 인민해방군의 전통 범위 내에 시행되어야 한다고 보았다. 이는 군 관료들 내부에 상당한 긴장감을 초래했지만 당과 군대의 지도자들은 이러한 노력에 대해 그 어떤 내재적 모순도 없다고 보았다.

1956~1957년의 다른 정책 변화도 소련모델에 대한 수정 정책을 나타냈다. 특히 1957년부터 당의 정책은 갈수록 중소형 공업에 집중되기 시작하였다. 이는 소련이 자본집약형의 대형 기업을 중시했던 것과 대조를 이루었다. 이와 유사하게 교육 방면에서, 소련식 엘리트 양성 전문기관들의 증가세는 완만해졌고 소형 공동체가 운영하는 학교들을 설립하는 것이 다시 활발해졌다(*CHOC* 14, 제4장에 구체적으로 나와 있음). 이런 식으로 기술 수준이 낮은 제2의 다리는 날로 빠르게 발전

---

60 "Speech by Comrade T'an Cheng"(18 Semtember 1956), *Eighth National Congress*⋯, 2. 265.

되었다. 이것은 대약진운동 시기에 "두 다리로 걸어야 한다."라는 구호 아래 추진된 발전전략의 주요한 특징이 되었다. 이때에 이 계획들은 확실히 보조적인 성격을 띠었고, 현대식 대규모 영역의 지배적 지위를 위협하지는 않았다. 마지막으로 소련모델에 대한 재검토는 외국의 대안적 사상을 받아들이는 새로운 수용적 태도를 나타내는 것이었다. 여기에서 외국은 공산주의 국가인 유고슬라비아뿐만 아니라 서구의 선진 자본주의 국가도 포함되었다. 하지만 사실상 그러한 절충주의적 차용은 거의 존재하지 않았고, 1957년 후반까지 소련식의 구조와 전략이 기본적으로 유지되었다.

제8차 당대회

1956년 9월에 11년 만에 처음으로 당대회가 개최되었을 때, 자축과 더불어 자아비판하는 분위기가 흘러넘쳤다. 1949년의 승리와 1955~1956년의 성공적인 사회주의 개조는 참으로 축하할 만한 충분한 이유가 되었다. 게다가 중국공산당은 사회주의 개조를 진행하면서 1070만 명의 당원을 가진 거대한 조직으로 변모하였고, 사회·경제·정치적 삶의 모든 방면에 이미 침투하였다. 하지만 당 지도자들은 여전히 많은 과제가 남아 있고 신제도에도 결함이 많다는 것을 인식하였다. 그래서 이번 당대회의 가장 큰 특징은 신체제가 직면하고 있는 여러 가지 문제점들을 아주 솔직하면서도 자신감 있게 분석하는 것이었다.

이 대회의 정치 결의에서 확인된 바와 같이 주요 과제는 경제발전을 촉진시키는 것이었다. 이 임무를 위해 제정한 정책 노선은 '반모진'의 주제를 정교화하는 것이었다. 그럼에도 (아마도 마오쩌둥의 심정을 담은 것일 수도 있는) 우파적 보수주의가 정부에서 반드시 기피해야 할 일탈의 목록 가운데 최상위를 차지하였다. 저우언라이가 선포한 제2차 5개년 계획의 건의에서는 균형, 온건, 현실주의를 반영하였지만 여전히 제1차 5개년 계획보다 조금 더 높은 재투자 비율을 요구하였다. 여하튼 이번 당대회의 강령은 퇴보적이지는 않았지만 온건한 발전에 중점을 둔 것이 확실하였다.

여러 측면에서 보았을 때 1956년의 당대회는 1945년 바로 전 대회에서 마오쩌둥이 당의 영도자로서 지위를 확정지었던 것처럼 그의 개인적인 승리를 가져다주지는 않았다. 얼핏 몇 가지 진전 사항들은 마오쩌둥의 역할을 약화시킨 것처럼 보였다. 가령 중국공산당의 지도사상 중 하나였던 그의 사상에 대한 언급이 새 당장(黨章)에서 삭제되었으며, 당대회에서는 집단지도가 대대적으로 강조되었다. 1956년 비록 마오쩌둥의 지위는 기본적으로 도전을 받지 않았으나, 지나치게 찬양조로 흐르는 것을 저지하는 여러 가지 요소들이 나타났다.[61] 첫 번째 요소는 2월에 개최된 소련공산당대회에서 흐루쇼프가 스탈린의 '개인숭배'를 비난한 사건이다. 이런 상황에서 중국 영도자에 대한 과도한 찬양은 적합하지 않다고 여겨지게 되었다. 그 후 마오쩌둥은 당장에서 그의 사상을 삭제하는 결정에 대해 완전히 동의한다고 표명하였다.

두 번째 요소는 마오가 스스로에 대한 자신감과 동료들에 대한 신뢰를 나타내기 위하여 질서정연한 권력 승계를 안배할 필요성이 있다는 점이었다. 이후 마오쩌둥의 몇 차례 발표에서 알 수 있다시피, 그는 제8차 당대회에서 2선으로 물러나기 위해 몇 개의 구체적인 조치들을 취하였다. 가령 일상 업무에 대한 결정을 하지 않음으로써 그의 동료들이 충분한 위신을 얻을 수 있도록 배려했는데 그가 죽은 이후에 권력을 순조롭게 이양할 수 있게 하기 위해서였고, 그리하여 스탈린 사후에 소련 정치에서 나타났던 정치적 갈등을 피하기 위해서였다. 또다른 조치들로 마오쩌둥의 은퇴를 위해 당의 명예주석 직위가 마련되었고, 마오는 류사오치에게 정치보고(1945년 제7차 당대회에서 마오쩌둥이 맡았던 역할)를 의뢰함으로써 류의 후계자 지위를 명백하게 지지하였다. 그리고 정치국 상무위원회와 서기처의

---

61 이 분석(Teiwes, *Politics and purges*⋯, 226-30)은 당대회에서 "마오의 권위가 실추되었다."라는 해석(예컨대 Chang, *Power and policy*⋯, 29ff)이나 마오쩌둥과 다른 지도자들 간의 충돌을 강조하는 해석(예컨대, MacFarquhar, *The Origins*⋯, 1, part 2)과 다르다.

확대를 통해 강력한 집단지도 체제를 확립하였다. 이 모든 것은 마오쩌둥이 실제 권력을 포기한다는 의미는 아니었다. 1958년 초엽, 그가 2선으로 물러나기 위해 새로운 조치를 제기할 때, "이후 국가가 긴급히 나를 필요로 할 때면 언제나… 나는 이런 국가 영도 직무를 다시금 담당할 수 있다."라고 말하였다.[62]

마오쩌둥의 계속적인 지배는 보다 광범위한 지도부 구조의 안정성과 연관되어 있었다. 이런 안정성은 중국공산당 중앙위원 전체의 실질적인 재선과 각급의 인사 배치에 반영되었다. 새로운 정치국 상무위원회는 원래의 핵심 지도자, 즉 이전에 서기처를 구성했던 5명의 관료와 전격적으로 승진된 덩샤오핑(邓小平)으로 구성되었다. 또한 제8차 당대회 이전의 정치국 위원들과, 이전에는 정치국에 포함되지 않았던 인민해방군의 대부분 총사령관 및 덩쯔후이를 제외한 모든 부총리들을 흡수하여 정치국 전체 규모는 거의 두 배로 확대되었다. 여기서 알 수 있다시피, 덩쯔후이는 그의 합작화 관점으로 말미암아 대가를 치른 것이 분명했다. 이 최고지도부 내에서는 덩샤오핑이 상징적인 승진을 하고, 장원톈(张闻天: 1930년대 마오쩌둥의 적수)과 캉성이 정치국 후보위원으로 강등된 것 외에는 비교적 서열의 변동이 적었다.

이와 유사하게, 중앙위원회의 전체 인원은 배 이상으로 증가하였다. 원래의 모든 정식 위원들을 포함하였을 뿐만 아니라 세 사람 이외의 후보위원들도 모두 함께 승진되었다. 이 밖에도 100여 명 이상의 새로운 인물들이 새로운 중앙위원으로 충원되었는데, 그중 대략 3분의 1이 정식 위원이고 나머지는 후보위원이었다. 하지만 170여 명의 조직 배경상의 특징은 1945년 중앙위원회와 아주 유사했다.

새로운 중앙 기구들은 중화인민공화국의 신설된 제도 양식 또한 반영하였다. 정치국 그리고 중앙위원회의 확대는 본질적으로 정권의 각 계층에 해당하는 핵심 인물들을 기용하면서 이루어졌다. 그 결과 엘리트들의 광범위한 전문화 경향

---

[62] "Sixty points on working methods"(19 February 1958), in Jerome Ch'en ed., *Mao papers: Anthology and bibliography*, 75.

은 최고위층으로 이전되었으며, 주요 부서의 견해와 이익을 대변하게 하였다. 특히 정치국 차원에서 중요했던 것은 경제를 책임지는 3명의 관료인 국가계획위원회 주임 리푸춘, 재정부장 리셴녠(李先念), 국가경제위원회 주임 보이보(후보위원)를 영입하였다는 것이다. 이들은 이제 핵심적인 정책 결정 기구에서 천원과 함께 일하게 되었다. 이런 임명은 제1차 5개년 계획 시기 체제의 중앙집권적 성격을 더 잘 드러내었다. 왜냐하면 베이징에 재직 중인 중앙위원의 수는 각 성(省)에 봉직하는 중앙위원 수의 거의 3배에 육박하였기 때문이다. 마지막으로, 새로운 최고위층 엘리트의 구성은 1949년 이후 문관통치로의 전환과 체제 내 당의 중심적 역할을 반영하였다. 정치국에서 당과 정부의 전임(全任) 민간 관료 수를 인민해방군 지도자들의 수와 비교하면 2:1이었고, 중앙위원회 내에서는 3:1을 넘어섰다. 중앙위원회에서 전임 당·정·군 지도자의 비율은 6:5:4였다.

새로운 중앙위원회의 조직적 대표성은 중국 정치가 고도로 관료화되어 가고 있음을 보여 주었다. 오랜 시간 동안, 당의 지도자들은 이미 각종 관료주의 방식들—관료적 형식주의, 기구의 급증, 실제 상황을 직접적으로 알아보지도 않고 사무실에서 결정을 내린 것—에 대해 비판적인 태도를 보였다. 1950년대 중반 무렵 지도자들은 날이 갈수록 자신들이 세웠던 더욱 전문화된 행정기구가 그들의 선택권을 제한한다는 것을 인식하였다. 비록 당 간부들을 핵심적인 부서로 전직시키는 것, 정부 각 부서에 있는 당위원회의 역할을 강화시키는 것, 지나치게 전문화된 경향을 비판하는 것 등의 통제 조치를 다시금 실시하였지만, 각급 지도자들은 그들의 관점들이 점차 자신들이 근무하는 업무 기구의 지배를 받는다는 것을 발견하였다. 1958년 초에 마오쩌둥은 "정치국은 표결 기계가 되었다…. 당신들이 정치국에 제대로 된 서류를 보내면 우리는 그것을 통과시킬 수밖에 없다."[63]라고 불평하였다시피, 심지어 최고위층의 정책 결정자들도 예외가 아니었다. 비록 마오쩌둥 및 기타 사람들은 관료 정치에 대해 꺼림칙하게 여겼지만, 새

---

63 "Talks at the Nanning conference"(11-12 January 1958), *Miscellany*, 1, 80.

로운 지도부의 구성 외에도 제8차 당대회의 의사 일정은 관료 정치가 만개했음을 보여 주었다.

표면적으로 혁명적 개조 시기가 이미 지나가고 경제발전이 주요 임무가 되었기 때문에, 제8차 당대회에서는 어떻게 하면 더욱 광범위하게 목표를 완성할 수 있을까에 대한 의견을 담은 각 부서 지도자들의 긴 연설을 들었다. 이와 유사하게 새로운 사회주의 체제를 조정할 기구가 필요해지자, 특정 조직의 이익을 추구하는 제안들이 나왔다. 경우에 따라서 관련 기구에 불리한 결정이 내려졌을 때에는 어느 정도의 제한이 필요했다. 하지만 설령 그렇더라도 여전히 관료의 이익들이 표출되었다. 예를 들어 국방부장 펑더화이는 제2차 5개년 계획에서 이미 국방 지출 예산이 32%에서 20%로 삭감되었기 때문에 더 많은 자원들을 명확하게 요구하지 못했다. 그러나 그는 여전히 군사 현대화를 추진하고 국방을 강화할 필요성이 있다고 강조하였다.

정책들이 아직 결정되지 못한 곳에서는 자기 조직의 이익을 바라는 호소들이 늘 들끓었다. 특히 지방 당 지도자들의 연설들이 그러했다. 그들은 중앙 당국에게 자원 분배와 정책 지침의 측면에서 각자 자신의 지방에 유리한 방향으로 고려해 달라고 요구했다. 예를 들면 산둥성(山东省)의 탄치룽(潭启龙)은 "중앙 수리(水利) 부서는… 기술과 투자 등 유사한 문제들과 관련하여 우리를 지지해 주기를 희망하며 중앙의 관련 부서가 파종 계획을 세울 때 너무 경직되게 제한하지 말고, 우리들로 하여금 현지의 구체적인 상황에 맞춰 합리적인 안배를 할 수 있게 해 달라."라고 요구하였다.[64] 느슨해진 정치적 분위기와 업무의 전문성이 두드러짐에 따라, 제8차 당대회는 광범위한 관료 조직들의 관점과 이익들을 분명히 드러내는 적절한 장이 되었다.

---

[64] Roderick MacFarquhar, "Aspects of the CCP's Eighth Congress(first session)", University Seminar on Modern East Asia: China에서 발표한 논문, Columbia University, 19 February 1969, 10, 13.

당의 정풍운동과 백화제방운동

체제 내부의 여러 결함에 대한 비판은 제8차 당대회의 상징일 뿐만 아니라 1956년 봄 이래 나온 공식적 평론의 주된 특징이 되었다. 이 비판은 당의 정풍운동을 통하여 여러 단점을 극복하려는 더욱 체계적인 노력에 대한 전조가 되었다. 처음에 이 운동은 1942~1944년 옌안 대정풍의 형식을 모방하였다. 옌안 정풍운동은 비교적 설득에 가까운 방식으로 당 내부의 위험스런 이데올로기적, 정치적 경향들과 싸운 것이었으며, 그리하여 이 운동은 당으로 하여금 더욱 성공적으로 일제 및 국민당에 대한 투쟁을 진행하게 하였다. 이 당시 사회주의 체제하에서 새로운 문제와 기회들이 나타남에 따라, 당은 일종의 '화풍세우(和風細雨)'와 같은 온건하고 부드러운 태도를 견지하거나, 심지어 더욱 낮은 방식으로 다시금 당내에서 정풍운동을 진행함으로써 당으로 하여금 경제 건설에 더욱 유용한 역량을 갖추게 하였다.

그러한 정풍 개혁 업무의 주요 대상 중의 하나는 '주관주의'였다. 이런 후진적 이데올로기 상태는 변화하는 상황에 대한 미숙한 이해와 결부되어 당 간부들로 하여금 자의적으로 부적절한 개념과 방법을 통해 당면 문제에 대응하도록 하였다. 이 시점에는 교조주의적으로 외국(소련)의 경험을 모방하는 것에 대한 비판이 특히 중요한 특징이었다. 이를 시정하기 위한 방법으로는 당내에서 마르크스-레닌주의의 전반적인 이론 수준을 제고하는 것과 전문 영역의 지식을 발전시키는 것 그리고 실제 상황을 연구하는 것 등이 건의되었다.

'주관주의'와 긴밀하게 연관된 것은 '관료주의'의 과오였다. 이 관료주의는 관료들을 대중과 사회 현실로부터 단절시켜 특권 엘리트층이 되게 하였다. 이것은 특히 위험한 것이었다. 왜냐하면 통치 조직의 구성 부분인 당원들이 자신들의 이익만을 추구하고 인민의 이익은 소홀히 하는 상황이었기 때문이었다. 이런 권력 남용을 방지하기 위해, 여러 가지 형식의 감독이 요구되었다.

세 번째로 공격을 받은 주요 문제점은 '분파주의'였다. 이는 당원들이 비당원인민들보다 스스로를 우월하다고 여기고 조직 생활에서 이들을 무시하는 경향을 말한다. 이것은 숙련된 지식인들에 있어서 매우 중요한 문제였다. 백화제방운동과 상호감독정책의 목적은 바로 이런 분파주의 문제점을 극복하는 데 있었다.

당의 정풍운동을 보여 주는 구체적인 절차는 1956년 중반 정풍 문건을 학습하는 계획으로부터 시작하였다. 그러나 제8차 당대회에서 비록 위의 3가지 큰 문제들에 대한 공격이 자주 있기는 했지만 정풍은 여전히 우선적으로 토론되는 문제가 아니었다. 외국의 사건들—폴란드의 10월 사건과 궤멸된 헝가리 폭동—이 당으로 하여금 정풍운동을 더욱 우선적인 사안으로 여기게 하였다. 마오쩌둥은 이후 헝가리와 폴란드에서 폭로된 문제들이 악화될지도 모른다는 것을 알았기에 '인민 내부 모순'을 정확하게 처리해야 한다고 확신하였다. 그리하여 1956년 11월의 중앙위원회 전체회의에서 마오쩌둥은 '다음 해'에 한차례 온건한 정풍운동을 진행할 것을 선포하였다.

그러나 동유럽의 교훈은 이중적이고 모호했다. 관료주의적 일탈의 결과로 야기된 대중 반항은—이런 상황은 1956년 중국 내 상당수의 공장 파업에서 조금이지만 어느 정도 나타났다—사태가 통제력을 잃기 전에 이런 이탈을 해결하여야 한다는 주장을 낳게 했고 그리하여 정풍운동의 중요성을 높여 주었다. 한편 동유럽 사태는 정치적 통제의 약화로 인해 대규모화한 것으로, 중국공산당은 이 사태에 대해 '수정주의'—정통적인 당 통치에 대한 도전—를 중요한 위험 요인으로 분석하였다. 이런 입장을 가지고 있는 사람은 당의 정풍에 대하여 신중한 태도를 보였다. 때문에 1월경 당은 1957년이 아니라 1958년에 전면적인 정풍을 단행한다는 결정을 선포하였다.

마오쩌둥은 1956년 후반기에 나타난 '반사회주의 조류'에 반대한다고 경고함으로써 한층 더 신중하게 접근하였다. 하지만 그는 정풍운동을 완전히 정지하려거나 혹은 지식인들을 처리하던 그런 독단적인 방법으로 회귀하려고 하지는 않았다. 그러나 1956~1957년 사이 겨울에 결정적으로 좀 더 억압적인 분위기가 나타나자 많은 중상층 관료들과 일반 간부들은 그렇게 하려고 계획하였다.

2월경, 마오쩌둥은 만약 당의 개혁이 완전히 훼손되지 않는다면 대담한 행동을 채택할 필요가 있다고 단언하고 두 차례 중요한 연설을 통해 개입하였다. 그 연설에서 마오쩌둥은 기본적으로 1956년의 자신감 있는 관점으로 회귀하였다. 승리는 이미 쟁취하였으므로 주요 임무는 체제 내 결함들을 처리하는 것이었다. 지식인은 기본적으로 경제적·문화적 발전에 지대한 공헌을 할 수 있는 충성스러운 역군이었다. 국가는 결코 현재처럼 단결한 적이 없었다. 단점들은 비파괴적인 방식으로 극복될 수 있었다. 그러나 마오쩌둥은 또 다시 정풍을 1957년에 실시하기로 정했다고 암시하면서 정풍의 방법과 관련하여 불안정한 사상을 새롭게 제시하였다. 마르크스–레닌주의를 비판의 기준으로 지정하지 않았을 뿐만 아니라 지식인들에게 당을 향해 비판을 제기하는 주요한 역할을 담당하게 한 것이다. 이렇게 백화제방운동은 학술 논쟁을 격려하는 수단에서 정풍운동을 진행하는 수단으로 바뀌었다. 마오쩌둥은 간부들을 안심시키기 위해, 지식인의 비평은 도움이 될 것이고, 정풍은 여전히 '화풍세우'의 방식대로 진행할 것이라고 표명했다. 그러나 당 전체의 엘리트들은 중국공산당의 당원들이 앞으로 직접 자산계급의 지식인들에게 비판을 받아야 한다는 것만으로도 우려를 금치 못했다.

비록 반대자들이 정확히 누구인지는 여전히 밝혀지지 않았지만, 마오쩌둥의 이 획기적인 방식은 적지 않은 저항을 받았다.[65] 4월경 마오쩌둥은 90%의 '당내 동지'가 새로 수정한 백화제방운동에 대해 부정적인 태도를 가지고 있다고 말하였으며, 또한 "나는 대중 기반이 없다."라고 덧붙였다.[66] 일상적으로 지식인을 통제하는 책임을 지고 있는 중하층 간부 가운데에서 확실히 보편적으로 반대하는 현상이 나타났다. 이런 일반 관료들은 자신들의 권력과 특권이 직접 위협을 받을

---

65 아래의 분석 및 다음 절의 반우파운동의 분석은 Teiwes, *Politics and purges*…, chs.6-7을 참조하였다. 이와 반대인 해석은 이 장 각주 67에 사용한 자료를 참조하라.

66 "Talk at the Hangchow conference of the Shanghai bureau"(April 1957), in *Miscellany*, 1. 67.

수 있었기에 이와 동떨어진 최고층 지도부와 다른 관점을 가지고 있었다. 운동 과정이 통제에서 벗어나는 것을 우려한 간부들은 지식인들이 '백화제방과 백가쟁명'을 진행하는 것을 지지하지 않고, 그 대신에 그들의 비판적인 견해를 무차별적으로 공격하였다.

더 고위층을 보면, 백화제방운동을 선전하는 데 책임이 있거나, '백화제방 백가쟁명'이 진행되는 지식인 회의를 조직하는 책임을 맡은 당의 선전 기구 내 일부 지도자들이 이 새로운 정책에 대해 소극적이었다고 인식할 만한 충분한 근거가 있다. 중국공산당 중앙위원회의 신문인『인민일보』는 마오쩌둥의 혁신에 호응하는 것을 미룬 결과 마오쩌둥의 날카로운 비판을 받았다. 이렇게 뚜렷하게 나타난 저항은 하급 간부의 반대와 비슷한 이유로 해석할 수 있다. 지식인들을 일상적으로 관리하는 책임을 지고 있는 관료들은 아마 새로운 방식의 위험성이 그로 인해 얻을 수 있는 혜택보다 크다고 생각했을 것이다.

비록 일부 학자들은 마오쩌둥과 그의 동료들 사이에 치열한 다툼이 있었다고 분석하지만 정풍 문제를 둘러싸고 정치국 내부에서 갈등이 있었는지는 여전히 불명확하다.[67] 자산계급의 배경을 지닌 지식인이 무산계급의 당을 질책하도록 하는 이 새로운 정책은 당연히 당의 최고층 집단 내부에서 논쟁을 일으켰을 것이다. 어떤 자료에서는 류사오치와 펑전이 이 문제에서 마오쩌둥을 반대하였다고 하지만 전체적인 증거 자료가 부족하다. 특히 펑전은 공개 성명에서 '백화제방 백가쟁명'을 열렬하게 지지하였고, 류사오치는 비록 공개적으로 발언하지 않았지만 각 성(省)을 순시할 당시, 당의 내부 회의에서 마오쩌둥과 일치되는 견해를 제기하였다. 어쨌든 이러한 의문들이 정치국 내부에서만 거론되었다면 지도부를 심각하게 양극화시키지는 않았을 것이다. 당 내부에서는 마오쩌둥의 권력과 지

---

67 정풍운동 및 뒤이은 반우파운동을 최고지도부의 주요 갈등의 원인으로 여기는 주요분석으로는 Mac-Farquhar, *Origins*, 1, parts 3 and 4; Richard H. Solomon, *Mao's revolution and the Chinese political culture*, ch.17. 이런 해석은 또한 이 책의 제2장에서도 그대로 사용되고 있다.

도부가 합심하여 자유롭게 논쟁에 몰두하되, 당 외부에서는 절도 있게 논쟁을 진행시키는 것이 지도부의 분열을 억제할 수 있는 중요한 요소였던 것이 확실하다. 다른 요소들은 새로운 정세의 성격에 관한 광범위한 동의 속에서 작동하였다. 즉 마오쩌둥은 반대파를 형성할 가능성이 있는 급진적인 정풍운동을 장기간 일관되게 추진한 것이 아니라, 변화하는 상황에 따라 자신의 입장을 바꾸었다. 이로 인해 마오의 요청에 대한 지식인들의 초기 반응은 억제되었고, 실질적으로 당의 통치에 심각한 위협을 미치지 못하게 되었다.

지식인들이 초기에 보인 미온적인 반응은 이해할 만하다. 이것은 1951~1952년의 사상개조운동 이래 그들의 이데올로기가 이미 재구성되었기 때문이었다. 지식인들은 유화 조치 이후 새로운 억압이 또다시 찾아올 것을 걱정하였지만, 정부의 공식적인 운동 추동과 1957년 5월 내내 대담하게 발언한 사람들이 비판에 대해 격렬하게 반론당하지 않았다는 사실에 마침내 반응을 보였다. 어떤 의미에서 보면, 지식인들의 비판은 대체로 당의 통치를 위협하지 않았다. 대부분의 비판은 지식인들의 역할과 기능에 직접적으로 연관된 문제들이나 갈등에 대한 것이었다. 게다가 대부분의 상황에서 제기된 비판들은 1956년 이후 정부 매체가 지적했던 '주관주의', '관료주의', '분파주의'에 대한 비난과 유사했다. 심지어 일부 제도 전환에 대한 건의들, 예를 들면, 중국인민정치협상회의를 전국인민대표대회의 상원으로 전환하려는 아이디어도 당내 최고층의 영도자들이 이미 제기했던 생각들을 반영한 것이었다.

그러나 다른 의미에서 보면, 이 비판들은 사람들을 크게 불안하게 만들었다. 이러한 지식인들의 공격은 공산주의적 일탈들이 다소나마 체제 내부에서 본래 나타날 수밖에 없는 것이라고 보는 일부 견해나 심지어 당의 소멸을 요구하는 극소수의 극단적인 감정들에서 연원했다기보다는, 오히려 지식인들이 일상적으로 당의 권위와 충돌하면서 축적된 불평이나 불만을 반영한 것이었다. 특히 길거리에서 불만을 표시하는 학생들의 행동과 견해에 감정의 강도가 뚜렷히 드러났다.

당 간부들의 일상 업무에서 나타난 단점들을 집중적으로 공격함으로써, 지식인들은 사실상 사회주의 건설의 새로운 시기에 당이 중국을 영도할 수 있는 능력이 있는지에 대한 문제를 제기하였다. 그러나 이런 문제 제기가 곧 그 체제에 대한 부정은 아니었다는 점을 반드시 염두해 둘 필요가 있다. 심지어 가장 솔직한 일부 학생 비판자들도 여전히 공유제를 지지하며 마오쩌둥을 "중국을 구원한 혁명 영도자."라고 환호하였고 중국공산당에 대해 비록 양면적인 감정을 품고 있어도 충성스런 태도로 "우리는 당의 영도가 필요하지만 당이 독단적으로 결정을 내리는 것을 견결히 반대한다."라고 하였다.[68] '백화제방 백가쟁명'의 결과는 체제의 개괄적인 주요 원칙과 신중국을 건설하려는 중국공산당의 강령이 계속적으로 지지받고 있음을 보여 주었지만, 동시에 전문 집단들이 당 통치의 구체적인 형식에 대해 심한 불안을 가지고 있다는 것을 나타냈다. 5월 중순에 이르러, 당의 영도자들은 드러난 비판들에 대해 경악을 금치 못했다. 발전의 중책을 맡은 지식인들 가운데서, 그리고 특히 중화인민공화국 시기에 배양되었던 학생들의 불만은 아주 심각했다. 게다가 당 간부들은 극심한 정신적 충격을 받았다. 왜냐하면 그들은 비판적인 맹공격을 참아야만 한다고 요구받았기 때문이다.

백화제방운동의 실험이 왜 실패하였는가? 본질적으로 그 실패는 중국의 새로운 상황에 대한 일부 근본적인 인식의 차이에서 기인한 것이었다. 마오쩌둥은 지식인들이 본질적으로는 사회주의 편에 서 있으므로 체제와는 근본적인 이해관계의 충돌이 없을 것이라고 여기고 지식인들이 당의 정풍운동처럼 민감한 일에 대해서조차도 적극적으로 공헌할 수 있을 것으로 단정하였다. 그는 아래와 같은 사실을 고려하지 않았다. 즉 부르주아 지식인 집단은 중화인민공화국 건립 초기 이래로 계속적으로 무거운 압력을 받아 왔다. 그리고 기대했던 그들 자신의 이익은 늘 심한 침해를 받았다. 또한 그들과 당 간부들 간의 관계는 상호불신으로 얼룩

---

68 이 내용은 베이징 학생 수첩에서 해석한 것이다. Dennis J. Doolin, *Communist China: The politics of student opposition*, 50, 55.

졌다. 마오쩌둥이 지식인을 정풍운동의 전면에 배치하였을 때, 그는 실제로 그들로 하여금 불가능한 임무를 수행하도록 요구하였다. 불가능한 임무란 즉 그들이 늘 무서워하고 싫어하는 당의 집권파를 대담하게 비판하면서, 한편으로는 '화풍세우'의 정신에 입각하여야 한다는 것이었다.

당의 간부들도 유례가 없었던 지위에 놓이게 되었다. 사실 그들은 당의 지도력을 다시 확인하라는 요구를 받고, 이전에 명확히 규정한 적이 없는 방식으로 비당원 지식인들의 관점과 재능을 고려하여야만 했다. 게다가 출신에 문제가 있고 진부한 사상을 가진 사람들로부터 비판을 받는 상황은 간부들에게 매우 불공평하다고 여겨졌다. 간부와 지식인 사이에 잠재되어 있던 긴장 관계 때문에, 이런 긴장을 악화시키는 시도들이 부지불식간에 통제를 벗어나게 되었다. (더 상세한 논의는 *CHOC* 14, 제5장 참조)

반우파운동

비록 직접적인 반격은 1957년 6월 초에 개시되었지만, 5월 중순부터 중국공산당 최고층 지도부는 규제받지 않은 '백화제방 백가쟁명'은 용인할 수 없을 정도로 당의 지식인에 대한 통제를 약화시키고 있다고 판단했다. 원래 마오쩌둥은 백화제방운동을 지지하였지만 한편으로는 반우파운동의 선두 자리에 서 있었다. 마오쩌둥은 주도적으로 정책을 전환시키는 주요 행동을 하기 시작하였으며, 1957년 여름 내내, '우파'(비당 비판자에 대한 호칭)에 대한 당의 정책은 모두 그의 영향을 받은 것이었다. 이외에도 마오쩌둥은 모든 일련의 구체적인 문제에서 180도로 태도를 전환한 것에 대해 조금도 신경 쓰지 않았다. 예를 들면, 4월경 마오쩌둥은 상하이『문회보(文汇报)』에 게재된 비판 의견에 대해 환호하였으나, 7월에는 이 신문이 '우파'의 기관이라고 격렬하게 공격하였다. 또한 2월에는 반혁명 안건에 대해 다시 재조사를 진행하여야 한다고 건의해 놓고, 10월에는 비슷한 건의를 한 민주당파의 영도자 뤄룽지(罗隆基)를 비난하였다.

이런 저런 사안에서 이처럼 거침없이 태도 전환을 한 이유가 무엇이든지 간에 이로 인해 마오쩌둥과 다른 지도자들 사이에 존재할 가능성이 있었던 의견 불일치가 해소되었다. 지식인에 대한 마오쩌둥의 환상이 깨짐에 따라 그는 당의 통제를 강화해야 한다는 주장에 강하게 가담하였다.

비판자에 대한 반격은 반우파운동의 형식을 띠었다. 이 반격은 그해 봄에 지식인들이 제기했던 비판적 논점들을 반박하거나 백화제방과 백가쟁명이 주로 추진되었던 도시 조직 내부에서 당의 지배를 회복하려고 시도하였다. 아이러니하게도 지식인들이 당의 고압적인 업무 방식에 대해 비판하였기 때문에, 반우파운동과 연계하여 조직적인 조치들을 추진하면서 특히 신뢰할 만한 간부들을 문화 및 교육분야의 지도부 지위로 옮겨 직무를 담당하게 하였는데, 그 결과 백화제방운동 이전의 상황과 비교하면 당의 통제력이 현저하게 증가하였다. 반우파운동의 초기 주요 목표는 여러 민주당파의 지도자들이었다. 이들은 봄에 제기했던 온건한 비판 때문에, 학생 비판자들로부터는 "소심하고 신중한 노인네."라는 꽤 적실한 비난을 받았고, 반우파운동 시기에는 정권을 전복하려는 음모를 꾸미고 있다는 혐의로 비난을 받았다. 그들은 신문의 맹렬한 공격을 받거나 대규모의 투쟁 집회에 참석하여 굴욕적인 자백을 강요당하였다. 그러나 1958년 후반부터 1959년까지 대부분의 사람들은 민주당파에서의 직위를 회복하였는데 이는 그들에 대한 가혹한 고발들이 심각하게 처리되지 않았음을 보여 준 것이었다.

그럼에도 불구하고, 이런 고발과 지적들은 운동의 성격을 설정하는 데 유용한 상징으로 쓰였다. 7월 중반부터 운동은 지식인 조직에서 '우파분자'에게로 확산되었다. 비록 비당 지식인들이 주요 대상이었지만, 봄에 당의 이익보다는 자신들의 직업적 이익을 위해 직언했던 당원 지식인들도 소규모로 박해를 받았다. 중국의 지식인들에게 미친 전반적 충격은 파괴적이었다. 총 55만 명의 지식인들이 '우파'라는 낙인이 찍혔는데, 투쟁 기간의 심리적 압박은 대량의 자살 사건을 초래하였으며, 또한 이들에게는 대규모의 노동개조가 단행되었다. 마오쩌둥이 죽은 이후, 이 운동의 잔혹성은 '계급투쟁의 범위를 확대'한 큰 잘못으로 여겨졌고 전체 우파 분자의 98%가 잘못 낙인 찍혔다.[69](상세 내용은 *CHOC* 14, 제5장 참조)

반우파운동이 가혹했다고 해서 아래와 같은 사실을 무시해서는 안 된다. 즉, 1957년 중반에 지식인들에 대한 지도부의 태도는 완전히 부정적으로 전환된 것이 아니었다는 사실이다. 당은 지식인들과 완전히 소원해지는 것을 피하기 위해 운동에서 바로 일부분의 지식인들만이 우파이므로 전반적으로는 관대한 처리 방식을 취할 것을 지도 방침으로 삼았다. 이것은 지속적인 신념, 즉 지식인들은 비록 사상이 낙후되어 있지만 중국의 현대화 건설에서는 여전히 중요한 역할을 한다는 인식을 반영하였다.

7월에 마오쩌둥은 지식인들이 당의 명령을 듣지 않는다고 비난을 하였지만, 여전히 "우리에게 유용한 지식인을 쟁취할 필요성이 있다."라고 말함으로써 지식인에 대한 지도부의 이중적인 감정을 나타냈다.[70] 백화제방운동의 실패는 정치적으로 지식인에 의지해서는 안 된다는 것을 보여 주었지만 이것으로 경제 및 문화 발전에 대한 그들의 역할 문제를 해결할 수는 없었다. 1957년 여름에 반우파운동이 전개되었을 때, 초기의 전반적인 경제정책은 1956년과 같은 온건한 노선을 유지하였다. 즉 이 온건 노선에서는 전문적 지식이 중요한 역할을 한다고 보았다. 따라서 일단 당의 통제가 다시 확립된다면 당은 여전히 지식인들에 양보하는—정풍운동 중의 당의 영도적 역할에 못 미치는—정책을 채택할 수 있을 것이었다. 그러나 반우파운동의 잔혹성은 당의 발전 목표에 동참하려는 지식인들의 열정을 파괴하였다. 게다가 이 시기 지도부는 이제 동요하는 지식인들에게 그렇게 중요한 역할을 부여하는 전략에 대해 의심할 만한 근거를 갖게 되었다.

---

69 98%의 평가와 55만 우파의 수치는 1980년 보고인 Liao, "Historical experiences…", October 1981, 80-1에 나온다. 1981년 정부의 *Resolution on certain questions in the history of our Party since the people's Republic of China*(27 June 1981), NCNA, 30 June 1981, trans. in *Foreign Broadcast Information Daily Report: China*, 1 July 1981, K1-38에서는 '우파'를 반격하는 정확성을 더욱 신중하게 긍정하였으나 그 타격의 범위가 너무 넓었다고 보았다.

70 "在上海市各界人士会议上的讲话", (8 July 1957) in 『万岁』(1969), 121.

다른 요인들도 작용하였다. 정치적 유화 조치들로 사회 내 불평을 처리하려던 전반적인 시도는 중요한 경제적 악영향을 동반한 사회적 역효과를 낳았다. 특히 중요한 문제가 농촌에서 발생했다. 1956년 정부에서 조장한 농업생산합작사에 대한 비판적 분위기로 인해, 1956년 겨울부터 1957년까지 합작사로부터 대량의 농민이 퇴사하는 등 소위 '소태풍'이 발생하였다. 백화제방운동은 농촌의 상황을 한층 더 악화시켰다. 보도에 따르면 불만을 품은 농민들이 신문이나 라디오에서 보도된 도시의 '백화제방 백가쟁명'에 고무되어 농촌의 간부 구조에 도전하였고, 농업생산합작사의 책임을 개별 농가에 분산시키거나 또는 날이 갈수록 국가에 더욱 많은 돈과 식량을 요구하면서 잔여 양곡을 적게 판매하고 투기로 폭리를 취하는 것과 같은 '자발적인 자본주의' 활동들에 참여하는 일이 늘어났다.

특히 사태를 혼란스럽게 한 것은 일부 간부들이 자본주의적 행위를 하며, 농민들과 함께 곡물 생산량을 숨기거나 적게 신고하는 방향으로 음모를 꾸몄다는 사실이었다. 이런 상황에 식량의 생산량이 인구 증가율보다 낮아지게 한 한 차례의 흉작은 심각한 식량 공급 위기를 조성하였다. 당 지도부는 이에 대한 대응으로, 1957년 여름 농촌의 자유 시장을 없애고 또한 농촌에서 사회주의화 교육 운동을 전개해야겠다는 결정을 내렸다. 이 운동은 농촌에서 사회주의의 우월성을 선전하면서 전면적으로 전개되었으며, 위법을 한 이전의 지주와 부농을 체포하고, 방종한 행동을 한 농촌 당원에 대해 제한적인 숙청을 진행하였다. 또한 집체 부문을 지지하면서 농민에 대한 간부의 권위를 전면적으로 회복시켰다. 새로운 농촌 엘리트의 이익을 향한 직접적 호소와 더불어 설득과 강제를 다시금 결합시킨 것은 당의 목표를 완성하는 데 있어서 성공적이었다.

이런 사회적, 정치적 문제들 외에도 경제 문제들도 연관이 되었다. 농업 부서의 만족스럽지 못한 업적은 1956년과 1957년 연속 2년 동안 생산이 보통 수준에 미치지 못하면서 더욱 뚜렷히 부각되었다. 새로운 합작사 구조가 생산을 촉진시키지 못했을 뿐만 아니라 그 후 농업생산합작사 내에서의 물질적 유인을 강조하는 것도 성공하지 못했다. 농업의 낙후성은 공업의 성장에 영향을 미쳤다. 이에 저우언라이는 1957년 6월 주요 기본 건설에서 20%를 삭감한다고 선포했다. 지도부는 '10대 관계론'에 따라 1957년 농업에 대한 전체적인 국가 투자를 적절히 증가시켰으나, 이런 조치로 이 난관을 돌파할 수 있을 것인지는 보장하지 못했다. 소련의 경제 전략에 대한 의구심이 일게 됨에 따라, 점차적으로 농업생산을 증가시키는 데 역량을 집중하고 동시에 전면적으로 성장 속도를 낮추어야 한다는 사실을 수용하자는 대안이 나타났다. 그러나 당 지도부가 고속 성장을 핵심적 목표로 삼고 있었기 때문에 그와 같은 대안은 장기적인 전략이 될 수 없었다.

그래서 1957년 가을, 소련모델의 단점 발견, 지식인 집단의 신뢰 가능성에 대한 회의, 정치적 이완이 초래한 사회의 파괴적인 결과들, 지지부진한 경제상황 등은 발전전략에 대한 변경을 요구하는 압력으로 작용하였다. 이 밖에도 이미 소련모델에 취해진 신중하면서도 근소한 조정들—농업 경제의 중심적인 역할에 대한 인식의 심화, 행정 관리의 분권화, 소련에 비해 경공업 위주인 프로젝트와 지방 차원에서의 교육 지원책—은 더욱 웅장한 혁신적 전략으로 발전할 수 있는 전망과 계획들을 제공하였다. 마지막으로, 마오쩌둥과 그의 지도부 동료들은 1957년 하반기부터 이전 2년간의 사건들을 회고하며 모호하지만 그래도 여전히 영향력이 있는 결론을 내렸다.

긍정적인 측면에서 보면, 마오는 1956년 사회주의 개조가 결정적인 승리를 얻었다고 보았던 자신의 초기 관점이 미숙했음을 인정하였다. 왜냐하면 단지 소유제 측면에서만 성공을 거두었기 때문이었다. 그러나 정풍과 반우파운동을 통해 그는 정치와 이데올로기 노선에서 근본적인 승리를 얻었다. 이로써 중국 인민들은 전에 없이 경제 혁명과 기술 혁명을 수행할 태세를 갖추게 되었다. 부정적인 측면에서 보면, 마오쩌둥은 '반모진' 정책이 심각한 과오였다고 선언했는데, 이는 대중의 의욕을 꺾음으로써 경제적 손실을 가져왔을 뿐만 아니라 '우파들'을 고무시켜 정치적인 공격을 발동하게 하였다. 이는 노동자와 농민의 열정을 유지하려면 1956년 초기의 약진 운동을 지체 없이 수행해야만 했다는 교훈을 이끌어 냈다. 이런 사상은 1957년 9월부터 10월까지 개최된 제8기 3중선회 때부터 지배적인 의제가 되기 시작하였으며 그해 연말에 중국은 대약진의 노선으로 나아가게 되었다.

결론

1957년 후반 비록 당 지도자들이 심각한 문제들에 직면하였으나 1949년 이래 중화인민공화국의 전반적인 성과는 매우 성공적이었다. 중국공산당 통치의 일부 구체적인 특징들에 대해 불만이 있긴 했지만, 중국공산당 정권은 사회 질서를 안정시키고, 경제발전을 추동하며 생활 조건을 개선하고 민족 자존심을 회복시킨 업적으로 말미암아 이미 대중들의 광범위한 지지를 획득하였다. 동시에 중국의 정권은 기본적인 사회와 제도의 개조를 완성하여, 1956년 무렵은 이미 사회주의 단계에 들어서 있었다.

이런 성공을 얻을 수 있었던 요인들은 여러 가지가 있었다. 이 장 전반에 걸친 분석에서 강조한 바와 같이, 대약진과 함께 사라지거나 약화되긴 했지만, 소련모델과 지도부의 단결이 특히 중요한 역할을 하였다. 특히 명확한 목표를 제공하는 모델과 정부의 기획에 대한 강렬한 사명감을 낳은 단결은 혁명을 승리로 이끄는 데 중요한 역할을 한 바 있는 잘 통제된 당조직의 이점을 최대한 활용하기에 가장 적합한 조건이었다. 비록 조직적, 정치적 결함들을 모면할 수는 없었지만, 낭 조직들은 전반적으로 중대한 계획과 정책들에 대해 어떤 때에는 지나칠 정도의 열정을 보이면서 민감하게 반응했음이 입증되었다. 1949~1957년, 백화제방운동이라는 짧은 실험 기간을 예외로 하면 중국공산당의 각종 계획들은 규율이 있는 조직 기구의 권위를 강화시켰으며 발전과 개조를 수행하는 정권의 능력을 제고시켰다.

또한 이런 성공의 또 다른 요인으로는 중국공산당 지도자들이 복종을 유지할 때 설득적, 강압적 그리고 구체적인 호소들을 절묘하게 결합하였다는 것을 들 수 있다. 당의 관점을 대중에게 납득시키려는 부단한 노력들은 수많은 개인과 집단들로 하여금 공산당 정책이 정확하다는 것을 믿게 하였으며, 심지어 더욱 많은 사람들에게 어떻게 행동하는 것이 적절한 것인지 깨닫게 해 주었다. 강제는 적대 집단의 반항을 타파하는 데 사용되었을 뿐만 아니라 대부분의 사람들에게 당은 저항할 수 없는 힘을 가지고 있다는 사실을 인식시켜 주었다. 각종 주요 사회 집단들—특히 빈농과 성장 중에 있는 간부 엘리트—의 물질적인 이익을 증진시키고자 고안된 계획들은 사리(私利)에도 맞는 것으로 여겨져서 중국공산당에 중요한 지지를 제공하였다.

또 다른 중요한 성공 요인은 혁명 시기에 매우 유용했던 전략과 방법들을 재적용한 것이었다. 화북 농촌 근거지에서 발전하기 시작한 대중동원 기술이 1949년 이후 전국의 토지개혁과 농업합작화에도 적용된다는 것이 입증되었다. 또한 비록 1956~1957년에는 예측 착오가 있었지만, 반일 및 반국민당 투쟁에서 효과를 보았던 통일전선 전략은 전반적으로 적극적인 저항은 축소시키고, 동요하는 세력들을 중립화시켰으며, 그리고 당의 통치에 대한 지지를 최대한으로 확대하였다. 1949~1957년 기본적으로 우세를 차지한 것은 1949년 이전에 실행했던 현실주의와 자원에 대한 신중한 안배였다는 사실이 특히 중요하다. 비록 초기 여러 야심찬 계획들은 조직 자원을 확대 팽창시키기도 했지만, 각급 관원이 더 이상 사회적·경제적 변화를 효과적으로 견인할 수 없게 될 정도로 극단적이지는 않았다. 이런 상황이 1956년 초에 나타나자, 몇 달도 안 되어 바로잡혔다.

마지막으로, 초기 8년간의 성공 요인은 중국공산당이 추구했던 목표들 혹은 사용했던 방법들 가운데 대체로 어떤 요소도 서로 부합하지 않는 요소가 없었다는 것이다. 사회 목표들과 경제 목표들은 쌍방간에 서로를 강화시켜 주는 요소들로 간주되었다. 농업합작사는 이데올로기적으로 바람직스러울 뿐만 아니라 생산

문제를 해결하기 위해서도 유용한 해결책이었으며, 자본주의의 제거와 계획경제의 성장을 촉진시키기 위한 현대 부문의 사회주의화였다. 이와 마찬가지로 제도화와 대중운동은 사회주의 목적을 위한 적당한 수단들로 받아들여졌다. 각종 운동들은 사회 개조를 위한 중요한 행동에 적합했고, 강력한 제도는 계획 발전을 지도하고 사회주의 사회를 관리하는 데 필요한 것이었다. 예를 들면 군사 현대화와 해방군 전통 사이에서처럼 심지어 긴장이 존재한다고 여겨지는 곳에서조차도 모순들은 그 어떠한 중요한 목표들을 손상시키지 않고도 해결될 수 있다고 여겨졌다. 이후 몇 년이 지나서, 경제 목적을 달성하는 데에는 중대한 사회적 대가가 필요하며 강력한 제도가 일부 가치들은 위협하고 또 다른 가치들은 수호할 수도 있고, 사회주의 자체가 불확실하다는 사실을 마오쩌둥과 당 지도자들이 점차 깨닫게 되자, 충돌의 가능성이 커졌으며 국가 형성기의 상대적으로 순조로웠던 진전은 점점 유지하기 힘들게 되었다.

중국
현대정치사

건국에서 세계화의 수용까지
1949~2009

제2장

대약진운동과
옌안 지도부의 분열

1958~1965

케네스 리버설

브루킹스연구소 수석연구원

서론

1958년 초, 중국공산당 지도자들은 신속한 경제성장과 사회진보의 길로 국가를 영도할 수 있다고 낙관적으로 생각하고 있었다. 확실히 이러한 위대한 과업을 실현할 수 있는 최상의 방식이 무엇인지에 관해 모든 정치국 위원들의 의견이 일치되지는 않았다. 그러나 전반적으로 볼 때, 자신감이 충만했고, 중국공산당이 일관성 있고 과감하게 사업을 수행할 수 있을 만큼 근본적으로 단결되어 있었다. 그러나 7년이 지난 뒤 심각한 분열이 일어나, 마오쩌둥 자신이 과거 30년 이상 혁명사업을 같이 해 왔던 많은 동지들에게 궤멸적인 타격을 줄 정도로 공산당 지도부를 산산이 찢어 놓았다. 이로 인해 중국은 1980년대 초엽 베이징의 지도부가 1958~1965년 이전 시기를 당의 권력, 위신 그리고 단결성이 정점에 이르렀던 시기라고 여기며 그리워할 만큼 무척 격동적인 10년을 맞이하게 되었다. 1958년부터 1965년까지의 8년이란 기간은 중국혁명에서 중요한 전환의 시기였다.

물론 1949년 이후 중국 공산주의자들에게 모든 일이 순조롭게 진행된 것은 아니었다. 발전사업의 속도와 형태를 둘러싸고 지도부 내에서 심각한 이견들이 존재했다. 예컨대 1953년 재정부장이었던 보이보는 세수정책을 주창함으로써 신랄한 비판을 받게 되었는데, 마오는 이런 정책이 공공부문의 경제발전을 늦출 수도 있다고 생각했다. 1955년에 마오는 농업집체화의 속도에 대한 동료들의 의견을 공개적으로 반대하였으며, 그 동료들이 이미 채택했었던 계획을 실질적으로 뒤집어 버렸다. 1957년 비당원 지식인들을 부추겨 당을 비판하려던 마오쩌둥의 시도들은 고위층 내부에서 격렬한 논쟁을 불러일으켰다. 이 8년간 새로운 정치권력 체제가 공고해지면서 당정기구 내에 불건전한 경향으로 보이는 것들을 바로잡으려는 노력들이 반복되었다.

중요한 것은 1949년부터 1957년에 걸친 이 기간 동안 엘리트 내부에서 기본적인 단결을 그런대로 유지하면서도 혁명운동의 활력을 지속시킬 수 있는 방식으로 내부 갈등들이 처리되었다는 점이다. 마찬가지로 많은 시민들이 이 시기 공산당의 정책들에 대해 극심한 의견 차이를 보였음에도 불구하고 전반적으로 당과 새로운 체제의 위신은 여전히 높았다. 공산주의자들은 국가라는 오믈렛을 만들기 위해 "몇몇 계란을 깰 수밖에 없었다." 그러나 그들의 정책들이 중국을 더 부강하고 더 부유하게 만들고 있다고 당당하게 선언할 수 있었다. 요컨대 중국공산당이 실제로 대재난을 겪었던 1958년부터 1965년까지 잃었던 것은 바로 그 위신이었다. 모든 것을 감안할 때, 이 시기가 매우 파괴적인 것으로 알려졌다는 것은 참으로 아이러니가 아닐 수 없다. 왜냐하면 이 시기는 대약진운동이라는 유토피아적 낙관주의에 기반한 프로그램으로 시작했기 때문이었다. 이때 공산당은 대중동원의 방식으로 모든 것을 달성할 수 있을 것으로 판단했다.

1958년 봄과 여름 동안 마오와 그의 동료들은 1953~1957년 소련으로부터 도입한 제1차 5개년 계획의 발전전략을 대체할 수 있는 대안으로서 대약진 구상을 추진하였다. 제1차 5개년 계획의 단순한 반복을 불가능하게 만든 병목현상을 타개하기 위해 중국 지도부는 옌안에서의 항일투쟁 시기에 갈고 닦은 대중동원 기술을 이용하기로 결정하였다. 농촌의 인민공사(人民公社)화를 포함한 다양한 구성요소를 담고 있던 이 새로운 전략은 온 나라를 생산활동의 광풍으로 몰아넣었으며 1959년까지 지속되었다. 그러나 결과적으로 이 전략의 핵심적인 요소들은 지도자들이 고대하던 생산력이 고양되고 풍족한 시대가 아니라, 오히려 경제적 재난의 서곡으로 이끄는 역효과를 가져왔다.

대약진 전략은 정치적 환경의 뚜렷한 변화를 초래했다. 이 전략에서는 많은 경우에, 중앙정부의 관료기구에서 가지고 있던 권력을 상당량 지방의 당 간부들에게로 이양시켰다. 이 전략은 생산단위(조직)들 내에서 기술전문가들을 주변부로 내몰고, 그들의 원래 자리를 노동자들의 열정에 불을 지필 수 있는 능력을 가진 정치통들로 하여금 대체하게 하였다. 이 전략은 모든 면에서 정치적인 기대들을 더욱 만연하게 만들었는데, 정치적 열정으로 고무된 초인적인 노동이야말로 이 새로운 발전전략을 성공적으로 실현하기 위한 열쇠였기 때문이다. 그리고 이 전략은 사실상 중국 내 많은 소비에트 고문들의 권위를 저하시키고 이전의 신성불가침이었던 소련모델에 대해 암시적으로 이의를 제기함으로써, 중국과 소련 사이에 중요한 긴장 관계를 새롭게 조성하였다.

이러한 많은 변화와 함께 대약진운동이 주춤하기 시작하자, 자연스럽게 심각한 문제가 발생하였다. 1958년 말 무렵 마오와 기타 다른 이들은 약진의 이름으로 추진되던 극단주의가 이미 여러 가지 손해를 야기시키고 있다는 점을 인식하였고, 그들은 운동을 유지시켜 나가기 위해 목표와 정책들에 적절한 수정을 가하였다. 그러나 1959년 초 국가의 실제 식량 조달의 결과에 관한 정보는 그 상황이 애초에 생각했던 것보다 훨씬 악화되었음을 보여 주었다. 그리고 그해 봄 동안에 마오는 이 대약진운동 계획을 한층 더 합리적이고 효율적으로 이끌기 위해 노력하였다. 그러나 1958년에는 더 많은 권력을 가지고 있던 사람들(당권파)이 계속해서 그해의 정책에 대한 그 어떤 후퇴도 거부하였기 때문에 그 운동은 통제하기가 어렵게 되어 버렸다.

1959년 여름, 대약진운동을 통제하는 문제는 아주 치명적인 방식으로 엘리트 정치를 혼란에 빠뜨렸다. 마오와 오랫동안 갈등을 해 왔던 군부 지도자인 펑더화이가 6월에 소련과 동유럽 순방길에서 돌아오자마자 곧 루산(廬山)에서 개최된 당 주요공작회의에서 대약진운동을 '소자산계급적 광신'이라며 매서운 비판을 가했다. 루산회의에서 드러난 펑더화이 행위의 근본적인 이유는 여전히 불명확하지만, 마오는 펑의 행위를 자신의 지도력에 대한 직접적인 공격으로 간주하고 격렬하게 대응하였다. 마오는 펑더화이와 그의 지지자들이 권력에서 축출되어야 한다고 요구했으며, 소련이 펑의 도전에 연루되어 있다고 주장하였다. 그 직접적인 결과들은 두 가지 양상으로 나타났다. 펑의 숙청은, 첫째 대약진운동에 고삐를 조이고자 하는 노력들을 무력하게 만들었고, 1960년까지 이어지는 급진적 정책의 제2고조기를 낳았다. 둘째로 중·소관계가 한층 더 악화되었다.

이 두 가지 결과는 1960년 더 심각한 결과를 초래하였다. 대약진의 고조는 경제에 더욱 엄청난 피해를 야기하였는데, 1960년 말에는 기근이 전국을 휩쓸었을 정도였다. 중·소관계도 계속 악화되어 갔다. 1960년 여름 소련이 중국에 대한 모든 지원을 전격 철회한 것이다. 당시 소련의 지원은 여전히 일부 기간산업 발전계획에서 상당히 중요한 역할을 했기 때문에, 이 철수 행동은 중국에 심각한 경제적 결과들을 초래하였다. 소련의 철수 때문에 중국의 지도부는 농촌에 중대한 문제로 떠오른 경제적 재난에 신경을 쓸 수 없었고, 결국 이 긴급한 농촌 상황을 타개할 수 있는 적절한 조치들을 강구해 내지 못했다.

1960년 말에 이르러 대약진운동은 중국 내륙에서 경제적 재난을 초래하였으며, 이 근본적인 경제적 침체 상황은 1961년 동안 도시 전역으로까지 확산되었다. 그제야 베이징 지도부는 이러한 급박한 상황과 문제의 심각성을 인식하게 되었으며 이 상황에 대처하기 위해 일련의 강령 문건 초안을 마련하였다. 이 위기의 한 해 동안 작성된 모든 자료는 동료들이 착안했던 대약진운동으로부터 대규모로 후퇴하는 것에 마오가 찬성했음을 보여 준다. 실제로 1961년 6월 마오는 베이징에서 개최된 핵심 당무회의에서 자아비판을 하였다.[1] 그리고 당은 공식 원칙으로서 축소 정책들을 채택하였다.

그러나 일단 위기가 진정되기 시작하자, 마오는 당시 당의 기본임무를 확정했던 당사자로서 자신의 지위를 다시 회복하고자 시도했고 지도자들 내부의 긴장이 고조되었다. 대약진운동 기간 동안 그의 권력과 이미지는 심각한 오판의 결과로 말미암아 손상되고 퇴색되었다. 그리고 자신의 영향력이 잠재적으로 위축될지도 모른다는 마오의 우려와 관심은 증폭되었다. 그는 최근 소련의 사태에 대해 부적절한 지도부하에서 공산주의 국가가 실제로는 고도로 착취적인 체제로 변질될 수 있음을 보여 주는 사례라는 결론에 도달했다. 실질적으로 마오는 대약진운

---

1 이 자백의 전문을 얻을 수 없기 때문에 안타깝게도 이 자백의 성격에 대해 명백하게든 아니면 피상적으로든 규정할 수가 없다.

동이 대중동원에 의지하여 놀라운 경제성장을 이룩할 수 있는 운동이라는 신뢰성을 이미 상실했다고 단정지었다. 그러나 그러면서도 그는 소련에서 발생했던 혁명의 관료주의적 변질을 방지하기 위해서는 대중동원이 중요하다는 점을 여전히 굳게 믿었다.

중국공산당의 당기구를 직접적으로 통제하고 있었던 마오의 당권파 동료들은 바로 위와 같은 후자의 관점(관료주의적 변질에 대한 대응책으로서 대중동원의 필요성)에 동의하지 않았다. 그들은 공산당 내부의 기율을 회복하기를 간절히 기대했으며 전문가들과 전문기술지식을 적절히 활용하는 경제발전의 노선을 추구하였다. 마오의 동료들은 많은 측면에서 마오와 목표를 공유했으나, 마오의 방법들에 대해서는 이견을 나타내었다. 대약진기에 행정권력이 분산되었기 때문에 마오가 자신의 힘을 강화시킬 수 있는 일부 핵심 지지층의 지지를 얻지 못했다면 당권파 동료들이 승리를 거둘 수 있었을 것이다. 즉 마오의 동료들은 마오의 기본 구상을 실행하면서도 한층 더 자신들의 관료주의적 방식과 양립할 수 있는 방식으로 이 계획을 수정했을 것이다.

마오의 핵심 지지자들은 그의 아내 장칭, 펑더화이를 대체했던 인물인 린뱌오, 보안계통의 핵심 인물인 캉성 정도를 열거할 수 있는데, 이들은 마오의 첫 번째 비서였던 천보다와 함께 대약진 기간 동안에 출현했던 체계를 전복하기 위하여 공조하였다. 1962년과 1965년 사이 이런 권력 연합의 점진적 구성에 대해서는 나중에 상세히 논구될 것이다. 각 성원들은 이 권력 연대에 합류하기 위한 개인적인 사유들을 갖고 있었다. 그리고 이들 모두는 권력 승계를 변화시키는 것이 바람직하다는 견해를 함께하였으므로 결국 류사오치(혹은 류사오치와 비슷한 사람들)는 마오로부터 모든 권력을 인계받을 수 없게 되었다. 결국 이 시기에는 권력 승계를 둘러싸고, 연합정치와 음모들이 복잡하게 얽히게 되었다.

물론 구체적인 쟁점들은 수년에 걸쳐 변하였다. 1962년 초반 농촌에서 이루어진 경제회복의 정도를 둘러싸고 심각한 이견이 분출하였다. 마오는 이미 경제회복이 큰 성과를 거두었기에 베이징 당국자들이 다시금 권력의 주도권을 쥘 수 있을 뿐만 아니라 그 권위를 유지할 수 있으리라고 보았다. 하지만 류사오치, 덩샤오핑, 천원, 그리고 기타 사람들은 이에 동의하지 않고, 당이 반드시 이 위태로운 경제상황을 구제하기 위한 긴급조치들을 계속 취해야만 한다고 주장하였다. 1959년 대약진운동에 내재된 위험성에 관해 경고 메시지를 보냈던 사람들의 명예회복(복권) 문제 역시 당시 수면 위로 떠올랐다. 마오는 많은 '우파분자'들이 이제 복권되어야만 한다는 데 동의했지만, 유감스럽게도 펑더화이를 복권시키는 문제에 대해서는 반대하였다. 여기에 린뱌오를 제외한 그의 많은 동료들이 분노하였다.

1962년 가을에 이르러 마오는 대약진 후의 회복이 얼마나 되었는지에 관한 논의에서 승기를 잡게 되었다. 따라서 이제 쟁점은 농촌에서 정권의 위신과 신망을 회복하는 최선의 방법이 무엇인가로 전환되었다. 마오는 농촌에서 농민들의 광범위한 정치적 동원을 포함하는 방법을 사용하여 당을 재건하겠다는 정책을 주장하였다. 마오의 동료들은 이와 달리 내부 관료주의적 방식을 통해 농촌에서 당의 개혁을 실현하고자 했다. 다른 정치국 지도자들이 관료주의적 방식으로 경도되는 것에 실망을 느낀 마오는 체제 내에서 자신의 독특한 정치 스타일을 구현할 수 있는 두 가지 조치를 채택하였다.

1963년부터 주석은 인민해방군을 중국인들이 따라야 하는 모범조직이라고 부단히 강조하였다. 인민해방군은 린뱌오의 영도하에, 원자탄 연구제작(중국의 첫 번째 원자탄 실험은 1964년 10월에 진행했음)을 진행하고 1962년 가을 중국과 인도 사이의 국경분쟁에서 모든 사람들에게 깊은 인상을 남길 만할 승리를 거두는 등, 군사기술과업에서 임무를 원활히 수행하였다. 또한 린은 부대에서 정치과업을 추진하였는데 이는 『마오 주석 어록』에 농축되고 교조화된 마오쩌둥의 사상에 대한 학습을 진행하기 위해서였다. 마오쩌둥이 볼 때 인민해방군은 기술과 정치를 종합한 최상의 결합조직이 되었기에, 마오는 정치체제에서 군대의 역할을 확대하려고 시도하였다. 린뱌오는 이런 발전을 힘차게 고무시켰으며, 한편으로는 이 발전이 의존하고 있는 주석의 권력을 강화시켰다.

또한 1963년부터 마오는 중국공산당 중앙위원회에서 소련공산당 중앙위원회에 보내는 9통의 편지를 작성하게 했다. 이 논쟁적 문건은 마오의 관점을 상세하게 설명해 준다. 즉 소련은 이미 비사회주의적인 정치체제로 변질되었으며, 마오는 이러한 발전이 '수정주의'로 타락한 것이라고 보았다. 마오가 이 편지로 중국에 있는 수정주의의 논점을 광범위하게 폭로한 것은 사실상 그가 반대하던 동료들의 정책에 대해 다소 우회적으로 자신의 반대 근거를 밝히기 위해서였다.

이후 문화대혁명 초기의 주요 대상이 된 류사오치와 당의 여타 지도자들은 1963년과 1965년 사이, 아주 인상적인 경제회복방안을 실행하여 1965년에는 거의 모든 영역에서 대약진 이전의 수준으로 생산을 회복시켰다(물론 일부 지역은 대약진 이전의 수준을 초과하기도 했음). 앞에서 서술한 것처럼, 이들 지도자들은 마오쩌둥의 여러 가지 요구에 부응하려고 진력하는 동시에 그들이 재건한 관료주의 체제를 덜 파괴하는 방향으로 그 요구들을 반영하고자 노력했다. 그러나 가용할 수 있는 자료에 따르면, 이 지도자들은 린뱌오, 장칭, 캉성과 그 추종자들의 음모 속에 숨겨진 위험을 잊지 않았다. 그러나 1965년 이전 그들이 본질적으로 이러한 위험을 위협으로 보았다고 할 만한 근거는 찾아보기가 어렵다.

류사오치, 덩샤오핑 그리고 그들과 동일한 견해를 가지고 있는 동료들은 이러한 국면을 헤쳐 나가기가 어려울 것이라고는 생각했지만 그렇다고 해서 대응할 수 없는 것은 아니라고 여겼다. 하지만 그들의 생각은 완전히 잘못되었다는 것이 증명되었다. 그들은 일정한 정도에서 마오를 만족시키고, 체제 내에서 그가 규합할 수 있는 동료 세력을 가능한 제한하려고 하였다. 예를 들어 1964년에 시작한 비군사적인 민간 관리기구에 군대식의 정치부서를 두어 군대세력을 증가시키려던 의도는 마치 장칭이 여러 차례 문화정책에서 권위를 얻으려다 부딪혔던 것처럼 강력한 견제를 받았다. 그러나 1960년대 중반에 이르러 마오는 이렇게 계속 논쟁이 오고 가는 것을 국가 정치상의 불가피한 마찰로 보기보다는 오히려 마니교의 선과 악의 투쟁처럼 생각하게 되었다. 이러한 새로운 관점은 위기를 대대적으로 고조시켰다. 날로 마음이 불안해지고 동요하던 마오는 1966년의 문화대혁명을 발발시키는 운명적 조치를 단행했다.

이상의 간략한 개괄은 이 시기에 발생한 4개의 주요 변화를 지적하였다. 즉 기본적으로 통일된 영도로부터 의견 차이가 심각한 영도로의 변화, 완전히 합법적인 중국공산당 통치로부터 수용하기에는 크게 미비한 통치로의 변화, 상대적으로 규율이 있고 생기가 있던 당원들이 풀이 죽고 반신반의하는 상황으로의 변화, 당내 갈등을 해결하던 의견일치의 방식으로부터 그러한 갈등들을 해결하는 기본적인 규범에 대해 이의를 제기하는 쪽으로의 변화가 나타났다. 요컨대 1958년에서 1965년 사이에 중국공산주의 운동은 당이 당내에서 획득한 조직이란 수단에서 보든, 군중으로부터 얻은 정당성으로 보든 핵심적인 정치적 자산들을 상당 부분 상실하였다. 이런 손실은 심각한 의견 분화를 가져와 문화대혁명을 초래하였다. 이 단락의 역사에 대한 더욱 상세한 이야기는 다음과 같다.

대약진운동의 근원

많은 영향력 있는 세력들이 가세하여 소위 대약진운동이라고 불리는 정책이 채택되기에 이르렀다. 그중에서도 가장 핵심적인 것은 소련의 발전전략을 모방한 제1차 5개년 계획에서 비롯된 문제들이다. 이것은 경제문제를 중심으로 하는 정치적, 사회적, 경제적인 문제였다.

스탈린에 의해 발전되어 중화인민공화국이 채택한 소련전략은 두 가지 조건을 필요로 했다. 계획체제에서는 우선 자원들을 압도적으로 중공업을 발전시키는 데로 돌리는 동시에 제철업에 최우선적인 역점을 두어야 했다. 농촌 지역은 중공업과 일반적인 향진(乡镇)지역의 발전을 위해 착취되었다. 중국인들은 소련을 모방하여 매우 성공적으로 계획기구를 세웠다. 그들은 제1차 5개년 계획 기간 동안 48%의 국가자본을 공업 발전에 투자하였다. 소련의 투자 비율은 겨우 42%에 불과했다. 문제는 농촌 지역에서 착취한 자원을 도시공업에 쏟아붓는 정책에 의해 발생하였다.

소련은 제1차 5개년 계획 기간 동안 농업을 정부로 하여금 공업에 필요한 기계와 기술을 수입할 수 있게 해 주는 수출무역의 원천으로 삼았으며, 급속히 확대되던 도시노동자들의 식량 원천으로도 삼았다. 수백만의 농민들이 죽은 것은 직접적으로는 모스크바 정부가 집단농장제도를 강제적으로 도입했기 때문이었고, 보다 간접적으로는 1929년부터 1932~1933년까지 농업생산이 25% 이상 줄어들었음에도 불구하고 정부에서 계속해서 농업에 대해 고정적인 수매 수준을 유지했기 때문이었다. 소련의 방식은 농업에 잉여 생산이 확실히 있다고 가정하고 정치 지도부의 목적에 맞게 이용할 방법을 찾는 것이었다.

중국의 상황은 두 가지 중요한 측면에서 소련과 달랐다. 첫 번째로 특히 중요한 것은 1957년 중국의 일인당 평균생산량이 1928년 소련의 절반에 불과했다는 것이다. 식량 생산량은 일인당 평균 290kg/566kg였고, 식물기름 생산량은 일인당 평균 1.7kg/3kg였다. 소련은 잉여 농산품을 어떻게 하면 적당히 분배할 수 있는가를 토론할 수 있었지만, 중국은 반드시 우선적으로 잉여 농산품을 생산한 다음 분배에 대한 통제를 진행하여야 했다. 다음 두 번째 측면은 사회 구성원에서 소련공산당원은 70% 이상이 도시 주민이고 중국공산당원은 70% 이상이 농민이었다는 것이다. 양당을 구성하고 있는 사회 구성원들의 성분 차이는 중국공산당으로 하여금 농촌의 고통과 수백만 농민들의 배고픔을 전제로 한 전략을 세우는 것을 한층 더 주저하게 하였다. 따라서 1957년 후반기에 중국은 농업생산량을 제고하는 동시에 자본 점유량이 많은 중공업을 신속하게 발전시킬 수 있는 전략을 짜기 위해 골몰하였다. 1957년 9월부터 10월 초까지, 중국공산당 제8기 중앙위원회의 제3차 전체회의에서 이러한 전략의 여러 가지 요소를 토론하였으며,

특히 농업 측면에서 열띤 토론을 하였다.

농업 분야의 문제는 베이징 당국이 중공업 분야에 국가투자를 하는 동안, 어떻게 하면 농민들로 하여금 그들의 생산량과 판매량을 증가시키도록 설득할 것인가였다. 지도자들은 지금까지 실시해 온 방안이 이 문제를 해결하지 못했다는 것을 확실하게 인식하였다. 마오쩌둥은 정치적이고 조직적인 수단으로 농민의 생산량을 제고하려 하였다. 그러나 당내 서열 5위이면서 최고위직의 경제전문가인 천윈은 다음과 같은 전제하에서 해결방법을 제안하였다. 그 전제란 농민들은 증가된 물질적 자극에만 반응을 보이고, 강압이나 사상적인 권장에는 반응을 하지 않는다는 것이었다. 물질적 자극을 위해서는 농민들의 생산품이 좋은 가격으로 팔리게 하여야 할 뿐만 아니라, 농민들이 자신들이 번 돈으로 소비품을 살 수 있게 하여야 한다. 그러므로 국가에서는 이러한 농촌전략을 실현하기 위해 많든 적든 간에 반드시 경공업 방면으로 국가투자를 이전하여, 생활필수품을 농민에게 제공해야 하며, 경공업 부서에서도 상당한 이윤율로 비교적 신속하게 자금을 조달하여 중공업의 신속한 발전을 위해 필요한 자금을 마련해 주어야 한다는 것이다.

천윈은 이러한 균형적인 접근법으로 각각의 부문들이 모두 다른 부문을 도울 수 있으며, 중국인은 부문 사이의 거래를 제로섬 게임처럼 볼 필요가 없다고 주장하였다. 또한 그는 만약 그의 건의를 무시할 경우(사실상 무시당하였다), 대량의 고소득 도시공업노동자를 부양하기는 불가능할 것이라고 지적하였다. 여러 측면에서 1957년 천윈의 정책은 소련의 부하린이 제시한 1927~1928년까지의 정책과 비슷했다. 부하린이 스탈린에게서 무시당한 것처럼, 천윈도 마오에 의해 중앙 정계에서 밀려났다.

천윈이 건의한 정책—1950년대 중국에서 제기된 가장 전면적이고 바람직한 발전방법—은 조급성으로 말미암아 채택되지 않았다. 천윈은 주저하지 않고 그의 균형성장 방안은 당장 몇 년 동안에 어떠한 성장의 기적을 나타내지 못할 것이라고 주장하였다. 그러나 천원의 실패에 대한 해석은 사실 복잡했다. 그의 전략에서는 중국정부가—중국공산당과 구분되는 것으로서—경제 관리에서 지속적으로 주요한 역할을 수행해야 하였다. 제1차 5개년 계획에서 제정한 제도에서는 거대한 권력이 중앙정부의 각 부서에 주어졌다. 비록 모든 기구와 같이 여러 정부 부서는 모두 당의 전면적인 통제하에 있었지만 비당 전문가들은 이러한 정부 부서에 가장 집중적으로 고용되어 있었다.

부서에서의 업무는 당연히 읽고 쓰는 능력, 통계기술과 추상적인 총괄 능력을 필요로 했다. 이러한 기능은 농민들보다 도시지식인들 사이에 더욱 폭넓게 보급되어 있었다. 그러나 농민 대중들은 당이 권력을 장악하기 전부터 당에 확고부동한 지지를 보내고 있었다. 백화제방운동 및 그 운동이 초래한 1957년의 반우파운동은 도시지식인들과 그들이 주도한 발전전략에 대한 불신을 낳았다. 사실상 이 운동과정에서 '우파분자'들에게 가해진 가혹한 처벌은 여러 지식인들을 수용소로 몰아넣었으며, 인적 자원의 조건을 변화시켰다. 이런 인적 자원의 변수는 정부에서 채택한 발전전략에 필연적으로 영향을 미치게 되었을 것이다.

1957년 늦여름과 가을, 더욱 급진적인 반지식인 분위기가 도시에서 농촌으로 확산되었다. 농촌에서 반우파운동은 2년 전 중국 전역을 휩쓸었던 농업의 급속한 합작화(본질적으로는 집체화인)의 효능에 대해 회의적인 태도를 취했던 사람들을 겨냥하였다. 중국의 농업 발전과 기계화의 수준이 낮은 가운데 추진된 집체화는 국가경제발전 가운데서 인적 조직 요소들을 최우선적으로 고려하는 정책을 의미하였다. 그리하여 농촌과 도시의 반우파운동은 '자산계급 전문가'들이 불가능하다고 여겨 고려하지도 않은 과업들을 적당히 대중을 동원하면 완성할 수 있다고 믿는 사람들의 지위를 강화시켰다. 1957년 말부터 1958년 초까지, 농촌의 반우파운동은 군중을 동원하여 수리설비를 건립하는 정책을 촉진시킴으로써 이 정책이 매우 성공적이라는 것을 증명하였다. 그러나 당시 농촌의 조직 구조에 내재하는 몇 가지 문제도 함께 드러났다.

146

첫째, 인력과 자원을 적당히 배치하는 부서가 부족해 대규모의 동원 업무가 지체되었다. 둘째, 비농업 영역인 제방 건설과 같은 작업에 수백만의 농민 인력을 투입하면, 노동력이 절대적으로 부족해졌다. 셋째, 농촌에서 기층 행정 단위와 경제 단위 사이의 양호한 합작 관계를 건립하는 데 문제가 존재했다. 1956년, 정부는 구(區)를 취소하고 향(乡)을 합병하였다. 그러나 이는 일련의 더욱 심각한 조직적 문제들을 일으켜, 1957년 말부터 1958년 초 사이의 겨울에도 해결하지 못하였다. 이런 쟁점의 결과는 농촌에 더욱 큰 단위(单位: unit)를 건립해야 한다는 압력으로 나타났다. 더 큰 단위는 더욱 많은 노동력 자원을 관리할 수 있으며, 또한 정부의 행정적 위계제도에도 잘 적응할 수 있을 것으로 보였다.

1958년 초 일련의 실험을 거친 이후 제정된 해결방법은 인민공사(人民公社)를 건립하는 것이었다. 그 후, 1958과 1962년 사이, 인민공사는 조직적으로 중대한 변화를 거쳤다. 최초의 공사는 거대하게 집중화된 부서로서, 몇 개의 표준화된 재래시장 구역이 포함되었다.[2] 그들은 기층의 정부기구일 뿐만 아니라 주요한 경제 단위이기도 했다. 그들의 규모는 그들로 하여금 농업생산을 관리할 뿐만 아니라, 현지의 공업, 상업, 교육과 민병도 관리할 수 있게 하였다. 그 밖에 공사의 지도 하에 농업노동력의 조직에 괄목할 만한 변화가 일어나서, 당시 수많은 농민들은 전문화된 업무팀에 배치되어 하나의 마을에서 다른 마을로 가서 특정한 업무를 완성하여야 했다.

이 최초의 공사는 관리 규모가 지나치게 컸다. 그 구성원들의 수입은 수만 명의 농민이 소속된 단위의 총생산량에 기초하였다. 이런 시도는 개인적인 노력을 고무시키는 물질적 자극이 너무 적었다. 따라서, 1959~1962년에 집체조직의 규

---

2 표준화된 시장 구역에는 정기적으로 열리는 전통시장에서 물건을 매매하는 마을들이 포함되었다. 이런 지역에는 경제적 동일성이 있을 뿐만 아니라 사회의 동일성도 존재했다. 예를 들어 혼인관계는 동일한 시장 구역 내에 있는 여러 마을의 농민들 사이에서 일어났다. G. William Skinner, "Marketing and social structure of rural China", *Journal of Asian Studies*(이후 *JAS*)(November 1964, February 1965, and May 1965). 1961년 6월에 중앙위원회는 코뮌(인민공사)을 이전의 향(乡)이나 통합된 향 정도의 규모로 축소해야 한다는 명령을 내렸다. 房维中, ed., 『中化人民共和国经济大事记』, 306.

모는 단계적으로 작아졌다. 공사 내에서는 우선 생산대대(大队)를 설립하고 그후 생산대(队)라는 더욱 작은 단위를 설립하였다. 농민들의 개인 수입은 이처럼 점차적으로 작아지고 있는 단위의 총생산량에 의해 결정되었다. 1962년에 이르러서는 공사 자체의 규모도 작아졌다. 공사 총수는 원래의 2만 5000개에서 7만 5000개로 증가하였다. 1962년의 이러한 변화는 많은 공사를 대체적으로 기존의 일반적인 재래시장이 포괄하는 영역에 일치하게 만들었다. 그리고 공사 내의 가장 중요한 경제단위인 생산대는 작은 마을 자체와 일치하거나 큰 마을 내에서 상대적으로 사회결합력이 있는 몇 개의 이웃한 작은 마을과 일치하게 만들었다.

도시와 농촌에서 반우파운동의 결과 전문화에서 대중동원으로 전환이 일어나면서, 대중동원 업무에 가장 적합한 조직인 중국공산당이 소련식 전략을 따랐던 1953년보다 상대적으로 더욱 중대한 역할을 맡게 되었다. 중국공산당의 통제가 확산된다는 것은 불가피하게 정부 관료체제의 희생을 전제할 수밖에 없었다. 일부 행정권의 분산은 중앙 각 부문의 권력을 축소시켰다. 전문기능을 배척한 결과, 발전전략의 보루인 국가통계체계가 해체되었는데, 이 체제는 가능성과 적절성 여부에 관한 전문가의 측정능력에 의존하는 발전전략의 보루에 해당했다. 최고위층의 경우 정치국과 서기처(덩샤오핑이 주도)가 영도하는 중국공산당의 기구는 더욱 중요한 역할을 수행하게 되었지만 총리와 국무원의 역할은 상대적으로 축소되었다.

대약진운동의 발전과정에서 두 가지 논쟁이 부가되었다. 사회 차원에서 제1차 5개년 계획은 생활필수품에 대한 소련식 접근법과 계층 분화 정책을 채택하였다. 그 결과 중국의 도시에서는 1950년대 중반에 이르자 점차적으로 사회분화가 나타났다. 이런 사회계층의 분화는 정부 관료체계에까지 확장되어, 1955년 정부의 자유공급제도는 복잡한 공무원등급제도로 대체되었다. 비슷한 등급제도는 공업, 상업과 교육 체제 관련 부서에도 적용되었다. 결과적으로 이 제도는 중국인들의 지위의식을 증가시켰으며, 경제발전에 유리한 경력중시형 출세제일주의를 고무시켰지만 한편으로는 마오쩌둥의 혁명적 결실을 훼손하기도 하였다. 경제적 이득이나 지위를 통한 자극보다는 이데올로기적이고 강제적인 자극에 의존한 전략이 제1차 5개년 계획 초의 예기치 않은 사회적 파급효과들을 뒤엎을 수도 있었다.

두 번째로, 이 제도 내에서 마오쩌둥의 지위는 추진되고 있던 경제발전전략의 유형에 의해 영향을 받을 수 있었다. 주석 개인의 정치적인 권력은 외교정책(특히 대국을 대상으로), 농촌정책과 혁명적 변화의 논쟁(특히 주로 당시의 국가 기조와 상황 속에서 얼마나 빠른 속도로 개혁을 실행해야 하는지에 관한 것임)에서 드러났다. 동시에 도시경제, 그리고 특히 재정이나 계획과 관련된 전문기술적인 사항들은 마오가 잘 모르는 분야들이었다. 그리하여 1958년 1월 난닝(南宁)에서 개최한 회의에서 마오는 재정부가 몇 년 동안 정치국에 보낸 문건들이 너무 전문적이고 복잡하여 심지어 문건을 읽지도 못하고 사인을 했다고 불평하였다. 이러한 상황은 당연히 마오의 제도적 역할을 제한하였다. 그는 이러한 상황을 변화시키기 위해 강제로 발전전략을 관철시킴으로써 그가 능숙하지 않았던 영역을 더욱 더 자신이 있는 영역으로 바뀌도록 했다.

마지막으로, 근본적인 측면에서 대약진운동을 낳은 동력은 중국공산주의 운동사의 매우 깊은 사상적 흐름 속에서 나왔다. 이전에 혁명이 난관에 부딪쳤을 때에는 광범위하게 여러 가지 역량을 동원하는 것을 핵심으로 한 일련의 창조적인 군사·정치 정책을 통해 승리할 수 있었다. 1930년대 중반 옌안에 들어갔을 때, 중국공산당은 패잔병들에 불과했다. 그러나 제2차 세계대전이 끝날 무렵 중국공산당과 그 군대는 비록 몇 년 동안 국민당과 일본인의 연속적인 도전에 부딪쳤지만, 이미 규모, 힘, 활력을 대대적으로 증강시켰다. 중국공산당은 이후 몇 년 동안 매우 자연스럽게 이 재야의 시기를 이상화하여, 당이 진정으로 대중에 접근하고, 관료주의와 사회의 위계현상이 혁명적 이상주의를 훼손하지 않았던 시기라고 보았다. 동기가 충만한 영도자와 그의 추종자들은 거의 극복할 수 없는 역경을 극복하면서 생존했으며, 동시에 승리도 거두었다. 제1차 5개년 계획의 사회·정치적 성과에 대한 마오의 혐오와 그가 갈망하는 공업의 신속한 발전을 위협할 것 같던 농업의 병목현상으로 말미암아, 마오와 상층부 영도자 가운데 많은 사람들은 옌안정신과 그 방법들을 그리워하게 되었으며, 이것을 자신들이 꿈꾸는 중국 사회에 대한 희망의 원천으로 여겼다. 대중동원, 사회평등, 관료주의에 대한 공격, 물질적인 장애에 대한 무시 등은 중국혁명의 창시자들에게 다시 한번 중국혁명을 구원할 수단으로 여겨졌다.

앞에서와 같이 다양한 요소가 지도부, 특히 마오를 추동하여 1958년 대약진운동을 추진하게 했다. 발전과정에서 봉착한 곤경과 소련모델이 낳은 결과에 대한 불만이 겹치자, 이전의 방법을 대체할 만한 동원방법이 필요해졌다. 당과 정부 기구 사이, 그리고 농촌의 기층 행정 단위와 경제 단위 사이의 조직적 긴장 관계가 더욱 심화되었다. 마지막으로, 1957년 7월 칭다오(青島)회의부터 시작해서 다음해까지 마오는 중국을 부강시키기 위한 급진적인 새로운 전략을 제창하기 시작하였다. 이 전략은 1957년 9~10월의 제8기 3중전회, 1958년 1월 항저우(杭州)·난닝(南宁)회의와 3월 청두(成都)회의에서 구체화되었으며, 농업과 공업을 동시에 신속히 발전시키기 위하여 대중조직과 동원을 필요로 했다. 논리적인 다음 단계인 대약진은 1958년 5월 제8차 당대회의 2차 회기에서 정식으로 통과되었다. 이 정책의 선명한 특징은 농업의 공사화인데, 같은 해 8월의 베이다이허(北戴河)회의에서 정부의 공식 정책이 되었다.

대약진 전략

간단히 말하자면, 대약진 전략에는 4가지 주요 요소들이 있다.[3]

1. 불완전한 고용 노동력을 충분히 동원시켜 공업과 농업 양자의 자본 부족을 보충하는 것이다. 이 방법은 특히 농업지역에서 중요했다. 이곳에서는 대중

---

3 대약진운동의 경제전략은 *CHOC* 14, 제8장에서 분석된다.

동원이 근본적으로 자기자본에 의한 발전을 초래하여, 이로써 빠르고 전면적인 발전에 장애가 되었던 농업문제를 해결하고 도시의 공입 발전에 자원(특히 식량)을 제공한다. 이는 중국이 공업과 농업 두 가지를 동시에 발전시킬 수 있게 한다.

2. 중국의 경제적인 핵심 분야에 대해 야심차게 목표를 지정하고, 다른 분야에서 이 핵심 분야를 따라 잡을 수 있게끔 필요한 개혁을 고취시켜 '계획'을 수행하는 것이다. "곤란을 극복하자."라는 구호는 이러한 접근법의 정신을 나타낸다.

3. 공업에서는 현대적인 방법뿐만 아니라 전통적인 방법으로 생산량을 증가시킨다. 예를 들어 강철연합기업은 대량의 새로운 투자를 받고 소규모 마을에서 제련을 하는 단체들은 '옛날 방식'으로 강철을 제조할 수 있다. 전통 부문들은 비록 보상을 받지 못하지만 현대화 부문에 투입되어야 한다.

4. 당시에는 모든 영역에서 기술규범(및 기술규범을 강조하는 전문가들)을 무시하여, 소위 "더욱 많고, 더 빠르고, 더 좋고, 더 절약한다(多快好省)."라는 말을 더 선호하였다. 사실상 "더 많고, 더 빠르고(多快)"가 "더 좋고, 더 절약한다(好省)."를 압도하였다.

이 무식한 방법은 잠시 동안 효과를 보았다. 물론 이런 현상은 대체로 사상누각과 같았으며, 이 노선을 따라 놀라운 성과를 내야 한다는 거대한 압력이 통계체계의 실질적인 파괴와 결합됨으로써 나타난 것이었다. 방대한 양의 허위 보고는 지도자들로 하여금 국가업무의 실제상황을 오해하게 하였다. 다음 두 개의 요소가 결합하여 1958년 한 해 동안 경제적으로 실질적인 성과를 거둔 것처럼 보이게 만들었고, 이로 인해 대약진 전략에 일종의 신뢰성이 생겼다.

첫째, 1958년 기후가 특별히 좋았는데 이 때문에 농업면에서는 평년에 비해 비교적 좋은 성과를 얻었고 다른 부문의 성과는 평년과 비슷했다. 급속한 인민공사 설립에 따른 조직적인 혼란은 농업생산량을 감소시켰다. 그러나 농업생산의 주요 조건인 기후 상황이 이 운명적인 한 해 내내 풍년이 드는 데에 유리하게 작용한 것이다.

둘째, 제1차 5개년 계획 기간에 착수한 공업 부문의 여러 주요 사업들은 1958년부터 수익을 얻기 시작하여 사람들의 주목을 끌 만한 공업생산량의 증가를 가져왔다. 급진적인 대약진 전략의 효력을 믿으려는 지도부에게 이러한 객관적인 조건은 자신들의 신념에 대한 지지를 얻는 데 도움을 주었다.

1958년 초중반에 나타난 이러한 각각의 요소들은 중국공산당뿐만 아니라 일반 대중들에게도 대약진에 대한 지지도를 높여 주었다. 외국의 관찰자들은 대중들이 상당한 업무를 완성하는 것을 통해 공산주의로 약진한다는 것에 대해 놀라움을 금치 못하였다. 농민들은 사실 연속 몇 주 동안 휴식도 취하지 않고 놀랄 정도로 많은 시간을 투입하여, 감당하기 어려운 작업속도를 유지하고 있었다. 이런 열정이 정점에 이르자, 대약진 전략이 효과가 있다는 영도자들의 주장이 강화되었다. 일부 지역의 새로 설립된 공사에서는 교환의 매체인 화폐를 폐지하였다. 그리고 가을 무렵, 사람들은 오랜 식량문제가 해결되었다고 생각하였으며, 이 생각은 여러 공사에서 주민들에게 무상으로 식량을 제공하게 하였다. 중국공산당의 간부들은 대중동원 전략을 추진하는 과정에서 그들과 비슷한 지위에서 상응하는 역할을 맡고 있던 정부 관료들로부터 점차 많은 업무를 가져왔다. 중앙에서 덩샤오핑이 이끌던 당서기처는 전례 없는 권력과 위신을 얻었다. 만약 대약진을 통해, 기대하던 성과의 일부라도 달성했다면, 사람들에게 깊은 인상을 남긴 중앙지도부의 단결은 더욱 강화되었을 것이다. 하지만 사태는 그 방향으로 발전하지 않았다.

대약진의 정책

기록에 따르면 류사오치, 덩샤오핑과 대다수 다른 지도자는 1958년에 전심전력으로 대약진 전략을 지지하였다. 사실 그해에 정치국에서 선명하게 다른 의견을 가지고 있던 민간 핵심인원은 오직 총리인 저우언라이와 경제 분야 총책임자인 천윈뿐이었다. 군대의 많은 군사지도자는 민병을 지지하는 것을 싫어했으며, 대약진이 인민해방군에 부여한 새로운 민간 업무를 싫어했다. 다른 의견을 가지고 있었던 이러한 군인들 중에서 가장 유명한 사람은 아마 국방부장 펑더화이 원수일 것이다.

류사오치와 덩샤오핑은 대약진에서 적지 않은 이득을 봤다. 두 사람은 모두 주로 당의 사업에 종사했다. 상술한 바와 같이, 중국공산당은 하나의 총체로서 대약진 중에 그 권력을 대대적으로 확대하였다. 덩샤오핑 개인은 1957년의 반우파 운동에서 중요한 역할을 하였다. 1930년대를 돌아볼 때, 덩샤오핑은 당내 마오쩌둥 라인의 일원으로 간주할 수 있다. 대약진은 소련식 발전전략에 대한 마오주의적 대안이었다. 덩샤오핑은 이러한 노력의 성과를 자신과 밀접히 연관시켰다. 덩샤오핑은 중국공산당 서기처 지도자라는 직위를 통하여 대약진을 이끌어가는 업무에서 중요한 역할을 하였다.

류사오치는 덩샤오핑에 비해 마오쩌둥으로부터 꽤 독립적인 편이었지만, 그도 승계 문제를 고려하지 않을 수 없었다. 1950년대 중반, 마오는 스스로 '제2선(第二線)'으로 물러나야 한다고 제안한 적이 있었고, 1958년 초에는 국가주석의 직위를 내려놓고 당을 지도하는 많은 일상 업무로부터 벗어날 것이라고 밝힌 적도 있었다. 이렇게 함으로써 그는 승계자 후보를 확정하고 또 더욱 충분하게 중국 혁명의 미래 방향을 연구하고자 하였다. 1958년에 류사오치는 이미 승계 문제에 주의를 기울이고 있었던 것 같다. 마오 방안에 대한 지지는 마오에게 다음 승세사로 승인받기 위한 전략에서 중요한 것이었다.[4] 따라서 정식으로 대약진 전략을 채택하게 된 중국공산당 제8차 당대회의 2차 회기에 류사오치가 대약진 기조강연을 발표한 것이 뜻밖의 일은 아니었다. 사실 1959년 4월 마오가 국가주석의 자리를

---

4 류사오치는 이미 1945년에 정식으로 이러한 승낙을 받았다. 그러나 아직 1958~1959년 때처럼 온전한 확신을 가지기에는 불충분했을 것이다.

내놓았을 때 류사오치는 확실하게 마오를 대체하였다. 게다가, 대약진이 중국을 계속해서 신속한 공산주의화의 길로 이끌었다면 승계자가 바라는 상황이 만들어졌을 것이다. 1958년의 자료에는 류사오치가 대약진이 또 다른 결과를 초래할 것이라고 생각했다는 그 어떤 흔적도 남아 있지 않다.

앞에서 언급된 다른 지도자 세 명의 우려는 쉽게 이해할 수 있다. 천원이 반대한 이유는 중국을 위해 적당한 발전전략을 추구해야 한다고 생각했기 때문이었다. 이러한 견해는 대약진 기본 강령과 근본적으로 달랐다. 저우언라이는 중국 발전전략에서 자신이 맡은 국무원의 지위가 하락한 데 대하여 불만을 품고 있었다. 또한 저우언라이는 천원의 주장과 더욱 비슷한 전략을 믿었을 가능성이 높다. 펑더화이는 1940년대부터 많은 논쟁에서 마오와 견해가 달랐다. 당시 펑더화이는 일본에 대항하는 백단대전(百团大战)을 책임지고 있었는데, 나중에 이 전략이 마오에 의해 공격 계획과 전략 면에서 신랄한 비판을 받았다. 펑더화이는 한국전쟁에서 중국 부대를 지휘한 적이 있는데, 그의 지도 아래 마오의 아들이 비행기 격추로 사망했다. 한국전쟁이 끝날 무렵, 마오쩌둥과 펑더화이의 관계는 더욱 악화되었다. 단순히 이러한 개인적 이유 때문에 펑더화이는 마오와 아주 긴밀히 연계된 대약진 전략을 반대했을지도 모른다.

그러나 펑더화이의 반대에는 개인적인 혐오보다 더욱 확고한 원인이 있었다. 펑더화이는 강력하고 현대적이며 전문화된 군사기구를 원했다. 그는 소련이야말로 필요한 무기, 장비, 기술과 원조가 가능한 유일한 원천이라고 믿었다. 펑더화이는 소련과의 양호한 관계를 모색하였으며, 또한 당연히 인민해방군에 소련 홍군을 본보기로 삼을 것을 요구하였다. 그는 소련의 군사 원조를 중시하였기에 거의 다른 선택의 여지가 없었다. 그러나 마오는 이러한 생각을 모두 부정하였다. 마오는 군사 지출은 반드시 삭감해야 하고, 이러한 목적을 실현하기 위한 가장 좋은 방법은 인민해방군이 유격전을 수행하는 능력(이를 통해 침략과 장기적인 점령을 방지한다)을 강화하고, 동시에 자체의 국산 핵무기 개발 능력을 발전시켜야 한다고 생각했다. 후자의 경우에는 핵 억지력을 가질 수 있으며, 핵무기를 갖지 않으면 중화인민공화국은 쉽게 이러한 핵위협에 노출될 수 있다고 보았다. 이 전략에서 핵무기 부분은 당연히 소련과의 합작을 필요로 했지만, 재래식 무기의 부분에 대해서는 중국이 응당 독자적인 군사 교범과 장비를 발전시켜야 하며 소련모델에 의지해서는 안 된다고 지적하였다.

상술한 바와 같이, 마오는 대약진을 소련식 발전 모델의 속박으로부터 벗어나기 위한 하나의 돌파구로 상정했다. 이는 중국이 아주 독특한 조건을 구비하였기 때문이다. 군사 측면에서도 마찬가지였다. 당시 마오는 애써 소련모델로부터 벗어나려고 하였다. 그는 장시간 이어진 군사위원회 확대회의에서 이 점을 명확히 하였다. 이 회의는 1958년 5월 제8차 당대회의 2차 회기에서 대약진 전략이 채택된 후 오래되지 않아 개최된 것으로 7월까지 지속되었다. 흐루쇼프는 마오의 핵 원조 요구(그 원인을 볼 때 중·소관계보다는 공산주의 블록의 일과 더욱 깊은 연관이 있었다)를 지지한 적이 있으나, 중국의 전통적 군사전략으로의 전환은 이미 급속도로 긴장되고 있던 중·소관계를 악화시켰다.[5] 펑더화이의 관점에 근거하면, 유격전을 인민해방군의 임무로 간주하는 견해는 해방군의 위신을 손상시킬 뿐만 아니라 해방군을 모욕하는 것이기도 했다. 이러한 견해는 군대가 대중과 더욱 밀접한 업무 관계를 수립하여, 군사 훈련을 방해하고 방대한 대중 부대의 발전과 관리를 이끌도록 요구하기 때문이었다.

바로 이때 마오는 마침내 장기간 친밀한 지지자였으며 중국 최고의 군사전략가였던 린뱌오(林彪)를 정치국으로 배속시켰다. 따라서 중국공산당 내에서 린뱌오의 지위는 펑더화이보다 더욱 높아졌다. 린뱌오와 펑더화이 두 사람 모두 그 함의에 대해서는 필연적으로 잘 알고 있었을 것이다. 1958년 이러한 긴장 관계는 지도자가 가진 대약진 전략에 대한 전반적인 열정에 가려져 선명하게 드러나지 못했다. 그러나 대약진이 심각한 문제에 직면하기 시작했을 때, 이 긴장 관계

---

5 이 시기의 중·소관계에 관련해서는 *CHOC* 14, 제2장 참조.

가 표면으로 부상하여 심각한 증오심을 불러일으켰다. 이는 또한 대약진 자체에 대한 즉각적인 전략의 변화를 저해하여 결국 최대의 정치적·경제적 재난을 야기하였다.

1958년 가을, 일부 지도자의 시찰 여행은 문제가 점차 형성되고 있음을 보여 주었다. 일부 지역 농민의 식량 부족 상황은 거의 모든 지역이 아주 부유하다는 공식 통계의 보고가 허위였음을 증명하였다. 여타 지역에서 잘 자란 농작물도 적절한 시기에 온전하게 수확하지 못하였다. 이는 지방 공업으로 이전되거나 고향을 떠나 도시의 국영 대공장에 합류한 노동력이 너무 많았기 때문이었다. 1958년 도시 인구는 그야말로 급상승하였다. 동시에 강철 부문 성적의 경우, 1959년에 3000만 톤의 철강을 생산하겠다는 기존의 이상주의적 목표(1957년의 총 생산량은 535만 톤이다)가 실현될 수 없다는 것이 증명되었다. 따라서 1958년 말엽 마오는 비록 여전히 대약진의 기본 전략을 옳다고 생각했지만, 수정할 필요가 있다고 인식하였다.

마오는 11월에 제1차 정저우(鄭州)회의에서 이러한 조정을 주장하기 시작하였다. 그 다음 우창(武昌) 중앙공작회의와 그 이후 1958년 11~12월의 제8기 6중전회에서는 이를 관철시켰다. 마오는 1959년의 철강 지표를 3000만 톤으로부터 2000만 톤으로 감소할 것을 요구하였고, 또 정부에게 내부에서 예측한 최고 식량생산량 통계수치를 낮게 공포하도록 건의하였다. 마오는 이 시기 자신의 관점에 베이다이허회의에서의 혁명적 열정과 실사구시(实事求是)의 정신을 결합한 특징이 나타나게 하였다.[6] 그러나 실사구시 정신은 1958년 말 국가가 실제로 수매한 식량의 우려할 만한 결과물 때문에 촉구된 것으로, 이는 주석으로 하여금 더욱 강력한 조치를 취하여 대약진에서 점차 선명하게 드러나는 과격한 행동을 억제하게끔 하였다.

이때 중국 지도자들은 2월 말 제2차 정저우(鄭州)회의에 집결하여 1959년 전략

---

6 毛泽东, 『万岁』(1969), 258.

을 작성하고 있었다. 마오는 강경한 말투를 사용하여 대약진이 하나의 재난으로 변질되는 것을 방시할 것을 결정하였다. 농촌공사 문제를 집중적으로 토론할 때, 마오는 '우경 기회주의'에 찬성한다고 밝혔다. 실제로, 그는 공유화 정도를 감소시킬 것을 요구하고, 더욱 많은 소유권을 공사보다 작은 조직으로 이양하도록 하였다. 마오는 기층 간부와 농민의 이익을 간과하는 태도를 버려야 한다고 요구하고, 또 적당하게 수정하지 않으면 자신은 당에서 탈퇴할 것이라고 압박하였다. 여기서 사람들은 마오가 여전히 대약진의 기본 전략이 정확하다는 것을 충분히 믿고 있다고 느꼈다. 그러나 그는 정책을 집행하는 간부들의 '좌파적' 오류가 중국뿐만 아니라 주석인 본인의 지위에 막대한 위협을 끼칠 수 있는 재난을 초래할까 우려하고 있었다. 동일한 시기, 마오는 대약진이 더욱 합리적이고 효과적으로 진행될 수 있도록 천원에게 적절한 공업 지표와 관련 조치를 관철시키는 것에 대해 적극적인 역할을 해 달라고 요청했다.

그 이후 몇 개월 동안의 사건에서 나타나듯이 마오가 중간간부들을 압박하여 1958년의 실수를 수정하도록 하는 과정에서 문제가 발생하였다. 일부 대약진 초기의 충실한 옹호자들, 예를 들면 허난 성의 우즈푸(吳芝圃), 쓰촨 성의 리징첸(李井泉)은 수정 지시를 따르려 하지 않았다. 커칭스(柯庆施) 상하이 당 제1서기도 '마을 용광로 토법(土法)' 제강(炼钢)운동의 주요한 지지자 중의 하나로서, 이 운동의 문제를 인정하고 싶어 하지 않았다. 일반적으로도 '끝까지' 진행할 것을 지지하는 정서가 성부터 공사까지 각급 당조직에 여전히 아주 강렬했다.

왜 이러한 상황이 되었는지는 아직 명확하지 않다. 이는 일정한 징도에서 다음과 같은 사실을 반영했다. 이러한 간부들은 대약진 전략으로 인해 더욱 큰 권력을 취득하였지만, 더욱 심각하게 정책적 압박을 느꼈을 기층(基层)에서는 업무를 수행한 적이 없었다. 또한 성부터 공사까지 농민간부들이 더욱 전심전력으로 이 운동에 전념했다는 사실로부터 부분적으로 이러한 현상의 원인을 찾아볼 수 있을 것이다. 이는 대약진이 농촌을 도시의 통제로부터 벗어나게 해 주고, 농민간부들을 도시 출신 전문가의 감시에서 벗어나게 해 줄 태평성세운동이라는 분위기를 띠었기 때문이었다. 어쨌거나 모든 증거는 마오가 그의 기본 발전전략을 성사시키기 위해 1959년 봄철의 나머지 시간 내내 대부분의 정력을 대약진의 급진적인 행동을 억제하는 데 집중하였다는 것을 말해 준다.

1959년 봄에 일어난 티베트 반란은 발전 문제에 집중할 수 없게 하였다. 중국인이 건립하고자 하는 공산주의 사회와 아주 큰 차이점이 있었던 이 변경지역에는 이미 옛날부터 불만 정서가 잠복하고 있었다. 비록 중대한 개혁을 지연함으로써 어느 정도의 화해를 이끌어 내서 티베트의 평화를 유지하였지만, 다른 곳에서 흘러들어 온 대약진의 소식은 여전히 심각한 긴장감을 야기하였다. 쓰촨 성에 거주하는 티베트인들은 1956년, 간쑤와 칭하이 성에 거주하는 티베트인들은 1958년에 반란을 일으킨 적이 있었다. 이러한 지역에서 도망한 자들은 라싸(拉萨)에 거주하였는데 이들은 그 지역의 불안감을 조장하는 원인이 되었다. 1959년 초, 한족 병사와 티베트 내 일반인 간에 벌어진 일부 우발적인 행동과 과오는 이러한 긴장 분위기로 인해 실제 반란으로 비화되었다. 이에 따라 달라이라마는 인도로 망명하게 되었다.

중국인은 반란을 전혀 예상치 못하였다. 따라서 외부 지역으로부터 부대를 추가로 파견하여 반란을 평정하는 수밖에 없었다. 비록 상대적으로 쉽게 반란의 주력을 격파하였지만, 이로 인하여 생성된 외교와 안보 문제는 여전히 지도자들의 고민거리로 남아 여름까지 지속되었다.[7] 그러나 당시 지도자들이 어떻게 이 분쟁을 처리할 것인가를 두고 갈등했다는 흔적은 남아 있지 않다.

---

7 펑더화이의 회고에 따르면, 7월 루산회의가 진행되고 있을 때 그는 티베트 문제를 매우 염려했다고 한다. 『彭德怀自述』, 267.

루산회의, 1959년 7월

7월에 이르러 최고지도자들이 루산에 모였을 때, 티베트 반란의 외교적 방향은 그제야 논의되기 시작하였지만, 군사적으로 반란은 이미 평정되어 있었다. 마오와 그의 동료들은 주의력을 다시 경제상황에 대한 검토와 새로운 전략의 기획으로 전환하였다. 마오는 자신이 대약진의 과도한 행동을 억제하는 데 기울인 노력들이 적당한 성과를 보이고 있었기에 아주 만족하고 있었다.

그러나 루산회의는 거의 7월 내내 진행되었고, 이는 또한 중화인민공화국 역사상 가장 중요한 회의 중의 하나임이 증명되었다. 회의가 끝날 무렵, 마오는 중국의 국방부장이자, 인민해방군 10대 장군(원수) 중의 한 명인 펑더화이를 신랄하게 비난하기 시작했고, 필요한 업무를 린뱌오 장군에게 주어 펑더화이를 대체하도록 하였다. 비록 당시 의사일정은 대약진운동을 공고화하는 것이지 확대하는 것이 아니었지만, 마오는 또한 반우경 기회주의자 운동을 발동시켰다. 이 운동은 대약진 공고화 업무를 어려움에 빠뜨렸다. 또한 이 반우파운동 자체가 '제2차 약진'을 초래하여 재난적인 결과를 불러왔다. 루산회의에 대해서는 이 몇 년간 사용가능한 많은 자료들이 축적되었지만, 개인 동기와 전략에 대해서는 여전히 해답을 얻을 수 없는 상황이다.

사실 이 문제를 해석하기 위해서는 회의 개최 이전으로 거슬러 올라가야 한다. 펑더화이는 몇 개의 바르샤바 조약 당사국으로 여행을 떠났다가 1959년 6월 12일에야 베이징으로 돌아왔다. 그는 이 여행에서 흐루쇼프를 만났는데, 그가 인민공사 계획 및 군대, 중·소관계, 나아가 기타 여러 가지 문제의 영향에 대한 전반적인 우려를 털어놓았을 가능성이 높다. 어쨌든, 펑더화이가 베이징에 도착하자마자 흐루쇼프는 갑자기 중·소협약을 취소하였는데, 이 협약은 모스크바 정부가 베이징 정부에 핵원조를 제공하기로 한 것이었다. 마오는 이를 특별히 중요시했었다. 또한 흐루쇼프는 인민공사 계획에 대해 공개적으로 비난하였다. 소련 지도자가 중국의 노력에 대해 이렇게 공개적인 비판을 한 것은 이번이 처음이었다.

마오가 펑더화이를 반격할 때, 그는 흐루쇼프와 펑더화이가 공모했음을 밝히고자 하였다. 이는 흐루쇼프가 대약진 문제를 겨냥하여 중국에 압력을 가했고, 이와 동시에 펑더화이가 루산에서 비공식적으로 이 정책을 비난했기 때문이었다. 이 상황에 한층 더 의문을 더한 것은 루산 활동에서 펑더화이와 친밀했던 장원톈이 외교부 부부장(차관)으로서 소련과 장기적으로 밀접한 관계를 유지하고 있었다는 점이다. 맥파커는 펑더화이를 부추겨서 그로 하여금 루산에서 대약진을 비판하게 한 사람은 확실히 장원톈이라고 주장하였다.[8]

어쨌거나 처음에 펑더화이는 루산의 소조 토론에서 대약진을 비판하였다. 전체적인 논조는 마치 마오 자신이 몇 개월 전에 한 논평과 일치하는 것 같았다. 다만 한 가지 평가가 마오와 달랐다. 대체적인 의미는 마오가 그의 고향에서 일어나고 있는 상황을 완전히 파악하지 못하고 있다는 것이었다. 이는 그곳의 인민들이 받고 있는 국가 지원이 마오가 알고 있는 것보다 훨씬 많았기 때문이었다(이는 논쟁을 조장하기 쉬운 극단적인 견해였다. 마오는 스스로 그 어떤 다른 지도자보다도 더욱 중국 농촌의 상황을 잘 파악하고 있다고 자부하고 있었기 때문이다).

7월 14일 펑더화이는 마오에게 편지를 썼는데, 편지에는 대약진 문제에 대한 견해를 요약하였다. 펑더화이가 이런 행동을 한 것은 그가 불안하게 유지되는, 실제에 부합되지 않는 비현실적 분위기가 루산에 맴돌고 있다고 감지했거나, 혹은 장원톈의 선동을 받았을 가능성도 크다. 사실 펑더화이의 목적은 마오를 난처하게 하거나 혹은 마오가 이미 류사오치를 후임자로 선정한 결정을 교란시키려는 것이었을 가능성도 있다. 문화혁명에서 펑더화이는 심문 끝에 아래와 같이 밝혔다. 즉 그는 이 편지를 통해 주석에 대한 경의의 메시지를 전달하고 싶었고, 주석에게만 보여 주고 싶었다는 것이다.[9] 그러나 놀랍게도 주석은 이 편지를 복사

---

8 Roderick MacFarquhar, *Origins of the Cultural Revolution*, 2. 204-6.
9 펑더화이가 심문 끝에 밝힌 루산에 대한 회고와 중국에서 출판된 이 편지의 유일한 검증본은 아래 책을

하여 루산회의에 참석한 모든 사람들에게 배포하였으며, 아주 공식적인 제목을 달았다. 즉 '펑더화이의 의견서(彭德怀的意见书)'이다.

7월 23일 마오는 이 편지에 대해 거센 반응을 보였다. 이 회의 중에 나온 장원 톈과 다른 사람들의 논평이 주석으로 하여금 문제가 눈덩이마냥 점점 커지고 있으며 이를 신속하고 과감하게 처리해야 한다고 확신하게 한 것 같다. 아니면, 마오가 장군(펑더화이)의 편지를 받자마자 원래부터 펑더화이를 함정에 빠트리려고 했으며, 이를 마오 본인이 총애하는 린뱌오로 하여금 펑더화이를 대체하는 명분으로 삼고자 했던 것일 수도 있다. 만약 그 편지가 사실이라면, 흐루쇼프가 7월 18일 동유럽 강연 중에서 인민공사에 가했던 공개 비판은 마오의 생각에 일리가 있다는 것을 말해 준다.

아무튼 마오가 7월 23일에 채택한 직접적인 반격은 허용할 수 있는 비판과 펑더화이의 '우경 기회주의' 논평 사이에 명확한 경계선을 확정지었다. 마오는 펑더화이가 주석을 공격하려고 도모했을 뿐이지 대약진을 더 좋게 추진하려고 견해를 제기한 것이 아니라고 단언하였다. 그는 펑더화이가 왜 봄에 개최된 지난 회의에서 그의 견해를 피력하지 않았냐고 질문하면서, 그것은 펑더화이가 그때 이미 부정적인 결론을 얻을 수 있는 조사를 마무리했기 때문이라고 비꼬았다. 마오는 청중들에게 아래와 같은 사실을 명심하라고 주의를 주었다. 즉 자신은 대약진에서 사용되는 방법을 신랄하게 비판한 적이 있지만 펑더화이는 침묵을 지켰다는 것이다. 10월에 개최될 예정인 혁명 승리 10주년 기념행사까지 불과 몇 개월이 남은 당시, 펑더화이가 정책적 논조를 확정짓는 중요한 회의에서 갑자기 이러한 공격을 하는 것은 분명 어떤 측면에서 이미 실질적인 지지를 받았다는 것이다. 베이징 중난하이(中南海)에서 펑더화이는 바로 마오의 이웃에 살았다. 이 사실은 주석의 고민과 배신감을 더했을 것이다. 마오의 결론은 아주 명확했다. 펑더화이는 이와 같이 분명하게 행위준칙을 위배하여 그와 그 '집단'의 오류를 수정

참조. 『彭德怀自述』, 265-87.

하지 않을 수 없게 만들었다는 것이다. 흐루쇼프의 인민공사 운동에 대한 비판은 펑더화이를 비난할 수 있는 명분을 제공하였다. 즉 펑더화이가 그의 비판적 견해를 정치국에 있는 동료들에게 알리기 전에 이미 소련 지도자에게 통보를 해 그들의 지지를 취득하고자 했다는 것이다.

마오의 신랄한 묘술에 청중들은 경악했다. 펑더화이는 그 후 며칠 동안 잠을 이루지 못하였다. 펑더화이는 마오가 보인 전혀 예상 밖의 반응에 당혹스러워했다고 한다. 펑더화이의 많은 주장은 사실 몇 개월 전에 마오 본인이 동의했던 것들이었기에 주석의 격렬한 태도는 다른 사람을 혼란스럽게 하였다. 상술한 바와 같이, 마오는 펑더화이의 침묵을 원망한 적이 있었다. 또한 펑더화이가 마오에게 쓴 편지에서 거론했던 일부 비판은 단순히 주석이 지지하는 정책(이러한 정책에 대해 펑더화이는 여전히 침묵을 지켰다)을 비난한 것이 아니라, 교묘한 방식으로 직접적이면서도 엄중하게 주석 개인을 비판한 것 같았다. 그러나 평소와 판이한 마오의 반응은 아마 또 다른 이해관계 때문이었을 것이다.

우선, 펑더화이는 중국 개국 장군(원수) 중의 한 사람이었다. 이 사람들 대부분은 1949년 공산주의 승리 이후에 안배된 최고 직무에 대해 불만을 품고 있었다. 정권을 취득하기 위한 몇십 년 세월 속에서 중국공산당 대부분의 핵심 지도자들은 근거지에 있었다. 하지만 일부 지도자는 중국 도시에서 지하 네트워크를 조직하거나(류사오치가 했던 것처럼) 혹은 공식적으로 국민당과 연락을 취하는 업무(저우언라이가 했던 것처럼)를 수행하면서 많은 시간을 보냈다. 1949년 이후 후자의 그룹에 속하는 사람들은 그들에게 걸맞지 않는 최고 직무를 담당하게 되었다. 1954~1955년 수상쩍은 가오강 사건(高崗事件)은 루산회의 이전에 발발한 유일한 정치국 급의 숙청이었다. 이는 일부 기존 근거지에서 활동해 온 지도자들이 새로운 정권의 지도부에 이의를 제기한 것과 연관된 듯하다(주로 저우언라이와 류사오치를 겨냥한 것). 펑더화이도 이 사건에 연루되어 있었으나, 피해를 축소하려는 바람은 숙청을 최소한의 수로 국한하려는 결정을 이끌었다. 따라서 마오는 펑더화이가 루산에서 한 행동을 더욱 높은 자리를 넘보는 두 번째의 시도라고 간주했을 것이다. 얼마 전 마오는 펑더화이의 경쟁자 린뱌오를 그보다 더 높은 자리로 올려 주었는데, 이와 비교했을 때, 이런 사실은 마오가 펑더화이를 해임시키는 방법을 강구하고 있다는 것을 의미했다. 루산에서의 펑더화이의 비판은 마오에게 이러한 기회를 제공했을 것이고, 펑더화이의 편지를 배포하는 것은 바로 이 전략의 첫걸음이었다.

루산회의가 개최되기 몇 개월 전, 류사오치는 마오가 내준 중화인민공화국 주석이라는 직무를 담당하게 되었다. 이는 다시 한번 류사오치가 마오의 승계자라는 것을 재확인시켜 주었다. 공식석상에서 류사오치의 사진은 전례 없이 마오의 사진과 같은 대우를 받기 시작했다. 이러한 변화는 후임자 문제에 대한 암묵적인 경쟁을 심화시켰을 가능성이 크고, 이는 또한 펑더화이로 하여금 다른 상황에서보다 더욱 과감한 행동을 채택하게 했을 것이다. 게다가 이는 마오로 하여금 승계 문제의 심각성을 예민하게 받아들이도록 만들었고, 펑더화이의 비판을 자신의 권력(과 그가 자신의 후임자를 선정하는 능력)을 약화시키기 위한 것이라고 받아들이기 쉽게 만들었다.

장원톈도 이 사건에 참여했다. 장원톈은 대장정 시기 당의 총서기를 담당했다. 그러나 옌안에서 마오는 그를 직무에서 점차 배제시켰다. 장원톈은 고등교육을 받아 말주변이 좋은 사람이었다. 1949년 이후 그는 점차 지위가 격하되었다. 소련과의 밀접한 연계 때문에 장원톈은 당연히 모스크바 주재 초대 중국대사로 임명받았으나 대사의 자리에서 퇴임했을 때 그는 외교부 부부장(차관급)으로 강등당했다. 아마 더 중요한 것은 1956년 제8차 당대회에서 정치국 정식위원으로부터 후보위원으로 격하된 사건일 것이다(1961년 그는 정식으로 정치국을 완전히 떠났다). 장원톈은 자신에게 합당한 자리가 지금 위임받은 것보다 높은 자리라고 생각했던 것 같다. 1959년 대약진과 승계 문제로 인해 긴장된 분위기가 형성되자 행동을 취하기로 마음을 먹었을 것이다. 장원톈은 루산에서 펑더화이와의 사적인 회담을 통해 기회를 포착했으며, 그다지 노련하지 않은 펑더화이를 교묘하게 이용해 그가 비판을 하도록 부추겼을 것이다. 장원톈은 펑더화이를 통해 본인의 포부와 야심 많은 노장군들의 포부를 결합할 수 있다고 생각했을 것이다. 또한 펑더화이는 많은 최고지도자들과 친분이 있었지만 장원톈은 그렇지 못했다. 따라서 전체 사건에서 펑더화이는 기획자가 아니라 조연일 뿐이었으며, 장원톈에게 이용당해 루산에서 대약진에 대한 장원톈의 유창한 비판을 옹호하는 분위기를 조성하였던 것 같다. 7월 20일 회의에서 장원톈은 드디어 그러한 비판을 발표했다.[10]

장원톈의 이러한 수완을 아마 마오는 일찍부터 감지했을 것이고, 이 점은 주석이 펑더화이의 비판에 대해 고민하게 된 기본틀이 되었을지도 모른다. 또한 이는 마오가 펑더화이의 편지를 받은 9일 이후에야 반격을 한 이유를 설명해 줄 수도 있다. 아니면, 물론 마오가 펑더화이의 편지만 배포하고, 주석 본인의 신랄한 견해를 명백히 주장하기 전에 펑더화이의 정치적 동조자들이 그 후의 토론에서 모습을 드러낼 수 있도록 충분히 뜸을 들이려던 것일 수도 있다. 마오가 '장원톈이 주요 기획자이고, 펑더화이는 배역'이라는 견해를 이해했다고 해도 주석은 여전히 반격의 화살을 펑더화이에게 겨냥하고자 했을 것이었다. 여기에는 다음과 같은 몇 가지 이유가 있었다. 그의 주요 목적은 펑더화이를 격하하고 린뱌오를 승급시키는 것이었다. 마오는 더 이름 있는 희생양을 필요로 했다. 펑더화이와 흐루쇼프의 토론은 두 사람 중 펑더화이를 더욱 불리하게 만들었다.

마지막 가능성은 마오에게 펑더화이의 이의가 장원톈의 이의보다 더 위험했다는 것이다. 펑더화이는 장원톈과 달랐다. 펑더화이는 중요한 지원자들—원로 장군들—과 긴밀한 연계를 유지하고 있었다. 게다가 펑더화이의 직위는 장원톈과 같지 않았다. 펑더화이는 국방부장이었으므로 정보를 접할 수 있는 절호의 기회가 있었기에 마오가 필사적으로 통제하고자 하는 두 부류 사람들의 의견을 잘 파

10　맥파커는 장원톈이야말로 주모자라는 것에 대해 유력한 증거를 제출하고 있다. MacFarquhar, *Origins*…, 2. 204-6.

악할 수 있었다. 이 두 부류 사람이란 바로 중국의 농민(펑더화이는 군대 편지와 기타 경로를 통해 그들의 의견을 파악했다. 이는 거의 모든 인민해방군이 모두 농촌 출신이었기 때문이다)과 인민해방군이었다. 따라서 마오는 비록 장원톈이 루산 비판의 배후 인물이지만, 타깃은 반드시 펑더화이에게 겨냥해야 한다고 판단했을 것이다.

루산회의의 대치는 그 후 8월 달에 개최된 루산 제8기 8중전회와 9월에 개최된 군사위원회 확대회의로 막을 내렸다. 그 후의 회의에서 펑더화이는 정식으로 국방부장에서 해임되었고 또한 몇 년 동안 근신을 해야 한다고 통보받았다. 장원톈과 인민해방군총참모장인 황커청(黃克诚), 그리고 마오의 고향 후난 성 제1서기인 저우샤오저우(周小舟)도 '군사도당'(잘못된 명칭일지도 모른다)[11]의 구성원으로 숙청되었다.

루산회의의 결과

전술한 바와 같이, 루산회의와 펑더화이 사건이 남긴 장기적 영향은 심원했다. 가장 중대한 영향 중의 하나는 마오가 최고지도자들 사이에서 일어나는 이러한 논쟁을 조절하는 자유로운 논의 방식을 파괴한 듯하다는 점이다. 루산회의 이전의 정상적인 상황이었다면 그 어떤 지도자라도 당의 집회에서 의견을 자유롭게 발표할 수 있었고, 격렬한 논쟁이 벌어질 수도 있었을 것이다. 다만 그가 최후에 도달한 결정을 정식으로 받아들이고 또한 이에 따라 일을 처리한다면, 그 누구도 무엇을 말했다고 해서 꾸지람을 듣지 않았다. 하지만 마오가 루산에서 한 행동은 이미 이 모든 것을 변화시켰다고 할 수 있다.

우선, 마오는 최고위층 동료들의 내부 비판을 '원칙이 없는 분파적 행위'라고 불렀다. 다음으로 그는 다른 사람으로 하여금 자신과 반대자의 견해를 비교하여

---

11 그들 네 사람이 왜 '군사도당'으로 불렸는지에 대해 펑더화이는 몇 년 후에도 여전히 곤혹스러워했다. 펑더화이는 이런 집단이 존재한다는 것을 부정했고, 또한 네 사람 중 두 사람은 전혀 군대와 연관이 없었다. 그러나 펑더화이의 회고에 따르면 그의 명예를 훼손하고자 하던 비방자들은 극단적으로 그들에게 이런 꼬리표를 붙였다고 한다. 『彭德怀自述』, 278-9 참조.

선택을 하도록 하였고, 선택을 받지 못한 실패자는 벌을 받아야 했다. 이러한 태도는 정치국 위원들 사이의 자유로운 토론을 저해했다. 사실 거의 모든 다른 최고지도자[12]들로 하여금 입장을 밝히도록 요구하였기에, 이는 결과에 따라 개인적 원망을 사기도 했다. 주석이 루산에서 선을 그은 이후, 고위급 지도자들 중에 마오쩌둥에게 반대하는 표를 던진 사람이 또 있었다는 증거는 없었다.

펑더화이 사건은 또 모종의 핵심적인 인사변동을 일으켰다. 가장 직접적인 결과는 린뱌오가 국방부장으로 승진한 것이었다. 린은 상술한 바와 같이 마오의 오랜 추종자였다. 그의 새로운 직위는 마오로 하여금 이전보다 더욱 인민해방군을 확고하게 통제할 수 있도록 했다. 린은 펑더화이가 정치적으로 복권되는 것을 완강히 반대했다. 이는 린뱌오 자신에게 위협이 되었기 때문이다.[13] 다음에서 논하게 될 것이지만, 이 분쟁은 1960년대 초반 중국의 전체적인 정치국면을 계속 악화시켰다.

그리고 루산회의와 관련하여 또 다른 인사변동도 일어났다. 뤄루이칭이 공안부장 직위를 떠나 인민해방군 총참모장을 담당하게 된 것이다. 한층 더 이해하기 어려운 인사변동은 화궈펑(华国锋)이 후난 성에서 승진하여 더욱 높은 직위에 임명된 것이다. 화의 승진은 아마 루산에서 주석에 대한 지지가 필요했을 때, 그가 마오에 대해 충성스런 행동을 보였기 때문일 것이다. 만약 정말 그렇다면, 화는 마오의 고향인 샤오산(韶山)에서 마오의 발전전략을 지지하고 자신의 상급자인 후난 성 제1서기 저우샤오저우가 지지했던 펑더화이에 대해 반대했을 것이다. 화궈펑은 차라리 상급자와의 장기적 관계를 단절시킬지언정 마오를 위해 충성을 다했다. 이는 10년 후 마오가 린뱌오 사건 이후 다시 한 번 반대자를 제거할 충실한 부하를 필요로 하게 되었을 때, 더 큰 도움이 되었다.

---

12 전원은 아니었다. 예를 들면 덩샤오핑과 천윈 등은 서로 다른 원인으로 루산회의에 참석하지 않았다.

13 마오는 날로 미국으로부터 안보위협을 받고 있다고 인식하였기에, 실제로 1965년 펑더화이에게 중국 서남부의 '3선' 개발업무를 지휘하게 하였다. 하지만 문화혁명은 펑의 3선 과업을 중단시켰다. 그는 베이징으로 소환되어 1974년 죽기 전까지 홍위병으로부터 비판, 구타, 투옥을 당했다.

마지막으로, 앞에서 서술한 바와 같이, 루산회의의 동태와 그 후의 반우경 기회주의 운동은 마오가 그해 상반기에 발동시켰던 징돈과 공고화 작업을 중단시켰다. 1959년 가을, 반기회주의 운동이 전국을 휩쓸었다. 몇 개월 전 대약진 정책의 효능에 대하여 의심을 품었던 사람들은 모두 면직되었다. 이 운동은 당연하게도, 1959년 봄 인민공사를 조정하고 공고화하려던 업무를 사실상 중지시켰으며, 1960년 초에 이르러 새로운 대약진이 시작되었다. 마오는 이러한 전개를 지지하였다. 예를 들면, 1960년 3월 그는 안산(鞍山)강철회사의 신 '헌법'을 승인함으로써, 정치에 중점을 두는 관리방법으로 기존 방법인 소련의 마그니토고르스크(Magnitogorsk) 강철회사를 모방하던 관리방법을 대체하였다. 4월, 제2차 전국인민대표대회 2차 회기에서는 정식으로 주석이 주창한 농업발전 12개년 계획(1956년 상반기 잠깐 동안의 '소'약진을 주요한 특징으로 함)을 채택하였다. 같은 전국인민대표대회에서 마오의 친밀한 지지자인 탄전린(譚震林)이 다시 한 번 인민공사 계획을 승인하였다. 실제로 1960년 봄의 몇 개월 간은 도시인민공사를 조직하여 간부를 '하방(下放)'하는 것을 회복하는 데 집중하였다. 펑더화이의 비난 이외에 또 어떤 일이 발생하여 마오로 하여금 1959년 초기의 분석을 포기하고, 대약진 전략에 대한 믿음을 다시 회복하게 하였는지는 아직도 명확하지 않다. 1960년 상반기에 지도자들이 그들의 관심을 주로 중·소관계에 집중하였기 때문에, 훗날 재난을 불러일으킬 '대약진' 전략이 신속하게 확산될 수 있었다.

두 번째 대약진은 철저히 실패하였다. 1981년에 발표한 수치에 근거하면, 1960년의 농업생산량은 1958년의 75.5%에 불과했다(1961년 생산량은 또 2.4% 하락하였나). 경공업은 주로 농산품을 원료로 하기 때문에 경공업의 변화는 농업생산량보다 1년 늦게 나타났다. 1960년 경공업 생산량은 9.8% 하락하였고, 1961년에는 또 21.6% 하락하였으며, 1962년에는 8.4% 하락하였다. 이렇게 누적된 하락은 식품 결핍과 견줄 수 있는 극도의 상품 결핍을 초래했다. 중공업 생산량도 급격히 하락하였는데 1961년은 1960년보다 46.6% 감소되었으며, 1962년에는 1961년보다

또 22.2% 하락하였다.[14]

요컨대, 1959년 말과 1960년 사이에 새로 시작한 약진은 20세기 중국(아마 세계에서)에서 가장 파괴적인 최대의 기근을 초래하였다. 이번 대규모 기근의 주요 원인은 정치 때문이었다. 잘못된 정책(예를 들면 1959년에 창고시설 부족으로 인해 예상되는 잉여 농산품을 처리하지 못해 일어날 수 있는 손실을 피하려고 농민들의 토지 사용을 금지한 점)은 필연적으로 심각한 식량 부족을 초래했다. 이러한 부족은 정부에서 요구하는 많은 양의 농업 조달 할당량이 1961년 농촌에 보급될 식량을 계속해서 소모시키고 있다는 것을 알아차리지 못했던 정부의 무지로 말미암아 극도로 악화되었다. 열악한 날씨와 1960년 소련 전문가의 철수도 어려움을 더했다. 하지만 후자의 두 개 요인이 1959~1961년에 발생한 2000만 명 이상의 '초과'사망(정상 사망률을 한참 초과하는 사망)을 초래한 원인은 아니었다.[15]

새로 시작한 대약진의 끔찍한 결과와 펑더화이의 숙청에 따른 증오감이 결합하여, 옌안 지도자로 하여금 재야에 있을 때는 물론이고 집권 초기의 10년 동안 서로 단결할 수 있게 해 주었던 정치적 단결이 느슨해졌다. 대약진과 펑더화이의 숙청으로 인한 단결의 와해는 일련의 분쟁들로 발전하였는데, 각각의 분쟁들은 얼마든지 해결될 수 있는 것들이었다. 그러나 이것들이 한꺼번에 일어나서 결국 옌안 지도부가 분열될 기반을 마련했다. 이것이 바로 무산계급 문화대혁명이었다. 1960년대 초기, 여섯 갈래의 서로 다른 가닥(요소)들이 이러한 정치적 퇴보의 양탄자를 만들어 냈다.

첫 번째 요소는, 흐루쇼프가 최선을 다해 대약진을 중지시킬 것을 결심하고서, 1960년의 위기가 정점에 달했을 때 신속하게 소련의 기술고문들을 철수시키고

---

14 수치는 마훙(马洪)의 한 논문에서 발췌하였다. 『人民日报』(이후 *RMRB*), 29 December 1981, 5, trans. in *Foreign Broadcast Informatiom Service*(이후 *FBIS*), 8 January 1982, 11-12. 마훙은 수치를 어떻게 계산하였는지는 밝히지 않았다. 아마 매년 총생산량을 활용했을 것이다.

15 1959년부터 1961년 사이에 중국의 인구총량은 1350만 명 감소하였다. '초과' 사망자의 수치는 당연히 이 수치보다 높다. Sate Statistical Bureau, comp., *Statistical yearbook of China*, 1984, 81. 더 많은 논의는 *CHOC* 14, 제8장, 각주 27과 28 참조.

지원을 취소함으로써 중국에 중·소관계의 중요성을 입증하였다는 것이다. 이 사건은 뜻밖에도 마오로 하여금 러시아 혁명의 발전을 근본적으로 다시 평가하게 하였다. 마오는 이전에 소련의 발전과정과 그 지도자의 행동에서 많은 과실을 찾아냈지만, 소련체제가 근본적으로 변질될 것이라고는 생각해 본 적이 없었다. 흐루쇼프의 노골적인 압박 전술은 이러한 가능성을 일깨웠고, 이러한 사상 또한 놀라울 정도였다. 완곡하게 말해 만약 소련 혁명이 사회주의로부터 파시즘 혹은 사회제국주의로 변질될 수 있다면, 그 어떤 사회주의 혁명도 이론적으로는 모두 변질될 수 있었다. 베이징에서 마오의 지위가 대약진의 실패로 인해 많이 약화되었기에, 그는 베이징에서 이룬 평생의 사업이 최종적으로 세계에서 가장 정의로운 사회를 건립하는 것이 아니라, 도리어 극히 착취적인 제도를 위한 기반을 마련할 수도 있다는 점에 대해 우려를 하였다.

따라서, 마오는 그의 대부분의 정력을 소련과의 분쟁을 처리하는 데 몰두하기 시작하였다. 그는 마르크스−레닌주의적 교육을 받은 적이 있고, 또한 소비에트 업무를 잘 파악하고 있던 캉성을 중앙으로 끌어들여 중·소 관련 분쟁을 돕도록 하였다. 마오는 이 몇 년간 자신의 후계자가 따르는 노선에 대해 아주 심각한 의심을 품게 되었기에, 그는 '소련 수정주의'를 대상으로 전개하는 투쟁을 이용하여 동료들의 정책에 대해 공개적으로 비판하였다. 아마도 캉성은 1930년대 중반에 소련에서 정치투쟁 방식을 배웠고, 그로 인해 1960년대 초반 베이징에서 캉성의 지배력이 전통적인 마오주의가 아닌 스탈린주의적인 방식으로 자금성의 투쟁 경향을 강화시킨 것 같다.

두 번째 요소는 중국공산당 최고지도층에서 마오의 위신이 대약진의 실패로 인해 크게 약화되었다는 점이다. 1961년 6월, 주석은 베이징에서 개최된 중국공산당 중앙공작회의에서 실제로 모종의 자아비판을 했다. 상술한 바와 같이, 1959년에 이르러 마오는 이미 정치국에서 '이선(二线)'으로 물러날 작정이었다. 이는 더욱 많은 시간을 주요 분쟁에만 집중하고 일상의 행정업무에 빠져들지 않기 위해서였다. 그러나 1960~1961년의 재난이 완전히 드러나자 마오는 자신이 희망한 것보다 더 많이 일상업무에서 배제되었다는 것을 발견하였다. 동시에 그를 예전에 지지했던 주요 인물들, 예를 들면 덩샤오핑과 같은 사람들은 더 이상 그를 존중하려 하지 않았다(린뱌오는 선명한 예외임이 증명되었다). 예를 들어, 마오는 문화혁명 때, 덩이 1959년부터 자신의 말을 듣지 않았다고 원망하였다. 앞에서도 언급했다시피 이전에 덩은 마오의 주요 지지자였다. 그러나 대약진의 재난을 수습할 시각이 다가왔을 때, 덩은 중국공산당 서기처 서기라는 직위를 통해 주요한 역할을 하였다. 적절한 개선책과 받아들여야 할 교훈이 무엇인지에 대한 논의에서 그는 주석의 의견에 완전히 동의하지는 않았다.

세 번째 요소는 여러 명의 지도자가 완전히 실패한 대약진에서 상이한 결론을 얻었다는 사실이다. 마오는 향후의 행동에서 표명했다시피 정치동원 자체는 신속한 경제성장을 이루지 못한다는 것을 개인적으로 인정하였다. 따라서 주석은 주요 생산품의 증가를 문화대혁명의 목표로 선포하지 않았다. 그러나 무산계급 문화대혁명이 증명했다시피, 마오는 여전히 정치동원이 정치권력을 변화시키는 전망, 가치 및 분배의 능력이 있다는 것을 믿고 있었다. 이와 반대로, 루산에서 펑더화이를 반대하고 마오를 지지했던 대부분의 사람들은 1960~1962년의 실패 조사를 한 이후 대규모의 정치운동과 옌안식 '고조(高潮)' 정치는 모든 면에서 이미 반작용을 일으키고 있다고 단정지었다. 따라서 마오가 정치운동을 더 이상 경제성장의 기초로 간주하지 않았음에도 불구하고, 그의 많은 동료들은 운동식 정치를 완전히 청산해야 한다고 주장하였다.

네 번째 요소는, 중국공산당 스스로 대약진운동을 책임지고 추진했지만 그럼에도 불구하고 실패하였다는 점이다. 이 결과는 중국공산당에게 위신과 조직능력 면에서 큰 상처를 입혔다. 국가가 점차 대약진에서 탈피하게 되었을 때, 중국공산당 기층조직의 사기 저하는 더욱 심각해졌다. 왜냐하면 당시 제2차 약진을 지지했던 간부들이 마침내 그들의 '좌경'적 오류로 인해 숙청되었기 때문이었다. 반면에 마오의 책임은 그의 합법적 지위를 보호하기 위해 덮였다. 예를 들면, 마오의 1961년 6월의 자아비판은 결코 기층조직에 전달된 적이 없었다. 1960~1962년 중국공산당 기층간부의 부담이 가중되어 많은 사람들이 혁명의 의욕을 상실하였다. 따라서 중국공산당 기층조직이 약화된 것은 예상 밖의 일이 아니다. 어떻게 중국공산당 기층조직을 잘 정돈할 것인가라는 문제는 상층부의 갈등을 야기하였다. 이는 여러 지도자들이 이 중요한 분쟁을 처리하는 데 다소 서로 다른 방법을 제출하였기 때문이었다.

다섯 번째 요소는, 중국이 어느 정도로 신속하게 대약진의 파괴로부터 회복되고 있는가라는 논쟁과 관련이 있다. 공적과 과실에 대한 서로 다른 평가는 정상화를 위해 자연히 서로 다른 조치를 채택하게끔 했다. 1962년 이 논쟁이 진행되고 있을 때, 마오는 그의 많은 동료들보다 더욱 낙관적이었다. 실제로 주석은 비관적인 사람들이 체제상에서 그가 융통성과 책략을 발휘할 여지를 제한하려고 한다고 의심하기 시작한 것 같았다. 마오가 더욱 수정주의를 주목하기 시작하자, 이러한 일련의 논쟁은 그에게 점점 더 중요해졌다.

마지막 요소는, 사람들이 중국의 회복 속도에 대해 어떤 생각을 가지고 있었든 지간에, 대약진(특히 그 두 번째 단계)이 거대한 폐해를 초래했다는 것은 의심의 여지가 없었다는 점이다. 다시 말해, 1959~1961년의 정황은 기본적으로 펑더화이가 루산에서 말하고 쓴 것이 정확했다는 것을 증명하였다. 설상가상으로 펑더화이는 1962년에 광범위한 농촌조사를 완성하였다. 같은 해 8월, 그는 조사결과를 총괄하여 중앙위원회에 8만여 자에 달하는 문서를 제출하여 그 자신이 복권될 수 있는 근거를 제공하였다. 즉 그가 루산에서 했던 원칙적인 비판은 정확했다는 것이었다. 그러나, 린뱌오는 펑의 명예회복을 용납할 수 없었고, 마오도 원하지 않았다. 게다가 1962년에 이르러 마오는 린과 인민해방군을 특별히 의지할 필요성을 느끼기 시작했을 것이다. 이는 그의 동료에 대한 우려가 증가했기 때문이었다. 따라서 마오는 펑의 명예회복을 저지하였고, 이는 그때까지 유지된 지도자들 사이의 관계를 조절하던 규범을 한층 더 훼손하였다.

약진 이후: 류-덩(刘-邓)강령

요컨대, 대약진의 실패는 중앙 지도자들에게 많은 문제를 남겼다. 여기에는 최고지도자 사이의 인간관계로부터 낮은 제도적 능력, 나아가 외교정책과 국내정책의 관계 등 다양한 문제가 포함되어 있었다. 기본적인 정치방식과 현재 경제 및 기타 분야의 목표가 모두 문제였다. 게다가 이 모든 사건이 서로 영향을 미치는 방식은 마오의 의심을 자아내기 쉬웠기 때문에 모두 동의하는 해결방법을 찾아내기가 더욱 어렵게 되었다. 구체적인 논쟁 사항은 다음과 같다.

1960년 7월부터 8월까지의 베이다이허(北戴河) 회의 기간에 지도자들은 대약진 재해를 극복하는 것에 주의력을 집중하기 시작하였다. 같은 해 6월, 소련이 중국에 대한 모든 지원을 중지하였으므로 베이징은 자력갱생하여 발전을 도모하는 쪽으로 문제 해결의 가닥을 잡았으며, 악화되고 있는 농촌의 정세를 살펴보기로 하였다. 그 이후의 한두 달 동안, 여름의 심각한 흉년이 선명하게 드러나자 여러 차례 숙고를 거친 뒤 베이다이허에서 몇 개의 계획이 흘러나왔다. 우선, 제2차 대약진은 공식으로 중지되었다. 지도방침은 "농업을 기반으로 하여 공업을 주도한다."로 변화되었고, "조절, 공고, 충실, 제고."라는 말이 기존의 "더 많고, 더 빠르고, 더 좋고, 더 절약한다(多快好省)."라는 말을 대체하였다. 마오는 1959년에 처음으로 "농업은 기초."라는 방침을 제기하였다. 그러나 이는 1960년 가을에 이르러서야 실시되었다. 이는 1961년 1월의 제8기 9중전회에서 정식으로 중국공산당의 방침이 되었다.

두 번째, 중국공산당 중앙 지도부는 6개의 지역국을 재건함으로써 파괴된 전국의 당기구에 대한 통제를 강화하고자 하였다(해방 초기에 이와 상응하던 대구역 정부가 존재했지만 재건되지 않았다). 아마도 더욱 큰 물질적 자극을 제공하는 방법으로 농촌의 어려운 상황을 해결하고자 했던 것 같다. 1960년 가을의 처참한 수확량으로 인해 문제의 심각성이 인정되어, 11월에 저우언라이의 주도로 '인민공사에 관한 12조'(이하 12조)라는 농촌정책과 관련된 긴급조치가 작성되었다. 이 문서는 사실 공사 내부에서 권력을 분산하는 것을 허용했다. 안병준의 말에 근거하면, '12조'가 관철됨에 따라 "대약진은 완전히 실패하였다."[16]

그러나 간부에게 가해진 대약진 정책을 관철하라는 압력은 해소되었지만, 중국공산당이 향후에 어떤 길로 나아가야 하는지는 명시되지 않았다. 대약진이 실패한 구체적 원인은 여전히 명확하지 않았고, 중국공산당은 아직 국가가 장기적인 발전의 길을 회복하는 데 적합한 답을 찾지 못하였다. 오히려 1961년 봄, 지방 지도자들에게는 상당히 큰 융통성 있는 권력을 부여하여, 중국을 황폐화시키는 기근 상태를 완화하는 데 필요한 모든 조치를 실시하도록 하였다. 이러한 조치에는 심지어 많은 지방에서 인민공사(人民公社)를 실제로 해산시키는 것이 포함되었다. 정책 측면에서 두 가지 해결 방법이 채택되었다. 첫 번째는 린뱌오가 제기하였는데, 부대를 중심으로 갱신된 정치학습을 강조함으로써 군내 사기를 진작시키고 규율을 강화시키는 하나의 수단으로 삼는 것이었다. 두 번째는 류사오치와 덩샤오핑이 제기하였는데, 주요 업무 영역에서 일련의 조사연구를 진행함으로써 강령적 정책문서에 자료를 제공하도록 하는 것이었다.

1960년 9월, 린뱌오는 부대에서 마오의 저서를 집중적으로 학습하는 계획을 제정할 것을 요구하였다. 농촌의 기근은 병사들에게 상당한 사기 저하를 초래하였다. 린은 정치 공작을 회복하여 이러한 현상을 방지해야 한다고 생각하였다. 이러한 노력은 거의 교육을 받은 적이 없는 농촌 신병을 대상으로 진행되었기 때문에, 마오의 사상은 불가피하게 단순화되고 교조화되었다. 일반 군인들도 마오의 사상을 이해할 수 있도록 하기 위해 마침내 『마오 주석 어록(毛主席语录)』이 출판되었다. 이 '작고 붉은 책'은 문화혁명에서 홍위병의 성경이 되었다. 그러나

---

16 Byung-joon Ahn, *Chinese politics and the Cultural Revolution*, 47.

1960년부터 1963년 사이에 중국 도시 업무를 책임지는 사람들은 마오의 저서에 대한 교조주의적 해석이 군대 이외 분야에서도 효과적이라는 린뱌오의 생각을 비판하였다.

류와 덩은 조사연구와 일련의 강령 초안을 작성하는 과정을 지도하였다. 이러한 문서는 일반적으로 각 조항의 수량에 따라 명칭을 정하였다. 1961년부터 1962년까지는 다음과 같은 중요한 정책문서를 공포하였다. '농업60조', '공업70조', '과학연구14조', '수공업35조', '재정경제6조', '문예8조', '고등교육 60조', '상업40조' 등이다. 이러한 정책문서의 구체적인 초안 작성 과정은 당연히 모두 다르지만, 일부 요소는 공통적이었다. 즉 각각의 초안은 당 지도자 1명이 초안 작성 과정을 책임졌다. 예를 들면, 마오는 '농업60조'의 초안 작성 업무를 주관하였고, 보이보는 '공업70조'(리푸춘의 보호 아래 초안 업무가 진행된 이후부터)를 책임지며, 리셴녠은 재정을 책임지고, 저우양(周扬)과 루딩이는 문예를 처리하고, 펑전은 교육을 책임지는 식이었다.

게다가, 서기처 산하에 3개의 광범한 정책소조들이 설립되어 주요 영역의 정책을 감독하고 조정하도록 하였다. 리푸춘과 천원 소조는 경제정책을 심사하고, 펑전은 문화와 교육 업무를 책임지며, 덩샤오핑은 정치와 법률 업무를 통제했다. 이러한 업무 방식에 따라 천원은 1961년에 다음과 같은 분야에서 중요한 정책 보고와 발언을 했다. 즉 화학비료 생산, 대외무역, 도시 인구 증가, 농업정책과 석탄 생산 등이다. 다음에서 언급하다시피 1962년 초, 천원은 중국의 정세와 향후에 추진될 정책들에 대한 전반적 평가에 전념하게 되었다.[17]

여러 가지 강령을 제정하는 전형적인 방법은 책임자가 현장조사를 통해 실제

---

[17] 이 과정 중 중국공산당과 정부 각 기구들의 명확한 임무는 아직 확정되지 않았다. 덩샤오핑이 영도하고 있는 서기처는 이러한 문서의 초안을 작성하는 총 책임을 지는 듯하였다. 그러나 이와 관련 있는 개인으로는 주로 보이보, 저우양, 루딩이(1962년까지)와 천원이 있다. 그들은 사실 서기처에서 근무하지 않았다. 서기처는 분명 관련 국무원 산하 부서를 포함한 정부 기구와 연계를 맺고 상술한 정책을 제정했다. 이러한 문서 초안을 작성하는 과정에서 국무원의 역할은 여전히 명확하지 않다. 그러나 분명 이러한 정책이 일단 정치국의 인정을 받으면, 국무원은 바로 이를 관철시시켰다.

상황과 문제를 확인하는 것이었다. 여기에는 일반적으로 책임자와 과거에 관련이 있었던 적당한 사업장 혹은 장소를 방문하는 것이 포함되었다. 또 관련 전문가 혹은 실무자 회의를 소집하여 그들의 지지를 집결시키고 동시에 그들의 의견을 구했다. 이러한 문서는 여러 번 초안을 작성해야 했고, 대다수 초안은 모두 당 안팎의 전문가로부터 평가 의견을 보충받아 반영하였다. 전문가들이 가치 있는 공헌을 할 것으로 기대되었던 이 방법은 린뱌오가 동일한 시기에 군대에서 채택한 방법과 완전히 상반된 것이었다. 린뱌오에게 마오의 사상은 필수적인 영감의 원천이자 해답을 포함하는 것이었다. 따라서 대약진 재난 이후, 지도자 사이의 갈등은 이미 개인의 정치적 선호의 범위를 초월하여, 정책 결정 과정과 정치적 고려 등의 근본적인 측면을 포함하게 되었다.

류사오치와 덩샤오핑이 영도하는 기구에 의해 발전한 실질적 정책은 대약진의 기반이 된 구상의 핵심을 강타하였다. 예를 들면 화학비료 생산 측면에서 천원은 14개 공장을 증설하며 각각의 공장이 매년 5만 톤의 합성 암모니아를 생산할 수 있는 능력을 구비할 것을 요구하였다. 이러한 공장들은 대약진 기간에 광범위하게 존재하던 저효율의 소규모 화학비료 생산을 대체해야 했기에 대규모적이면서 현대적일 필요가 있었다. 또한 이 공장들은 해외로부터 대량의 주요 부품을 도입하여 중국으로 하여금 기존의 자력갱생 정책에서 벗어나게 만들었다. 보이보의 '공업70조'는 다시 전문가의 역할과 물질적 유인의 사용을 강조하였다. 이는 마오가 전 해에 주창한 '안강헌법(鞍钢宪法)'과 거의 직접적으로 충돌했다. '문예8조'는 다시 전통예술 형식을 도입하도록 했고, 예술가들이 더 넓은 범위의 주제를 탐구하는 것을 허용하였다. '고등교육60조'는 교육의 질을 강조하고, 대약진 전략의 일부분이었던 지방의 많은 민간(民办)학교를 철폐하였다. '농업60조'는 일련의 구체적 조례를 명확하게 규정하여 생산대를 정산단위로 삼고, 자류지(自留地, 텃밭)를 제공했으며, 전반적으로 농업생산 방식을 농민의 노동에 더욱 많은 물질적 자극을 제공하는 제도로 변화시켰다.

이러한 정책은 대약진 전략을 우선시하던 예전보다 극적인 전환을 보여 주었다. 이 정책들은 전문가와 전문기술자들을 중심무대로 돌아오게 하였고, 또한 현대적 투자로 성장을 실현시켰으며, 중앙 정부의 통제를 각 활동 분야에 다시 가했고, 사상동원이 아닌 개인의 물질적 이익을 바탕으로 군중에게 호소하였다. 1961년 마오쩌둥이 이러한 추세에 반대했다는 자료는 없다. 사실 마오는 직접 적극적으로 '농업60조'의 초안 작성 업무에 참여하였으며, 또한 1961년 3월의 광저우(广州)회의에서는 열심히 조사연구를 할 것을 요구하였다. 6월에 주석은 베이징의 중앙공작회의에서 자아비판을 하였다. 그러나 이러한 조사연구와 논의가 정책적 강령 문서의 출현을 낳게 되면서 마오는 점차 불안해하였다. 그리고 이렇게 불안해하는 사람은 마오뿐만이 아니었다.

7천인 대회, 1962년 1~2월

국가는 어떤 속도로 회복되어야 하고 미래의 목표와 시간은 어떻게 배치해야 하는가와 관련된 근본 갈등이 나타난 1962년, 긴장 국면은 갑자기 폭발하였다. 1월부터 2월까지 7천인 간부공작회의가 개최되어 영도 방법을 검토하고 정세에 대해 총정리를 하였다. 전자에 대한 공동의견은 후자보다 많았다. 류사오치는 이 회의에서 주요 보고를 하였고 몇 차례 기타 발언을 하였다. 그는 민주집중제를 더 광범위하게 운용하고, 핵심 인물들이 개인적으로 명령하는 것은 축소해야 한다고 주장하였다. 1월 26일과 27일의 연설에서 그는 최근 일어난 문제에 대한 책임을 당의 중앙 지도부에 추궁하였으며, 지난 몇 년간 우여곡절 속에서 당을 괴롭혔던, 난폭한 숙청과 반숙청을 방지하는 것이 중요하다고 강조하였다. 류는 구체적으로 루산회의에서 비롯되었던 우경기회주의에 대한 맹렬한 비난을 비판하였다. 말하자면 그는 '우경주의자' 특히 펑더화이의 명예를 회복하려 하였다. 마오는 1월 30일 회의 연설에서 이러한 논제에 대해 보편적으로 동의하였다. 마오는 듣고 있던 간부들에게 본인은 이미 작년 6월에 자아비판을 하였다고 밝혔다

(마오는 또 사전에 그들에게 똑같은 자아비판을 준비할 것을 통지하였다). 따라서 이번 회의는 전반석으로 분열된 정책 결정 기구를 수습하는 데 도움이 되었다.

하지만 다른 분야의 회의는 통일된 의견을 도출하지 못하였다. 대약진 재난을 조성한 원인에 대하여 류는 정책 결정의 오류가 70%를 차지하고, 소련의 지원 중지와 몇 년의 연속된 기후 악화가 나머지 30%를 차지한다고 주장하였다. 마오는 실제 상황이 이와 정반대라고 주장하였다. 또한 류는 경제가 여전히 위급한 상황에 처해 있고, 회복하기에는 상당한 시간이 필요하다고 보았으나, 이와 비교하여 마오는 현재 정세가 이미 상당히 정상화되었다고 주장했다. 아마 마오는 그의 평가가 다만 정치정세에 적용되고, 경제정세에는 적용되지 않는다고 생각했던 것 같다. 요컨대, 당시 전반적 상황에 대하여 류는 마오보다 훨씬 비관적으로 추측하였다. 비교적 비관적이었던 그의 추측은 위급한 정세를 더욱 효과적으로 회복하는 방법을 모색하는 데 이론적 기초를 제공했을 것이다.

흥미롭게도 저우언라이는 이 회의에서 마오를 지지하였다. 그는 대약진에 대하여 전면적으로 긍정적인 평가를 했던 것 같다. 하지만 1962년 말의 실제 논쟁에서 저우는 강력하게 류사오치와 천원을 지지하였다. 7천인 대회에서 저우 총리는 분명 공개적으로 의견 충돌이 나타날 때면 언제나 마오를 지지하는 식으로 행동하였다. 하지만 이러한 충돌이 일어나는 경우는 그가 진정으로 주석의 견해에 동의할 때보다 더 많았다. 저우는 늘 중국 사람들에게 '버드나무 가지'로 비유되었다. 그가 1962년 봄에 취한 행동은 다시 한번 그의 성격에 대한 묘사가 적절하였음을 입증하였다. 그는 파워가 있을 뿐만 아니라, 상황에 따라 얼마든지 유연해질 수 있는 융통성도 구비하였다. 예상대로 이 회의에서 마오는 린뱌오의 강력한 구두 지지를 받았다.

다른 세 지도자의 견해는 명확하지 않았다. 덩샤오핑은 마오쩌둥 사상의 정확함을 재차 천명하였지만, 우경분자의 명예 회복 등과 같은 실질적인 문제에서는 류사오치를 지지하였다. 천원은 재정과 무역 보고를 담당하라는 요청을 받자, 이에 대해 이의를 제기하였다. 그 이유는 그가 이 분야 상황을 완전히 파악하지 못했기 때문이었다. 한편, 1962년 1월 펑전의 행동은 정치국 위원들이 처한 어렵고 불안한 처지를 가장 명확하게 요약했다.

펑전은 베이징 시 각급 조직의 부하들에게 대약진 재난의 원인을 조사연구하고 그에게 보고할 준비를 하라고 명령한 적이 있었다. 이 명령이 펑전 자신의 영도 업무를 위해서였는지 아니면 대약진에서 응당 어떤 교훈을 얻어야 하는가를 확정하기 위해서였는지는 아직 분명하지 않다. 아무튼 최초의 조사연구는 1961년 5월 말부터 시작되었으며 11월에 펑전은 두 번째 명령을 내렸다. 이번 업무의 일환으로 1958년부터 1961년까지 중앙의 모든 명령을 검사해야 한다는 것이었다. 덩퉈(邓拓)—베이징 당서기 중 한 명으로 1957년 이전에『인민일보』편집장이었음—가 조사연구를 담당하였다. 1961년 12월 창관루(畅观楼)에서 회의를 개최한 후, 덩퉈는 펑전에게 단체로 내린 결론을 보고했다.

그들이 제출한 이 보고는 재난을 조성한 직접적인 원인이 대약진 전략에 나타난 동원정책에 있다고 주장했다. 중앙이 허위 보고를 너무 많이 승인하고 회람하였으며 서로 모순되는 명령을 많이 내렸고 지방 간부들을 동원할 때 실제로 완전한 경제현황을 고려하지 않았다는 점을 이 보고서는 지적했다. 요컨대 대약진 재난의 책임은 주로 정치국에 있다는 것이었다. 1958년 이후 이 기구의 실제 지도자는 마오였기에, 창관루 보고는 사실 거의 마오의 업무에 대한 심각한 비판이라고 할 수 있었다.

1962년 1월 펑전은 7천인 대회에 참가하였다. 아마도 펑전은 창관루 보고에서 제출한 문제를 구체적으로 설명할 준비를 했던 것 같다. 그러나 그는 회의의 성격을 파악하자 망설였으며, 사실상 이 주요 회의에서 주석의 영도를 비판하지 않았다. 펑전은 그때 이미 대약진 재난의 심각성을 완전히 인식하고 있었고, 향후에는 절대 다시 이러한 동원 업무를 지지하지 않을 것이라고 결심했다. 그러나 마오와는 직접 논쟁하지 못하였다. 이러한 우유부단한 모순심리는 1961년 괴로운 경험을 겪은 후에도 1962년 및 그 이후의 긴 시간 동안 당내에는 여전히 대약진 정책을 지지하는 강력한 사조가 존재하고 있었음을 보여 준다.

비록 대약진이 야기한 문제는 아주 심각했지만, 마오는 여전히 1962년의 7천인 대회와 같은 비밀회의의 결과가 일정한 방향으로 향하도록 통제할 수 있었다. 이와 같은 사실은 마오 고유의 권위에 대한 존중을 표시하는 것이다. 이는 1949년 이후, 중국공산당 내부에서 주석이 맡고 있는 특별한 지위를 반영하고 있다. 다른 집권 공산당과 달리, 중국공산당은 제1서기(혹은 총서기)와 주석이라는 구별되는 직무를 두었다. 총서기는 위계적인 당조직 등급제도에서 하나의 중요한 구성 요소였고, 당주석은 위계적 등급제도를 초월한 위치에 있었다. 주석 직무의 정식 권한은 연속된 몇 차례 당장(党章) 속에서 점차 형성된 것이다. 하지만 그 실제 권력은 임직자의 명성에서 기원했다. 사람들은 이 임직자를 실제로 철인왕으로 여겼다. 다른 동료들에게 마오는 이미 중국혁명 자체로 개념화되었다. 그리고 인민들은 그가 엄중한 과오를 범할 수도 있고 관료주의적 수단을 통하여 그의 주도권을 없앨 수도 있다고 생각했지만, 그 누구에게도 직접 마오가 내린 당시 정세와 당의 중요 업무에 대한 근본 평가에 대해 의문을 제기할 용기는 없었다. 요컨대, 마오의 권력에 대한, 효과적인 제도적 제한이 없었고, 주석의 지위가 도전이나 위협을 받고 있다고 판단되면 마오는 그것을 제압하는 데 이러한 우세를 능숙하게 이용했다.

유감스럽게도 자료 부족 때문에 7천인 대회의 회의 논쟁 과정 혹은 마침내 일치된 견해를 얻어 낸 구체적인 과정을 설명할 수 없다. 회의는 많은 문제들에 대해 부분적으로만 해결한 것으로 보인다. 사실 회의에서 처리하고자 한 주요 쟁점들은 그 이후부터 문화혁명 이전까지 몇 년 동안 계속 지도자들 사이에서 불화와 긴장 관계를 조성하였다. 이러한 논쟁들은 다음과 같다.

우경분자의 명예 회복: 이번 회의에서 달성한 절충 의견은 많은 사람들을 소환해야 하지만, 펑더화이와 기타 주요 우경분자의 명예는 여전히 회복시켜 줄 수 없다는 것이었다.

현재 정세에 대한 평가: 한두 달 동안 개최된 이번 회의는 통일된 의견을 내놓지 못하였다. 마오쩌둥은 회의가 적절히 낙관적 견해를 갖도록 하려고 한 것으로 보이나, 이 견해는 즉시 도전에 직면하여 이후 논쟁의 주제가 되었다.

당의 정비: 기율이 있고 신속하게 반응하는 당조직을 재건하는 업무는 이번 회의에서 어느 정도 발전하였지만, 어떻게 해야 이 업무를 가장 잘 완성할 것인가에 대한 논쟁은 계속 지도자 간의 불화를 조성하게 되었다. 따라서 1월부터 2월까지 이어진 회의는 1961년의 재앙으로부터, 더욱 낙관적인 시도들이 행해졌던 1962년과 그 이후까지의 불확실한 변화 양상을 보여 주었다. 회의는 베이징이 다시 한 번 주도권을 장악할 준비가 되어 있다는 사실을 반영했지만, 이 회의로 인해 3년 전의 충격적인 사건 때문에 생긴 중앙 지도자들 간의 정신적 간극 또한 드러났다.

이러한 분열은 재정부 예산 압력으로 인해 더욱 확대되었다. 천원은 마침 1962년 2월의 7천인 대회 이후에 이 예산을 받았다. 당시의 기획과 항목에 따르면 중앙정부는 그해 20억 위안(元)에서 30억 위안의 재정 적자를 감당해야 했다. 천원은 재정적자로 인해 나타나는 인플레이션에 대해 줄곧 예민하게 받아들였다. 그는 광범위한 분야를 다룬 보고를 준비하여, 우울한 용어로 총 정세를 예측하였으며, 적당하게 계획을 변경할 것을 요구하였다. 여기에는 지난달에 토론했던 생산지표를 비례에 따라 대대적으로 낮추는 것도 포함되었다. 천원은 식량 상황이 악화되는 것을 걱정하고 있었다. 그는 긴급조치를 채택하여 생선과 콩의 공급을 증가시킬 것을 촉구하고, 심각한 농업 상황 때문에 새로 통과된 복구계획을 수정해야 한다고 주장하였다. 그가 주장한 수정안에는 1962~1965년을 회복기간으로 정하고 이 회복기간에는 정력을 농업생산에 집중하며, 야금이나 기계제조 공업의 발전을 반드시 억제해야 한다는 주장이 포함되어 있었다.

마오는 우한에 있었고, 류사오치가 정치국의 일상업무를 책임지고 있었다. 류는 시러우(西楼)회의에서 천원의 의견을 논의하였다. 회의는 2월 21~23일까지 베이징의 한 건축물인 시러우(西楼)에서 개최되었다. 시러우회의는 천원의 냉정한 평가를 강력하게 지지하였다. 이 평가는 전체적으로 볼 때 최근에 막을 내린 7천인 대회에서 류사오치 본인이 묘사한 모습과 비슷하였다. 게다가 시러우에서 류사오치와 덩샤오핑 모두 농업에서의 각종 '개인책임'제도(사실은 부분적으로 탈집체화하는 것이다)를 찬성하였다. 이러한 방법은 안후이(安徽)와 같이 심각한 타격을 받은 성에서 시행된 적이 있었다. 이러한 지지는 농업상황이 이번 회의가 개최될 때까지 여전히 '변화(翻身)'되지 못했음을 말해 준다. 리셴녠(李先念)도 시러우에서, 최근 국가 재정 업무에 대한 류사오치의 비판이 정확하다고 인정하였다.

시러우회의는 국무원 내 당조들의 회의를 개최하여 이 새로운 추측에 대해 논의하기로 결정하였다. 그들은 2월 26일에 회의를 개최하고 천의 분석을 열렬하게 지지하였으며, 회의 결과를 서기처에 제출하였다. 류사오치는 서기처에서 천원의 보고서를 중앙위원회의 문서로 배부하고, 또한 정치국 상무위원회의 의견을 첨부하였다. 일부 사람들이(이름을 명시하지 않음) 제출한 문서의 기조를 반대하였기에, 류사오치, 덩샤오핑, 저우언라이는 우한으로 가서 마오쩌둥에게 문서의 내용과 배경을 보고하였다. 마오는 이 문서에 찬성하였다고 한다. 그 이후, 천원은 중앙재정경제영도소조로 하여금 이 문서와 함께 천원의 견해가 반영된 상업업무와 관련된 보고서도 논의하도록 하였다.

중앙재정경제영도소조가 회의를 개최한 이후, 저우언라이가 이 중요한 기구를 책임졌다. 전하는 바에 따르면, 천원은 건강상의 이유로 일상 업무에서 물러날 수밖에 없었다고 한다. 하지만 그는 분명 나서지 않아도 막후에서 영향력을 행사할 수 있는 고문이었다.[18] 야금부는 천원의 분석을 거부하고, 여전히 비교적

---

18 류사오치는 1966년에 1962년 당시 본인이 천의 견해에 지나치게 영향받았다는 것을 '자백'하였다. 비록 문화혁명 이전에 천원이 공식 석상에서 모습을 드러내었다는 다른 보도는 없지만 그는 1962년 9월의 제8기 10중전회에 참석한 것 같다.

높은 강철지표를 제출하였으며—1970년에 2500만~3000만 톤—이를 새로운 5년 계획의 핵심으로 하였다. 게다가 천원은 회복기간 이후의 균형발전을 강조하였다. 1962년 초여름, 저우언라이는 6개의 지역 당위원회 서기들을 모집하여 정치국 위원과 함께 천원의 의견을 집중적으로 논의하였다. 저우언라이는 천원의 의견을 중국공산당 기획의 정확한 틀로 간주하고 추천하였다. 상하이 출신 마오주의의 충실한 옹호자이자, 1958년 재래식 용광로(backyard steel furnace: 土高炉) 운동의 주요 인물이었던 커칭스(柯庆施)는 저우언라이의 견해를 반대하였다. 그 이유는 정세 특징을 기술한 총리의 용어가 7천인 대회에서 사용된 용어보다 훨씬 부정적이었기 때문이었다. 저우는 회의가 끝나서야 예산 적자를 파악하게 되었고, 수정은 불가피하다고 반박하였다. 저우언라이의 발언은 더욱 광범위한 사람들에게 배부되었기에 커칭스의 강렬한 반대를 압도하였다.

따라서 1962년 상반기 정세에 대해서는 두 가지 서로 다른 추측이 나타났다. 마오쩌둥은 적어도 일부 지방 관원, 군대 분야의 린뱌오와 중공업 부서 사람들의 지지를 받았다.[19] 그들은 국가가 순조롭게 회복의 길로 나아가고 있다고 생각하고, 따라서 중국이 한층 더 사회주의로 전진하게 하기 위해서 주도권을 발휘할 시간이 이미 다가왔다고 생각했다. 이로 인해 마오는 농업에서의 탈집단화 진전에 반대하고, 기타 분야, 예를 들면 문화 분야의 복고 경향에 반대했다. 소련혁명 발전에 대해 고민하는 동안 마오쩌둥은 최근 중국의 경향에 대해 우려하게 되었다. 그러나 총체적으로 볼 때, 1962년 2월부터 베이다이허(北戴河) 중앙공작회의 때까지 그는 중국 중부에서 부분적으로 고립된 생활을 하면서 지냈다.

반대로, 2월 말 류사오치, 덩샤오핑, 천원 등은 정세가 여전히 극히 심각하다고 판단하고, 베이징에서 다시 주도권을 쥐기 위해서는 반드시 효과적인 회복기간이 있어야 한다고 주장하였다. 심각한 농촌 상황은, 농민의 투자활동과 소위

---

19 물론 다른 사람들도 마오를 지지했다. 예를 들면 농업 분야의 탄전린(谭震林) 등이 마오에게 찬성하였다. 하지만 이런 결과를 논증할 수 있는 자료가 부족하다.

'개인경영농(单干)'이라고 불리는 탈집체화 형식을 정식으로 인정하는 등, 농민의 물질적 이익에 대한 더 많은 허용을 필요로 했다. 전반적인 사회적 기풍의 저하로 정부는 문화 영역에서 대중의 기호를 고려하여, 전통적으로 사랑받는 주제와 인물에 치중하면서도 혁명적 정치 문제를 적게 논하던 기존의 가극, 연극, 그리고 기타 작품들을 상연하도록 허용했다. 실망스런 경제상황도 정부로 하여금 기존의 자본가와 전문기술이 있는 지식인들을 설득하여 적극적으로 도시경제를 회복시키도록 했다. 따라서 마오가 전반적인 정세에 대하여 다시 그의 사회주의 이상을 국가적으로 추동할 수 있다고 판단하고 있을 때, 그의 많은 동료들은 망설이며 결정하지 못하였다. 그들은 더욱 적극적인 전략을 실행하려면, 먼저 정부가 응당 더욱 멀리 후퇴해야 하고, 또한 회복할 수 있는 제도적 능력들을 양성해야 한다고 생각하였다.

베이다이허(北戴河)회의와 제8기 10중전회(十中全会)

1962년 8월의 베이다이허회의[20]에서 마침내 이 두 가지 견해 사이의 충돌이 나타났다. 류사오치 및 그와 뜻이 같은 사람들은 이번 회의에 참석하기 전에 이미 몇 개월의 시간을 들여 천원이 중국 정세에 대한 분석 중에서 언급한 정책 내용을 적극적으로 관철시켰다. 예를 들면, 그들은 2월 광저우(广州)에서 전국 과학 및 기술 공작회의를 개최하였고, 한 달이 지난 후 또 같은 도시에서 전국 희곡(戏曲) 창작 회의를 개최하였다. 두 차례 회의는 모두 회의에 참석한 당외 인사들의 기호를 고려하려고 시도하였으며, 그들의 지지를 얻으려고 하였다. 8월 조에 이르

---

20 이번 공작회의는 8월 6일에 시작되어 그달 말까지 지속되었다. 이러한 하계 중앙공작회의는 단순한 사무회의가 아니었다. 정책 초안을 입안하는 측면에서 이러한 회의들은 극히 중요했으나, 또한 사교모임이기도 했기 때문에, 늘 부인과 함께 참석했다. 저녁에는 문화 오락 파티가 있었을 뿐만 아니라 여행하고 쉬는 시간도 있었다. 주요 지도자들은 회의의 중요한 부분에 참석할 수 없으면, 회의 속기록을 열람하여 회의 심사 내용을 체크했다. 따라서 회의는 늘 한두 달씩 연장되는 경우가 많았고, 심지어 이 회의같이 일정 정도 진행된 후에 장소를 이동할 수도 있었다. 이러한 회의는 일반적으로 바로 보도되지 않았다. 때문에 늘 회의 개막일과 폐막일을 확정할 수 없었다.

러, 농촌 단편 소설과 관련된 회의가 또 다롄(大连)에서 개최되었다. 이 사이 덩샤오핑은 당서기처 회의를 개최하여 '개인경영농'과 관련된 자료를 심사하였는데, 회의에서 그는 명언으로 남은 "검은 고양이든 흰 고양이든, 쥐를 잘 잡는 고양이면 좋은 고양이다(黑猫白猫论)."라는 말을 발표하였다. 물론 상술한 천윈 평가와 관련된 일련의 사건은 전개되고 있었다.

마오쩌둥은 다른 관점에서 이번 회의를 대하였다. 비록 중앙위원회의 문서를 공포하기 전에 여전히 그의 사인을 받아야 했지만, 그는 자신이 점차 정책 결정 과정의 주류에서 고립되고 있음을 느꼈다. 마오는 1958년 1월 정치국 회의에 참석하지 않은 적이 있었다.[21] 원래 이는 대약진이 시작될 때 그가 더욱 자유롭게 결정할 수 있는 권력을 취득했음을 반영하였을 것이다. 혹은 2선으로 물러나 동료들의 위신을 세워 주려던 진심 어린 노력의 일부였을 수도 있다. 그러나 시간이 지나자 이는 마오에게 다른 의미로 다가오게 된 것 같다. 이것은 마오를 점차 동료들로부터 고립되고 소홀히 취급당하고 있다고 느끼게 만들었다. 1962년 마오는 조직에서 자신의 위엄을 다시 세우기 위한 방법을 모색하기 시작하였다. 1962~1965년 정치 영역에서 가장 관심을 끈 것은 연합을 구성하는 것이었다. 이 연합은 연로한 당주석이 1966년에 지배적 지위를 획득할 수 있도록 하려는 것이었다.

주석의 이러한 추구는 세 명의 중요한 인물, 즉 장칭(江青), 린뱌오, 캉성의 정치적 야심의 확장에 부합되었다. 다른 사람은 주목을 끌지 않는 위치에 남아 있으면서 간혹 중요한 역할을 발휘했다. 늘 마오주의의 충실한 추종자였던 천보다(陈伯达)는 후견인의 역할을 강화할 수 있는 그 어떤 행동도 추진할 준비가 되어 있었다. 마오의 경호원이었던 왕둥싱(汪东兴)은 복잡 미묘한 저택 경비 문제에 말려들었다. 저우언라이는 정치 경쟁에서 항상 신중하게 처신했으며, 그의 노선을 주석과 기타 정치국 위원들에게 늘 공개하였다. 그러나 1966년의 중요한 시기에

---

21 『読売新聞』, 25 January 1981, trans. in *FBIS/PRC* Annex, 13 March 1981, 7.

저우는 단호하게 마오에게 동의하여, 주석으로 하여금 필요한 연합을 완성하여 문화혁명을 발동할 수 있도록 하였다.

그러나 1962년 늦여름의 베이다이허 중앙공작회의에 출석하였을 때에도, 마오는 아직 도전 절차와 전략을 완벽하게 제정하지 못한 상태였다. 그는 7천인 대회 이래 몇 개월 동안의 사건으로 고민하고 있었다. 그러나 베이다이허회의의 첫 며칠 동안 그는 또 괴롭게 보고를 듣고 있어야 하였다. 가장 존경받는 노장군 중의 하나인 주더(朱德)는 농업에서 개인책임제를 확대해야 하며, 류사오치와 덩샤오핑의 농촌 문제에 관한 평가에서 완전히 동의하게 만든 여타 조치가 필요하다고 주장하였다. 천원은 농촌 상황과 업무에 대한 그의 견해를 다시 천명하였다. 기타 정치국 위원은 주요한 논쟁 분야에 대해 보고를 하였는데,[22] 유감스럽게도 그들이 발언하였던 시점과 발언 내용에 관한 자료는 남아 있지 않다. 시점은 중요하다. 왜냐하면 마오쩌둥은 8월 9일 대회 발언에서 아주 신랄한 야유를 보냈는데, 그의 이 발언은 아마도 전체회의를 추진하는 분위기에 엄중한 영향을 미쳤을 것이기 때문이다.

마오는 재정부를 신랄하게 비난하였는데, 재정부의 예산 적자 예상은 천원(陳云)의 2월 보고와 그 이후의 모든 것에 기초가 되었다. 그는 또한 중국이 여전히 계급투쟁을 필요로 한다는 사실을 강조하였다. 그는 사회주의 정책의 계속된 후퇴는 이 분야의 위험을 증진시키는 것이라고 인식했다. 그는 농업에서 개인책임제를 실시하는 것을 직접적으로 비난하였고, '사회주의 교육' 운동을 추진함으로써 농촌의 당조직을 정비해야 한다고 호소하였다. 그는 자본주의, 심지어 봉건주의가 중국에서 부활되지 않도록 방지해야 한다고 경고하였다. 장칭은 나중에 주석을 설득하여 1959년 이후 문예 '타락'에 대해 경각심을 갖게 하려고 한 적이 있

---

22 당시 단지 정치국 후보위원이었던 천보다는 농업보고를 하였고, 리셴녠(李先念)은 상업보고를 하였다. 리푸춘은 아마 보이보와 함께 공업 보고와 계획보고를 하였던 것 같고, 천이는 국제 정세 보고를 하였으며, 류사오치도 회의에서 발언하였다.

다고 밝혔다. 마오는 베이다이허회의의 발언에서 무산계급의 사상의식이 필요하다고 강조하였는데, 이는 장칭의 요구가 반영된 것이었다.[23]

마오는 이리하여 의제를 전환하는 데 성공하였다. 그 결과 의제는 부분적으로나마 그가 주장한 우선순위를 반영하였다. 그의 지휘력은 이러한 중앙 비밀회의에서 가장 잘 드러났고 그의 정치적 영향력 또한 이 회의들에서 충분히 활용되었다. 이 회의에서 류사오치는 최소한 약간의 존경심을 담아 주석이 주장한 우선순위에 대하여 이의를 제기한 듯하다. 류사오치는 그 이후 이에 대해 그가 베이다이허에서 '우경(右傾)'한 적이 있고, 게다가 9월 24~27일에 10중전회가 개최될 때까지 자신의 오류를 수정하지 않았었다고 해석하였다. 결국 다소 정치적으로 긴장한 분위기 속에서 임시변통의 절충 방안이 나왔다.

10중전회는 베이다이허회의에서 격화된 모든 분열과 갈등을 드러냈다. 마오가 이 회의를 주재하였고 이 연설을 통해 소련의 변절과 계급투쟁이 미래 몇십 년 동안 여전히 중국에 존재할 것이라는 사실을 긴밀하게 연계시켰다. 그러나 이번 회의에서 마오는 류사오치와 기타 사람들의 의견을 받아들였다. 즉 계급투쟁의 논쟁으로 10중전회에서 내린 기타 정책 결정을 압도해서는 안 된다는 것이다. 1959년의 루산에서 열린 8중전회 이후에도 이러한 상황이 발생한 적이 있었다.[24]

계급투쟁에 대한 마오의 전반적인 관심은 그의 더욱 근본적인 우려를 반영하였다. 즉 중국혁명이 수정주의로 전락하고 있다는 것이다. 냉소적인 사람이라면, 마오가 스스로 싫어하는 모든 것을 수정주의로 보았다고 할지도 모른다. 그러나 이 용어를 이러한 수준으로 폄하하는 것은 사실 오해를 자아낼 수 있다. 마오는 혁명을 집단주의와 상대적인 평등주의의 길을 따라 전진하도록 이끌고자 했다. 그는 전반적으로 도시에 기반을 둔 관료와 중국의 지식인 계층을 신임하지

---

23 Roxane Witke, *Comrade Chiang Ch'ing*, 304-5. 위트케는 이전 발언의 날짜를 8월 6일로 추정하였지만, 기타 문헌 자료는 이 책 본문에서 사용된 날짜인 8월 9일이라고 제시하고 있다.

24 *RMRB*, 15 January 1982, 5 trans. in *FBIS/PRC*, 25 January 1982, K-22. 마오쩌둥 연설 부분의 원문은 *Chinese law and government: A Journal of translations*, 1.4(Winter 1968-9), 85-93.

않았다. 비록 그가 건의한 대부분의 구체적인 정책들은 농촌을 착취하여 도시 기반 산업을 발전시키는 효과를 가지고 있었지만, 그는 여전히 진심으로 스스로를 중국 빈농의 대표라고 인식하는 것 같았다. 비록 마오는 기술 진보의 효능을 믿었지만, 여전히 기술발전을 추진하는 데 불가결한 고도의 문명 및 그 매개체를 믿지 않았다.

대약진의 비극적인 결과로 인해, 1962년 이래 마오는 더 이상 대중동원으로 국가의 생산능력을 회복시킬 수 있다는 주장을 견지하지 않았다. 따라서 마오는 물질적 자극과 전문기능을 충분히 활용하여 국면을 안정켜야 한다는 당의 요구에 계속 굴복하였다. 그러나 10중전회에 이르러 마오는 경계선을 긋기로 결정하였다. 그는 농업생산의 탈집체화를 견결히 반대하고, 단호하게 공사를 유지하려고 하였다(혹은 이미 공사를 포기한 지역에서 회복시키려 하였다). 그는 또 현행 정책이 농촌의 옛 지주 혹은 부농과 도시의 옛 자본가, 기술전문가, 지식분자처럼 신뢰할 수 없는 사회 집단의 역량을 강화할 것이라고 인식하였다. 마오는 또한 안정된 기간이 많은 중층 간부 사이에서 나태한 관료주의 경향을 야기할 것이라고 우려했다. 그들은 과거에도 쉽게 이러한 나쁜 습관에 물들었기 때문이다. 따라서 마오는 조치를 취하여 정치토론을 업무 일정에 도입할 것을 요구하였다(하지만 정상 업무는 중단하지 않았다). 그는 또 반혁명세력으로 전락한 사람들을 처리하는 공안부와 중국공산당 감찰위원회를 강화하였다.

10중전회는 이론적으로 마오의 전면 분석을 받아들였지만, 구체적인 조항 면에서는 1961~1962년 동안 대약진으로부터 회복하기 위해 입안한 방법들에 머물러 있었다. 이 절충안으로 탄생한 공보는, 어떤 단락에서는 마오의 말을 인용하였고, 다른 일부 단락에서는 류사오치와 덩샤오핑, 천원이 제기한 이론을 삽입하였다. 전하는 바에 의하면 이 회의에서 류사오치, 리셴녠(李先念), 덩쯔후이(邓子恢), 시중쉰(习仲勋)이 자아비판을 하였다고 한다. 이는 절충 작업이 쉽지 않았다는 것을 증명한다. 이 회의에서 여전히 어렵게 느껴진 또 하나의 논제는 펑더화이(彭德怀) 사건이었다. 상술한 바와 같이, 펑더화이는 그의 철저한 명예회복(복권)을 위해 근거를 제공하였다. 그는 자신을 변호하는 8만자 보고를 작성하고 회람시켰다. 마오는 머뭇거리면서 결정하지 못하고, 오직 향후에 펑더화이를 직급이 낮은 업무에 배치하는 데에만 동의하였다. 주석은 자신의 잘못을 충분히 승인하는 사람들만이 명예회복을 할 수 있다고 생각했다. 이는 분명 펑더화이 사건에서 잘못된 것은 마오라는 것을 인정하고 싶지 않았던 것이다.

중국과 서구의 역사학자들은 1963~1965년 기간을 마오주의 진영과 류사오치-덩샤오핑 사령부의 두 갈래 노선이 투쟁하는 시기라고 묘사했다. 그러나 실제 상황은 이렇게 간단하지 않았다. 마오를 도와 1966년에 문화대혁명을 발동시킨 사람들은 다양한 사람들로 구성되었다. 그들은 각기 다른 원인으로 결합되었다. 따라서 이 시기를 이해하는 데 가장 중요한 것은 마오주의연맹의 다양한 구성이 어떻게 형성되었고 각각의 부분이 이 시기의 정치에 어떻게 영향을 미쳤는지에 관한 것이다. 또 중요한 것은 마오가 가능성 있는 연맹 파트너를 장악하기 시작하고 류사오치 및 그 동료들이 실행한 정책에 대응할 때 마오 본인의 사상 발전 상황이 어떠했냐는 점이다. 마오의 두 중요한 연맹 집단은 각기 린뱌오와 장칭을 대표로 한다. 두 연맹 집단을 분석한 이후, 다시 마오가 직접적으로 1963~1965년 동안 류와 그의 파트너에 대처하기 위해 시도했던 주요한 정책적 제의를 분석할 것이다.

린뱌오의 부상

린뱌오(林彪)는 1959년 9월 국방부장으로 승진한 후 두 가지 업무에 직면하게 되었다. 하나는 인민해방군에서 본인의 지위를 공고화하는 것이고, 다른 하나는 그와 마오쩌둥의 관계를 확보하는 동시에 마오를 도와 중국 정치 체계에서 마오의 세력을 강화하는 것이었다. 린뱌오는 서로 연계되는 이 두 업무를 완성하기 위하여 복잡한 전략을 실행하였다. 이는 최종적으로 린뱌오로 하여금 마오를 도와서 문화대혁명을 발동하고 유지하는 데 중요한 위치에 서게 하였다.

린뱌오는 당 중앙군사위원회의 뚜렷한 지위를 회복시킴으로써 인민해방군에 대한 개혁을 시작하였다. 이 기구는 펑더화이가 재임하는 동안에도 명목상으로 존재하였다. 그러나 실제로 이 기구의 역할은 펑더화이와 마오쩌둥의 관계가 멀어짐에 따라 약화되었다. 집권과 더불어 린뱌오는 중앙군사위원회를 다시 부활시켰고, 중국 10대 원수(元帥) 중의 7명(펑더화이와 1959년에 펑더화이를 지지했던 주더는 포함되지 않음)을 상무위원으로 임명하였다.

당 중앙군사위원회의 구성 상황에 대해서는 알려진 바가 거의 없다. 이는 중국이 구성위원의 전체 명단과 업무자의 구체적인 상황을 공개한 적이 없기 때문이다.[25] 그러나 1976년 이전에 중앙군사위원회 위원으로 확정된 사람은 모두 재직 군인이었다. 유일한 예외는 주석 마오쩌둥이었다. 중앙군사위원회는 당의 정식 기구로서, 당이 전문직 군인을 감독하고 영도권을 행사하는 도구였다. 사실 당의 지도자, 예를 들면 저우언라이는 중앙군사위원회의 중요한 회의에서 연설한 적이 있다. 그러나 이 기구의 일상 업무 영도권은 일반적으로 국방부에 귀속되었다. 마오가 중앙군사위원회 위원으로 확정될 수 있는 유일한 문관이었으므로 이 기구를 설립한 진정한 목적은 아마 군사정책 결정 과정에서 중국공산당의 주석[26]에게 특수한 지위를 부여하기 위해서였을 것이다. 따라서 더 정확히 말하자면, 군사위원회가 다시 활약하게 된 것은 마오와 현역 군대의 긴밀한 연계를 다시 회복하기 위한 것으로 보아야 한다.

린뱌오는 군사위원회를 중앙 무대로 밀어 넣었을 뿐만 아니라, 인사도 변동시켜 국방부에 대한 통제를 강화하였다. 그는 취임하면서 바로 7명의 재직 부부장

---

25 2차 문헌 자료 가운데 중앙군사위원회에 대한 가장 완전한 설명은 Harvey W. Nelsen, *The Chinese military system: An organizational study of the chinese People's Liberation Army* 참조.

26 중국공산당의 주석은 직권에 근거하여 중앙군사위원회의 주석을 동시에 맡았다. 이 관례는 화귀펑(华国锋)이 당 주석으로 취임할 때 덩샤오핑에 의해 정지되었다.

중에서 3명을 해임시키고, 자신의 새로운 부부장 6명을 임명하였다. 린뱌오는 사실 중국의 고위급 지도부를 숙청시킨 것 같다. 기존의 7개 부서를 3개로 변경시켰고, 그를 옹호할 것처럼 보이는 사람에게 각각의 부서를 책임지도록 하였다(뤄루이칭도 포함된다. 루산회의 이전에 그는 공안기관 책임자였다). 부서 내부의 이러한 인사변동은 중앙군사위원회가 다시 가동된 것과 연관이 있을 것이다. 국방부의 모든 고위급 직무는 모두 중앙군사위원회에서 정식으로 임명하고 파견하기 때문이다.

상술한 바와 같이 린뱌오는 이 무렵 군대에서 마오쩌둥 사상을 활용할 것을 강조하였다. 인민해방군 내부의 많은 사람들은 이러한 견해에 동의하지 않았지만, 린뱌오는 이를 국방부장 임기 내의 실적으로 간주하였다. 린뱌오의 방침은 1960년 9~10월 중앙군사위원회 확대회의가 끝날 때 공식적인 정부정책이 되었다. 이때 마침『마오쩌둥 선집(毛泽东选集)』제4권이 출판되었다. 이 두 사건이 계획과 실시의 측면에 연계가 있었든 없었든 린뱌오의 방침은 고민이 점차 늘어나던 주석의 총애를 받은 것이 사실이다.

사실 특정 지도자의 저서를 보급하는 것은 중요한 정치적 문제로 간주되었다. 이는 1962년에 편집된『류사오치 선집(刘少奇选集)』과 천윈의 논문집을 출판하는 계획에서 두드러지게 나타났다. 양자는 모두 출판되지 않았는데, 전하는 바에 의하면 류사오치는 본인이 저서를 발표하는 것에 대하여 반대하였고, 천윈의 책은 사실 마오쩌둥이 출판을 보류시켰다고 한다.[27] 류사오치가 1959년 4월에 마오로부터 중화인민공화국 주석 자리를 물려받은 후 마오와 류의 대우 문제는 예민한 정치 문제가 되었다.

그 후 린뱌오는 연속적으로 주도적인 조치를 취하여 중국공산당 업무에서 인민해방군의 역할을 향상시켰다. 그는 신속하게 군대에서의 당원 수를 확충하였는데, 아마 이는 전국 공산당 업무에서 자신이 더욱 큰 발언권을 가질 수 있도록

---

27 류사오치에 대해서는 *RMRB* 15 January 1982, trans. in *FBIS/PRC*, 25 January 1982, K 19-22 참조.
   천윈에 대해서는 邓力群, "向陈云同志学习做经济工作", 8-9 참조.

하기 위해서였을 것이다. 게다가 1963~1965년, 린뱌오는 일부 측면에서 당과 군대 사이의 경계를 모호하게 하여 인민해방군이 당조직에서의 책임을 성공적으로 확대하도록 하였다. 이 몇 년 사이 군구(軍区)의 책임자 중 여럿이 대약진운동 직후에 성립된 6개의 지역 당사무국(regional party bureau) 가운데 5개 국에서 서기를 맡게 되었다. 동시에 적어도 절반에 달하는 성의 당위원회 제1서기가 군구의 정치위원이 되었는데, 이는 적어도 부분적으로는 그들을 인민해방군 총정치부의 지휘하에 놓이게 하였다. 당과 군대에서 겸직을 하도록 한 것은 이론적으로볼 때, 인민해방군에 대한 당의 통제를 강화하기 위한 것이었다. 그러나 실제 효과는 완전히 정반대였다. 실제로 이 모든 것은 인민해방군이 당의 역량에 대응할수 있는 힘을 강화하기 위한 권력 쟁탈의 조치였다. 린뱌오에게 소속된 인민해방군도 인민에 대한 통제를 강화하였다. 마오는 1962년에 군대의 감독 아래 민병을 설립하라는 명령을 내렸다. 이 명령을 집행함으로써 군대와 비군사 부문의 연계는 강화되었다.

군대의 이러한 기능 때문에 마오는 점차 인민해방군을 정치와 전문 지식을 성공적으로 결합할 수 있는 모범조직으로 강조하게 되었다. 당시의 용어로 말한다면 홍군인 동시에 전문가(红专)일 수 있다는 것이다. 이는 몇 년 사이에 린뱌오가군대에서 전문 훈련과 규율을 강화하고, 또한 독자적인 원자탄을 개발하는 업무를 지도하고 있었기 때문이다. 1962년 10월 인민해방군은 또 인도와의 단기간국경 전쟁을 통해 명망과 명예를 높였다.

1963년 인민해방군은 정치적으로 충성하는 몇 개의 긍정적인 모범 사례를 수립하였다. 그중에는 우발적 사고로 희생된 사심 없는 전사 '레이펑(雷锋)'과 특출한 중대인 '난징로의 훌륭한 8중대(南京路上好八连)'가 포함되었다. 1963년 11월 인민들에게 이러한 군대의 모범을 본받을 것을 제창한 이후, 마오는 또 인민들에게 '인민해방군을 따라 배울' 것을 전면적으로 호소하였다. 당은 모든 지혜의 원천으로 인식되었으므로 이는 놀랄 만한 구호였다. 주석이 생각하기에 제1차 5개년 계획의 문제점은 실질적으로 정부 관리 업무가 충분하지 않다는 것을 나타냈고, 또한 대약진의 재난은 중국공산당의 명성을 크게 훼손시켰다. 따라서 마오는 군대를 우수한 정치적 자질이 있고 중화인민공화국에 필요한 기술적/조직적 전문지식이 조화롭게 발전할 수 있는 모범조직이라고 생각하기 시작하였다.

마오는 인민해방군을 따라 배우자는 캠페인으로부터 정부와 당 내부에서 군대의 영향력을 강화하는 단계로 곧장 나아갔다. 1964년 마오의 지시에 따라 정부 단위 내부에 정치 부서가 성립되었다. 그 후 일부 중국공산당기구에서도 마찬가지였다. 이는 군대 내부의 정치조직을 모범으로 하였는데, 많은 공작인원은 군대가 이 목적을 위해 개설한 교육과정을 학습한 사람이거나, 아니면 신입 제대군인이었다. 이러한 부서들은 확고하게 건립된 적이 없었다. 왜냐하면, 정부 내부와 당 내부에서 배척했고, 그들의 임무를 명확히 규정지을 수 없었으며, 마지막으로 누가 이 공작 인원을 담당할 것인가라는 문제에서 계속 적지 않은 논쟁이 있었기 때문이었다. 그러나 이 모든 것은 다시 한 번 당과 정부에 대해 점진적으로 영향력을 확대하려던 인민해방군의 태도를 반영했으며, 마오는 이러한 발전 추세를 지지했다.

1965년 5월, 린뱌오는 인민해방군에서 모든 군대 계급을 취소하는 심상치 않은 조치를 취하였다. 이 주동적인 행동은 다시 한 번 정치적으로 군대가 가장 '선진적'이라는 것을 보여 주었다. 이는 오로지 인민해방군만이 혁명의 평등주의적 이상을 현실적으로 실시했기 때문이었다. 게다가 정치세력의 측면에서 볼 때, 이 조치는 어느 정도 린뱌오가 인민해방군에서의 권력을 강화하는 데 유리하게 작용했다. 본질적으로 이는 군관(軍官)의 권력이 오로지 현재 그가 실제로 종사하는 업무에서만 나오게 되었다는 것을 의미했다. 군관은 더 이상 그 자체로 어떤 권리와 특별 대우를 받을 수 있는 계급이 아니었다. 린뱌오가 군대 내부에서 권력을 행사할 수 있는 최고 직위를 차지하고 있었기에, 다른 8명의 원수(元帅)[뤄룽환(罗荣桓)은 1963년에 사망]와 전체 군관의 독자적인 권력은 필연적으로 다소 이 조치에 의해 약화될 것이었다.

1965년 인민해방군은 또한 공안부대를 직접 통제하였다. 이전의 공안부장이자 공안기관에서 확고한 인맥을 가지고 있던 뤄루이칭은 이때 인민해방군의 총참모 장직을 담당하고 있었다. 뒤에서 보게 되겠지만, 린뱌오는 1965년 12월부터 뤄루이칭에게 적대적 태도를 취하기 시작하였다. 1966년 5월 린뱌오는 뤄루이칭을 비난하고 숙청하였다. 숙청의 결과, 린뱌오가 공안기관을 이끄는 힘을 갖게 되어, 마오와 린은 더 유리한 위치를 차지하게 되었다. 문화혁명이 발발하자마자, 그는 이러한 힘을 충분히 활용한 것 같다.[28]

그러나 뤄루이칭과의 갈등은 공안역량을 통제하는 문제에서만 나타난 것이 아니었다. 1965년은 중국의 외교정책에 있어서 아주 나쁜 한 해였다. 그해 봄, 저우언라이(周恩来)는 반소련노선을 채택하는 아시아-아프리카회의를 조직하려고 하였지만, 이 노력은 실패하였다. 중화인민공화국은 또 8~9월에 인도-파키스 탄 전쟁의 결과에 대해 영향력을 미치려고 하였지만 성공하지 못하였다. 그러나 소련은 최종적으로 그 충돌에서 건설적인 중재 역할을 할 수 있다는 것을 증명하였다. 중화인민공화국이 심혈을 기울여 양성했던 인도네시아공산당이 1965년 9월 반군부 쿠데타를 지원하다 실패하면서, 결국 엄청난 재앙으로 막을 내렸다. 이 모든 노력의 실패는 베이징으로 하여금 점차 고립되고 포위되어 곤경에 빠져드는 느낌을 받게 하였다. 바로 이때 미국은 또 베트남에 대한 영향력을 대대적으로 강화하기 시작하여 머지 않아 직접 중국 남부를 공격할 듯한 분위기를 조성하였다.

이렇듯 우려스러운 국제환경 속에서 베이징의 지도자들은 선택과 전략 문제에 대해 논쟁을 전개하였다. 뤄루이칭은 소련과 양호한 관계를 건립하려고 시도하는 듯하였다. 그는 베트남에서 소련과 함께 노력하여 미국에 대항하여 싸우고, 이를 통해 중국이 받고 있는 일부 압력을 약화시키려고 했다. 뤄루이칭은 제2차

---

28 다음에서도 설명하겠지만, 공안기관에 대하여 캉성도 중요한 역할을 하였다.

세계대전 전야의 소련 전략을 추천했는데, 정규 부대의 발전을 부각시켜 나라 밖에서 적과 싸울 준비를 하는 것이었다. 이 전략은 또 최대한 군과 관련된 중공업의 생산량을 증가시키고, 고효율을 추구하는 공업 생산을 최우선 목표로 할 것을 요구했다. 이 전략에서는 병참 기지를 필요로 하므로, 중국 도시들이 핵심 생산 기지 역할을 해야 한다고 상정하였다. 또한 소련의 도움은 중화인민공화국의 취약한 공업 기반을 보완해 줄 것이었다.

이와 반대로 린뱌오는 베트남은 기본적으로 혼자서 싸워야 하며 중국은 간접적으로 지지하고 직접적으로는 개입하지 말아야 한다고 주장했다. 그는 중국공산당의 항일 전략을 칭찬하였다. 이 전략은 적을 국토 깊이 유인하여, 유격전술로 타파하는 것이었다. 이는 공업의 분산과, 지역을 기반으로 하는 자급자족 정책, 정규부대의 역할이 아닌 민병과 비정규부대를 강조함으로써 대중의 정치 열정을 고도로 자극하는 것을 필요로 했다. 이는 흐루쇼프 이후 소련 지도자와의 화해 전략을 필요로 하지 않았으며, 사실상 반대하였다. 린뱌오는 그의 논점을 『마오 주석 어록』과 긴밀하게 연계시켰다. 그가 제창한 이러한 전략은 주석이 선용한 일련의 국내외 정책 및 군사 정책과 교묘하게 의미가 상통하였다. 류사오치와 덩샤오핑은 그중의 많은 부분을 반대하는 것으로 보였다.

따라서 린뱌오는 군대에서 자신의 지위를 수립하고 또한 당과 정부에 비해서 인민해방군의 역할을 강화하는 동시에 또 조심스럽고도 신중하게 마오의 지위를 수립하며 조직 시스템에서 주석이 선택한 정책을 지지하기 위해 노력하였다. 군대 내에서의 막연한 마오 숭배는 주석에게 전반적인 정치적 혜택을 가져다주었다. 1964년부터 군대에서 사용하기 위해 편집된 『마오 주석 어록』은 모범 청년에게도 배부하여 그들의 성과를 장려하였다. 또한 더욱 구체적인 차원에서 보자면, 린뱌오가 베트남에 관해 폭넓은 전략을 건의한 것에서 드러나듯이, 그는 점점 더 첨예해진 마오쩌둥과 류사오치－덩샤오핑 집단의 갈등에 직접 끼어들었다. 일부 경우에 그의 주요 목적은 마오와 그의 정치국 동료들 사이의 긴장 관계를 격화시키려는 것이 분명했다.

예를 들면 정식으로 펑더화이 국방부장 직무를 파면시키는 1959년 9월의 군사 위원회 확대회의에서 린뱌오가 펑더화이 및 그의 착오에 대해 가한 비난은 마오 쩌둥보다 훨씬 신랄하였다. 그는 새로 획득한 직무를 애써 공고화하는 동시에 펑더화이가 사실 이미 구제하기 어렵다고 견지하였으며, 마오쩌둥 사상을 마르크스-레닌주의의 정화라고 주장했다. 결국 마오는 린뱌오의 직무를 인정하였는데, 이는 주석과 펑더화이를 동정하는 기타 정치국 위원 사이에 간극을 조성하였다. 1962년 1월부터 2월까지의 7천인 대회에서 중국 경제가 어려움에 직면한 원인을 둘러싸고 논쟁이 발생하였을 때 린뱌오는 즉시 마오(및 대약진 그 자체)를 변호하였다. 린뱌오는 마오와 3대 붉은 깃발 운동(대약진, 인민공사, 총 노선)을 지지하였을 뿐만 아니라, 회의에 참석한 모든 사람들에게 마오쩌둥 사상을 학습해야 한다고 호소하였다. 비록 린뱌오가 당의 엘리트 인물들이 참석하는 기타 회의에서 발휘한 역할을 설명할 문헌 자료는 부족하지만, 그는 아마 끊임없이 주석의 위신을 수립하고, 또한 마오와 기타 지도자의 관계를 악화시키기 위해 노력했을 것이다. 예를 들면 1966년 5월, 린뱌오는 마오를 반대하는 자가 쿠데타를 일으킬 가능성과 마오가 그러한 위험에 직면하지 않도록 스스로를 보호할 필요성이 있다고 애매모호하게 제기하였다.

이러한 활동은 린뱌오가 야심만만한 사람이라는 것을 말해 준다. 1959년 국방부장에 취임한 후 그는 즉시 일련의 명확한 정치 전략을 고안하였다. 이 전략은 그와 마오의 운명을 하나로 연결하였다. 또한 대약진의 처참한 결과는 린뱌오가 자신의 힘을 이용하여 체제 내에서 마오의 지위를 강화하게 만들었고, 더 나아가 마오의 마음속에 그 자신의 위상을 확고히 하게 만들었다. 요컨대 린뱌오의 이러한 주도권 행사는 그가 단순히 주석에게 조종되는 꼭두각시가 아니라는 것을 보여 주었다. 한편 그의 이익과 주석의 이익이 합치되었음에도 그는 마오와 정치국 동료 사이의 관계가 진전되는 것을 막기 위해 적극 노력하는 것 같았다. 물론 린바오의 이러한 노력 중에서 가장 효과적인 업무가 무엇이었는가에 대해서는 아마 여전히 소수의 몇몇 참여자들만이 알고 있을 것이다.

반드시 언급해야 하는 것은, 마오는 이제까지 린뱌오의 주도적 행동에 전적으로 휘둘린 적이 없었다는 것이다. 예를 들면, 다른 곳에서도 언급했다시피 1964년 베트남 통킹만 사건 이후 마오는 베트남 전쟁이 점차 확대되어 점차 중국 국가 안보에 위협이 될 것이라고 예상했다. 이에 대한 대책으로 주석은 기존의 제3차 5개년 계획 전략을 중단시켰다. 그 대신 주요 투자 자원을 중국 서남부의 내륙 오지에 '3선' 공업을 건설하는 데 투입하도록 하였다. 마오는 위추리(余秋里)의 영도로 비공식 국가계획위원회를 설립하여 이 새로운 전략을 관장하도록 하였다. 이 기구는 기본적으로 1970년대에 '석유방(石油幇)'이라고 불리게 된 사람들로 구성되었다. 문화혁명 기간 이 기구는 정식 국가계획위원회로 합병·대체되었다. 이 기구에서 제출된 방안은 린뱌오가 베트남 문제에 대처하기 위해 내놓은 방안과 같았다. 그러나 마오는 린뱌오의 적인 펑더화이를 선정하여 그로 하여금 쓰촨을 기반으로 한 '3선' 건설 지휘부를 책임지도록 하였다.

문화: 장칭(江青)

문화혁명을 발동하기 위해 형성된 연맹의 두 번째 주요 구성 요소는 마오의 아내 장칭과 그녀가 맡고 있던 문화 분야에서 규합한 일부 인물들이다. 사실 1966년 2월 린뱌오가 장칭에게 위탁하여 부대 문예 좌담회를 개최하고 장칭이 군대의 공식적인 문화 고문역을 담당하게 되었을 때부터 이미 린뱌오와 장칭은 틀림없이 결탁하였을 것이다. 이때 장칭은 그녀의 정치 목적을 실현할 수 있는 정식 직무를 처음으로 부여받았다.[29] 그러나 그녀가 린뱌오의 도움을 받은 것은 이전의 몇 년 동안 많은 노력을 통하여 문화 분야에서 자신의 재능을 배양했기 때문이고, 또한 그녀의 관점에 대한 남편의 지지를 얻었기 때문이다.

29　1950년대 초기에 장칭은 문화 업무 분야에서 중요한 직무를 맡지 못했다.

　문화 정책이 어느 방향으로 발전해야 하는가에 대해서 장칭은 오랫동안 고유의 관점을 가지고 있었다. 동시에 이 오랜 시간 동안 그녀는 공산당 문화당국에서 자신을 무시한 것에 대해 증오하고 있었다. 장칭은 옌안(延安)에서 마오의 사랑을 얻어, 인심을 얻은 마오의 두 번째 아내 허쯔전(贺子珍)을 대체하였다. 허쯔전은 대장정에 참가한 극소수 여성 중의 한 명으로서 큰 고생을 하였다. 마오의 동료들은 만약 장칭을 허쯔전을 대신해 마오의 아내로 삼을 경우, 장칭이 정치에 발을 담그지 못하도록 하겠다는 마오 주석의 동의를 얻어냈다.

　옌안에서도 장칭은 새로운 혁명 문예 프로그램을 발전시킬 것을 제창하였다. 그 당시에 그녀는 혁명 희극(戲剧)을 발전시키는 데 아주 적극적이었다. 장칭은 아주 영리하고 예민하며 욕망이 있는 여성이었다. 그녀는 분명 남성 지배적인 문화 및 홍보 기구에게 매우 배척을 당하고 있다고 분명히 느꼈을 것이다. 1949년 이후 장칭은 여전히 그다지 주목을 받지 못하는 위치에 있었다. 그 이유 중 하나는 부분적으로 그녀에게 계속해서 건강상의 문제가 있었기 때문이고, 다른 하나의 이유는 문화당국에서 그녀의 말을 따르려 하지 않거나 혹은 조직 시스템에서 그녀에게 정식 직위를 배정하는 것을 꺼렸기 때문이었다. 그러나 장칭은 어느 정도 비공식적으로 마오의 정치적인 측근 역할을 했던 애인이었을 것으로 보인다. 예를 들면 1959년 7월 마오가 그녀에게 루산회의에서 문제가 생겼다고 알리자 그녀는 즉시 루산으로 갔다. 마오는 그때 장칭에게 오지 말라고 했지만 분명하게 그녀를 저지하지는 못하였다. 사실 마오가 그녀를 부른 것은 그와 펑더화이의 갈등에 대해 대책을 논의하기 위해서였다.

　1959년에는 장칭의 건강이 호전되기 시작한 것 같다. 장칭의 건강이 크게 호전되자 정치와 문화 업무에 참여하려는 열정도 증폭되었다. 루산회의 이후 장칭은 상하이에서 휴양하였는데, 그녀는 상하이에 머물러 있는 기간 동안에 많은 극장을 다녔다. 그녀는 연극 내용에 경악했고, '구(旧)' 주제와 형식이 매우 유행하고 있다는 것을 발견하여 반드시 수정해야 한다고 주장했다. 장칭은 점차 사람들을 규합하기 시작했다. 그들은 장칭을 도와 경극(京剧) 및 다른 중국 문화 측면의 혁명화 계획을 실현하려고 했다.

장칭의 시도에서 마오는 당연히 중요했다. 장칭은 1962년에 이미 마오에게 반드시 문화 분야에 주의를 기울이도록 설득한 적이 있다고 밝혔다. 실제로 1962년 봄 마오는 장칭에게 지시하여 중앙위원회의 문화 정책 관련 보고 초안을 작성하도록 하였다. 장칭의 노력은 마오가 1962년 8월 베이다이허 회의에서 제기한 '무산계급' 문화를 촉진하자는 주장에 일부 배경을 제공하였다. 그러나 장칭의 견해를 표명한 문서는 1966년 5월 이전까지 관방(官方) 정책으로 취급되지 못하였다. 하지만 1966년 5월 중요한 수정을 거친 그녀의 문서 초안은 문화혁명을 초래한 기본 문서 중의 하나가 되었다.

장칭과 캉성

장칭은 혁명 이전부터 그녀와 관련이 있고 또한 그녀와 이익이 일치되는 사람이 둘 있다는 것을 인식하고 있었다. 그들은 바로 캉성(康生)과 커칭스(柯庆施)였다. 캉성은 산둥 성 주청(诸城) 사람으로서 장칭과 동향이다. 장칭이 옌안으로 가기 전부터 이미 두 사람은 서로 아는 사이였다. 캉성은 다음과 같은 세 가지 전문적인 업무에 종사하였다. 다른 공산당과 연락하는 것과 공안 및 고등 교육이다. 그들이 결속하게 된 것은 1930년대 중반 캉성이 소련 내무인민위원회에서 공안 업무 요점을 학습하면서 분명 마르크스-레닌주의 교육을 철저하게 받았고, 또한 수정주의와 반혁명 분쟁에 개입하고 있었기 때문이었다.

1950년대 이전에 캉성은 공안 업무에서 중요한 역할을 담당하고 있었다. 이로 인해 흐루쇼프가 소련공산당 제20차 당대회에서 탈스탈린화 보고를 하자, 그는 책망을 받게 되었다. 1956년 9월 캉성은 정치국 정위원이라는 자리에서 내려왔다. 이와 동시에 당은 중국공산당 당장에서 마오쩌둥 사상은 지도사상이라는 일부 문구를 삭제하였다. 그러나 1960년대 초반에 이르러 상황은 캉성에게 유리한 방향으로 발전하였다. 중·소 분쟁이 긴급한 단계에 이르자 마오쩌둥—그는 여전히 중국 내 분쟁을 처리하는 주요 인물이었다—은 캉성과 같은 이론가가 그를 도와 '흐루쇼프 수정주의'를 비판할 수 있는 중국공산당 중앙위원회의 문장 초안을 작성해 주기를 바랐다. 동시에 캉성은 마오쩌둥이 중국 문화의 무산계급화를 적극 추진할 예정이라고 들은 적이 있었다. 그것은 아마 장칭과의 오랜 우정을 통해 들었을 것이다. 캉성은 이러한 시도 속에서 유익한 역할을 할 수 있었다. 그가 자신의 관여를 정당화하기 위해 이런 반혁명활동을 척결하는 것에 기여할 수 있었다면, 이러한 역할은 더욱 유용했을 것이었다.

캉성은 1962년 9월의 10중전회에서 이러한 연계를 실현하였다. 그는 회의에서 시중쉰(习仲勋)을 공격하였다. 이는 시중쉰이 류즈단(刘志丹)의 소위 반혁명 소설의 창작 과정과 연루되었기 때문이었다. 류즈단은 산시(陕西) 공산당 초기 유격전의 전사로서 1936년에 희생되었다. 캉성은 류즈단을 다룬 이 소설이 사실 마오를 비난한 것이라고 밝혔고, 현재의 정치를 비판하려는 목적으로 소설을 활용하는 것은 새로운 발상이라고 주장하였다. 이를 통해 그는 장칭과 사상적인 연계를 마련하였다. 장칭은 수년 전에 지식분자의 저서에서 발견한 주석의 정치에 대한 공격을 마오쩌둥에게 환기시키려 한 적이 있었다.

이어서 캉성은 장칭과 급진적 지식인들 사이의 가교 역할을 하였다. 문화혁명 초기에 장칭은 급진적 지식인들을 전면에 내세웠다. 고등교육 측면에서의 업무는 캉성으로 하여금 주요한 교육 단위에 개입할 수 있도록 하였다. 따라서 그는 이 유리한 조건을 활용하여 핵심 일꾼들을 육성하였다. 이 중에서 나중에 드러난 특히 중요한 사람은 과학원 철학연구소의 관펑(关峰)과 치번위(戚本禹), 베이징대학교 철학과 네위안쯔(聂元梓) 및 고위급 당교(党校) 내부의 몇 사람이었다.[30] 캉성은 린뱌오와 마찬가지로 만약 필요하다면 기꺼이 분쟁을 불러일으켜 그의 목적에 도달하고자 했다. 예를 들면, 그는 고위급 당교 중 양센전(杨献珍)의 "둘을 모

---

30 『争鸣』(香港), 34(August 1980), 45.

아 하나로 만든다(合二为一)."라는 이론은 주석 철학의 전제인 "하나를 둘로 나눈다(一分为二)."라는 것에 대한 부정이며, 반마오주의(反毛主义)라고 공격하였다. 캉성은 이러한 이론적인 속임수로 양셴전을 숙청함으로써 고위급의 당교에 있는 그의 추종자들의 권력을 강화하려고 하였다. 1964년 중반, 캉성은 또 장칭의 경극 혁명화 업무에 깊이 개입하였다.[31]

상하이 시장 커칭스(柯庆施)는 장칭의 오랜 친구였다. 커칭스는 1958년 대약진(특별히 재래식 마을 단위 용광로 운동)을 지지한다고 가장 거세게 외친 사람 중의 하나였다. 1958년 봄 그는 정치국 정위원이 되었고, 상하이는 약진 전략의 주요한 수혜 도시가 되었다.[32] 상술한 바와 같이 심지어 1962년 중순에 이르러서도 커칭스는 여전히 당시 정세에 대한 마오주의의 설명을 지지하였고, 천윈 등의 비교적 비관적인 견해를 반대하였다. 즉 커칭스는 캉성, 린뱌오, 장칭과 마찬가지로 마오의 입장을 최선을 다하여 지지할 법했다.

1962년 후반, 캉성과 커칭스는 문학과 미술에서 1949년 이후 13년간 배출된 영웅을 부각시킬 필요가 있다고 언급하였다. 이는 장칭의 사상과 아주 잘 부합하는 노선이었다. 커칭스는 대약진 시기에 이미 상하이 '노동자 작가' 입장에 서서 전문 작가를 반대하였다.[33] 1963년 1월, 커칭스는 상하이에서 이미 현지 지식인들에게 옛 래퍼토리를 버리고, 10중전회에서 제시된 계급투쟁의 관점을 채택하여 1949년 이후의 노동자, 농민, 병사 중의 영웅을 묘사하는 새로운 희극을 공연해 달라고 호소하였다. 마오는 오래지 않아 이를 지지하면서, 문화부를 "황제와 제후, 장군과 재상, 재인과 미인을 위한 부서(帝王将相才子佳人部)."라고 불렀다.

1959년 장칭은 문화 업무 건으로 커칭스와 상하이에서 연락한 적이 있었다. 1960년대 초, 그는 이 문제로 줄곧 커칭스와 접촉을 유지하였다(커칭스는 1965년에

---

31 Ibid.

32 Christoper Howe contribution to Christoper Howe, ed., *Shanghai: Revolution and development in an Asian metropolis*, 173-9 참조.

33 Ragvald contribution to Howe, ed. *Shanghai…*, 316.

사망했다). 장칭은 커칭스를 통해 장춘차오(张春桥, 그는 상하이의 문화기관에서 근무한다) 및 야오원위안(姚文元, 상하이의 평론가)과 연계를 맺게 되었다. 야오원위안은 또한 상하이에서 새롭게 발전한 '무산계급 작가'―1950년대에 펜을 든 노동자―와 좋은 관계를 맺었다.[34]

따라서 장칭은 1960년대 초반에 남편을 설득하였고, 또한 그 주장대로 중국문화 '혁명화'를 진행할 소집단을 규합하기 시작하였다. 문화부, 교육부와 중국공산당 선전부에는 모두 장칭의 숙적이 있었다. 그들은 장칭을 무시하고 그녀의 공작을 비웃었다. 예를 들면 문화 문제를 처리하는 몇 차례의 전국적 회의, 특히 1964년 6~7월의 현대경극공연대회에서 충돌이 발생하였다. 장칭은 이미 상하이에서 그 자신의 모범극을 개발하였으며, 또한 마오를 통하여 계속 압력을 가함으로써 인민들에게 제공하는 문화적인 양식을 혁신하였다. 결국 1964년 6월 무렵에 당서기처는 5인 소조를 성립하여 문화혁명을 조율하였다. 펑전이 이 소조를 책임졌는데, 마오는 그가 류사오치를 대신하여 주석의 후계자가 될 수 있을 것이라고 생각했던 것 같다. 그러나 캉성은 소조 구성원이었는데, 그는 분명 류사오치와 덩샤오핑이 아닌 마오와 장칭에게 충성했다.

장칭에게 5인 소조는 장애물이지 문화정책에서 적극적으로 개혁을 진행할 힘은 아니었다. 소조는 일반적으로 베이징문화기구(중국공산당 선전부의 책임자인 루딩이를 통해 소조에 의견을 전달했다)의 선택에 복종하였다. 장칭은 국가의 의사일정에서 문화와 정치 분야를 최우선사항으로 배정하기 위해 계속해서 여러가지 방법을 모색하였다. 결국 국가의 정치에 아주 큰 영향을 미쳤음을 증명한, 장칭이 채택한 수단은 캉성이 1962년 10중전회에서 제기한 문제에 초점을 맞추는 것이었다. 캉성이 제기한 문제는 소설과 희극(戲劇)이 정치 목적으로 사용될 수 있다는 것이었다. 장칭은 특히 우한(吳晗)이 작성한 시나리오 『해서파관(海瑞罷官)』을 지적하였다. 이 시나리오는 정적의 불공정한 공격에 맞서는 명대 관원 해서의 정직한 행

동을 묘사하였다. 장칭은 마오에게 이 시나리오가 사실 암암리에 펑더화이를 변호하는 것과 다름없다고 주장하였다. 장칭의 구체적인 지적은 언뜻 보기에는 말이 되는 것 같지만 틀렸을 가능성이 아주 컸다. 우한이 해서파관에 관한 시나리오를 쓰기 시작한 것은 루산회의 이전이었기 때문이다. 또한 우한은 이 시나리오를 당시 마오의 비서 중 하나인 후차오무(胡乔木)의 특별한 부탁으로 작성한 것이었다.[35] 그러나 1965년 의심이 점차 증폭되어 가던 분위기 속에서 장칭은 마오를 설득하여 야오원위안(姚文元)에게 정치 문제를 겨냥했다는 비판 문장을 작성하여 이 시나리오를 비난하게 하였다.

1965년 11월에 발표한 야오원위안의 비판 문장이 아주 중요한 것은 다음과 같은 세 가지 이유 때문이었다. 이 문장은 문화혁명의 논쟁을 단순한 학술적 문제가 아닌 정치 문제로 간주하였다. 따라서 당국이 다시 한 번 지식인들을 겨냥하여 중요한 정치운동을 전개할 가능성이 있었다. 비판의 대상이 된 시나리오는 펑전의 측근이 쓴 것이었기 때문에 펑전에게 이 일은 하나의 시련이었다. 그는 우한을 보호할 것인가 아니면 마오 라인에 설 것인가라는 딜레마에 놓였다.[36] 이 비판 문장은 상하이에서 왔기에(그때 마오는 상하이에 거주하고 있었다), 마오의 결정이라는 것을 나타냈다. 즉 베이징의 지도자들은 이미 그가 제기한 논점에서 멀리 벗어나 있었기 때문에, 그는 어쩔 수 없이 주로 중앙정치기구 이외의 힘에 의지하여 그들을 비난할 수밖에 없었던 것이다. 장칭의 그룹은 이러한 업무에 주요한 힘을 제공하였다.

그러나 장칭이 1965년까지 접촉한 사람들은 캉성과 연계한 것을 제외하면, 모

---

35 이 문제의 초기 고찰에 대해서는 아래 책을 참조할 것. MacFarquhar, *Origins of the Cultural Revolution*, 2, 207-12.

36 사실 펑전에게 두 갈래 길은 모두 막다른 길이었다. 그가 만약 우한을 보호했다면(그가 그 후에 시도한 것과 같이) 그 행동으로 인해 비난받았을 것이었다. 그가 만약 우한을 공격한다 할지라도 반마오주의자들에게 베이징 시정부에서 고위직을 담당하도록 이미 승인했으므로 세력이 약화되었을 것이다. 이 사건이 펑전의 앞날에 부정적인 영향을 미칠 가능성이 있었기에 사람들은 야오원위안 문장의 진정한 배경에 대하여 더욱 많이 알고 싶어 한다.

두 급진적인 지식인들과 조직 체계에서 비교적 지위가 낮은 사람들이었다. 따라서 문화혁명을 발동하는 연맹에 가담했을 때, 장칭은 1949년 이후 발전된 정치 관련 규범과 방식에 반감을 가지고 있던 일부 사람들을 끌어들였다. 이 사람들은 아이디어가 있는 사람이었지만, 조직 능력이 있는 사람은 아니었다. 따라서 예상대로 그들은 스스로 아이디어는 있지만 조직 공작에는 적합하지 않다는 것을 증명하였다.

장칭의 연맹에는 캉성이 포함되었다. 이 사실은 1960년대의 정치에 아주 중요하게 작용하였다. 캉성은 무자비한 사람이었다. 그는 방해되는 사람들을 단호하게 제거했다. 1962년부터, 캉성은 정치 무대의 중심으로 나가게 되었는데, 그는 펑더화이 사건의 잔혹성(이는 기존의 당내 투쟁 준칙을 파괴하였다)을 이용하여 당 지도자들의 정치 논쟁 방식을 완전히 바꾸었다. 장칭을 따르는 급진 지식인들은 이제까지 이러한 당내 준칙에 관한 훈련을 받은 적이 없었다. 따라서 아주 쉽게 기존 관례에 완전히 위배되는 행위에 참여할 수 있었다. 장춘차오는 1960년대 중반 이 집단에서 유일하게 광범위한 관료 경력—비밀스러운 치안 공작 이외—이 있는 사람이었다. 장춘차오는 이후에 이 집단이 정권을 장악했을 때 질서를 유지하고, 위신을 수립하며 관료 정치 기반을 확보할 필요가 있었다는 것에 대하여 가장 빨리 공감한 사람이었다.

요컨대 장칭은 중국문화를 변화시키려고 하였고, 문화당국의 루딩이와 여타 지도자 아래에서 받아 온 다년간의 냉대에 대하여 복수를 하려고 했다. 그녀의 연맹에는 무자비한 투쟁을 통해 기꺼이 당의 제도를 파괴하려는 사람늘이 포함되었다. 린뱌오는 관료 정치 경쟁에서 더욱 조심스럽고 신중하게 처신했다. 이 경쟁은 그가 류사오치를 대체하여 마오의 후계자로 부상할 수 있게 했다. 이를 위해 린뱌오는 장칭의 파괴적 힘(과 마오의 가장 강렬한 충동을 불러일으키는 능력)을 이용하려고 했다. 따라서 상술했다시피, 린뱌오는 1966년 2월 장칭을 부대의 문화 고문으로 위임함으로써 그녀와 연맹을 결성하였다. 장칭은 이후 이 직위를 기반으로 삼아 그곳에서 그녀의 문화적 관점에 반대하는 사람들을 군대와 관계가 있든 없든 막론하고 광범위하게 공격하였다.

정풍

지금부터 주제를 마오의 마지막 파트너들로부터 주석 본인에게로 옮겨 보도록 하자. 1962년에 이르러 마오는 혁명이 고위층뿐만 아니라 기층 정치조직의 반대 세력에게도 위협을 받고 있다는 것을 느꼈다. 고위층에서 그의 동료들이 계속 추진하려는 정책이 사회의 반공산당세력을 강화시킬 수밖에 없다고 마오는 생각했다. 주석은 대약진이 기층 당조직 특히 농촌에 아주 거대한 손실을 초래했다는 것을 인식하였다. 해리 하딩(Harry Harding)이 말한 바와 같이 그는 정풍(整风)운동으로 이 두 문제를 극복하기로 결정하였다.[37] 정풍은 본질적으로 마오가 기존 제도의 문제를 해결하는 임시 조직을 새롭게 형성시킬 수 있게 하기 위한 것이었다. 마오에게 이는 조직 시스템에서 자신의 영향력을 강화하기 위한 이상적인 도구였다.

마오는 1962년 8월의 베이다이허 회의와 9월의 10중전회에서 모두 정풍이 필요하다고 강조하였다. 정풍의 필요성에 대해서는 별다른 논쟁이 나타나지 않았지만, 그 이후의 사건은 어떠한 기구를 이용할 것인가에 대해 중대한 논쟁이 있었다는 것을 증명하였다. 농촌 정풍 실험은 10중전회 이후에 선정한 곳에서 진행되었다. 실험 결과는 농촌 정풍, 즉 사회주의 교육운동에 대한 초기 강령 문서의 기반이 되었다.

1963년 2월과 5월의 중앙공작회의에서 이 문서 초안을 작성하는 데에는 마오 본인이 결정적인 역할을 하였다. 그 결과 제정된 '전10조(前十条)'에서는 '빈농 및 중하층 농민협회'를 설립하여 오류를 범한 기층간부들을 감독하는 조직으로 삼

---

37 Harry Harding, *Organizing China: The problem of bureaucracy, 1949-1976*, 196.

을 것을 요구하였다. 그 후에 증명되었다시피, 이러한 방법의 문제로 인해 빈농 및 중하층 농민들도 대약진에서 심한 고통을 겪게 되었고, 1963년에 이르러서는 그들 중의 많은 사람이 크게 실망하든지 아니면 타락하게 되었다. 이러한 상황이 그해에 분명하게 드러나자 덩샤오핑과 펑전은 새로운 조치(后十条)를 작성하여 1963년 9월에 공포하였다.

'후10조(后十条)'는 '빈농 및 중하층 농민협회'의 문제를 인정하고, 더욱 엄격한 입회 기준을 제시하였다. 더 중요한 것은, 이 문서는 이 협회가 원래부터 인민공사와 생산대대의 위원회를 감독하기에 적절하지 않았다는 것을 전제로 하였다는 것이다. 따라서 이번 정풍운동을 전개하기 위해서는 도시를 기반으로 하는 공작대를 설립할 필요가 있었다. '후10조'는 여기서 한 걸음 더 나아가 이러한 공작대가 기층 간부 문제를 처리하기 전에 응당 우선 성, 지, 현 각급 차원의 문제를 처리해야 한다고 주장했다. 이렇듯 비교적 상급인 기구가 도시에 있는 만큼, 문서에서는 도시 '오반운동(五反运动)'을 발동하여 상급 기구를 정비함으로써 기층에서 업무를 관철시키는 데 적당한 기반을 마련할 것을 제기하였다.[38] 결국 이러한 변화는 농민협회로 하여금 실질적으로 중요한 업무가 없는 상태에 놓이게 하였다. 정풍운동은 당내의 일로 변하였다. 그러나 마오는 당원이 아닌 대중을 동원하는 것을 정풍에 유리한 요인 중의 하나로 인식하였다. 주석은 1964년 6월에 진행된 사회주의 교육운동에서 빈농 및 중하층 농민을 충분히 동원하지 못하지 않을까 우려된다고 지적하였다.

1964년 초 일정 시간 동안 고위급 간부는 기층으로 내려가 현지 상황에 대한 조사연구 업무를 전개하였다. 이러한 자료를 획득하는 방법은 옌안 시기의 공작 방식에서 연원하였다. 이는 지도부들이 정상 경로를 통해 얻은 보고에 의존할 수 없다는 점을 인식했다는 사실을 반영하였다. 예를 들면 류사오치는 허난 성에 18일간 머물렀는데, 대약진 시기 허난 성은 하나의 견본으로서 이 운동이 끝날 때

---

38 이 오반운동을 1952년 초 최고조에 달한 때의 오반운동과 혼동하지 말아야 한다. 제1장 참조.

아주 위험한 상황에 처해 있었다. 류사오치의 아내 왕광메이(王光美)는 가명으로 그의 고향 도시 톈진에서 가까운 도원대대(桃源大队)에서 5개월간 거주하였다.

류사오치의 조사결과는 그로 하여금 농촌지역의 상황을 아주 비관적으로 생각하게 하였다. 조사결과가 증명하다시피 부패하고 타락한 현상은 아주 보편적이었고, 적지 않은 기층 간부들이 당을 반대했다(농민이 당을 반대하는 것도 적지 않은 비율을 차지했다). 현지 조사를 끝내고 돌아왔을 때 그들은 반혁명 세력이 중국 농촌의 적지 않은 부분을 통제하고 있으므로 엄격한 조치를 채택하여 국면을 전환해야 한다고 판단하였다. 마오가 이 판단에 동의한 것도 당연하다. 그러나 그 후 마오는 수정된 조치에 대해 강렬하게 반대하였다.

1964년 9월에 작성한 '후10조' 수정 초안은 류사오치가 가진 정풍운동에 대한 견해를 반영하였다. 수정 초안은 큰 공작대를 구성하여 선정한 공사로 내려보내고, 실제로 공사를 접수하여 근본적으로 이를 정비하기 위한 것이었다. 각 공작대는 한 지점에서 약 6개월간 머물면서 타락하고 부패한 간부들을 엄격하게 처리하게 되어 있었다. 동시에 이 공작대는 농촌 공사에서 새로운 계급 구분을 할 예정이었다. 1950년대 초 토지혁명 이후 처음으로 이 업무가 진행되었다. '후10조' 수정 초안의 일정에 따르면, 전체 사회주의 교육운동은 전국에서 5년 내지 6년의 시간이 소요될 터였다.

마오쩌둥은 '후10조' 수정 초안을 실시하는 데 다음과 같은 3가지 불평이 있었다. 첫째, 수정 초안은 비난의 목표를 수정주의가 아니라 부패한 간부로 축소하였다. 둘째, 수정 초안은 간부에 대한 처벌이 지나치게 엄격했다. 셋째, 수정 초안은 대중을 동원하여 그들 자신이 운동을 전개하도록 하는 것이 아니라, 공사로 하여금 강제적으로 규모가 큰 공작대를 받아들이도록 하였다. 요컨대 사회주의 교육운동은 더 이상 수정주의에 관한 마오의 견해를 선전하는 수단으로 기능하는 것이 아니라, 오히려 농촌 당조직에서 다시 규율을 강화하는 비교적 맹렬한 활동으로 변질되었다는 것이다.

이러한 경향에 대해 마오는 새로운 사회주의 교육운동 강령 문서를 작성하여 주도권을 장악하고자 하였다. 1965년 1월에 공포한 마오의 '23조'는 다시 운동의 방향을 확정함으로써 각급 당조직에게 수정주의의 죄악과 관련된 전반적인 교육운동을 진행하도록 하였다. 농촌지역에서 이는 공작대를 철수한다는 것을 의미했다. 공작대로부터 엄중하게 처벌받은 기존의 많은 간부들은 일자리를 회복하였다. 그리고 공작대의 대체 직무는 해체되었다. 이는 그야말로 문화혁명의 전야에 간부 대오의 분열을 촉발시킨 것이다.

이로써 정풍운동을 사회에서 자신의 정치적인 주장을 강제하는 수단으로 이용하려던 마오의 시도는 다만 부분적으로만 성공하였음이 증명되었다. 마오가 1964년부터 정치부의 설립을 통해 자신의 정치적인 견해를 좀 더 직접적으로 정부와 당조직에 전파하려고 시도한 것처럼, 정권을 장악한 관료들(당권파)은 그들의 조직 장악력을 보호할 수 있음을 증명하였다. '후10조' 수정 초안은 엄격했다. 그러나 그 방법은 여전히 정풍문제가 당내에서만 유지되도록 하였고, 당원이 아닌 대중을 이용하여 중국공산당을 정비하는 것을 방지하였다. 그러나 마오는 중국공산당 당내 정책 방향에 대한 날로 심해지는 우려—이러한 우려는 장칭, 캉성과 린뱌오(천보다 등의 사람과 함께)가 조성한 것이다—로 인해 점차 핵심 정치조직에 대한 자신의 영향력을 강화시키려고 하였다.

변화하고 있는 마오쩌둥

마오쩌둥은 장칭의 개인적인 굴욕감을 함께 공유하지 않았으며, 1960년대 후반(만약 그때 그랬다면) 이전에 린뱌오를 후계자로 완전히 결정했다고 믿을 만한 근거도 없다.[39] 사실 1963~1965년에 마오쩌둥이 펑전을 류사오치의 자리를 대체할 후계자로 삼으려고 생각한 적이 있었다는 것은 분명하다. 따라서 앞에서 제기한

---

39 사실 린뱌오에 대한 마오쩌둥의 신뢰도가 가장 높았던 1966년에도, 그는 장칭에게 편지를 써 린뱌오를 믿을 수 없다고 한 적이 있다고 한다.

것과 같이, 마오쩌둥은 점차적으로 문화대혁명을 일으키려는 연합에 개입하였지만, 그의 관점이나 목표는 연맹 속의 다른 사람들과 달랐다. 그럼, 마오쩌둥은 왜 그의 정치국 동료들을 대상으로 한 정면 공격을 감행하겠다는 결론을 내렸을까?

1959~1966년 마오쩌둥의 심리적 변화를 이해하는 데 특히 중요한 것으로 다음 3가지 요소가 있다. 첫째는 중국혁명 발전방향에 대한 그의 이해의 변화이고, 둘째는 후계자 문제에 대한 그의 지속적인 관심이며, 셋째는 죽음이 그에게 다가오고 있다는 인식이다. 이 모든 것들이 때때로 뒤엉켜, 마오가 평생을 바쳐 이끈 정치제도가 마지막에는 그의 이상으로부터 벗어나고, 이를 대체한 정치제도도 착취적인 성격을 드러내게 될지도 모른다는 우려를 심화시켰다.

혁명의 미래에 대한 마오쩌둥의 근심은 점차적으로 형성된 소련정치제도의 변질에 대한 분석과 갈라놓을 수 없다. 확실히, 마오쩌둥은 일생 중의 적지 않은 시간을 이용하여 중국공산당 내에 존재하는 소련의 영향과 투쟁하였다. 사상의 본질과 스타일 이 두 가지 측면에서 그는 중국의 영도자 중 소련의 영향이 가장 적은 사람이었다. 1950년대 중반에 그는 중국이 소련의 발전모델에서 벗어나게 하기 위해 노력한 적이 있었는데, 1958년부터는 군대와 군사학설도 이런 노력에 포함시켰다. 1959년 이전부터 마오쩌둥은 이미 소련의 영도자들이 독단적이고 거만하며, 중국의 상황에 대한 이해가 부족하다고 여겼으며, 1959년 이후부터 그는 소련혁명 자체가 근본적으로 잘못된 길로 들어서 혁명의 성격이 변질되고 만 것이 아닌가라는 문제를 깊이 생각하기 시작하였다.

사실 소련이 중국 내부 업무에 대한 간섭을 시도하기 시작하고, 혁명의 시대가 이미 끝났다고 하면서 미국과 더욱 안정적인 화해관계를 형성하려고 도모하고 있을 때, 마오쩌둥은 사회주의가 한 사회에서 승리하였다고 해서 자본주의가 부활하지 않는다는 보장은 없다고 의심하기 시작했다. 여러 사건들이 이러한 사상적인 변화를 촉진하였다. 마오쩌둥은 1958년 흐루쇼프가 중국 해군에 영향력을 가하려고 한 것, 그리고 핵 원조 합의를 취소한 것과 1959년 펑더화이와 공모하여 중국의 내정에 간섭하려고 한 것을 보았다고 생각했다. 같은 해, 마오쩌둥은 흐루쇼프가 소련은 이미 '무산계급 독재'가 아니고 '전인민국가'라고 선전한 점,[40] 미국의 캠프데이비드에서 미·소정상회담을 진행하고 서방과의 평화공존노선을 추구한 점, 1959년 중국과 인도의 국경분쟁 시 겉으로만 모스크바의 중립성을 견지한 점, 1960년 중반에 중국 내 소련 고문들을 철수한 문제 등에 주목했다. 그러나 이러한 것은 몇 개의 예에 불과했다.

이런 우려하에 마오쩌둥은 소련의 정치경제학을 공부하기 시작하였다. 그는 스탈린조차도 이 중요한 이론 영역에서 근본적인 착오를 범했다고 단언하였다. 그는 중국대표단에게 쟁점 사항에 대해 소련사람들과 의논하도록 지시하였다. 그러나 소련의 반응이 마오쩌둥의 우려를 더욱 증가시켰다. 1960년 소련의 고문들이 중국에서 신속하게 철수할 때, 장칭은 마오쩌둥이 "동요했다."[41]라고 지적했다. 마오쩌둥은 그때부터 소비에트 제도가 든든한 기초로 돌아오게 하기 위해서는 최소한 흐루쇼프의 자리를 반드시 다른 사람으로 대체하여야 한다고 단언하였다. 그러나 소련의 영도자들이 흐루쇼프의 직위를 파면하려 하지 않았기에 마오쩌둥의 우려는 더욱 깊어졌다.

1958년 이후의 회의에서 몇 차례 흐루쇼프와 논쟁을 진행한 이후, 1963년 마오쩌둥은 논쟁을 대중들에게 알리기로 결정하였다. 이 이데올로기의 중요성 때문에 그의 정치국 동료들은 그의 영도를 거절할 수 없었다. 1963~1964년, 마오쩌둥은 9편의 논쟁적 글을 쓰도록 지시했는데, 매편의 논문은 모두 광범위하게 선전되었다. 상술한 것과 같이, 마오쩌둥은 글을 쓰는 데 캉성의 재능을 이용하였다. 그 당시 캉성은 이미 국내 문단에서 수정주의 반대투쟁에 주력하고 있었다.

돌아보면, 마오쩌둥이 사용한 9편의 논쟁적 글들은 국내에 그의 정치적 관점

---

40 소련을 전인민의 국가라고 부름으로써 흐루쇼프는 착취계급이 이미 소멸되었으며, 계급투쟁은 소련에서 종결되었음을 나타냈다. 이와 달리 무산계급 독재란 착취계급의 잔재에 반대하는 계급투쟁을 전개하기 위하여 집권 공산당이 사용하는 독재의 형식이다.

41 Witke, *Comrade Chiang Ch'ing*, 304.

을 선전하는 수단이었을 것이다. 논쟁적 문장에서 마오쩌둥은 사실 정치국에 있는 동료들과 다른 논점을 제기하는 동시에 자신의 정치적 관점을 그때 진행 중이었던 반소련투쟁과 접맥시켰다. 중국인의 민족주의와 마오쩌둥의 수정주의에 대한 정치비판의 이런 연계는 유효한 결합이라는 점이 입증되었으며, 실제로 매우 유용하게 쓰여, 이후 문화혁명 시기 마오쩌둥은 중국의 선전매체를 통해 류사오치를 '중국의 흐루쇼프'라고 공격하였다.

그러나 이런 접근법은 기민한 정치 체제 이외에 인간적 비극도 낳았다. 마오는 소련혁명이 변질되었다는 스스로의 견해를 믿지 않고 의심할 이유가 없었다. 그는 이와 같은 세력들을 중국에서도 볼 수 있었다. 중국에서 그의 동료들은 (마치 그들이 1956년에 주장한 것과 같이) 계급투쟁이 극히 중요한 생산투쟁에 포섭되어야 한다고 주장했다. 만약 이런 경향을 계속 허용한다면, 젊은 세대들은 불가피하게 수정주의와 함께 성장하게 될 것이다. 확실히 스탈린 사후 역사가 스탈린을 심판했듯이 역사는 결국 마오쩌둥에게도 무정하게 그렇게 할 것이었다. 마오쩌둥은 중국 역사에 대해 매우 예민한 사람이었는데, 그는 1965년 자신을 중국 역사에서 가장 위대한 황제와 비교하였다. 당시 마오쩌둥은 사람들이 그를 중국을 그릇된 길로 인도한 사람으로 회고할 가능성이 있다고 보았다. 그는 중국에 남겨 줄 유산이 그가 사랑하는 농촌을 착취하고 또한 제국주의와 결탁한 정치제도일 수도 있다는 사실에 불안해했다. 즉 마오는 소련혁명의 변천 과정을 관찰함으로써 1960년대 상반기 중국의 변화에 대한 위기감을 더욱 크게 느끼게 되었다.[42]

중국의 정치과정에서 마오쩌둥의 변화하는 역할도 그의 긴장감을 조성하였다. 앞에서 지적한 바와 같이, 마오쩌둥은 1958년 1월의 정치국회의에 정기적으로

---

[42] 보충하면, 1964년 10월 흐루쇼프를 몰아낸 이후에도 소련지도부는 중국이 제기한 문제들에 관한 모스크바의 입장을 바꾸지 않았다. 이러한 사실은 마오쩌둥으로 하여금 그것은 제도의 문제이지 단지 변절해버린 개인의 문제가 아니라는 점을 확신하게 하였다. 이는 앞에서 서술한 1965년 봄 마오쩌둥이 뤄루이칭의 제안, 즉 점증하는 미국의 베트남 개입에 맞서기 위하여 중국이 소련과 협력해야 한다는 건의를 극구 반대한 이유를 이해하는 데 도움을 준다.

참석하지 않았다고 한다.[43] 그 후에도 그는 여전히 정치국 심의보고를 받았다. 왜 냐하면 중앙위원회 명의로 보내는 문건이 정식 문건으로 발표되려면, 그의 승인 을 받아야 했기 때문이었다.[44] 그러나 1960년대 상반기 정책을 결정하는 절차에 서는 당서기처가 중요한 역할을 하였기에, 이런 제한은 덩샤오핑이 주도하는 당 서기처에서 발송하는 문건에는 적용되지 않았다. 앞에서 서술한 것과 같이, 마 오쩌둥은 1959년 이후 덩샤오핑이 정책 문제에 대해 그와 상의하지 않는다고 원 망하였다. 비록 이런 원망은 그 효과를 강화하기 위해 과장되었을 가능성이 있지 만, 그래도 불만 정서가 있었다는 것은 의심할 수 없다.

더욱 중요한 것은, 마오쩌둥이 정치국 회의에 제때 참석하지 않음으로써, 과거 그 어느 때보다 더 강하게 정치체제를 지배할 수 있게 되었다는 사실이다. 그 당 시 마오쩌둥은 혁명 발전의 중대한 문제에 전념할 수 있게 국가주석의 직위를 그 만두고 싶다고 표명하였다. 마오쩌둥은 1958년에 당과 국가라는 양측에서 모든 것을 좌우하는 위엄 있는 지위를 획득하여, 중요한 정책방향을 통제하였다. 이와 동시에, 그는 또 믿을 만한 사람을 그의 후계자로 안배하였다. 1958~1959년에 류사오치, 덩샤오핑, 린뱌오 등에게 더욱 높은 직위와 권력이 주어진 것은 이러 한 전략이 실행되었음을 보여 준다.

그러나 대약진 실패이후 1962년에 마오쩌둥은 자신이 정책의 기본 방향을 완 전히 통제하지 못하고 있다는 것을 발견하였다. 오히려 류사오치와 덩샤오핑은 그가 정책 흐름에 접근하는 것을 제한하려 하고, 예를 들면 정풍에 관한 지시와 같은 그의 지시사항들에 대해서도 의미를 곡해하는 듯이 보였다. 이에 마오쩌둥 은 1958~1959년 '2선'으로 물러서려고 하였으나 이 행동의 의미 또한 대약진으 로 변질되어 낙담하였다. 따라서 혁명의 앞날에 가장 중요한 총 방침을 지지할

---

[43] 이 일정 이후, 마오쩌둥은 오직 자신의 발표연설이 필요한 정치국 회의에만 참석하였다. 기타 상황에 대해서는 보고를 통하여 정치국 회의에서 발생한 사건들을 이해했다.

[44] 전언에 의하면, 정치국이 내린 문건은 중앙위원회의 명의로 배포되어야 했다. 따라서 이러한 규정은 마오쩌둥으로 하여금 정치국에서 발송되는 모든 정식 문건을 통제할 수 있게 하였다.

것인지의 여부를 판단하기 위해 그는 스스로 추천한 후계자들을 시험하기 시작하였다. 그러나 시험하면 할수록 (린뱌오를 제외하고) 승계자들이 후계자로 적합하지 않다는 것이 증명되었다.

마오쩌둥이 우선으로 고려하는 문제와 그의 후계자들이 우선으로 고려하는 문제에는 점차 차이가 나타났다. 이런 차이가 나타나게 된 핵심적 이유는 그들이 대약진 시기에 얻은 경험이 달랐기 때문이었다. 상술한 것과 같이, 마오쩌둥은 경제를 신속하게 발전시키는 데에 대중을 동원하는 것은 중요하지 않다는 것을 배웠다. 그러나 동시에 그는 대중동원이 이데올로기의 갱신, 사회개혁과 정풍에 대한 수단이라는 신념만은 간직하였다. 그러나 대중동원은 베이징에 있는 중앙 각 부서에서 정책으로 실현할 수 있는 것이 아니었다. 차라리 대중운동은 본질적으로 기술 전문가가 아니라 중국공산당 일반 간부들의 기술에 의존하였으며, 이 전략에 필연적으로 수반되는 유연성을 허용할 만큼 충분히 분권화하는 관용을 요구하였다. 따라서 대중동원은 어느 정도 반(反)지성적이고 반관료주의적인 방법이었다. 중앙집권적이고 전문가들이 통제하는 정치제도를 전적으로 없애지 않고도 이 대중동원은 실현될 수 있었다.

류사오치와 그의 동료들은 대약진으로부터 중국에서 대중동원은 이미 정책의 유용한 도구가 아니라는 결론을 얻었다. 1962년 국가의 경제와 정치체제가 위험 상황에 처해 있었기 때문에, 강력한 조치를 실시하여 경제의 통제를 중앙의 각 부서와 각 위원회의 전문가들에게로 되돌려 놓아야 하며, 중앙과 기층을 연결 하는 잘 훈련된 당정기구를 재건하는 노력이 필요하다고 여겼다. 중요한 정치운동이 가지고 있는 '최고조' 정치는 현재의 열악한 상황을 구하기 위한 그들의 노력을 무력화시킬 뿐이었다. 이 대중운동의 방법은 옌안과 1950년대 초기의 중국공산당에는 유용하였으나 1960년대의 복잡한 국가 관리 과업에는 알맞지 않았다.

마오쩌둥은 일련의 조치를 실시하여 그가 우선적으로 고려하는 문제를 제도에 반영하려고 하였다. 정풍운동을 이용하여 조직체제에 대중동원을 돌려놓은 것은 이미 앞에서 상세하게 서술하였다. 이런 것 이외에 마오 주석은 여러 영역에서 우선적으로 선택하여야 하는 구체적인 정책을 주기적으로 제기하였는데, 그것은 류사오치와 덩샤오핑의 도시지향적이고 기술 중시적인 전략의 전제를 공격하기 위함이었다. 문화 측면에서 그는 장칭과 캉성의 선동하에 작가와 예술가들에게 보통 사람, 특히 농민들과 같이 생활하면서 그 생활을 체험할 것을 요구하며 기층으로 내려 보냈다. 의료 측면에서, 그는 위생부에 대해 비판하며, 국가 최고의 의사들을 도시로부터 농촌으로 보내 의료활동을 진행하도록 요구하였다.[45] 교육 측면에서, 그는 단기 교과과정을 정선하여 이론 연구가 아닌 응용 연구에 더 많이 집중하고 육체노동과 대학 교과과정을 유효하게 결합할 것을 주장하였다. 그는 또한 현지의 수요와 상황을 더욱 잘 반영하기 위하여, 학교의 교과서를 수정할 것을 희망하였다.[46] 이 모든 영역에서의 주석의 제의는 베이징의 유관 부문이 실행해 오던 관리를 약화시키는 효과를 가져올 것이었다.

마오쩌둥은 전문화된 국영기업들을 조직하여 경제의 주요 부문들을 관리하여야 한다는 방안에 나타난 경제의 집중화와 전문화에 대해 반대하였다. 마오쩌둥은 이런 회사들을 '트러스트'라고 부르면서, 그 대신에 지역별 자급자족 규모를 좀 더 키우자고 주장했다. 앞에서 언급했다시피 이 방법도 1965년 베트남에 대한 미국의 위협이 상승함에 따라 마오쩌둥의 우선 전략들과 교묘하게 연계되었다.[47]

주석의 정책 효과는 사실상 모든 영역에서 거의 비슷하였다. 모든 상황에서, 류사오치 등은 현재 실행하고 있는 정책을 비판하는 마오쩌둥의 전반적인 공격을 수용하고 일련의 조치를 실시하여 마오쩌둥의 구상을 실현하였다. 그러나 이런 조치는 마오쩌둥이 생각한 급격한 제도 조정과는 많은 차이가 있었다. 결국 마오쩌둥은 점차 그의 동료들이 관료주의의 괴물(Leviathan)을 움직이게 하고 있으

---

45 상세한 내용은 David Lampton, *The politics of medicine in China: The policy process*, 129-92 참조.

46 상세한 내용은 Peter Seybolt, ed., *Revolutionary education in China: Documents and commentary*, introduction and 5-62 참조.

47 트러스트에 관해서는 Ahn, *Chinese politics and the Cultural Revolution*…, 139-44 참조.

며, 이 괴물이 그의 절박한 요구들을 삼켜 버렸고 그의 요구들을 이 체제의 기본
기능과 경향에 영향을 미치기 힘든 미미한 개혁으로 변질시켰다고 보았다.

마침내 1964~1965년, 이 문제들에 대한 마오쩌둥의 우려는 급속도로 심화되
었다. 왜냐하면 그의 연설과 인터뷰에서 드러난 바와 같이, 그가 자신의 죽음에
초점을 두었기 때문이다. 1964년부터 그는 "마르크스를 만나러 간다."라는 말과
모든 사람은 반드시 죽을 것이라는 말을 여러 번 하였다. 1965년 초, 그는 앙드레
말로를 접견하면서 사람을 놀라게 하는 방식으로 이런 근심을 토로하였다. 비록
이 당시 마오쩌둥의 정신 상태를 정확히 알 수는 없지만, 주석이 날이 갈수록 그
의 생명은 곧 끝날 것이고 그와 그가 개척한 혁명사업의 운명이 결국 똑같이 끝
날 것이라고 생각하게 되었을 것이라는 로버트 리프턴(Robert Lifton)의 추측은 믿
을 만하다. 바꾸어 말하면, 마오쩌둥은 단지 그가 영도한 혁명이 정확한 길을 따
라 계속 이어질 때에만 그가 불멸할 수 있다고 여겼다.[48] 그러나 마오쩌둥은, 그
의 주위를 살펴봤을 때 그가 선택한 후계자들의 수정주의가 그의 혁명사업을 전
복시키고 있다고 보았다. 이로 인해 그의 심리적·정치적 부담감이 크게 가중되
면서, 그가 일생을 바쳐 만들어 낸 당에 거친 정면공격을 하지 않으면 안 된다고
여기게 되었다.

옌안 지도부의 분열

앞에서 한 분석은 1966년 문화대혁명을 촉발시켰던 여러 가지 요소들에 집중
한 것이었다. 이 중요한 운동의 대상들에 관해서는 상대적으로 거의 논의하지
못했다. 인상적인 경제 회복과 경제와 연관된 영역에서 정책을 추진한 시대인
1962~1965년의 정책들과 발전 상황에 관해서는 많은 글이 나와 있다. 그러나 이
분석의 경제 측면은 다른 장에서 다루었다. 정치 영역에서 지도자들은 이미 1956
년 말에 확립된 체제를 다시 건립하기 위해 노력하였다. 이 체제는 책임을 명확

---

48 Robert Lifton, *Revolutionary immortality: Mao Tse-tung and the Chinese Cultural Revolution.*

하게 구분하였다. 권력을 가진 서기처에서는 정치국의 다양한 요구를 만족시켰
다. 정부의 행정 관리 범위가 넓어지게 되었고, 광범위한 영역을 다루는 국무원
위원회는 체제가 직능에 따라 지나치게 사분오열되는 것을 방지하고자 했다.[49]

이 체제의 영도자들은 자신들의 경향이 마오쩌둥의 경향과 충돌한다고 생각하
지 않았던 것 같다. 그들은 여전히 마오쩌둥을 존경하고, 방향이 약간 잘못되었
다고 생각하는 정책적 요구에 대해서도 마오쩌둥의 뜻에 영합하기 위해 노력하
였다. 그러나 그들은 대약진 이후 다시 기반을 잡을 수 있는 방법과 중국의 사회
문제를 처리할 때 다시 주도권을 장악하는 방법에 대한 관심을 자제하기 힘들었
다. 이러한 측면에서는 앞에서 서술한 것과 같이, 그들은 1962년 부터 그 이후 형
세에 대한 마오쩌둥의 낙관적인 예측에 동의하지 않았다. 또한 그들은 이후 마오
쩌둥과 연합한 사람들이 야심을 실현할 수도 있다는 잠재적 위험을 의식하였다.
따라서 그들은 기타 기구에 대한 해방군의 침투를 제한하고, 장칭이 문화 영역의
권력을 장악하지 못하게 하려고 시도하였다. 그러나 아쉽게도, 캉성의 권력 증대
를 제한한 조치—만약 이런 조치가 있었다면—에 대한 자료가 너무 적다.

확실히 대약진에서부터 문화혁명 시기까지의 정보는 대부분 1966~ 1976년의
논쟁적인 문헌 자료로부터 얻은 것이다(또한 동일한 편견을 가진 1976년 이후의 자료에서
도 자주 얻는다). 이에, 우리는 8년의 역사 속에 존재하는 의문점을 기억하여야 한
다. 미지의 주요 문제, 혹은 중대한 의문이 있는 영역은 아래와 같다.

첫째, 문화혁명연맹에 참가하지 않은 영도자들은 주석과 주석이 몇 년 동안 우
선적으로 고려한 정책을 어떻게 보았는가? 문화대혁명 시기의 기록에는 거의 모
두 부정적이었다고 쓰여 있었지만 이는 영도자들에 의해 매우 조심스럽게 선별
된 것이었다. 예를 들면, 비록 선전기관이 마오쩌둥의 우선 고려사항을 폄하하려
했다고 알려져 있지만, 사실, 당시의 관방 선전기구는 마오쩌둥에 대한 숭배와

---

49 1965년에 국무원 각 부서와 주요 위원회는 55개에 달하였다. 이는 대약진 시기 동안 정부기구가 간소
화되기 전, 제1차 5개년 계획이 절정에 이르렀을 때와 같은 개수이다.

수정주의에 대한 비판을 대대적으로 진행하였다. 또한 많은 지표들이 이 시기 후반의 대부분 시간 동안 마오쩌둥이 펑전을 부추겼다는 것을 시사하고 있지만, 사실, 문화대혁명 시기의 얻을 수 있는 자료에서 펑전이 말한 부분을 찾아보면, 모두 마오쩌둥의 보건 위생 정책과 경극을 개혁하려는 장칭의 시도를 질책하고 있다. 확실히, 실질적인 분쟁에서 류사오치 주위의 영도자들은 언제나 몹시 마오의 뜻에 따르려고 하였다(비록 장칭에 대해서는 그리 용인하지 않았고, 캉성[50]과 린뱌오에게 주의를 기울이고 있었지만). 이에 1964년 전후, 마오쩌둥은 머릿속으로 이미 사실을 심각하게 왜곡해서 보기 시작하였을 것이며, 특히 그의 아내와 몇 명의 동료들이 그의 의심을 불러일으켰다. 그들은 영도기관의 새로운 배치를 통해 이익을 얻으려고 하였다. 비록 류사오치와 그의 동료들이 우선적으로 고려하여야 하는 사항과 방법에서 마오쩌둥과 완전히 같은 의견을 갖고 있지 않았음은 분명하지만 주석의 변화하고 있는 정신 상태와 죽음에 대한 공포가 그로 하여금 정상적인 정치 논쟁을 도덕적인 선악 세력 사이의 투쟁으로 변화시켰을 가능성이 있다.

둘째, 유감스러운 것은 이 역사의 중요한 측면—공안기관과 마오쩌둥 경호 부대의 역할—이 가려져서 대중들에게 알려지지 않았다는 것이다. 앞의 서술과 같이, 공안계통(公安系統)에서 캉성과 뤄루이칭(罗瑞卿) 두 사람은 핵심적인 인물이었다. 루산회의(庐山会议) 이후 뤄루이칭이 공안부를 떠나 인민해방군 군부대로 갔을 때, 그의 자리는 셰푸즈(谢富治)가 이어받았다. 셰푸즈는 문화대혁명 초기에 빠른 속도로 승진하여 정치적으로 영향력이 있는 사람이 되었다. 1966~1967년 사이에 신속하게 승진하였다는 것은 그가 문화혁명의 충돌을 초래하는 데 중요한 역할을 하였다는 것을 시사한다. 그러나 그 상세한 내용에 대해서는 알 수가 없다. 1966년 중국공산당 중앙판공청의 전 주임인 양상쿤(杨尚昆)은 공식적으로 숙청되었는데, 전언에 따르면 마오쩌둥의 개인저택에 도청기를 달았다고 한다. 그

50　예를 들어, 왕자샹(王稼祥)은 캉성이 중국공산당과 기타 공산당과 접촉할 기회를 갖지 못하게 했다. 『工人日报』, 4 February 1981, trans. in *FBIS/PRC*, 26 February 1981, L-9.

가 직위에서 떠나자, 마오쩌둥 개인의 경호부대는(8341사, 이 사단은 기타 고위급 영도자들의 경호를 담당했다) 경호원 왕둥싱(王东兴)의 영도하에 중국공산낭 중앙판공청 고유의 직능을 아주 빨리 이어받았다. 이 부대는 또한 문화혁명 시기 고위 영도자들을 구속하는 것을 책임졌다. 그러나 1966년 이전 시기의 왕둥싱과 경호기구의 임무에 관한 구체적인 상황에 대해서는 알려진 것이 너무 적다.

셋째, 비록 저우언라이 총리는 이 시기 내내 명확한 태도를 유지하였으나 그의 역할이 무엇이었는지는 여전히 선명하게 드러나지 않고 있다. 1962~1965년의 정책 문제에서 그는 류사오치의 입장을 지지하였으나, 1966년 여름, 마오쩌둥이 문화대혁명을 발동할 때에는 저우언라이의 지지가 아주 중요한 역할을 하였다는 것이 증명되었다. 1966년 저우언라이의 태도는 사람들로 하여금 이전 몇 년간 그의 진정한 역할이 무엇이었는지에 대해 의문을 갖게 하였다. 류사오치를 대체하여 마오쩌둥의 후계자가 되고 싶었던 것은 아닌가? 혹시 그래서 비밀리에 주석으로 하여금 그의 동료들을 믿지 못하게 부추긴 것은 아닌가? 저우언라이는 비록 그가 동의하지 않는 마오의 정책적 요구에 대해서는 축소시키려고 하였을 가능성이 있지만, 단지 어떤 상황에서든 마오를 지지한다는 관례를 따랐을 뿐일 수도 있다. 아쉽게도, 저우언라이는 그에 대한 가설이 달라질 경우 중요한 몇 년 동안의 해석이 달라지게 될 정도로 중요한 인물이지만, 이런 상이한 해석들을 구별하는 데 없어서는 안 되는 자료들은 점차 사라지고 있는 중이다.

여하튼 세월이 흘러 이 몇 년 분의 자료는 이미 얻을 수 있게 되었지만, 대약진부터 문화대혁명 사이의 시기는 부분적으로만 이해되었고, 또한 앞으로도 계속 그럴 것이다. '온건파'가 문헌에 공헌을 할 가능성이 있는 만큼, 이제 부족한 부분이 좀 더 많이 보충될 수 있다. 그러나 이렇게 보충한 자료는 여전히 큰 공백을 남겨 놓았다. 현재까지 확인된 자료를 기초로 볼 때, "무엇이 옌안 영도자들의 분열을 초래하였는가?"에 대한 답변은 명확하다. 분열은 다음 세 가지 요인의 결합 때문이었다. 첫째, 대약진의 비극적인 결과에서 서로 다른 교훈을 얻었고, 둘째,

1958년 이후 계속 거론된 마오쩌둥의 후계자 문제로 긴장이 고조되었으며, 셋째, 점점 쇠약해지는 것에 대한 영도자 스스로의 우려가 커졌다는 것이다. 그러나 우리들에게는 이런 각 요소들의 상대적인 중요성과 영향력을 판단할 자료가 너무 적다.

해리 하딩

버지니아대학 바텐스쿨 학장

문화대혁명은 중국의 공식적 계산에 의하면 1966년 초기부터 마오쩌둥 서거 (1976)에 이르기까지 10년 동안 이어진 것으로 20세기의 가장 기이한 사건들 가운데 하나였다. 문화대혁명의 이미지는 여전히 생생하다. 젊은 홍위병들이 군복 차림으로 베이징의 톈안먼 광장을 가득 채우고 있었다. 그들은 톈안먼 정상에 서 있는 위대한 지도자의 면전에서 격렬하게 울부짖었다. 원뿔형 종이모자를 쓰고 '요괴'와 '변덕쟁이'라고 쓴 플래카드를 든 베테랑 공산당 관료들은 덮개 없는 트럭 뒤에 실려 자식뻘 되는 홍위병들에 의해 주요 도시의 도로로 끌려다녔다. 종종 신문지 크기의 벽면 포스터들에는 나이 든 지도자들에 대해 '수정주의자' 혹은 '반혁명분자'라고 신랄히 비난하는 문구가 채워져 있었다. 홍위병들이 운반한 마오 주석의 주요 문구들로 엮은 플라스틱 장정본의 붉은 소책자들은 어른들의 권위에 맞선 청년 폭동의 한 상징이었다.

순전히 구술적 관점에서 보면 문화혁명은 하나의 비극으로 이해될 수도 있다. 즉 문화혁명을 주도했던 개인이든 혹은 그것을 감내할 수밖에 없었던 사회든 양측 모두에게 비극이었다. 그 운동은 크게 마오쩌둥이라는 한 사람의 결정으로 일어난 결과였다. 혁명 이후 세대에게 혁명적 순결성을 추구하라는 마오의 끊임없는 요구는 문화혁명에 동기를 부여했다. 또한 중국 공산주의 운동에서 그가 차지하는 독특한 카리스마적 지위는 그에게 그 운동을 추진하게 만든 자원을 제공하였다. 그리고 대중동원의 가치에 대한 그의 인민주의적인 신뢰는 그 운동에 형식을 더해 주었다. 8억 중국인들의 운명을 좌우할 마오의 놀라운 비전과 능력은 신화적인 측면이 있었고, 생명보다 더 위대한 사람이라는 인상을 낳았다.

그러나 고대의 비극과 마찬가지로 이 영웅적 요소들은 결국 치명적 결함을 띠고 있었다. 혁명적 순결성을 향한 마오의 추구는 그로 하여금 1960년대 중반 중국이 직면하고 있던 정치·사회적 문제들을 과장하거나 오판하도록 만들었다. 그의 개인적 권위는 잠재적인 사회적 세력들을 폭발시킬 수 있을 정도의 충분한 힘을 주긴 했지만, 그 세력들을 통제할 수 있을 만큼의 충분한 힘을 부여하지는 못했다. 그리고 대중들이 한번 동원되기만 하면 국가를 구원할 수 있을 것이라는 그의 믿음은 대중운동이 폭력과 파벌주의, 혼란으로 변질됨으로써 비참하리만치 오판이었음이 증명되었다. 마오는 문화혁명이 중국과 마르크스-레닌주의에 가장 의미 있고 영구적인 기여를 할 것으로 기대했지만, 이 운동은 그의 말년에 엄청난 오점을 남기고 말았다.

중국을 변화시킬 수 있는 마오의 능력은 그의 개인적 비극인 동시에 국가적 비극이 되어 버렸다. 이제 중국의 지도자들은 문화혁명을 국가의 재난으로 묘사하고 있다. 문화혁명이 낳은 경제적 손실은 비록 대약진운동으로 야기된 손실만큼 심각하지는 않았으며 인적 희생 역시 태평천국의 난이나 일본의 침략, 또는 공산주의혁명만큼 파멸적이지는 않았음에도 불구하고, 그 영향은 찢어진 이력, 파괴된 정신 그리고 인명 손실의 견지에서 보면 재난에 가까웠다. 중국 정치와 사회에 남긴 그 운동의 충격을 완전히 지우는 데는 수십 년의 세월이 걸릴 것이다. 게다가 문화혁명의 손실들은 대부분 마오의 인식, 즉 중국이 곧 자본주의로 회귀할 것이며, 이를 막을 수 있는 처방은 도시 청년들을 시골로 하방(下放)하게 하는 것이 최선의 방책이라는 인식에서부터 이미 예상되던 결과였다.

정치적 분석의 견지에서 보면, 문화혁명은 흥미를 자아내는 것이기도 하다. 정치학자들은 정치 발전의 '위기들'을 이야기하고는 한다. 즉 정치가 발전하면서 기존의 정치제도들은 경제 변화, 지식인의 동요, 정치적 동원 그리고 사회적 변화의 압력에 의해 도전받고 흔들리게 된다.[1] 효과적인 개혁들이 추진되지 못한다면, 정치적 위기들은 폭력과 무질서, 심지어는 폭동과 혁명마저도 낳을 수 있다. 이런 의미에서 문화혁명은 언뜻 20세기에 많은 다른 개발도상국이 경험했던 정치적 근대화의 위기들과도 유사하게 보일 수 있다. 중국공산당은 다양한 사회적·경제적, 그리고 관리기관의 정책에 대한 광범위한 불만에서 비롯된 심각한 도시의 저항에 직면했다. 중국공산당은 반대를 억누를 수도 없고, 효과적으로 조

---

1 Leonard Binder et al., *Crises and sequences in political development.*

정할 수도 없었음을 보여 주었다. 군대가 개입하여 질서를 회복시키고 정치제도의 재건을 시작하기 전까지, 중국에서도 다른 나라와 마찬가지로 이런 상황들은 바로 무질서와 무정부 상태라는 결과를 낳았다.

그러나 문화혁명과 관련하여 독특한 점은 바로 그 체제의 지도자가 스스로 정치적 위기를 고의적으로 유발시켰다는 점이다. 공산당의 정체성에 이의를 제기한 이는 바로 마오였다. 자신의 정부를 무너뜨릴 수 있는 사회적 세력들을 동원하고 저항과 반대를 위한 정치적·이데올로기적 표현을 제공한 사람도 마오였다. 중국의 구체제에 반대하는 혁명을 주도했던 사람이 이제 자신이 세운 새로운 정치체제에 반대하는 반란을 유도하려고 했던 것이다.

그러나 마오가 주도한 첫 번째 혁명에서 거둔 승리는 두 번째 혁명의 것과는 비교할 수 없을 정도로 성공적이었다. 마오 자신이 인식한 바와 같이 성공적인 혁명은 파괴의 행위인 동시에 건설의 행위이다. 즉 성공적인 혁명은 구질서를 파괴하는 동시에 신질서를 건설하는 것이다. 마오의 첫 번째 혁명은 현존하는 체제에 대한 비판이 아니라 새로운 경제적·정치적 질서에 상대적으로 부합하는 이미지에 따라 주도되었다. 마찬가지로 첫 번째 혁명은 대중의 불만을 동원했을 뿐만 아니라 훈련된 혁명조직으로서 집권 이후 효과적인 통치조직인 중국공산당을 낳았다. 이와 대조적으로 두 번째 혁명은 분명한 지도적 전망도 없었을뿐더러 새로운 강령과 정책을 시행하기 위한 통일된 조직을 만들지도 못했다. 이 혁명은 구체제를 넘어뜨렸지만, 대신 그 자리에 혼란과 무질서를 남겨 놓았다.

제3장은 문화혁명 발발 이후 첫 번째 3년 반에 대한 역사와 분석을 담았다. 즉 문화혁명이라는 혼란이 시작된 1965년 말부터 1969년 4월 제9차 중국공산당 전국대표대회(당대회)가 소집된 시기까지의 역사를 분석한 것이다. 이 기간에 대해 어떤 이들은 문화혁명기의 홍위병 시기로 묘사하기도 했고, 다른 어떤 이들은 광적인 단계로 서술하기도 하였다. 마오가 유발했던 정치적 위기가 가장 심각했고, 혼란이 극심했으며, 인적 손실 역시 가장 컸던 시기였다.

이 문화혁명의 전반부 3년 반은 몇 개의 짧은 시기로 나누어지는데, 그 짧은 시기들은 이 장에서 차례로 다루어질 것이다. 첫 번째 시기는 1965년 가을부터 다음 해 여름까지로, 마오와 당권파(실용주의 세력) 간에 대립이 점점 확대되던 시기이다. 이 기간에 마오는 그가 수정주의자로 보았던 당내 지도부와 대립할 수 있는 권력기반을 발전시키기 시작했다. 이런 정치적 자원들을 이용함으로써 마오는 군부, 문화기구, 베이징 시정부, 그리고 당 정치국 안의 지목받은 일부 관료들을 해고하거나 좌천시켜 안전을 도모하였다. 당시 1966년 8월 제8기 중앙위원회 제11차 전체회의에서 마오는 보다 광범위하게 당 중앙위원회 차원에서 수정주의를 비판할 수 있는 공식 승인을 받게 되었다.

두 번째 시기는 11중전회로부터 1966년 말까지로, 이 시기에 당 관료체제에 대한 마오의 공격이 전국적 차원으로 확대되었으며, 홍위병이 그 공격의 주요 수단으로서 함께하였다. 그러나 이 시기의 결과는 마오가 의도했던 것이 아니었다. 그는 홍위병이 통일된 대중운동의 형식을 취하기를 분명히 기대하였다. 또한 관료들이 진실하고 개방적인 태도로 이들 특별 조직으로부터의 비판을 수용할 것이고, 그리하여 당 역시 문화혁명으로부터 그 노선이 교정되고 손상되지 않은 권위를 유지한 채 다시금 부상하게 될 것으로 기대했다. 사실 그가 기대한 이러한 진전은 어느 것도 일어나지 않았다. 홍위병은 경쟁적 조직들로 분열되어 그중 일부는 당기구들을 공격하는가 하면, 또 다른 일부는 오히려 보호하려고 하였다. 지방과 도시 차원의 당 지도부는 처음에는 대중운동을 억누르려 하였지만 곧이어 흡수하려고 하였고 마지막에는 기피하려고 하였다. 경쟁적인 홍위병 소식들의 대중운동과 당기구 사이에서 충돌이 격화됨으로써 당의 권위가 강화되기는커녕 오히려 약화되었다. 1966년 말 무렵에는 중국의 주요 도시들 가운데 많은 도시의 정치제도가 완전히 붕괴되었다.

세 번째 시기인 1967년 1월부터 1968년 중반 무렵까지 마오는 신뢰를 상실한 당기구들로부터 정치권력을 회수해야 한다고 명령하였다. 이것을 어떤 절차에 따라 실행할 것인지를 두고 몇 주간에 걸친 불확실한 논쟁이 있은 뒤, 마오는 정치권력이 지방과 도시 차원에서 세 세력의 연대에 의해 분점되어야 한다고 결정하였다. 이 세력들은 각각 우선 문화혁명 기간에 등장한 대중조직들, 그리고 문화혁명에서 생존할 수 있었던 일군의 간부들, 마지막으로 인민해방군을 가리켰다. 문제는 이들 가운데 어떠한 세력도 전적으로 신뢰할 만한 조직이 아니었다는 점이다. 대중조직은 폭력과 무정부상태에 빠지기 쉬웠으며, 간부들과 인민해방군 세력은 지방과 도시 차원에서 가장 제어하기 힘든 홍위병 활동가들을 공동으로 진압하곤 했다. 자신이 부추겼던 세력들을 완전히 통제할 수 없게 되자 마오가 유일하게 의지한 방법은 한 세력을 또 다른 세력에 맞서도록 하는 것이었다. 그 결과 또한 혼란에 가까웠다. 마오는 마침내 붕괴를 막을 수 있는 유일한 길은 홍위병을 해산시키고 인민해방군으로 하여금 질서를 회복하게 하는 것이라고 결론지었다.

이 결정은 이 장에서 마지막 단계, 즉 중국 정치체제의 재건을 위해 이루어진 것이다. 이 과정은 1969년 4월 제9차 당대회에서 정점에 달하였다. 이 대회에서 새로운 중앙위원을 선출했고, 새 정치국원을 승인했으며, 새로운 당헌을 채택하였다. 이 기간 동안에 중국 군부에 압도적인 역할이 부여되었는데, 군부의 관료들이 제9차 당대회에서 지도부 지위에 진입한 것은 놀라운 일이 아니었다. 그리고 국방부장(국방부 장관)인 린뱌오(林彪)가 마오의 후계자 지위를 지킨 것 역시 놀랄 만한 일이 아니었다. 그러나 민간업무에서 커져 가던 군부의 힘조차도 정치적 안정을 회복하는 데는 그리 충분치 않았다. 권력은 홍위병을 동원했던 급진적 지식인들, 홍위병의 공격으로부터 살아남은 노련한 간부들, 마지막으로 홍위병을 진압한 군부세력 등의 세 세력 사이에서 분점되었다. 이 책의 다음 장에서 드러나겠지만, 문화혁명기 홍위병 시기의 유산은 만성적인 불안정이었다. 이 불안정은 궁극적으로 마오쩌둥의 죽음, 4인방의 숙청, 그리고 중국의 탁월한 지도자인 덩샤오핑의 등장으로 없어지게 되었다.

충돌을 향해

정치적 충돌의 근원들

마오쩌둥은 1960년대 초 중국의 정치적 상황을 점점 불만족스럽다고 보게 되었다. 논쟁에 논쟁을 거듭한 끝에 당은 마오가 불필요하거나 수용할 수 없다고 여겼던 일련의 정책들, 가령 농업에서 농가생산책임제(包产到户)의 회복, 공업에서 물질적 유인책 수용, 공공의료의 도시 내 집중, 쌍궤제(双轨制) 교육체제의 발전, 문학과 예술 분야에서 전통적 주제와 스타일의 재현 같은 정책들을 채택하였다. 대부분의 정책들은 정책의 지지자들에 의해 반우파투쟁과 대약진운동 이후의 사회적 응집력과 경제적 생산성을 회복시키려는 방식으로 추진되었다. 그러나 마오의 견지에서 보면 이들 정책은 사회의 불평등, 전문화, 위계화 그리고 분을 심화시키는 것으로 사회주의 사회의 전망과는 양립할 수 없는 것들이었다.[2]

당의 정책에 대한 마오의 불만은 몇몇 부하들과의 개인적인 갈등이 커지면서 악화되었다. 우선 마오가 불경죄로 지목했던 몇 가지 사건이 있었다. 추측건대 마오는 비록 1958년 말에 자발적으로 지도자로서의 일상적인 영도를 그만두었지만, 주요 현안을 둘러싸고 결정을 내리기 전에 몇몇 지도자들, 특히 당시 당 총서기였던 덩샤오핑이 자신과 상의하지 않은 것을 두고 점점 분개하게 된 것 같다. 예를 들면 1966년 10월에 마오는 "우리가 회의하려고 모일 때면 언제나 덩샤오핑은 나와 거리를 두고 앉았다. 1959년 이래 6년 동안 덩샤오핑은 내게 업무에 관련된 총괄 보고를 하지 않았다."라고 불만을 토로하였다.[3] 1961년 3월에 마오는 덩샤오핑이 그와 상의하지 않고 농업의 재조직화와 관련된 몇 가지 주요 결정

---

2 1960년대 초반 마오와 그 동료들 사이에서 일어나기 시작한 갈등에 대해서는 다음을 참조. Byung-joon Ahn, *Chinese politics and the Cultural Revolution: Dynamics of policy process*; Harry Harding, *Organizing China: The problem of bureaucracy, 1949-1976*, ch.7; Roderick MacFarquhar, *The origins of the Cultural Revolution, 2. The Great Leap Forward 1938-60*; 이 책 제2장 참조.

3 Jerome Ch'en, ed., *Mao papers: Anthology and bibliography*, 40.

을 내렸을 때, "어떤 황제가 이런 결정을 내리겠어?"라고 냉소적으로 되물었다.[4] 1960년대 초 중국 문학과 신문 등에 등장하기 시작한 마오의 영도력에 대한 풍자적 비판은 마오를 화나게 만들었고, 심지어 펑전(彭真)이나 루딩이(陆定一)를 포함한 문화 업무 관련 책임자들이 비판적인 작가들을 기용한 것 외에 아무 조처도 취하지 않은 것 역시 마오의 심기를 건드렸음에 틀림없었다.

게다가 마오는 자신의 뜻대로 관료기구를 제어할 수 없게 됨에 따라 점점 더 좌절하게 되었다. 1962년부터 1965년 사이에 마오는 오래전부터 관심을 갖고 있던 5가지 분야에서 당이 대약진 직후에 채택한 정책들을 변경하려고 시도하였다. 예컨대 농업 분야에서 유행하던 농가생산책임제를 중지시키려 했고, 고등교육 관련 교과 및 시험 제도의 개혁을 제안했으며, 도시 지역에 공공의료시설이 집중된 것을 비판했다. 또한 농촌 인민공사 내 당정 간부들 사이의 부패와 비효율을 근절시키기 위한 농민조직의 건설을 제기했고, 나아가 문화 분야에서 전통적인 주제와 수정주의 이론들이 다시금 등장하는 것을 막고자 했다.

당기구들은 결국 마오가 제안한 각 정책들에 부응하려고 했으나, 마오에게는 여전히 반신반의하는 무성의한 태도로 일관하는 것처럼 보였다. 당기구들이 어느 정도 이럴 수밖에 없었던 이유는 무엇보다 많은 고위 지도자들이 대약진 직후에 도입된 정책들을 계속 지지했기 때문이며, 마오의 지령대로 정책들을 변경하는 것을 주저했기 때문이다. 또한 부분적으로 보면, 마오의 기대에 대한 미온적인 대응은 마오가 제의한 새로운 일련의 정책들이 착수되었음에도 불구하고 관료기구는 여전히 현존하는 일상적인 틀을 가능한 한 유지하는 가운데 점진적으로 행동하려고 했기 때문이다. 게다가 마오의 의도는 종종 애매모호한 언어로 표현되었는데, 구체적인 대안을 제안하는 방식보다는 그가 싫어하는 경향을 강조하여 비판하는 데 더 많은 능력을 보여 주었다.

어쨌든 마오의 결론은 관료기구의 소극적 대응, 정신생활 영역에서 전통적이

---

4 Parris H. Chang, *Power and policy in China*(rev.ed.), 131.

고 부르주아적인 관념의 출현, 그리고 국가의 경제 전략에서 효율성에 대한 강조는 모두 중국 사회 내에 수정주의—진정한 사회주의 발전노선에서 근본적으로 탈피한—를 등장시키는 위험을 초래하고 있다는 것이었다. 처음에 마오는 다소 낮은 목소리로 이러한 관심사들을 표현하였다. 예컨대 1962년 그는 수정주의를 극복하자고 당에 요구하면서 이런 임무가 "우리의 일상업무를 방해해서도, 또는 가장 중요한 지위를 차지해서도 안 된다."라고 말하기도 했다.[5] 마찬가지로 중요한 것은 마오가 처음에는 다소 온건하고 전통적인 방식으로 당내 수정주의 경향을 극복하려고 했다는 점이다. 그 전통적인 방식이란 관료기구 내에서 마르크스－레닌주의 원리를 학습하고 모범적인 지도간부들을 따라 배우는 캠페인을 시작하는 것이었다.

그러나 이런 조치들의 비효율성이 명백히 드러나자 마오의 경고는 한층 더 직접적이고 신랄하게 바뀌었다. 그는 궁극적으로 수정주의가 예상했던 것보다 훨씬 더 광범위하게 확산되었으며, 당내 최고위층 지도자들조차도 이 문제에 효과적으로 대처하려고 나서지 않기 때문에 그들 스스로도 수정주의적 사고의 오류에 빠질 수 있다고 결론지었다. 1965년 9월에 열린 한 공작회의에서 마오는 그의 동료들에게 "만약 수정주의가 당 중앙위원회에 등장하면 어떻게 할 것인가? 수정주의가 나타나면 엄청난 위험일 것이다."라고 물었다.[6]

수정주의에 대한 이러한 경고들은 문화혁명을 정당화하는 체계적인 이론들로 점차 변형되기에 이른다. 한 가지 중요한 사실은 문화혁명운동 그 자체는 이에 대한 체계적인 이론적 근거가 마련되기 이전에 시작되었다는 점이다. 그러나 1967년에 게재된 두 개의 사설에서 중국인들은 온전한 형태를 띤 '프롤레타리아 독재하 계속혁명'이란 마오의 신이론을 확인하게 된다.[7] 비록 마오 자신이 이들

---

5   Stuart R. Schram, ed., *Chairman Mao talks to the People: Talks and letter, 1956-1971*, 193-5.

6   Ch'en, *Mao papers…*, 102.

7   Editorial department of 『人民日报』(이후 *RMRB*), 『红旗』(이후 *HQ*), "A great historic document", 18 May 1967, in 『北京周报』(이후 *PR*)19 May 1967,10-2; Editorial department of *RMRB*, *HQ*, 『解放军报』,

사설을 직접 쓴 것은 아니었지만 글 속에 표현된 그 생각이야말로 마오 주석의 관점을 반영하고 있다는 사실에 대해서는 의심할 하등의 이유가 없었다.

종합해 보면 그 사설들의 결론은, 마오의 시각에서 볼 때 사회주의 혁명의 성공에 가장 큰 위험은 바로 외부로부터의 위협이 아니라 오히려 내부에서의 자본주의 복원이라는 것이다. 마오는 스탈린 사후 소련의 경험이 입증하듯, 집권 공산당 내 '수정주의자'들이 정권을 찬탈할 경우 자본주의로의 회귀가 일어날 수도 있다고 믿었다. 이를 막기 위해 필요한 것은 자본주의의 길을 따르려는 당권파에 맞서 계급투쟁을 지속적으로 전개하는 것이었다. 계속혁명이야말로 산업의 국유화와 농업의 집단화 이후 사회주의 사회 내 계급투쟁의 주요 형태였던 것이다. 당내 수정주의적 당권파 세력뿐만 아니라 이들의 마음속에 깃든 이기적이고 자유주의적인 경향을 비판하기 위해서 전개한 계급투쟁의 방법은 문화혁명의 '밑으로부터 대중들을 과감하게 분기시키는 것'이었다. 수정주의 문제는 인간의 이기적 심성 속에 깊이 내재하고 있기 때문에, 사회주의 사회의 순수한 목표를 보전하기 위해서는 수십년에 걸쳐서 문화혁명을 지속시키는 것이 필요했다.

마오의 권력기반 구축

1964년 무렵 당기구에 대한 공격을 통해 마오의 권력기반이 창출되기 시작했다. 이러한 권력기반의 요소들은 처음에는 단편적이고 겉으로 보기에 조정되지 않은 방식으로 만들어졌다. 그 가운데 한 요소는 인위적인 사회경제정책의 조작으로 형성되었는데, 이 정책은 특히 도시 젊은이들 가운데서 사회적인 혜택을 받지 못하고(사회적 지위가 낮고) 사회에 환멸을 느끼는 집단들을 낳았다. 두 번째 요소는 마오의 부인인 장칭(江靑)의 지휘하에 지식계와 문화계 영역에서 출현하기

"Advance along the road opened up by the October socialist revolution", 6 November 1967, in *PR* 10 November 1967, 9-11. 최근 출판된 자료의 설명에 따르면, 두 번째 문장의 초고는 천보다와 야오원위안의 감독하에서 만들어졌다고 한다. 이에 대해서는 孙敦璠 et al., eds., 『中国共产党历史讲义』(이후 『历史讲义』) 2, 268 참조.

시작했다. 세 번째 요소는 군부 내에서 국방부장인 린뱌오의 주도로 만들어졌다. 1964년과 1966년 사이에 이러한 세 가지 요소들은 한층 더 체계적으로 조합을 이루어 정치연대를 만들었으며, 이 세력은 마오의 영도 아래 심지어 지위가 공고했던 당기관에 반대하여 위대한 프롤레타리아 문화혁명을 감행할 수 있을 정도로 강력해졌다.

인민해방군

마오의 권력기반 가운데 가장 중요한 요소는 조직화된 중국 군부의 통제권을 위임받은 세력인 린뱌오 영도하의 인민해방군이었다.[8] 린뱌오는 1959년 루산회의(庐山会议) 당시 국방부장이던 펑더화이(彭德怀)의 지위를 승계한 이후 군부 내에서 정치공작을 부활시키는 데 특별히 역점을 두었다. 이 공작은 두 가지 방향에서 이루어졌다. 하나는 마오의 영도에 대한 군부의 충성심을 확고히 하는 것이었고, 다른 하나는 마오의 눈에 들도록 자신의 평판을 제고시키는 것이었다. 린뱌오는 인민해방군 기층 단위에 당지부를 재건하였으며, 펑더화이의 영도 시기에 느슨해졌던 정치부 계통을 복원시켰고, 군대 문제에 대한 중국공산당 중앙군사위원회의 통제권을 강화시켰다. 또한 린뱌오는 군대의 정치교육 프로그램을 강화했는데, 주로 새롭게 편집한 마오 주석 어록을 기초교재로 삼았다. 이 붉은 소책자는 이후에 홍위병들이 휴대하고 다님으로써 정치교육의 모델 역할을 하기도 했다.

이와 동시에 린뱌오는 혁명 시기의 군사 전통을 회복시키고자 했다. 1950년대에 이르러 보다 정규화된 군대의 성격을 선호하게 되면서, 1930년대와 1940년대

---

8 1960년대 초 인민해방군에 관해서는 다음을 참조. John Gittings, "The Chinese army's role in the Cultural Revolution", *Pacific Affairs*, 39. 3-4(Fall-Winter 1966-1967), 269-89; John Gittings, *The role of the Chinese army*, ch. 12; Ellis Joffe, "The Chinese army under Lin Piao: Prelude to political intervention", in John M. H. Lindbeck, ed., *China: Management of a revolutionary society*, 343-74; Ellis Joffe, *Party and army: Professionalism and political control in the Chinese officer corps, 1949-1964*.

에 수행했던 게릴라전의 조직적이고 전술적인 원리들이 뒷전으로 밀려났다. 정식적인 계급제가 확립되었다. 민병제는 펑더화이가 보다 정규적인 군사 예비역 제도로 대체해야 한다고 주장함에 따라 덜 중시하게 되었다. 펑더화이의 군 개혁은 계급제와 군대규율에 더 큰 역점을 두었으므로, 이전에 보여 주었던 '군대민주주의'에 반(反)하였다. 진지전과 현대화 장비를 강조하는 소비에트 군사이론은 원시적인 무기로 기동전을 펼치는 마오식 군사이론을 대체하였다.

외국의 군사이론을 선호하면서 인민해방군의 혁명적 유산을 폐기시키려는 움직임에 대한 반발은 일찍이 1950년대 중반부터 나타났다. 이에 따라 펑더화이가 국방부장을 맡고 있던 1950년대 후반에 양자 간에 균형을 이루려는 시도들이 있었다. 그러나 린뱌오의 지도하에서 '재혁명화' 과정이 가속화되었다. 새로운 군사조례는 일련의 전통적 개념들을 강조했는데, 가령 정치위원과 군대지휘관의 연합지도, 군대의 충성과 사기를 유지하기 위한 정치공작의 중요성, 군민 간의 긴밀한 유대, 관민 간의 평등한 관계 등과 같은 것들이 중시되었다. 군사전략은 다시금 (전문화된 군종에 대립되는 것으로서) 보병, (정규군에 대립되는 것으로서) 민병, 그리고 (각종 병종이 협동하는 대규모 군사훈련과 대립되는 것으로서) 소분대 전술과 같은 것들이 각각 강조되었다. 1965년에 마침내 중대한 상징적 조치로서 군의 계급제가 폐지되었고, 장교들은 1950년대 중반 이래 착용해 온 소련식 군복과 배지(휘장)를 버리고 아무 장식도 없는 옌안(延安) 시기의 암녹색 군복을 입게 되었다.

그리고 여전히 린뱌오는 이런 정책의 틀로 말미암아 인민해방군의 용맹성을 떨어뜨리는 것을 결코 허용하지 않았다. 비록 그는 군사적인 연승에 있어 무기보다 사람들이 한층 더 중요하다고 강조했으나 이와 동시에 공군의 현대화와 중국의 핵보유 능력 개발을 지원했다. 린뱌오는 군대교육에서 정치교육이 가장 우선시되어야만 한다고 말했으나, 실제로는 군인들로 하여금 사상교육보다 군사훈련에 더 많은 시간을 투여하게 하였다. 린뱌오는 인민해방군이 인민전쟁의 원칙을 고수하도록 거듭 강조하였으나, 인민의용군 활동의 수준은 대약진운동 시기에 정점을 찍은 뒤 점차 떨어지게 되었다. 그리고 농촌의용군 부대들은 군대 업무보다 내부 치안과 농업생산에 더 많은 주의를 기울였다.

그리하여 1960년대 초반에 린뱌오는 무장세력 내 정치구조를 재활성화시키고 전통적 군사원리를 복원시켰을 뿐만 아니라, 1962년에 인도를 상대로 한 국경분쟁을 성공적으로 이끌었으며, 2년 뒤에는 중국 최초로 원자폭탄의 폭발실험을 주도하였다. 이러한 성과들은 인민해방군의 '적색화'가 군대의 전문화를 포기함으로써 얻은 것이 아님을 시사해 주고 있다.

1960년대 초반에 인민해방군의 성공적인 업적은 같은 기간에 광범위하게 감지되었던 당정기구들의 부패와는 대조를 이루었다. 따라서 마오가 린뱌오를 능력 있는 조직 수완가로, 그리고 류사오치나 덩샤오핑보다 훨씬 더 충성스런 부하로서 여겼을 뿐만 아니라 인민해방군을 필적할 만한 민간 관료기구의 모델로 동일시하기 시작했다는 것은 전혀 놀랄 만한 일이 아니었다. 이러한 목표를 향하여 1964년 2월에 "인민해방군으로부터 배우자."라는 전국적인 캠페인이 시작되었다. 그 운동의 일환으로 정부 관료기구는 인민해방군 내에 정치부가 설립된 것처럼 정치부를 조직하라는 명령을 받게 되었다. 이 정치부는 민간 관료들에게 정규적인 정치교육을 진행하는 책임을 떠맡았다. 신설된 정치부 내 직위들의 30~40%는 차출된 인민해방군 간부들이나 무장부대로부터 전출된 장교들이 맡게 되었다.[9]

린뱌오는 군대에 새로운 역할을 부여하는 것에 대해 조금도 꺼려하지 않았다. 첫째로, 사실 린뱌오가 정부기구 내에 정치공작 부문을 설치할 것을 제안했을 가능성이 높고, 심지어는 정치공작 부문들이 인민해방군의 총정치부 감독하에 놓여야 한다고 건의했을 수 있다. 만약 이런 제안이 수용된다면 정부 업무에서 인

---

9 인민해방군의 학습운동에 관해서는 Ahn, *Chinese Politics*…, ch.6; John Gittings, "The 'Learn from the army' campaign", *China Quarterly*(이후 *CQ*), 18(April-June 1964), 153-9; Harry Harding, *Organizing China*, 217-23; Ralph L. Powell, "Commissars in the economy: The 'Learn from the PLA' movement in China", *Asian Survey*, 5, 3(March 1965), 125-38 참조.

민해방군의 영향력이 극적으로 증대될 수 있었고, 동시에 당조직이 맡던 전통적인 책임들을 심각하게 침해할 수도 있었다. 류사오치는 비록 정부기구 내에 정치부를 설립하자는 마오의 결정을 수용했으나, 여전히 정치 부문들이 인민해방군의 정치기구의 관할 아래 놓이기보다는 경제 업무에 책임을 지고 있는 당기관의 관할하에 놓여야 한다고 주장했다.[10]

설사 그렇다고 해도 "인민해방군으로부터 배우자."라는 캠페인의 개시와 더불어 정부 관료기구 내 정치부의 설립은 인민해방군과 린뱌오에게 1950년대 초 이래 그 어떤 때보다 정부 업무와 관련하여 한층 더 많은 영향력을 부여하였다. 1966년 2월에 인민해방군은 문화 관련 공작회의를 개최하였는데, 명목상으로는 오로지 군대 내의 문예문제를 어떻게 처리할 것인가가 주제였지만 실제로 이 회의는 민간 문화계에 대단히 큰 영향력을 미쳤다.[11] 1966년 3월에 린뱌오는 공업 및 상업 관련 공작회의에 한 통의 편지를 써서 경제 관리자들이 마오주의 학습에 한층 더 적극적으로 나서야 한다고 호소하기도 했다. 이 편지는 상대적으로 악의 없는 메시지를 담고 있긴 했지만, 국가의 경제정책과 관련된 문제들에 대한 린뱌오의 점증하는 발언권을 상징적으로 드러내는 것이었다.[12]

급진적 지식인 그룹

초기 마오와 연맹을 이룬 두 번째 구성원은 일단의 급진적인 지식인 그룹인데, 이들은 1966년 중반에 문화대혁명의 사상적 중재자인 동시에 대중동원자로서 복무하였다. 이 좌익 선전가들과 작가들을 한데 결집시키는 일에 핵심적인 역할을 한 사람은 마오의 처인 장칭(江青)이었다. 그녀는 마오와 당기구 사이에서 일기 시작한 갈등이 자신의 정치적 야망을 실현시킬 수 있는 특별한 기회를 제공할

---

10 Radio Peking(1967. 12. 16) in John Gittings, "Army-Party relations in the light of the Cultural Revolution", in John Wilson Lewis, ed., *Party leadership and revolutionary power in China*, 395.

11 Kenneth Lieberthal, *A research guide to central Party and government meeting in China 1949-1975*, 238-9.

12 Michael Y. M. Kau, ed., *The Lin Piao affair: Power politics and military coup*, 321-2.

것이라는 사실을 금방 깨달았다.

1937년 공산주의 운동에 가담하기 위해 옌안으로 떠나기 진의 장칭은 2류 여배우였으며 상하이의 예술계와 정치적 화류계에 적극적으로 참여하기도 했다. 1938년 마오와 그녀의 조우는 처음에는 이 야심 찬 여인에게 예술무대에서 정치무대로 도약할 수 있는 기회를 주는 것처럼 보였다. 그러나 그녀의 다소 복잡한 배경으로 말미암아 당내 많은 고위 지도자들은 마오 주석과 그녀의 결혼을 강하게 반대하였고, 그녀가 30년 동안 정치활동을 하지 않겠다고 동의한 뒤에야 비로소 그 결혼은 성사될 수 있었다.[13] 그녀는 1950년대 내내 건강이 좋지 않아서 자신의 약속을 지킬 수 있었다. 그러나 1960년대 초반에 이르러 건강상태가 다소 호전되면서—물론 그 기질은 그대로였지만—새로운 프로젝트, 즉 중국 문화의 개혁에 착수하게 되었다. 그녀의 초기 무대 경력은 이런 과제를 수행할 수 있는 최소한의 자격을 부여해 주었다. 문화 방면에서 점점 커져 가던 마오의 '수정주의'에 대한 불만은 이 과제를 수행할 수 있게끔 실질적인 격려와 지지를 제공해 주었다.

전통적인 경극을 개혁하려던 장칭의 초기 노력은 기존의 인정받은 저명한 연극인들로부터 경멸을 받았을 뿐만 아니라 문화 업무를 책임지고 있던 관료들의 반대에 직면하였고, 결국 언론으로부터도 무시받게 되었다.[14] 이런 장애에 부딪히자 장칭은 베이징과 상하이 지역의 젊고 상대적으로 급진적인 지식인 그룹에게 지원을 요구하게 되었다. 보다 큰 명성을 누리던 도시 지식계급과 견주어 보았을 때 이들은 더 젊고 지위가 낮았으며 정세를 파악하는 능력노 부족한 네다 전통적인 마르크스주의에 더욱 더 많이 경도되어 있었다. 1957년의 반우파투쟁 이래로 많은 급진적 지식인들은 학술적이고 문화적인 문제들과 관련하여 신념

---

13 Ross Terrill, *The white-boned demon: A biography of Madame Mao Zedong*, 154.

14 이 시기 장칭의 역할과, 젊고 급진적인 지식인들과의 관계에 대해서는 다음을 참조. Merle Goldman, *China's intellectuals: Advise and dissent*, ch.3; Roxane Witke, *Comrade Chiang Ch'ing*, 321-2.

과 직업의 조화로부터 벗어나 상대적으로 극단적인 입장에 서기도 했다. 그들은 1960년대 초반 문화적 해빙기 내내 보다 자유주의적 경향을 띤 상사들과 논쟁을 벌여 왔다.[15]

장칭은 두 개의 주요한 급진적 지식인 그룹과의 관계를 도모해 왔는데, 그 첫 번째 그룹은 베이징 소재 중국과학원의 철학사회과학부의 관펑(关锋), 치번위(戚本禹), 린제(林杰)와 같은 사람들을 포함하고 있었다. 두 번째 그룹은 상하이 시 당 위원회 선전부에 집중되어 있었는데, 당시 선전부장을 맡고 있던 장춘차오(张春桥)와 야오원위안(姚文元)이 그 멤버였다. 전자의 그룹은 성격상 좀 더 학술적이었고 역사와 철학에 정통한 인물들이 속해 있었다. 이와 대조적으로 후자의 상하이 그룹은 언론 비판에 더 많은 경험이 있으며, 창조적인 예술 방면에 더욱 조예가 깊은 사람들로 이루어져 있었다. 베이징의 경우 다년간 마오쩌둥의 개인비서 겸 이론가 역할을 맡았던 천보다(陈伯达)가 장칭과 이들 급진적 지식인 그룹의 만남을 주선하였다면, 상하이 지역의 경우 공산당 화동국(华东局) 서기였던 커칭스(柯庆施)가 이들 간의 만남에 편의를 제공하였다. 그는 다른 많은 당 지도자들과는 달리 대약진 실패 이후에도 여전히 마오와 긴밀한 관계를 유지한 인물이었다.

1963년부터 1966년 사이에 장칭과 그녀의 문인 소집단은 주로 문예 업무에 집중하였는데, 특히 그녀가 애착을 가졌던 경극과 기타 다른 공연예술의 개혁에 큰 관심을 기울였다. [이런 가운데 공산당 중남국(中南局) 서기였던 타오주(陶铸) 또한 장칭을 지지하게 되었다.] 그러나 마오와 당기구 사이의 대립이 점점 심화되어 가자 급진적인 지식인들은 정치적인 문제들에 대해 더욱 공개적으로 나서기 시작하였다. 그리하여 우리가 곧 보게 되겠지만 그들은 마오의 적수들을 향해 비판을 가했을 뿐만 아니라 문화대혁명의 이념적 기반도 제공하였다.

마오 진영의 이 두 번째 지지 세력인 급진적인 지식인 그룹은 로웰 디트머(Low-

---

15 상하이 그룹과 베이징 그룹 사이의 차이는 골드만(Goldman)의 다음 글에서 따왔다. Goldman, *China's intellectuals…*, ch.3.

ell Dittmer)의 적절한 표현을 인용하여 말하자면 '제왕의 친신(親信)'과 같은 역할을 맡았다.[16] 이 급진적 지식인들은 좁고 편협한 경력의 소유자들로 다소 교조적이고 이상주의적인 정치적 입장을 견지하였다. 그리고 그들은 장칭을 통해 마오와 연관을 맺음으로써 얻게 된 것 말고는 독립된 정치적 지위를 거의 갖지 못했다. 그들은 기존의 정치질서에 그 어떤 이해관계도 갖고 있지 않았으며, 참을성 있게 그 체제에 적응하기보다는 오히려 그 체제와의 대립을 통해 더 빠르게 자신들의 경력을 발전시킬 수 있으리라고 확신하였다. 그러나 마오가 자신에 대한 급진적 지식인들의 충성심과 선전 분야에서의 자질 및 급진적 이론에 대한 지식이 당기구를 공격하는 데 유용한 도구로 작용할 것이라는 점을 발견했을 때에야 비로소 급진적 지식인의 힘은 증가될 수 있었다.

대중 기반

마오 진영의 마지막 지지 세력은 대중 기반으로, 1966년 중후반까지만 해도 잠잠했던 세력이었다. 이들은 스스로를 사회적으로 소외된 약세 집단으로 간주한 도시의 성원들이었다. 역설적이게도 한층 더 평등한 사회를 지향하던 마오의 후원 속에 채택된 두 가지 정책은 도시 내의 사회적 갈등을 실질적으로 증가시켰다. 구체적으로 두 정책은 첫째, 교육 충원과 취업 할당에서 계급적 배경을 다시금 강조하는 것이요, 둘째, 도시 주변 농민들을 위한 시간제 공장 고용 프로그램이었다.

마오의 대중 기반에서 가장 큰 활약상을 보여 준 세력은 고등학생과 대학생들이었다. 이들이 문화대혁명 시기의 홍위병운동에 참여한 이유는 크게 보면 젊은 이들의 일반적인 이상주의로 설명할 수 있을 것이다. 이런 이상주의는 그들로 하여금 1960년대 중반 중국 사회에 만연해 있던 엘리트주의, 불평등, 관료주의적

---

16 Lowell Dittmer, "Bases of power in Chinese politics: A theory and an analysis of the fall of the 'Gang of Four'", *World Politics*, 31. 1(October 1978), 42.

침체 상태에 대한 마오의 분노를 공유하도록 이끌었다. 중국 학생들은 수정주의에 반대하는 마오의 캠페인에 참여함으로써 이 운동에서 자신들의 중요성과 힘을 확실히 확인하였다.

게다가 1960년대 초반의 교육정책들은 중국 학생들 사이에서 심각한 분열과 불만을 자아냈다. 초·중등 교육의 기회는 확대되었던 반면 고등학교와 대학 입학 등록률은 대약진 기간의 수준에 비해 크게 하락하였다. 그 원인은 무엇보다 정부가 심각한 경기불황 시기 동안 과대한 재정지출을 축소하였기 때문이다. 명문 학교와 비명문 학교 사이에는 큰 차별이 존재했는데, 명문 학교 출신 학생들은 비명문 학교 학생들보다 대학교육을 받을 수 있는 기회를 압도적으로 더 많이 가지고 있었다. 1964년부터 1965년 무렵에는 대학 진학에 실패했거나 공장에 취직하지 못한 대량의 고교생들이 변경지역이나 농촌으로 보내졌는데, 이것은 몇 년 후 대규모 농촌하방정책의 징조를 나타내는 것이었다.[17]

상급으로 이동할 수 있는 기회가 적어지고, 농촌으로 영구히 도태될 실질적인 위기에 처하자, 학생들의 관심은 온통 진급의 기준에 쏠렸다. 형식적으로 명문 고교나 대학 진학, 그리고 가장 바람직한 직장 안배에서 학생들에게 부여된 중요한 세 가지 기준이 있었다. 즉 계급배경(가정성분), 학업성취도 그리고 정치적 행위가 바로 그것이었다. 그러나 1960년대 중반에 이르면 그 기준의 상대적 중점이 변화하기 시작했는데, 계급배경과 정치적 행위는 더 중시되었던 반면에 학업성취도는 평가절하되었다. 문화대혁명 전야에 가장 운 좋은 학생들은 간부나 군인 가정 출신의 자녀들이었다. 이 운 좋은 학생들은 학업성적이 뛰어나지 않는 경우에도 명문 고교나 대학 진학 및 공청단(共靑團: 중국공산주의청년단) 가입에서 계급배경을 새롭게 강조하는 분위기로 인해 혜택을 누리게 되었다. 다음으로 혜택

---

17 1960년대 교육 정책에 관해서는 다음을 참조, John Gardner, "Educated youth and urban-rural inequalities, 1958-66", in John Wilson Lewis, ed., *The City in communist China*…, 235-86; Donald J. Munro, "Egalitarian ideal and educational fact in communist China", in Lindbeck, *China*…, 256-301.

을 누린 학생들은 노동자와 농민 가정 출신의 자녀들이었다. 그들의 비교적 양호한 계급배경은 이제 그들의 보잘것없는 성적을 보완해 주었다. 최하층에는 부르주아나 지식인 가정 출신의 학생들이 위치하였는데, 그들은 종종 최상의 학업성적을 보여 주었지만 그들의 낮거나 어중간한 계급배경은 승급하는 데 아주 큰 장애물이 되었다.[18]

1960년대 초반 정치상황에 의해 학생들이 나누어졌던 것처럼 도시 노동자들 또한 마찬가지였다. 1950년대의 경제정책들은 이미 정규직 노동자와 견습공, 숙련 노동자와 비숙련 노동자, 그리고 대규모 국유기업 노동자와 소규모 집체기업 노동자 사이에 분열을 낳았다. 그 어떤 경우에서도 전자 부류의 노동자들은 후자 부류의 노동자들보다 실질적으로 더 많은 임금과 취업·복지 혜택을 누렸다.

이러한 차별들은 중국에 소련모델을 적용한 결과로 야기된 것인데, 1964년도 산업 고용에서 '노동자-농민 제도'를 실시함으로써 더욱더 확대되었다. 이 정책에 근거하여 산업노동자들은 공장이나 기업의 특수한 요구에 따라 도시 근교의 인민공사로부터 고용되었는데 대체로 임시공이나 비전일제 노동자로 일하였다. 이 제도는 노동자와 농민들을 하나의 인민계급으로 만듦으로써 도시와 농촌 사이에 존재하는 사회경제적 차이를 축소하려는 노력이라고 공식적으로 정당화되었다. 그러나 실천 과정을 들여다보면 노동자-농민 제도는 그다지 고상하지 못했다. 공장들은 임시계약직 노동자를 고용하기를 선호하였다. 임시계약직 노동자들은 정규직보다 낮은 임금을 받았고, 국유기업이 정규직 노동자들에게 제공하도록 규정되어 있는 연금과 의료 혜택을 받지 못했으며, 실적이 좋지 않을 경우 해고될 수 있었다.[19]

그러므로 노동자-농민 제도의 결과는 사회적 긴장을 개선하기보다는 오히려

---

18 중국 학생들의 분류와 범주화는 이홍영(Hong Yung Lee)의 글에서 기초하였다. Hong Yung Lee, *The politics of the Chinese Cultural Revolution: A case study*; Stanley Rosen, *Red Guard factionalism and the Cultural Revolution in Guangzhou*(Cartoon).

19 Lee, *Politics of the Cultural Revolution*⋯, 129-39.

악화시켰다. 이런 고용정책은 불만을 품은 최하층 노동계급을 양산하게 되었는데, 이들은 정규 노동자들보다 적은 보수를 받았을 뿐만 아니라 고용 보장도 제대로 받지 못했기 때문이다. 또한 이 정책은 한층 더 많은 사람들을 사회 저층으로 내모는 불안한 것이었다. 많은 국영기업 내에서는 정규직을 한층 더 유연한 노동자-농민 제도로 전환시키는 경향이 나타났다. 그러므로 견습공들의 승진을 위한 기회는 고갈되었으며, 심지어 정규직 노동자들도 계약직 노동자가 되기 위해 스스로 농촌으로 가야 할 위험에 직면하였다.

1966년 중반에 문화대혁명이 발발하여 대규모 군중시위가 공식적으로 고무되고 있을 때, 개별적인 불평뿐만 아니라 많은 집단적 분노가 홍위병운동에 감정적 차원에서 혁명의 원동력을 제공하였다. 모든 복잡한 사회운동들이 그렇듯이, 문화혁명에 참여한 개인의 사회경제적 지위와 정치적 지향점 사이에는 일종의 느슨한 연계만이 있었을 뿐이었다. 그러나 홍위병운동에서 가장 일반적인 유형은 위로 진급할 수 있는 기회가 점점 봉쇄되고 있다는 느낌을 받고 있던 하층 혹은 중간계급 출신의 학생들과 경제적 전문화 과정에서 더 낮은 위치로 내몰리던 노동자들의 당기구에 대한 분노였다.[20]

위기의 출현

중국의 당 지도자들이 군사정책, 베트남 전략, 문학계 인사 관련 정책, 그리고 당의 기강 확립을 둘러싸고 뜨거운 논쟁을 벌이고 있을 때, 앞에서 말한 일련의 쟁점들과 긴장상태가 1965년 가을과 1966년 여름 사이에 전면에 등장하게 되었다. 이런 논쟁들로 말미암아 마오의 후원을 얻고 있던 린뱌오와 장칭은 잠재적 경쟁자들을 주변으로 몰아낼 수 있었으며, 군부와 문화 관련 기구에 대한 통제력도 확대할 수 있었고, 그리하여 마오는 정치적 기반을 강화하게 되었다. 인민해

---

20 Marc J. Blecher and Gordon White, *Micropolitics in contemporary China: a technical unit during and after the Cultural Revolution.*

방군의 경우, 베트남에서 고조되는 갈등에 대한 중국의 대응을 둘러싼 논쟁은 총참모장인 뤄루이칭(罗瑞卿)을 제거할 수 있는 절호의 기회를 제공하였다. 그는 군부에 대한 린뱌오의 지배에 도전할 수 있는 잠재적 능력을 가진 인물이었다. 문화 분야에서 마오를 강력히 비판하는 내용을 담은 역사극에 대한 초기의 소규모 접전은 급기야 베이징 시 당위원회 제1서기의 파면과 중앙선전부의 재조직을 불러왔으며, 천보다, 장칭, 캉성—마오와 긴밀한 관계를 맺으며 오랫동안 공안 전문가로 활약—과 같은 인물들을 수정주의 반대 캠페인의 주도자로 등극시켰다. 불과 몇 달 안에 마오는 이 캠페인을 문화계에서 대학과 관료기구로까지 확대시키는 방법을 둘러싸고 류사오치와 결정적으로 부딪히게 되었다.

1966년 봄에 이르러 마오의 정치적 기반인 세 세력 즉, 군부, 급진적 지식인 그룹, 현실에 환멸을 느끼는 젊은이들이 점차 혼합되어 문화대혁명을 선도할 수 있을 정도로 비교적 질서정연한 연대를 형성하게 되었다. 장칭과 린뱌오 간의 연계는 1966년 2월 인민해방군 내에서 개최된 문예포럼에서 모색되었는데, 이전까지만 해도 인민해방군과 거의 인연을 맺지 못했던 장칭은 이 회의에서 비로소 군대 내의 문예공작 활동을 영도할 수 있는 지도적 역할을 맡게 되었다. 그 수개월 이내에 마오 주위의 급진적 관원과 군부 지도자들이 중국 도시 지역의 현실에 불만을 품은 사람들에게 지지를 호소하기 시작했다. 6월과 7월 동안 천보다, 장칭, 캉성의 영도 아래 문화대혁명 그룹은 베이징 시내 주요 대학의 급진적 학생 및 학과 교수와 연계를 맺으면서 그들을 고무시켜 대학, 공산당, 그리고 정부에 대해 맹렬한 비판을 가하도록 유도했다. 7월 말에는 인민해방군이 수요 대학에 등장한 좌파 조직들에게 물자와 병참 지원을 제공하였다.

마침내 1966년 8월 베이징에서 중국공산당 중앙위원회 특별회의가 개최되었다. 회의에 참석한 중앙위원 수는 과반수를 겨우 넘었으며, 회의장은 홍위병들로 꽉 찬 가운데 본회의에서 도시민을 동원해 '자본주의의 길을 걷는 당권파'인 이른바 주자파(走资派)를 비판하는 것을 허용하기로 하는 결의안을 통과시켰다. 이 결

의는 그해 말 마오와 그의 추종자들이 당기구에 대한 전면적 공격을 승인하는 쪽
으로 바뀌었다. 이 결의로 말미암아 문화대혁명은 가장 무질서하고 파괴적인 시
기로 접어들게 되었다.

뤄루이칭

린뱌오의 군사정책은 인민해방군 최고사령부 내에서 아직 일치된 동의를 얻지
못하고 있었다. 린뱌오의 주요 경쟁자는 인민해방군 총참모장인 뤄루이칭이었는
데, 그는 베트남 전쟁에 대한 미국의 개입이 고조되면서 중국 남부 국경선 부근
에 예기치 못한 위협이 조성되고 있던 1964~1965년 당시 린뱌오의 군사정책이
적절한지 여부에 대해 의문을 품게 되었다.[21]

회고해 보면 린뱌오에 대한 뤄루이칭의 도전은 여전히 놀랍게 느껴진다. 1949
년 이전에 뤄루이칭은 정치위원을 주로 맡았으며, 1950년대에는 군대 사령관을
맡기보다는 공안부장으로 복무하였다. 그러므로 국방부장인 린뱌오가 자신의 주
요 업무의 특징인 이데올로기 교육과 정치적 충성에 몰입하는 것에 대해 뤄루이
칭이 반대할 것이라고 의심할 만한 하등의 이유가 없었다. 게다가 뤄와 린은 공
산주의 혁명 활동 중에 개인적으로 친밀한 관계를 맺어 온 사람들이었다. 뤄는
1930년대 초 홍일군단(红一军团)에서 린의 휘하에 근무했으며, 홍군대학(红军大学)
과 옌안항일군정대학(延安抗日军政大学) 두 곳에서도 린의 부하로서 임직했다. 린이
1959년에 국방부장이 되었을 때, 뤄는 곧 총참모장으로 승진되었다. 만약 뤄의
임명을 린이 주도하지 않았다고 하더라도 린의 승인은 받았을 것이다.

1950년대 초반 이래로 린뱌오는 각종 만성적 질병으로 고통을 겪었는데 전쟁
상처, 위통, 폐결핵 등 합병증으로 말미암아 자주 육체적 및 정치적 활동들을 줄

---

21 뤄루이칭 사건에 대해서는 다음을 참조. Harry Harding and Melvin Gurtov, *The purge of Lo Jui-ch'ing: The politics of Chinese strategic planning*; and Michael Yahuda, "Kremlinology and the Chinese strategic debate, 1965-66", *CQ*, 49(January-March 1972), 32-75.

일 수밖에 없었다. 1960년대 초에 이런 육체적 질병이 재발하면서 린과 뤄 사이에 심각한 긴장이 뚜렷이 드러났다. 최소한 뤄는 린의 지병 때문에 군대의 작전 지휘권을 더 많이 이양받게 되리라 기대하였거나, 혹은 그 대신에 뤄는 린이 그를 위해 국방부장 자리에서 사임할지도 모른다고 기대했을 수도 있다. 하나의 극적인 설명에 따르면, 뤄는 실제로 린과 대면한 자리에서 "병자는 자기 직위를 그 직무에 적합한 인물에게 양도해라! 더 이상 자리를 주무르며 참견하지 마라! 앞길을 막지 마라!"라고 했다고 한다.[22]

베트남 전쟁에 대한 미국의 참전이 중국의 지도부가 분명히 예기치 못한 정도로까지 확대됨으로써 두 사람의 관계 또한 긴장이 고조되었다. 뤄는 미국이 중국을 향해 전쟁을 일으킬 수 있는 상황에 대비하여 군사 준비 태세에 만전을 기해야 한다고 건의하기 시작했다. 1965년 5월에 뤄는 다음과 같이 말했다.

전쟁이 일단 일어나면 전쟁을 준비했는지 안 했는지에서 큰 차이가 난다. 게다가 일어날지도 모를 최악의 상태에 대비하여 전쟁 준비 태세를 갖추어야만 한다. 제국주의 세력이 감행할지도 모를 소규모뿐만 아니라 중·대규모의 전쟁에 맞서서 대비를 해야만 한다. 이런 준비 과정에서는 제국주의 세력의 재래식 무기 사용뿐만 아니라 핵무기 사용마저도 예상해야만 한다.

게다가 뤄는 중국에 전쟁이 발발한다면 인민해방군은 준비된 진지에서 국토를 방어하고 더 나아가 국경을 넘어 적들의 소굴을 소탕할 반격을 가할 수 있게 준비해야 한다고 주장했다.[23]

뤄의 이런 정책 건의는 중국의 작전 관련 직업군인들의 관점을 반영하고 있었을 것으로 보이는데, 린은 이 건의를 수용할 수 없었다. 우선 뤄가 제기한 '선형

---

22 Harding and Gurtov, *Lo Jui-ch'ing*…, 10.

23 [罗瑞卿] Lo Jui-ch'ing, "Commemorate the victory over German facscism! Carry the struggle against U.S. imperialism through to the end!" *Peking Review*(이후 *PR*), 20 (14 May 1965), 7-15.

방어(linear defense)' 전략은 '인민전쟁'의 원리와 상충되었다. 이 인민전쟁 원리에 따르면, 적의 병참선을 과도하게 확대시키면서 서서히 궤멸시키기 위해서 침략군을 중국 내지로 깊이 유인하도록 되어 있었다. 게다가 1965년 9월에 뤄루이칭은 중국이 전쟁에 대비하기 위해서는 "반드시 해야 할 일이 매우 많다."라고 주장하였는데,[24] 이는 인민해방군이 전쟁 대비 작업에 좀 더 역점을 두기 위해 일시적으로라도 우선순위를 바꾸어야 한다는 것을 의미했다. 이 두 가지 사안 중 두 번째인 '인민전쟁'에 대한 논쟁이 더 격렬했던 것 같다. 인민해방군은 당시 관료 사회 내부에서 훨씬 더 큰 역할을 하게 되었으며, 마오와 당기구 간의 대립이 점점 커지고 있는 가운데 마오의 권력기반에서 결정적으로 중요한 부분이 되어 가고 있었다. 뤄의 정책 건의가 채택된다면 그 정책은 이런 흐름을 역행할지도 몰랐다. 다시 말해 뤄의 정책들은 군을 탈정치화하여 정치 업무의 영향권으로부터 분리시키는 것이었으며, 그리하여 전반적으로 군을 마오주의자 연맹 내부에서 이탈시키는 것이었다.

린뱌오와 뤄루이칭 간의 논쟁은 그해 9월 초에 이르러 정점에 다다르게 된다. 이때 두 사람은 제2차 세계대전 말 일본 항복 20주년을 기념하는 자리에서 중국의 방위정책에 대한 아주 상이한 견해를 담고 있는 두 개의 글을 발표하게 된다.[25] 뤄는 중국이 미국의 대중국 공격 상황에 대비해 "충분한 계획을 세워 철저히 대비해야 한다."라고 주장했다. 린은 이와 대조적으로 미국인들이 그렇게 무모하게 전쟁을 감행하지 않을 것이고, 설사 그들이 공격한다고 해도 "망망대해와 같은 수억의 중국 인민들을 발동시켜 무기를 들 수 있는 충분한 시간이 있다."라고 응수했다. 이것은 뤄의 마지막 공개 강연이 되었고, 11월 말 무렵에 그는 여론에서 점차 사라지게 되었다. 린은 각종 죄명을 모아 동지인 뤄를 고소했다. 이 세

---

24 [罗瑞卿], Lo Jui-ch'ing, "The people defeated Japanese fascism and they can certainly defeat U.S. imperialism too", *Current Background*(이후 *CB*), 770 (14 September 1965), 1-12.

25 Lo, "The people defeated fascism…"; Lin Piao, *Long live the victory of People's War*.

부적인 고소장은 12월 8일 상하이에서 열린 중앙위원회 회의에 제출되었다. 그 회의는 예젠잉(叶劍英) 원수가 이끄는 7인 소조를 꾸려 린이 고소한 내용을 조사하도록 했다.

그 조사는 곧 심문 절차를 밟았다. 7인 소조는 군대의 각 부문에서 차출된 대표들이 배석한 가운데 1966년 3월에 이후 이른바 뤄와의 '대면 투쟁'으로 묘사되는 심문 절차를 진행시켰다. 뤄는 자아비판이 불충분하다고 거부되자, 갇혀 있던 건물에서 뛰어내려 자살을 시도했으나 목숨은 건질 수 있었다. 4월 8일에 조사팀은 뤄에 대해서 인민해방군 내의 모든 직위뿐만 아니라 국무원 부총리직과 당 중앙서기처 서기직도 박탈한다는 건의안을 중앙위원회에 제출함으로써 조사 업무를 종결지었다. 5월 초에 이르러 결과 보고서가 정치국 확대회의에서 통과되었다. 정치국원이면서 베이징 시 당위원회 제1서기직을 겸직하고 있던 펑전이 조사 기간 중에 뤄를 변호했지만 그의 견해가 거부되었다는 사실을 믿을 만한 몇 가지 이유가 있다.[26]

뤄루이칭 사건은 두 가지 이유에서 중요한 사건이었다. 첫째, 이 사건은 마오와 린이 자신들의 정책에 반대하거나 지위에 도전하는 관료들을 척결할 수 있는 의지와 능력을 가지고 있었다는 설득력 있는 근거를 제공한다는 점이다. 둘째, 이 사건은 또한 중국의 강제력 있는 기구 중, 두 개의 핵심 부문에 대한 마오와 린의 통제력을 증가시켜 주었다. 총참모장 뤄의 파면 이후 그 후임으로 양청우(楊成武)가 임명되면서 린은 인민해방군의 주력부대에 대해 더 많은 영향력을 행사할 수 있게 되었다. 게다가 뤄의 숙청은 공안부에 소속된 뤄의 이전 몇몇 부하들의 파면으로 이어져 캉성으로 하여금 국가 공안기구에 대한 지배를 강화할 수 있게 해 주었다.

---

26 뤄루이칭의 운명에 대해서는 다음을 참조. Ahn, *Chinese politics*⋯, 203-4; Lieberthal, *Research guide*⋯, 248-9.

우한과 펑전

뤄루이칭이 심각한 타격을 받음과 동시에 마오는 지식인 집단 내부에서 이견을 보이는 곳으로 관심을 돌리기 시작했다.[27] 그는 『해서파관(海瑞罷官)』에 공격의 화살을 겨누었다. 이 연극의 극본을 쓴 우한(吳晗)은 작가 겸 학자로서 베이징 시 부시장직을 겸직하던 인물이었다. 마오 주석은 이 역사극이 명목상으로는 명나라 황제 가정(嘉靖)에 의해 정직한 한 관료(해서)가 부당하게 파면당한 내용을 담고 있지만, 실제로는 마오가 1959년 루산회의에서 펑더화이를 숙청시킨 사건을 우회적으로 비판하고 있는 내용이라고 비난하였다. 마오가 처음에 우한을 독려하여 그 극본을 쓰도록 했을 수 있다는 사실은 이 극에 대한 마오의 최종판단에 영향을 주지 못했다.

우한과 『해서파관』을 다룸에 있어 마오는 두 가지 접근법을 사용하였다. 접근법 중 하나는 1964년에 설립되어 펑전이 이끌고 있는 문화혁명 5인 소조에 우한의 극을 비판할 수 있는 책임을 부여하는 것이었다. 이런 조치는 펑전을 난처한 처지에 빠뜨렸는데, 베이징 시 당위원회 제1서기로서 그는 부하인 부시장의 행위에 대해서 책임을 져야만 했기 때문이다. 지식인들을 다루는 방법에 관한 전반적인 신념과, 그리고 우한과 맺고 있던 개인적인 친분 때문에, 펑전은 우한의 희곡이 무엇을 풍자하였는지보다는 여기서 다루는 역사적 쟁점에 초점을 맞추고 "모든 사람은 진리 앞에서 평등하다."라는 측면에서 이 쟁점들을 공개적인 방식으로 논의하는 쪽으로 입장을 정했다.[28]

이 사건에 대한 펑전의 우호적인 경향을 미리 감지했던 마오는 동시에 또 다른

---

27 우한 사건에 대해서는 다음을 참조. Ahn, *Chinese politics*…, 195-213; Goldman, *China's intellectuals*…, ch.5; Jack Gray and Patrick Cavendish, *Chinese communism in crisis: Maoism and the Cultural Revolution*, ch.4; Lee, *Politics of the Cultural Revolution*…, ch.1; James R. Pusey, *Wu Han: Attacking the present through the past*.

28 "The Great Proletarian Cultural Revolution-a record of major events: September 1965 to December 1966", *JPRS*, 42, 349. *Translations on Communist China: Political and sociological information*(25 August 1967), 3.

접근법을 구사하기로 결정했다. 마오는 장칭과 밀접한 관계를 맺고 있는 상하이의 문인들 가운데 한 사람인 야오원위안에게 우한의 극에 대한 비판을 준비하도록 시켰다. 마오는 야오에게 중대한 문제로 간주되는 것을 글에서 적시해야만 한다고 강조하였다. 여기서 중대한 문제란 바로 우한이 의도적으로 역사적 비유를 통해 해서가 곧 펑더화이임을 암시하고 있다는 점이었다. 이 문제에 대한 마오의 개인적 관심과 개입의 정도는 야오의 글이 출판되기에 앞서 마오가 이 글을 세 번이나 언급했다는 점에서 알 수 있다.[29]

우한에 대한 직접적이고도 신랄한 비난을 담고 있는 야오의 글은 우한 사건에 대해 베이징의 5인 소조가 모종의 공식적인 대응을 하기에 앞서 11월 초에 상하이에서 출판되었다. 이에 펑전은 크게 격노하였는데, 그 이유는 그의 부하가 심하게 비판받고 있기 때문이기도 했지만 동시에 당의 관련 기구에서 공식적인 승인도 받지 않고 그러한 글이 출판된 것은 당내 투쟁의 원칙에 위배된다고 믿었기 때문이었다. 5인 소조의 멤버이자 당 선전부 부장이던 루딩이(陸定一)의 지원을 통해 펑전은 중앙급 신문 혹은 베이징 시 신문에 야오의 글이 실리지 않도록 성공적으로 차단할 수 있었다. 그러나 마오의 명백한 지령을 받고 움직이던 저우언라이의 개인적 개입이 있고 난 뒤 야오의 글은 여러 신문에 광범위하게 퍼져 나갔다. 처음에『해방군보』에서 칭찬조로 사설란에 실린 뒤『인민일보』에서도 회의적인 논조로 간략히 소개되었다. 펑전은 비록 야오의 글이 출판되는 것을 막지는 못했지만 여전히 적법 절차를 밟은 지식인들의 비판은 공고하게 옹호되어야 한다는 입장을 견지하였다. 5인 소조에서 오로지 캉성만이 마오의 확고한 지시사였고 나머지 다수는 펑전 그룹이었던 상황에서 펑전은 우한을 가장 심하게 비판한 치번위(戚本禹)와 같은 급진적 작가들의 글이 더 이상 출판되지 않도록 계속해서 차단하였다. 12월 말, 마오 주석이 해서와 펑더화이 간에 유사성이 있음을 평

---

29 Yao Wen-yuan, "On the new historical play *Dismissal of Hai Rui*", reprinted in 『解放軍报』, 10 November 1965, trans. in CB, 783 (21 March 1966), 1-18.

전이 무시하고 있다고 직접적으로 비난했을 때에도, 펑전은 이러한 입장을 고수하였다. 펑전은 자신과 우한 사이에는 개인적 교류가 없었으며, 따라서 우한은 어떤 분파적 행위와도 무관하다는 다소 옹색한 근거를 들어 스스로를 변호하였다. 그러나 펑전은 5인 소조가 두 달 내에 이 안건에 관한 최종 판결을 내릴 것이라고 마오에게 약속하였다.

5인 소조는 이 주제와 관련하여 적어도 두 번의 중요한 회합을 가졌다. 그 첫번째는 1966년 1월 2일 회의이고, 두 번째는 2월 4일 회의였다. 마오는 5인 소조의 최종보고서에 대해 만족스럽게 여기지 않았는데, 이는 마오와 펑전 사이에 있었던 12월 대담 과정과 캉성의 경고를 통해 증명되었다. 이런 모든 증거에도 불구하고 5인 소조는 펑전이 원래 견지했던 입장을 따르기로 결정하였다. 2월 3일, 중앙선전부의 두 부부장인 야오전(姚溱)과 쉬리췬(許立群)은 5인 소조의 다수 의견을 요약한 보고서 초안을 제출하였다.

이른바 '2월 요강(二月提纲)'으로 알려진 이 문건은 문화 영역에 존재하는 부르주아 경향의 문제를 승인하였으나 동시에 이런 문제는 학술적인 이슈로 다루는 것이 바람직하다는 점을 강조하였다.[30] 또한 '2월 요강'은 '우한과 같은 사람'을 처리하는 데 두 가지의 상이한 접근법을 제기하였다. 그 한 가지는 이런 사건을 정치적인 문제로 취급하는 것으로, 모든 상이한 견해나 비정통적인 관점들을 반사회주의적 혹은 반혁명적인 것으로 단정짓고 행정적인 수단을 동원하여 이런 경향을 억압하는 것이었다. 두 번째 접근법은 이와 대조적으로 이런 문제들을 엄격한 학술상의 주제로 보고 '실사구시'의 원칙에 따라 '합리적'으로 처리되어야 한다고 보았다.

'2월 요강'은 명백히 두 번째 접근법을 선택하여 당의 지식인에 관한 정책은 '백가쟁명' 식 원칙에 따라 추진되어야 함을 선언하였다. 요강에서는 그 정책의 목

---

30 "Outline report concerning the current academic discussion of the Group of Five in charge of the Cultural Revolution", in URI, *CCP documents of the Great Proletarian Cultural Revolution, 1966-1967*, 7-12.

표가 양질의 학술작업을 통해 이견과 비정통적인 관점들을 극복하는 것이 되어야 하며, 이견을 가진 지식인들을 정치적 탄압의 방식으로 처리해서는 안 된다고 하였다. 또한 그 과정은 관대해야 하며, 비평자 역시 "학벌처럼 자의적이고 고압적인 자세로 진행해서는 안 된다."라고 하였다. 무엇보다도 이 요강에서는 부르주아 이데올로기에 대한 투쟁이 반드시 '장기간에 걸쳐', '영도하'에, 그리고 '신중하게' 진행되어야 한다고 제안하였다.

'2월 요강'은 이 두 가지 방법에서 마오와 장칭을 따르는 급진파의 관점과는 결정적으로 달랐다. 이 요강은 우한이 의도적으로 『해서파관』을 통해 마오가 펑더화이를 파면한 것에 대해 간접적으로 비판했는지 여부에 관한 어떤 결론도 피했으며, 따라서 마오가 사전에 그들(5인 소조)에게 부과했던 임무를 명백히 기피하였다. 설상가상으로 이 요강은 이미 언급한 우한과 같은 수정주의자들뿐만 아니라 야오원위안으로 대변되는 급진적 지식인들도 비판하였다. 5인 소조는 직접 이름을 내걸며 급진적 작가들을 비판하는 것을 자제하였다. 그러나 이 요강은 일부 '혁명적 좌파들'이 '학벌'처럼 행동하고 있다고 경고하였으며, 심지어 좌파들 가운데 불온한 사상을 가진 사람들을 '정돈'해야 한다고 호소하기도 했다.

2월 5일 '2월 요강'은 류사오치가 주재한 정치국 상무위원회 회의에서 토의 후 통과되었다. 펑전과 기타 성원들은 마오와 그 문제를 상의하기 위해 우한(武汉)으로 갔다. 예상했던 대로 마오는 이 요강이 급진주의자들을 혹독하게 취급하였을 뿐만 아니라 우한을 확실하게 비판하지 못했다는 점을 들어 이 요강에 대해 분명하게 반대하였다. 그럼에도 불구하고 펑전은 베이징으로 돌아와 마오가 '2월 요강'을 이미 승인했다고 선언하였다. 그런 다음 2월 12일에 중앙위원회는 이 요강을 비준한 뒤 하달하였다.

1965년 가을 우한에 대한 야오원위안의 직접적인 비판은 펑전과 당 중앙선전부가 취하고 있던 보다 온건한 접근법과 심각한 대립각을 형성하였다. 이제 1966년 2월에 이르자 5인 소조가 만든 '2월 요강'은 린뱌오와 장칭의 비호 아래 준비된 다른 문건들과 첨예하게 대립하게 되었다. 그 문건은 군부에서 행한 문예 좌담회의 요약본이었다. 이 좌담회는 1966년 2월 2일부터 20일까지 상하이에서 개최되었는데, 장칭과 린뱌오 사이의 정치적 연대를 도모하였다.[31] 야오원위안의 초기 글에서 피력된 바와 같이, 이른바 '2월 기요(二月紀要)'로 알려진 이 좌담회 요약문은 마오의 직접적인 관여 속에 작성된 것으로 당내 통로를 통해 회람되기 전에 마오가 세 번에 걸쳐 검토한 후 보고되었다고 한다.

'2월 기요'는 지식인 문제와 관련하여 '2월 요강'과는 정반대의 입장을 견지하였다. '2월 기요'는 중국의 문화생활을 혁명적 관점과 수정주의 관점 간의 '16년에 걸친 첨예한 계급투쟁'으로 특징지었을 뿐만 아니라, 문화계가 이제 '반당·반사회주의 노선을 따르는 흑색 분자들의 독재' 아래 놓여 있다고 보았다. 이것은 중앙선전부와 5인 소조 지도부에 대한 첨예한 공격이었다. 이 좌담회 요약문은 '2월 요강'이 보여 준 것처럼 보다 관대한 태도로 학술적 관점에서 비판을 하기보다는 이런 경향들을 더욱 적극적·대중적으로 비판을 가해야 한다고 호소하였다.

이 '2월 기요'는 우한과 해서파관의 안건을 모두 외면하였다. 이제 정작 문제가 되는 것은 더 이상 우한이 아니고 오히려 펑전의 행위와 루딩이의 영도하에 있던 중앙선전부, 그리고 이들이 통제하고 있던 5인 소조였던 것이다. 3월 말에 열린 중앙공작회의에서 마오는 펑전과 우한 그리고 '2월 요강'을 거세게 공격하면서 5인 소조, 베이징 시 당위원회, 당 중앙선전부를 해산해야 한다고 위협하였다. 그는 상황을 중국의 설화에서 따온 생동적인 장면에 비유하면서 캉성에게 다음과 같이 말하였다.

> 당 중앙선전부는 염라대왕의 궁전이므로, 이곳을 전복시켜 작은 귀신들을 해방시킬 필요가 있다. 각 지역은 여러 손오공을 등장시켜 천당에 대규모 소란을

---

31 "Summary of the forum on the work in literature and art in the armed forces with which Comrade Lin Piao entrusted Comrade Chiang Ch'ing," *PR*, 10.23 (2 June 1967), 10-16.

피워야만 한다. 베이징 시 당위원회 제1서기인 펑전과 중앙선전부가 다시금 악인들을 보호하려 든다면, 베이징 시 당위원회와 5인 소조를 해체시킬 필요가 있다. 지난 9월에 나는 몇몇 동지들에게 중앙정부에 수정주의가 출현했다면 우리가 무엇을 해야만 할 것인가에 대해 물었다. 이것은 아주 가능한 일이다.[32]

공작회의 이후 펑전은 더 이상 마오에게 맞선다는 것은 무모한 일이라고 분명히 깨달았다. 펑전은 자신의 지위를 유지하기 위해 필사적인 노력을 기울이면서 베이징 시 당위원회에 우한에 대한 비판을 강화하도록 촉구했다. 또 마오의 영도력을 은근히 비판하는 글을 썼던 또 다른 베이징 시 당 관료인 덩퉈(邓拓)를 공격하기 시작했으며, 심지어 자신의 자아비판도 준비하기 시작하였다. 4월 초 한 홍위병의 진술에 따르면, 펑전은 자기 집에서 5인 소조, 중앙선전부 지도부, 베이징 시 당위원회 주요 위원들과 한 차례 연석회의를 갖자고 요구했다. 이 자리에서 그는 깊은 감회에 젖어 자신이 문화 분야의 혁명을 처리하는 과정에서 중대한 과오를 범했다고 인정했으나, 그의 나머지 정치적 생애만큼은 모범적이었다고 주장했다. 그는 동료들의 지원을 요청하며 말했다. "옛말에 이르기를, 우리는 집에서는 부모의 보호에 의지하지만 밖에서는 친구들의 도움에 의존한다고 했으니 나는 지금 여러분의 도움을 기대합니다."[33]

그러나 이런 노력들은 이미 너무 늦은 감이 있었다. 4월 9일부터 12일 사이에 열린 당서기처 회의에서 펑전은 캉성과 천보다로부터 비판을 받았을 뿐만 아니라 덩샤오핑과 저우언라이의 비판 대상이 되었음을 깨달았다. 서기처는 펑전의 5인 소조에 대해 해체 결정을 내렸고, 정치국에 한층 더 마오의 입장에 부합하는, 새로운 문화혁명 영도소조를 꾸리자고 제안했다.[34] 이와 같이 많은 극적인 전개 과정 동안, 류사오치는 때를 잘못 골라 베이징을 떠나 파키스탄, 아프가니스

---

32 *Miscellany of Mao Tse-tung Thought*, 2, 382.

33 Ahn, *Chinese politics*…, 207.

34 Lieberthal, *Research guide*…, 246-7; "…Record of major events…", 10-11.

탄, 버마 등지를 방문 중이었기 때문에 펑전과 루딩이를 방어해 줄 수가 없었다.

5월 정치국회의

두 명의 주요 타깃인 뤄루이칭과 펑전의 최종적 운명은 5월 4일부터 18일까지 열린 정치국 확대회의에서 결정되었다. 이 회의의 초점은 린뱌오의 즉석 연설이었는데, 이 연설을 위한 많은 주요 자료들은 장춘차오가 준비한 것이었다.[35] 이 자료들은 이후에 지탄을 받기도 했다. 이 회의에서 린뱌오는 뤄루이칭 문제에 펑전과 루딩이를 결부시켜 이 세 사람과 중국공산당 중앙판공청(中央辦公厅) 주임(主任)이었던 양상쿤(揚尚昆)이 공모하여 마오와 급진적 추종자를 제거하기 위한 군사 쿠데타를 기도했다고 비난하였다. 린뱌오는 정치국원들에게 멜로드라마처럼 "여러분은 아마 화약 냄새를 맡았을 것이다."라는 식으로 말하였다.

린뱌오는 정치권력을 획득하는 과정에서 군부의 역할에 대한 상세한 논의를 곁들이면서 이런 황당무계한 혐의를 뒷받침하고자 했다. 그는 중국사뿐만 아니라 세계 근대사에 군사 쿠데타가 만연했음을 강조했으며, 대부분의 왕조에서 일어난 암살과 왕위 찬탈을 상세히 열거하고, 1960년 이래로 제3세계에서 '한 해 평균 11회의 군사 쿠데타'가 일어났다고 지적하기도 했다. 비록 이런 사실들의 열거는 뤄, 펑, 양의 공모를 한층 더 설득력 있게 하기 위한 의도에서 비롯되었지만, 이와 같은 사실들은 또한 린이 정치적 목적 달성을 위한 군사력 사용에 흥미를 느끼고 있음을 반영한 것이기도 했다. 그리고 그는 이런 역사적 교훈을 이미 실천 차원으로 전환했음을 드러냈다. 린은 마오의 명령을 받들어 충성스런 군대로 하여금 '내부 전복과 반혁명적 쿠데타'를 막기 위해 베이징 내의 라디오 방송국, 군사시설, 그리고 공안 부문을 접수하도록 조치를 취했다고 말했다.

마찬가지로 흥미로웠던 점은 마오에 대한 린의 극도의 아첨이었다. 린은 뤄,

---

35 Lieberthal, *Research guide*…, 248-9; Kau, *Lin Piao*…, 326-45; *RMRB*, 18 May 1978, in *Foreign Broadcast Information Service*(이후 *FBIS*) *Daily Report: China*.

펑, 양이 "마오 주석과 마오쩌둥 사상에 도전하고 있다."라고 질책하면서 마오의 천재성을 찬양했으며, 나아가 마오에 대한 충성이야말로 당이나 정부 관료 신발의 핵심적 기준이 된다고 주장하였다. "마오 주석은 마르크스, 엥겔스, 레닌보다도 더 많은 경험을 했으며…, 현대 세계에 마오에 필적할 만한 인물은 존재하지 않고…, 마오 주석의 말씀, 저작, 그리고 혁명적 실천은 그가 위대한 프롤레타리아 계급의 천재임을 보여 주었다…. 마오 주석의 저작에 있는 모든 구절은 진실이며, 그의 한 구절은 우리의 만 구절을 능가하고…, 누구라도 마오에게 도전하는 자는 모든 당과 국민으로부터 처벌을 받게 될 것이다."

정치국 확대회의는 뤄루이칭 문제에 관한 소조공작 보고서를 접수한 후 비준하였으며, 이 보고서를 당내 및 전군에 하달하라고 지시하였다. 정치국 확대회의는 5월 16일에 하나의 통지문을 발송했는데, 이 문건은 후에 장칭이 초안을 기초했다고 주장한 것으로 문화 분야의 문제를 다루고 있었다.[36] 5월 16일 통지문(五一六通知)은 '2월 요강'을 철회하였는데, 통지문은 이 요강이 지식인 사회 내부에서 논의되고 있는 현대의 정치적인 문제들은 모호하게 다룸으로써 결국 '운동을 우편향'으로 이끌려고 했다고 고발하였다. 그리고 '5·16 통지'는 '2월 요강'이 '학벌'의 출현을 비판함으로써 좌익에 대해 직접적인 공격을 감행하려 했다고 비난하였다. 이 '5·16 통지'는 펑전을 '2월 요강'의 책임자라고 비난하면서, 5인 소조를 해체시키고 대신 새로운 '중앙문화혁명소조'를 설치하였다. 이 문화혁명소조는 이전 관례처럼 당 중앙서기처(덩샤오핑이나 류사오치 영도)에 보고하기보다는 마오의 영도하에 있던 당 중앙정치국 상무위원회에 직접적으로 보고하였다. 5인 소조의 다수가 문화혁명을 처리하는 데 있어 마오의 견해를 반대했다면, 중앙문화혁명소조는 마오의 개인적 지지자들과 장칭 주위의 급진적인 지식인들에 의

---

36 "Circular of the Central Committee of Communist Party of China," in "Collection of documents concerning the Great Proletarian Cultural Revolution," *CB*, 852 (6 May 1968), 2-6. 장칭의 역할에 관해서는 *Witke, Chiang Ch'ing*…, 320 참조.

해 지배되었다. 이 문화혁명소조는 천보다가 조장을 맡고 캉성은 고문으로 함께 했으며, 부조장은 장칭과 장춘차오가 맡았다. 또한 소조성원으로는 야오원위안, 치번위, 왕리(王力), 관펑(关锋) 등이 함께하였다.

중앙문화혁명소조의 주요 목적이 문화 영역 내에서 부르주아 사상을 계속 비판하는 것이었음에도 불구하고, '5·16 통지'는 또한 당과 정부의 각급 지도부가 펑전이나 뤄루이칭과 똑같은 운명에 처하게 될 수 있음을 경고하였다.

당과 정부 그리고 군대로 몰래 잠입해 활동해 온 부르주아 대변자들을 제거하는 것이 필요하다. 일단 조건이 무르익었을 때, 이들은 권력을 잡고서 프롤레타리아 독재를 부르주아 독재로 전환시킬 것이다. 우리는 그들 가운데 일부를 이미 간파하였으나 나머지는 아직 간파하지 못했다. 우리가 여전히 신뢰하고 있고 우리의 후계자로 양성되고 있는 사람 중에도 그런 사람이 있을 수 있다. 예컨대 흐루쇼프와 같은 사람들이 여전히 우리 속으로 파고들고 있다.

이런 방식으로 '5·16 통지'는 마오의 수정주의 배격운동에 큰 힘을 실어 주었는데, 이 운동은 주요하게는 지식인들을 겨냥한 운동에서 전당 차원으로 확대되었다.

5월 정치국 회의는 베이징 시 당위원회, 당 중앙선전부, 중앙서기처의 재구성을 위한 무대를 마련했는데, 6월 초에 재구성이 정식 발표되었다. 이 회의는 중국공산당 화북국 제1서기이던 리슈에펑(李雪峰)을 파견하여 펑전이 맡았던 베이징 시 당위원회 제1서기 자리를 대신하게 했고, 당 중앙선전부 부장이던 루딩이의 자리는 중국공산당 중앙 중남국 제1서기이던 타오주(陶铸)가 대신 맡게 했으며, 양상쿤이 맡고 있던 중앙판공청 주임 자리는 왕둥싱(汪东兴)이 대신 맡도록 조치하였다. 당시 왕둥싱은 공안부 부부장을 맡은 상태에서 동시에 수도에서 마오의 친위대도 장악하고 있었다.

5월 말과 6월 초에 진행된 지도부의 파면은 마오가 스스로 중요하다고 보는 문제들에 대해서는 자기 방식대로 고수해 나갈 것임을 보여 주었다. 또한 마오는 자신의 기대를 저버리는 관료들을 확고하게 경질할 수 있음도 보여 주었다. 게다가 인민해방군 총정치부, 중앙문화혁명소조, 베이징 시 당위원회, 당 중앙선전부, 중앙서기처의 새로운 재구성은 마오 진영을 공고히 해 주었으며, 마오에게 저항하거나 반대하는 세력들을 약화시켰다. 다시 말하면 매번 이루어진 숙청은 마오의 분노를 진정시키기보다, 마오가 당내 수정주의 세력에 대해 공격을 확대하는 것을 보다 용이하게 해 주었다.

50일

'당과 정부 그리고 군대 내부로 몰래 잠입해 활동해 온 부르주아 대변자들'에 대해 경고함으로써 '5·16 통지'는 마오가 전국적 차원에서 문화영역뿐만 아니라 관료기구 전반에 걸쳐 수정주의에 대한 전면적인 대숙청을 원하고 있음을 보여 주었다. 베이징을 떠나 중국 중부의 한 지역에 칩거하고 있던 마오는 이런 임무를 류사오치에게 전달하였다. 마오는 후에 류사오치가 수정주의자라는 점을 일찍부터 의심했다고 말했으며, 다른 급진주의자들은 류사오치야말로 '5·16 통지'에서 간접적으로 언급한 대로 마오의 후계자로서 양성된 흐루쇼프와 같은 관료들 가운데 한 사람이라고 비난하였다.

류사오치는 마오가 그에 대해 의심하고 있다는 사실을 스스로 충분히 의식하고 있었는지 여부와는 상관없이, 1966년 6월에 이르러 진퇴양난의 심각한 딜레마에 처하게 되었나. 그가 자신의 지위를 유지하고자 한다면 즉시 수정주의와의 투쟁에서 열정과 효율성을 보여 주어야만 했다. 한편 그는 급속한 정치적 동원 과정에 대해 어느 정도 중앙의 통제를 가해야만 했고, 특히 대학 내에서 이미 손상을 입은 자신의 정치적 기반을 보호해야 했다. 1966년 6월부터 7월 상순 사이 50일간 류사오치가 한 일련의 행동을 보면 그가 이러한 딜레마에서 벗어나고자 노력했음을 알 수 있다. 이 기간에 마오는 베이징에 없었기 때문에, 당의 일상 업무는 주로 류사오치가 책임지고 있었다.

이때쯤에 이르러 특히 베이징의 급진적인 학생과 교수들은 문화대혁명에 관한 논쟁뿐만 아니라 '2월 요강'에 대한 마오의 견해를 잘 이해하게 되었다. 부분적으로 이것이 가능했던 원인은 공산당원인 젊은 교수들이 당조직 내에서 회람되고 있던 '5·16 통지' 같은 관련 문건들을 볼 수 있었기 때문이다. 그러나 또 다른 원인은 새롭게 구성된 중앙문화혁명소조가 대중적 지지를 동원하기 위해 베이징 소재 주요 대학교와 전문대학에 대표들을 파견했기 때문이었다.[37]

5월 25일 베이징대학의 급진적인 교수들과, 이 대학 철학과 주임교수인 녜위안쯔(聂元梓)가 이끄는 급진적인 조교들로 이루어진 일단의 그룹이 대학당국을 비판하는 대자보를 쓰게 되는데, 그 이유는 대학당국이 '2월 요강'의 자유주의적 정책을 지지해 왔을 뿐만 아니라 『해서파관』을 둘러싸고 제기된 정치적 논쟁에 대한 대중토론을 금지시켜 왔기 때문이었다. 문화대혁명 이후 발표된 유관 자료에 따르면, 녜위안쯔는 '중앙이론조사연구팀'으로부터 직접적인 지지를 받고 있었는데, 이 조직은 캉성의 부인인 차오이어우(曹轶欧)의 지도하에 "베이징대학에서 점화하여 상층 지도부로 불길을 확산시켜라."라는 지시를 따라 이미 베이징대학에 잠입한 상태였다.[38]

대학당국은 놀란 기색 없이 즉각 이런 종류의 행동을 진압하기 위한 행동에 들어갔다. 이 일과 관련하여 대학당국자들은 저우언라이의 지지를 받고 있었다. 저우언라이는 그날 베이징대학에 내건 녜위안쯔의 대자보를 비판하기 위해 제2의 중앙공작조를 보냈다. 그러나 대자보의 내용을 전해 들은 마오쩌둥은 6월 1일자로 방송과 신문에 전국적으로 그 대자보의 내용을 호평하는 글을 실으라고 명령을 내렸다. 이 결정은 곧 베이징대학 전체 지도부 교체로 이어졌고, 수정주의적 관료들에 반대하는 캠페인의 일부로서 이러한 자발적인 대중저항운동에 정당성

---

37 孙敦璠, 『历史讲义』, 2, 247.
38 베이징대학 사건에 대해서는 *HQ*, 19(October 1980), 32-36.

을 부여하는 데 기여하였다. 그리하여 새롭게 재조직된 중앙선전부가 중앙 언론 매체의 간부들을 새로 교체한 뒤, 점점 선동적인 사설들이 『인민일보』에 실리기 시작하였다.

이처럼 고무된 분위기 때문에 전국에서 학생과 교직원들이 작성한 대자보들이 중고등학교와 대학교에 걸리기 시작했다. 대자보의 대다수는 교육 쟁점들에 초점이 맞추어졌는데, 가령 입학수속, 학기시험, 커리큘럼 등이 가장 관심을 끄는 문제였다. 그러나 몇몇 고소당한 대학 지도부와 수정주의 정책을 지지했던 고위층 관료들도 대자보의 초점이 되었다. 베이징대학의 경우처럼 반대 의견의 총체적 분출은 천보다, 장칭, 캉성이 주도한 문화혁명소조에 의해 고무되고 조정되었다. 얼마 지나지 않아 다른 대학 지도부의 권위도 몰락했으며, 학생들과 학과 기율 역시 급속도로 붕괴되었다.

이러한 정치적 쇠퇴의 급속한 과정, 즉 곧 불만의 분출과 현존 권위의 붕괴 과정은 류사오치의 특별한 관심사항이었음에 틀림없다.[39] 마오의 분명한 지시가 없는 상황에서 류사오치는 몇 가지 조치들을 결정하였다. 류는 이 조치들이 수정주의에 대한 자신의 적극적인 투쟁의지를 드러낼 수 있을 뿐만 아니라 학생들의 운동을 당의 지도 아래 놓을 수 있으리라고 기대하였다. 우선 류는 대학시험 체제와 커리큘럼에 대해 전면적으로 재고하고 개혁을 위해 반년 동안 대학입학 등록을 지연시키라고 명령을 내렸다. 이와 동시에 그는 전체적으로 1만 명 이상으로 꾸려진 400여 개의 대규모 공작조를 만들어서 그들을 대학과 고교에 파견하고, 나아가 재정·무역·산업·교통 업무에 책임을 맡고 있는 유관 정부기구들에도 파견하도록 했다. 과거 당 정풍운동에서 빈번하게 사용된 공작조의 관행이 있었기 때문에 류는 의심의 여지 없이 자신의 결정이 정상적이고 적절하며 논쟁을 가

---

39 '50일(五十天)'에 관해서는 다음을 참조. Ahn, *Chinese politics*, ch. 9; Jean Daubier, *A history of the Chinese Cultural Revolution*, Ch. 1; Lowell Dittmer, *Liu Shao-Ch'i and the Chinese Cultural Revolution: The Politics of mass criticism*, 78-94; Harding, *Organizing China…*, 225-9.

져오지 않을 것이라고 생각하였다.

궁극적으로 류사오치의 파멸을 낳은 원인은 공작조를 파견한 것 자체 때문이라기보다는 오히려 공작조 운영에 내린 지시 때문이었다. 공작조들은 정부기구 내 다수의 일반 관료와 대학교 내의 교직원들도 비판받아야만 하고, 심지어 직무에서 퇴출될 수도 있다고 분명히 지시받았다. 예컨대 재정부 내 간부 중 90%가 비판받았다고 보도되었고, 문화부 내에서도 공작조는 문화부 관료의 3분의 2를 해고할 수 있는 권한을 부여받았다. 대학 내에서 많은 수의 행정직원과 교수들이 공격을 받았고, 장차 10년 동안 지속될 공포통치가 시작되었다.

공작조는 전국의 주요 대학과 고교 내 학생운동에 대한 당의 지도를 회복하도록 지시를 받았다. 7월 13일에 열린 정치국 회의는 베이징 시내의 각 중학교들 내의 문화혁명 상황을 검토한 후에 각 캠퍼스의 가장 중요한 과제는 '당 지부의 영도적 역할을 회복만 하는 것'이고, '공작조를 강화하는 것'이라고 결론지었다.[40] 안후이 성 당위원회의 제1서기는 다소 거친 언어로 같은 내용에 대해 "우리가 장악하지 못한 단위(单位)에 대해 공작조를 즉시 파견하여 그 직장의 영도권을 제자리로 돌려놓아야만 한다."라고 말했다.[41]

학생운동에 대한 당의 영도를 거듭해서 언급한 것은 급진적 학생들과 그들 학과의 지지자들을 해산시키는 것을 의미했다. 국가정책은 여전히 학생시위, 집회, 대자보 게시 등을 캠퍼스 내부에 국한하여 허용하는 것이었다. 그러나 많은 지방 당위원회와 공작조는 학생운동을 통제하는 데 급급하였으며 한층 더 엄격하게 대처하였다. 몇몇 지역에서는 대자보 게시와 집회가 모두 금지되었고, 그 밖의 지역에서는 공작조로부터 허가를 받은 뒤에야 이런 행위들이 허용되었다. 일부 급진적 학생들은 공청단으로부터 축출되었고, 다른 일부 학생들은 자아비판 회의에 굴복하게 되었으며, 심지어 노동 개조를 위해 농촌으로 보내지는 학생

---

40 孙敦璠, 『历史讲义』, 2. 250

41 Radio Hefei, 16 July 1966.

들도 있었다. 이런 일련의 엄혹한 조치들을 통해 공작조는 많은 대학들을 정상화 시킬 수 있었다.

그러나 비록 일부 학생들이 정치적 활동을 중지하는 쪽으로 설득되었음에도 불구하고, 다른 일부 학생들은 공작조가 부여한 제한조치들로 말미암아 여기에 더욱 더 격렬한 반발을 하게 되었다. 비밀 학생조직들이 공작조의 활동에 저항하기 위해 결성되었는데, 그 가운데 일부는 '홍위병'이란 이름을 가지고 있었다. 비록 류사오치가 그런 조직들은 "비밀조직이므로 불법이다."라는 판정을 내렸음에도 불구하고 그들은 아랑곳하지 않았다.[42] 그 밖에 다른 학생조직들이 그들을 지지하는 공작조의 요청에 따라 성립되었다. 즉, 결과적으로, 학생운동은 불완전하게 해산되었고, 잔존한 적극적인 분자들은 극단화 경향을 띠게 되었다.

급진주의자에 대한 공작조의 진압은 곧 당 고위층 내부에서 상당히 큰 논쟁을 불러일으켰다. 칭화대학(淸華大學)의 급진적 학생들의 리더 가운데 한 사람인 콰이다푸(蒯大富)는 칭화대학에 파견되었던 공작조로부터 비판을 받았던 사람인데, 7월 초에 이르러 그가 베이징 당 고위층 회담의 주제로 떠올랐다. 이 회담에서 류사오치는 콰이다푸를 문제아로서 공격했던 데 반해 오히려 캉성은 그가 당내 수정주의를 비판할 권리가 있다고 옹호하였다. 당시에 콰이다푸와 같은 적극적인 분자들이 캉성이 고문을 맡고 있던 중앙문화혁명소조와 직접적인 연계를 갖고 있었다는 점은 널리 알려진 사실이었다. 반면 콰이다푸와 갈등을 빚고 있던 공작조는 류사오치의 지시에 따라 파견되었다. 이 특수한 사건에 심각성을 더해 준 것은 바로 칭화대학에 파견된 공작조의 리더가 다름 아닌 류사오치의 부인인 왕광메이(王光美)였다는 사실이다.[43] 이렇게 되자 류사오치의 정치적 미래는 불가피하게 공작조의 거동과 깊이 연계될 수밖에 없었다.

마오쩌둥이 보기에, 공작조는 1960년대 초 농촌 사회주의 교육 캠페인이 진행

---

42 "···Record of major events···", 25.
43 Ahn, *Chinese politics*···, 218.

되는 동안 류사오치가 저질렀던 동일한 실수를 반복하였다.[44] 이 캠페인은 농촌 간부들 사이의 부패와 '자본주의적 경향'을 반대하기 위해 일어난 것이었다. 이때 류는 대단히 많은 수의 공작조를 기층 당 조직에 파견함으로써 결국 당의 정풍 운동에 대한 농민들의 참여를 제한하였고, 다수의 인민공사 간부들을 비판하였으며, 고위층 당 지도부의 책임을 경시했다. 마오가 보기에는 1966년 중반에 류가 주도한 대학과 정부 관료기구 내의 정풍운동이 이와 동일한 오류를 범하고 있었다. 수정주의의 근원이 상층 관료들의 동정적 태도에 있다는 어떤 인식도 없이 다시 한 번 기층 차원의 많은 관료들이 공격을 당하고 있으며, 군중의 개입도 차단되고 있다는 것이다.

11중전회

7월 중순에 이르러 마오는 관료기구 내 반수정주의 캠페인과 급진적 학생운동의 관리, 이 두 가지 문제를 둘러싸고 류사오치가 행한 처리 방식에 분노하여 급히 항저우(杭州) 체류를 그만두고 귀경하였다. 그는 수도로 돌아오는 길에 양쯔강(장강)에서의 수영을 통해 정치적 투쟁을 전개해 나가는 데 필요한 왕성한 육체적 건강을 대내외에 과시하기도 하였다. 마오는 항저우 체류 기간에도 막후에서 적극적인 모습을 보여 주기는 했지만, 이 수영 퍼포먼스는 수 개월 만에 첫 공식적 노출이어서 중국 매체들은 전례 없이 이 장면을 싣는 데 혈안이 되어 있었다. 신화통신은 마오의 수영 시연에 관한 공식 보도의 머리기사 제목을 "장강 수면은 웃음으로 그날을 맞이한다."라고 적었다. 이어서 한커우(汉口)에 있는 화력발전소의 한 민병이 마오 주석을 보았을 때, "흥분하여 수영하고 있는지도 잊은 채 쌍수를 들고 환호를 보내며, '마오 주석 만세! 마오 주석 만세!' 하고 고함을 쳤다. 마오 주석은 물위로 떠올랐다 다시 물속으로 가라앉으면서 강물을 몇 모금 삼켰다.

---

44 사회주의 교육운동에 관해서는 다음을 참조. Ahn, *Chinese politics*…, ch.5; Richard Baum, *Prelude to revolution: Mao, the Party, and the peasant question, 1962-66*; Harding, *Organizing China*…, ch.7.

그는 장강의 물이 참으로 달구나 하고 느끼는 것 같았다."라고 썼다. 이후, 세계
프로마라톤 수영협회 회장이 곧 열릴 예정인 수영 대회에 마오 주석을 두 번이나
초대했다. 왜냐하면 신화사의 보도에 따르면, 마오 주석의 수영 속도는 세계 기
록의 4배에 가까웠기 때문이다.[45]

수도에 도착한 뒤, 마오 주석은 지역 당위원회 서기들과 중앙문화혁명소조 성
원이 참여하는 회의를 소집하여 이 자리에서 류사오치가 파견했던 공작조의 철
수를 요구했다. "공작조는 아무것도 모른다. 어떤 공작조는 심지어 말썽을 일
으키고… 공작조는 오로지 운동을 방해할 뿐이다. 학교 관련 업무는 공작조나,
우리, 혹은 성 당위원회가 아니라 학교 내부 사람들이 처리하도록 하여야만 한
다."[46] 베이징 시 당위원회는 즉각 시내 모든 대학과 고등학교에서 공작조들을 철
수시켜야 하며, 이 공작조들은 교사, 학생, 학교 직원들이 선출한 '문화혁명소조'
에 의해 대체되어야 한다고 공표하였다.[47]

그러나 베이징 시 당위원회의 신속한 투항만으로는 마오를 진정시킬 수 없었
다. 마오는 1962년 이래 처음으로 열리는 제8기 중앙위원회 제11차 전체회의를
준비하기 시작했는데, 이 회의에서 이미 시행된 조치들을 승인하거나 중국 내 반
수정주의 혁명의 비전을 정당화하고자 했다. 8월 초에 개최된 이 회의에 출석한
정식 위원과 후보위원은 아마도 전체 중앙위원의 절반 정도밖에 안 되었을 것이
다. 이것은 당내 분열이 심각했을 뿐만 아니라 회의가 급박하게 개최되었음을 반
영하는 것이었다. 회의장을 꽉 채운 사람들은 정식 중앙위원이 아닌 당 관료들
과 '베이징의 고등교육기관에서 온 혁명적인 교사와 학생의 대표자들'이었나.[48]
게다가 린뱌오는 수도 지역의 중요 시설들에 대한 군대의 통제권을 현저하게 강
화시켰다. 그리하여 그는 5월의 정치국 확대회의에서 처음으로 선포했던 군대의

---

45 "Quarterly chronicle and documentation", *CQ*, 28(October-December 1966), 149-52.

46 Ch'en, ed., *Mao papers*…, 26-30.

47 孫敦璠, 『历史讲义』, 2, 250.

48 Lieberthal, *Research guide*…, 255-7.

도시 장악력을 높였다. 이러한 상황이었음에도 불구하고 마오는 이후에 자신이 회의 참석자들 중에서 과반수의 지지를 가까스로 얻었다는 점을 인정했다.[49]

회의 참여자가 부족한 가운데 폐막된 이 중앙위원회 전체회의에서는 세 가지 주요 측면에 대한 결정이 이루어졌다. 우선 인사 문제와 관련해서는 마오의 주요 지지자들이 몇 명 승진하였으나, 지난 몇 개월 동안 마오에 맞서거나 마오의 의중을 잘못 간파한 사람들은 좌천되었다. 또한 이번 중전회는 5월 정치국 의결 사항인 펑전, 뤄루이칭, 루딩이, 그리고 양상쿤의 직무해제 건을 승인했으며, 펑전과 루딩이를 정치국에서 퇴출시켰다. 류사오치는 '50일' 간의 캠페인을 잘못 처리함으로써 결국 당 부주석의 직위에서 퇴출되었고, 당내 서열 역시 2위에서 8위로 강등되었다. 린뱌오는 당내 서열 2위인 류의 자리를 승계하여 유일한 당 부주석의 지위를 차지함으로써 결국 마오의 확고한 후계자였던 류를 대신하게 되었다. 신설된 중앙문화혁명소조의 리더인 천보다와 캉성은 정치국 후보위원의 자리에서 정치국 위원으로 승진했다. 그리고 중앙문화혁명소조와 보다 긴밀한 관계를 형성했던 공안부장 셰푸즈(謝富治)는 정치국 후보위원으로 지정되었고 중앙서기처 서기로 임명되어 모든 정치적·법적 문제를 책임지고 관장하게 되었다. 이는 이전에 펑전이 맡았던 직위였다.

정치국에 새로 진입한 사람들이 모두 린뱌오나 장칭과 가까웠던 것은 아니었다. 11중전회에서 이루어진 다른 인사결정들은 마오, 린뱌오, 그리고 중앙문화혁명소조가 당과 군의 권력기구들과 이룬 타협을 반영하고 있는 것처럼 보였다. 장칭, 천보다 혹은 린뱌오와 친하지 않았던 일부 당과 군의 베테랑 관료들이 중앙문화혁명소조에 충원되었다. 경험이 풍부한 네 명의 성급 지도자들 —타오주(신임 선전부 부장), 리쉐펑(신임 베이징 시 당위원회 제1서기), 지역 당위원회 서기들인 쑹런충(宋任穷), 류란타오(刘澜涛)— 역시 정치국 위원으로 피선되었다. 세 명의 인민해방군 원수들인 예젠잉(叶劍英), 쉬샹첸(徐向前), 녜룽전(聶荣臻) 역시 정치국 위원으

---

49 *Miscellany of Mao Tse-tung Thought*, 2, 457-8.

로 진입하였다. 아마도 이것은 점증하는 린뱌오의 정치적 영향력을 상쇄하기 위
한 방법으로 보였다.

정책 문제와 관련하여 류사오치가 작성한 공식적 정치보고는 쿠데타에 관한
린뱌오의 5월 담화와 마오가 7월 말에 칭화대학 부속중학교 홍위병 그룹에게 보
낸 친서로 말미암아 무색하게 되었다. 린뱌오와 마오의 글은 중전회에 참석한 대
의원들에게 회람되었다.[50] 중전회의 공보는 1960년대 초의 중대한 문제를 회고
하였으며, 마오쩌둥과 관련된 모든 관점을 긍정하였다. 또한 이 공보는 류사오
치와 행보를 같이한 사람들을 간접적으로 비판하였다. 마오의 '사회주의 교육운
동'에 관한 방침은 1963년 5월의 '전10조(前十条)'와 1965년 1월의 '23조(二十三条)'에
구체화되었는데, 이 방침은 농촌 내 조직 문제를 처리하는 정확한 방법으로 간주
되었다. 이 중앙위원회 전체회의는 혁명적 후계자들을 배양해야 한다는 마오의
관심과, 사회주의 사회에서도 계급투쟁이 계속되어야 한다는 그의 '계속혁명' 이
론을 찬양하였다. 또한 다자이(大寨)생산대대, 다칭(大庆)유전, 인민해방군과 같은
모범적 단위나 기관으로부터 배워야 한다는 마오의 호소에 찬동하였다.

마지막으로, 이 회의는 마오의 문화대혁명 운동에 관한 비전을 담은 '문화혁명
16조(文革十六条)'를 채택했다.[51] 이 운동의 주요 목표는 다름 아닌 '전 사회의 정신
적 면모를 개조하고자 하는 것'이었다. 이 운동이 의도한 것은 바로 다음과 같은
것이었다.

자본주의 길을 걷는 당권피(주지피)들에 반대하며 그들을 전복시키는 것이요,
반동적 부르주아 학술 '권위자'와 부르주아 이데올로기 및 다른 모든 착취계급을
비판하고 거부하는 것이며, 교육, 문예, 사회주의적 경제 토대와 조응하지 못하

---

50 孙敦璠, 『历史讲义』, 2, 251.

51 "Decision of the Central Committee of the Chinese Communist Party concerning the Great Proletarian
   Cultural Revolution," in "Collection of documents Concerning the Great Proletarian Cultural Revolu-
   tion."

는 다른 모든 상부구조의 부문들을 개조하고자 하는 것이다.

그 주요 기제는 '노동자, 농민, 군인, 혁명적 지식인 및 혁명적 간부들'을 동원하는 데 있었다. 그 결정은 비록 그들이 착오를 범할 수도 있지만 문화혁명이 성공할 수 있는 결정적인 요소는 "당 지도부가 대담하게 인민들을 동원할 수 있는지의 여부에 달려 있다."라고 선언하고, 이번 운동을 저지하거나 조절하려고 하는 것은 타당하지 않다고 발표하였다.

중앙위원회 내의 심각한 이견을 반영하고 있던 '문화혁명 16조'는 문화혁명 기간에 일어날 무질서를 어느 정도까지 용인해야 하는지의 문제를 둘러싸고 아주 애매한 태도를 보여 주었다. 한편으로 그 결정은 문화혁명 기간 동안에 '소란'이 있을 수 있음을 분명히 인정하였다. 그 결정문은 1927년 마오의 후난(湖南) 농민운동 조사 보고서의 한 내용, 즉 "혁명은 그렇게 세련되지도, 신사적이지도, 온건하지도, 친절하지도, 격식 있지도, 차분하거나 관대하지도 않다."라는 구절을 언급하였다. 또한 이 결정은 문화혁명운동을 위한 포괄적인 목표를 설정하였다. 요컨대 그 목표는 '프롤레타리아 혁명을 위한 지도력을 탈환하기 위하여 자본주의의 길을 걷는 당권파들을 권좌에서 축출하는 것'이었다. 그리고 그 운동에 참여한 고등학생이나 대학생들에 대한 그 어떤 보복도 금지하였다.

다른 한편으로 저우언라이나 타오주의 선동에서 전하는 바와 같이 그 결정은 문화혁명의 실행이 극단으로 치닫지 않게 하기 위해 몇 가지 특수한 규정을 담고 있었다.[52] 그 결정은 또한 '95% 간부'들의 단합 가능성을 강조했고, 강제나 폭력의 사용을 금지하였다. 그 결정은 운동의 온갖 폭력으로부터 일반 과학자나 기술자, 간부, 농촌 지역의 당정기구들을 대체로 면제(배제)시켰다. 그리고 문화대혁명 동안에 경제와 생산을 방해해서는 안 되며 "부르주아 학술 '권위자'"와 당내 수정주의자를 비판하되 당위원회의 비준을 거치지 않고 신문에 지명하여 그들을

---

52 *RMRB*, 5 January 1986, in *FBIS Daily Report: China*, 24 January 1986, 12-22.

비판해서는 안 된다고 하였다.

그렇다 하더라도 제8기 11중전회의 전반적인 논조는 공식적인 경고와 현저하게 달랐다. 심지어 회의 기간에 마오는 대자보를 써서 중전회 회의장 밖에 게시하였다. 마오는 대자보에서 '일부 영도 동지', 즉 류사오치와 덩샤오핑이 '50일' 동안 '반혁명적인 자산계급 입장에 서서' 공작조를 학교와 정부기구에 파견하였다고 질책했다.[53] 이 11중전회는 21명의 정치국원 가운데 3명을 해임하거나 좌천시키는 결정을 통과시켰다. 이러한 사태 전개는 이 회의의 중대한 의미를 상징적으로 보여 주었다. 요컨대 마오쩌둥 개인이 동원한 당기구와 지식인에 대한 전면적인 공격은 합법화되었고, 그 공격을 위해서는 더욱 높은 정도에서 인민들을 동원해야 하며 보다 격렬한 정치투쟁을 해야 했다.

권위의 해체

홍위병의 출현

11중전회에서는 마오의 '대중을 동원한' 문화대혁명이 '모든 사회주의 경제기반에 적합하지 않은 상부구조'의 수정주의 성향을 비판한다는 사상을 비준하였다. 여기에 마오쩌둥 사상 중 1960년대 초기에 형성된 두 가지의 주제가 결합되었다. 하나는 당기구 자체에 대약진 이래 중국에 나타난 수정주의에 대한 책임이 있다는 것이며 다른 하나는, 반수정주의의 가장 좋은 방법이 중국의 일반 군중인 젊은이들을 동원하는 데 있다는 것이다.

11중전회에서 통과된 '문화혁명 16조'는 군중이 참여하는 메커니즘을 고려하였지만 그 메커니즘은 몇 주밖에 존재하지 못했다. 그 계획은 기층 단위인 공장과 공사로부터 대학과 정부기구까지, 군중의 추천에 의해 선발된 '문화혁명위원회'를 구축하는 것이었다. 이 혁명위원회는 1871년 파리코뮌을 모델로 한 것으로,

---

53 Jerome Ch'en, ed., *Mao papers: Anthology and bibliography*, 117.

선거를 통해 당선되고 유권자들의 비판을 받아 수시로 대체될 수 있게 하였다. 간단하게 말하면 그들의 조직된 기구는 광범위한 대표성이 있어야 했다.

어쨌든 문화혁명위원회가 당위원회와 행정기구를 대체할 수 있을 것으로 기대되지는 않았다. 11중전회의 결정에서는 '중국공산당과 인민군중의 밀접한 관계를 유지하는 교량'이라고 다소 모순되게 말했다. 이 위원회는 수정주의를 비판하고 '낡은 사상과 문화, 풍습 및 습관'을 반대하는 상설 기구라고 간주되었지만, 다른 한편으로는 여전히 '중국공산당의 영도하에 있다.'는 측면이 강조되었다.

마오주의자의 관점으로 보면 문화혁명위원회의 구상은 내재한 결함들 때문에 그 효율성이 떨어졌다. 우선, 위원회가 당의 영도를 받는 규정은 지방 당위원회로 하여금, 위원들을 직접 선임하거나, 군중을 통한 '선발'에서 비교적 보수적인 사람이 위원회의 성원으로 '당선'되도록 통제할 수 있게 해 주었다. 위원회는 추천·선발하기로 결정하였다. 실제로 적어도 대학에서는 위원회가 날로 분열되는 학생단체의 이익을 대표하도록 보장하였다. 많은 경우에 문화혁명위원회는 고급 간부의 자녀들에 의해 조종되었다. 그것은 간부 가정의 자녀들이 대학생 속에서 가장 큰 단일조직을 구축했을 뿐만 아니라, 상급 당위원회는 동료의 대학생 자녀들이 대중운동의 리더가 되는 것을 찬성했기 때문일 것이다. 게다가 문화혁명위원회는 각 단위의 문제에만 관심을 가지고 있을 뿐, 마오주의자들이 처음에 의도했던, 좀 더 광범위한 국가정책 문제들을 문화대혁명의 중점 사항으로 만드는 데에는 관심이 없었다.

그러나 다른 군중의 참여 형식인 홍위병은 바로 가능하였다. 11중전회에서 문화혁명위원회의 구상을 비준하기 전에 마오쩌둥은 칭화대학 부속중학교의 홍위병 그룹에 암묵적으로 이러한 조직형식을 인정한다는 답장을 보냈다. 11중전회는 홍위병에 대해 언급하지도 않았지만 회의장에는 홍위병 대표들이 있었다. 문화혁명위원회와 비교해 보면 홍위병은 확실히 기층 단위에 국한된 관심에서 벗어나 있었고, 좀 더 광범위한 문제와 고위 지도자들의 비판을 고려하는 방향으로 발전하였다. 문화혁명위원회는 마치 당기관의 통제하에 있는 것 같았던 반면에 홍위병은 중앙문화혁명소조에 의해 조종되는 것 같았다.[54]

따라서 11중전회가 폐막된 뒤 바로 일주일 내에 베이징에서 대규모의 홍위병 집회가 시작되었다. 문화혁명위원회는 지금까지 거부된 적이 없었고 심지어 그해의 하반기에 가끔 언론의 주목도 받았지만, 홍위병과 비교하면 그 빛을 잃었다. 1966년 8월 18일부터 11월 26일까지 3개월 동안, 홍위병 조직은 인민해방군 후방병참부의 지지하에 전국 각지에서 1300만 홍위병이 참여한 집회를 여덟 차례 조직하였다.[55] 이 사건과 관련된 영화에서는 눈물을 흘리며 혁명의 슬로건을 큰 소리로 부르는 학생, 톈안먼에서 그들을 사열하는 비범한 인물에게 붉은『마오 주석 어록』책자를 흔드는 학생 등 도취된 젊은 중학생들의 이미지를 생동하게 그려냈다. 홍위병 조직들의 이름도 '홍기부대(紅旗营)', '삼면 홍기단(三面红旗团)', '철저한 혁명단(彻底革命团)' 등 군사적 색채를 띠고 있었다. 많은 홍위병들은 군복을 입었으며, 마오 본인도 홍위병 완장을 달았다. 그것은 홍위병이 마오와 인민해방군의 지지를 받고 있다는 것을 분명하게 드러냈다. 중앙문화혁명소조는 중앙위원회 명의로 발포된 지시대로 홍위병들에게, 시위 행진을 조직하고 인쇄기를 사용하여 신문을 출판하고 대자보를 게시하여 어떠한 1급 당위원회라도 비판할 수 있는 권한을 부여하였다.

이 장 앞부분에서 홍위병운동을 야기한 많은 사회경제적 분열과 불만들 중에서도 특히 중국 교육체제의 성공 기준인 계급배경과 학술적 업적 간에 긴장 관계가 발생하였음을 거론하였는데, 그 외에도 다른 몇 가지 요소들이 홍위병의 동원을 추진하게 하였다. 즉 국가 지도자들이 홍위병에게 국가 업무에 개입하도록 호소함에 따라 분출된 격앙된 감정, 홍위병들의 문화대혁명 참여가 개개인의 장래에 근본적으로 영향을 미치게 될 것이라는 희망, 수업과 입학시험의 일시 정지로

54　이 두 가지 조직형식의 상호 작용에 대해서는 다음을 참조. Harding, *Organizing China*…, ch.8.
55　孫敦璠, 『历史讲义』, 2. 254.

수백만 명의 고등학생이나 대학생들의 학업부담이 해소된 점, 그리고 무엇보다도 '혁명 경험을 교류하기 위해' 홍위병들이 무료로 기차를 타고 전국을 여행하려 했다는 부분이 중요하였다. 홍위병 조직은 도시 젊은이들뿐만 아니라 1960년대 초기 농촌으로 하방되었던 많은 젊은이들로 하여금 그 당시의 무질서를 이용하여 도시로 돌아오도록 이끌었다.

그러나 1966년 가을, 홍위병운동은 마오가 기대한 목표를 실현하지 못했다. 초기에 홍위병들은 마오 주석이 부차적이고 심지어 잡다한 문제로 간주했던 것들에 크게 매료되었다. 그들은 제8기 11중전회의 '사구(四日)'—낡은 사상, 낡은 문화, 낡은 풍속, 낡은 습관—에 관한 지시를 착실하게 집행하였다. 홍위병들은 거리에 나가 부르주아계급 문화의 증거를 찾았다. 즉 긴 머리를 한 젊은 남녀를 거리에서 막아 세우고 그 자리에서 머리를 빡빡 깎았으며, 몸에 달라붙는 옷을 입은 여성에게는 잉크병을 허리 밴드에 넣어 시원스럽게 바닥에 떨어지지 않으면 바지를 조각조각 잘라 놓는 '잉크병 테스트'를 행했다. 점포 주인들은 어쩔 수 없이 전통적인 점포명이 쓰여 있는 간판을 내리고 혁명 간판으로 바꿔 걸었다. 홍위병들은 종종 제멋대로 거리 이름을 바꾸었고, 때로는 어떤 이름이 더 혁명적인지에 대해 논쟁을 벌였다. 한 무리의 홍위병들은 교통신호의 의미를 바꾸자는 제안을 했는데, 혁명을 대표하는 빨간색을 '정지'가 아닌 '진행'의 의미로 바꾸자는 것이었다.

베이징에서 온 한 중학교의 홍위병 조직은 '낡은 것은 타파하고 새로운 것을 세우는' 100개의 명단을 만들어 문화대혁명의 분위기를 더했다. 여기에는 '불량배인 건달'의 '긴 장발을 잘라 버리고', '뾰족구두를 벗게 하며', 사람들이 술과 담배를 끊도록 하고, '귀뚜라미와 물고기, 고양이, 강아지를 기르는 부르주아계급의 습관을' 버리도록 하는 것이 포함되었다. 또한 그들은 '세탁소는 '부르주아계급 가정'을 위해 세탁하지 말고', '목욕탕은 부르주아계급의 자식을 위해 봉사하지 말아야 하며, 이들을 위한 안마 행위도 중지'해야 한다는 조례를 규정했다. 이

홍위병 조직은 또한 그들의 학교 이름인 '제26중학교'를 '마오쩌둥주의학교'로 바꾸도록 했다.[56]

　일부 홍위병들의 행동은 사람들을 불쾌하게 했다. 교사와 학교의 행정직원들은 종종 주요 '부르주아계급'의 대표로 간주되었으며, 수없이 많은 사람들이 자기 학생에게 훼방, 고문, 괴롭힘을 당하여 죽음에 이르게 되었다. 이전의 자본가와 지주 집들은 '수상한 물건'이나 감춘 재물을 조사한다는 명목으로 습격당하고 강탈당했다. 예술품은 몰수되고 우아한 가구는 파손되거나 붉은색으로 칠해졌으며, 벽면은 『마오 주석 어록』으로 뒤덮혔다. 일부 출신이 좋지 않은 계급(예컨대 지주) 구성원들은 대도시에서 쫓겨났다. 베이징대학에서만 100곳의 교직원 가정이 수색당하여 서적 및 기타 개인 재산이 몰수되었으며, 260명이 목에 자신의 '범행'이 적힌 팻말을 달고 '감독' 노동을 당해야 했다.[57] 비록 정부의 지지를 받진 않았지만 미련하고 거친 폭력과 야만적이며 잔인한 행위는 지속되고 가속화되어 그해 초 '50일' 동안 당의 지도하에 중국의 부르주아계급, 특히 지식인에 대한 공포통치가 시작되었다.

　처음부터 홍위병운동은 심각한 파벌 싸움으로 홍역을 치렀다. 이때 쟁론한 주요 문제는 문화대혁명의 주요 목표를 무엇으로 설정할 것인가였다. 학생들 사이의 의견 차이는 대부분 1960년대 초 교육정책의 잘못된 노선에서 발생하였다.[58] 간부와 군인 가정 출신인 학생들은 홍위병운동이 당의 영도하에 있다고 주장하면서 당기구에 대한 비평을 완화시켜 투쟁의 대상을 기타 목표로 이끌려고 했다. 즉 지식인과 학자, 전 자본가와 지주 및 중국 도시에서 부르수아계급 문화 꼬리

56　*Selections from China Mainland Magazines*(이후 *SCMM*), 566(6 March 1967), 12-20.

57　홍위병의 폭력에 관한 묘사는 다음을 참조. Gordon Bennett & Ronald N. Montaperto, *Red Guard: The political biography of Dai Hsiao-ai*; Ken Ling, *The revenge of heaven: Journal of a young Chinese; MQ*, 19(October 1980), 32-6.

58　홍위병운동 내부에 관한 분열은 다음을 참조. Lee, *Politics of the Cultural Revolution*…; Rosen, *Red Guard factionalism*; Anita Chan, "Images of China's social structure: The changing perspective of Canton students", *World Politics*, 34, 3(April 1982), 295-323.

표를 달고 있는 계층이었다.

그러나 부르주아계급 출신인 학생들은 문화대혁명을 1960년대 초기에 그들이 받았던 차별대우를 해소할 기회라고 간주하였다. 그것은 당시에 점점 중요시되던 계급배경 때문에 그들이 입시와 중국공산주의 청년단(공청단) 입단, 공산당 입당 및 직장 배치 등에서 불리한 위치에 있었기 때문이었다. 그들이 보기에 홍위병운동은 바람직하지 못한 가족 내력을 덮을 만큼 자신들이 혁명적이라는 것을 증명할 다시 없을 기회를 제공하였으며, 또한 합법적으로 당기구에 대한 불만을 쏟아 낼 수 있게 해 주었다. 과거 '50일'의 시기에 억압과 박해를 받았던 마오쩌둥 사상의 지지자들은 이때, 공작조가 그들에게 억지로 씌운 판결을 뜯어고칠 수 있는 가능성을 보았다. 그들은 그들의 공작조에 대한 저항이 11중전회에서 채택된 16조가 보장하는 '잘못된' 당의 영도에 대한 저항이라고 주장하였다.

베이징과 광저우(广州)에서 발생한 홍위병 조직의 많은 사례를 자세히 연구해 보면 학생운동 과정에 나타난 분열은 다음과 같다. 첫째는 광저우의 중학생 2200명에 대한 표본조사에 의하면 압도적인 대다수(73%)의 간부 자제들이 당을 보위하는 조직에 참여하였고, 반면에 반수 이상(61%)의 지식인 자녀와 다수(40%)의 부르주아계급 출신 학생들이 반란파(造反派) 조직에 가담하였다. 다소 분석의 차이가 있겠지만 같은 정보에 의하면, '보황파(保皇派)', 즉 주자파(走資派)를 옹호하는 사람들은 간부 및 노동계급 출신의 자제들(82%)이었으며, 반면에 조반파는 주로 지식인 가정 출신(45%)의 자제들을 끌어들였다.[59]

마오주의자의 견지에서 볼 때 이것은 가장 큰 아이러니일 수 있겠지만, 그 당시 반수정주의 혁명운동에 참여한 가장 급진적인 학생들은 결코 프롤레타리아계급의 대변자들이 아니라 오히려 부르주아계급의 대변자들이었다. 그러나 다소 이데올로기적인 관점에서 벗어나서 보면 학생운동 내부의 분열을 보다 더 이해하기 쉽다. 당을 가장 격렬하게 비판한 사람들은 당의 교육정책으로 이익을 가장

---

59 Chan, "Images of China's social structure…", 314, Table 2.

얻지 못한 사람들이었고, 그들의 가정은 대부분 당의 '계급노선'의 피해자였다. 반면에 공격으로부터 당을 옹호했던 사람들은 당 관료의 사제들이거나, 현재 입당, 대학 입학 그리고 직장 배치 등에서 가장 큰 이익을 얻고 있는 사람들이었다.

당기구의 반응

홍위병운동은 마오의 의도대로 발전하지 못했고 오히려 무질서와 파벌 싸움 및 폭력에 빠지게 되었는데, 이는 많은 요인들에 기인한다. 일부는 '문화혁명 16조'에 담긴 대중운동에 대한 제한들이 그 문건과 당의 정부측 신문, 중앙문화혁명소조 지도자들의 선동성 발언을 상쇄할 만큼 강력하지 못했기 때문이다. 다른 일부는 문화대혁명의 진행방식이 11중전회의 최초 구상을 분명히 벗어났기 때문이다. 원래대로라면 문화대혁명은 당 영도하의 문화혁명위원회에 의해 추진되었어야 하는데, 오히려 당의 권위를 거부하는 것이야말로 자신들의 권리이자 책임이라고 여긴 홍위병들에 의해 주도되었던 것이다. 아마도 가장 중요한 원인은 모호했던 당의 결정이었을 것이다. 그 결정은 수백만 명의 미숙한 젊은이들을 매우 격렬했던 정치 환경 속에서 동원하려 했고, 그들을 고무시켜 모호하게 규정한 목표 대상들에 맞선 '혁명투쟁'에 참여하게 하였으며, 나아가 그들을 지도 혹은 통제하에 두려는 어떤 시도도 '군중을 억압' 하는 것이라고 공공연히 비난했기 때문이다.

홍위병운동이 난관에 직면하게 된 또 다른 요인은 당기구 내부의 반대파에서 찾을 수 있다. 관료들은 자신들의 업적이 군복을 입고서 손에 마오의 어록이 담긴 붉은 소책자를 흔들어대는, 조직력이 약한 고등학생이나 대학생들에 의해 평가되어야만 한다는 생각에 당혹감을 감추지 못했다. 그러나 관료들의 직책도 유지하기 힘든 상황에 봉착한 것이 분명해졌다. 11중전회의 결정은 당내 당권파가 자본주의의 길을 걷기에 그 직책을 해임한다고 공개적으로 선포하였다. 그 회의에서 린뱌오는 심지어 퉁명스러운 어조로 이 문제에 대해 연설했다. 그는 문화대혁명이 세 가지 정치 기준에 따라 "간부들을 전면적으로 심사하고 재조정해야 한다."라고 말했다. 여기서의 세 가지 기준은 '마오쩌둥 사상의 홍기(紅旗)를 높이 드는지의 여부', '정치사상공작을 하는지의 여부', '혁명의 열정이 있는지의 여부'였다. 이 기준들을 충족시키는 사람들은 승진되거나 관직을 유지할 수 있을 것이었다. 또한 마오의 계획을 지지하는 사람들과 반대하는 사람들 사이에서 '교착 국면을 타개'하기 위해 그 세 기준에 부합하지 못한 사람들은 해임되었다.[60]

한층 더 놀라운 부분은 보다 많은 경력을 가진 사람들이 말려들면서 이 사태가 급속도로 분명해졌다는 점이다. 앞에서 서술했다시피 그 당시까지 얼마나 많은 교사와 학교장들이 자신들의 학생에 의해 고문당하고 괴롭힘을 당하거나 심지어 피살당했는지 모른다. 당 간부들도 비슷한 폭력 행위를 모면하기가 어려웠다. 홍위병운동이 시작된 처음 몇 달 동안에도 심지어 당 간부인 톈진(天津) 시 당위원회의 제1서기 한 명은 급진적 학생들의 비판투쟁회의에서 목숨을 잃었고, 헤이룽장 성(黑龙江省)의 판푸성(潘复生)은 단식 4일 후 병원에 입원했다.[61]

일부 지방에서 간부들은 홍위병이 자유롭게 자신들을 심사하고 비판하도록 한 당의 권고안에 주목하였다. 관료들의 패턴을 전반적으로 살펴보면, 그들은 온갖 힘을 다해 이 운동을 미루며 바꾸거나 분열시키려 하였다.[62] 초기 일부 간부들은 홍위병 조직들이 11중전회에서 공식 승인을 얻지 못했다는 것을 근거로 홍위병 조직을 금지하려고 했다. 또 다른 전략은 홍위병이 조직을 설립하도록 허락하고 대신 그들의 활동을 엄격하게 제한하는 것이었는데, 이는 홍위병들의 시위행진, 대자보 게시, 신문 인쇄를 금지한 '50일' 시기 동안에 공작조가 채택한 방법과 비슷하였다.

60　Kau, *Lin Piao*⋯, 346-50.

61　Dittmer, *Liu Shao-ch'i*⋯, 132.

62　당 관료의 홍위병운동에 대한 반응은 다음을 참조. Parris H. Chang, "Provincial Party leaders' strategies for survival during the Cultural Revolution", in Robert A. Scalapino, ed., *Elites in the People's Republic of China*, 501-31; Richard Baum, "Elite behavior under conditions of stress: the lesson of the 'Tang-chuuan p'ai' in the Cultural Revolution", in Scalapino, *Elites*⋯, 540-74.

그러나 베이징에서 거행된 대규모 홍위병 집회 및 찬양조의 사설이 중앙당보에서 발표되면서 홍위병 조직의 합법성을 부정하기 어려워졌다. 따라서 지방 간부들은 보다 약삭빠른 방법으로 부하 몇몇을 희생하는 방법[중국 장기의 비유인 '주차보수(丟車保帥)'라는 전략, 즉 차를 버려 장군을 구한다는 사자성어처럼 부차적인 것을 버려서 중요한 것을 지키는 전략을 말함]으로 그들의 불타는 충성심을 증명하여 위험에서 벗어났다. 그리고 일부 사람들은 '대변론'을 개최하여 당위원들이 진정으로 '혁명'적 영도를 행하였는지의 여부를 토론하면서 원하는 결과가 나오도록 회의를 교묘하게 조작하였다. 일부 사람들은 벽면에 붙은 마오 주석 어록을 덮는 홍위병의 대자보와 표어의 게시를 저지시켰다. 대자보로 마오 주석의 말씀을 가리면 마오 주석을 모독하는 것과 같다고 굳게 믿었기 때문이었다. 여타 사람들은 그들의 사무실을 지방 병영으로 이전하는 방법을 통해 홍위병을 피하려고 했다. 왜냐하면 급진적 학생들은 지방 병영에 진입할 수 없었기 때문이다.

그러나 성과 지방 간부들의 주요 전략은 보수적 대중조직을 결성하여 그들이 급진적 학생들의 비판을 받지 않도록 보호하는 것이었다. 각 대학과 고등학교 내의 당조직과 공청단에 대한 설득을 통해 되도록 현상유지하기를 바라는 학생들을 조직할 수 있었고, 혹은 더 급진적인 홍위병 조직에 대해 당에 보복하려는 부르주아 가정의 성원이라고 묘사할 수 있었다. 그리고 지방 지도자들은 노동조합을 설득함으로써 보수적인 노동자들을 '적위대(赤卫队)'에 가입시켜 당과 정부의 사무실이 급진적 홍위병의 습격을 당하지 않도록 보호하였다. 이러한 조치의 결과 초기에 고등학교나 대학교 캠퍼스를 거점으로 했던 홍위병운동은 산업노동자 세력의 대열로 이동하기 시작했다.

이러한 전략은 중앙의 규정에 의해 작동되었는데, 역설적이게도 그 규정은 중앙문화혁명소조보다 당기구에 더 호의적이었다. 중앙의 초기 정책에 따르면, 노동자와 농민, 병사, 간부 및 혁명열사인 이른바 '5가지 유형(红五类)'의 가정 출신인 학생들만 홍위병 가입이 허락되었고 '부르주아계급' 가정 출신인 학생들은 홍

위병운동 참여가 금지되었다. 이런 규정 때문에 학생운동의 규모가 제한되었
는데, 처음 1966년 늦여름부터 초가을까지 고등학생이나 대학생들 가운데 15~
35%만이 초기 홍위병 조직에 가담할 수 있었다.[63] 그뿐만 아니라 역설적이게도
이런 홍위병 구성원은 당기구를 더욱 보호하려는 학생들로 제한되었다.

정부 관료들은 왜 이러한 방식으로 홍위병운동을 제한하였을까? 부분적으로
그 답은 무정부상태와 통제 불능의 상황에 빠진 홍위병운동에 직면하면서 자신
을 보호하려는 열망이 있었기 때문이라고 할 수 있다. 그러나 지방과 성의 관료
들은 확실히 베이징의 지지를 받는다고 생각하였고, 가장 좋은 전략은 이번 운동
의 가장 위험한 시기를 넘기면서 빨리 끝나길 바라는 것이었다. 결국 류사오치와
덩샤오핑, 저우언라이는 제8기 11중전회에 의해 정치국에서 좌천되지 않았다.
류는 분명 서열에서 강등되었지만 여전히 중화인민공화국의 국가주석이었다. 덩
과 저우는 당의 총서기와 국무원 총리 직무를 유지하게 되었다. 6월 초 당의 선
전부 부장으로 임명된 전 중남국(中南局) 제1서기 타오주도 홍위병운동으로 너무
많은 피해자가 발생하지 않도록 노력했다. 모든 중앙 지도자들은 그들의 연설 과
정에서 홍위병 구성원은 '5가지 유형(红五类)' 가정의 학생들로 제한하고, 홍위병
조직의 단결을 유지하고 규율을 지키며 나아가 급진적 소수파가 한층 더 보수적
인 다수파에 복종하는 다수지배의 원칙을 이용하자고 적극적으로 제기하였다.

마오주의자의 반응

9월 말까지 마오와 린 및 중앙문화혁명소조에게 문화대혁명은 최초의 기대대
로 발전하지 못했음이 점점 분명해졌다. '사구(四旧)'에 대한 비판은 많았지만 주
요 관료들은 거의 비판받지 않았다. 몇몇 하급 관료들만 어쩔 수 없이 직무에서
해고되고, 당기구는 운동을 회피하고 비밀리에 대응하는 것이 주요 추세였다.

이어서 10월 초에는 문화대혁명이 보다 더 급진적으로 발전하였으며, 중앙문

---

63 Lee, *Politics of the Cultural Revolution* …, 85.

화혁명소조의 권위는 당기구를 희생한 대가로 강화되었다. 이러한 발전은 10월 1일 국경일 즈음 일련의 강연과 사설에서 최초로 반영되었고, 그중 대부분의 사설은 중앙문화혁명소조 구성원들이 집필하였다. 이 연설들에서는 당 간부의 문화대혁명에 대한 저지를 비평하고 홍위병은 당조직을 반대할 권한이 있다고 거듭 표명하였으며, 문화대혁명의 주요 목표는 당내 수정주의자들이고, 보수적 조직들이 주장했던 것처럼 '사구'를 고수하는 것이 아니라고 강조하였다. 특히 중요한 것은, 홍위병 조직의 성원에 대한 제한을 뒤집도록 공표하면서 출신성분이 '나쁜' 급진적 학생들이 합법적으로 이번 대중운동에 참여할 수 있게 하였다는 것이다.

또한 10월 9일부터 28일까지 베이징에서 제1차 중앙공작회의가 개최되었고, 당시까지의 문화대혁명의 진전에 대해 평가하고 장애물을 극복하는 방법을 찾으려고 하였다.[64] 우선 마오와 린은 대표들에게 이번 운동의 목표를 다시 한 번 강조하면서 문화대혁명에 대한 지지를 호소하였다. 그들은 대중의 비평을 환영하고 회피하려 하지 않는다면 대부분의 간부들이 문화대혁명의 "고비를 잘 넘길 수 있다."라고 약속하였다. 마오는 "당신들에게 잘못이 있으면 고칠 수도 있지 않나요? (잘못이) 있으면 고치고 돌아가서 기운을 내어 대담하게 업무를 보세요."라고 말했다. 마오는 심지어 자아비판을 하면서 1960년대 초기에 나타난 수정주의는 일부가 '2선으로 물러나' 일상 업무 책임을 포기한 결정의 결과라고 인정하였다. 그리고 마오는 홍위병의 동원으로 발생될 '대문제'를 예상하지 못했다고 인정하였다.[65]

그러나 중앙공작회의에 참석한 대표들의 마음은 편치 않았다. 원래 3일 일정이었던 회의는 2주 넘게 진행되었고, 처음의 차분한 분위기도 점점 긴장된 분위

---

64 Lieberthal, *Research guide*…, 259-62. 리버설이 밝힌 시기는 쑨둔판(孫敦璠)의 견해와 다소 다르다. 孫敦璠, 『历史讲义』, 2. 255 참조.
65 Ch'en, ed., *Mao papers*…, 40-5; Jerome Ch'en, ed., *Mao*, 91-7.

기로 바뀌었다.[66] 천보다는 한 보고서에서 1960년대 초기에 뚜렷하게 등장했던 '프롤레타리아 계급'과 '부르주아계급'의 노선투쟁이 다시 문화대혁명 과정에 반영되었다고 지적했다. 마오쩌둥과 린뱌오는 걱정하고 불안해하는 간부들을 더이상 위로하지 않았으며, 운동을 견제하고 회피하려는 간부들을 거세게 공격했다. 마오는 "오직 소수 인원만 '혁명'이라는 단어를 무엇보다 최우선에 놓고, 대부분의 사람들은 '두려움'을 최우선에 놓고 있다."라고 원망했다. 린은 당에 대한 저항을 일부 중앙 관료들의 방해 탓으로 돌렸으며, 류사오치와 덩샤오핑을 지명하며 이에 대한 책임을 지도록 하였다. 두 사람은 어쩔 수 없이 회의에서 자아비판을 하였다.

1966년 사태의 진전 결과는 보수적인 대중조직의 영향을 크게 축소시켰다.[67] 그해 연말 베이징의 일부 보황파(문화대혁명 과정에서 이른바 주자파를 옹호하는 사람이나 조직을 일컬음) 조직은 급진적 홍위병 조직을 공격하고 린뱌오를 비판하였으며, 류사오치를 지지하여 '중앙문화혁명소조를 버리고 혁명을 하는 것'이 올바른 노선이라고 주장하며 마지막까지 반항하였다. 그러나 그들은 분명 쇠락할 처지에 놓여 있었다. 일부 보수적 조직은 자아비판을 하고 일부 급진적 학생들에 의해 접수·관리되었고, 다른 일부는 그들의 지도자들이 공안국에 의해 체포되면서 해체되었다.

1966년 말 중앙문화혁명소조는 대중의 당기구에 대한 공격으로 강화되었다. 대중조직에 대한 제한이 느슨해지면서 급진파 인원이 급속도로 증가되었다. 이와 동시에 중앙문화혁명소조는 자신들에게 가장 동정적이라고 간주되는 조직들과 연계하였으며, 그들을 더욱 크고 효율적인 단체들로 통합시켰다. 그해 11월과 12월 홍위병들이 공장과 공사에 진입하도록 허락하였고, 노동자도 자기들의 '혁

---

66 孙敦璠, 『历史讲义』, 2. 255.

67 10월 공작회의 이후 사태에 관한 내용은 다음을 참조. Daubier, *A History of the Cultrual Revolution*, ch.3; Dittmer, *Liu Shao-ch'i…*, ch.5; Lee, *Politics of the Cultural Revolution…*, 118-29. 문화혁명의 심화는 그 시기에 공포된 중앙 지시에 반영되었다. "Collection of documents…" 참조.

명적 반란'조직을 조직할 권한이 있었기 때문에 이전에 노동자와 농민을 조직하는 과정에서 당기관이 좌우하던 효과적인 독점을 타파하였다. 부임승차로 베이징에 가는 것이 취소되고 홍위병들의 '혁명여행'을 끝내도록 격려하여 그들의 소재지인 도시와 성으로 돌아가 지방 당위원회에 항거하는 '혁명'을 하게 했다.

가장 중요한 것은 중앙문화혁명소조가 대중조직으로 하여금 고위층 관료들을 심사하기 시작하고 비판을 할 수 있게 하는 근거 정보를 우호적인 홍위병에게 제공해 주었다는 데에 있었다. 홍위병 대표들은 어느 간부에게 '시련'을 주어야 하는지에 대한 매우 구체적인 지시를 받고 베이징에서 주요 성 정부 소재지로 향했다. 급진적 홍위병 조직은 류사오치와 덩샤오핑이 마오쩌둥을 반대하며 비판 대상으로 삼을 수 있다는 통지를 받았다. 중앙문화혁명소조가 홍위병들에게 류와 덩이 10월 중앙공작회의에서 한 자아비판 사본을 제공하자, 11~12월에 두 사람을 공격하는 대자보가 대량으로 출현하기 시작했다. 1980년부터 1981년에 '사인방(四人帮)' 심판 법정에서 제공된 증거에 의하면, 장춘차오는 12월 18일 중난하이(中南海)에서 칭화대학의 급진적 학생대표인 콰이다푸를 회견하고 류와 덩을 공개적으로 모욕하게 했다. 전언에 따르면, 장은 '그들의 이름에 먹칠을 하게 하고', '중도에 멈추지 않도록' 했다고 한다.[68] 연말 즈음 타오주는 지방 관료, 중앙선전부 및 문화계의 간부들을 비판으로부터 보호하려고 한 데다가 운동의 지도권을 중앙문화혁명소조로부터 박탈하려고 했기 때문에 중앙선전부의 직책에서 해고되었다고 한다. 그리고 기타 중요한 중앙 관료인 양상쿤과 뤄루이칭, 루딩이, 펑전, 허룽 5명은 베이징 대중집회에서 연속으로 몇 시간 동안 비난과 욕설을 당했다고 한다.

이러한 일련의 정보를 통해 중국에서 마오쩌둥 본인 외에 비판을 받지 않은 사람이 없었고 비판 방식이 매우 심했음이 밝혀졌다.

---

68 *A great trial in Chinese history: The trial of the Lin Biao and Jiang Qing counter-revolutionary cliques, Nov. 1980-Jan. 1981*, 35.

성급(省及) 권력의 와해

1966년의 마지막 5개월 동안 문화대혁명의 고조로 초래된 결과는 지방에 따라 확연한 차이가 있었다. 좀 더 내륙에 위치한 성들은 급진적 학생들을 동원하기가 어려워 성의 지도자들은 여전히 본인들의 세력범위를 유지할 수 있었다. 그러나 홍위병이 동원되었던 성은 마오가 기대했던 성 지방 관료들의 교체가 아니라, 성급 권력기관이 철저하게 와해되는 결과가 초래되었다.

상하이는 후자 상황(성급 지방권력기관의 와해)의 전형적인 사례였다.[69] 10월에 중앙 지도자들의 자극적인 발언은 첫 번째 급진적인 시 차원의 노동자 조직인 '상하이 시 노동자반란 총사령부(上海市工人造反总司令部)'가 11월 초에 설립되게 하였다. 그 조직은 일부 낮은 등급 간부[가령 궈미엔(国棉) 17공장의 왕훙원(王洪文)은 그후 문화대혁명 과정에 전국적으로 혁혁한 공을 세운 인물임]들이 급진적 학생들의 도움으로 주로 견습공과 임시공 등 하층 노동자를 조직하여 설립되었다. 상하이 시 차오디추(曹荻秋) 시장은 내키지 않았지만 모종의 이유 때문에 중앙의 문화혁명 지시에 따라 처리하고자 했다. 그러나 그는 중앙에서 독립적인 노동자 조직을 설립하도록 허락하지 않은 상태에서 이런 조직을 설립할 경우 필연적으로 생산에 영향을 준다는 이유로 '노동자반란 총사령부'의 설립을 거부했다.

노동자반란 총사령부에서 차오 시장을 찾아가 시 정부당국의 승인과 물질적 지원을 요구했을 때 차오 시장은 그들의 요구를 거부했다. 화가 난 노동자반란 총사령부의 지도자들은 강제로 기차를 탈취하여 베이징으로 가서 그들의 문제점을 중앙 지도부에 제출하려 했다. 차오 시장은 기차를 상하이 교외 역에 멈추게 하였고, 그곳에서 시장의 대변인이 그들의 태도를 바꾸고자 다시 설득하였다.

처음에 중앙문화혁명소조는 차오 시장의 입장을 지지하였다. 그러나 노동자들

---

69 그 시기 상하이 사태에 관한 내용은 다음을 참조. Neale Hunter, *Shanghai journal: An eyewitness account of the Cultural Revolution*; and Andrew G. Walder, *Chang Ch'un-ch'iao and Shanghai's January Revolution*.

이 공장으로 돌아가는 것을 거절했을 때, 베이징의 급진적 지도자인 장춘차오를 보내서 그들과 협상하게 하였다. 장춘차오는 그들의 혁명적 행동으로 정상적인 생산 임무를 방해하지 않는다는 조건하에 노동자반란 총사령부를 승인하는 데 동의하여, 차오 시장에게 심한 타격을 주었다. 차오 시장으로서는 그 결정에 동의하는 것 외에 다른 선택의 여지가 없었다.

수정주의자인 시 교육국장을 폭로해야 할 뿐만 아니라 그를 은닉한 차오 시장을 확실하게 비난해야 한다는 지시를 받고 녜위안쯔(聶元梓)가 상하이에 도착했을 무렵에 시정부의 지위는 한층 더 약화되었다. 그녀가 도착한 이후에 일단의 급진주의자들이 『해방일보』라는 지방 신문을 접수·관리하면서 녜위안쯔의 연설을 인쇄·발행하도록 요구하였다. 며칠이 지난 후 시정부도 저항을 그만두었다.

그렇지만 차오의 권력 와해는 급진적 노동자와 지식인들의 행동에 의한 것만이 아니라, 적어도 부분적으로는 자발적이면서도 한층 더 보수적인 상하이 시민 반동세력의 행동 때문이었다. 『해방일보』 점령 기간에 적위대와 기타 지지자들은 신문사 건물을 급습하여 급진주의자들로부터 다시 찾아오려 했다. 체신 노동자들은 녜위안쯔의 연설이 게재된 신문 배포 업무를 거절하였다. 적위대는 차오가 급진파에게 '투항'하는 것을 거절했으며, 급진파에게 더 이상 어떤 것도 양보하지 말 것을 요구했다.

앤드루 왈더(Andrew Walder)의 주의 깊은 연구에 의하면, 차오는 두 파가 '그의 사무실로 보내 온 어떠한 요구든 모두 서명하는' 방식으로 양극화 과정에 대응하였다고 한다.[70] 그 결과 사회에서 불리한 지위에 처한 조직은 경제석 이익에 대한 요구를 잇달아 제시하고, 임시공으로 전락한 노동자와 해고된 계약직 노동자들은 복직과 급여 보상을 요구했다. 정규직 노동자들은 곳곳에서 로비활동을 하면서 급여 인상과 혜택 증진을 요구하고, 급진파의 생산에 대한 방해로 그들의 상여금이 감소되었음을 질책했다고 한다.

70　Walder, *Chang Ch'un-ch'iao*⋯, 36.

급진파와 보수파 간에 무장투쟁과 소란이 일어났다. 보도에 따르면 한번은 보수파 인원 8명이 맞아 죽는 일이 발생하자 적위대가 총파업을 호소하였다. 따라서 각 파벌의 요구를 만족시키기 위해 시정부를 포위하는 전략은 상하이 경제를 붕괴로 몰아갔다. 예금을 찾으려는 고객들이 쇄도하고 상품사재기 현상과 전기 공급 및 교통의 중단 등이 발생하는 등 상하이 시의 경제가 붕괴되었다. 12월 말 중국에서 가장 큰 도시가 이미 무질서 상태였다.

정권 탈취

'1월 혁명'

상하이의 정세는 1966년 말 중국 대다수의 도시들에서 일어난 일들을 극단적인 형태로 보여 주었다. 근본적으로 말하면 세 가지 과정이 당의 권력을 붕괴시키는 역할을 했다. 첫째, 중국 사회의 대다수가 동원되었다. 이들은 당의 관료기구에 보다 높은 요구를 제시하였다. 이 과정은 베이징의 마오주의자들이 당을 비판하기 위하여 세력을 조직하려고 시도하면서 시작되었다. 그러나 그 과정은 시작되자마자 자발적으로 발전하였고, 그리하여 마오주의자가 동원한 세력은 당기구의 지지를 받으며 반동세력—일부는 자발적으로 참여했고 일부는 동원되었음—을 출현시켰다.

둘째, 대중동원의 과정에서 중국 사회는 양극화되었고 당의 최고지도부 내에서는 이미 격렬한 파벌들이 나타났다. 중국 학생(그 후 노동자)들에게 호소하여 당내의 수정주의를 비판할 때 마오는 그들이 통일된 세력으로 행동하여 문화대혁명의 과정에서 1920년대 중반부터 그가 말해 왔던 '대중의 대연합'이 형성될 것이라고 천진하게 믿는 것 같았다.[71] 사실은 전혀 반대로, 대중동원은 중국 사회의

---

71 마오쩌둥 사상의 경향에 관련된 내용은 Stuart R. Schram, "From the 'Great Union of the Popular Masses' to the Great Alliance", *CQ*. 49(January-March 1972), 88-105 참조.

278

분열을 심화시켰고 특히 간부 가정의 자제와 자산계급 가정의 자제를 갈라놓았으며 숙련된 정규직 노동자들과 비숙련 노동자 및 임시공을 분리시켰다.

셋째, 당 권위의 상실은 동원과 분열을 초래하였다. 당내의 수정주의자에 맞설 수 있는 권한을 홍위병에게 부여하고 국민은 오로지 마오쩌둥 사상과 일치된 당의 명령에만 복종해야 한다고 주장함으로써 마오주의자들은 기타 어떠한 대안적 권위 구조도 제공하지 않은 채 사실상 당의 절대적 합법성을 박탈하였다. 이와 동시에 당 하부조직의 합법성이 철회됨으로써 당 상부조직의 권력에 대한 부정이 강화되었다. 집중적으로 공격을 당한 당조직은 군중들이 제시한 여러 가지 요구를 그들의 비위에 맞게 적절하게 처리하려 했지만 결국 누구도 만족시킬 수 없었다. 정부가 날로 증폭되는 동원세력과 반동세력을 제어할 수 없을 경우 권위의 위기가 나타나게 된다는 것을 상하이 경험은 생생하게 보여 주었다.

사실상 마오는 권위의 붕괴에 직면하여, 급진파에게 권한을 부여하고 신임할 수 없는 (또는 복종하지 않는) 당위원회를 제쳐 두고 새로운 정치권력기구를 조직하여 대체하는 식으로 반응하였다. 다시금 상하이는 문화대혁명 단계에서 견인차 역할을 하였다.[72] 1967년 1월 6일의 상하이 대중집회에서는 사실상 이미 발생했던 사건을 공식적으로 확인하였다. 즉 차오디추 및 상하이 시 몇몇 관료들이 해임되었다. 같은 날 중앙문화혁명소조의 대표자로서 장춘차오가 베이징에서 상하이로 돌아와서 새로운 시정부를 세움으로써 전복된 시 당위원회를 대체하게 하였다. 그의 격려와 중앙문화혁명소조의 지지하에 급진적인 단체인 노동자반란총사령부의 인원들로 형성된 이 조직은 사회질서와 경제생산을 회복하라는 명령을 발포하였다. 요컨대 그 명령이란 노동자들은 경제 측면의 불만을 문화대혁명의 '다음 단계'까지 보류하고 원래 근무처에 남을 것이며, 기업과 은행의 자금은 동결한다는 것이었다. 이와 동시에 반란조직들은 인민해방군의 지원하에 공장

---

72 상하이 사태와 관련된 논술은 Walder, *Chang Ch'un-ch'iao*…, ch.7. 참조. 유사한 권력 장악의 사례가 산시에서도 일어났다.

과 부두, 신문 및 기타 경제 기업체를 인수·관리하기 시작했다. 이러한 행동들이 시작된 지 얼마 지나지 않아 곧 마지막 단계에 접어들었다. 이 단계에서는 급진적 조직들이 새로운 상하이 시 정치권력기구를 조직하여 과거 상하이 당위원회와 시정부가 수행했던 정치 및 행정기능들을 맡을 것이라고 발표되었다.

1월 중순이 지나자, 이러한 정치권력 탈취방식은 중국 각지에서 인정받았다. 1월 22일 『인민일보』에 발표된 신랄한 사설 한 편은 전국의 급진적 조직들에게 들고 일어나서 당위원회로부터 권력을 탈취하라고 선동하였다.

무엇보다 중요한 것은 정권을 장악하는 데 있다! 따라서 혁명 군중은 한마음 한뜻으로 골수에 사무치는 원한의 계급적 적에게 이를 악물고 과단성 있게 결의를 다진다. 연합하고 단결하여 정권을 빼앗자! 정권을 빼앗자! 모든 반혁명의 수정주의자와 자산계급 반동노선을 고수하는 완고분자가 훔친 당과 정치 및 재정 등 여러 가지 권력을 모두 빼앗아 오자! [73]

이튿날 중앙위원회가 공식적으로 발포한 지시는 『인민일보』에서 인민군중이 '당내 극소수 자본주의 길을 걷는 당권파와 자산계급 반동노선을 고수하는 완고분자의 권좌에서' 권력을 빼앗아야 한다고 호소한 내용을 반복하는 것이었다. 11 중전회의 결정 내용처럼, 신문은 문화대혁명을 중국의 자산계급과 수정주의 경향에 대한 비판일 뿐만 아니라 오히려 "한 계급이 다른 계급을 전복시키는 대혁명이기도 하다."라고 기술하였다. [74]

중앙문화혁명소조의 목표의 급진화는 중앙문화혁명소조 인원구성의 급진화와 함께 발생되었다. 1967년 1월과 2월은 전년도 임명된 인민해방군 및 지역과 성 당조직의 대표들과 타오주 등 모두가 해임되었다. 타오주는 중앙선전부장으로

---

73 *RMRB* 22 January 1967 in *PR*, 10. 5(27 January 1967), 7-9.

74 "Decision of the CCP Central Committee, the State Council, the Military Commission of the Central Committee, and the Cultural Revolution Group under the Central Committee on resolute support for the revolutionary masses of the left", 23 January 1967, in "Collection of documents…", 49-50.

12월 숙청시 중앙문화혁명소조 구성원의 자격이 박탈되었다. 그것은 중앙문화혁명소조에 장칭과 캉성, 천보다와 관련된 급진적 지식인의 이익만이 반영되었다는 것을 다시 한 번 의미하였다. 그들의 관점은 더 이상 고위급 당과 군대 관료들의 영향을 받지 않았다.

1월 23일, 중앙위원회의 지시는 두번째 측면에 접어들면서 문화대혁명을 한 단계 더 고조시켰다. 1966년 하반기 동안, 인민해방군은 문화대혁명 과정에 다소 거리를 두면서 모호한 역할을 하였다. 확실히 인민해방군은 어떤 방식에서든 마오주의자의 편에 긍정적으로 서 있었다. 즉 장칭에게 현행 문예노선을 공격하기 위한 칼럼을 제공하였고 1966년 봄, 『해방일보』를 통해 급진적 관점을 대변하였으며 몇몇 중요한 회의 기간(5월 중앙공작회의와 8월 11차 중앙위원회 전체회의)에 베이징의 안전을 보장하였고 홍위병들에게 후방병참 지원을 해 주었다. 그러나 한편으로 인민해방군은 방관하거나 적대적인 입장을 채택하기도 했다. 11중전회는 군대가 중앙문화혁명소조를 관할해서는 안 된다고 특별히 규정하였고 그 밖에도 대중조직 및 급진적 조직과 당기구 사이의 충돌 과정에 '개입되지 않는' 태도를 취하도록 군대에 지시하였다. 군대는 많은 지역에서 지방과 성내 당의 관료들을 보호하고 세력을 동원하여 급진적 조직을 진압하며 '비호세력' 역할을 하였다.

그후 1월 23일까지 마오주의자의 연맹과정에 가장 적극적인 세력들은 줄곧 중앙문화혁명소조를 대표로 하는 급진적 싱크탱크였고, 동시에 급진적 홍위병과 혁명적 반란조직을 통해 전형적으로 등장한 군중이었다. 당시 전국 범위의 대치국면과 1966년 말 전후로 나타난 권력의 와해를 보면서 마오는 비로소 권력기반의 세번째 세력인 군대를 직접 충돌 과정에 투입하기로 결정하였다. 1월 23일 지시(마오 주석이 당시 발표한 '인민해방군이 광범위한 좌파군중을 지원해야 한다는 지시' 내용 일부를 인용함)는 무장부대가 어디든 개입하지 않는다는 위장을 취하고, "극소수 당내 자본주의 길을 고수하는 당권파를 비호하는 것을 멈추며…, 광범위한 혁명적 좌파 군중의 정권쟁탈 투쟁을 적극적으로 지원하며…, 반항하는 그 어떤 반혁명분자들과 반혁명조직들도 확고히 소멸시켜야 한다.”라는 내용을 담고 있었다.

그렇지만 권력 찬탈의 권한을 부여한다는 결정이 내려진 후 누가 정권을 탈취해야 할지, 누가 권력을 행사해야 할지, 어떠한 조직을 통해야 할지 등의 중요한 것들에 대해서는 여전히 결정하지 못했다. 아마도 이 일에 가장 급박한 문제는 ‘군중’이 진정으로 그들의 임무를 담당할지의 여부였을 것이다. 1월 22일『인민일보』사설과 이튿날 중앙위원회 지시에서는 정권을 찬탈한 후 정확한 노선에 위배되는 사람을 전복시키는 마르크스주의 농민봉기를 제시하였다. 그러나 권력과 이익을 위해 다투는 데 바쁜 이익집단으로 나누어져 있는 중국의 ‘군중’은 세부적인 정치 운영을 모를 뿐만 아니라 정부 기능을 효과적으로 행사할 수 있는 통일된 정치세력이 아니었다.

이러한 문제점은 1월 말 전국의 ‘정권회수’ 운동 과정에서 드러났다. 일부 지방에서는 경쟁 관계에 있던 대중조직들이 서로 정권을 빼앗았다고 이어서 발표하면서 베이징에 지원을 요청하였다. 기타 일부 지방에서는 당의 관료들이 우호적인 대중조직을 동원한 ‘가짜’ 정권회수도 발생하였다. 그리고 어떤 지방의 군중대표는 당정기구 사무실에 진입하여 날인된 정부당국 문서를 찢어 버린 후 걸어 나와 권력의 상징물을 탈취했으니 권력을 빼앗은 것이라고 믿었다. 저우언라이의 말과 같이 당은 권력을 ‘양도’하였으나 홍위병은 그것을 효과적으로 ‘보존’ 하지 못하였다.[75]

이 어려움이 어느 정도였는지는 1월말 전국적으로 발생된 13건의 정권회수 사건 중에서 중국 중앙 보도기관에서 인정하고 지지한 것이 4건에 불과하다는 사실을 통해 가늠해 볼 수 있다. 당의 이론간행물인『홍기』2월 1일자에 발표된 한 편의 중요한 사설에서는 사실상 마르크스주의 농민봉기사상이 현실에 부합하지 않는다고 인정하였다. 대신에 그 사설에서는 대중조직의 ‘대연합’뿐만이 아니라

---

75 Philip Bridgham, “Mao's Cultural Revolution: The struggle to seize power”, *CQ*, 34(April-June 1968), 7.

태도가 확실히 '혁명적'인 '혁명군중'의 대표와 지방 현지 군대의 장교들, 당정 관료 등, '3자 연합'으로 정권회수 운동을 실시해야 한다고 지적했다. 군중 대표의 존재는 아마도 문화대혁명 초기의 인민주의적 풍조를 반영하였을 것이다. 그러나 편집인은 "이러한 혁명 대중조직의 대표에 의거해서는 안 된다."라고 인정했다. 이처럼 '3자 연합'의 기타 두 개의 세력이 없으면 "프롤레타리아 혁명파는 그들의 투쟁 과정에서 정치권력을 장악하고 권력을 행사하는 문제를 잘 해결할 수 없고… 그들이 설사 정치권력을 얻었더라도 그들은 정치권력을 공고히 할 수 없다." 따라서 행정 경험이 있고 세부적인 정책과 계획을 충분히 이해하는 간부가 필요했으며, 앞으로 보게 되겠지만 군대의 대표는 '3자 결합' 과정에 가장 중요한 부분으로 질서를 보장하고 정권회수 운동에 대한 반항을 진압하는 역할을 맡아야 했다.[76]

그 문제점들이 해결된 후 마오주의자들이 해결할 중요한 두 번째 문제는 바로 새로운 권력기구의 형식이었다. 마오주의자는 단기간 내에 파리코뮌의 원칙을 통해 중국을 재편성하려 몇 번이나 계획했다. 즉 모든 간부들은 선거를 통해 일반 국민에서 선발하고 일반 노동자와 같은 보수로 유권자에게 정기적으로 업무 보고를 하며 언제든지 소환·해임할 수 있게 하는 것이다. 이런 원칙들은 고전적인 관료기구의 형식과는 완전히 다른 정부의 형식을 띠는 것으로 이미 마르크스와 엥겔스 및 1917년 이전 레닌에 의해 인정되었다. 그들은 이렇게 관료기구를 대체한 프롤레타리아 독재정치의 정치기구 형식을 도입해야 한다고 보았다. 레닌의 말대로 관료기구는 '자산계급사회에 적당한' 것이었다.[77]

1966년, 파리코뮌 성립 95주년에 즈음하여 단명에 그친 이 모델이 중국의 급진주의자들 사이에서 회자되었다. 11중전회가 개최되기 직전, 『홍기』 2월호에 게

---

76 *HQ*, 3(1 February 1967), in JPRS, 40, 086, *Translations from Red Flag*(1 March 1967), 12-21.

77 Vladimir I. Lenin, "The State and Revolution", in Henry M. Christman, ed., *Essential works of Lenin*, 290.

재된 한 편의 긴 글은 파리코뮌의 역사를 재평가하면서 그 원칙이 중국에도 적용되어야 한다고 촉구하였다. 11중전회에서는 문화혁명위원회의 설립을 인가하면서, 이 위원회들에 대해 비록 더 관료적인 당과 국가의 조직을 보완하는 것이지 대체하는 것이 아니라고 규정하기는 했지만 파리코뮌의 원칙을 구현하는 새로운 기구로 만들었다.[78]

이것을 배경으로 하여 1967년 1월에 당과 국가의 관료기구로부터 정권을 회수한다는 결정이 내려진 후 급진적 중국인이 다시 파리코뮌으로 돌아가려 했다는 것은 별로 놀랄 일이 아니었다. 2월 1일,『홍기』의 사설은 1세기 전에 마르크스가 무산계급은 자산계급의 국가 기제를 단순히 받아들이는 것이 아니라 새로운 조직형식을 세워야만 한다고 했던 내용을 되풀이하면서, 중국의 혁명적 저항세력은 현재 당정기구에게서 권력을 환수해야 할 뿐만 아니라 전적으로 참신한 기구를 설립해야만 한다고 고수하였다. 비록 사설은 설립해야 할 새로운 조직형식이 어떤 것이어야만 하는지에 대해 명확한 가이드라인을 제공하지 않았지만, 그 새로운 형식들은 파리코뮌의 모델을 따라야 한다고 강하게 암시하였다. 이 건의사항을 관철하기 위해 1월 말에 세워진 많은 성 정부와 시 정부들은 파리코뮌의 원칙에 따라 관료들이 군중선거에 의해 선발되고 또한 군중의 감독을 받고 소환될 수 있다고 선포했다. 예컨대 상하이와 하얼빈과 같은 시 정부는 실제적으로 스스로를 '인민공사'라고 칭했다.

그렇지만 1967년 초기 정세로 보면 군중을 동원하여 정권을 장악하려던 그와 같은 조치들은 비현실적이었다. 상하이의 사례에서는 파리코뮌식의 직접민주주의를 조금도 행사하지 않았다. 공사를 조직하는 문제에 있어서 장춘차오는 직접선거원칙을 무시하고, 장래 '조건이 성숙된' 시기에 이러한 선거가 진행될 것이라

---

78 *HQ*, 4(15 February 1966), in JPRS 35, 137. *Translations from Red Flag*(21 April 1966), 5-22; Decision, sec. 9. 그 시기 파리코뮌모델의 사용에 관한 내용은 John Bryan Starr, "Revolution in retrospect: The Paris Commune through Chinese eyes", *CQ*, 49(January - March 1972), 106-25 참조.

고 약속하였다. 실제적으로 상하이공사가 설립된 후 장춘차오는 여타 조직의 이익을 희생시키면서 노동자반란 총사령부 대표들을 두둔한 데다 인민해방군을 이용하여 반대파를 진압했기에 원망을 샀다. 일부 사람들은 장춘차오가 1966년 12월에 노동자가 제시한 경제요구를 무시하고 있으며, 전직 상하이 시 선전부장이면서 동시에 현임 중앙문화혁명소조 성원인 그가 '일반 시민'이 될 수 있을 리 없다고 불평했다. 앤드루 왈더는 "코뮌이 유토피아의 환상을 상기시켰을지라도…상하이코뮌(공사)을 지지하는 사람은 아마도 상하이에서 정치적으로 적극 활약하는 노동자 인구의 4분의 1도 되지 않을 것이고 주로 인민해방군에 의존하며 생존할 것이다."라고 지적했다.[79]

'인민공사'에 대한 논의가 직접민주주의를 실행하려는 기대를 낳았으나 마오쩌둥은 고도로 동원되고 양극화된 상황에서는 실현 가능성이 없다고 인식하고, 장춘차오와 야오원위안(姚文元)을 베이징으로 불러 상하이공사란 이름을 바꾸도록 했다. 마오의 관심사는 사실상 파리코뮌모델을 충실하게 실행하는 것은 곧 한층 더 정치적 권위를 와해시킬 것이고, 또 '3자 연합'에서 간부와 군대의 대표를 배제할 것이고, 질서를 회복하거나 '반혁명'을 진압할 수 없게 할 것이며, 이후 중국공산당의 재편을 위한 역할을 모색하는 과정에서 문제들을 낳을 것이라는 점이었다. 마오 주석은 이러한 모든 경향을 '가장 반동적'이라고 보았다.[80]

따라서 마오가 장과 야오를 만난 다음날인 2월 19일에 중앙위원회는 국가와 성, 시에서 '인민공사'라는 단어의 사용을 금지했다.[81] (물론 농촌 내 가장 큰 차원의 경제 및 정치합작사로서의 본래 의미는 그대로 보존되었다.) 대신 중앙위원회는 성권회수의 결과로 형성된 '혁명적이고 책임성 있는 프롤레타리아의 임시 정권조직'을 묘사

---

79 Walder, *Chang Ch'un-ch'iao*…, 61.

80 마오의 평론에 관한 내용은 *Miscellany of Mao Tse-tung Thought*, 2. 451-5; JPRS 49, 826, *Translations on Communist China*(12 February 1970), 44-5 참조.

81 "CCP Central Committee's notification on the question of propagandizing and reporting on the struggle to seize power," 19 February 1967, in "Collection of documents", 89; Ch'en, ed., *Mao papers*…, 136-7.

하기 위해, 혁명 시대의 용어인 '혁명위원회'를 회복시켰다. 이 용어는 역사를 참조한 이름으로 아주 적절하였다. 즉 1940년대 혁명위원회는 군중의 대표와 당의 간부 및 군인으로 구성된 3자 연합 조직으로 홍군에 의해 막 '해방'된 지역의 임시정부를 구성하였다. 그러나 1967년에 이 명칭을 사용한 것은 핵심을 강조한 것이었다. 즉 그것은 옌안(延安) 시대의 전임자들과 마찬가지로 문화혁명위원회는 이제 임시정부, 즉 어느 정도 더 오래 지속될 수 있는 현안조직으로 간주되었다. 마오는 어떤 방식으로든 문화대혁명으로 초래된 고도의 대중동원 수준을 낮추기 위한 방식들을 고안했던 것 같다.

1967년 초기에 세 번째로 급박했던 문제는 그 혁명위원회의 설립 절차였다. 전반적인 선거 개념이 포기되고, 당기구가 무질서 상태가 되자 '3자 연합'에서 전국적으로 혁명위원회를 조직할 수 있는 세력은 인민해방군만 남았다. 따라서 베이징 당국이 허가한 절차는 다음과 같았다. 즉 지방 당위원회를 전복시킨 후 지방 방위대(도시를 책임짐)나 군구 사령부(성을 책임짐)가 '군사관제위원회'를 구성하여 질서 회복과 생산 유지, 그리고 혁명위원회에 봉사할 군중대표와 간부, 군관 선발 시작을 책임지도록 한다는 것이다. 사실상 군대는 전국적인 업무반을 꾸려 어느 간부가 문화혁명 과정에서 생존하고 또한 어느 대중조직들이 혁명위원회를 대표할 자격이 있는지를 결정하였다.[82]

1967년 초, 당위원회를 전복한 행동을 중국 사람들은 스스로 '1월 혁명'이라 하고 외국에서는 이를 무력을 이용한 권력 장악이라 했다. 그러나 군중혁명이나 군사정변은 이 시기를 정확하게 이해하는 방식이 아니다. 1월 혁명이 대중들의 일정한 견해 차이, 대중조직 그리고 1949년 이래 알려지지 않은 정치적 불만을 담고 있었던 것은 사실이다. 그러나 정부당국은 언론을 통해 1월 정권회수의 주요 목적은 권위를 전복시키는 것보다 질서를 회복하는 것이었다고 하였다. 국가가 군대의 통치하에 있었기 때문에 정권회수의 주요 수혜자는 인민해방군이었다고

---

82 Harding, *Organizing China*…, 253.

할 수 있다. 그러나 1967년 초 중국 정치에 대한 군대의 개입은 베이징의 문관당국에게 명령을 받았기 때문에 일어난 것이지 문관 권력에 대항하기 위한 것이 아니었다. 1967년 1월 중국에서 발생된 사태를 혁명이라 할 수 있다면 그것은 위로부터의 혁명이었고, 이 사태가 군사 통치를 야기하였다면 그 결과는 문관 정부에 대한 군사 쿠데타라기보다는 군대를 이용하여 다른 집단을 전복시키려는 문관집단의 결정이 반영된 것이었다.

'3자 연합'의 주요 참여자

혁명위원회를 건설하기 위한 공식적 틀로 설립된 3자 연합기구는 그 후 10개월 동안 주요 문제를 규정하였다. 문제는 얼마나 많은 행정기관과 어떤 급의 정부에서 권력이 회수되어야만 할 것인가, 각 위원회를 설립할 때 3자 연합에서 3자 간의 권력을 어떻게 균등하게 배분할 것인가 등이었다.

3자 연합 원칙은 문화대혁명이 중국의 정치에 야기한 주요 쟁점들을 분명히 설명하였다. 성과 시의 일급 간부, 대중조직 및 군대는 서로 혁명위원회를 대표하려 하였다. 3자 연합의 구성원들은 모두 베이징의 당 최고지도층에 모두 자기들의 후원자가 있었다. 저우언라이와 기타 베테랑 문관 간부들은 간부들의 이익을 대표하였으며, 장칭과 천보다 및 캉성이 지도하는 문화혁명소조는 급진적 대중조직의 이익을 대표하였고, 린뱌오 및 기타 군사위원회의 일당은 군대의 이익을 대표하였다.

그러나 이들 3자의 수직적 네트워크들이 각기 내부적으로 단결되어 있었는지는 정확하지 않다. 급진적 홍위병과 보수적 홍위병 조직 사이에 충돌이 있었던 것처럼, 군대 내부에는 린뱌오에게 공감했던 부대와 반대했던 부대 간에 의견 차이가 존재했고, 또한 문화대혁명을 기꺼이 따르길 원하는 간부들과 그것을 배척하려는 간부 사이에 분열이 있었기 때문이다. 이 3자 조직 연합이나 그들을 후원하는 베이징의 지도자 중 어느 누구도 마오쩌둥의 절대적인 지원을 받거나 유지할 수 없었다는 것이 중요하다.

그러므로 1967년에 남은 기간과 1968년 초반 동안 벌어진 일들을 이해하려면, 남아 있는 당과 국가의 관료기구로부터 시작해서 중국 문화대혁명을 구성하는 3자 수직적 네트워크의 행동과 이해관계를 간단히 분석해 보면 된다. 1967년 1월 말까지 중국의 당정 관료 개개인은 급진파 조직의 비판, 해직, 인신공격에 직면하고 있었다. 일부 간부들은 이미 파면되었는데 그중 문화대혁명 초기의 타격대상은 펑전과 루딩이, 뤄루이칭이었고, 1966년 말 홍위병운동의 급진화와 1967년 1월 1차적 정권회수 물결의 피해자는 타오주와 차오디추였다. 류사오치와 덩샤오핑 및 저우언라이와 부총리들도 엄격한 비판을 받았지만 사실상 좌천되지는 않았다. 각급 간부들은 그들이 군대의 후원으로 편성된 혁명위원회에 임명될 수 있을지, 한편 그 부하들의 관료 직위가 약화되더라도 철저하게 박탈당하지 않은 채로 남을 수 있을지를 확인하고자 했다.

대표적으로 저우언라이의 사례를 보면 알 수 있듯이, 간부들의 관심사는 무엇보다도 당과 국가 기관이 문화대혁명으로부터 받은 충격을 적절하게 완화하는 것이었다. 이번 운동과정에서 저우의 목표는 처음부터 끝가지 (1) 최대한 당과 국가의 핵심부처들이 문화대혁명의 파괴적인 충격을 최대한 받지 않고, (2) 상급 기관의 허가를 받지 않은 상황에서 대중조직이 정권을 인수하는 것을 저지하며, (3) 대중조직별로 활동 지역 범위를 제한하고, (4) 정상적인 생산활동과 행정업무의 진행을 보장하는 것에 있었다.[83] 그 외 저우는 대량의 고급 간부들이 홍위병의 공격을 받지 않도록 보호하려고 최선을 다했다. 전언에 따르면, 1월에 그는 20~30명의 내각 간부들을 중난하이에 초대하여, 돌아가며 경비가 삼엄한 지도자들의 거처에 머물게 하고 많은 지역과 성 및 대도시의 제1서기들을 베이징으로 이동시켜 그들이 현지 홍위병의 소란과 비판 투쟁에 시달리지 않도록 조처했

---

83 문화대혁명 과정에서의 저우언라이의 역할에 관한 논술은 Thomas W. Robinson, "Chou En-lai and the Cultural Revolution", in Thomas W. Robinson, ed., *The Cultural Revolution in China*, 165-312 참조.

다고 한다.[84]

간부들은 문화대혁명을 통해 제한된 범위에서 공동의 이익을 얻었지만 관료 집단 사이에도 서로 다른 견해가 존재했다. 일부 간부, 특히 낮은 등급의 간부는 문화대혁명을 입신출세의 기회로 간주하거나 반감을 가졌던 동료에 대한 보복의 기회로 삼기도 했다. 따라서 일부 성과 시 및 자치구에서는 낮은 직급의 간부와 급진적 대중조직이 서로 내통하여 그들의 상사들을 권좌에서 내려오게 하였다. 후난 성위원회 서기인 화귀펑(华国峰), 후난 성위원회 대리 서기인 지덩쿠이(纪登奎)는 물론이고 상하이의 장춘차오도 모두 중요한 사례이다. 이런 사람들은 모두 직접 문화대혁명을 이용하여 그들이 소재한 성내에서 매우 중요한 위치에 올랐고 이후 분쟁의 기반을 조성하였다. 이로 인하여 이러한 방식을 통해 문화대혁명 과정에 혜택을 받은 간부들은 1970년대 후반에 문화대혁명의 주요 피해자들과 충돌하게 되었다.

두번째로 중요한 수직적 네트워크는 중앙문화혁명소조와 이들이 동원하고 보호하며 지도하던 급진적 대중조직들이다. 중앙문화혁명소조의 주요 목적은 많은 간부들을 최대한 사회적으로 매장해 버리고 대중조직에게 최대한 활동 범위와 자주권을 주어 최대한 많은 군중대표로 혁명위원회를 강화시키는 것이었다. 1966년 8월, 그 목적을 달성하기 위해 중앙문화혁명소조는 중앙위원회, 성급 당정 지도부, 전국인민대표대회 대표 및 중국인민정치협상회의 위원을 포함하여 혁명 시기의 '투항주의자'와 1949년 이후 '수정주의자'의 명단을 초안했다. 1967년과 1968년 그 명단 범위는 한층 더 확대되었다. 예컨대 1968년 8월 무렵 캉성은 중앙위원 100여 명과 중앙기율위원회 위원 37명이 내재된 명단을 조작하여 그 사람들을 당에서 좌천시켰다고 한다.[85] 또한 중앙문화혁명소조는 순조롭게 홍위병 조직을 이용하여 군중을 조직하여 시위하고, 당과 국가의 관료에 대해 비판

---

84 孙敦璠, 『历史讲义』, 2, 260-1.
85 Ibid., 271.

투쟁을 하면서 그들의 자택에서 비난할 수 있는 자료를 강제로 빼앗거나 심지어 그들을 '수정주의자들'로 의심하면서 강요한 자백을 죄를 판가름하는 근거로 삼기도 하였다. 때로는 그들의 가족과 가정부 및 사무실 직원들까지 연루되었다.[86]

중앙문화혁명소조의 이러한 활동은 문화대혁명 과정의 다른 두 가지 독립된 시스템과 격렬한 충돌을 빚었다. 중앙문화혁명소조는 정치적 투쟁 범위를 사실상 각급 관료기구의 모든 관료들로까지 확대시키려고 하였지만 간부들은 문화대혁명의 타격 대상을 극소수 사람에게 제한하려고 노력하였다. 중앙문화혁명소조는 급진적 조직에게 보다 큰 자주권을 부여하여 당위원회와 정부기구로부터 권력을 빼앗고자 했지만 저우언라이와 같은 민간 관료들은 정권회수를 상급 권력기관의 통제하에 두고 행정관리의 기능보다는 엄격한 감독기능으로 대중조직을 제약하고자 했다.

그 외 문화대혁명 과정에서 군대의 역할 문제를 둘러싸고 중앙문화혁명소조와 인민해방군의 충돌도 격화되었다. 1967년 1월, 정권회수가 시작될 즈음 천보다는 문화대혁명과 1940년대 중국혁명의 마지막 단계를 비교하였다. 그리고, 팔로군(八路軍)은 정권 장악 후 '군사관제를 실행하여 위에서 아래로 명령을 내렸지만,' 문화대혁명 과정에서 '권력을 탈취한' 사람은 '군중'이고 군대가 아니라고 했다.[87] 따라서 마오는 인민해방군에게 당의 기구를 와해시키고 혁명위원회를 조직하는 등 중앙문화혁명소조에게보다 많은 역할을 부여하는 데 동의하였다. 설상가상으로 지방 주둔군은 늘 중앙문화혁명소조가 원하는 수대로 군중대표를 혁명위원회에 배정하지 않았고 또한 그들이 지원하는 대중조직에서 혁명위원회의 대표를 배정하지 않았다. 따라서 혁명위원회의 구성에 불만을 품은 몇몇 홍위병 조직이 지방 군대의 사령부를 공격하여 인민해방군과 베이징의 중앙문화혁명소조 간의

---

86 *A Great trial*, passim.

87 『火车头』, 7(February 1967), in *Survey from China Mainland Press*(이후 *SCMP*), 3898(14 March 1967), 4-7.

관계가 불편해졌다.

이는 문화대혁명 과정에서 세 번째 독립된 시스템인 인민해방군의 행동을 야기하였다. 예컨대 군대의 위상은 1966년과 1967년 초 안정적으로 향상되었다. 이제 문화대혁명이 정권회수 단계에 진입하면서 중국 정치에서 군대의 역할이 한층 더 커지게 되었다. 그 역할에는 1월 23일 명령에 따라 행동한 것처럼, 당조직의 정권회수를 돕는 것뿐 아니라 이후의 질서 유지를 보장하는 것도 포함되었다. 이 중 두 번째 목표인 질서 유지를 달성하기 위해 아래와 같은 조치들이 취해졌다. 중요한 창고와 은행, 방송국 및 공장에 주둔군을 파견하고 봄갈이를 군대가 감독하며 민간항공도 군대가 관리하고 이미 정권을 인수한 중요 행정 관리 지역에는 군사관제위원회를 설립하였다.[88] 문화대혁명 과정에는 모두 200만 명의 인민해방군이 민간 업무에 참여하였다.[89]

전반적으로 보면, 문화대혁명 과정에서 군부는 한 가지 일에만 관심을 가졌다고 볼 수 있다. 즉 질서와 안정을 유지하고 중국의 정치와 사회구조의 해체를 방지하여 외국의 침략으로부터 중국을 보호하는 것이었다. 일부 군관들은 새로 설립된 혁명위원회에서 군관들의 영향력을 최대한 확대하여 군대 대표의 인원을 보강하고 군대가 홍위병의 공격을 받지 않도록 보호하는 것에 관심을 보이고 있었다.

그러나 그러한 공동의 이익 외에 문화대혁명 과정에서 드러난 군대 내부의 의견차이를 보면 계급이 서로 다른 간부 간의 의견차이나 대중조직 내의 의견차이 또한 많을 것으로 보인다.[90] 어떤 의견차이는 구조적이었으며 주로 인민해빙군

---

88 군대 개입의 증가는 중앙의 지시로 소급될 수 있다. 지시 내용은 "Collection of documents…"을 참조.

89 Edgar Snow, *The long revolution*, 103.

90 Jürgen Domes, "The Cultural Revolution and the army", *Asian Survey*, 8. 5(May 1968), 349-63; Domes, "The role of the military in the formation of revolutionary committees, 1967-68", *CQ*, 44(October-December 1970), 112-45; Harvey W. Nelsen, "Military forces in the Cultrural Revolution", *CQ*, 51(July - September 1972), 444-74; 그리고 Harvey W. Nelson, "Military bureaucracy in the Cultural Revolution", *Asian Survey*, 14. 4(April 1974), 372-95.

내의 분쟁이 지방부대와 주력부대로 전파되었다. 주력부대에는 해군과 공군 및 지상정예부대도 포함되었으며 장비도 우수하고 중앙에서 직속 지휘했지만, 소형 장비 무기의 육군부대로 구성된 지방부대는 군구(军区)와 대군구에서 지휘하고 광범위한 지방 업무를 책임졌다.

문화대혁명 과정에서 주력부대는 린뱌오에게서 나온 중앙 지시를 충실하게 집행하였는데 그것은 그들이 린뱌오가 가까이 신임하는 총참모부와 군사위원회로부터 직접 명령을 받았고, 또한 그들은 린뱌오가 1960년대 초 착수한 군대 현대화의 첫 번째 주요 수혜자였기 때문이었다. 그러나 지방부대의 지휘관은 종종 지방의 당 지도자와의 밀접한 관계여서 늘 보수적인 방식으로 성과 시급 당기구의 보호자 역할을 하였다. 예컨대 위르겐 도메스(Jürgen Domes)의 연구에 의하면 문화대혁명 초기 29개 성 군구 사령관 중 5명만 이번 운동을 지지하였고 8명은 대중조직이 그들의 통제하에 있을 경우만 지지하였으며 반대하는 사령관도 16명이었다고 한다.[91]

군대 내 분열의 두 번째 유형은 파벌을 둘러싸고 형성되었다. 공산당혁명의 후반기에 홍군은 크게 5개 '야전군'으로 나누어졌고 야전군마다 일부 지역의 해방을 맡았다. 그 시기 구축된 인맥은 1949년 이후 장시간 동안 관료파벌의 기반이 되었다. 1959년 린뱌오는 국방부장에 임명된 후 인민해방군에 대한 통제를 공고히 하려고 몹시 애썼고, 그가 지휘했던 야전군(제4야전군)의 군관들에게는 호의적이었지만 다른 야전군관들에게는 억압적인 태도를 보였다고 세평이 나 있었다.[92] 린뱌오의 하야 후, 그는 기타 야전군에서 고위급 군관들을 비난하는 자료를 모았다는 이유로 고발을 당했는데, 특히 그중에서도 녜룽전과 쉬샹첸, 허룽 및 예젠

---

91 Domes, "The role of the military…",

92 중국의 군사 정치에서 야전군의 중요한 역할에 대한 분석으로 가장 표준적으로 많이 인용되는 참조할 만한 연구성과는 William W. Whitson & Chen-hsia Huang, *The Chinese high Command: A history of communist military politics, 1927-71*; Chien Yu-shen, *China's fading revolution: Army dissent and military division, 1967-68*; William L. Parish, "Factions in Chinese military politics", *CQ*, 56(October-December 1973), 667-99 참조.

잉에 대한 비난자료가 문제가 되었다. 이들은 군대를 개인적으로 통제하는 린뱌오의 계략을 막으려 했던 사람들이었다.[93]

3자 연합의 주요 참가자를 평가하는 마지막 요소로는, 마오와 3자 수직적 시스템 간에 이따금 나타난 긴장과 갈등을 강조하는 것이 중요하다. 마오와 당정 간부들의 주요 의견차이는 분명하고 뚜렷했다. 그것은 마오가 의심한 수정주의자는 바로 그들이며 마오가 주도한 문화대혁명을 반대하는 사람도 그들이었기 때문이었다. 다른 한편으로, 마오는 혁명위원회를 담당하는 간부들이 단련받을 필요가 있다고 생각한 듯, 간부들에게 문화대혁명의 '시련'("누가 당신들을 타도하려고 한다고? 난 당신들을 무너뜨리고 싶지 않고 홍위병들도 당신들을 무너뜨리려고 하지 않는다고 본다." 1966년 10월 그는 중앙공작회의에서 이렇게 말했다)을 견딜 수 있길 바란다고 공공연하게 말했다.[94] 마오도 저우언라이 등 몇몇 고위급 정부 관원들이 홍위병의 비판을 받지 않도록 보호했다.

그러나 마오와 린뱌오, 중앙문화혁명소조 사이에는 의견차이가 있었다. 1959년 마오는 린(林)을 선발하여 국방부장직을 맡게 하고 1966년 11중전회에서 그를 자신의 후계자로 선발하였지만, 린이 가진 역사관과 이데올로기에 대해 의심을 가지고 있었다. 1966년 7월 초 마오가 장칭에게 보낸 편지에는 린이 중국의 역사와 개발도상국의 역사에서 군사 쿠데타와 군부 세력의 중요성을 과도하게 강조하고 또한 마오에 대한 개인숭배를 과장하고 있다고 비판하였다. 마오는 그의 아내에게 보낸 편지에서 "난 줄곧 나의 작은 책 몇 권이 그렇게 신통하다고 믿지 않고, 중대한 문제에서 나도 모르게 다른 사람에게 동의한 것은 이번이 처음이다." 라고 썼다.[95]

마오의 린에 대한 많은 비판은 중앙문화혁명소조에 대한 비판으로 볼 수 있다.

---

93 *A great trial*, 82-89.

94 Ch'en, ed., *Mao papers*…, 45.

95 Chinese Law and Government(이후 *CLG*), 6, 2(Summer 1973), 96-9.

1966년 중반 마오쩌둥 사상을 찬양하고 마오를 치켜세우는 문제에 대해서는 인민해방군뿐만 아니라 중국 매체에게도 중요한 책임이 있었다. 1월 마오는 상하이공사에 관한 연설에서 중앙문화혁명소조의 무정부주의 경향을 주시하며 그들이 국가의 모든 간부들을 타도하려고 한다고 분명히 밝혔다.[96] 중앙문화혁명소조에 속한 장칭과 그 동료들은 때때로 대중조직에게 무력행사 권한을 부여하려고 했으나, 마오도 그랬다고 가정할 만한 증거는 없었다.

3개의 독립된 시스템 중 어느 한쪽이 복종하지 않고 반항하는 기색이 보이면 마오는 여러 가지 방법과 전략으로 바로 대처하였다. 간부들은 그 당시 권력기반이 가장 취약하기 때문에 가장 쉽게 제어할 수 있었다. 마오는 일반적인 도구로서 중앙문화혁명소조를 이용하여 당과 정부관료에 대한 비판을 강화하게 할 수 있었으며, 이것이 급진적인 대중조직의 행동에 즉시 반영될 것이라고 자신하였다. 특히 마오는 혁명위원회로부터 특정 간부에 대한 처분 내용을 확인받을 수 있었다.

인민해방군이 갖고 있는 권력은 정부 관료의 권한보다 훨씬 컸다. 그것은 군관들이 조직력 있는 군대를 제어하고 있었고 그 당시 중국 정치권력의 안정에 절대적으로 필요했기 때문이었다. 군대가 제어할 수 있었던 요인은 군대 간부들이 급진적인 대중조직에게 비판할 수 있는 여지가 늘어났고 또 군대 지휘 시스템을 통해 착오를 범한 사관들을 처벌할 수 있었기 때문이다. 따라서 1967년 봄 문화대혁명에 냉담했던 5개 대군구와 6개 성군구의 사령관들이 해임되거나 전출되었고 그 훗날 또 다른 8개 성군구의 사령관들이 같은 운명을 겪었다. 이 극단적인 상황에서 마오와 린은 보수적인 사령관이 책임지고 있는 성으로 군대를 파견하게 되었다.

마오는 여러 가지 방법으로 대중조직 또한 조절했다. 그는 급진적 대중조직의

---

96 *Miscellany of Mao Tse-tung Thought*, 2, 451-55; JPRS, 49, 826, *Translations on Communist China*(12 February 1970), 44-5.

활동을 제한할 수 있었고 홍위병과 혁명적 조반파들이 분열되고 사태가 통제력을 잃었을 때, 문관과 무관 관료를 비판하는 대중조직의 활동을 바로 축소시켰다. 마오와 그의 대표들은 각 조직이 중앙 지시를 집행했는지 안 했는지에 따라 그들을 '혁명적'이나 '반혁명적' 조직으로 간주하였고 지방 주둔군에게 권한을 부여하여 반혁명 대중조직을 진압·해산할 수 있었다.

균형의 변화

각자 독립된 수직체계 안에서 분열이 나타나자 3자 조직체계 간에 갈등이 발생하였고, 각 체계와 마오쩌둥 간에도 분열이 나타났다. 따라서 1967~1968년 사이에 설립된 혁명위원회의 임무는 극히 복잡하였다. 1967년 혁명위원회는 헤이룽장과 상하이, 구이저우, 산둥 및 몇몇 지방에서만 한두 달 내에 순조롭게 설립되었다. 이 현상의 원인은 해당 지역에 대체할 수 있는 지도부가 존재하였다는 것이다. 그것은 보통 문화대혁명 전의 성과 시의 당기구였다. 당기구들은 1월에 터진 권위의 붕괴로 야기된 공백을 신속하게 메울 수 있었다. 다른 지역은 당시 군대와 문관 지도부가 분열되어 있었고 대중조직 내에도 불화가 많아 혁명위원회의 설립에 지속적인 충돌과 투쟁이 포함된 기나긴 과정이 필요하였다.

1967년 3월에서 1968년 10월에 이르는 20개월은 기본적으로 서로 경쟁하는 3자 조직체계 간에 균형이 변하는 시기였다. 그 기간에 혁명위원회가 설립되었고 혁명위원회 내의 각 조직체계 간에 수시로 권력의 교환이 발생했다. 그 기간에 마오는 3개의 독립된 수직체계 간에 세력균형을 유지할 수 있는 능력이 있었나. 마오가 정세를 전적으로 제어할 수는 없었지만 그의 결정은 확실히 간부와 군대, 대중조직의 행동에 반응하여 이루어졌다. 그 기간의 역동성은 4가지 전환점을 고찰함으로써 잘 이해될 수 있다. 그 전환점은 1967년 2~3월의 2월 역류와 1967년 7월 말 우한(武汉)사태, 9월 초 급진적 '5·16 조직'의 숙청, 양청우 총참모장의 해임, 그리고 1968년 여름 홍위병의 해산이다.

기원과 결과로 보면 이 전환들은 시기마다 모두 중요하다. 각 사건은, 이미 논의한 바와 같이 3개의 핵심 조직체계 안팎에서 발생한 긴장 관계로 인해 야기되었다. 각 사건마다, 마오쩌둥의 관점에서 봤을 때 그 3자 조직체계에서 의심스러웠던 부분이 1개 이상 반영되었다. 2월 역류는 당의 고위급 간부들이 문화대혁명과 홍위병운동에 대해 여전히 분명히 저항하고 있었다는 것을 보여 주었으며, 우한사태는 고위급 군관들이 특히 지역 차원에서 보수적 대중조직과 같은 입장에서서 급진적 적들을 반대하였다는 것을 보여 주었다. 5·16 사태와 1968년 중반 홍위병의 해산 및 귀환은 대중운동과 중앙문화혁명소조의 지도부가 폭력과 무질서로 나아가는 경향을 반영하였다.

총체적으로 위 3가지 에피소드는 그 시기를 통치하던 중국 정치의 3자 조직체계 간의 권력 균형에 변화를 가져왔다. 3자 체계는, 시작 시에는 적어도 이론적으로 3자가 연합하여 평등하게 참여했다 할지라도, 1967년 연말 무렵에는 인민해방군의 우위가 간부와 대중조직을 분명 추월하고 있음이 분명해졌다. 1968년 여름, 홍위병이 해산되어 수백만 젊은이들이 농촌으로 이주되면서 이 운동의 참가자들은 중국의 정치무대에서 완전히 사라지게 되었다.

2월 역류

1966년 8월 11중전회에서 공식적으로 통과된 문화대혁명에 관한 결정은 대중운동이 거세게 일어났다가 제압당할 것을 예견하게끔 하였다. 대중동원과 대중의 비판(특히 젊은이)이 강조됨으로써 국가 당정 관료들의 생활은 한층 더 복잡해질 것으로 예상되었다. 그러나 이 중전회는 3가지 측면에서 중요한 제한을 가했다. 첫째, '문혁 16조'에 열거된 간부정책은 엄격한 비판과 관대한 처리를 담고 있었다. 11중전회는 대다수 간부들에 대해 "좋다." 혹은 "비교적 좋다."라고 명기했으며, 그들이 '엄숙한 자아비평'을 하거나 또는 '군중의 비평을 받아들였다'면 그들 본인들의 부서에 남거나 다시 원래 직책으로 돌아갈 수 있다고 규정했다.

둘째, 운동은 당의 명의로 중앙위원회의 지도하에 진행되고 그렇지 않을 경우 기층 당조직이 지도하도록 했다. 셋째, 인민해방군에서의 문화대혁명 운동을 기타 부서의 운동과 분리시켜 중국공산당 중앙군사위원회 아래에 두고 중앙문화혁명 소조의 지도하에 두지 않기로 했다.

그러나 1967년 1월 말의 여러 상황은 문화대혁명이 이러한 모든 한계를 넘었다는 것을 확실히 입증하였다. 즉 어떠한 영장이나 기타 법률적 승인 수속도 없이 펑전과 뤄루이칭을 포함한 많은 고위급 간부들이 급진적 대중조직에 의해 '구속'되었다. 이 사람들은 머리에 원뿔형 종이 모자를 쓰고 목에는 그들의 '반혁명 죄목'이 쓰인 팻말을 걸고 중국 도시의 크고 작은 거리를 누비며 조리돌림을 당해야 했다. 적어도 국무원 1명과 석탄부 부장 장린즈(張霖之)는 호되게 두들겨 맞아 죽음에 이르렀고 다른 고급 간부들도 육체적으로 모욕을 당했다. 류사오치와 덩샤오핑은 모욕적인 언어공격을 당했다.

대중조직의 '정권회수'에 대한 인가와 '상하이공사'의 설립은 심지어 당의 영도라는 원칙조차 포기되었음을 시사한다. 마오 스스로 지적한 것처럼, 파리코뮌의 틀 내에는 전위정당이 끼어들 만한 여지가 없었기 때문이다. 심지어 인민해방군으로 하여금 좌파를 지지한다는 명목으로 민간정치에 개입하도록 명령을 내림에 따라 문화대혁명으로 야기된 무질서 상태는 각급 무장부대로까지 파급되었다. 린뱌오 본인은 무장부대 내 추종자들을 선동하여 홍위병 방식으로 주더, 허룽, 그리고 예젠잉 등 베테랑급 총사령관들을 비판토록 했다. 왜냐하면 이 사람들이 무장부대를 통제하던 린뱌오에게 도전을 할 수도 있었기 때문이다.[97]

이러한 문제점들에 대처하기 위해, 중앙당국은 2월에 문화대혁명으로 발생된 혼란을 제어하는 데 목적이 있는 일련의 지시를 선언하였다. 정치적 안정을 위한 4가지 측면의 노력은 다음과 같다. 첫째, 마오는 당의 영도가 없는 직접민주주의를 약속했던 '파리코뮌'모델이 그 어떤 것도 전수해 주지 못한 채 분파주의와 무

---

[97] "Collection of document…", 19-21; *A Great trial*, 160, 164.

질서만 낳을 수 있다고 부정적으로 평가했다. 파리코뮌모델은 혁명위원회 모델과 좌파 지지를 위한 인민해방군의 문화대혁명 개입으로 대체되었다. 이 두 가지 방법은 국가의 질서와 기율을 회복하기 위해 조직체계를 제공하였다. 중앙선전매체는 3자 연합을 이행하는 조치 중 하나로 마오의 정책을 선전하는 운동을 시작하였다. 이 마오의 정책은 문화대혁명 시작 이전이나 문화대혁명 초기 몇 개월 동안 '과오를 범한' 간부들에게 비교적 관대하게 조치하라는 내용을 담고 있었다.

둘째, 마오도 홍위병 조직의 무력과 폭력 사용을 제한하도록 개입하였다. 마오는 2월 1일 저우언라이에게 보낸 편지에서 비평의 명목으로 간부에게 강압적으로 '원뿔형 종이모자를 씌우고 페인트를 얼굴에 칠하고 시위하는' 경향에 대해 비평했다. 마오는 이러한 행위를 '형식적인 무장투쟁'이라고 하며 "우리는 합리적인 투쟁을 고수하고 진실로 이치를 따져서 설득하는 방식을 사용하며… 폭력 사건에 연루된 어떠한 사람이든 법률로 처리할 것이다."[98]라고 선포하였다. 1월 28일 군사위원회는 한 가지 조례를 발표하였는데 그중에 무력 사용을 반대하는 유사한 명령도 있었다. 전언에 따르면, 그 문건은 예젠잉과 쉬샹첸, 녜룽전 등 베테랑 관료들의 발기로 초안을 잡고 마오의 승인을 거쳤다고 한다. 이 지시는 다음과 같다. "명령 없이 마음대로 사람을 체포해서는 안 되고, 제멋대로 가택수색이나 출입금지를 해서는 안 되며, 체벌 혹은 체벌과 유사한 행위를 해서는 안 된다. 가령 원뿔형 종이모자를 씌운 채 검은 플래카드를 들고 거리 시위를 하거나 그들에게 강제로 무릎꿇게 해서는 안 된다. 진지한 시민투쟁은 지지하나 야만적인 폭력투쟁은 적극 반대한다."[99]

셋째, 정부와 군사 기구들에는 경제생산과 정치질서의 유지가 지극히 중요했는데, 이들 조직에 대한 문화대혁명의 충격을 제한하려는 노력들이 취해졌다. 2

---

98 JPRS, 49, 826, *Translations on Communist China*(12 February 1970), 22.

99 "Collection of document…", 54-5; Dittmer, *Liu Shao-ch'i*…, 152-3.

월에 외곽의 대중조직은 모든 당 중앙의 각 부처에서 떠나도록 명령을 받았고, 중앙정부의 각 부처와 국들로 하여금 국방, 경제계획, 외교, 공안, 재정금융, 그리고 선전 분야를 책임지고 담당하게 했으며, 군부 내의 정권회수는 주변 기구들, 예를 들면 연구기관들, 학교, 문화기구 및 병원 등에 제한하고, 매우 중요한 7개 군구에서는 그 어떤 종류의 문화대혁명 활동들도 '연기'하도록 지시하였다.[100] 이외에도 중앙위원회와 국무원은 한층 더 많은 지시를 내려 당과 국가 간부들의 개인신상기록인 당안을 포함한 모든 비밀문건과 문서를 기밀에 부치도록 요구했다. 이런 문건들은 대중조직들이 지도간부들을 비판하는 데 사용된 많은 증거 자료들의 출처가 되기도 했다.[101]

마지막으로 중앙의 지시는 대중조직의 활동 범위를 일정 정도로 축소시키려는 시도였다. 즉 이런 지시가 집행되면 홍위병운동은 끝나게 될 것이었다. 대중조직은 통지를 받은 후 '혁명 경험 교류'에 의한 전국적인 대연결을 멈추고 그들의 고향인 도시로 돌아가야 한다는 명령을 받았다. 중학생들은 학교에 돌아가 다시 수업을 시작하고 "수업하면서 혁명을 한다."라고 통지받았다. '1월 소동' 과정에 자발적으로 형성(혹은 중앙문화혁명소조의 격려를 받았던)된 '전국홍위병연맹'이 보다 강대해져 제어하기 어려운 위협적인 존재로 변하자 결국 '반혁명조직'으로 간주되어 바로 해산하라는 명령을 받았다. 노동자들 가운데 불만을 품은 세력들, 그중에서도 특히 계약직 노동자, 임시공 및 국경지대로 전출 근무 명령을 받았던 노동자들은 자신들의 직위에 그대로 남아야만 한다고 통지를 받았으며, 이런 사람들이 제기한 요구는 문화대혁명 후반기에 처리하기로 하였다.[102]

당 고위급 간부들은 정부와 군부 출신 모두 이러한 전개에 고무되어서 문화대혁명의 전반적 구상에 대해 공격을 개시하였다.[103] 이 관료들 중에는 예젠잉, 녜

---

100   "Collection of document…", 54, 61, 66, 71-72, 78-79, 89.

101   Ibid., 84.

102   Ibid., 72, 82, 83, 85, 87-88.

103   2월 역류에 관한 내용은 『인민일보』 1979년 2월 26일자 기사에 기초하고 있다. in *FBIS Daily Report:*

룽전, 쉬샹첸 총사령관 그리고 천이, 리푸춘, 리셴녠, 탄전린 부총리 등이 포함되었다. 그들은 2월 중순 저우언라이 총리에 의해 개최된, 일련의 '혁명에 힘쓰고 생산을 촉진'하는 회의를 계기로 문화대혁명에 대한 불만을 드러냈다. 이 노련한 간부들은 4개의 근본적인 문제를 제기하였다. 첫 번째로는 대중운동이 당의 영도를 벗어나는 것이 적합한 것인지에 대해 질문을 던졌으며, 두 번째로는 그렇게 많은 원로간부들을 공격하는 것이 옳은 일인지를 물었다. 그리고 세 번째로는 군대 내에 무질서한 상황을 만드는 것이 정당한 일인지 묻고, 마지막으로는 문화대혁명이 계속되어야 하는 것인지 아니면 관료들이 확신하고 있는 것처럼 빨리 끝내는 것이 옳은지 의문을 제기하였다.

2월 중순의 어느 날 오후 베이징의 중난하이에 있는 화이런당(怀仁堂)에서 개최된 회의에서 극적인 막이 열렸다. 이번 회의에서 논쟁한 두 파벌은 양쪽 회의 테이블에 나뉘어 앉았는데, 저우의 왼쪽은 천보다와 캉성, 셰푸즈 및 중앙문화혁명소조의 기타 인원들이고 그 오른쪽은 총사령관 3명과 부총리 5명 및 국무원 관료들인 위추리, 구무(谷牧) 순이었다. 농업 업무를 주관하는 부총리 탄전린은 의자에서 일어서 사직할 뜻을 밝혔으나 오직 천이와 저우언라이만이 만류하였다. 회의는 그때부터 신속하게 두 파벌 간의 격렬한 논쟁으로 변해 버렸다.

중앙문화혁명소조의 일원들은 이 회의의 기록(왜곡되었으나 이후 바로잡음)을 마오쩌둥에게 전달하였다. 마오는 회의에서 표현된 일부 의견들이 그의 영도를 부인한다고 판단하고 몹시 화를 냈다. 마오가 화났다는 소식을 들은 급진파는 이번 회의를 '2월 역류'라 하고 이를 여전히 존재하는 모든 고위급 간부들을 직책에서 좌천시키는 운동에 대한 동원 논거로 간주하였다.

따라서 어떤 측면에서 보면, 중난하이의 이번 회의 결과는 대약진 기간에 열린

China, 28 February 1979, E7-20; 녜룽전에 관한 재수집 자료는 『신화일보(新华日报)』 1984년 10월 21~22일자 기사에 기초한다. in *FBIS Daily Report*: China, 6 November 1984, K 21-4; Lee, *Politics of the Cultural Revolution…*, ch.6; Daubier, *A History of the Cultural Revolution*, ch.5.

1959년 여름의 루산회의와 비슷했다. 두 경우 모두 중국은 마오쩌둥이 개시한 엄청난 대중운동의 와중에 있었고 이 대중운동이 파벌 간 분열을 두드러지게 진행시켰을 뿐만 아니라 이런 분열을 제한하려는 노력 또한 낳았다. 한편 이 두 사건에서는 일부 고위급 간부들이 운동의 과도한 부분을 비판하였으며 전반적으로 운동에 대한 반대의견을 표현하였다. 마오는 이런 비판을 본인의 영도력에 대한 도전이라 보았다. 결과적으로 이 두 운동은 그 부정적 영향이 이미 분명해진 뒤에도 오랫동안 지속되었고, 또한 이 결과들을 치유하기 위한 일부 조치들은 취소되거나 보류되었다.

그리고 2월 이전에 실시된 질서를 회복하기 위한 시도를 의심하게 되었기 때문에 '2월 역류'는 문화대혁명이 다시 격화되는 결과를 초래하였다. 사태의 격화를 보여 주는 사례로는, 류사오치와 덩샤오핑에 대해 '중국의 흐루쇼프'와 '자본주의의 길을 걷는 당내 제2위의 당권파'라는 모욕적인 언사로 비판하는 매체가 대자보와 전단에서 당의 공식 출판물로 옮겨갔다는 것을 들 수 있다. 각각 국가주석과 당의 총서기를 맡고 있었던 류와 덩에 대한 조치는 전국의 모든 간부들을 공격목표로 삼는 것이 정당한지에 대한 의심을 불식시켰다. 이와 관련된 조치로, 당과 정부, 군 내의 '자산계급의 대변자'에 대한 거센 공격과 1966년의 5·16 통지가 1주년을 기념하여 대중매체에 다시 출현했다.

이런 대담한 변화로 인해 1967년 봄, 격앙된 대중조직은 아직 많이 남아 있던 정부 관료들에게 보다 강렬하고 잦은 비판을 시작했다. 대표적인 표적인 탄전린은 가장 적극적으로 2월 역류에 참여한 사람으로, 그의 솔직한 발언은 급진파의 첫 번째 공격대상이 되었다. 화이런당의 절정에 치달은 회의에서 탄은 콰이다푸(蒯大富)를 '반혁명 소인'으로 불렀다. 콰이는 칭화대학의 급진주의자로 중앙문화혁명소조에게 인정받는 심복이었다. 전언에 따르면, 탄은 마오와 중앙위원회에 많은 서면 보고서를 직접 건네주며 문화대혁명을 빨리 끝내자고 청했고, 한 보고서에서는 장칭을 '오늘날의 측천무후'라고 했다고 한다. 급진파를 동정한 기록에

의하면 탄은 1월 소동 기간에 좌천된 농업부처 간부들의 직무를 회복하려 하기
도 했다.

급진파의 다른 목표는 외교부 부장 천이의 직책을 해임하는 것이었다. 천이는
탄전린과 마찬가지로 문화대혁명과 홍위병운동에 대한 신랄한 태도를 조금도 숨
기지 않았다. 위조되었을 가능성도 있으나 널리 회자된 한 기록에 따르면, 천이
가 한 무리 홍위병을 만났는데 그는 본인의 작고 빨간『마오 주석 어록』을 흔들면
서 그 상황에 대응하여 "지금은 내가 발언할 차례입니다. 여러분에게『마오 주석
어록』320쪽의 한 단락을 인용하도록 허락해 주세요. 마오 주석은 '천이는 훌륭
한 동지'라고 말씀한 적이 있습니다."라고 했고, 홍위병은 그 쪽을 펼치고서야 어
록에 그 내용이 없다는 것을 발견하였다고 한다.[104]

아마도 중앙문화혁명소조의 최종목표는 저우언라이였을 것이다. 급진파는 그
를 2월 역류의 '배후 지지자'이며, 탄전린, 천이 등 정부 관료들의 보호자라고 생
각하였다. 베이징에 게시된 많은 대자보는 탄과 천을 공격하는 내용으로 시작하
여, 저우언라이에 대한 비판으로 끝났다.

2월 역류는 이러한 방식으로 고급 간부들이 날로 쉽게 공격당하고 수세적인
지위에 처하게 했다. 마오는 자신이 정기적으로 개입하면 이들 간부의 95%는 구
할 수 있다고 판단하였다. 마오와 저우는 적어도 한 시기 동안 일부 간부를 군중
의 비판과 육체적 고통에서 구해 내려 했다. 저우 본인은 마오의 보호를 받으면
서, 랴오청즈(廖承志)와 천이, 리푸춘, 리셴녠 등의 간부들을 보호하고자 애썼다.
이때 수많은 성과 시의 관료들이 베이징으로 대피하여 육체적 안전을 보장받게
되었다.

그러나 그의 조치들은 그중 한 명도 보호하지 못했고 원로 문관 간부들의 정
치적 위상은 더욱 축소되었다. 1967년 여름, 류사오치와 덩샤오핑은 연금되었
고 중앙문화혁명소조 지도부는 중앙정치국과 국무원의 많은 권리를 탈취하기 시

---

104 Daubier, *A History of the Cultural Revolution*, 220.

작했다. 급진파는 계속해서 2월 역류를 고위급 간부들이 문화대혁명을 반대하고 중앙문화혁명소조를 반대하며 마오의 지도적 지위를 반대한다는 증거로 악용하였다. 문화대혁명 과정의 3자 수직체계에서 원로간부들은 현재 가장 불리한 지위에 처해 있었다.

우한사태

1967년 중반에 발생한 중국의 가장 큰 세 가지 변화는 급진적 대중조직과 보수적인 대중조직 사이, 군부대 내부 보수 진영과 급진 진영 사이, 그리고 중앙문화혁명소조와 무장부대 사이에 심각한 분열이 나타났다는 것이다. 7월 20일 우한사태는 (사건이 발생한 후 중국인들은 '7·20사태'라고 부른다) 이런 분열의 심화와 그 의미를 이해하는 데 가장 좋은 사례를 보여 준다.[105]

인민해방군은 명령을 받고 전국 각 성과 직할시 1급 혁명위원회의 설립을 감독했으며 당시 이런 임무들은 주로 여러 군구(军区) 및 그들의 지휘를 받고 있는 지방 주둔군에 맡겨졌다. 군구의 많은 사령관들은 현지의 당 책임자들과 밀접한 개인적 교분을 쌓고 있었기 때문에 보수적 대중조직의 입장에 서서 당조직을 보호하려는 경향을 갖게 되었다. 따라서 질서와 규율을 유지하려는 인민해방군은 모든 정부관료들을 타도하고 혁명을 이룩하기 위하여 경제생산을 무시하는 급진적인 대중조직들과 대립하게 되었다.

2월에 많은 군구의 사령관들은 중앙정부에서 얼마 전 발포된 문화혁명을 규제하라는 내용의 지시를 이유로, 가장 조종하기 힘든 급진소식부터 세압하기 시작했다. 우한 군구 사령관 천짜이다오(陈再道)는 많은 결정을 내렸는데 우선 그는 '노동자 총사령부'와의 관계를 단절하고 나중에는 명령을 내려 그 사령부를 해체

---

105 '우한사태'에 대한 서술은 다음을 근거로 하였다. 陈再道, "武汉 '七·二零事件' 始末", 『革命史资料』, 2 (September 1981), 7-45; Thomas W. Robinson, "The Wuhan Incident: Local streife and provincial rebellion during the Cultural Revolution", *CQ*, 47(July-September 1971), 413-38.

시켰다. 이 사령부가 급진조직의 연맹이며 그들이 줄곧 사회질서와 경제 안정을 위협하는 파괴활동에 종사해 왔다는 것은 누구나 다 잘 알고 있었다.

2월 역류에 대한 비판은 베이징과 각 성의 급진파에게 좌파 대중조직에 대한 인민해방군의 '진압'을 반대할 수 있는 기회를 주었다. 4월 2일『인민일보』에 게재된 한 편의 사설에서는 "혁명적인 젊은이(이른바 홍위병)들을 정확히 인식해야 한다."라고 호소하였다. 이 사설은 우한과 청두 군구에 불만스러워하는 급진파가 제공한 자료에 기초한 것이었다. 같은 주에 중앙위원회와 중앙군사위원회는 각자 지시를 내려 급진적 대중조직에 대한 해방군의 진압능력을 큰 폭으로 약화시켰다.[106] 이 지시는 대중조직에 대해 반혁명조직이라고 선포하거나 군대 지도자를 비난하는 조직을 탄압하거나 또 대규모 체포를 단행할 수 있는 군대의 권리를 박탈하였다. 그때부터 베이징만이 대중조직을 분류할 수 있는 권리를 장악할 수 있게 되었고, 군구 사령관들이 반혁명 꼬리표를 달았던 대중조직은 용서를 받게 되었다. 이 지시들은 린과 중앙문화혁명소조 구성원들이 함께 노력한 결과라고 한다. 이 사실을 통해, 적어도 이 문제에서는 마오주의 연맹에 속한 두 파벌 간에 긴밀한 협력이 있었음을 알 수 있다.

이런 지시들이 인민해방군의 질서회복능력을 크게 약화시켰기 때문에 보수적 대중조직과 급진적 대중조직들 사이의 충돌은 더욱 거세졌다. 급진파들은 무기고를 약탈하였으며, 심지어 화남지구에서는 베트남 북부(北越)로 향하는 군수물자 운반선에서 무기와 탄약을 빼앗기도 하였다. 상응하여 어떤 지역의 인민해방군은 비교적 보수적인 대중조직에 무기를 제공하였다. 우한사태는 점점 커져 많은 사상자가 발생했을 뿐만 아니라 경제 생산에 악영향을 주었다. 우한에서는 급진파들이 일련의 항의와 시위운동을 벌이면서 이 도시의 '역류'를 바로잡을 것을 요구하였다. 이런 활동들은 장칭의 지지를 받았음이 분명했다.

4월 초의 지시에 의하면 오직 중앙권력기관만이 파벌투쟁에 참여한 대중조직

---

106 "Collection of document…", 111-12, 115-116.

의 정치적 방향을 결정할 수 있었기 때문에 천짜이다오는 저우언라이와 중앙문
화혁명소조에 우한사태에 대해 토의할 것을 요청하였다. 천 본인의 진술에 의하
면 회의는 "우한 군구의 행동은 기본적으로 정확하며 군구에 대한 급진파들의 공
격은 중지되어야 한다."라고 결론을 냈다. 천의 입장에서 불행하게 된 것은 베이
징에서 이 소식이 아직 정식으로 선포되기 전에 벌써 우한에서 누설되어 장칭의
불만을 샀다는 것이다. 그녀는 천이 자신의 직위를 남용하여 음모를 꾸미려 했다
고 주장하였고, 이 협의를 폐지하기 위하여 애를 썼다.

이 시기에는 우한의 대중조직들 간 투쟁도 더욱 격화되었다. 5월 중순에 설립
된 '100만영웅'이라는 보수조직의 목표는 군구와 대다수 원로간부들을 보호하는
것이었다. 천에 의하면 우한에서 100만영웅에 참여한 사람들 중 85%는 당원이
었고 대다수 지방무장세력들이 지지해 주었다고 한다. 군구 사령부는 파벌투쟁
에서 공식적으로 중립을 선택했으며 그들에게 단결하라고 호소하였다. 그러나
파벌투쟁에 가담한 모든 사람들은 천과 그 부하들의 진정한 편향이 무엇인지 대
개 명백히 알고 있었다.

따라서 제2차 회의가 7월 중순에 우한에서 개최되었고 이 도시에 존재하는 문
제를 다시 한 번 해결하려고 하였다. 저우언라이와 중앙군사위원회의 대표 두 명
(리쮜펑과 양청우), 중앙문화혁명소조의 구성원 두 명(왕리와 셰푸즈), 그리고 마오 역
시 여러 차례 회의에 참석하였다. 회의에서 마오와 저우는 2월에 노동자 총사령
부를 해체한 천을 비판하면서 다시 이 조직을 회복할 것을 명령하였다. 그러나
마오는 파벌투쟁에 참여한 대중조직은 연합해야 한다고 확실히 독촉하고, 천을
타도하려는 시도는 전혀 없었다고 해명하였다.

그 뒤에 저우는 베이징으로 돌아가고 셰와 왕이 남아서 우한의 각 파벌에 회의
결과를 전달하였다. 공정 여부를 떠나 이 두 사람이 내놓은 마오와 저우의 지시
는 '군구 사령부를 부정하고 100만영웅을 비판하며 이 도시의 급진적 대중조직
을 지지하는 것'이었다. 이런 변화에 분노한 100만영웅 대표들은 셰와 왕이 투숙

한 호텔을 급습하였다. 이어서 현지의 위수부대 병사들이 왕리를 붙잡아 구류시켰으며 또 구타까지 하였다. 셰는 부총리이자 공안부장이어서 그 자리를 모면할 수 있었다. 저우는 황급히 우한으로 내려와 왕리를 보석하고 대량의 해군과 공수부대를 투입하여 우한의 통제력을 장악하고 폭동을 진압하였다. 왕과 셰, 천은 모두 우한을 떠나 베이징으로 올라갔다. 왕과 셰는 영웅처럼 환영받았으며 천은 비판과 심문을 받았다.

2월 역류와 마찬가지로 우한사태의 직접적 결과도 통제를 받은 것이 분명하다. 급진파들은 천의 문제를 하나의 쿠데타로 묘사하였다. 따라서 사람들은 천이 본인의 불충으로 엄벌을 받은 것이라고 생각하였다. 그러나 탄전린과 마찬가지로 천이 받은 처분은 생각보다 경미하였다. 비록 군구 사령관의 직무에서 해임되었지만 기타 방면에서는 상당히 관대한 대우를 받았으며 린이 실각한 후 2년도 안 되어 다시 직무를 회복하였다. 천은 이것을 마오와 저우의 호의라고 믿고 있었다. 그러나 혹자는 또한 중앙문화혁명소조에 의해 완전히 배척되었으며, 심지어 반항적이었던 군구 사령관에게 린이 얼마나 우호적인 태도를 보였는지에 대해 궁금해한다.

5·16 조직의 숙청

주요 가담자에 대한 우한사태의 영향은 비록 크지 않았지만 폭넓게 바라보면 그 영향은 치명적이었다. 중앙문화혁명소조 구성원을 포함한 급진파들은 이 기회를 이용하여 베이징과 각 성의 보수파와 수정주의자들을 더욱 더 공격하였다. 우한사태가 터진 지 이틀밖에 지나지 않은 7월 22일, 장칭은 "문장으로 공격하고 무력으로 방어해야 한다(文攻武卫)."라는 구호를 제기하였다.[107] 그녀처럼 높은 계급의 지도자가 전국적으로 휩쓸고 있는 무장투쟁을 지지하고 나선 것은 처음이었다. 그녀의 성명은 질서회복을 위해 행해지는 모든 노력들을 더욱 복잡하게 만

---

107 *SCMP, Supplement*, 198(August 1967), 8.

들었다.

　이렇게 고조되는 급진주의의 목표는 중국 주재 외교관과 외교부 그리고 저우언라이였다. 많은 국가의 외교관들이 괴롭힘을 받았으며, 영국공사관이 전부 불탔다. 과거 인도네시아에서 근무한 적 있는 야오덩산(姚登山)이라는 젊은 외교관은 외교부에서 천이를 타깃으로 정권회수 투쟁을 한 차례 책동하고 저우에게도 그 화살을 겨누려고 했다. 그것은 저우가 천을 보호하려고 했기 때문이다.[108] '천의 배후세력'을 비판하고 아울러 '많은 사람들을 보호하기 위해 나서는 또 다른 류사오치'를 잡아내기 위해, 이 시기 급진파들은 벽보에 '낡은 정부'를 타도하자고 호소하였다.[109] 급진적인 홍위병들은 저우를 붙잡아 비판투쟁을 하려고 공공연히 그의 사무실을 이틀 반이나 막고 지켰다.

　그러나 이 시기 가장 중요한 목표는 저우가 아니라 인민해방군이었다. 8월 초, 잡지 『홍기』에 실린 한 편의 사설은 급진파들에게 '군 내부에서 한 줌도 못 되는 자본주의 길을 걷는 집권파'를 타도하자고 호소하였다.[110] 인민해방군 내부에 수정주의자들이 있을 수 있다는 관점은 별로 새로운 것은 아니었다. 1966년 5·16 통지에도 이런 의미가 있었고 1967년 상반기의 많은 사설에도 이런 견해가 있었다. 그러나 우한사태가 초래한 이런 구호들은 폭발성을 띠게 되었고 많은 직접적인 결과를 낳게 되었다. 군구 사령관들이 공격을 받았는데, 그중에는 린과 밀접한 관계를 유지하던 일부 사람들도 포함되었다. 광저우 군구 사령관이며 국방부장의 총애를 받던 황융성(黃永胜)은 급진적인 홍위병들에게 '광저우의 탄전린'으로 비유되었다.[111] 만약 이러한 사태가 계속되었다면 중국 군대는 더 이상 어떠한 질서도 유지하지 못했을 것이다.

108　이 시기 외교부 내부의 투쟁에 관해서는 다음을 참조. Melvin Gurtov, 'The Foreign Ministry and foreign affairs in the Chinese Cultural Revolution', in Robinson, *Cultural Revolution*…, 313-66.

109　이 시기 새롭게 부활한 급진주의 조류에 대해서는 Lee, *Politics of the Cultural Revolution*…, ch.8과 Daubier, A History of the Cultural Revolution, ch.8 참조.

110　*HQ*, 12(August 1967), 43-7.

111　Daubier, *A History of the Cultural Revolution*, 207.

마오, 저우와 린은 모두 같은 이유로 중앙문화혁명소조의 이런 선동을 반대했다. 린은 군대의 단결과 합법적 지위를 위협했기 때문에 반대했고, 저우는 외교사무와 국무원의 통제를 위협하고 자신의 정치적 지위도 공격했기 때문에 반대했으며, 마오는 중국을 본인이 추구하는 모호한 단결 목표로부터 더욱 멀어지게 하기 때문에 반대했다.

따라서 8월 말에 중앙문화혁명소조는 새로 개편되었다. 가장 급진적이었던 구성원인 왕리, 무신(穆欣), 린제(林杰)와 관펑(关锋)은 좌천되고 다섯 번째 구성원인 치번위(戚本禹)도 4개월 후 실각했다. 천보다가 편집장을 맡은 당의 이론간행물 『홍기』는 줄곧 중앙문화혁명소조의 대변인 역할을 했는데 발행이 중지되었다. 1966년 '5·16 통지'에서 명명된 5·16 조직은 2월 역류를 빌미로 먼저 위추리를 비판하고 리셴녠, 리푸춘과 천이도 비판하였는데, 이 모든 것은 최종적으로 저우를 뒤엎기 위해서였다. 8월에는 급진파에게 저우를 공격한 대자보에 대해 책임을 지라는 명령이 내려졌다.[112]

9월 5일, 중국의 4개 중앙권력기구인 중앙위원회와 중앙군사위원회, 국무원 및 중앙문화혁명소조는 연합하여 전국의 무장투쟁을 끝내고 추락한 인민해방군의 권위를 회복하기 위해서 지시를 내렸다. 홍위병 조직의 군대의 무기 강탈을 금지하고, 군대 역시 중앙의 지시 없이는 대중조직에 무기를 건네주지 못하도록 하였다. 그리고 이제는 인민해방군에게 부득이한 상황에서는 무력을 사용할 수 있도록 허용함으로써 군대 질서 회복을 반대하는 대중조직에 대항할 수 있도록 하였다.[113]

같은 날, 장칭은 베이징에서 소집된 홍위병 집회에서 담화를 발표했다. 그녀는 가능한 한 본인과 중앙문화혁명소조 잔존 인원들을 파면된 네 명으로부터 분리

---

112 5·16 조직의 실각과 관련한 상황에 대해서는 다음을 참조. *CB*, 844(10 January 1968), Barry Burton, "The Cultural Revolution's ultraleft conspiracy: The 'May 16 Group'", *Asian Survey*, 11, 11(November 1971), 1029-53.

113 *SCMP*, 4026(22 September 1967), 1-2.

니시키려고 하였다. 이름을 거론하지는 않았지만, 그녀는 5·16 조직을 한 줌도 못 되는 대중조직의 주도권을 빼앗으려는 '극좌분자'라고 표현했다. 그녀는 "인민해방군 내의 한 줌도 못 되는 일당을 잡아내자."라는 호소가 중국을 혼란에 빠뜨리려는 극좌분자들이 꾸민 '함정'이라고 꾸짖었다. 그녀는 이어서 본인이 제기한 "문장으로 공격하고 무력으로 방어해야 한다."라는 구호에 대해 해명하면서 중국의 현재 형세는 어떠한 경우를 막론하고 무력을 사용할 만한 정당한 이유가 존재하지 않는다고 말했다. 비록 그녀는 5·16 조직에 대해 아무런 개인적 책임도 없다고 강력히 부인하였지만, 실제로는 어쩔 수 없이 자아비판과 다름없는 성명을 발표한 것이다.[114]

8월의 소요와 5·16 사건은 문화대혁명의 전개과정에 중요한 영향을 미쳤다. 첫째, 다음에서 알 수 있다시피 문화대혁명의 중점은 낡은 정치질서의 파괴에서 새로운 정치질서의 확립으로 전환되었다. 9월에 마오쩌둥은 여름 내내 전국을 순시한 경험에 기초하여 고안한 미래의 문화대혁명을 위한 위대한 전략적 계획을 시사하였다. 이 계획의 본질은 무질서를 종결하고 아직 혁명위원회가 결성되지 못한 22개 성급 단위에서 하루빨리 혁명위원회를 설립할 것을 요구하는 것에 있었다.

1967년 말에 이르러 혁명위원회를 조직하는 작업이 성과를 거두었을 때, 여름에 발생한 사건이 급진적인 대중조직과 군구 사령관 간의 균형을 후자쪽으로 기울어지게 만들었다. 1968년 봄, 곧 알게 되겠지만, 급진주의의 마지막 고조기가 있었으나 1967년 8월의 정도까지는 미치지 못했다. 대중운동과 인민해방군, 즉 지속될 무질서와 정치 안정을 위한 유일한 희망 사이에서 양자택일을 해야 할 경우 마오는 후자를 택했다. 그 결과 새로운 지방 혁명위원회의 영도하에 군대는 주도적인 지위를 제도화하는 방향으로 상대적으로 온건하게 한 발자국 내디딜 수 있었다.

---

114 Ibid., 4069(29 November 1967), 1-9.

5·16 사건은 베이징의 중앙 지도자들의 연맹 형식도 바꾸어 버렸다. 중앙문화혁명소조의 모든 구성원들 중 5·16 사건에서 숙청된 희생양들과 관계가 가장 밀접하며 가장 큰 타격을 받은 사람은 천보다였다. 5·16 사건의 5명의 희생양들은 모두 천보다가 직접 관리한 잡지 『홍기』의 부편집장들이었다. 1960년대 초, 베이징의 급진적 지식인과 언론매체는 모두 천과 밀접한 연관이 있었으며 『홍기』의 휴간은 천의 편집 방침에 대한 부정이라고 해석할 수밖에 없었다. 자신의 위상이 축소됨을 의식한 그는 새로운 정치 후원자로 린뱌오를 선택하였다. 이것은 서로의 정치적 목적을 위한 연합이었다. 천은 린에게 사상적, 이론적 외양을 제공할 수 있었는데 이것은 마침 린이 공개담화에서 부족하게 느꼈던 부분이었다. 린은 천에게 불가피하게 문화대혁명 중에서 두각을 나타내며 가장 유력한 지위에 있었던 인민해방군이란 수직체계의 지지로 보답하였다. 1967년 말, 천은 린과 더욱 긴밀한 관계로 함께 일했으며 전에 마오와 중앙문화혁명소조를 위해 대필했던 것처럼 린에게 충성을 다했다. 이것은 어찌 보면 인정과 사리에 부합하는 것이었다.

양청우의 숙청과 홍위병의 탄압

5·16 사건 후에도 1968년 봄과 초여름에 급진적 대중운동이 잠시 격해진 적이 있었다. 인민해방군 지도부에는 여전히 알 수 없는 혼란이 있었고, 이것은 잠깐이지만 급진파의 부흥을 가능하게 하였다. 1968년 대리 총참모장 양청우(杨成武)와 공군 정치국 위원, 그리고 베이징 위수부대 사령관이 함께 직위해제되었다.[115]

양청우에 대한 숙청은 문화대혁명이 야기한 분열의 대표적인 사례로서 각 성

---

115 양청우의 직위해제와 관련된 자료는 린과 친근한 사람을 포함한 사건의 참여자들이 제공했다. Kau, *Lin Piao…*, 488-500; 녜룽전과 관련해서는 『新华日报』(9 and 10 October 1984) in *FBIS Daily Report: China*, 5 November 1984, K 18-21; 푸충비와 관련해서는 『北京晚报』12 April 1985, in ibid., 1 May 1985, K9-10. Harvey W. Nelson, *The Chinese military system: An organizational study of the Chinese People's Liberation Army*, 97-101도 참조.

의 급진파와 보수파 간의 분열, 저우언라이와 중앙문화혁명소조의 충돌, 그리고 인민해방군 내부의 여러 야전군 파벌 간의 긴장된 관계를 반영한다. 이런 모순들은 양청우의 갑작스런 실각에 모두 조금씩 영향을 미쳤다.

1967년 말 전에 여러 성들의 충돌은 줄곧 양이 책임지고 해결했다. 7월에도 마찬가지로 마오와 함께 우한에서 유사한 임무를 수행하고 있었다. 산시에서나 허베이에서나 양은 항상 보수파를 지지하고 비교적 급진적인 그들의 상대를 반대하였다. 산시에서 양은 비교적 보수적인 군관들의 도전에 맞서고 있던 성 혁명위원회의 급진적인 주임에 대해 지지하기를 거절하였다. 허베이에서 양은 보수적인 군사조직과 대중조직의 연맹을 지지하고 셰푸즈의 후원을 받고 있는 급진파와 유사한 연맹을 반대하였다.

보다 심각한 것은 양청우와 베이징 친위대 사령관 푸충비(傳崇碧)가 저우 편에 서서 중앙문화혁명소조 및 급진적 대중조직과 정면충돌했다는 것이다. 양과 푸는 저우와 관계가 밀접한 많은 군대 간부들을 군사적으로 보호했다. 치번위를 파면한 후 양은 푸에게 소대 병사를 파견하여 치의 무리를 잡는다는 명목하에 중앙문화혁명소조 사무실을 돌격하고 서류를 뒤져 그들의 죄증을 수사했다. 양의 최종 목적이 무엇이었든지 장칭과 셰푸즈를 포함한 중앙문화혁명소조의 남은 구성원들의 입장에서 보면, 양이 그들을 기소하기 위해 자료를 찾는다고 보았던 것을 억지라고 할 수는 없었다.

마침내, 양 역시 군대 내의 내분에 말려들었다. 양과 린은 과거에 있었던 모종의 관계로 서로 아는 처지였지만, 혁명의 최후 몇 년간 양은 제4야선군이 아니라 군사위원회 직속 야전군에 있었다. 공군사령관 우파셴(吳法憲)을 포함한 린의 가장 친밀한 부하들과 양의 관계는 상당히 긴장되어 있었으며 린은 분명 양의 충성을 의심하고 있었다. 동시에 린은 양청우 숙청을 자신의 적수인 녜룽전과 쉬샹첸을 타격할 수 있는 수단으로 보고 있었다. 녜와 쉬는 일찍이 양청우가 소속된 야전군의 상급 지도자였기 때문이다.

따라서 양은 2월 역류를 지지했다는 이유로 모함을 받게 되었다. 제1차와 마찬가지로 제2차 2월 역류의 본래 취지는 보수 역량을 보호하는 것, 특히 고위 간부가 급진파의 공격을 당하지 않도록 보호하는 것이었다. 그의 면직에 따른 직접적인 영향은 다음과 같다. 첫째, 린은 중앙군사위원회 판공청(행정부서)에 대한 통제를 강화할 수 있게 되었다. 판공청은 무장부대에 대한 일상적인 통제를 책임지고 있었다. 이제 린은 자기의 측근 다섯을 이 핵심 부서에 밀어 넣을 수 있게 되었다. 이 다섯 사람은 우파셴과 원 광저우 군구 사령관이자 지금은 양청우를 대신해서 총참모장이 된 황융성(黃永胜), 해군 정치위원 리쭤펑(李作鹏), 총 후방지원부 부장 추후이쭤(邱会作), 린의 아내 예췬(叶群)이었다.[116]

새로운 혁명위원회가 법정 정족수를 채우지 못했다는 사실을 빌미로 급진적 대중조직이 항의를 제기함으로써 운동이 다시 불붙기 시작하여 합법화되는 양상을 보였다. 이것이 바로 양청우 사건이 가져온 두 번째 결과이다. 산시와 허베이, 산둥 및 광둥에서 특히 폭동이 가장 많았다. 베이징의 칭화대학에서는 대립하던 쌍방이 각기 교내 건축물을 진지로 삼아 자기 그룹을 보호하면서 건물 앞에 시멘트 바리케이드와 철조망을 설치하고 투석기를 이용하여 상대에 벽돌조각을 발사하기도 하였다.

광시 성에서는 혁명위원회가 아직 설립되지 않아 무장투쟁이 더 쉽게 발생하였다. 대립 조직들은 베트남으로 향하는 군수물자 운송열차에서 무기를 훔쳐 기관총과 로켓발사기, 심지어 방공무기로 서로 싸웠다. 사람들은 홍콩 부근의 수역에서 주장 강을 따라 표류하여 내려온 시체들을 발견했는데 이 시체들은 꽁꽁 묶여 있는 모습으로 발견되곤 했다. 그들은 모두 무장투쟁의 희생양이었다.

칭화대학의 무장투쟁은 대중운동에 대한 최후 진압과 홍위병 해체를 이끌었다. 7월 말, 마오는 당 중앙 지도자들을 보위하는 일부 정예 공안부대, 즉 8341부대에 베이징의 한 편직공장과 인쇄공장 노동자들과 함께 칭화대학으로 진입하라

---

116 孙敦璠, 『历史讲义』, 2. 270-1.

고 명령하였다. 며칠 후 7월 28일 밤, 마오는 칭화대학과 베이징대학의 학생 지도자를 접견하였다. 콰이다푸가 "어떤 '검은 손'이 노동자를 학교에 파견하여 홍위병을 진압하였다."라고 원망하자 마오는 "검은 손은 아직 붙잡지 못했고, 검은 손은 다름이 아니라 바로 나다."라고 선포하였다. 마오는 홍위병과 무장투쟁을 벌인 것이지 결코 합리적으로 진척되는 문화대혁명에 불만을 표시한 것은 아니었다.

지금 당신들은 첫째 투쟁하는 것이 아니고, 둘째 비판하는 것도 아니며, 셋째 개정하는 것은 더욱 아니다. 투쟁은 투쟁인데 소수의 전문대학에서는 무장투쟁을 하고 있다. 현재 노동자와 농민, 병사, 시민 모두가 불쾌해하고 있으며 대다수의 학생들도 불쾌해하고 있다. 심지어 당신들 쪽에 서 있는 사람들조차 일부 불쾌해하고 있다. 이런 방식으로 전국을 단결시킬 수 있겠는가?[117]

홍위병이 일을 잘 처리하지 않으면 "우리는 학교에 군사관제를 취하고 린에게 지휘를 맡기겠다."라고 마오는 경고하였다.

얼마 지나지 않아 마오가 위협했던 대로 군대 감독하에 '공·농 마오쩌둥사상선전대'가 중국의 주요 대학들에 주둔하기 시작했다. 8월 5일, 파키스탄 방문단이 마오에게 증정한 망고를 마오는 칭화대학 선전대에 다시 선물로 주어 개인적으로 그들의 행동에 대한 지지를 표시하였다. 문화대혁명은 학생이 아니라 '노동자계급'에 의해 주도되어야 한다고 마오는 지적하였다. 이것은 홍위병을 제압하는 이유가 되었다. 8월 중순 마오의 지시에서는 "문화대혁명에서 노동사세급은 영도 역할을 충분히 발휘해야 한다."라고 선포하였으며 몇 주 후 그는 또 '해방군전사'와 '노동자대중'이 협력하여 '프롤레타리아 교육혁명'을 영도해야 한다고 명령하였다.[118]

---

117 *Miscellany of Mao Tse-tung Thought*, 2, 470.
118 Ch'en, *Mao papers…*, 105.

야오원위안은 일찍이 『해서파관』을 논하는 문장을 써 문화대혁명을 촉발한 바 있다. 8월 말, 그가 쓴 또 한 편의 문장으로 홍위병은 갑작스레 해산되었다. 야오는 "반드시 노동자계급이 모든 것을 영도해야 한다."란 제목으로 과격한 대중운동을 호되게 비판하였다. 야오 자신도 이것을 기반으로 권좌에 올랐음에도 불구하고 말이다. 문장에서는 홍위병운동의 무정부주의와 파벌주의가 참여자의 '소부르주아' 사상 때문이라고 썼다. 야오는 "현실은 우리에게 단지 학생과 지식인만으로는 교육현장의 투쟁·비판·수정 및 기타 일련의 임무를 완수할 수 없으며 노동자와 인민 해방군의 참여가 필요하고 노동자계급의 굳건한 영도가 있어야 한다는 것을 보여 준다."라고 명시했다.[119] 이 기사로 인해 남아 있던 대중조직은 해산되고 홍위병의 신문과 정기간행물도 모두 발행이 정지되었다.

연말 무렵, 홍위병 조직을 해산시키고 수백만 젊은이들을 농촌으로 보내는 하방운동을 시작하였다. 12월, 마오는 또 지시를 내려 "지식청년들은 농촌으로 내려가 빈농과 중농의 재교육을 받을 필요가 절실하다. 중·고등학교 및 대학교에 다니는 자녀들을 농촌으로 보내게끔 도시에 있는 간부와 시민들을 설득해야 한다."라고 말했다. 1970년 말까지 약 540만에 달하는 청년들이 농촌으로 보내졌다. 대부분 사람들이 현지 농촌에서 뿌리를 내렸으며 외진 곳이나 국경지대에 배치되었다. 그들이 다시 고향으로 돌아올 수 있을 것이라고 희망을 품는 사람들은 아무도 없었다.[120]

정치체제의 재건

1967년 8월 말, 5·16 조직이 숙청되고 이듬해 봄 홍위병이 해산됨에 따라 문

119　*PR*, 11. 35(30 August 1968), 3-6.

120　Thomas Bernstein, *Up to the mountains and down to the villages: The transfer of youth from urban to rural China*, 57-8.

화대혁명의 핵심은 과거의 낡은 질서를 파괴하는 것에서 새로운 질서의 수립, 즉 소위 말하는 '투쟁과 비판'(斗批) 단계에서 '비판과 개조'(批改) 단계로 바뀌었다. 정치체제의 재건은 혁명위원회 조직을 개선하고 당의 지위를 새로 다시 회복하는 2가지 핵심 요소를 포함하였다.

이 시기에 특별히 주의해 보아야 할 부분은, 형식적으로 중국의 '새로운' 정치체제의 구조가 문화대혁명 전 구조와 거의 차이가 없다는 것이다.[121] 문화대혁명은 파리코뮌노선에 따라 관료기구를 '전복'하고 직접적이고 민주적인 유토피아를 건설한다는 과장되고 화려한 문체로부터 시작되었다. 그러나 정치재건에 대한 작업이 실제로 진행된 후에야 비로소 재건에 대한 청사진이 그려지기 시작했으며 그렇게 장밋빛만은 아니었다. 간부들은 '5·7 간부학교'에서 '재교육'을 받아야 했다. 보다 사심 없고 더욱 효과적인 업무능력을 배양하기 위해 그들은 그곳에서 육체노동과 정치학습에 참여해야 했다. 사람들은 혁명위원회와 그 감독하에 있는 관료기구들이 전 기구에 비해 보다 유능하고 일을 잘 하며 마오주의의 가치에 더욱 충실하다고 생각했다. 뿐만 아니라 그 속에 소수의 군중대표도 포함되었기 때문에 이런 조직들이 군중의 이익을 더욱 잘 대변한다고 생각했다. 비록 이런 상황이었지만 재건 시기의 조직 노선은 다음과 같은 입장을 분명히 했다. 정치기구는 종전의 관료적 노선에 따라 건설할 것이며, 중국공산당은 여전히 혁명위원회를 지도하는 레닌주의 조직이라는 것이었다.

새로운 정치체제와 이전 정치체제의 차이점은 기구가 아니라 구성원이었다. 군대 간부들은 1950년대 초 이래 어떤 시기보다도 더욱 중요한 배역을 맡았다. 특히 계급이 높은 조직에서 더 심했다. 구세대 정부관리들은 권력에서 밀려나면서 경험도 적고 문화 정도도 낮으며 파벌 의식이 짙고 경력도 없는 남녀 무리들에게 자리를 양보해 주어야 했다. 이 사람들도 전자보다 얼마 더 젊다고는 말할

---

121 문화대혁명이 가져온 조직 변화에 대한 서술과 평가에 관해서는 Harding, *Organizing China*…, ch.8 and 9 참조.

수 없었다. 새로운 당원을 받아들이는 작업이 다시 시작되었고 홍위병운동에 참
가한 군중들 속에서 열성분자를 대량으로 흡수해야 한다는 점이 강조되었다. 이
외 문화대혁명으로 발생한 희생자와 열성분자 그리고 방관자 사이의 충돌이 아
직 해결되지 않았기에 당정기구는 파벌주의에 심각하게 물들어 있었다.

마오의 '전략적 배치'

1967년 9월, 마오는 문화대혁명을 종결짓기 위해 소위 '위대한 전략적 배치'를
수립하였다. 그는 20개월간 지속된 무질서 상태를 변호하는 동시에("골칫거리 만드
는 것을 두려워하지 말자. 골칫거리는 많으면 많을수록 좋다.") 소동의 목적을 이미 달성했으
며 신속히 끝내야 한다고 인정했다. "차는 빨리 달리면 뒤집어진다. 따라서 신중
함은 반드시 필요하다."[122]라고 마오는 훈계했다.

마오는 중국 29개 성에서 혁명위원회를 설립하는 것이 급선무라는 것을 발
견하였다. 걱정스러운 것은 혁명위원회 설립 속도가 아주 느리다는 것이었다.
1967년 1월부터 7월 말까지 성급에서는 혁명위원회가 6곳밖에 성립되지 않았다.
마오는 "지금 우리는 반드시 혁명의 대연대와 혁명의 '3자 연합'을 발전시키고 공
고하게 해야 한다."라고 지시하였다. 마오는 이 임무가 1968년 1월까지 완성되기
를 바랐다.

마오는 두 가지 지도방침이 다른 혁명위원회의 설립에 유리하다고 생각했다.
우선 마오는 인민해방군이 과연 이 과정을 어떻게 주재할지 보고 싶어 했다. 따
라서 군대의 권위와 충성을 검증하고 과거의 우발적인 실수를 용서하려 하였다.
그는 늦여름에 "군대의 위상은 반드시 굳건히 수호해야 하며 어떠한 의심도 있
어서는 안 된다."라고 말했다. 한번은 아주 관대한 말투로 우한사태를 언급하면
서 "군대가 처음으로 대규모의 좌익과 노동자·농민을 지지하고 군사관제와 군
사훈련을 집행하는 임무를 수행하는 과정에서 착오를 범하였는데 이것은 불가피

122　*CLG*, 2. 1(Spring 1969), 3-12.

한 것이다. 당시의 주요 위험은 일부 사람들이 인민해방군을 타도하려는 것이었다."라고 지적하였다.[123] 마오가 군대의 중요성을 인식했음은 다음해 봄 양청우가 파면된 후 인민해방군이 비판의 표적이 되는 걸 원하지 않은 부분에서 반영되었다.[124]

두 번째 지도방침을 세울 때 마오는 만약 혁명위원회의 군중대표가 지방군 사령관들이 성원한 대중조직에서 나오지 않고 광범위한 대중조직에서 나온다면 혁명위원회 설립을 훨씬 가속화할 수 있을 것이라고 생각했다. 이 관점은 하나의 통지문에서 구체적으로 구현되었다. 이 통지에서는 해방군에 대하여 마땅히 "좌익을 지지하고 파벌을 지지하지 말아야 한다."라고 지적하였다. 마오의 지시에서도 "노동자계급이 양립할 수 없는 두 개의 파벌로 분열해야 할 이유가 없다."라고 지적했다.[125] 1967년 말, 언론계는 파벌주의와 무정부주의에 대해 끊임없이 거센 공격을 가하면서 전국적 단결에 관한 마오의 사상을 선전하였고, 파벌주의와 무정부주의를 소자산계급적 사고방식의 표현이라고 했다.

1967년 여름, 마오가 전국을 순시한 후 혁명위원회는 2단계를 거쳐 설립되기 시작하였다. 1967년 8월부터 1968년 7월까지 18개 성에서 혁명위원회가 설립되었다. 나머지 5개 성, 이를테면 푸젠과 광시처럼 분열이 심한 성과 신장과 티베트 등의 변방 지역 혁명위원회는 7월에 홍위병운동에 대한 최종 탄압이 있은 후 설립되었다. 한마디로 혁명위원회는 일련의 협상을 거쳐 탄생하였다. 협상 과정에서 지방군 지휘관과 베이징의 지도자는 서로 경쟁하는 대중조직을 억지로 단결시키려고 노력했다.

마오가 혁명위원회는 많은 대표들의 관점을 대표해야 한다고 결정했기에 혁명위원회는 보통 100~250명의 사람들로 이루어진 지나치게 방대한 기구가 되었

123　Nelsen, *Chinese military system*…, 83.

124　Philip Bridgham, "Mao's Cultural Revolution: The struggle to consolidate power", *CQ*, 41(January -March 1970), 5.

125　『解放军报』 28 January 1968, in *PR*, 11, 5(2 February 1968), 8-9; Ch'en, *Mao papers*…, 146.

다.[126] 그러나 혁명위원회의 상무위원회는 비교적 효율적인 기구로서 일반적으로 문화대혁명 전의 유사한 당정 영도 조직보다 규모가 훨씬 작았다. 상무위원회의 구성은 시대의 변화에 따라 달랐다. 급진적 시기에는 임명된 군중대표가 많았고 평화 시기에는 상대적으로 적었다. 비록 이 시기에 설립된 혁명위원회는 군중대표가 적당한 수를 차지했지만 (182명의 주임과 부주임 중 61명을 차지했다) 실권은 여전히 군대가 장악하고 있었다. 23명의 주석 중 13명은 부대 사령관이고 5명은 전임 정치위원이며 제1부주석 중 14명은 군대 사령관이고 5명은 정치위원이었다. 나머지 사람들도 모두 당 간부로 군중대표는 한 명도 없었다.[127]

시간이 좀 더 흐른 후 마오는 일단 전국 각 성에서 성정부와 동급으로 혁명위원회를 설립하기 시작하면 그때는 당의 재건을 진행해야 할 것이라고 예언했다. 처음부터 마오는 문화대혁명을 당을 훼멸하는 운동으로 보지 않고 당을 정화하는 운동으로 보았다. 11중전회에서 발포한 '문혁 16조'에서도 말했듯이 문화대혁명의 목적은 당과 군중을 잇는 교량 역할을 하는 것이지 당을 대체하는 배역을 맡는 것이 아니었다. 마찬가지로 홍위병의 목적도 당내의 '자본주의 길을 걷는 일당'을 뒤엎는 것이지 당조직 전체를 전복하는 것은 아니었다. 1967년 초, 마오가 파리코뮌 방식을 중국에 그대로 적용하는 것에 대해 반대한 이유도, 바로 이런 구조에서는 당의 지위가 명확하지 않았기 때문이었다. 이 점은 다음과 같이 다시 언급되었다. "만약 모든 것이 공사로 변하면 당은 어떻게 되는 것인가? 우리는 당을 어떤 지위에 놓아야 하는가? 어떤 경우에도 반드시 당은 존재해야 한다. 우리가 그것을 어떻게 호칭하느냐에 상관없이 반드시 하나의 핵심이 있어야 한다. 공산당이라고 부를 수도 있고 사회민주당이나 국민당 또는 일관도(一貫道)라고 부를 수도 있지만 반드시 당 하나가 있어야 한다."[128] 만약 당이 홍위병과 혁

---

126 Frederick C. Teiwes, *Provincial leadership in China; The Cultural Revolution and its aftermath*, 27, 29.

127 이 수치에 대해서는 Richard Baum, "China: year of the mangoes", *Asian Survey*, 9, 1(January 1969), 1-17 참조.

128 *Miscellany of Mao Tse-tung Thought*, 2, 453-4. 공산당의 역사에서 일관도는 국민당 집권기의 반동적

명위원회에 의해 한쪽으로 소외당했다 해도 그것은 일시적인 현상일 뿐 문화대혁명의 최종 목적은 아니었다.

1967년, 마오는 당 재건을 고려할 시기가 왔다고 인정하면서 "당조직을 반드시 회복하고 당의 각급 대표대회를 개최해야 한다."라고 말했다. 마오는 이 임무를 비교적 빠른 시일 내에 완성할 수 있다고 낙관하고, "내가 보기에는 대략 내년 이맘때면(즉 1968년 9월) 제9차 당대회를 개최할 수 있을 것 같다."라고 하였다.[129] 마오는 당 재건 임무를 장춘차오와 야오원위안 그리고 셰푸즈에게 맡겼다. 이들은 모두 문화대혁명 시기 정법사업을 도맡아 한껏 자기를 내세운 사람들이었다. 10월 10일, 야오는 기초 보고서를 제출했다. 보고서는 당의 재건을 위해 일련의 기본 원칙들을 제시하였다.[130] 야오는 보고서 초안에서 당 재건을 위해 다음과 같이 아주 치밀한 절차를 제시하였다. 우선 당대회를 한 차례 열고 새로운 중앙위원회를 선출하며 아울러 새로운 당장(党章)을 제정해야 했다. 이 당장은 대회에 참가한 대표들이 각 성과 '협상'한 후 중앙에서 최종 결정하며, 당대회가 끝나면 하급 당조직의 재건 사업을 시작해야 했다. 야오의 보고에 따르면 새로운 각급의 당위원회는 3자 연합의 원칙을 구체적으로 구현해야 했는데 위원회마다 모두 노년과 중년, 청년으로 구성되어야 하며 노동자, 농민, 병사 그리고 군중과 군간부와 일반 간부들로 이루어져야 했다.

야오의 보고서를 기반으로 11월 27일 중앙위원회는 '제9차 당대회 개최에 관한 통지'를 하달하고 12월 2일에는 '당의 정돈·회복·재건에 대한 통지'를 발표하였다. 이 문건들은 야오의 보고서 요점에 따르면서 중요한 두 가지를 보충하였다. 첫째, '통지'에 하나의 결정을 추가하였는데 사실 문화대혁명이 시작될 때부터 희미하게 존재했던 사실이었다. 즉, 린이 마오의 후계자라는 것이다. '통지'에서는

비밀조직이었다.

129　*CLG*, 2. 1(Spring 1969), 3-12.

130　야오의 보고서와 뒷 부분에 나오는 두 편의 당의 문건에 관해서는 Lee, *Politics of the Cultural Revolution*…, 296-301.

"당의 제9차 당대회는 린 부주석이 마오 주석의 친밀한 전우이며 후계자라는 것을 대대적으로 홍보하고, 린 부주석의 숭고한 위상을 높이기 위해 반드시 이 점을 제9차 당대회 보고서와 결의에 서면으로 포함시켜야 한다고 많은 동지들이 건의하였다."라고 선포하였다.

둘째, 중앙위원회의 문건은 각급 하부 당조직에 '조직생활'을 다시 시작할 것을 통지하였다. 각급 당조직을 정돈하기 위해 각 성의 혁명위원회 내부에 이른바 '당조(Party core group)'로 불리는 임시 당 지부를 설립하였다. 당 지부들의 임무는 당조직을 정화하고 이미 수정주의자로 변절한 당원을 제명하며 문화대혁명에서 활약한 열성분자를 '젊은 피'로서 흡수하는 것이었다.

12중전회

비록 1967년 가을부터 당 재건 사업을 시작하려고 예상했지만 1968년 9월 마지막 한 차례의 성, 시, 자치구 혁명위원회가 설립되고 나서야 비로소 재건사업은 진정한 의미의 시작을 할 수 있었다. 그러나 이 중요한 임무가 완수되자 잔존해 있던 중앙 지도자들은 제8기 12중전회를 신속히 소집하기 시작하였으며, 회의는 10월 13일부터 31일까지 베이징에서 개최되었다.

1966년 8월에 개막된 11중전회와 마찬가지로 12중전회도 당 중앙위원회의 특별회의였다. 중앙위원회 정식 위원 중 54명만이 회의에 출석하여 겨우 이 기구의 법정 정족수를 충족시킬 수 있었다.[131] 게다가 11중전회와 마찬가지로 12중전회도 비중앙위원들로 가득 찼다. 그러나 1966년의 특별 참관인은 홍위병운동에 참가한 '혁명적 교사와 학생'이었고 1968년에 특별 초대된 대표는 중앙문화혁명소조의 구성원이나 각 성 혁명위원회의 대표 혹은 '중국인민해방군 주요 책임자',

---

131 12중전회 참여자에 관해서는 다음 자료 참조. 胡耀邦, "理论工作务虚会引言",『三中全会以来 - 重要文献选编』2. 55; Deng Xiaoping, "Remarks on successive drafts of the 'Resolution on certain questions in the history of our Party since the founding of the People's Republic of China'", in *Selected works of Deng Xiaoping (1975-1982)*, 290.

즉 관리들이었다. 환언하면 이 사람들은 모두 문화대혁명의 생존자이자 수혜자였다.[132]

급진파들은 야심에 가득 차서 이 회의에 출석하였다. 그들은 대회를 통해 2년 전에 발생한 사건에 대한 지지를 획득하고, 아울러 최고층 당기구에 대한 숙청을 이루려고 하였다. 두 번째 목표보다 첫 번째 목표에서 그들은 보다 큰 성공을 거두었다. 이번 전체회의에서 발표한 최후 성명은 문화대혁명이 이룩한 성과를 찬양하고, "프롤레타리아 독재정치하에서 혁명은 지속되어야 한다."라는 마오의 이론을 찬미하였으며, 이번 운동에서 마오가 내린 많은 '중요 지시'와 린의 '많은 연설'들에 대해 완전히 정확하다고 확신하면서 "중앙문화혁명소조는 마오의 프롤레타리아 혁명노선을 관철, 집행하는 투쟁에서 중요한 작용을 했다."라고 호소하였다. 회의는 문화대혁명에 대한 마오의 평가를 옹호하고, 문화대혁명이 "프롤레타리아 독재정치를 공고히 하고 자본주의로의 복벽을 방지하고 사회주의를 건설하는 데 있어서 절대적으로 필요했으며, 대단히 시기적절하였다."라고 지적하였다. 회의는 "기세가 드높은 프롤레타리아 문화대혁명은 이미 위대하고 결정적인 승리를 이룩하였다."라고 선포하였다. 이번 중전회는 미래에 대한 넓은 안목으로 새로운 당헌 초안을 채택하고 앞으로 '적당한 시기'에 제9차 당대회를 개최한다고 선포하였다.[133]

이번 중전회에서 선포한 가장 중요한 결의는 류사오치를 당 내외 모든 직무에서 해임시키고 '영원히' 당에서 제명시킨 것이다. 이 중전회에서는 선동적인 언사로 류를 모독하였다. 류는 문화대혁명 기간 중 정식으로 공포된 문건에서는 처음으로 지명되어 비판받았다. 그는 '당내에 숨어 있는 반역자, 내부 첩자, 배신자'이고 '죄악이 산더미 같은 제국주의, 현대 수정주의, 국민당 반동파의 앞잡이'라

132　12중전회의 공식 성명은 *PR*, 11.44 (1 November 1968), supplement, v-viii 참조.

133　당장의 초안에 대한 자료는 Union Research Institute, *Documents of the Chinese Communist Party Central Committee, September 1956-April 1969*, 235-42 참조.

고 정의되었다. 그러나 중전회가 끝난 후 배부된 증명자료는 (적어도 서방에서 볼 수 있는 자료) 주로 초기 혁명시기인 1925년, 1927년, 1939년도의 활동만 언급하고 중화인민공화국 창립 이후는 거의 언급하지 않았다.[134] 이것은 1949년 이후 활동을 어떻게 기술할 것인가에 대해 전체회의에서 통일된 의견을 내놓을 수 없었음을 보여 준다.

중앙위원회의 소조토론회에서 중앙문화혁명소조와 린뱌오는 1967년 2월 역류에 대해 거센 공격을 가했다. 이상하게도 중전회의 폐막식에서 마오가 한 연설을 들어보면 이 부분에 대해 전보다 유화적인 태도를 보이고 있다는 것을 알 수 있다. 화이런당에서 열린 악명 높은 그 회의를 마오는 중앙정치국 구성원들이 자신의 권리를 행사하여 중대한 정치 문제에 관한 본인의 의견을 발표하는 자리였다고 보았다. 그러나 중전회의 성명에서 여전히 2월 역류를 "마오를 통수로 하고 린을 부통수로 하는 프롤레타리아 사령부에 대한 공격이었다."라고 질책하였음에도 불구하고, 마오는 여기에 대해 수수방관하였다.

급진파들은 그 노력에도 불구하고 전해에 탄전린이 숙청된 외에 2월 역류에 열성적으로 참여한 그 누구도 중앙위원회에서 밀어낼 수 없었다. 리푸춘, 리셴녠, 천이, 예젠잉, 쉬샹첸과 녜룽전은 모두 중앙위원회에 남았다. 가장 중요한 것은 중앙문화혁명소조가 덩샤오핑을 중앙위원회에서 쫓아내고 심지어 류사오치와 함께 영원히 당에서 제명하려고 하였다는 것이다. 이 건의는 마오가 직접 개입한 후에 부결되었다.[135]

12중전회는 이 몇 가지 외에 거의 아무런 중대한 책략도 결정하지 못했다. 이 회의에서 앞으로 노동자선전대의 지도하에서 '교육혁명'을 진행할 것이라고 모호하게 밝혔지만 어떤 특별한 방안을 취할지는 언급하지 않았다. 또 문화대혁명을

---

134 류사오치를 고발한 글은 "Report on the examination of the crimes of the renegade, traitor, and scab Liu Shao-ch'i", in URI, *Documents of the Central Committee*, 243-50 참조.

135 12중전회 중 이 방면에 대한 상황은 孙敦璠,『历史讲义』, 2, 274 참조. 녜룽전의 회고에 대해서는『新华日报』23 October 1984 , in *FBIS Daily Report: China*, 7 November 1984, K20-1.

'사회주의 건설을 촉진시키고 있으며 또 앞으로 계속 촉진시킬 새로운 비약'이라고 표현했지만 새로운 경제계획은 선포하지 않았다. 문화대혁명은 어쩌면 마오가 1960년대 초에 지적한 '수정주의적'인 경제와 사회정책을 부정하기 위한 운동이었을지도 모른다. 그러나 12중전회에서는 그것들을 대체할 만한 어떠한 새로운 정책도 확정짓지 못했다.

제9차 당대회

1969년 4월 소집된 제9차 당대회는 많은 유사한 경향을 반영하였다. 린은 대회에서 발표한 정치 보고에서 문화대혁명이 '마르크스−레닌주의의 이론과 실천을 입증하는 위대하고 새로운 공헌'임을 증명하려 하였다.[136] 린은 군대와 중앙문화혁명소조가 1966년부터 이룩한 성과에 대해 찬양했다. 그는 살아남은 정부 고급 관리들을 지명하지는 않았지만 또 다시 2월 역류가 문화대혁명에 대한 '미친 듯한 반격'이며 '부르주아 반동노선을 위해 기존의 판결을 뒤집으려는 데' 그 목적이 있었다고 비판했다.

국내정책에 관한 린의 정치보고는 12중전회의 성명과 마찬가지로 실질적으로 아무런 특별한 내용이 없었다. 보고서는 경제 상황에 대해 좋은 일뿐이라고 적었다. "농업생산은 해마다 풍작을 거두고 있고, 공업생산은 온통 번영하는 국면이 출현하였으며, 시장이 발전하고, 물가가 안정되었다…. 프롤레타리아 문화대혁명의 위대한 승리는 필시 경제전선으로 하여금 비약적으로 발전하도록 촉진할 것이다."라고 단정지었다. 보고서는 또 '문화, 예술, 교육, 미디어, 보선 부문 등'에서의 정권회수는 '지식인'과 '자본주의의 길을 걷는 당권파'들의 이 부문들에 대

---

136 린뱌오의 보고서는 *PR*, 12. 18(30 April 1969), 16-35. 이 보고서의 초안에 대하여 다른 견해가 있다. 저우언라이는 1973년 제10차 당대회 보고서에서 린뱌오와 천보다가 작성한 초안이 '중앙위원회에 의하여 부결되었다.'라고 말했다. *The Tenth National Congress of the Communist Party of China(Documents)*, 5 참조. 최근에 후야오방은 '이 문건은 캉성과 장춘차오가 초안을 작성했다.'라고 말했다. 胡耀邦, '理論工作務虛會引言…', 57.

한 지배를 종결짓게 될 것이라고 선고했지만, 앞으로 어떤 새로운 정책이 공포될지에 대한 설명은 없었다. 보고서는 또 상당한 지면을 할애하여 당내에서 일부 구세대 당원들을 제명하고 한 무리의 새로운 당원을 흡수해야 한다고 언급했다. 그러나 이 보고서는 곧 시작될 과정에 대해서는 아무런 새로운 단서도 제공하지 않았다.

따라서 중국 정치 재건에 대하여 제9차 당대회가 공헌한 부분은 새로운 당장과 당 중앙 지도부를 결정한 데에 있다. 1956년에 거행된 지난번 제8차 당대회의 당장과 비교하면 새로운 당장은 마오쩌둥 사상의 지도적 역할과 계급투쟁을 지속적으로 진행해야 하는 중요성에 대해 강조하였다. 이 두 가지 논조는 예전의 문건에서는 언급한 적이 없었다.[137] 그 외에 새로운 당장에서는 입당의 기회를 출신계급이 좋은 사람에게만 주었다. 1956년의 당장에서는 '노동이나 타인을 착취하지 않는 노동에 참여하고 당원의 의무를 지는 모든 사람들'에게 입당의 기회를 주었다. 그러나 1968년의 당장은 원칙적으로 당원의 근원을 노동자, 빈농과 군인 가정 출신에게 한정시켰다.

새로운 당장의 가장 중요한 특징은 간략하고 정확성이 결여되었다는 점이다. 새로운 당장은 12개 조항밖에 없었으며 분량도 1956년도 당장의 5분의 1밖에 안 되었다. 새로운 당장에는 당원의 권리에 대한 언급이 하나도 없었다. 앞선 당장들의 중요한 특징인 각급 당위원회의 구조와 권력, 당원에 대한 처벌 절차 및 당과 국가 사이의 관계에 대해서도 상세하게 명시되지 않았다. 당의 조직구조에서 폐지된 것으로는 중국공산당 당조직을 영도하는 서기처, 당의 일상 업무를 감독하는 총서기 사무실과 당내 규율을 책임지는 감찰위원회 소속 조직 등이 있었다. 따라서 제9차 당대회에서 비롯된 당의 조직구조는 문화대혁명 이전의 조직구조에 비해 필연적으로 더 취약하고 더 제도화되지 못했으며 결과적으로 더 쉽게 최

---

137 1969년 당장은 *PR*, 12. 18(30 April 1969), 36-9 참조. 1956년 당장은 URI, *Document of tie Central Commitee*, 1-30 참조.

고층 지도자의 조종을 받을 수 있게 되었다.

제9차 당대회는 문화대혁명 이후의 중국뿐만 아니라, 마오 이후의 시대를 위해 새로운 중앙 지도부를 선출하였다. 린은 유일한 부주석으로, '마오쩌둥 동지의 친밀한 전우이며 후계자'로 정식으로 당장에 기재되면서 자신의 지위를 확고히 하였다. 전기 중앙위원회 167명의 위원 중 제9차 당대회에서 재차 중앙위원으로 당선된 사람은 겨우 54명에 불과하였다. 혁명위원회 위원으로 임명되지 못한 많은 성과 구의 당 지도자와 일부 중요한 경제 전문가들, 이를테면 줄곧 국무원에서 일했던 보이보, 야오이린(姚依林)은 이때 모두 당의 엘리트그룹에서 배제되었다. 급진파가 일으킨 장시간에 걸친 운동이 지나간 뒤 2월 역류와 관련된 대부분의 구세대 문관들과 군관들은 비록 아직 중앙위원회 위원의 자격을 보유하고 있었지만 중앙정치국의 직위는 모두 상실하였다. 제9차 당대회의 가장 큰 피해자는 덩샤오핑이다. 그는 중앙위원회에서 축출되었다. 그러나 당대회 정식 문건에서 그를 지명하여 비판하지는 않았다.

분명한 것은 대회에 참가한 대표와 대회에서 선출된 중앙위원회가 중국 정치체제에 대한 문화대혁명의 영향을 증명하였다는 것이다. 첫째, 그들은 군대의 우월한 지위를 대변해 주었다. 대회의 기록영상을 분석한 결과 1500명의 대표 중 약 3분의 2가 군복을 입고 있었다. 1956년 제8차 당대회에서 선출한 중앙위원 중 인민해방군 대표가 19%를 차지한 데 비해 이번 중앙위원 중 인민해방군 대표는 45%를 차지했다.[138] 군대의 부상은 문관들과 군중대표들의 희생으로 이루어졌다. 전자는 문화대혁명의 주요 대상이었고 후자는 줄곧 문화대혁명의 주요 수혜자로 여겨졌다. 당 중앙의 새 기구에는 군중대표가 가장 적었다. 실제로 19%의 중앙위원만이 "군중 속에서 나왔다." 그러나 그들은 주로 나이 든 노동자나

---

138 제9기 중앙위원회의 신분 및 전 기 중앙위원회 신분에 대한 비교분석은 Gordon A. Bennett, *China's Eighth, Ninth, and Tenth Congress, Constitutions, and Central Committees: An institutional overview and comparison*; Robert A, Scalapino, "The transition in Chinese Party leadership: A Comparison of the Eighth and Ninth Central Committees", in Scalapino, *Elites…*, 67-148.

농민이었지 문화대혁명이 배출한 젊은 군중 열성분자는 아니었다. 인민해방군의 대표가 많아진 것은 문관 대표가 적어졌다는 것 또한 의미한다. 특히 국무원 관원 출신인 자는 중앙위원의 약 3분의 1로 줄었다. 모든 사람이 다 알고 있는 바와 같이 인민해방군과 정부 지도자들이 받은 교육 정도는 모두 다르며 그들이 걸어온 인생행로 역시 같지 않다. 중앙위원회 구조상의 이런 변화는 교육을 받을 수 있는 기회의 축소와 해외 경험 부족 등의 문제와 관련이 있었다.

둘째, 첫째와 마찬가지로 중요한 것은 이번 당대회가 문화대혁명으로 인해 야기된 권력의 분산을 증명한다는 것이다. 1956년 약 38%에 이르는 중앙위원이 성급 간부였고 나머지는 모두 중앙의 당·정·군 여러 부서에서 직무를 맡고 있었다. 그러나 1969년에는 3분의 2에 달하는 중앙위원이 지방대표였다. 그러나 이러한 경향은 중앙정치국의 경우에 별로 뚜렷하지 않았다. 문화대혁명 이전 정치국 위원 가운데 성과 구의 대표라 할 수 있는 사람은 겨우 세 사람뿐이었다. 주지하다시피 제9차 당대회에서 정치국 위원에 선출된 지방대표는 두 사람(지덩쿠이와 리쉐펑)이었고 지방 군구 사령관은 세 사람이었다[천시롄(陈锡联), 쉬스유(许世友), 리더성(李德生)].

셋째, 제9기 중앙위원회에서는 젊지는 않았지만 경력이 상대적으로 적은 지도자들에게 권력이 돌아갔다. 실제로 제9차 당대회의 특징을 언급할 때 사람들은 선출된 중앙위원회가 "나이는 적지 않은데 경험은 부족하다."라고 말한다. 정식 중앙위원 170명 가운데 136명은 문화대혁명 이전에 중앙위원을 맡아 본 적이 없었다. (후보위원을 포함한 전체 279명의 위원 중에서는 225명에 달했다.) 제9기 중앙위원회의 평균 연령은 대략 60세로 이전의 중앙위원회보다 조금 젊었지만 실제 1956년 선출 당시의 제8기 중앙위원회 위원들보다는 더 많았다. 그뿐만 아니라 지방 군대 지도자와 제2진 지방관원, 그리고 군중대표가 중앙위원회에 충분히 들어온 결과 제9기 중앙위원회 위원들의 계급은 전보다 낮아졌다.

최종 발전 결과로 놓고 보면, 제9기 중앙위원회에서 정식으로 승인된 정치국은 우리에게 베이징의 최고 권력이 계속 분산될 것임을 보여 준다. 마오와 린 외에 25명의 정치국 위원과 후보위원 가운데 린과 관계가 밀접한 중앙 군대 간부가 5명, 중앙문화혁명소조와 관련된 사람이 6명, 린과 별로 관계가 없는 대군구와 성군구 사령관 3명, 문화대혁명기간 중 공격을 받은 고급 문관 2명, 린의 해방군 원수 지위를 제약하기 위한 방패용으로 1명, 전성기가 막 지난 베테랑 당 간부 3명이 있었다. 정치국 위원들의 신분은 문화대혁명 중 피해자와 생존자 그리고 수혜자 사이, 군대와 운동 기간에 정권을 잡은 문관 열성분자 사이, 린과 중앙 군대 지도층에 있는 그의 라이벌 사이, 그리고 중앙군사기구와 각 군구사령관 사이의 분열을 반영하였다.

요컨대, 비록 홍위병운동과 폭동을 성공적으로 제압하고 중국 정치체제 재건을 위한 초보적인 노력을 시작하였지만 제9차 당대회는 이 나라에 예측할 수 없는 정치적 상황을 가져왔다. 문화대혁명 이후 정책 윤곽이 확정되지 못하고, 서로 다른 이익을 대표하는 집단 사이에서 권력은 분할되고 있었으며, 당과 국가의 구조가 불분명하고 제도화되지 못했다. 린이 명목상으로는 마오의 후계자였지만 그의 권력기반은 극히 취약하였다. 그 후 2년 동안 린은 정부기구에 대한 군의 지배를 영구화하고, 폭넓은 환영을 받을 것이라고 여겨지는 하나의 정치 강령을 제출하였다. 그는 이로써 그의 권력기반을 다지려고 하였지만 이런 노력들은 결과적으로 그의 정치적 파산을 초래하였으며 명예도 지위도 잃고 철저히 실패하는 결말을 보게 하였다.

결론

어떻게 하면 공정하게 위대한 프롤레타리아 문화대혁명 제1단계의 발생원인과 발전과정, 그 후과와 영향을 평가할 것인가? 사건들이 아주 복잡하며 홍위병 관련 출판물이 제공하는 자료들도 정확하지 않고 또한 20년 전에 발생한 사건에

대해 역사적 입장에서 총 정리한(이 책같은) 자료가 부족하여 몹시 혼란스러웠으며
이 작업은 다른 때와 다르게 어려움이 많았다.

제9차 당대회 이후 문화대혁명에 대한 중국과 서방의 평가는 극단으로 나아가기 일쑤였고 또한 끊임없이 바뀌었기에 이 분석 작업은 이 평가들과 뒤얽혀서 분리하기 어려웠다. 1960년대 후반부터 1970년대 초반까지 중국은 홍위병운동을 창조적이고 효과적인 운동으로 묘사하였으며 마오의 말을 빌리면 '공개적, 전면적으로 아래에서 위까지 광범위한 대중을 동원하여 우리의 어두운 면을 적발하는 운동'이라고 보았다. 그 시대의 공식적인 해석은 문화대혁명이 중국의 노동자계급으로 하여금 "수정주의를 박살내고 부르주아계급에 의해 찬탈된 권리를 빼앗아 오게 하였으며 그리하여 우리 나라가 지속적으로 사회주의 길을 향해 큰 발걸음으로 전진할 수 있게 하였다."라는 것이다.[139] 1977년까지 심지어 '4인방'이 숙청된 후에도 중국 지도자들은 열렬한 언어로 문화대혁명을 계속 묘사하였다. 제11차 당대회에서 화궈펑은 "우리 나라의 이번 프롤레타리아 문화대혁명은 프롤레타리아 독재정권 역사상 전례 없는 위대한 시도로 반드시 역사서에 기록될 것임은 의심할 나위가 없으며 역사의 발전에 따라갈수록 더욱 찬란한 빛을 발할 것이다."라고 말했다. 실제로 화궈펑은 당 내 부르주아계급 및 자본주의 영향과 투쟁하는 방식으로 '앞으로 계속 여러 차례' 문화대혁명을 진행해야 한다고 단언했다.[140]

그러나 2년 이내에 중국의 공식적 노선에는 철저한 변화가 발생하였다. 1979년 예젠잉은 문화대혁명을 '우리 나라 국민이 당한 한 차례의 대재난'이라고 서술하였다. 최근에 유행하는 해석은, 중국은 한번도 자본주의로 회귀할 위험이 없었으며, 1966년의 중국 정세에 대한 마오의 판단은 현실과 완전히 정반대 방향이었고, 문화대혁명 후반에 제출한 강령은 실제와 부합되지 않고 공상적이었으며,

---

139 이런 서언들은 린이 제9차 당대회에서 한 연설에서 발췌한 것이다. *PR*, 12. 18(30 April 1969), 21.

140 *The Eleventh National of Congress of the Communit Party of China(Documents)*, 51-2.

천진난만하고 쉽게 영향을 받는 청년들인 홍위병들이 '야심가, 모험가, 기회주의
자, 정치 타락자와 사회 쓰레기'들에게 현혹당했다는 것이다.[141] 1981년에 통과한
당의 역사적인 정식 결의에서는 문화대혁명이 "당과 국가 국민들로 하여금 건국
이래 가장 심각한 좌절과 손실을 입게 하였다."라고 규탄하였다.[142]

　서방 국가도 중국과 마찬가지로 문화대혁명에 대해 새롭게 평가하기 시작하였
다. 1970년대에 많은 미국인들은 문화대혁명을 마오의 희망에 대한 훌륭한 사례
로 묘사하였다. 마오의 희망은 공산사회와 평등주의, 포퓰리즘의 가치 및 "관료
주의와 현대화가 반드시 생활수준의 향상을 가져오는 것이 아니다."라는 자신의
신념을 경제발전 과정에서 수호하는 것이었다. 이 운동의 시작은 마오의 사회에
대한 '숭고한 이상', 즉 "지배와 복종에 관한 구분은 앞으로 점점 희미해지고 지
도하는 자와 지도받는 자의 차이도 점점 없어질 것이며…, 지도 받는 자들이 더
욱 직접적으로 정책결정 과정에 참여하게 될 것이다."라는 생각에서 비롯되었
다. 문화대혁명은 사회경제적 강령을 제정하려 했으며 중국이 '관료주의와 국가
주의의 구렁텅이에서 굳어가는 것'을 방지하려고 했던 것으로 믿어졌다.[143]

　문화대혁명에 대한 중국인들의 비난이 거세짐에 따라 서방의 정치평론가들도
같은 태도를 보이게 되었다. 그들은 마오의 '열광'을 히틀러와 스탈린의 것과 비
교하면서 문화대혁명을 종교재판이며 대학살이라고 비유했다. 이때는 이 운동이
과거의 고상한 이상이 아니라 1960년대 중반 중국의 사회정치 문제에 대한 잘못
된 인식에서 비롯되었다고 보았다. 1966년부터 1976년에 이르는 10년간은 '혼란
과 파괴'의 시기로서 "오랜 역사를 가진 이 나라에 가장 해로운 전제주의 정권이
나타나게 했고 지식인을 박해하고 학교를 없앴으며 중국의 경제를 붕괴시키고

141　*Beijing Review* 1979년 10월 5일, 15, 18, 19.

142　"Resolution on certain questions in the history of our party since the founding of the People's Republic of China," *FBIS Daily Report: China*, 1 July 1981, K14.

143　Harry Harding, "Reappraising the Cultural Revolution", *The Wilson Quarterly*, 4. 4(Autumn 1980), 132-41.

중국의 현대화를 적어도 10년은 늦어지게 했다."라고 서술되었다.[144]

문화대혁명에 대한 해석이 이렇듯 급격한 변화를 보인 점은 1960년대 후반에 발생한 이 사태를 과연 정확하고 공정하게 서술할 수 있을지에 대해 의문을 품게 하였다. 그러나 현재까지 문화대혁명에 관련하여 알려진 것들은 운동의 기원과 후과에 대하여 다음과 같은 분석을 가능하게 한다.

기원

문화대혁명의 가장 큰 책임은 공정하게 말해 1960년대 초중반에 중국 사회가 직면한 문제에 대한 마오의 판단에 있었다. 의심할 바 없이 마오가 지적한 많은 부분은 확실히 현실 생활 속에 뿌리내리고 있었다. 지방 당조직, 특히 농촌 당조직은 아주 부패하고 비효율적이었으며 국가와 당의 고위급 행정기구는 인원이 지나치게 많고 업무가 서툴렀으며 관료들은 일상적인 업무에 빠져 있었다. 대약진 이후 채택한 사회정책과 경제정책으로 인해 비록 공업과 농업생산이 부활하였지만, 이것은 숙련공과 비숙련공 사이, 비옥한 토지를 소유한 공사와 자연으로부터 그런 후한 선물을 받지 못한 공사 사이, 총명한 학생과 평범한 학생 사이, 그리고 도시 주민과 농촌 주민들 사이의 심각한 불평등을 대가로 한 것이었다.

그러나 마오는 극단적인 방법으로 이 문제들을 부각시켰다. 그는 관료주의와 불평등의 출현을 다음과 같은 현상으로 해석하였다. 즉 중국은 지금 수정주의의 노선을 걷고 있는데 그 근원은 당의 최고지도층에 '자본가'와 '부르주아적 요소'들이 숨어 있기 때문이라는 것이다. 이런 방법을 통해 마오가 중국의 계급투쟁과 평생의 숙원을 가지고 하나의 결론을 도출하는 것은 어쩌면 당연한 것이었다. 마오는 일생 중 처음 3분의 2에 해당하는 시간 동안 중국 국민의 적이라고 생각되는 사람들에 대항하는 혁명에 종사하였다. 1950년대 중반 짧은 시기 동안 농업

---

144 Harry Harding, "From China, with disdain: New trends in the study of China", *Asian Survey*, 22. 10(October 1982), 934-58.

집단화와 공업국유화가 뜻밖의 성과를 거두자 마오는 중국의 계급투쟁은 대체로 끝났다고 잠시 생각했다. 그러나 그가 장기적으로 이러한 결론을 고집하기에는 무리가 있었다. 1957년 하반기 반우파운동에 이르러 마오는 사회주의 단계에서도 사회주의 이전 단계와 마찬가지로 적대적 계급 사이에 투쟁은 지속되며 또 주요한 정치 모순으로 변질된다는 관점을 새로 제기했다. 1959년 루산(廬山)에서의 제8기 8중전회가 아니라도, 1962년 1월 10중전회에서 마오는 계급투쟁의 초점이 당 지도자 내부에 있다고 결론을 내렸을 것이다.

따라서 현대 중국의 지도자들과 지식인들이 마오의 다음과 같은 관점을 비판하는 것이 도리가 아주 없는 것은 아니다. 마오는 습관적으로 중국의 사회문제를 계급적 차원에서 분석하였으며 당 내의 의견차이를 계급투쟁의 산물로 보는 경향이 있었다. 어떤 중국 역사학자는 "마오는 사회에 존재하는 불평등과 폐단이 계급투쟁을 잘 틀어잡지 못했다는 것을 상징한다고 생각했다."라고 간결하게 말했다.[145]

마오 역시 1950년대 후반부터 1960년대 초반까지 구소련의 발전 영향을 깊이 받았다. 모스크바는 중국의 외교정책을 조종하고 중국 경제를 지배하려고 시도했지만 소련 내부에서는 불평등이 심화되고 역량이 쇠퇴하는 조짐이 보였다. 이런 상황에 직면하여 마오는 소련 외교정책과 국내정책 가운데 두드러진 대국 쇼비니즘과 수정주의가 소련공산당 지도계층의 변질을 분명히 나타내는 것이라고 추측하였다. 일단 이런 결론을 도출하자 마오는 중국에도 당연히 비슷한 후퇴 위험이 존재할 것이라고 추론하였다.

마오는 소련에 대한 분석에서 스탈린에서 흐루쇼프에 이르는 정치적 승계의 후과를 아주 강조하였다. 비록 마오는 스탈린의 단점에 대해서도 주저 없이 비난하였지만 총체적으로 놓고 볼 때 그는 여전히 스탈린이 위대한 마르크스주의 혁

---

145 邵华泽, "关于‘文化大革命’的几个问题", in 全国党史资料工作会议和纪念中国共产党60周年学术讨论会秘书处 ed., 『党史会议报告集』. 252.

명가라고 믿었다. 흐루쇼프에 대해 마오는 정반대의 의견을 갖고 있었다. 구소련의 제20차 당대회 이후 마오는 점점 스탈린의 후계자가 수정주의자이며 그의 집권이 10월 혁명 탄생지로 하여금 자본주의로 회귀하게 만들 것이라고 믿었다. 1960년대 중반 마오가 이미 고희에 이르렀음을 고려했을 때 소련이 준 이 교훈은 심각한 것이었다. 1966년 6월 그는 호찌민(胡志明)에게 "우리는 모두 70세가 넘은 사람들이오. 언젠가는 마르크스를 따라가겠지. 후계자가 누가(베른슈타인, 카우츠키 또는 흐루쇼프) 될지 우리는 알 수가 없소. 준비해야 하오. 아직 늦지 않았소."라고 말했다.[146]

후계자를 선택하는 과정에서 나타난 수정주의에 대처하는 마오의 전략을 알면 문화대혁명의 발생원인과 그 후과를 이해할 수 있다. 마오는 중국의 대학생과 중학생들에게 우선 자기의 캠퍼스에서, 나중에는 좀 높은 당의 관료기구에서 중국의 자본주의 성향을 비판하라고 호소하였다. 그러나 1960년대 중반 마오는 중국 청년들에 대해 상당히 회의적인 태도를 보이며 자가당착에 빠졌다. 1965년 그는 에드가 스노(Edgar Snow)에게 중국의 젊은이들은 혁명을 몸소 체험하지 못하였기 때문에 "제국주의와 화해하고 장제스(蔣介石) 집단의 잔여분자들이 대륙으로 돌아오게 할 수도 있으며 국내에 여전히 남아 있는 극소수 반혁명분자의 편에 설 수도 있다."라고 말했다.[147] 마오는 아주 자신감에 차 보였다. 그러나 이후의 사실 전개가 증명했듯이 이것은 전혀 근거가 없었다. 젊은이들에 의하면 문화대혁명은 자신들의 수련에 도움이 되었고 또 공산당 숙청에도 도움이 되었다. 이런 의미에서 보면 문화대혁명은 한 세대의 중국인들에게 혁명경력을 제공했으며, 동시에 원로 공산당원 간부의 혁명적 신념을 검증하는 방법을 제공하였다.

이 전략은 적어도 두 가지 면에서 마오주의자의 특성을 보여 주었다. 첫째, 이것은 마오의 사상 속에 오랫동안 존재한 포퓰리즘적 요소를 반영하였다. 그는 설

---

146   邵华泽, "关于'文化大革命'的几个问题…", 356.
147   마오의 말은 Edgar Snow, *The Long revolution*, 221-2.

사 선봉 역할을 하는 당이라도 자신의 영도하에 있는 국민들의 비판을 통하여 정풍과 개조를 할 필요가 있으며, 중국의 대중은 국가의 최고사무에까지도 참여해야 한다고 믿었다. 1967년 가을, 마오는 문화대혁명의 후과를 평가하면서 이러한 포퓰리즘적 이상이 얼마나 실현되었는가에 대해 다음과 같이 강조하였다. "대중이 충분히 동원되었다는 점은 이 운동의 중요한 장점이다. 예전의 어떠한 대중운동도 이번 운동처럼 이렇게 광범위하고 심도 있게 대중들을 동원시키지는 못하였다."[148]

둘째, 마오의 문화대혁명 전략은 사회주의에 대한 믿음이 부족한 사람들의 견해를 근거로 당 지도자들이 가진 반사회주의적인 태도나 사상을 적발하려는 경향도 반영하였다. 마오는 일부러 사회주의에 대한 확고한 신앙이 부족한 사람들로부터 당에 대한 비판을 찾으려 하였는데 이 부분도 선례가 없는 건 아니었다. 1950년대 중반, 백화제방운동 당시 그는 지식인들에게 이런 수법을 썼다. 1960년대 초반 사회주의 교육운동을 전개할 때 그는 농민을 동원하여 농촌 당조직을 숙청했다. 이와 동시에 그는 심지어 비교적 빈곤한 농민들 사이에도 자발적인 자본주의 경향이 존재한다고 인정했다. 한편 이제 1960년대 중반에 이르자 그는 100만에 달하는 학생들을(호조건에서는 천진하고 미숙한 청소년이고, 악조건에서는 마오 본인의 말에 따르면 '이 혁명을 부정하려고' 준비된 사람들이다) 동원하여 당내의 수정주의를 공격하였다.[149]

이 전략은 비록 마오의 특징이지만 공산당의 입장에서 보면 정통성이 극히 결여되어 있었다. 프레더릭 트위스가 지적한 바와 같이, 학생들을 동원하여 '사본주의의 길을 걷는 당권파'를 비난하는 것은 적어도 세 측면에서 당의 중요한 전통에 어긋났다. 당의 지도자들이 정책 문제에 대해 다른 관점을 가지고 있다고 해서 징벌을 받아서는 안 되며 설사 그들의 의견이 소수일지라도 그들이 자기

148　Stuart R. Schram, *The political thought of Mao Tse-tung*, rev. ed. 370.
149　Snow, *The Long revolution*, 223.

의 의견을 견지할 수 있도록 허용해야 한다는 것과 당의 정풍운동의 결과는 결코 '무자비한 타격'이 아니라 따뜻한 독려가 되어야 한다는 것, 그리고 만약 대중을 정풍운동에 참여하게 하려면 마땅히 정식 당기구나 특별한 공작조의 정확한 지도를 받게 해야 한다는 것이다.[150] 또한 비정상적인 절차로 발동한 문화대혁명은 대다수 당 중앙 지도자들이 반대했다. 마오는 당의 네 번째 원칙, 즉 당의 집단영도 및 다수에 의한 통치 원칙도 위반한 것이다.

오직 중국의 공산주의 운동에서만 마오와 같이 유일한 지고무상의 권위를 가진 지도자가 나올 수 있으며 모든 준칙들을 모두 완벽하게 허물어 버릴 수 있었다. 따라서 조금도 과장하지 않고 우리는 수천만의 중국인들에게 영향을 준 문화대혁명의 주요 책임이 한 사람에게 있다고 결론을 내릴 수 있다. 마오쩌둥이 없었다면 문화대혁명도 없었을 것이다.

그러나 마오를 문화대혁명의 필요조건이라고 할 수는 있지만, 충분조건이라고 할 수는 없다. 우선 익히 알려진 마오 개인의 정통성은 둘째 치더라도 그는 또 하나의 결정적인 정치자본을 가지고 있었다. 그는 상당히 단단한 대중적 기반을 갖고 있었다. 그의 지지층에는 진심으로 옹호하는 사람과 기회주의자도 있고 열성분자와 묵인하는 사람도 있었다. 어떤 사람들은 마오에 대한 충성심 때문에 문화대혁명에 참가하였다. 왜냐하면 마오가 제국주의와 군벌주의로부터 중국을 해방시켰기 때문이다. 나머지 사람들이 문화대혁명에 참여한 이유는 1980년대 많은 사람들이 개혁개방을 지지한 이유와 마찬가지로 구소련의 발전모델이 중국을 경직되고 불평등한 독재주의 길로 나아가게 할까 우려했기 때문이었다. 또 어떤 사람들은 개별적인 간부들에 대하여 불만이 많아서 홍위병과 혁명적 반란파가 되었다. 홍위병을 지냈던 어떤 사람의 말처럼 중국인들은 문화대혁명을 이용하여 "상사의 작은 모욕에서부터 중대한 정책 남용에 이르기까지 모든 것에 대해 앙갚

---

150 Frederick C. Teiwes, *Leadership, legitimacy, and conflict in China: From a charismatic Mao to the politics of succession*, ch.3.

음을 했다.”[151]

시간이 흐름에 따라 이런 대중 기반은 점점 와해되기 시작하였다. 그것은 문화대혁명에 참가한 많은 사람들이 혁명이 일으킨 폭력과 무질서 상태에 대해 분명한 인식을 가지고 깨어나기 시작했기 때문이다. 그러나 1966년 하반기부터 1967년 초까지 마오는 군중을 동원할 충분한 능력을 가지고 있었으며 중국공산당의 기초를 근본적으로 흔들었다. 이런 결과에 대해서는 중국 국민도 스스로 반드시 일정한 책임을 져야 한다.

마오는 중국 지도층 내부의 정치적 지지에도 의존했다. 우리가 이 장에서 반복적으로 강조했지만 마오의 자본은 베이징과 상하이의 야심만만한 정치이론가와 조직관계자들을 포함하고 있었다. 그들은 중국의 수정주의 위기에 대한 마오의 상당히 미흡한 이론을 더 계통적으로 발전시켰으며, 대중매체를 조종하여 마오의 개인 매력을 부각시키고 도시사회에서 각성된 일부분의 사람들을 동원하여 대중운동의 행위를 어느 정도 지도할 수 있었다. 동시에 마오는 인민해방군 내 중요 인물인 린뱌오와 주요 상급 지휘관들의 지지 또한 얻었다. 그들은 1966년 초 마오 주석에게 정치적인 지지를 보내고 같은 해 말 홍위병운동에 성원을 보냈으며 1967년 초에 당의 권력기구를 뒤엎고 이후 1967년 중반부터 1969년 중반 사이에는 질서 회복에 착수했다.

그러나 당의 기타 기구도 마오를 강력하게 저지하지 못했으므로 반드시 책임을 져야 한다. 문화대혁명에 대한 정부 논조에서 최근 특히 강조하는 것이 1967년 1월 이후 중앙과 지방 각 계층이 마오를 저지하려 했다는 것이다. 1967년의 2월 역류는 특히 명예로운 사건으로 다뤄지면서 문화대혁명을 반대한 중국공산당의 ‘꾸준한 투쟁’에 대한 모범사례로 취급되고 있다. 그러나 문화대혁명은 이미 11중전회에서 승인을 받은 상태였다. 사람들을 동원하고 충돌하는 무질서 상태의 추세는 이미 돌이킬 수 없었다.

151　Liang Heng and Judith Shapiro, *Son of the revolution*, 47.

만약 당기구가 마오를 찬성하는 결정을 내리지 않고, 조금 더 일찍 단결하여 그를 반대했다면 문화대혁명은 중지되었을지도 모른다. 특히 중요한 것은 저우 언라이의 도움이었다. 1966년 11월 그는 야오원위안이 쓴 해서에 관한 문장을 광범위하게 출판하라고 시켰으며, 1966년 4월 펑전의 비판에 참가했고, 9월에 콰이다푸 같은 급진적 학생을 위해 변호하고 이후 1966년 12월에는 중앙문화혁명소조를 위해 변호했으며, 1967년의 2월 역류는 지지하지 않았다. 최근에 밝혀진 보다 중요한 사실은 저우가 관료주의에 대해 가장 신랄하게 질책한 문건 중의 하나를 기안하였다는 것이다. 이 문건이 문화대혁명을 초래했는데 예전에는 마오쩌둥이 초안을 작성한 것으로 알려져 있었다.[152] 어쩌면 저우는 관료주의가 정착되는 위험에 대처하기 위해서는 엄격한 조치를 취해야 할 필요가 있다고 느꼈을지도 모른다. 아니면 마오 개인에 대한 숭배, 정치적 위협으로부터 신변을 보호하려는 의도 때문에 마오를 지지했을 수도 있다. 덩샤오핑은 최근에 이 점을 인정하면서 어떤 상황이었든지 문화대혁명 기간에 저우가 보여 준 행동들은 이미 중국 국민들에게 용서를 받았다고 말했다.[153]

그러나 저우만을 질책의 대상으로 선택해서는 안 된다. 예젠잉과 양청우는 뤄루이칭의 숙청을 위한 법률적 증거로 사용되는 보고서 초안 작성에 참가했다.[154] 1966년 4월 덩샤오핑은 저우와 함께 펑전에 대한 비판에 참가한 것 같다. 전반적으로 정치국 전체가 뤄루이칭을 해임시키고 베이징 시위원회를 개편하는 것에 동의하였다. 1966년 5월 당 중앙서기처와 중앙선전부를 숙청하고, 8월 거행된 제8기 11중전회에서는 '문혁 16조'를 정식으로 채택하였다.

문화대혁명 초기 당의 지도자들과 마오의 공모 여부에 관한 문제는 당사의 정식 결의에 언급이 없다. 그러나 중국의 역사학자들은 기꺼이 자료를 제공하려 하

---

152 *RMRB* 29 August 1984, in *FBIS Daily Report: China*, 31 August 1984, K 1-4.

153 Deng Xiaoping, "Answers to the Italian journalist Oriana Fallaci", in *Selected works of Deng Xiaoping*, 329-30.

154 Lieberthal, *Research guide*…, 243, 249.

고 있다. 어떤 역사학자에 따르면, 정치국은 신뢰 없이 '5·16 통지'와 같은 결의를 채택하였거나, 심지어 반드시 채택해야 한다고 느꼈던 것 같다. 어쨌든 정치국은 마오의 결정에 찬성했으므로 문화대혁명에 대해 반드시 "일정한 책임을 져야 한다."[155]

1966년 봄과 여름 당기구가 왜 침묵했는지 설명할 때면 중국인들은 마오의 개인적 권위가 정치국과 중앙위원회 기타 동료들에게도 중요하게 작용했다고 강조한다. 이런 해명의 취지는 마오가 중국 대중뿐만 아니라 당의 지도자에서도 비범한 지위를 누리고 있다는 것을 알리는 것이다. 이것은 더 나아가, 1930년대 후반부터 1940년대까지 어마어마한 적에 대항하여 중국공산당을 승리로 이끈 마오쩌둥의 경력이 그에게 대약진 당시의 재난에 의해서도 그다지 손상되지 않은 절대성을 부여해 주었음을 시사한다.

최근 중국 보도발표에 의하면 마오는 사실상 린과 류 두 사람 중 한 사람을 그의 후계자로 선택할 것을 당에 요구하였다. 그러나 처음에 당의 많은 지도자들은 린을 선택하는 데 동의하였으며 최선의 선택이라고 생각했다. 덩리췬(邓力群)의 말을 빌면(덩은 문화대혁명 전 류사오치의 비서였고 1980년대 초에는 선전을 맡고 있었다) 린에 대한 마오의 편애가 "당에서 지지를 얻었다고 말할 수밖에 없다." 이것은 류사오치에 비해 린이 마오에게 더 충성했고, 사상에 대한 헌신도 더 깊었고, 군사 문제에 대해서도 당연히 더 정통했기 때문이었다. 그때는 베트남전쟁에서 미국의 개입이 점점 강화되고, 구소련과의 군사대립이 심해지고 있었기 때문에 당의 많은 원로 지도자들은 이런 논거에 설복되었다. 즉 "중국이라는 국가와 낭을 잘 지키려면 정치만 알고 군사를 몰라서는 안 된다."라는 것이다.[156]

마오가 문화대혁명의 발생 원인에 대해 책임을 져야 하는 것처럼 그는 그 후과

---

155 金春明, "'文化大革命'的十年", in 中共党史研究会 ed., 『学习历史决议专辑』, 159-60; 邵华泽, "关于'文化大革命'的几个问题…", 378.

156 邓力群, "学习'关于建国以来党的若干历史问题的决议'的问题和回答", 『党史会议报告集』, 74-174.

에 대해서도 반드시 대부분 책임을 져야 한다. 이 운동에서 발생한 다수의 파괴성 강한 후과(특히 폭력과 혼란 및 사망)는 마오가 사용한 전략 때문이라고 말할 수 있다. 이 결과는 필연적이었다고 말할 수는 없지만 예측할 수는 있는 것이었다. 군중을 동원할 때 마오는 극히 선동적인 언어 사용에 동의했으며 이 운동을 중국의 혁명세력과 반혁명세력 사이에 벌어진 마니교식의 투쟁으로 간주하였다. 그는 중국 사회에 깊이 내재된 분열과 불만을 표면화시켰지만 그가 방출시킨 사람들을 조직하고 인도하기 위한 어떠한 수단도 마련하지 않았다. 그는 자제력이 있는 혁명운동을 구상하였으나 결과적으로는 분열되고 파벌적인 세력만 출현하였다. 이런 사람들에 대해서는 마오 본인과 중앙문화혁명소조 심지어 군대까지도 제한된 통제밖에 할 수 없었다. 그는 당 간부들이 그들의 지도력에 대한 군중들의 비판을 환영하고 지지해 줄 것을 바랐지만, 당 간부들이 오히려 본인의 지위를 유지하기 위해 대중운동을 탄압하고 조종하려고 시도하자, 당연하게도 몹시 실망하고 고통스러워했다.

바꾸어 말하면, 마오 전략의 단점은 1966년부터 1969년까지 절반의 혁명만 했다는 데 있다. 그는 그가 뒤집으려는 정치제도를 대체할 만한 실제와 부합된 지속 가능한 정치제도를 설계하지 못했으며 그의 정치자본을 파괴적인 역량에서 건설적인 역량으로 전환시키지 못했다. 이런 의미에서 보면 문화대혁명은 20세기 중국에서 두 번째로 실패한 혁명이다. 1911년, 쑨원은 청 왕조를 성공적으로 전복했지만 효과적인 공화제도를 창건하지 못해 중국을 군사 통치의 나락으로 떨어뜨렸다. 1960년대 후반에 마오는 성공적으로 당의 기구로부터 정권을 회수했지만 레닌주의의 당정기구를 대체할 만한 효과적인 대중기구를 설계하지 못하여 정권은 또다시 중국의 군대의 손에 들어갔다.

마오를 위한 변호를 하자면, 문화대혁명이 정점에 도달했을 당시 그는 전반적으로 문화대혁명이 당의 기구와 사회에 끼치는 파괴적인 영향을 분명 줄어 주었다. 마오는 무력과 폭력이나 인신학대를 저지하려고 했다. 이는 고문과 주택검사, 약탈, 감금, 개인재산의 손상을 금지하는 수많은 중앙의 지시에 그가 비준하였다는 사실을 통해 알 수 있다.[157] 그는 대중조직을 어지럽히는 파벌주의를 비판하며 혁명위원회에 서로 대항하는 모든 대중조직의 대표가 포함되기를 요구했다. 마오는 대부분 간부들이 훌륭하다고 반복해서 강조하면서 직접 많은 고급 관료들이 공격받지 않도록 보호해 주었는데 그중에 가장 중요한 사람이 바로 저우언라이였다.[158]

문제는 이러한 개입들이 문화대혁명 과정에서 야기된 파벌주의와 폭력적인 측면을 완전히 제어하지 못한 데 있다. 근본적으로 마오가 이 운동을 통제할 수 있는 유일한 방법은 이 운동을 철저하게 부인하는 것이었다. 그런데 마오는 그렇게 하기를 거절했다. 그는 문화대혁명의 개념과 이론을 포기하지 않았고, 그 혁명을 반영하는 전략도 고수했다. 마오는 폭력사건에 많은 책임이 있는 자신의 부관들을 계속 버리지 않았다. 그는 생명이 다할 때까지 문화대혁명은 그가 죽은 후에도 중국이 진정한 혁명의 길을 따라 전진하기 위해 필요하며 적합한 운동이라고 믿고 있었다.

결과

1966~1969년 문화대혁명은 극단적인 특성을 갖고 있다. 중국 사회에서 중요한 어떤 부분에는 철저하게 영향을 미쳤으나, 마찬가지로 중요한 다른 부분은 거의 건드리지 못했다. 이와 유사하게 문화대혁명의 일부 결과는 일시적으로만 영향을 미쳤으나, 어떤 다른 결과는 앞으로 몇십 년 동안 중국에 영향을 미치게 되었다.

문화대혁명은 1960년 후반 6억 2000만의 인구가 살고 있던 중국 농촌에는 막

---

157 특히 1967년 6월 6일 지시에서는 "때리고 부수며 약탈하고 가산을 몰수하거나 감금하는 것을 금지한다."라고 했다. *CCP documents of the Great Proletarian Cultural Revolution*, 463-4 참조. 최근 중국의 해석에 의하면 이 지시는 마오 개인에 의한 것이었다. 金春明, "'文化大革命'的十年…", 164 참조.

158 Witke, *Comrade Chiang Ch'ing*…, 363.

대한 해를 끼치지 않았다. 그러나 중간 크기 이상의 도시에 근접해 있던 일부 공사들, 특히 시의 영역 안에 있던 교외의 농촌은 예외였다. 이런 교외에는 문화대혁명이 확실히 영향을 미쳤다. 예컨대 농민들은 공사와 생산대의 1급 정권회수 투쟁에 참여했고 인접 도시의 군중 항의 활동에도 참여했다. 리차드 바움(Richard Baum)은 중국 뉴스통신사의 보도를 인용하여 중국의 농촌 문화대혁명의 자세한 조사 과정에 1966년 7월부터 1968년 12월까지 231개 지방에서 농촌 소동이 발생하였다고 밝혔다. 이런 소동 사건 중 42%는 교외의 현, 그중에서도 베이징과 상하이, 광저우 주변에서 발생하고, 이외 22%는 중소형 도시에서 50km 떨어진 지방에서 일어났다고 한다. 이와 대조적으로는 도시에서 100km 떨어진 곳에서 15% 이하만이 발생하였다고 한다. 물론 바움의 조사결과는 231개 공사만이 문화대혁명에 직접 참여하였다는 의미가 아니었다. 그러나 그의 통계자료는 문화대혁명의 홍위병이 중국의 주요 도시 외에 깊은 영향을 미치지 않았다는 것을 우리에게 시사해 준다. 이는 결국 도시운동이었다는 것이다.[159]

만약 문화대혁명 과정에서 농촌 지역이 미약한 영향을 받았다고 하면 극소수 도시 주민들도 운동의 영향을 받지 않았을 수 있다. 그것은 이번 운동이 실제적으로 중국의 각 고등학교와 공장, 대학, 사무실, 상점에서 진행되었기 때문이다. 1980년 후야오방은 유고슬라비아를 취재했을 당시 도시 인구의 절반인 1억 명의 생산가능인구가 반우파운동과 문화대혁명 및 기타 마오주의운동 과정에서 '불공평'한 대우를 받았다고 밝혔다. 그러나 일부는 과장된 부분으로, 후야오방이 말한 그 수는 문화대혁명이 중국 도시 전반에 미친 영향을 합리적이고 정확하게 나타내지 못했다고 볼 수 있다.[160]

---

[159] Richard Baum, "The Cultural Revolution in the countryside: Anatomy of a limited rebellion", in Robinson, *Cultural Revolution*, 367-476 참조.

[160] Tanjung, 21 Jun 1980, in *FBIS Daily Report: China*, 23 Jun 1980 참조. 1980년 6월 23일 서방의 일각에서는 문화대혁명에 의해 1억 명의 피해자가 발생했다며 틀린 주장을 하고 있다. *Washington Post*, 8 June 1980 참조.

경제적으로 볼 때, 놀랍게도 중국이 문화대혁명의 홍위병 단계에서 받았던 손실은 아주 적었다. 1966년과 1967년 곡물생산이 상승하고 1968년 대폭으로 하강하였지만 1969년에 다시 1966년 수준으로 회복되었다. 1968년 수확량 감소의 경우, 아마도 그해의 정치 불안과도 연관이 있었겠지만 그해의 날씨가 1967년보다 훨씬 나빴다는 사실과도 연관이 있었다. 이듬해에 나타난 곡물생산량의 신속한 회복은 문화대혁명이 농업생산에 끼친 영향은 제한적이고 일시적이었음을 분명히 보여 준다.

공업에서도 이런 유사한 상황은 쉽게 볼 수 있었다. 1967년 공업생산량은 약 13% 하락했는데 이것은 공장과 운수 라인이 파괴되었기 때문이었다. 그 결과 1967년과 1968년 국가의 수입과 지출 및 국유기업에 대한 투자가 급격히 하락했다. 그러나 공업경제는 재빨리 회복되어 1969년 공업생산량은 다시 1966년 수준을 돌파하고 이듬해 국가의 수입과 지출 및 투자도 따라 상승했다.[161] 서방의 예측에 의하면 1971년 초까지 공업생산량은 이미 완전히 회복되었으며 1960년대 초에 기획했던 증가율 수준에 도달했다.[162]

문화대혁명이 중국 경제에 미친 영향은 그 범위와 지속된 시간을 놓고 보면 제한된 것이었다. 이런 영향은 10년 전 대약진이 중국 경제에 미친 심각한 영향과 비교해 보면 미미했다. 그러나 문화대혁명이 문화와 교육에 미친 영향은 훨씬 컸다.[163] 중국의 무대와 영화관은 장칭의 성원을 입어 제작된 '혁명' 영화와 희극 그리고 발레 이외 어떠한 예술작품도 공연하거나 상영하지 못하게 되었다. 전

---

161 공업과 농업생산량의 통계수치는 Arthur G. Ashbrook, Jr., "China: Economic modernization and long-term performance", in U.S. Congress, [97th], Joint Economic Committee, *China under the four modernization*, 1. 104. 국가의 수입과 지출 및 투자에 관한 통계수치는 *Beijing Review*, 19 March 1984, 27-8 참조.

162 Robert Michael Field, Kathleen M. McGlynn, and William B. Abnett, "Political conflict and industrial growth in China: 1965-1977", in U.S. Congress, [95th], Joint Economic Committee, *Chinese Economy post-Mao*, 1. 239-83.

163 문화대혁명이 교육제도에 미친 영향에 관한 논의는 Marianne Bastid, "Economic necessity and political ideals in educational reform during the Cultural Revolution", *CQ*, 42(April-June 1970), 16-45.

통문학작품과 외국문학작품은 판매를 중지했으며 도서관과 박물관도 문을 닫았다. 1966년 여름, 대학은 휴강하고 같은 해 가을 학생들이 문화대혁명에 참가할 수 있게 하기 위해 중학교 수업도 잠시 중단되었다. 비록 다음해 봄에 중학교는 수업을 다시 시작했지만, 이어진 4년간 대학 교실은 여전히 불이 꺼져 있었다. 1970년 여름이 되서야 처음으로 대학교 신입생 모집이 시작되었지만 극히 일부 대학에만 국한되어 있었다.

교육과정의 측면에서 보면 문화대혁명 초기 중국 교육체제에 대한 손해는 미약했다. 더 큰 손해는 1969년 실시한 정책에 있었다. 이 정책은 교육과정의 정치화를 실시하고 교육시간을 줄이며 장시간의 육체노동을 요구하면서 학문적으로 양성할 만한 재능이 있는지를 보는 것이 아니라 계급과 출신을 통해 학생들을 선발하였다. 다른 한편으로는 많은 문화 교육기관이 심각한 물질적 손실을 입었다. 많은 도서관과 박물관의 소장품이 손상되거나 파괴되고 또 사라졌다. 홍위병들은 대량의 역사고적과 종교건축물 및 문물을 파괴하고 손상시켰다. 군대는 질서회복을 빌미로 일단 대학교에 투입되기만 하면 곧 학교 건물을 점유하여 사용했다. 1976년 마오가 사망한 후에도 이런 부정적 결과들은 여전히 철저하게 바로잡지 못했다.

문화대혁명이 문화와 교육 영역에 미친 가장 심각한 결과는 학자, 작가와 지식인에 대한 영향이었다. 1966년부터 1969년까지 박해와 고통을 당한 문화계 인사의 숫자에 대해서는 아직 정확한 통계가 없다. 그러나 1981~1982년 4인방에 대한 재판은 예증을 할 만한 자료를 제공하였다. 이 재판의 고소장에는 문학과 예술계에 2600명, 교육부 산하 기관 간부와 교사가 14만 2000명, 연구기관 과학자와 기술인원들이 5만 3000명, 위생부(보건복지부) 산하 의과대학과 연구기관의 교수 및 부교수 500명이 '잘못된 기소와 박해를 당했으며' 그중 일부는(구체적인 숫자는 모름) 박해로 인해 목숨을 잃었다고 쓰여 있다.[164] 절대 다수의 사람은 본인이

---

164 *A great trial*···, 182-83.

소속된 단위의 홍위병 조직에 의해 고통을 받았으며 일부 사람들은 장칭 개인의 희생양이 되었다. 장칭은 1930년대 상하이에서의 경력이 본인의 이미지를 해친다고 보고 이 방면의 자료가 라이벌의 손에 들어가는 것을 제어하여 몇 개의 조를 조직한 후 상하이에서 작가들과 예술가들의 집을 수색하고 그녀와 관련된 과거의 편지와 사진들을 몰수하였다.

당과 정부 지도자에 대한 참혹한 박해는 지식인에 대한 박해보다 더하면 더했지 결코 덜하지는 않았다. 정치 숙청율은 매우 높았다. 성과 구 급에서는 숙청율이 70~80%에 달하였다. 6개 대구역의 당위원회 제1서기 중 4명이, 29개 성의 당위원회 제1서기 중 23명이 문화대혁명의 피해자가 되었다. 당의 중앙 지도부에서는 숙청율이 약 60~70%에 이르렀다. 23명의 정치국 위원 중 9명과 13명의 서기처 구성원 중 4명, 167명의 중앙위원 중 54명만이 문화대혁명 과정에서 살아남아 정치적 위상을 지켰다. 이 운동이 끝났을 당시 15명의 부총리와 48명의 각료 중 절반만이 국무원에 남아 있었다.[165]

물론 모든 관료기구에서 숙청율이 똑같지는 않았다.[166] 문화대혁명의 조직체계에 대한 영향을 분석해 보면 어떤 기능 분야는 (특히 농업, 공업, 계획, 문화와 교육) 조정비율이 기타 분야보다 (국방, 재무와 통상) 훨씬 높았다. 예측할 수 있는 것은 직위가 높으면 높을수록 문화대혁명의 피해자가 될 가능성도 컸다는 것이다. 역설적인 것은 비당원 간부가 문화대혁명에서 받은 손해는 당원 간부에 비해 적다는 것이다. 중국이 발표한 수치에 의하면 숙청에 연루된 간부 숫자는 대략 300만 명에 달한다고 한다. 그들은 수정주의분자와 반혁명분자 또는 '자본주의 길을 걷는 당권파'로 분류되었다. 그들의 명예는 1970년대 후반에 회복되었다. 이 수치가 나

165 　숙청율에 관해 참조할 자료는 Bennett, *China's Eighth, Ninth, and Tenth Congress, Constitutions, and Central Committees;* Donald W. Klein and Lois B. Hager, "The Ninth Central Committee", *CQ,* 45(January-March 1971), 37-56; Scalapino, "The transition in Chinese Party leadership⋯"; and Teiwes, *Provincial leadership in China⋯.*

166 　Richard K. Diao, "The impact of the Cultural Revolution on China's economic elite", *CQ,* 42(April-June 1970), 65-87.

타내는 바, 1500만에서 2000만에 이르는 관료 중 20%가 숙청을 당했다.

문화대혁명은 스탈린 시대의 대숙청이나 대학살과 다르다. 문화대혁명의 피해자는 대부분 살아남아서 나중에 마오가 서거하고 4인방을 타도한 후 새롭게 정치적 지위를 획득하였다. 그러나 그들이 겪은 일들은 결코 유쾌한 것이 아니었다. 300만 명에 이르는 많은 사람들이 농촌에 위치한 5·7 간부학교에 보내져 육체노동에 종사하고 집중적인 사상학습을 했으며 부근의 농민들과 '긴밀한 연계'를 맺었다. 비록 나이가 좀 어린 간부들 중에는 이런 경력이 어떤 방면에서는 약간 도움이 된다고 느꼈던 사람도 있었겠지만 나이가 좀 많은 간부, 특히 간부학교에 남아서 가정과 떨어져 생활해야 했던 간부들에게 5·7 간부학교는 분명히 견디기 어려운 장시간의 시련이었다.

다른 간부들의 운명은 5·7 간부학교에서 정해진 일을 하는 간부보다 훨씬 비참했다. 어떤 사람들은 자신의 작업장에 격리된 채 모진 정신적 고통을 당했는데 그 이유는 자신의 정치적 독직행위를 솔직하게 자백하게 하기 위함이었다. 얼마나 많은 사람들이 고문과 괴롭힘을 당했는지 모른다. 어떤 사람은 살해당하고 어떤 사람은 수감된 채 죽고 어떤 사람은 자살하였다. 1967년 류사오치는 집에 연금되었고 그해 말에는 홍위병에게 구타당했다가 1969년 감옥에서 죽었다. 중국 군대의 원수 중 한 명인 허룽은 집에 연금되어 있는 기간에 영양실조로 병원에 실려 가 치료를 받다가 포도당 주사액으로 인해 당뇨병이 악화되어 죽었다.[167] 문화대혁명 기간에 죽은 다른 고위층 간부로는 정치국 위원이었던 펑더화이와 타오주, 베이징 시 당위원회 서기였던 류런(刘仁)과 덩퉈(邓拓), 베이징 시 부시장이며 『해서파관』의 저자인 우한, 상하이 시장 차오디추와 부시장 진중화(金仲华), 공안부 부부장 쉬즈룽(徐子荣)이 있고, 전 총참모장이었던 뤄루이칭은 자살을 시도하였다.

이 지도 간부들의 자녀들도 정치적 박해와 육체적 고통을 받았다. 이를테면 덩

---

167 David Bonavia, *Verdict in Peking: The Trial of the Gang of Four*, passim.

샤오핑의 딸은 부모와 함께 외지에 유배되었고 덩의 아들은 홍위병들에게 괴롭힘을 당하다가 평생 불구가 되었다. 소문에 의하면 저우언라이의 양녀도 홍위병들에게 시달렸다고 한다. 그들은 간부의 자녀라는 타이틀 때문에 늘 통렬한 비판과 모욕을 당해야 했다.

문화대혁명에서 죽은 사망자 수는 우리가 알 수 없지만 4인방을 고소할 때 72만 9511명이 4인방과 그 무리들의 의도적인 '모함과 박해'를 받았다고 제기되었다. 그중에서 3만 4800명이 박해로 인해 세상을 떴다고 한다. 허베이 성에서 3000명, 윈난 성에서 1만 4000명, 네이멍 구에서 1만 6000명, 인민해방군에서 1000명 이상이 여기에 포함되었다.[168] 폭스 버터필드(Fox Butterfield)는 중국의 한 소식통으로부터 약 40만 명이 문화대혁명 기간에 사망했다고 들었다.[169] 푸젠 성이나 광둥 성같이 특수한 위치에 처해 있는 성의 사망자 숫자는 조금 더 많은 것으로 예측되었으며 70만에서 85만까지 들쑥날쑥하다. 이 수치들은 폭력과 혼란 정도가 평균 수준보다 높은 성을 참고로 하여 추측한 것이다. 1967년 당시 약 1억 3500만 명의 중국 도시 인구 가운데 약 50만 명이 문화대혁명에서 직접적인 박해를 받고 사망했다는 것이 타당해 보인다.

위에서 언급한 직접적인 영향 외에도 1966~1969년의 사건들은 장기적인 영향 또한 미쳤다. 우선 홍위병이 극성을 부리던 시기에는 심각하게 분열된 지도부와 허약한 정치제도가 강력하게 결합되는 양상이 나타났다. 중앙과 성 지도자들은 경력이 풍부한 당 간부, 해방군 군구와 주요 부대의 지휘관, 군중대표 및 문화대혁명에서 정권을 잡은 하층간부 등 여러 파로 나뉘었다. 낭의 권위에도 심각한 문제가 생겨 당을 대체한 혁명위원회는 단지 정부의 임시기관으로 간주되었다. 문화대혁명은 1960년대 초의 사회경제정책과 조직체계를 모두 무너뜨렸다. 그러나 새로운 지도자들은 무엇으로 그것을 대체해야 할지에 대해 통일된 의견을

168　*A great trial*…, 21.

169　Fox Butterfield, *China: Alive in the bitter sea*, 348.

내놓지 못하였다.

그 후 1976년 9월 마오가 서거하기까지 7년 반 동안 세력 분열의 국면이 형성되어 중국 정치를 지배하였다. 우선 문화대혁명 이후 군대의 역할을 둘러싸고 민간지도부와 군사지도부 사이에 갈등이 존재했다. 군대가 민간 업무를 지배하는 제도를 합법화하려는 린의 노력은 성공하지 못했으며 1971년 그가 추락해서 사망한 후 인민해방군을 민간 업무로부터 분리시키려는 시도가 오히려 효과를 보았다. 1960년대 후반에는 또 문화대혁명 이후 강령을 어떻게 정의할 것인가에 대한 투쟁이 발생하면서 1960년대 초반 정책을 회복하려는 보수적인 관리와 공·농업과 문화생활에 대해 더욱 평등한 인민주의식 강령을 제정하려는 급진적인 관리들이 상호 대립하는 국면이 발생했다. 세력의 분열은 제9차 당대회에서 선출한 정치국에서 더욱 선명하게 나타났다. 문화대혁명의 박해를 받은 관리(덩샤오핑), 문화대혁명을 영도한 이론가와 조직자(장칭), 문화대혁명을 종결한 군관(린뱌오)과 문화대혁명 중에서 살아남은 중간간부(화궈펑) 등은 마오쩌둥의 권력을 이어받기 위해 심각한 투쟁을 벌일 수밖에 없었다. 한 마디로 1966년에서 1969년까지의 문화대혁명 '과열 단계'는 7, 8년간 소강상태가 지속되게 만들었다. 1976년 10월 '4인방'을 숙청하고 1978년 12월 덩샤오핑의 개혁 강령이 발표된 후에야 문화대혁명의 여운이 비로소 해소될 수 있었다.

그러나 1976년 질서의 회복과 1978년 경제·정치 개혁의 시작이 결코 문화대혁명의 영향을 완전히 제거하지는 못했다. 중국이 1980년대 중반에 들어설 때까지 문화대혁명이 가져온 두 가지 후과는 뚜렷하고 광범위하게 존재하고 있었다. 하나는 뿌리 깊은 파벌주의인데 이것은 모든 정부기구와 공·상업 기업 및 당위원회에 영향을 끼쳤다. 파벌 충돌은 문화대혁명이 고조됐을 때 권력 다툼 때문에 나타났는데 혁명위원회를 재정비할 때 광범위한 동의와 대표성이 필요했기 때문에 보존되었다. 1970년대 중반에 문화대혁명으로 인해 피해를 입은 많은 사람들의 명예가 회복되면서 파벌 충돌이 재차 가열되었다. 이것은 정치기구의 효율을 약화시켰다. 왜냐하면 정책 결정과 인사 충원이 모두 파벌 이익의 포로가 되었기 때문이다.

또 다른 결과는 1960년대 후반에 발생한 이 사건으로 인해 중국의 젊은이들 사이에서 심각한 신념의 위기가 나타났다는 점이다. 400만 명이 넘는 고등학생과 대학생들—그들 중 많은 사람들이 홍위병이었다—이 1968년과 1969년에 농촌으로 하방되었고 정상적인 학교 수업이 중지되었는데 이것은 그들의 앞날에 급격하고 파괴적인 변화가 나타날 것임을 의미했다. 비록 1970년대 말에 거의 모든 사람들이 집으로 돌아왔지만 대다수가 교육을 받지 못했다는 사실은 그들의 진로와 앞으로의 인생에서 기회를 앗아 가는 결과를 낳았다. 이렇게 피해가 심각한 사건이 마르크스주의의 이름으로 발생하였다는 사실은 그들의 사상에 대한 믿음을 좀먹었다. 문화대혁명은 그들의 정치제도에 대한 신뢰를 약화시켰고 당은 이 부분에 대하여 속수무책이었다.

환상으로부터 깨어나는 과정은 상이한 시간에 다양한 젊은이들에게서 나타났다. 일부 사람들에게는 '1월 소동' 이후 홍위병을 압박하고 해산할 때가 전환점이었다. 이것의 뚜렷한 신호는 한때는 자신이 이 운동의 지도자라고 자처하던 사람들이 현재는 이 운동의 희생양이 되었다는 점이다. 또 다른 일부 사람들에게 중요한 전환점은 바로 중국 농촌의 빈곤상황을 목격했을 때였다. 즉 1966~1967년, 혁명적 경험의 교류 기간에나, 아니면 그 후 하방 기간에, 이들은 중국 농촌 사회의 빈궁한 현실을 목도했다. 어떤 홍위병은 이런 과정에서 각성하여 1967년 홍콩으로 도망친 후 미국 학자와의 담화에서 그 분노와 실망감을 표출하였다. 그는 그 세대의 사람들을 대표하여 이런 말들을 하였다.

저는 1967년 3월 후에 발생한 사태의 전개에 더없는 분노를 느낍니다. 말로 형용할 수가 없어요. 그 개새끼들이(해방군과 그가 다닌 중학교의 군사훈련조) 우리를 전부 창밖으로 던졌어요. 우리는 진정한 혁명에서 확실히 성공적으로 권력을 빼앗

있습니다. 그런데 이 잡종들이 권리를 모두 포기했어요.

(농촌에서의 생활은) 저에게 또 다른 식견을 넓히는 경험이었습니다. (농민들은) 끊임없이 그들의 빈궁한 생활을 푸념했지요. 풍년이 들어도 먹을 양식은 조금밖에 없다고 하면서 국민당 시대에도 지금보다는 나았다고 말했어요. 그 당시에는 일할 수 있고 절약해서 다시 투자하여 생활을 개선할 수 있었다고 해요. 그들은 마오보다는 류사오치를 더욱 좋아했어요. 왜냐하면 그들이 류사오치와 사유지를 연계하여 생각했기 때문입니다. 적은 면적의 사유지지만 그들에게 근검절약할 수 있는 기회를 줬고 돈을 벌 수 있는 발판을 마련해 주었지요. 저는 자본주의 길로 걷는 자와 반혁명분자만이 이런 생각을 하는 줄 알았어요. 그러나 저는 의외로 당에서 20년이 넘게 일한 혁명적인 빈농의 입에서 이런 말들을 들었어요. 짧은 열흘 동안 농민들의 생활과 태도는 저를 현실에 대한 도전에 직면하게 했어요.[170]

환상에서 깨어난 후 초래된 결과는 사람마다 각자 달랐다. 어떤 사람들은 스스로 중국의 '잃어버린 세대'라고 자처하면서 정치에 대해 냉소주의 자세를 취하고, 일에 소극적이고 피동적이며 창조성이 결핍된 태도를 보이는 반면 물질주의와 재부에 대한 갈망이 끊임없이 늘어났다. 1970년대 후반 범죄와 반사회활동이 크게 증가한 것은 젊은이들 가운데 이런 믿음에 대한 위기감이 팽배해졌고 이런 위기감과 상호 결합하여 문화대혁명 기간 중 법제가 해이해진 데 원인이 있다고 많은 사람들은 지적하고 있다. 다른 사람들, 특히 1966년 전에 대학교육까지 받은 사람들에게 농촌 생활은 독서와 사고 그리고 국가의 장래를 논의할 수 있는 시간을 주었다. 후에 이 홍위병들 중 많은 사람들이 젊은 지식인 집단을 형성하여 1970년대 후반부터 1980년대 초까지 마오 사후 경제개혁의 총체적 강령과 구체적 정책을 제정하는 데 한몫을 했다.

1980년대 후반에 이르러, 사실적으로 말하면(모순되는 말이기는 하지만), 문화대혁

170　Bennett and Montaperto, *Red Guard*…, 214-7, 222-4.

명의 혼란은 마오 이후 개혁을 실시할 수 있게 한 중요한 조건이었다. 많은 구세대 간부들이 문화대혁명 기간에 모진 박해를 받고도 꿋꿋이 살아남았다. 운동이 끝나자 경제와 정치의 자유를 원하는 지도계층을 형성하는 데 그들이 일조한 것도 사실이다. 홍위병운동 기간에 환상에서 깨어난 수천 수만의 지식청년들과 지식인들은 많은 급진적 주장이 나중에 구체적인 개혁으로 전환될 수 있도록 촉진했다. 수정주의를 방지할 명목으로 발동한 문화대혁명은 중국공산당에 심각한 충격을 주어, 정치와 경제 질서의 혁신을 통제할 당의 능력을 약화시켰다. 이 혁신은 마오가 구소련에서 보았던, 그리고 본인이 단호히 반대했던 것보다도 더 심했다. 한 마디로 만약 문화대혁명이 없었다면 마오 시기 이후의 개혁은 이렇게 오랫동안, 그리고 이렇게 빠른 속도로 진행될 수 없었다.

그러나 문화대혁명의 미래에 대한 영향이 전부 확실해진 것은 아니다. 문화대혁명이 장래에 유사한 사건의 발생을 부추기는 선례가 될지 아니면 이를 방지할 수 있는 면역이 될지 우리는 아직 모른다. 물론 1980년대에 얻은 수확으로 놓고 볼 때 문화대혁명이 미친 영향은 어쩌면 상당히 커 보이기도 한다. 홍위병이 빚어낸 손실은 (이 손실을 보상할 수 있는 성공은 있을 수 없다) 사람들에게 다시는 유사한 '공개적인' 정풍사건을 일으켜서는 안 된다고 경고하고 있다. 그러나 세월의 흐름에 따라 기억은 흐려질 수 있으며 문화대혁명을 회고할 때 어쩌면 그때가 현재보다 더 숭고하고 존경스러웠다고 느낄 수도 있다. 만약 그렇게 된다면 문화대혁명은 중국의 정치권력투쟁에 대한 또 다른 원형이 될 수도 있고, 혹은 군중을 동원하여 국가의 불평등과 부패 그리고 엘리트 통치를 죽줄하는 하나의 수단이 될 수도 있다. 관건은 마오 시기 이후의 개혁이 얼마나 충분히 정치를 제도화하고 경제를 번영시키며 사회를 안정시키고 문화를 현대화할 수 있는가 하는 것이다. 만약 이 점을 잘 관철한다면 설사 문화대혁명이 가져온 충격이 점차 희미해진다 하여도 문화대혁명은 사람들에게 별다른 흡인력을 가지지 못할 것이다.

중국
현대정치사

건국에서 세계화의 수용까지
1949~2009

THE POLITICS OF CHINA
Sixty Years of the People's Republic of China

제4장

마오의 후계와 마오주의의 종결

1969~1982

로드릭 맥파커

하버드대학 정치사학 리로이 B. 윌리엄스 교수

서론

프롤레타리아 문화대혁명은 중국의 미래를 창조하기 위한 시도였다. 그 방법은 중국 인민의 특성을 바꾸는 것이었다. 그것은 '사람들의 정신 자체를 건드리는 위대한 혁명'과도 같았다.[1] 대중들은 '권위를 가진 자본주의의 길을 걷는 당내 인사'와 싸우는 계급투쟁을 통해 자신들을 해방시키고자 했다.[2] 이른바 이들 소련식 수정주의자들은 자본주의로 복귀하려는 낡은 사상으로 대중들을 부패시킨다는 혐의를 받았다. 중국 인민은 교육, 문학, 예술 등 이데올로기 영역의 일대 전환과 마오쩌둥 사상의 채택을 통해 이 해로운 전염으로부터 자신들을 예방하고자 했다.

마오의 목표는 가난하지만 순수하며, 특권이 적으면서 보다 평등하고, 덜 관료적이면서 보다 집체적인 중국이었고, 모든 사람이 하나가 되어 일하는 사회였다. 이것은 단지 공산당이 그들을 지도하기 때문이 아니라 내부의 나침반, 즉 마오쩌둥 사상이 진정한 공산주의의 길로 그들을 인도했기 때문에 가능했다.

문화대혁명의 목적은 '마오 이후에, 무엇(After Mao, what)?'이라는 질문에 대답하는 것이었다. 그러나 그것은 '마오 이후에, 누구(After Mao, who)?'라는 질문의 대답이 먼저 필요했다. 만약 주자파 혐의를 받는 류사오치(刘少奇) 국가주석 같은 사람이 최고 권력을 차지한다면, 중국은 '색깔이 바뀌게 될 것'이다. 중국은 정확한 노선과 정책을 채택해야 할 뿐 아니라, '프롤레타리아 혁명의 대의를 수행할 수백만 후계자를 훈련하고 양성' 해야 했다.[3] 문화대혁명의 폭풍 속에서 새로운 지도

---

1 "Decision of the Central Committee of the Chinese Communist Party concerning the Great Proletarian Cultural Revolution", URI, *CCP documents of the Great Proletarian Cultural Revolution, 1966-1967*, 42.

2 Ibid., 45, 46.

3 "On Khrushchev's phoney communism and its historical lessons for the world", *The polemic on the general line of the international movement*, 477. 이것은 1963~1964년 소련공산당의 수정주의에 대항하여 중국공산당이 제기한 9개 논쟁 가운데 가장 마지막이고 중요한 것이다. 이 문건들은 문화대혁명 전야에 마오의 관심을 이해하는 데 매우 중요하다.

자들이 나타났고, 투쟁 속에서 단련되었으며, '프롤레타리아적' 관점을 가졌고, 그들의 손에서 마오주의적 사회주의 이념이 언젠가 맹렬하게 타오를 것이다.

그동안 마오는 공산당 최고지도부를 깨끗이 씻어 내고, 자신의 이상을 후세에 전할 절대적으로 믿을 만한 새 후계자를 임명해야 했다. 그 치열한 투쟁과 숙청은 앞의 제3장에서 묘사되었다. 그 전투에서 마오가 승리했다는 소식은 1969년 봄 제9차 당대회에서 선포되었고, 국방부장 린뱌오(林彪)를 그의 후계자로 한다는 마오의 선택은 형식적으로 통과되었다. 그러나 이것은 '마오 이후에, 어느 쪽 (After Mao, which)?'이라는 새로운 난제를 낳았다. 중국을 이끌 집단이 사기가 떨어지고 많은 사람이 희생된 당인가, 아니면 동일한 혁명적 신뢰를 갖고 문화대혁명 발생 3년 만에 국가의 주인이 된 군대인가? 이것은 그야말로 수억의 중국인들에게 중요한 함의를 갖는 가장 궁극적인 제도적 문제였다. 그러나 이 문제는 대체로 극소수 지도자 사이의 투쟁으로 이루어졌고, 그들은 자신의 집에서 음모를 꾸미며 중앙회의에서 충돌했으며, 한 파벌이나 다른 파벌의 타파만이 유일한 최종 해결방안이 되었다.

중국 정치의 군사화

1969년 4월 제9차 중국공산당 전국대표대회(당대회)는 개인적으로는 린뱌오의, 제도적으로는 인민해방군의 승리였다. 국방부장 린이 마오 다음의 2인자로 처음 언급되고 확정된 것은 1966년 8월 제8기 중앙위원회 제11차 전체회의(11중전회)에서였다. 새로운 당장(党章)은 그를 마오의 후계자로 지명했고, 처음으로 주석의 전우가 그 영예를 얻었다.[4] 제3장에서 지적했듯이 당대회에서 린의 군부가 약진

---

4 실제로 이것은 어느 공산당 역사에도 유래가 없는 일이었다. 린뱌오의 새 위상은 저우언라이가 공산당 제9차 당대회 연설에서 했던 과분한 칭찬으로도 입증되었다. 저우의 연설은 16페이지의 당대회 미출간 문헌집에 수록되었으며, 마이클 쇤홀스(Michael Schoenhals)가 번역하고 주석을 달았다.
　당의 한 역사가는 9차 당대회 주석단(主席团)을 임명할 때 마오는 린을 주석으로, 자신을 부주석으로 할

했으며, 중앙위원회에서 인민해방군 대표의 비율도 19%에서 45%로 증가했다.[5] 제9기 1중전회에서 정치국에 진입한 현역군인의 수도 극적으로 증가했다.[6]

린뱌오와 군부의 부상은 한편으로 중국 혁명의 논리적 귀결이었고, 중국 역사에서도 익숙한 방식이었다. 정치적 통제가 무너질 경우 언제나 경제적 재앙이 겹치면서 폭동이 일어났다. 힘과 힘이 충돌했으며, 정권 상층부의 군사화 과정이 수반되었다. 폭동 지도자 중에는 농민도 있었지만 대부분이 귀족이었고, 결국 더 유능한 야심가가 다른 야심을 가진 폭동 지도자를 제거하며 힘으로 왕조를 전복할 기회를 잡았다. 권력투쟁에서 개국 황제를 지지한 장군들은 새 왕조에서 강력한 지위를 누렸다.[7]

이러한 왕조 교체 과정은 보통 수십 년이 걸리고 전쟁으로 점철되었지만, 표면적으로는 하늘의 위임을 받는 어느 한 해에 순수하게 전통적인 방법으로 개국이 이루어졌다. 이것은 오랜 기간 이어진 청(淸) 왕조의 몰락과 야망을 지닌 후임 정권 사이의 계속된 권력투쟁에서 특히 명백하며, 1949년 공산당의 승리로 정점에 달했다.

청나라가 제1차 아편전쟁(1839~1842)에서 영국에 패한 이후 수십 년 동안, 중국

것을 제의했지만, 린뱌오로부터 "마오 주석 만세!"를 외치는 방해만을 받았다고 했다.

그 역사가는 마오가 1956년부터 이미 린뱌오를 자신의 후계자로 삼을 것을 제의했다고 말했다. 그해 9월, 제8기 1중전회의 당 주석 선출 투표에서 마오는 만장일치에서 1표가 부족했다. 마오는 자신이나 2인자인 류사오치가 아닌 린뱌오에게 투표한 것으로 확인되었다. 谭宗级, "林彪反革命集团的崛起及其覆灭", 『教学参考: 全国党校系统中共党史学术讨论会(下)』(이후 『教学参考(下)』), 40, 42 참조. 필자는 이 두 자료의 공유에 대해 마이클 쇤홀스에게 감사를 표한다.

5 제3장 참조. 평생 한 번 정도는 실제 무장투쟁에 참여했던 중국공산당 지도부의 모든 원로들의 관점에서 보면, 중앙위원회에 군부대표의 계산은 통상 어느 정도의 비율을 차지하느냐의 문제였다. *China Quartely* (이후 *CQ*)(39. [July-Sept. 1969], 145)의 '계간 연대기'는 약 40%로 추정했고, 가오잉마오(高英茂, *Chinese Law and Government*(이후 *CLG*) [Fall-Winter 1972-3], 8)는 38%로 추정했다. 반면에 돔스(Domes)는 인민해방군 대표를 제8기에 40.3%, 제9기에 50%로 추정했다. Jürgen Domes, *The internal politics of China, 1949-1972*, 210 참조.

6 표-2 참조.

7 진-한 왕조의 교체는 *CHOC*, 1. 110-27 참조; 수-당 왕조의 교체는 *CHOC*, 3. 143-68 참조; 원-명 왕조의 교체는 *CHOC*, 7. 44-106 참조.

표 2. 1969년 4월 제9차 중국공산당 전국대표대회 정치국 위원 명단

성명	직무
정치국 상무위원회(서열순)	
마오쩌둥(毛泽东)[c]	주석
린뱌오(林彪)[c]	부주석
정치국 상무위원회(비서열순)	
천보다(陈伯达)[c]	문화혁명소조 조장
저우언라이(周恩来)[c]	총리
캉성(康生)[c]	문화혁명소조 고문
정치국 정식위원(비서열순)	
예췬(叶群)[b]	해방군 문화혁명소조
예젠잉(叶剑英)[a]	원수
류보청(刘伯承)[c]	원수
장칭(江青)[c]	문화혁명소조 부조장
주더(朱德)[c]	원수
쉬스유(许世友)[b]	장군, 난징군구 사령원, 장수 성 혁명위원회 주임
천시롄(陈锡联)[b]	장군, 선양군구 사령원, 랴오닝 성 혁명위원회 주임
리셴롄(李先念)[b]	부총리
리쭤펑(李作鹏)[b]	장군, 해군 정치위원
우파셴(吴法宪)[b]	장군, 공군 사령원
장춘차오(张春桥)[b]	문화혁명소조 부조장, 상하이 시 혁명위원회 주임
추후이쭤(邱会作)[b]	장군, 인민해방군 총후근부 부장
야오원위안(姚文元)[b]	문화혁명소조 성원, 상하이 시 혁명위원회 부주임
황융성(黄永胜)[b]	장군, 인민해방군 총참모장
둥비우(董必武)[c]	국가부주석
셰푸즈(谢富治)[a]	공안부장, 베이징 시 혁명위원회 주임
정치국 후보위원(비서열순)	
지덩구이(纪登奎)[b]	허난 성 혁명위원회 부주임
리쉐펑(李雪峰)[a]	허베이 성 혁명위원회 주임
리더성(李德生)[b]	장군, 안후이 성 혁명위원회 주임
왕둥싱(汪东兴)[b]	중앙 경위단 대장
실제 서열	
마오쩌둥, 린뱌오, 저우언라이, 천보다, 캉성, 장칭, 장춘차오, 야오원위안	

(1) a: 1968년 제8기 11중전회에서 정치국에 추가 진입

 b: 1969년 제9차 당대회 이후 정치국에 추가 진입

 c: 1956년과 1958년 제8기 중앙위원회의 두 차례 전체회의에서 정치국 위원이 됨.

(2) 문화대혁명 이전 23명의 정치국 위원 가운데 14명이 낙선함.

⑶ 문화대혁명이 시작된 이후 16명의 신임 정치국 위원 가운데 10명이 군인임.

⑷ 25명의 신임 정치국 위원 가운데 12명이 군인이며, 그중 10명이 현역군인임. 1956년부터 1958년 사이의 정치국과 비교하면, 당시는 26명의 위원 가운데 7명이 군인이며, 현역군인은 단지 2명이었음. 제8기 중앙위원회는 문민간부가 76%, 해방군이 23.7%를, 제9차 중앙위원회는 문민간부가 52.5%, 해방군이 47.5%를 차지함.

⑸ 문화대혁명 이전 성(省) 내에서 부임한 정치국 위원은 3명이었고, 이번 정치국에는 8명이 있었음. 제8기 중앙위원회에서는 각 성 위원이 37%를, 제9기 중앙위원회에서는 58.6%를 차지함.

은 외부 침략과 내부 반란으로 혼란스러웠다. 청나라의 초기 대응방편은 기존 상비군의 재무장이었지만, 이 방법은 비효과적으로 드러났다. 지방 충신들은 무능한 제국군대를 대체할 자신들의 군대를 갖추어야 했다.[8] 결국 청나라는 군대 현대화에 착수했고, 새로운 군대의 창설자인 위안스카이(袁世凱)가 1912년 마지막 황제의 퇴임을 준비한 권력 조정자이자, 초기 공화정을 지배한 권력자로 성공할 수 있었다.[9] 장군이 정치 지도자인 시대가 시작된 것이다.

새 왕조를 세우려는 위안스카이의 그릇된 시도가 실패하고 황제의 꿈에 젖었던 그가 곧바로 죽으면서 중국이 군벌 시대(1916~1928)로 진입했지만, 예전의 부하나 경쟁자 중 누구도 그의 역할을 대신할 만큼 강력하지 못했다.[10] 그러나 유명무실한 베이징의 중국 정부 권한이 여러 군벌들로 분산되는 동안, 위안스카이에 의해 청나라 전복 혐의로 내몰렸던 혁명가들은 스스로의 군사력 없이는 미덥지 못한 군벌들의 은총에 힘없이 기대야 함을 깨달았다. 그때 쑨원(孫文)이 모스크바로 향했고, 1924년에 부관 장제스(蔣介石)가 국민당에 충성하는 혁명군 장교를 양성하기 위해 소비에트 고문과 함께 황포군관학교(黃埔軍官学校)를 설립했다.[11]

쑨원이 더 오래 살았더라면 아마 개조된 국민당은 군대를 당의 목적에 예속시

---

8   *CHOC*, 11, ch.4, and Philip A Kuhn, *Rebellion and its enemies in late imperial China: Militarization and social structure, 1796-1864* 참조.

9   *CHOC*, 11, 383-8, 529-34, and *CHOC*, 12, ch.4 참조.

10   *CHOC*, 12, ch.6 참조.

11   *CHOC*, 12, 540 참조.

킨 강력한 정치조직으로 등장했을지 모른다. 그러나 1925년 그의 죽음으로 후계투쟁이 폭발했고, 장제스가 군사력을 바탕으로 그 투쟁에서 승리했다. 1928년 장제스의 국민정부 설립 당시 국민당도 중요한 역할을 했지만, 군대가 정권 내 권력의 궁극적 원천으로 존재했다.[12]

새로 탄생한 공산당은 모스크바의 지시로 국민당과 협력했고, 공산당원과 간부들은 중국 북벌 과정에서 장제스가 군벌에 승리하도록 기여했다. 그러나 장이 1927년 공산당을 탄압했을 때, 마오쩌둥도 쑨원과 마찬가지로 군사력 없이는 중국에서 정치혁명의 미래가 없음을 분명히 알게 되었다. 정치권력은 총구에서 나오는 것이었다.[13] 징강산(井岗山)과 장시(江西) 소비에트에서 그와 동료들은 군대를 창설했고, 20년 후 국민당과의 내전에서 승리하게 될 전략을 개발했다.[14]

공산당이 나중에 인민해방군으로 부르게 된 군대와 장제스의 군대는 근본적 차이가 있었다. 마오는 당이 군대를 통제해야 하고, 군대가 당을 통제하도록 절대 허용해서는 안 된다고 주장했다.[15] 인민해방군은 군벌의 군대가 아니었고, 국민당 모델처럼 군대가 지배하는 당군 혼합체도 아니었으며, 공산당이 자신의 대의를 위해 지배하는 혁명군대였다.

그러나 그것이 그렇게 단순하지는 않았다. 전투가 가열되어 생사가 군 지휘관에게 달린 상황이 되면, 당의 통제라는 이론적 원칙은 적용되기 어렵다.[16] 마오처

12　Lloyd E. Eastman, *The abortive revolution: China under Nationalist rule, 1927-1937* 참조.

13　Mao, *SW*, 2, 224.

14　*CHOC*, 13, ch.4 참조.

15　Mao, *SW*, 2, 224.

16　항일전쟁 시기에 펑더화이는 승리를 보장할 수 없는 주요 공격은 피하라는 마오의 원칙을 명백히 위반하며 백단대전(百团大战)을 전개했다. 펑은 자신의 회고록에서 중앙군사위원회와 논의 없이 공격을 초기에 착수하는 등 이 전투와 관련된 오류를 인정했지만, 주석의 승인을 보여 주는 전보도 인용했다. 4반세기가 지난 이후의 문화대혁명 당시 이 쟁점과 관련해 펑에게 가해진 강력한 비판을 보면, 이 전투는 마오의 희망에 반하거나 최소한 그의 더 나은 판단에 반하여 시작되었을 수 있고, 그의 승인이 단지 통합의 명분을 위한 것이었을 수도 있어 보인다. 항일전쟁에서 마오의 전략에 대한 관점은 Mao, *SW*, 2, 180-3, 227-32; 펑더화이의 입장은 그의 *Memoirs of a Chinese Marshal*, 434-47 참조.

럼 군인의 지지를 받아 권력으로 부상하는 때에도 군대의 복종은 주장하기 어렵다.[17] 마오의 개인적 정치권력은 진정으로 총구에서 나왔다. 그는 군을 정치적으로 통제하기 위해 1935년부터 죽을 때까지 40년 이상 당 중앙군사위원회 주석직을 보유했다.

게다가 군인들이 정치적 승리를 주도했다면, 그들이 권력배분에서 배제될 수 있을까? 무사히 그렇게 되지는 않는다. 1950년대 중반 가오강(高崗)이 마오 후계자가 되기를 원했을 때, 그는 해방 이후의 권력배분에서 부당한 대우를 받은 군인들의 지지를 확보하려 했다.[18] 비록 가오강은 몰락했지만, 당 지도자들도 교훈을 얻었다. 가오의 지지로 관심을 받은 군인의 한 명인 린뱌오도 빠르게 정치국으로 진입했고, 1956년 제8차 당대회 이후 10명의 인민해방군 원수 중 7명이 정치국에 포함되었다.[19]

정권 내 군대의 중요성은 1959년 루산회의에서 더욱 부각되었는데, 당시 국방부장 펑더화이는 마오의 대약진 추진 방식에 강력히 도전했다. 펑이 기꺼이 위험을 감수한 가장 중요한 요인은 오직 군사 조직의 현재 수장만이 주석의 능력과 권위를 비판하고 공격할 수 있는 제도적 기반을 가졌다는 생각 때문이었다. 항상 자신의 요새라고 생각했던 곳에서 비판을 받은 마오가 얼마나 위협과 분노를 느꼈는지는 그의 신랄한 반격을 통해 알 수 있었다. 그는 그것을 오직 자신과 문제를 유발한 국방부장 간의 쟁점으로 묘사함으로써 다른 원수들이 펑의 해임을 받아들이도록 강요했다.[20]

---

17 Raymond F. Wylie, *The emergence of Maoism: Mao Tse-tung, Ch'en Po-ta and the search for Chinese theory, 1935-1945*, 68-71 참조.

18 *CHOC*, 14, 97-103 참조.

19 명나라의 시황제 주원장(朱元璋)은 오랜 정치투쟁 끝에 권력을 잡았고, 황제가 된 후 주요 장군들에게 즉시 높은 칭호를 부여하는 것에 대해 조심스러워 했다. *CHOC*, 7, 105 참조.

20 *CHOC*, 14, 311-22 참조. 강희제(康熙帝)가 그다지 운이 좋지는 않았다. 그는 17세기 말 청 왕조를 강화하기 전에 강력한 3명의 장군을 굴복시키기 위해 8년간의 오랜 내전을 겪어야 했다. Lawrence D. Kessler, *K'ang-hsi and the consolidation of Ch'ing rule, 1661-1684*, 74-90.

역설적이게도 펑더화이의 치욕은 정권 내 인민해방군의 위상을 높였다. 펑의 국방부장직은 1930년대 초반부터 마오를 신봉했던 린뱌오로 대체되었으며, 마오는 자신과 자신의 사상에 대한 군부의 충성에 더 큰 자신감을 가졌다. 린이 마오쩌둥 사상의 연구를 촉진하고,『마오 주석 어록』제1판을 군대 내에서 출판하자 공산당조차 인민해방군을 모범으로 삼았다.[21]

따라서 마오는 문화대혁명 초반 당 지도부를 공격하기 시작하면서 다른 주요 혁명기관들도 자신을 지지할 것으로 확신했다. 후에 홍위병들이 성(省) 지도부 타도를 예상보다 힘들어할 때, 마오는 인민해방군에게 좌파에 대한 지지를 호소했다. 의기양양한 홍위병들이 살육적인 투쟁에 빠져들고 많은 도시들이 무장 충돌에 휩싸이자, 이를 경고한 사람은 1967년 여름 우한(武汉)의 장군인 천짜이다오(陈再道)였다. 비록 천 자신은 처벌받았지만 극좌파 간부들도 제거되었고, 1년 후 마오는 홍위병의 하방(下放)을 지시했다. 중앙문화혁명소조의 대중적 기반이 와해된 것이다. 제9차 당대회에서 린뱌오와 그 동료들의 승리가 확실해졌다.[22]

마오는 중국의 '군사 관료적 독재'에 대한 소련의 공격이 논쟁의 가치조차 없다고 동료들에게 멀리하게 할 만큼, 그 문제에 확신을 가졌다.[23] 평생 동안 그는 군대에 대한 당의 우위를 주장했지만, 자신이 죽은 후에는 군대가 당을 지배할지도 모른다고 전망했다. 공산당이 국민당의 길을 걸을 수도 있었다. 그가 이것을 받아들일 수 있었을까?

린뱌오의 몰락

제9차 당대회는 정상 상태의 회복을 알렸다. 마오의 '프롤레타리아 혁명노선'

---

21 *CHOC*, 14, 335-42 참조.
22 제3장 참조.
23 제9기 1중전회 때이다. 王年一,『1949-1989年的中国: 大动乱的年代』, 395 참조.

이 도전을 물리쳤고, 적들을 타도했으며, 새로운 지도부를 구성했고, 인민들의 투쟁도 진압했다. 마오는 1968년 10월 초 '위대한 승리'를 알렸고, 당대회 정치보고에서 린뱌오는 "프롤레타리아 문화대혁명의 승리는 대단히 위대하다."라고 선언했다.[24] 린뱌오는 미래에 대한 논의에서 '상부구조 영역의 영구혁명',[25] 즉 문화대혁명 초기에 목표했던 새로운 사회의 건설을 언급했다. 희생자들이 역사를 새로 쓸 수 있다면 모르겠지만, 승리자 입장에서는 문화대혁명이 끝난 것이다. 1969년은 20년 전의 해방과 마찬가지로, 혁명 후의 새로운 출발을 의미했다.

비록 이것은 '승리자의 당대회'였지만, 동일한 명칭으로 불렸던 1934년 소련 공산당 제17차 당대회 이후와 마찬가지로 평온함이 오래 지속되지는 않았다. 문화대혁명이 누가 미래를 창조할 것인지를 결정하는 엘리트 사이의 권력투쟁을 의미했기 때문에, 그것은 결코 끝난 것이 아니라 더욱 위험하게 전개되었다. 그것은 세 가지 영역, 즉 당의 재건, 국가구조의 재구축, 그리고 외교문제를 포함했다. 세 가지 모두 그 바탕에는 린뱌오의 권력부상에 따른 보나파르티슴(Bonapartisme)의 망령이 있었다.

당의 재건

기층 당위원회가 완전히 구축되지 않은 상태에서 제9차 당대회 대표들은 대부분 혁명위원회와 지방 '모반자' 그룹 간의 '타협',[26] 혹은 단순히 상부 지시로 선택되었다.[27] 인민해방군이 혁명위원회를 지배했기 때문에,[28] 당대회에서 군대의 과다대표가 전혀 놀랍지 않았다. 당대회에서 많은 인민해방군 간부들이 승진함으

---

24 *Current Background*(이후 *CB*), 880(9 May 1969), 37.

25 Ibid., 34.

26 이들은 육체노동자 조직이었으며, 홍위병 조직은 이미 해산되었다.

27 解放军政治学院党史教研室编, 『中国共产党六十年大事简介』, 559.

28 29개 성 혁명위원회 가운데 21개를 인민해방군 장교가 이끌었다. Domes, *The internal politics of China*…, 205.

로써 성(省)의 당 건설 과정에 실제적인 권력현실이 반영된 점도 그다지 놀랍지 않았다.

마오는 '50자 당 건설 방침(五十字党建方针)'을 제시하며 이미 1967년 초반에 당의 재건을 요구하기 시작했으며, 당조직을 프롤레타리아의 선진적 요소를 통해 건설하도록 지시했다. 제9기 1중전회에서도 그는 계속해서 당의 활성화를 요구했다. 그러나 그가 기층으로부터 당을 새롭게 건설하기를 희망했고, 1970년 중앙위원회는 베이징대학, 베이징제27엔진차량공장(北京二十七機车车辆厂), 상하이국영면직제17공장(上海国棉十七厂) 등의 당 건설 경험을 모델로 공포했지만,[29] 당 지부의 구축은 쉽지 않아 보였다.

1969년 후반에 현(縣)과 시(市) 수준으로 주요 노력이 전환되었지만, 이 수준에서도 진전이 느렸다. 1969년 11월에서 1970년 11월 사이, 국가 전체의 2185개 현 가운데 단지 45개에만 당위원회가 만들어졌다. 아마도 중앙 지도부가 이러한 노선의 한계를 깨닫고 성 수준의 당위원회를 먼저 만들도록 지시했을 것이다. 그것은 1970년 12월 마오의 고향인 후난(湖南)에서 처음 만들어져 화궈펑(華國峰)이 제1서기가 되었으며, 1971년 8월 중순경 전체 29개 성급 단위에서도 인민해방군과의 확실한 협력을 통해 유사한 방식으로 진행되었다. 군인은 29명의 제1서기 가운데 22명이었고, 성 서기급 간부의 62%를 차지했다.[30]

문화대혁명 이후의 설명에 따르면, 당의 재건은 많은 파괴적 모반행위와 구간부의 배척을 초래했다. 1968년 5월 시작된 '계급대열정리(清理阶级队伍)' 운동은 비록 그 초점이 극좌파적 요인의 제거였지만, 여기에 너무 많은 사람이 연루되어 무고한 간부들까지 희생되었다.[31] 이것은 아마도 마오를 화나게 만들었을 것이다. 그는 안정과 통합을 확보하기 위해 경험 있는 간부들을 새롭게 교육하고, 복

---

29 郝梦笔, 段浩然 eds., 『中国共产党六十年(下)』, 610.

30 Domes, *The internal politics of China*⋯, 215 참조.

31 郝梦笔, 段浩然 『中国共产党六十年⋯』, 608-11.

권하고, 고용할 것을 원했다. 그러나 더 중요한 문제는 군대와 국가를 통제할 수 있는 문민정당을 만들라는 지시를 린뱌오와 인민해방군이 제대로 수용하지 않은 점이었다.[32] 성 당위원회가 모두 만들어지기도 전에, 인민해방군은 성 혁명위원회를 지배했던 것과 마찬가지로 당위원회도 지배했음이 확실했다. 게다가 린뱌오는 성에서와 마찬가지로 중앙에서도 국가구조를 지배하기를 원했다는 증거를 보여 준다.

국가구조의 재구축

1970년 3월 8일, 마오는 국가구조의 재구축에 관한 자신의 견해를 제시했다. 그는 제4차 전국인민대표대회 개최를 찬성했고, 여기에서 수정된 국가 헌법을 합의하고자 했다. 헌법에서는 국가주석직이 폐지될 예정이었다. 다음날 정치국은 마오의 견해를 승인했고, 3월 16일에는 전국인민대표대회 회기와 헌법에 관한 주요 원칙들이 결정되었으며, 마오는 그것을 전달받아 승인했다. 3월 17일에는 합의사항을 구체화할 중앙업무회의가 소집되었다. 그러나 린뱌오가 곧바로 국가주석직 문제에 개입했다. 4월 11일, 그는 마오가 1959년 고(故) 류사오치에게 넘겨주었던 국가주석직을 부활시켜야 하며, 그렇지 않으면 "그것은 인민의 심리 상태와 부합하지 않는다."라고 제안했다. 4월 12일에 주석은 정치국에 "나는 이 직위를 다시 수행할 수 없고, 이 제안은 적절하지 못하다."라고 하면서 즉시 제안을 거부했다. 4월 말 무렵 정치국 회의에서 마오는 국가주석직을 수행할 수 없고 그 직위를 폐지해야 한다고 세 번째로 언급하면서, 기원후 3세기경 삼국시대의 역사적 사건을 인용했다.

그러나 린뱌오는 여전히 이것을 고집했다. 정치국 내 그의 군부 동료 2명, 즉 공군 사령원 우파셴과 해군 정치위원 리쭤펑이 헌법 초안팀에 포함되었다. 5월 중순, 린은 그들에게 국가주석 직위가 필요한 이유를 포함시키도록 요구했고, 7

---

32 Philip Bridgham, "The fall of Lin Piao", *CQ*, 55(July-September 1973), 429-30.

월 중순에 마오가 사람을 위해 직위를 만들어서는 안 된다며 네 번째로 거부했음에도 불구하고 린뱌오의 부인 예췬도 막후에서 린의 지지자들과 함께 그것을 계속 밀어붙였다. 예는 국가주석직이 부활되지 않을 경우 린뱌오가 무엇을 할 수 있을지 우파셴에게 계속 애처롭게 물어보았고, 이는 마오가 그것을 계속 거절할 때 린의 이익이 무엇일지를 암시했다.[33]

당에서 주석이 공식 지명한 후계자가 왜 마오의 반대에도 불구하고 이 문제에 집착했을까? 그는 왜 당내에서 그것을 차지했다는 명망밖에 얻지 못할 의례적인 직위를 원했을까? 필립 브리지햄(Philip Bridgeham)은 신헌법으로 인해 린뱌오의 직위가 정부 내에서 저우언라이 총리 다음 서열인 부총리와 국방부장에 그쳤고, 이는 주석이 자신의 후계자로 린과 저우의 공동 리더십을 계획하고 있음을 의미하기 때문에 린뱌오가 실망한 것이라고 주장하였다.[34] 국가주석직은 마오가 맡은 적이 있기 때문에 분명히 총리보다 높은 어떤 기운이 있으며, 문화대혁명 이전 류사오치의 임기 동안은 국제무대에 노출되어 상당한 명성을 얻었다는 점도 이유가 될 수 있었다.

그러나 이 문제에서 린뱌오의 행동에는 깊은 불안감이 있었고, 그것은 자신을 구속하는 병과 기질에 따른 상대적 고립감으로 더욱 악화되었다.[35] 그는 1966년 초반 마오의 핵심 동료가 되었으며, 류사오치는 부여받지 못한, 당장(党章)에서 후계자로 지명되는 보장도 받았다. 이제 그는 국가주석으로 지명되는 더 확실한 보장을 원했다. 개인적 심리는 제쳐 두더라도 이 불안감은 그가 권력을 차지

---

33 王年一, 『…大动乱的年代』, 392-4; 郝梦笔, 段浩然…, 『中国共产党六十年…』, 613.

34 Bridgham, "The fall of Lin Piao…", 432-3.

35 张云生, 『毛家湾纪实…』, 관련 부분 참조. 장원성은 1966년 8월 19일부터 1970년 11월 17일까지 린뱌오의 비서 중 한 명이었다. 린은 빛, 바람, 물, 추위를 무서워했고, 땀을 싫어했다. 그는 목욕을 하지 않고, 과일도 먹지 않았다. 그는 자신의 숙소가 0.5도 이상 큰 변동 없이 항상 21℃(약 70℉)를 유지하도록 요구했다(예췬은 자신의 방 온도를 18℃로 하는 것을 좋아했다). 그러나 업무 수행과 관련된 린의 가장 쇠약한 상태는 아마도 서류를 읽을 수 없거나 거부하는 것이었으며, 그 결과 비서들은 그의 사무실로 도착되는 대량의 문서를 30분 내로 읽어 줄 수 있을 정도로 빨리 읽고 요약해야 했다. Ibid., 8-12; 王年一, 『…大动乱的年代』, 373-5, 377.

한 방식에 정당성이 없었고, 그의 동시대 지도자 가운데 문화대혁명의 생존자들이 아주 분개하고 있다는 불편한 의식으로부터도 일부분 비롯되었다. 만약 마오의 지지를 확실하게 자신했더라면 이것은 문제가 되지 않았을지 모른다. 마오가 자신의 나이가 많아 후계자가 필요하고 장춘차오가 좋은 후보가 될 수 있다고 했을 때, 린뱌오는 확실히 용기를 잃었다.[36] 그리고 린의 몰락 이후 회람된 문서에서 나타나듯이, 그는 마오에 대해 가장 절친한 동료조차 항상 등 뒤에서 찌를 준비가 된 사람으로 보았던 것 같다.

> 그는 유혹하려는 사람에게 오늘 달콤한 말과 꿀 발린 이야기를 하지만, 내일은 날조된 죄명으로 죽음을 선고한다…. 지난 몇십 년의 역사를 돌아볼 때, 그가 처음에는 지지했더라도 결국 정치적 사형선고를 내리지 않은 사람을 본 적이 있는가? … 그의 전임비서들은 자살을 했거나 체포되었다. 그는 몇몇 절친한 전우나 신뢰하는 부관들도 감옥으로 보냈다.[37]

그렇다면 왜 린뱌오는 마오에게 그렇게 노골적으로 도전했는가? 그는 마오 주석이 약해졌다고 생각했거나, 그 문제를 자신에 대한 마오의 태도를 시험하는 수단으로 삼으려 했을 것이다. 혹은 자기 주위의 군부 동료들과 합세했기 때문에 마오에게 양보를 강요할 만큼 강하다고 생각했을 수도 있다. 그래서 마오가 홍위병의 성공을 위해 인민해방군에 의존했고, 나중에는 장군들에게 불안을 느껴 그들을 억압했을 것이다. 정치국 내 장군들의 우세한 역할이 국방부장의 이해관계에 이용될 수는 없었을까?

게다가 린뱌오에게는 자신의 지위를 위한 다른 중요한 동맹자, 즉 마오의 오랜 이데올로기 조력자이자 한때 정치비서였던 천보다가 있었다.[38] 천은 1966년 봄

---

36 Ibid., 387-8.

37 Michael Y. M. Kau, *The Lin Piao affair: Power politics and military coup*, 87. 이 발언은 분명 린뱌오의 아들이 적었으나, 린뱌오의 지식과 경험을 확실하게 반영하고 있다.

38 마오가 천보다에게 입은 은혜에 대해서는 Wylie, *The emergence of Maoism*…, 관련 부분 참조.

중앙문화혁명소조 설립 때부터 책임을 맡았고, 곧이어 제9차 당대회 사진에서도 확인되듯이 주석과의 관계에 힘입어 마오, 린, 저우언라이 다음의 지도부 내 서열 4위로 부상했다. 그러나 1년 후 천은 마오에 대한 오랜 충성을 뒤로 한 채, 주석의 계속되는 언질에도 불구하고 린뱌오에 대한 지지를 선택하였다.

혹자는 1969년 후반 중앙문화혁명소조의 해체로 제9차 당대회 이후의 권력배분에서 천의 역할이 박탈되었으며, 그가 반극좌파투쟁으로 위협을 느꼈을지 모른다고 주장한다.[39] 또한 1966년에서 1969년 사이의 사건으로 문화대혁명 초기 마오를 지지했던 기존 연합이 와해되자 천이 고립감을 느꼈을지도 모른다. 상하이 좌파 장춘차오와 야오원위안은 장칭을 통해 주석과 연결되었고, 젊은 야오가 천보다를 대신해 마오의 총애를 받는 듯했다. 그러나 문화대혁명 초기에는 장과 야오, 그리고 장칭조차도 중앙문화혁명소조에서 천의 부하로 있었다. 제9차 당대회 준비 과정에서 원래는 천이 장과 야오를 부관으로 하여 린뱌오 정치보고의 초안을 작성하도록 선택되었으나, 천이 제때에 만족스러운 초안을 작성하지 못하자 캉성의 감독 아래 장과 야오에게 그 업무가 이관되었다. 캉은 국내 기밀 분야에서 마오의 오랜 부관이었고, 그와 동향인 장칭과도 긴밀한 유대를 가졌으며, 천은 캉의 유대관계를 부러워했던 것으로 보인다.[40]

린뱌오는 한편으로는 인민해방군 내에서 자신의 지위를 강화함으로써 더 이상 좌파의 지지를 필요로 하지 않는 것처럼 보였다. 실제로 린뱌오와 그의 동료들, 그리고 장칭과 그녀의 동료들은 점점 경쟁집단으로 발전했다. 린은 장기적으로는 자신의 역할에 대해 불안해했지만, 단기적으로는 장칭 집단을 압도할 수 있다는 강한 자신감을 가졌던 것으로 보인다. 아마 천보다도 이에 동의하여 예전에

---

39   Bridgham, "The fall of Lin Piao⋯", 432.

40   仲侃, 『康生评传』, 15-16, 146-7 참조. 캉성에 대한 천보다의 질투는 张云生, 『毛家湾纪实⋯』, 190-2 참조. 천의 제9차 당대회 보고와 관련된 문제는 Ibid., 210-11; 王年一, 『⋯大动乱的年代』, 387 참조. 후자 자료에 따르면, 화가 난 천보다가 자신의 초안 작업을 계속했으나, 마오가 몇 번의 수정 끝에 최종 승인한 것은 장과 야오의 것이었다. 린뱌오는 확실히 보고에 대한 마오의 생각과 최종안에만 관심이 있었다.

린뱌오가 마오에게 했던 역할을 자신이 린을 위해 하게 되면, 미래를 위해 가장 좋은 선택이 될 것으로 생각했을지 모른다.[41] 하지만 그 결정은 천의 경력에 재앙으로 증명되었다.

국가주석직에 대한 논쟁은 제9기 2중전회의 핵심의제가 되었고, 이 회의는 1970년 8월 23일부터 9월 6일까지, 불행한 역사가 있는 루산 휴양지에서 열렸다. 다시 한 번 마오는 국방부장과의 논쟁에 빠져들었지만, 이번에 그는 자신의 강점을 내세우거나, 혹은 직접적인 대결도 불사하는 국방부장의 능력에 맞설 충분한 자신감이 없었다.

8월 22일 회의 전야에 마오, 린뱌오, 저우언라이, 천보다, 캉성으로 구성된 정치국 상무위원회는 회의의 주요 의제에 합의했다. 마오는 반대를 무마할 때 습관적으로 하던 것처럼, 통합의 필요성과 분파주의의 극복을 핵심적으로 강조했다.[42] 그러나 린뱌오와 천보다는 국가주석직을 보존할 것을 다시 제안했고, 마오에게 그것을 맡도록 강요했다. 마오는 다시 한 번 거절하면서, 그 직위를 맡고 싶은 사람이 있으면 누구든지 그렇게 하라고 했다.[43]

다음날 저우언라이가 회의를 개회했고, 그는 국가 헌법의 개정, 국민경제의 계획, 그리고 전쟁준비를 의제로 제시했다. 예기치 않게 마오에게 사전 양해조차 구하지 않은 채,[44] 린뱌오는 국가 이데올로기로서 마오쩌둥 사상의 지도적 역할과 더 나아가 위대한 지도자, 국가원수, 그리고 최고의 지휘관으로서 그의 역할을 새 헌법에 규정하는 것이 매우 중요하다는 자신의 생각을 발언했다. 그는 국

---

41 1980~1981년 겨울의 재판에서 천보다는 단지 "그가 린뱌오와 장칭 사이의 권력투쟁을 알게 된 후 린뱌오를 동정했다."라고만 말했다. *A great trial in Chinese history: The trial of the Lin Biao and Jiang Qing counter-revolutionary cliques, Nov. 1980-Jan 1981*, 116 참조. 라이벌 관계의 발전과 린뱌오 그룹에 대한 자신감은 张云生, 『毛家湾纪实…』, 382-9, 王年一, 『…大动乱的年代』, 382-8 참조.

42 1959년 루산회의에서 마오의 행태를 참조하라. Roderick MacFarquhar, *The origins of the Cultural Revolution*, 2, 220 참조.

43 郝梦笔, 段浩然, 『中国共产党六十年…』, 613-14.

44 高皋, 严家其, 『文化大革命十年史, 1966-1976』, 348.

가주석직의 보존을 반대하는 사람은 완전히 반(反)마오주의자로 비난할 것이라고 위협했다.[45]

예전처럼 린은 자신의 헌신성을 과시하면서 자신의 목적을 달성하기 위해 마오의 초월적 천재성과 역할을 강조했으며, 이는 마오도 문화대혁명 초기부터 이미 알고 있었고, 이를 불편하게 생각했다.[46] 그러나 내막을 알지 못하는 225명의 중앙위원회 참석자 대부분은 린뱌오가 최고지도자를 위해 공개적이고 핵심적인 연설을 했다고 생각했고, 아무도 그것을 반대하지 못했다. 린뱌오의 아내 예췬은 이 기회를 마음껏 활용하여 린의 인민해방군 동료 우파셴, 리쮀펑, 총후근부 부장 추후이쮀에게 지지 발언을 하고, 영향력이 미치는 주변 중앙위원들을 동참시키도록 요청했다. 다른 인민해방군 지지자인 총참모장 황융성도 베이징에서 전화를 받고 린의 대책을 알게 되었다.[47] 그날 저녁 경제계획을 논의하는 정치국 회의에서 우파셴은 다음날 회의 일정을 조정하여 린의 연설 테이프를 청취하고 그것을 논의하자고 제안했다. 그날 밤 천보다는 공식 승인도 없이 헌법상에 국가주석직 조항을 삽입하고, 천재이론에 관한 어록을 수집하느라 분주했다.[48]

마오가 8월 23일 저녁의 정치국 회의에 참석했는지는 분명하지 않지만(아마도 참석하지 않았을 것임), 우파셴의 제안은 수용되었고, 회의에서는 다음날 아침 린뱌오의 테이프를 청취했다. 8월 24일 오후, 그들은 행동계획에 합의하고 천보다, 예췬, 우파셴, 리쮀펑, 추후이쮀가 역할을 분담하여 화북, 중남, 서남, 그리고 서북 지역의 소조회의에서 린의 노선을 지지하는 발언을 했다. 그들은 린의 입장을 지지하기 위해 천재이론에 관한 엥겔스, 레닌, 그리고 마오의 어록선집을 배부했

---

45 Ibid., 614.

46 1966년 7월 8일 장칭에게 보낸 마오의 편지는 *CLG*, 6, 2(Summer 1973), 96-9 참조. 그해 연말 린뱌오는 마오의 저작 학습을 새로운 단계로 격상시키는 주제의 군사학원 연설에서 마오 주석을 '당대의 가장 위대한 천재'라고 찬양했으며, 모든 사람이 마르크스-레닌주의 학습에서 99%의 정력을 그의 저작에 쏟으라고 촉구했다. *Issues & Studies*(이후 *I&S*), 8, 6(March 1972), 75-9 참조.

47 郝梦笔, 段浩然, 『中国共产党六十年…』, 614.

48 党史教研室, 『中国共产党六十年大事简介』, 561-2.

고, 천보다는 화북소조에서 마오가 국가주석이 되는 것을 반대하는 자는 누구라도 마오가 천재의 자격을 가졌음을 반대하는 것이라고 말했다. 이들의 발언에 관한 보고서도 소조회보에 인쇄되어 배부되었다. 소조회의에서는 아무도 린뱌오를 국가주석으로 제안하지 않았다.[49]

마오는 새 헌법에 국가주석직을 규정한 다음, 자신이 계속 그것을 거부하면 린에게 양도되도록 중앙위원회가 동의하게 만드는 것이 린의 책략임을 간파했던 것으로 알려졌다.[50] 만약 그렇다면 회기 직전 정치국 상무위원회 회의에서 했던 마오의 발언은 아마도 그 직위를 반대한 것이 아니라, 자신이 그것을 차지하지 않겠다는 뜻을 린에게 제안하려는 하나의 도발이었을 것이다. 그래서 린과 그 지지자들은 국가주석직 제안을 선동하는 데 고무되었을 것이고, 그들은 내버려 두었다면 그것을 차지했을 것이다.

린의 지지자들이 지역 소조에서 한 발언을 8월 25일 장칭과 장춘차오가 마오에게 알리자 그는 아주 신속히 대처했고, 나중에 린에 대한 아내의 행동을 칭찬할 만한 것으로 묘사했다. 홍위병의 하방과 시민투쟁의 억압으로 상하이를 벗어난 장칭과 장춘차오는 정치적 기반이 와해되었고, 이미 대단해진 린뱌오의 권력과 지위가 계속 확대되는 것을 원하지 않았을 것이다. 이제 마오의 지위를 일부라도 물려받고 싶은 그들의 희망은 린뱌오의 지위가 침식되는 정도에 달려 있었고, 장춘차오는 소조토론에서 린의 계획에 대해 우파셴과 충돌하기도 했다.[51]

마오는 린의 지지자들이 너무 빠르게 움직였기 때문에 자신이 입장을 밝히지 않으면 회의가 국가주석직 제안을 지지하는 쪽으로 흐를 것으로 생각했다. 장춘차오의 친밀한 추종자이자 그의 부관이었던 왕홍원(王洪文)조차 상하이 간부회의

---

49 胡华, ed., 『中国社会主义革命和建设史讲义』, 300; 党史教研室, 『中国共产党六十年大事简介』, 562; 高皋, 严家其, 『文化大革命十年史…』, 348; 郝梦笔, 段浩然, 『中国共产党六十年…』, 614. 이들 연설에 대한 인용은 Ibid., 614-15, n.1; 王年一, 『…大动乱的年代』, 398-9 참조.

50 郝梦笔, 段浩然, 『中国共产党六十年』, 615-16.

51 Ibid., 616; 王年一, 『…大动乱的年代』, 402.

에서 린뱌오의 주요 연설을 아주 열광적이고 고지식하게 칭찬했고, 화동소조 앞에서도 이 일을 반복하려 했다.[52] 화북소조에서 왕둥싱(汪东兴)만큼 마오와 친밀했던 누군가도 천보다의 웅변에 설득되었다. 그래서 8월 25일 마오는 정치국 상무위원회 회의를 소집했는데, 자신의 아내나 장춘차오 같은 추가 지지자들을 규합하기 위해 확대회의 형태를 취했다. 이 회의에서 앞으로 소조회의 때 린뱌오의 발언에 대한 논의를 중지하고, 천보다의 위법적 발언을 담은 화북소조 회보를 회수할 것이 결정되었다. 천은 자아비판을 하게 되었다.[53]

8월 31일 마오는 '나의 몇 가지 의견'을 회람시켜 반격을 했고, 이 문건에서 과거 자기 이데올로기 고문이었던 천의 '자산계급 이상주의'를 폭로하면서 그를 소문유포와 궤변의 죄로 고발했다. 마오의 맹렬한 공격은 천보다나 우파셴, 그리고 소조회의의 다른 린의 지지자들을 비판하는 수단이 되었다.[54] 그러나 공직에서 쫓겨난 사람은 린에게 이론적 기반을 제공하는 근원으로 간주된 천보다뿐이었다. 더욱 중요한 것은 그의 실각이 린의 인민해방군 동료의 직무를 해제시키는 것만큼 린을 직접 위협하지는 못했다는 점이다. 마오는 린뱌오의 권력을 알고 있었고, 후에 인정했듯이 아직 그와 맞설 준비가 되어 있지 않았다. 그는 린에게 은밀하게 말했으며, 다른 지도자들에게는 자신의 대리인이 보호되어야 한다고 말했다.[55]

그렇지만 린뱌오는 현실적 교훈을 얻었다. 이틀 반나절의 짧은 시간 동안[56] 국가주석직을 확보하려던 린의 시도는 실패했고, 당의 엘리트를 통제할 수 있는 마오의 권력을 확실하게 깨달았다. 9월 6일 회의가 끝나 루산을 떠나기 선에 린은

---

52 高皋, 严家其, 『文化大革命十年史…』, 349. 마오의 개입 이후, 왕훙원은 자신의 연설기조를 천보다에 대한 비판으로 서둘러 바꾸었다.

53 党史教研室, 『中国共产党六十年大事简介』, 562.

54 郝梦笔, 段浩然, 『中国共产党六十年…』, 616. 마오 연설의 원문은 王年一, 『…大动乱的年代』, 403-4에 있다.

55 高皋, 严家其, 『…文化大革命十年史』, 349-50.

56 그것은 8월 23일에서 8월 25일 정오까지였다. Ibid., 349.

그 교훈을 우파셴에게 전하면서, "비군사적 방식으로 처리해서는 안 되며 군대를 이용해야만 가능하다."라고 했다.[57]

외교정책상의 이견

당 건설과 국가제도의 재구축은 기본적으로 권력 문제였다. 중국 문헌은 이것을 덜 주목했지만, 마오와 린을 분열시킨 다른 정책 쟁점도 있었는데 바로 미국에 대한 개방이었다. 이는 *CHOC* 제15권에서 자세히 다루고 있으며,[58] 여기서는 간단히 언급하겠다.

1972년 닉슨(R. Nixon) 대통령이 중국을 방문하여 중·미 관계가 놀랍게 반전된 계기는 잘 알려져 있다. 1969년 3월 우수리 강 전바오다오(珍宝岛, Damansky)에서 중국과 소련 군대의 국경충돌로 유혈사태가 계속된 이면에는 모스크바가 당시 심각하지 않던 대치국면을 확대시키려 한다는 베이징의 우려가 있었다. 이어서 서북 국경에도 일련의 충돌이 있었는데, 8월의 신장(新疆) 사건이 특히 심각했으며, 동유럽 정보에 따르면 러시아가 중국 핵무기 기지에 대한 '국부적 타격'을 위해 동맹을 타진한다는 소문이 돌기 시작했다.

9월 11일 베이징공항에서 코시긴(A. N. Kosygin) 총리와 저우언라이 총리의 짧은 회담으로 일촉즉발의 긴장이 다소 완화되었으나, 중국은 계속해서 심각한 위협을 느끼고 있었다. 우수리 강 충돌 이후 베이징 언론은 그것을 1968년 여름 소련의 체코슬로바키아 침공과 비교했는데, 러시아인은 그것을 '브레즈네프 독트린(Brezhnev doctrine)'으로 계속 정당화시킴으로써 소련이 승인하지 않은 어떠한 공산주의 정부도 효과적으로 전복시킬 수 있었다. 중국 지도부의 고민은 이러한 새로운 환경에서 국가안보를 어떻게 확보할지 하는 점이었다.

사람들은 전바오다오의 충돌이 중국의 매복으로 시작되었고, 린뱌오가 공산당

57　"搞文的不行, 高武的行"; 胡华, 『中国社会主义革命和建设史讲义…』, 302 참조.
58　*CHOC*, 15, ch.5 참조.

제9차 당대회 대표들에게 영웅적 인민해방군의 중요성을 부각시키고 당내에서 군대의 역할을 정당화하기 위해 국경충돌을 유발했다고 생각하기도 했다.[59] 이것이 사실이든 아니든, 1969년 사태로 마오와 저우언라이가 배운 교훈은 확실히 그 반대였다. 즉 소련이 국경에서 훨씬 강경한 노선을 취했고,[60] 중국이 거기에 아무리 단호히 대처하더라도 소련의 가공할 공격을 인민해방군이 효과적으로 방어하기 어렵다는 점이었다. 그래서 베이징이 닉슨 행정부의 제안을 수용한 것이었다. 워싱턴에 대한 개방은 러시아인들이 중국을 공격했을 때 미국을 무시해도 좋을지 계산하기 어렵게 만들었다. 중·미 관계의 개선 이전에도, 닉슨 행정부는 소련의 침공에 대해 미국이 자비로운 중립을 취하지 않을 것을 모스크바가 알 것이라고 지적했다.[61] 중·소 갈등의 근원은 상당 부분 미·소 데탕트에 대한 중국의 분노에서 찾을 수 있다. 즉 중국이 소련공산당 지도부의 수정주의를 공격적으로 비난한 것은 러시아인들과 미국인들이 부분적 핵실험 금지조약에 서명한 후 시작되었고, 문화대혁명은 중국에도 유사한 수정주의가 출현하는 것을 막기 위함이었다. 따라서 중·미 관계의 타결은 현실정치보다는 중국의 이데올로기 원칙 약화와 더 관련된다는 점이 전혀 놀랍지 않다.[62]

당연히 린뱌오는 아시아에서 나치─소비에트 협약에 비견되는 격변을 느꼈을 것이다. 그는 중국이 두 강대국의 동시적인 위협 앞에서 진정으로 홀로 설 수 없다면, 제국주의 미국보다는 수정주의 소련과의 타협이 더 나을 것으로 판단했을 수도 있다. 이 문제에서 린의 입장이 분명하게 밝혀진 적은 없었다. 후에 그는

---

59 전바오다오 충돌에 참여한 29세의 지휘관 쑨위궈(孫玉国)는 인민해방군 총참모장 황융성에 의해 제9대에 소개되고, 마오의 감동적인 환영을 받았다. 하버드 페어뱅크센터(Fairbank Center) 도서관에 소장된 제9차 당대회 연설선집에서 마오의 간략한 언급을 참조.

60 가령 Neville Maxwell, "The Chinese account of the 1969 fighting at Chenpao", *CQ*, 56(October-December 1973), 734에 실린 충돌에 참여한 중국 장교들의 평가 참조. *CHOC*, 15, ch.3도 참조.

61 Henry Kissinger, *White House years*, 184.

62 가령 *Chinese Communist internal politics and foreign policy*, 115-45의 쿤밍 군구(昆明军区) 내에서 회람된 문건 참조.

'고립주의자'와 '대국 쇼비니즘(chauvinism)'으로 비난받았으며,[63] 이 점은 그가 미국이나 소련 어느 쪽과의 타협도 반대했고,[64] 중국이 자신을 보호할 만큼 충분히 강하다고 주장했음을 의미한다. 마오는 닉슨과 다른 외국 방문자들에게 린뱌오가 미국과의 접촉을 반대했다고 전했다.[65]

만약 마오의 보고가 정확하다면, 그의 동기를 이해하기는 어렵지 않다. 인민해방군은 중국이 예전보다 더욱 고립되고 위협받고 있는 것으로 느꼈다. 마오의 정신을 물려받은 위대한 혁명군이 국가적 위기상황에서 개인의 권리를 논할 수는 없었다. 저우언라이의 영역인 평화와 외교적 기술은 덜 중요해 보였을 것이다.

린에게는 불행했지만 마오는 외교로 시간을 벌 생각이었고, 10월 7일 신화통신은 중·소 국경협상이 시작될 것이라고 발표했다. 마오는 여전히 러시아인들을 의심했고, 10월 중순에 정치국은 즉시 경계 강화를 결정했다. 1969년 10월 17일, 린은 세계정세에 대한 마오의 암울한 분석에 입각해 인민해방군에 비상경계를 내리고 도시에서 피신하는 '1호 명령'을 발동했다.

당시에 린은 쑤저우(苏州)에 있는 한때 장제스 부인이 소유했던 집에서 휴가를 보내고 있었다. 린의 명령을 베이징의 총참모장 황용성에게 전달한 비서에 따르면, 국방부장의 관심은 소비에트 협상사절이 도착하여 중국의 경계가 느슨해질 때 러시아인들이 기습공격을 준비할지의 여부에 쏠려 있었던 것 같다. 마오는 황보다 두 시간 앞서 명령승인에 관한 문건을 받았지만, 그것을 철회하지 않았다. 후에 린의 명령이 비난받은 이유는 최소한 일정 부분 러시아, 미국, 타이완 정권의 신속한 반응에 대해 당시 지도부가 우려했기 때문일지도 모른다. 이처럼 명백한 전쟁준비는 러시아인들이 국경에서 더 많은 군사적 행동을 할 구실을 제공했

---

63 Ibid., 132.

64 *CHOC*, 15, ch.3 참조.

65 Kissinger, *White House Years*, 1061; *NYT*, 28 July 1972, Bridgeham, "The fall of Lin Piao…", 441-2에서 인용. *CHOC*, 15, ch.5도 참조. 여전히 린뱌오의 비서는 자신의 상관이 말년에 외교 문제에 실질적인 관심이 없었다고 증언한다. 张云生, 『毛家湾纪实…』, 329-33.

을 수 있다. 린의 명예가 실추되자 마오는 명백히 자신이 유발한 행위에 대해 그를 비난했다.[66]

국경협상은 10월 20일부터 순탄하게 시작되었다. 동시에 중국과 미국도 헨리 키신저(Henry Kissinger)가 후에 '복잡한 미뉴에트(intricate minuet)'[67]라고 명명한 협상을 시작했다. 그들은 20년간의 적대감과 의심 때문에 서로 신중히 행동했다. 1969년 말 미국은 자신들의 신호와 메시지, 그리고 암시에 대해 분명한 결실을 거두었다. 린뱌오가 국가주석이 되려고 시도하던 1970년에도 중·미 협상은 계속 확대되었다. 1971년 4월 21일, 저우언라이가 키신저에게 베이징 방문을 요청하였을 때[68] 린이 비군사적 방식으로 권력을 잡는 일은 가망이 없음이 증명되었고, 그는 더 위험한 방식에 착수했다.

"돌을 던지고, 모래를 섞고, 지반을 허문다."

군을 동원해 권력을 잡으려는 린뱌오의 시도는 분명 루산회의에서의 정치적 좌절로 인해 촉발되었지만, 그 시점은 회의 이후 마오가 동료들에게 행한 가혹한 정풍운동에서 비롯되었다. 1970년에서 1971년으로 이어지는 가을과 겨울 사이,

---

66 Ibid., 316-23; 『中共党史大事年表』, 372. 장원성의 설명은 중국 지도자들이 전쟁을 초래할지도 모를 결정을 얼마나 서둘러 내렸는지 여실히 보여 준다.
피신 명령에는 아마도 다른 별도의 동기나 장점이 있었는데, 그것은 린뱌오 권력에 잠재적 위협이 되는 고위 간부들을 베이징 외부로 내보낸 것이다. 많은 원수(元帅)들이 징광선(京广线, 베이징~광저우)을 따라 흩어졌는데, 천이(陈毅)는 스자좡(石家庄), 녜룽전(聂荣臻)은 한단(邯郸), 쉬샹첸(徐向前)은 카이펑(开封), 예젠잉은 창사(长沙), 류보청은 항저우(杭州), 주더와 선 세획위원회 주임 리푸춘(李富春)은 광둥 성 충화 현(从化县)으로 갔다. 그중 일부는 최근 루산회의에서 린뱌오 반대 노선에 섰으며, 리를 제외한 모든 사람이 권력장악을 위해 군사력을 사용할 경우 잠재적 장애물이었다. 피신 과정은 聂荣臻, 『聂荣臻回忆录(下)』, 861-4 참조. 예젠잉은 천보다 조사임무 때문에 곧 돌아왔다. 신화통신의 중·소협상 관련 보도는 Kissinger, *White House years*, 186에서 인용했다. *CHOC*, 15, ch.3도 참조.

67 Kissinger, *White House years*, 187.

68 Ibid., 193, 684-703, 714. 키신저는 외교관계가 개선되던 시점인 7월 2일, 중국 옌안에서 수백 마일 떨어진 곳에서 중국 전투기가 미국 정보정찰기를 요격하려던 시도는 베이징의 내부 권력투쟁의 반영일지도 모른다고 추측했다. Ibid., 697. 린뱌오가 인민해방군 공군사령원 우파셴과 절친한 사이인 점에 비추어 볼 때, 이것은 합리적인 추측이었다.

국방부장 입장에서는 즉시 행동하지 않으면 모든 것이 끝날 것처럼 보였다. 마오의 행동은 마치 린뱌오에게 잘못된 시도를 강요하는 것처럼 그를 몹시 자극했다. 만약 그가 즉시 행동했더라면 죽음을 자초하게 되었을 것이다.

천보다에 대한 정풍운동에는 다양한 방식이 있었다. 먼저 천 자신의 명예가 실추되었고, 1970년 11월부터 1971년 4월 이후까지 그를 향한 정풍운동이 계속되는 동안 그가 반당적이고 사이비 마르크스주의자라는 사실을 전제로 운동이 전개되었다. 동시에 고위 간부들은 마르크스-레닌주의 및 그들에게 부과된 마르크스·엥겔스·레닌의 저서 6권, 마오의 논문 5편을 연구해야 했는데, 그 연구의 공식 목적은 그들에게 물질주의와 이상주의를 구분하도록 만드는 것이었다. 사실 마오의 목표는 린뱌오였는데 그는 마르크스-레닌주의 경전 연구를 묵살하고, 마오쩌둥 사상 연구를 어록 암송으로 격하시켰다. 천의 죄는 그의 활동을 살피기 위해 푸젠, 광둥, 광시 등을 방문한 예젠잉이 조사했으며, 그것은 간부들이 린에 대한 충성을 단념하도록 만드는 정풍운동에 좋은 구실을 제공했다.[69]

후에 마오는 린뱌오와 그 추종자들을 다룬 자신의 책략을 "돌을 던지고, 모래를 섞고, 지반을 허문다(甩石头, 掺沙子, 挖墙脚)."[70]라고 묘사했다. '돌 던지기'는 린의 동맹에 그 싹을 자르는 것을 의미했다. 루산에서 저우언라이는 개인적으로 우파셴, 리쮜펑, 추후이쮀에게 중앙위원회에서 자아비판을 하라고 말했다. 회의가 종료된 다음날 린뱌오는 루산 아래 주장(九江) 공항에서 그들과 황융성을 포함해 기념촬영을 했고, 그들 및 아내와 작전을 논의했다. 그들은 우파셴의 지위를 회

---

69 천을 반대하는 중앙위원회의 첫 번째 문건은 1970년 11월 16일에 발표되었고, 이미 그의 주요 오류를 반당 분자, 사이비 마르크스주의자, 야심가, 음모가 등으로 열거했다. 1971년 1월 26일, 중앙위원회는 천의 일생 동안의 '죄행'을 기록한 자료집을 발표했다. 2월 21일과 4월 29일, 두 개의 중앙위원회 통지는 천에 대한 비판운동을 어떻게 수행해야 할지 자세히 설명하고 있다. 郝梦笔, 段浩然, 『中国共产党六十年…』, 617-18; 王年一, 『…大动乱的年代』, 406-9 참조. 예젠잉의 조사는 『紫思录: 怀念叶剑英』(이후 『紫思录』), 265, 294, 301-4 참조.

70 甩石头, 掺沙子, 挖墙脚; CLG, 5, 3-4(Fall-Winter 1972-3), 38; 胡华, 『中国社会主义革命和建设史讲义』, 302.

374

복하고, 린바오과 황융성을 보호하고, 저우언라이의 명령을 거짓 자아비판으로 대처할 것을 합의했다.[71]

그러나 다음 달 마오는 자신에게 전달된 모든 자아비판 원고에 불만족이라는 논평을 남겼다. 1971년 1월 9일, 당 중앙군사위원회가 소집한 143명의 간부회의에서 린의 동료들은 마오의 반복된 비난에도 불구하고 천보다 비판이나 자아비판을 하지 않았고, 주석은 회의절차를 무시하도록 지시함으로써 자신의 불쾌감을 표시했다. 결국 4월 29일, 반(反)천보다 정풍운동의 논의를 위해 소집된 중앙회의에서 저우언라이는 황융성, 우파셴, 예췬, 리쭤펑, 추후이쭤에 대해 정치노선과 분파주의 오류를 범했다고 비판했다.[72]

'모래 섞기'는 마오의 심복을 린의 수하들이 지배하게 될 조직에 심는 것을 의미했다. 황융성과 우파셴의 권력을 견제할 지덩쿠이(纪登奎)가 제9대 정치국 후보위원으로 선출되었고, 장차이첸(张才千)은 1971년 4월 7일 군사위원회 위원(办事组成员)으로 지명되었다. 마오는 인사 및 선전 업무를 통제하기 위해 다른 조직적 수단도 동원했다. 1970년 11월 6일, 중앙위원회 조직부, 중앙당교(中央党校), 『인민일보』, 기관지 『홍기』, 신화통신사, 중앙방송국, 『광명일보』, 그리고 수많은 다른 기관들을 감시하고 이를 정치국에 직접 보고하는 새로운 중앙조직선전소조가 설립되었다. 소조 책임자는 캉성이었고, 성원으로는 장칭, 장춘차오, 야오원위안, 지덩쿠이, 그리고 리더성(李德生) 장군이 있었다. 캉성은 병으로 곧 물러났고, 리더성은 1971년 1월 안후이 성 당위원회의 제1서기가 되었다. 마오의 아내와 그녀의 상하이 동료들이 남아 책임을 맡으면서 한때 천보다의 영역이었던 미디어 제국을 지배했고,[73] 홍위병운동이 끝난 이후 처음으로 국가 차원의 권력기반을 확

---

71 高皋, 严家其, 『文化大革命十年史…』, 349-50. 주장의 사진은 Yao Ming-le, *The conspiracy and murder of Mao's heir*, 57에 실려 있다.

72 郝梦笔, 段浩然, 『中国共产党六十年…』, 619-20; 胡华, 『中国社会主义革命和建设史讲义』, 302; *CLG*, 5, 3-4(Fall-Winter 1972-3), 38.

73 *A great trial in Chinese history…*, 226.

보했다.[74]

'지반 허물기'는 베이징 군구의 재편을 의미했다. 국방부장과의 대결이 점점 거세지자 마오는 수도를 책임지는 군대가 린뱌오가 아닌 자신에게 충성하도록 만들어야 했다. 1970년 12월 16일, 그는 화북지역 당위원회와 화북 군구가 중앙위원회로부터 합법적 권력을 부여받지 않았음에도 천보다가 태상황(太上皇)의 지위를 누린 것을 비판하는 회의를 소집했다. 그 비판은 정당했을 것이다. 그러나 문관인 천보다를 군부의 배후세력으로 몰기보다는 린뱌오의 대리자로 묘사하는 편이 더 쉬웠을 것이다. 그것은 아마도 분별력 있는 당원이라면 표할, 정치국 상무위원에 대한 일반적인 존경심을 반영하였을 것이다. 그의 높은 신분에 의문을 제기하는 것은 너무 무례한 짓이어서 상상하기 어렵다. 어쨌거나 스스로 정식 절차를 무시했던 마오로서는 조직적 기율을 분명하게 위반한 행위가 더 이득이었을 것이다.

저우언라이는 표면상 천보다와 지역 내 그의 추종자들을 비판하기 위해, 1970년 12월 22일 화북지역 회의를 소집했다. 한 달 가까이 회의가 이어지면서 베이징 군구 지도부가 재편되면서 린뱌오 추종자인 사령원과 제2정치위원이 교체되었으며, 국방부장에게 충성하는 것으로 여겨지던 38군이 베이징을 떠났다.[75]

'571': 린뱌오의 실패한 쿠데타

이후의 증거에 따르면, 1971년 2월 린뱌오는 아내와 아들을 데리고 쑤저우(苏州)를 방문하는 동안 쿠데타 계획의 준비를 위임했다. 쿠데타 계획은 아들인 린리궈(林立果)가 이끄는 비교적 하급의 소규모 장교그룹이 그들의 공군기지에서 준비했다. 그 사이 마오가 중앙군사위원회 회의에서 린뱌오 동맹자들의 의견을 저지

---

74 郝梦笔, 段浩然, 『中国共产党六十年…』, 618.

75 Ibid., 618; 胡华, 『中国社会主义革命和建设史讲义』, 302; Ying-mao Kau, "Introduction: The case against Lin Piao", *CLG*, 5, 3-4(Fall-Winter 1972-3), 12.

하고, 수도에서 인민해방군을 재편하는 돌발적인 사건이 있었다. 린은 어떻게 대응했을까? 그는 유일한 방어수단으로 공격을 선택했다.

그의 어리석음은 제쳐 두고, 권력을 향한 린의 노력 가운데 가장 특별한 점은 자신의 전문 분야에서 드러난 약점이었다. 그는 국방부장임에도 불구하고, 인민해방군에서 다양한 무기를 책임지는 정치국 동료들에 의존하지 않았다. 생존한 린뱌오 지지자들에 대한 1980~1981년 재판 증거에 따르면, 그들이 무슨 일을 했든 황용성, 우파셴, 리쭤펑, 추후이쭤는 마오를 암살하려는 어떠한 음모에도 연루되지 않았다.[76]

공군에서 린리궈의 공식 직함은 아버지의 영향력에 힘입어 판공실(모든 문서가 유통되는 핵심부서) 부주임이자 작전부 부부장이었다. 그의 상관인 우파셴의 1980년 재판 증언에 따르면, 1970년 7월 6일부터 "공군과 관련된 모든 일을 린리궈에게 보고하고, 그의 지시와 명령에 따라야 했다."라고 한다.[77]

린리궈는 우파셴이 설립을 허용한 조사팀을 기반으로 '연합함대'라는 공모자 그룹(표 3 참조)을 조직했다. 따라서 대부분의 구성원은 인민해방군 공군사령부 간부였다. 린리궈의 '예하부대'는 그를 제외하면 주로 화중지역을 관할하는 난징(南京) 군구에 속해 있었다.

1971년 2월 린리궈는 항저우(杭州)에서 인민해방군 공군사령부 본부 부주임 위신예를 차출하고, 인민해방군 공군사령부 당위원회 판공실 부주임 저우위츠를 베이징에서 상하이로 불렀으며, 그곳에서 3월 20일부터 24일 사이 아버지의 명

---

76 *A great trial in Chinese history*…, 117-25 참조. 이어지는 린뱌오의 음모를 설명하기 위해 많은 자료들을 취합했지만, 실제로는 모두 승리자와 그들의 경험에 따라 쓰인 공식적, 혹은 반(半)공식적 견해들이다. 정해진 후계자의 죽음과 같은 중대한 사건에서는 증거가 고쳐질 가능성이 많으며, 나중에 중앙위원회의 비밀기록이 공개된다고 해서 다른 견해가 사라질 보장도 없다. 당시 중국 정치의 특성을 묘사하기 위해서도 린뱌오 사건에 관한 현재의 가장 믿을 만한 견해를 상세히 밝히는 것은 여전히 가치 있는 일로 보인다. 수정된 견해는 모두 중국의 운명이 단지 무모한 지도자나 그들 가족의 소규모 집단이 갖는 야심이나 음모로 결정된다는 것을 강조하고 있을 뿐이다.

77 Ibid., 93.

표 3. 린뱌오 그룹: 동맹자와 공모자

	린뱌오[a] 예췬[a]
동맹자 (정치국원)	황융성, 인민해방군 총참모장[b] 우파셴, 인민해방군 공군사령부 사령[b] 리쭤펑, 인민해방군 해군사령부, 제1정치위원[b] 추후이쮜, 인민해방군 총후근부장[b]
기타	정웨이산(郑维山), 베이징 군구 대리사령원(?)
공모자 (연합함대)	린리궈(林立果), 인민해방군 공군사령부 판공실 부주임[a] 왕웨이궈(王维国), 인민해방군 공4군 정치위원, 난징 천리원(陈励耘), 인민해방군 공5군 정치위원, 저장 저우젠핑(周建平), 인민해방군 공군 난징부대 부사령원 장텅자오(江腾蛟), 전 인민해방군 공군 정치위원, 난징[b] 저우위츠(周宇驰), 인민해방군 공군 정치부 부주임, 베이징[c] 후핑(胡萍), 인민해방군 공군사령부 부참모장, 베이징 관광례(关广烈), 인민해방군 0190부대 정치위원 리웨이신(李伟信), 인민해방군 공4군 정치부 비서처 부처장 류페이펑(刘沛丰), 인민해방군 공군 기관당위원회 판공실[a] 루민(鲁珉), 인민해방군 공군 작전부 부장, 베이징 왕페이(王飞), 인민해방군 공군 부참모장, 베이징 위신예(于新野), 인민해방군 공군 정치부 부주임, 베이징[a]

a: 몽고에서 비행기 사고로 사망
b: 1980~1981년 재판
c: '571' 계획의 실패 후 자살

령에 따라 그들 및 난징 인민해방군 공4군 정치부 부부장 리웨이신과 음모를 꾸몄다.

공모자들과의 논의는 현 정치상황에 대한 린 가족의 평가를 반영하는데, 평온한 시간이 계속되면 민간 지도자들의 지위가 강화될 것이므로 이제 출격 순간이 임박했다고 판단한 것이다. 마오는 예전처럼 파벌게임을 벌여 장춘차오가 국방부장을 상대하도록 했다.[78] 권력의 평화적 승계는 이 단계에서도 아직 배제하지 않았던 것으로 보인다. 다른 가능성은 린을 배척하는 것이었다. 놀랍게도 2중전

---

78 Kau, *The Lin Biao affairs*…, 90-1.

회와 그 이후 사건들로 볼 때, 일부 공모자들은 향후 3년 동안은 그 일이 어려울 것이라고 생각했다. 그러나 최소한 린리궈는 그러한 예측의 위험성을 알고 "아무 것도 예측할 수 없다. 주석은 아주 명망이 높기 때문에 원한다면 누구든지 말 한 마디로 제거할 수 있다."라고 했다. 위신예가 이의를 제기하며 린뱌오는 마오의 개인적 선택이라고 하자, 린리궈는 류사오치도 똑같은 처우를 받은 사실을 냉정히 상기시켰다.[79]

린뱌오의 세 번째 선택은 권력을 '신속하게' 탈취하는 것이었다. 두 가지 대안적 시나리오가 논의되었는데, 하나는 특히 장춘차오와 같은 라이벌을 제거하는 것이고, 다른 하나는 마오를 제거하는 것이었다. 공모자들은 후자의 행동에 거리낌이 없었으나, 어떻게 인민들의 부정적 반발 없이 그 사실을 제시할지가 관건이었다. 저우위츠는 마오의 암살에 대한 비난을 다른 사람, 심지어 장칭에게 전가시키자고 제안했으나, 린은 정치적으로 "이 대안을 선택하려면 상당한 대가를 치러야 한다."라고 덧붙였다. 그래서 린은 평화적인 권력 탈취를 위해 노력해야 하지만, 쿠데타도 준비해야 한다는 결론을 내렸다.[80]

린리궈는 작전명을 '571' 계획으로 결정했으며, 그 이유는 이 숫자(571)가 중국어로 무장기의(武裝起义)와 동음어이기 때문이었다. 마오는 'B-52'로 언급되었다. 처음에 논의한 대로, 그 계획은 단지 장춘차오와 야오원위안만을 체포하는 것이었다. 마오의 암살계획은 그날 늦게 아마도 주석의 남부지역 순방에 대처하기 위해 위신예가 세운 것으로 보였다.[81]

린뱌오는 1971년 8월 중순에서 9월 중순 사이에 이루어진 주석의 산이역 유세 때문에 가장 불안해했다. 주석은 주로 우한, 창사, 난창을 방문했고, 후베이, 허난, 후난, 광둥, 광시, 장쑤, 푸젠 등에서도 당과 인민해방군 간부를 만났다.[82] 그

---

79 Ibid., 92.
80 Ibid., 92-3.
81 Ibid., 93-5.
82 郝梦笔, 段浩然, 『中国共产党六十年…』, 621.

들과 대화하면서 마오는 린뱌오 집단의 2중전회 활동을 류사오치, 펑더화이, 가오강(高崗), 그리고 축출된 다른 전임 지도자들의 행동과 동일한 분파투쟁으로 묘사했다.

처음에 마오는 린뱌오를 직접 거명하여 비판하는 행위는 자제하면서, 그의 측근들이 2중전회에서 "계획적이고 조직적이며 준비된 기습공격과 지하활동을 했다."라고 비난했다. 그렇지만 "누군가가 국가주석이 되어 당을 분열시키고, 권력을 잡으려 열망한다."라고 마오가 언급했을 때, 아무도 그의 진정한 목표를 알아차리지 못했다. 마침내 린의 이름을 언급했을 때는 화가 나기보다 슬픔에 잠긴 상태였으나, "이번에 린 부주석을 보호하기 위한 개인적인 결정은 아무것도 내려지지 않았다. 그러나 물론 그가 일부 책임을 져야 한다. 이들을 어떻게 처리해야 되느냐?"라는 말에 국방부장이 속지는 않았다.[83]

마오의 자문자답에 린의 가족이 의심하지는 않았다. 그러나 흥미로운 점은 그가 왜 자신이 지명한 후계자와 투쟁하는지에 대해 주석이 언급한 명확한 암시였다. 한편으로 그는 지방 당위원회가 그들의 결정을 인민해방군 당위원회에게 승인받는 관행도 비판했다. 다른 한편 그는 "인민해방군에게 배우자."라는 자신의 초기 슬로건을 "인민해방군이 전체 인민으로부터 배워야 한다."로 수정했다.[84] 마오를 움직인 것은 군부가 국가를 지배하려 한다는 것에 대한 위기의식이었다.

주석은 자신의 발언이 곧바로 린뱌오에게 전달될 것을 알았고, 그것을 의도했음이 틀림없다. 그 발언은 실제로 해군 정치위원 리쭤펑에게 보고되었고, 다시 9월 6일에 총참모장 황융성과 후근부장 추후이쭤에게 전달되었다. 황은 즉시 남편과 아들과 함께 베이다이허(北戴河) 해변 휴양소에 있던 예췬에게 전화했다. 이틀 후 린뱌오는 "당신들은 리궈(린리궈)와 위츠(저우위츠) 동지가 전달하는 명령에 따라 행동하기 바란다."라며, 린리궈에게 쿠데타 시행계획을 승인하는 지시를

---

83 Kau, *The Lin Piao affair*⋯, 57-61.
84 Ibid., 64.

내렸다. 같은 날 린리궈는 마오 암살의 최종 준비를 위해 베이징으로 떠났다.[85]

9월 8일에서 11일, 린리궈와 연합함대 멤버들은 수도를 향해 북으로 돌아오는 특별열차에서 마오를 죽일 다양한 방법, 즉 화염방사기, 40밀리 로켓포 혹은 100밀리 대공포를 통한 열차 공격, 다이너마이트로 열차가 통과하는 교량 폭파, 공중에서의 열차 폭격, 덜 극적이지만 가장 확실한 면전에서의 권총 암살 등을 논의했다.[86]

이 모든 계획은 결실이 없는 것으로 드러났다. 공모자들이 마오의 행동을 알게 될 즈음, 주석은 8월 말경 난창에서 린뱌오가 음모를 꾸민다는 낌새를 알아차렸다.[87] 따라서 여행에서 돌아오는 길에 마오는 갑자기 출발을 하여 도중하차를 줄였으며, 상하이를 예정보다 훨씬 일찍 떠나 9월 11일 베이징을 향해 돌아갔고, 공모자들이 채 준비하기도 전에 그의 특별열차가 차단될 지역을 지나쳐 갔다.[88] 9월 12일 오후 그는 베이징 외곽의 펑타이(丰台) 역에 기차를 세웠고, 그날 저녁 중앙역에 도착하기 전에 수도에 기반을 둔 군민 고위 간부들과 2시간 동안 회의를 개최했다.[89] 마오의 돌발행동이 음모의 상세한 내용이나 구체적인 계획에 대한 정보 때문에 가능했다는 증거는 전혀 없다. 아마도 그는 오랫동안 게릴라전에서 연마한 생존본능에 따라 행동했을 것이다. 동기가 어떻든 그의 피신은 오늘날 '9·13 사건'으로 불리는 중국의 위기를 재촉했다.

---

85 *A great trial in Chinese history*…, 96-97. 린뱌오의 딸 린더우더우(林豆豆)와의 인터뷰에 근거한 한참 이후의 견해에 따르면, 황이 9월 5일에 전화를 걸었을 때 그녀는 베이다이허에 없었던 반면 재판에서는 통화기록이 제시되었기 때문에 황이 전화한 날짜는 9월 6일이 더 옳아 보인다. "Lin Doudou who lives in shadow of history", 『华侨日报』, 15 June 1988, 3 참조. 그러나 최근 대륙에서 출판된 한 역사책에 따르면, 린리궈는 마오가 9월 5일 밤늦게 소집했던 회의에 참석한 어느 참석자를 통해 그것을 직접 통보받았다고 한다. 郝梦笔, 段浩然, 『中国共产党六十年…』, 621 참조.

86 *A great trial in Chinese history*…, 97.

87 郝梦笔, 段浩然, 『中国共产党六十年…』, 622; "Lin Doudou who lives in shadow of history…."

88 高皋, 严家其, 『文化大革命十年史』, 379-80.

89 胡华, 『中国社会主义革命和建设史讲义』, 309.

9·13 사건

린리궈는 주석이 살아 있다는 소식을 듣자 즉시 별도의 광둥(广东) 정부 수립 계획에 박차를 가했는데 그것은 린뱌오와 예췬이 암살계획과 동시에 예전부터 준비한 것이었다. 린과 예는 9월 13일 오전 8시 베이다이허를 떠나 남쪽으로 날아갔고, 린의 고위급 군부 동료들(황용성, 우파셴, 리쭤펑, 추후이쭤), 그리고 린리궈의 공모자들과 광저우(广州)에서 만나기로 합의되어 있었다. 베이징에서 준비를 마친 후, 린리궈는 영국이 제작한 중국에 몇 안 되는 제트기 트라이던트(Tridents) 중 한 대를 타고 베이다이허 공항인 산하이관(山海关)으로 날아갔다. 그것은 자기 부모의 도피를 위해 공군 내 지지자들을 통해 몰래 동원한 것이었다.[90] 만약 그의 누나 린리헝(林立衡)만 개입하지 않았더라면 그는 성공했을지도 모른다.

린리헝은 자기 아버지가 좋아하는 음식 이름을 따서 지은 더우더우(묘묘)라는 별명으로 더 잘 알려져 있다. 더우더우는 린뱌오와 매우 가까웠으나, 어머니 예췬은 그녀를 난폭하게 다루었다. 그래서 그녀와 동생은 모두 어머니를 '예 주임'으로 불렀다.[91] 성격이 비뚤어진 더우더우는 예췬이 자기 생모가 아니라고 의심하기 시작하였으며, 그녀를 옌안(延安)에서 데려온 의사가 예를 생모로 증언하도록 불러오기도 하였다.[92] 한때 더우더우는 자살을 시도하기도 하였다. 예 주임의 반응은 "죽게 내버려 두라."라는 것이었고, 더우더우의 아버지는 그 소식을 듣지

---

90 高皋, 严家其, 『文化大革命十年史…』, 381-3.

91 "Lin Doudou who lives in shadow of history," 『华侨日报』, 14 June 1988. 진위가 의심스러운 한 자료에 따르면 린더우더우는 1941년 소련에서 태어났다. 당시는 린뱌오가 그곳에서 요양하던 3년의 마지막 해였다. Yao, *The conspiracy and murder of Mao's heir*, 130 참조.

92 "Lin Doudou who lives in shadow of history…." 이 이야기가 바로 더우더우는 린뱌오의 첫 번째 부인 류샤오밍(刘小明)의 아이였고, 예췬과 린뱌오는 1960년이 되어서야 결혼했다는 히네컨(Ginneken)의 주장에 대한 근거일 것이다. Jaap van Ginneken, *The rise and fall of Lin Piao*, 263, 272. 예췬이 린뱌오와 결혼한 날짜는 확실하지 않다. Klein and Clark, *A biographic dictionary of Chinese communism, 1921-1965*, 1, 567 참조. 그러나 1940년대 중반 옌안에 살았던 한 사람은 그들이 당시에 결혼했다고 증언했다(개인적 확인). 린과 예의 가정에서 더우더우의 불행했던 생활에 대한 긴 설명은 张云生, 『毛家湾纪实』, 256-92, 429 참조. 장원성은 예췬의 활동에 대하여 비판적 견해를 보였지만, 그럼에도 불구하고 그는 예췬을 위한 일이 장칭을 위한 일보다 조금 나았다고 말했다. Ibid., 429.

못하였다.[93]

9월 6일, 린리궈는 아버지가 아프다는 구실로 린더우더우를 베이징에서 베이다이허로 불렀다. 그녀가 도착하자 린리궈는 남중국에서의 마오의 활동에 대해 알렸고, 린뱌오가 배수의 진을 치고 있음을 가르쳐 주며 마오의 암살, 별도의 광둥정부 수립, 소련으로의 피신 등 그들이 고려하는 세 가지 대안을 솔직히 밝혔다. 더우더우는 동생과 이틀 동안 논쟁하며 세 가지 방법 모두를 거부했고, 린뱌오가 중국의 원로 군인인 주더(朱德)처럼 정치무대에서 퇴임할 것을 제안했다.[94]

더우더우의 말에 따르면 그녀의 유일한 관심은 아버지의 안전이었다. 그녀는 부하들에게 린뱌오, 예췬, 린리궈가 하는 일을 알 수 있도록 도청을 시켰고, 9월 8일에 동생이 베이징으로 떠났을 때 무슨 일이 일어나도 린뱌오를 보호할 수 있도록 인민해방군 8341부대(공산당 지도부에 할당된 경호부대)의 예하부대에 자기 부모의 집을 지키도록 요청했다.[95] 더우더우의 불안해하는 행동에도 불구하고, 특히 예췬이 그녀에 대해 자기 딸이 사랑에 빠져 제정신이 아니라는 말을 퍼뜨렸기 때문에 아무도 개입할 용기를 갖지 못했으며, 실제로도 그녀는 공식 약혼을 눈앞에 두고 있었다.[96]

약혼축하연은 9월 12일 오후에 있었고, 린리궈가 베이징에서 돌아오기 전에 시작되었다. 그는 도착하고 나서 누나에게 특별히 그 행사를 위해 왔다고 말했지만, 부모와의 협의를 위해 급히 떠남으로써 그녀의 의심을 자아냈다. 오후 10시 20분경 더우더우는 개인적으로 8341부대 경비사령관에게 상황을 알리러 갔다. 이때 사령관이 베이징에 전화를 했다.[97]

---

93 『华侨日报』, 15 June 1988.

94 Ibid.

95 Ibid., 15 and 16 June 1988.

96 高皋, 严家其, 『文化大革命十年史…』, 384.

97 Ibid., 384-5. 다른 설명은 더우더우가 대략 오후 8시 30분경 경비사령관에게 갔다고 말한다. "Lin Doudou who lives in shadow of history", 『华侨日报』, 16 June 1988 참조. 王年一, 『…大动乱的年代』, 427-30에는 린리궈의 약혼자인 장닝(张宁)이 9월 11일과 12일에 목격한 사건이 설명되어 있다.

오후 10시 30분경 저우언라이 총리에게 보고가 올라왔을 때, 그는 인민대회당에서 제4차 전국인민대표대회에 대한 정부보고를 논의하는 회의를 주재하고 있었다. 그는 즉시 우파셴과 리쭤펑에게 전화를 해 산하이관 비행장에 트라이던트가 있는지의 여부를 확인하라고 말했다.

이 일이 진행되는 동안 예췬은 추후이쭤 부인과 전화로 한담을 나누며 시간을 보내고 있었다. 린리궈의 정보망을 통해 저우의 조사를 알아차린 예는 그의 의심을 줄이기 위한 시도를 했다. 오후 11시 30분에 그녀는 총리에게 전화를 걸어 가족의 온천휴양을 위해 베이다이허를 떠나고 싶다고 말했다. 총리의 의심을 풀기 위해 그녀는 기차보다 항공편을 이용하고 싶다고 말했으나, 비행기가 준비되어 있지는 않았다. 저우는 현재 날씨가 좋지 않아 린이 제안한 항공여행을 우파셴과 논의할 것이라고 통보했다.[98]

예가 전화를 끊자마자 저우는 다시 산하이관 해군 항공기지를 책임지는 해군 간부인 우파셴과 리쭤펑을 불러 트라이던트가 저우, 리, 황융성, 그리고 우파셴의 합동 승인이 없으면 이륙해서는 안 된다고 명령했다. 베이다이허에서 예는 행동에 돌입했다. 린리궈와 함께 그녀는 수면제를 복용한 린뱌오를 깨워, 사람들이 그를 체포하러 오고 있다고 말했다. 서류를 불태운 후 그들은 차를 타고 공항으로 떠났다. 8341부대 경비병들은 두려워서 그들을 저지하지 못했다. 도망자 입장에서 다행스러웠던 것은 리쭤펑이 저우언라이의 지시를 무시하고, 산하이관 기지 당국자가 언급한 4명 중 1명만 허용하면 트라이던트가 이륙할 수 있다며 비행을 승인했다는 점이다. 오전 12시 32분, 린뱌오는 아내와 아들을 데리고 이륙했다.[99]

98　于南, "周总理处置'9·13'林彪叛逃事件的一些经过", 『党史研究』, 3(1981), 59; 王年一, 『…大动乱的年代』, 431; 郝梦笔, 段浩然, 『中国共产党六十年…』, 622; 高皋, 严家其, 『文化大革命十年史…』, 386; 『华侨日报』, 16 June 1988. 가장 마지막의 설명은 저우가 예에게 전화했다고 말한다.

99　『华侨日报』, loc. cit., 16, 17 June 1988; 郝梦笔, 段浩然, 『中国共产党六十年…』, 622; *A great trial in Chinese history*, 99; 高皋, 严家其, 『文化大革命十年史』, 387-91. 王年一, 『大动乱的年代』, 432에 따르면, 마오의 승인도 획득해야만 했다.

저우는 자정 즈음에 린 일행이 공관을 빠져나갔다는 보고를 받았다. 그 보고를 받자 저우는 우파셴에게 중국 모든 공항의 비행 통제를 명령했고, 우의 본부에 그를 감시할 부하를 파견했다.[100] 그런 다음 저우는 마오가 거주하는 중난하이(中南海)로 가서 그에게 개인적인 보고를 했다. 레이더에 몽고 영공을 통과하는 트라이던트가 나타났을 때, 우파셴은 비행기 격추 여부를 전화로 문의했다. 저우는 마오에게 명령 하달을 요청했다. 이에 마오는 철학적으로 대답한 것으로 알려졌는데, "하늘에 비가 내리고, 여자가 결혼하는 것 같은 일들은 불변의 이치이니 그들을 가도록 내버려 두어라."라고 했다.[101] 저우는 린의 구체적 계획을 알지 못했고, 마오의 안전에 대한 모든 위협을 예방하기 위해 주석을 숙소에서 인민대회당으로 이동시켰다.

그제야 마오는 저우에게 정치국 회의를 위한 고위 간부 소집을 명령했는데 그것은 중국이 어떻게 통치되는지를 명확하게 보여 주었다. 회의는 오전 3시 30분을 지나 소집되었으나 마오는 참석하지 않았다. 그것이 안전상의 이유 때문인지, 그가 개인적으로 선택한 후계자의 변절에 당황했기 때문인지는 확실하지 않았다. 저우는 정치국 동료들에게 마오가 전날 오후에 수도로 돌아왔고, 린뱌오가 달아났다는 사실을 알렸다. 그는 그들에게 만약에 대비할 것을 통보했다.[102] 9월 14일 오후가 되자 저우는 울란바토르(Ulan Bator) 주재 중국 대사로부터 린뱌오의 트라이던트가 9월 13일 오전 2시 30분경 몽고의 운두르칸(Undur Kahn) 근처에서 추락했고, 탑승한 남자 8명과 여자 1명이 모두 죽었다는 소식을 들었다.[103]

---

100 于南, "周总理…", 59. 공군사령원은 린리궈 연합함대의 일부 구성원이 헬리콥터로 도망가는 것을 막지 못했다. *A great trial in Chinese history*…, 99-100.

101 "天要下雨, 娘要嫁人, 都是没有法子的事, 要他们去吧." 郝梦笔, 段浩然, 『中国共产党六十年…』, 623 참조.

102 于南, "周总理…", 59. 이 설명은 부분적으로는 저우가 린뱌오의 도망 소식을 비행기가 막 국경을 넘기 전까지 마오에게 알리지 않았다는 소문을 없애기 위해 이루어졌다. 일부 학자들은 마오가 린뱌오의 도망 사실에 아주 편안한 태도를 취한 것은 인민해방군 공군의 야간 전투력이 너무 제한적이어서 도망가는 비행기를 격추하도록 허용하지 않았기 때문이라는 상당히 냉철한 의견을 선호한다.

103 Ibid.

최근의 한 비공식 견해는 왜 린 일행이 준비된 남쪽으로 비행하지 않았는지에 질문의 기본 초점을 맞추면서, 이 사건의 기존 설명에 의문을 제기했다. 린의 가족은 별도의 광둥정부 수립에 관한 당초 계획을 즉시 포기하지는 않았으며, 단지 8시간 정도만 앞당겼다면 결국 그 계획도 실현할 수 있었다는 것이 새로운 견해의 내용이다. 이 견해는 트라이던트가 거의 2시간 동안 비행했고, 반면에 그 비행기로 운두르칸까지 가는 시간은 한 시간이 채 안 되었을 것으로 주장한다. 이는 트라이던트가 사실은 처음 약 10분간 남쪽으로 비행하다가 다시 산하이관으로 돌아갔으나, 저우언라이의 지시에 따라 항공기지가 폐쇄되었음을 알았을 것이라는 주장이다. 이 주장은 왜 린 일행이 자신들의 남쪽 전략을 포기했는지는 설명하지 못하지만, 저우가 린의 착륙을 막아 소련으로 비행하게 만듦으로써 국가의 반역자인 그를 국경 밖으로 내몰려 했다는 가설을 암시했다.[104] 진실이 무엇이든, 해방 이후 마오의 권력과 그 개인에 대한 가장 커다란 위험은 끝이 났다. 보나파르티슴의 망령은 당분간 추방되었다.

린뱌오 몰락의 영향

마오와 저우언라이는 린뱌오의 죽음을 계기로 그와 공모하지는 않았지만 그의 편에 섰던 정치국 내 중앙 군사 지도자들을 축출할 수 있었다. 9월 24일 아침 저우언라이는 인민해방군 총참모장 황융성, 인민해방군 공군 사령원 우파셴, 인민해방군 해군 정치위원 리쭤펑, 인민해방군 총후근부부장 추후이쭤에게 해직을 통보하고, 철저한 자기검증이 필요하다는 사실을 알리기 위해 인민대회당으로

---

104 『华侨日报』, 17 June 1988 참조. 트라이던트가 몽고로 직행하지 않고 요격을 피하기 위해 지그재그로 갔다는 다른 설명도 가능하다. 전 공안관리가 중국 학자들에게 말한 견해로는 저우 총리가 조종사에게 중국 공항으로 복귀하라고 했지만, 당시 공항은 이미 통제권을 확보한 린리궈가 폐쇄시켰다는 것이다. 린은 비행기를 조종하지 못하여 추락했다고 한다. 린뱌오의 죽음에 관해 더욱 흥미롭고 '내부자'의 견해로 여겨지며 많은 학자들이 날조되었다고 의심쩍어하는 주장은, 마오가 9월 12일 베이징 외곽의 주석 별장에서 연회를 끝내고 집으로 돌아가는 도중에 내렸던 로켓 공격 명령으로 죽었다는 것이다. Yao, *The conspiracy and murder of Mao's heir*, ch.16 참조.

소집했다. 그들은 결국 체포되어 법정에 섰다. 인민해방군 공군 내 린리궈 그룹의 젊은 무법자들 가운데 생존한 자들도 축출되었다.

그러나 인민해방군이 가장 강력한 문민지도자를 잃었고 사람들의 주목을 끄는 역할도 줄어들었지만, 문민체제 내에서 인민해방군의 제도적 지배가 끝난 것은 결코 아니었다. 당과 정부에는 중요한 군부 인물이 여전히 존재했다. 중국 10대 원수 중 한 명이자 저우언라이의 오랜 동료였던 예젠잉이 개편된 군사위원회의 책임을 맡아 주요 군사기관에서의 린뱌오 활동에 대한 조사를 지도했고,[105] 점점 중요한 정치적 역할도 수행했다. 마오와 총리에 대한 그의 충성은 충분히 알려졌지만, 그는 결코 군부의 대표는 아니었다.[106] 중앙 경위부대인 인민해방군 8341부대 사령원 왕둥싱이 주석에게 더 헌신적이었고, 그는 군부 주류라기보다 공안관리였으나[107] 문민간부는 분명히 아니었다. 이들은 린뱌오와 달리 체제를 문민화하려는 마오의 지속적인 노력을 충실하게 지지했다.

인민해방군의 성(省)에 대한 영속적 권력은 정치국에 최고 성급 책임자인 3명의 장군이 있는 것으로써 상징적으로 드러났다. 그들은 각각 장쑤(江苏) 혁명위원회 주임이자 난징(南京)군구 사령원인 쉬스유(許世友), 랴오닝(辽宁) 혁명위원회 주임이자 선양(沈阳)군구 사령원인 천시롄(陈锡联), 안후이(安徽) 혁명위원회 주임이자 안후이군구 사령원인 후보위원 리더성(李德生)이었다. 그들은 모두 문화대혁명 기간에 마오의 편에 서 있었다.

린의 몰락이 마오에게 미친 영향을 평가하기는 쉽지 않다. 류사오치는 문화대

---

105 郝梦笔, 段浩然, 『中国共产党六十年…』, 624; 『萦思录…』, 305-8, 346. 린의 원로 군사동맹자에 대한 해임은 于南, "周总理…", 59 참조.

106 1971년 여름 마오의 남쪽 순방 중 발언 가운데에는 예젠잉이 1935년 장궈타오(张国焘)와의 투쟁 기간에 미래의 주석에게 드러낸 충성심처럼 위기상황에서의 확고함 때문에 그를 존경한다는 8월 28일의 언급이 있었다. 하버드 페어뱅크센터 도서관에 마오의 발언이 삭제되지 않은 원고 그대로 남아 있으며, 이 발언은 당시 군사문제 처리에서 예젠잉이 얼마나 중요한지, 주석이 총애나 모욕을 얼마나 잊지 않고 있는지를 보여 준다. 나는 이 발언에 관심을 갖게 해 준 마이클 쇤홀스에게 감사한다.

107 왕둥싱은 『中国人民解放军将帅名录』, 제1, 2권의 '왕(汪)' 씨 성 장교의 전기에 포함되지 않았다.

혁명의 열기 속에서 희생되었지만, 당시 마오는 지도자 교체의 필요성에 대한 폭넓은 지지와 충분한 동력을 확보했다. 류의 전임비서 덩리췬(邓力群)조차 1966년에 마오의 후계자가 당무뿐 아니라 군사업무까지 다룰 수 있어야 한다고 느꼈음을 나중에 인정했고, 그것이 당내의 공통된 견해였다고 증언했다.[108] 린뱌오는 진정한 혁명영웅이었고, 의심의 여지 없는 마오의 오랜 지지자였다. 린이 류보다 좋은 선택이었다는 마오의 평가가 당내 류의 추종자들을 화나게 만들었지만, 정치체제 전체에서는 널리 퍼져 있었다.

이제 '최고의 학생'이 무엇을 원했는지 드러났으며, 저우언라이가 1973년 제10차 당대회에서 폭로한 것처럼,[109] 주석의 암살 시도까지 했었다. 어떻게 마오가 그토록 오래 그릇된 판단을 할 수 있었을까? 그가 린뱌오의 활동에 관심을 표명하며 1966년 장칭에게 보낸 편지가 당내에 빠르게 회람되었는데,[110] 그 편지는 위험한 인물이 공식 후계자로 등장하는 것을 자신이 막지 못했다며 그것을 해명하기보다 강조하고 있다. 주석은 몇십 년 동안 자신과 친밀했던 사람 가운데 배신자와 사이비 마르크스주의자를 감지할 수 없었을까?

아마도 또 다른 악영향은 공산당 최고지도부가 제국시대의 궁중정치에나 어울

---

108 邓力群, "学习'关于建国以来党的若干历史问题的决议'的问题和回答", 『党史会议报告集』, 153. 덩리췬도 이 점에서 예외가 아니라는 확증은 谭宗级, "林彪反革命集团⋯", 42, 43에 있다. 후자의 자료에 따르면 류사오치가 11중전회에서 비판받고 정치국 상무위원회에 새로운 2인자가 필요했을 때, 덩샤오핑도 비판을 받았기 때문에 배제되었다. 그 이유는 천원(陈云)은 우파였고, 주더는 나이가 너무 많았으며, 저우언라이는 마오가 만족하지 못했고 그 자신도 원수가 될 수 없다(我这个人是不能挂帅的)고 자주 말했기 때문에 배제된 것이었다. 남은 사람은 오직 린뱌오뿐이었다. Ibid., 42.

109 *The Tenth National Congress of the Communit Party of China(Documents)*, 5-6.

110 郝梦笔, 段浩然, 『中国共产党六十年⋯』, 625-6; 각주 43도 참조. 이 편지는 린뱌오 사후에 마오가 쉽게 회람시킬 수 있었기 때문에 문화대혁명 후의 당 역사가들이 그 진위에 의문을 품었다. 이에 대해 어느 원로 사학자는 다음과 같은 에피소드를 자세히 소개했다. 1966년 마오의 편지에 대해 알게 되었을 때 린뱌오가 가장 동요했고, 따라서 마오는 그것을 회람시키지 않고 불태우도록 명령했다. 편지를 태우고 있을 때 좌파 선동가 치번위(戚本禹)가 저우언라이에게 마오의 말은 너무 고귀해서 그렇게 없애서는 안 된다고 항의하자, 총리는 당시 선전부장이던 타오주(陶铸)에게 복사를 명령했다고 안심시켰다. 린이 죽고 나서 회람된 것은 바로 그 복사본이었다. 그래서 아마 진위에 의심이 생기는 것 같다. 谭宗级, "林彪反革命集团⋯" 참조. 이것은 저우언라이와 린뱌오에 관한 흥미로운 비화이며, 마이클 쇤홀스가 처음 소개했다.

리는 배반과 음모, 그리고 여제(女帝)와 환관, 관리와 장군의 집단에서 나타나는 행위들로 얼마나 훼손되었는지가 드러난 점이었다. 이것이 문화대혁명이 낳은 정화된 정치였는가? 문화대혁명 초기의 격변과 숙청이 마오의 가장 절친한 동료들에 대한 환상을 깨뜨렸다면, 린뱌오의 몰락은 확실히 더욱 광범위한 집단 사이로 환멸감을 확산시켰고,[111] 마오 사후에 그의 후계자들이 새로 등장할 때 정치적 불안의 근원이 될 것이었다.

사인방의 부상과 몰락

후계 문제

당분간 마오의 관심은 최고지도부의 새로운 구성과 특히 믿을 만한 후계자의 선택이었다. 그는 중국이 다른 전체주의 국가, 특히 스탈린 사후의 소련이 경험한 후계투쟁을 모면할 방법을 원했지만 스스로 그 방법을 무산시켰다. 그는 1950년대에 동료들을 일선의 경험에 노출시키는 반면, 자기는 배후에서 그들을 감독하는 '이중 체제'를 고안했다. 류가 마오로부터 국가주석 직함을 물려받은 것이 그 과정의 일부였지만, 그것은 류보다 오래 유지되지 못했다. 마찬가지로 '최고의 학생' 모델도 린뱌오보다 오래 유지되지 못했다.[112] 주석은 어떻게 '마오 이후에, 누구?'라는 문제, 그리고 더 중요한 '마오 이후에, 무엇?'이라는 문제를 해결했는가?

린을 이어 정치국 내에는 3개의 그룹, 즉 급진주의자, 생존자, 그리고 문화대혁명 수혜자가 등장하기 시작했다. 급진주의자는 문화대혁명 초기 마오 주위에 형성된 기존 극좌파 연합의 잔당이었다. 1967년 린뱌오와 문화대혁명 그룹 간의

111　郝梦笔, 段浩然, 『中国共产党六十年…』, 624. 당시 이러한 환멸을 경험한 필자의 중국 친구들도 동일한 관점을 제기했다.

112　마오와 덩샤오핑하에서 진행된 후계문제에 관한 오랜 논의는 Roderick MacFarquhar, "Passing the baton in Beijing", *New York Review of Books*, 35. 2(18 February 1988), 21-2.

이해관계가 날카롭게 분화되기 시작했으나, 중요 사안에서는 같은 편에 머물렀다. 린뱌오와 그 동맹의 몰락으로 기존 연합은 캉성, 장칭, 장춘차오, 야오원위안, 그리고 원래 그룹의 핵심 멤버는 아니었으나 문화대혁명이 공안부장인 자신에게 유리하게 전개됨에 따라 이를 잘 활용했던 셰푸즈 등으로 줄어들었다. 그러나 캉성은 건강이 악화되어 점점 명목적인 역할만 하게 되었고, 셰는 1972년에 죽었으며, 잔당은 장(江), 장(张), 야오만이 남았다.

생존자는 문화대혁명의 기본 취지에는 거의 확실히 반대했지만 마오에게 협력했던 고위 간부들로, 총리 저우언라이, 부총리 리셴녠, 국가주석 대리 둥비우, 그리고 3명의 노원수인 주더, 류보청, 예젠잉 등이 있었다. 그들 가운데 저우, 리, 예만이 정치적으로 활동적이었고, 나머지 3명은 어떤 상황에서도 마오에 대한 충성이 확실했기 때문에 정치국에서 살아남았다. 사실 류보청이 계속 정치국에 남을 수 있었던 것은 위대한 혁명전사에 대한 예우였으며, 그는 확실히 정신적으로는 유능했지만 신체적으로 한쪽 눈을 잃어 장애가 있고 정치적으로도 무기력했다.

린뱌오 사건의 충격 이후 마오는 린뱌오 탓으로 책임을 돌릴 수 있는 많은 고위 간부들의 복권에 동의했는데, 이 그룹과의 유대관계를 강화하는 것이 유리하다고 느꼈던 것으로 보인다. '2월 역류'로 알려진 문화대혁명의 초기 비판에 참여한 인사들이 자신의 기존 직위는 되찾지 못하더라도 명예는 회복했다. 그중 한명인 전임 외교부장 천이(陈毅)가 1972년 1월 서거했고, 마오는 예상외로 장례식에 참석하여 이 노원수를 극찬했다.[113]

한 사람의 복권이 중국 역사에 지대한 영향을 미쳤는데, '자본주의의 길을 걷

---

113 郝梦笔, 段浩然, 『中国共产党六十年…』, 624. 1972년 1월 10일 천이의 추모식에 참석한다는 마오의 마지막 결정이 있었으며, 그곳에서 그는 캄보디아 시아누크 국왕에게 천은 자기를 지지한 반면에 린뱌오는 자기를 반대했다고 말했다. 장위펑(张玉凤)이 쓴 11편의 논문인 "Anecdotes of Mao Zedong and Zhou Enlai in their later years", in 『光明日报』(이후 *GMRB*), 26 December 1988-6 January 1989, trans. in *Foreign Broadcast Information Service Daily Report: China*(이후 *FBIS, Daily Report: China*), 27 January 1989, 16-19, and 31 January 1989, 30-7 참조. 이것은 마오가 참석한 이러한 종류의 마지막 행사였다.

는 당내 제2인자'이자 전 공산당 총서기 덩샤오핑(邓小平)의 복권이 그것이었다. 덩과 그의 가족 일부는 1969년 10월 린뱌오의 후송 명령에 따라 베이징에서 장시성(江西省)으로 쫓겨났다. 덩은 시골 트랙터 공장에서 정비공으로 반나절을 일했다. 린뱌오가 몰락했을 때, 그는 마오에게 다시 한 번 당과 국가를 위해 일할 수 있도록 허용해 달라고 1971년 11월과 1972년 8월의 두 번에 걸쳐 편지를 썼다. 두 번째 편지를 받은 후 마오는 덩의 혁명기록을 승인하는 발언을 했으며, 1973년 3월에 비로소 베이징으로의 복귀가 공식 허용되었다.[114] 덩의 두 번째 복권의 이유와 결과는 이 장의 후반부에서 살펴볼 것이다.

문화대혁명 수혜자는 1960년대 후반과 1970년대 초반의 정치적 혼란을 이용할 수 있었던 자신들의 능력뿐 아니라, 상급자의 숙청결과로 부상한 간부들이었다. 이들은 린뱌오 몰락 즉후에 등장한 군부 인사인 쉬스유, 천시롄, 리더성, 왕둥싱 등이었으며, 문민간부로서 린의 청산작업에 참여하면서 빠르게 성장한 지덩쿠이(纪登奎)도 포함되어 있었다.[115]

이제 마오의 문제는 이 세 그룹 가운데 문화대혁명의 소득을 계승할 만한 분명한 후계자가 없다는 점이었다. 저우언라이는 의문의 여지 없이 마오 다음의 최고간부였다. 만약 주석이 그를 적절한 후계자로 고려했다면 폭넓은 승인을 거쳐 이미 오래전에 그를 지명했을 것이다. 그러나 마오는 생존자 그룹 가운데 어느 누구에게도 그의 극좌적 프로그램을 위임해 줄 준비가 되어 있지 않았다. 여하튼 저우는 1972년 5월 정기검진을 통해 초기 단계의 암이 발견되었기 때문에 마오

114　高皋, 严家其, 『文化大革命十年史…』, 328-30; 郝梦笔, 段浩然, 『中国共产党六十年…』, 624. 덩의 장시 순방에 관한 보다 자세한 설명은 裴之偉, "邓小平在1969-1972", 『新华文摘』, 112(1988年 第4期), 133-55 참조. 1972년 8월 3일 덩의 편지 복사본은 하버드 페어뱅크센터에서 이용할 수 있다. 그 편지에서 그는 문화대혁명에 대한 지지를 표명했고, '비교할 수 없이 거대한 요괴를 보여 주는 거울(无比巨大的照妖镜)'이 없었다면 린뱌오와 천보다 같은 사람은 드러날 수 없었을 것이라고 했다. 마이클 쇤홀스가 필자에게 추천한 이 편지는 아첨과 겸손이 섞여 있으며, 린과 천에 대한 덩 자신의 관점을 보여 주고 있다.

115　린뱌오 일당의 청산 과정에서 지덩쿠이의 역할은 『华侨日报』, 18 June 1988 참조. 마오의 후원 아래에서 지의 승진에 대한 설명은 王靈书, "纪登奎谈毛泽东", 『了望(海外版)』, 6-13 February 1989, trans. in *FBIS Daily Report: China*, 14 February 1989, 22-6.

보다 오래 살지 못할 것으로 보였다.[116]

구(舊) 문화대혁명 그룹의 잔당이 마오가 동지적인 후계자로 기대할 수 있는 확실한 위치에 있었다. 그러나 주석은 인민해방군의 누구도 장칭이나 장춘차오처럼 많은 폭력, 희생, 무질서를 초래했던 사람을 최고지도자로 수용하지 않을 것임을 알고 있었다. 또한 문화대혁명의 어느 수혜자도 아직 광범위한 지지와 주석의 승인을 이끌어 낼 위상을 갖추지 못했음이 분명했다.

이처럼 어려운 상황에서 마오는 특별한 조치를 취했다. 그는 젊은 급진주의자를 지도부의 최고 정점으로 끌어올렸다. 린뱌오가 죽었을 때 겨우 36세였던 왕훙원(王洪文)은 상하이 1월 혁명 당시 상하이 공장의 보안간부라는 하찮은 직위에서 장춘차오와 야오원위안의 지지를 통해 노동자 지도자로 부상했다. 이때 그는 중국에서 가장 인구가 많고 좌파의 본거지인 도시의 유능한 지도자이자 지역 인민해방군 수비대의 정치위원이었다.[117] 1972년 가을에 왕은 베이징으로 전임했으며, 10월에 인민대회당에서 열린 시아누크 국왕의 50번째 생일을 축하하는 자리에서 처음으로 모습을 드러냈는데, 대중들은 젊은 간부의 등장에 어리둥절해했다.[118] 1973년 5월 왕은 마오의 지시로 두 명의 문화대혁명 수혜자, 즉 린뱌오 사후 조사에서 두각을 나타낸 후난 성 제1서기 화궈펑(华国锋),[119] 그리고 베이징

---

116 5월에 암이 발견되었다는 주장은 高皋, 严家其, 『文化大革命十年史…』, 474 참조. 『不尽的十年』, 583에서는 암이 초기 단계였다는 정보를 제시하며, 마오가 어떻게 특별팀을 구성하여 저우의 치료를 맡도록 했는지를 보여 준다. 『周总理生平大事记』, 494에서는 이상하게도 당해 연도만의 연대기를 제공하지만, 그 책은 매달의 연대기를 제공한다.

117 왕훙원의 생애는 丁望, 『王洪文张春桥评传』, 49-134 참조. 高皋, 严家其, 『文化大革命十年史…』, 442-8도 참조. Neale Hunter, *Shanghai journal: An eyewitness account of the Cultural Revolution*, and Andrew G. Walder, *Chang Ch'un-ch'iao and Shanghai's January Revolution*은 왕훙원의 등장 시기를 다루지만, 왕 개인에 대한 언급은 많지 않다.

118 현장에 있던 필자는 왕훙원이 저우언라이, 리셴녠, 외교부장 지펑페이(姬鹏飞) 등 건강한 원로급 요인들과 악수를 했지만, 그가 베이징에서 무엇을 하는지 간부들이 설명하지 못하는 것을 보았다. 신기하게도 시아누크 국왕을 위한 연회에서는 다른 놀라운 일도 벌어졌다. 즉, 덩샤오핑이 1973년 4월 12일 공개적인 생활로 돌아와 베이징에서 처음 모습을 드러낸 것이었다. John Gardner, *Chinese politics and the succession to Mao*, 62 참조.

119 Ting Wang, *Chairman Hua: Leader of the Chinese Communists*, 77-80 참조.

제1서기 우더(吳德)[120]와 함께 정치국에 무사히 진입했다.

왕홍원의 부상은 분명히 급진세력이 수용할 만한 이미지를 제공하기 위해 계획되었다. 37세의 왕홍원은 잘생기고 풍채가 있었으며, 문화대혁명에서 결정적으로 중요한 두 지지계층인 청년과 노동자를 상징했다. 왕을 통해 급진주의자들은 홍위병의 해산으로 위축된 청년들의 열정을 다시 점화시킬 수 있기를 희망했다. 왕이 무산계급 출신이라는 점 역시 도시 노동자들의 지지를 이끌어 낼 것으로 기대되었다. 상하이에서 왕이 어떤 역할을 했든 간에 어느 장군도 1967~1968년 사이 전국적인 도시 무정부상태에 대해 그를 비난할 수는 없었다.

1973년 8월에 열린 제10차 당대회 이후 왕은 당내 서열 3위로 약진했고, 부주석과 정치국 상무위원이 되었다.[121] 후에 사인방으로 알려진 그룹의 네 번째 구성원이 이제 자리를 잡았고, 마오와 저우언라이 다음으로 높은 자리에 올랐다. 그는 단지 6년간의 혁명투쟁과 정치경험만으로 60년간 혁명, 내전, 외국의 침략, 그리고 당내 투쟁을 겪고 살아남았던 총리와 같은 사람들을 따라잡고 그들과 경쟁해야 했다. 그것은 전반적으로 불평등한 경쟁이자 또 다른 마오주의의 도박이었다.

저우언라이의 반좌파 공세

왕홍원이 베이징에 도착했을 때, 그의 급진주의 동료들인 장칭, 장춘차오, 야오원위안은 수세에 처해 있었다. 그들은 린뱌오와 군부집단의 몰락으로 수혜를 입고 마오의 유산 승계에 대한 장애를 없앴지만, 린뱌오의 행동으로 좌파의 대의에 손상을 입었다. 그가 초래한 불명예는 문화대혁명 그룹이었던 예전 협력자들에게도 필연적인 영향을 주었다.

---

120 郝梦笔, 段浩然, 『中国共产党六十年…』, 628.

121 1988년 당시 미국 부통령 부시가 대통령 유세기간 동안 41세의 무명 상원의원 댄 퀘일(Dan Quayle)을 왕홍원과 달리 잠재적 권력만을 갖는 지위인 부통령 후보로 선택했는 데도 미국 정치인들과 언론이 믿기 어려워했던 것을 기억한다면, 왕의 갑작스런 발탁에 대한 중국인들의 놀라움을 짐작할 수 있을 것이다.

저우언라이는 오랫동안 벌여 온 행정 안정화 및 생산장려 운동을 재개하기 위해 9·13 사건으로 초래된 급진주의자들의 혼란을 이용했다. 1971년 12월, 그는 국가계획위원회 간부들에게 무정부적 공업관리체제에서 질서와 책임을 회복해야 할 필요성을 언급했다. 좌파의 위협으로 공장 관리자들은 기율 유지를 두려워했다. 저우가 촉구한 국가계획위원회의 지침은 장춘차오에 의해 거부되어 공식 문건으로 배포되지 못했다. 그렇지만 이 지침은 수치로는 입증되지 않았으나 공업생산에 상당한 효과가 있었던 것으로 여겨진다.[122]

농업 분야에서 저우는 다자이(大寨)인민공사의 평등주의를 여건이 허락되는 지방만 모방하도록 지시했다.[123] 이러한 평등주의 실천은 회계단위를 생산대에서 생산대대로 전환하는 경향이 있었다. 대약진 이후 극심한 기근이 이어지자 당은 농민에 대한 인센티브가 생산력 촉진에 절대적으로 필요하다고 보고 생산대를 회계단위로 만들었다. 생산대는 농촌 인민공사의 3단계 구조에서 가장 작고 낮은 단계의 조직이었고, 생산대의 회계는 가장 응집력 있고 동질적인 농촌 집체 내에서 수입이 배분되는 것을 의미했다. 회계단위 조건이 몇 개의 생산대가 결합된 생산대대로 양도되자 부유한 생산대에서 가난한 생산대로 수입 재분배가 가능해졌다. 이것은 커다란 분노를 불러일으켰다. 급진주의자들은 1968년 시작된 대대단위 회계로의 전환을 장려했으나, 이는 저우언라이의 반격이 있기 전인 1970년에 이미 억제되었다.[124] 농촌 급진주의의 다른 지표는 농민들이 소유하

---

122 郝梦笔, 段浩然, 『中国共产党六十年…』, 626; 『关于建国以来党的若干历史问题的决议注释本(修订)』(이후 『注释本』), 414-16. 国家统计局, 『中国统计年鉴 1981』, 233에 따르면, 이 기간 철강생산 수치는 1969년 1330만 톤, 1970년 1770만 톤, 1971년 2130만 톤, 1972년 2330만 톤, 1973년 2520만 톤으로 그 이후보다 린뱌오의 몰락 시기를 포함해 당시까지가 더 크게 증가했다. 阎方鸣, 王亚平, "70年代初期我国经济建设的冒进与调整", 『党史研究』, 5(1985), 55-60도 참조. 1967~1968년 무정부상태 이후 문화대혁명의 산업에 대한 상대적으로 미약한 영향의 분석은 *CHOC*, 15, ch.6 참조.

123 『注释本』, 416.

124 David Zweig, *Agrarian radicalism in China, 1968-1981*, 57-60 and ch.5 참조. David Zweig, "Strategies of policy implementation: policy 'winds' and brigade accounting in rural China, 1966-1978", *World Politics*, 37, 2(January 1985), 267-93도 참조.

는 사유지에 대한 포용력이었다. 여기에도 린뱌오가 몰락하기 훨씬 이전인 1970년 초반에 좌경주의의 후퇴가 있었던 것으로 보인다.[125] 곡물생산량도 1971년 9월 13일 이후에는 전반적인 증가가 이루어지지 않았다.[126]

그렇지만 1972년은 저우언라이의 해라고 부를 만하다. 문화 영역에서도 이완이 있었다. 총리의 장려로 유명 학자들은 교육체제와 과학연구의 회복 필요성에 대한 글을 비록 급진주의자들이 통제하는 『인민일보』에는 아닐지라도, 장춘차오와 야오원위안의 반격 없이 출간했다.[127] 1972년 5월 20일에서 6월 후반까지 개최된 300명 이상의 중앙 및 성급 고위 간부들이 참석한 중요한 회의에서 저우는 린뱌오를 맹렬히 공격했고, 주석으로부터 강력한 개인적 지지를 받았다.[128] 그러나 최종 방안에서는 여전히 급진주의자들이 마오의 지원을 받았기 때문에 총리가 좌파의 입장을 청산할 수는 없었다. 1972년 12월 주석은 반좌파적 경향이 너무 멀리 나아갔다고 결정했다. 장과 야오의 촉구에 부응하여 결국 그는 린뱌오를 극좌주의가 아닌 극우주의자로 규정했다![129] 급진주의자들이 다시 공세를 시작한 것이다.

---

125 Zweig, *Agrarian radicalism in China*…, 57-60 and ch.6.

126 곡물생산 수치는 1969년 2억 1090만 톤, 1970년 2억 3990만 톤, 1971년 2억 5101만 톤, 1972년 2억 4040만 톤, 1973년 2억 6490만 톤이었다. 国家统计局, 『中国统计年鉴1983』, 158 참조.

127 1972년이 저우언라이의 해였음은 Laszlo Ladany, *The Communist Party of China and Marxism, 1921-1985: A self-portrait*, 355-6의 평가이며, 그는 이 장(章)에서 다룬 문제들을 언급하고 있다. 저우는 1932년 공산당을 배신했다는 무고한 주장을 결정적으로 반박할 기회를 가졌는데, 그 주장은 분명히 1967년 캉성과 장칭이 은밀히 조장했던 것이었다. 그는 자신의 결백을 밝혀 수는 마오의 밀인을 부지런히 유포시켰지만, 사인방은 그가 죽을 무렵까지 계속 비난했다. "关于国民党造谣污蔑地登载所谓'伍豪启事'问题的文件", 『党史研究』, 1(1980), 8 참조. '우하오(伍豪)'는 당시 저우언라이의 가명 중 하나였다. 저우페이위안(周培源)의 교육개혁 관련 논문에 관한 논의는 郝梦笔, 段浩然, 『中国共产党六十年』, 626-7 참조. 과학연구의 회복 시도에 관한 일반적 논의는 Merle Goldman, *China's intellectuals: Advise and dissent*, 162-6 참조. 『인민일보』에 대한 저우의 통제 불가능은 金春明, "文化大革命的十年", in 中共党史研究会, ed., 『学习历史决议专辑』, 203-4 참조.

128 郝梦笔, 段浩然, 『中国共产党六十年…』, 625-6.

129 이처럼 정치적으로는 필요하지만, 이데올로기적으로 기괴한 재정의에 관한 논의는 왕뤄수이(王若水)의 10편의 시리즈 기사인 "从批'左'倒向反右的一次個人经历", 『华侨日报』, 12-21 March 1989 참조.

제10차 중국공산당 전국대표대회

왕훙원, 장춘차오, 야오원위안은 1973년 8월 24일부터 28일 사이 베이징에서 열린 제10차 당대회의 세 가지 중요 문건을 준비할 책임을 맡았다. 이것은 그들이 다시 강력한 이데올로기적 기반을 장악했다는 확실한 증거였다. 그 문건은 각각 저우언라이가 발표하는 정치보고, 왕훙원이 발표하는 당장 개정 보고, 그리고 신헌법 초안이었다.[130]

제9차 당대회 이후 중국 지도부의 극적인 변화에도 불구하고, 보고문건 및 헌법이 당시 노선을 반영하는 것은 당연한 사실이었다. 왕훙원은 "지난 4년여 동안의 실천은 제9차 당대회의 정치노선과 조직노선이 정확했음을 충분히 증명했다."라고 말했다.[131] 린뱌오의 이름이 신헌법에서 자연스럽게 삭제되었지만, 급진주의자들은 문화대혁명 초기 3년간의 이념과 성과를 반영한 문건이 폐기되는 것은 바라지 않았다. 대신에 그들은 "이러한 혁명은 미래에도 여러 차례 수행되어야 한다."라는 말을 신헌법 서문에 삽입함으로써 문화대혁명의 이념을 재차 강조했다.[132] 그들이 저우언라이에게도 유사한 발언을 요구했는지는 알 방법이 없지만, 그의 보고에는 그러한 주장이 없었다.[133]

헌법에 별도로 추가된 것은 급진주의자들의 다른 중요한 관심사, 즉 수정주의 비판, 시대 조류에 대한 저항, 혁명 후계자 양성의 필요성, 당 지도자의 다른 기관에 대한 불가침성, 인민해방군의 중요성, 비판의 억압에 대한 용납 불가능 등이었다.[134]

---

130 郝梦笔, 段浩然, 『中国共产党六十年…』, 628.

131 *The Tenth National Congress of the Communit Party of China(Documents)*, 42. 저우언라이도 실제 같은 말을 사용했다. Ibid., 9-10.

132 Ibid., 45.

133 윌리엄 조지프(William A. Joseph)는 저우의 보고에 린뱌오가 우파가 아니라 사실은 좌파라는 미묘한 암시가 담겨 있다고 주장했다. 그의 *The critique of ultra-leftism in China, 1958-1981*, 138-9 참조. 그렇다면 당시 저우는 아마 왕과 장에게 초안을 받은 후 그것을 수정했을 것이다.

134 *The Tenth National of Congress …(Documents)*, 47, 48, 50, 52, 55.

표 4. 지도부 변화, 1969년 4월~1973년 8월

제9차 당대회		제10차 당대회	
마오쩌둥	상무위원	마오쩌둥	상무위원
린뱌오	상무위원		
저우언라이	상무위원	저우언라이	상무위원, 부주석
천보다	상무위원		
		왕훙원	상무위원, 부주석
캉성	상무위원	캉성	상무위원, 부주석
예젠잉	후보위원	**예젠잉**	상무위원, 부주석
리더성		**리더성**	상무위원, 부주석
주더		**주더**	상무위원, 부주석
장춘차오		**장춘차오**	상무위원
둥비우		**둥비우**	상무위원
장칭		장칭	
예췬			
류보청		류보청	
쉬스유		쉬스유	
천시롄		천시롄	
리셴녠		리셴녠	
리쭤펑			
우파셴			
추후이쭤			
야오원위안		야오원위안	
황융성			
셰푸즈			
지덩쿠이	후보위원	**지덩쿠이**	
리쉐펑	후보위원		
왕둥싱	후보위원	**왕둥싱**	
		웨이궈칭(韦国清)	
		화궈펑(華國峰)	
		우더(吴德)	
		천융구이(陈永贵)	
		우구이셴(吴桂贤)	후보위원
		쑤전화(苏振华)	후보위원
		니즈푸(倪志福)	후보위원
		싸이푸딩(赛福鼎)	후보위원

* 밑줄 친 이름은 신임 정치국원이며, 굵은 글씨로 된 이름은 제9차 당대회와 비교해 정치국 내에서 승진한 사람임. 양 대회에서 주석과 부주석만 서열이 매겨졌고, 나머지는 성의 간체자 획수에 따라 배열했음. 제9차 당대회 이후의 정치국 서열은 1969년과 1973년 사이의 변화를 쉽게 표시하게 위해 차례를 바꾸었음.

당대회 이후 중앙위원회에서 새로 선출된 공산당 중앙 지도부는 급진주의자들의 부활을 알렸다. 정치국 상무위원은 1969년의 5명과 비교해 9명으로 크게 확대되었다. 9명 가운데 마오, 왕훙원, 캉성, 장춘차오는 문화대혁명 이념의 강력한 지지자로 간주할 수 있었다. 주더(86세)와 둥비우(87세)는 정치적 영향력이 거의 없는 원로들로, 그들의 존재가 일부 향수를 가진 원로 간부들에게 위안을 주었지만, (굳이 논의하자면) 거의 확실한 마오 지지자였다. 곧바로 선양군구 정치위원이 된 의외의 강력한 인물이었던 리더성은 문화대혁명 초기에 급진적 요구에 민감하게 반응했으며, 기회주의적인 급진주의 지지자로 간주할 수 있었다. 따라서 저우언라이와 예젠잉만이 현대화의 강력한 지지자로 남았다.

화궈펑, 우더, 천융구이(다자이인민공사 당위원회를 이끈 농민 출신 스타하노프 노동자) 같은 새로운 정치국 진출자는 짐작건대 대부분 문화대혁명의 목표를 지지하는 문화대혁명 수혜자였다. 저우가 반좌파 공세 기간에 복권시킨 리징촨(李井泉), 탄전린(譚震林) 같은 원로 간부들은 중앙위원회에는 포함되었지만 정치국 복귀는 실패했다.

이러한 성공으로 급진주의자들은 자신들의 가장 강력한 상대인 저우언라이 총리의 탄핵을 준비하면서 독설로 그들의 붓을 적셨다.

'비림비공(批林批孔)'

1974년 1월 18일, 마오의 승인을 거쳐 당 중앙은 장칭이 지시해 준비한 '린뱌오와 공맹(孔孟)의 교리'라는 제목의 문건을 회람시켰다.[135] 한 설명에 따르면 이런 터무니없는 결합이 처음 인정된 것은 1973년 8월 마오가 칭화대학 연구팀에게 린과 공자를 함께 비판할 수 있다고 했던 언급에서였다.[136] 그러나 실제로 칭화대학의 연구는 1973년 3월 유교에 대한 비판과 동시에 린뱌오도 비판하기 위해 소

---

135 "林彪與孔孟之道"; 胡华, 『中国社会主义革命和建设史讲义』, 316 참조.

136 Yue Daiyun and Carolyn Wakeman, *To she storm: To odyssey of a revolutionary Chinese woman*, 323.

집한 중앙업무회의에서 마오의 발언으로 촉발되었다. 마오는 중국 최고의 지식인 궈모뤄(郭沫若)가 유생을 찬양하고 그들에게 가장 고통을 준 중국 최초의 황제 진시황을 욕하였던 것에 대하여 비판하기 위해, 5월과 8월 몇 편의 시를 통해 자신의 메시지를 강조했다.[137] 인민들로부터 마오 자신이 수 세대에 걸쳐 중국 역사가들이 폭군으로 비난한 지배자인 진시황제와 같은 시황제로 간주된 것이 부당하다고 보지는 않았다.[138]

8월에 마오의 발언이 정치권 내에 널리 유포되었다. 같은 달에 급진주의자들이 통제하던『인민일보』는 광저우의 어느 교수가 쓴 기사를 게재했는데, 그것은 가장 의미 있는 현실정치를 포함해 차기 캠페인의 주요 주제를 기획하는 기사였다. 여기에『논어』의 "멸망한 나라를 재건하고, 후계가 끊어진 가계를 부활시키고, 비천하게 물러난 사람을 관직으로 복귀시켜라."라는 구절이 인용되었다. 이 말은 저우의 원로 간부 복권에 대한 완곡하지만 분명한 비판으로서, 이 인용문이 저우와 동성인 기원전 12세기의 위대한 경세가 주공(周公)의 행동과 관련되었음을 알고 있던 사람들은 그것을 더욱 분명하게 깨달았다.[139]

이 기사가 고금을 오가며 중국을 논했다면, 장칭은 완전하고 믿을 만한 공식 캠페인을 위해 칭화대학에 지적 공격수단을 제공할 수 있는 그룹을 꾸리도록 요구했다.[140] 그 그룹은 전 인민해방군 8341부대 중앙경위단(中央警卫团) 정치부 선전과장이었으나 지금은 칭화대학 혁명위원회 주임이자 수도에서 베이징대학 같

---

137   党史教研室,『中国共产党六十年大事简介』, 568. 마오는 아주 신비롭게 방문한 어느 이집트 지도자와의 담화 중에 유교의 진시황제를 비교했다; Ibid. 필자는 여기에서 관련된 시를 인용하기가 어렵다 마오는 습관적으로 궈모뤄의 시를 모범으로 삼아 자신의 시를 지었다. 가령 *Chinese Literature*, 4(1976), 43-4, 48-50 참조. 그러나『궈모뤄시선집(沫若诗词选)』에는 마오쩌둥이 궈모뤄에 답했을 법한 최근의 시는 한 수도 없다.

138   Union Research Institute, *The case of Peng Teh-huai*, 36.

139   "Quarterly chronicle and documentation", *CQ*, 57(January-March 1974), 207-10. 저우언라이는 자신이 주관한 외교 문제와 관련된 발언을 마오의 제안으로 1973년 11월 정치국에서 비판을 받았으며, 이로 인해 사인방은 자신들의 때가 왔다고 당연히 믿게 되었다. 王年一,『…大动乱的年代』, 417.

140   Yue and Wakeman, *…To the storm*, 323. 비림비공 운동의 출발에서 칭화(清华)의 핵심역할이나 장칭과 이 대학 간의 연계로 볼 때, 그녀는 처음에 아마 마오쩌둥에게 지시를 받았을 것이다.

은 주요 고등교육기관의 개혁을 책임진 츠췬(迟群)이 이끌었다. 그의 부관인 셰징이(谢静宜)도 원래 인민해방군 8341부대 출신인 여성으로 마오나 장칭과 매우 친밀했고, 칭화대학으로 가서 츠췬의 부관이 되기 전까지 장칭의 비서로 일했을 것으로 추정된다.[141]

1973년 가을, 이 두 사람은 린뱌오와 공자를 연계시키고, 현재의 긴급한 목적에 사용될 역사적 사례를 찾는 연구와 저술 작업을 위해 칭화대학과 베이징대학에서 12명의 학자(이 숫자는 후에 32명으로 증가함)를 충원했다. 이 이데올로기 공격팀은 베이징대학·칭화대학대비판조(北京大学·清华大学大批判组)로 표기되었고, 약칭으로는 량샤오(两校, 후에 梁效로 표기하여 필명으로 씀)로 알려졌다. 그 성원들은 특별 숙소로 옮겨져서 특별한 음식을 제공받았고, 사실발견 임무를 수행했으며 가끔은 장칭과 함께 지냈다.[142] 그들은 사인방이 전국에 걸쳐 구축한 추종자 집단의 핵심이 되었다.[143] 1974년 1월 18일 회람된 문건은 량샤오의 첫 번째 중요 작품이었다.

이것이 장칭과 왕훙원이 지휘하고, 1974년 새해 첫날 『인민일보』, 『홍기』, 『해방군보』의 공동사설에 의해 전조가 드러난 '비림비공' 운동의 공식 출발이었다.[144] 이것은 당과 인민해방군 내에 남아 있던 린뱌오의 추종자들을 일소하려는 운동의 연장선으로 보였을지도 모른다. 사실 왕훙원이 이끈 '독서반(读书班)'이 군대에서 통제력 확보를 시도했다는 주장이 나중에 제기되었다. 그러나 캉성이 공식적으로 인정한 그것의 실제 목적은 전년도 8월의 첫 번째 공격에서도 명확했듯이, 저우언라이를 약화시키는 것이었다.[145]

---

141 Ibid., 303. 장칭과 이 둘 사이의 대화 기록은 王年一, 『…大动乱的年代』, 479-89 참조.

142 Yue and Wakeman, …To the storm, 323-6. 웨다이윈(乐黛云)은 자신의 남편 탕이제(汤一介)가 12명의 학자 중 한 명이었기 때문에 이 그룹을 폭넓게 알고 있었다.

143 金春明, "文化大革命的十年…", 194.

144 高皋, 严家其, 『文化大革命十年史…』, 495.

145 胡华, 『中国社会主义革命和建设史讲义』, 316. 독서반의 목적에 관한 설명은 『荣思录』, 295-6 참조. 마이클 쇤홀스가 필자에게 『中共中央党校年鉴』, 1984, 4에 있는 이들 학습조직을 참조하도록 상기시켰으

1월 24일, 장칭은 마오의 승인은 없었지만 동의를 구해 베이징 수비대를 위한 비림비공 대회를 개최했고, 다음날 당 중앙과 정부 간부를 위해 유사한 대회를 열어 그곳에서 그녀, 야오원위안, 츠췬, 셰징이가 연설을 했다.[146] 그 후 그녀와 일행들은 후술하는 바와 같이 고급 군사기밀 시설을 찾아가는 등 광범위한 지역을 순회하며 연설을 하고, "불을 놓았다(放火烧荒)."[147] 캠페인이 미디어에 넘쳐났고, 도시와 농촌 각 기관의 정치활동을 지배했다.[148]

보수세력의 부당한 부활을 비판하는 것도 이 운동의 목표 중 하나였다. 이 운동은 앞으로 나아가려는 사람과 역사의 수레바퀴를 뒤로 돌리려는 사람 사이에 계속된 투쟁이 있었음을 강조했다.[149] 진시황제를 위해 일한 정치인들인 법가와 유가 사이의 대립도 강조되었다.[150] 법가는 통치자가 엄중한 법률과 강력한 처벌을 부과할 필요가 있다고 진(秦) 왕조를 설득했는데, 이 비유는 부활한 간부에 대한 계급투쟁을 강화할 의도로 인용되었다. 주공의 잘못이 연설이나 문건에서 많은 부분을 차지했다.[151]

살아 있는 저우에게 이 역사적 공격이 어떤 심리적 영향을 미쳤는지는 몰라도, 총리는 암으로 정상생활이 점점 어려워졌고, 업무를 줄여야 했으며, 결국 수술에 동의했다.[152] 그는 1974년 6월 1일 중난하이에 있는 집무실을 떠나 수도병원으로

며, 그 책에서는 그들이 특별한 야심이 없었다고 말했다. 캉성의 역할은 仲侃, 『康生评传』, 310-11 참조. Merle Goldman, *China's intellectuals*, 166-76에서는 저우언라이가 일정 정도 이 운동을 확산시킬 수 있었다고 주장한다. 량샤오 팀의 한 핵심 성원은 저우언라이를 겨냥할 목적의 글을 쓰거나, 그것을 지도한 적이 없었다고 주장했다.

146 Goldman, *China's intellectuals*, 166-76; 郝梦笔, 段浩然, 『中国共产党六十年…』, 634; 王年一, 『…大动乱的年代』, 489-94.

147 Yue and Wakeman, …*To the storm*, 324-7; 高皋, 严家其, 『文化大革命十年史…』, 496-7; 郝梦笔, 段浩然, 『中国共产党六十年…』, 634.

148 "Quarterly chronicle", *CQ*, 58(April-May 1974), 407; Ibid., 59(July-September 1974), 627-30.

149 Ibid., 58(April-May 1974), 407-8.

150 Ibid., 408.

151 党史教研室, 『中国共产党六十年大事简介』, 569.

152 저우는 수술 전에 항상 마오의 승인을 구했다. 『不尽的十年』, 583. 자신의 상태를 상세히 보고하고, 1975년 3월 세 번째 수술을 승인받기 위해 마오에게 보낸 편지는 『周恩来书信选集』, 633-5 참조.

옮겼으며, 그곳이 남은 삶의 18개월을 보낸 보금자리가 되었다.[153] 그는 주로 중요한 정치적 목적의 짧은 출타를 위해 가끔씩만 병원을 떠났다.[154] 그러나 지금까지 넘어뜨리지 못했던 상대가 점점 약해지고 있다는 사실에 급진주의자들이 대단히 기뻐한 것은 당연했지만, 그들의 만족은 오래가지 못했다. 저우언라이의 불치병은 마오에게 중요한 정치적 문제를 남겼으며, 그는 급진주의 추종자들이 아주 싫어하는 방식으로 그것을 해결했다.

덩샤오핑의 복권

마오는 국가의 일상 업무를 감독하기 위해 저우언라이를 대신할 누군가를 찾아야 했다. 주석은 국가적인 치유에 도움이 되고 개인적으로 변화를 주도할 만큼 활력적인 사람을 고려했지만, 전반적인 혼란을 막을 수 있는 안정의 필요성도 잘 알고 있었다. 문화대혁명 초기, 그리고 대약진의 경우에도 초기에는 저우언라이가 그 역할을 수행했다. 여전히 그가 난국에(혹은 난국을 위해) 대처할 수 있었지만—가장 대표적으로 1975년 1월 13일 제4차 전국인민대표대회 1차 회의에서 정부 업무 보고를 하기 위해 병원을 떠난 일이 있었다—더 이상 국가의 모든 중대사를 감독하기 위해 장시간 일하는 것은 불가능했다.

마오에게는 불행하게도, 왕훙원은 주석이 바라던 만큼 상하이에서 활동할 당시의 젊은이에게서 발견되던 그런 정치적 능력은 없는 것으로 판명되었다.[155] 더욱 중요한 사실은 왕훙원이 상급자임에도 불구하고 장칭이나 장춘차오의 손에 놀아나는 앞잡이에 불과한 것으로 드러났고,[156] 따라서 독립적인 새로운 세력이

---

153 『周总理生平大事记』, 504; 『怀念周恩来』, 585-6.

154 저우가 적어도 한 번은 감정적 이유로 출타를 했는데, 그는 1975년 9월에 베이징호텔의 스무 살 된 자신의 이발사를 마지막으로 방문했다. Percy Jucheng Fang and Lucy Guinong J. Fang, *Zhou Enlai: A profile*, 184 참조.

155 왕훙원의 가장 놀랄 만한 실패는 1975년 분쟁으로 초래된 항저우의 질서를 회복하지 못한 것이며, 이러한 일은 여전히 계속되었다. Gardner, *Chinese politics and the succession to Mao*, 74.

156 金春明, "文化大革命的十年…", 187.

되기를 바라는 자신의 신임을 무너뜨렸다는 점이었다. 비록 문화대혁명 사후의 역사가들은 다르게 평가할 수도 있겠지만, 주석이 그를 저우언라이의 확실한 대안이 아니라고 생각할 만큼 비림비공 운동 동안 왕훙원이 장칭, 장춘차오와 너무 밀접하게 협력했다는 정황은 의심할 이유가 없어 보였다. 마오가 왕에게 장칭과의 동맹을 경고하기 시작했을 때는 이미 너무 늦은 순간이었다.[157]

문화대혁명 초기에 마오를 위해 활동했던 것을 제쳐 두면, 장칭은 중국의 2000년 역사에서 남성 중심의 정치문화로 인해 만들어진 편견 때문에 권력에서 차단되었다. 마오는 여성으로서의 장칭이 정치적 골칫거리라고 생각했다. 전통적으로 여성 통치자는 유교적 장자승계체제를 교란시킨다는 것과 근거 없는 악행 때문에 비난받았다. 장칭은 뒤늦게 1974년부터 청 말기의 서태후(西太后)와 함께 역사가들이 아주 싫어하는 한나라 여후(呂后)와 당나라 측천무후(則天武后)에 대한 부정적인 역사적 이미지를 바꾸려고 노력했다.[158]

이 시기를 이해하기 어렵게 만드는 것은 장칭과 그의 상하이 추종자들에게 문화대혁명의 목표를 보존하고 증진하는 일이 여전히 중요했음에도, 마오가 주기적으로 그들과 갈등했다는 사실이다. 부부갈등도 하나의 설명이 될 수 있다. 테릴(Terrill)의 설명에 따르면, 1975년 장칭은 중국 지도자들이 거주하는 중난하이 공관을 떠나 댜오위타이(釣魚台) 초대소에 주거를 마련했다. 이 사실은 정치적 난관들이 균열의 결과라기보다는 원인이었을지도 모른다는 것을 의미한다.[159] 마오는 확실히 그러한 인상을 주었는데, 1974년 3월 21일 그는 장칭에게 "서로 보지

---

157 郝梦笔, 段浩然, 『中国共产党六十年…』, 638.

158 高皋, 严家其, 『文化大革命十年史…』, 513-17. 이 운동에서 캉성의 역할은 仲侃, 『康生评传』, 315 참조. Roxane Witke, *Comrade Chiang Ch'ing*, 464-66, 473; Ross Terrill, *The white-boned demon: A biography of Madame Mao Zedong*, 308-11; History Writing Group of CCP Kwangtung Provincial Committee, "The ghost of Empress Lü and Chiang Ch'ing's empress dream", *Chinese Studies in History*, 12. 1(Fall 1978), 37-54; Yuan Ssu, "Bankruptcy of Empress Lü's dream", *Chinese Studies in History*, 12. 2(Winter 1978-9), 66-73도 참조.

159 Terrill, *The white-boned demon…*.

않는 것이 낫겠다. 당신은 내가 수년 동안 말했던 것을 행하지 않았는데, 더 이상 서로 보는 것이 무슨 소용이 있겠나. 당신은 마르크스와 레닌의 책, 그리고 나의 책들을 갖고 있지만 그것에 대해 공부하는 것을 고집스럽게 거부했다."라고 말했다. 주석이 동료들 앞에서 아내의 정치행위를 처음으로 비판하고, 그녀와 그 협력자들을 '사인방'으로 언급한 것은 1974년 7월 정치국 회의에서였다. 그는 사람들에게 장칭이 '오직 자신만'을 대변하고, '거친 야망'을 가졌으며, '공산당 주석이 되기'를 바란다고 말했다.[160] 그러나 중국 정치권에는 마오가 집에 데려와 소개한 젊은 철도 승무원과 간통하자, 이에 장칭이 격분하여 이사를 했다는 소문이 있었다.[161] 또 다른 설명은 장칭이 마오의 간통을 어떻게 보든, 실제로는 문화대혁명 훨씬 이전에 마오의 집에서 나왔다는 것이다. 마오와 장칭은 정치적으로 여전히 서로를 필요로 하는 것이 확실해 보였고, 마오가 어떤 비판을 했어도 항상 그녀의 실수를 고칠 수 있다고 주장한 점이 중요하다.[162] 마오가 사인방을 공격한 것은 그들이 대의를 버렸음을 암시함으로써 적의 무장을 해제시키려던 교묘한 연막의 일부였다고 본 어느 중국인의 견해도 상당히 신빙성이 있다. 그렇다면 그에게 속은 사람은 주로 덩샤오핑이었다.

1974년 11월 4일, 저우언라이의 병의 심각성을 더 이상 무시할 수 없게 되자 마오는 덩샤오핑에게 제1부총리 직함으로 정부를 책임지는 총리 업무를 수행하라고 제안했다. 문화대혁명 초기 마오에 의해 희생된 주요 인물 두 명 가운데 한 명이 중국을 통치하기 위해 돌아왔다. 왕훙원의 갑작스런 부상도 매우 놀라웠지만, 이것은 더욱 놀라운 임명이었다. 그러나 지난해 말부터 덩의 앞날이 새롭게 밝아졌다는 사실과 그 이유는 분명했다. 이제 문제는 체제 내에서 인민해방군의 역할이었다.

---

160 Ibid., 324-5; Witke, *Comrade Chiang Ch'ing*, 476; 郝梦笔, 段浩然, 『中国共产党六十年…』, 637-80.

161 Terrill, *The white-boned demon…*, 317에 이 이야기가 자세히 실려 있다.

162 金春明, "文化大革命的十年…", 210.

1973년 12월 12일 정치국 회의에서 마오는 군구 정치위원들의 장기간에 걸쳐 얻은 인민해방군 지휘권과 연줄, 그리고 최근에 얻은 당정 지위를 확실하게 박탈하기 위해 그들의 개편을 원한다고 말했다. 그는 정치국이 정치를 다루지 않고, 군사위원회가 군사 업무를 다루지 않는다고 불평하며 군부로부터 정치를 박탈하고자 한다는 확실한 암시를 주었다. 이러한 제안에 대한 장군들의 불안을 줄이기 위해 마오는 두 가지 일을 했다. 먼저 그는 덩샤오핑에게 군사위원회에서 총참모장 직무를 맡도록 제안했고, 그 자신이 린뱌오의 인민해방군 혁명영웅들에 대한 맹렬한 비난과 가혹한 처우에 연루되었던 점을 스스로 비판했다. 이 일이 군부 동료들을 부당하게 대우한 궁극적 책임에 대해 장군들을 기만한 것인지는 의심스럽지만, 과거는 과거일 뿐이라고 호소하며 최소한의 사과를 한 것이었다.

군사위원회가 8명의 군구 정치위원 개편을 공포하고, 같은 날 중앙위원회가 군사위원회에서 덩의 주요 정치적 역할과 정치국 지위의 복권을 공식화함으로써 마오는 자신이 바라던 것을 얻었다. 타협의 요소는 분명했다. 장군들은 정치적 권력을 포기하는 대신 믿을 만한 옛 전우의 수중에 그것을 넘겨주도록 약속받았다. 나중에 덩은 8명의 정치위원 모두가 10일 안에 새로운 직위를 맡았다는 것에 대해 다소 경탄스러운 듯 인정했다.[163] 사인방은 불쾌했겠지만, 덩은 1974년 4월 미국과의 특별회담에서 중국 대표단을 이끌었고, 국제무대에서 마오의 제3세계론을 소개하는 연설을 했다.

사인방에게 덩의 복권은 마오가 자신들의 가장 강력한 잠재적 적인 군부를 약화시켰다는 점에서 최소한의 위안이 되었다. 그러나 10월에 마오가 덩에게 국기의 책임을 맡길 의도를 드러내자, 사인방은 주석의 의도를 멈추기 위한 격렬한 활동에 돌입했다. 10월 18일, 왕훙원은 마오를 보기 위해 몰래 창사(長沙)로 날아

---

163 『中共党史大事年表』, 386; "Quarterly chronicle and documentation", *CQ*, 58(April-May 1974). 군구 인사교체에 대한 분석은 Ibid., 57(January-March 1974), 206-7 참조. 덩의 발언은 『邓小平文选(*1975-1982*)』, 97 참조.

갔다.[164] 왕홍원과 다른 밀사들을 통해 사인방은 저우가 병을 가장하여 병원에서 덩과 음모를 꾸미고 있다고 주장했고, 수도에는 1970년 루산회의의 분위기가 풍겼다. 마오는 덩의 능력을 칭찬하면서 그들의 항변을 무시했다. 저우가 병마에도 불구하고 12월 23일 왕홍원과 함께 창사로 날아갔을 때, 주석은 덩에 대한 위임을 재차 확인하면서 덩이 군사위원회 부주석과 인민해방군 총참모장이 되어야 한다는 당초의 제안이 집행되도록 촉구했다. 또한 장춘차오를 인민해방군 총정치부장과 제2부총리로 임명함으로써 정치적 균형을 유지시켰다. 1975년 1월 8일부터 11일까지는 여전히 사려 깊은 저우언라이가 베이징에서 중앙위원회 회의를 주재했고, 이 회의에서 그들의 임명이 공식 합의되었으며, 덩이 당 중앙 부주석과 정치국 상무위원으로 복귀한다는 더욱 충격적인 결정이 이루어졌다.[165] 이로써 마오 생애에 마지막으로 커다란 캠페인의 무대가 갖추어졌다.

덩샤오핑의 직무 시기

덩샤오핑은 1975년 1월 당과 정부의 일상 업무를 맡으면서도 자신의 생각은 드러내지 않았다.[166] 그가 설마 주석이 문화대혁명을 포기했고, 그 이전에 추구한 보다 합리적인 정책의 회복을 자신에게 승인했다고 믿었겠는가?

이에 대한 일부 고무적인 징후는 있었다. 자신과 같은 인사들을 복직은 아니지만 복권을 시켰고, 마오의 지지를 받아 저우언라이가 제4차 전국인민대표대회에

---

164 왕홍원의 마오 방문에 대한 설명은 周明, 『历史在这里沉思』, 2. 196-203.

165 郝梦笔, 段浩然, 『中国共产党六十年…』, 637-9; 高皋, 严家其, 『文化大革命十年史』, 530-7. 최근 중국 역사학자들은 장춘차오의 임명 과정에 대한 언급을 회피하는데, 이것은 아마 당시 덩샤오핑의 복권에 대한 마오의 상당히 적극적인 역할로 이미지가 실추되는 것을 피하고 싶은 때문일 것이다. 여전히 중국에서 유행하는 마오가 덩을 복권시킨 이유의 대안적 혹은 추가적 설명은 그를 통해 저우언라이를 대체하려 했다는 것이다. 이 시나리오에 따르면 마오는 저우가 자신보다 오래 사는 것을 우려했다. 총리는 암이었지만 주석도 1972년 말 심각한 중풍이 왔던 것으로 알려졌는데, 마오는 자신이 먼저 죽을지도 모른다고 생각했을 것이다. 마오가 덩을 선호한 것은 일정 부분 사인방보다 덜 위협적인 존재로 생각했기 때문일지도 모르며, 과거에 마오가 배수의 진을 쳤을 때 덩이 마오에게 충성을 했던 둘 간의 친밀한 관계 때문일 수도 있다. 마오와 덩의 관계는 MacFarquhar, *The Origins*…, 1, 140-5 참조.

166 郝梦笔, 段浩然, 『中国共产党六十年…』, 639-40.

406

서 장기 경제계획과 이후 '4개 현대화'로 불린 농업, 공업, 국방, 과학기술의 현대화에 관한 연설을 했다.[167] 또한 가장 중요한 점은 마오가 안정과 통합을 요구하며 사인방의 파벌적 행동을 비판한 것이다. 마오도 문화영역에서 저우양(周扬)과 같은 옛 간부의 직위 회복을 옹호하고, 덩샤오핑에게 모든 예술영역에서 다시 백화제방이 이루어져야 한다고 말하는 등 자유화 정책으로 돌아가길 희망하는 것처럼 보였다. 주석의 장려라기보다 유인에 의해 덩샤오핑과 그의 주요 지지자인 예젠잉, 리셴녠 등은 5월과 6월 정치국 회의에서 11차 '노선투쟁'이 진행 중이며 새로운 지도부에 실용주의 과오가 있다는 사인방의 주장을 비판했다. 지금까지 풍향계 역할을 했던 왕훙원은 자아비판을 했고 곧이어 몇 달간 상하이에 칩거했으며, 세 명의 협력자는 완강히 침묵을 지켰다.[168]

덩은 정열적으로 당면 문제에 맞서 나갔다.[169] 첫째가 군사 문제였으며, 이것은 마오가 그를 복직시킨 가장 중요한 이유였다. 덩의 선집에 수록된 1975년 8차례의 연설 가운데 3개가 군사 문제를 다루었다. 군대에서 공식 직위를 회복한 지 3주가 되기 전에 덩은 인민해방군의 지나친 규모와 예산, 비효율성과 기율 부족, 간부들에게 만연한 파벌주의를 비판했다. 그는 인민해방군이 당 정책에 순응해야 할 필요성을 강조했다. 마지막 연설에서는 그동안 지적한 인민해방군의 문제에 자만심과 무기력을 덧붙였다.[170]

더욱 급박한 문제는 쉬저우(徐州), 난징(南京), 난창(南昌) 등지의 철도 노동자들이 벌인 심각한 파업과 파괴활동 등의 노동자 소요였는데, 이는 분명히 비림비공

---

167 저우는 1964년에 처음 4개 현대화를 주창했을 때 마오의 지지를 전혀 요구하지 않았다. Gardner, *Chinese politics and the succession to Mao*, 67.

168 郝梦笔, 段浩然, 『中国共产党六十年』, 645-7; 房维中, ed., 『中华人民共和国经济大事记(1949-1980)』, 544-5; 金春明, "文化大革命的十年…", 212.. 정치노선 투쟁은 당연히 당내의 가장 심각한 논쟁방식이었으며, 린뱌오 사건이 열 번째 노선 투쟁이고, 류사오치 숙청이 아홉 번째였다.

169 1975년 1월에서 10월 사이의 더 이상 효과적으로 권력을 행사할 수 없던 시기, 덩샤오핑의 활동에 관한 요약은 郝梦笔, 段浩然, 『中国共产党六十年…』, 640-1 참조.

170 *Selected works of Deng Xioping(1975-1982)*, 11-13, 27-42.

기간에 이루어진 좌파의 선동에서 비롯되었다. 4대 주요 철도간선에서 소통이 교란됨으로써 막대한 경제적 혼란이 초래되었다. 덩은 위협과 화해의 결합, 그리고 중앙 통제력의 회복을 통해 질서를 복구했다.[171] 왕훙원은 항저우에서 좌파가 조장한 분쟁을 해결하지 못했다. 덩은 단순히 인민해방군을 파견하여 분쟁유발자를 체포했다.[172]

경제와 관련된 고질적이고 장기적인 문제를 해결하기 위해 덩은 회의를 소집하여 일련의 조치에 착수했다. 이를 위해 세 가지 주요 문건, 즉 국가계획위원회에서 기안한 8월 18일의 '공업발전 강화의 몇 가지 문제', 후야오방(胡耀邦)과 후차오무(胡乔木) 등이 기안한 9월 26일의 '과학원 업무에 관한 개요보고',[173] 덩리췬(邓力群)이 작성한 10월 중순의 '당과 국가를 위한 총체적 업무계획에 관하여'[174]가 완성되었다.

공업 문건은 그해 중반에 보다 평등한 임금체계를 요구하는 좌파의 소요에 대응하여 중국 중부와 남부에서 발생한 파업사태의 원인을 다루었다.[175] 그 문건은 "'반란'과 '반조류(反潮流)'의 기치 아래 파괴활동을 일삼는 소수 악질분자", '혼란'에 빠진 관리, 낮은 생산성, 낮은 품질, 과도한 유지비, 높은 비용, 잦은 파손, 그리고 원자재·연료·전력 산업에서 특히 심각한 문제들을 언급했다.[176] 덩은 농업 지원, 외국기술 도입, 공업연구 강화, 관리 정돈, '품질 우선', 규칙과 규제 강화,

---

171 Jürgen Domes, *The government and the politics of the PRC: A time of transition*, 127; 房维中 主编, 『中华人民共和国经济大事记(1949-1980)』, 541-3. 이 철도노선은 톈진(天津)—푸커우(浦口), 베이징—광저우, 룽하이선(陇海线, 连云港-天水), 장쑤(江苏) 연해지역과 서북의 간쑤(甘肃)를 잇는 주요 동서간선, 항저우와 난창을 잇는 저간선(浙赣线)이었다.

172 Gardner, *Chinese politics and the succession to Mao*, 74.

173 이 두 문건의 분석은 Kenneth Lieberthal, *Central documents and Politburo politics in China*, 33-49 참조.

174 房维中, ed., 『中华人民共和国经济大事记(1949-1980)』, 550-5; trans. in Chi Hsin, *The case of the Gang of Four*, 203-86에 있다.

175 Domes, *The government and the politics of the PRC…*, 128.

176 Chi, *The case of the Gang of Four*, 246, 247, 257.

물질적 동기 회복 등의 필요성을 강조했다.[177] 한 달 후 중국과학원의 보고를 논의하면서 덩은 훈련 강화, 교육수준 향상, 전문적 리더십 확보, 과학에 대한 투입 확대(의미적으로는 정치에 대한 적은 투입)를 요구했다.[178]

그러나 좌파들에게 가장 큰 타격을 준 것은 당과 국가를 위한 총체적 업무계획을 제시한 문건이었으며, 이 문건은 혁명이 생산피해를 강요해서는 안 된다는 점을 납득시키려고 마오가 초기 저작에서 했던 "어떤 작업장이나 단위가 생산이 부진할 때 혁명을 아주 잘 수행하고 있다고 말하는 것은 완전히 모순이다. 일단 혁명이 장악되면 아무런 노력 없이 자연스럽게 생산이 향상될 것이라는 생각은 동화 속에 빠진 사람들이나 하는 것이다."라는 말을 그대로 인용했다.[179] 장칭이 이 문건을 '세 가지 큰 잡초'로 매도하고, '자본주의 부활을 위한 정치 포고문'으로 규정한 것은 당연했다.[180]

장칭은 농업 문제에서도 덩과 대립했다. 농업을 다자이(大寨)로부터 배우는 것에 관한 제1차 전국회의가 9월 15일부터 10월 19일까지 3700명의 대표들이 참석한 가운데 열렸으며, 그녀는 평등주의와 계급투쟁을 강조하면서 1958년 대약진 시기 인민공사의 높은 이상으로 돌아갈 것을 요구했다. 반대로 덩은 1960년대 초반을 회고했는데, 당시는 농민의 적극성을 고취시키기 위해 다양한 인센티브가 사용되었다.[181]

장칭은 다시금 현대적인 정치목적을 위해 역사적 혹은 문학적 텍스트를 인용하는 기괴한 사례를 보여 주었는데, 다자이 연설에서 유명한 고전소설『수호전(水滸传)』의 영웅을 통렬히 비판함으로써 덩샤오핑을 공격했다. 그녀는 "배반자의 특

---

177 『邓小平文选』, 43-6; 房维中, ed.,『中华人民共和国经济大事记(1949-1980)』, 550-2.

178 Chi, *The case of the Gang of Four*, 287-95.

179 Ibid., 227.

180 党史教研室,『中国共产党六十年大事简介』, 576.

181 Domes, *The government and the politics of the PRC*…, 129-30. 房维中, ed.,『中华人民共和国经济大事记(1949-1980)』, 552-3.

성을 보기 위해서는 이 책을 주의 깊게 읽어야 한다…. 쑹장(宋江)이라는 사람은 겉과 속이 다른 속임수를 많이 썼다.[182] …쑹장은 차오가이(晁盖)를 허수아비 두목으로 만들었는데, 바로 지금 주석을 허수아비로 만들려는 사람이 있지 않은가? 나는 그런 사람이 몇 명 있다고 생각한다."라고 주장했다.[183] 원래『수호전』의 비유는 그녀의 아이디어가 아니라 마오가 쑹장의 투항주의와 수정주의를 비판하면서 시작되었는데, 사인방의 노련한 논객 야오원위안이 즉시 이를 화두로 던진 것이다.[184]

덩샤오핑이 직무를 맡은 내내 마오의 행동은 모순적이었다.[185] 그는 덩의 조치를 지지하면서 사인방의 공격으로부터 이를 방어했으나, 동시에 자신의 좌파적 의견을 제시하고 장춘차오와 야오원위안에게 이를 선전하도록 허락했다. 그는 임금 차별, 노동에 따른 분배, 상품 거래를 한탄했고, 이러한 측면에서 중화인민공화국이 1949년 이전의 중국과 크게 다를 바 없으며 오직 소유제 구조만 바뀌었다고 말했다. 마오의 발언에 고무되어 장춘차오와 야오원위안은 마르크스, 엥겔스, 레닌의 프롤레타리아 독재 이론에서 자신들의 주장에 신빙성을 부여하는 언급들을 조심스럽게 발췌하여 33개의 인용문을『인민일보』에 게재했다.[186] 주석의 승인을 거쳐 장과 야오는 계급투쟁과 프롤레타리아 독재의 최우선적 중요성, 사회주의 계획경제를 훼손하는 상품경제의 위험성, 물질적 인센티브에 의해 조장된 새로운 부르주아적 요소의 출현, 더 높은 단계의 집단소유제와 그 이후의 국가소유제를 발전시켜야 할 긴급성, 새로운 수정주의의 계속되는 위험성 등에 관해 자신들과 마오의 관점을 정당화하는 중요한 이론적 주석을 달았다.[187]

---

182 History Writing Group, "The ghost of Empress Lü…", 55.

183 党史教研室,『中国共产党六十年大事简介』, 574.

184 Ibid., 573-4.『수호전』사건의 상세한 논의는 Goldman, *China's intellectuals*…, 201-13 참조.

185 郝梦笔, 段浩然,『中国共产党六十年…』, 648.

186 Ibid., 644-5.

187 Yao Wen-yuan, "On the social basis of the Lin Piao anti-Party clique", and *Chang Ch'un-ch'iao*, "On exercising all-round dictatorship over the bourgeoisie" trans. in Raymond Lotta, *And Mao makes 5: Mao*

마오의 모호성은 우유부단함, 즉 머리와 가슴 사이의 진정한 갈등을 반영한 것일지 모른다. 혹은 점점 쇠약해지는 자신을 드러낸 것일 수도 있다. 그는 1974년 초부터 1975년 8월 사이 백내장 제거 수술을 하여 글을 읽을 수 없게 되었으며, 신뢰하는 동지와 함께 불치의 병으로 입원을 했고, 공식 문건과 신문을 읽기 위해서 젊은 여성 말동무인 장위펑(张玉凤)에게 의지해야 했다. 1975년 말경에 이르러 그는 파킨슨병으로 말도 할 수 없게 되어, 외국 귀빈들을 접견할 때도 글이나 수행원들만 알아들을 수 있는 소리로 소통했다. 장은 다음과 같이 말했다.

말하는 데 어려움이 있어 그는 겨우 몇 마디만 중얼거릴 수 있었다. 나는 오랫동안 그의 곁에서 일했기 때문에 무엇을 말하는지 겨우 이해할 수 있었다. 주석이 다른 간부 동지들과 말할 때는 언제나 내가 그 말을 반복해야 했다. 그러나 말과 발음이 매우 분명하지 않을 때는 입술 모양을 보고 추측을 할 뿐이었다. 말이 아주 안 될 때는 펜으로 생각을 적어 내려갔다. 나중에 주석은 걷는 것조차 어려워졌다. 자기 힘으로 걷지 못하여 누구의 도움 없이는 한 발짝도 움직이지 못했다.[188]

좌파인 마오의 조카 마오위안신(毛远新)이 정치국에서 주석의 연락원으로 일하기 위해 1975년 9월 말에 동북에서 이동해 왔던 것으로 보인다. 그 역시 덩샤오핑에게는 불리하게 작용했다. 음흉한 마오위안신은 보고를 왜곡하고, 주석의 귀에 문화대혁명에 대한 덩의 충성을 의심하는 말을 쏟아 내었다. 그는 자기 말을 호의적으로 들어주는 사람을 필요로 했다.[189]

이 모든 요인들이 마오의 태도를 형성하는 데 기여했을 것이다. 그러나 마오가

Tse-tung's last great battle, 196-220에 번역되어 있다.

188 Zhang, "Anecdotes of Mao Zedong and Zhou Enlai in their later years⋯", Ross Terrill in *And Mao*⋯, 395-7, 400-1, 411-3, 417-8은 1976년 여름 동안 이어진 외빈접견 당시 주석의 건강 악화를 밝히고 있다.

189 胡华,『中国社会主义革命和建设史讲义』, 326; 郝梦笔, 段浩然,『中国共产党六十年⋯』, 648-9. 한 보도에서 마오위안신은 1975년 11월까지만 백부와 함께 있었다고 했지만, 다른 보도에서는 주석이 죽을 때까지 베이징에서 그의 곁에 머물렀다고 했다.

덩을 오랫동안 알아 왔다는 점에 비추어 볼 때, 1973년에 주석이 과거 주자파의 2인자였던 그가 입장을 바꿨다고 생각할 만큼 순진했을 것 같지는 않다. 마오가 덩을 발탁한 것이 부분적으로는 '마오 이후에, 어느 쪽?'이라는 문제를 더욱 효과적으로 다루기 위해 군부를 현혹시키고, 다른 한편으로는 '마오 이후에, 누구?'라는 문제의 해결책을 찾을 시간을 벌기 위한 계획된 전술이었다는 가설도 그럴듯해 보인다. 1975년에 드러난 그의 관점에서 볼 때 '마오 이후에, 무엇?'의 정확한 대답에 관해 그가 오랫동안 품어 왔던 생각이 바뀐 흔적은 아무것도 없다.

저우의 죽음과 덩의 실각

1976년 1월 8일 저우언라이가 죽기 전까지도 덩샤오핑의 정책에 대한 비판의 물결이 거세었다. 사인방은 덩에 대한 주석의 인내가 옅어졌음을 깨닫고, 죽음으로 몰아넣으려고 결심했을지도 모른다. 문화대혁명의 출발처럼 싸움이 시작된 곳은 지식인 영역이었다.

아마도 덩의 지지자가 선동했을 칭화대학의 한 당 간부는 사인방의 충성스런 지지자인 츠췬과 셰징이의 사상과 일상을 비판하는 두 통의 편지를 마오에게 보냈다. 마오는 이를 문화대혁명에 대한 공격으로 간주했고, 11월 3일 츠와 셰가 자신들을 지지한다는 마오의 답신을 공개함으로써 '판결을 뒤집는 우파 풍조를 반격하는(反击右倾翻案風)' 운동이 시작되었다.[190] 그들은 교육부장 저우룽신(周荣鑫)을 공격할 기회도 잡았는데, 그는 덩의 요청에 따라 교육기준의 부활을 촉구하고 있었다.[191] 마오와 사인방이 위태롭게 여긴 것은 문화대혁명의 살아 있는 유산, 혹은 '새로운 사회주의 정신'이었으며, 그것은 노동자·농민·군인이 대학에 더 쉽게 진학하는 보다 단순하고 실용적인 과정을 강조하는 평등한 교육체계를 의

---

190 郝梦笔, 段浩然, 『中国共产党六十年…』, 649 참조.

191 Gardner, *Chinese politics and the succession to Mao*, 75-6. 문화대혁명 시기 교육발전에 관한 상세한 분석은 *CHOC*, 15, ch.7 참조.

미했다.[192]

11월 말이 되면서 마오의 명령으로 정치국은 통지회의를 소집했고, 여기에서 화궈펑은 주석의 연설 요약문을 낭독한 다음 성의 당 고위 간부들에게 회람시켰다. 마오의 원고와 곧이어 이를 지지한 중앙문건의 내용은 7월에서 9월 사이에 정치적 루머가 만연했으며, 최고지도부를 분열시키려는 시도가 있었고, 문화대혁명에 대한 판결을 뒤집으려는 공격이 이루어졌다고 말하고 있다.[193] 마오는 덩의 권한을 효과적으로 회수하면서 당면한 캠페인을 '덩을 비판하고 판결을 뒤집는 우파 풍조를 반격하는' 쪽으로 다시 몰아갔다.

바로 이 시점에 저우언라이가 죽었으며, 그것은 그해 내내 중국에 반향을 일으킨 정치적 위기를 촉발했다. 저우는 몇 달간 상대적으로 덜 활동적이었지만, 살아 있는 동안은 합리성과 통제를 상징했고, 문화대혁명으로 나라가 얼마나 혼란스럽든지 간에 질서를 회복하고 인민을 보호할 것이라는 믿음을 주었다. 그와 함께 1920년대 초반 파리에서 근로학생으로 일했던 덩샤오핑은 4년 후 어느 인터뷰에서 저우의 전반적인 태도를 다음과 같이 요약했다.

저우 총리는 평생 열심히, 그리고 불만 없이 일한 사람이었다. 평생 동안 그는 하루에 12시간, 때로는 16시간 이상을 일했다…. 문화대혁명 기간 우리가 쓰러졌을 때 다행히 그는 살아남았다. 당시 그는 아주 어려운 직위에 있었고, 본인이 하고 싶지 않았던 많은 말과 일을 했다. 그러나 그가 그렇게 하지 않았더라면 살아남아서 중립적 역할을 할 수 없었기 때문에 사람들은 그를 용서했으며, 그래서 피해가 줄었다. 그는 꽤 많은 사람들을 보호하는 데 성공했다.[194]

---

192 다른 새로운 사회주의적 제도로는 장칭의 혁명 경극, 농촌의 '맨발의 의사(赤脚医生, 의료보조원)'나 간호사 제도, 간부들이 육체노동을 하며 수개월 혹은 수년을 보내는 5·7 간부학교, 다자이(大寨)인민공사의 집체주의 경쟁 등이 있었다. "Nothing is hard in this world if you dare to scale the heights", 『人民日报』, 『红旗』, 『解放军报』 공동편집, 1 January 1976, trans. in "Quarterly chronicle and documentation", *CQ*, 66(June 1976), 412 참조.

193 郝梦笔, 段浩然, 『中国共产党六十年…』, 649.

194 "Answer to the Italian journalist Oriana Fallaci", in *Selected works of Deng Xioping(1975-1982)*, 329-

저우는 죽는 날까지 총리직을 맡았다. 이제 그의 후계자 선택을 더 이상 미룰 수 없었다. 덩이 확실한 후보자였다. 그를 선택하는 것은 실권을 가진 적합한 인물을 확보하려는 계속된 의지로 볼 수 있었다. 좌파들이 덩의 복구정책을 계속 비판했음에도 불구하고 여전히 그는 어떠한 공식적인 굴복도 하지 않았으며, 저우언라이의 장례식에서도 추도사를 하도록 허용되었다.[195]

그러나 마오는 덩이 저우의 유산을 승계하도록 허용하면, 자신이 죽은 후에는 그를 전혀 제거할 수 없을 것으로 계산했음에 틀림없다. 이제 덩이 타도당하거나, 아니면 그가 마오 사상의 비전과 문화대혁명의 성과를 힘껏 보존하려는 사람들을 결국 제거할 것이다. 이와 동일한 논리가 예젠잉이나 리셴녠 같은 다른 고위급 생존자들의 후계에도 나쁜 영향을 미쳤다.

총리직에 가장 가망 있는 급진주의자 후보는 사인방 가운데 제일 유능하고 덩 다음의 제2부총리인 장춘차오였다. 그러나 마오는 오래전부터 급진주의자를 저우의 후계자로 삼지 않을 것을 아주 확고하게 결정했다. 마오쩌둥 사상의 보존은 고사하고 급진적인 총리는 사람과 정책 모두 제거하는 반발을 초래했을 것이다.

그래서 마오는 문화대혁명의 수혜자가 자신에게 큰 빚을 졌기 때문에 같은 길을 답습하고 문화대혁명에 헌신할 것이라는 기민한 가정하에 그런 사람을 선택하려 했다. 또한 수혜자는 자신의 직위에 대한 당 원로들의 위협으로부터 균형을 맞추기 위해 지도부 내에 급진적 요소를 유지하고자 할지도 몰랐다. 따라서 마오이즘의 순수한 횃불이 정치국 최고정점에서는 아니더라도 그 내부에서는 타오를 것이었다.

마오가 화궈펑을 선택한 것은 여전히 그 이유가 알려지지 않았지만, 주석이 후계자 선택에서 저지른 또 하나의 실수였다. 화궈펑이 간부로서 마오의 고향에서

---

30. 문화대혁명 초기에 저우언라이가 긍정적 태도를 견지했다는 견해는 周明, 『历史在这里沉思』, 1. 57-8 참조.

195 덩의 연설은 "Quarterly chronicle and documentation", *CQ*, 66(June 1976), 420-4에 있다.

수행한 업무는 일찍부터 주석의 호의적인 관심을 받았다.[196] 화는 린뱌오 사후의 청산작업에서도 핵심역할을 부여받았으나, 다른 잠재적 후계자 후보인 지덩쿠이도 마찬가지였다. 화는 제4차 전국인민대표대회 1년 전에 공안부장직을 맡았는데, 이로써 마오의 판단으로는 그가 후계자 검증을 위해 거쳐야 할 권력기반을 갖추게 되었다. 1월 21일부터 28일, 마오는 화가 대리총리직을 맡고 덩으로부터 당의 일상 업무에 대한 통제권을 이양받도록 정치국에 요청했다.[197] 또한 마오는 화를 측면공격으로부터 보호하기 위해 덩의 협력자 예젠잉의 군사위원회 직위를 문화대혁명 군부 수혜자인 천시롄으로 대체하도록 명령했다.[198] 덩에 반대하는 은밀한 캠페인은 확대되었다.

사인방의 전략

사인방은 화궈펑의 승진에 분노했으며, 그 가운데 오랫동안 총리직을 갈망해 온 장춘차오의 분노가 특히 심했다.[199] 이 일로 그들은 중요한 전략적 과오를 범했고, 마오 사후에 권력을 획득하려던 간사한 희망이 결국은 자신들에게 짐이 되었다. 그들은 잠재적 동맹자와 협력하는 대신 모두 권력에서 밀려났다.

당시 정치국의 정치적 국면은 사인방에게 우호적이지 않았다(표 5 참조). 문화대

---

196 Michel Oksenberg and Sai-cheung Yeung, "Hua Kuo-feng's pre-Cultural Revolution Hunan years, 1949-1966: The making of a political generalist", *CQ*, 69(March 1977), 29-34 참조.

197 왜 '대리'인가? 그것은 의전상의 이유일 수 있다. 화궈펑은 전국인민대표대회가 지명하기 전에 공식적으로 총리로 지명될 수 없었다. 그러나 그가 4월에 총리 직함을 가진 것은 헌법적 절차에 따른 것이 아니었다. 아바노 마오가 실험을 서시시 않은 왕훙원을 최고 위지로 승진시긴 실식하여, 민악 화도 역시 무능한 것으로 드러나면 피해를 최소화하기 위해 시용기간을 적용했을 것이다. 혹은 덩을 완전히 교체하지 않고 잠시 제쳐 놓았음을 암시함으로써 자신의 오랜 동지들의 반대를 줄이려 했을 수도 있다. 후자의 가설은 마오가 덩을 공격하면서, 그의 죄가 인민 내부의 모순이며 해결될 수 있다고 왜 조심스럽게 말했는지에 대해 설명하는 것에도 도움이 된다. 郝梦笔, 段浩然, 『中国共产党六十年…』, 650.

198 房维中, ed., 『中华人民共和国经济大事记(1949-1980)』, 559. 이 설명에 따르면 천시롄을 예젠잉이 아픈 동안 대체할 계획이었으나, 필자가 본 어떠한 설명(가령 郝梦笔, 段浩然, 『中国共产党六十年…』, 649; 高皋, 严家其, 『文化大革命十年史…』, 575)에도 이러한 동기가 언급되지 않았으며, 이것은 화에 대한 마오의 결정에 분개하여 생긴 정치적 병으로 보아야 한다.

199 장춘차오의 개인적 좌절에 따른 반응은 高皋, 严家其, 『文化大革命十年史…』, 575-6 참조.

혁명 이전의 당 원로 가운데 생존자들은 수세적이었고, 활동적인 구성원도 부족했다. 덩과 예젠잉이 방관자로서 중립화되었기 때문에, 왕훙원과 장춘차오는 화궈펑과 더불어 정치국 상무위원회 내에서 유리하게 당을 지배할 수 있었다. 화는 운명의 갈림길에서 그들의 지지를 환영했을 것이며, 그것은 특히 마오의 축복을 수반할 수 있었다. 본래 사인방의 협력자들은 화와 같은 수혜자였다. 그들은 상대적으로 젊고 활동적이었으며, 마오도 느꼈듯이 그들이 권력을 획득한 방법으로 인해 생존자들로부터 혐의와 의심을 받고 있었다. 게다가 수혜자에는 어떤 국면에서도 중요한 협력자가 될 수 있는 군사적·정치적 핵심 인물이 포함되어 있었는데, 그중에는 베이징군구 사령원 천시롄, 인민해방군 8341 경위부대 사령원 왕둥싱, 수도 당위원회 책임자 우더 등이 있었다.[200]

그러나 마오의 확고하고 일상적인 통제가 부재함으로써 사인방은 어떠한 타협도 허용하지 않았고, 그들의 타고난 투쟁적 태도에 고삐를 줄이지도 않았다. 장칭은 얼마 전까지 주석의 수문장이자 대표 역할에 익숙했기 때문에,[201] 정치적으로 못마땅한 사람에게 부수적 취급을 받으려 하지 않았다. 그녀는 지난 가을 다자이 회의 때부터 부상하고 있던 화궈펑의 소심함을 없애려 하였고, 서로 목표를 공유하기 위해 그를 '말렌코브(Malenkov)와 같은 훌륭한 신사'라고 묘사한 적이 있었다.[202] 그런데 이제 화의 부상으로 자신들의 지위가 재평가되는 처지에 놓인 사인방은 그를 반대하는 캠페인을 확대하였고,[203] 화가 지지를 확보하려면 결국 생존자들에게 의지해야 했다. 여전히 상호 의존이 극적으로 현실화될 가능성은 있었다.

사인방은 덩을 괴롭히고 화를 공격하는 데 만족하지 못하고, 저우언라이에 대

---

200 이들이 급진주의자의 동맹인 점이 합당한 이유는 덩샤오핑이 마오 사후에 권력을 장악하고 그들의 사임을 주장한 사실로도 증명된다. 이들 세 명은 지덩쿠이와 함께 '작은 사인방'으로 불렸다.

201 金春明, "文化大革命的十年…", 191-2.

202 Domes, *The government and politics of the PRC*…, 130.

203 高皋, 严家其, 『文化大革命十年史…』, 576-7.

표 5. 저우언라이 사후 정치국의 정치적 국면

급진주의자	수혜자	생존자
마오쩌둥 **왕훙원** **장춘차오** 장칭 야오원위안	화궈펑 리더성[b] 천시롄 지덩쿠이 왕둥싱 우더 천융구이 우구이셴 니즈푸	덩샤오핑 예젠잉 [주더] 리셴녠 [류보청] 쉬스유 웨이궈칭 쑤전화 싸이푸딩

a: 캉성과 둥비우는 1975년 사망.

b: 리더성은 명확하지 않은 이유로 1975년 1월 덩샤오핑이 국가통치권을 이양받을 때 당 부주석 지위와 정
   치국 상무위원직을 회복했음;『中国党史大事年表』, 391 참조. 리는 내전 기간에 류보청과 덩샤오핑이 이
   끈 제2야전사령부 지휘관이었음. 1982년 그는 그들의 군사적 업적에 관한 많은 저작의 하나에 서문을 적
   었음; 杨国宇, et al., eds.,『刘邓大军征战记(第1卷)』, 1-4 참조.

한 인민들의 감정이 무엇인지 분명히 알면서도 그것을 무모하게 조롱했다. 총리
가 죽었을 때 화장을 할지, 장례식은 언제 어디서 할지 아무것도 공표되지 않았
다. 그러나 서거 소식이 전해지자 100만으로 추정되는 인파가 애도를 표하기 위
해 흰색 국화의 조화를 든 채 톈안먼(天安门) 광장에서 바바오산(八寶山) 혁명공원
묘지까지 줄을 이었다. 한 곳에서는 군중들이 몰려들어 중국 관습에 부합하는 매
장을 요구하며 장례행렬을 멈춰 세웠다. 저우의 미망인 덩잉자오(邓穎超)가 차에
서 내려 총리가 화장을 원했다고 확인하고서야 장례행렬이 계속 나아갈 수 있었
다.[204] 그 다음 주에는 저우가 인기가 있고, 적들은 인기가 없다는 증거가 전국 각
지에서 드러났다.[205]

---

204 Roger Garside, *Coming alive!: China after Mao*, 8-9.

205 高皋, 严家其,『文化大革命十年史…』, 582-6.

사인방의 대응은 당분간 조용히 지내는 것이 아니라, 저우의 추모에 맞서는 것이었다. 그들은 저우의 이름을 들먹이며 비판하지는 못했지만, 자신들이 통제하는 미디어를 통해 대중들의 애도를 억제하고 그의 정책에 대한 노골적인 공격을 승인할 수 있었다.[206] 결국 3월 25일 그들이 통제하는 상하이의 주요 일간지인 『문회보(文汇报)』 1면 기사에 저우언라이가 확실한 '주자파'라고 언급하면서 도를 넘어섰다. 난징에서 사인방에 대한 학생들의 강력한 저항이 있었지만, 미디어에는 보도되지 않았다. 그러나 그 소식은 학생들이 타르(tar)로 기차 외부에 슬로건을 적으면서 베이징과 다른 도시로 전해졌다.[207] 이 '난징 사건'은 수도의 심장인 톈안먼 광장의 대형 마오 초상화 바로 앞에서 저우와 덩을 지지하고 사인방을 증오하는 더욱 극적인 시위의 서곡이 되었다.

1976년 톈안먼 사건

조상들을 추모하고 무덤을 손질하는 전통적인 청명절 무렵이었다. 당은 몇 해 전에 '미신'을 일소하기 위해 이 명절을 혁명영웅을 회고하는 날로 바꾸려고 시도했다. 이제 베이징 인민들은 당의 가장 위대한 영웅 가운데 한 명을 기념하고, 현 정치상황에 대한 의견을 표출할 기회를 잡았다.

베이징 뉴제소학교(牛街小学) 학생들이 3월 19일 톈안먼 광장의 인민영웅기념비 옆에 첫 번째 추모 화환을 놓았다. 4일 후에 안후이에서 온 한 남자가 저우언라이를 회고하는 헌정사와 함께 다른 화환을 놓았다. 공안은 이 화환들을 재빨리 치워 버렸다. 베이징 공안국장은 '화환 뒤의 심각한 계급투쟁'에 대하여 넌지시 불평하였다. 3월 25일 새벽, 한 중학생이 화환을 놓았고 곧이어 몇몇의 노동자들이 그 옆에 회고하는 메모를 남겼다. 3월 30일, 군인들이 처음으로 자신들의 화환을 남겼다. 이들 조사(弔詞)들은 치워지지 않았고, 시민들에게 활력을 불어넣는

---

206 Ibid., 581-2.

207 Ibid., 586-97; 郝梦笔, 段浩然, 『中国共产党六十年…』, 652; Garside, *Coming alive!*…, 110-14.

효과를 가져왔다.[208]

3월 30일 이후 시 당국의 명령에 저항하며 기념비 앞에 화환을 놓는 속도가 빨라졌다. 줄을 늘어선 수십 개의 기관과 수천 명의 인민들이 광장으로 행진하여 화환을 놓고, 조사를 바치고, 그것을 다른 사람들에게 읽어 주었다. 일요일인 4월 4일 청명절에는 200만 명으로 추정되는 인파가 광장을 방문했다.

인민영웅기념비의 바닥은 화환에 파묻혔다. 그 주위로 화환이 쌓여 광장 바깥까지 이어졌다. 화환은 보통 집에서 만든 종이조화로 흰색 바탕에 저우언라이의 사진이 가운데 있고 두 개의 흰색 실크 리본을 달았으며, 그를 회고하는 조사를 적었다. 그 위에는 대부분 핀으로 꽂은 찬사나 시가 있었고, 어떤 시들은 기념비 위에 붙여졌다. 사람들이 관심을 가진 것은 조사였으며, 그것들은 잘 붙어 있었지만 군중들은 다른 사람들이 어떤 감정을 느끼는지 알고 싶어 하였다.[209]

어떤 문구들은 단순히 총리에게 찬사를 보낸 것이었다.

그는 재산도 남기지 않았고, 아이도 없었으며, 무덤도 없었고, 유해도 남기지 않았다. 그의 유골은 조국 강산에 뿌려졌다. 그는 우리에게 아무것도 남기지 않았지만, 우리들 마음속에 영원히 남을 것이다. 나라 전체가 그의 것이고, 수억의 자손이 있으며, 중국의 모든 땅이 그의 무덤이다. 그래서 그는 우리에게 모든 것을 남겼다. 그는 영원히 우리 마음속에 살아 있을 것이다. 그는 누구인가? 그는 누구인가? 그는 우리의 총리이다![210]

이런 감정이 폭넓게 공유되었지만, 가장 많이 읽힌 것은 사인방에 내한 공격이

---

208 高皋, 严家其, 『文化大革命十年史…』, 598-9.

209 Garside, *Coming alive!*…, 115-36. 가사이드(Garside)는 중국어를 할 줄 아는 영국 외교관으로 1976년 1월 베이징 주재 영국 대사관으로 파견되었으며, 이들 사건에 대한 슬픈 목격담을 전했다. 중국인의 가장 완전하고 생동적인 설명은 역시 高皋, 严家其, 『文化大革命十年史…』, 598-637이며, 4월 4일 광장에 있던 사람들의 숫자 추산은 이 책 611쪽에 있다. 필자도 4월 1일부터 4일 사이에 베이징에 있었으나, 이 설명은 주로 이 두 자료에 의존했다.

210 Garside, *Coming alive!*…, 117에서 인용.

었다. 일부는 암시의 베일에 가려 있었지만 어떤 것들은 아주 분명했다.

> 당신은 틀림없이 미쳤다.
> 여황제가 되기를 바라다니!
> 여기에 당신을 비춰 줄 거울이 있으니
> 당신의 진정한 실체를 보아라.
> 당신은 하찮은 패거리를 만들어
> 언제나 문제를 일으키고,
> 사람을 현혹하고, 나쁜 짓을 일삼는다.
> 그러나 당신의 날은 얼마 남지 않았다 …
> 감히 우리의 총리를 반대하는 자는 누구든지
> 태양을 향해 짖는 미친 개와 같다.
> 현실을 각성하라![211]

이러한 시적 공격에 직면하여 사인방은 일시적으로 현실을 각성했다. 그들은 강력한 대응을 위해 정치국 내의 수혜자들과 협력했다. 정치국은 이미 4월 1일에 난징 사건이 분열주의자와 덩샤오핑 지지자의 소행이라는 점을 합의하기 위해 소집되었다. 그러한 부정적 평가에 근거해 베이징 공안은 4월 2일과 3일, 톈안먼 광장에서 추모를 금지하고 화환을 철수하는 행동에 착수했다.[212]

4월 4일 저녁, 청명절이 가까워지자 톈안먼 광장의 상황을 평가하기 위해 다시 소집되었다. 뛰어난 원로 당원인 주더, 예젠잉, 리셴녠, 그리고 그들을 지지한 쉬스유 장군은 참석하지 않았고,[213] 덩샤오핑도 그곳에 있을 수 없었다. 수혜자들과 사인방이 전체적인 지휘를 했다. 화궈펑은 톈안먼 광장에서 일어나는 일을 선

---

211 萧兰, 『天安门诗抄』, 29-30. 여기에서 선정한 번역문은 당시 광장에 나붙은 시와 조사 중의 아주 적은 일부일 뿐이다. 가령 이후에 童怀周, ed., 『天安门诗文集』로 재출판된 두 권짜리 『革命诗抄』 참조.

212 郝梦笔, 段浩然, 『中国共产党六十年…』, 652.

213 Ibid.

동가의 책임으로 돌리면서, 어떤 시는 주석과 다른 많은 중앙 지도자를 악의적으로 공격하고 있다는 의견을 제시했다. 다른 수혜자인 베이징 당위원회 제1서기 우더는 일부 협력적인 활동을 빌미로 그것을 1974~1975년 덩이 직접 준비한 소행으로 몰아갔다. 그는 "그 활동의 성격은 명확하다. 그것은 반혁명 사건이다."라고 했다.[214] 장칭은 중앙 지도부의 안전이 보장될 수 있는지, 왜 반대자들을 체포하지 않는지 물었다.[215]

회의가 열리는 동안 사인방과 수혜자들 사이에 협력이 계속된 것은 분명하였다. 두 그룹 모두 위협을 느꼈다. 그들이 서 있는 기반은 대중들로부터 거부되고 있었다. 일부 추모시가 마오쩌둥 개인을 공격대상으로 삼았다는 화궈펑의 주장이 옳다면, 그들이 공유하는 궁극적인 권력기반조차 의문시되는 상황이었다.[216] 주석이 아직 살아 있는 동안에도 그런 일이 일어나는데, 그가 죽고 난 뒤 그의 지지만 남아 있는 상황이 된다면 어떻게 되겠는가? 최소한 저우에 대한 이러한 예상치 못한 대규모 지지 사태는 중국 인민들이 지금 마오만이 미래의 유일하고 신적인 지도자는 아니라고 부정하고 있음을 의미하였다. 다른 대안적 길도 있었으며, 그들은 그것을 선호하였다. 그들은 마오의 후계자 선택도 거부하였다. 저우에 대한 그들의 존경은 그의 정당한 후계자로 덩샤오핑이 돌아오기를 원한다는 것을 의미하였다. 그날 저녁 정치국 회의에 참석했던 사람들은 그의 복귀가 자신들에게는 재앙을 의미한다는 것을 알았다.

따라서 신속하고 확고하게 행동할 필요가 있었다. 마오위안신은 자기 삼촌에게 회의 결과를 전달했고, 주석이 동의하자 공안이 집행을 명령했다. 4월 5일 오전 4시경 광장에는 화환과 조사들이 깨끗이 치워졌고, 늦게까지 시를 읽거나 기

---

214 胡华, 『中国社会主义革命和建设史讲义』, 331.

215 高皋, 严家其, 『文化大革命十年史…』, 619.

216 마오와 그의 '봉건적' 숭배에 관한 가장 확실한 비유는 진시황제에 관한 언급이었는데, 사람들은 "중국은 더 이상 과거의 중국이 아니다. 그리고 인민도 더 이상 한없이 어리석지 않으며, 진시황의 봉건사회는 이미 지나갔다."라고 하며 종종 주석과 그를 암묵적으로 비교했다. Garside, *Coming alive!*…, 127에서 인용.

념비를 사수하려던 사람들은 체포되었다.[217] 오전 5시경, 왕훙원은 날이 밝은 후의 행동지침을 공안에 지시했다.[218]

당국의 조치에 관한 소식이 빠르게 확산되자 도시 도처에서 사람들이 조직화되지 않고 개인별로 광장으로 모여들었다. 그러나 중고생 10명으로 이루어진 한 그룹이 오전 6시가 막 지나자 조사를 남기려고 모습을 드러냈고, 그때 기념비를 에워싼 군대와 노동자 민병대가 그들의 길을 막고 청소를 해야 한다고 설명했다.[219] 오전 8시에 도착한 한 외국인 목격자에 따르면 광장에는 이미 1만 명이나 있었다고 한다. 그들은 광장 서쪽의 인민대회당을 바라보며, "화환을 돌려달라(还我花圈)! 전우를 돌려달라(还我战友)!"라고 외쳤다.[220] 군중들은 해산명령을 받고도 화환이 사라진 것에 대해 아무런 설명을 듣지 못하자 평정심을 잃었다. 공안차 한 대가 전복되었고, 군중들은 자신들을 '계급의 적'에 의해 타락했다고 본 주장에 사과를 요구했다. 칭화대학의 어느 무모한 학생은 '당내 최고 주자파'를 위해 화환이 놓였다고 급진적이고 계획된 비판을 했다가 다쳐서 쫓겨났다. 이른 오후에 몇몇 공안차가 전소되었고, 공안 지휘소가 습격과 방화를 당했다.[221]

오후 6시 30분, 우더가 광장에서 확성기로 사람들의 해산을 호소했다.[222] 중국 측 설명에 따르면, 몇백 명을 제외하고 대부분이 해산했다.[223] 그 후 오후 9시 35분, 갑자기 광장이 훤하게 밝아졌다. 확성기를 통해 군대음악이 연주되었다. 톈안먼 뒤의 자금성에 집결했던 많은 군인, 공안, 베이징 경위부대가 곤봉으로 무

---

217 胡华, 『中国社会主义革命和建设史讲义』, 331.

218 高皋, 严家其, 『文化大革命十年史…』, 621.

219 Ibid.

220 『中共党史大事年表』, 401; Garside, *Coming alive!…*, 129.

221 Garside, *Coming alive!…*, 129-39.

222 그 내용은 高皋, 严家其, 『文化大革命十年史…』, 629-30에 있다.

223 Ibid., 633; 郝梦笔, 段浩然, 『中国共产党六十年…』, 653에는 388명이 체포되었다고 한다. Garside, *Coming alive!…*, 132에서는 우더의 연설이 끝나고 4000명이 광장에 남았으나, 이는 경찰 기록이 아니라 추산에 근거한 것이라고 한다.

장한 채 광장에 모습을 드러내면서 사람들을 가격하기 시작했다. 오후 9시 45분경, 학살은 멈췄고, 군중들 가운데 부상자들이 심문을 받기 위해 끌려갔다.[224]

그날 저녁 회의에서 정치국은 이 '사건'이 '반혁명 폭동'이었다고 결론지었다. 4월 7일 마오위안신을 통해 사건을 접한 주석은 우더의 호소문과 함께 『인민일보』판 사건개요를 발행하도록 명령했다. 덩은 모든 직위에서 해임되었지만, 마음을 바꾸면 당적은 유지할 수 있도록 허용되었다. 그에게 다른 무슨 일이 있었는지는 분명하지 않지만, 그날 인민해방군에 의해 남쪽으로 안전하게 후송되었으며, 그곳에서는 그의 정치국 내 협력자인 쉬스유와 웨이궈칭이 지방 군부를 통제하고 있었다.[225]

4월 7일 마오는 화궈펑을 즉시 총리직과 공산당 제1부주석으로 승진시키기로 하는 중요한 결정을 내렸다.[226] 상황이 너무 위험해서 더 이상 지연할 수 없었거나, 화가 마오의 모든 검증을 통과했을 수도 있다. 여하튼 주석은 후계자에 관한 최종 선택을 했다. 3주 후 4월 30일 저녁, 신임 제1부주석으로부터 국정상황을 보고받은 다음 마오는 화가 나중에 부적처럼 휘둘렀던, "당신이 일을 맡으면, 내가 안심할 것이다(你办事, 我放心)."라고 정당성을 부여하는 말을 했다.[227] 사실 화는 3명의 전임자들보다 더 생명력이 있지는 않은 것으로 드러났다. 그러나 마오는 이 사실을 알지 못했다.

마오의 죽음

인민의 절대 다수가 미신과 전통을 숭배하는 중국에서 1976년은 새왕의 조짐

---

224 郝梦笔, 段浩然, 『中国共产党六十年…』, 653; 高皋, 严家其, 『文化大革命十年史…』, 634-5, Garside, *Coming alive!…*, 132에서는 당시 공산당 외부의 보도를 인용해 100명이 죽었다고 한다.

225 Domes, *The government and politics of the PRC…*, 132. 필자는 덩의 안전이 어떻게 보장되었는지 증명하는 중국 자료를 전혀 알지 못하며, 많은 중국학자들은 그가 수도에 머물렀다고 믿고 있다.

226 郝梦笔, 段浩然, 『中国共产党六十年…』, 653.

227 高皋, 严家其, 『文化大革命十年史…』, 699.

들로 충만하였다. 1월에 저우의 죽음 이후 7월에 89세의 위대한 혁명전사 주더가 사망하였다. 그는 초기 야전 기간에 마오에 대한 충성을 통해 군대가 당에 복종할 수 있도록 해 준 장군이었다. 3주 후에 화북지역 광산도시 탕산(唐山)에 대규모 지진이 발생해 24만 2000명 이상이 죽고, 16만 4000명 이상이 심각한 부상을 당하였다.[228]

나라 전체가 한편으로는 덩샤오핑을 반대하는 좌파들의 소요로, 다른 한편으로는 그의 숙청방식에 대한 대중들의 분노로 불안했다. 철도 파업도 다시 일어났다. 1976년 초기 5개월 간 철강생산은 목표치보다 낮은 123만 톤이었다. 화학비료, 방직물, 다른 핵심 공업제품의 생산이 가파르게 하락하여 국가 재정수입이 20억 위안(元)으로 줄어들었다. 연간 계획목표가 축소될 수밖에 없었다.[229]

이처럼 자연재해, 정치혼란, 경제침체가 이어지던 때에 엘리트들에게는 마오의 죽음이 임박했음이 분명해졌다.[230] 덩이 실각했지만 완전히 축출되지 않은 상황에서, 사인방 입장에서는 향후의 위기를 극복하려면 톈안먼 사태 동안 정치국의 수혜자 그룹과 형성했던 협력을 강화하는 것이 가장 현명한 선택이었을 것이다. 그러나 그들은 7월의 국가계획회의에서 화궈펑을 공격함으로써 마지막 기회를 날려 버렸다. 그들은 필요하다면 군사력을 동원해서라도 수혜자 그룹에 대항할 것을 분명하게 결정했고, 8월에 주석이 더욱 쇠약해지자 1967년 이후 구축해 왔던 상하이 시민군을 대기상태로 배치하기 시작했다.[231]

장군들도 준비를 하고 있었다. 최고원수인 예젠잉은 정치국 지위 덕분에 왕전

---

228 房维中, ed., 『中华人民共和国经济大事记(1949-1980)』, 568.

229 Ibid., 567. 덩을 지지하는 대중운동 보도는 高皋, 严家其, 『文化大革命十年史…』, 641-59 참조. 좌파의 선동에 대한 분석은 Ibid., 662-76 참조.

230 춘절(春節) 전후 병세가 악화된 마오에 대한 설명은 Zhang, "Anecdotes of Mao Zedong and Zhou Enlai in their later years…" 참조.

231 郝梦笔, 段浩然, 『中国共产党六十年…』, 654-5; 高皋, 严家其, 『文化大革命十年史…』, 678-9. 9월 초 장칭은 다자이 인민공사를 다시 방문했으며, 그때 주석이 위독하다는 베이징의 긴급 메시지를 접했다. 그녀는 곧바로 베이징으로 떠나지 않고, 자신의 경비 및 의료진과 포커게임을 했던 것으로 알려졌다. Ibid., 691.

424

(王震) 장군과 사인방의 제거를 논의할 수 있었다. 예는 동료 원수인 녜룽전(聂荣臻)과 양청우(杨成武) 장군과도 자주 전략회의를 가졌다. 예는 사인방이 무시했던 화궈펑 및 정치국의 다른 수혜자 그룹과도 협의했다. 그는 고향인 광둥으로 가서 덩샤오핑도 투쟁을 고려하고 있음을 알게 되었다.

우리는 학살의 운명을 받아들여 당과 국가의 퇴보를 허용하거나, 구세대 프롤레타리아 혁명가들이 정신과 영혼을 바쳐 건국한 나라를 저들 네 명이 파괴하도록 내버려 두거나, 역사가 100년 후퇴하도록 내버려 두거나, 그것이 아니라면 목숨이 붙어 있는 한 그들과 투쟁해야 한다. 우리가 이기면 모든 것이 해결될 것이다. 우리가 지면 살아 있는 동안 산으로 들어가거나, 외국에 피신하여 다음 기회를 모색할 수 있을 것이다. 그들과 싸우려면 현재 우리는 최소한 광저우(广州)군구, 푸저우(福州)군구, 난징(南京)군구의 힘을 이용할 수 있다. 조금이라도 지연하면 우리의 유일한 자산을 잃어버릴 위험이 있다.[232]

그러나 예는 기다리기를 원했다. 그는 왕전에게 마오가 죽기 전에 움직이는 것은 적합하지 않다고 지적했다.[233] 그는 "쥐를 잡고 싶어도 그릇을 깰까 겁이 난다(投鼠忌器)."라는 말로 지연을 정당화했는데,[234] 이는 마오가 여전히 살아 있는데도 그의 아내를 반혁명죄로 체포함으로써 그를 모욕하고 싶지는 않다는 의미였다. 마오가 9월 9일 12시 10분에 죽자, 예젠잉은 행동을 준비했다.[235]

---

232 Garside, *Coming alive!…*, 140-1에서 인용했으나, 인용문의 출처가 명확하지 않다. 가사이드는 '외국 피신처'를 찾는다는 덩의 발언이 어떤 함의인지 분석하지는 않았다.

233 薛冶生, ed., 『叶剑英光辉的一生』, 342-3. 예젠잉과 녜룽전은 예전에 원수 칭호를 받았으나, 문화대혁명 이전 린뱌오에 의해 계급이 취소되었다.

234 王年一, "'文化大革命'错误发展脉络", 党史通讯, 1986年 10月.

235 마오의 생애 마지막에 모든 정치국원들은 한명씩 그와 고별인사를 나누었다. Fan Shuo, "The tempestuous October—a chronicle of the complete collapse of the 'Gang of Four,'" 『羊城晚报』 10 February 1989, trans. in *FBIS Daily Report: China*, 14 February 1989, 17.

사인방의 체포

사인방의 전략적 실수는 수혜자 그룹과의 제휴에 실패한 것이었다. 그들의 전술적 실수는 마오가 죽은 이후 그들 모두가 베이징에 남아 있었던 것이었다. 그들은 광둥에 새로운 중앙위원회를 구축하려 했던 린뱌오의 계획이나 덩샤오핑의 계획—사실은 중국 혁명의 전체 역사—으로부터 잠재적인 강력한 세력과 직면했을 때 근거지 확보의 결정적 중요성을 배웠을 것이다. 그러나 그들은 이 교훈을 무시했다.

장칭과 그녀의 동료들은 분명히 과도한 자신감을 가지고 있었다. 마오의 지원에 힘입어 그들은 빠르고 쉽게 권력을 장악했고, 그의 동의하에 오만한 태도로 권력을 행사했다. 그들 모두는 당이 혁명을 통해 없애려고 한 특권을 탐닉했으며, 밀로반 질라스(Milovan Djilas)가 지적했듯이 관료적 독재를 불가피하게 수반했다.[236] 과거에 그들은 황제와 가까워지기 위해 아첨하고 권모술수를 부렸으며, 그들의 영향력 밖에 있는 권력의 현실에 대해서는 충분히 알지 못했다.

대부분의 권모술수가와는 달리, 사인방은 상하이에 그들이 일시적으로 기댈 수 있는 상당한 지역적 권력기반을 갖고 있었다. 그렇지만 그들은 마오와의 관계, 정치국 상무위원회에서의 지위, 미디어 통제권 등을 결합하여 수도에서 권력을 행사할 수 있을 것으로 기대했고, 그 목표를 위해 모든 노력을 기울였다. 마오가 죽은 날 동이 트기 전의 정치국 회의에서 장칭은 장례식 준비보다 덩샤오핑을 당에서 즉각 제명하는 것에 더 관심이 있었다.[237]

사인방은 세 가지 행동방안, 즉 마오의 이데올로기 유산에 대한 권리 주장, 중앙 당기관의 통제권 확보, 무장대항 준비 등이 가능했다. 야오원위안의 지시 아래 주요 언론매체들은 곧 마오의 "계획된 방침에 따라 행동하라(按既定方针办)."라

236　Milovan Djilas, *The New Class: An analysis of the communist system*, 42-7. 테릴(Terrill)은 장칭의 특권적 생활방식을 논하는 데 많은 지면을 할애하고, 그녀를 중국 역사상 유명한 황후와 서로 비교했다. Terrill, *The white-boned demon*…, 특히 317-23 참조.

237　薛冶生, ed., 『叶剑英光辉的一生』, 342.

는 임종지시(臨終囑咐)의 중요성을 알렸다. 그렇게 행동하지 않는 것은 '마르크스주의, 사회주의, 그리고 프롤레타리아 독재하의 계속혁명에 관한 위대한 이론을 배반하는 것'이 되었다.[238] 분명히 그 목표는 덩샤오핑에 대한 현재의 반대 운동을 뒤엎거나, 문화대혁명을 부정하는 더욱 위험한 시도를 거부하는 것이었다.

사인방은 언론을 통해 적절한 이데올로기적 분위기를 조성함으로써 수도에서 힘의 균형에 관한 하위직 간부들의 판단을 좌우할 수 있었다.[239] 그러나 이것은 권력의 지배권을 갖는 것과는 달랐다. 마오가 죽고 나자 사인방은 성 기관에 대한 합당한 지도권을 주장하기 시작했다. 왕훙원은 중난하이에 자신의 '집무실'을 설치했고, 중앙위원회 판공청 명의로 성위원회에 모든 주요 문제를 자신에게 보고해야 한다는 메시지를 전달했다.[240] 9월 12일부터 사인방은 마오를 대신해 장칭을 주석으로 지명하도록 정치국을 압박하는 기명투표 캠페인을 벌였다.[241] 주석의 장례식에 사용되는 사진은 대중들에게 장칭이 그의 후계자로 등장한다는 이미지를 심어 주도록 디자인되었다.[242]

장칭은 빠른 결정을 내리도록 압박했다. 9월 19일, 장칭은 정치국 상무위원회 —당시의 구성은 화궈펑, 왕훙원, 예젠잉, 장춘차오로 이루어짐—가 긴급회의를

---

238 郝梦笔, ed., 段浩然,『中国共产党六十年…』, 656. 문화대혁명 이후의 설명에 따르면, 마오는 실제로 1976년 4월 30일 화궈펑에게 "과거의 방침에 따라 행동하라(照过去方针办)."라고 말했다. 高皋, 严家其,『文化大革命十年史』, 699 참조. 두 견해의 차이에 관한 어느 분석에 따르면, 사인방의 견해는 그들이 마오를 위해 추진했던 특정한 정책을 따르거나, 마오의 문건에서 기록의 증거를 찾을 수 있는 정책을 따르는 것이었으며, 반면에 화궈펑의 견해는 단지 모호한 연속성을 가질 뿐이었다. Gardner, *Chinese politics and the succession to Mao*, 111-3 참조.

239 각 성의 신문들은 즉시 마오의 임종 소식을 보도하기 시작했다. 胡华,『中国社会主义革命和建设史讲义』, 335 참조.

240 왕의 이러한 행동이 자신의 정치국 상무위원 권한을 넘어섰는지의 여부는 나중에 논란이 된 바와 같이 확실하지는 않다. 2년 전에 왕은 그 성공 여부는 확실하지 않지만 상하이 간부들을 당 중앙과 정부에 발탁하려는 시도를 분명히 했다. 仲侃,『康生评传』, 316 참조.

241 Ibid., 334-5;『中共党史大事年表』, 403.

242 Ladany, *The Communist Party of China and Marxism, 1921-1985…*, 385. 9월 18일 장례식 목격자의 설명은 Garside, *Coming alive!…*, 147-9 참조. 9월 말에 마오의 마지막 소망으로 알려진 등사 인쇄물이 홍콩에 도달했는데, 그것에 따르면 마오는 6월에 일부 지도자들에게 자신이 죽은 다음 장칭을 도와 '홍기 게양'을 하도록 요청했다. Ting, *Chairman Hua…*, 112 참조.

소집하여 자신과 마오위안신을 참여할 수 있게 해 달라고 요구했지만 예젠잉은 반대했다. 회의에서 장은 자신의 권력승계를 지지하는 마오의 마지막 의지를 마오위안신이 발견하거나, 최소한 누군가 '발견하기'를 기대하면서 그에게 삼촌의 문건분류 업무를 맡길 것을 제안했다. 그러나 투표 결과, 주석의 문건을 중앙위원회 판공청에 밀봉하여 보관하는 것으로 결정되었다.[243]

9월 29일, 다른 정치국 회의에서 장칭과 장춘차오는 그녀의 미래 역할 문제를 다루고자 했다. 그들은 마오위안신이 랴오닝성의 자기 직무로 복귀해야 한다는 예젠잉과 리셴녠의 제안을 거부하고, 차기 중앙위원회 전체회의의 정치보고 준비를 맡아야 한다고 제안했다.[244] 그러나 사인방이 패배하여 마오위안신은 랴오닝으로 복귀 명령을 받았고, 지도부 문제는 해결되지 않았다.[245]

사인방의 세 번째 수단은 대항을 준비하는 것이었다. 대략 10만이 넘는 상하이 시민군이 무기를 지급받았고, 전투대기 명령이 내려졌다. 난징 군구 정치위원 딩성(丁盛)과의 비밀접촉도 이루어졌다. 왕훙원과 그 나머지는 우호적인 청중 앞에서 불을 뿜는 연설을 했다.[246]

10월 2일 마오위안신이 무장사단을 베이징으로 이동시킬 것을 명령하자 시시각각 공포가 야기되었으나, 군구 본부는 예젠잉에게 전화를 걸어 즉각 취소명령을 받아 내었다.[247] 문화대혁명의 역정에도 불구하고, 혹은 그것 때문에 군부 명령체계의 충성심이 확고하게 유지되었으나, 사인방과 그 지지자들은 그 명령체계에 속해 있지 않았다.

사인방이 군사 쿠데타에 집착한 정도를 문화대혁명 이후의 역사가들이 과장했

---

243 金春明, "文化大革命的十年…", 214-5. 다른 견해에 따르면 장칭과 마오위안신이 마오 비서에게 일부 문건을 넘기라고 위협했으며, 화궈펑이 개입하여 그것을 돌려받았다고 한다. Ting, *Chairman Hua*…, 111 참조.

244 金春明, "文化大革命的十年…", 214-5.

245 薛冶生, ed., 『叶剑英光辉的一生』, 345.

246 郝梦笔, 段浩然, 『中国共产党六十年…』, 655-66; 金春明, "文化大革命的十年…", 214-5.

247 高皋, 严家其, 『文化大革命十年史…』, 699.

던 것도 어쩌면 당연하다. 그렇지만 그들이 아무리 엉뚱한 공상을 하더라도, 상하이 시민군이 인민해방군 대부분의 적수가 될 것이라고 믿기는 힘들었을 것이다. 상하이가 최후의 보루가 될 수는 있겠지만, 옌안(延安)과 같은 승리의 발판은 될 수 없었다. 대신에 장칭과 그 동료들은 베이징에 머묾으로써 마오 사후에도 정치가 예전과 같을 것이라는 생각에 빠진 것처럼 보였다. 투쟁 역시 문화대혁명의 규칙하에서 계속되고, 그 규칙에 따라 사인방이 항상 정상으로 올라갈 수 있을 것으로 생각했다. 그러나 그들의 후원자는 이미 죽었고, 그들은 오랫동안 중국의 승리를 위해 싸웠던 사람들에 맞서 대항했으며, 규칙을 무시하고 필요하면 언제든지 신속하고 무자비한 행동을 취하는 방식으로 혁명을 수행했다.

머지않아 그러한 행동은 불가피해졌으며, 그것은 덩샤오핑이 말한 이유 때문이었다. 예젠잉은 화궈펑이 당 제1부주석과 총리 직함을 가졌기 때문에 핵심역할을 수행해야 한다고 분명하게 생각했다. 예는 화가 결단력이 없음을 알았다. 화는 원래 사인방과 지도부 문제를 타결하기 위해 중앙위원회 소집을 원했지만, 9월 29일 정치국에서의 대치 이후, 그리고 확고한 태도로 싸운다면 원로 간부들이 그를 지지할 것이라고 예가 약속한 이후, 공식 절차를 위한 시간은 오래전에 지나갔다고 확신하게 되었다.[248]

한 설명에 따르면, 10월 4일 『광명일보(光明日報)』에 게재된 강경한 이데올로기를 담은 사설과 이어진 장칭과 왕훙원의 선동적 연설 때문에 마침내 사인방에 대한 쿠데타가 촉발되었다.[249] 사인방 추종자들이 10월 9일에 있을 좋은 소식을 기대하라고 전해 듣는 등 사인방이 모종의 행동을 계획하고 있다는 석정스러운 징후가 나타났다. 다급해진 예젠잉은 수도로 숨어들었다. 그 후 10월 5일 화궈펑, 예젠잉, 리셴녠이 베이징 외곽 시링(西陵)의 인민해방군 총참모본부에서 정치국

---

248 薛治生, ed., 『叶劍英光輝的一生』, 344-5.

249 이 기사는 두 명의 량샤오(梁效) 그룹 멤버가 준비하여 『광명일보』 편집자를 압박한 것이었다. 필자 중 한 명에 따르면, 그 기사는 사인방 누구와도 사전논의 없이 단숨에 준비되었다. 그렇지만 그것은 정치국원 천시롄이 즉시 탕산(唐山)에서 베이징으로 돌아와 예젠잉과 협의하도록 만들기에 충분했다.

회의를 열었고, 사인방은 여기에 초대되지 않았다. 장칭, 왕훙원, 장춘차오, 야오원위안, 마오위안신, 그리고 그들의 주요 지지자들에 대한 체포가 만장일치로 합의되었다. 왕둥싱과 인민해방군 8341부대가 이 결정을 수행하였으며, 그들은 10월 6일 임무를 완수했다. 장칭이 자기 주거지에서 체포되었을 때, 시녀가 그녀에게 침을 뱉었다. 문화대혁명은 끝이 났다.[250]

과도기

마오의 죽음과 사인방 숙청의 즉각적 여파로 안정이 긴급한 국정 과제가 되었다. 당, 인민해방군, 인민들은 동란의 시대가 끝났고, 국가가 안정되고 온건한 통치하에 있음을 확신할 수 있어야 했다. 영속성과 변화가 합쳐진 다소 모순적인 이미지가 필요했다.

문화대혁명 초기부터 지도부를 분열시킨 '마오 이후에, 누구?'라는 질문을 해결하는 것이 우선과제였다. 예젠잉, 리셴녠 같은 탁월한 생존자들은 불과 3년 전 제10차 당대회에서 지명된 25명의 정치국원이 죽거나 실각하여 이미 16명으로 줄었으며, 지금은 그 잔당들과 새로 투쟁할 시간은 아니라고 결정했다. 화궈펑은 그의 장점이 무엇이든 상관없이 정당성의 외투를 걸쳤고, 선점의 권리를 가졌다. 그는 주석의 선택을 받았고, 직함을 가졌으며, 수혜자들을 반사인방 진영으로 끌

---

250 사인방 체포의 정확한 방법과 시점에는 일부 이견이 있다. Fan, "The tempestuous October…", 21에 따르면, 『마오쩌둥 선집』 제5권의 마지막 교정을 논의하고, 톈안먼 광장의 마오기념관 건립 안건을 연구하기 위해 정치국 상무위원회가 소집되었다(화궈펑에 의해). 왕훙원과 장춘차오는 회의를 위해 중난하이 공관 오른쪽 화이런탕(怀仁堂)에 오후 8시에 도착했고, 야오원위안도 중국의 최고선전가로서 『마오쩌둥 선집』의 최종 교정과 퇴고에 적합하다며 회의에 초대되었다. 모두 도착했을 때 화궈펑은 "당신들은 용서할 수 없는 죄를 범했고, 중앙 당국은 당신들을 조사하기로 결정했다. 당신들은 조사 기간 외부와의 접촉이 금지된다."라고 선포했다. 그래서 왕둥싱의 부하가 그들을 압송했다. 동시에 장칭과 마오위안신은 중난하이의 다른 곳에 위치한 자신들의 숙소에서 체포되었다. 王年一, 『…大动乱的年代』, 607-9; 薛治生, 『叶剑英光辉的一生』, 345-6; 『紫思录』, 74-5도 참조. 그러나 高皋, 严家其, 『文化大革命十年史…』, 700-3에 따르면, 사인방은 모두 10월 6일 이른 시간에 자신들의 댜오위타이(钓鱼台) 숙소에서 체포되었다.

430

어들였다. 10월 7일, 그가 마오가 맡았던 당과 정부의 군사위원회 주석직에 취임한다는 사실이 발표되었다. 그는 총리직도 보유하고 있었기 때문에 이제 공식적으로 마오와 저우언라이 두 사람의 후계자가 되었다. 두 사람의 역할을 결합함으로써 그는 난공불락의 지위를 가지게 된 것처럼 보였다. 그 지위가 그에게 위신과 특권을 주었지만, 이후 권력은 뿌리가 더 깊어야 함을 알게 되었다.

정치국은 새로운 지도부를 구성하고, 동시에 국가의 급진주의 요새를 중립화해야 했다. 다행히 상하이는 종이호랑이로 드러났다. 사인방의 부관들은 지도자를 잃자 동요하여 평이한 책략에도 베이징에 속아 넘어갔으며, 끝까지 저항하겠다는 위협과는 달리 결국 붕괴되었다. 결과적으로 1주일간의 가벼운 무장저항만 있었다. 정치국은 통제확보를 위해 후보위원 쑤전화와 니즈푸를 파견했고, 두 사람에게 필요한 군사지원을 위해 쉬스유가 잠시 자신의 과거 난징군구 사령원직을 재개함으로써 신뢰하기 힘든 딩성을 대체했다.[251] 상하이가 정리되면서 이제 국가에 지도력을 보여 주는 것은 화궈펑이 해야 할 일이었다.

화궈펑의 딜레마

화궈펑의 지도력은 그가 승계한 마오와 저우의 모순적 유산으로 상징되는 풀기 어려운 딜레마 때문에 출발부터 무력화되었다. 한편으로는 마오의 문화대혁명 목표와 성과가 유지되길 원했음은 의심의 여지가 없었다. 문화대혁명에 대한 거부는 자신을 후계자로 선택한 사람의 위상을 훼손하고, 그 시기의 동란 때문에 자신이 상대적으로 낮은 신분에서 지금의 고위직으로 부상했음을 부정하는 셋이었다. 화가 유일하게 정당성을 주장할 수 있는 것은 마오의 은총이었고, 그는 마오의 유산을 통제할 수 있는 권한을 스스로 독점하기 위해 신속하게 행동했다.

---

251 高皋, 严家其, 『文化大革命十年史…』, 703-8; 郝梦笔, 段浩然, 『中国共产党六十年…』, 657; 『中共党史大事年表』, 405. Domes, *The government and politics of the PRC…*, 138에서는 더 많은 희생이 있었다고 한다.

10월 8일, 고(故) 마오 주석의 선집 제5권이 화궈펑의 편집하에 출간된다고 발표되었다. 동시에 톈안먼 광장에 마오의 기념당 건립을 결정했는데, 그것은 무덤을 만들거나 도시와 거리를 개명하여 지도자를 추모하는 소비에트 방식을 모방하지 않겠다는 주석과 그의 동료들이 합의한 27년간의 규칙을 무시하는 것이었다.[252] 화는 마오가 자신에게 계속 중요하다는 점을 의심하지 않았고, 나아가 수혜자 그룹의 동료들도 마오가 국가를 위해 중요하다는 점을 대리석에 새길 수 있도록 노력했다.

화는 지금 자주 반복되는 "당신이 일을 맡으면, 내가 안심할 것이다."라는 마오의 말을 부적처럼 사용했다. 그러나 기념당에 명시되어 있는 "주석은 우리와 영원히 함께 있다."라는 상징을 이데올로기 영역으로 전파할 새로운 슬로건이 필요했다. 이에 맞춰 화는 왕둥싱이 제안한 마오쩌둥 사상을 구체화하는 문구를 승인했는데, 그것은 "무릇 마오 주석이 결정한 정책은 우리가 절대적으로 집행하고, 무릇 마오 주석이 내린 지시는 우리가 확고하게 따라야 한다."라는 것이었다. 그것은 마오의 말년 행동에 대한 의심을 용납하지 않겠다는 목적이었으며, 그들과 '범시파(凡是派)'로 알려진 다른 성원들의 권력장악에 도움을 주었다.[253] 게다가 마오에 대한 숭배는 화궈펑 자신에 대한 숭배가 확대될 기반과 정당성을 제공했고, 이 무명의 후계자가 당과 인민들 사이에서 지위를 확립하기 위해 아주 필요한 일이었다.[254]

그러나 마오의 보호막 속으로 들어가려는 화와 범시파의 시도는 이미 남쪽에

---

252 『中共党史大事年表』, 405.

253 1977년 2월 7일 『인민일보』, 『홍기』, 『해방군보』의 연합기사에서 처음 폭로되었다. 『中共党史大事年表』, 406-7; 郝梦笔, 段浩然, 『中国共产党六十年…』, 670.

254 Ibid. 화에 대한 책과 팸플릿이 언론에 의해 속속 출간되었다. Stuart R. Schram, "'Economics in command?' Ideology and policy since the Third Plenum, 1978-84", CQ, 99(September 1984), 417, n.1에 따르면, 베이징대학 도서관의 카드 목록 중에 화를 숭배하는 책과 팸플릿이 대략 300여 건이 있었으며, 그의 판단으로 그것은 전국에서 출판된 아주 일부에 지나지 않았다. 당시 화가 가장 선호한 선전용 사진은 마오와 함께 찍은 것으로, 서거한 주석이 불가사의한 축복의 말을 했던 순간으로 추정되었다. 일부 관찰자들은 화가 헤어스타일을 바꾸어 마오와 닮아 보이게 만들었다고 주장했다.

서 덩샤오핑의 옹호자들로부터 도전을 받았다. 쉬스유와 웨이궈칭은 화에게 보낸 편지에서 누구나 알고 있는 마오의 결점을 숨기는 것이 옳은 일인지 물었고, 화를 후계자로 선택한 마오의 은총만으로는 정당성이 부족하며 중앙위원회 전체회의에서 검증할 필요가 있다고 지적했다. 또한 만약 덩에 대한 마오의 잘못된 판결을 바로잡지 않는다면 전체회의에서 화에 대한 도전이 있을 것임을 폭넓게 암시했다.[255]

화는 반격을 시도했다. 그는 반사인방 캠페인을 논의하기 위해 3월 10일부터 22일까지 개최된 중앙업무회의에서 '2개의 범시론'을 재차 강조했고, 문화대혁명의 원칙들을 반복했으며, 톈안먼 사건이 반혁명적이라는 입장을 유지했고, 판결을 뒤집으려는 덩과 우파 기회주의 풍조에 대한 캠페인은 정확했다고 주장했다. 심지어 그는 좌파정책의 지속성을 확보하기 위해 사인방도 극우주의자(린뱌오 사건의 처리 과정에서 그들이 사용했던 전술)였다고 비판했다.

화는 특히 당의 베테랑인 천윈(陈云)의 비판을 받았는데, 천은 문화대혁명이 발생하기 20년도 훨씬 전부터 정치국 상무위원회와 그 전신(前身) 기구의 위원이었다. 천과 다른 비판자인 왕전(王震)은 톈안먼 사건의 평가와 사람들이 보편적으로 요구하는 덩샤오핑의 2차 복권을 관련짓는 질문에 초점을 맞추었다. 화는 이것이 사인방 축출에 대한 보답으로 예젠잉이 자기에게 약속했던 원로 간부들의 지지였는지 의아해했을 것이 틀림없다. 여하튼 그는 천과 왕의 요구를 거부했고, 그들의 연설을 회의기록에 남기는 것조차 허용하지 않았다.[256]

이 업무회의에 관한 중국의 설명은 화의 지위에 대한 원로 동지늘의 비판에 예젠잉과 리셴녠이 합류했는지에 대해 제시하지 않았다. 그들의 감정은 대단히 혼란스러웠을 것이다. 공식적으로 예와 같은 정치국 상무위원은 젊은 당 간부들이

---

255 Domes, *The government and the politics of the PRC…*, 146-7.

256 郝梦笔, 段浩然, 『中国共产党六十年…』, 670-1; 『中共党史大事年表』, 407-8. 천원의 연설요지는 『陈云文选(1956-1985)』, 207에 실려 있다.

많이 모인 자리에서 다른 최고지도자를 비판하는 일이 이상했을 것이다. 이보다 중요한 것은 예와 리는 화에 대한 충성의 의무가 있었으며, 지금 화는 어떤 의미에서 마오뿐 아니라 그들의 창조물이기도 했다는 사실이었다. 그리고 예와 리는 1975년에는 덩샤오핑의 모든 일을 확실히 후원한 반면, 1977년의 복권에는 모호한 태도를 보였다. 덩샤오핑이 없는 상태에서 그들은 화를 이끄는 선배 정치인으로서 정치상황을 지배했고, 덩이 돌아온다면 최소한 그 역할 일부를 양보해야 했다. 그러면 그들에 대한 덩의 태도는 어떠할까? 그는 예와 리가 저우처럼 문화대혁명에서 살아남기 위해 후회스러운 일을 하거나 말했다고 느끼지 않았을까? 만약 그렇다면 죽은 자뿐만 아니라 산 자도 용서할까?

그러나 예와 리는 당과 인민해방군 내의 정서적 분위기를 감지하고 마오가 사라진 상황에서 덩의 복귀를 반대하는 노선은 견지하기 어려움을 깨달았다. 또한 그들은 덩이 화보다 모든 이들이 바라는 문화대혁명의 사후 처리를 더 잘할 수 있다는 점을 알았다. 정치혼란, 파벌투쟁, 그리고 수년간 좌파의 소요로 야기된 기율부재 등이 다시 한 번 경제에 피해를 주고 있었다. 파업, 파괴활동, 그리고 철도교통의 새로운 혼란에 관해 많은 보고들이 올라왔다. 1976년의 경제계획 결과는 일정 정도 탕산대지진의 영향을 받아 목표보다 상당히 낮아졌고, 1974~1976년 문화대혁명의 마지막 3년 동안의 손실 추정치가 철강 2800만 톤, 공업생산액 1000억 위안, 재정수입 400억 위안에 달했다.[257] 화궈펑이 '대질서'의 회복을 요구하고 있었지만, 덩이 그 일을 더 잘 수행할 것처럼 보였다.

업무회의 이후 예와 리는 화에게 덩의 형세에 저항하는 것은 정치적 재앙이 될 수 있다고 충고했을 것이다. 가장 그럴듯한 가능성은 덩으로부터 과거의 일은 잊어버리겠다고 보장받는 것이었다. 4월 10일 덩은 중앙위원회에 2개 범시론을 비판하는 편지를 썼고, 대신 '완전한 전체로서의 진정한 마오쩌둥 사상'이라는 표현

---

257 房维中, ed., 『中华人民共和国经济大事记(1949-1980)』, 573-4; Domes, *The government and the politics of the PRC*…, 140-2.

의 사용을 제안했다. 중앙위원회 판공청의 두 '지도적 동지'가 잇따라 그를 방문했다. 그중 한 명이 총서기 왕둥싱이었는데, 그는 예전의 수혜자 그룹, 즉 지금의 범시파가 덩의 복귀에 동의한다는 거래를 성사시키려 하였다. 덩의 설명에 따르면, 만약 2개의 범시론이 옳다면 자신의 복권이나 톈안먼 사건에 대한 판결 번복이 정당화될 수 없음을 지적하면서 타협하지 않겠다고 하였다. 마오 스스로도 자신이 말한 모든 것이 옳다고 주장하지는 않았으며, 마르크스와 레닌도 마찬가지였다.[258]

덩의 편지가 공개되지 않았기 때문에, 소문처럼 화궈펑의 당 지도력을 계속 지지하겠다는 의지 표명이 편지 속에 있었는지, 초기 의사소통 과정에 있었는지는 확실치 않다.[259] 그러한 약속이 없었다면 범시파가 그의 복귀에 동의할 이유도 없었을 것이다. 만약 덩이 모종의 약속을 하였다면, 바로 그 이유 때문에 편지가 덩의 선집에 수록되지 않았을 것이며, 이것은 화궈펑의 마지막 운명과 완전한 대조를 이룬다.

어떻게 이해하든 덩샤오핑은 7월 16일부터 21일 사이 제10기 3중전회에 참석했고, 당 부주석과 정치국 상무위원, 군사위원회 부주석, 부총리, 인민해방군 총참모장 등 모든 직위에 복귀했다. 화궈펑은 그의 직위를 공식 승인했고, 2개 범시론과 문화대혁명에 대한 지지를 완고하게 유지했다. 덩의 연설 자료에는 그가 마오쩌둥 사상의 통합적 관점은 계속 옹호했지만 당시에 2개 범시론을 전면적으로 공격하지 않는 신중함이 있었고, 향후의 공격을 위한 기초를 다지고 있었던 것으로 나타난다. 대신에 그는 마오 사후 덩샤오핑 정책의 핵심이 된 마오의 오래된 슬로건, 즉 '실사구시(实事求是)'를 장려했다.[260]

---

258 *Selected works of Deng Xiaoping(1975-1982)*, 51-2; 郝梦笔, 段浩然, 『中国共产党六十年…』, 671.

259 Garside, *Coming alive!…*, 174. 덩이 화궈펑과 대화하며 지지를 표명한 것은 하버드 페어뱅크센터 도서관에 소장된 1976년 10월 26일 화와 덩 두 사람이 병원에 입원한 류보청을 방문한 수기 메모를 참조. 필자는 이 자료에 관심을 갖도록 해 준 마이클 쇤홀스에게 감사를 표한다.

260 실사구시의 구호는 한(漢)나라 때까지 거슬러 올라간다. *Selected works of Deng Xiaoping*, 55-60; 『中共党史大事年表』, 409-10.

중앙위원회 전체회의에서 확고해진 타협을 기반으로 당은 8월에 제11차 당대회를 개최할 수 있었다. 이번에는 화가 2개 범시론을 거듭 주장하거나 톈안먼 사건이 반혁명적이라는 평가를 반복하지 않는 신중함이 필요했다. 그러나 그는 자신의 지위를 손상시키지 않고 마오를 비판하거나 문화대혁명을 부정할 수 없음을 분명하게 느꼈다. 대신에 그는 고 마오 주석을 장황하고 과장되게 찬양했고, 문화대혁명의 필요성과 성공, 제10차 당대회(그가 정치국에 진입한 대회) 노선의 정확성, 계급투쟁의 지속과 프롤레타리아 독재하의 계속혁명의 필요성 등을 재차 강조했다. 그리고 "문화대혁명과 같은 정치혁명은 미래에도 계속 일어날 것이다."라고 냉담하게 발언했다.[261]

덩샤오핑은 당대회에서 화와 예젠잉(그가 새 당장을 보고했음)에 이어 당내 서열 3위의 지도자로 부상했다. 덩의 간결한 폐막사만이 유일하게 공개된 다른 연설이었다. 덩은 화를 '우리의 현명한 지도자'로 언급했지만, 그를 따라 문화대혁명을 찬양하지는 않았다. 그는 정직과 성실한 노동, 겸손과 신중, 검소한 생활과 강력한 투쟁, 그리고 당연히 실사구시 등의 회복을 주장하며 논쟁을 피해 갔다. 그러나 그도 부득이 '계급투쟁의 핵심고리를 장악하고, 프롤레타리아 독재하의 계속혁명을 하기 위한' 현재의 노선과 타협하고 그것을 지지해야 했으며, 나중에 중국 당사 연구자들은 이를 제11차 당대회의 도그마로 비판했다.[262] 이 연설이 그와 당시 당의 입장에서 중요했음에도 불구하고, 그의 선집에 수록되지 않은 것은 당연했다.

이 당대회에서 숙청된 좌파 지도자는 있었지만, 특별히 좌파의 희생이 확대되지는 않았다. 제10차 당대회에서 선출된 중앙위원 3분의 1이 사라졌고, 그 속에

---

261 *The Eleventh National Congress of the Communit Party of China(Documents)*, 52.

262 Ibid., 191-5; 郝梦笔, 段浩然, 『中国共产党六十年…』, 674. 덩은 원래 후차오무가 작성한 실사구시에 관한 보고를 할 계획이었으나, 녜룽전은 덩이 폐회사를 맡고 나서 후의 글을 건넸고, 그것은 더 이상 당대회 보고로 인정되지 않았지만 나중에 『홍기』를 통해 발표되었다. 필자는 이 정보를 마이클 쇤홀스를 통해 알았다.

는 좌파에 호의적이라는 이유로 대중조직 대표가 75% 이상 포함되었다. 좌파일 가능성이 높은 최근의 당 가입자들도 크게 타격을 입어 70% 이상 줄어들었다.

정치국에도 타협이 있었지만 문화대혁명의 생존자와 수혜자에게 혜택이 돌아갔고, 희생자 그룹에서는 26명 가운데 6명만이 선택되었다. 나중에 덩의 개혁정책 선봉에 섰던 사람 중 한 명인 자오쯔양(赵紫阳)도 후보위원의 발판을 마련했다. 5명의 새로운 정치국 상무위원 중에는 덩만이 유일하게 나중에 화와 범시파를 강력히 비판했다. 화는 범시파의 핵심 지지자인 왕둥싱 때문에 힘을 얻었고, 왕은 사인방 체포의 공헌과 인민해방군 8341부대 책임자로서의 권력을 인정받고 있었다. 예젠잉은 리셴녠과 더불어 화의 지위에 대한 공동 보증인이었다.[263]

화의 '대약진'

화궈펑이 '마오 이후에, 무엇?'에 관한 비전을 가졌다면, 1960년대 중반의 급진주의와 1950년대 중반의 경제를 결합하지는 않았을 것이다. 화의 두 가지 유산 가운데 더 쉽게 수용할 수 있는 것은 확실히 저우언라이가 기여한 중국의 4개 현대화였다. 이것은 가장 급진적인 좌파를 제외한다면, 모든 사람을 통합시킬 수 있는 목표였다. 그리고 화는 지도자의 권리가 무엇인지를 묻는 사람들에게 대답할 수 있는 성공적인 발전계획을 분명히 제시했다. 화는 문화대혁명 이전의 나무랄 데 없지만 평범한 성급 관료 경력, 홍위병의 타도대상이었던 초기 성 간부 그룹이 아닌 젊은 나이, 시대적 조류가 변하고 경험 있는 간부가 다시 필요할 때 여전히 활동 중이었던 행운, 린뱌오 사건이 지도부에 큰 공백을 남겼을 때 베이징으로 전임할 수 있는 충분한 연배, 왕훙원이 후계자가 되지 못했을 때 마오가 수용할 만큼 유능하고 좌파적이었던 성향 등의 행운이 있었다. 이러한 화의 행운을

---

263 *The Eleventh National Congress of the Communit Party of China(Documents)*, 227-36. 새로운 중앙위원회와 정치국 구성에 관한 더욱 상세한 분석은 Domes, *The government and the politics of the PRC…*, 150-1 참조.

아무도 비난할 수야 없겠지만, 다른 연장자나 유능한 사람이 있는데도 마오나 저우를 이어 중국을 이끌 만큼 그의 경력이 정당화될 수 있었을까? 아마 많은 사람들의 눈에는 그렇지 않았을 것이며, 이러한 이유로 화는 자신의 정당성을 증명할 필요가 있었다.

화에게는 불행이었지만, 그가 문제를 해결해야 할 필요성이 중국에서 문제가 유발되는 정도를 능가했다. 1978년 2~3월의 제5차 전국인민대표대회 1차 회의에서 화는 1975년 저우가 마지막 전국인민대표대회 연설에서 제시했던 거대한 10개년 계획(1976~1985년) 원안을 발표했다. 계획된 1985년 강철생산목표는 6000만 톤(1977년 2370만 톤)이었고, 석유는 3만 5000만 톤(1977년 9360만 톤)이었다. 화는 남은 8년 동안 120개 주요 프로젝트와 14개 중요 중공업기지 건설, 과거 28년간 지출과 맞먹는 자본투자 등을 요구했다. 그 계획은 1960년대의 교훈과 1970년대의 경제적 피해를 감안하지 못했다.[264] *CHOC* 제15권의 제6장에 설명된 것처럼, 그 계획은 신중한 판단이나 정확한 자료를 반영하지 못했다. 석유 분야의 생산 확대는 몽상이었고, '양약진(洋跃进)'으로 알려진 화의 계획이 설비수입에 크게 의존했기 때문에 예상되는 외환비용도 방대했다. 화는 저우의 횃불을 집어 드는 대신, 마오의 웅대한 이상을 흉내 내었다. 화는 자신의 명예도 얻지 못하고 중국을 또 다른 경제적 재앙으로 인도했다. 이러한 점도 그를 반대하는 이유가 되었다.

3중전회

덩은 중국에서 권력의 불가사의한 특성을 화와 범시파에게 잘 보여 주며 형세를 역전시켰다. 화는 당정의 모든 분야에서 최고지도자였으나, 덩은 아니었다. 범시파가 권력을 장악하고 있었고, 덩의 지지자들은 그렇지 못했다. 그러나 1977년 7월 제10기 3중전회부터 1978년 12월 제11기 3중전회의 아주 짧은 기간 동안에 권력관계는 역전되었다. 그 방법은 언론을 통해 엘리트의 의견을 동원하

---

264 房维中, ed., 『中华人民共和国经济大事记(1949-1980)』, 595-6.

는 것이었다.

1978년 11월 11일『광명일보』는 "실천이 진리를 검증하는 유일한 기준이다."라
는 제목의 필명으로 된 사설을 게재했고, 그것이 덩 세력의 두 번째 슬로건이 되
었다. 사설의 필자 후푸밍(胡福明)은 당시 난징대학 철학과 부주임이자 당원이었
다. 나중에 그는 1977년 가을 2개 범시론을 반박하지 않으면 덩의 권력 복귀가
어려울 것으로 생각했기 때문에 순전히 자신의 주도로 그것을 반대하는 사설을
제공했다고 주장했다.[265] 그 일은 자발적이었지만, 사설은 후야오방의 중앙당교
(中央党校)에 있는 두 이론가의 견해에 기초하여 상당한 수정과 보강을 거쳤다.[266]
그것은 린뱌오, 장칭, 혹은 화궈펑 중 누가 언급했든지 간에, 마오의 저작과 발언
은 어떠한 환경에서도 함부로 고칠 수 없는 영원한 진리라고 신봉하는 문화대혁
명의 원칙을 뿌리째 흔들었다.

화궈펑과 왕둥싱에게는 곤란했지만, 그 사설은 다시『인민일보』와『해방군보』
에 신속히 게재되면서 전국에 활활 타오르는 논쟁의 불을 지폈다.[267] 덩샤오핑 자
신은 6월 인민해방군 정치업무회의의 연설을 통해 논쟁에 참여했고, 그때 '실사
구시'의 필요성을 다시 주장했다.[268] 그는 이 원칙이 마오를 거부하는 것이 아니
라 오히려 주석의 최고 경전과 경험으로 돌아가는 것임을 입증하기 위해 그의 저

---

265 후와의 인터뷰 내용은 Stuart Schram, "'Economics in command?'…", 417-9 참조.

266 가령 후푸밍의 원래 제목은 "실천이 진리의 기준이다."였으나, "실천이 모든 진리의 기준이다."로 수
정되었다가, 결국 "실천이 진리를 검증하는 유일한 기준이다."로 확정되었다. 이 기사의 내력은 마이클
쇤홀스가 자세히 조사했으며, 1989년 2월 3일 하버드 페어뱅크센터의 이 주제에 관한 세미나 논문집에 게
재되었다.

267 郝梦笔, 段浩然, 『中国共产党六十年…』, 680-3; Domes, *The government and the politics of the PRC…*,
187. 쇤홀스에 따르면, 후푸밍은 주요 정치인들의 부정적 반응을 듣자 상당히 걱정을 했고, 원문의 모습
을 찾을 수 없을 만큼 내용이 바뀌었다는 이유로 자신을 그 기사와 분리시켰다(내부 보도를 통해 알려짐).
후야오방의 두 비서 중 한 명이 쓴 다음 기사는 뤄루이칭의 개입으로 『해방군보』에 게재되었는데, 이 일은
1978년 8월 뤄가 죽기 전의 마지막 정치행위였다.

268 *Selected works of Deng Xiaoping*, 127-32. 『인민일보』 편집인 후지웨이(胡绩伟)는 그 기사를 다시 게
재하여 전임 사장 우렁시(吴冷西)의 비판을 받았고, 후차오무는 후야오방에게 비서들의 행위를 질책했
다. 따라서 덩샤오핑의 개입이 결정적 발전을 가져왔고, 후지웨이는 『인민일보』에 대대적 선전을 했다.
Schoenhals seminar.

작을 기민하게 이용했으며,[269] 다음과 같은 수사적 언급으로 결론을 지었다.

동지들, 한 번 생각해 봅시다. 사실로부터 진리를 추구하고, 실제로부터 일을 진행하고, 이론과 경험을 결합하는 것이 마오쩌둥 사상의 기본원칙을 형성한다는 것이 진실이지 않습니까? 이 기본원칙이 시대에 뒤처졌습니까? 그것이 낡은 것이 되었습니까? 만약 사실로부터 진리를 추구하고, 실제로부터 일을 진행하고, 이론과 경험을 결합하는 것을 반대한다면 어떻게 마르크스-레닌주의-마오쩌둥 사상에 충실할 수 있겠습니까? 그것을 반대하는 일은 우리를 어디로 이끌겠습니까? 명백히 이상주의와 형이상학으로, 그래서 우리의 사업과 혁명의 실패로 이끌 것입니다.[270]

이 단계에서는 아직 투쟁의 승리가 멀어 보였다. 이 인민해방군 회의 초반에 화궈펑과 예젠잉도 모두 발언했으나, 아무도 덩의 진리의 깃발에 갈채를 보내지는 않았다.[271] 6월 24일 『해방군보』가 덩을 지지하는 사설을 게재했는데, 그것은 뤄루이칭(罗瑞卿)의 지시하에 준비되었다.[272] 뤄는 문화대혁명 직전 총참모장에서 해임되었으나, 제11차 당대회에서 중앙위원회에 다시 합류했다. 만약 그가 집필에 관여한 사실이 엘리트들 사이에 널리 알려진다면 틀림없이 많은 고위 간부들이 덩을 지지하게 되었을 것이다. 이 당시부터 논쟁이 가열되면서 6월에는 덩이 화와 예 앞에서 절제했지만 9월 중순경 동북 지역 연설에서는 2개 범시파에 대한 공격으로 돌아섰고,[273] 10개 성 지역의 회의에서도 그의 입장이 지지를 받았다.[274] 범시파에 대해 실망한 전형적인 생존자인 리셴녠도 결국 화를 포기하고 새 노선

269　Schram, "'Economics in command?'…", 419.

270　*Selected works of Deng Xiaoping*, 132.

271　Domes, *The government and the politics of the PRC*…, 156.

272　郝梦笔, 段浩然, 『中国共产党六十年』, 682. 마이클 쇤홀스는 필자에게 『해방군보』 기사가 최초로 2개 범시론을 비판했다고 말했다.

273　『邓小平文选』, 141.

274　Domes, *The government and the politics of the PRC*…, 157.

으로 돌아설 준비가 되었음을 암시했다. 11월이 되자 모든 성과 군구 지역 지도 간부들이 덩의 지지를 표명했다. 덩이 원래 두 달 전에 제안했던 중앙업무회의가 이 무렵인 11월 10일 베이징에서 소집되었다.[275]

주요 의제는 농업의 재활성화 방안과 1980년 경제계획 수립이었다. 그러나 천 원의 주도로 회의는 다시 문화대혁명의 오류에 관한 대규모 논쟁으로 빠르게 전 환되었다. 그는 혁명경력의 손상을 입은 보이보(薄一波)가 소급판결을 받고, 1966 년 말 실각한 타오주(陶鑄)와 1959년 해직되었다가 1960년대 후반에 공개적으로 탄핵을 받았던 펑더화이(彭德怀)가 사후판결을 받기를 원했다. 캉성의 중대한 오 류도 인정되었다. 그러나 범시파에 대한 가장 도발적인 천의 제안은 톈안먼 사건 의 긍정적 측면이 인정되어야 한다는 주장이었다.[276]

천원의 발언은 특히 탄전린(譚震林)과 같은 지지자들의 발언을 확산시켜 문화대 혁명 기간의 모든 사건에 대한 재평가를 요구하였다.[277] 화궈펑도 확실히 이러한 공격을 예상했고, 그것을 수용하는 쪽으로 신속히 대응했다. 11월 15일, 베이징 당위원회가 톈안먼 사건을 '완전히 혁명적'인 것으로 재평가한다고 발표했고, 다 음날 화궈펑 자신이 처음으로 공식 승인한 『톈안먼 시선집(詩選集)』에 헌정사를 바 쳤다. 난징, 항저우, 정저우 등지의 유사한 사건에 대해서도 동일한 재평가가 이 미 발표되었다.[278] 이처럼 범시파도 자신들의 입장을 양보함으로써 많은 문화대 혁명 희생자들의 복권을 수용할 준비가 되었고, 희생자들 대부분의 운명이 그들 의 수중에 있지 않다는 것에 대해 크게 놀라지는 않았다.

화궈펑과 범시파에게 더욱 위험한 패배는 업무회의 결과를 공식화하기 위해

---

275 郝梦笔, 段浩然, 『中国共产党六十年…』, 682-3, 686-7. 덩은 동남아를 방문 중이었고, 회의 개막식에 는 참석하지 못했다.

276 『陈云文选(1956-1985)』, 208-10.

277 郝梦笔, 段浩然, 『中国共产党六十年…』, 689.

278 Garside, *Coming alive!*…, 200-201; 베이징 당위원회의 성명 내용은 "Quarterly chronicle and documentation", *CQ*, 77(March 1979), 659.

12월 18~22일에 개최된 3중전회에서 지도부의 균형이 덩에게 기울 정도로 희생
자 그룹이 정치국으로 진입한 사실이었다. 천원은 기존의 당 부주석과 정치국 상
무위원의 지위를 회복했고, 문화대혁명 좌파의 당원 자격을 심사하기 위해 새로
설치한 기율검사위원회 초대 서기가 되었다.[279] 다른 3명의 덩 지지자인 후야오
방, 왕전, 저우언라이의 미망인 덩잉차오(邓颖超)도 정치국에 합류했다. 게다가 9
명의 고위급 희생자들도 중앙위원회 정식위원이 되었다. 12월 25일 소집된 정치
국 회의에서는 후야오방을 책임자로 한 중앙서기처가 완전히 정비되지 않은 채
로 복구되었고, 동시에 문화대혁명 기간에 서기처 기능을 했던 중앙위원회 판공
청의 주임 왕둥싱은 해임되었다.[280] 왕과 다른 범시파 그룹이 정치국의 지위를 보
존했지만, 상황은 그들에게 불리하게 돌아가고 있었다.

당시 회의에 참석한 좌파들은 다양했지만, 그 회의가 좌파로부터 완전히 선회
했기 때문에 그들은 확실히 궁지로 몰렸다. 2개의 범시론은 부정되었다. 계급투
쟁은 더 이상 핵심노선이 아니었고, 4개 현대화가 더욱 중시되었다. '프롤레타리
아 독재하의 계속혁명' 이론은 폐기되었다. 덩은 전체회의 연설에서 문화대혁명
과 마오에 대한 전면적 평가 시기는 아직 멀었다고 지적했다.[281] 그러나 전체회의
는 과거에서 급진적으로 벗어난 정책들을 채택했다.

무엇보다 3중전회는 화궈펑이 강력히 주장하던 농업집체화를 처음으로 탈피
하기 시작했다. 이미 지적했듯이 농업의 사회주의화 문제에서 화와 사인방은 목
표가 아닌 속도의 차이만 갖고 있었다. 사인방 숙청 이후에도 화는 생산대대 회
계의 확대, 사유지와 재래시장의 억제 등 평균주의 정책을 밀어붙였다. 1978년

---

279 덩샤오핑은 전체회의 연설에서 명확히 말했다. 그가 혐오하는 사람들은 "때리고, 깨뜨리고, 부딪치는
일에 개입된 사람, 파벌의식에 사로잡힌 사람, 영혼을 팔아 무고한 동료를 함정에 빠뜨리는 사람, 지극히
중요한 당의 이익을 무시하는 사람이다. 또한 우리는 시류에 편승하고, 권력자에게 아부하고, 당의 원칙
을 무시하는 사람도 쉽게 믿을 수 없다."라고 말했다. *Selected works of Deng Xiaoping*, 160.

280 업무회의와 3중전회의 결과, 그리고 그 결과를 낳은 사건들에 대한 상세한 개요는 中共中央党校党史
教研室资料组 编, 『中国共产党历次重要会议集(下)』, 274-80 참조.

281 *Selected works of Deng Xiaoping*, 160-1.

중순, 화의 지위 약화를 반영하듯, 이들 정책이 공격받기 시작했다.[282] 3중전회는 화의 정책과 다자이(大寨) 모델을 기각했다. 농민들의 '사회주의 열정'을 고취시키기 위해 전체회의는 1960년대 초반 정책으로 회귀했고, 새롭게 구축된 농촌의 기본골격은 단지 중국 농촌에서 일어난 급진적 변화의 시작일 뿐이었다.

인민공사, 생산대대, 생산대의 소유권과 그들의 의사결정권은 국가 법률에 의해 효과적으로 보호되어야 한다. 인력, 자금, 생산물, 그리고 생산대의 어떠한 생산수단도 함부로 징발해서는 안 된다. 인민공사의 다양한 단계에 존재하는 경제조직들은 '노동에 따른 분배(按勞分配)'라는 사회주의 원칙을 성실하게 집행하고, 평균주의를 극복해야 한다. 인민공사 성원들의 소규모 사유지, 그들의 가내부업, 재래시장은 사회주의 경제에 필요한 부속물이고 간섭해서는 안 된다. 인민공사는 생산대가 기본 회계단위가 되는 3단계 소유제 구조를 절대적으로 이행해야 하고, 이 사실은 절대 변할 수 없다.[283]

화의 정책은 공업 영역에서도 승인되지 않았다. 그의 10개년 계획은 전혀 언급되지 않았다. 전체회의는 화가 선호하는 대규모 중공업 투자보다 더욱 균형적이고 안정적인 성장을 요구함으로써 천원의 영향력을 다시금 여실히 입증했다.[284] 화는 6월 전국인민대표대회 정기회기 연설에서 1년 전 자신이 지지했던, 정책의 가속화를 압박하지 못했고, 오히려 3중전회 이후 국무원이 결정했던, 1979~1981년 기간 동안 경제의 '조정(調整), 개혁(改革), 정돈(整頓), 제고(提高)'에 헌신하도록 한 방침을 공포해야 했다.[285]

---

282 Domes, *The government and the politics of the PRC*…, 163-4.

283 "Quarterly chronicle and documentation", *CQ*, 77(March 1979), 170에서 인용.

284 Ibid., 169.

285 Ibid., *CQ*, 79(September 1979), 647.

민주의 벽

화와 범시파가 3중전회에서 패배한 것은 주로 덩샤오핑과 그 지지자들이 문화대혁명을 계속 반대해 온 '조용한 다수'의 간부와 관리들을 성공적으로 동원했기 때문이었다. 그러나 업무회의와 전체회의는 베이징 인민들이 덩의 노선을 열광적으로 지지하고, 그것이 톈안먼 사건을 생생하게 기억하는 지도자들에게 영향을 미칠 수밖에 없는 상황에서 개최되었다.

그 사건은 1950년대 초반에는 국가적 기율이 확실히 주입되다가 문화대혁명에 의해 약화되었음을 보여 주었다. 마오가 "모반은 정당하다(造反有理)."라고 선언했듯이, 1976년 4월 5일, 수천 명의 베이징 인민들은 주석이 사후에 구축하려 했던 정치 지도부와 사회경제정책에 대항했다. 1970년대 중반에 중국 각지에서 일어난 파업, 태업, 단순폭력 등을 볼 때, 당의 권위는 단순히 정치적 인식이 있는 베이징 인민에게만 심각하게 훼손된 것은 아니었다.

마오가 죽자 문화대혁명 전체를 부정하는 지도자가 다시 늘어났고, 그 과정을 촉진하는 대중활동이 베이징에서 새롭게 확산되었다. 톈안먼 사건이 덩과 그의 사상을 부활시키는 대중투쟁 제1호였다. 간주곡은 톈안먼 시위대 진압에 중책을 맡았던 우더 시장의 교체였으며, 그것은 베일에 가린 언론 공격과 포스터를 통한 공개적 공격이 있고 18개월이 지난 1978년 10월의 일이었다.[286] 민주의 벽이 제2호였으며, 이것은 덩의 반대로 일찍 막을 내렸다.

중앙업무회의가 개막되고 일주일 후, 첫 번째 대자보가 광장에서 가깝고 톈안먼을 가로지르는 대로인 창안다제(长安大街) 벽면에 나붙었다.[287] 한 노동자가 붙인 첫 번째 대자보는 마오의 이름을 거명하며 그의 사인방 지지와 덩의 해임에

---

286 Garside, *Coming alive!*…, 194-6.

287 민주의 벽에 대한 이어지는 간단한 요약은 주로 Garside, *Coming alive!*…, 212-98에 있는 목격담, 캐나다 기자 John Fraser, *The Chinese: Portrait of a people*, 203-71, 그리고 David S. G. Goodman, *Beijing street voices: The poetry and politics of China's democracy movement*에 수록된 분석과 시에 근거하고 있다. 가사이드와 프레이저 모두 '민주의 벽' 참여자들과 많은 접촉을 했다.

대해 비판했다. 초기의 다른 대자보는 덩을 '살아 있는 저우언라이'로 부르면서, 톈안먼 사건에 대한 당국의 조치를 비난했다. 세 번째는 '소규모 고위 간부들'이 이 사건의 이른바 반혁명적 성격에 대한 재평가를 막고 있다고 비판했으며, 그들은 분명 범시파를 지칭했다.

이처럼 덩의 지지, 범시파 반대, 마오 비판 등이 대자보 대부분의 주제였다. 그로 인해 덩과 업무회의에 참석한 지지자들은 중요한 시점에서 대중적 지지를 확보한 점에 만족했을 것이다. 그러나 대자보를 쓴 사람들은 거기에서 멈추지 않았다. 곧이어 팸플릿, 신문, 잡지 등을 만들고, 인권동맹이나 계몽사회와 같은 토론그룹을 조직했다. 처음 대자보가 붙고 일주일 만에 민주의 벽에 참가한 사람들은 더 이상 다른 사람의 대자보를 읽는 데 그치지 않고, 심지어 외국인과도 활발하게 토론했다. 11월 26일, 미국 연합신문 기고기자 로버트 노박(Robert Novak)은 다음날 덩샤오핑과의 인터뷰 때 던질 질문을 전달받았다. 27일 저녁, 토론토의 『글로브 앤드 메일(Globe and Mail)』 베이징 통신원인 노박의 동료 존 프레이저(John Fraser)가 군중들에게, 민주의 벽은 좋은 것이라고 덩이 노박에게 말했다고 전하자, '아수라장이 되었다'. 그러나 프레이저의 말에 흥분한 군중들은 다가올 일을 예감한 덩이 대자보가 모두 옳지는 않다고 말한 것을 듣고는 냉정을 되찾았다.[288]

민주의 벽은 톈안먼 사건보다 더 심각한 현상이었다. 톈안먼 사건은 단순히 마오와 사인방에게 분노를 드러냈고, 대부분의 시들이 저우언라이를 애도하고 장칭에게 욕을 뱉었다. 반면 민주의 벽은 주로 중등교육을 받은 블루칼라 젊은이들이 참여했고,[289] 광범위한 정치사회적 문제를 다루었으며, 가끔씩 상냥한 순진싱을 드러냈지만, 중국이 '제5의 현대화'인 민주주의를 채택할 가능성에 크게 열광했다.

---

288 Fraser, *The Chinese*…, 245.

289 이것은 Goodman, *Beijing street voices*…, 141에 인용된 중국인 참여자의 분석이다. 이 사람은 1979년 5월에 체포되었는데, 참여가 부족한 지식인들의 '오만함'을 비난했다.

제5차 전국인민대표대회가 붉은 꽃을 피우고,

인민들의 새 헌법을 기안한다.

8억 인민이 함께 즐거운 노래를 부르고,

한마음으로 새로운 나라를 수립한다.

혁명 순교자들의 신선한 피를 뿌려,

오늘의 새 헌법과 바꾼다.

민주주의를 사수하고, 인권을 사수하고,

4개 현대화를 앞당기자.[290]

노박과의 인터뷰에서 드러났듯이, 민주화에 관한 덩샤오핑의 초기 반응은 상당히 긍정적이었다. 인터뷰 전날, 덩은 일본의 한 고위관리에게 "대자보는 헌법이 보장하는 것이다. 우리는 민주주의를 확대하려는 인민을 부정하거나 비판할 권리가 없다…. 인민들의 불만 토로는 허용되어야 한다!"라고 말했다.[291] 그러나 덩샤오핑은 민주주의와 4개 현대화 사이의 모순을 재빨리 인식했으며, 자신의 초기 반응이 어떠했든 민주의 벽은 자신이 당면한 정치투쟁에 유리함보다는 많은 곤혹스러움을 가져다준다는 점을 알았다.

그 모순은 바로 광범위한 정치논쟁이 통제를 벗어나면, 그가 중국의 경제발전에 중요하다고 선언한 안정과 통합이 훼손될 수 있다는 점이었다. 그는 중국에서 도시들이 혼란에 빠지고 경제가 10년간 최악으로 후퇴한 것은 바로 문화대혁명 초기에 일어난 젊은이들의 소란에서 비롯되었다고 기억했다. 사인방과의 투쟁에서 그를 지지한 대다수의 조용한 원로 간부들과 인민해방군 선임 장교들이 그들의 권위와 지위가 새로 도전받는 일을 싫어한 점도 곤혹스러웠다. 그들은 사인방의 척결이 새로운 문화대혁명으로 이어지는 것을 환영하지 않았다.

---

290   Li Hong Kuan, "Ode to the constitution", Goodman, *Beijing street voices*…, 70에서 인용.

291   Garside, *Coming alive!*…, 247-8에서 인용.

덩은 1월 28일부터 2월 4일까지의 미국 방문 전에는 역풍의 두려움으로 아무일도 못했다. 그러나 외교적 성과에도 불구하고, 2월 중순에서 3월 중순까지 자신의 큰 목표였던 국경전쟁에서 인민해방군이 베트남에 확실한 군사적 교훈을 심어 주지 못함으로써 덩의 입지가 일시적으로 약화되었다. 한 보도에 의하면 덩이 3월 중순에 "반혁명은 진압할 수 있고 파업도 진압할 수 있지만, 다른 의견을 억압하고 비판을 막는 기존 방식은 대중의 신뢰와 지지를 없앨 것이다."라고 하면서 원로 간부들에게 민주화운동의 억압이 불리한 결과를 초래할 수 있음을 지적했다고 한다.[292] 그러나 그는 다수 의견에의 복종에 동의했고, 3월 말에 4개 현대화를 위해 '4항 기본원칙', 즉 사회주의의 길, 인민민주독재, 공산당 영도, 마르크스–레닌주의와 마오쩌둥 사상의 견지가 필요하다고 선언했다.[293] 덩은 이러한 원칙의 도입이 1957년 반우파투쟁 초기 마오의 행동을 크게 상기시킨다는 점을 정당화하기 위해 다음과 같이 말했다.

일부 악의적 분자들이 지금 당장은 충족될 수 없거나, 갖가지 비합리적인 요구를 제기했다. 그들은 일부 인민들을 선동하거나 속여 당정조직을 급습하고, 사무실을 점거하고, 연좌농성과 단식농성을 하고, 교통을 방해함으로써 생산과 기타 업무, 공공질서를 심각하게 혼란시켰다. 게다가 "배고픔을 반대한다.", "우리에게 인권을 달라."와 같은 선동적 구호를 내걸어 인민들의 시위를 부추기고, 자신들의 말과 행동을 전 세계에 공개하기 위해 외국인도 계획적으로 끌어들였다. 이른바 '중국인권단체'와 같이 미국 대통령에게 중국 인권에 대한 관심을 요구하는 대자보를 붙일 만큼 앞서 나가는 경우도 있었다. 우리가 이처럼 숭국 내정에 대한 공개적 개입 요청을 허용할 수 있겠는가?[294]

---

292 Ibid., 256에서 인용.

293 *Selected works of Deng Xiaoping*, 172.

294 Ibid., 181.

『탐색(探索)』 잡지 편집인이자 저명한 민주화운동 인사인 웨이징성(魏京生)은 덩에게 '민주주의 수호자의 가면'을 벗으라고 비난했다. 3일 후에 베이징 당국은 민주화운동을 제한하는 규정을 만들었고, 그 다음날 웨이가 체포되었다. 그는 1979년 10월의 재판에서 15년 감옥형을 선고받았다.[295] 1980년 2월의 중앙위원회 전체회의 결정에 근거해 그해 전국인민대표대회 회의에서는 발언과 집회의 자유를 보장하는 국가 헌법 조항을 인민들로부터 박탈했다. 이는 마오가 그렇게 애착을 갖고 몰두했던 대논쟁 참여와 대자보 게시의 권리를 빼앗은 것이다.[296] 당분간 민주화운동은 금지되었다.

화궈펑의 몰락

3중전회는 중국 당사 연구자들에 의해 1949년 이후 역사의 중요한 전환점으로 정당하게 평가받는다. 화궈펑이 충분히 노련하고 신속했더라면 민주화운동이라는 쟁점에서 덩을 반대하는 원로 간부들과 대의를 공유했을지도 모른다. 이것 때문에 덩이 그렇게 신속히 대응했는지도 관심사이다. 그러나 사실 화와 범시파들은 문화대혁명의 곤경에 깊이 빠졌기 때문에 그러한 동맹도 일시적 성공 이상은 힘들었을 것이다.

결과적으로 화는 당 최고지도부 내의 확고한 반(反)범시파 구축을 무기력하게 지켜보았다. 1979년 9월 25~28일의 4중전회에서 자오쯔양은 정치국원으로 승진했다. 전임 베이징 제1서기로서 문화대혁명 초기 덩과 류사오치 다음의 최고 희생자였던 펑전(彭真)도 정치국으로 복귀했다. 11명의 다른 탁월한 원로 간부들도 중앙위원회로 다시 진입했다.

덩에게 더 획기적인 진전은 1980년 2월 23~29일의 5중전회에서 이루어졌는데, 그때 화의 범시파 지지자들('작은 사인방')인 왕둥싱, 지덩쿠이, 우더, 천시롄이

---

295 Garside, *Coming alive!…*, 256-7, 262에서 인용.
296 『中华人民共和国第五届全国人民代表大会第三次会议文件』, 169.

당정 직위에서 해임되었다. 악의적이기보다 무능력하다고 여겨진 다자이의 모범 노동자 천융구이(陈永贵)는 정치국 활동에서 배제되었다. 후야오방과 자오쯔양은 정치국 상무위원으로 격상되었다. 1950년대 공청단(共青团) 지도자이자 덩의 충복인 후야오방이 당 총서기가 되었는데, 그 직위는 덩이 문화대혁명 초기 해임된 후 공석으로 남아 있었다. 새로 구성된 서기처는 거의 배타적으로 덩의 지지자들로 채워졌다. 마지막으로 문화대혁명 최고의 주자파인 류사오치에 대해 모든 죄목이 거짓이며, 복권이 이루어져야 한다는 점이 합의되었다.[297]

덩의 다음 작업은 국무원 내 범시파의 영향력을 없애는 것이었다. 1980년 4월 부총리 천시롄과 지덩쿠이가 5중전회의 결정으로 해임되었지만, 화궈펑을 총리직에서 축출하는 것은 쉽지 않은 일이었다. 덩은 당정 업무의 분리를 주장했고, 화를 포함해 자신과 다수의 원로 간부들이 부총리에서 사임하여 국무원을 다시 젊게 만들자고 제안했다. 비록 당정의 중복을 없애려는 덩의 의도는 진실했지만, 이 계획은 화는 물론이고 누구도 속이기 힘들었다. 따라서 화가 인민해방군의 지원을 위해 자신의 군사위원회 주석 지위를 이용하려 한 것은 당연한 일이었다. 1980년 5월 인민해방군 정치업무회의의 연설에 관한 짧은 보도에 따르면 그는 마오쩌둥 사상의 가치관을 공유하는 충성서약을 희망한 것으로 전해졌다.[298] 그러나 인민해방군 장군들이 덩의 일부 정책에 저항하기 시작했더라도, 그들이 화를 자신들의 지도자로 선택하는 일은 결코 일어날 것 같지 않았다.

8월의 정치국 회의(전국인민대표대회 정기회의도 그달 말까지 연기됨) 이후 최고지도부는 자오쯔양에게 화의 총리직 이양을 합의했다. 덩, 리셴녠, 천윈, 그리고 다른 3명의 원로 간부가 부총리 직위에서 정식으로 사임하였고, 천융구이도 직위에서 해임되었다.[299] 외교부장 황화(黄华)를 포함하여 3명의 신임 부총리가 임명됨으로

---

297 资料组, 『中国共产党历次重要会议集(下)』, 281-9.

298 화는 물질적 자극과 도덕적 가치를 동시에 강조했다. "Quarterly chronicle and documentation", *CQ*, 83(September 1980), 615.

299 덩과 다른 5명의 원로 간부 사직에 관한 통보와 천융구이의 사직은 별개였고, 그 구실도 미묘하게 차

써 국무원은 문화대혁명 수혜자들이 모두 숙청된 대신 생존자와 희생자들로만 구성되었다.[300]

이제 화의 명예를 실추시키고 그를 나머지 직위에서 축출하기 위한 무대가 만들어졌다. 11~12월 사이의 정치국 회의에서 많은 고위 간부들의 요청으로 화의 기록이 엄격한 조사를 위해 제출되었다. 그는 사인방 제거의 공적을 인정받았지만, 많은 주요 원칙 문제에서 고쳐야 할 심각한 과오와 실패가 있다고 비판받았다. 그가 분명히 바로잡은 과오에 대해서조차 다시 비판이 제기되었다.

화는 문화대혁명의 구호를 계속 외쳤고, 그로부터 야기된 피해복구 작업에도 나서지 않았다. 이 회의에서 그는 문화대혁명 사후 덩에 대한 반대를 주도하고, 톈안먼 사건의 판결 번복을 거부한 점에 대해서 재차 공격받았다. 마오 기념당 건립과 『마오쩌둥 선집』 제5권 출판은 예젠잉이나 리셴녠과 합의를 통해 결정했지만, 그일을 추진한 책임은 화가 졌다. 그는 문화대혁명 희생자들의 복권을 방해했다는 비난도 받았다. 그는 마오 문제에 대한 태도와 2개 범시파의 지지에 대해서는 '독단적'이었다. 그는 지난 2년간 맹목적인 경제정책 추진과 심각한 손실 초래에도 큰 책임이 있었다.[301] 결론적으로 회의에서는 화가 "당 주석이 될 정치적·조직적 능력을 결여했고, 모든 사람이 인정하듯 군사위원회 주석에도 적합하지 않다."라고 합의했다.[302]

완전히 굴욕을 당한 화는 모든 직위에서 해임되기를 원하였으나, 의전상의 필요와 아마도 예젠잉의 체면 때문에[303] 최후의 순간에 자비가 허용되었다. 그는 6

이가 났으며, 천은 영예롭게 퇴임하지 못하고 불명예스럽게 물러났다. 『中华人民共和国第五届全国人民代表大会第三次会议文件』, 175-6 참조.

300 Domes, *The government and the politics of the PRC*…, 173-5; 郝梦笔, 段浩然, 『中国共产党六十年…』, 705-9.

301 郝梦笔, 段浩然, 『中国共产党六十年…』, 709-10; 『中共党史大事年表』, 4; 资料组, 『中国共产党历次重要会议集』, 290-1.

302 Domes, *The government and the politics of the PRC*…, 176에서 인용.

303 이미 논의했듯이 예는 1976년 사인방의 축출 이후 화가 지도부에 들어오게 되고, 1977년 화를 설득해 덩의 지도부 복귀를 승인하게 한 것에 일정한 책임이 있었다. 1981년 6월 6중전회가 개최되었을 때, 예

중전회의 공식 결정이 내려질 때까지 당과 군사위원회 주석에 머물렀다. 그래서 1981년 6월 말까지는 직함을 보유하였지만, 그 후 당 부주석으로 강등되고 직무는 바로 이양되었다. 당 주석은 후야오방이, 군사위원회 주석은 덩샤오핑이 스스로 맡았다. 모든 사람이 그가 군사위원회 주석에 지명되어야 한다고 생각하였을 것이다!

결국 제12차 당대회 개최가 지연되었기 때문에,[304] 화는 예상보다 긴 18개월 동안 중국 최고지도부 내의 유명무실한 일원으로 남아 있었다. 그러나 1982년 9월에 화궈펑은 중앙위원으로 강등되었다. 그의 예전 협력자 왕둥싱에게는 겨우 중앙위원회 후보위원이라는 낮은 직위가 배정되었다. 화의 과도기가 공식적으로 끝이 났다.

덩샤오핑의 정책

마오 이후에, 누구?

1978년 12월의 3중전회에서 화궈펑은 직함은 보유하고 있지만 임시 후계자일 뿐이고, 마오의 진정한 후계자는 덩샤오핑인 점이 분명해졌다. 역설적이지만 덩의 마지막 승리는 상당 부분 마오 자신이 가져다준 것이었다. 저우언라이가 병들었을 때 마오가 덩을 다시 부르지 않았다면, 덩은 총리가 없는 동안 중국을 통치하는 요직의 인물로 등장하지 못했을 것이다. 저우가 죽은 후 마오가 그를 다시 실각시키지 않았다면, 덩은 문화대혁명의 질서를 대체하는 새로운 성치실서의

젠잉은 분명히 아파서 불참했으나 인사변동과 화궈펑 비판에 동의하는 서신을 보냈다. 당이 이 서신을 발췌하여 출간할 필요가 있다고 공식 설명한 것은 그의 부재가 오해받지 않도록 하려는 조치였음을 알 수 있다. 资料组, 『中国共产党历次重要会议集』, 293 참조.

304 돔스(Domes)는 1980년 2월 5중전회에서 제12차 당대회를, 가령 1982년 제11차 당대회의 5년 임기가 끝나기 전에 미리 개최하기로 결정했다고 지적한다. 그는 원래 예정된 시간이 1981년 초반이었으나, 마오에 대한 평가와 행정개혁의 합의가 이루어지지 않아 지연되었으며, 따라서 제11차 당대회가 임기를 채웠다고 말한다. Domes, *The government and the politics of the PRC*…, 183 참조.

상징이 되지 못했을 것이다. 확실히 화궈펑, 예젠잉, 리셴녠의 삼두체제는 분노한 문화대혁명 희생자들을 궁지로 몰 만큼 아주 강한 입지를 갖고 있었다.

덩의 주도권이 놀라운 것은 그가 처음부터 허울뿐인 권력은 바라지 않았다는 점이었다. 마오 사후에 예젠잉의 권력중재 역할이 끝난 후에도 그는 오랫동안 당 부주석 서열에서 자신이 예 다음이어야 한다고 주장했다.[305] 덩은 당 주석, 총서기, 혹은 총리 직함을 바란다는 제안은 전혀 하지 않았다. 대신에 그는 자신의 후계자가 될 사람들을 자기 주변으로 빠르게 집결시켰고, 그들에게 직위와 책임을 부여하여 그들의 경험과 존경을 이끌어 내었다. 이것은 마오도 언급은 했지만 전혀 실천에 옮기지 못한 후계자 양성 방식이었다.

덩의 자기 절제에는 마오와 같은 역할을 갈망한다고 비쳐지지 않으려는 그의 결심이 가장 크게 작용했다. 실제로 주석 직위는 아무나 마오의 권위를 모방하지 못하도록 제12차 당대회 당장에서 삭제되었다. 다른 예방조치는 당이 오랫동안 기대한 마오에 대한 재평가였다. 그것의 목표는 특히 마오의 문화대혁명 기간의 업적과 과오를 냉정히 평가하여 신격화된 이미지를 탈각시키는 것이었다. 중국 공산당의 평가는 소련공산당의 스탈린에 대한 평가보다 더 용감했다. 마오의 과오가 열거될 때, 희생자인 덩은 1956년 스탈린을 비판하는 비밀연설에서 공모자인 흐루쇼프가 받았던 "동지, 당신은 어디에 있었고, 언제 이 모든 일들이 진행되었는가?"라는 질문을 두려워할 이유가 없었다.

그러나 덩은 4반세기 전의 흐루쇼프보다 조심스러워야 할 이유가 충분히 있었다. 중국인들이 흐루쇼프의 비밀연설이 얼마나 극단적이었다고 생각하든 간에, 그는 소련공산당이 최후에는 레닌의 순수한 이미지에 기댈 수 있음을 항상 알고 있었다. 중국공산당에게 마오는 레닌이자 스탈린이었고, 만약 조심스럽게 평가

---

305 6중전회에 보낸 서신(각주 303)에서 예는 정치국 상무위원회 최고 3인의 순서가 후야오방, 덩샤오핑, 예젠잉이지만, 덩과 자신의 위치를 바꾸어야 한다고 제안했다. 이는 아마도 겸손한 이유일 수도 있고, 예가 보호하는 후의 실각을 대비한 현실주의적 고려였을 수 있으나, 덩은 여전히 예가 자기보다 앞서도록 했다.

가 이루어지지 않는다면 당의 정당성에 막대한 영향을 미치며 두 가지 이미지 모두 손상시킬 수 있었다.

게다가 문화대혁명을 유감스러워한 사람 중에도 마오를 보호하고 그의 일부 행동을 긍정적으로 평가하려는 사람이 많았다. 특히 인민해방군 장군들은 자신들에게 승리를 가져다준 마오나 문화대혁명 당시 자신들의 역할이 지나치게 비판받는 것을 싫어했다. 하나의 대안은 최대한 린뱌오와 사인방을 비판하는 것이었고, 이에 1980년 11월 20일부터 1981년 1월 25일까지 생존한 문화대혁명 지도자들에게 뉘른베르크 나치스 전범재판과 같은 무대가 마련되었다.

그 재판은 그들의 과오에 대한 상당한 증거를 공개했다. 거의 73만 명의 죄가 날조되어 박해를 받았으며, 그중 약 35만 명이 결국 "박해로 인해 사망했다."라는 주장이 제기되었다. 대다수 피고들은 자신들의 유죄를 담담히 인정하며 법정에 협조했다. 반면에 장춘차오는 재판 내내 묵비권을 행사했고, 장칭은 계속 마오의 지시를 따랐을 뿐이라고 주장하며 자신을 강력히 방어했다.[306]

재판은 희생자들에게 자신을 박해한 사람이 당하는 모욕과 처벌을 보여 주었고, 심지어 공개적인 장소에서 그들을 비판할 수 있는 효과적 수단이 되었다. 그러나 장칭의 증언으로 말미암아 당은 생존자들에게 큰 피해를 줄 수 있는 지나친 비판은 피하면서, 궁극적인 죄가 마오의 것이라는 사실을 감수할 어떠한 수단을 찾아야 했다. 초기에 마오를 문화대혁명 기간의 '위법'으로 고발하려는 징후가 있었지만 현실화되지는 않았다. 그 기간 동안 인민해방군의 일부 행동은 긍정적으로 평가되었다. 덩은 비현실적인 역사가들이 그의 인민해방군 내에서의 중요한 지위는 약화시키지 못할 것으로 확신했다.[307]

306　*A great trial in Chinese history*…, 102-3; 희생자의 구체적 수치는 20-21쪽에 있다. 이 재판에 대한 뛰어난 분석과 개요는 David Bonavia, *Verdict in Peking: The trial of the Gang of Four*에 실려 있다. 재판 과정의 공식 내용 전체는 中国最高人民法院研究室, ed., 『中华人民共和国最高人民法院特别法庭审判林彪江青反革命集团案主犯纪实』. 장칭의 태도는 117-21, 194-9, 227-41, 296-302, 341-7, 399-414에 실려 있다.

307　Domes, *The government and the politics of the PRC*…, 180-2.

따라서 덩은 최종적으로 '건국 이래 당의 역사 문제에 관한 몇 가지 결의'로 발표된 문건 초안자들에 대한 최초의 발언에서 다음 사항이 가장 우선적이고 본질적으로 포함되어야 한다고 주장했다.

> 마오쩌둥 개인의 역사적 역할에 대한 주장과 마오쩌둥 사상의 유지와 발전 필요성에 대한 설명(이 포함되어야 한다)…. 우리는 지금뿐 아니라 미래에도 마오쩌둥 사상의 기치를 높이 들어야 한다…. 첫 번째 점이 가장 중요하고, 가장 근본적이고, 가장 결정적이다.[308]

3개월 후 최종 원고에 이 점이 부족하다고 판단한 그는 "좋지 않다."라고 말하며 다시 작성할 것을 요구했다. 즉 원고의 논조가 '너무 침울'하고, 마오의 개인적 실수만을 비판해서는 문제를 해결할 수 없다고 했다.[309] 그는 나중에 한 논평을 통해 그 문제가 정치적으로 얼마나 민감한지를 강조했다. 마오의 공적과 과오를 적절히 평가하지 않는다면, "나이 든 노동자들이 만족하지 못하고, 가난한 자와 토지개혁 시기의 중하층 농민들도 만족하지 못하고, 그들과 긴밀한 유대를 가진 많은 간부들도 만족하지 못할 것이다."라고 했다. 그는 인민해방군이 만족하지 못할 가능성도 암시했다.[310]

'결의'는 수천 명의 간부와 역사가들 사이에서 1년이 넘는 토론을 거쳤고, 1981년 7월 1일 공산당 창당 60주년 행사에 맞춰 6중전회에서 채택되었다. '결의'는 문화대혁명에 대한 비난을 마오에게 솔직하게 돌리면서, "'문화대혁명'은 1966년 5월부터 1976년 1월까지 지속되었고, 중화인민공화국 건국 이래 당, 국가, 인민이 겪은 가장 심각한 후퇴와 격심한 손실에 대해 책임이 있다. 그것은 마오쩌둥

---

308 *Selected works of Deng Xiaoping*, 276, 278.

309 Ibid., 282, 283.

310 여기서 덩이 말하는 것은, 한 외국 기자와의 인터뷰에서 덩이 마오에 대해 평가한 발언을 인민해방군 병사들이 읽으면서 그것을 인정했으며, 가령 인민해방군은 외부 언론이 마오에 대해 어떻게 말하는지를 예의주시하였다는 것이다.

동지가 일으키고 주도했다.”라고 했다.[311] 그 시기의 모든 위법과 오류를 분석한 다음, ‘결의’는 덩이 주장한 균형적 관점을 제시했다. 그것은 결국 ‘프롤레타리아 혁명’의 오류이기도 한 문화대혁명 시기 마오의 좌경적 오류를 기술했다. 마오는 자신의 말년에 옳고 그름을 혼동했고, 자신의 좌경적 이론이 마르크스주의라고 잘못 믿었다. “여기에 그의 비극이 있다.”[312] 문화대혁명 기간에도 그는 린뱌오와 싸웠고, 장칭의 죄를 폭로했으며, 성공적인 외교정책을 추구했다.[313] ‘결의’는 마오가 문화대혁명 기간 ‘커다란 오류’를 저지른 것이 사실이지만, “그의 활동을 전체적으로 판단하면 중국 혁명에 대한 공헌이 실수보다 훨씬 더 가치가 있다.”[314] 라고 했다.

‘결의’는 마오가 무엇을 잘못했는지 설명하는 한편 덩이 원한 균형을 이루고자 했다. 마오는 자신의 위신이 높아짐에 따라 오만해졌고, 스스로 중앙위원회 위로 올랐다. 그의 동료들은 예방조치를 취하지 못했고, 집단적 리더십도 와해되었다. 당내 민주화가 제도화되지 못했으며, 관련 법률도 권위가 부족했다. 중국의 수세기에 걸친 ‘봉건군주제’처럼, 스탈린 방식의 리더십이 영향을 미쳤다.[315] 마오에 대한 평가는 정당했지만, 덩의 ‘결의’도 흐루쇼프의 비밀연설과 마찬가지로 민주주의를 어떻게 제도화할 것인지, 혹은 프롤레타리아 독재와 공산당의 지배 하에서 법이 존중되었는지의 여부에 대해서는 잘 설명하지 못했다.

만약 덩은 자신이 건설하고자 한 체제를 거부하지 않는다면, 개인적으로 마오의 지도력에서 반면교사(反面敎師)를 얻으려 할 것이다. 그러나 그는 비록 마오의

311　*Resolution on CPC History(1949-1981)*, 32.

312　마오를 비극적 영웅으로 묘사하는 것은 1956년 흐루쇼프의 비밀연설 이후 중국공산당의 스탈린 평가 방식과 유사하다. 사실상 이 개념은 획기적이었다. 지금까지 소련과 중국은 모두 선과 악, 흑과 백의 단순 병렬에서 회색지대를 인정하지 않고 마니교적인 주장을 했다. 만약 누군가 오류를 범하면 그는 자신의 죄를 완전히 속죄하거나, 반동이나 반혁명으로 비판받았다. 이처럼 오류를 범한 지도자의 모델은 정치와 문학에서 상당한 의의를 가졌다.

313　*Resolution on CPC History(1949-1981)*, 41-2.

314　Ibid., 56.

315　Ibid., 48-9.

직함과 개인숭배를 거부했지만, '봉건적' 정치문화 속에 깊이 내재된 특성을 벗어나지는 못했다. 덩은 직위가 권력이나 권위를 부여하지는 않는다는 점을 화에게 가르쳤다. 이제 그 자신도 단순히 직함을 거부한다고 권력과 권위가 사라지지는 않으며, 봉건적 전통을 당의 결의만으로 떨쳐 버릴 수는 없다는 당연한 사실을 감수해야 했다. 그가 아무리 1년에 한두 차례씩만 핵심적 정책 결정에 참여했다고 항변하더라도, 그는 지지자와 반대자 모두에게 최후의 심판자로 인식되었다.

일정 부분 이것은 세대의 문제였다. 스탈린 사후 러시아에는 단지 생존자와 수혜자만 남았지만, 마오 사후의 중국에는 대장정(大長征)에 참여한 많은 희생자 그룹이 여전히 살아 있었다.[316] 그들은 마오의 과오에도 불구하고 오점 없이 권력에 복귀했고, 여전히 자신들의 혁명과업에 대한 명예를 누렸다. 후야오방이나 자오쯔양과 같이 후계자로 선택된 사람들은 덩이 당연한 권리로 주장할 수 있는 정당성을 누리기 어려웠다.

부분적으로는 연계망, 즉 '꽌시(关系)'의 문제였다. 덩은 친구, 동료, 그리고 정책의 성공적 수행에 필요한 당과 군대 내의 지인들과 네트워크를 갖고 있었다. 후야오방이나 자오쯔양도 어느 정도는 자신들의 네트워크를 갖고 있었지만, 권력이나 명성에서 중국을 통치하는 협력자인 덩과는 비교가 되지 못했다.

부분적으로는 새롭게 부상하는 파벌주의 문제였다. 마오가 죽은 뒤 초기에는 복권된 모든 희생자들이 문화대혁명 수혜자를 축출하고, 당시의 정책을 청산하는 급박한 과제에 동의할 수 있었다. 그 과제가 완료될 무렵, 기존의 협력은 와해되기 시작했다. 덩은 자신을 제외하고 가장 명망 있는 2명의 희생자였던 천원이나 펑전과 항상 의견이 일치하지는 않았다. 덩이 자신의 모든 혁명동료들을 데리고 퇴임한 다음, 후야오방이나 자오쯔양이 그들만의 세대와 직면할 수 있었더라면 승계 과정을 관리하기 더 쉬웠을 것이다. 그러나 덩의 오랜 전우들이 무대를

---

316 부하린(Bukharin)이 살아남았더라면, 그는 스탈린이 죽었을 때 겨우 64세였다. 덩은 3중전회 당시 74세였다.

떠날 의사가 전혀 없었기 때문에, 그는 원로들의 간섭으로 자신의 부하들이 이탈하는 일이 없도록 막아 주어야 했다.

부분적으로는 재능의 문제였다. 덩샤오핑은 비범한 혁명 엘리트들 사이에서도 분명히 예외적인 지도자였다. 후야오방이나 자오쯔양은 그와 필적할 만한 뛰어난 후계자임을 스스로 증명하지 못했다.

부분적으로는 당과 인민해방군 가운데 어느 쪽이 지배할 것인지에 관한 해결되지 못한 문제를 반영하였다.

마오 이후에, 어느 쪽?

1980년 말 정치국이 화궈펑의 문제를 결론지을 때, 당 지도자로서의 권리보다 군사위원회 주석으로서의 권리에 대한 모욕이 훨씬 컸다. 여전히 당이 군부를 통제하는 국가에서 당이 선택한 지도자는 누구나 자동적으로 장군들의 존경을 받아야 했다. 분명 화에게는 그것이 허용되지 않았다. 그가 1976년 군사위원회 주석이 된 것은 확실한 가능성이 있는 후보였던 예젠잉 원수가 그것을 지지하고 화의 편에 서서 그에게 권위를 부여했기 때문이었다. 덩이 1977년 중반 군사위원회 부주석과 인민해방군 총참모장으로 복귀했을 때, 장군들은 더 이상 화를 고려하지 않았다. 덩이 1980년 후반 군사위원회 주석직을 효과적으로 인수했을 때, 그들의 세계는 다시 질서정연해진 것처럼 보였다.

덩도 마오의 직함 가운데 주석직만큼은 반드시 가져야 할 것으로 판단했으나, 이로 인해 야기된 문제가 해결된 문제만큼 많았다. 분명히 인민해방군 장군들은 국가의 최고권위를 가진 한 사람에게서만 명령을 받을 권리가 있고, 계층적 관료제의 간섭을 받지 않는 직접적인 지휘체계를 갖고 있었다. 비록 국방부장은 총리에게, 총리는 다시 당에게 보고할 의무를 졌지만, 모든 중요한 문제는 철저하게 군사위원회에서 논의되기 때문에 이것은 전혀 중요하지 않았다. 따라서 모든 사람들이 알고 있는 인민해방군이 별개의 기관이라는 사실은 장군들이 서로 단결해야 할 필요가 있을 때 여실히 증명되었다.

덩의 목표는 인민해방군의 기율을 회복하여 마지못해 명령에 복종하는 태도를 없애고, 중앙위원회가 부과한 당의 정책을 집행하는 것이었다. 앞서 보았듯이 그는 1975년에 이 문제를 제기했으나, 여전히 해결되지 않았음을 인정했다.[317] 그는 자신만이 인민해방군을 복종시킬 수 있다고 생각했을지 모른다. 그 자신마저도 어려움을 경험한 것을 감안한다면 그가 옳았을 수도 있다. 그 문제는 정치적이면서 제도적이었다.

1980년 5월 류사오치의 복권은 중요한 정치 문제였다. 그 조치는 문화대혁명의 정당성을 훼손했고, 장군들이 계속 보호되길 바라던 마오의 명성까지 직접적으로 훼손했다. 1976년 덩의 후원자였던 예젠잉과 쉬스유조차 이처럼 상징적으로 중요한 복권이 이루어진 추모행사에 모습을 드러내지 않음으로써 분명하게 불만을 표시했다.[318] 장군들은 1980년 후반과 1981년 초반의 두 차례 심각한 군비삭감에 분노했다. 인민해방군이 사상교육 운동에 착수한 것은 부분적으로는 보복이었을 수도 있다. 그러나 더 중요한 이유는 장군들이 덩과 개혁가들로부터 촉발된 군부의 특권을 공격하는 이완된 정치적 분위기를 반대하고자 했다는 것이었다. 군인작가인 바이화(白樺)는 비판적 지식인들을 지지했기 때문에 하나의 본보기로서 공격대상이 되었다.

인민해방군의 확고한 분노에 직면하면서 덩은 당의 역사에 관한 결의에서 문화대혁명 기간 인민해방군의 역할에 대한 모든 비판을 삭제하기로 결정하였다. 그러나 이러한 조치로도 장군들을 진정시키지 못했으며, 1982년 9월 제12차 당대회에 임박하여 『해방군보』의 한 기사는 '문화영역의 일부 책임 있는 동지들'이 자산계급 자유화 관점을 지지한 것에 대해 비판하였다. 이처럼 심각한 군사적·

---

317 *Selected works of Deng Xiaoping*, 29-30, 97-8.

318 Domes, *The government and the politics of the PRC*⋯, 171-2. 돔스는 쉬스유의 경우, 국방부장이나 총 참모장이 되지 못한 개인적 감정이 당시 그의 행위의 또 다른 동기였을 것으로 주장한다.

정치적 기율의 위반에 대해 덩은 신속하게 대응하였다. 그는 당대회 직후 곧바로 인민해방군 총정치부장 웨이궈칭(1976년 덩의 다른 후원자)과 해군사령원을 해직시켰다.[319]

덩은 인민해방군과 공산당 사이의 제도적 문제를 분명하게 인식했지만, 그것을 치유하려는 노력은 실패했다. 1982년 후반 제5차 전국인민대표대회 제5차 회기에서 공포된 신헌법에는 전국인민대표대회에 대해, 그리고 직접적으로는 인민해방군에 대해 책임을 지는 중앙군사위원회 설립이라는 중요한 제도적 혁신이 포함되었다. 전국인민대표대회 연설에서 펑전은 "중국공산당의 군에 대한 지도력은 국가 중앙군사위원회가 설립되었다고 변하지 않을 것이다. 국가의 일상에서 당의 지도적 역할은 헌법 전문에 분명하게 밝히고 있으며, 군에 대한 지도력도 당연히 포함된다."라고 설명했다.[320] 펑전이 명확하게 밝히지 않은 것은 헌법 서문이 그러한 지도력의 수단으로 당의 군사위원회를 언급하지 않았다는 점이다. 그렇다면 당의 군사위원회와 새로운 군사위원회 간의 관계는 무엇이었는가?

당기관지의 한 기사는 당시 상황을 강하게 암시해 주고 있었다. 그 기사는 중앙군사위원회의 역사를 상세히 설명하면서 어떤 때에 그것이 당기관이었고, 어떤 때에 국가기관이었는지를 언급했다. 두 유형의 군사위원회 모두 정당성은 보유했다. 그 기자는 새로운 국가기관의 창설을 언급하면서, 군사위원회가 계속 당의 기관으로 남을 것이라고 주장했다. 그렇지만 그것은 공산당과 인민해방군의 직접적 연계를 단절해야 하고, 인민해방군을 다른 대부분의 나라에서처럼 국가 구조의 일부로 바꿀 때가 되었다는 함의도 담고 있었다. 인민해방군의 역사는 이것이 지금까지 통상적 관행이었고, 전혀 두려운 일이 아님을 시사했다.[321] 이중적 보장을 위해 덩샤오핑은 당의 군사위원회 주석직 외에 전국인민대표대회에서 새

319　Ibid., 178-82, 185.

320　*Fifht session of the Fifth National People's Congress*, 94.

321　阎景堂, "中央军委沿革概况", in 朱成甲, ed., 『中共党史研究论文选(下)』, 3. 367-87.

로운 군사위원회 주석직도 수락함으로써 그것을 합법화시켰다.

만약 덩의 목적이 당의 군사위원회 폐지를 위한 토대를 마련하는 것이었다면 그 일을 달성할 수 없었을 것이다. 새 위원회를 더 이상 단순한 국무원 부서가 아니라 전국인민대표대회 위원회 산하로 편제시킴으로써 국가구조 내에서 인민해방군의 위상을 높였으나, 어떠한 장군도 그것을 군사위원회 대신 받아들일 준비가 되어 있지 않았다. 그 대신 덩과 그의 동료들이 관료제의 전반적 감축을 촉구하던 때에 국가에는 두 개의 서로 다른 군사위원회가 존재하여 양자 모두 덩샤오핑과 양상쿤(杨尚昆, 상무부주석)이 이를 이끌었다.

마침내 덩이 1987년 제13차 당대회에서 모든 원로 간부들을 이끌고 정치국에서 사직했을 때조차 군사위원회 주석직에서는 물러나지 않았다. 공산당 당장에는 군사위원회 주석이 정치국 상무위원일 것을 명시했기 때문에, 덩은 자신이 주석직에 머물 수 있도록 당장도 개정했다.[322] 그는 군사위원회 제1부주석으로 신임 당 총서기 자오쯔양을 임명했으며, 이 사실은 군사위원회가 보존될 것이고, 전국인민대표대회의 동일한 군사위원회는 쓸모없이 설립되었음을 암시했다.

군사위원회의 최근 역사를 보면, 인민해방군은 수년 동안 당내에서의 제도적 위상을 강력하게 유지해 왔다. 그동안 덩의 지도력으로 인민해방군에 대한 문관의 통제는 점점 원상회복되었는데, 특히 정치국에 남아 있던 모든 장군들을 사실상 교묘하게 퇴출시키고, 1985년 9월 개최된 주요 중앙회의에서 중앙위원회 내 인민해방군 대표수를 대규모로 축소시켰다. 그렇지만 군사위원회 문제는 문관의 통제가 여전히 인민해방군과 담판 중이고, 군사위원회를 통해 통제가 행사되어야 하며, 군사위원회를 가능한 한 덩이 이끌어야 한다는 점을 보여 주었다. 아마도 인민해방군에서 혁명에 참가했던 장군과 연대장들이 퇴임이나 사망으로 더 많이 옷을 벗고, 대장정이 기억이 아닌 역사가 되었을 때, 덩 사후의 당 지도자 세대들이 군에 대한 자신의 우위를 주장하고, 군에 대해 국가체제 내에서 보다

---

322 *Documents of The Thirteenth National Congress of the Communit Party of China(1987)*, 85.

전통적 역할을 수행하도록 요구할 수 있을 것이다. 그때에 가서야 혁명에서 승리의 주체였고, 문화대혁명 기간에 권력의 원천이었던 인민해방군이[323] 체제의 한 주요 집단으로 남을 것으로 추정된다. 상술한 바와 같이 정치적 영향력을 어떻게 활용할지는 공산당의 강령과 정책에 달려 있을 것이다.

마오 이후에, 무엇?

인민해방군 장군들의 보수주의는 덩샤오핑이 중국의 개혁 과정에서 반드시 고려해야 할 요소였다. 덩의 개혁정책은 단지 문화대혁명의 극좌 마오주의뿐 아니라 1950년대 소련모델을 모방하면서 마오와 그 동료들이 추구한 이른바 '중국화된 스탈린주의자(Sinified Stalinist)' 노선에도 도전을 제기했다. 게다가 개혁은 중앙의 통제를 이완시켰고, 보다 많은 사상과 행동의 자유를 허용했으며, 이러한 관대함은 문화대혁명 시기의 혼란 상황에서 궁극적인 법과 질서를 수호하려는 사람들의 마음을 끌지 못할 것 같았다.

경제개혁과 그 영향은 *CHOC* 제15권의 제6장에 자세히 언급되어 있다.[324] 덩은 1958년 대약진 당시 구축된 인민공사체제를 해체하고, 1950년대 초반 토지개혁 이래 처음으로 농가생산책임제로 복귀함으로써 시계를 거꾸로 돌렸다. 당국은 토지가 공식적으로는 여전히 집체 소유이며, 단지 농가에 도급을 주기 때문에 이데올로기 변화는 없다고 주장했다. 농민들은 스스로 경작 방식을 결정하고, 자신들을 도울 노동력을 고용하며, 농촌 자유시장에 일부 농산물을 판매할 수 있도

---

[323] 당의 역사문제에 관한 결의를 토론하는 과정에서 덩은 제9차 당대회가 불법이라고 선언하거나, 문화대혁명 기간 당의 존재를 부정하자는 제안에 상당히 화를 냈다. 아마도 그가 그렇게 한 것은 그 제안이 10년 동란 시기에 인민해방군이 유일하게 기능하는 혁명조직이었고, 공산당과 달리 군대는 생존했으며 국가 전역에서 운영되었음을 공식 인정하는 것으로 일정 부분 생각했기 때문일 것이다. *Selected works of Deng Xiaoping*, 290-1.

[324] 이어지는 논의를 참조하라. 초기 농촌개혁의 다양한 형태에 관한 상세한 내용은 Kathleen Hartford, "Socialist agriculture is dead; long live socialist agriculture!: Organizational transformations in rural China", in Elizabeth J. Perry and Christine Wong, eds., *The political economy of reform in post-Mao China*, 31-61도 참조.

록 부여된 새로운 자유가 다시 180도 정책 전환을 통해 어느 날 빼앗기지는 않을까 걱정했다.[325] 그러나 사실상 농민들이 집체의 보장이 상실되는 것을 내켜하지 않았던 곳에서조차 개별영농이 예전처럼 회복되었다.[326]

이러한 농민들의 2차 해방은 *CHOC* 제15권의 제6장에서처럼 더 높은 조달가격으로 뒷받침되었고, 생산과 농업소득에 지대한 영향을 미쳤다. 이는 정치적 함의도 매우 중요했다. 8억 농민의 대다수는 개혁정책을 통해 중요한 이익을 얻었고, 베이징에서 보수적 이데올로기의 바람이 불 때는 몹시 불안해했다. 그러나 천원과 같은 중국의 신보수주의자조차 1960년대 초반 잠시 시행되었던 농업책임제 실험을 환영했으며, 결국 그것의 경제적 정당성이 급격히 줄어들거나, 농촌과 지역 형평성에 영향을 미쳐 새로운 계급투쟁을 초래할 만큼 부정적이지 않는 한, 분명히 베이징의 정치인은 아무도 새로운 농촌정책에 도전하지 않을 것이다.

농촌 간부들은 처음에는 그들의 새로운 업무와 축소된 통제력에 만족하지 못했다.[327] 그러나 자신들의 지위 보존과 중개역할을 통한 수입 확대를 위해 정치적 역량과 관계망을 이용하기 시작하면서, 간부들은 새로운 정책이 자신들에게도 이롭다는 점을 깨달았다.[328] 장기적인 관점에서 노간부들의 초기 불만은 당에 대한 개혁의 함의만큼 중요하지는 않았다. 역동적인 부유한 농민들(보통 초기의 간부들)이 모범사례로 평가되고 당에 충원되기도 했다. 어떤 경우에는 이것이 선망의 대상이 되기도 했다.[329] 그러나 이러한 충원정책이 계속된다면, 가난한 농민 정당이 부유한 농민 정당으로 전환될 것이며, 계급적 태도와 이데올로기적 선호에도 상당한 영향을 미칠 것이다. "인민에게 봉사한다."라는 공산당의 기풍은 "부유한

---

325 Terry Sicular, "Rural marketing and exchange in the wake of recent reforms", in Perry and Wong, eds., *The political economy of reform in post-Mao China*, 83-109 참조.

326 하트포드(Hartford)는 모든 농민이 인민공사 해체를 환영하지는 않았다고 말한다. Ibid., 138-9.

327 Richard J. Latham, "The implications of rural reforms for grass-roots cadres", in Ibid., 57-73 참조.

328 이 언급은 필자 자신과 다른 사람의 중국에서의 관찰과 대화에 근거하고 있다.

329 논의는 Elizabeth J. Perry, "Social ferment: grumbling amidst growth", in John S. Major, ed., *China briefing*, 1985, 39-41, 45-6 참조.

것이 영광이다.”라는 새로운 슬로건으로 격하될 처지에 놓였다. 이것은 다시 공산당이 최고의 목표로 계급투쟁이 아닌 경제발전에 치중한다는 점을 명백히 드러내었다.

산업구조 조정과 시장개혁의 복잡성은 드와이트 퍼킨스(Dwight Perkins)가 *CHOC* 제15권의 제6장에서 설명했듯이, 덩샤오핑과 그 동료들에게 훨씬 심각한 문제를 야기했다. 집체화와 같이 아무런 반발 없이 경제적 약진을 가져올 단일한 수단은 없었다. 도시개혁은 오히려 많은 사람들에게 손실을 입히게 되었다. 그들은 바로 국유기업 관리자들에게 더 많은 자율성을 양도함으로써 권력을 상실한 관료들, 집체와 사영기업이 가진 더 많은 자유를 부러워하는 국유기업 관리자들, 효율성의 추구에 따라 더 힘든 노동과 직업의 불안을 두려워하며 비국유기업 노동자와 시골 농민들의 소득 증가를 부러워하는 국유기업 노동자들, 지식인과 학생들을 포함해 개혁이 수반한 높은 물가로 상처받은 모든 도시 주민들이었다.

개혁정책은 또한 공산당의 정당성에 미약하지만 근본적인 위협을 야기했다. 당 간부들은 ‘실사구시(实事求是)’와 “실천이 진리를 검증하는 유일한 기준이다.”라는 슬로건을 주지했다. 그들에게는 새로운 시대에 대비할 지식 습득이 요구되었다. 공산당 내에서 ‘홍(红, 정치적 열정)’의 요구와 ‘전(專, 전문적 능력)’의 요구 사이의 오랜 긴장이 예전에는 홍의 양(陽)을 선호하는 방향으로 해결되었으나, 이제는 전의 음(陰)에 대한 선호가 정착되고 있었다.

문화대혁명 기간에 충원된 당 간부들은 대체로 정치적 선동에 뛰어났기 때문에, 그들의 거의 절반 정도가 이러한 잠재적 위협에 노출되었다. 그러나 그것은 당 자체의 역할에 대해서도 회의를 남겼다. 소련공산당이나 다른 정당과 마찬가지로 중국공산당의 전위적 역할에 대한 주장은 이데올로기에 뿌리를 두고 있었다. 그 전제는 당이 마르크스-레닌주의-마오쩌둥 사상의 정확한 이데올로기를 지배함으로써 현재를 이해하고 미래를 계획할 수 있다는 점이며, 그것은 비마르크스주의자가 얻기 어려운 것이었다. 그러나 이제 실천이나 사실을 통해 진리를 찾아야 한다면, 이데올로기의 기능은 무엇인가?

이데올로기의 가치는 이미 문화대혁명의 과장된 표현과 마오쩌둥 사상에 부여된 초자연적 힘에 의해 크게 낮아지게 되었다.[330] 실천을 새롭게 강조한 것도 아주 큰 타격이 되었다. 마르크스-레닌주의-마오쩌둥 사상이 부정할 수 없는 4항 기본원칙의 하나라는 덩샤오핑의 선언도 이를 전혀 완화시키지 못하였다.[331] 공산당의 영도도 그 자체로서 4항 기본원칙의 하나였지만 이제 그것은 자신의 능력과 성공을 통해서만 정당화될 수 있었고, 마오 사후의 중국이 직면한 적지 않은 문제 때문에 그 기반이 흔들리고 있었다. 위험한 것은 중국의 정치문화 속에 뿌리 깊이 존재하는 엘리트 관료주의 개념이었으며, 이 개념은 전체주의 내에서의 세계와 인간의 위치를 연관시켜 설명하는 전체주의 이데올로기에 헌신하며 그 지배를 받아 왔다.

당의 정당성이 점점 약화되면서 당 기능과 정부 기능을 분리하려는 개혁가들의 시도가 확대되었다.[332] 당정 분리의 목표는 당 간부들을 모든 원칙 및 노선 문제에 대한 집중에서 벗어나도록 하는 것이었다. 지방정부 공무원과 관리자가 모두 당원은 아니며, 그들이 이데올로기 문제와 상관없이 자신의 직무를 수행할 여지는 더욱 커졌다.

그러나 사실상 정부의 모든 고위 관료들은 고참 당원이며, 그들이 정치국이나 중앙위원회 회의에 참여하는 상황에서 당 간부의 '순수한' 역할이 무엇인지 명확하지 않았다. 물론 그들이 당기구를 관리해야 하지만, 계급투쟁과 정치운동이 경제발전으로 대체된 시대에는 당기구의 역할도 명확하지 않았다.[333] 후야오방은

---

330 George Urban, ed., *The miracles of Chairman Mao: A compendium of devotional literature, 1966-70*, 1-27 참조.

331 "Uphold the four cardinal principles", *Selected works of Deng Xiaoping*, 172-4, 179-81 참조. 다른 세 가지는 사회주의의 길, 인민민주독재, 중국공산당의 영도이다.

332 "On the reform of the system of Party and state leadership", ibid. 303.

333 이 딜레마는 서구 유럽 민주주의에서 당 간부의 역할과 다소 비교될 수 있다. 야당 시기의 당은 당으로서의 생명이 부각되는데, 그것은 기존 정부를 타파하기 위해 국가 내에서 계급투쟁을 수행하는 선동의

464

당 총서기에 재임하면서 역할의 분리를 무시했고, 중국의 최고지도자로서 모든 국가 업무에 대해 발언할 권리를 주장하는 듯이 보였다. 그는 수차례에 걸쳐 마치 국가나 정부의 수반처럼 해외순방을 했다.[334]

1982년 제12차 당대회에서 통과된 신헌법의 "당은 헌법과 국가 법률이 허용하는 범위 내에서 활동해야 한다."라는 규정도 당의 권력을 더욱 제한했다. 후야오방이 그의 보고에서 이것을 '가장 중요한 원칙'이라고 설명했듯이, 이제 공식적으로 "중앙위원회에서 기층 단위에 이르기까지 어떤 당기관이나 당원에게도 헌법과 법률의 위반이 허용되지 않았다."[335] 헌법 규정이 그 자체로 보장수단이 되기는 어렵다. 그러나 엘리트들이 아주 심한 고통을 당한 문화대혁명의 무정부상태에 대한 대안으로 3중전회 이후 처음으로 다양한 법규를 통한 법제화가 강조되었으며, 이제 최소한 사람들은 당의 무한한 권력이 결국 개인들에게 위협을 가했다는 사실을 이해하게 되었다.[336]

이와 같이 당의 권력을 공식적으로 제한함과 동시에 '관료주의'를 축소하려는 구체적 시도가 있었으며, 그 폐해는 다음과 같이 지적되었다.

인민 위에 군림하고, 권력을 남용하고, 현실과 인민으로부터 괴리되고, 화려한 겉치레에 많은 시간과 노력을 허비하고, 잡담에 빠져들고, 고정관념에 집착하고, 관습에 얽매이고, 행정인력이 과잉되고, 업무의 지연·비효율·무책임이

수단이기 때문이다. 전략이 성공하여 당 지도부가 정부 장관직을 물려받게 되면, 그들은 국가운영과 경제발전 추구에 전념하기 때문에 당의 역할이 급격히 줄어든다. 그때부디 순수한 당 간부들은 부수적 역할을 수행하고 정부정책에 거의 개입하지 않지만, 일반 당원들에게는 정부가 무엇을 하든 당에 대한 충성이 요구된다.

334 1981년 제11기 6중전회 이후부터 후야오방이 공산당 주석을 맡은 짧은 기간 동안에는 그것이 일정 정도 정당화되었으나, 1982년 9월 제12차 당대회 이후 주석직이 폐지되고 총서기라는 새로운 최고직위가 그의 유일한 직위가 되었을 때에는 정당화되지 못했다. 필자는 명목상의 직함이 무엇이든 궁극적인 권력이 당연히 덩샤오핑에게 있었기 때문에 '공식적'이라는 용어를 사용한다.

335 *"The Twelfth National Congress of the CPC"*, 49.

336 중국에서 법제의 새로운 강조와 관련된 일부 쟁점의 논의는 R. Randle Edwards, Louis Henkin, Andrew J. Nathan, *Human rights in contemporary China* 참조.

심하고, 약속을 이행하지 않고, 문제를 해결하지 않은 채 서류를 끝없이 떠넘기고, 책임을 전가하고, 실력자인 양 잘난 체하고, 항상 다른 사람을 비난하고, 복수심으로 남을 공격하고, 민주를 억압하고, 상급자와 부하를 속이고, 자의적이며 전제적이고, 정실주의(情实主义)에 빠지고, 뇌물을 제공하고, 법을 위반하면서 부패행위에 가담한다.

덩에 따르면, 이러한 관행은 '국내 문제나 대외 교류를 불문하고 참기 어려운 수준'에 이르렀다.[337]

관료주의에 대한 공격은 당내에서 새로운 것이 아니었으며, 최소한 1940년대 초 옌안 정풍운동까지 거슬러 올라갈 수 있다. 문화대혁명 자체가 부분적으로는 인민들의 순수한 혁명열정을 해방시키고 관료주의를 없애려는 마오의 궁극적이고 가장 파괴적인 시도라고 볼 수도 있다. 덩의 방식은 덜 파괴적이었으나, 그 역시 혁명보다 부의 창출로 인민들을 해방시키고자 했다. 여기에서도 당 간부들은 한 쪽으로 밀려나고 있었다.

이처럼 당 권위의 억제에도 불구하고 일반 농민, 노동자, 관리자, 혹은 지식인들은 간부 앞에서 여전히 신중하게 행동했다. 순종의 습관과 수난의 기억으로 말미암아 새로운 자유를 검증하려는 시도는 쉽지 않았다. 관료제가 수세에 몰렸을지 모르지만, 여전히 그것은 아주 강력했다.

그것이 문화대혁명에 대한 역사가들의 최종 판결일 것이다. 1982년 공산당 제12차 당대회가 개최될 때 문화대혁명에 따른 당 권위의 침식, 자의적 권력 남용을 억제하려는 계속된 시도, 이데올로기의 영향력 약화, 농민해방과 도시경제의 자유화 등 모든 일들은 중국이 강력한 중앙정부 아래 통합된 이후 어느 때보다도 국가에 비해 사회 역할의 잠재력이 커지도록 만들었다. 마오는 항상 나쁜 것에서 좋은 것이 나온다고 강조했다. 이처럼 새롭게 성장하는 사회적 힘은 결국 1989년 톈안먼 시위에서 국가 권위의 결속력에 도전하게 된 원천이 되었다.

---

337 "On the reform of the system of Pary and state leadership", *Selected works of Derg Xiaoping*, 310.

제5장

톈안먼으로 가는 길

1980년대의 중국 정치

리처드 바움

캘리포니아 주립대학 로스앤젤러스 캠퍼스

정치학 교수

서론

1982년 9월 제12차 중국공산당 전국대표대회(당대회) 무렵, 중국 신지도부는 마오 사후 신념의 위기를 극복해야 했다. 그들은 마오의 문화대혁명을 부인하고, 그의 경제이론을 폐기하고, 그가 숙청한 사람들을 복권시켰다. 그러나 과거의 실수를 인정하는 것과 미래의 청사진을 준비하는 것은 별개의 일이었다. 비록 덩샤오핑이 조직한 개혁파 구성원들이 경제개혁과 대외개방을 원칙적으로 합의했지만, 중국 사회주의의 기본 이데올로기와 제도를 어느 정도로, 얼마나 빠르게 개혁할지에 대한 의견은 달랐다. 가장 중요한 점은 여전히 마르크스-레닌주의 체제로 불리는 사회에서 '자산계급 자유화'가 가능하다면, 얼마만큼 묵인할지에 대해서도 의견이 달랐다는 점이었다.

때로는 그러한 의견 불일치가 중국 '정신문명'의 특성, 혹은 '보편적 인도주의'나 '소외' 등 서구적인 개념의 중국적 적실성에 관한 이해하기 힘든 학술논쟁의 형태를 띠었다. 학술논쟁은 종종 상당히 치열한 정책논쟁, 가령 자유로운 시장 활동과 사유재산 축적을 어느 정도 수용할지, 서구의 문화적 영향력 유입에 따른 '정신문명 오염' 문제가 얼마나 심각한지, 중국 현대화 정책의 성공에 반드시 기여해야 할 예술가, 작가, 그리고 다른 창작에 종사하는 지식인들에게 표현의 자유를 어느 정도 허용할지 등의 형태로도 이루어졌다.

이러한 논쟁 이면에는 안정과 혼란이라는 강력한 쟁점이 놓여 있었다. 10여 년 동안 중국 최고지도부는 현대화와 개혁이라는 그들의 공개적 목표를 정치적 안정 및 기율 유지에 대한 깊은 관심과 부단히 조화시키려 했다. 그들은 자연발생적이고 통제 불가능한 사회적 동원으로 사회가 불안정해지는 것은 막으면서 현대화의 결실을 얻고자 했으며, 계속 통제력을 장악하면서 매번 새로운 개혁 라운드를 시도했다. 그들은 한편으로 이완(放)을, 한편으로 본능적인 통제(收)를 추구했다.

이미 1979년 봄 시단(西単) 민주의 벽 폐쇄와 동시에 신성한 덩샤오핑의 '4항 기본원칙'(사회주의의 길, 인민민주독재, 공산당 영도, 마르크스-레닌주의-마오쩌둥 사상 견지)이 제기되면서, 이러한 이완과 통제(放和收)라는 상반된 유형이 순환적, 주기적 반복과 국면의 전환을 연출하기 시작했다. 그 결과 초기의 경제적, 정치적 개혁범위 확대(가령, 가격의 시장화나 지식인의 자유화)와 함께 억제된 사회적 요구의 빠른 이완(가령 사재기 열풍이나 학생시위)이 이어졌고, 이로 인해 초래된 '무질서'가 당내 전통주의자의 반발을 불러 일으켜 다시 통제를 강화하는 명확한 '이완-통제 사이클(放收循环)'이 등장했다. 이어서 '자유주의' 경향에 대한 이데올로기 공격과 초기의 개혁을 중단(혹은 역행)시키려는 보수주의자들의 시도가 뒤따랐다. 그 후로는 계속되는 냉각상태가 기존의 내부 모순과 갈등을 악화시키는 데 기여했으며, 이것은 새로운 이완과 개혁 요구에 대한 압력을 낳게 되었다.[1]

1980년대에는 세 번의 완전한 '이완-통제 사이클'이 반복되었다. 이 사이클은 아주 순환적이었지만, 시간이 지나면서 새로운 사이클 주기가 기존 사회경제적 갈등을 악화시키고 더욱 강한 정치적 반응을 유발함에 따라, 그것의 근원적 모순이 확연하게 드러났다. 진폭이 확대됨에 따라 힘의 양극화도 확대되었고, 결과적으로 개혁의 목적과 수단, 범위와 규모, 결과와 한계 등 일련의 비적대적 초기 논쟁이 점점 철학적 담론의 영역을 벗어나 1989년 봄 즈음에는 상호 적대적 세력 간의 생존을 위한 격렬한 투쟁으로 발전했다.

1980년대의 모든 극단적 변화 속에는 한 명의 인물이 누구보다 부각되었는데,

1　마오 사후의 중국에서 '이완-통제 사이클'에 관한 다양한 논의는 Tang Tsou, "Political change and reform: The middle course", in Tang Tsou, ed., *The cultural revolution and post-Mao reforms: A historical perspective*, 219-58; Thomas B. Gold, "Party-state versus society in China", in Joyce K. Kallgren, ed., *Building a nation-state: China at forty years*, 125-52; Harry Harding, *China's second revolution: Reform after Mao*, Chapter 4; Lowell Dittmer, "Patterns od elite strife and succession in Chinese politics", *China Quarterly*(이후 *CQ*) 123(September 1990), 405-30 등을 참조. 현대 중국정치에서 사이클 현상의 분석에 관한 표준적 작업(*locus classicus*)은 G. William Skinner and Edwin A. Winckler, "Compliance succession in rural communist China: A cyclical theory", in Amitai Etzioni, ed., *Complex organizations: A sociological reader*(second edition)에도 있다.

그가 바로 덩샤오핑이었다. 이완(放)과 통제(收)의 모든 복합적인 모순은 덩이 개인적으로 구현한 것이었다. 그는 중국이 시장경쟁과 일원적 정치질서, 사회경제적 현대화와 '사회주의 정신문명', 열정적이고 창조적인 지식인과 강한 이데올로기 순응 등이 모두 가능하다고 믿었다. 그러나 10년 정도 지나면서 그 목표들의 수렴이 아닌 분산이 시작되자, 덩은 이완과 통제의 중도적 방향으로 나아가는 것이 어려움을 점점 깨닫게 되었다. 그는 (그리고 중국은) 궤도를 벗어나 우왕좌왕하기 시작했고, 분명하고 응집력 있는 구심점을 제대로 찾지 못하였다.

1984년에 덩은 80세가 되었으며, 개혁기 10년 가운데 안정된 시기에는 중국의 비효율적 계획경제를 개혁하고, 합리적 정부구조를 창출하고, 질서 있는 정치적 승계를 실현하고자 노력했다. 그가 두 번에 걸쳐 중국의 가부장적 통치체제에 대한 중요한 개혁을 후원했지만, 두 번 모두 힘의 양극화가 이어지면서 개혁에 실패했다. 그는 두 번에 걸쳐 정치무대를 떠나기 위해 자신을 승계할 실용적이고 개혁지향적인 후계자를 지명했다. 그러나 첫 번째 후보인 후야오방과 두 번째 후보인 자오쯔양이 당내 보수파들과 충돌하면서 결국 덩샤오핑이 선택한 후계자들은 두 번 모두 거부당했다. 두 번에 걸쳐 그는 중국 도시경제의 광범위한 구조개혁을 지지했는데, 두 번 모두 인플레이션과 부정부패, 그리고 이어진 사회불안 확대로 그것을 철회해야 했다.

질서 있고 제도화된 중도개혁이 점점 어렵게 되자, 덩은 정치의 안정과 통합이라는 외형을 보존하기 위해 자신의 개인적 위신과 권위에 더욱 의존하게 되었다. 이완과 통제 모두와 결합된 효과적인 권위구조의 창출이 어렵게 되고, 모든 주요 파벌들이 수용할 수 있는 후계자 지명이 어렵게 되자, 그는 실질적인 지도자 자리에서 물러날 수 없게 되었다. 결국 그의 개인적 권위가, 체제의 생존과 직결되는 통합에 불필요한 것이 아니라 더욱 결정적인 것이 되었다. 그러나 그가 권위로서(ex cathedra) 정책 결정 과정에 개입할수록, 그가 추구하는 합리적 정치질서는 더욱 이루기 어려워졌다. 아마도 여기에 덩의 정치적 책임감에 대한 가장 큰 역설이 존재했을 것이다. 덩은 중국을 마오 시대의 '봉건적 전제정치'로부터 현대화와 법에 의한 통치로 이끌고자 했지만, 지나치게 개인적인 통제수단, 즉 그가 창출하려는 체제와 상충되는 수단에 점점 더 의존해야 했다.[2]

근본적 제도개혁이 차단되자 덩은 기존 방식을 고수할 수밖에 없었으며, 질서 있는 변화라는 목표를 추구하기 위해 일련의 임시적이고 단편적인 수단을 도입해야 했다. 가령 1980년대 초, 원로 당 지도자들이 퇴임을 회피하고 있을 때, 덩은 그들에게 자신들의 활동 축소를 수용하도록 중앙고문위원회를 만들어 주었다. 그러나 여전히 많은 사람들이 자발적인 퇴임을 거부했으며, 덩은 그들을 강요할 수 없었다(혹은 하지 않았다). 결국 일시적인 것이 지속되어 중앙고문위원회는 사실상 그림자내각이 되었으며, 동일하게 강력한 권한을 행사했다. 1980년대 말까지 존재한 이 '현직위원회'는 일반적으로(그리고 풍자적으로) 알려진 바와 같이, 1989년 6월 톈안먼 광장의 군사진압 결정에 중요한 역할을 했다.

이와 유사하게 덩은 인민해방군을 공산당 통제(전통적 관행)에서 중앙정부의 직접 관할로 옮기려고 시도했으며, 이것은 시대에 뒤떨어진 중국의 마오주의적 군대체제를 현대화하고 전문화하려는 개혁의 일환이었다. 그러나 강력한 당 군사위원회의 전면폐지가 중국의 보수적 원로 간부들을 멀어지게 만들 수 있었기 때문에, 그는 다시 한 번 임시변통으로 일을 처리했다. 그는 정부의 군사위원회를 기존에 있던 당의 군사위원회와 병행하여 설립했고, 당 군사위원회는 전혀 건드리지 않고 남겨 두었다. 그런 다음 기존 위원회와 완전히 동일한 간부들로 새로운 위원회의 인력을 충원했고, 그래서 새 정부 위원회는 업무가 완진히 **중복**되었다(실질적으로 무용지물이 됨). 인민해방군 부대가 1989년 5월에서 6월 사이 학생시위 진압을 위해 소집되었을 때, 명령을 내린 것은 당의 군사위원회였다.

1980년대 후반 중국의 도시소비자들이 개혁에 따른 물가상승 가능성에 대해 거부 반응을 보이자, 덩은 다시 한 번 편의적 타협안을 제시했다. 그는 시장조절

---

2 이 주제는 Stuart R. Schram, "China after 13th congress", *CQ* 114(June 1988) 177-97에서 논의되었다.

가격으로의 전환이 가져올 고통을 완화하기 위하여 가격 자유화 속도를 늦추었고, 도시 주민들에게 일시적으로 식료품 및 주택 보조금을 지급하였다. 그 후 곧바로 소비자의 사재기 열풍 및 보수파의 비판과 동시에 정부에게 모든 가격 자유화를 중단하라는 요구가 제기되었다. 중국은 많은 자금이 소요되는 신체제의 전환비용은 유지하면서 구체제의 많은 비합리적 요소도 버리지 못한 반(半)개혁적 이중가격 체제로 느리게 나아갔으며, 그 결과 일시적 조치가 반영구적인 것이 되었다. 많은 관찰자들은 가격개혁에 대한 정부의 우유부단하고 시행착오적인 접근을 그랜드캐니언(Grand Canyon)을 연속 몇 번의 점프로 건너뛰려는 것과 같다고 비유했다.

상술한 각각의 사례처럼, 원래는 근본적 구조개혁에 대한 교량이나 돌다리 역할을 위해 의도되었던 즉흥적 정책이 보수적 반발로 인해 그 상태로 고착되거나, 보다 체계적인 개혁의 장애물로 바뀌었다. 이러한 일이 누적되면서 기존의 구조적 긴장과 갈등은 해결이 아니라 오히려 악화되는 결과가 나타났다.[3]

1980년대의 지속된 격변과 잦은 정책변화에도 불구하고, 1987년 후반에서 1988년의 짧은 시기에 결국 적합한 발전공식이 발견된 것처럼 보였다. 자오쯔양의 지도 아래 중국 정치 발전의 새로운 청사진이 그려졌고, 그것은 전체주의도 민주주의도 아니며, 성장하고 있는 사회적 다원주의에 대한 최초의 이데올로기적, 제도적 발아 형태를 띠었다. 이것은 '신권위주의(新权威主义)'였으며, 이완(放)을 통한 경제적 활력과 통제(收)를 통한 집권적 정치권위를 결합하도록 의도된 혼합체제였다. 이들이 제안한 체제는 한편으로 일당지배의 지속과 제한된 정치 참여의 '협상적' 구조를 특징으로 하고, 다른 한편으로 시장규제를 향한 국가 주도의 경제적 전환과 다양하고 다원적인 사회의 열망과 이해관계에 대한 인식을 특

---

3 부분적 개혁의 역설적 결과에 대한 논의는 David Zweig, "Dilemmas of partial reform", in Bruce Reynolds, ed., *Chinese economic policy*, 13-40; Susan Shirk, *The political logic of economic reform*; and Richard Baum, "The perils of partial reform", in Richard Baum, ed., *Reform and reaction in post-Mao China: The road to Tiananmen*, 1-17 참조.

징으로 했다.[4]

불행히도, 이 새로운 공식은 충분히 검증되지 않았다. 급상승하는 물가에 대한 소비자들의 불안은 가격 자유화가 임박했다는 소문으로 더 악화되었고, 간부들의 노골적인 부당이득에 대해 대중들의 분노가 깊어지면서 정치 불안이 가중되었으며, 1988년 여름, 결국 도시소비자들이 공황에 빠졌다. 막 시작된 정치 불안을 두려워한 공산당 보수파들은 본능적으로 가격 자유화를 중지하고, 체제개혁을 중단하고, 경제에 대한 집권적 통제를 다시 강조하는 방식으로 대응했다.

1989년 봄, 개혁과 관련된 긴장이 심각한 수준에 이르렀다. 사회경제적 상황이 계획과 시장, 관료와 기업가, 통제와 이완 사이에서 교착에 빠지면서 중국은 신체제에서 예상된 혜택도 얻지 못했고, 오히려 구체제가 최악으로 왜곡된 상태의 어려움을 겪었다. 이것은 그야말로 '불완전한 개혁의 위기'였다.[5] 4월 중순 후야오방의 예상치 못한 죽음에 이어 정치의 심장부 베이징에서는 물가가 상승하고 부패로 인해 확대된 저항운동이 학생들의 주도로 시작되었으며, 이 운동이 중국의 수도에서 정부를 마비 상태 직전까지 몰고 갔다. 정부의 권위가 시민들로부터 공공연히 도전받는 도시 내 저항이 확대되면서, 6월 초 반(半)퇴임 상태의 연로한 당 보수파 그룹이 이제 아주 격앙된 덩샤오핑의 지지를 확보하여 복수심에 찬 채 다시 정치의 장에 진입했고, 인민해방군을 승리의 카드로 제시했다.

이어졌던 피의 단속과 진압이 결국 일시적으로는 1980년대의 발전적 역동성으로 끝을 맺었다. 베이징 거리에서 이루어진 수백 명(아마도 1000명 이상)의 민간

---

4 '신권위주의' 개념의 논의는 『九十年代』(이후 *JSND*), April 1989, 82-4 참조. 그 외에 Mark Petraca and Mong Xiong, "The concept of Chinese neo-authoritarianism: An exploration and democratic critique", *Asian Survey*(이후 *AS*) 30. 11(November 1990), 1099-1117; Ma Shu Yun, "The rise and fall of neo-authoritarianism in China", *China Information*(이후 *CI*) 5. 3(Winter 1990-1), 1-19; "The debate on the new authoritarianism", *Chinese Sociology and Anthropology* 23. 2(Winter 1990-1), passim 참조. 더 자세한 분석은 소제목 "정치개혁: 신권위주의를 향하여"와 "자오의 신권위주의 반격"을 참조.

5 이 용어는 Lowell Dittmer, "China in 1989: The crisis of incomplete reform", *AS* 30. 1(January 1990)에서 빌려 왔다.

인 학살로 덩샤오핑은 "현대화와 사회경제적 개혁은 국가의 정치적 안정을 훼손시키지 않고도 달성할 수 있다."라고 했던 자신의 가장 큰 도박에서 패할 기로에 놓였다. 10년간 개혁 과정의 사회정치적 동원으로 갈등이 축적된 상태에서 덩이 조심스럽게 고안했던 세력연합도 와해되었다. 자오쯔양은 '반혁명적 폭동'을 지원하고 선동한 죄로 해직되어 가택연금에 처해졌다. 훨씬 자유주의적이었던 그의 많은 지지자들이 파면과 체포, 혹은 추방을 당했으며, 새로운 탄압과 비판, 그리고 규율의 물결이 전국을 휩쓸었다. 비록 당 지도자들이 정치적 통합과 합의를 유도하기 위해 열정적 노력을 기울였지만, 정부정책의 계속된 경직성과 마비상태가 단순히 몇 마디 자기확신으로는 달랠 수 없는 깊고 고통스러운 정치적 상처임을 보여 주었다. 이 장에서는 1980년대 초반에 크게 고양된 희망과 열정이 거짓임을 보여 주면서, 개혁 시기가 어떻게, 그리고 왜 중국에서 그렇게 재앙으로 끝났는지를 설명하고 분석하고자 한다.

첫 번째 사이클: 자유화와 억제

제12차 당대회

1982년 9월 제12차 당대회 개최 당시 다가올 충격의 조짐은 있었지만, 실제 드러난 것은 거의 없었다. 대회 개막사에서 덩샤오핑은 향후 1980년대 당의 주요 국내업무는 "경제건설을 핵심으로 하여… [그와 함께] 사회주의 현대화를 강화하는 것이다."라고 선언하면서 온건한 입장을 표명했다. 이러한 목표에 부합되도록 덩은 중국 현대화의 사회주의적 방향을 유지하기 위해 개혁 심화와 새로운 '정신문명' 건설에 대한 요구 사이의 균형을 조심스럽게 맞추었다.[6]

---

6 덩의 연설 원문은 BBC, *Summary of World Broadcasts/Far East*(이후 *SWB/FE*) 7120(2 September, 1982)에 번역되어 있다. 제12차에 관한 분석은 Lowell Dittmer, "The 12th congress of the Chinese Communist Party", *CQ* 93(March 1983), 108-24; and *Issues & Studies*(이후 *I&S*) 18. 11(November 1982), 14-62 참조.

정치적 측면에서 제12차 당대회는 당의 지도력에 활기를 되찾고, 명령과 통제에 대한 고도로 제도화된 집체적 책임구조를 만드는 두 가지 업무를 강조했다. 첫 번째 목표의 실현에 가장 큰 장애는 노쇠한 당 간부들의 퇴임에 관해 규정화된 기제가 없다는 점이었다. 역사적으로 중화인민공화국의 정치구조에서 두 가지 주요한 퇴출방식이 있었는데, 그것은 사망(혹은 무능력)과 숙청이었다.[7] 보다 호소력 있는 세 번째 대안을 창출하기 위해 제12차 당대회에서는 앞서 언급한 덩의 '일시적' 혁신 중 하나인 중앙고문위원회를 설립했고, 그것은 40년 이상 혁명에 봉사한 고위 간부들의 완전 퇴임을 위한 중간기착지를 제공했다. 원로들로 이루어진 이 위원회의 성원은 완전한 급료, 직위, 특전을 향유할 권리를 갖고, 중요한 문제에 대해 당 지도자들과 주기적으로 계속 상의할 수 있었다. 그러나 그들은 당의 일상적 의사결정기구에는 더 이상 참여하지 않음으로서 보다 젊고 활동적이며, 기술적으로 유능한 간부들에게 기회를 마련해 주었다.

제12차 당대회가 임박한 즈음, 중앙고문위원회 창설로 상당수 자격 있는 당 원로들이 활동적 업무에서 퇴임하는 쪽을 선택할 것으로 기대되었다.[8] 결국 그러한 기대는 지나치게 낙관적인 것으로 드러났고, 최소한 14명의 고위급 원로들, 특히 정치국 상무위원 예젠잉(86세), 천윈(77세), 리셴녠(73세) 등은 퇴임하지 않는 쪽을 선택했다.[9] 노련한 정치적 책략을 통해 덩샤오핑(77세)은 자신의 퇴임 문제를 처

---

7 Michael Oksenberg, "The exit pattern from Chinese politics and its implications", *CQ* 67(Setember 1976) 501-18 참조.

8 가령 부총리 완리의 발언은 *SWB/FE* 7109(20 August 1982) 참조.

9 제12차 당대회에서 퇴임 쪽으로 기운 다른 정치국 원로는 녜룽전(聶荣臻, 83세), 쉬샹첸(徐向前, 83세), 덩잉차오(81세), 펑전(80세), 우란푸(乌兰夫, 77세), 왕전(王震, 74세), 쑹런치옹(宋任穷, 73세), 랴오청즈(廖承志, 73세), 그리고 양더즈(72세)였다. 제12차 당대회에 앞서 중앙고문위원회 설립 제안에 관한 1차 논의에서는 중앙고문위원회를 중앙위원회의 권력과 권위에 독립된 동등한 위상으로 만들려는 이 위원회 설계자들(지도부 개혁에 대한 1980년 8월 연설에서 이를 처음 제안했던 덩샤오핑을 포함)의 의도가 천명된 바 있다. 신설되는 중앙기율검사위원회도 당의 세 번째 권력기관으로 중앙위원회 및 중앙고문위원회와 동등한 지위를 갖도록 예정되었다. 그러나 3원적 당 구조에 대한 의견은 제12차 당대회에서 거부되었고, 신설된 두 위원회는 정책결정 기능이 축소되었으며, 이 때문에 몇몇 원로 정치국원들이 마지막에 퇴임을 연기하기로 결정했을지도 모른다. 얼마 후 중앙고문위원회는 정치국의 주요 결정에 대해 사실상의

리했는데, 그는 신임 중앙고문위원회 주석 자격으로 정치국 상무위원회에서 투표권을 행사할 수 있도록 헌법의 위임을 받았다.

퇴임하지 않으려는 자신의 결정을 사수하기 위해 천원은 "지도자 직무를 인계받을 만한 자격 있는 젊은 간부들이 많지 않다…. [우리들 중] 일부는 일선에 남아 있어야 한다."라고 주장했다. 천의 상무위원회 내 협력자인 예젠잉은 더욱 직설적으로 퇴임을 거부하면서, "나는 모든 힘을 다해 나의 직무를 수행할 것이고, … 죽게 되면 그만둘 것이다."라고 했다(그는 결국 1986년 죽었다).[10]

제12차 당대회에서 승인된 신헌법은 다루기 힘든 원로 간부들의 퇴임을 위한 다른 회유 수단으로 중앙고문위원회의 모든 성원들이 투표권 없이 중앙위원회 전체회의에 참석할 자격이 있다고 규정했고, 동시에 중앙고문위원회 일부 부주석은 정치국 정기회의에 투표권 없이 참가할 법적 권리를 부여받았다.[11] 이러한 규정은 퇴임이 불리하지 않도록 하는 데 크게 기여했고, 70세가 넘은 65명의 중앙위원(14명의 후보위원 포함)이 그들의 직위를 포기하고, 새로운 위원회로의 임명을 수용했다. 이러한 65명의 자발적 사퇴 외에 제11기 중앙위원회(1977년 선출)에서 131명의 위원과 후보위원이 제12기 중앙위원회의 재선에 실패했다. 직위를 상실한 간부들 대다수는 문화대혁명이나 화궈펑의 과도기 때 승진한 예전의 '좌파'나 '범시파'였으며, 이제는 덩의 추종자들에 의해 체계적으로 축출되고 있었다.

중국의 일부 최고령 간부들은 정치무대를 떠나기를 정말로 바라지 않았지만, 정치국보다 낮은 수준에서는 결국 당 지도부의 실질적 교체가 이루어졌다. 제12차 당대회에서 선출된 전체 341명의 중앙위원과 후보위원 중 60%가 신임이었다. 이들 신임의 평균연령은 58세였고, 최고 젊은 신임 위원은 38세였으며, 많은

거부권을 행사할 수 있게 되었고, 그림자 중앙위원회로서의 기능을 행사했다(이어지는 소제목, "자산계급 자유화와의 투쟁", "개혁과 부활을 향하여: 제13차 당대회", "노인정치의 재개", "도덕전의 수행: 고르바초프, 미디어, 단식투쟁"을 참조).

10 『人民日報』(이후 *RMRB*), 7 September 1982.

11 "Constitution of the Communist Party of China", *Beijing Review*(이후 *BR*) 25. 38(20 September 1982), 14-6 참조.

476

위원들이 대학교육을 이수했다. 제12차 당대회에 관한 중국의 공식 보도들은 이처럼 당 지도부가 전반적으로 젊어진 것에 갈채를 보낸 반면, 25명의 신임 정치국원 평균연령이 72세로 전임자들보다 더 많다는 사실은 간단히 무시했다.[12]

간부 퇴임이 어려운 난관으로 드러난 것처럼 당의 명령구조를 제도화하는 일도 마찬가지였다. 마오 시기 후반에 당은 확실히 '봉건적 전제주의'와 '개인숭배'의 영향력 아래 있었으며, 그것은 마오와 일부 비서그룹의 수중으로 '과도한 권력 집중'을 초래했다.[13] 이러한 문제를 치유하고 집체적 리더십을 강화하기 위해 제12차 당대회는 중앙위원회 주석과 부주석 직위를 공식 폐지했고, 이를 문화대혁명 기간 폐지되었다가 부활한 당 중앙서기처로 대체했다. 고위직의 인사 임면과 직무를 관리하는 새로운 당 노멘클라투라(nomenklatura)하에서 당 서기처 총서기는 명목적으로 최고 서열의 당 지도자가 되었다. 그렇지만 그의 자율성은 "어떠한 당원도 그의 직위를 불문하고 법 위에 군림할 수 없으며…, 주요 문제를 자기 마음대로 결정할 수 없다."라는 새로운 헌법규정의 제약을 받았다.[14]

제1세대(대장정) 원로 혁명가들이 계속 지배해 온 정치국과 달리, 새로 선출된 총서기 후야오방(67세)의 지도 아래 있던 중앙서기처는 제2세대(항일투쟁)와 제3세대(내전) 지도자를 포함하는 젊고 교육받은 간부들로 충원되었다. 12명의 서기처 신임 서기와 후보 서기의 평균연령은 63세였고, 정치국원들보다 거의 10년이나 젊었다.[15]

---

12 6닝의 정치국 상무위원(딩, 후야오방, 예젠잉, 지오쯔양, 리셴녠, 천윈)은 평균 74세로 여전히 나이가 많았고, 중앙고문위원회의 퇴임자들 평균 연령보다 단지 1살만 적었다.

13 앞 장 로드릭 맥파커의 논의 참조.

14 "Constitution of the Communist Party" 참조. 당시 당 지도자들이 총서기를 주석보다 선호한 이유는 전자가 집단지도체제의 일부로서 단지 동등한 사람 중의 한 명이며, 따라서 잠재적인 억압적 독재자로 등장할 가능성을 줄일 것이라고 보았기 때문으로 전해졌다. in W. B. Simon and S. White, eds., *The party statues of the communist world*, 82-112.

15 1980년대 초반 중국 지도부의 세대교체는 Hong Yung Lee, "China's 12th central committee", *AS* 23. 6(June 1983), 673-91; also William de B. Mills, "Generational change in China", *Problems of Communism*(이후 *POC*) 32. 6(November-December 1983), 16-35.

'사회주의 정신문명' 건설

제12차 당대회에서 제기된 마지막 정책적 주제는 '자산계급 자유화' 및 중국 체제개혁과 대외개방의 불가피한 산물에 따른 침식효과에 대항하여 당원들이 효과적인 도덕 무장을 할 수 있도록 '사회주의 정신문명'을 건설하자는 요구였다. 당대회 연설에서 후야오방 총서기는 중국에서 사회주의 물질문명의 성공적 구축을 위해서는 궁극적으로 높은 정신문명 수준이 선행되어야 한다고 주장했다. 그러한 정신과 물질 사이의 인과관계를 주장하면서, 후는 1978년 12월 제11기 3중전회에서 확립한 우선순위를 슬며시 바꾸었는데, 당시는 사회의 생산력 발전을 최고의 위치로 부각시켰다.

그 반전의 이유는 명확하다. 즉 자산계급 자유화 바람이 3중전회 이후 중국으로 불어온 것이다. 이러한 상황에서 후는 "우리의 사회주의 대의에 적대적인 자본주의 세력이나 기타 세력들은 우리를 부패시키고, 우리 나라를 해롭게 할 것이다."라고 주장했다. 그는 계속해서 이러한 도전에 직면하게 되면, "어떤 경우에도 우리 사회나 당의 일부 성원들의 타락을 막거나, 일부 착취적이고 적대적인 집단의 출현을 저지하지 못할 것이다."라고 했다. 이러한 타락 효과를 최소화하기 위해 공산당원은 당의 확고한 이상, 도덕적 가치, 조직기율을 확고하게 유지하도록 요구받았다.[16]

자본주의 세력이 일으키는 새로운 혼란을 언급하며, 후야오방은 표면상 자신이 깊이 깨달은 신념을 표현하기보다 당내 전통주의자의 요구에 굴복했다.[17] 결과적으로 그는 그들에게 아주 신중하고 비호전적인 언어로 표현함으로서, 이데올로기적 타락의 위험성에 대한 그의 경고에 연막을 쳤다. 가령 계급투쟁이 '여

---

16 후야오방의 연설은 *SWB/FE* 7125(8 September 1982)에 번역되어 있다.

17 중국의 당 지도자들은 흔히 자신들의 개인적 견해와 다른 합의적 입장을 표현하도록 공개적으로 요구받았다. 이것이 '민주집중제'하의 당 기율의 중요한 특징이며, 그 이유 때문에 당 지도자들의 공식 연설과 보고에서 개인적, 재량적인 것과 합의적, 의무적인 것의 구별이 때로는 어려웠다.

전히 존재한다'는 전통주의자의 주장에 동의하는 한편, 그것은 단지 '일정한 조건 내에서' 존재하며, 더 이상 '주요 모순'을 구성하지 않는다는 두 가지 중요한 단서를 붙였다.[18] 결국 1983년 후반기에 후야오방은 3년간 대대적인 정당정풍운동(整党整风运动)을 추진할 것이라는 지도부의 의견을 발표하면서, 이 운동 과정에서 마오식 대중동원과 투쟁 방식은 취하지 않을 것을 따로 강조했다.[19]

결론적으로 제12차 당대회는 중국의 가장 긴박한 발전 문제에 대하여 모호한 입장을 취했고, 이를 통해 지도부 내 경쟁적 파벌 간의 갈등을 최소화하고자 하였다. 당 대변인은 경제개혁과 대외개방 과정이 더욱 심화되어야 할 필요성을 실용주의적으로 강조하였으며, 동시에 정신적 타락에 대한 경고도 강화하였다. 마찬가지로 계급투쟁이 대체로 끝났음을 선언하는 한편, 미래에 계급투쟁이 더욱 첨예해질 분명한 가능성(공산당 신당장에 분명하게 표현함)이 있다고도 예견하였다. 비록 제12차 당대회에서는 이데올로기적, 정치적 원칙과 관련된 많은 어려운 쟁점들에 대해 합의를 이루었지만, 계속된 타협은 미래의 갈등을 유발할 여지도 상당히 남겼다.

헌법 개혁: 사회주의 법제의 강화

제12차 당대회가 끝나면서 정치적 관심은 12월 4일 전국인민대표대회에서 승인된 중화인민공화국 개정헌법으로 모아졌다. 2년의 준비를 거쳐 신헌법은 문화대혁명의 극좌적 정치철학에 대한 분명한 반대, 그리고 원래 1954년 소련으로부터 수입된 체제와 유사한, 더욱 관례화된 형태의 '사회주의 법제(socialist legality)'로의 전환이 반영되었다.[20]

---

18 계급투쟁이 '일정한 한계 내에서' 계속 존재한다는 사고는 공산당의 1981년 '역사문제에 관한 결의(1949-1981)'에서 처음 공식적으로 형성되었다.

19 *SWB/FE* 7125(8 September 1982). 후의 연설에는 다가올 정당운동에 관한 구체적 논의가 없었다.

20 1982년 국가 헌법 원문은 *BR* 25. 52(27 December 1982), 10-18에 실려 있다. 이에 대한 분석은 Tony Saich, "The fourth constitution of the People's Republic of China", *Review of Socialist Law* 9. 2(1983), 113-24; Richard Baum, "Modernization and legal reform in post-Mao China: The rebirth of socialist legality",

신헌법은 제12차 당대회에서 제기된 쟁점들을 반영하여 질서 있고, 책임성 있고, 법적 규제를 받는 정부제도 및 절차의 창출을 강조했다. 이러한 목적을 위해 전국인민대표대회와 상무위원회의 입법기능 및 권한을 확대하고, 정부 지도자의 임기를 5년으로 하되 연임을 한 차례로 제한하고, 일부 관리가 하나 이상의 지도 직무를 겸직하는 것을 제한하는 새로운 금지조항들이 만들어졌다. 이러한 수단들은 표면상 '권력의 명확한 분리'를 이루고, '법 집행에 관한 엄격한 책임제'를 보장하기 위한 것이었다.[21]

1982년 헌법은 시민의 자유와 의무 사이의 신중한 균형을 무너뜨렸다. 비록 시민의 권리와 보호에 관한 많은 새로운 조항, 가령 개인적 존엄, 가정의 신성함, 그리고 계획적 음모나 잘못된 고발, 명예훼손에 대한 보호 등이 헌법에 규정되었지만, 이러한 헌법 개정의 실제 효과는 일련의 명백한 단서와 요건들에 의해 감소되었다. 가령 시민들이 '통신의 자유와 비밀'을 누릴 권리에는 "국가안보나 범죄조사에 연루될 경우 예외로 한다."라는 단서조항이 달려 있었다. "시민들이 행사하는… 자유와 권리는 국가·사회·집체의 이익, 그리고 다른 시민의 합법적 자유와 권리를 침해해서는 안 된다."라는 조항에도 동일한 제한이 있었다.[22] 결국 1982년 헌법에서 당의 4항 기본원칙은 여전히 언급되고 있지만, 대신 표현이 완화되어, 중국의 사회주의 민주와 법률체계 강화의 필요성을 거의 동일한 수준에서 강조하였다.[23]

전반적으로 중국의 신헌법은 이완(放)과 통제(收)라는 내재적으로 상충하는 규

Studies in Comparative Communism(이후 *SICC*) 19, 2(Summer 1986), 69-103 참조.

21 Peng Zhen, "Report on the draft of a revised constitution of the PRC", *BR* 25, 50(13 December 1982), 9-20 참조.

22 중국 최고지도자들은 1979년 봄에도 동일한 언급을 했으며, 당시 정부는 민주의 벽을 폐쇄하고, 인권 활동가 웨이징성을 체포했다. 맥파커의 앞 장 참조.

23 (헌법 서문의) 관련 조항에서는 "중국공산당의 지도와 마르크스-레닌주의-마오쩌둥 사상의 인도 아래 중국 인민들은… 중국을 높은 수준의 문화와 민주주의를 가진 사회주의 국가로 바꾸기 위해… 계속해서 인민민주독재를 견지하고, 사회주의의 길을 따르고, 사회주의 제도를 꾸준하게 개선하고, 사회주의 민주를 발전시키고, 사회주의 법제를 개선하고, 열심히 일할 것이다."라고 언급했다.

범에 대해 균형을 맞추려는 조심스러운 시도였다. 신헌법은 기존 헌법과 비교해 상대적으로 관대하고 자유를 보장하며, 문화대혁명의 정치철학에서 확실하게 탈피했다. 그러나 동시에 다원주의적 법치(rule of law)를 제도화하기에는 아직 멀었으며, 대신 신고전적 레닌주의의 합리적 변형이라고 할 수 있는 법에 의한 통치(rule by law)와 공통점이 있었다.[24]

사회주의 법제에서 사회주의적 인도주의로

1981년 봄 인민해방군 작가 바이화(白樺)[25]에 대한 보수적 문학비평으로 초래된 약 2년간의 침묵기간이 지나고, 중국의 비판적 지식인들은 1982년 12월 헌법개혁을 계기로 상당히 대담해졌다. 1982~1983년 사이의 초겨울 베이징에서는 사회주의 사회의 '소외(異化)'와 '인도주의(人道主義)' 같은 개념의 현대적 적실성 문제를 둘러싸고 활발한 학술논쟁이 펼쳐졌다. 이 논쟁에 참여한 아주 저명한 인물로는 『인민일보』 부편집장 왕뤄수이(王若水), 중국사회과학원 부원장 루신(汝信)이 있었다.[26]

논쟁은 왕뤄수이의 논쟁적 논문인 '인도주의를 위한 변론'의 출판과 함께 1983

---

24 혁명 이후 레닌주의 체제의 발전단계에 관한 조비트(Jowitt)의 분류를 따라 콴(H. C. Kuan)은 중국의 1982년 헌법을 그 특성상 '포괄적(inclusionary)'이라고 규정지었고, 그것은 지식인과 다른 관련 사회세력의 적극적 지지를 흡수하기 위한 당의 욕구를 반영했다. 콴의 "New departures in China's constitution", *SICC* 17. 1(Spring 1984), 53-68 참조. 법치(rule *of* law)와 법에 의한 통치(rule *by* law) 사이의 구분은 Jerome A. Cohen, *The criminal process in the People's Republic of China, 1949-63; An instoduction*, 5ff 참조.

25 보수파들은 바이화의 논쟁적인 희곡 『괴로운 사랑(苦恋)』이 중국의 과거, 특히 대약진과 문화대혁명 기간 공산당의 정책으로 인한 피해를 지나치게 부정적, 비판적으로 바라본다고 공격했다. 바이화 사건에 대한 논의는 Tsou, "Political change and reform…", 227-31; Richard Kraus, "Bai Hua: The political authority of a writer", in Carol Lee Hamrin and Timothy Cheek, eds., *China's establishment intellectuals*, 201-11 참조.

26 왕과 루는 교조적 마르크스주의를 비판하는 다른 자유주의 평론가들과 더불어 이미 1980년대 초부터 사회주의와 인도주의 간의 관계에 관한 글을 쓰기 시작했다. David A. Kelly, "The emergence of humanism: Wang Ruoshui and the critique of socialist alienation", in Merle Goldman with Timothy Cheek and Carol Lee Hamrin, eds., *China's intellectuals and the state: In search of a new relationship*, 159-82. 사회주의적 인도주의 논쟁의 기원과 전개에 관한 상세한 분석은 Stuart Schram, "Economics in command?: Ideology and policy since the Third Plenum, 1978-84", *CQ* 99(September 1984), 433ff 참조.

년 1월 중순부터 가열되기 시작했다. 이 글에서 왕은 당에서 일부 '선의의 동지들'이 인도주의적 가치를 반(反)마르크스주의적 이단으로 간주하며 인정하지 않고 있다고 말했다. 그에 따르면, '그들은 마르크스주의와 인도주의를 서로 완전히 대치시키며', 따라서 그들은 '인도적 가치'라는 개념 속에서 어떠한 보편적 적실성도 보지 못한다고 했다. 왕은 이러한 관점이 인도적 가치의 개념을 자산계급 인도주의와 잘못 동일시하고 있다면서 거부했고, 완전히 다른 유형의 인도주의를 제안했다.

> 사회주의적 인도주의는 '전체주의적 독재'와 10년 동란의 무자비한 투쟁을 확고하게 포기하고, 한 개인의 신격화를 포기하고…, 진리와 법 앞에서 모든 사람의 평등을 지지하고, 시민들의 개인적 자유와 인간의 존엄성은 침해할 수 없는 것으로 간주함을 의미한다…. 이러한 종류의 사회주의적 인도주의가 왜 낯설고, 이질적이고, 혹은 나쁜 것으로 취급되어야 하는가?[27]

인도주의적 가치에 관한 학술적 지지는 1983년 봄에 절정에 달했다. 3월의 칼 마르크스 서거 100주년을 기념하는 베이징 학술회의에서 공산당 최고문예간부이자 한때 정통파 마오주의 지식인이었던 저우양(周扬)은 사회주의적 인도주의의 현대적 적실성과 유용성을 확고하게 지지하는 논문을 발표했다. 소외가 사회주의하에서도 가능하다는 논쟁적 개념을 방어하기 위해, 저우는 과거 중국에는 민주주의와 건전한 법규범의 결여로 어디서든 인민의 공복이 오히려 주인이 되는 상황이 있었다고 지적했다. 그는 이것이 정치적 소외의 적절한 사례라고 말했다. 저우는 중국이 절대적으로 사회주의 건설에 대한 '이해와 경험이 부족'하기 때문에 경제적 소외도 존재한다고 주장했다. 결론적으로 그는 "우리가 많은 어리석은 일을 했고…, 스스로 쓴맛 나는 과일을 먹었다."라고 책망했다. 경제적, 정치적

---

27 王若水, "为人道主义辩护", 『文汇报』(이후 *WHB*)(上海) 17 January 1983. 부분적인 번역은 *Inside China Mainland*(이후 *ICM*), June 1983, Supplement 7-8 참조.

소외가 객관적으로 존재한다고 주장하면서, 그는 그러한 말로 사람들을 놀라게 하는 것은 "무의미하다."라고 결론지었다.[28]

사회주의적 인도주의와 소외 논쟁에서 당의 원로 이론가 쑤사오즈(苏绍智)도 강력한 비판을 제기했는데, 그는 베이징의 마르크스주의 100주년 학술회의 논문에서 '마르크스주의의 위기'가 존재한다고 주장했다. 쑤는 이 위기를 "마르크스주의를 독단적인 방식으로 다룬 데 따른 우리의 형벌이다."라고 하면서, 그는 문화대혁명의 심각한 독단주의적 유산이 '일부 사람들'에게 마르크스주의의 현대적 적실성을 완전히 부정하도록 만들었다고 주장했다. 그러한 부정적 평가에 개인이 연루되는 것은 조심스럽게 피하면서, 쑤는 "스스로 마르크스주의를 발전시킬 때만, 그것을 진정으로 유지할 수 있다."라고 결론지었다.[29]

1983년 봄에 당의 보수 진영조차 일시적으로 그 논쟁의 적실성(타당성은 아닐지라도)을 받아들였다. 가령 4월 초에 열린 '마르크스와 인간'에 관한 회의에서 중앙위원회 선전부장이자 당의 대표적 전통주의자인 덩리췬(邓力群)은 사회주의적 인도주의와 소외 논쟁에는 '많은 장점'이 있으며, 지식인들을 위한 당의 '쌍백(雙百)' 정책 활성화에 기여할 것이라고 마지못해 인정했다.[30]

자유로운 주장과 논쟁이 3개월 넘게 이어졌지만, 그 이후 지속된 사회주의 규범 및 가치 논쟁에서 당국의 포용력은 현저하게 줄기 시작했다. 왕뤄수이, 쑤사오즈 같은 사회비평가들은 비록 에두르기는 했지만, 당의 교조적, 정치적 정당성에 대해 불편할 정도로 부정하였고, 덩리췬 같은 신념의 수호자들은 점점 그들에

---

28 Zhou Yang, "Inquary into some theoretical problems of Marxism", *RMRB*, 16 March 1983.

29 Su Shaozhi, "Develop Marxism under contemporary conditions", *Selected Studies on Marxism* 2(Feburary 1983), 1-39. Schram, "Economics in command? …", 434-7도 참조.

30 *RMRM*, 12 April 1983. '쌍백'이라는 용어는 1956년 마오가 처음 제안한 "백 가지 꽃을 피우고, 백가의 사상을 논쟁하자(百花齊放, 百家爭鳴)."라는 정책을 의미한다. Schram, "Economics in command?…"는 덩리췬의 발언이 덩의 이름이 아닌 『인민일보』의 자유주의 성향 편집자인 후지웨이(胡绩伟)와 왕뤄수이가 제공한 선동적 제목 아래 발행되었다고 지적한다. 제목은 "인도주의와 인간성 이론의 논의는 특별하다."였다. 후와 왕은 나중에 덩리췬에게 비판받았고, '정신오염'을 조장한다는 이유로 자신들의 직무로부터 "전임되었다." 소제목 "인도주의와 '정신오염'에 대한 투쟁" 참조.

게 책임을 묻지 않을 수 없다고 생각하게 되었다. 5월 말경, 인도주의와 소외 논쟁은 긍정적이든 아니든 더 이상 당기관지에 보도되지 않았고, 6월 초순에는 표면상 왕, 쑤, 그리고 다른 인도주의 학파들이 전염시키는 이단적 사상을 표현하기 위해 '정신오염(精神汚染)'이라는 새로운 용어가 만들어졌다.[31]

여론의 동향: 제6차 전국인민대표대회

주요 정치동향의 변화에 관해 처음으로 중요한 공개적 암시가 이루어진 것은 6월 초순 제6차 전국인민대표대회 개막식에서 발표된 자오쯔양의 '정부업무보고'였다. 자오는 경제개혁, 대외개방, 지적 발언과 논쟁 등 당의 기존 정책을 옹호하는 한편, 이데올로기와 문화 영역에서 확산되는 자산계급 자유화 경향을 새롭게 경고했다. 그 예로는 '자기 작품의 사회적 영향력을 무시하고', '자기 작품을 단지 명예와 부를 거머쥐기 위한 수단으로 여기는' 작가와 예술가들이 포함된다고 했다. 자오는 그러한 행위가 '퇴폐적 이데올로기'의 징후이며, "인민과 사회주의에 봉사하는 정책과는 공존할 수 없다."라고 말했다.[32] 비록 그러한 경향을 비판하는 일반적 경고 수준을 넘어 어떤 구체적 수단이 요구되지는 않았지만, 자오의 발언이 자주 상처를 받아 왔던 중국의 비판적 지식인들 입장에서는 걱정스러운 일이었다.

자오의 보고를 주의 깊게 읽은 독자들은 법과 질서라는 주제에서 총리가 강한 언어를 구사한 점에도 관심을 가졌다. 공안 업무의 문제점을 언급하면서 자오는 강도, 살인, 약탈, 강간, 절도와 같은 폭력적 범죄를 포함하여 강력범죄 상승률이 중국에서 심각한 문제가 되기 시작했다고 지적했다. 그는 또한 비폭력적 경제사범 및 '지위와 권력을 남용해 개인적 이득을 취하는' 정부간부들의 부패 발생율

---

31 이 용어는 덩리췬이 1983년 6월 4일 베이징 중앙당교연설에서 처음 사용했다. 『争鸣』(이후 *ZM*) 76(1 February 1984), 6-11 참조.

32 Zhao Ziyang, "Report on the work of the government", *BR* 26, 25(4 July 1983), 18-9.

도 현저하게 높아졌음을 인정했다. 사회질서의 붕괴를 일부 공안과 법집행 인사들에게 나타나는 '용납할 수 없을 정도의 정치적, 이데올로기적 무관심' 탓으로 돌리면서, 자오는 '반혁명활동의 억압'과 모든 영역의 범죄자들에 대한 '강력한 처벌'이 필요하다고 강조했다.[33]

총리가 법과 질서의 고취를 요구하면서, 1983년 여름부터 강력한 범죄단속이 시작되었다. 이러한 단속 캠페인에서는 범죄 혐의자에 대해 일부 헌법적, 법적 권리가 제대로 적용되지 않았고, 인민재판, 성급한 판결, 항소의 제한, 약식사형 등이 뚜렷이 목격되었다.[34] 비록 날로 늘어나는 범죄에 피로감을 느끼는 중국 인민들이 공감하기는 했지만, 이 범죄단속 캠페인은 중국에 나타난 이데올로기의 냉각을 더욱 가속화시켰다. 더 중요한 것은, 이 캠페인이 당의 전통주의자들에게 이데올로기의 침식에 대응하기 위한 새로운 공격방침을 채택할 수 있도록, 법과 질서라는 강력한 쟁점과 그 원인이라고 추정되는 범죄를 퇴치할 필요성에 대해 그럴듯한 구실을 제공했다는 것이다.

그 공세는 여름이 끝날 무렵 형태를 갖추었다. 9월 중순부터 일부 주요 저널에 눈에 거슬리는 기사 게재가 뚜렷이 증가했다. 가령 『홍기(红旗)』 편집자는 "추상적 박애나 인도주의의 매력에 현혹된 일부 문화계 인사들이 사회적, 계급적 특성을 방기하고 있다."라고 날카롭게 지적했다. 그 기사에서는 이를 '정치 영역의 심각한 적대적 투쟁'을 반영한 잘못된 관점이라고 불렀으며, 계급투쟁이 여전히 존재하기 때문에 잘못된 관점들에 맞서기 위해서는 인민민주독재조직이 강화되어야

---

33 Ibid., 20-1.

34 9월 초에 채택된 전국인민대표대회 상무위원회 결의안은 고소장 제출, 소환장 발행, 상고권의 시간제한 등과 같은 규정을 포함해 범죄사건 처리에 관한 많은 법률안 처리를 중단시켰다. 이러한 중단의 취지는 '사회 질서를 심각하게 어지럽히는 범죄자를 신속하게 처리하기' 위한 것으로 알려졌다(『新华』[이후, *XH*], 2 September 1983). 다양한 자료에 따르면, 유죄가 확정된 6000~1만 명의 범죄자가 1983년 하반기에 사형되었다. *Far Eastern Economic Review*(이후 *FEER*), 10 November 1983 and 16 February 1984; Amnesty International, *China: Violations of human rights*, 54-5. 1983년 반범죄투쟁의 집행에 관한 언론보도는 *ICM*, October 1983 참조.

한다고 강조했다.[35] 이어진 기사에서『홍기』편집자들은 한 걸음 나아가 자산계급 자유화가 심리에 미친 영향과 최근 중국의 심각한 범죄 확산 사이에 관련성이 있을 것이라고 주장했다.

> 비록 우리나라가 이미 착취제도를 폐기하고 사회주의 사회를 수립했지만…, 사회주의 제도와 인민에 적대적인 모든 요소들이 여전히 존재한다. 다양한 종류의 범죄가 자산계급의 극단적 개인주의 영향이… 여전히 존재하는 곳에서 일어날 것이다. 우리는 그러한 심각한 범죄자들을 아주 혐오스럽게 간주해야 된다. 만약 우리가 그들을 범죄에 빠져들게 내버려 두거나… 그들을 제압하지 못한다면, 만약 우리가 '자비'와 '인도주의'를 말한다면, 그것은 사회주의 대의에 대한… 우리의 의무를 완전히 방기하는 것이다.[36]

인도주의와 '정신오염'에 대한 투쟁

당의 전통주의자들의 압박이 강해짐에 따라, 당 지도자들이 1년 전 합의했던 불안한 이데올로기적 타협은 이제 곤경에 처한 기색이 드러났다. 덩샤오핑 연합의 취약성은 1983년 10월 11~12일 개최된 제12기 2중전회에서 아주 명확해졌다. 이 회의의 연설에서 덩은 개혁연합 내의 날로 양극화되는 파벌 사이에서 자신이 맡은 중도적 입장을 강조했다. 먼저 그는 후야오방과 자오쯔양이 이끄는 당 내 중도파와 자유주의 진영의 주요 관심사를 연설했다. 그는 잔존하는 문화대혁명 좌파와 계속 투쟁할 필요성을 언급하면서 좌파 진영의 '세 종류의 사람(三种人)'이 계속해서 당의 통합과 기율을 훼손하고 있다고 지적했다. 그들은 첫째 린뱌오

---

35 『红旗』(이후 *HQ*) 18(16 September 1983).

36 *HQ* 17(1 September 1983). 이미 1982년에 당 보수파들은 중국의 범죄율 상승을 개방정책하의 잘못된 외국사조의 유입 탓으로 돌리기 시작했다. 따라서 중국의 한 내부 간행물은 "외부세계에 대한 개방정책이 [시작된] 이래 외국으로부터 자산계급 이데올로기의 침식과 적대적 외국 영향력의 침투는 직간접적으로 사회의 범죄활동에 [기여했다]. 이것이 [공안상황이] 근본적으로 호전되지 못한 객관적 이유이다."라고 서술했다(『了望周刊』, September 1983, trans. in *ICM*, October 1983, 7).

및 장칭 일당들과 결탁하여 문화대혁명 기간 권력으로 부상한 사람들, 둘째 파벌 활동, 소문 유포, 그리고 다른 다양한 형태의 '파괴적' 당파행위에 연루된 사람들, 셋째 중국의 10년 동란 동안 '약탈, 파괴, 횡령'의 죄를 지은 사람들이었다. 덩은 이 사람들에게 필요하면 당의 제명을 포함하여 확고한 징계가 필요하다고 말했다. 그는 자신의 과업을 수행하기 위해 향후 정당운동(整党运动)이 '세 종류의 사람'을 밝히고 그들을 바로잡는 데 집중해야 한다고 말했다.[37]

이처럼 중도파와 자유주의 지지자들의 주요 관심사를 언급한 다음, 그는 자신의 초점을 완전 180도 바꾸어 추상적 인도주의, 사회주의 소외 이론, 정신오염 등 세 가지 지속적인 주제를 날카롭게 공격하기 시작했다. 덩은 상당수 당 이론가들이 인간이 실제 직면하는 구체적 문제의 이해와 해결을 시도하기보다 인간의 특성에 대한 추상적 사고에 탐닉한다고 냉소적으로 비판하면서, 추상적 인도주의가 "반(反)마르크스주의적이고, 젊은이들에게 길을 헤매게 한다."라며 단호하게 거부하였다. 사회주의하에서 일어나는 소외의 가능성에 관한 문제에서 덩은 1983년 봄, 저우양과 몇몇 사람들이 제시한 관점을 날카롭게 반박했다.

많은 동지들이… 사회주의 사회에서… 경제, 정치, 이데올로기 영역에 소외가 존재한다고 말한다. 이러한 발언은 사람들이 사회주의 사회에서 나타나는 많은 문제들을… 정확히 이해하지 못하게 만든다…. 실제 이것은 사람들이 사회주의를 비판하고, 불신하고, 부정하도록 하며, 사회주의와 공산주의의 미래에 대한 자신감을 잃도록 만들 뿐이다….[38]

덩샤오핑은 정치적 지향의 문제에 관해서는 최근 당 이론가들 사이에서 '민주주의의 추상적 개념', '반동적 인물의 자유로운 발언'에 대한 옹호, '4항 기본원칙에 대한 의심' 등을 포함하여 건전하지 못한 많은 사상들이 유행하고 있다고 지

---

37 Ibid., 56.
38 Ibid.

적하였다.[39] 덩은 이러한 사상들이 '마르크스주의의 상식에 위배'되며, 나아가 그들은 당의 무산계급 성격을 불신하고, 사회주의의 미래에 대해 의심을 낳음으로서 당원들 사이에서 혼란을 조장하고 있다고 말했다. 덩은 '침울하고 비관적인 것을 진지하게 논의하는' 작가와 예술가들에게 모욕을 주면서, 문학과 예술 영역에 종사하는 노동자들에게 공산당의 혁명적 역사, 4항 기본원칙, 사회주의하에서 인민들의 영웅적 업적 등을 찬양하도록 요구했다.[40]

이러한 맥락에서 덩은 작가와 공연 예술가들이 '돈을 위해서라면 무엇이든 하고', 그들 대다수가 "여기저기 좌충우돌하고…, 닥치는 대로 공연을 하며… 쉽게 이윤을 남기기 위해 저급하고 통속적인 형식과 내용을 이용한다."라고 비판하였다. 계속해서 덩은 그런 사람들이 "일부 관중들의 저속한 취향에 영합한 죄가 있으며 예술적 작품을 상품화하였고, 따라서 예술세계에서 쓸데없이 자리를 차지하고 있다."라고 하였다. 그러한 현상을 '정신오염'으로 규정하면서, 덩은 '허약함, 방종, 자유주의적 태도를 단호히 극복'하기 위한 활발한 이데올로기 투쟁을 요구하였다.[41]

비록 정신오염이 당내 이론가와 이데올로기 영역의 소수에게만 심각한 영향을 끼쳤다고 하지만, 덩은 이 문제와 싸우기 위한 확고한 조치가 없으면 비참한 결과가 있을 것으로 경고했다. 그는 "일부의 정신오염이 크게 확산되지 않을 것이고, 소란을 피울 필요가 없다고 생각하지 말라…. 만약 우리가 즉시… 이 현상을 억제하지 않으면…, 결과는 아주 심각할 것이다."라고 경고했다.[42]

이처럼 자유주의와 보수주의 진영의 주요 관심사를 언급한 다음, 덩은 그의 동지들에게 우파나 좌파의 이데올로기 문제를 개선하기 위해 극단적 방향으로 나

---

39 『인민일보』 부편집장 왕뤄수이를 포함한 일부 자유주의 지식인들은 이미 1979년에 무엇보다도 덩의 4항 기본원칙에 대해 공개적으로 의문을 제기했다.

40 *I&S*, 20. 4(April 1984).

41 Ibid.

42 Ibid.

아가는 것은 피하라고 가르쳤다. 다가올 정당운동에서 그는 동지들에게 항상 '실사구시'를 추구하고, '잔혹한 투쟁과 무자비한 공격'의 특징을 가진 과거의 '노골적이고 극단적인' 방법을 이용하려는 유혹에서 벗어날 것을 촉구했다. 그는 '모든 사소한 것까지 적으로 간주하는' 유혹에서 벗어나 실수를 범한 동지에게 자애로운 태도를 취하는 것이 가장 중요하다고 결론지었다.[43]

이틀간의 짧은 회의 이후 중앙위원회는 정당정풍운동에 대한 두 가지 결의를 채택했다. 노골적이고 극단적인 방법을 피하라는 덩의 지시에 따라 결의는 이데올로기적 중립을 확실히 지키며, 좌파의 세 종류 사람과 우파의 정신오염 인사를 똑같은 강도로 비판했다.[44] 정당운동은 당이 새로 창설하여 천원과 보이보가 이끄는 중앙기율검사위원회의 지도 아래, 3년 동안 2단계에 걸쳐 수행되었다. 구체적 목표와 할당은 공표되지 않았으나, 베이징 외교가의 정보에 따르면 약 300만의 당원, 특히 10년 동란 기간에 충원된 젊은 좌파들이 정풍의 최초 목표가 된 것으로 알려졌다.[45]

덩샤오핑의 원래 의도가 무엇이었든, 1983년 정당운동은 그 경로와 통제를 빠르게 벗어났다. 2중전회가 끝나자마자 언론은 일제히 4항 기본원칙을 성역화하고, 정신오염을 규탄하고, 추상적 인도주의와 사회주의 소외 이론을 강력히 비판

---

43 Ibid.

44 정당운동의 결의에 관한 원문은 *XH*(중문 및 영문), 12 October 1983 참조.

45 *Asiaweek* 13(28 October 1983), 13; *ICM*, February 1985, 20-1. 토마스 골드(Thomas Gold)는 덩샤오핑이 당에 잔존하는 극좌세력을 제거하려는 진정한 목표가 있었으며, 2중전회에서 덩샤오핑이 정신오염을 비판한 것은 이러한 목표에 대한 보수파의 지지를 확보하기 위해 계획된 '전술적 가장(tactical feint)'이라고 주장했다(Tomas Gold, "Just in Time! China battles spiritual pollution on the eve of 1984", *AS* 24. 9 [September 1984], 952). 필자는 처음에 골드의 관점에 동의했지만, 이제는 덩이 2중전회에서 우파의 위험성도 아주 솔직하게 비판했으나, 좌파들에게 자신이 어렵게 착수한 경제개혁을 되돌리는 구실을 주는 것을 피하려 했다고 믿고 있다(이어진 덩샤오핑의 1986년과 1989년 행동에 근거하여, 나중에 검증될 것임). 이 논쟁에 관한 다른 관점은 Schram, "Economics in command? …"; Tony Saich, "Party consolidation and spiritual pollution in the People's Republic of China", *Communist Affairs* 3. 3(July 1984), 283-9; Colin Mackerras, "'Party consolidation' and the attack of spiritual pollution", *Australian Journal of Chinese Affairs*(이후 *AJCA*) 11(January 1984), 178 참조.

했다.[46] 11월 초, 덩리췬, 왕전, 펑전, 천윈 등을 포함한 당의 많은 전통주의자들은 자유주의적 이데올로기 침식의 위험성을 경고했고, 그들의 관점을 뒷받침하는 덩샤오핑의 2중전회 발언을 분명하게 상기시켰다.[47]

덩리췬은(덩샤오핑과 관계없이) 보수파 가운데 가장 호전적인 인물이었다. 홍콩에서 계속 회람된 보고서에 따르면, 정신오염에 대한 초기 공격에서 덩리췬의 주도적 역할은 두 가지 중요한 판단 때문이었다. 그것은 그 자신의 강력한 전통주의적 가치와 후야오방의 명성이 확대되는 것을 막으려는 그의 강한 열망이었다. 후에 대한 덩리췬의 반감은 그(덩)가 1982년 제12차 당대회에 앞서 공산당 총서기 직위에서 배제되었을 때, 질투심에 불타올랐기 때문이라고 전해졌다. 정신오염이라는 강력한 쟁점이 후야오방에게는 취약한 부분이었기 때문에 덩리췬은 이제 자기의 라이벌을 굴복시킬 준비가 되었다.[48]

파란이 이어지면서 다양한 사회현상이 정신오염행위로 분류되었다. 이렇게 정신오염행위로 분류된 것 중에는 특히 '개인주의 숭배', 선정적 영화와 비디오테이프의 확산, '모든 것에 대한 배금주의' 태도, 농촌 지역에서 '씨족의 반목'과 '미신적 관행'의 부활, 심지어는 여대생의 서구적 헤어스타일과 하이힐까지 포함되

---

46 가령 *RMRB*, 20, 23, 25, 31 October and 2 November 1983 참조.

47 정신오염 문제에 관한 천윈의 초기 반응은 다소 모호했다. 가령 1983년 5월 중앙위원회 회의에서 천윈은 사회주의와 애국주의에서 벗어난 지식인의 비판을 상당히 자제했으며, "우리는 [지나쳐서는] 안 된다. 우리는 아주 사소한 문제에 너무 많은 사람들을 연루시켜서는 안 된다."라고 주장한 것으로 알려졌다. 그는 또한 지나친 비판을 받은 인민해방군 작가 바이화가 '천재'임을 인정했고, 중앙위원회 동지들이 바이의 금지된 희곡『괴로운 사랑(苦恋)』을 '보고, 받아들이기'를 권했다. 천의 연설은 *ICM*, March 1984, 15-6에 비공식적으로 보도되었다.

48 후야오방에 대한 덩의 적대감에 관한 '동료적 경쟁' 이론은 주로 상황에 기초하고 있으며, 알려진 많은 사건들과도 잘 부합한다. 한 예로 덩리췬과 후야오방은 마오 시기 후반에 덩샤오핑의 강력한 지지자이자 절친한 동료그룹이었다. 후는 문화대혁명 이전 덩샤오핑의 브리지게임 상대이자 부하였고, 한때 덩리췬은 마오쩌둥의 외견상 첫 번째 후계자였던 류사오치의 개인비서였으며, 1975년 4인방이 "세 가지 방향을 핵심 고리로 삼자."라는 논쟁을 제안하며 덩샤오핑을 공격하던 중요한 시점에 그를 보호하는 핵심역할을 했다(*ZM* 78 [1 April 1984]). 동료적 경쟁이론의 진실이 무엇이든, 1983년 반정신오염운동 초기부터 1987년 1월 후야오방이 결국 권력에서 축출될 때까지 덩리췬이 후를 곤경에 빠뜨릴 기회를 놓치지 않고 그의 지지기반을 침식시켰음은 확실하다. 덩과 후의 경쟁 확대에 관한 상세한 설명은 *ZM* 76(1 February 1984) 참조.

었다.[49] 일부 지역에서는 자경단체들이 머리가 장발이거나 헐렁한 통바지를 입은 사람까지 괴롭힌다는 소문이 있었다. 어떤 지역에서는 공장노동자들이 '황색'(선정적) 테이프나 책을 수색하기 위한 조직을 만들었다. 란저우(兰州) 시에서는 성(省) 공안부가 '콧수염과 구레나룻을 기르고, 불건전한 노래를 부르고, 규율이 문란해지고, 일할 의욕을 잃어버리는' 죄악을 바로잡기 위해 '좋은 책을 읽고, 혁명가를 부르게 하는' 지방경관들을 조직한 것으로 알려졌다.[50]

정신오염에 관한 다양한 사회현상들을 비판하는 것 외에도, 중국의 문화감시단은 이데올로기 침식의 계기를 제공하는 많은 고위 간부들을 공격하였다. 특히 왕뤄수이와 저우양이 강력한 비판 대상으로 지목되었고, 왕뤄수이의 상관이자 『인민일보』 편집장이며, 후야오방의 핵심 지지자였던 후지웨이(胡绩伟)도 마찬가지였다.[51]

11월 개최된 정치국 확대회의에서 후야오방과 자오쯔양은 반정신오염운동이 너무 확대되었다고 반격했고, 극좌파가 경제개혁(특히 농촌 지역)을 부정하고, 중국의 대외개방을 반대하고, 제11기 3중전회에서 '정확한 노선'을 방해하는 운동을 통해 이데올로기적 우위를 확보했다고 주장했다. 정신오염에 대한 공격을 '잘못된 힘의 과시'로 표현하면서, 후와 자오는 정당정풍운동의 주요 핵심이 세 종류

---

49 가령 *RMRB*, 29 October and 5 November 1983; 『经济日报』(이후 *JJRB*), 1 November 1983; *Hubei people's broadcasting Station*, 20 October 1983; *Heilongjiang people's broadcasting Station*, 2 November 1983 참조.

50 *RMRB*, 16 and 17 November 1983; *Foreign Broadcast Information Service* - China, *Daily Report*(이후 *FBIS*), 3 November 1983, Q2, T7; Gold, "Just in time!' …", 956-8 참조.

51 *ZM* 78(1 April 1984). 저우양에 대한 공격은 원로 당 이론가 후차오무가 선두에 섰으며, 그는 덩리천의 반정신오염연합의 다른 멤버였다. 추상적 인도주의−소외 학파에 대한 후차오무의 장황한 비판은 *RMRB*, 27 January 1984 참조. 후차오무와 다른 여러 사람들의 압력으로 저우양은 1983년 10월과 11월에 일련의 자아비판을 했고, 그속에서 그는 인도주의와 사회주의적 소외에 관련된 자신의 초기 발언들을 상당수 철회했고, 문화영역에서 정신오염을 확산시켰다는 비판을 수용했다(*RMRB*, 11 November 1983; *BR* 26, 50 [12 December 1983], 11-12; *XH*, 11 October 1983, reported in *ICM*, December 1983, 4-5). 이 무렵 후지웨이는 무엇보다도 왕뤄수이의 인도주의 이론을 공격하는 왕전의 10월 23일자 연설이 출판되는 것을 막으려 한 이유로 문제에 봉착했다고 알려졌다(『七十年代』[이후, *QSND*] 12 [December 1983] 57-8).

의 사람에 대한 축출이어야 한다고 주장했다.[52]

얼마 후 당 중앙서기처 회의에서 후와 자오는 "'정신오염이 당의 일상을 위협한다'고 크게 외친" 누군지 밝혀지지 않은 어느 발언자(덩리췬으로 알려짐)의 공격을 받은 것으로 전해졌다. 그 시점에서 자오쯔양은 승리의 카드를 꺼내 들었다. 자오는 "일본 자본주의자들이 반정신오염운동으로… 깜짝 놀라는 바람에… 우리와의 협정을 연기하고 있다."라고 하면서, "일이 순조롭게 진행되지 않으면, 나는 더 이상 총리직을 맡지 않을 것이다."라며 사직하겠다고 위협했다.[53]

결국 자신이 어렵게 성취한 개혁개방정책의 단절을 두려워한 덩샤오핑은 후와 자오의 편에 서서 운동이 중단되도록 중재했다.[54] 그러나 두 개혁지도자도 전혀 상처가 없지는 않았다. 운동을 끝낸다는 보수파의 동의를 확보하는 조건으로, 후야오방은 『인민일보』내에서 자신의 최고 지지자인 왕뤄수이와 후지웨이를, 표면적으로는 '발령대기'로 표현했지만, 해임시키도록 압력을 받은 것으로 알려졌다.[55] 이러한 거래가 이루어진 후 12월 초순에 정신오염 사태는 잠잠해지기 시작했고, 1984년 신년 이후로 가끔씩 돌발적 소동과 상당한 격분의 감정만 남게 되었다.[56]

비록 덩리췬이 자유주의적 언론 비평가 2명의 발령대기를 용케 이끌어 내었지만, 그는 분명 정신오염에 관한 대결에서 패배자였다. 그가 선호한 정책들이 성공하지 못했을 뿐 아니라, 1983년 12월에 그는 자신이 그렇게 반대하던 정책을 공개적으로 옹호해야 하는 탐탁지 않은 입장에 놓이게 되었다. 일련의 언론대담

---

52 *ZM* 76(1 February 1984), 6-11, in *FBIS*, 7 February 1984, W1-11.

53 *ZM* 78(1 April 1984), in *FBIS*, 6 April 1984, W1-8.

54 덩샤오핑의 아들 덩푸팡(邓朴方)은 자기 아버지에게 운동이 너무 활발히 전개되면, 개혁정책이 훼손되고 덩 자신의 명성이 손상될 것을 상기시켰다고 알려졌다. Ian Wilson and You Ji, "Leadership by 'lines': China's unresolved succession", *POC* 39, 1(January-February 1990), 34.

55 *FBIS*, 14 November 1983, K1; *ICM*, December 1982, 2.

56 후야오방과 자오쯔양이 덩리췬과의 대결에서 승리했음을 나타내는 상징적 표시는 총서기와 총리가 각각 11월 말과 1월 초, 일본과 미국 방문길에 오르며 서양식 양복을 입은 것이었다.

이나 외국 방문객과의 인터뷰에서 이 원로 선동가는 경제개혁과 대외개방을 옹호하면서(비록 서먹서먹하지만) 이데올로기적 타락의 위험성에 대해서는 조심스럽게 발언했다. 결국 이런 경험들 때문에 후야오방에 대한 그의 적대감은 전혀 줄어들지 않았다.[57]

두 번째 사이클: 자유화와 좌절

정신오염운동의 결과로 중국 개혁파들은 자신들이 경제정책전선에서 새로운 문제에 직면하였음을 깨달았다. 비록 보수파의 이데올로기 공세는 미연에 방지했지만, 그것은 경제개혁 혜택이 충분치 않은 대부분 지역의 깊은 상처를 건드렸다. 가령 일부 농촌 지역에서 농촌 간부들은 지방기업의 새로운 활성화에 분개하였고, 농민들의 자유로운 시장활동을 제한하고, 새롭게 부유해진 '특별한 가구'에 다양한 차별적 세금과 부담금을 부과하는 방식으로 반정신오염운동을 이용하였다.[58] 중국 내륙의 낙후된 성 지역에서, 덩샤오핑의 특혜적 연해개발전략(그의 개방정책의 핵심요소)에 대한 새로운 반대도 이때 형성되기 시작하였다. 전국에 걸쳐 이러한 지역, 집단, 개인들은 개혁의 혜택을 전혀 받지 못하였으며, 중국에서 '눈병(红眼病)'이라고 일컬어지는 자기들보다 성공한 상대에 대한 질투에 시달렸다. 결국 그들은 개혁의 높은 대가와 부작용을 비방하기 위하여 반정신오염운동을 이용하였다. 그 결과 좌파가 새롭게 부활했고, 그것은 농촌 배후지에서 특히 두드러졌다.

심각해질 가능성이 높은 경제적 반발에 직면하여 개혁파 지도자들, 특히 덩샤오핑 자신이 이제 좌파의 도전에 새로운 관심을 보였다.[59] 덩의 지지로 후야오방

---

57 덩리췬의 퇴각은 Schram, "Economics in command? …", 435ff에 정리되어 있음; Gold, "Just in time!' …", 961-2도 참조.

58 1980년대 이러한 현상의 증가에 대해서는 Jean Oi, *State and peasant in contemporary China* 참조.

59 일련의 중요한 사설들은 *RMRB*, 20 February, 15 March, 1 April, 23 April 1984를 참조.

은 경제개혁을 재차 지지하고 강화할 필요성을 더욱 강력히 피력하기 시작했다. 1984년 2월 말, 후는 『인민일보』 편집부에 개혁을 지지하는 일련의 강력한 논평 초안을 마련하라고 지시했다. 논평 초안이 마련되자 덩리췬 지지자들이 이를 저지하려 시도한 것으로 알려졌으나, 성공하지 못했다.[60]

1984년 늦겨울에서 이듬해 봄에 공식 기관지 사설들은 후와 자오 그룹이 다시 주도권을 잡았다는 인상을 남겼다. 여기서는 다음과 같이 다섯 가지 주제가 강조되었다. (1) 현재 시점의 주요 위험은 좌파이다. (2) 농촌 지역의 시장개혁과 책임제는 더욱 확장되고 개선되어야 한다. (3) 경제개혁의 핵심 목표는 '인민들을 부유하게 만드는 것'이다. (4) 지식인은 육성하고 보호해야 할 소중한 국가 자산이다. (5) 개방정책과 연해개발전략은 더욱 풍부해지고 확장되어야 할 장기적 정책이다.[61]

당의 입장 변화는 4월 1일 『인민일보』 사설에서 완전히 드러났다. 사설은 후야오방의 발언에 근거해 자산계급 자유화보다는 좌파가 현재 시점에서 이데올로기의 '약화와 이완'의 주요 근원이라고 명확하게 천명했다.[62] 사설은 과거 극좌파사상이 중국에 입힌 피해를 상기시키며, '매우 깊이 침투된' 문화대혁명의 영향을 완전히 일소할 것을 요구했다.

반좌파적 경향은 계속되고 있던 정당정풍운동에 빠르게 구현되었고, 1984년 3

---

60 그중 한 기사는 "구태를 철저히 타파하고, 새로운 것을 창조하라."라는 극좌파의 문화대혁명 슬로건을 냉소적으로 인용했다. 홍콩에서 나온 보고서에 따르면, 후차오무, 덩리췬, 그리고 당 중앙선전부의 다른 전통주의자들이 분노한 것은 바로 이처럼 후야오방 지지자들이 경제개혁을 촉진하기 위해 사용한 표현 때문이었다. *ZM* 78(1 April 1984) 참조.

61 4월에 개방정책 확대 발표가 있었고, 외자유치와 기술이전을 위한 유리한 입지에 있던 기존 4개 경제특구 외에 톈진, 상하이, 광저우 등이 포함된 14개 연해도시가 추가로 개방되었다. *China Daily*(이후 *CD*), 13 April 1984 참조.

62 덩샤오핑 자신은 예전에 자유주의가 초래한 이데올로기 약화와 이완을 아주 강력히 경고한 바 있었다; 1983년 10월 그의 2중전회 연설 참조. 이번에는 후야오방이 주요 위협의 근원을 완전히 번복했다. 그의 행동은 덩샤오핑이 승인한 것으로 추정되는데, 이것은 후가 1984년 외국 기자와의 인터뷰에서 자신과 자오쯔양이 일상 업무를 주재하지만, '국내외 주요사항'은 덩샤오핑 혼자서 결정한다고 진술했기 때문이다. 『明報』(이후 *MB*), 6 December 1984, in *ICM*, March 1985, 2 참조.

월 2단계 국면으로 접어들었다.[63] 그해 봄에 걸쳐 언론의 정풍운동 논의는 두 가지 주제가 지배했는데, 그것은 좌파의 '파벌주의'를 진압하라는 경고와 젊고 기술적으로 유능한 '제3세대 간부(第三梯队)'를 당과 정부의 책임 있는 지위로 승진시키라는 권고였다.[64]

정당운동이 당시 유능한 젊은 지도자 발굴에 초점을 맞춘 것은 결코 우발적이지 않았다. 1983년 가을 정신오염에 관한 대다수 가혹한 공격들은 퇴임 연령에 가깝거나, 어떤 경우 이를 훨씬 넘어선 원로 간부, 가령 정치국 내 비타협적인 인사인 천원, 펑전, 왕전 등이 촉발시켰다. 당의 제3세대 간부 발굴책임을 맡은 원로 당조직가이자 마오의 전기작가인 리루이(李锐)가 이 운동에 착수할 동력으로 『천원 선집(陈云选集)』 평론을 활용한 것도 결코 우연이 아니었다.[65] 리의 선택에 숨겨진 풍자적 의도가 무엇이든, 언론에서는 이제 젊은 지식인, 기술관료, 교육 수준이 높은 기타 제3세대 간부들의 재능을 칭찬하는 기사가 넘쳤고, 그들은 뛰

---

[63] 정당운동은 처음에서 끝까지 2단계로 명확히 구분되었으며, 각 단계는 2개(혹은 그 이상) 국면으로 구성되었다. 제1단계에서는 당위원회와 중앙, 성, 직할시, 자치구 수준의 소조가 3개월간 관련 문건과 통지를 연구하고(제1국면), 그 후 조직 및 개인행위의 '심사와 비교' 업무에 착수했다(제2국면). 약 96만 명의 당 간부들이 제1단계의 후반 국면 동안 심사를 받은 것으로 알려졌다. 1984~1985년 겨울에 시작된 제2단계에서는 이 운동이 현, 일반 시, 그리고 기층 수준(기업, 연구단위, 학교, 대학을 포함) 당조직의 약 1350만 간부로 확대되었다. 제2단계의 주요 업무는 '사상통일(统一思想)', '업무 방식 개선(整顿作风)', '기율강화(加强纪律)', '조직정리(清理组织)' 등이었다. 마지막 국면에서는 당원의 재등록, 태도와 행태가 심각하게 불온한 당원의 제명 등을 포함했다. 당초 약 300만의 당원이 조직기율에 대해 비판을 받았지만, 공식자료에 따르면 단지 약 3만에서 4만 명만이 운동 초기의 2년 반 동안 당에서 추방된 것으로 나타났다. 그들 가운데 대략 25%가 극좌적 세 종류의 사람에 속했다. 나머지는 문화대혁명과 관계없는 다양한 죄를 저질렀고, 대부분 부패, 투기, 부당이득에 연루되었다. 1985년 중반을 기점으로 제명 빈도가 현저히 높아졌고, 경제범죄의 적발도 늘어났다. 1988년 발표된 공식통계에 따르면, 전체 15만 명의 당원이 1983년에서 1987년 사이 부패로 제명되었다. 만약 초기의 수치가 정확하다면, 제명의 절대 다수가 1985년 중반 이후에 이루어졌을 것이다. 당의 정당정풍운동에 관한 자료는 *FBIS*, 13 September 1983, K2-7; *SWB/FE* 7685(3 July 1984), 7859(26 January 1985), 7868(6 February 1985); *I&S* 20, 8(August 1984); 『瞭望』(이후 *LW*) 3(14 January 1985); *ICM*, April 1984; *BR* 28, 10(11 March 1985); *XH*, 11 August 1988; 『学理论』, April 1989 등이 있음.

[64] 이 시기 정당운동의 강조점 변화는 *RMRB* 15/20 April 1984 참조. 4월에 당 중앙기율검사위원회 부주석 보이보(정당운동 감독의 최고 책임자)는 좌파 논리의 청산이 중국 대외개방과 신기술도입의 성공을 위한 '필수 전제조건'이라고 주장했다. *SWB/FE* 7733(28 August 1984) 참조.

[65] *RMRB* 23 March 1984; Schram, "'Economics in command?' …", 450 참조.

어난 업무성과를 보였으며, 그들 중 일부는 서구의 선진교육을 받은 사실이 당당히 밝혀졌다. 동시에 원로 당 관료들은 신규 고용, 승진, 젊은 인재 활용에 방해가 된다고 질책받았다.[66]

후야오방은 홍콩 기자와의 인터뷰에서 세대교체(그리고 그에 따른 저항) 문제를 언급하며 원로 간부의 퇴임을 장려하는 결연한 노력에도 불구하고, 당 중앙위원의 3분의 2 이상이 60세를 넘었다고 지적했다. 그는 "만약 위기가 존재한다면 바로 이것이다."라고 하고 원로 간부들의 퇴임을 '자연법'이라고 단호히 선언하며 다음 해에는 보다 젊은 사람들로 중앙위원회를 구성하겠다고 천명했다.[67]

개혁의 가속화: 경제학의 통솔

정당운동의 목표가 전환됨과 동시에 1984년 여름에 대중매체들은 경제개혁과 대외개방의 발전 및 확대 필요성을 강조했다. 6월에 발표된 '중앙문건 제1호'는 개인의 경제활동권리와 개별농가의 토지이용계약을 확대시켰다.[68] 7월 초에는 도시경제개혁이 가을부터 시작되며, 국유기업 개혁이 경영자율권, 관리책임성, 그리고 기업의 이윤동기 확대라는 방침을 중심으로 진행될 것이라고 발표되었다.[69] 역시 7월 초에 베이징 건축물의 최신 금자탑인 눈부신 크롬과 유리로 장식된 창청호텔(长城饭店)이 영업을 시작했으며, 이것은 현대화와 대외개방에 대한

---

66 서구교육을 별도로 언급한 것은 서구의 영향력에 아주 비판적이었던 정신오염 주창자들을 공격할 의도에서였다. 가령 *RMRB*, 30 March 1984; 『光明日报』(이후 *GMRB*), 16 March, 6 April 1984; *RMRB*, 25 March, 12-16 April 1984 참조.

67 후의 인터뷰는 1984년 10월 19일 이루어졌고, *MB* 1984년 12월 5, 6, 8일자에 연재되었다; 번역본은 *ICM*, March 1985, 1-2 참조. 총서기의 발언에서 인용된 단락은 1984년 10월 개최된 중앙고문위원회 회의 때의 덩샤오핑 발언과 매우 유사했다(*BR* 28. 9 [4 March 1985]). 후야오방은 인터뷰에서 최근 중앙 당 정기구 고위직에 승진한 몇몇 제3세대 간부들의 사례를 제시했다. 새로 승진한 지도자 가운데 특히 주목을 받은 사람은 중앙서기처 서기 후치리(胡启立), 판공청 주임 왕자오궈(王兆国), 공청단 서기 후진타오(胡锦涛), 국무원 부총리 톈지윈(田纪云)과 리펑(李鹏)이 있었다.

68 *RMRB*, 12 June, 3 July 1984. 이에 대한 분석은 Kenneth Lieberthal, "The political implications of document no 1, 1984", *CQ* 101(March 1985), 109-13 참조.

69 *BR* 27. 29(16 July 1984), 9-10.

덩샤오핑의 공헌을 상징하는 중·미 합작투자로 건설되었다.

　개혁과 이완이 가속화된 이 시기에 대중매체들은 외국인 투자유치와 보호, 새로 제정된 상법 및 절차의 개선과 시행, 사영 및 집체기업 장려, '한솥밥 먹기'의 억제, 평생고용이 보장된 '철밥그릇 타파' 등에 대한 중국의 노력을 강조했다. 가끔 공식매체가 대중홍보를 위해 선정한 사례들은 경악스럽기까지 했다. 가령 어느 대도시의 주요 매체는 '부유한 여성의 남성 유혹'이라는 제목으로 상하이 인근의 가난한 마을에서 온 농촌 처녀들의 이야기를 긍정적으로 자세히 소개했는데, 이들은 농촌에서 새로운 농가생산책임제를 채택한 결과 갑자기 부유해져서 인근 공장의 젊은 남성들로부터 훌륭한 결혼 상대자로 부각되었다.[70] 어떤 기사는 즉석 요리사와 자유기고 사진작가에서부터 가정부와 유모로 고용된 젊은 여성에 이르기까지 모든 종류의 개인사업을 찬미했다.[71] 또 어떤 기사는 노동자들에게 다양한 성과급, 개인 보너스, '한솥밥'을 타파하는 생산 인센티브 등을 도입한 저장(浙江) 성의 어느 집체 소유 의류회사 사장처럼 '개척적인' 개혁가의 성과를 찬양했다.[72] 이처럼 혁신을 위해 굴레를 벗어던진 관리들의 열정을 마주하면서, 그동안 이데올로기의 약화와 불확실성을 우려하던 일부 매체의 목소리는 이구동성으로 외치는 기업가적 주장 때문에 들리지 않게 되었다.[73]

　여성들의 짧고 길게 찢어진 치마를 포함해 서구의 최신 패션이 공식 승인을 거쳐 재등장한 것이나,[74] 1년 전만 해도 정신오염으로 비판받았을 일부 외설적 예

70　*WHB*(上海), *BR* 27, 29(16 July 1984), 30에서 인용.

71　*BR* 27, 33(13 August 1984), 31.

72　*BR* 27, 29(16 July 1984), 19-23. 문제의 공장관리자들은 노동자들의 동기부여를 위해 "열심히, 열심히, 열심히 일하라. 우리는 자랑스러운 셔츠를 만드는 노동자이다! 훌륭한 솜씨와 새로운 디자인으로, 우리는 인생을 아름답게 하는 일에 젊음을 바친다."라는 노동자들의 자부심을 반영하는 노래를 작곡한 것으로 알려졌다.

73　'일부 인민들'이 자유주의적 경제개혁 추진을 '사회주의의 우월성을 없애거나 사회주의에서 자본주의로 돌아간 것'으로 추정된다고 의문을 품은 사실이 간헐적으로 인정되었지만, 이러한 단서는 흔히 부적절하거나 잘못 알려진 것으로 치부되었다.(가령 Ibid., 21 참조)

74　*BR* 27, 33(13 August 1984), 32.

술양식의 확산도 중국의 새로운 관용적 분위기를 반영했다. 가령 『베이징주보(北京周报)』는 뒷면 내부 표지에 두 명의 세미누드 여성 조각사진을 실었고,[75] 베이징 공항 국제선 신라운지에는 자신들의 전통가옥에서 이야기를 나누는 소수민족 여성들의 상반신 누드를 그린 긴 벽화가 장식되었다. 이 일들은 1984년 여름에 중국을 휩쓴 사회경제적 실험과 높은 개방물결 때문에 가능했다.

1984~1985년의 도시개혁과 경제과열

1984년 여름 사영기업에 대한 제한이 크게 완화되었지만, 국유기업의 개혁은 현저히 지체되었다.[76] 역동적인 사영·집체기업과 정적인 공공 영역 간의 격차가 확대됨에 따라 10월 말 중앙위원회는 오랫동안 준비한 '경제체제 개혁에 관한 결정'을 공포했다. 중앙위원회의 새 결정에 반영된 주요 개혁에는 국유기업에 대한 중앙의 명령적 계획범위 축소(유연한 지도적 계획의 확대 수반), 미시경제적 동기부여를 위한 이개세(利改税) 개혁(기존 이윤상납제의 대체), 그리고 공급과 판매, 제품 믹스, 관리자의 고용과 해고, 보유 이윤 분배 등 영역의 기업자율성 확대 등이 있었다. 또한 도시주택, 에너지공급, 곡물, 교통 등 영역의 고비용·비효율의 국가보조금 철폐와 함께 불합리한 중국 가격체제에 대한 점진적인 개혁요구도 포함되었다. 이러한 과정은 개혁 전체의 성공에 필수적인 것으로 간주되었다.[77]

중앙위원회 결정은 헝가리의 '시장사회주의' 모형을 대략적으로 모방했으며, 중앙계획과 시장조절의 두 요소를 합쳐 놓은 혼합경제를 구상했다.[78] 국가는 여

75　*BR* 27. 30(23 July 1984).

76　토마스 번스타인(Thomas Bernstein)은 관리 혁신에 관한 언론의 보도가 이때 확대되었지만, 사실상 전체 산업 영역에 걸친 대다수 국유기업들은 이러한 혁신으로부터 거의 영향을 받지 않았다고 지적했다 (Tomas Bernstein, "China in 1984: The year of Hong Kong", *AS* 25. 1 [January 1985], 38).

77　"Decision of the central committee of the CPC on reform of the economic structure", *BR* 27. 44(29 October 1984), 3-16.

78　헝가리가 중국 개혁에 미친 영향에 관한 분석은 Nina Halpern, "Learning from abroad: Chinese views of the East European economic experience, January 1977-June 1981", *Modern China* 1(January 1985), 77-109 참조.

전히 방대한 중대형 기업을 소유하여 많은 전략적 제품의 생산과 가격을 규제할 수 있었다. 그러나 비전략적 제품 및 서비스의 가격과 분배, 그리고 노동력의 분배와 임금에서는 시장 메커니즘이 이제 점점 중요한(비록 보완적이지만) 역할을 수행하도록 허용되었다.[79] 즉 중국의 새로운 '사회주의 상품경제'는 원시자본주의적인 시장의 '새(bird)'가 새로 확장된 중앙계획의 '새장(birdcage)' 안에서 예전보다 상당히 확대된 자유를 갖고 날 수 있도록 허용한 것이었다.[80]

부분적인 함의는 대담하고 혁신적이었지만, 도시개혁 프로그램이 중앙위원회 전체회의 이후 성과를 내기에는 진행이 너무 느렸다. 가령 개혁의 적절한 순서, 우선순위, 속도 등에 대해 엘리트 내부의 합의가 부족하여 집행이 만성적으로 지연되었다. 많은 국유기업에서 노동자와 관리자의 실질적인 저항도 있었고, 그들은 자신들의 철밥그릇과 한솥밥의 보장을 포기하려 하지 않았다. 이러한 모든 이유 때문에 1984년에서 1985년 사이 겨울, 대부분의 도시에서 개혁은 여전히 효과를 드러내지 못하고 있었다.[81]

대대적인 집행이 추진되지 못했지만, 1984년의 개혁결정은 전국의 도시 주민들에게 강한 심리적 영향을 미쳤다. 급격한 가격 자유화와 국가보조금 축소가 주요 소비재 및 서비스의 소매가격 상승을 유발할 것이라는 두려움을 낳았고, 상하이, 베이징, 광저우 등 많은 지역의 불안한 시민들이 생필품 비축을 위해 은행에 돈을 인출하러 몰려갔다. 급격한 수요 확대와 소비재 재고 부족으로 생산기업들은 가격을 올릴 황금 같은 기회를 얻었다. 수요와 가격의 동반상승으로 생산과

---

79 더 자세한 분석은 Christine Wong, "The second phase of economic reform in China", *Current History* 84, 503(September 1985), 260-3 참조.

80 새장 비유는 1980년대 초반 천윈이 처음 사용했다. David Bachman, "Differing visions of China's post-Mao economy: The ideas of Chen Yun, Deng Xiaoping, and Zhao Ziyang", *AS 26*, 3(March 1986), 297 참조.

81 1984년의 기업개혁 추진과 공장관리에 대한 함의는 Yves Chevrier, "Micropolitics and the factory director responsibility system, 1984-1987", in Deborah Davis and Ezra F. Vogel, eds., *Chinese society on the eve of Tiananmen*, 109-33 참조.

이윤이 증가했고, 자금순환이 확대됨에 따라 소비자 수요도 더욱 확대되었고, 소매 부족도 여전히 심각했다. 그 결과 가격 상승에 대한 두려움이 악성 인플레이션을 초래하는, 자본주의의 고전적 자기충족예언 현상이 발생하였다.[82]

1984년 후반 경제적 불안감 확대와 함께 도시 사영기업 활동의 갑작스럽고 급격한 분출이 이루어졌다. 정부의 공식적인 장려, 그리고 어떠한 정치적 피해도 없는 성공한 사영기업가들의 전시효과 등 다양한 이유로 많은 도시 주민들이 이제 사영기업의 길에 동참했다.[83]

급격히 성장하는 소자산계급 개체호(个体户, 소규모 가내무역에 종사하는 개별가계) 집단과 더불어, 완전히 새로운 범주에 속하는 고소득의 준(準)사영 도시 기업가들도 등장하기 시작했다. 그들은 당정 관료제 내부에 있는 가족적 배경이 뛰어나고 재정적, 상업적 연줄을 가진 고위 간부의 자식이나 다른 친척을 의미하는 이른바 고관자제였다. 그들은 전략적으로 정부의 자유주의적 상업정책과 신용통제를 충분히 활용할 수 있는 곳에 자리를 잡았고, 이때문에 새로운 무역회사 설립, 사업자금 확보, 공급과 판매망 구축 등이 가능했다.[84] 과도한 특권을 가진 중국 고관자제들은 몇 개월 만에 혁명 전에도 볼 수 없던 규모로 부정한 수단을 활용하기 시작했다.[85]

---

82 이러한 물가상승에 관한 최초의 설명은 『中国之春』, December 1984, in *ICM*, March 1985, 4-7 참조.

83 도시 사영기업 수는 1984년 후반에 2배 증가하고, 1985년에 다시 2배 증가한 것으로 알려졌다. 이 시기 사영기업으로 뛰어든 특별한 집단은 실업청년, 예전 홍위병, 예전 재소자, 다른 기업의 실업노동자, 장애인, 부업을 하는 국유기업 고용자, 자신의 소득을 보충하려는 연금생활자 등이었다. Thomas Gold, "Urban private business and China's reforms", in Baum, ed., *Reform and reaction* …, 90-2.

84 간부와 연계된 준(準)사영기업가 집단의 출현은 중국에서 새로운 것이었지만, 결코 예측하지 못한 것은 아니었다. 청 말기와 공화정 시대에 기업가적 성공은 흔히 개인이나 가족이 공직과 연계된 정도와 함수 관계에 있었다. Albert Feuerwerker, *China's early industrialization: Sheng Hsuan-huai(1844-1916) and mandarin enterprise* 참조. 1980년대 이러한 현상의 재연은 Dorothy Solinger, "Urban entrepreneurs and the state: The merger of state and society"(unpublished paper presented at the conference "State and society in China: The consequences of reform", Claremont-McKenna College, 16-7 February 1990) 참조.

85 고위 간부 및 그들의 친척, 친구들이 무역회사를 설립하는 현상은 상당히 광범위했다. 1985년 2월, 중앙기율검사위원회 부주석 보이보는 랴오닝(辽宁) 성에서만 1984년 여름에서 1985년 봄 사이 고위 간부와 연계된 회사가 900개 이상 설립되었다고 주장했다. *I&S* 21. 4(April 1985), 1 참조.

중국 경제는 개혁과 관련된 이처럼 다양한 발전들이 결합되어 1984년 가을에서 1985년 초 사이에 심각하게 과열되기 시작했다.[86] 통화공급이 1984년 4/4분기(전년도 동일 분기와 비교해)에 거의 40% 증가했고, 노동임금과 보너스는 19% 상승했다. 은행대출도 29%로 가파르게 증가했고, 반면 외환보유는 고가의 외국 수입품 유입으로 급격히 하락했다. 물가상승률이 일부 도시에서 1950년대 초반 이래 처음으로 두 자리에 접근해 소비자들의 불안이 심각해졌다. 1983년 초 어느 가정주부는 외국 기자에게 문제의 잠재적 심각성을 다음과 같이 전했다. "저의 어머니는 10년 전의 중국은 혼란스러웠지만, 마오가 물가는 안정되게 유지했다고 말했습니다. 이제는 중국이 안정되었지만, 물가가 혼란에 빠져 있다고 말합니다."[87]

자오쯔양은 1985년 3월 제6차 전국인민대표대회 3차 보고에서 이러한 문제의 심각성을 인정했다. 자오는 경제가 과열과 불균형에 빠진 '일시적 어려움'을 무시할 수 없다고 지적하면서, 어려움의 근본원인에 대해 "우리는 경제체제의 완전한 개혁에 경험이 부족했다."라고 인정했다. 이러한 경험부족에도 불구하고, 자오는 정부가 계속해서 주요 체제개혁을 추진해 갈 것이라고 선언했다.[88]

드러난 바와 같이 물가상승, 끝없는 통화공급, 규제되지 않은 경영 활동의 확대 등은 불길한 경제상황을 나타내는 빙산의 일각에 지나지 않았다. 수면 아래에서는 중국의 혼합적(hybrid) 체제개혁이 직면한 또 다른 심각한 부작용이 감지되었는데, 그것은 대부분 고관자제들이 자행하는 대담하고 무모한, 만성적인 폭리와 부패였다.

범죄와 부패: 개혁의 아킬레스건

행정 관료제의 팽창, 만성적 소비재 부족, '뒷문으로 통하는' 후견적 유대관계

---

86 이어지는 논의는 Richard Baum, "China in 1985: The greening of the revolution", *AS* 26. 1(January 1986), 31-5 참조.

87 *Los Angeles Times*(이후 *LAT*), 4 February 1985.

88 자오의 연설은 *BR* 28. 16(22 April 1985), 3-15 참조.

의 비공식 네트워크 등으로 레닌주의 체제는 상대적으로 많은 부패를 양산하는 경향이 있다.[89] 마오 시기에 중국은 경제범죄와 부패가 거의 없었으며, 금전적 보상은 상대적으로 적은 반면 사회정치적 비용은 상대적으로 크기 때문에 그것의 심각성도 크지 않았다.[90] 그러나 이제 중국은 보다 관용적이고 '부자가 되는 것이 영광인' 개혁환경으로 바뀌어 비용—편익 계산이 극적으로 바뀌었다. 즉 부패에 개입할 동기(실질적으로 늘어난 경제적 이득과 줄어든 도덕적 제약)와 기회(규제의 해제와 계약에 근거한 영리적 교환관계의 빠른 확산) 모두 다양하게 증가했다. 이득은 늘어나고 기회비용은 줄어듦으로서 부패와 경제범죄가 번성하기 시작한 것이다.

개혁기 부패가 만연하게 된 주요 원인은 부분적으로 개혁된 중국 경제의 혼합적 특성이었다. 1984년 12월 중국의 어느 반체제 지식인은 경제의 새로운 시장조절 영역과 기존의 집권적 계획 영역 사이의 늘어나는 간극(생산성, 가격, 성과에서)이 얼마나 많은 불법적 상업거래를 불가피하게 초래할지를 아주 정확히 예견했다. 그는 사회주의 계획이라는 바다에 떠다니는 시장의 자율성이라는 흩어진 섬들이 경제적 부정과 뒷거래를 놀라울 정도로 확대시킬 것으로 예견했다.

일부 개혁은 기업관리를 노동자와 관리자 수중으로 넘기면서 [소규모 비전략적] 기업에 대한 제약을 이완하는 효과를 가져올 것이다. 이들 기업의 생산은 시장기제에 의해 조절될 것이다. 그러나 철강, 석유, 전력 등을 다루는… 주요 기업들은 여전히 중앙계획경제의 통제 아래 있을 것이다. 이들의 발전은 [시장조절] 기업보다 뒤처질 것으로 예상된다…. 따라서 [개혁 이전부터] 이미 공급이 부족했던 에너지 자원과 일부 원자재는 향후 더 심한 공급 부족에 시달릴 것이

---

89 레닌주의 체제에서 후견주의와 부패에 관한 일반자료는 Kenneth Jowitt, "Soviet neotraditionalism: The political corruption of a Leninist regime", *Soviet Studies* 35. 3(July 1983) 275-97 참조.

90 마오 아래에서 당의 평등주의적, 반(反)자산계급 정서는 지나친 부의 추구나 소비에 개입하는 사람을 누구든지 매우 위험하게 만들었다. 부패의 존재는 지방 차원에서 비조직적 형태를 띠고 제한된 규모로 나타났고, 그 대부분은 간부들이 자신들의 조직 내에서 구성원들에게 성관계를 포함한 다양한 유형의 상납을 받는 형태였다. 개혁 전후 중국의 부패 유형에 관한 비교는 Connie Squires Meaney, "Market reform and disintegrative corruption in urban China", in Baum, ed., *Reform and reaction* …, 124-43 참조.

다. 충분한 개혁이 이루어지지 않는다면 [시장조절] 기업이 국가계획하의 대형
기업에 돌아갈 에너지 자원과 원자재를 손에 넣기 위해 (뇌물을 포함한) 모든 수
단을 동원할 것이다. 지도적 계획에 속하는 대형 기업 관리자와 노동자들의 수
입은 [시장조절] 기업에서 일하는 사람만큼 높지 않을 것이다. 그중 일부 관리자
들은 자신들의 '뒷문'을 통해 뇌물을 바치기 위해 [시장조절] 기업이 사적으로 제
공하는 '제2의 봉급'을 받는 상황도 피하기 어려울 것이다. 이러한 건전하지 못한
관행은 제대로 주목받지 못하면, 계속 늘어나서 더욱 유행하게 될 것이다…. 경
제범죄는 일사천리로 증가할 것이다.[91]

(천원의 새장 논리로) 달리 표현하면, 일단 시장 지향적 경제활동을 하는 새에게
보다 자유로운 비행이 허용되면, 사회주의 새장의 뒷문을 쉽게 이용하고 확장할
것이며, 따라서 경제 전체의 구조적 통합도 어려워질 수 있다는 것이다.[92]

구조적인 부패 외에도 다양한 유형의 경제범죄가 1984년 겨울부터 1985년 봄
사이 경제특구와 연해개방도시에서 번창하기 시작했다. 이처럼 영리적 자유방
임이 허용된 지역에서 고관자제나 준사영기업에 의한 투기, 밀수, 폭리, 시가조
작 등의 풍조가 일련의 심각한 국가재정손실을 초래했다. 널리 알려진 한 사건의
경우, 군간부와 그 자녀들이 하이난(海南) 섬의 면세항구에서 도요타 자동차 8만
9000대, 텔레비전 290만 대, 비디오레코드 25만 2000대, 오토바이 12만 2000대
등을 수입하여 국내시장에 고가로 재판매하기 위해 미화 12억 5000달러의 은행
대출과 채권을 발행한 죄로 체포되었다. 이와 같은 불법적 거래로 중국의 외환보
유고는 1985년 첫 6개월 동안 3분의 1 이상인 거의 60억 달러가 급감했다.[93]

---

91 『中国之春』, December 1984, in *ICM*, March 1985, 4-7.

92 혼합적 '사회주의 상품경제'를 위한 1984년 10월의 중앙위원회 청사진에서 계획의 문제점에 관한 분석
은 Jan Prybyla, "Why China's economic reforms fail", *AS 29*, 11(November 1989), 1017-32 참조.

93 이어진 하이난 수입사건에 연루된 주요 인물들이 체포되었지만, 어떤 심각한 범죄행위가 있었는지
는 명확하지 않았다. 은행대출, 외환양도, 수입허가증, 상품전매협의 등이 모두 아주 정당하지는 않았지
만, 엄격히 말하면 합법적이었다. 이 사례는 개혁법률과 정책의 허술함으로 인해 부도덕한 행위자들(흔히
고관자제)이 얼마나 자신들에게 유리하게 체제를 조작하는 것이 가능했는지를 설명한다. 하이난 사건은

이러한 추세에 맞서 당내 정풍운동 최고책임자인 중앙기율검사위원회 부주석 보이보는 1985년 봄과 여름 사이, 부적절한 영리활동에 개입하는 당원과 간부에 대해 일련의 엄중한 경고를 했다. 그가 제시한 바에 따르면, 일반적인 관행으로는 개인이익을 위한 유령회사(皮包公司) 설립과 운영, 암시장에서의 외환허가증 거래, 복권이나 '보너스 티켓' 불법판매, 허위구실을 통한 화폐와 물품 배급, 사치스러운 접대와 선물증정을 위한 공금유용, 인사 임용과 승진에서 연고와 연줄의 이용 등이 있었다. 보이보는 이러한 관행 확산을 당원들의 '당 정신'이 보편적으로 약화된 탓으로 돌렸으며, 대다수 당원들이 '돈을 최고로 여기고', '자신의 권위를 이용하여 사익을 꾀하는' 것으로 알려졌다.[94]

10월에 보이보는 "우리가 심각하게 인식해야 할 것은 상품거래원칙이 당조직의 정치생활에까지 침투한 점이다."라고 했다. 그는 기율 약화가 일부 당조직에서 "아주 심각해졌다."라고 지적하며, 상당수 당원과 간부들이 당원 자격이 없다고 주장했다. 보는 이들을 '당원의 탈을 쓴 검은 양'이라고 부르면서 그들의 행태가 인민들을 격분시켰고, 인민들이 위법자들에 대해 "당과… 인민법원의 강력한 처벌을 요구한다."라고 언급했다.[95]

인민법원이 부패한 당원과 고관자제를 강력히 처벌해야 한다는 보의 요구는 전통적으로 내부기율을 통한 처벌을 강조하던 당의 입장이 크게 바뀌었음을 보여 주었다. 한편 당원들의 법적 책임감 결여에 대한 대중들의 분노가 확산되고 있다는 보이보의 언급은 당내에서 매우 민감한 반응을 일으켰다.[96] 비록 시, 현,

---

JSND 4(1985)와 *XH*, 31 July 1985에 수록되어 있다. 이 시기 간부의 부패와 경제범죄 증가에 관한 언론 보도 모음은 *ICM*, June 1985, 10-7 참조.

94 보이보의 반부패에 관한 다양한 언급은 *SWB/FE* 7897(12 March 1985), 7942(4 May 1985), 7993(3 July 1985), 8085(18 October 1985) 참조.

95 Ibid.

96 1984~1985년부터 부패한 고관자제 문제가 당내 파벌정치의 중요한 쟁점이 되었다. 가령 후야오방은 후차오무, 펑전을 포함한 일부 원로 간부 자녀들에게 부패 관련 조사를 받게 하자고 제안하여 그들을 분노하게 만들었다고 전해졌다. 1989년 5월 톈안먼 시위 기간, 대자보와 가두깃발에 덩샤오핑의 아들 덩푸팡이 자주 언급되었는데, 그는 일련의 수익사업으로 부를 축적했다고 널리 알려졌다. 1989년 5월에는 자

성 수준에서 탈선한 간부와 그 친척들 상당수가 인민들의 지지 속에서 지속적으로 경제범죄에 따른 재판을 받고 투옥이 선고되었지만, 통상 그 사례들에는 아주 대담하거나 악질적인 범죄만 포함되었다. 간부 부패의 대다수 일반 사례와 지도부 내 고위직이 연루된 사례는 여전히 폐쇄된 공간 뒤에서 다루어졌다.[97]

경제범죄와 부패라는 병폐의 확산을 방지할 강력한 조치가 요구됨에 따라, 1985년 중앙기율검사위원회는 정풍운동의 제2단계 목표로 전환했다. 제1단계는 잔존하는 마오주의자, 범시파, 세 종류의 사람으로 분류된 이들에 대한 청산이 강조되었다. 그 후 제2단계(1984~1985년 겨울에 시작)로 접어든 지 몇 달 후 '새로운 불건전한 경향'의 제거로 강조점이 바뀌었고, 그 경향은 잔존하는 문화대혁명 극좌파가 아니라 경제개혁 도입 이후 국가와 당을 오염시킨 경제적 혼란, 기회주의, 그리고 광범위하게 파급된 '배금주의' 심리에서 생겨났다. 이러한 변화로 이완—통제 사이클의 민감한 방향등은 전통적, 보수적 가치에 대한 새로운 지지 쪽으로 전환되며 다시 한 번 요동치기 시작했다.

마르크스주의와 자본주의에 대한 투쟁

예전과 마찬가지로 1985년의 보수적 이데올로기 부활은 마르크스주의의 교리적 완결성을 어떻게 보존할지에 대한 새로운 관심을 수반했다. 1984년 가을 기업가적 자유주의가 전성기를 구가하는 동안, "약간의 자본주의는 결코 해롭지 않다."라는, 폭넓게 인용된 덩샤오핑의 발언으로 정통적 마르크스주의의 지위는

오쯔양도 원로 당 간부들과 충돌했는데, 당시 그는 당의 약화된 대중적 이미지를 회복하기 위해 자기 아들을 범죄조사를 위한 특별법정에 세우기를 원했다. 자오는 1주일 만에 권력에서 제거됨으로써 자신의 제안을 실현할 기회는 갖지 못했다.

97 당시 사법 처벌을 받은 최고위 고관자제는 전(前) 해군사령원 예페이(葉飞)의 딸이었다. 1986년에 그녀는 하이난 수입사건으로 17년형을 선고받았다. 평전과 후차오무 자식을 포함한 고위 간부 친척들이 당시에 부패혐의로 조사를 받았지만, 표면상 '초범'이었기 때문에 형사소추를 면한 것으로 전해졌다. 고위 간부들의 자녀 보호에 관해서는 Stanley Rosen, "China in 1986: A year of consolidation", *AS* 27. 1(January 1987), 36-7 참조. 공산당원들의 법적 책임성에 대한 당내 저항 문제는 James D. Seymour, "Cadre accountability to the law", *AJCA* 21(January 1989), 1-27 참조.

표면상 상대적으로 약화되었다.[98] 늦가을 무렵, 마르크스주의가 당시 중국의 요구에 완전히 시대착오적이거나 부적절하지 않도록 창조적 발전을 할 수 있는지의 여부(그리고 방법)를 둘러싸고 한 차례 소규모 논쟁이 분출되었다.

그 논쟁은 『인민일보』 12월 7일자 1면 사설의 "마르크스는 이미 101년 전에 죽었기 때문에… 그의 일부 가정은 당연히 적절하지 않다."라는 선언으로 시작되었다. 그 사설은 마르크스주의 경전에 나오는 개인적 말이나 글을 숭배하는 것에 대해 '어리석은 무지'라고 부르면서, 19세기에 쓴 마르크스와 레닌의 저작이 '오늘날의 문제를 해결할 것'이라는 기대는 비현실적이라고 말했다. 며칠 후 중국 정부의 한 관리는 한 걸음 나아가 "오늘날 대부분의 사람들은 무엇이 자본주의인지, 혹은 사회주의인지 개의치 않는다. 그들은 단지 자신들의 삶이 개선되길 바란다. 세부적인 것은 이론가의 몫이다."라고 주장했다.[99] 이 지점에서 당의 대표적 이론가인 쑤사오즈가 논쟁에 개입했고, 그는 "우리가 지금 하는 일에 관한 마르크스주의의 인용구는 없다."라고 솔직하게 주장했다.[100] 이러한 사태의 추이를 보며 일부 외국 기자들은 중국에서 마르크스주의가 실질적으로 폐기되었다고 추측하기에 이르렀다.[101]

결국 이러한 사망기사는 희망사항으로 드러났다. 편집 철회가 드문 『인민일보』는 독자들에게 12월 7일 사설의 주요 문장에 오류가 있다고 밝히고, 문제된 문장을 마르크스-레닌주의 저작이 "오늘날의 '모든' 문제를 해결할 수는 없다."라는 것으로 정정했다.[102] 중국 관리들은 '오류'의 원인을 논의하며, 외국 기자들에게 기존 사설이 '마르크스주의 원칙의 지속적인 중요성을 충분히 강조하지 않았기'

---

98 덩의 발언은 1984년 10월 중앙고문위원회의 회의에서 한 것으로 알려졌다. *New York Times*(이후 *NYT*), 13 January 1985 참조.

99 *NYT*, 17 December 1984에서 인용.

100 Ibid에서 인용.

101 가령 12월 7일 『인민일보』 사설에 이어 연합통신사는 베이징에서 "중국이 마르크스를 버리다."라는 제하의 '긴급' 속보를 보냈다. "Did Marx fall, or was he pushed?" *The Economist*, 15 December 1984도 참조.

102 *RMRB*, 8 December 1984(' '는 저자의 강조).

때문에 문제가 발생했다고 말했다.[103]

보수파의 압력이 가중되자 덩샤오핑은 바로 '약간의 자본주의'는 해롭지 않다는 10월의 평가에서 다소 후퇴해야 했다. 덩은 1985년 중국 인민들에 대한 신년 메시지에서 일부 사영기업이 없다면, 중국이 "50년 안에 선진국 수준을 따라잡지 못한다."라는 이유에서 그것에 대한 자신의 포용력을 계속해서 방어했다. 그러나 그는 "일부 원로 간부들은… 평생 동안 사회주의와 공산주의를 위해 투쟁했는데, 갑자기 자본주의로 복귀한다는 생각에 견딜 수 없어한다."라고 솔직하게 인정하며, 자신의 단정적 평가를 완화했다. 이들 원로 간부들을 진정시키기 위해 그는 21세기에도 "기본은 여전히 국가소유이다."라고 주장하며 사회주의로부터의 완전한 이탈 가능성을 배제했다.[104]

덩의 새 주장은 확산되는 이데올로기적 반발을 막지 못했고, 이제 부패, 암시장, 밀수, 그리고 경제 관리 실패 등에 관한 새로운 보고서들이 오히려 그 반발을 부채질했다. 이 보고서들은 당 보수파들의 도덕적 타락에 관한 새 주장을 빠르게 쟁점화시켰다.[105] 이러한 비판에 민감해진 덩은 계속 물러섰다. 그는 3월의 국가과학회의 연설에서 "일부 인민들은 중국이 자본주의로 돌아갈까 걱정한다…. 그들이 공연히 걱정하는 것은 아니다."라고 인정했다.[106]

자산계급 자유화와의 투쟁

제2단계 정당운동이 이제 배금주의 사상의 정신오염에 물든 간부들의 정풍에 초점이 맞춰지면서 보수파들은 그들의 이데올로기 공세를 강화했다. 그들의 주요 공격대상 중 하나는 언론의 자산계급 자유화였다.

---

103 *NYT*, 11 December 1984. 기존 사설의 공격적 문장은 11월 말에 후야오방이 한 발언에서 직접 인용한 것으로 전해졌다. *ICM*, January 1985, 1-3 참조.

104 *RMRB*, 1 January 1985.

105 가령 *BR* 28. 7(13 February 1985), 4; *NYT*, 23 February, 31 March 1985 참조.

106 *BR* 28. 11(18 March 1985), 15-6.

예전과 마찬가지로 새로운 공세의 선두역할은 덩리췬이 맡았다. 덩은 후야오방과 그의 두 핵심 지지자인 후치리와 후지웨이 등이 했던, 언론자유 문제와 관련된 최근 몇 차례의 자유주의적 발언으로 분개한 것으로 알려졌다.[107] 2월 초 당 중앙서기처 회의에서 덩리췬은 후야오방에게 대중매체가 당의 노선·원칙·정책에 순응해야 한다는 당의 전통적 규범을 재확인하도록 압력을 행사했다고 전해졌다. 후야오방은 그 압력(일부 압력은 덩샤오핑에 의해 가해짐)을 수용하여 공식매체의 적절한 역할은 '당의 대변자' 기능이라고 양보하는 한편, 인민들의 관점을 충실히 반영해야 한다는 조건도 신속히 추가했다.[108] 동일 회의에서 후는 중국 국내상황을 다루는 대중매체에게 지나치게 '비관적인' 태도를 멈추라고 요구하며, 덩리췬과 보수파들에게 많은 것을 양보했다. 그는 통상 "신문이 지면의 80%를 성과와 긍정적 측면에 할당하고, 단지 20%만 결점과 비판에 할당해야 한다."라고 말했다. 그는 전술적으로 계속 물러서며, 최근 비합법적 자유주의 타블로이드 신문들이 중국 일부 도시에 확산되는 것은 '금지하고 반대해야' 하는 해로운 경향이라고 인정했다.[109]

덩리췬의 강경한 언론정책은 중국의 비판적 지식인들에게 새로운 정치적 압력을 초래했다. 1985년 3월, 학술기자 류빈옌(刘宾雁)이 쓴 '두 번째 종류의 충성'이

---

107 1984년 12월 중국작가협회 제4차 대회에서 후치리는 '문학적 창작은 자유로워야' 하며, 기자와 작가들은 정치적 검증이나 차별에 구속되지 말아야 한다고 강조했다(*NYT*, 31 December 1984). 같은 회의에서 후야오방은 인민들이 더 이상 정신오염 제거와 자산계급 자유화 투쟁을 얘기해서는 안 된다고 말했다. 『百姓』(이후 *BX*) 138(16 February 1987), 4 참조. 1983년 후반 『인민일보』에서 쫓겨나 전국인민대표대회 교육문화위원회로 '재발령'을 받은 후지웨이도 1985년 초 상하이에서 개최된 기자 및 학자들의 회의에서 창작의 자유에 관해 유사한 발언을 했다. *ZM* 91(1 May 1985) in *ICM*, July 1985, 1-10 참조.

108 *SWB/FE* 7927(17 April 1985); *ZM* 91(1 May 1985)도 참조. 앞서 언급했듯이, 중국에서 정책논쟁의 패배자는 통상 승리자의 정책을 지지함으로서 당에 대한 충성을 표시했다.

109 Ibid. 이러한 후의 발언과 관련해, 덩리췬은 공식매체를 통해 활동하는 후의 자유주의 지지자들을 공격하면서 총서기를 방해했으며, 실질적으로 당기관지들이 문제가 된 일부 타블로이드 신문들을 설립하여 재정지원과 운영을 맡는다고 지적한 것으로 전해졌다. 아마도 덩은 광저우에서 발행되는 『야초(野草)』와 같은 지하신문들을 염두에 두었을 것인데, 이 신문은 그를 과도하게 비판하고, 무엇보다도 그를 '덩샤오핑에게 아부'하려고 애쓰는 '무조건 찬성만 하는 아첨꾼'으로 부른 두 개의 기사를 게재했다.(『野草』, February 1984, in *ICM*, October 1984, 9)

라는 제목의 연재기사 발행이 금지되었고, 이를 대서특필한 타블로이드 신문도 마찬가지였다.[110] 이 논쟁적 기사에서 류는 자신의 상관에 항상 복종하고, 당의 노선과 정책을 억지로 찬미하는 당의 '순종적 도구들'이 보여 주는 충성을 비방했다. 그러한 분별없는 복종을 대신하여 류는 높은 수준의 충성, 즉 개인의 도덕적 양심과 그것을 따르는 용기를 제안했다. 당의 전통주의자들 사이에서 이 주제는 널리 수용되지 못했다. 작가 왕뤄왕(王若望)의 생각도 마찬가지였는데, 그는 류빈옌처럼 국가의 명령에 대해 개인적 양심이 우선된다는 점을 계속 주장했다. 왕의 작품들도 이제 출판이 금지되었다.[111]

덩리췬과 후야오방 사이의 게릴라전은 몇 달 동안 계속되었다. 1985년 8월 중순, 덩은(자신의 후원자 후차오무의 도움으로) 『인민일보』에 발표된 언론자유의 제한에 관한 총서기 후야오방의 2월 발언 전문을 사전승인 없이 개작함으로서 그를 크게 당황시켰는데, 당시 총서기는 오스트레일리아와 뉴질랜드를 방문 중이었다.[112] 승부의 균형을 맞추기 위해 후야오방은 중국으로 귀국 도중 절친한 홍콩기자 루컹(陆铿)과 장시간(다소 경솔해 보이는) 대담을 했다. 후는 덩리췬과의 대립적 관계에 관한 기자의 질문에 답하면서 약간의 칭찬과 함께 에둘러 비난하기를, 덩이 당 이데올로기 사업의 모든 약점과 오류를 혼자 책임질 수 있는 위대한 재능의 인물은 아니라고 했다.[113]

이에 굴하지 않고 덩리췬은 다시 한 번 대중매체의 자유주의자와 그들의 당내 지지자를 겨냥한 공격에 착수했다. 그는 당과 매체의 '일부 인사들'이 솔직한 삶, 희생, 그리고 힘든 투쟁과 같은 당의 신성한 전통을 시대에 뒤신 것으로 여긴디

---

110 *I&S* 23, 5(May 1987), 48-56. '두 번째 종류의 충성'의 1회분은 1985년 3월 『개척(开拓)』이라는 신문에 게재되었다. 이 기사는 유포되지 못했고, 베이징 당국은 기사의 계속 연재를 금지했다.

111 Kyna Rubin, "Keeper of the flame: Wang Ruowang as moral critic of the state", in Goldman et al., *China's intellectuals and the state* …, 249 참조.

112 *BX*, 1 June 1985, in *SWB/FE* 7970(6 June 1985).

113 Ibid.; *ICM*, August 1985, 5-8도 참조.

고 강력한 경고발언을 했다. 또 다른 발언에서 그는 화폐유통의 공격으로 중국의 "정신적 대들보가 이제 공산주의적 도덕성을… 옹호하기 힘들 정도로 심각하게 침식되었다."라고 개탄했다.[114] 덩의 전략은 봄이 끝날 무렵 상당한 효과를 거두었고, 제3세대 자유주의자 후치리가 불과 몇 달 전까지 작가와 예술가의 전반적인 창작의 자유를 옹호했지만, 이제 "사회주의와 공산주의에 대한 확신과 이상을 잃어버린 채 서구의 '민주주의'와 '자유'를 옹호하고, 자산계급 자유화 사상을 선전하는" 잘못된 길을 걷는 당원들을 '비판하고, 교육하고, 도울' 필요성을 천명하기에 이르렀다.[115]

덩리췬의 강경노선과 후치리의 상당히 완화된 태도에도 불구하고, 후야오방이 최소한 당분간은 마지막 웃음을 즐길 수 있었다. 초여름에 아무런 논평이나 설명 없이 덩리췬이 중앙위원회 선전부장 직위에서 물러났는데 그를 대신해 임명된 사람은 후의 협력자이자, 예술가와 작가의 창작의 자유를 강력히 옹호하는 주허우쩌(朱厚泽)였다.[116]

경제특구와 개방정책에 대한 투쟁

자산계급 자유화에 대한 열광이 넘치는 가운데, 중국의 14개 연해개방도시와 5개 경제특구, 특히 홍콩에 인접한 남중국의 번화한 도시 선전(深圳)의 자유로운 사회경제적 환경에 대한 보수세력의 환멸이 증가하고 있었다. 선전은 동아시아 최대 자본주의 수출입항구와의 지리적 근접성, 그리고 점점 잦아지는 경제적, 사회적 접촉 때문에 중국에서 개혁의 성격과 함의를 심각하게 의심하는 사람들에게 아주 매혹적인 공격대상이 되었다.

1985년 초, 중국 언론은 모범적 발전지역인 선전의 '탁월한 성과'에 대한 우호

114　*SWB/FE* 7973(10 June 1985).

115　*SWB/FE* 8005(17 July 1985).

116　Kyodo News Service(Tokyo), 12 July 1985. 당시 덩리췬의 해직은 덩샤오핑의 개방정책에 대한 지나친 비판과 관련되었다는 소문이(확인되지는 않았지만) 널리 유포되었다.

적 관심으로 가득 차 있었다.[117] 그러나 초봄에 외환세탁, 불법은행대출, 노동자와 관리자에 대한 과도한 임금과 보너스, 밀수, 도박, 매춘, 외설물 등 다양한 불법적 상업 활동의 증가로 새로운 우려가 제기되었다.[118] 봄에서 여름으로 넘어가며 공격은 더욱 첨예해졌다. 당 이론가 후차오무는 6월 말 샤먼(厦门) 경제특구 방문 시에 경제특구 지역의 외국인 특혜정책을 반대했다. 청나라가 19세기말 외국에게 경제적 권리를 양도했던 비참한 경험을 인용하며 후는 외국의 이익을 위해 중국의 권리를 바치는 것을 경고했고, "외국인 투자기업은 특권이 아니다. 그들의 과도한 요구가 묵시적 동의를 얻을 수는 없다."라고 주장했다.[119] 여름이 끝날 무렵 활력 넘치는 덩리췬이 그 비판에 합류했고, 모든 애국적 중국인은 "외국의 것을 숭배하고, 외국인에게 굽실거리는 것을 반대해야 한다."라고 발언했다.[120]

비판자들은 중국 경제개혁의 가장 취약한 부분을 공격하여 그것이 궤도를 이탈하기를 희망했을지 모른다. 다른 중요한 개혁정책, 가령 가장 주목을 끄는 농촌의 농가생산책임제는 국가의 경제성장과 중국 8억 농민 대다수의 가계소득 증대에 대한 가시적 기여 때문에 도전이 쉽지 않았다. 그러나 개방정책은 국가 자율성과 자산계급의 침식과 같은 매우 민감한 쟁점에 대한 비판에 취약했다. 국가 주권을 외국인에게 팔아넘기고, 자본주의 폐해를 너무 가까이서 흡수한다는 두 가지 위험성을 지적함으로써 보수파는 자오와 후의 개혁 프로그램의 적절성에 어두운 그림자를 드리우고자 했다.

경제 위기의 가중과 보수파의 반발 확대에 직면하면서 개혁파의 입지는 계속 줄어들기 시작했다. 덩샤오핑은 경제특구의 경제적 자유와 자율성을 옹호하던 초기 입장에서 물러섰고, 7월 초순에 그것은 정확성이 '검증되어야 할 실험'일 뿐

---

117 가령 5회로 나누어 연재된 "Reports from Shenzhen", in *BR* 27. 47(26 November 1984)부터 28. 6(11 February 1985)까지 참조.

118 가령 *FBIS*, 15, 16 April and 15 July 1985; *BR* 28. 39(30 September 1985), 5 참조.

119 *SWB/FE* 7986(25 June 1985).

120 *XH*, 30 August 1985. 선전 경험의 분석은 *ZM* 94(1 August 1985) 참조.

이라고 선언했다.[121] 동시에 중국 정부도 1984년 봄 외국인 투자자에게 개방된 14개 연해도시 가운데 10개는 외국인과의 새로운 계약 체결에 속도를 늦출 것이라고 발표했다.[122]

덩샤오핑이 경제특구와 개방도시에 대해 한 걸음 물러서려 했지만, 개방정책의 일반원칙을 철회할 준비는 전혀 되어 있지 않았다. 1984년 10월 그는 중국이 스스로 외부세계와의 고립을 선택함으로서 초래한 300년간의 빈곤, 후진성, 무지를 극복하기 위해서는 개방정책이 불가피하다고 주장했다.[123] 6개월 후 덩은 중국의 동부 연해도시에서 자산계급의 침식에 따른 분노가 확산되었지만 자신의 입장을 완강히 고수했고, "세계에 대한 개방은 중국의 기본정책이며, 정책에 어떤 변화가 있다면, 그것은 중국의 개방이 더욱 확대될 것이라는 점이다."라고 단언했다.[124] 경제특구와 개방도시 실험의 범위와 한계는 논의할 수 있었지만, 대외정책 자체는 그렇지 않았던 것이다.

인민해방군의 개혁

1984~1985년 이데올로기 논쟁이 가속화되는 가운데, 중국 군부체제에 영향을 미칠 일련의 중요한 체제개혁이 추진되었다. 오랫동안 마오주의의 전통적인 보루였던 군부의 고위 간부들은 1970년대 후반 이래, 제11기 3중전회의 개혁정책 시행에 완강히 저항해 왔다. 개혁파가 수차례 내부 침입을 시도하였으나, 군부의 압력에 항상 밀려났다.[125] 이러한 완강한 태도에 좌절했던 덩샤오핑은 인민해방

---

121 *FBIS*, 15 July 1985.

122 *NYT*, 4 August 1985.

123 *NYT*, 21 February 1985.

124 *BR* 28, 13(1 April 1985), 15에서 인용.

125 Richard D. Nethercut, "Deng and the gun: Party-military relations in the People's Republic of China", *AS* 22, 8(August 1982), 691-704 참조. 덩이 1970년대 말 군부에 효과적 통제력을 행사했다는 다소 다른 해석은 Ellis Joffe, "Party and military in China: Professionalism in Command?", *POC*, 32, 5(September-October 1983), 56-63 참조.

군 고위 간부 집단을 '기율이 없고, 오만하고, 구속받지 않고, 나태한' 인물들로 묘사하기도 하였다.[126] 덩은 1981년 군부 내 이데올로기 문제에 관한 사설에서는 여전히 극좌파 파벌주의가 군의 위상과 신용에 커다란 피해를 주고 있다고 주장하였다.[127]

1983년 늦가을 당의 정풍운동이 시작되자 인민해방군은 대중매체를 통해 좌파적 요소에 대해 주기적으로 비판받았다.[128] 정풍운동이 1984~1985년 초겨울 제2단계로 진입했을 때, 인민해방군에 대한 압력이 현저히 증가하기 시작했다. 개혁파들은 이제 군을 설득하기 위해 두 가지 중요한 무기, 즉 퇴임과 개편을 이용했다. 12월 말, 40명의 고위급 참모가 퇴임을 선택했고, 이는 인민해방군 역사에서 최대 규모의 고위 그룹 퇴임이었다. 그것이 발표되던 회견장에서 덩샤오핑은 "군에서 더 많은 개방적 인사들을 보고 싶다."라고 말했다. 대부분의 퇴임장교들은 60세 이상이었고, 일부는 중장 계급이거나 그 이상인 부대장으로 근무했었다.[129]

이러한 일반 참모의 퇴임 이후 1985년 1월 초에는 군 예산과 인력의 실질적 감축이 발표되었다. 덩샤오핑의 협력자인 인민해방군 총참모장 양더즈(杨得志)는 이러한 감축이 국가 현대화의 성공적 추진 전반에 절대적으로 중요하다고 설명했다. 양은 군비지출을 줄이고, 군의 무장에 필요한 기술 첨단화의 길을 위해서는 인민해방군을 감축하고 비전투인력을 줄이는 것이 필요하다고 주장했다.[130]

과감한 개편수단으로 수십만의 인민해방군 보안부대를 해산하여 '인민무장경

---

126 *NYT*, 6 March 1985에서 인용.

127 Deng Xiaoping, "On opposing wrong ideological trends"(27 March 1981), in *Selected works of Deng Xiaoping(1975-1982)*.

128 가령 *RMRB*, 30 April, 20 May, 9 October 1984; 『解放军报』(이후 *JFJB*), 8/18 May 1984 참조. 좌파인 리더성 장군 휘하의 인민해방군 탱크사단에서 심각한 부패가 적발된 다음 반좌파 비판이 있었다. Alastair I. Johnston, "Party rectification in the People's Liberation Army, 1983-87", *CQ* 112(December 1987), 611(n.57) 참조.

129 *JFJB*, 22 December 1984; *NYT*, 30 December 1984, 20 April 1985; Johnston, "Party rectification".

130 *CD*, 3 January 1985. 1984년 중국의 군비예산은 인민폐 180억 위안(64억 달러)으로 중·월 국경 분쟁이 있었던 1979년의 220억 위안보다 줄어든 것으로 추산되었다. *NYT*, 3 January 1985 참조.

찰'로 알려진 국가보안경찰에 재배치했다. 이와 유사하게 오랫동안 마오주의 이념에 대한 충성으로 유명했던 인민해방군 철도부대도 문관관할로 이관했다. 마지막으로 수천 개의 군수물자 생산공장들도 오토바이나 전자장비와 같은 비군수 소비재 제조업자에 이전했다.[131]

인민해방군의 초기 게릴라전에 참여했고, 이제는 군부 상층부에 충원된 많은 원로 군인들은 이러한 개혁논리에 반대했다. 그들은 방어적으로 국가의 군사적 경계상태를 무너뜨릴 가능성이 있다면 어떠한 변화라도 '신중하게 고려할' 필요성이 있다고 언급하기 시작했다. 개혁파들은 이들의 조심스러운 요청을 무시한 채 덩샤오핑의 확고한 지지를 통해 개혁을 밀어붙였다. 감축된 인민해방군이 곧 계급장을 갖춘 새 제복을 공급받을 것이라는, 깊은 정치적 함의를 내포한 고도의 정치적 제스처가 발표되었는데, 그 계급장은 원래 문화대혁명 직전인 1965년에 마오쩌둥의 요청으로 폐지된 것이었다.[132]

1985년 음력 새해가 지나고 얼마 후, 다양한 군부개편수단이 새로 도입되었다. 3월 초, 전체 장교집단의 10%에 해당하는 4만 7000명의 장교가 1986년 말 이전에 퇴임하고, 다시 1990년에 2만에서 3만 명의 장교가 다시 퇴임할 계획이라고 발표되었다. 이러한 결정을 발표한 신화사는 제대가 예정된 장교들이 1930년대와 1940년대 항일투쟁과 국공내전 시기에 인민해방군에 합류한 군인들이라고 했다. 그들 대부분은 하급군인에서 소령에 상당하는 연대 수준이나 그 이하까지 진급했다고 전해졌다. 새로운 퇴직군인들을 무마하기 위해 군인연금과 주택공급을 포함하는 복지개선정책도 제도화되었다.[133]

4월에 뉴질랜드를 방문 중이던 후야오방은 다음 해가 오기 전에 중국의 재래군 감축이 기존 병력의 약 25%에 해당하는 100만 명에 이를 것이라고 발표했다.

---

131   *NYT*, 20 April 1985.

132   Ibid.; *FBIS*, 14 January 1985.

133   *XH*, 5 March 1985; *NYT*, 6 March 1985.

절약되는 경비는 중국의 낙후된 무기체계의 기술 현대화와 장교집단의 전문능력 강화를 위해 할당할 계획이었다.[134]

5월에 한 홍콩 기자가 후야오방에게 물의를 일으킨 동북 지역 사령원 리더성 장군(기자는 이 사람을 '제거하기 힘든 못'이라고 규정하였다) 등 군부의 개혁 불만세력이 그들에게 강요된 퇴임이나, 더 많은 군 감축에 저항하기 위해 자신들이 통제하는 군대를 동원하지 않을지에 대해 질문했다. 후는 그러한 일이 '절대 불가능'하며, "우리 당에서는 결코 일어나지 않을 것이다."라고 대답했다. 리더성 장군이 통제하기 힘든 사람인지의 질문에 대해서는 후가 "외부인들은 그가 제거되기 힘들 것으로 생각한다."라고 은밀히 대답했다.[135]

6월 초, 하나의 결말이 이루어졌다. 덩샤오핑이 주재한 당 군사위원회 회의에서 인민해방군 군구체제의 '조정'이 결정되어 기존 11개 군구를 7개로 통합하고, '통제하기 힘든' 리더성 장군을 포함해 일부 노쇠한 군구 사령원을 퇴임시켰다. 개혁소식을 전했던 신화사 속보는 더욱 젊고, 교육수준이 높고, 전문적 능력을 갖춘 장교들이 퇴역 사령원의 후임으로 선출되었음을 강조했다. 결과적으로 여름이 지날 무렵, 개편된 7개 군구에서 고위 장교가 50% 이상 감축되고, 인민해방군 참모본부와 정치부, 후근부(后勤部)의 고위 간부는 24% 감축되었다.[136]

1985년 늦여름 무렵 시행된 일련의 당 최고지도부 개편으로 인민해방군의 영향력은 더욱 줄어들었다. 9월 중순 개최된 제12차 4중전회에서 막강한 영향력을 행사하던 리더성을 포함해 6명의 군 원로 지도자가 정치국에서 퇴임했고, 당의

---

134 *Reuters*(Wellington), 19 April 1985; *NYT*, 20 April 1985.

135 *BX*, 1 June 1985, in *SWB/FE* 7970(6 June 1985). 후야오방의 일부 원로 동료들은 이러한 무분별한 발언을 비판한 것으로 전해졌다. 1987년 1월에 후가 직위에서 해임된 이유 중의 하나는 중앙위원회의 동의 없이 당 외부에서 얘기하길 좋아한다는 점이었다. 소제목 "후야오방의 '사직'" 참조.

136 *XH*, 11 June, 27 October 1985; *NYT*, 11/23 June 1985; *XH* 27 October 1985; *LAT*, 28 October 1985. 조정 과정에서 생존한 많은 군구 사령원과 야전 장교들은 인민해방군 제2야전 사령부에서 덩샤오핑과 함께 복무하며 강한 유대관계를 형성하고 있었다. Li Kwok Sing, "Deng Xiaoping and the 2nd field army", *China Review*(Hong Kong), January 1990, 40-1 참조.

최고 의사결정 기구를 차지한 군부 인사는 겨우 명목만을 유지했다. 개혁파들이 모든 의도나 목적에서 인민해방군을 복종시키는 데 성공한 것으로 보였다.[137]

제3세대의 등장

6명의 정치국 원로 군인의 퇴임은 1985년 9월에 있은 대규모 당 지도부 교체의 극히 일부에 지나지 않았다. 원로 간부들이 젊은 세대를 위해 물러나야 한다는 3년간의 설득과 회유, 그리고 요청이 잇따르면서 덩샤오핑의 세대교체 노력은 마침내 결실을 거두었다.[138] 전체 64명의 중앙위원회 위원 및 후보위원이 4중전회에서 자신들의 퇴임을 발표했다. 3명을 제외하면 모두 67세 이상이었고, 그중에는 70대 44명과 80대 7명이 포함되었다. 그리고 1명의 정치국 상무위원(예젠잉), 9명의 정치국원, 그리고 26명의 군인도 포함되었다.[139] 7명의 노쇠한 정치국원, 즉 덩샤오핑, 천원, 리셴녠, 펑전, 양상쿤, 후차오무, 양더즈는 9월 전체회의에서 퇴임하는 데 실패했다.

예젠잉의 정치국 상무위원회 사직으로 위원이 6명에서 5명으로 줄었으며, 이로서 제1세대의 전통주의자(천원과 리셴녠)와 제2세대의 자유주의자(후야오방과 자오쯔양) 사이에 실질적인 대결국면이 형성되고, 덩샤오핑은 결정적인 캐스팅 보트

---

137 리더성(69세) 외에 다른 6명의 군 퇴역자는 예젠잉(89세), 녜룽전(86세), 쉬샹첸(86세) 원수와 왕전(77세), 쑹런충(安任窮, 76세), 웨이궈칭(韦国情, 72세) 장군이었다. 퇴임의 고충을 돕기 위해 이들 모두가 중앙고문위원회에 임명되었다. 정치국 내에 잔류한 일부 군 지도자로는 덩샤오핑의 오랜 동료였던 양상쿤(78세)과 양더즈(75세)가 있었다. 이 사건에 대한 약간 다른 해석은 *I&S* 21. 12(December 1985), 76-92 참조.

138 중앙고문위원회의 최근 퇴임자에 대한 1984년 10월 연설에서, 덩은 "원로 동지들에게 그들의 직위를 포기하도록 요청하는 일은 쉽지 않다. 그러나 우리는 반드시 해야 한다. 우리는 반드시 이러한 과정을 거쳐야 한다. 만약 원로들이 지위를 이양하지 않으면…, 우리의 대의가 어떻게 발전할 수 있는가?"라고 지적했다(*BR* 28. 9 [4 March 1985], 15).

139 앞서 언급한 6명의 군 지도자 외에 문관 출신 정치국 퇴임자로는 덩잉차오(84세), 우란후(79세), 장팅파(张廷发, 68세)가 있었다. 원로 정치국원들을 무마하려는 많은 유인책 중에는 그들의 자식이나 친척을 고위급 행정 및 경영 직위에 임명하는 것이 포함되었다는 소문이 널리 퍼졌다. *I&S* 21. 12(December 1985), 25, 67 참조.

역할을 하게 되었다.[140]

퇴임하는 중앙위원 교체를 위해 특별한 '국가업무회의'가 9월 18일 소집되었고, 4중전회는 즉시 휴회되었다.[141] 이 회의에서 64명의 신임 중앙위원 및 후보위원이 선출되었고, 그들의 절대 다수가 제3세대에 속했다. 76%가 대학교육을 받았으며, 평균연령은 겨우 50세를 넘었다.[142]

국가업무회의 이후 바로 개최된 제12차 5중전회에서 6명의 신임 정치국원이 선출되었으며, 알려진 정보에 따르면 그중에는 자오 총리와 후 총서기의 각 후계자가 포함되었다. 첫 번째로 부총리 리펑(李鵬, 57세)은 소련에서 교육받은 러시아어가 가능한 엔지니어로서 전력공업부와 재정부 부부장의 경력을 지녔다. 그는 퇴임한 정치국원 덩잉차오와 고 저우언라이 총리의 양자였다. 두 번째의 정치국 주요 신임인 중앙서기처 서기 후치리(56세)는 후야오방의 피후견인이었고, 그의 지도하에서 공청단 간부의 경력을 쌓아왔다.[143]

---

140 4중전회 당시 보수파 그룹은 예젠잉을 대신해 원로 동지인 펑전을 정치국 상무위원으로 승진시키길 원했으며, 반면에 덩과 후야오방은 제3세대인 신임 후치리의 발탁을 선호했다는 소문이 있었다. 이 소문에 따르면 어느 쪽도 양보하지 않으려 했고, 그래서 아무도 선택되지 않았다(Ibid. 23-4 참조). 1985년 후반 베이징에 유포된 소문에 따르면, 펑전은 예산이 많이 소요되는 시정부의 신청사 건설을 위해 인민대회당 주변의 대규모 주거지를 철거하려는 계획에 연루되었으며, 그래서 베이징 주민들 사이에서 명성과 인기가 심하게 손상되었다고 한다.

141 당의 특별회의 소집은 덩샤오핑의 많은 임시방편 가운데 하나였다. 당장에서는 중앙위원회가 당대회를 통해 선출된다고 규정하고 있지만, 제13차 당대회는 2년 동안이나 개최될 계획이 없었다. 이를 기다리지 못했던 덩은 창조적 제도 창출에 의존했다. 원로 지도자 교체업무가 왜 제13차 당대회까지 연기될 수 없느냐는 질문에 당대변인 주무즈(朱穆之)는 "우리가 2년을 기다릴 수는 없다…. 그때가 되면 일부 동지들의 건강 상태가 변할 수도 있다…. 지금 점진적으로 교체하는 것이 낫다."라고 대답했다(*WHB*, 19 September 1985).

142 *XH*, 22 September 1985. 교육받은 젊은 사람을 지도자로 승진시키려는 노력은 1980년대 중반의 당원 충원에도 반영되었다. 1984년에서 1987년까지 고등학교 졸업 이상의 당원 비중이 17.8%에서 28.5%로 증가했다. 같은 기간, 거의 100만 명의 대학 졸업자가 당원명부에 올랐다. Stanley Rosen, "The Chinese communist party and Chinese society: Popular attitudes toward party membership and the party's image", *AJCA* 24(July 1990), 표-1, 표-3 및 기타 참조.

143 정치국의 다른 새로운 인물로는 개혁파 경제전문가인 부총리 텐지윈(56세), 펑전과 유대가 있는 것으로 알려진 전 공산당조직부장 차오스(喬石, 61세), 그리고 외교부장 우쉐첸(吳学谦, 64세)이 포함되었다. 6번째 신임인 부총리 야오이린(姚依林, 68세)은 천윈과 강한 유대를 가진 중앙집권론자였으며, 정치국 후보위원에서 위원으로 승진했다. 제3세대 성원들도 당 중앙서기처에서 5개의 자리를 확보했다. 정치국 지

이러한 약진은 제3세대 모두에게 많은 찬사를 받았지만, 당 전통주의자들이 1985년 9월의 지도부 교체에서 완전히 청산되지는 않았다. 일부 정치국 원로 간부들이 직위를 이양했지만, 보수파들은 다른 2개의 접전에서 승리를 거두었다. 첫째 당내 자유주의자들의 반대에도 불구하고 덩리췬은 중앙서기처에서의 지위를 유지하였고, 둘째 인민해방군 고위 간부들은 후야오방을 당 중앙군사위원회 주석으로 승계하려는 덩샤오핑의 선택을 승인하지 않았다.[144]

1985년 당 회의들의 복잡한 결과를 반영하듯, 덩샤오핑의 폐막사는 모든 파벌에게 개혁과 사회주의 정신문명의 두 가지 목표를 위해 일치단결하도록 요구하는 강력하고 신중한 호소를 담고 있었다. 덩은 '원로 간부'에게는 교조적 경향을 극복하도록, '신임 간부'에게는 이제 그가 '자본주의의 길을 걷는 것'과 동일하게 간주하는 자산계급 자유화의 유혹을 물리치도록 요구하였고, 중국의 고위 지도자들은 극좌와 정신오염이라는 진퇴양난 속에서 다시 한 번 중도적 방안을 모색하였다.[145]

사회적 모순의 심화

다양한 이유로 인해 덩의 중도적 방안은 지속하기가 힘들어졌다. 원로 지도자들이 통합과 안정을 주기적으로 호소했음에도 불구하고, 개혁과 관련된 일련의 갈등이 중국 도시의 사회적 구조를 심각하게 분열시키기 시작했다. 세 가지 사회적 추세의 등장이 전반적인 도시위기의 심각한 결과를 초래했는데, 이 세 추세는 서로 얽히면서 결국 그 효과를 극대화시켰다. 첫 번째는 막 시작된 지적 르네상스였으며, 이는 부분적으로 중국과 외부세계의 문화적 접촉이 빠르게 확대

명자 리, 톈, 차오 외에 다른 신임으로는 당 판공청 주임 왕자오궈(44세), 방직공업부장으로 잠시 재직한 적 있는 전 방직노동자 하오젠슈(郝建秀, 50세, 9월 당회의에서 최고위 당 지도자로 승진한 유일한 여성)가 있었다.

144 후야오방에 대한 군의 반대는 *ZM* 110(1 December 1986), 6-8 참조.

145 덩 연설의 원문 전체는 『党的教育』(天津) 5(October 1985), 17-21 참조; 날짜가 잘못 적힌 일부 번역은 *ICM*, November 1985, 18 참조.

됨으로서 촉발되었고, 1985년 7월 덩리췬이 당 선전부장 직위에서 축출됨으로써 가능해졌다. 덩을 승계한 후야오방의 동료 주허우쩌(朱厚泽), 그리고 신임 문화부장인 유명 작가 왕멍(王蒙)의 관리 아래, 중국의 예술과 문학은 1985년 여름에 창조적 표현의 새로운 황금시대로 접어들었다. 이 새로운 시기는 대략 16개월 동안 지속되었으며, 정신오염운동 이전의 철학논쟁, 가령 사회주의 소외, 인도주의, 마르크스 경제이론의 적실성 논의 등의 강력한 부활을 목격할 수 있었다.[146] 이 기간에는 또한 새로운 학술·전문단체의 확산, 혁신적 연극·영화·예술·문학작품의 분출,[147] 상하이의 『세계경제도보(世界经济导报)』와 같은 자유주의신문의 창간,[148] 류빈옌·쑤사오즈·왕뤄왕·팡리즈(方励之) 등 존경받는 수필적 평론가들의 강한 사회비판적 논평의 부활 등도 목격되었다. 많은 측면에서 그것은 중국에 '시민사회'의 맹아가 등장하고 있으며, 그 속에서 창조적·비판적 지식인의 의견과 태도가 의미심장하게 확장된 역할을 수행하는 것처럼 보였다.[149]

1985년에 나타난 두 번째 중요한 경향은 새롭게 분화된 다양한 도시 사회집단과 계층 사이에서 사회적 동원(social mobilization)이 증가했다는 점이었다. 부분적 개혁의 모순, 이완–통제 사이클의 빈번한 정책변화, 물가상승과 경제부패의 확

---

146 1985년 중반, 왕뤄수이는 사회주의하의 소외 이론에 반대하는 후차오무가 예전에 가한 비판에 대한 반박을 출간했다. 마딩(가명)과 류짜이푸(刘再复)가 1985~1988년 초기 주제의 부활 과정에서 두드러지게 부각된 2명의 다른 자유주의 학자였다. 마르크스 경제 이론의 현대적 적실성에 의문을 제기한 마의 글은 『工人日报』(이후 *GRRB*), 2 November 1985에 있으며, *ZM* 103(1 May 1986)에 분석되어 있다. 사회주의에 대한 인도주의적 접근을 옹호하는 류의 글은 *ZM* 104(1 June 1986), trans. in *FBIS*, 12 June 1986, W6-13 참조.

147 1985~1986년 문학적, 예술적 르네상스의 영향은 Bei Dao, "Terugblik van een Balling", in *Het Collectieve Geheugen: Over Literatuur En Geschiedenis*, 77ff에 논의됨.

148 이 시기 개혁 논쟁에서 『세계경제도보』와 기타 자유주의매체의 역할에 대해서는 Kate Wright, "The political fortunes of Shanghai's 'World economic herald'", *AJCA* 23(January 1990), 121-32; Seth Faison, "The changing role of the Chinese media", in Tony Saich, ed., *The Chinese people's movement: Perspectives on spring 1989*, 144-62 참조.

149 이 시기 주류적 지식인에 대한 분석은 David A. Kelly, "The Chinese student movement of December 1986 and its intellectual antecedents", *AJCA* 17(January 1987), 127-42 참조. 중국에서 발아적 시민사회의 등장에 대해서는 Gold, "Party-state versus society…", 참조. 이 시기 이후 류빈옌, 팡리즈, 왕뤄왕, 쑤사오즈 등의 주요 연설과 글은 *Chinese Law and Government*(이후 *CLG*) 21, 2(Summer 1988)에 번역됨.

산, 그리고 개혁 비용과 편익의 사회적 분배에서 불평등이 확대된다는 인식 등 여러 가지 모순으로 일상적 삶의 구조가 제약을 받으면서 좌절, 소외, 질투 등이 증가하기 시작했다. 개혁이 시작된 1978~1979년 겨울 이후 처음으로 중국 도시들은 심각한 사회적 불안을 목격하기 시작했다.[150]

표면상 1985년 발생한 다양한 도시의 불안이 우연적이며 자연발생적이고 상호 연관성이 거의 없는 것처럼 보였다. 5월에 발생한 베이징의 축구경기 소요는 연고팀이 홍콩팀에게 졌기 때문이었다. 그리고 얼마 후에는 마오 시대의 10년 동안 산시성(山西省) 농촌 지역으로 '내려갔던(下乡)' 300명의 전 베이징 주민들이 시정부 청사에서 연좌농성을 벌이면서, 수도에 있는 자신들의 집으로 돌아갈 권리를 요구했다. 5월 말에는 베이징에서 계속된 가격 자유화로 불안하고 화가 난 소비자들이 신문사에 탄원과 편지를 보내기 시작했다.[151]

중국의 학생들도 1985년에는 가만히 있지 않았다. 그들의 불만은 형편없는 음식과 비위생적 기숙사 환경, 낮은 월지급금(평균 RMB 22위안 정도), 생활비 상승, 고관자제들의 노골적인 부패 등 다양한 원인에 따른 것으로 알려졌다.[152] 여름이 끝나가면서 학생들은 사회적 실천주의(social activism)의 조짐을 보이기 시작했다. 9월 18일, 일본의 만주침략 54주년 행사에서 1000명의 베이징 대학생들은 당시 일본 총리였던 나카소네 야스히로(中曽根康弘)가 제2차 세계대전 당시 중국을 침략한 군국주의자를 기념하는 신사를 참배한 것에 대해 항의하기 위해 거리로 나

---

150 이 시기 경제개혁과 도시 불만세력의 사회적 동원 간의 관계는 Nina Halpern, "Economic reform, social mobilization, and democratization in post-Mao China", in Baum, ed., *Reform and reaction* …, 38-59 참조. 부분적 개혁의 사회에 대한 역기능적 영향은 Zweig, "Dilemmas of partial reform…"; James T. Myers, "China: Modernization and 'unhealthy tendencies'", *Comparative Politics* 21. 2(January 1989), 193-214; James C. Hsiung, "Mainland China's paradox of partial reform: A postmortem on Tiananmen", *I&S* 26. 6(June 1990), 29-43 참조.

151 *ZM* 93(1 July 1985); *LW* 4(21 January 1985) 참조.

152 학생소요의 자료에 관한 분석은 『潮流月刊』(香港) 1(March 1987), 45-54; 『中报』(이후 *ZB*), 31 December 1985; *ICM*, February 1986, 4-6 참조. 중국에서 학생시위의 역사는 Jeffery N. Wasserstrom, "Student protests and the Chinese tradition, 1919-1989" in Saich, ed., *The Chinese people's movement* …, 3-24 참조.

왔다. 중국의 지난 10년 이래 최대 규모였던 이 학생시위에서 100여 명의 시위자
가 체포되었다.[153] 11월에는 당시 일본의 '경제적 침탈'에 공개 항의하는 새로운
학생시위가 발생했다. 중국 최고지도자들은 새로운 시위들이 잠재적 반정부·반
개혁적 가능성이 있는지에 '깊은 관심'을 나타낸 것으로 전해졌다.[154]

1985년 가을의 중국-아프리카 우호기념일에는 수백 명의 톈진대학 학생들이
구내식당을 봉쇄한 채, 그곳에 모인 아프리카 학생들의 사회적, 성적 잘못에 대
해 모욕적인 말을 외쳤다.[155] 이와는 관계없이 12월 말에는 베이징농업대학에서
1500명의 학생들이 학교 기숙사를 점거하고, 교내의 인민해방군 주둔에 대한 항
의로 시위행진을 했다. 비슷한 시점에 베이징에서 100여 명의 위구르 학생들이
신장의 로프노르(Lop Nor)에서 중국이 핵무기 실험을 계속하는 것에 항의하는 시
위를 벌였다.[156]

1985~1986년의 상대적으로 이완된 도시 분위기 속에서 학생들(그리고 일반인들)
은 1978~1979년 겨울 이후 어느 때보다 공개적으로 자신들의 좌절과 불안을 분
출할 수 있었다. 9월 18일 베이징의 반일시위에서 체포된 한 학생의 아버지가 자

---

153 톈안먼 광장의 9월 18일 시위 이후의 학생 대자보 모음은 *ICM*, January 1987, 3-6에 번역됨. 이 대자
보 중 일부는 일본의 '새로운 경제 침략'에 대한 학생들의 분노가 증가하고 있음을 암시했으며, 일본 제품
에 대한 불매운동을 요구했다. 다른 일부는 졸업 후 직업 알선을 하지 않겠다는 협박으로 학생들을 위협
하는 대학당국을 비판했다. 또 일부는 모든 당국에 대해 어렴풋한 관점을 취하면서 대중들에게 "톈안먼
광장에 가지 못하게 막고…, 행진할 수 없다고 [말하면서] … 자신들 좋을 대로 규칙과 규제를 만드는 관
료들에 대항하라."라고 요구했다.

154 11월 16일 로이터 특파원은 홍콩 저널 『쟁명』을 인용하면서, 중앙위원회 통지가 최근 학생운동을 "'4
인방' 몰락 이후 가장 심각한 도전"의 잠재성이 있는 것으로 언급했다고 보도했다. 이것은 1985년 학생소
요의 가장 중요한 원인이 중국의 대외개방을 포함한 개혁의 부정적 결과에 대한 학생들이 분노였다는 수
잔 페퍼(Suzanne Pepper)의 주장에 부합했다. Suzanne Pepper, "Deng Xiaoping's political and economic
reforms and the protests", *Universities field staff international reports* 30(1986) 참조.

155 산발적인 반(反)아프리카 시위는 몇 달 동안 지속되었다. 1986년 5월 말의 한 사건에서, 18명의 아프
리카 학생이 무도회에서 500명의 중국 학생들에게 둘러싸였고, 몇 명이 부상을 당했다. 그 후 2주일이 지
나 200명의 아프리카 학생들이 베이징에서 대학 내 차별을 반대하는 시위를 벌였다. 유사한 시위가 1988
년 1월에도 발생했는데, 당시 300명의 아프리카 학생들이 베이징어언대학(北京语言学院)에서 아프리카
대사관까지 보호를 요구하면서 행진을 했다. *I&S* 25, 2(February 1989), 9-11 참조. 가장 크고 폭력적인
캠퍼스의 인종소요는 1988년 12월 난징에서 일어났다("회합의 폭풍: 1988~1989년 겨울" 참조).

156 *ZB*, 28 December 1985; *ICM*, February 1986.

신의 아들을 성공적으로 탈옥시켜 경찰 보호를 벗어나도록 한 아주 특별한 사건도 있었다.[157]

표현의 자유가 확대되었음에도 불구하고, 점점 이완되어 가는 중국의 도시환경에는 득과 실이 공존했다. 그것은 비록 시민사회 출현의 맹아 형태를 띠면서 사회경제적 다원주의를 촉발시키고, 새로 등장한 사회세력의 자율적 행동을 고양시켰지만, 불완전한 개혁 과정으로 인해 야기된 다양한 사회적 분열과 모순을 증폭시키는 데에도 기여했다. 그 결과 갈등이 심화되고, 점점 불안한 상황이 초래되었다.

1985년 중반의 공공여론조사에서는 이미 개혁에 대한 대중적 열정이 미묘하게 하락하는 결과가 나타났다. 2월에 시행된 11개 시(市), 16개 현(縣)의 조사에서는 2400명 도시 응답자의 80%가 개혁 이후 자신들의 생활수준이 향상되었다고 응답했으나, 당해 7월 조사에서는 그 비율이 70%로 하락하고, 사실상 생활수준이 전반적으로 하락했다고 응답한 사람이 3배 증가(4.3%에서 거의 14%로 증가)한 것으로 나타났다. 당연히 생활수준의 하락을 경험한 사람들은 스스로 만족하는 사람들보다 개혁에 대해 열정을 보이지 않았다. 1986년 초 경제개혁에 대한 대중들의 열정은 더욱 하락했다. 이제 도시 주민 응답자의 29%만이 개혁이 모든 사람에게 동등한 기회를 제공한다고 생각했으며, 당해 11월에는 거의 75%의 응답자가 물가상승의 확산에 불만을 표시했다.[158]

---

157 고위 군 간부인 그 아버지는 군대와 함께 베이징 공안국에 포위되었고, 자기 아들이 부당하게 체포되었다고 주장하면서 당국에게 아들을 석방시킬 것을 요구했다. 덩샤오핑이 화난 간부에게 조건부로 항복했을 때, 베이징 전역의 학생들은 자신들이 공안의 자의적 체포로부터 벗어났다고 느끼게 됨에 따라 탈옥을 멈추기를 거부하면서 대담해지기 시작했던 것으로 알려졌다. ZM 111(1 January 1987) trans. in *FBIS*, 5 January 1987, K9-10 참조. 그 사건은 Benedict Stavis, *China's political reforms: An interim report*, 91에도 자세히 설명되어 있음.

158 이 자료 및 이와 관련된 다른 설문조사 자료는 Bruce Reynolds, ed., *Reform in China: Challenges and choices*, 59-63과 다른 여러 곳에서 분석되고 있음. 개혁기 설문조사의 특성과 기능에 대해서는 Stanley Rosen, "The rise(and fall) of public opinion in post-Mao China", in Baum, ed., *Reform and reaction …*, 60-83 참조.

젊은 사람들이 특히 개혁압력이 상승하고 갈등이 복잡해지는 것에 민감했다. 1986년 여론조사는 청년문화가 기존 세대보다 더욱 냉소주의, 물질주의, 쾌락주의로, 그리고 훨씬 덜 이상주의로 변해 가고 있음을 밝혔다.[159] 기회의 불평등에 대한 인식은 나이를 떠나 모든 도시 주민들을 분노하게 만들었다. 이 시기의 다양한 여론조사에서 드러나듯, 도시 주민들은 점점 더 개혁 비용과 편익이 불평등하게 배분되고 있다고 확신했다. 가령 개체호(个体户)들은 비용 상승을 소비자에게 전가시키고, 정부 관리들은 자신들의 권위나 상업계약을 이용해 상당한 이윤을 얻을 수 있는 국가소유의 물건이나 제품을 거래할 수 있는 반면, 일반인들(산업노동자, 낮은 직급의 행정관리, 학생, 주부, 그리고 그 중에는 지식인도 포함됨)은 그것을 이용할 선택권과 기회가 없다는 것이 여론조사로 알 수 있는 팽배한 인식이었다.[160] 1986년 여름에 파업, 근무태업, 심지어 폭력사태에 이르는 개혁과 관련된 노동자들의 시위가 확대되고 있다는 보고는 이러한 관점이 지배적임을 반영했다.[161]

1980년대 중반, 대중들의 불만을 확대시킨 세 번째 주요 사회현상은 도시범죄의 새로운 급증이었다. 국가범죄율은 1983년 말에 급격히 떨어졌다가 1984년 다시 급증하기 시작했다. 1985년에는 범죄와 부패가 거의 기하급수적으로 증가했다.[162] 무법상태의 확산에 대응하여 1985년에 100만 명의 신규 공안인력이 충원되었다.[163] 다음 해에 범국가적 범죄단속이 시작되었고, 인민재판, 과중한 형량,

---

159 Stanley Rosen, "Youth and students in China before and after Tiananmen", in Winston Yang and Marcia Wagner, eds., *Tianmen: China's struggle for democracy* 참조.

160 Ibid. 개혁의 불평능한 넝샹에 내한 불민은 이 시기 농촌에서부터 시작되었다. 농촌의 대다수 불만은 불법적 사업의 확산, 간부 부패, 개별 농가에 대한 차별, '고소득 농가'에 대한 부러움 등에 집중되었다. *LW*, 45(11 November 1985); *ZB*, 18 December 1985; *ICM*, February 1986, 7-13 참조. 더 자세한 분석은 Jean C. Oi, "Partial market reform and corruption in rural China", in Baum, ed., *Reform and reaction* …, 143-61 참조.

161 *FEER*, 16 October 1986, 69-70.

162 가령 *ZM*, 94(August 1985); 『法学』(上海) 11(November 1985), 2(February 1986); *XH*, 19 December 1985; *ICM*, November 1985, 25 참조. Lawrence R. Sullivan, "Assault on the reforms: Conservative criticism of political and economic liberalization in China, 1985-86", *CQ* 114(June 1988), 209-12도 참조.

163 *LW*, 33(19 August 1985). 이들 신규 공안인력은 1984~1985년 군 개편 과정의 제대군인이었다.

형식적 항소, 가장 심한 경우에는 즉결사형 등 과거의 방식들이 부활했다.[164] 예전처럼 그 목적은 엄격하고 즉각적인 처벌의 전시효과를 통해 잠재적 범죄자들을 위협하고 단념시키려는 것이었다.[165]

지식인의 창작의 자유, 도시의 불안에 따른 사회적 동원, 그리고 범죄의 증가 등 1985~1986년 도시에 출현한 세 가지 조류가 비록 형식적으로는 연계되어 있지 않았지만, 이들은 중첩되고 상호강화되는 경향이 있었다. 범죄율 증가에 동반된 표현의 자유 확대, 높은 사회적 불만과 뒤섞인 높은 식품가격 등, 이로 인해 초래된 사회적 공감대는 폭발의 위험을 내포한 채 중국 지도자들을 아주 걱정스럽게 만들었다.

정치개혁의 재개: 1986년 여름

한편으로는 도시의 불안이 악화되고 있다는 인식과 다른 한편으로는 새로 권력을 장악한 제3세대의 정치적 영향력의 확대로 1985년 말부터1986년 초 사이의 겨울에는 정치개혁 압력이 다시 강해지기 시작했다. 1월에 중국사회과학원은 공식 저널에 중국 정부 행정 체제에 대한 장문의 비판을 게재하였다. 1985년 11월 개최된 행정개혁에 관한 정부회의 보고에서 이 저널은, 중국의 행정구조를 합리화하려는 초기의 모든 노력에 체계적인 관점이 결여되어 있고, 성공적 경제개혁을 위한 필수 전제조건인 정치개혁에 적절한 관심을 기울이지 못했기 때문에 실패한 것이라고 주장하였다. 사회과학원의 전문가는 이러한 실패를 바로잡기 위한 두 가지 주요 과제로 (1) 경제적 의사결정과 행정으로부터 당의 완전한 분리, (2) 간부의 충원, 승진, 해고를 위한 공무원체제의 제도화가 필요하다고 주장하

---

164 새로운 단속은 1986년 여름 발생한 두 가지 사건에 의해 촉진되었다는 소문이 널리 퍼졌다(공식적으로 확인되지는 않음). 그것은 베이징에서 고위급 당 간부 딸의 성폭행과 베이징에서 톈진 근처 베이다이허 여름 휴양지 사이의 도로에서 고위 간부를 습격한 무장강도였다.

165 고관자제의 엄격한 법적 처벌을 면제해 주는 통상적 관례의 특별한 예외로, 리셴녠 주석의 먼 친척이 1986년 사형을 당한 것으로 알려졌다. 리가 사형을 막기 위해 법정에 개입하는 것을 당서기처가 거부하자 그는 후야오방에게 격노했다고 전해졌다.

였다.[166]

제3세대 기술관료들은 사회과학원의 건의를 긍정적으로 수용했고(원래 그들이 요청했음), 그들의 정치적 입장은 1985년 9월 제12기 5중전회 이후 빠르게 확산되었다. 자오쯔양과 후야오방의 지원을 통해 높아진 제3세대의 위상은 1986년 1월 다시 강화되었고, 당시 계속된 당의 정풍 및 반부패 운동은 그 지향점과 지도부 모두를 새로 바꾸었다. 즉 당무 개선을 감독할 목적으로 제3세대 간부인 차오스와 왕자오궈의 지도 아래 새로운 '영도소조(領導小組)'가 설립되었다. 천윈이나 보이보와 같은 중앙기율검사위원회의 나이 든 감독자들은 정풍의 관심을 이들 새로운 기술관료들과 공유해야 했다.[167]

초기 두 세대의 혁명간부와 제3세대 기술관료 사이에는 전반적인 사고방식 차이가 현저했다. 가령 경제범죄와 부패의 분석에서 젊은 지도자들은 일탈적 행위의 체제적, 구조적 원인을 강조하는 경향이 있었고, 제도개혁이 당의 기율과 업무 방식을 개선하는 전제조건이라고 주장했다. 반면 보수파 원로 간부들은 행태문제의 도덕적, 정신적 원인을 강조하는 경향이 있었고, 개조대상은 제도가 아니라 개인이라고 주장했다.

1986년 봄, 기술관료들은 덩샤오핑의 호의적인 관심을 받았다. 4월의 성장(省長) 회의에서 덩은 중국의 경직되고 과도하게 관료화된 지도체제에 대해 진단한 자신의 1980년 8월 발언을 반복했다.[168] 4월의 다른 회의에서 덩은 경제개혁과 정치개혁은 분리할 수 없다고 지적하며, "[당 위원회가] 만약 권력을 항상 회수한

---

166 『社会科学』(이후 *SHKX*) 1(1986), in *ICM*, July 1986, 15-20.

167 새로운 영도소조는 8000명의 당 간부가 참석한 회의에서 설립되었다. 의미 있는 것은 덩샤오핑과 천윈, 그리고 리셴녠도 참석하지 않았다는 점이다. 이 새로운 기구는 보수파가 지배하는 중앙기율검사위원회를 대체하지는 않았지만, 당조직, 기율, 기풍에 영향을 미치는 다양한 쟁점들에 대해 광범위한 건의 권한을 위임받았다. *XH*, 10-11 January 1986; *FEER*, 23/30 January 1986; Rosen, "China in 1986 …", 37 참조.

168 *WHB*(香港), July 21-2, 1986; *ICM*, September 1986, 4-5 참조. 덩의 1980년 제안에 대한 분석은 Schram, "Economics in command? …" 참조.

다면… [기업관리자들에게] 그것을 분권화하는 것이 어떤 이득이 있는가?”라는 과장된 질문을 던졌다. 두 달 후의 6월 20일 당 회의에서 덩은 최근 중국에서 많은 간부들의 부정 축재가 단순히 우발적이거나 특별한 것이 아니라, 기본적인 체제의 결함 때문임을 암시했다. 그는 정치체제 개혁에 착수하지 않는다면, 당내의 위험한 풍조를 청산할 수 없을 것이라고 주장했다.[169]

이제 겉으로 보기에 덩샤오핑이 정치개혁 열차에 승선했기 때문에 대중매체들도 행동을 같이했다. 매체들은 지도체제 개혁에 관한 덩의 1980년 논문을 통해 주도권(그리고 대부분의 표현)을 취하며 가부장적 권위, 관료적 업무 스타일, 부패한 혈연적 유대관계, 간부의 특권, 기타 많은 ‘정치체제의 심각한 폐습’과 같은 ‘봉건적 잔재’를 비판하는 기사를 대거 게재하기 시작했다.[170] 신문과 저널들은 정치개혁을 미래에 권력남용 방지를 보장하고 성공적으로 경제개혁을 하기 위한 필수적인 조건으로 간주했다.[171]

6월에 사회과학원 정치학자 옌자치(严家其)는 중국 정치체제에 대한 폭넓은 비판 논문을 발표했다. 옌의 분석(1980년 덩의 논문과 매우 유사)에 따르면, 중국의 정치체제는 네 가지 주요 결함을 갖고 있으며, 이들 모두는 ‘권력의 과도한 집중’으로 귀결된다.

(1) 우리는 당조직의 기능, 권력, 책임성의 범위를 정부조직과 구별하여 정의한 적이 없다…. 모든 수준에서 당조직이 사실상 국가권력의 [집행] 조직이 다루

---

169 *ICM*, September 1986, 4-5. Rosen, “China in 1986 …”, 38도 참조. 동일한 회의에서 덩은 중국을 지배하는 공산당이 ‘구속을 받아야’ 한다고 제안했다.

170 이 시기의 정치개혁 제안과 관련된 신문 기사, 논설, 문건을 유용하게 모은 것들은 *CLG* 20. 1(Spring 1987) 참조.

171 정치개혁에 관한 많은 탁월한 이론 논문은 이제 사회과학원 학자들이 작성했다. 이 시기 가장 활동적인 개혁이론가 중에는 사회과학원 정치학연구소 주임 옌자치(严家其), 사회과학원 마르크스-레닌주의-마오쩌둥 사상 연구소 주임 쑤사오즈, 푸젠 성 사회과학원 원장 리훙린(李洪林) 등이 있었다. 정치개혁운동에 활동적인 당 지도자는 후치리, 톈지원, 왕자오궈, 주허우쩌, 그리고 중앙위원회 통일전선부장 옌밍푸(阎明复)가 있었다.

어야 할 문제에 개입한다. (2) 당이 집행기관을 대체하여 행동할 뿐 아니라, 인민대표대회 체제도 결코 효과적으로 작동된 적이 없다…. (3) 권력이 과도하게 집중되어 지방당국의 주도권도 충분히 작동되지 못한다…. (4) 우리는 정부기관의 기능, 권력, 책임성의 범위를 기업조직이나 사업단위와 구별하여 정의한 적이 없다. [따라서] 기업과 사업 단위는 사실상 집행기관에 종속된 조직이 되었다….[172]

옌자치는 비록 정치 민주화라는 민감한 문제를 직접 언급하지 않았지만, 일부 다른 자유주의 학자들은 신중하게나마 이를 언급했다. 이것은 명확한 방침이 정해지지 않은 영역이었지만, '사회주의 민주'(당의 지도 아래에서의 민주)가 아닌 다른 것에 대한 옹호는 4항 기본원칙의 위반으로 해석될 수 있었다. 민주주의 문제를 제기한 인사들은 일반적으로 "아랫사람과는 결코 상의한 적 없고", "자신의 의지를 다른 사람에게 항상 자의적으로 강요하는" "일부 봉건적 가장들"이라는 표현을 통해(편의적으로 이름을 숨긴) 안전하고 사전승인된 대상만을 공격했다. 6월에 사회과학자 리훙린은 이러한 사람들이 "'민주주의'라는 말을 들으면 언제나 두려워한다."라고 적었다. 그들은 민주주의를 "아랫사람과 대중들이 상관과 간부를 향해 사용하는 무기이자 안정과 통합을 약화시키고 파괴하는 힘, 심지어 무정부상태와 동일한 어떤 것으로 취급한다."라고 했다. 리에 따르면, 더욱 나쁜 점은 "다른 어떠한 의견의 표출도 반란의 표시로 여기고, 이것을 말하는 사람에게는 아무렇게나 쉽게 정치적 꼬리표를 붙이는 것이다."라고 했다.[173]

7월 말 '연성과학(soft sciences)'에 관한 정부회의 연설에서 부총리 완리(万里)가 정치적 꼬리표와 위협의 치명적 결과라는 문제에 관심을 표명했다. 완은 과거에 그러한 '봉건적 관행'이 많은 피해를 초래했다고 주장하면서, 정책 지향적 연구에 종사하는 사람들을 정치적 압력, 위협, 비판으로부터 보호하는 법의 채택을 제안

---

172 옌의 비판은 *CLG* 20. 1(Spring 1987)에 번역됨.
173 『世界経済导报』(이후 *SJJJDB*), 2 June 1986, trans. in *CLG* 20. 1(Spring 1987)

했다.[174]

일부 예외를 제외하면, 1986년 봄에서 여름까지 중국 정치체제 내에서 지도부 개혁을 촉구하는 대다수 발언들은 온건하고, 기술주의적이며 비선동적이었다. 즉 정부의 통제, 권력분립, 다당제 경쟁 같은 급진적 혁신을 제안하기보다 기존 레닌주의 '당 지도체제' 모델의 틀에서 행정의 합리성 제고, 표현의 자유, 입법 감독 등을 옹호했다. 일부 이론적 글들은 '견제와 균형(制衡)' 장치를 긍정적으로 보았지만, 그것은 당과 다른 기관 사이(between)가 아니라 당내(within)의 적용에 제한되었다. 마찬가지로 정부가 삼권분립에 입각한 동등한 기관이라는 미국적 원칙은 가령 서구에서 '봉건적 전제주의의 부활을 막았다'는 이유로 가끔 찬양되기도 했지만,[175] 일반적으로 '자산계급의 확실한 지배를 보호하기 위해' 만들어졌으므로 중국 같은 사회주의 국가에는 부적합하다고 여겨졌다.[176]

1986년 여름, 개혁에 대한 기대가 고양되면서 조직활동도 활발하게 이루어졌다. 7월에 정치구조 개혁에 관한 회의가 베이징 중앙당교에서 개최되었다. 다양한 당기관에서 상관들이 파견한 수백 명의 젊은 간부들이 참석했고, 회의는 자유주의자인 당 선전부장 주허우쩌가 주재했다. 참석자들에 따르면, 주는 젊은 간부들에게 서구의 비마르크스주의 정치사상과 제도를 연구하고, 장악하고, 흡수하도록 촉구했다. 후에 덩리췬은 "자유주의가 새롭게 고양되기 시작한 것은 이 회의였다."라고 주장했다.[177]

주허우쩌의 요구에 부응하여 일부 개혁이론가들은 1986년 늦여름부터 더욱 대

---

174 『法学研究』 10(October 1986), trans. in *CLG* 20:1(Spring 1987), 74-77.

175 *XH*, 14 August 1986; *I&S* 22. 9(September 1986), 4-7. 완의 연설은 이 시기 이미 중국에서 등장하기 시작한 사회과학 싱크탱크의 정치적 보호에 대한 강력한 논리적 근거도 제시했다. Rosen, "China in 1986 …", 39-40 참조.

176 *SHKX* 4(1986), in *ICM*, November 1986, 1-4.

177 Feng Shengbao, "Preparations for the blueprint on political restructuring presented by Zhao Ziyang at the Thirteenth Party Congress"(unpublished paper presented to the Harvard University East Asia Colloqium, July 1990), 2

담한 발언을 하기 시작했다. 가령 옌자치는 이제 중국이 내각제 정부형태를 진지하게 연구해야 한다고 제안했고, 쑤사오즈는 정치적 다원주의와 다당제 경쟁의 도입을 권고했다.[178] 또한 이 시기에 류빈옌, 팡리즈, 왕뤄왕, 위하오청(于浩成) 등은 당의 지배 이데올로기가 모두 권위에 대한 맹목적 순종, 일원적(monistic) 이익, '금지된 영역', 창조적 지식인의 배척 같은 특징을 갖는 풍조에 대해 비판을 확대하기 시작했다.[179]

여름이 끝날 무렵, 정치국 상무위원회는 5인의 '중앙정치체제개혁 영도소조'를 설립했다. 이 5인 소조는 당의 핵심 개혁파와 전통주의자들이 섞여 있었지만 후야오방은 확실히 배제된 채로 구성되었으며, 덩샤오핑으로부터 "정치개혁의 내용을 정리하고, 구체적 과제를 연구하라."라는 지시를 받았다.[180]

'지도 원칙'의 의문

이러한 새로운 조직활동의 배경에 반대하며, 8월 당 지도자들은 톈진 인근의 여름휴가지인 베이다이허(北戴河) 해변 휴양지에 모였다. 회의의 핵심주제는 사회적 전환 시기에 당의 '지도원칙'을 어떻게 이해할 것인지 하는 점이었다. 정치국의 개혁파들은 새로운 정의와 이데올로기적 지향을 추구하기를 원한 반면, 보수파들은 자산계급 자유화에 대한 투쟁을 강조하며 4항 기본원칙을 훼손하는 어떠한 것도 반대했다. 천윈, 리셴녠, 펑전과 같은 사람들은 정치개혁의 급속한 추진은 사회안정을 해칠 것이라고 평가했다. 그들은 정치개혁이 성공적인 경제개혁의 필수 전제조건이라는 주장에도 전혀 흔들리지 않았다.[181]

---

178 *ZM* 108(1 October 1986), 21, in *FBIS*, 19 September 1986, K20; 『大公报』(이후 *DGB*), 17 September 1986, in *FBIS*, 29 September 1986, K16.

179 이러한 발전에 대한 분석은 Kelly, "The Chinese student movement …", 135-8; Stavis, *China's political reform* …, 51-9 참조.

180 Feng, "Preparations for the blueprint…". 5명의 소조위원은 자오쯔양, 후치리, 톈지원, 보이보, 펑충(彭冲)이었다.

181 베이다이허 회의는 *WHB*(香港), 8 August 1986, in *SWB/FE* 8335(12 August 1986) 참조.

두 개의 주요 파벌이 심각하게 대립함에 따라 베이다이허 회의는 어떠한 새로운 이데올로기적 기반도 구축하지 못했다. 제12기 6중전회가 9월 말에 개최되었을 때, 중국 지도자들은 자신들의 이견은 회피한 채 일시적 해결책을 공개적으로 제시하며, '선진적 문화와 이데올로기를 가진 사회주의 사회의 건설'에 관한 상당히 모호하고 중립적인 결의를 통과시켰다. 그것은 대단히 복잡한 문건이었고, 고상하면서도 자기모순이 가득한 도덕적 일반론으로 채워졌다. 가령 결의는 4항 기본원칙을 찬양하고 자산계급 자유화를 비판하는 한편, 지적 자유, 민주주의, 사회주의적 인도주의를 증진시키고, 선진 자본주의 국가로부터 배우는 것의 중요성도 강조했다.[182] 따라서 교착상태가 이어졌고, 6중전회는 정치개혁에 관한 깊은 고려를 1987년 개최될 예정인 제13차 당대회까지 연기했다.

지도원칙에 관한 중앙위원회 결의의 피상적 단조로움에도 불구하고, 6중전회 막후에서는 긴박한 드라마가 연출되었다. 원래 덩샤오핑은 당내 친개혁세력이 배척되는 것을 우려하여 전체회의에서 자산계급 자유화의 결정적 문제를 제기하지 않기로 결심하고 있었다. 그러나 회의과정에서 그는 마음을 바꾸어 당의 지도원칙에 관한 논쟁을 통해 자산계급 자유화를 강력하게 비판했다. 덩은 자신의 발언을 통해 자산계급 자유화 추세를 계속 허용하면 "우리의 당면 정책을 자본주의의 길로 인도할 것이다."라고 단언하였다. 그는 개혁파들에게 자산계급 자유화를 반대하는 사람은 단지 소수의 강경한 보수파만은 아님을 상기시키며, "나도 그것을 가장 자주, 그리고 지속적으로 제기했던 사람 중의 한 명이다."라고 경고했다.[183]

덩의 갑작스러운 개입 이유는 표면적으로 후야오방이 자유화에 대한 덩의 심각한 불안감을 적절히 알리지 못했기 때문이었다. 덩은 "나의 발언은 분명 아무

---

182 결의의 원문은 *BR* 29, 40(6 October 1986), 1-13 참조.

183 덩 연설의 원문은 *BR* 30, 26(29 June 1987), 14 참조. 약간 다른 버전은 *CLG* 21, 1(Spring 1988) 22-3 참조.

런 효과가 없었다. 나는 그들이 그것을 전혀 확산시키지 않은 것으로 안다…. 나는 정신오염을 반대하기로 마음을 바꾸었다…. 자산계급 자유화에 대한 투쟁은 최소한 20년간 지속될 것이다.”라고 말했다.[184]

파벌 사이의 대립으로 중앙위원회가 점점 마비되고, 정치개혁이 다음해로 보류되고, 덩샤오핑이 당내 자유주의자들을 참지 못하게 되면서, 몇 개월 동안 누적된 개혁파의 동력도 이제 부분적으로 상실되었다. 정치체제 개혁에 관한 상무위원회 5인 소조의 활동은 계속 되었지만, 베이징의 지배적 분위기는 바뀌기 시작했다.[185] 여름의 낙관론은 이제 자유주의자들의 사상과 가치가 또다시 비판 대상이 될 것이라는 소문이 확산되면서 비관론에 자리를 내주었다.[186] 비록 분산적이었지만, 그 증거는 확실히 감지되었다. 정치체제 개혁에 관한 젊은 간부들의 두 번째 회의가 11월 초 베이징 중앙당교에서 개최될 예정이었으나, 당교의 최고 간부이자 보수파 장군인 리더성과 왕전이 학교에서 집회 개최를 허용하지 않아 장소가 갑자기 바뀌었다. 이와 유사하게 중국 공군사령부도 개혁지향적 저널인 『이론신식보(理论信息报)』에 대한 지원을 철회했다. 곧 이어 11월 말 상하이에서 개최 예정이던 정치개혁에 관한 국가 차원의 학술회의도 아무런 설명 없이 계획된 개막일을 며칠 앞두고 갑자기 취소되었다.[187]

가을 중반, 당 보수파들은 자유주의에 대한 이데올로기적 역공을 확대했다. 이

---

184 *BR* 30. 26, ibid.; *I&S* 23. 6(June 1987), 17-8. 후야오방에 대한 자신의 극단적 반감을 강력히 암시한 것이 덩 발언의 맥락이었다. “정신오염을 반대하는 나의 마음을 바꾸지 않겠다.”라는 덩의 발언은 “정신오염에 대해 더 이상 언급하지 말라.”라는 후야오빙의 1984년 12월 기시를 겨냥한 발언이었다(각주 107 참조). 역설적이게도 후야오방이 자신의 생각에 관심을 기울이지 않는다는 덩의 불만은 유명한 1965년 마오쩌둥의 덩샤오핑에 대한 불만을 강하게 상기시켰는데, 당시 고(故) 주석은 덩이 자신을 '장례식에서의 조상의 혼령'처럼 취급한다고 말했다.

185 Feng, "Preparations for the blueprint…". 이 시기 개혁파의 주요 활동은 제13대에 도입될 종합적 개혁 방안의 초안을 준비하면서 정치 개혁의 다양한 영역에 관한 학술패널과 토론회를 지원하는 것이었다.

186 일부 신문들은 이러한 정치적 분위기 변화에 우려스럽게 반응하기 시작했다. 가령 『인민일보』는 11월 1일 사설을 통해 그것이 중국의 일부 인민들이 더 이상 공산주의를 궁극적 목표로 여기지 않는 명분이 되어서는 안 된다고 주장했다. *SWB/FE* 8407(4 November 1986) 참조.

187 Feng, "Preparations for the blueprint …", 2-4.

번 공격의 핵심 인물은 펑전이었다. 11월에 펑은 개혁파들의 핵심 경제원칙 중 하나인 일부 인민이 다른 인민보다 먼저 부자가 되는 것을 완전히 허용한다는 사고를 간접적으로 비판했다. 그는 사회주의하에서 "사람들이 함께 부자가 되어야 한다."라고 경고했다.[188] 11월 말의 전국인민대표대회 상무위원회 연설에서 펑은 자신의 관심을 정치로 돌리면서 "일부 사람들은 자산계급 민주주의를 소중히 여긴다. 이런 사람들에게는 자본주의 세계의 달조차 우리 사회의 해보다 밝아 보일 것이다."라고 말했다.[189] 당 기율의 비민주적 성격에 불만을 가진 자유주의자들에 대응하여, 펑은 당내 민주주의를 다음과 같은 정의했다.

> 우리는 옳은 생각이면 무엇이든 따른다. [토론 후에도] 관점이 일치하지 않는다면, 그때에는 소수가 다수에게 복종하고, 개인이 조직에 복종하고, 낮은 직급이 높은 직급에 복종하고, 국가 전체는 중앙정부에 복종해야 한다…. 이것이 우리의 집체민주주의의 본질적 내용이다.[190]

이처럼 당 보수파는 논쟁의 칼을 예리하게 만들었다. 이데올로기적 투쟁노선이 준비됨에 따라, 투쟁 자체도 곧 도래할 예정이었다.

팡리즈와 학생들

1985년 가을의 학생시위가 일어난 동안, 천체물리학자 팡리즈는 베이징대학, 저장대학(浙江大学) 등 중국의 대학 캠퍼스에서 일련의 논쟁적 연설을 했다. 팡의 주요 주제는 지식인의 각성과 창조성을 방해하는 '장벽 깨트리기'에 중국 학생들이 용감하게 도전하도록 하는 것이었다. 베이징대학에서 그는 당조직 내에 부패

---

188 *RMRB*, 15 January 1987; trans. in *FBIS*, 16 January 1987, K14.

189 *I&S* 23, 6(June 1987) 17에서 인용.

190 *XH*, 26 November 1986. 펑의 집체민주주의에 대한 정의는 민주집중제에 관한 고전적 레닌주의 개념과 실질적으로 동일하다. 한편 그것은 1978년 이래 개혁파 지도자들이 광범위하게 옹호한 사회주의 민주개념과는 실질적인 차이가 있다.

와 후원관계가 여전히 지배적임을 강조하면서, 젊은이들에게 자신의 손으로 미래를 개척하라고 촉구했다. 그러나 팡리즈는 다른 당내 비판가들과 달리 이름을 직접 거명했다. 가령 그는 최근 고에너지 물리학 세미나의 학술대표단 일원으로 미국을 방문한 베이징 부시장 장바이파(张百发)를 사례로 들었다. 팡은 "그가 그곳에서 무엇을 했는가?"라고 물으며 "이런 공짜 여행은 부패한 것이다…. 나는 그 사람이 장바이파인지 개의치 않고 그 일을 말하고 싶다."라고 했다.[191]

그 발언 이후 거의 1년 동안, 팡리즈는 다른 대학들에도 순회강연을 다녔다. 사람들의 설명에 따르면, 그의 1986년 11월 강연은 예전 강연들보다 훨씬 선동적이었다. 11월 6일 상하이 자오퉁대학(交通大学) 강연에서, 팡은 장벽 깨트리기 주제에 관해 상세히 설명했다. 그는 학생들에게 이제 당이 위로부터 민주적 권리와 자유를 부여하도록 기다리기보다 권위에 도전하며 그것을 요구하라고 촉구했다.

나는 이제 우리가 아무도 두려워해서는 안 된다고 생각한다. 어떤 사람들은 지도자들에게 감히 도전하지 못한다. 그러나 나는 여러분들이 그들에게 도전하면, 그들도 여러분에게 함부로 하지 못할 것을 알았다…. 예를 들어, 나는 지난해에 장바이파의 이름을 거명하며 그를 비판했다…. 후에 그는 나의 허물을 찾기 시작했다. 그러나 그는 이제 더 이상 아무도 비판하지 않는다. (청중들의 웃음) 8월에 나는 한 기자 회견에서 후차오무의 이름을 거명하며 비판했지만, 그는 나한테 아무 일도 하지 않았다. (청중들의 웃음) … 올해 나는 정치국 지도자들을 비판했다. (웃음) … 나는 나 자신의 견해를 표현하고자 한다….

핵심적인 문제는 중국의 개혁을 전적으로 최고지도자에게만 의존한다면, 중국이 선진국이 될 수 없다는 점이다…. 지도자가 부여한 민주주의는 진정한 민주주의가 아니다. (박수갈채) 민주주의의 의미가 무엇인가? 민주주의는 모든 인간이 자신의 권리를 가지며, 자신의 권리를 행사하는 인간이 우리 사회를 만드는 것을 의미한다. 따라서 권리는 모든 시민들의 수중에 있다. 그것은 국가의 최

---

191 팡의 연설은 *ICM*, December 1986, 8-10 참조.

고지도자들이 부여하는 것이 아니다.[192]

팡리즈는 이 주제를 상하이의 다른 대학에서도 반복했다. 11월 18일 퉁지대학 (同济大学)에서 그는 최고의 논쟁적인 발언을 했다. "나는 마르크스와 레닌에서부터 스탈린과 마오쩌둥까지 사회주의운동이 실패했음을 여러분에게 말하기 위해 여기에 있다…. 나는 완전한 서구화만이 근대화의 유일한 방법이라고 생각한다."라는 것이었다. 팡리즈가 가는 곳마다 학생들이 그의 말에 감동을 받은 것으로 전해졌고, 그는 빠르게 캠퍼스의 영웅이 되었다.[193]

정치개혁을 지지했던 많은 당 지도자들조차 팡의 웅변에는 그다지 현혹되지 않았다. 11월 30일, 부총리 완리는 팡의 모교인 허페이(合肥) 시의 중국과학기술대학(中国科学技术大学, 과기대학)을 방문했고, 그곳에서 팡(과기대학 부총장이었음)에게 대학 지도자들은 당의 노선, 원칙, 정책을 집행할 의무가 있음을 상기시키며 은근히 경고를 했다.[194] 부총리는 팡과 즉석논쟁을 펼쳤지만, 천체물리학자인 그는 물론 일반 학생 청중들과의 논쟁에서도 별다른 성과가 없었다. 어느 순간, 당황한 기색의 완리가 팡에게 "나는 이미 당신에게 충분한 자유와 민주를 주었다."라고 말했다. 팡은 이에 즉시 "당신이 말하는 '충분한 민주'는 무엇인가? 당신을 총리로 만든 것은 인민들이었다. 민주주의를 전수하는 일을 어느 한 사람이 할 수는 없다."라고 되받아쳤다.[195]

이 일들이 동시에 발생했든 그렇지 않든 간에 12월 초 중국 학생들의 시위가 촉발되었을 때, 그러한 정치오염의 궤적은 팡의 순회강연 여정과 아주 근접하게 (정확하게는 아니지만) 일치하였다. 학생들의 저항이 허페이 과기대학에서 시작해 상하이 자오퉁대학과 퉁지대학으로 확산되었고, 이어 북으로 베이징대학을 향해

---

192 팡의 연설은 *I&S* 23, 4(April 1987), 124-42 참조.

193 스타비스(Stavis, *China's political reforms* …, 92-5)는 이 사건을 생생하게 묘사하고 있다.

194 *XH*, 3 December 1986, in *FBIS*, 23 December 1986, K18-9.

195 *South China Morning Post*, 12 January 1987; *ZM* 111(1 January 1987).

옮겨 갔다. 정치오염의 궤적을 따라 중국 학생들은 장벽을 깨트리기 시작했다.

장벽 깨트리기: 1986년 12월

시위는 12월 5일 시작되었고, 당시 수백 명의 과기대학 학생들은 학생회 대표 선출 및 성 인민대표대회 후보자 지명 과정에서 자신들이 배제된 것에 항의하기 위해 집결했다.[196] 4일 후, 1935년 12월 9일 항일학생운동의 51주년 기념식이라는 상징적 행사에서 약 2000~3000명의 과기대학 학생들이 허페이 시내를 행진하며 정부를 비판했고, 특히 선거민주주의 확대에 대한 약속 위반에 크게 항의했다. 이러한 항의에 당황한 당국은 학생들의 요구를 수용해 성 인민대표대회 선거를 연기했다. 12월 9일 우한과 시안 등 다른 도시의 일부 대학 캠퍼스에서도 소규모 시위가 발생했다.[197]

허페이 학생들의 성공소식은 다른 대학으로 퍼지면서 지방의 항의를 확산시키고, 전염효과를 낳는 촉매제 역할을 했다. 12월 10일, 민주주의를 요구하는 대자보가 많은 대학 중에서도 자오퉁대학과 베이징대학에 나붙었다. 산둥, 선전, 쿤밍 등의 대학 캠퍼스에도 소규모 시위가 발생했다.

자오퉁대학과 베이징대학 당국은 대자보 철거 명령을 내렸고, 자오퉁대학 학생들은 그 명령에 저항하기 위해 시위를 계획했다. 상하이 시장 장쩌민(江澤民)이

---

196 바로 얼마 전에 인민대표대회 후보자의 더욱 민주적인 선출 절차를 위해 중국의 선거법이 수정되었다. 특히 새 법률은 선출될 직위 수보다 더 많은 후보자 지명을 명시했다(*XH*, 15 November 1986). 새 선거법 원문은 *FBIS*, 8 December 1986 참조. 시위 전날인 12월 4일 펑리그는 학생들에게 "민주주의는 위에서부터 주어지지 않는다. 개인들이 쟁취해야 한다."라고 말한 것으로 알려졌다(*BR* 29. 8 [23 February 1987], 17-8).

197 이 도시의 목격자들에 따르면, 시위대의 요구는 매우 다양했고, 결집된 초점이 없었다. 일부 학생들은 선거 민주주의를 소리쳐 외쳤고, 일부는 대학의 음식과 생활 여건(기숙사에 쥐의 출몰을 포함)이 취약한 것에 불만을 제기했고, 또 다른 일부는 물가상승, 부패, 등록금 상승, 무분별한 학생 보조금 폐지 등에 항의했다. 1986년 학생시위에 대한 분석은 Stavis, *China's political reforms* …, 96-104; Julia Kwong, "The 1986 student demonstrations in China: A democratic movement?", *AS* 28. 9(September 1988), 970-85; Lowell Dittmer, "Reform, succession and the resurgence of Mainland China's old guard", *I&S* 24. 1(January 1988), 96-113; *ICM*, January 1987, 2-6, March 1987, 27-8 참조.

12월 18일 학생들을 진정시키고자 대학을 방문하여 통합과 안정을 호소했지만, 그는 계속 야유를 받으며 저지를 당했다. 한순간 어느 학생이 장쩌민에게 상하이 시민들이 그를 시장으로 선출한 것이냐며 도발적인 질문을 했다. 순간적으로 놀란 시장은 학생의 이름과 학과를 물었다. 그러한 노골적인 위협에 화가 난 많은 참석 학생들은 자신들의 급우를 보호하기 위해 아우성을 질렀다.[198]

자오퉁대학의 대치 소식은 빠르게 퍼져 나갔고, 인근 퉁지대학과 푸단대학(复旦大学) 학생들은 12월 19일 거리로 나와 관료주의를 비판하고 자유와 민주주의를 요구했다. 수천 명의 학생들은 상하이 인민광장에 집결하여 시장면담을 요구했다. 몇 시간이 지나 시위대가 조금씩 해산할 무렵, 학생들은 도중에 인터내셔널가(the Internationale)를 부르며 시청으로 행진했다. 결국 장쩌민은 부시장을 학생대표들과 면담하도록 내보냈다. 학생들은 네 가지 요구를 제시했는데, (1) 장쩌민 시장이 그들과 직접 면담하기를 원했고, (2) 그들의 시위가 합법적이고 애국적인 것으로 인정받기를 원했고, (3) 사후에 처벌하지 않는다는 확답을 원했고, (4) 시위에 관해 언론이 공정하고 정확하게 보도하기를 원했다.[199]

부시장은 학생들을 보호할 버스를 제공하며, 그들에게 캠퍼스로 돌아갈 것을 계속 요구했다. 이에 굴하지 않고 수백 명의 시위대가 광장에 남았다. 다음날 아침 5시 45분경, 경찰이 진입하여 학생들을 강제해산시켰고, 그들을 캠퍼스로 돌려보내기 위해 버스에 태웠다. 해산을 거부한 일부 학생들은 단기간 구속되었다. 일부 학생들은 심하게 다루어져 다리가 부러진 경우도 있다고 전해졌다. 며칠 후 인민광장의 시위는 더욱 확대되었고, 이제 학생이 아닌 일반인까지 상당수 포함되어 시위대가 1만 명을 넘어섰다. 목격자에 따르면, 시위대의 흥분상태가 문화대혁명 이후 최고 수준인 것으로 전해졌다.

---

198 *South China Morning Post*, 24 December 1986; Stavis, *China's political reforms* …, 97.

199 1986년 12월 학생시위의 일부 다른 측면 외에 이러한 요구 역시 28개월 후인 1989년 톈안먼 광장 시위가 고조되던 시기의 사건과 고도로 유사했기 때문에 특별한 관심을 끌었다. 소제목 "추모가 긴장으로 바뀌다", "4월 26일의 여파: 대중적 분노의 심화" 참조.

난징, 톈진, 베이징에서도 12월 22~26일의 1주일 사이 수천 명의 학생들이 시위에 참여했으며, 일부는 상하이 학생들을 지지했고, 일부는 단지 당시의 고조된 분위기에 편승했다. 1986년 12월 후반의 시위 참여인원은 학생과 일반인을 포함해 17개 도시에서 전부 수만 명에 이르렀고, 그들은 150개(전체 약 1000개 가운데) 이상의 단과대학과 대학을 대표했다.[200]

공식매체들이 처음에는 전부 시위를 무시했지만, 이제 절제와 제재를 촉구하는 사설을 통해 사태를 진정시키려 했다. 12월 22일 신화사는 톈진의 친개혁적 시장인 리루이환(李瑞環)의 발언을 보도했는데, 그는 시민들에게 소요사태에 심하게 동요하지 말 것을 호소했다. 그는 "이런 사건에 특별한 것은 없고, 우리가 냉정을 잃을 이유도 없다."라고 했다. 동시에 시장은 학생들에게 중국의 미래가 '완전한 서구화'에 있다는 주장에 현혹되지 말도록 당부했다. 리루이환은 그 개념이 전혀 적절하지 못하며, 확고하게 반대해야 한다고 말했다.[201] 며칠 후 『인민일보』는 민주화가 하룻밤 사이에 실현될 수 없는 장기적인 과정이라고 주장하며 중국 학생들에게 인내심을 갖도록 촉구하는 사설을 게재했다.[202] 그 사이 베이징 시 당국은 시위를 저지하기 위해 더욱 노골적이고 직접적인 수단을 동원했다. 12월 26일 그들은 시위허가증 발급을 제한하는 새 규정을 제정했고, 이어서 질서 교란, 폭력 선동 등의 책임을 물어 몇 명의 시위자를 체포했다.

경찰력을 동원하여 간헐적으로 체포하거나, 주기적으로 위협수단을 활용하였음에도 불구하고, 지방당국은 학생시위 진압에 과도하게 무력을 사용하는 것에 대해 자제했다. 정부의 자극적인 행동이 없었기 때문에 대중들의 열정은 가라앉기 시작했고, 시위는 동력을 상실했다. 1987년 1월 초, 차가운 겨울 날씨와 학생

---

200 전체 참여자의 추정 규모는 작게는 약 2만 명(전체 중국 대학생의 약 2%), 많게는 다양한 외국 매체들의 추정을 반영한 7만 5000명 이상까지 아주 다양했다. 최대 규모의 개별시위는 상하이와 베이징에서 있었고, 그곳에서는 군중(시위자와 구경꾼을 포함)이 3만 명 정도로 추정되었다.

201 *XH*, 23 December 1986, in *ICM*, April 1987, 3-4.

202 *RMRB*, 25 December 1986.

들의 자연스런 에너지 소멸이 겹치면서 시위대의 열정은 한풀 꺾였다. 그러나 베이징의 학생들은 수업 복귀에 앞서, 정치적 저항의 상징으로 마지막 한 가지 행동을 실행했다. 1월 5일, 학생들은 시정부 공식 기관지인 『베이징일보(北京日报)』복사판을 공개적으로 소각했으며, 그들은 이 신문이 자신들의 시위를 총체적으로 왜곡했다고 주장했다.

제국의 역공

12월 내내 중국 당 지도부는 겉으로 냉정을 유지했다. 그러나 그들 대다수는 속으로 분개하기 시작했다.[203] 베이징 시장 천시퉁(陈希同)과 시위원회 서기 리시밍(李锡铭)은 『베이징일보』의 소각에 상당히 화가 난 것으로 전해졌다. 12월 28일, 당 보수파들이 공개발언을 했는데, 보이보, 후차오무, 덩리췬은 모두 자산계급 민주주의를 비판하는 성명을 통해 그것이 국가를 불안하게 만들고, 현대화를 지연시킨다고 말했다. 이틀 후 왕전도 비슷한 성명을 냈으며, 그는 학생시위를 진압하기 위해 무력 사용 가능성을 제안할 만큼 강경하였다.[204]

이제 덩샤오핑이 논쟁에 개입했다. 12월 30일, 완리, 후치리, 리펑, 그리고 국가교육위원회 부주임 허둥창(何东昌)이 참석한 회의에서 덩은 '현 시기 학생소요 문제에 관하여'라는 담화를 발표하였다. 덩은 그 담화에서 자유주의에 대한 지금까지의 공격 가운데 단연코 가장 신랄한 공격을 퍼부었다. 그는 '자산계급 자유화에 대한… 확고한 태도를 취하지 못한 [다양한] 기관의 지도자들'에게 학생 '동란'의 확산 책임을 정면으로 떠넘겼고, 이것은 "한두 곳이나, 한두 해 지속된 문제가 아니며, 오히려 몇 년 동안… 확고한 입장을 취하지 못한 문제였다."라고 주

---

203 상하이 시장 장쩌민은 시 간부 회의에서 자오퉁대학 학생들의 당에 대한 반대를 단호하게 비판했다. 이후에 그는 자신의 발언을 '한 마디도 빠짐없이' 외부에 전달하도록 명령한 것으로 알려졌다(*ZM*, 111 [1 January 1987], in *ICM*, March 1987, 24-6).

204 *SWB/FE* 8464(13 January 1987); *ZB*, February 1987, 26. 왕전은 그의 선동적 발언 때문에 비판받은 것으로 전해졌으며, 그 후 중앙당교 교장 직위에서 강등되었다. Feng, "Preparations for the blueprint …", 8 참조.

장했다.[205]

그는 자유주의 지식인 그룹에 학생선동의 책임이 있다고 혹평했고, 이름을 거명하며 처벌을 요구했다. 그는 "나는 팡리즈의 발언을 들은 적이 있는데, 그것은 절대 당원이 해서는 안 될 말이었다. 그를 당에 남겨 두는 것이 무슨 의미가 있는가?"라고 말했다. 왕뤄왕에 대해 덩은 "[그는] 교활한 악당이다. 나는 오래 전에 그를 추방해야 한다고 말했다. 왜 그렇게 하지 않았는가?"라고 했다. 다음으로 덩은 "우리가 민주주의를 말할 때, 자산계급 민주주의를 의미해서는 안 된다. 우리는 정부기관의 권력 분립과 같은 제도를 구축할 수 없다. 이것은 커다란 문제를 야기한다."라고 하며 자산계급 민주주의를 비판했다. 덩은 1978~1989년의 짧은 민주화운동 시기에 반대자를 다룬 방식을 언급하며, "우리는 확실한 자기 주관이 없는 사람을 … 그들 좋을 대로 내버려 두어서는 안 된다. 우리는 웨이징 성을 체포하지 않았던가? … 우리가 그를 내버려 두지 않고 체포했지만, 중국의 이미지는 전혀 손상되지 않았다."라고 말했다. 1981년 폴란드 정부가 연대노조 (Solidarity) 위기를 처리한 것을 칭찬하며, 덩은 폴란드 지도자들이 "냉정하고 분별력 있는 판단을 보여 주었고, 그들의 태도는 확고했다…. 그들은 상황을 통제하기 위해 계엄령을 발동했다."라고 말했다. 덩에게 그것의 교훈은 명확했다. "이것은 독재적 방식을 따르지 않으면, 성공할 수 없음을 증명했다."[206]

덩은 '가능한 한 적게 체포하는 것'이 바람직하다고 하면서도, 힘의 과시가 다루기 힘든 시위자를 다루는 데 불가피하다고 주장했다. 불길하게 드리워진 1989년 5월과 6월의 사건들을 예감하며, 덩은 대립을 유발할 것이 분명히 예상되는 사람들을 어떻게 다룰지에 관한 문제를 제기했다.

만약 그들이 유혈사태의 발생을 원한다면, 우리는 어떻게 해야 할 것인가? …

---

205 덩의 담화의 요점은 나중에 "1987년 중앙문건 제1호" 본문에 포함되고, 1987년 1월 6일에 공포되었다. 이 문건의 본문은 다른 관련 문건과 함께 *CLG* 21. 1(Spring 1988), 18-21에 수록되어 있다.
206 Ibid.

유혈참사를 피하기 위해 우리는 최선을 다해야 한다. 한 사람도 죽지 않는다면, 그것이 최선의 방법이다. 우리 쪽 사람이 다치도록 하는 것이 더 나을 수도 있다.[207] 그러나 가장 중요한 것은 투쟁의 대상을 장악하는 것이다…. 만약 적절한 조치와 수단을 강구하지 못한다면, 우리는 이러한 유형의 사건을 통제할 수 없을 것이다. 만약 물러선다면, 우리는 나중에 더 많은 문제에 직면할 것이다…. 외국인들이 우리의 평판이 무너졌다고 말할 것을 걱정하지 말라…. 우리는 외국인들에게 중국의 정치상황이 안정되어 있음을 보여 주어야 한다.[208]

이것이 이후의 총격을 다룰 원로 지도자 덩샤오핑의 처방이었다. 그러나 잠시 동안 학생들은 조용해졌고, 위기는 진정되었다.

후야오방의 '사직'

1986년 12월의 학생시위는 1980년대 중반, 중국 도시에 영향을 미치기 시작한 다양한 유형의 사회적 불안 가운데 가장 심각했다. 비록 학생시위의 최대 공통분모는 민주주의의 확대 요구였지만, 그 요구는 모호하고 초점이 없는 경향이 있었으며, 종종 사회 저변에 깔린 다양한 갈등, 불만, 긴장과 연관되어 있었다. 그 중 일부는 예전부터 이미 존재했고, 일부는 개혁으로 유발되었지만, 이 모든 것은 1980년대 중국의 특징인 기대감의 확산, 행동 제약의 약화, 사회적 동원의 가속화와 같은 소용돌이 속에서 빠르게 증폭되었다.

비록 학생들의 요구와 목표는 다소 산만하고 초점이 없었지만, 다시 일어선 중국 보수파들은 그렇지 않았다. 그들은 자신들이 원하는 것이 후야오방의 제거임을 정확히 알고 있었다. 물론 이것이 새롭지는 않았으며, 천원, 후차오무, 덩리

---

207 1987년 1월 12일 *South China Morning Post*는 이것과 동일한 말을 다소 거슬리게 번역하여 덩이 "우리는 다소간 피를 뿌릴 여지가 있다. 단지 아무도 죽이지 않도록 가능한 한 최대로 노력하라."라고 말한 것으로 인용했다. 이 말에 대한 중국 정부의 공식 번역은 "설사 그것이 우리 인민의 일부가 다치는 것을 의미할지라도, 우리는 피를 뿌리는 것을 피하기 위해 최선을 다해야 … 한다."였다(*BR* 30. 26 [29 June 1987], 15-16).

208 *CLG* 21. 1(Spring 1988).

친은 최소한 1982~1983년 이래 후야오방 때문에 불행했던 것처럼 보였다. 그러나 이제 보수파들은 자신들이 가진 강력한 새 무기, 즉 덩샤오핑의 분노에 편승했고, 그 효과를 최대한 이용했다. 12월 27일, 7명의 보수파 지도자 대표들은 후야오방 해직을 요청하기 위해 덩을 방문했고, 그의 무수한 과오를 지적했다.[209] 덩은 미봉책을 제시하는 데 그쳤는데, 바로 얼마 전 외국 방문단에게 후의 지도력에 신뢰를 표시했기 때문에, 당시로는 자신의 판단력에 흠을 내지 않고 총서기를 해고하기가 어려웠다.[210]

한편 12월 '동란'에 대한 보수파들의 반발도 확대되어 갔다. 1월 6일, 『베이징일보』 복사판의 공개 소각에 이어 정치국은 '1987년 중앙문건 제1호'를 발표했다. 그것은 모든 기관과 지방당국이 학생 소요를 진압하는 '투쟁 일선'에서 '확고한 입장'을 견지할 것을 요구했다. 학생 동란을 지지하지 못하도록 한 당의 명령을 위반하면 '당의 규칙과 규정에 따라' 처리할 것이며, 상황이 엄중한 경우 강력한 처벌을 가할 것을 규정했다.[211] 3일 후에는 팡리즈, 류빈옌, 왕뤄왕에게 당의 추방 명령이 내려졌다는 비공식 보도가 있었다.[212]

『베이징일보』 사건의 여파로 덩샤오핑은 후야오방을 해직하려는 마음을 굳혔다.[213] 1월 16일, 정치국 확대회의에서 후는 덩의 사임요청을 몇 번이나 거절한 것으로 알려졌으나, 결국 총서기 직무에서 해임되었다. 그 회의에서 예전의 지지자 일부를 포함하여 20명 이상이 후를 반대하는 발언을 했다.[214]

---

209 *DX* 141(1 April 1987), 3. 7명은 펑전, 후차오무, 왕전, 덩리췬, 보이보, 양상쿤, 위추리였다.

210 이 점에 대해서는 Parris Chang, "From Mao to Hua to Hu to Chao: Changes in the CCP leadership and its rule of the game", *I&S* 25, 1(1 January 1989), 66 참조.

211 그 문건은 *ICM*, April 1987, 1-2에 있다.

212 Kyodo(Tokyo), 9 January 1987; *SWB/FE* 8462(10 January 1987). 3명의 자유주의자를 추방하는 각각의 결정은 *XH*, 14 January 1987; *XH*, 19 January 1987; *RMRB*, 24 January 1987에 공식 보도되었다.

213 덩은 천원이 그에게 후야오방의 리더십 스타일이 당을 분열시키고, 도시노동자들 사이에 중국의 그 다인스크(Gdansk)와 같은 자율노조 결성을 초래할 위험성이 있다고 설득했기 때문에, 결국 후의 해임을 결정한 것으로 알려졌다. Wilson and Ji, "Leadership by 'lines' …", 34 참조.

214 *SWB/FE* 8467(16 January 1987).

다음날 정치국은 후의 과오를 분류한 '1987년 중앙문건 제3호'를 공포했다. 그 문건은 6개 항목의 책임을 열거했다. (1) 후야오방은 지난 몇 년간 이데올로기 영역에서 정신오염 및 자산계급 자유화와 투쟁하는 당의 '아주 정확한' 노선을 방해했으며, 따라서 '전반적 서구화'에 대한 자유주의 요구의 확산에 기여했고, 1986년 12월 학생 동란이 절정에 이르도록 만들었다.[215] (2) 그는 당의 정당정풍운동에서 정확한 지도력을 발휘하지 못했으며, 4항 기본원칙을 사실상 무시했고, "우파는 전혀 반대하지 않은 반면 오직 좌파만을 반대했다." (3) 경제 업무에서, 그는 소비자 수요의 자극과 충족 필요성을 지나치게 강조했고, 계획적 경제성장 비율을 부당하게 촉진시켰고, 빠른 성장을 위한 '이데올로기적 기반 구축'을 불가능하게 했으며, 따라서 경제가 '통제를 벗어나도록' 만들었다. (4) 정치업무에서 그는 법적 절차를 자주 무시했고, "심각하지는 않지만 정부 입법업무에 수차례 개입했다." (5) 외교 업무에서 그는 "해서는 안 될 말을 많이 했다." (6) 그는 당의 결의를 종종 위반했고, 자신의 의견 표시에 '중앙위원회의 승인 없이' 주도권을 자주 행사했다.[216]

중앙문건 제3호에는 후야오방의 자아비판에 대한 요약도 실렸다. 그 속에서 그는 총서기로서 권위의 한계를 넘어선 점을 반성했고, 지도자 직무를 맡은 자신의 과오가 당, 국가, 인민에게 '아주 심각한 피해'를 초래했음을 인정했다. 그는 또한 자신의 과오가 "개별적 실수가 아니라, 정치적 원칙과 관련된 주요 과오가 전반적으로 얽혀 있는 것이다."라고 인정했다. 그렇지만 동시에 그는 자신의 이

---

215 그 문건은 전 미국 국무장관 고(故) 덜레스(John Foster Dulles)에게 확실한 준거가 되었으며, 그는 한때 "미국 정부의 정책은 소련과 동유럽 국가에 대한 자유화의 고취이다."라고 언급했다. 분명히 후야오방은 미국이(부지불식간에) 제국주의적 목적을 확장하도록 제휴한 혐의를 받았다. 중국 자유주의 개혁가들이 자산계급 민주주의라는 '화평연변'을 위한 서구의 계획을 촉진시켰다는 유사한 주장들도 이후 1989년 봄에 학생시위 진압의 중요한 논리적 근거를 정부에 제공했다.

216 '중앙문건 3호'의 본문은 *ICM*, May 1987, 1-3에 수록되어 있다. 후에게 제기된 여섯 가지 비판 가운데 처음 두 가지는 아주 심각했고, 나중의 세 가지는 상당히 모호하고 개략적이었다. 그 문건은 보이보가 1월 10~15일 사이 베이징에서 개최된 최고위급 지도자 회의의 회의록을 요약한 보고서에 기초한 것으로 알려졌다.

데올로기적 이완이 정신오염과 자산계급 자유화를 조장하고, 따라서 학생 동란을 야기했다고 하는 가장 치명적인 책임을 인정하는 것은 조심스럽게 피하려 했다.[217] 후가 상세한 일은 고백하지 않았지만, 그의 자아비판에 참석한 사람들은 그의 '감정과 태도'에 '만족감을 표시했고', 결과적으로 그는 당에서 제명되지 않고, 정치국 내 지위도 보유할 수 있었다.[218]

중앙문건 제3호 말미에는 미래에 재발가능한 당 지도자들의 분별없는 행동을 어떻게 통제할지에 대해 짧은 단락이 할애되었다. 이 단락이 당시에는 크게 주목받지 못했지만, 나중에 위기가 발생했을 때 퇴임한 당 원로들이 젊은 지도자들을 무시할 수 있는 논리적 근거를 제공했다. 즉 "이 회의에 참석한 모든 동지들은 덩샤오핑, 천윈, 리셴녠 등 원로세대 혁명가들이 건강을 유지하는 한, 우리나라의 장기적 평화와 질서를 위해 그들이 당정 고위 지도자들을 통제하고 감독할 수 있는 체제를 만드는 것이 좋을 것으로 생각한다."라고 명시했다.[219] 이러한 체제는 그해 말 공산당 제13차 당대회에서 구축되었고, 1989년 5월에서 7월 사이 후속 라운드의 학생 '동란' 시기에 활발하게 작동했다.

자산계급 자유화와의 투쟁

비록 자산계급 자유화에 대한 당 지도자들의 비판이 강력했지만, 후속적인 선전활동은 예전 1983년 반정신오염운동 때보다 상당히 온건했다. 그 이유는 분명했다. 예전의 운동이 초래한 부정적 반발이 외국 투자자들을 놀라게 하고, 덩의 개혁정책을 훼손할 정도로 위협적이었기 때문이다. 이를 반복하지 않기 위해 1987년 운동은 출발부터 범위가 제한되었다. 그것은 대중운동이 아닌 당원을 대상으로 한정되었으며, 당의 제명이 상대적으로 적었고, 직위해제도 마찬가지였

---

217 Ibid., 2-3.
218 펑전은 자신과 그의 오랜 동료들이 후의 축출에서 효과적인 역할을 했다고 계속(에둘러) 자랑했다 (*DGB*[香港], 9 April 1987). 나중에 후는 보수파의 자아비판 압력에 굴복한 것을 후회한다고 말했다.
219 *ICM*, May 1987, 3.

다. 후야오방을 제외하고는 주허우쩌만이 사실상 1986년 12월 학생시위 여파로
해직된 유일한 당 고위 간부였다.[220] 비록 늦겨울과 1987년 봄에 언론검열과 일
부 자유주의 잡지 및 저널의 블랙리스트 작업이 아주 강화되었지만, 학생시위 지
지자에 대한 대규모 경찰 단속은 없었다.[221] 단지 학생이 아닌 사람 가운데 일부
문제의 인물만이 12월 동란의 선동죄로 투옥된 것으로 알려졌다.[222] 결국 새로운
운동이 경제개혁과 개방정책에 대한 공격으로 이어지는 것은 조심스럽게 막았

---

220 주를 대신해 전임 『홍기(红旗)』 부편집장 왕런즈(王忍之)가 당 선전부장이 되었으며, 그의 당원 자격
은 보류되었다. 저명한 자유주의 비판가들 가운데, 팡리즈, 왕뤄왕, 류빈옌만이 학생소요 이후 바로 당에
서 축출되었으며, 쑤사오즈와 개혁파 경제학자 위광위안(于光远)을 포함한 다섯 명의 다른 자유주의 지
식인은 1987년 여름에 중국공산당에서 탈당 압력을 받는데 그쳤다. 퇴임한 인민해방군 원수 녜룽전의 개
인적 개입 덕분에 그들은 당원자격을 상실하지 않았던 것으로 보도되었으며, 그는 표적이 된 다섯 명의
지식인 중 한 명인 쑹창장(宋长江)의 후원자였다. *ICM*, December 1987, 34; *China News Analysis*(Hong
Kong)(이후 *CNA*) 1342(1 September 1987), 4 참조. 과기대학 부총장 팡리즈 외에도 그의 상관인 관웨
이옌(管惟炎) 총장을 포함해 다른 많은 대학 지도자들, 그리고 중국과학원 원장과 부원장인 루자시(卢嘉
锡), 옌둥성(严东生) 등은 1987년 초에 직위에서 해임되었다. 당에서 축출된 이후에도 팡리즈와 류빈옌은
중국에서 전문가회의에 참석이 허용되었고, 류빈옌, 왕뤄왕, 쑤사오즈, 그리고 나머지 일부는 나중에 출
국이 허용되었다.

221 3월에 발표된 '1987년 중앙문건 제4호'는 계속 자산계급 자유화 경향을 갖는 사람들을 신문이나 정
기간행물의 주요 간부직에서 해임하도록 요구했다. 또한 이 문건은 "우리는 정치적 오류를 범했거나,
저급한 내용을 담은 신문이나 정기간행물의 계속 출판을 금지하기로 결정했다."라고 말했다. *SWB/FE*
8512(10 March 1987); *BX* 140(16 March 1987); *ICM*, May 1987, 3-5, 10 참조. 이 결정에 영향을 받은
대부분의 정기간행물은 『사회신문』(상하이), 『경제특구노동자신문』(선전), 『청년포럼』(허베이), 『과학기술
과 금융보고』(안후이) 등과 같은 소규모의 알려지지 않은 간행물이었다. 더 악명 높은 상하이의 『세계경제
도보』도 당시에 비판을 받았지만 폐간되지는 않았다. 1987년 겨울과 봄에 직위가 해제된 자유주의 편집
자와 언론인 중에는 『문학평론(文学评论)』의 류짜이푸와 『인민문학(人民文学)』의 류신우(刘心武)가 있었
으며, 이 둘은 마르크스주의 이론에 관한 1986년 비판논쟁에 적극 참여했다. 정치학자 옌자치(严家其)와
그의 아내 가오가오(高皋)의 저서인 『문화대혁명십년사(文化大革命十年史)』가 1986년에 출판이 금지되
었으며, 이것은 분명히 그들의 자산계급 자유화 지지 활동과 직접 관련은 없었다. 당시에 비판을 받았거
나 요주의 인물이 된 다른 저명한 지식인들로는 왕뤄수이, 후지웨이, 쑤사오즈, 위광위안, 리훙린, 우쭈광
(吴祖光), 원위안카이(温元凯), 장셴양(张显扬), 쉬량잉(许良英), 궈뤄지(郭罗基), 거양(戈扬) 등이 있었
다. 참조문헌은 *BX* 140(16 March 1987); *JSND* 4 & 5(1987); Kelly, "The Chinese student movement …"
참조.

222 1월 말에 톈진대학의 한 학생이 12월 학생시위 기간 프랑스 기자에게 기밀정보를 누설했다는 혐의
(1979년 웨이징성을 겨냥한 것과 아주 유사한 혐의)로 체포되었다. 3월에는 2명의 일반인이 대학 캠퍼스
에서 폭동을 선동했다는 혐의로 각각 징역 3년과 5년형을 선고받았으며(*ICM*, May 1987, 30), 5월에는
12월 시위 때 체포된 또 다른 사람이 3년형을 선고받았다는 보도가 있었다(Stavis, *China's political reforms*
…, 123). 다른 유죄판결도 당연히 있었겠지만, 그것들이 당시에는 보도되지 않았다.

544

고, 두 정책 모두 전적으로 '필요하고 정확한' 것이라고 개혁파와 보수파가 똑같이 이를 지지했다.[223]

개혁 과정에서 지도력의 합리적 영속성을 확보하기 위해 정치국은 후야오방 대신 만장일치로 자오쯔양을 당 대리 총서기로 선출했다.[224] 자오는 자신의 새로운 역할을 위한 첫 번째 조치로 국내외를 향해 "중국은 자산계급 자유화에 반대하는 정치운동에 착수하지 않을 것이다…. 자산계급 자유화에 반대하는 당면 업무는 공산당 내로 엄격히 제한하고, 정치와 이데올로기 영역에서 주로 수행할 것이다. 농촌 지역에서는 이 일을 전혀 추진하지 않으며, 기업과 기관에서는 연구와 자기 학습 형태로만 수행할 것이다."라고 천명했다.[225]

덩리쥔조차 새롭고 평소답지 않은 자제력을 보였다. 젊은 독자들을 겨냥한 2월 기사에서 예전의 대선동가는 최근의 학생소요가 가져올 해악을 고려하라고 중국 청년들을 부드럽게 훈계했다. 그는 청년들을 '자신들이 하고 싶은 대로 하게' 내버려 두는 것이 적절한지 물었고, 학교와 대학에서 정치와 이데올로기 교육을 강화할 것을 주장했다.[226] 그러나 그의 어조는 공격적이지 않는 학자풍이었고, 교조적이기보다 설교적이었다. 그는 친절할 수 있는 여유가 있었다. 그가 이겼고, 후야오방은 사라졌던 것이다.

---

223 반(反)자산계급 자유화 운동이 경제개혁과 개방정책 반대파의 덩의 개혁 프로그램을 방해하는 구실로 이용될 위험성이 '1987년 중앙문건 제4호'(각주 221 참조)에서 분명히 인정되었으며, 그 문건은 이러한 구실을 '엄격하게 금지'했고, 그 정도를 벗어난 전술을 '좌파를 이용해 우파를 비판하는 것'으로 규정했다. 제4호 문건은 언론, 출판사, 다양한 예술매체에 대한 엄격한 통제를 요구하며 '전반적인 숙청은 없을 것이다.'라는 중요한 단서를 붙였으며, 나아가 "우파에서 좌파로의 급격한 전향, 모든 것의 허용 요구, 문학·예술의 정상적 발전의 방해가 없어야 한다."라고 규정했다.

224 *BR* 30, 4(26 January 1987), 5. '대리' 임명은 이후 제13차 당대회에서 자오의 총서기 선출이 공식 승인되던 해에 없어졌다.

225 *BR* 30, 5-6(9 February 1987), 6-7. 중국 지도자들은 이 시기의 새로운 이데올로기 마녀사냥이 가져온 국내외적인 공포에 아주 관심을 가졌다. 따라서 '정치운동을 하지 않는다'는 자오의 확실한 메시지를 전한 『베이징주보(北京周報)』는 이 문제를 전하며 표지 안쪽에 편안하게 미소 짓는 덩샤오핑의 칼라사진을 전면게재했는데, 그는 서구 스타일의 스웨터와 목이 트인 스포츠셔츠를 평상복으로 차려입고 카드게임을 하고 있었다.

226 『中国青年报』, 12 February 1987, in *ICM*, May 1987, 13-4.

덩리쵠의 잘난 체하는 어조에도 불구하고, 중국의 학생과 선생들은 자신들에 대해 보안수단이 강화되고, 정치적 충성 검증이 엄격해지고, 이데올로기의 교조화가 강력해짐을 곧 알게 되었다. 리펑 부총리가 2월의 정부 교육업무회의 연설에서 그러한 변화조짐을 보였다. 리는 선생들에게 '학생들의 이해와 지지를 얻기 위해 최선을 다하도록' 촉구하는 한편, 중국의 모든 학교와 대학들에게 엄격한 규칙과 규제를 위해 통제를 강화할 것을 천명했다.[227] 교육과정의 변화도 요구되었으며, 그것은 "젊은이들이 높은 이상, 도덕적 자질, 문화, 기율을 갖추고 졸업한다."라는 목표가 성취될 수 있도록 교양과정의 재조정 필요성에 중점을 두었다. 결국 부총리는 향후 정치적 자질과 '4항 기본원칙 및 자산계급 자유화에 대한 태도'를 고등학교와 대학 입학시험을 치르는 학생들의 주요 자격요건으로 고려할 것이라고 공포했다.[228]

1987년 2월, 중국의 보수파 '원로 동지들'이 자신들 후계자의 행동을 합리적으로 통제하기 위해 만든 제안서에서 보이보는 예전에 폐기했던 '노년, 중년, 청년' 지도자를 결합하는 '세 가지 결합(三结合)' 원칙의 부활을 요구했다. 보의 요구는 한 달 후 부총리 야오이린이 외국 기자들과 가진 기자회견에서도 언급되었다.[229]

후야오방의 불명예 퇴진, 자유주의에 대한 평판 악화, 그리고 원로 보수파들의 완전한 퇴임 가능성 약화 등으로 자오쯔양은 상당한 구속감을 느꼈다. 비록 자오는 여전히 지속적 개혁과 온건성에 대한 중요한 상징이었지만, 당내의 압도적인 반자유주의 분위기를 수용해야만 했다. 따라서 그의 3월 말 전국인민대표대회 정치보고는 경제의 '전반적 개혁'에 대한 강력한 지지와 자산계급 자유화에 대한 동일한 정도의 비판 사이에서 절묘하게 균형을 맞추었다. 자오는 12월의 학생 시위를 자산계급 자유화의 '잘못된 경향'을 반영하는 '이데올로기적 혼란'으로 비

227　리펑의 연설은 *XH*, 16 February 1987; trans. in *ICM*, April 1987, 5-6에 실려 있다.

228　Ibid., 6. *XH*, 2 February 1987도 참조.

229　*DGB*, 14 February & 29 March 1987. 야오이린은 천원의 수하인 것으로 널리 알려졌다.

판했으며, 지난 12월 덩샤오핑의 경고를 의무적으로 반복하면서 "만약 자산계급 자유화가 아무런 제약 없이 확산된다면… 우리나라가 혼란에 빠져 정상적인 건설 및 개혁정책 추진이 어려울 것이다."라고 했다.[230] 중국이 4항 기본원칙을 확고히 고수할 것을 주장하며, 자오는 '전반적 서구화'와 '자산계급의 미국적 자유민주주의' 개념이 중국의 사회주의 현대화에 '치명적 영향'을 미쳤다며 단호하게 거부했다.[231] 자오는 당내 파벌집단의 깊은 간극을 메우기 위해 최선을 다하면서, 4항 기본원칙과 체제개혁 및 대외개방 정책 사이에 필연적인 대립은 없다고 주장했다. 그는 "그것들은 상호배타적이지 않다. 둘은 완전한 통합체로서 서로를 보완하며 간섭한다.[232] 그것은 자오가 개인적으로 나중에 다시 고려할 필요가 있는 주장이었다.

당 보수파에 대한 자오쯔양의 이데올로기적 굴복은 초봄에 이루어진 명백한 타협의 결과였다. 보수파들은 자오의 자산계급 자유화에 대한 비판 및 4항 기본원칙에 대한 지지와 교환하는 대가로 자신들의 개혁과 퇴임에 대한 반대입장을 철회했다. 이 거래는 덩샤오핑이 중재했으며, 그는 1983년 11월 당시처럼 자유주의와의 투쟁에서 보수파들이 지나친 열정을 보이는 것에 점점 관심이 커졌던 것으로 알려졌다.[233]

거래가 정확히 그러한 조건으로 성사되었는지 알 수 없으나, 자산계급 자유화에 대한 비판 정도가 약화된 반면, 덩이 친개혁적 발언에 동참하여 지도부 세대교체와 정치체제 개혁을 언급하는 빈도는 늘었으며, 1987년 봄, 상호교환 관계

---

230 오의 보고는 *BR*, 30, 16(20 April 1987), Ⅲ-ⅩⅩ에 실려 있다.

231 리셴녠 국가주석은 이와 유사한 주제를 3월 3일 일본 정치인들과의 회담에서 강조했다. 당시 리는 중국이 시장경제, 자본주의, 전반적 서구화로 나아갈 것으로 기대하는 것이 외국인들에게는 '합당한 생각'이라고 말했다(*RMRB*, 4 March 1987).

232 *BR*, 30, 16(20 April 1987), ⅩⅥ.

233 이안 윌슨(Ian Wilson)과 유지(由冀)는 덩이 자신의 아들 덩푸팡에게 반(反)자산계급 자유화 운동을 완화하겠다고 강조했음을 암시한다("Leadership by 'lines' …", 34-5). Stuart R. Scharm, "China after the 13th congress", *CQ* 114(June 1988), 180; and Tony Saich, "The thirteenth congress of the Chinese Communist Party: An agenda for reform?", *Journal of Communist Studies*, 4, 2(June 1988), 205도 참조.

의 증거는 이렇듯 많았다.[234] 새로운 잠정타협을 알리듯, 4월에 펑전은 가끔씩 하는 외국 기자와의 인터뷰에서 덩샤오핑은 확실히 배제한 채, 그와 일부 원로 동지들이 제13차 당대회에서 퇴임을 선언할 것이라고 말했다.[235] 펑전은 중국의 정치 행정 체제 개혁이 오직 4항 기본원칙의 틀 내에서 재개될 것이며, 개혁 과정은 도시 기업과 농촌의 관리 자율성 제고, 그리고 중앙과 모든 지방단위 인민대표대회의 감독기능 강화에 중점을 둘 것임을 예고했다. 비록 정치적으로 장기간 유지될 가능성은 낮았지만, 그것은 중도와 타협을 강하게 암시하는 공식이었다.

상당한 정책집행 수단을 확보한 자오쯔양은 옌자치와 쑤사오즈 등의 정치개혁가를 강력히 징계하려는 당 보수파들의 압력에 저항한 것으로 알려졌다. 자오의 정치참모 바오퉁(鮑彤)은 덩리췬이 옌자치에 대한 증거를 날조했다고 주장했고, 그의 지적에 따라 자오는 자산계급 자유화에 따른 비판을 받는 옌의 혐의를 벗길 수 있었다.[236]

한편 자오와 그의 5인 소조(당시는 18명으로 확대)는 정치체제 개혁에 관한 자신들의 청사진 작업을 재개했다. 1987년 3월, 소조는 개혁문제의 '최초 구상'을 정리한 편지를 덩샤오핑에게 전달했다. 며칠 후 덩은 "계획이 훌륭하다."라는 주석을 달아 편지를 회송했다.[237] 5월에 계획안의 1차 초안이 덩의 승인을 위해 보내졌다. 계획의 핵심은 1980년 8월 덩의 주요 개혁방안 가운데 하나였던 당정 분리의 제안이었다. 그러나 자오와 그 동료들은 분명히 덩의 의도 이상으로 당의 권력을

---

234 3월 중순 덩은 내빈 자격의 캐나다 장관에게 "우리는 제13대가 개최되는 금년에 정치체제 개혁을 논의할 것이다."라고 말했다. 그 무렵 새로운 덩샤오핑선집 한 권이 출간되었다. 『중국이 당면한 근본 문제』라는 제목의 그 책에는 정치개혁 필요성을 강조하는 원로 지도자들의 1986년 12월 이전 발언 몇 편이 수록되었다. *BR*, 30. 20(18 May 1987), 14-7 참조.

235 덩샤오핑과 관련해 펑전은 "원로세대 가운데 오직 그만 상무위원회에 유임시키고, 다른 나머지는 상대적으로 젊어져야 한다."라고 말했다. *DGB*, 9 April 1987; and *BR*, 30. 17(27 April 1987), 14-5 참조. 결국 제13차 당대회 이후 원로세대로서 정치국에 유임된 사람은 덩샤오핑이 아니라 양상쿤이였으며, 그도 상무위원회로 승진하지는 못했다.

236 *WHB*(上海), 8 August 1989; Wilson and You, "Leadership by 'lines' …", 35, n.17.

237 Michel Oksenberg, "China's 13th Party congress", *POC* 36. 6(November-December 1987), 15-6에서 인용.

548

제한하고 견제하고자 했으며, 원로 지도자들은 견제와 균형이라는 자산계급의 제도가 "새로운 방안에도 여전히 포함되었다."라고 날카롭게 지적하면서 자오의 초안을 저지했다. 따라서 정치체제개혁소조는 입안 단계로 다시 돌아갔다.[238] 5월에서 9월 사이 최소한 4개 이상의 초안이 마련되었고, 그중 일부는 논의와 토론을 위해 배포되었다. 7차 초안이었던 최종 방안이 제13차 당대회를 임박해 개최된 10월 중순의 제12기 7중전회에서 승인되었다.[239]

여름 내내 다가올 제13차 당대회에 관한 많은 논의가 진행되었다. 6월에 덩은 퇴임의사를 표명함으로서 최고지도부에서 함께 권력을 공유하려던 당내 원로 간부들을 당황시켰다.[240] 8월에 연례적인 베이다이허 지도자 회의에서는 덩이 천원과 다른 지도자들의 강력한 로비로 이들 원로 간부들의 퇴임을 일부 보상하는 차원에서 2명의 제2세대 보수파, 즉 쑹핑(宋平)과 야오이린을 각각 정치국과 상무위원회 승진을 승인한다는 보도가 있었다.[241] 여름이 지나면서 덩리췬의 이름도 정치국 내 보수파들의 대안으로 떠올랐다.

8월 말, 신화사는 제13차 당대회의 정치개혁 지침이 최근에 다시 공개된 덩샤오핑의 '당과 국가 지도체제의 개혁에 관하여'라는 1980년 문건이라고 밝혔다.[242] 또한 8월이 끝날 무렵, 후치리는 정치국원 가운데 '최소 7명'이 당대회에서 사임할 것이며, 덩샤오핑은 그 속에 포함되지 않는다고 말했다.[243] 그 무렵 부총리 리펑이 자오쯔양을 승계하여 총리로 지명되고, 자오쯔양은 당 지도 업무에 집중하

---

238 Feng, "Preparations for the blueprint ", 7. 기존 5명의 정치체제개혁소조 멤버와는 별도로 이 시기의 개혁초안 작성에 탁월한 역할을 한 다른 3명은 국가경제체제개혁위원회 부주임이자 자오의 정치고문인 바오퉁(鮑彤), 정치학자 옌자치(严家其), 그리고 소조의 다양한 연구모임에서 만든 이론적 대안의 조율 책임을 맡은 오랜 개혁 지지자 랴오가이룽(廖盖隆)이었다(Ibid.).

239 Oksenberg, "China's 13th …", 15-6.

240 *DGB*, 4 June 1987.

241 *I&S* 23. 12(December 1987), 96.

242 *XH*, 28 August 1987, in *SWB/FE* 8661(1 September 1987).

243 *SWB/FE* 8676(18 September 1987). 지명된 7명에는 상대적으로 신임인 정치국원 니즈푸(倪志福) 외에 6명의 원로 간부(천원, 리셴녠, 후차오무, 펑전, 시중쉰, 팡이)가 포함되었다.

도록 한다는 소식도 전해졌다.[244]

세 번째 사이클: 자유화와 진압

개혁과 부활을 향하여: 제13차 당대회

제13차 당대회가 10월 25일에서 11일 1일 사이 개최되었다. 예상대로 2개의 주제, 즉 지도부 교체와 자오쯔양의 개혁 청사진이 핵심 의제가 되었다. 당대회는 이 두 영역에서 모두 개혁파의 승리를 대변했다.[245]

기존 정치국원 20명 가운데 절반인 10명이 당대회에서 퇴임을 천명했다. 예상 외로 명단 앞부분에 덩샤오핑이 있었고, 그 외로는 천원, 리셴녠, 펑전, 후차오무, 왕전, 시중쉰(习仲勋), 위추리, 양더즈, 팡이(方毅)가 있었다.[246] 당 최고지도부에는 1982년 제12차 당대회에서 선출된 20명의 정치국원 중 4명만이 남았다. 그 중에는 양상쿤, 완리, 자오쯔양, 그리고 다소 놀랍게도 후야오방이 포함되었으며, 후는 최근의 불명예에도 불구하고 쉽게 선출되었다. 80세의 양상쿤이 신임 정치국에서 단연 최고령이었고, 그 외에 73세 이상은 아무도 없었다.[247]

신임 정치국 상무위원회는 자오쯔양 총서기(더 이상 '대리'가 아님)가 이끌었고, 후치리, 리펑, 차오스, 그리고 야오이린이 포함되었다. 정치국 신임으로는 당조직부장 쑹핑(70세), 상하이 시장 장쩌민(61세), 베이징 당서기 리시밍(61세), 톈진 시장 리루이환(53세), 국가경제체제개혁위원회 주임 리톄잉(李铁映, 51세)이 포함되었다.

244　*SWB/FE* 8684(28 September 1987).

245　제13차 당대회는 Schram, "China after the 13th congress…"; Saich, "The thirteenth congress …"; Oksenberg, "China's 13th …"; *I&S 23*, 12(December 1987), 12-99에서 분석되었다.

246　비록 펑전과 후치리 모두 덩샤오핑이 제13차 당대회에서 퇴임하지 않는다고 예전부터 언급했지만, 덩의 최종적 퇴임 결정은 천원의 주장에 따라 정해지는 상대적인 것으로 소문이 났으며, 그는 덩이 자신과 함께 하지 않으면 상무위원 사임을 거부하겠다고 말한 것으로 알려졌다. Saich, "The thirteenth congress …", 204 참조.

247　덩의 오랜 동료였던 양의 유임은 덩과 천원이 자신들은 퇴임하는 대신, 원로세대 가운데 정치국의 눈과 귀가 될 한 사람을 남기는 것으로 합의했기 때문이라고 알려졌다.

전 후보위원 친지웨이(秦基伟, 72세)는 정치국원으로 승진했고, 새로운 체제에서 유일한 직업군인이었다.[248] 그러나 전체 정치국 선거에서 가장 중요한 점은 덩리췬이 선출되지 못했다는 사실이었을 것이다.

제13차 당대회에서의 대부분 인사변동도 당 지도부에서 미리 합의되었다. 그러나 덩리췬의 낙선은 충격이었다. 그가 배제된 것은 자오쯔양의 명령으로 알려진 제13차 당대회에서 도입한 새로운 선거절차의 결과였다. 어느 정도 민주적 경쟁을 확보하기 위해 중앙위원 후보를 실제 선출될 수보다 10명 많이 지명한다는 새로운 규칙이 만들어졌다. 1차 투표(무기명 비밀투표로 진행)에서 가장 적은 지지를 받은 10명의 후보는 탈락하고, 그들의 이름이 중앙위원회 후보위원 지명자 명단으로 올라간다. 그 후 두 번째 비밀투표가 이루어지고, 2차에서 16명의 최저 득표자는 모두 탈락되도록 했다.[249]

이 제도가 제13차 당대회에서 처음 시행될 때, 1차 비밀투표의 최저 득표자로 알려진 후보는 다름 아닌 덩리췬이었다. 얼마 전 당 지도자들이(천원의 강력한 강요 이후로 알려짐) 72세의 이 대선동가를 정치국에서 퇴임하는 후차오무를 대신해 지명했다는 점에서 덩의 선거 실패는 거듭 당황스러웠다. 그러나 중앙위원회의 1차 비밀투표에서 단호하게 거부된 다음, 덩리췬이 더 이상의 모욕은 피하는 쪽을 택했다. 그는 2차 비밀투표에서 스스로 물러났고, 정치국에 선출될 자격을 잃어버렸다.[250] 이러한 좌절로 인해 천원은 덩리췬의 이름을 중앙고문위원회 상무위원 선출명단에 올리기 위해 열심히 로비한 것으로 알려졌다. 그러나 덩은 다시 한 번 동료들의 수락을 받는 데 실패했고, 중앙고문위원들이 행사한 두표의 절반도 얻지 못한 것으로 알려졌다. 제13차 당대회에서 심하게 거부당한 덩의 모욕은

---

248 이러한 변화에 따라 정치국원 평균 연령은 70세에서 64세로 낮아졌다.

249 이 절차는 Oksenberg, "China's 13th …"에 기술되어 있다. Wilson and You, "Leadership by 'lines' …", 36도 참조.

250 Schram, "China after the 13th …", 184; Oksenberg, "China's 13th …", 16. 정치국은 중앙위원회의 소위원회였기 때문에 정치국원은 중앙위원 중에서 선출해야 했다.

분명히 후야오방에게는 달콤한 복수였으며, 후는 최근의 명예 실추에도 불구하고, 중앙위원회와 정치국 모두에서 쉽게 선출될 만큼 대표들의 충분한 지지를 받고 있었다.[251]

제13차 당대회에서 채택한 선거절차의 변화로 신임 중앙위원회는 전임자들보다 상당히 규모가 줄고, 젊어지고, 교육수준이 높아졌다. 그 규모는 385명의 위원 및 후보위원이 285명으로 줄어 25% 이상 축소되었다. 42%의 중앙위원과 후보위원이 신임이었고, 70% 이상이 대학교육을 이수했으며, 57명의 위원이 첨단기술 분야에 근무했다. 단지 20%의 위원만이 61세 이상이었고, 거의 절반이 55세나 그 이하였다. 특이한 점은 신임 정치국에는 군부대표가 적었지만, 중앙위원 가운데에는 그 양상이 다소 모호하여 거의 20%가 인민해방군 장교였다.[252]

더욱 모호한 점은 당과 군대의 관계였다. 제13차 당대회 이전에 덩샤오핑은 자신의 강력한 당 중앙군사위원회 주석직에서 물러나기를 희망했고, 분명히 자오쯔양이 자신의 후계자로 지명되기를 원했다. 인민해방군 지도자들은 자오의 지명에 동의하지 않았기 때문에 덩의 호소에도 전혀 움직이지 않았다. 결국 덩은 마지못해 중앙군사위원회 주석직을 보유했고, 그것이 당대회에서 넘겨주지 못한 유일한 직위였다.[253] 덩의 희망을 존중하여 군 원로 지도자들은 자오를 중앙군사위원회 제1부주석으로 지명하는 데 합의했다. 동시에 그들은 양상쿤을 '종신직' 부주석으로, 양의 이복동생 양바이빙(楊白冰)을 인민해방군 총정치부장으로 임명할 것을 주장했다. 이러한 정리를 통해 중국 군부의 보수파 원로 지도자들은 덩샤오핑이 일찍 죽거나 불구가 되었을 때, 중앙군사위원회의 '적대적 매수' 가능성을 막고자 했다.[254]

---

251 후야오방에게 오래 멸시당한 전임자 화궈펑도 제13기 중앙위원회 선거에서 위원들의 강력한 지지를 받았다.

252 *I&S* 23. 12(December 1987), 95ff.

253 덩은 국가중앙군사위원회의 현 주석직도 보유했다.

254 이러한 측면에서 양상쿤이 당 정치국에 유임된 이유는 그가 중앙군사위원회에서 맡은 역할이 중앙고

거의 2년 동안 보도되지 않았지만, 제13차 당대회에서 적대적 매수 가능성에 대한 다른 중요한 안전장치도 만들어졌다. 후야오방을 추방할 당시, 장차 분별력 없는 당 지도자의 재등장 가능성에 대한 일부 원로 간부들의 우려에 대응하여, 이제부터 정치국 상무위원회는 주요 결정을 내리기 전에 덩샤오핑과 모든 중요한 정치문제를, 천원과 모든 중요한 경제문제를 상의하도록 규정했다. 이러한 방식으로 중국의 걸출한 노인 정치가들은 퇴임 이후에도 주요 정책 결정에 대해 효과적인 거부권을 행사할 수 있었다. 이러한 조정의 결과는 상당했다. 공식화, 제도화된 정치권력이 더욱 발전된 구조로 원만하게 전환되도록 돕기 위해, 중국 지도자들은 오히려 비공식적이고 매우 개인적인 권위를 다시 강조하고 있었다. 중국의 원로 간부들이 1989년 4월에서 6월의 톈안먼 위기 때 정책 결정 특권을 주장할 수 있었던 것도 당연히 이러한 조정 때문이었다.[255]

사회주의 초급단계의 체제개혁

지도부 교체가 제13차 당대회의 핵심의제 중 하나였다면, 더욱 핵심적인 의제는 자오쯔양이 오랫동안 준비한 체제개혁 청사진의 공개였을 것이다. 자오의 정치보고에는 교조적 관점을 벗어난 많은 중요한 원칙이 있었다. 그 중에는 '하나의 중심과 두 개의 기본점(一个中心, 两个基本点)'으로 구체화된 새로운 당의 기본노선, 그리고 대담한 경제 실험에 착수하기 위한 기발한 네오마르크스주의적 이데올로기인 '사회주의 초급단계' 이론이 포함되었다.[256]

문위원회 원로세대의 이해관계를 대변하는 것이기 때문이었다.

255 이러한 조정은 '1987년 중앙문건 제1호'에서 이미 예견되었으며, 1987년 11월 자오쯔양의 중앙위원회 연설에서 처음 확정되었다. 이 연설에서 자오는 "아직 샤오핑 동지는 자신이 필요하다고 인식하면, 언제든지 상무위원회를 주재할 권력을 갖는다. 우리는 어떤 중요한 문제가 발생하면 여전히 그에게 가르침을 받아야 한다."라고 말했다(*ZM* 122 [December 1987], in *ICM*, January 1988, 9). 이 조정은 1989년 5월 자오쯔양에게 치명적이었던 미하일 고르바초프와의 회담에서 공개적으로 밝혀졌다(소제목 "도덕전의 수행: 고르바초프, 미디어, 단식투쟁" 참조). 이 조정에 관한 상세한 추가 내용은 *ZM* 121(1 November 1990)로 바로 출판되었다.

256 자오의 보고는 *BR* 30, 45(9-15 November 1987), I-XXⅧ에 수록되어 있다.

하나의 중심과 두 개의 기본점

자오의 보고에 명확히 설명되었듯이, 이제 경제발전이 현시대의 '중심과제'로 인식되었으며, 이는 4항 기본원칙 견지와 개혁개방 정책의 지속이라는 두 개의 기본점 장악과 동시에 추구되었다. 이처럼 상당히 도식화된 공식을 주목하게 만든 것은 4항 기본원칙을 경제발전의 전략적 조건으로 확실히 예속시킨 점이었다. 자오는 "[생산력] 발전에 도움이 되는 것은 무엇이든 인민들의 근본이익에 부합하고 따라서 사회주의에 필요하므로 허용되어야 한다."라고 말했다. 계속해서 자오는 역으로, "이러한 발전에 해로운 것은 무엇이든 과학적 사회주의에 위배되고, 따라서 허용되어서는 안 된다."라고 했다.[257]

사회주의 초급단계

자오의 '생산력 기준' 논리가 중국 개혁가들에게 경제성장을 자극하고, '사회주의'로 부를 수 있다면 무엇이든 시도할 수 있는 백지위임장을 준 것은 아니지만, 상당히 그 사실에 근접했다. 자오는 이러한 실용주의 논리에 의지해 중국의 낙후된 발전을 자극했다. 자오는 1950년대 초반의 신민주주의 시기를 상기시키며, "우리의 사회주의는 생산력 수준이 선진 자본주의 국가보다 훨씬 뒤처진 반(半)식민지, 반(半)봉건 사회를 모태로 태어났기 때문에, 아주 오랫동안 초급단계를 거쳐야 할 운명이다."라고 말했다. 자오는 지금 단계에서 중국은 선진 자본주의 국가의 추격에 필요한 어떠한 수단이라도 이용해야 한다고 말했다. 그는 중국이 초급단계를 넘어 직접 성숙한 사회주의로 나아갈 수 있다고 믿는 것은 '순진하고 공상적'이며, 이러한 공상적 믿음이 '좌경오류의 중요한 인식적 근원이다.'라고 주장했다.[258]

---

257 Ibid., XXVI. 제13차 당대회 이후 자오쯔양은 이 공식에서 두 가지의 무엇이든을 하나의 단일하고 통합적인 무엇이든으로 만들었고, 전임 당 주석 화궈펑이 발표한 두 가지 무엇이든(兩个凡是)과의 불쾌한 비교를 피했다. *CNA* 1354(15 February 1988), 4 참조.

258 *BR* 30, 45(9-16 November 1987), Ⅲ-Ⅳ. '사회주의 초급단계'라는 용어는 중국공산당의 1981년 『역사

경제전략 영역에서 자오의 보고는 당이 조심스럽게 제기했던 1984년 11월의 '더 큰 새장(bigger birdcage)'이라는 개혁방안을 훨씬 뛰어넘었고, 이제 실질적으로 확대된 자유시장 기제의 이용과 집체 및 사영경제 영역의 빠른 확장을 요구했다.[259] "국가가 시장을 조절하고, 시장이 기업을 인도한다."라는 기치 아래, 자오는 '자금, 노동력, 기술, 정보, 부동산 등… 근본적 요소'를 위한 사적 시장의 창출을 촉구했다. 자오는 마르크스주의 전통을 다시 한 번 뛰어넘어, "미래에는 채권 구매자들은 이자를, 주주들은 배당금을 받을 것이고, 기업 관리자들은 위험을 감수한 대가로 추가수익을 얻을 것이다."라고 지적했다. '실질 생활수준이 하락하지 않도록' 수입확대와 연계된 새로운 가격개혁도 점진적인 도입이 요구되었다. 보고에서는 '기술, 정보, 서비스를 제공할 [자율적] 조직망뿐 아니라 소비재 유통, 외국인 투자 및 금융을 위한 새로운 유형의 조직' 도입도 권장되었다. 이러한 급진적 경제혁신이 자본주의를 강하게 상기시킨다는 보수적 비판을 차단하기 위해, 자오는 자신의 보고에 제시된 수단들이 "자본주의에만 특수한 것은 아니다."라고 강력히 주장했다.[260]

정치개혁: '신권위주의'를 향하여

다음으로 정치영역에서 자오는 정치개혁이 '긴급한 문제'임을 상기시켰고, 중앙위원회는 "지금이 바로 정치체제 개혁을 당 전체의 의제로 삼을 시기라고 믿고

문제에 관한 결의(1949~1981)』, 74쪽에서 처음 사용되었다. 사람들은 대부분 쑤사오즈가 1986년 이 용어를 유행시킨 것으로 생각했다. 스튜어트 쉬람(Schram, "China after the 13th …", 177-8)은 이 용어가 사용되기 전에 1979년 '발전되지 않은 사회주의(不发达的社会主义)'라는 용어가 처음 사용되었다고 말한다. 그러나 저자는 최근 후자의 용어가 이미 1978년 9월 베이징대학 정치법률학과 교수진과의 대화에서 사용된 것을 들었다고 다시 말하였다.

259 10월 29일 인터뷰에서 자오는 2~3년 내에 중국 경제의 30%만이 중앙계획 영역에 남을 것으로 예측했다(*The Guardian*, 30 October 1987, cited in Saich, "The thirteenth congress …", 205).

260 *BR* 30, 45(9-16 November 1987), XI-XIV. 그의 보고가 전반적으로 진보적인 주장임에도 불구하고, 자오는 당 보수파와 전혀 타협을 하지 않았다. 가령 그는 급격한 가격개혁 옹호에서 물러서지 않았고, 곡물생산의 절대적 중요성을 지지했으며, 이것은 둘 다 1985년 이래 천원의 중요한 관심사였다(Ibid., IX).

있다.”라고 지적했다. 그렇게 하지 않으면, 그는 경제개혁이 실패할 운명에 처할 것이라고 지적했다. 따라서 그 두 가지는 분리해서 생각할 수 없었다.

정치개혁을 위한 자오의 특별제안은 실질적이기보다 개괄적이었다. 자오는 1980년 8월 덩샤오핑이 처음 제안하고, 그 후 1986년 옌자치가 정교하게 만든 기본 과제들을 반복하면서, 그 가운데 특히 중국의 봉건적 유산이 과도한 권력 집중, 관료주의, 정치체제 봉건화 등의 심각한 문제를 초래했다고 주장했다. 이러한 문제를 바로잡기 위해 자오는 7개의 광범위한 개혁을 요구했고, 그것은 (1) 당과 정부의 분리, (2) 국가권력과 권위의 지방이양, (3) 정부 관료제 개혁, (4) (간부) 인사제도 개혁, (5) 당과 인민의 정치적 대화와 협상체제 구축, (6) 대의기관과 대중조직의 감독기능 확대, (7) 사회주의 법제 강화 등이었다.[261]

비록 자오의 보고에는 이 7개 영역의 개혁을 위한 세부수단들이 정교하게 제시되지 않았지만, 일부 원대한 체제개혁도 제안되었다. 가령 자오는 모든 수준의 정부 조직에서 ‘당조(党组)’의 점진적 폐지를 제안했으며, 당정 분리라는 개혁파의 핵심목표를 방해하는 장애물을 무력화시키려 했다. 또한 자오는 당의 기율집행을 책임진 조직(중앙기율검사위원회)이 당원들의 법률 위반에 대해 더 이상 배타적 권한을 행사해서는 안 된다고 건의했으며, 이 조치는 당원들이 자신의 잘못에 대해 형사기소를 회피하거나 일상적인 보호를 받지 않도록 한다는 점에서 기존 정책을 크게 탈피한 것이었다.[262]

자오쯔양이 레닌-스탈린주의 인사제도인 노멘클라투라(nomenklatura) 체제를 철저히 검토하고, 그것을 몰(沒)개인적이고 전문화된 간부 충원 및 승진 시스템인 공무원 제도로 대체하도록 요구한 것도 새로운 변화였다. 관료주의의 병폐를 척결하려는 캠페인이 마오와 덩 시기의 중국에도 자주 있었지만, 이전에는 중국의 어느 지도자도 그렇게 광범위하고 철저한 공무원 개혁을 요구한 적이 없었다.

---

261 Ibid., XV-XXI.
262 Ibid., XXI.

만약 자오의 제안이 시행된다면, 정부의 인사 충원과 감독 절차에 대한 전통적인 당의 독점적 통제는 사라질 것이었다.[263]

그의 보고 가운데 정부와 인민 사이의 '상호 협상과 대화' 수준의 개선에 관한 부분에서 자오는 다시 한 번 기존 중국의 정치적 전통에서 상당히 벗어나는 제안을 했다. 그는 사회주의하에서 '대중의 의견통일'이 필요하다는 전통적 개념을 완전히 부정했고, 정부가 시민들의 다양한 의견을 경청하고 이해관계를 반영하는 데 관심을 기울일 것을 주장했다. 그는 "인민 내부의 서로 다른 집단은 서로 다른 이해관계와 견해를 가지며, 그들도 생각을 교환할 기회와 통로가 필요하다."라고 말했다.[264]

이러한 각 영역에서 자오쯔양의 보고는 단지 지면상의 제안에 불과했더라도 그것은 기존의 기반을 충분히 허물었다. 안타깝게도 구체적 내용은 부족했지만, 그의 보고는 기대감을 갖고 덩샤오핑이 새로 지명한 후계자의 정치 철학과 전략을 엿볼 수 있게 했다. 무엇보다 중요한 점은 이 보고를 통해 자오가 서구 유형의 자유주의가 아니라, 중국식 '신권위주의'를 옹호하고 있음을 밝힌 점이며, 이것은 '사회주의 초급단계'를 통한 강력하고 집권화된 기술관료적 지도력이 필요하다는 점을 강조했다. 현대화와 체제개혁이 본질적으로 혼란과 갈등을 유발하는 과정이기 때문에 자오는 '불안을 초래할 많은 요인들'이 불가피하다고 주장했다. 이러한 이유로 그는 민주주의로의 전환이 '질서 있게 단계적으로' 추진되어야 한다고 단언했다. 자오는 권력 분립, 다당제 경쟁, 정치적 표현의 자유 등 중국의 현재 상황에 부합하지 않는 자산계급 민주주의를 확고하게 거부했고, 내중직 정치 참여와 표현의 자유를 제한해야 한다는 자신의 주장을 뒷받침하기 위해 문

---

263 John Burns, "Chinese civil service reform: The 13th party congress proposal", *CQ* 120(December 1989), 739-70 참조.

264 BR 30. 45(9-16 November), XIX. 자오는 제13차 당대회 이전에도 비슷한 호소를 하며 "사회주의 국가는 단일체가 아니다…. 특수한 주장이 간과되어서는 안 된다. 이해관계의 갈등은 조정되어야 한다."라고 주장했다. *BR* 30. 50(14-20 December 1987), 16 참조.

화대혁명의 혼란에 대한 기억(그리고 그것이 간접적으로 확대된 최근의 학생동란에 대한 기억)을 상기하라고 촉구했다. 그는 "우리는 국가법률과 사회 안정을 해칠 '대민주(great democracy)'를 다시는 허용하지 않을 것이다."라고 경고했다. 자오는 경쟁적 정당과 선거 대신 '민주적 협상과 상호감독'이라는 당의 기존 제도와 메커니즘을 더욱 개선하고 완비할 것을 제안했다.[265]

비록 중국 정치 발전에 대한 자오의 혼재된 비전이 결정적으로 비자유주의적 요소를 내포하고 있지만, 그것은 과거와의 중요한 단절을 의미했다. 그것이 자산계급 자유화를 위한 청사진으로는 상당히 부족했지만, 새로 부각되는 비전체주의적 중국 정치의 미래에 대한 최초의 대대적이고 실험적인 시도였으며, 아직 초기 다원주의의 발아단계는 아니지만 최소한 그 씨앗은 품고 있었다. 이러한 측면에서 볼 때, 자오쯔양의 제13차 당대회 정치보고는 전환기적 신권위주의 선언문이며, 혁명적이지는 않지만 특히 중요한 문건의 하나였다.[266]

이득의 강화

1987년 10월의 제3차 당대회 이후 자오는 자신의 정치적 이득을 강화하기 시작했다. 그는 먼저 당의 선전 부문에 대한 통제를 다시 주장하였다. 그는 중앙위원회의 주요 이데올로기 저널인 『홍기』를 "전혀 읽어 본 적이 없다."라고 언급했고, 당 개혁파 입장에서 오랫동안 가시와도 같던 이 저널의 폐간 의사를 밝혔다.[267] 이에 놀란 보이보가 주도하는 중앙고문위원회 노인그룹과 당 선전부장 왕런즈는 저널의 폐간이 아니라 보호관찰을 요청한 것으로 전해졌다. 이에 굴하지 않고 자오는 당의 선전 부문에 대한 대대적 개혁을 주도했다. 1987년 12월, 『홍

---

265 *BR* 30. 45(9-15 November 1987), Ⅵ, ⅩⅤ.

266 신권위주의 개념의 대두는 각주 4와 "정치개혁: '신권위주의'를 향하여", "자오의 신권위주의 반격"을 참조하라.

267 『홍기』 편집인은 1983년 반(反)정신오염운동 당시 후야오방과 자오쯔양의 개혁정책에 비판적이었다. 후는 그 간행물에서 '따분한' 점을 발견했다고 주장하며, 그들의 반감에 보복했다. *WHB*(香港), 24 December 1987; *CNA* 1351(1 January 1988), 4.

기』편집장과 부편집장이 조용히 사퇴했고, 보수적이던 중앙위원회 선전부 부부장도 마찬가지였다. 한 달 후, 선전부장 왕런즈도 축출되었다. 1988년 5월,『홍기』는 발간이 중단되고,『구시(求是)』라는 의미 있는 이름의 새 저널로 대체된다는 공식 발표가 있었다.[268]

한편 1989년 10월 건국 40주년 행사 이후로는 마르크스, 엥겔스, 레닌, 스탈린의 전통적인 공식초상화로 톈안먼 광장을 장식하지 않을 것이 결정되었다. 마치 이것을 강조하듯 베이징대학 캠퍼스의 거대한 마오쩌둥 동상 2개가 어두운 밤중에 조용히 치워졌고, 그것을 현장에서 파괴하려던 시도는 적어도 한 차례 이상 실패하였다.

외관상 실용주의적 개혁 진영이 당을 통제함에 따라, 중국 지식인 내에도 득의양양한 분위기가 확산되었다. 1987년 11월, 제13차 당대회 결과를 토론하는 학술회의가 베이징에서 소집되었다. 이 회의에서 중국의 많은 유명 정치학자들이 당대회 결과에 깊은 만족감을 표시했다.

[자오쯔양의] 보고는 우리가 옹호했던 모든 제안들을 직간접적으로 포함하고 있다.[269]

사회주의 초급단계 이론은 커다란 진전이다…. 길을 벗어나는 것이 길을 회피하는 것은 아니며, 지도자와 의견을 달리한다고 폭도는 아니며, 외국의 것을 존중하는 것이 외국의 방식에 아첨하는 것은 아니다.[270]

---

268 이러한 발전은 *I&S* 24, 2(February 1988), 1; *WHB*(香港), 28 April 1988; *RMRB*, 2 May 1988, 3; *CNA* 1360(15 May 1988), 4;『求是』(이후 *QS*) 1(1 January 1988), 1, in JPRS Report: China(이후 JPRS) CAR-88-043(4 August 1988)에 기록되어 있다. 이들 간행물은 중앙위원회 선전부가 아닌 중앙당교 관할 하에서 출간되었고, 따라서 예전에 비해 그 지위가 상당히 격하되었다. 보다 상세한 분석은 Lowell Dittmer, "China in 1988: The dilemma of continuing reform", *AS* 29, 1(January 1989), 13-5 참조.

269 譚健(중국사회과학원 정치학연구소 연구부 주임), in WHB(香港), 7-8 November 1987; trans. in *ICM*, January 1988, 2.

270 于浩成(중국정치학회 부회장), in Ibid.

> 이 당대회는 많은 결과를 낳았다…. [그것은] 기대 이상이었다…. 처음으로 [그것은] 개혁을 사회주의하에서의 주요 활동영역으로 상승시켰다.[271]

> 이 회의의 가장 훌륭한 성과는… 후보자 수가 직위 수를 넘어서는 선거를 개최한 것이다.[272]

그러나 모든 사람들이 개혁지향적 정치학자들의 열정을 공유하지는 않았고, 일부 자유주의적 체제 비판가들은 드러내 놓고 불신하였다. 가령 팡리즈는 홍콩의 한 기자에게 자오쯔양의 보고가 "듣기에는 아주 감동적이지만, 예전에 마오쩌둥도 이것보다 훨씬 듣기 좋은 연설을 했다. 연설을 읽는 것만으로는 충분하지 않다…. 당신도 구체적 지표들을 실현시켜야 한다."라고 상기시켰다.[273]

갈등의 징후: 경제 과열

제13차 당대회가 폐막되고 얼마 후 구체적 지표들이 악화되기 시작했다. 1984~1985년 당시 개혁으로 유발된 성장의 분출과 마찬가지로, 초기 경고의 징후가 나타난 것은 중국의 과열되고 불균형적인 경제였다. 전통적 중앙계획의 통제에서 전부는 아니지만 일부 벗어났던 중국 경제가 1987년 걷잡을 수 없이 휘청거리기 시작했다. 주요 문제는 이미 익숙한 현상들인 임금과 물가상승, 끝없는 통화 팽창, 소비자 수요 확대, 자본 건설의 과잉 투자, 상업적 투기 만연, 공직 부패 등이었다. 정부는 음울한 1988년 신년 경제 메시지를 다음과 같은 나쁜 소식으로 전했다.

> 인플레이션이 문제가 되고 있다…. 사람들은 물가상승이 통제되지 않으면, 개혁의 편익이 사라질 것으로 걱정한다…. 물가상승은 주로 수요 초과로부터 유발

271　高放(베이징대학 국제정치학 교수), in Ibid.
272　马沛文(중국정치학회 주석), in Ibid.
273　*BX* 155(1 November 1987).

되는 경제 불안을 가리킨다. 자본 건설의 과잉 투자, 생산을 능가하는 소비, 과
도한 통화 공급을 몇 년 동안 바로잡지 못했다….

많은 기업들이 운영자금의 60%를 생산에 투입하라는 국가정책을 시행하지 못
했고…, 대신 대부분의 자금을 복지와 상여금에 투입함으로서 더 심각한 소비자
금 팽창을 초래했다.

통제의 이완을 틈타 일부 기업들은 마음대로 가격을 올렸다. 일부는… 시장을
교란하고, 소비자의 이익을 해치는 투기적인 불법 소매활동에 가담했다.[274]

많은 기업들이 노동자의 임금과 상여금을 편법적으로 인상하였으며, 이로써
이미 과열된 경제에 더 많은 통화가 공급되었다. 소비자 수요가 확대되면서 자동
세탁기, 컬러 텔레비전, 음향기기, 냉장고 등 일부 사치품의 생산량과 가격이 급
격히 상승하였다. 반대로 국민경제를 위한 주요 자본재 생산은 상대적으로 정체
되었다.[275]

정부통계에도 경제의 불균형 심화가 확인되었다. 1987~1988년 겨울, 화폐 공
급이 경제생산 비율의 배로 증가했다. 1987년 10% 이상 상승했던 도시시장의 식
품가격이 계속 고공행진을 했고, 1988년 1/4분기 부식품 가격은 24.2% 증가했
고, 채소 가격은 48.7% 급등했다. 수요 확대(그리고 물가상승)에 대처하기 위해 정
부는 돼지고기, 계란, 설탕에 대한 배급제를 다시 도입했다.[276]

개혁 이후 처음으로 도시 임금소득자 상당수의 구매력이 사실상 하락했다.
1987년 중국 33개 도시에서 2300명 이상의 주민에 대한 설문조사에서 3분의 2
이상이 실질소득이 하락했다고 응답했다. 물가상승이 응답자 70% 이상의 가장

---

274 *BR* 31. 1(4-10 January 1989), 4.

275 광저우 시 주민의 구매력이 1988년 1/4분기에 1987년 동기간에 비해 55.4% 상승한 것으로 보도되었
다. 지출이 최고 확대된 영역은 가전제품 구매와 '친구들에 대한 식사초대'였다(『南方日報』, 3 May 1988,
in *ICM*, July 1988, 21). 전자산업은 1987년과 1988년 겨울 초반에 국가 전체 생산량의 70% 이상이 텔레
비전, 라디오, 스테레오 같은 고급제품에 집중되었다(*ICM*, January 1988, 26).

276 *WHB*(香港), 5 June 1988; *BR* 31. 1(4-10 January 1988), 4. 물가상승 문제는 *XH*, 12, 14 January and
1 February 1988, in *ICM*, March 1988, 12-18에 논의되고 있다. *JSND*, March 1988, 44-6도 참조.

중요한 걱정거리였다.[277] 이러한 걱정을 반영하듯, 1988년 초 신화사는 각자 월 평균 70~80위안의 임금을 받는 부부가 "[베이징]에서 아이를 양육할 여력이 없다."라고 보도했다. 겨울과 1988년 초봄 내내, 중국의 주요 신문 편집장에게 편지가 쏟아진 것도 물가상승이 얼마나 고통스러운지를 대변했다.

경제발전전략의 탐색: 제7차 전국인민대표대회

이처럼 도시경제의 건전성이 악화되는 와중에 제7차 전국인민대표대회가 3월 말 소집되었다. 회의는 다양한 그룹의 개혁가들이 지배했다. 제13차 당대회에서 크게 타격을 입은 당 보수 진영은 확실히 소수였으며, 그들의 임명과 역할은 대체로 명분에 그쳤다. 전국인민대표대회의 인적 구성을 볼 때, 제3세대의 정치적 성장이 얼마나 극적이었는지를 알 수 있었다. 거의 3000명의 대표 가운데 70% 이상이 신임이었다. 대표 전체의 평균연령이 겨우 52세였고, 56%가 중등 이상의 교육과정을 이수했다. 전국인민대표대회 상무위원회의 세대교체 역시 현저했는데, 135명의 상무위원 가운데 64%가 신임 당선자였다. 단지 전국인민대표대회 계층구조에서 최상층부만 지도자의 연속성이 유지되어 19명의 전임 상무위원회 부주석 가운데 11명이 재선되었다. 조직의 정점인 전국인민대표대회 상무위원회 주석에는 신임인 완리가 당선되었다. 펑전이 퇴임하는 대신 자오쯔양의 협력자인 완리가 선택된 것은 전국인민대표대회가 보다 개방적, 민주적 업무 스타일로 발전할 것이라는 점을 예고했다.[278]

제7차 전국인민대표대회 대표들은 사실상 독립성, 자율성, 정부에 대한 비판적 태도에서 전임자들보다 훨씬 강력한 성향을 드러내었다. 퇴임하는 국가주석 리셴녠의 후계자를 선출하는 비밀투표에서 덩샤오핑이 직접 선택한 후보자인 양

277　*BR* 31. 17(12-18 September 1988), 29; *WHB*(香港), 4 September 1988; John Burns, "China's governance: Political reform in a turbulent environment", *CQ* 119(September 1989), 489.

278　전국인민대표대회 절차에 관한 유용한 설명은 *CNA* 1360(15 May 1988), 1-10; *FEER*, 21 April 1988, 12-13; Dittmer, "China in 1988 …", 16-8 참조.

상쿤은 예상치 못한 124명의 반대표와 34명의 기권표를 받았다. 부주석 선출에서는 더 많은 반대자가 있었는데, 당 지도부가 선택한 보수파 왕전이 전체 투표자의 10%를 상회하는 212명의 반대표와 77명의 기권표를 받았다.[279]

전국인민대표대회 대표들은 국가 지도자 선출에서 독립성의 징후를 보였을 뿐 아니라, 정부 시책에 관해서도 상당히 활발한 토론을 전개했다. 대표들은 많은 소그룹 회의를 개최했고, 그 곳에서 물가상승, 교사의 낮은 임금, 연해발전전략이 가져온 편익의 불균등 분배, 티베트 등 소수민족 지역에 대한 중앙의 강압정책 등 다양한 사회문제를 공개비판했다.[280]

제7차 전국인민대표대회에서는 상당한 공개성과 다양한 의견 표출이 있었는데, 가장 비판적인 기능은 정부의 향후 경제개혁 전략에 대한 자문역할이었다. 당시 정책 결정자들은 2개의 경쟁적 대안을 제시했는데, 그것은 속도(speed)와 신중(caution)이었다. 자오쯔양은 전자를, 신임총리 리펑은 후자를 선호했다.[281]

전국인민대표대회 직전에 자오는 대담하고 낙관적인 체제개혁 방안을 마련했다. 그는 3월 중순의 제13기 2중전회에서 세 가지 주요 관심사, 즉 진일보된 사상해방, 개혁 심화, 경제 안정화에 관해 상세히 설명했다. 자오의 방안에서 핵심 사항은 국유공업기업의 분권화된 생산책임제를 더욱 확대하여 기업 노동자의 철

---

279 홍콩, 마카오, 그리고 연해지역 대표들이 전국인민대표대회에서 가장 자주 반대표를 행사했다고 알려졌다. 후보자도 아닌 후야오방이 국가주석직에 26명의 기명을, 부주석직에 23명의 기명을 받았다. 왕전을 제외하고 제7차 전국인민대표대회에서 10% 이상 반대표를 받은 다른 유일한 지도자는 상무위원회 여성 후보위원 천무화(陈慕华)였고, 그녀는 제13차 당내회에서 정치국 진입에 실패했으며, 상당수 위원들이 그녀가 89세의 연로한 나이 때문에 공무를 수행할 수 없을 것으로 생각했다(*CNA* 1360 [15 May 1988], 3-4).

280 1988년 전국인민대표대회 폐회기간에 수백 명의 대표를 대상으로 한 여론조사에서 그들은 자오쯔양이 제13대에서 민주개혁을 위해 제기한 신권위주의 슬로건인 민주 '감독'과 '협의' 개념을 진지하게 생각하고 있다고 밝혔다. Shi Tianjian, "Role culture and political liberalism among deputies to the seventh National People's Congress, 1988"(paper presented at the annual meeting of the Association for Asian Studies, Washington, D. C., March 1989).

281 리펑은 제13차 당대회 이후 전국인민대표대회 상무위원회에 의해 잠시 대리총리로 지명되었고, 제7차 전국인민대표대회에서 공식적으로 임명이 확정되었다.

밥그릇을 다시 한 번 완전히 타파하고, 기업간부와 관리자의 집체적 이익을 위한 한솥밥을 제거하는 것이었다. 자오는 외국인 투자 및 기술의 성공적 유치가 가능한 수출지향적 지역과 기업에게 특혜 조치를 부여하기 위해 가격개혁 범위를 점진적으로 확대하고, 연해개발전략을 더욱 강화할 필요가 있다고 강조했다.[282]

자오의 방안에서 제시된 우선순위는 리펑의 우선순위와 비교하면 미묘한 차이가 있었고, 그 윤곽은 연초에 드러났다. 자오가 사상해방을 강조할 때, 리는 사회주의 신념의 배양을 강조했다. 자오가 개혁의 심화 다음으로 경제 안정화 노력을 요구했는데, 리는 먼저 안정을, 그 다음에 개혁의 심화를 요구했다. '경제 안정'이라는 용어는 기본적인 체제개혁의 범위와 속도를 제한하는 것의 완곡한 표현이었기 때문에 말의 순서가 중요했다.[283]

제7차 전국인민대표대회에 대한 리펑의 정부업무보고에는 지도부의 이견을 경시하려는 흔적이 드러났다. 그것은 갈등과 논쟁을 최소화하기 위해 합의를 도출하려는 문건이었다. 그러나 또다시 리펑은 사상해방보다 안정을, 대담성보다 신중을 먼저 강조했다. 리는 당 보수파들의 주요 관심사를 반영하여 국가의 기간산업과 기반시설을 발전시키는 동시에 식량 생산을 확대할 필요성을 강조했으며, 그것은 중앙의 계획경제 기획가들이 매년 관심을 갖는 쟁점이었다. 반대로 총리의 보고는 가격개혁에 관해 대체로 침묵을 지켰다.[284]

제7차 전국인민대표대회에서 신규 입법에 관한 가장 중요한 조치는 장기간 지연되었던 기업개혁 관련법의 최종 승인이었다. 이 새 법률은 퇴임하는 전국인민대표대회 상무위원회 주석 펑전이 2년간 보류했던 것으로 소유와 경영의 분리(상급 기관이 국유기업에게 경영, 계약, 임대 등에 관한 자율성 부여 확대), 공장장 책임제(기업 관

---

282 자오의 2중전회 보고는 *BR* 31. 13(28 March - 3 April 1988), 5-6에 요약되어 있다. 연해발전에 관한 자오의 관점은 *BR* 31. 5(1-7 February 1988), 5 참조.

283 리의 우선순위는 *BR* 31. 2(11-17 January 1988), 5에 요약되어 있다.

284 리의 보고는 *BR* 31. 17(25 April - 1 May 1988), 18-43에 수록되어 있으며, 그 분석은 *I&S* 24. 6(June 1988), 12-8 참조.

리자에게 노동자의 고용과 해고, 생산계획, 보유이윤의 분배, 지방 당 서기의 간섭 배제 등에 관한 법적 권한 부여) 등의 핵심적 규정을 담고 있었다. 기업개혁법이 시행되자, 1986년 12월 승인되었으나 그 동안 기업개혁법이 마련되지 않아 오랫동안 사문화되었던 파산법도 3개월 안에 발효될 계획이었다. 파산법은 만성적인 적자 국유기업을 폐쇄할 수 있는 법적 기초와 절차체계를 제공했다.[285]

사회경제적 혼란을 향하여: 1988년의 위기

제7차 전국인민대표대회가 폐회된 다음 달, 겨울 내내 조용히 진행되던 중국의 도시불안이 점점 악화되었다. 이전과 마찬가지로 이번에도 학생들이 주동자였다. 4월 초, 베이징대학 학생들이 처음에는 캠퍼스에서 시위를 시작했다가, 나중에 톈안먼 광장으로 이동했다. 이번에는 목표가 생활비 상승, 불충분한 학생보조금, 정부 교육예산 부족 등이었다. 의미심장하게도 그들의 시위는 톈안먼 광장의 '5·4 사건' 12주년 기념행사와 동시에 이루어졌다.[286] 1988년의 초기 6개월 동안 25개 도시의 77개 대학이 학생시위에 직간접적으로 연루되었고, 이에 대응하여 중앙정부는 많은 대학 캠퍼스에 공안본부 설치를 결정했다.[287]

도시불안을 가중시킨 다른 중요한 요인은 도시 주민에 대한 정부의 주택 사유화와 임대료 자유화 시책이었으며, 이는 식품가격이 이미 경계할 수준으로 상승한 시점에서 더 많은 가계소득을 임대료로 지불하게 하는 조치였다. 소비자의 반발을 우려한 많은 지역 정부관리들은 교환 가능한 '주거 허가증' 형태로 임시 생

---

[285] 제7차 전국인민대표대회는 사영기업의 법적 지위를 보장하고, 지방정부에게 농지계약에 관한 추가권한을 부여하는 헌법 수정안을 통과시켰다. 그 다음 수정안은 농지사용권의 장기임대와 양도를 위한 법적 기초를 마련하는 것이었으며, 이는 중국 농민에게 토지이용 결정권한을 보다 많이 부여함으로서 토지개량을 위한 투자를 고취시켰다. 마지막으로 전국인민대표대회는 하이난(海南)에 성급 행정단위 승격을 승인했으며, 그들은 경제특구가 누리는 자율적 통상권한을 부여받았다.

[286] *FEER*, 21 April 1988, 13; *I&S* 24. 7(July 1988), 9-11. 처음에 베이징대학 당국이 학생들에게 시위 중단을 호소한 일은 실패했으며, 시위는 학생들의 탄원이 전국인민대표대회 대표를 통해 전국인민대표대회 고위층과 중국정치협상회의에 전달된 후에야 평화적으로 끝이 났다.

[287] *WHB*(香港), reported in *FEER*, 3 November 1988, 23; *ICM*, January 1989, 15-16.

활보조금을 세입자에게 지급하기 시작했고, 그것은 임대료 상승분을 상쇄시킬 수 있었다. 그러나 1980년대 대부분의 미봉책들과 마찬가지로 주택보조금도 일단 시행되고 나서는 지속되는 경향이 있었다.[288]

물가상승에 대한 우려가 깊어지며 노동문제도 확대되기 시작했다. 기업개혁법 시행에 따라 국유기업 관리자들은 대부분의 경우 처음으로 이윤 확대와 생산비용 절감 필요성을 진지하게 고려하기 시작했다. 기업들은 운영권한이 강화되었기 때문에 이제 임금 삭감과 과잉노동력의 정리해고를 시작했으며,[289] 초기에 해고된 사람은 평생직장이 보장되지 않은 최근 고용된 계약노동자들이었다.[290] 1988년 봄과 초여름, 선양(沈陽)에서 700개 기업의 40만 노동자들이 정리해고되었고,[291] 8월에 중국 관리들은 1988년의 도시 예상실업률을 기존 2%에서 400만이 넘는 3.5% 수준으로 두 배 가까이 늘렸다. 이 무렵에 많은 기업들이 세금을 납부할 수 없다는(혹은 하지 않으려 한다는) 보도가 있었다. 정부 추산에 따르면, 50%를 넘는 국유 및 집체기업들이 1988년 상반기에 세금을 납부하지 못했고, 개인사업자는 그 수치가 더 높아 공식적으로 80%에 달했다.[292] 기업도산도 특히 소도시와 촌 단위에서 가파르게 확대되었고, 영향을 받은 기업 대다수가 집체 및 혼합소유제의 벤처기업이었다.[293]

288　주택개혁의 영향(실제적이고 예견된)에 대해서는 *BR* 31. 46(14-20 November 1988), 14-18; *CNA* 1358(15 April 1988), 1-9; *FEER*, 26 May 1988, 72-3 참조. 분석은 Tony Saich, "Urban Society in China"(paper presented to the international colloquium on China, Saarbrucken, 3-7 July 1990), 4-12 참조.

289　당시 국유기업 공장에는 2000만에서 3000만의 잉여 혹은 불필요한 노동자가 있다고 보도되었다. *WHB*(香港), 4 July 1988; and *CNA* 1370(15 October 1988), 1 참조.

290　국유기업은 철밥그릇 타파와 생산에 대한 동기부여를 강화할 수단으로 1986년에 새로운 노동자를 고정기한에 따라 고용하기 시작했다. 그러나 1988년에 국유기업의 약 4%의 노동력만이 이러한 계약에 따라 고용되었다. 그 수치는 1989년에 10%로 상승했다(Saich, "Urban society …", 16).

291　*SWB/FE* 0234(19 August 1988). 여러 지역 중에서도 허난, 후베이, 산둥, 상하이 등의 수만 명 계약노동자들이 산업구조조정 과정에서 정리해고되었다(*ICM*, December 1988, 28-9).

292　*RMRB*, 20 August 1988.

293　*JJRB*, 6 January 1988, 2, in *ICM*, April 1988, 14. 파산법 제정에도 불구하고 국가 차원의 실업보험 체제와 적절한 직업 재교육 프로그램 부재로 일부 정부관리들은 국유기업 폐쇄를 상당히 주저했다. 결과적으로 법시행의 초기 2년 동안은 극소수 국유기업만이 파산을 공식선언했다. 그러나 오랫동안 이윤을

농촌과 소도시의 실업이 확대되면서 노동력의 유동도 증가하고, 도시 유랑민도 늘어났다. 베이징 한 곳에서만 거의 50만의 유랑민(游民)이 비참하게 불법체류를 했다. 1949년 이후 처음으로 중국의 많은 도시에서 거지들을 쉽게 볼 수 있게 되었다.[294]

만성적인 적자기업(중국의 6000개 대형 국유기업 중 거의 20%로 보도됨)에서 정리해고와 파산의 위협이 확산되면서 노동파업 사건도 증가했다. 1988년 상반기에 전체 49건의 산업계 노동파업이 보도되었다.[295] 그러나 경제적 혼란의 규모를 감안할 때, 노동쟁의의 수는 상당히 적었는데, 그 이유로는 당의 통제가 노동조합의 조직적 저항을 어렵게 만들었다는 점이 가장 많이 꼽혔다.[296]

국가범죄율도 1988년에 가파른 상승세를 기록했다. '중대범죄'가 1987년에 21%로 상승했다가 1988년 상반기에는 34.8%로 늘어났다.[297] 특히 당원과 간부들의 편법이나 부패가 만연한 것으로 알려졌다.[298] 공직부패가 항상 끊이지 않음으로서 공산당에 소속된 어느 신문은 당의 청렴성에 대한 대중의 신뢰가 급격히 떨

창출하지 못한 많은 기업들이 합병되거나 집체와 개인에게 매각되었다. Dorothy Solinger, "Capitalism measures with Chinese characteristics", *POC* 38. 1(January - February 1989), 22-3 참조.

294 *BR* 31. 35(29 August - 4 September 1988), 29; *GRRB*, 5 June 1988;『法制日報』, 5 August 1988; *LW* 32(8 August 1988), 12-13; *CNA* 1371(1 November 1988), 2; Saich, "Urban society …", 20-3.

295 *LW* 36(5 September 1988), 18-19, in *FBIS*, 14 September 1988, 36; *CNA* 1359(1 May 1988), 1-8; *ICM*, December 1988, 28-33; and *South China Morning Post*, 3 September 1988, in *FBIS*, 6 September 1988 참조.

296 Saich, "Urban society …", 16-17. 앤드류 왈더(Andrew Walder)는 1989년 봄의 대규모 톈안먼 시위 기간에도 노동자 자치조직은 아주 제한적이었고, 그것은 동란의 원인이 아니라 결과였다고 지적한다. Andrew G. Walder, "The political sociology of the Beijing upheaval of 1989", *POC* 38. 5(September - October 1989), 35 참조. 나아가 왈더는 물가상승으로 초래된 경제문제가, 다른 요인들을 배제한다면 산업노동자들의 중요한 정치적 저항을 야기할 만큼 심각하지는 않았다고 말한다. 그의 "Urban industrial workers"(paper presented to the conference "State and society in China: The consequences of reform", Claremont-MaKenna College, 16-17 February 1990), 8 참조.

297 중국 정부통계에 따르면, 200만 명 이상이 1983년에서 1987년 사이 중국에서 다양한 범죄행위로 기소되었으며, 그 중 경제범죄가 절대 다수였다(*I&S* 24. 6 [June 1988], 30).

298 1986년 최고인민법원은 7만 7000건 이상의 심각한 경제범죄를 처리했으며, 이 사건들 대부분에는 간부들이 연루되었다. 1982~1986년 베이징에서 경제범죄 혐의로 조사받은 1만 1000명 중에 27% 이상이 당원이었다(*FEER*, 16 June 1988, 22).

어졌음을 인정했다.

당 기율의 약화, 뇌물과 부패, 친구와 친척 후원, 훌륭한 간부와 당원의 기만과 이용, 공개적 법률 위반…, 다양한 유형의 '특수관계'를 통한 돌봐주기… 이러한 모든 유형의 부정행위 만연은 아주 해로운 사회적 결과를 낳았고, 피해를 산정하기도 힘들 만큼 당의 이미지를 악화시켰다.[299]

1983~1987년 사이 부패를 이유로 15만 명 이상의 당원이 제명되고, 그 밖에 다양한 부정행위로 50만 명이 제명보다 낮은 처벌을 받은 사실이 1988년 여름에 폭로되었는데, 이것은 당의 손상된 이미지에 도움이 되었을 수도, 아닐 수도 있다.[300] 이러한 내부 숙청에도 불구하고, 1988년 5월『인민일보』는 공직부패의 처벌이 아직도 아주 엄격하지는 않다고 인정했다. 많은 중국인들도 이 사실에 동의했는데, 왜냐하면 1983~1987년 사이 징계된 65만 명이 넘는 당원 가운데 겨우 97명, 즉 전체에서 미미한 비율인 0.01%만이 성급(省级)이나 그 이상의 간부였기 때문이다.[301]

공산당은 한때 청렴성, 기풍, 당원의 헌신 등으로 긍지를 가졌지만, 이제 대중적 신뢰가 크게 하락했다. 60만 명이 넘는 중국 노동자 대상으로 국가가 시행한 3년간의 정풍운동에 관한 설문조사에서는 단지 7%의 응답자만이 당의 기풍이 "확실히 개선되었다."라고 답했다. 1988년에 1700명을 대상으로 20개 이상의 직업에 순위를 부여하는 대중인식 조사에서는 기층 간부, 정부 간부, 당 간부 모두 하위 3분의 1에 포함되었고, 철도노동자보다 한 단계 아래, 조세징수원보다는 한 단계 위였다. 1988년 2000명의 교육받은 농촌 청년이 포함된 간쑤(甘肃) 성 조사에서는 단 6.1%의 젊은이만이 당 가입에 관심을 표명했다.[302]

---

299 *DGB*, 12 April 1988, in *ICM*, June 1988, 1.

300 *XH*, 11 August 1988, in *FBIS*, 11 August 1988, 18. 다른 2만 5000명은 1988년에 제명되었다.

301 이 자료는 Rosen, "The Chinese Communist Party …", 83에 수록되어 있다.

302 설문조사 자료는 Ibid., 21, 49, 53에서 인용했다.

공산당 관련 설문에 참여한 집단 가운데는 학생들이 가장 비관적이었다. 1986년 학생시위 이후, 베이징 시 당위원회가 의뢰한 한 설문조사에서는 응답자 가운데 92%의 대학원생과 62%의 학부생이 당의 부패한 업무 방식과 민주주의 결여를 학생시위의 근본원인으로 꼽았다. 설문에 참여한 학부생 중에서 10% 이하만이 당원의 업무 방식이 향후 몇 년 내로 개선될 것을 "아주 확신한다."라고 대답하였다.[303]

당, 정부, 경제에 대한 대중적 신뢰가 1988년 늦봄과 여름에 급격히 하락하면서 아노미적 폭력범죄도 상당히 증가했다. 5월에 쓰촨(四川)의 어느 축구장 폭동에서 130명이 다쳤으며, 주동자 중 대부분은 젊은이였고, 절반은 농민이었으며, 그중에는 실업자도 많았다.[304] 중국 법률자료에 따르면, 1급살인, 상해치사, 조직폭력, 무장강도, 심지어 폭파에 이르기까지 모든 범죄가 크게 증가했다. 한 성에서는 1988년 상반기에 약 300명의 기업관리자가 주로 개인적 원한 때문에 폭행을 당했다. 일부 지역의 국도, 고속도로, 철도를 따라 발생한 조직범죄는 몇 십대의 버스와 기차를 탈취하여 승객을 유린하고 짐을 약탈했다고 전해졌다.[305]

불법사건의 증가는 사회적 저항이라는 반발을 초래했다. 1987년 12월, 1000명

---

303 Ibid., 28-9. 대중들의 냉소가 고조되면서 당의 권위에 대한 공개적 저항도 확산되었다. 홍콩 항 인근의 서커우(蛇口) 현에서 일어난 유명한 사건에 따르면, 3명의 당 선전계통 고위 간부가 1988년 1월에 공청단 지방지부에 의해 조직된 젊은 노동자들의 회의를 소집했다. 간부 중의 한 명이 발언을 마쳤을 때(그는 당의 기존 노선과 정책의 장점과 성공을 찬양했음), 젊은 노동자 하나가 일어나 그 선전당원에게 "공허한 설교를 그만두고 실질적인 문제를 이야기하라."라고 말했다. 그 선전당원이 '이윤 추구'와 '외제차 운전'만을 생각하는 사람들을 비판하자, 그 젊은 노동자는 "그것이 왜 잘못되었느냐? … 지금 중국에서 돈을 버는 것이 왜 불법인가?"라고 물었다. 그 간부 중 한 명이 젊은 사람에게 이름을 묻자 청중들은 그 노동자 주위에 모여들어 간부의 위협에 대응하며 욕을 퍼부었다. 당과 간부에 대한 이러한 공개적 멸시는 1980년대의 '개방' 이전에는 중국에서 잘 드러나지 않았다. '서커우 폭풍'으로 알려진 이 특별한 사건은 그 후 몇 달 동안 신문사설과 독자투고란에서 회자되었다. *CNA* 1374(15 December 1988), 2-4; *FEER*, 27 October 1988, 41 참조.

304 Agence France Presse(Hong Kong), 30 May 1988.

305 *ICM*, November 1988, 4; *WHB*(香港), 13 September 1988, 14; *CNA* 1371(1 November 1988), 2-3. 일부 지역에서는 사태가 악화되어 강도의 위험이 증가했기 때문에, 외국 조사자들에게는 자신의 소속기관으로부터 내륙의 도로나 고속도로 여행을 자제하라는 여행경고가 내려졌다.

이 넘는 베이징경제무역대학 학생들은 한 학생이 교내매점에서 살해된 것에 대해 항의시위를 했다. 6개월 후인 1988년 6월 초에는 2000명의 베이징대학 학생들이 지방의 한 폭력조직이 저지른 학생살해에 대해 정부조치를 요구하며 톈안먼 광장에 모였고, 이는 1986년 학생소요 이후 공공질서에 대한 가장 심각한 위협으로 알려졌다. 일부 시위대는 당정 지도자를 비판하는 대자보를 붙였고, 일부는 부패를 반대하고 인권을 지지하는 대중시위를 요구했다.[306] 7월에 광둥 성장 예솬핑(叶洗平)은 기물파괴범들이 혁명영웅묘지에 있는 자신의 아버지 예젠잉의 기념비를 훼손하자 미성년범죄의 증가추세를 강력하게 비판했다.[307]

이처럼 사회적 우려와 불안이 확산되는 가운데 1988년 여름, 중국의 한 텔레비전 다큐프로그램이 국가의 근본 목표와 가치를 문제 삼는 논쟁을 제공했다. '하상(河殤)'이라는 이 다큐는 유유히 흐르면서 많은 침적물을 남겼으며, 오랫동안 '중국의 슬픔'으로 알려진 황허 강을 끊어지지 않은 문화적 영속성과 중국 문화의 보수성에 비유했다. 정체되고 완만히 굽이치는 황허 강의 이미지가 동적이고 활력 넘치는 대양의 푸른 물에 씻기지 않았으며, 이것은 전통적 고립주의와 중화제국의 이민족 혐오를 적절하게 상징했다. '하상' 작가들은 중국의 편협한 전통과 격세유전되어 온 가치의 지속적 영향력이 이제 효력을 다했음을 냉혹히 묘사하며, 고전적 유교나 혁명적 마오이즘 모두 맹목적 애국주의를 똑같이 내재했다고 공개적으로 신랄하게 비판하고 같은 이유로 근대 서구의 제도와 가치는 끝없이 칭찬했다.[308]

이 6부작 다큐는 6월 중순 베이징 중앙방송국에서 처음 방영되었고, 다른 몇몇

---

306 *I&S* 24. 1(January 1988), 162; *RMRB*, 8 June 1988; *SWB/FE* 0172(8 June 1988); *FEER*, 16 June 1988, 18 and 21 July 1988, 19-21.

307 *DGB*(香港), 6 August 1988. 1987~1988년 사회불안에 관한 추가문건은 Burns, "China's governance …"와 Lowell Dittmer, "China in 1988", 12-28 참조.

308 '하상' 논쟁에 관한 설명은 *FEER*, 1 September 1988, 40-3; *ICM*, January 1989, 1-10; and JPRS CAR-89-004(11 January 1989), 6에 실려 있다. Woei Lien Chong, "Present worries of Chinese democrats: Notes on Fang Lizhi, Liu Binyan, and film 'River elegy'", *CI* 3-4(Spring 1989), 1-20 참조.

성(省)과 도시들도 이를 곧바로 재방영했다. 베이징 텔레비전 방송은 열풍처럼 관심을 불러 일으켰고, 방송국은 시리즈의 재방영을 요청하는 1000통 이상의 편지를 받은 것으로 알려졌다. 인민해방군 장군과 그 부인들이 여름휴가 때 보기 위해 '하상'의 비디오 복사본을 베이다이허로 가져갔다는 보도도 있었다.

당내 반응은 그다지 열정적이지 않았고, 왕전은 격노한 것으로 알려졌다. 이를 논의하는 비공식회의가 베이징 중앙방송국에서 개최되었는데, 당시 많은 발언자들이 그 시리즈를 반(反)당, 반(反)사회주의적이며, '전반적 서구화'를 옹호하는 것처럼 보인다고 비판했다. 일부는 그 시리즈가 솔직담백하고 정직하다고 방어했다. 당 중앙선전부는 처음에는 주저했으나, '하상'의 방영을 국내외에 모두 더 이상 허용하지 않는다는 통지를 하달했다.[309]

정상에서의 갈등: 1988년 여름의 베이다이허

1988년 상반기에 중국의 도시불안이 악화되면서 개혁지향적 경제학자들과 베이징에 있는 그들의 고위급 정치후원자들 사이에 논쟁이 격화되었다. 쟁점은 기업개혁과 가격 자유화에 일차적 중점을 둘지, 경제의 사유화에 중점을 둘지였다.[310] 자오쯔양은 초기에 가격개혁 옹호자였지만, 1984~1985년의 물가상승 확대로 기업개혁에 우선순위를 둘 필요성을 확신했다. 덩샤오핑은 반대로 가격개혁 진영에 뒤늦게 합류한 전향자였으며, 1988년 봄에 그는 중국이 가격 자유화 과정에서 예상되는 '빅뱅'의 전환기적 충격을 견딜 수 있으리라 확신했다. 주저

---

309 *JSND* 11(November 1988), 62-3, in *I&S* 25. 6(June 1989). 이데올로기 업무책임자인 정치국 상무위원 후치리는 '하상' 방영을 금지하기 전에 다양하게 의견을 수렴했으며, 완본이 방영될 수 있도록 자신의 결정을 충분히 지연한 것으로 알려졌다(ICM, January 1989, 2).

310 기업개혁 학파는 자오쯔양의 고문인 베이징대학 경제학교수 리이닝(厉以宁)이 주도했다. 가격개혁 학파는 사회과학원 경제학자 우징렌(吴敬琏)이 주도했다. 사유화 학파의 선도적 인물은 친(親)자오쯔양 싱크탱크의 일원이자 전임 국가경제체제개혁위원회 주임이었던 천이쯔(陈一谘)였다. 1988년의 경제 논쟁에 관해서는 Robert C. Hsu, "Economics and economists in post-Mao China", *AS* 28. 12(December 1988), 1225-8; and Gang Zou, "Debates on China's economic situation and reform strategies"(paper presented to the annual meeting of the Association for Asian Studies, Washington, D. C., March 1989) 참조.

하는 자오쯔양을 자기 쪽으로 이끌면서, 덩은 5월 말경에 "우리는 이제 전반적 임금 및 물가 개혁을 감당할 여건을 갖추었다."라고 선언했다.[311] 6월의 정치국 회의에서 덩은 가격 자유화 확대를 제안했고, 자오쯔양은 의무감에서 중앙위원회 경제개혁 연구팀에 임금 및 가격개혁 다년도 프로그램을 마련하라고 지시했다.[312] 이즈음에 고기, 설탕, 계란, 채소 등 네 종류 부식품의 도시 소매 물가가 자유화되었다. 7월에는 담배와 주류가 시장화 품목에 더해졌다. 새로운 자유화 조치가 계속 이어지며 사실이든 소문이든 소비자 불안이 가중되고, 물가상승 우려로 도시소비가 활성화됨에 따라 소매물가도 상승했다.[313]

이처럼 시장의 위험성이 다시 부각되는 가운데, 중국 당 지도부는 하기 연례회의를 위해 베이다이허에 집결했다. 최고지도부 내에 경제전략에 관한 심한 이견이 존재한다는 불확실한 소문 속에서 회의는 7월 20일에 시작되었다. 자오쯔양은 경제권한의 급진적 분권화와 국유기업의 신속한 구조개혁을 선호했고, 리펑은 점진적·균형적 개혁, 완만한 성장, 그리고 경제권한의 집권화 등 보다 조심스러운 정책을 선호했으며, 이들의 갈등에 관한 소문이 너무 심해져 후치리, 차오스, 자오쯔양 등 당의 일부 최고지도자들은 이 사실을 부정하기 위해 외국 방문객과의 면담에서 자리를 비웠다.

엘리트 갈등에 관한 보도가 계속되는 가운데 조만간 전면적 가격 자유화가 있을 것이라는 새로운 소문이 퍼졌다. 덩샤오핑이 가격개혁을 약속했다는 베이다이허 외부의 보도가 나오면서 7월 말 일부 도시의 불안한 소비자들 사이에는 담요와 재봉틀에서 칼라 텔레비전, 냉장고에 이르기까지 모든 것을 비축하는 새로운 사재기 열풍이 불었다. 하얼빈(哈尔滨)의 가장 큰 백화점에서는 7월에만 월 평

---

311 *DGB*(Hong Kong), 26 July 1988, in *ICM*, September 1988, 26.

312 자오는 가격개혁에 대한 3개의 상이한 일정표, 즉 3년, 5년, 8년 일정으로 3개의 상이한 계획을 연구하도록 요구한 것으로 보도되었다. 이어서 그는 3년과 5년 계획 요소들을 4년의 '가격 합리화 사전 프로그램'과 결합시켰다. *WHB*(香港), 30 July and 1 August 1988; and *DGB*, 26 July 1988, in *ICM*, September 1988, 26-8 참조.

313 Ibid., also *I&S* 24. 9(September 1988), 1-4; *FEER*, 26 May and 4 August 1988.

균의 200배에 달하는 110만 위안 상당의 전기제품이 판매되었다. 이러한 제품구매를 위해 소비자들은 자신들의 예금을 인출했다. 7월 25~27일 3일간, 하얼빈 시민들은 지역은행에서 RMB 1200만 위안 이상을 인출했다.[314] 광저우에서도 마찬가지로 공포에 질린 소비자들이 즉각 가격인상이 있을 것으로 예상하여 은행 계좌를 비워 가며 살 수 있는 것은 무엇이든 사려고 했다. 예금 인출을 막기 위해 중국 은행들은 장기예금에 대한 실질이자율의 인상을 발표했다. 그러나 10%에서 13%의 새 이자율에도 불구하고, 여름 중반 비공식적으로 20%를 상회한 물가 상승률에 비해 은행이자는 훨씬 낮았다.[315]

덩은 도시경제에서 분출되는 새로운 경계경보에 민감해져 급진적 가격개혁 추진을 지지하던 기존 입장에서 한발 물러섰다. 홍콩 보도에 따르면 중국의 원로 지도자들은 7월 말과 8월 초의 예기치 못했던 도시의 사재기 열풍과 예금인출 소동으로 국가의 화폐 공급을 통제하고, 가격 자유화 확대를 연기할 필요가 있다고 확신하게 되었다.[316]

덩의 갑작스런 심경 변화로 자오쯔양은 중국 경제의 불안감 확산에 대한 책임을 떠맡아야 했다. 덩샤오핑은 당 원로 보수파들이 자오의 경제적 리더십에 대한 신념의 성격과 정도를 해명하라고 압박함에 따라 이제 총서기와는 스스로 멀어졌고, 예전의 자오에 대한 솔직한 지지로부터 확연히 등을 돌렸다. 그는 "나는 아무것도 보장하지 않는다. 만약 상황이 계속 악화되면, 총서기에게 책임을 물을 것이다."라고 말했다. 덩의 지지 철회에 동요된 자오는 완만한 성장과 경제 안정

---

314 *FEER*, 22 and 29 September 1988.

315 당시 소비자 불만 확대에 관한 중국 매체의 많은 보도는 *ICM*, October 1988, 11-14, and November 1988, 14-20에 번역되어 있다.

316 이 보도에 따르면 덩은 개인적으로 중국의 외채와 동유럽 개혁 경험에 관해 자오의 싱크탱크가 제시한 두 개의 보고서를 각각 읽은 다음 가격개혁의 중단을 결정했다(Wilson and You, "Leadership by 'lines' …", 35). 사실이든 아니든, 분명 당시에 덩이 알 수 있는 많은 경제적 경보가 있었다. 가령 1988년 전반기에 총수요는 31.4% 늘어난 반면, 전체 공급은 17.2% 증가했고, 1988년 중반 도시보조금은 전년 대비 59% 높았으며, 도시 간부와 노동자의 상여금은 동기간에 36% 증가한 것으로 기록되었다.

을 강조하는 보수파들의 논리에 도전하며 저항한 것으로 알려졌다. 그는 리펑을 정면으로 겨냥하여 "당신은 항상 화폐 [공급]의 규제를 강조한다. 생산이 감소되면 누가 책임질 것인가?"라고 하며 총리에 도전했다. 이에 리펑은 "발전이 늦어진다고 잘못될 것이 없다. 지금은 과열된 경제에 찬물을 끼얹을 시간이다."라고 대응했다. 이제 덩과도 소원해진 자오는 "당신들 모두는 내가 일을 실패했다고 말한다. 당신들이 직접 해 보라. 나는 더 이상 하고 싶지 않다."라면서 사직으로 위협했다고 전해졌다.[317]

가격 자유화에 따른 소동과 비난 속에서 우왕좌왕한 것은 상당히 극적인 아이러니였다. 소비자의 공황상태로 가격개혁 입장을 바꾼 덩의 갑작스러운 결정은 원래 당 최고지도자들로부터 직접 나온 소문 때문에 촉발되었다. 사람들의 설명에 따르면, 1988년 베이다이허 회의결과는 언론 인터뷰, 정책설명회, 외국 방문객을 위한 리셉션 등을 통해 주기적으로 강조되면서 평소와 달리 쉽게 공개되었다. 이처럼 기대하지 않았던 엘리트들의 개방성과 접근성은 중국의 새로운 개방정책(glasnost) 때문이었지만, 이것이 오히려 활활 타오르는 소문에 기름을 부었다. 따라서 1988년에 소비자들을 공황상태로 몰고 간 책임은 덩샤오핑을 포함한 당 최고지도부 자신들에게 있었다.[318]

자오의 추락, 리펑의 부상

일단 공황상태가 시작되었기 때문에, 당 지도자들은 이를 해결하기 위하여 움직였다. 몇 주일간 갈등을 겪은 다음 정치국은 8월 중순에 '가격 및 임금 개혁을 위한 임시방안'을 무사히 통과시켰다. 이 방안은 자유화 확대의 궁극적 목표에

---

317 *ZM* 131(1 September 1988); *I&S* 24. 10(October 1988), 1. 1988년 베이다이허 논쟁은 *JSND* 9(September 1989), 16-19; *ICM*, September 1988, 24-9; and Dittmer, "China in 1988 …", 21-2에 수록되었다.

318 1988년 베이다이허 회의 기간 언론에서 잇따라 쏟아진 소문들은 *DGB*(香港), 14 August 1988, in *ICM*, October 1988, 26-7 참조. 당 지도자들이 소문을 양산하는 데 책임이 있었으며, 이 사실은 대중들이 가격개혁을 반대하는 여론을 만들도록 친(親)'안정' 세력이 분명히 무분별하고 동요를 유발할 일부 소문을 유포했을 수 있다고 흥미로운 가설을 제시한다.

대하여 그 원칙을 모호하게 만들면서 새로운 가격개혁의 집행도 효과적으로 지연시켰으며, 따라서 리펑의 '경제 안정화' 노선이 전술적인 승리를 거둔 것처럼 보였다.[319]

리펑에게 정책 주도권을 빼앗기고, 덩의 개인적 지지도 잃어버린 자오는 명예가 급격히 실추되었다. 9월 초 외국 방문객과의 인터뷰에서 총서기는 더 이상 경제정책 결정에서 주요 역할을 수행하지 않고 있음을 인정했다. 그는 자신의 다양한 업무를 처리하는 데 얼마나 많은 시간을 할애하느냐는 질문에 대해 "나는 경제업무를 직접 다루지 않지만, 연구와 조사에 많은 노력을 집중하기 때문에 당회의에서 동료들과 주요 정책 쟁점을 토론할 수 있다."라고 대답했다. 자오의 경제적 위상이 크게 추락했고, 상대적으로 리펑이 부상했다. 경제정책 결정의 최종 권한이 이제 자오가 이끄는 당 중앙위원회에서 국무원으로 넘어갔고, 그곳에서는 리펑 총리와 그의 최고경제고문인 야오이린 부총리가 경제전략의 주도권을 쥐고 있었다.[320]

리펑이 주도권을 장악한 후, 정치국과 국무원의 공동업무회의가 9월 중순 개최되었다. 그 회의에서 자오의 경제정책이 심한 비판을 받았고, 자오도 중국 경제문제에 대한 부분적 책임을 인정하는 자아비판을 했다. 1주일 후에는 제13기 3중전회가 소집되었다. 자오가 또 다시 비판에 직면했지만, 덩샤오핑의 중재로 해직을 면한 것으로 알려졌다.[321] 전체회의의 핵심조치는 2년 동안 소비자물가를

---

319 이어서 자오쯔양과의 대결에서 중앙고문위원회가 총리를 시시함으로써 리펑이 베이다이허에서 승리할 수 있었다고 알려졌다. Wilson and You, "Leadership by 'lines' …", 37 참조.

320 *FEER*, 22 September 1988, 70-1. 자오가 경제정책에서 신뢰를 잃었음에도 불구하고, 덩은 자오의 선임자인 후야오방과 마찬가지로, 자신의 예전 부하를 완전히 버리지는 않았다. 정치외교 문제에서 자오는 중요한 당 회의를 주재하고, 공공행사에 참여하고, 외국 국가수반을 접견하는 등 아주 활발하게 활동했다. 한번은 덩이 중국의 물가상승이 일차적으로 가격개혁 때문이 아니라 경제 관리의 이완 때문이라는 의견을 과감히 제시하면서 자오의 경제적 관점을 간접적으로 옹호했다. *I&S* 24, 9(September 1988), 4 참조. 그렇지만 타격을 받은 자오쯔양이 자신의 잃어버린 위상을 회복하지는 못했다.

321 『竞报』(香港) [이후 *JB*] 11(November 1988), 20-3, trans. in JPRS CAR-89-007(19 January 1989), 10-11.

동결하는 결정이었다. 이 정책과 기타 경제의 긴축정책 수단들이 사회 전반의 수요를 줄이고, 과도한 자본 투자를 억제하고, 끝없는 물가상승을 통제하기 위해 필요한 것으로 제기되었다.[322]

1988년 가을 내내, 리펑과 야오이린은 자오가 추진했던 개혁의제를 벗어나 경제정책 결정의 안정화와 부분적 재집권화를 지향했다. 당초에 제시된 경제 과열에 대한 일시적 유예대책들이 이제 장기적 재조정의 성격을 띠게 되었으며, 이것은 시장의 지배력 축소와 중앙계획권한의 부분적 회수를 의미했다.[323] 12월 초, 베이징에서는 소고기와 계란부터 신발, 수건, 텔레비전, 세탁기 등까지 예전에 자유화된 36개 품목에 대해 가격통제가 다시 이루어졌다. 이를 위반한 자에게는 1만 위안 이상의 벌금이 부과되도록 했다.

지방과 성 지도자들이 최근 획득한 경제적 자율성의 반환을 망설이자 덩샤오핑은 "우리가 권력을 위임했기 때문에, 원하면 언제든지 회수할 수 있다."라면서 그들의 예속적 지위를 날카롭게 상기시켰다.[324] 그러나 결국 덩의 호언장담은 아주 공허한 것임이 드러났다. 제13기 3중전회가 폐회된 후에도 오랫동안 성과 지방정부들은 계속 자신들의 법률과 규칙을 제정했고, 자신들의 세금을 징수했고, 다른 지역으로부터 기업과 투자를 유치하기 위해 특혜를 제공했으며, 이는 모두 중앙의 권위에 도전하고, 당시 중국의 거시경제적 모순을 더욱 확대하는 것이었다. 중국 국내외를 막론하고 대부분의 관찰자들은 1988년 가을에 베이징이 상당수의 성과 지방 수준의 경제활동에 대해 규제 및 통제 능력을 상실한 것으로 보았다.[325]

---

322 *RMRB*, 27 September and 1 October 1988; *CNA* 1370(15 October 1988), 4. 자오의 명성이 명백히 추락했음에도 불구하고, 그가 3중전회에서 정치보고를 했다. 본문은 *BR* 31. 46(14-20 November 1988), I-Ⅷ 참조.

323 리펑과 야오이린도 연해지역의 기존 정책을 즉각 철회하지는 않았지만, 자오쯔양의 연해발전전략에 냉담했던 것으로 알려졌다. 자오는 1988년 가을 내내 연해전략을 옹호하는 발언을 했다.

324 *WHB*(香港), 11 October 1988, 1; *CNA* 1371(1 November 1988), 4.

325 *FEER*, 27 October 1988, 38-42, and 8 December 1988, 60-1; *NYT*, 11 December 1988. 재정수단과

중국의 어려운 경제상황을 통제하는 노력의 일환으로 1988년 가을, 간부들의 투기와 부정 행위를 제재하는 새로운 강경책이 시도되었다. 반부패 투쟁에 대한 책임은 정치국 상무위원인 차오스가 맡았다.[326] 이 새로운 투쟁이 주목한 것은 '관료부패(官倒)' 현상이었으며, 이는 고위 간부와 그 자제들이 자신들(혹은 그들의 가족 구성원)과 관계된 민간 거래 회사에 상업적 이익을 제공하기 위해 자신들의 공식 네트워크를 이용하는 관행을 의미했다. 자오쯔양은 3중전회 보고에서 이 문제의 해결을 호소하며 "'관료부패'를 엄격히 처벌하는 것이… 필요하다. 모든 [사영] 회사들은… 당정조직과의 관계를 끊어야 한다…. 그렇지 않으면 그들의 인가를 취소할 것이다."라고 했다.[327] 11월에 국무원은 이 경고를 시행하기 위해 현급(縣級) 이상에서 퇴임한 간부가 상업기업을 설립하거나, 그러한 기업에 고용되는 것을 금지하는 새로운 규정을 제정했다.

1986~1988년 사이 중국에서 36만 개 이상의 상업회사가 설립되었다. 비록 이들 대다수의 규모는 아주 작은 수준(이른바 서류가방 회사)이었지만, 중국중신그룹(中国中信集团公司, CITIC), 중국캉화발전총공사(中国康华发展总公司), 중국광다그룹(中国光大集团), 중국경제개발공사 등 '4대 회사'를 포함한 일부는 방대한 영역과 자원을 보유했다.[328] 이들 거대기업의 고위 간부 중에는 전임 장관, 부시장, 당서기 등이

자원할당에 대해 중앙통제가 축소된 원인, 결과, 그리고 그 정치적 함의는 Barry Naughton, "The decline of central control over investment in post-Mao China", in David M. Lampton, ed., *Policy implementation in post-Mao China*, 51-80; Susan L. Shirk, "'Playing to the provinces': Deng Xiaoping's political strategy of economic reform", *SICC* 23, 3/4(Autumn-Winter 1990), 227-58; Christine Wong, "Central local relations in an era of fiscal decline"(paper presented at the annual convention of the Association for Asian Studies, New Orleans, April 1991); and Barry Naughton, "Macroeconomic Obstacles to reform in China"(paper presented at the Southern California China Colloquium, UCLA, November 1990) 참조.

326 당조직과 보안계통 전문가인 차오는 5명의 정치국 상무위원 가운데 캐스팅보트였고, 자오쯔양과 후 치리는 상무위원 중의 자유주의 진영을 대변했으며, 리펑과 야오이린이 아주 보수적인 노선으로 알려졌다. 당 기율 강화와 반부패 투쟁의 필요성에 대한 차오스의 관점은 *RMRB*, 29 October 1988, trans. in *ICM*, February 1989, 2-3에 실려 있다.

327 *BR* 31, 46(14-20 November 1988), Ⅱ.

328 중국캉화발전총공사는 170개 이상의 자회사가 있는 것으로 알려졌다.

많았고, 명목적으로는 사영이었지만 대부분 고위 관료와 후원관계를 유지했다. 이들은 중국이 공식 승인한 '대외창구'였으며, 외국 고객, 시장, 달러 보유 등에 대해 준(準)독점권을 향유했다.[329]

1980년대 후반 중국을 괴롭힌 만성적 관료부패(官倒)의 근원은 바로 이러한 공식적 후원관계와 시장진입의 보장이었다. 당의 새로운 기관지인 『구시』의 논평처럼, 관료부패는 공직부패이며, '병든 체제'에서 자라는 하나의 '종양'이었다.

개혁을 심화하는 과정에서 우리는 정부로부터 당을, 기업기능으로부터 정부기능을, 관리 권력으로부터 행정권력을 분리시키고자 노력했다. 자신의 이익을 위해 공식적 지위를 이용하는 사람들은… 전혀 주저하지 않고 신구 체제의 전환을 이용하였다. 실제로 그들은 권력을 가진 동안 기회를 잡지 못하면 이미 때가 늦을 것으로 생각했다. 권력을 돈으로 바꾸는 것은 관료부패[로 이루어지는] 카드의 속임수이다.

우리의 구체제가 일부 공직자의 부패를 조장하고 은폐한다면, 관료부패의 출현은 이처럼 병든 체제에서 자라는 종양이 된다. 관료부패를 제거하지 못하면, 중국에 어떠한 평화도 없을 것이다.

… 관료부패가 팔아먹는 것은 공산당원의 정신과 우리 사회 공직자의 양심이다. 이러한 거래가 없어지지 않는다면, 일반 인민들의 수중에 있는 [화폐]뿐 아니라 우리 당과 정부에 대한 신뢰와 지지도 그 가치가 하락할 것이다.[330]

새로운 반부패 투쟁이 명목적으로는 투기, 부정, 통화조작에 개입하는 모든 기업을 향했지만, 실제로는 정부의 강경정책에 정면으로 맞선 연줄이 적은 소규모 기업이 대상이었다. 주요 상업기업 가운데는 유일하게 캉화만이 1988년 가을의

---

329 *FEER*, 3 November 1988, 23-5, and 17 November 1988, 90-2 참조. 사영기업의 보호와 육성에 기여한 고위 간부의 후원망은 Solinger, "Urban entrepreneurs and the state …" 참조.

330 *QS* 8(16 October 1988), 46-7, in JPRS CAR-89-001(3 January 1989), 41-2. 관료부패에 관한 추가적인 매체보도는 *ICM*, February 1989, 3-6 참조.

단속에 직접 영향을 받았고, 연루된 대다수 기업은 규모 면에서 훨씬 작았다.[331] 11월에 중앙기율검사위원회가 1983년 이래 33만 명의 당 간부를 부정부패 혐의로 기소했다고 발표했지만, 대규모 회사들은 예전처럼 다 제외되었다는 인식이 팽배했다.[332] 불행히도 중국 학생들이 1989년 봄 다시 거리로 나섰을 때, 대중적 분노는 반부패 투쟁에서 당이 취한 선택적 조치에 초점이 맞춰졌다.

자오의 신권위주의 반격

1988년 가을, 자오쯔양 지지자들은 자오의 훼손된 이미지를 회복하고, 권력 실추를 만회하기 위해 신권위주의 이론을 공개적으로 주장하기 시작했다. 경제학자 천이쯔(陈一谘)와 개혁지향의 다양한 싱크탱크에 속한 주요 인사들이 선봉에 서고, 자오쯔양의 핵심 정치참모 바오통과 옌자치가 막후에서 이를 지원하면서 신권위주의는 다양한 제안을 했다. 그들은 시장동력만으로도 중국 경제의 성공적 개혁에 필요한 역동성이 가능하다고 주장했으며, 계획경제의 관료기구에 대한 전반적 해체와 국유 상공업기업의 사유화를 제안했다. 이 제안은 조심스럽고 보수적이었던 리펑과 야오이린의 안정화 세력과 정면으로 대치되었는데, 그들은 인민민주독재하에서 정치적, 경제적 통제의 결합 필요성을 계속 주장했다. 신권위주의자들은 강력한 관료적 기득권이 근본적 구조변화를 차단하기 때문에, 보수파의 점진적 개혁방식은 실패할 것이라고 단언했다. 이러한 장애물을 극복하고, 중국이 진정한 시장개혁의 길로 나아가기 위해서는 정치와 경제의 명확한 분리가 필요했다. 중국이 기존 마오쩌둥—스탈린주의와 확실히 결별하기 위해서는

---

331 덩샤오핑의 아들 덩푸팡이 캉화와 깊은 연관이 있었기 때문에, 이 사건은 고관자제들의 부패청산에 관한 정부의도를 파악할 수 있는 이정표가 되었다. 비록 덩푸팡은 캉화와 계속 연계를 이어 갔지만, 결코 처벌받지는 않았다.

332 이처럼 당 간부의 범죄혐의가 있는 사건도 재판이 종종 연기되거나 무한정 지연되었다. 이러한 문제를 인식한 최고인민법원은 모든 법정이 '가능한 한 가장 엄격한 방식으로' 혐의를 가진 간부에게 법을 집행하고, '모든(혐의) 사건을 재판에 넘길 것'을 요구하는 통지를 11월 3일 하달했다. *ICM*, January 1989, 29-30 참조.

미하일 고르바초프(Mikhail Gorbachev)식의 강력한 정치지도력이 요구되는 것이다. 이것이 바로 자신들의 후원자인 자오쯔양을 위해 신권주의자들이 수행하고자 한 역할이었다. 그들은 개혁을 위해서 "기득권 세력이 구체제에서 형성한 장애물을 제거할 충분한 권위주의적 권력이 필요하다."라고 주장했다. 또한 그들은 다시 "정치 영역에서 강력한 권력의 집중을 요구하고 신권위주의자들이 강조하는 것은 정치체제(system)가 아니라 [정치] '지도자'이다."라고 말했다. [333]

1988~1989년 늦가을부터 겨울 사이, 『광명일보』와 『세계경제도보』 등 개혁지향의 저널들은 신권위주의 이론과 개념을 확산시키는 많은 논문을 발표했다. 이들 논문은 공통적으로 경제 영역에서 프롤레타리아 독재 수단을 제거할 강력한 정치지도력을 요구했다. [334] 신권위주의자들은 체제개혁을 위한 강력한 중앙 지도자의 필요성을 새롭게 강조하면서, 당시에 여전히 정치민주화의 긴급성을 강조하던 팡리즈, 위하오청, 쑤사오즈, 류빈옌 등 자유민주주의 옹호자와 분명히 갈라서기 시작했다. 두 그룹 모두 최근 리펑에 비해 하락한 자오쯔양의 위상에 깊은 관심을 공유했지만, 신권위주의는 그들의 명백한 정치적 보나파르티슴 때문에 중국의 자유민주주의자와 점점 사이가 멀어지게 되었다. [335]

회합의 폭풍: 1988~1989년 겨울

자오쯔양의 정치적 위상을 회복하려는 신권위주의자들의 시도에 맞서, 당 보수파들은 1988년 가을에 총서기를 축출하려는 캠페인을 전개했다. 11월에 천원

---

333 Wu Jiaxiang, cited in Ma, "The rise and fall of neo-authoritarianism …", 13-4(' '는 저자 강조). 중국의 신권주의 옹호자들은 종종 새뮤얼 헌팅턴(Samuel Huntington)의 영향력 있는 1965년 저서인 *Political order in changing society*를 인용해 현대화 초기 단계에는 강력한 정치지도력이 필요하다는 자신들의 생각을 위한 핵심 근거로 삼았다.

334 Petracca and Mong, "The concept of Chinese neo-authoritarianism …", 1106-11; Ma, "The rise and fall of neo-authoritarianism …", 8-13 참조.

335 신권위주의자와 민주주의자 사이에서 확대된 균열은 이후 톈안먼 사건, 특히 1989년 5월 13일에서 5월 30일 사이의 갈등 고조기 때, 다양한 학생집단과 지도부 내부의 전략 논의 과정에 반영되었다. 각주 372 참조.

은 자오쯔양의 지도력과 관련된 최초의 '8개항 의견'을 제기했다. 천은 총서기가 자산계급 이데올로기를 확실히 처리하지 못한 점을 가장 불만으로 여겼다. 천은 특히 자오로 인해 "무산계급 이데올로기의 교두보가 거의 모두 자산계급 이데올로기에 의해 점령당했다."라고 호소하며, "이제 우리가 반격할 때이다."라고 주장했다.[336]

다음 달 역사적인 제11기 3중전회 10주년을 기념하기 위해 당 선전부와 사회과학원이 공동후원한 개혁지향적 지식인회의에서 쑤사오즈는 반(反)정신오염, 반(反)자산계급 자유화 운동을 공격하는 대담한 연설을 했으며, 이때 천의 불만이 폭발하였다. 정치국 상무위원도 일부 참석한 행사에서, 쑤는 초기 운동 과정에서 희생된 2명의 유명한 희생자인 왕뤄수이와 위광위안에 대해 재평가를 요구했다. 쑤는 왕과 위를 모함한 책임자를 직접 거명하지는 않았지만, 후차오무가 자신의 '개인적 영달'을 위해 '마르크스주의 이론을 활용한' 책임이 가장 크다고 지적하며, 그에게 암묵적인 비난을 돌렸다.[337]

후치리, 왕런즈(아이러니하게도 그가 10주년 회의의 조직을 지원하였다) 등 당 선전부 고위 간부들은 쑤의 발언 수위와 내용에 상당히 당황했으며, 그의 발언이 출판되는 것을 막으려 애썼다. 그러나 12월 26일, 상하이의 비공식 신문인 『세계경제도보』에 쑤의 발언이 출판되어 그들의 노력도 허사로 돌아갔고, 이 신문 발행인 친번리(钦本立)는 체제개혁 확대에 솔직하게 찬성했다. 이틀 후, 정부가 발행하는 유력한 신문에는 무엇보다 먼저 "서구 자본주의하에서 발전된 현대적 민주주의를 과감히 교훈으로 삼을 필요가 있다."라고 주장하는 2편의 시설 가운데 첫 편이 게재되었다.[338]

---

336 *JB* 1(January 1989), 29; *I&S* 25, 6(June 1989), 30.

337 비록 왕뤄수이와 위광위안 모두 개혁 10주년 회의에 참석하도록 초청받았지만, 이 둘은 참석이 금지된 옌자치를 포함해 자신들의 일부 동료들의 블랙리스트를 보호하기 위해 회의 참석을 거부했다. 회의 진행은 *JB* 137(1988), 40-2, in JPRS-CAR-89-018(1 March 1989), 12-6에 논의되고 있다.

338 *GMRB*, 29 and 31 December 1988. 이 사건들은 Lowell Dittmer, "The Tiananmen massacre", *POC* 38, 5(September-October 1989), 4에 분석되어 있다. Wright, "The political fortunes of …"와 "The chang-

1988년 12월 말과 1989년 1월 초, 일련의 새로운 급진적 학생소요가 도시 내 갈등과 긴장이 강화되고 있음을 알렸다. 이 사건들 중에는 여러 대학 캠퍼스에서 발생한 중국과 아프리카 학생 간의 충돌도 포함되며, 이 충돌은 국가가 지적이고 이데올로기적인 방향으로 나아가지 않고, 오히려 중국의 사회경제적 조건이 점점 긴장되고 있음을 반영하였다. 1988년 크리스마스 이브에 난징 허하이대학(河海大学)의 몇몇 아프리카 학생이 중국 여학생을 기숙사로 데려가면서 학교가 규정한 방명록 기재를 거부했기 때문에 소란이 발생하였다. 아프리카 학생들은 성적인 표현과 욕설을 퍼붓는 중국 청년들 무리에 둘러싸였다. 그 후 난투극이 이어져 2명의 아프리카 학생과 11명의 대학직원이 다쳤다. 며칠간 무장한 보안부대가 반(反)아프리카 시위에 참석한 5000명이 넘는 중국 학생들의 질서 유지를 위해 투입될 만큼 난징의 상황은 긴장되었다. 12월 31일, 중국 보안경찰은 난징 근교 초대소에서 바리케이드를 친 100명이 넘는 아프리카 학생들을 곤봉으로 강제해산시켰다.[339]

1989년 새해에도 북으로 수백 마일 떨어진 베이징어언대학(北京语言学院)에서 유사한 사건이 발생했다. 그 곳에서는 중국 여자를 욕보인 것으로 알려진 아프리카 학생이 분노시위의 대상이었고, 수백 명의 중국 학생들은 벽보를 붙이며 아프리카인의 처벌을 요구했다. 2주일 후, 저장농업대학(浙江农业大学) 아프리카 학생들은 아프리카인을 치명적 에이즈 바이러스의 전염자로 비난하는 중국 관리들에 항의하며 시위에 돌입했다.[340]

이 사건들은 인종주의 요소를 내포하였지만, 비인종적 저의와 함축성도 함께 지녔다. 반(反)아프리카 시위는 1985년과 1986년 대학 시위 때 표면으로 부상했던 다양한 배타적 호전주의와 외국인 배척감정에 다시 불을 붙였다. 이러한 감

---

ing role …", 149 참조.

339 이러한 특별한 사건 이전에도 허하이대학은 오랜 인종갈등의 역사를 겪어 왔다. *I&S* 25, 2(February 1989), 9-11; and *ICM*, February 1989, 29 참조.

340 *I&S* 25, 2(February 1989).

정은 1980년대 중후반 중국 도시개혁 과정에서 유발된 사회적 긴장과 정서적 갈등이 심화되었다는 징후로 여겨진다. 이러한 측면에서 1988~1989년 겨울에 적개심의 대상이 일본인(혹은 부패한 중국 관리)이 아닌 아프리카인이었다는 것은 크게 중요한 것이 아니었다. 문제는 단지 학생들뿐 아니라 많은 중국인들이 스스로 통제하기 어려운 힘에 위협받고 있다고 느낀다는 것이었고, 이에 따른 긴장과 혼동으로 그들은 공격이 편리하고, 문화적으로도 이질적인 대상에게 공격을 퍼부은 것이었다.[341]

이처럼 사회적 긴장이 확대되는 상황에서 중국 자유주의 지식인들의 새로운 행동주의가 사태를 더욱 선동했다. 12월 초, 시단(西单) 민주의 벽 공개 10주년 행사에서 예전 1978~1979년 중국의 짧은 민주화운동 시기 활동가였던 런완딩(任畹町)은 유엔인권위원회, 국제사면위원회, 홍콩인권위원회에 1979년 이래 투옥된 민주인사들의 상황을 조사하도록 요청하는 4페이지의 편지를 공개했다.[342]

1989년 1월 6일, 팡리즈는 런완딩의 중국 정치범 상황에 대한 조사 요청에서 한 걸음 더 나아갔다. 팡은 덩샤오핑에게 보내는 공개편지의 복사본을 외국 언론에 배부하며, 웨이징성을 포함한 중국의 모든 정치범 석방을 요구하였다. 팡은 1989년 5월 4일, 중국의 역사적인 5·4 사건 70주년 기념일이 전체 사면을 위한 상징적인 날이 될 것이라고 주장하였다. 2월 중순에 2명의 중국 청년작가 베이다오(北岛)와 천쥔(陈军)은 팡리즈의 편지를 지지하고, 정치체제 개혁의 확대를 요구하는 33명의 학자와 작가의 서명을 받았다. 3월 초에도 42명의 학자와 과학자들이 서명한 비슷한 '의견서'가 당 시노부와 전국인민대표대회 상무위원회로 제출되었다.[343]

---

341 1988년 반아프리카 시위에 대한 미묘한 차이가 있는 해석 가운데, 엘리트들이 중국 학생들에게 잠재적인 쇼비니즘 감정을 조작한 것이라고 강조하는 해석은 Edward Friedman, "Permanent technological revolution and China's tortuous path to democratizing Leninism", in Baum, ed., *Reform and reaction* …, 162-82 참조.

342 런완딩 자신은 1979년 4월 체포되었으나 1983년 석방되었다. *FEER*, 15 December 1989, 38-9 참조.

343 *JB*, 10 April 1989, 22-3; *I&S* 25, 3(March 1980), 1, 4-6; *ZM*, 1 March 1989, 6-9. 이 사건들은

노인정치의 재개

자유주의 지식인들의 정치적 압력이 거세지자, 당 보수파 지도자들의 정치적 반대 압력도 거세어졌다. 천윈이 자오쯔양의 지도력에 관한 최초의 8개항 의견을 제시하고 얼마 후, 보이보는 쑤사오즈가 반정신오염과 반자산계급 자유화 운동을 공격했던 12월의 10주년 회의에 항의하며 '호소문'을 회람시켰다. 보는 많은 '중년 지식인들'이 여론을 자극하고, 4항 기본원칙을 무시하고, 자산계급 자유화를 선동한다고 비판했으며, 10주년 회의를 '당 중앙위원회에 대한 공격'으로 규정했다. 보이보, 천윈, 리셴녠, 왕전 등 중앙고문위원회의 일부 노인 간부들은 '여론, 이데올로기, 이론 업무를 적절히 처리하지 못한' 자오를 해직하라고 덩샤오핑을 압박하기 시작했다. 그 무렵 리셴녠은 자오의 해임 시나리오 몇 가지를 덩과 비밀리에 논의하기 위해 상하이로 날아간 것으로 전해졌다.[344] 그중 한 시나리오는 자오가 자신의 과오에 대해 자아비판을 하고, 1989년 3월에 예정된 4중 전회에서 사직하는 것이었다. 덩은 (1) 자신의 가장 절친한 대리인(후야오방)이 이미 해임되었고, (2) 자오를 대체할 적합한 인물이 없다며 거절한 것으로 전해졌다. 그 후 중국 고위 지도자들은 자오의 교체 문제를 적어도 덩과 미하일 고르바초프의 정상회담 이후인 여름까지 연기하기로 결정했다.[345]

자오는 덩샤오핑의 마지막 한 가닥 신뢰까지 잃게 될 압박감과 위험에 처함에 따라 타협을 선택했다. 비록 그가 사퇴나 자아비판에 관한 강경 보수파의 요구에는 불복했지만, 자유주의 지식인에 대해서는 더욱 강력한 입장을 취하기 시작했다. 자오는 후치리와 함께 『세계경제도보』 편집인 친번리를 베이징으로 소환하고, 쑤사오즈의 선동적인 10주년 연설 출판에 대해 언론인들을 질책했다. 그 후

Chong, "Present worries …", 2-4; and Dittmer, "The Tiananmen massacre", 4-5에 분석되어 있다.

344 *I&S* 25. 3(March 1989), 4-7; *ZM* 138(1 April 1989); Dittmer, "The Tiananmen massacre."

345 *ZM* 138(1 April 1989); *South China Morning Post*, 22 March 1989; *I&S* 25. 6(June 1989), 20. 비록 보수파들이 자오를 축출하지는 못했지만, 당 군사위원회에 대한 그의 주도권을 저지했으며, 군사위원회는 명목상 자오 아래에 있는 양상쿤이 주요 정책 결정자가 되었다. 자오는 양의 결정이 이루어진 다음에 그것에 접근할 수 있는 것으로 알려졌다. Wilson and You, "Leadership by 'lines' …", 38 참조.

친번리는 웨이징성의 사면 요구 탄원서에 서명한 33명 모두에 대해 6개월 간 출판을 금지시킬 것에 동의했다.[346] 이 무렵 자오쯔양은 당 간부들을 위한 한 세미나에서 당내 이데올로기적, 정치적 업무의 개선이 장차 당의 관심 중 절반을 차지하게 될 '긴급한 사안'임을 설명했다.

이처럼 확실한 후퇴에도 불구하고, 자오는 적어도 부분적으로는 행동의 자유를 누렸다. 가령 그는 쑤사오즈를 당에서 제명하지 않았고,[347] 천윈이 1988년 11~12월에 주장한 8개항 의견을 전국에 하달하지도 않았다. 그리고 결국 보이보의 비판에 대응하여 "지식인들은 문제를 독자적으로 판단한다. 놀랄 일이 무엇인가?"라며 중국의 비판적 지식인을 옹호했다.[348]

2월 말, 팡리즈가 우연히 정치 영역에 다시 연루되었다. 새로 선출된 미국 대통령 조지 부시(George Bush)는 서거한 일본 천황 히로히토(裕仁)의 국장에 참석하는 도중에 서로 친밀해지기 위해 짧은 일정으로 중국을 방문했고, 베이징의 장성셰러턴호텔(Great Wall Sheraton Hotel) 대통령 연회에 참석하라고 팡에게 초대장을 보냈다. 부시 대통령의 제스처는 미국이 중국의 인권문제를 강력히 지지한다는 의사표시였으며, 중국 지도자들에게 강한 반감을 일으켰다. 2월 26일 연회가 열리던 밤 팡의 차는 중국 공안에 저지당해 호텔로 진입하지 못했다. 연회에 참석하지 못한 팡은 나중에 기자회견을 열어 그 사건은 중국 지도부가 단지 한 명의 학자에게 연회 참석을 막기 위해 '그렇게 힘든 수고를 하는' 나약함을 드러낸 것이라고 냉소적으로 비꼬았다.[349]

덩샤오핑도 기분이 나빴던 것으로 전해졌다. 자오쯔양조차 실망감을 드러내

---

346 *ZM* 137(1 March 1989), 6-9. 당 중앙선전부는 중앙위원회의 사전승인 없이는 옌자치가 쓴 어떠한 기사도 『인민일보』에 게재하지 말라고 명령했다(*I&S* 25, 3 [March 1989], 7).

347 대신에 쑤는 상관인 중국사회과학원 원장 후성(胡繩)이 잠시 출국을 조언한 것으로 전해졌다.

348 *I&S* 25, 3(March 1989), 5; *ZM*, 1 March 1989, 6-9; Dittmer, "The Tiananmen massacre…".

349 *Washing Post*, 28 February 1989; Chong, "Present worries …", 3. 두 명의 다른 저명한 비판적 지식인인 쑤사오즈와 극작가 우쭈광도 주석의 연회에 초청받았으며, 당국은 누구도 참석을 금지시키지 않았다.

며, 중국 내정에 대한 미국인의 참견은 무엇이든 나라의 안정을 해치고 개혁 반
대자들에게 이용될 수 있다고 부시 대통령에게 강하게 경고했다. 팡리즈 사건 1
주일 후, 자오는 정치국 확대회의 연설을 통해 중국의 티베트 정책에 대한 외국
의 비판을 공격했다.[350]

이처럼 정치적 긴장이 확산되는 가운데, 후야오방도 갑자기 정치 영역에 다시
연루되었다. 남중국에 체류하다 4월 초 베이징으로 돌아온 후는 교육 문제를 논
의하는 정치국 확대회의에서 발언을 신청했다. 4월 8일 회의에서 그는 당이 교육
에 대한 지원을 확대할 것을 열정적으로 호소했다. 회의가 진행되던 도중, 발언
을 막 마친 전 총서기가 쓰러졌고, 심각한 심장발작을 일으켰다. 1주일 후인 4월
15일, 후야오방은 심근경색으로 사망했다.

추모가 긴장으로 바뀌다

후야오방 사망 이전에도 베이징에서는 그가 교활한 정적 보이보와 열띤 논쟁
을 하며 치명적 심장발작을 겪었다는 내용의 소문이 돌았다.[351] 사실이든 아니든,
이 소문으로 많은 중국 학생들이 겪는 커다란 좌절감과 소외가 더욱 확산되었고,
불씨가 남아 있던 캠퍼스의 불안에 다시 불을 붙이는 촉매제가 되었다.

후가 사망한 하루 다음인 4월 16일, 베이징의 여러 대학 학생 수백 명이 혁명영
웅기념비 아래에 추모 화환을 놓기 위해 톈안먼 광장으로 모여 들었다.[352] 며칠이

---

350 *The Economist*(London), 4 March 1989, 67; Chong, "Present worries …", 3; *Asiaweek*, 7 July 1989,
26-31. 1987년 10월 이후 티베트에는 정치적 불안이 반복되었다. 중국 군대가 시위 진압을 위해 최소한
세 번은 투입되었다. 1989년 겨울 후반, 판첸 라마(티베트의 친중국 종교 지도자)의 서거로 사태가 악화
되었고, 2월 중순에서 3월 초 사이 독립을 주장하는 일련의 시위가 발생함으로써 3월 7일에는 계엄령이
선포되었다. 그 후 중국 군대가 많은 티베트 시위자들을 희생시켰다는 보도가 있었다. *I&S* 25. 4(April
1989), 8-11 참조.

351 *JB*, 10 May 1989, 2-6. 후의 치명적인 심장발작을 둘러싼 다른 소문들도 많이 확산되었다. *CLG* 23.
1(Spring 1990), 56-7.

352 영웅기념비 앞에서의 추모라는 정치적 표현에는 풍부한 상징적 전통이 있었다. 1976년 4월의 '톈안
먼 사건'은 고 저우언라이 총리에게 존경을 표시하는 추모에서 비롯되었고, 1978~1979년의 민주화 운동
에도 강한 추모 분위기가 존재했다. 이러한 관련성을 지적하면서 루시안 파이(Lucian Pye)는 "장례 의식

지나자 추모행렬은 수만 명으로 늘어났다. 민주화를 주장하는 최초의 집회가 이때 있었고, 톈안먼 서쪽에 위치한 정부 공식 공관인 중난하이 앞에서 시위가 일어났다. 이 시기의 시위는 거의 전적으로 대학생들이 주도했다.[353]

4월 18일, 최초의 자율적 학생조직이 베이징대학에서 만들어졌다. 다음날 학생들이 전국인민대표대회 상무위원회에 전달한 최초의 요구조건도 등장했다. 학생들이 제기한 7개항 요구 가운데 가장 중요한 것은 후야오방의 공적과 잘못에 대한 '정당한 평가', 반정신오염과 반자산계급 자유화 운동에서 희생된 모든 사람의 복권, 전체 당정 최고지도자와 자녀들의 봉급과 소득 원천 공개, 언론과 표현의 자유를 위한 새로운 법 제정, 학생·교사·교육프로그램에 대한 보조금·봉급·예산의 실질적 확대 등이었다.[354]

4월 18~19일 밤, 1만 명이 넘는 학생시위대는 리펑 총리와 면담을 요구하며 중난하이 진입을 계속 시도했다. 결국 학생들은 공관 경비병들과 충돌했고, 경찰

은 중국인이 공개적으로 감정을 표출할 수 있는 드문 기회를 제공한다…. 중국 문화에서 대중적 슬픔은 어떠한 개인적 상실감과, 모호한 정도로 관련된 감정의 표현을 정당화시킬 수 있다."라고 적었다. Lucian W. Pye, "Tiananmen and Chinese political culture: The escalation of confrontation from moralizing to revenge", *AS* 30. 4(April 1990), 331-47 참조.

353　1989년의 학생운동에 관해 이용 가능한 다양한 설명들은 특히 군중규모와 비공식적 사건(가령 베이징 학생자치연합회의 결성)의 구체적 수치 등에 대해 많은 편차를 보인다. 이 시기의 사건이나 정치적 역학을 재구성하면서 필자는 상반된 설명을 해결할 수 있는 곳은 어디든지 찾아갔다. 그 과정에서 필자는 다음과 같은 아주 유용한 자료들을 발견했다. Ruth Cremerius, Doris Fischer, and Peter Schier, eds., *Studentenprotest und repression in China, April-Juni 1989: analyse, chronologie, dokumente*(1990); Stefan R. Landsberger, "The 1989 student demonstrations in Beijing: A chronology of events", *CI* 4. 1(Summer 1989), 37-56; Yi Mu and Mark V. Thompson, *Crisis at Tiananmen: Reform and reality in modern China*; "CND interview with Gao Xin", *China News Digest*(global edition; 이후 *CND*), 7-8 April 1991; Tony Saich, "The rise and fall of Beijing people's movement", *AJCA* 24(July 1990), 181-208; Dittmer, "The Tiananmen massacre …"; Walder, "The political sociology …",; Andrew J. Nathan, "Chinese democracy in 1989: Continuity and change", all in *POC* 38. 5(September-October 1989), 17-29; Pye, "Tiananmen and …"; Corinna-Barbara Francis, "The progress of protest in China", *AS* 29. 9(September 1989), 898-915; Frank Niming, "Learning how to protest in China", in Saich, ed., "The Chinese people's movement …", 83-105; James Tong, ed., *CLG*, 23. 1(Spring 1990)와 23. 2(Summer 1990)의 특별호.

354　*CLG* 23. 2(Summer 1990), 17-18. 최고지도자와 그들 자제들의 수입 공개(관료부패에 대한 대중적 분노가 가져온 산물), 자산계급 자유화에 대한 '판결 취소'라는 상대적으로 새로운 요구를 제외하고 대부분은 1985년과 1986년 당시의 학생시위 때 제기된 요구와 실질적으로 일치했다.

진격으로 일부 학생들이 다쳤다. 경찰의 공식 보도가 학생들의 부상을 언급하지 않고, 시위 주도자를 학생들에게 경찰을 해치도록 선동한 '문제유발자'로 간주함에 따라 학생들은 순교(殉敎)라는 강력한 무기를 얻게 되었다. 그것은 앞으로 몇 주간 정부에 대해 사용할 수 있는 효과적인 무기였다.

4월 21~22일 주말에 많은 군중들이 후야오방의 공식 추모식을 위해 톈안먼에 모여들었다. 혼란 가능성에 대비해 2000명의 사복 군인과 폭동진압경찰이 광장과 그 주변을 지키도록 동원되었다.[355] 광장 진입을 금지한다는 공식 경고에도 불구하고, 4월 22일 이른 아침에 10만 명이 장례식을 위해 조용히 모여 들었다. 오전 10시, 인민대회당 안에서 장례식이 거행되었고, 침울한 음악이 방송을 타고 광장으로 흘러 나왔다. 자오쯔양이 후야오방에게 '위대한 마르크스주의자'라고 찬사를 보냈지만, 장례식의 전체 분위기는 조용하고 절제되었다. 오전 11시 30분 장례식이 끝나고 당정 지도자들이 대회당을 떠날 때, 학생들은 "대화, 대화, 우리는 대화를 원한다", "리펑, 나와라!"라는 구호를 외쳤다. 정부가 고위 관리와의 대화 요청을 승인할 것으로 전해지자 학생들은 정부 대변인을 기다렸다. 1시 30분경, 정부 관리가 아무도 나타나지 않자 학생 지도자들은 인민대회당 계단 위에서 격식을 갖춘 항의를 하려고 손에는 두루마리로 된 요구조건을 들었으며, 위엄 있는 청원을 하는 듯 과장되고 의례적인 방식으로 무릎을 꿇었다. 학생들은 정부 지도자들이 속였다고 믿고 화가 나서 인민대회당 쪽으로 몰려갔지만, 경찰에 의해 밀려났다. 일부 학생들은 경찰봉에 맞았으며, 많은 학생들이 좌절감으로 눈물을 흘렸다. 그 순간의 드라마는 강력했고, 감정은 격양되었다.[356]

고조되는 학생시위와 순교의 위협에 대응하여 정치국은 4월 22일 긴급회의를

---

[355] 베이징 북부의 바오딩(保定)에 주둔하던 인민해방군 제38군 소속의 2만 명 이상의 군대가 수도로 이동하도록 명령을 받은 것으로 알려지기도 했다.

[356] 이 사건들은 *CLG* 23. 2(Summer 1990), 22-3에 수록되어 있다. 나중에 중국 관리들의 주장에 의하면, 정부 대변인은 4월 22일 오후의 학생들과의 회동에 동의하지 않았으며, 사실 아무도 그것을 요구하지 않았고, 시위 지도부가 순교와 배반에 대해 학생들의 감정이 자극되기를 기대했다고 한다. 비록 이 점에 대한 확실한 증거는 없지만, 그 시나리오가 전적으로 불가능한 것은 아니다.

개최했고, (1) 후야오방의 공식 추모 기간을 끝내고, (2) 후에 대한 기존 판결을 완화하라는 학생들의 압력에 굴복하지 않고, (3) 1987년 반자산계급 자유화 운동의 정당성을 확증하기로 결정했다.[357] 다음날 자오쯔양은 1주일로 예정된 북한 평양행 순방을 떠났다. 자오가 국내를 벗어나자 리펑은 남은 정치국 상무위원(리, 차오스, 야오이린, 후치리) 및 덩샤오핑의 개인 연락관 역할을 하는 양상쿤을 불러 긴급회의를 개최했다. 그 회의에서 처음으로 학생시위를 덩이 1986년 12월의 시위를 규정할 때 사용한 '동란(动乱)'이라는 용어로 묘사했다.

4월 25일 리펑과 양상쿤은 상무위원회 회의결과와 학생시위 양상을 덩샤오핑에게 보고했다. 덩의 반응은 그 후 당 간부들 사이에 회람되었고, 그 내용에는 장례식에서 후야오방을 '위대한 마르크스주의자'로 규정한 자오쯔양에 대한 날카로운 비판도 포함되었다.

어떤 사람들은 [후야오방을] '위대한 마르크스주의자'로 만들고 싶어 한다…. 내가 죽어도 그들은 나를 위대한 마르크스주의자로 부르지 않을 것이다. 그들은 거북알 같은 후야오방을 어떻게 생각하는가? … 후야오방은 결단력이 부족하고, 반자산계급 자유화 운동에서 후퇴를 하였다. 반정신오염운동은 겨우 20일 넘게 지속되었다. 우리가 그 운동을 열정적으로 추진하였다면, 이데올로기 영역이 … [오늘처럼] 이렇게 동요되지는 않았을 것이다…. 어떤 사람들은 국가의 혼란을 갈망한다…. 우리는 동란을 반대하고 중단시킬 명확한 입장과 강력한 수단을 가져야 한다. 우리에게 아직 수백만의 군대가 있으니 학생들을 두려워하지 말라.[358]

덩은 중국 사회주의 체제의 전복을 꾀하는 음모세력이 시위를 조직하고 선동한다고 주장했으며, 폴란드 사태와 같은 위험성을 또 다시 경고하며(1986년 12월과

---

357 완리는 정치국의 결정을 승인하지 않은 것으로 알려졌다.
358 *JB*, 10 May 1989, 22-6; Pye, "Tiananmen and …", 337.

마찬가지로), "폴란드 사태는 양보가 해결책이 아님을 보여 준다. 정부가 많이 양보할수록 반대세력은 더 커졌다."라고 했다.

이제 노동계급이라는 새롭고 골치 아픈 집단이 학생시위 상황에 개입하고 있었기 때문에, 덩이 그렇게 생각한 것도 당연했다. 4월 20일, 새로 결성된(그리고 다소 정체가 불명확한) '베이징노동자연합'이 물가상승과 도시 생활수준의 급격한 하락, 그리고 '자신들을 위해 인민의 최소 수입까지 빼앗는 행위' 등의 사회적 병폐를 '독재적 관료' 책임으로 비판하는 공개 성명서를 발표했다. 이 성명서는 베이징 시민, 특히 경찰과 소방관에 대하여 '인민과 정의의 편에 서고', '인민의 적들을 위한 도구'가 되지 말 것을 강력히 호소했다. 성명서는 "우리 베이징의 노동자계급은 전국의 대학생들이 일으킨 이 투쟁을 지지한다."라고 결론지었다.[359]

4월 22일과 25일 사이, 중국 일부 도시의 학생들이 자치조직을 결성하여 다양한 형태의 시위에 돌입했다. 베이징뿐 아니라 상하이, 톈진, 난징, 우한 등지의 도시 전체에서 수업거부가 시작되었다. 4월 26일, 베이징에서는 10개 대학의 2000여 명 학생들이 회의를 거쳐 베이징학생자치연합회(北京学生自治联合会)를 결성하였다.

무엇보다 이 기간의 학생시위는 상대적으로 평온하고 질서정연하였다. 그러나 일부 지역, 특히 창사(长沙)와 시안(西安)에서는 실업노동자, 유랑민, 미성년 폭력단원 등의 학생이 아닌 집단이 선동적으로 학생시위를 이용함에 따라 평화적 시위가 무질서한 만행과 폭동으로 변질되었고, 결국 이 두 지역에는 계엄령이 선포되었다.[360]

겉보기에도 학생시위의 확대, 노동자파업의 증가, 일부 도시 주변인들의 무질서한 폭력사태 등이 만연하는 상황에서 이제 당 지도자들도 입장을 강화했다. 그

---

359 *CLG* 23. 2(Summer 1990), 31. 일반적으로 베이징의 노동자 계급은 5월 20일 정부의 계엄령 선포 시도가 실패할 때까지는 학생이 주도하는 운동에 대규모로 동참하지 않았지만, 실제로 얼마나 많은 노동자들이 이 조직에 참여했는지는 명확하지 않다. Niming, "Learning how to protest …", 84-6 참조.

360 톈안먼 시위에 따른 성의 반응에 관한 조사는 *AJCA* 24(July 1990), 181-314 특집 참조.

들은 덩샤오핑의 비타협적인 4월 25일 발언에 근거해『인민일보』에 게재할 강경한 사설을 준비했다. 그 사설은 4월 26일 제1면 헤드라인에 "동란에 반대하는 명확한 입장을 견지해야 한다."라는 제목으로 발표되었다. 그 사설은 학생시위가 '나쁜 동기를 가진 극소수 사람들이 선동하는 폭력행위'라고 주장하며, 덩이 주장한 학생지도자들의 비애국적 동기를 다시 강조했다.[361] 그날 상하이 당서기 장쩌민은 상하이『세계경제도보』를 '개편'하고, 편집인 친번리를 해고한다는 당의 결정을 공포했다.[362]

4월 26일의 여파: 대중적 분노의 심화

『인민일보』의 주장이 학생시위대나 그들의 동조자들에게 주는 각성과 위협 효과를 계산했다면, 그것은 명백히 실패였다. 사설이 발표되자 학생자치연합회는 '사회주의 질서'를 지지하고, '관료제, 부패, 특권'에 반대하는 톈안먼에서의 '애국적' 대중행진을 즉석에서 제안하며 도덕적 주도권을 잡았다.

정부의 접근방식은 역효과가 곧바로 나타났다.『인민일보』사설이 발표된 다음 날인 4월 27일, 베이징대학에서 톈안먼 광장으로 행진하는 시위자 수는 전날 합계보다 50%가량 증가하여 10만 명에 육박했으며, 1949년 이래 중국에서 발생한 자발적 시위 가운데 최대 규모로 알려졌다. 많은 일반인이 처음으로 학생들과 함께 행진했고, 게다가 50만 명이 넘는 베이징 주민들이 시위대가 지나는 길목에서 그들을 격려하며 음식과 음료를 전달했다. 동조하는 군중들이 집결한 톈안먼에 도착하자 시위대는 광장 진입을 차단하기 위해 설치한 경찰 저지선을 돌파했고,

---

361 그 사설은 후치리가 초안 작성을 맡은 것으로 알려졌다. 후가 학생들의 행동을 '시위'로 묘사하여 논평의 취지를 완화하려 하자 덩이 부드러운 표현들을 지우고, '동란'이라는 말을 삽입한 것으로 알려졌다. John H. Maier, "Tiananmen 1989: The view from Shanghai", *CI* 5. 1(Summer 1990), 5 참조. 비록 자오쯔양이 4월 26일에 출국했고, 4월 26일 사설이 취한 강경노선을 곧바로 거부했지만, 북한에서 사설에 대한 '완전한 지지'를 타전했다고(양상쿤에 의해) 알려졌다. *CLG* 23. 1(Spring 1990), 80 참조.

362 이틀 전에 헤럴드는 후야오방의 공헌에 대해 사후 재평가를 하도록 탄원서를 냈고, 친번리는 후의 1987년 해임에 대한 '완전한 내막'을 발표하려 했다. *FEER*, 11 May 1989, 12 참조.

경찰은 심각한 사고 없이 밀려났다. 학생시위 조직자들은 혼란을 막기 위해 군대 동원 가능성도 있다는 정부의 경고를 인식해 시위대 행렬 내에서 질서와 기율을 유지하는 감독팀을 파견했다.

몇 년간 사회경제적 불안이 가중된 이후, 10년 동안의 불균형적이고 불완전한 개혁으로 누적된 압력이 이제 당과 정부의 권위로 억누르던 제약을 벗어나기 시작했다. 학생들은 투항하라고 위협하는 정부의 비효과적인 시도에 고무되어 주도권을 잡았다. 도덕적 고지를 점령한 학생들은 풍자, 수치, 순교 등의 무기를 효과적으로 활용하였다. 가령 행진 과정에서 그들은 전통적 사회주의 슬로건을 반복해서 외쳤고, 인터내셔널가를 불렀으며, 당의 '정확한' 지도력에 대한 시민들의 지지를 촉구하는 풍자적인 깃발을 들었다. 4월 말경, 이러한 수단들은 시민들이 보기에 톈안먼에서 전개된 드라마에서 영웅과 악한의 역할을 바꾸었고, 따라서 학생들이 당과 정부의 강경파에게 수치심과 모욕감을 주는 중요한 요소가 되었다.[363]

정부의 강경입장에 대한 대중들의 반대는 빠르게 확산되었다. 4월 말 베이징 사범대학 심리학과가 시행한 여론조사에서는 물가상승을 반대하고 부패에 지친 수도 지역의 대다수 시민들이 학생들을 지지하는 것으로 나타났다.[364] 당정 지도자들은 자신들의 이미지 손상과 신뢰 저하를 우려하여 그러한 위험한 상황을 진정시킬 방안을 모색했다. 그들이 선호한 방안은 상당히 다양했다. 베이징 당서기 리시밍에게 최적의 해결책은 더욱 강경한 입장이었다. 그는 가혹한 보복으로 학생들을 계속 위협했고, 학생시위가 끝나지 않으면 아주 '예측하기 어려운 결과'가 있을 것이라고 경고했다. 4월 28일 고위급 전략회의에서 일단의 젊고 개혁지향

---

363 이 점은 Pye, "Tiananmen and …", 339-40에서 강조되고 있다. 당국이 인터내셔널가를 부르고 친사회주의 슬로건을 외치는 평화적인 시위학생들을 체포하기가 상당히 난처했기 때문에 학생들의 전술은 아주 현명했다.

364 1989년 4월에서 5월의 학생운동에 대한 대중들의 반응에 관한 다양한 여론조사는 *CI* 4. 1(Summer 1989), 94-124에 실려 있다.

적인 지도자들(자오쯔양의 동료 바오퉁과 옌밍푸를 포함)은 리시밍의 입장을 반대했고, 정부에게 진압을 멈출 것을 권고했다.

정부는 대중적 비난의 확산을 피하고, 베이징 학생집단 사이를 이간(분할 통치)시키려는 목적에서 이제 학생자치연합회가 아닌 베이징의 '공식적' 학생회 대표와 텔레비전 대담을 할 것에 합의했다. 참여자격을 잃은 학생자치연합회의 새로운 대표 우얼카이시(鸟尔开希)는 화를 내며 그 자리에서 물러났다. 4월 29일 개최된 대담에서 국무원 대변인 위안무(袁木)는 4월 26일 『인민일보』 사설의 목표는 애국적 학생시위대의 광범위한 대중이 아니라 일부 '배후 공모자'였다고 지적했다.[365] 같은 자리에서 국가교육위원회 대변인 허둥창(何东昌)은 여전히 정부가 학생자치연합회의 합법성을 인정하지 않을 것이라고 선언했다. 3일 후, 학생자치연합회 간부들은 자신들의 대화조건을 승인하라고 요구하는 24시간 최후통첩을 정부에 전달했다. 정부는 5월 3일 이 최후통첩을 거부했다. 다음날 약 15만 명의 군중이 5·4 운동 70주년을 기념하기 위해 톈안먼 광장을 가득 메웠고, 항의시위는 최고조에 달했다.[366]

4월 말 북한에서 돌아온 자오쯔양은 서둘러 베이다이허를 찾아 덩샤오핑과 협의하고, 학생운동에 대한 정부의 전술적 선택에 우려를 표명하였다. 4월 26일자 사설에 대한 대중들의 강한 반발에 크게 당황한 덩은 학생들에 대한 자오의 유화적인 접근방식을 허용하며 "가장 중요한 것은 사태수습이다…. [일단] 사태가 수습되면, 당신 계획을 수행해도 좋다. 만약 필요하다고 판단되면, 내가 [전에] 했던 말은 무시[해도 된다]."라고 총서기에게 전했다.[367]

---

365 *FEER*, 1 May 1989, 11-2.

366 (비록 규모가 작았지만) 유사한 시위가 5월 4일 상하이, 창사, 난징, 우한, 시안, 창춘, 다롄 등지에서 발생했다. 하얼빈과 선양에서는 학생들의 행진을 차단하기 위해 교문을 폐쇄했다. 시위는 전부 20개 도시에서 100만 명 이상이 참가한 것으로 알려졌다. 공식 설명에 따르면, 5월 말 8개 도시에서 600개 고등교육기관의 280만 명 이상의 학생이 베이징 학생들을 지지하는 시위에 합류했다고 한다(통계는 Rosen "Chinese youth", 20에서 인용함).

367 *MB*, 26 May 1989; *South China Morning Post*, 29 May 1989.

덩의 지시에 부합하여 5월 4일 자오쯔양은 베이징에서 열린 아시아개발은행 대표단과의 회담에서 보다 유화적인 정부방안을 설명했다. 총서기는 대부분의 시위자들이 "우리의 기본체제를 반대하지 않으며, 단지 우리 업무의 잘못된 관행이 고쳐지기를 바란다."라고 주장했고, "학생들의 합리적 요구는 민주적, 합법적 수단을 통해 충족되어야 한다."라고 천명했다. 그는 "우리는 안정을 찾고, 이성과 자제력을 가져야 한다."라고 말했다.[368]

자오의 유화적 자세는 정부의 기존 강경노선이 이루지 못한 대중운동의 응집력 약화라는 역설적 결과를 가져왔다. 무엇보다 그것은 운동 지도부 가운데 초기에 도덕적 분노감이 강했던 급진적 그룹이 정부보다 더욱 비타협적 자세를 갖도록 만들었다. 한편 자오의 발언은 당 최고지도부 내에 강한 분열이 존재함을 드러내면서 공장노동자와 언론인 등 기존의 무기력했던 다양한 사회세력이 자신들의 개별 요구와 이해관계를 표출하는 운동에 동참하도록 용기를 주었으며 저항의 무대를 키우고 확산시켰다. 결국 기존 학생운동의 목적과 전망이 갖던 통일성이 점점 왜곡되어 갔다.[369]

학생과 비학생 그룹 모두 추구하는 목표가 아주 다양하고 자주 바뀌었기 때문에 목표 자체가 상당히 모호해지고, 운동 내부의 응집력 있는 전략 형성이 점점 어려워졌으며, 자오쯔양 같이 아직 우호적인 당 지도자들의 적절한 대응도 더욱 어려워졌다. 정부와 학생 모두 내부적으로 강경노선과 온건노선으로 분열되었으며, 그 마지막 결과는 꼼짝하지 못한 채 궁지에 몰리는 교착상태였다.

이러한 상황에서 많은 학생들의 열정이 약화되고, 5월 둘째 주에 광장의 시위

---

368 *RMRB*, 5 May 1989; *ZM* 140(1 June 1989), 6-10.

369 이러한 효과는 Saich, "The rise and fall …", 190-3에 논의되고 있다. 5월 초 학생들의 핵심요구는(a) 4월 26일 사설의 철회(사과를 수반한),(b) 후야오방의 재평가,(c) 정부의 베이징 학생자치연합회에 대한 인정에 집중되었다. 그러나 이러한 핵심사안 이외에 새로 참여한 다양한 그룹이 상이한 요구들, 그중에서도 특히 자산계급 자유화에 대한 재평가(학생이 아닌 지식인 그룹이 제기), 당정 최고지도자 및 그 자제들의 임금과 혜택 공개(특히 새로 조직된 노동자자치연합이 제기), 언론자유의 확대(당이 통제하는 언론사 소속 500명의 기자그룹이 제기) 등에 관한 요구를 제기했다.

자 수는 현저히 줄기 시작했다. 시위군중의 급박한 감소가 전망되자, 학생 지도자들은 운동의 동력을 유지하기 위해 강하게 몰아붙였다. 이러한 중요한 시점에 황금 같은 기회가 찾아 왔는데, 바로 5월 15~18일 예정된 소련 지도자 미하일 고르바초프의 방문이 가까워진 것이다. 고르바초프의 방문이 임박하자, 전 세계의 이목이 베이징에 집중되었다. 이 상황은 학생들과 미디어를 의식하기 시작한 시위의 지도자들이 주문 제작한 '모스크바에서 온 구세주'였다.

도덕전의 수행: 고르바초프, 미디어, 단식투쟁

5월 13일, 세계의 많은 기자와 텔레비전 카메라가 중·소 정상을 촬영하기 위해 베이징에 모여 들자 시위 지도자들은 중국 당국과의 대치를 극적으로 확대시켰다. 정직한 시민들의 애국적 행동을 무정하게 '동란'으로 규정하는 정부에게 도덕적 혐오를 드러내면서, 수백 명의 학생들이 톈안먼 광장에서 연좌단식투쟁에 돌입하였다.[370] 고르바초프와 세계 미디어들의 이목으로 정부가 강력하게 대응하지 못하는 와중에 단식투쟁 행렬은 금방 3000명 이상으로 불어났다. 이를 동정하는 대규모 군중들도 광장으로 몰려들어서, 중국 당국은 고르바초프의 퍼레이드 노선을 바꾸고 소련 지도자의 예정된 기자회견 장소도 변경하여야 했다.

당초 제한적이고 상징적인 시위로 고려했던 단식투쟁이 학생들의 대의를 우호적으로 알리는 데 멋지게 성공하자 운동 지도부는 '끝장 날 때까지', 혹은 정부가 운동의 요구에 굴복할 때까지 단식하기로 결정했다.[371] 중국의 수도에 숭요한 외국 국가원수가 있고, 세계의 많은 텔레비전 기자들이 직접 그 과정을 촬영하고

---

370 단식투쟁가의 초기 두 번의 선언은 *CLG* 23. 2(Summer 1990), 50-3에 수록되어 있다.

371 여기에는 단지 두 가지 핵심요구가 있었는데, 그것은(a) 정부가 베이징의 여러 대학 학생대표들로 구성된 대화대표단(对话代表团)과 '평등에 기초하여' 대화에 임해야 하며, (b) 정부가 '이름의 거명을 중단하고', 민주화운동의 애국적 성격을 인정해야 한다는 것이었다(Ibid., 52-3; Francis, "The progress of protest …", 912).

있고, 대중들의 동정이 점점 자신들 쪽으로 기울게 되자, 학생들은 정부의 진압 위협에도 상대적으로 안심을 하게 되었다. 그들이 안전하게 느낄수록, 그들 일부는 더욱 대담하고 비타협적이게 되었다.[372]

이 무렵 농성 학생들과 모든 연령대와 계층이 포함된 지지자들이 톈안먼과 그 주변을 효과적으로 통제했다. 시위 지도자들은 세련된 방송장비를 광장의 확성기에 연결시켜 정부의 선전방송에 반격했고, 대규모 군중들 사이로 자신들의 메시지를 전파할 수 있었다. 등사기를 통해 전단지, 정책성명서, 그리고 다른 유인물들도 꾸준하게 공급했다. 이제 리펑과 덩샤오핑의 퇴진을 요구하는 대자보(일부는 외국 미디어의 주목을 받기 위해 영어로 작성)도 광장에 등장했다. 중국 지도자에 대한 노골적인 풍자만화도 눈에 띄었다.

양측의 극단적인 태도에 직면한 자오쯔양은 계속 평화적 해결책을 모색했다. 5월 15일 그는 (후치리와 함께) 대중매체들이 공식 검열을 탈피하고, 학생시위에 대한 객관적인 보도를 허용하라는 수백 명의 기자들의 요구에 합의했다. 다음날 정치국 상무위원회 회의에서 자오는 4월 26일자 사설의 우선적 철회, 당정 최고지도자들의 수입과 급료 공개, 그리고 전국인민대표대회 지원하에 고위 간부와 자녀들의 관료부패 사건을 조사할 기구 설립을 제안했다. 이 제안은 4대1로 기각되었고, 기존에 상무위원회에서 자오의 강력한 지지자였던 후치리조차도 이제 그를 반대했다.[373]

---

372 고르바초프의 방중 전날, 광장의 학생 지도부는 사태 해결을 위한 자오쯔양의 제안을 거절하고, 자오의 전령을 '신권위주의자'로 모욕한 것으로 보도되었다. 당시 아주 인상적인 학생성명서 중에는 한 단식투쟁가 그룹이 선택한 순교의 길이 설득력 있게 제시되었다. "아버님과 어머님들! 우리가 굶는다고 슬퍼하지 마세요. 아저씨와 아주머니들! 우리가 생의 안녕을 고할 때 애통해하지 마세요. 우리의 유일한 소망은 모든 사람이 더 나은 삶을 사는 것입니다…. 안녕, 동료 학생들, 조심하세요! 우리가 죽더라도 우리의 애국심은 삶 속에 남아 있음을 기억하세요. 안녕, 사랑하는 사람이여, 조심하세요! 우리는 당신을 떠나기 싫지만, 반드시…. 우리의 삶을 희생하고 쓴 우리의 맹세는 우리 공화국의 하늘을 확실하게 밝힐 것입니다(*CLG* 23. 2 [Summer 1990], 52)."

373 *FEER*, 1 June 1989, 12-18. 이후에 양상쿤은 상무위원회가 자오쯔양의 모든 제안을 전부 거부한 것은 아니며, 모든 사람이 그의 초기 제안 가운데 최소한 두 가지, 즉 사태가 '민주와 법률의 기초 위에서' 해결되어야 하고, 모든 사영기업에 대해 '점검'이 이루어져야 한다는 데 '동의했다'고 주장했다(*CLG* 23. 1

동료들 사이에서 자오의 고립이 확대된 일차적 이유는 명확했다. 덩샤오핑이 이미 학생들에 대해 강경하게 대응할 마음을 굳힌 것이다. 시위에 대한 대중들의 지지와 자신감이 늘어남에 따라 원로 지도자들은 정부가 계속 양보하면 평화가 오는 것이 아니라 그들의 요구를 증폭시켜 그단스크(Gdansk)와 같은 궁극적 혼란만 초래할 것이라고 믿게 되었다. 이러한 상황에서 단식투쟁은 최후의 수단이었다. 5월 16일, 덩의 뜻에 따라 양상쿤은 베이징을 군사적으로 통제할 군대를 소집하기 위해 당 중앙군사위원회 확대회의를 지시했다.[374]

5월 16일 텔레비전으로 중계된 자오와 고르바초프의 회담으로 자오쯔양이 덩의 신뢰를 상실했고, 학생운동 수습에 대한 영향력도 계속 상실하고 있음이 세계에 알려졌다. 이 회담에서 자오는 덩샤오핑이 모든 '중요한' 문제에 대한 최종 발언권을 갖는다는 제13차 당대회에서 만든 비밀결의의 존재를 확인해 주었다. 다음날 자오는 이 무렵 모든 주요 지도자 회의에 정규적으로 참석해 발언하기 시작한 중앙고문위원회 노인 정치가들과의 투쟁에서 분명한 수세에 처했으며, 위기를 평화적으로 해결하기 위한 마지막 시도를 했다. 중앙위원회와 국무원을 대표해 광장의 단식투쟁가들에게 메시지를 보내면서(옌밍푸를 통함), 학생운동의 '애국적 정신'을 공식적으로 인정하고, 학생들이 투쟁을 그만두면 아무런 보복도 하지 않을 것임을 약속했다. 젊은 투쟁가들 대다수가 자오의 제의를 수용하려 한 것으로 전해졌지만, 베이징의 강경파 학생들과 외지 학생들의 소수파 연합은 그것을 거부했다.[375]

[Spring 1990], 72).

374 *ZM* 140(1 June 1989), 6-10. 이들 사건에 관한 양상쿤과 리펑의 비공식적 설명은 *CLG*, 23. 1(Spring 1990), 69-87에 실려 있다.

375 베이징의 강경파 학생그룹은 6월 3일 진압 이후에 중국을 어렵게 탈출한 것으로 유명한 차이링(柴玲)이 주도한 것으로 알려졌다. Woei Lien Chong, "Petitioners, Popperians, and hunger strikers", in Saich, ed., *The Chinese people's movement* …, 115, 121 참조. 목격자의 설명에 따르면 옌밍푸는 당시 요구사항을 두 가지, 즉 4월 26일 사설의 철회와 베이징 학생자치연합회에 대한 정부의 인정으로 압축하도록 학생 지도부의 설득에 주력했다. 그러나 타협안을 찾으려는 옌의 노력은 차이링뿐 아니라 덩샤오핑도 거부한 것으로 알려졌으며, 한 시위 참가자는 "당시 톈안먼 광장에는 다수 의견이 없었다. 모든 사람에게 자신의 의

그 날 5월 17일 늦게 자오는 덩샤오핑 저택에서 개최된 정치국 상무위원회 확대회의에 참석했다. 양상쿤을 비롯해 천윈, 리셴녠, 펑전, 왕전 등 일부 원로 간부들이 참석한 이 회의에서 자오는 또 다시 4월 26일자 사설의 철회를 호소했다. 덩은 "우리는 후퇴할 수 없다. 한번 후퇴하면 계속 후퇴해야 한다."라고 주장하며 거부했고, "쯔양 동지, 5월 4일 아시아개발은행과의 발언 이후로 학생들이 더 심각한 소요를 일으키기 때문에, 그것이 하나의 전환점이 되었소."라고 덧붙였다. 이어서 덩은 계엄령 선포를 제안했다. 참석한 원로 간부들은 사태가 "도를 넘어섰다."라며 그것에 동의했다. 자오는 강하게 반대하며, 덩과 상무위원회에 총서기직 사퇴 의사를 전달했다. 그의 사퇴는 즉시 거부되었고, 상무위원회는 고르바초프의 방문이 막바지인 점에 힘입어 덩의 계엄령 선포 제안을 승인했다. 자오는 패배를 인정하며 후속 결과에 대한 책임에서 벗어나려 했고, "샤오핑 동지에게 최종 결정을 맡깁시다."라고 말했다.[376]

비록 5월 17일에 원로 지도자들이 학생운동의 진압을 결정했지만, 지도자들 사이에는 탈진과 영양결핍으로 약해진 일부 단식투쟁가가 세계의 텔레비전 카메라 앞에서 죽을지도 모른다는 상당한 불안감이 있었고(보수파와 중도파가 같이 공유함), 그렇게 되면 학생운동이 순교를 바탕으로 광범위한 반정부시위로 확대될 수 있었다.[377] 이 상황에서 당국은 학생들을 진정시켜 투쟁을 멈추고, 평화적인 광장 철수를 유도하는 절대절명의 시도들을 성급하게 결정했다.

5월 18일 오전 5시, 정치국 상무위원들은 병원에 입원한 단식투쟁가들을 매우 공개적으로 '위로방문'했다. 텔레비전의 방영 장면에서 자오쯔양, 리펑, 차오스, 후치리 등(야오이린은 불참)은 쇠약해진 학생들의 건강과 안정에 깊은 관심을 보였

견만 있었다. 덩이 그 두 가지를 수용했더라도 여전히 소용없었다."라고 지적했다. "CND interview with Gao Xin…" 참조.

376 이들 사건은 *CLG* 23. 1(Spring 1990), 69-72; *FEER*, 8 June 1989, 14-18; and *MB*, 30 May 1989에 설명되어 있다.

377 당시 대략 2500명의 단식투쟁가들이 베이징 주변의 지역 병원과 임시 진료소에서 탈수와 열탈진 진단을 받은 것으로 알려졌다.

고, 말없이 병실에서 그들의 손을 잡았다. 텔레비전 카메라에 담긴 유력한 이미지는 일종의 자비로운 온정주의였다.[378] 정부의 두 번째 조치는 당일 늦은 시간 국무위원 리톄잉의 텔레비전 연설이었다. 리는 다시 온정주의 자세를 취하며 농성 학생들을 안심시키려 했다. 그는 "여러분의 조국은 여러분을 사랑합니다."라고 말했고, "돌아와요, 학생들. 돌아와요!"라며 시위대의 단식투쟁 중단을 애원했다.[379]

가장 중요한 공식 조치는 5월 18일 리펑, 리톄잉, 천시퉁, 옌밍푸 등 당정 지도자와 특히 우얼카이시와 왕단(王丹)으로 대변되는 단식투쟁 학생간부 사이의 텔레비전 중계 대화였다.[380] 이 대화를 위해 우얼은 병원에서 달려왔고, 파자마와 실내복을 입고 있었다. 얼굴은 창백하고 쇠약해 보였으며, 코에는 정맥주사 주입기가 꽂혀 있었다. 이 특별 대화에서 리펑은 침착하게 학생들을 염려하는 온정주의 자세를 취했으나, 사태는 금방 악화되기 시작했다.

리펑: 오늘 우리는 한 가지 문제, 즉 단식투쟁가들의 현재 상황을 어떻게 해결할
지를 논의할 것이다. 당과 정부는 학생들의 건강을 가장 염려하고 있다. 여러
분은 모두 젊고, 가장 나이 많은 사람도 겨우 스물둘이나 스물셋으로 내 막내

---

[378] 병원 방문은 *SWB/FE* 0462(20 May 1989)에 설명되어 있다. 방문 당시 자오쯔양은 한 학생에게 "당과 정부의 목표는 학생들의 목표와 같으며, 기본적인 이해관계의 대립은 없다. 의견을 교환하고 문제를 해결하기 위해서는 다양한 방법이 필요하며, 단식투쟁이라는 한 가지 방법만 취하지 말라…. 당신은 건강을 보살펴야 한다."라고 말했다. 후치리는 누워 있는 다른 학생과 대화하며, "일부 문제는 즉각 해결될 수 없는 것이다."라고 참을성 있게 조언했다. 그 학생이 당은 인민의 신뢰를 회복하기 위해 위신을 다시 세울 필요가 있다고 지적했을 때, 후치리는 "우리는 당신에게 진적으로 동의한다."라고 대답했다. 학생은 계속해서 "당신이 신망을 얻기 원한다면, 내 생각으로는 관료부패를 저지르는 사람과 그것에 연루된 고위 관리들이 자녀들에 대해 행동을 취해야 한다."라고 했다.

[379] 일부 관찰자들은 정부가 당시 단식투쟁가들의 안위를 걱정하는 것을 계엄령 선포가 이미 결정된 사실을 숨기려는 냉소적 제스처였다고 여기기도 했지만, 필자는 많은 (대부분은 아니더라도) 중국 지도자들이 학생 안위에 대한 진정한 걱정에서부터 단식투쟁가의 사망이 초래할 대규모 시위에 대한 두려움에 이르기까지 비록 제각각의 이유가 있었겠지만, 최후의 순간에 단식투쟁을 해결하려는 시도만은 상당히 진지했다고 믿고 싶다.

[380] 그 회의의 공식 회의록은 *CLG* 23. 2(Summer 1990), 46-54에 실려 있다. 그러나 회의가 끝날 무렵 이루어진 일부 즉흥적인 언급과 의사표시는 이 회의록에 포함되지 않았다.

아이보다 어리다. 내 아이들은 아무도 관료부패에 개입하지 않았다.

우얼카이시: 리 총리를 방해해서 죄송한데, 시간이 많지 않다. 우리가 여기 편하게 앉아 있는 동안, 학생들은 밖에서 배고픔으로 고생하고 있다. 당신은 방금 우리가 단지 한 가지 문제를 논의해야 한다고 말했다. [우얼은 검지로 리 총리를 가리킨다.] 그러나 사실은 당신이 우리를 대화에 초대한 것이 아니라, 우리들, 즉 톈안먼 광장에 있는 우리 모두가 당신을 대화로 초대했다. 그래서 논의할 주제를 정하는 사람은 우리가 되어야 한다.

왕단: … 학생들이 광장을 떠나고 단식을 중단하기 위해서는 우리의 조건이 완전히 충족되어야 한다…. 첫째, 현재의 학생운동을 '동란'이 아니라 민주적, 애국적 운동으로 긍정적으로 인정하는 것, 둘째, 가능한 한 조속히 대화를 하는 것 …

옌밍푸: … 우리는 향후 사태가 어떻게 전개될지 아주 걱정스럽다. 여러분이 지금 행사할 수 있는 유일한 영향력은 모든 단식투쟁가들의 철수를 결정하는 것이다…. 사람들이 지금 관심을 갖는 중요한 문제는 젊은 단식투쟁가들의 생명이다. 우리는 그들의 생명을 소중히 여기고, 그들을 위해 책임을 져야 한다.

리펑: 정부도 당 중앙위원회도 학생들이 동란을 야기했다고 말한 적이 없다.[381] 우리는 여러분의 애국적 열정을 일관되게 인정했다…. 그러나 사태는 여러분의 좋은 의도에 부합하여 전개되지 않았다…. 실제 베이징에서 사회적 혼란이 초래되었고, 나라 전체로 확산되고 있다. 현재 상황은… 통제를 벗어났다…. 베이징에서는 지난 며칠 동안 무정부상태가 계속되었다. 나는 [학생 지도자를 개인적으로] 비난할 의도가 절대 없지만, 내가 방금 설명한 무정부상태는 현실이다. 중화인민공화국 정부는… 이 현실을 간과할 수 없다.

우얼카이시: … 나는 방금 말했던 것을 다시 반복하고 싶다. 우리는 토론이 수렁에 빠지는 것을 원하지 않는다. 학생들이 광장에서 굶고 있으니, 우리의 조건에 대해 즉시 대답을 달라. 이것이 무시되고, 이 한 가지 문제의 수렁에서 헤

---

381 엄격히 말하면 '동란'이라는 용어를 사용한 사람은 덩샤오핑으로 정치국 상무위원회와 중앙고문위원회의 개인 자격이었기 때문에 리의 지적은 옳았다. 그 용어는 4월 26일 사설에도 실려 있지만, 당의 공식 문건이나 지시에는 전혀 포함되지 않았다.

어나지 못하면, 우리는 정부가 문제 해결에 전혀 성의가 없다고 결론지을 것이다. 그러면 우리 대표들이 여기에 오래 머무를 필요가 없다.

왕단: 만약 리 총리가 동란이 우리 사회에 나쁜 영향을 야기하기 시작할 것이라고 생각한다면, 모든 학생들을 위해 나는 그것이 전적으로 정부의 책임이라고 선언할 것이다.

이러한 오랜 대치 끝에 우얼카이시는 기절하여 바닥에 쓰러졌다.[382] 대화가 끝나자 리펑은 일어나서 확실한 화해의 표시로 학생들에게 손을 내밀었다. 총리의 내민 손은 무시당했고, 그는 "당신은 이미 너무 멀리 나아갔다."라는 말을 들었다. 화가 난 것이 분명했지만, 그는 냉정을 유지하려 애쓰며 몸이 굳은 채 그 방을 빠져나갔다.

5월 18일 고르바초프가 중국을 떠났고, 학생들이 단식투쟁 중단을 거부하자 상황은 빠르게 대결국면으로 전개되었다.[383] 5월 19일 이른 아침, 자오쯔양은 계엄령 선포를 막으려는 마지막 시도를 했다. 그는 정치국 회의에서 학생시위에 전적인 책임을 지겠다고 제안했고, 자신의 아들을 고위급 관료부패 조사를 맡은 특별법정에 세울 것을 자원했다. 그의 제안은 거부되었고, 자오가 또 다시 사퇴를 제안하며 덩샤오핑과 논쟁을 한 것으로 전해졌다. 자오의 사퇴가 거부된 것은 예전처럼 지도부 내의 심각한 분열을 드러내고, 학생시위를 더욱 고무시킬 것이라는 이유 때문이었다.

이 시점에서 자오는 회의장을 떠났고, 차를 대기시켜 톈안먼 광장으로 갈 것을 요구했다. 그는 아주 불안해하는 리펑과 동행했다. 새벽 동들 무렵 광징에 도착한 자오는 손에 확성기를 쥐고, 학생시위대에 연설을 했다. 그는 "우리가 너무

382　우얼의 행동은 '전략적 실신'이라는 평판을 들었으며, 이 행동을 군중 앞에서 한 번 이상 보여 주었다. Joseph F. Kahn, "Better fed than red", *Esquire*, September 1990, 186-97 참조.

383　당시 정부의 진압에 임박하여 대다수 단식 학생들은 광장을 벗어날 것을 선호했다. 그러나 단식투쟁가들이 기존에 '합의에 의한 결정' 규칙에 동의했기 때문에, 목소리가 강한 소수파가 투쟁의 청산을 막을 수 있었다. 이처럼 비타협적 소수가 절대 다수를 압도하는 상황은 이후 5월 30일에 톈안먼 광장 점거를 평화적으로 끝내지 않고, 민주의 여신을 만드는 일에도 계속되었다.

늦게 왔다.”라고 말했고, 목소리는 감정이 격해 있었다. “미안하다. 여러분이 우리를 비난하고, 우리를 비판해야 한다. 여러분이 그렇게 하는 것은 합리적이다.” 이것이 자오의 총서기로서 마지막 공식 행동이었다. 그는 집으로 돌아갔고, 아프다는 이유로 모든 방문객 접견을 거부했다. 자오가 광장을 방문한지 몇 시간 뒤에 인민해방군의 첫 파견부대가 베이징 외곽에 도착하기 시작했다. 군인들은 수도의 라디오, 텔레비전, 신문 관련 시설들도 접수하도록 배치되었다.

계엄령: 실패한 진압

5월 19일 금요일 자정, 리펑은 수천 명의 당 지도자, 군대 간부, 그리고 베이징시 관리들이 참석한 전국으로 중계된 회의에서 베이징 일부 지역에 계엄령 선포가 승인되었고, 오전 10시경 발효될 것이라고 발언했다. 리펑이 연설하는 동안, 4명의 정치국 상무위원과 양상쿤 주석이 무대에 있었고, 자오쯔양은 눈에 띄지 않았다.[384]

5월 20일 한낮에 약 25만 명의 군인이 베이징 시내와 주변에 배치되었다. 군대가 트럭으로 교외에서 시내로 진입할 때, 대규모 베이징 시민들이 거리로 나와 저지선을 만들고, 군용 차량을 에워싸며 그들의 이동을 막았다. 군인들은 무장을 하지 않아 베이징 시민들의 강력한 대중적 저항에 미처 대처하지 못했으며, 비인간적인 분위기에 빠져들었다. 지도부의 가장 큰 불안은 지금까지 분산되고 개별적이었던 도시의 소외와 불만 집단이 단일의 응집된 저항세력으로 변화하는 촉매작용이 현실화될 수 있다는 점이었다.[385]

현장에서는 감정이 강력히 분출되었지만, 크게 폭력적이지는 않았다. 총기가

---

384 며칠 후 양은 5월 19일 자오의 회의 불참으로 고위급 지지자가 있다는 희망을 학생들에게 주었고, 따라서 ‘더 심각한 문제를 야기’하도록 그들을 선동했다고 주장했다(*MB*, 29 May 1989).

385 일부 군대는 시내로 진입하라는 계엄군 사령의 명령에 불복한 것으로 알려졌다. 각주 294 참조. 목격담에 따르면 인민해방군의 시내 진입을 막으려는 5월 20일의 시도에 동참한 전체 시민 규모는 100만에서 200만 사이로 다양하게 추정되었다.

발사되지 않았고, 약간의 신체적 충돌만 발생했다. 분개한 주민들은 계엄령을 발동한 정부의 조치에 화를 냈고, 군인들에게 평화적이고 애국적인 운동의 목표를 설명했다. 많은 군인들이 자신의 차량을 둘러싼 군중을 향해 순간적으로 '승리의 V' 표시를 하였다. 일부 군인들은 인권과 민주주의 지지를 입증하기 위해 손으로 적은 플래카드를 들었다. 대부분은 그들과 똑같이 당혹해하는 장교들의 지시를 기다리며, 지루하고 당황해하는 것으로 보였다.

중국에서 이와 유사한 전례가 없었기 때문에 학생과 시민들 모두 이 상황을 어떻게 해석하고, 반응해야 할지 몰랐다. 거의 이틀간 정부의 최후통첩에 관한 보도와 군사진압이 임박했다는 소문이 베이징과 다른 도시들에 돌았고, 긴장되고 불안한 상황이 연출되었다. 계엄령 선포 이후 정부는 베이징 상황에 관한 거의 모든 뉴스를 통제했고, 정확한 정보는 얻기 어려웠다.[386]

일부 믿을 만한 뉴스도 있었지만, 근거 없는 소문의 물결이나 도시 주민들의 팽배한 불안감 등으로 5월 21일 거의 100만 명의 주민이 계엄령 발동에 반대하는 시위를 펼쳤다.[387] 같은 날 톈안먼 광장의 단식투쟁가들은 대중적 저항운동이 급속히 확산되는 가운데 다른 도시의 집단이나 계층과 제휴하기 위해 9일간의 단식을 끝마쳤다.

운동 지도부는 이제 광장의 군사적 공격 가능성에 분주하게 대비했다. 5월 19~20일 설치한 군용 차량의 도시 진입을 막는 임시 저지선이 이제 더욱 견고하게

---

386 보도통제에도 불구하고 중국 동부 연해도시 주민들은 특히 미국의 목소리(Voice of America) 라디오 단파 전송, 텔레비전 위성 안테나, 전화·전신 연결 등을 통해 베이징의 최근 시대에 대해 최소한 일부라도 알고 있었다. 가령 난징에서는 5월 20~21일, 휴대용 스테레오 '대형 카세트'를 가진 젊은이들이 시내 광장의 높은 나무에 올라 미국의 목소리 뉴스 요약이 매 시간별로 녹음된 테이프를 나무 아래 대규모 군중들에게 들려주었다. 5월 21~22일, 상하이 여행객들은 때마침 차단되지 않은 위성 텔레비전 채널로 자신들의 호텔방에서 편안히 최근 톈안먼 광장과 주변 사태를 시청할 수 있었다. 당시에 최소 두 번에 걸쳐 계엄군이 시내로 진입할 것이라는 소문이 상하이로 퍼졌다. 시 당국은 즉각 소문을 부정했고, 대중들의 불안을 효과적으로 진정시켰다. 다른 도시에서 저항시위에 대한 5월 20일의 계엄령 선포의 효과는 *AJCA* 24(July 1990), 226-7, 239-40, 251-2, 268-9, 287-8 참조.

387 5월 21일 홍콩에서도 동일한 대규모 시위가 발생했으며, 대략 100만 명이 중국 학생들을 지지하는 행진을 했다.

구축되었다. 학생들은 주요 도로를 따라 검문소를 설치했고, 이곳의 출입을 위해서는 암호화된 신분 확인이 필요했다. 오토바이를 가진 부유하고 젊은 도시 자영업자들이 '비호(飞虎)' 팀을 조직했고, 그들은 시위대 경계선을 따라 감시원과 전령 역할을 할 멤버를 모집했다. 광장에 반영구적 캠프가 설치되자 홍콩과 타이완 등 많은 지역에서 돈, 물자, 장비와 같은 선물이 톈안먼으로 쏟아졌다.[388] 이 무렵 학생운동은 사실상 국가 안의 국가가 되었고, 자체의 통신센터, 보안기관, 주거지, 위생부서 등을 갖추었다.

계엄령 하에서 정부의 아무 대응 없이 긴박한 하루가 지나자, 시위행렬은 계속 불어났다. 이제 모든 공장과 정부기관들이 공개적으로 학생들과 연대했다. 공산당기관과 청년조직, 정부부서, 공식 대중매체, 사회과학원 연구소, 대학 학과, 공장, 노동조합, 호텔, 심지어 공안기관과 법원 등의 대표단이 깃발을 휘날리며, 이 무렵 형성된 광범위한 기반의 도시연합체를 공개적으로 지지하며 함께 행진을 했다.[389]

운동에 대한 대중적 지지가 확산되는 한편, 군대와 정부 내의 존경받는 많은 현역 및 퇴임 지도자들은 정부의 강경책을 점점 반대했다. 5월 21일, 생존한 인민해방군의 두 야전 원수인 녜룽전과 쉬샹첸은 텔레비전에 등장하여 학생운동의 애국주의를 찬양했다. 다음날 7명의 인민해방군 원로 장군들이 계엄령 선포에 항의하고, 인민해방군은 "인민에게 속하며 어떠한 경우에도 인민에게 발포해서는 안 된다."라는 견해를 적어 덩샤오핑에게 서신을 보낸 것으로 전해졌다. 이 서신은 100명의 군 고위 간부들이 서명했다고 알려졌다.[390]

---

388 당시 학생들에 대한 재정지원도 완룬난(万润南)이 사장으로 있는 준사영기업인 스톤컴퓨터사가 맡았고, 현금 2만 5000달러와 반정부투쟁을 위한 전자방송장비 다수를 기부한 것으로 알려졌다.

389 실질적인 규모로 시위에 참여하지 않은 중요한 직업집단의 하나는 농민이었다. 중국 농민, 특히 동부 옌안을 따라 도시 외곽의 비옥한 분지나 삼각주에 거주하는 농민은 대체로 덩샤오핑의 농촌 및 시장개혁으로 상당히 부유했고, 결과적으로 대다수가 베이징 사태에 상대적으로 무관심했다.

390 *FBIS*, 22 May 1989, 16. 그 편지의 초안자에는 전 국방부장 장아이핑(张爱萍), 전 인민해방군 총참모장 양더즈, 전 해군 사령원 예페이, 장군 샤오커(萧克)와 천짜이다오(陈再道)가 포함된 것으로 알려졌다.

정부쪽에서는 5월 22일 전국인민대표대회 상무위원들 사이에(후지웨이가 주도하고 스톤컴퓨터사의 조직적 지원이 있었다고 알려짐) 계엄령 철회를 목적으로 상무위원회 특별회의 소집을 요청하는 탄원서가 회람되었다.[391] 그 날 전국인민대표대회 상무위원회 주석 완리는 미국과 캐나다 순방 중이었고, 그는 계엄령 선포 결정을 비판하며, "중국 젊은이들의 애국적 열정을 확고하게 지키겠다."라는 의지를 천명했다. 다음날 그는 건강 문제를 이유로 들어 미국 방문 일정을 축소하고 중국으로 귀국했다.

그 사이 베이징에서는 5월 22일 계엄군에게 도시 외곽으로 철수하라는 명령이 하달되었다. 이 명령은 아주 평온하고 무사히 수행되었다.[392] 군대 철수에 이어 학생과 그 지지자들은 베이징 심장부를 효과적으로 통제했다. 겉으로 드러난 모든 모습으로는 '인민'이 승리했다.[393]

마차의 순회: 덩의 대응 준비

무대 뒤에서는 사태가 아주 다르게 전개되었다. 계엄령 발동이 내려지고 곧바로 덩샤오핑은 인민해방군 군구의 지지를 확보하기 위해 우한으로 날아간 것으로 알려졌다. 5월 26일, 7개 군구의 모든 사령원이 공개지지를 선언했으며, 그 중 베이징 군구 사령원이 가장 마지막으로, 그리고 분명 가장 마지못해 지지를 선언했다.[394] 그 사이 5월 22일, 자오쯔양을 제외한 정치국 상무위원회는 정치국

---

391 135명의 상무위원 가운데 대략 40명이 탄원서에 서명하였으며, 특별회의 소집에 필요한 정족수에는 많이 부족하였다(*SWB/FE* 0466 [25 May 1989]). 톈안먼외 군사진압 이후 6월 말에는 지난 5월 22일 탄원서에 서명했던 일부 상무위원들이 다음 위원회 회의의 참석 초대장을 받지 못함으로서 교묘하게 견책을 당하였다.

392 최소한 두 곳의 예외가 있었는데, 5월 23일 류리차오(六里桥)와 베이징 남서쪽 교외인 펑타이(丰台)에서 보안군이 바리케이드를 쌓은 시민들을 공격하면서 폭력이 발생했다. 비공식 자료에는 다친 사람이 모두 40명이었다.

393 군대가 철수하기 바로 전, 정치국 상무위원회의 공안 전문가 차오스는 이러한 이동에 반대하며 군대의 계획적 후퇴는 학생들이 투쟁에서 '자신들이 승리했다고 생각'하게 만들 수 있다고 경고했다(*CLG* 23. 1 [Spring 1990], 77).

394 주저하던 베이징 군구 부사령원 옌퉁마오(阎同茂) 장군은 6월 3~4일 진압 이후 바로 자신의 의무를

확대회의를 소집했다. 그 회의에서 양상쿤, 리펑, 차오스는 모두 계엄령 발동 결정에 대한 지지를 다시 천명하고, 4월 29일에서 5월 19일의 자오쯔양 사태의 처리를 비판하는 보고를 했다. 다양한 보고 가운데 차오스의 것이 가장 불길했다. 당의 최고 보안 전문가인 그는 "현재 우리는 군대를 억제책으로 이용하는 한편, 광장을 비울 [적절한] 시점을 찾고 있다…. 우리가 [지금까지] 지연한 이유는… 유혈사태를 피하고자 노력했기 때문이다. 그러나 [상황을] 이렇게 끌고 가서는 안 될 것 같다."라고 했다.[395]

이틀 후 5월 24일, 또 다른 정치국 확대회의에서는 자오쯔양의 정치국 상무위원 해임이 승인되었다. 자오가 4월 26일자 『인민일보』 사설을 갑자기 철회한 것이 이유였으며, 덩샤오핑에 따르면 그 행동은 당내에 혼란을 야기하고, 당 지도부를 '2개의 본부'로 분열시켰다.[396]

이제 총서기의 명예가 공식적으로 실추되자, 양상쿤 역시 5월 24일 개최된 당 중앙군사위원회 긴급회의에서 자오의 행동을 더욱 맹렬히 비판했다.[397] 양은 자오가 북한에서 귀국 후 한 행동이 당을 2개의 서로 다른 본부로 분열시켰다는 '덩주석'[398]의 의견을 강조했고, 나아가 자오가 초래한 베이징 학생들의 행태와 문화대혁명 기간 4인방이 초래한 홍위병의 무정부적 행태를 비교했다.[399] 이것은 심각한 비판이었고, 만약 수용되면 자오가 당에서 제명되거나 그 이상의 처분을 받

덜었다. 그의 상관 저우이빙(周衣冰) 장군은 곧바로 다른 직위로 전보되었다. 당시 저우 장군은 톈안먼 광장의 학생시위대 속에 그의 딸이 있다는 소문이 돌았다. 중국 엘리트 집단인 38군 사령원 쉬친셴(徐勤先) 장군도 당시 불복종으로 처벌받았으며, 그는 자기 부대를 베이징의 계엄령에 투입하라는 명령을 회피하기 위해 아픈 척한 것으로 알려졌다. 쉬 장군은 5월 24일, 혹은 25일에 체포되어 곧바로 군법회의에 회부되었다. *FEER*, 8 June 1989, 16; 21 September 1989, 19-20; and 1 February 1990, 22 참조.

395 양상쿤과 리펑은 5월 22일 발언에서 자오쯔양을 상당히 완곡하고 신중하게 비판했으며, 그가 "오류를 범했다."라고 비판했지만, 1987년 후야오방을 공격할 때 사용한 선동적 수사는 피했다.

396 이 회의에서 후치리는 자오를 옹호하며 리펑의 계엄령 선포를 반대한 것으로 알려졌다.

397 1989년의 5월과 6월에 전개된 위기 동안 양은 확실하게 덩샤오핑의 분신처럼 행동했으며, 중국 원로 지도자의 사적인 의견도 공개적으로 표출했다.

398 당시 덩에게 남은 유일한 공식 직함은 두 군사위원회의 주석이었다.

399 *CLG* 23. 1(Spring 1990), 80-1.

을 수도 있었다.

5월 24일 중앙군사위원회 발언의 결론에서 양상쿤은 장차 예정인 군사행동 준비에 관해 불길한 발언을 했다.

우리는 더 이상 물러설 수 없고, 공세를 취해야만 한다. 오늘 여러분에게 하는 이 말로 여러분이 마음의 준비를 할 수 있기 바란다. 특히 군대가 강해져야 하며, 이것은 절대적으로 중요하다…. 어떤 군대라도 명령을 어기면, 나는 군법에 따라 그 책임을 물을 것이다.[400]

또한 5월 24일, 완리가 캐나다에서 돌아오자 톈안먼 광장의 학생들에게 강력한 버팀목이 될 것으로 기대되었지만, 그는 비행기가 상하이에 착륙하자마자 당 간부에 의해 격리되었다. 그는 3일 후에 다시 나타나 여전히 학생운동을 '애국적'이라고 표현했지만, 계엄령에 대해 지지를 천명했다. 천윈은 5월 26일의 텔레비전 방영 연설에서 사태를 상당히 암울하게 전망했고, 자오쯔양이 '반역적 반당집단'의 음모활동에 개입했음을 간접적으로 시사했다. 그날 지도자급 회의에서 중앙고문위원회 보수파들은 후치리, 국방부장 친지웨이, 정치개혁 고문 바오퉁 등 6명의 자오 지지자들을 비판 대상으로 분류했다.

그 사이 톈안먼 광장의 학생진영 캠프에는 상당한 마찰이 있었다. 비록 대규모 군중시위가 거의 하루 종일 계속되었지만, 광장에서 숙식하던 학생 수가 줄어들어 학생운동 동력은 점차 약화 기미를 보였다. 계엄령이 선포되고 정확히 1주일 후인 5월 27일, 학생 지도자 우얼카이시와 왕단은 5월 30일에 마지막으로 대규모 시위와 성공적 행진을 마친 뒤 광장점거를 끝내자고 제안했다. 그러나 예전처럼 차이링이 이끄는 외지인과 급진적 베이징 학생으로 구성된 소수파 연합은 철수 제안을 반대했으며, 이를 통해 차기 전국인민대표대회 상무위원회 회의가 예정된 6월 20일까지 학생들을 광장에 남겨 두려 했다.

---

[400]　Ibid., 86-7.

5월 29일 황혼 무렵, 톈안먼 광장에 남은 1만 명이 안 되는 시위자들과 베이징 중앙예술대학 학생들이 광장 북쪽에서 대나무 발판을 만들기 시작했고, 이것을 자금성 입구 꼭대기의 마오쩌둥 초상화와 똑바로 마주보게 했다. 발판이 완성되자 학생들은 팔을 위로 뻗어 횃불을 잡고 있는 9미터 높이의 여신상을 얹었는데, 그것은 자전거 수레로 광장으로 가져온 조립식 몸체로 만들어졌다. '민주의 여신', '민주의 정신', '자유의 여신' 등으로 다양하게 알려진 이 여신상은 5월 30일 이른 아침 시간에 완성되었다.

여신상의 완성은 2주일 전 미하일 고르바초프의 중국 방문처럼, 위축되는 학생운동에 새로운 생명과 에너지를 주입했다. 5월 30~31일, 30만 명에 이르는 구경꾼들이 여신상을 보기 위해 톈안먼 광장으로 모였고, 흰색 석고와 스타이렌으로 만들어진 이 여신상은 횃불을 도전적으로 든 채 마오쩌둥과 눈동자를 마주하고 서 있었다. 이러한 냉소적 풍경을 예술학도들이 의식적으로 의도했는지는 모르지만 확실히 효과가 있었고, 수십 대의 텔레비전 카메라는 여신과 주석 사이의 아이러니하고 조용한 대면을 기술적으로 담아내었다. 위축 기미가 보이던 학생들의 기백이 소생했고, 그들은 광장을 계속 점거하겠다는 결정을 발표했다.

이틀 전인 5월 28일, 학생 간부들은 자신들이 자오쯔양의 '대리인'으로 체포될 수 있다는 비공식적 경고를 받았다. 5월 29일 저녁, 여신상이 광장으로 옮겨지던 그 순간에 체포가 시작되었다. 직접적인 목표는 학생들이 아니었고, 그들의 협력자인 급진적 시민이었다. 최초로 체포된 사람은 3명의 새로 조직된 베이징 노동자자치연합 멤버였고, 바로 그 날에 비호 오토바이 팀의 멤버 11명도 구금되었다. 진압이 시작된 것이다.[401]

---

401 학생이 아닌 사람이 처음 체포된 것이 특별히 놀랍지는 않다. 중국의 정치적 전통에서는 학생들에게 특별할 정도의 온정적 인내를 베풀었으며, 가혹한 처벌도 상대적으로 면제해 주었다. 그러나 그 혜택이 다른 직업집단, 특히 노동자에게는 부여되지 않았다. 가령 Robin Munro, "Who died in Beijing, and why?" *The Nation*, 11 June 1990 참조.

곤봉의 승리: 6월의 와해

대담하고 자유주의적인 베이징 학생들과 그들의 새로운 협력자인 중국의 분노한 시민들에게 덩샤오핑과 중앙고문위원회 원로 간부들은 전면적, 군사적 보복을 가했으며, 이것은 최후의 수단, 혹은 도화선이었던 5월 30일 민주의 여신상 등장으로 초래된 것처럼 보였다. 그러나 계속해서 운동을 와해시키게 된 결정적 촉매제는 첫째로 아마 덩이 상기시킨 폴란드의 악몽이 더욱 현실화되었다는 점이었다. 즉 학생들과 연대하여 체제를 반대하려는 호전적, 자율적 노동운동이 급속히 확산하였다는 것이다.[402] 둘째는 5월 중순 이후 학생들 편에 섰던 상당수 당, 정부, 군대 간부들의 계속된 이탈이 중국의 주요 도시를 휩쓸고 있는 반체제 열기에 결정적 영향력과 정당성을 부여했다는 점이다. 즉 6월 초 중국 지도자들은 이성적으로 판단하기에, 상황이 급격히 악화되었고, 심각하게 위협적이라고 생각되어 이를 선점하려 한 것이었다.[403]

1989년 6월 첫 주에 도대체 무슨 일이 왜 일어났는지는 여전히 많은 부분이 불확실하다. 그렇지만 두 가지는 분명하다. 첫째, 상당수 베이징 시민이 6월 3~4일 저녁 베이징 중심부에서 이루어진 소탕작전에서 완전무장한 인민해방군 중무장부대의 야만적 공격에 의해 사망했다. 가장 신빙성 있는 것은 최소 39명의 학생과 '수십 명'의 군인을 포함하여 전체 600명에서 1200명의 사망자, 그리고 추가적으로 6000명에서 1만 명의 시민 및 군인 부상자가 있었다는 추산이다. 둘째, 톈안먼 광장에서 학생의 대량학살은 없었다.[404]

---

[402] 6월 1일 노동자자치조직이 대부분의 중국 주요 도시에서 생겨났다. 베이징에서 5월 29일 3명의 노동자자치연합 조직원이 체포되면서 조직 규모도 빠르게 확대되었다.

[403] 6월 3~4일의 진압 이후 실시된 당 내부조사에 따르면, 중앙 수준의 당정기관에서 1만 명 이상의 간부가 5월 시위에 참가했다(*FBIS*, 10 November 1989, 46-9). 비공식 추산으로는 그 규모가 몇 십 배까지 상회했다. 1989년 후반에 전개된 동중유럽, 특히 루마니아 사태처럼 반정부 시위가 발생하여 통제를 벗어나는 상황에 빠질 수도 있다는 중국 지도부의 불안감은 많은 외부 관찰자들이 처음부터 충분히 예상하던 바였다.

[404] 이어지는 논의는 Munro, "Who died in Beijing …?"; "CND interview with Gao Xin"; Yi and Thompson, *Crisis at Tiananmen* …; and *Massacre in Beijing: China's struggle for democracy*에 의존했다.

군대의 진압은 6월 3일 자정을 막 지나 아침에 감지되었는데, 그때 도시의 동쪽 외곽에서 톈안먼 광장 쪽으로 장교도 없이 구보와 속보를 하며, 훈련이 덜 된 것으로 보이는 비무장의 젊은 인민해방군 종대 행렬 수천 명이 영문도 모른 채 아무렇게 베이징으로 진격하고 있었다. 거의 2시간을 달려 지친 군인들은 오전 3시경, 광장 동쪽의 베이징 호텔 근처에서 대규모 군중에 의해 진로가 차단되었다. 군대가 진격하는 소리에 잠이 깬 화난 시민들이 그 불운한 군인들을 둘러싸고 시민과 군인의 관계에 대해 엄숙하게 훈계했다. 그 군인들은 무장하지 않았고, 지쳐 있었고, 지휘관도 없었고, 혼란스러워 했고, 빠져나가기도 쉽지 않았다. 5월 20일처럼 또다시 인민들이 중요한 승리를 거두는 것처럼 보였다.[405]

이번에 승리는 잠시뿐이었다. 6월 3일 오후, 수천 명의 인민해방군이 무장은 하지 않았지만 전투복장을 한 채 인민대회당으로 연결된 지하통로에서 쏟아져 나왔다. 대회당 뒤의 시민들은 톈안먼 광장의 소개명령을 받은 군인들을 즉시 포위했고, 그들의 목적지에 가지 못하게 방해했다. 이 일은 금방 중단되었고, 폭력 사건이 간헐적으로 일어났지만, 학생 간부들이 군중들의 기율을 요구하여 어떠한 심각한 피해도 발생하지 않았다.

베이징의 다른 지역은 상황이 달랐다. 오후 2시경, 광장 서쪽의 류부커우(六部口) 근처 창안다제(長安大街)에는 확성기를 통해 계엄사령본부의 명령이 울려 퍼졌다. 그 후 바로 수백 명의 군인과 무장공안이 거리로 돌진해 최루탄을 발사했고, 불행히 그들과 마주친 사람들은 모두 곤봉으로 맞았다. 오후 내내 도시의 다른

1989년 6월 사태에 관한 다른 유용한 자료는 Amnesty International, *China: The massacre of June 1989 and its aftermath*; Michael Fathers and Andrew Higgins, *Tiananmen: The rape of Peking*; Scott Simmie and Bob Nixon, *Tiananmen Square: An eyewitness account of the Chinese people's passionate quest for democracy*.

405 이러한 이상한 진격의 목적에 대해서는 상당한 논란이 있었다. 일부 관찰자들은 그것이 가스탱크에 성냥불을 던지는 것과 같이 비무장군인에 대한 폭력적 공격을 유발시킬 의도였으며, 나중에 이를 구실로 학생들을 무자비하게 진압하려는 정부의 계획적 도발이었다고 믿는다. 다른 사람들은 비무장군인들이 무기를 톈안먼 광장에서 다시 분배받기로 되어 있었으며, 무기는 최소한 세 대의 버스로 나뉘어 몰래 시내로 옮겨지고 있었다고 주장한다. 그러나 버스는(군인들과 마찬가지로) 계획된 집결 장소에 도착하기 전에 이미 시민들에게 차단되어 이동이 어려워졌다.

곳에서도 유사한 사건들이 보고되었다.

오후 6시 30분, 베이징시 정부와 계엄본부는 베이징 주민들에게 거리나 광장으로 나가지 말라고 경고하며, 위반자는 "자신들의 운명에 책임을 져야 한다."라는 긴급 통지를 하달했다. 이 메시지는 오후 7시에서 9시까지 정부의 라디오와 텔레비전 방송국에서 반복해서 방송되었다. 오후 10시, 베이징 외곽의 군대는 즉시 톈안먼으로 진격하여 다음날 6월 4일 오전 6시까지 광장을 소개하라는 명령을 받았다.

시민을 향한 최초의 발포는 톈안먼에서 수마일 서쪽인 무시디(木樨地) 근처 창안다제에서 있었는데, 그곳에서 공격용 소총과 기관총으로 무장하고, 탱크와 무장병력 수송차를 동반한 군 행렬은 진격 도중 비폭력적이지만 단호한 시민 장벽에 부딪혔다. 그들은 톈안먼 광장의 군사적 기율을 확보하라는 명령을 받았기 때문에 강력한 사격부대일 가능성이 컸으며, 처음에 군인들은 시민들이 놀라 도망가기를 바라며 공중으로 소총을 발사했다. 사람들이 굴복하지 않자 군인들은 점점 시야를 낮추었고, 결국 군중을 향해 발포하기 시작했다. 처음에는 군중들이 당황하고 믿기지 않는 듯 마비되었으나, 곧바로 흩어졌다. 많은 사람들이 공황에 빠졌고, 일부는 사망자와 부상자를 돌보려고 뒤에서 머물렀다. 총알이 불규칙적이고 일정한 방향 없이 날아다녔고, 도망가는 시위자와 무고한 방관자를 똑같이 쓰러뜨렸다.

대부분의 죽음은 오전 10시 30분에서 오후 2시 30분 사이에 발생했으며, 도시 내 다른 지역의 상황도 무시디의 모습과 별반 다르지 않았다. 인민해방군 무장 부대는 무자비하게 계속 광장으로 진격했고, 분노한 시민들은 이제 돌, 병, 화염병, 그리고 집에서 가져온 각종 칼과 곤봉 등 손에 잡히는 무엇이든 이용해서 저항하기 시작했다. 그들은 건설용 철근을 무장병력 수송차 바퀴에 집어넣어 많은 차량들의 운행을 막는 데 성공했고, 그중 몇 대에 불을 붙였다. 무장병력 수송차에 탄 군인들이 놀라서 도망가려 했지만, 그중 일부는 성난 군중의 공격을 받고,

무자비하게 구타를 당했다. 일부는 희생되고, 목이 매달리고, 심지어 창자가 꺼내지기도 했다. 그러나 상당수는 학생 감독자들이 안전하게 보호했다.

중국 정부가 계속해서 '반혁명 공모자', '파괴자', '폭도' 등이 계엄군에게 부당한 폭력을 행사해 6월 3~4일의 살육을 선동했다고 비판했지만, 실제 있었던 그러한 행위는 분명히 베이징 시민에 대한 군인들의 야만적 공격을 불러일으킨 원인이 아니라 오히려 결과였다. 정부가 '명백한 증거'라고 주장하는 군용차량에 대한 시민들의 야만적 공격과 방화를 있는 그대로 편집한 비디오테이프조차 무시디에서 처음으로 시민들에 대한 살육이 벌어진 뒤 몇 시간 후 녹화된 것으로 드러났다.[406]

'톈안먼 대학살'

자정 이후 인민해방군의 협공작전이 임박하자, 광장 내 학생들의 분위기도 긴장이 고조되었다. 예광탄이 계속해서 밤하늘을 밝혔고, 산발적인 기관총 사격 소리도 곳곳에서 들렸다. 그러나 톈안먼 광장 자체에는 이제 약 3000~5000명의 학생이 영웅기념비 3층 계단에 무리지어 몰려 있었고, 총격은 없었다.

오전 1시 30분경부터 '긴급통지'가 광장 주변의 정부 확성기를 통해 계속 방송되며 '심각한 반혁명 폭동'이 일어났고, '폭도들'이 군용차량에 불을 지르고, 군인들을 유린하고, 군인 무기를 탈취하는 등 인민해방군 부대를 '야만적으로 공격하고 있다'고 알렸다. 통지에서는 인민해방군이 지금까지 '극도의 자제력'을 갖고 행동했지만, 이제 '반혁명 폭동에 단호하게 반격해야 한다'고 선언했다.

군인들은 세 방향에서 이동하여 2시와 3시 사이에 광장을 봉쇄했다. 대다수 기자들을 포함해 학생이 아닌 사람들은 거의 이 시간에 광장을 떠났다.[407] 영웅기념

---

406 톈안먼 광장을 공격한 다음날 아침에 정부는 분노한 시민들의 폭력행위를 유발한 다음 그것을 그대로 녹화하기 위해 비디오카메라를 전략적으로 설치하고, 바로 근처에 많은 군용차량이 엔진을 끄고 정차하도록 신중하게 조치한 것으로 추정되었지만, 그것이 증명되지는 않았다.

407 6월 4일 이른 아침 시간에 외국 기자가 철수함으로써 군대의 톈안먼 광장 탈환과 11시의 학생 철수

612

비 쪽에 남은 학생들은 최소한 2정의 소총과 1정의 기관총을 보유했다고 알려졌으며, 그것은 '규찰대(纠察队)'에 배치되어 인민대회당 정면에 주둔한 인민해방군 전면을 겨냥하고 있었다. 한 목격자의 설명에 따르면, 학생들을 마주한 군인들은 "너희들이 공격하지 않으면, 우리도 공격하지 않는다(人不犯我, 我不犯人)."라고 외쳤다.[408]

이 시점에서 한 차례 논쟁이 있었는데, 차이링은 광장에 남고 싶은 학생들은 '마지막까지' 그렇게 하도록 허용하자고 주장했고, 다른 학생 간부 그룹은 남아 있는 수천 명의 학생들을 너무 늦기 전에 평화적으로 철수하도록 설득하고자 했다. 차이링 그룹은 영웅기념비 높은 곳에 설치된 확성기의 접근을 통제하고 있었고, 마지막 진실의 순간이 다가오면 학생들에게 최후의 결연한 인터내셔널가 합창을 유도하겠다는 의도를 전했다.

아주 격렬한 논쟁 끝에 베이징사범대학 강사 류샤오보(刘晓波)와 가오신(高新), 사회과학자 저우둬(周舵), 그리고 유명 타이완 대중가수 허우더젠(侯德健)이 이끄는 철수 찬성 그룹이 영웅기념비 앞에 놓인 기관총의 통제권을 확보했고, 그들은 이것을 해체함으로서 불행하게 군대와 맞서는 충돌 가능성을 막았다. 그러나 학생들에게 광장을 떠나도록 설득하려는 그들의 시도는 방해를 받았고, 그때 차이링이 통제하는 확성기가 갑자기 멎었다.

오전 3시를 지나 차이링은 톈안먼 광장을 떠났다. 4시에 광장의 모든 조명이 갑자기 꺼졌고, 남아 있던 수천 명의 학생들은 영웅기념비 주위에 몰려 있었으며, 진실의 순간이 임박했다. 직접 목격한 관찰자에 따르면, 이세 신기한 징직이 영웅기념비를 감쌌으며, 그것은 태풍의 눈과 같았다.

그 사이 류샤오보, 가오신, 저우둬, 허우더젠 등 4명의 철수 찬성 지도자들은 학생들의 마지막 광장 철수를 협상하며 임박한 대학살을 피하기 위한 최선의 노

등 계속된 사태의 추이를 묘사할 믿을 만한 목격담이 부족해졌다.

408 "CND interview with Gao Xin".

력을 했다. 영웅기념비에서 내려와 지나가던 구급차를 얻어 탄 저우와 허우는 톈안먼 광장의 인민해방군 지역 사령관을 찾았다. 처음에 약간 혼선이 있었지만, 그들은 인민해방군 연대장을 용케 찾아내었고, 연대장은 그들의 철수 제안을 들어주었다. 몇 분 후 지역 사령관이 도착해 그 계획을 승인했으며, 학생들이 광장 남동쪽으로 질서 있게 빠져 나갈 것이 요구되었다. 학생들은 철수하는 동안 안전 조치와 자비의 시간을 약속받았다.

4시 30분경 광장에 조명이 돌아왔고, 많은 군인들이 인민대회당에서 쏟아져 나왔다. 군인들은 광장 동쪽에 자리를 잡고 영웅기념비 꼭대기에 달린 학생들의 확성기에 총격을 가했다.[409] 이때 베이징 노동자자치연합 대표가 학생들에게 피의 학살이 시작되기 전에 즉각 광장을 철수하라고 촉구했다. 허우더젠도 협상을 마무리한 다음 서둘러 학생들과 합류했고, 그의 권고를 지지했다. 그러나 어느 한 사람이 학생들에게 "포기하지 말라."라고 촉구하자 허우의 호소도 소용이 없어졌다. 불안하게 흐르던 시간이 광장 북쪽 끝에서 활기를 띤 탱크엔진 소리로 멈춘 다음 즉석투표가 이루어졌다. 그 후 누군가가 광장을 떠나기로 '민주적 결정'이 이루어졌다고 선언했다.

철수는 평온하고 질서 있게 진행되었고, 오전 5시가 조금 지나서부터 거의 30분간 지속되었다. 오전 5시 30분에는 아주 일부의 사람만이 기념비에 남았다. 그때 선두에 선 무장군인들이 곧바로 기념비를 점거하기 위해 계단을 올랐고, 대부분의 잔류자도 그곳을 떠났다.[410] 6월 4일 일요일 새벽이 밝아 오자 톈안먼 광장

---

409 홍콩이나 다른 지역의 언론보도로 확산된 것처럼, 군인들이 기념비 바닥에 조용히 앉아 있는 학생들을 냉혹하게 학살했다는 소문이 계속 촉발된 것은 기념비 꼭대기에 탄환이 튀는 것으로 보였던 바로 그 집중발포 때문이었다. 자정을 지나 곧바로 광장을 자진 철수했던 우얼카이시는 나중에 200명의 학생이 이날 새벽 공격으로 희생되었다고 주장했다.

410 영웅기념비에서의 마지막 순간을 목격한 사람은 중국인 학자 위쉬였으며, 그녀는 나중에 자신의 경험을 자세히 얘기했다. "[군] 간부와 얘기하고 있는 동안 나는 내가 기념비에 남겨진 마지막 사람이라는 것을 갑자기 깨달았다. 계단을 내려가고 있을 때… 나는 군인 한 명이 자신의 총검으로 침대를 찢는 것을 보았다. 나는 그 속에 두 개의 발이 드러나는 것을 보았고, … 달려가서 그 발을 끌어 당겼다. 한 소년이 침대에서 떨어졌고, 그는 아직 잠이 깨지 않은 상태였다. 그가 광장을 떠난 마지막 학생이었다(Munro,

북쪽 끝의 탱크들이 민주의 여신상을 짓눌러 뭉개었다.

폭풍 이후

6월 4일 이후 며칠 동안 계엄군은 베이징 주변 여러 곳에서 산발적으로, 때로는 무고한 방관자나 아파트 주민을 포함해 시민들을 마음대로 공격했다.[411] 당시 저항적 인민해방군 무장부대가 연루된 내전이 임박했다는 소문이 잦았지만, 조직화된 군부 반란은 없었다. 그러나 인민해방군 내부의 불화와 명령불복종 사례는 수없이 보고되었다.[412]

6월 6일 베이징 시장 천시통은 반혁명 폭동의 진압투쟁에서 계엄군의 '초기 승리'를 공개적으로 축하했고, 동시에 그는 최종 승리는 '장기적이고 복잡한 투쟁'을 필요로 한다고 경고했다.[413] 그날 정부의 체포 영장이 발부될 예정이던 팡리즈와 그의 아내 리수셴(李淑嫻)이 베이징 미국 대사관에 피신을 요구해 받아들여졌다. 또 6월 6일에 적어도 중국의 십여 개 도시에서 반정부시위가 있었다. 청두(成都)가 가장 심각했으며, 그곳에서는 분노한 군중들의 시위로 계엄령이 선포되었고, 수십 명의 시민에게 총격이 가해지며 긴장감이 최고조에 달했다. 상하이에서는 반정부 노동자들이 시위대 쪽으로 돌진하는 기차에 불을 질러 6명이 죽고, 최소한 다른 6명이 부상을 입었다.[414]

"Who died in Beijing…?"에서 인용)." 가오신의 설명은 누가 기념비를 떠난 마지막 사람이었는지에 대해서만 조금 다르다. "천정(陈玎)이 마지막 떠난 사람일 것이다. 그녀와 홍콩에서 온 친구 한 명은 인민영웅기념비 계단에 앉아 떠나기를 거부했고, 계속 울고 있었다. 군인 한 명이 높은 계단에 서서 그들에게 즉각 떠나라고 명령하며 욕하고 위협했다. 내가 그들에게 달려가서 계속 밀고 갔다("CND interview with Gao Xin…")."

411 6월 7일에 중국 군대는 확실한 위협을 가하려고 톈안먼 광장 서쪽 젠궈먼(建国门)의 외국 외교관 주거용 공관에도 발포했다.

412 June Teufel Dreyer, "The People's Liberation Army and the power struggle of 1989", *POC* 38. 5(Sep-tember-October 1989), 41-8 참조.

413 6월 6일에 국무원 대변인 위안무는 6월 3~4일 사태에 대한 정부의 초기 입장을 밝히는 기자회견을 열었다. 그 내용은 *SWB/FE* 0476(7 June 1989)에 실려 있다.

414 청두 사태에서는 30명에서 300명 가까이가 죽고, 1000여 명이 다쳤다(보안군 포함)는 보도가 이어

체포는 6월 6일 시작되었다. 공안에 의해 투옥된 첫 번째 친(親)민주주의 활동가들은 런완딩, 류샤오보였다. 6월 11일, 많은 학생 지도자, 저명한 중국 지식인, 그리고 반혁명 폭동을 선동하고 지지한 혐의로 고발된 다른 비판적 인권운동 지지자들도 체포 영장이 발부되었다. 당시 정부가 '가장 체포하기 원하는' 명단에는 팡리즈, 우얼카이시, 왕단, 차이링, 바오퉁, 위하오청, 옌자치, 완룬난(万润南) 등이 있었다. 체포 영장이 발부된 사람 중에는 '하상(河殤)'의 비판적 작가이자 감독인 쑤샤오캉(苏晓康)도 있었고, 그 외에 경제학자이자 완고한 인권운동가인 천쯔밍(陈子明), 신문 편집인 왕쥔타오(王军涛)가 있었는데, 이 둘은 초기 민주화운동에서 탁월한 역할을 수행했다.

6월 7일 중국의 최고검찰기관인 중국인민검찰원은 전국 공안국에 '긴급통지'를 하달하여 파괴자와 폭도들을 구금·기소할 때 '지엽적인 문제로 이완되지' 말도록 충고했다. 며칠 후 베이징과 기타 지역에서 반혁명 혐의자들이 대거 구금되었다. 2주일 만에 전국적으로 보도된 공식 체포자 수가 1600명에 달했고, 비공식 추산은 몇 배나 더 많았다.[415]

졌고, 6·4 사태 이후 3일간 사태가 지속되었다. Amnesty International, *China: The massacre* …, 58-67; Karl Hutterer, "Eyewitness: The Chengdu massacre", *China Update* 1(August 1989), 4-5. 상하이 사태에 대해서는 Maier, "Tiananmen 1989 …" 참조.

415 공식 수치는 일반적으로 폭동 관련 공식 범죄혐의가 있는 사람만을 포함했고, 비공식 수치는 외국 인권단체들이 공식적으로 체포된 사람보다 더 많은 사람을 포함시켜 통상 수만 명으로 집계했으며, 그들은 체포되어 석방 전까지 심문을 받으며 구금(흔히 24시간, 혹은 48시간)되어 있었다.

공식 자료에 따르면, 최소 40명의 학생 지도자와 반체제 지식인이 6·4 사태 이후 몇 주일 만에 용케 중국을 빠져 나가 망명했다(*RMRB*, 7 July 1989). 망명인사에는 우얼카이시, 차이링, 옌자치, 가오가오, 완룬난, 쑤샤오캉 등이 있었다. 이후 몇 주 동안 다른 많은 반체제 인사들이 중국에서 체포되었으며, 그중에는 바오퉁(그는 광장에서 학생들에게 정치국 회의의 정보를 누설한 혐의로 기소되었음), 위하오청, 왕단, 천쯔밍, 왕쥔타오 등이 포함되었다. 가수 허우더젠은 호주 대사관에서 10주 동안 숨어 있다가 1989년 8월 자신의 베이징 집으로 돌아갔다. 허우는 처음에 6월 4일 톈안먼 광장에서 학생들이 학살되지 않았다는 정부 주장에 동조하다가 나중에 체제에 대한 반대를 선언했다. 그는 1990년 5월 말에 톈안먼 광장의 6월 4일 철수 협상을 도운 다른 두 명인 저우둬와 가오신과 함께 톈안먼 사태 1주년 기자회견을 열 의사를 밝혔으며, 그들은 톈안먼 협상팀 네 번째 성원인 류샤오보를 포함해 모든 정치범 석방을 요구하는 중국 지도부에 대한 공개서한을 낭독하고자 했다. 이들 세 명의 반체제 인사는 기자회견 전에 보안경찰에 의해 억류되었으며, 그때 허우더젠은 국제적 명성 때문에 정부가 마음대로 탄압하기 어려운 유명인이라서 당국과 두 번째 철수 문제의 협상이 가능했다. 허우는 자신과 두 동료들을 체포하지 않는다고 정부가 서약하

반혁명분자의 재발을 억제하기 위해 6월 마지막 두 주 동안 5개 도시에서 최소 35명에 대한 조기재판, 선고, 공개집행이 이루어졌으며, 그들 대부분은 노동자, 청년실업자, 도시 '유랑민'으로 6월 초 시위에서 있었던 다양한 폭력행위가 그 이유였다. 확산된 소문과 달리, 6월 사태에서의 역할로 사형이 선고된 사람 중에 학생이나 지식인은 없었다.[416]

공안기관이 '폭력배', '흉악범', 그리고 기타 유형의 반혁명분자 진압을 위해 동원된 반면, 당정 지도부는 6월 3~4일의 진압에 대한 엘리트 내부의 합의 도출이라는 민감한 업무에 관심을 쏟았다. 이전 두 달간의 사건으로 지도부가 심각하게 분열되었기 때문에, 이 일은 결코 하찮게 여길 수 없었다.

피해 복구: 중앙의 통제 강화

처음에는 자축(自祝)으로 시작했고, 다음에는 부정(否定)이 이어졌다. 6월 6일, 정부는 반혁명 폭동에 맞서 계엄군이 보여준 용기, 자제력, 자기기율에 공식적으로 경의를 표했다. 그다음날, 인민해방군 제27군 정치위원이 텔레비전에 등장해

는 대가로 고향인 타이완으로의 추방을 수용하기로 합의했다. 그는 6월말 외국으로 호송되었고, 그 무렵 중국 당국은 팡리즈와 리수셴에 대해 주베이징 미국 대사관에서 영국으로의 망명을 허용했다.

1991년 겨울 페르시아 만의 위기가 고조될 때, 톈안먼 사태로 투옥된 중국 지식인 31명에게 재판을 통해 유죄가 선언되고, 각자의 '반혁명죄'에 따라 다양한 기간의 형이 선고되었다. 다른 반체제 인사 18명은 모두 자신들의 불명예에 대한 공식 비판을 받았고, 나머지 45명은 기록에 남는 공식 비판 대신 구금에서 석방되었다. 유죄가 선언된 반체제 인사 31명 가운데 류샤오보를 포함한 일부는 이미 형기를 채운 것으로 인정되어 자신들의 행동에 대한 '진실한 반성'을 보이고 구금에서 석방되었다. 자신의 죄목에 '반혁명적 선전선동죄'가 포함되었던 왕단은 재판에서 반성의 태도를 보여 4년형을 신고받았다고 보도되었다. 줄곧 반성의 기미가 없었던 런완딩은 7년형을 선고받았다. 자신들의 무죄를 가장 도전적으로 항변한 천쯔밍과 왕쥔타오는 동란선동죄로 가장 가혹한 13년형을 각각 선고받았다. 베이징의 보도에 따르면 재판에서 천과 왕을 대변한 피고측 변호인들은 재판이 끝난 다음 정부로부터 상당한 괴롭힘을 당한 것으로 알려졌다. *CND*, 4 April 1991 참조. 베이징 민주활동가들의 재판에 대한 설명은 *NYT*, 27 January and 13 February 1991; Associated Press, 12 February 1991; *CND*, 10 and 25 March 1991 참조.

416 사형이 집행된 사람 중에는 6월 6일 시위 군중 속으로 돌진한 상하이 기차에 방화를 한 혐의로 기소된 세 명의 젊은 노동자가 있었다. 1990년 9월경 국제사면위원회는 6월 3~4일 군사진압에 저항하며 저지른 범죄로 사형이 선고된 50명 이상의 이름을 명시했다. Amnesty International, *China: The massacre* …, 54-8 참조.

톈안먼 광장의 철수작전 동안 군대가 한 명의 학생도 희생시키지 않았다고 주장했다.[417] 그는 관심의 초점을 인민해방군의 베이징 시민에 대한 유혈진압에서 '폭력배'와 '폭도' 무리의 군인에 대한 폭력행위 쪽으로 돌리려 했고, 군인에게 가해진 잔인한 행위들을 자세히 묘사했다. 정부는 6월 3~4일 인민해방군이 무력을 행사한 것은 반혁명 공모자들의 폭력행위에 따라 계엄군에게 부과된 '방어적' 대응이라고 했으며, 이것은 이후 오랫동안 정부의 자기 합리화 방식이 되었다.[418]

6월 8일, 리펑 총리는 침통하고 자제하는 모습의 완리와 함께 텔레비전에 등장해 베이징의 질서 회복에 영웅적 역할을 한 계엄군에게 다시 감사를 표시했다.[419] 다음날 6월 9일, 덩샤오핑이 몇 주 만에 처음 공식석상에 나타났다. 텔레비전로 중계된 한 회의에 자오쯔양과 후치리를 제외한 사실상 중국의 모든 민군 지도자들이 참석했으며, 여기에서 덩샤오핑은 반혁명 폭동을 미연에 방지한 계엄군의 용감한 행동을 도에 넘치게 칭찬했다. 덩은 중국의 위기의 근원을 회고하며 자신의 개혁정책을 옹호했고, 폭동은 당 지도부가 중국 내에 자산계급 자유화의 국제적 기류를 통제하지 못하고 확산시킨 것의 필연적 결과라고 주장했다.

최근 나는 이러한 점들을 깊이 생각해 보았다…. 개혁개방의 기본 개념이 무엇이 잘못되었는가? 아니다. 개혁개방이 없었다면 어떻게 오늘의 우리가 있었겠는가? … 4항 기본원칙에도 잘못된 것은 아무 것도 [없다]. 만약 잘못된 것이 있다면, 그것은 그 원칙이 철저하게 집행되지 않았기 때문이며, 인민을 교육시키

417　여기에서 명예는 꽤 민감한 문제였다. 비록 제27군이 6월 3~4일 밤, 무시디와 톈안먼 광장 사이 베이징 서부 지역에서 발생한 많은 유혈사태에 책임이 있었지만, 그 부대나 인민해방군의 다른 어떤 주력부대도 실제 광장에서 학생들에게 발포하지 않았다. 초기에 광장의 침낭이나 텐트 안에서 자던 학생들을 탱크가 밀어붙였다는 일부 보도도 있었으나, 이 보도들에 대해서는 통상 믿을 만한 목격담이 없기 때문에 무시할 수 있었다.

418　톈안먼 위기의 기원과 전개에 관한 정부의 가장 상세한 설명은 천시퉁 시장의 6월 30일 전국인민대표대회 상무위원회 연설에 담겨 있다. 천의 연설은 *CQ* 120(December 1989), 919-46에 수록되어 있다.

419　당시 리펑을 따라 출연한 완리는 발언을 하지 않았지만, 중국 인민들(특히 다루기 힘든 전국의 당, 정부, 군대 간부)에게 최고지도부가 폐쇄적 군대를 보유했으며, 예전에 학생시위에 동조한 지도자조차 이제 강경노선으로 기울었다고 과시하려는 의도가 분명히 있었다.

고, 학생들을 교육시키고, 모든 간부와 당원들을 교육시키는 기본 개념으로 사용하지 않았기 때문이다. 최근 사건의 핵심은 기본적으로 4항 기본원칙과 자산계급 자유화 사이의 대결이다.[420]

6월 말경, 당 지도부는 제13기 4중전회를 소집했다. 거의 200명의 고문위원회 원로들이 참석한 이 4중전회에서 자오쯔양과 후치리가 정치국 및 중앙 서기처에서 공식 해임되었다.[421] 자오는 '당의 분열'을 포함해 일련의 '중대한 과오와 실수'로 비판받았고, 당의 모든 공식 직위를 박탈당했으며(제명은 되지 않음), 자신을 방어하기 위한 전체회의에서의 연설 요청은 거부되었다.[422] 다음으로 후치리는 결정적 순간에 잘못된 편을 지지한 것으로 비판받았지만, 더 이상의 징계 처분은 면했다. 다른 2명의 기존 지지자인 옌밍푸와 루이싱원(芮杏文)도 당 중앙서기처에서 해임되었다.[423]

자오와 그의 핵심 동료들이 해임된 후, 4중전회 의제는 새로운 총서기 선출 문제로 전환되었으며, 그 직위에 대한 덩샤오핑의 개인적 선택이 상하이 당서기(전임 시장) 장쩌민임이 알려졌기 때문에 대체로 형식적 절차만 남았다. 그러나 덩의 지지를 받았음에도 불구하고, 장은 중앙위원회의 다수표를 제대로 확보하지 못했다.[424] 새로운 당 지도부 구축을 위해 2명의 신임위원이 정치국에서 승진하여

---

420 덩의 연설은 *BR* 32. 28(10-16 July 1989), 14-7에 번역되어 있다. *FEER*, 10 August 1989, 13도 참조.

421 4중전회의 공식 발표는 *CQ* 119(September 1989), 729-31에 실려 있다. 분석은 David L. Shambaugh, "The fourth and fifth plenary sessions of the 13th CCP central committee", *CQ* 120(December 1989), 852-62 참조.

422 6월 24일 정치국 회의 초반에 자오는 "첫째, 나는 오류를 범하지 않았다. 둘째, 나는 아직 학생운동의 출발점이 좋았다고 믿는다. 그들은 애국적이었다."라며, 자신의 유죄 인정을 확고하게 거부했다(*BX* 203 [1 November 1989], 19-22).

423 4중전회를 통해 당직에서 해임된 자오의 다른 핵심 지지자로는 자오의 정치고문 바오퉁(이미 체포되었음), 국가경제체제개혁위원회 부주임 안쯔원(安志文), 중앙위원회 판공청 주임 원자바오(温家宝), 농촌 정책연구실 주임 두룬성(杜润生) 등이 있었다. 6월 23일, 자오의 지지자인 『인민일보』 사장과 편집장도 표면상 '건강상의 이유'로 직위에서 해임되었다. 곧이어 문화부장 왕멍(王蒙)도 사임을 강요당했다.

424 이미 5월 31일, 덩은 장쩌민을 새로운 당 지도부의 '핵심(核心)'으로 지명했다(*I&S* 26. 3 [March

개편된 상무위원회에서 장쩌민과 합류했다. 그들은 탁월한 경제기획가이자 당조 직부장인 쑹핑과, 톈진의 개혁파 전 시장인 리루이환이었다.[425]

6월 말 개최된 전국인민대표대회 상무위원회 회의에서는 리펑의 계엄령 선포를 철회하기 위해 상무위원회 긴급회의를 촉구했던 후지웨이의 5월 22일 청원운동이 신랄하게 비판받았고, 후 자신도 리펑의 해임을 포함해 '동란 주동자들'이 시도한 음모에 연루되었다고 비판받았다. 후는 자신을 방어하며 그 청원운동이 전적으로 '합리적이고 법적'이었다고 주장했으며, 자신의 의도가 리펑의 축출이라는 주장에 대해서는 부정했다. 후의 주장은 '결점이 있고 정당성을 결여한' 것이라는 이유로 기각되었다.[426] 7월 3일, 리 총리는 전국인민대표대회 상무위원회에 시위에 관한 법률 초안을 상정했고, 그것은 특히 앞으로 시위자들이 공산당의 지도력을 의심하고 어떤 방식으로든 국가의 통합과 안정을 해치는 일은 허용하지 않는다고 규정했다.

4중전회에 힘입어 중국의 원로 강경파는 자신들의 이득을 강화하려 했다. 리셴녠은 자오쯔양을 "동란을 통해 자신의 목적을 이루려는 … '악의 근원'"으로 불렀고, 당내에 잔존하는 자오 세력을 축출할 새로운 정풍운동을 촉구했다. 왕전은 자오를 "자산계급에게 굴복했다."라고 비판했다. 동일한 노선에서 펑전도 자오를 "공산당을 전복하고, 사회주의 체제를 붕괴시키기 위해 국내외 적대세력과

1990], 13). 확실히 천윈은 당초에 자오쯔양 대신 야오이린을 총서기로 추천했고, 펑전은 차오스를 선호했다(리펑은 계엄령 선포와 집행에 대한 역할로 오점이 있다고 판단함). 장쩌민은 타협적인 후보로서 리셴녠이 지명했다. 덩이 장의 지지를 표명한 것은 표면상 네 가지 일차적 기준에 근거했다. 첫째, 장은 개혁 스펙트럼에서 중도적 입장이었으며, 가령 그는 경제개혁과 4항 기본원칙을 모두 중시했다. 둘째, 그는 천윈이나 다른 어느 파벌의 혜택도 받지 않은 국외자(outsider)였다. 셋째, 그는 상하이 언론을 통해 확고한 자산계급 자유화 반대 입장을 견지했다. 넷째 그는 상하이의 학생운동을 계엄령이나 조직적 무력에 의지하지 않고 성공적으로 진정시켰다(*I&S* 25. 7 [July 1989], 1-4). 상하이 학생시위 처리과정에서 장쩌민의 역할에 관한 분석은 Maier, "Tiananmen 1989 …", 3-6, 그리고 기타 다양한 자료 참조.

425 리펑, 차오스, 야오이린 모두 새로운 상무위원회에 유임되었으며, 따라서 상무위원은 전체 5명에서 6명으로 늘어났다. 해임된 세 명의 중앙서기처 서기(자오, 옌, 루이)를 대신해서는 리루이환과 당 판공청 주임 딩관건(丁关根)이 합류했다.

426 *RMRB*, 1 July 1989; *CQ* 120(December 1989), 894-5.

620

연합했다.”라고 비판했다. 공식매체들도 이제 높은 물가상승, 사회 불안, 만연한 공직 부패 등 광범위한 사회적 병폐의 책임을 전임 총서기 개인에게 돌리기 시작했다.[427]

자오쯔양을 고발하는 보수파의 강한 압력은 천윈이 주도하고 리펑과 야오이린이 지원했다. 이러한 상황에서 덩샤오핑은 자오를 반대하는 깊은 반목은 원하지 않았다. 중국의 이 원로 지도자는 자오의 문제를 조심스럽고 신중하게 다룰 것을 충고하며, 다시 한 번 이완(放)과 통제(收)에 대한 세심한 균형에 관심을 드러냈다. 7월 16일 그는 “지금 옳은 일에 대해 누가 책임이 있는지 얽매이지 말자. 이러한 질문은 지금으로부터 2~3년 후에 제기하도록 하자.”라고 말했다.[428] 덩은 승리했고, 자오에 대한 어떠한 공식적 비판도 기록으로 남겨지지 않았다. 그러나 그 후 몇 개월 동안 전임 총서기는 가택에 연금되었고, 베이징 푸창(富强) 골목에 있는 예전 후야오방의 저택에서 비교적 편안하게 생활했다.[429]

덩의 개인적 개입으로 자오가 형사기소를 피했지만, 중앙고문위원회 원로 간부들은 여전히 당내에 잔존하는 자오 세력을 척결하려고 시도했다. 1989년 7월 말, 펑전의 부하인 차오가 이끄는 중앙기율검사위원회가 새로운 정풍운동을 전개했고, 그 과정에서 베이징과 기타 도시들의 모든 당원들이 6주간의 동란 기간 동안 자신들의 태도와 행동에 관한 조사와 재등록을 요구받았다. 그러나 아주 진지한 의도에도 불구하고, 새로운 운동은 출발부터 일부 지도간부와 단위 책임자들의 침묵으로 위축되었고, 그들 대부분은 4~5월 시위에 대한 조직 내 참가자 명단을 조사팀에 알리지 않았다. 당 보수파늘은 이처럼 간부늘이 새로운 정풍운동에 대한 열정이 부족한 것에 좌절했고, 7월 중순에 '유죄 혐의자 수색' 작업을

---

427 *WHB*, 24 July 1989; *FEER*, 10 August 1989, 13; *SWB/FE* 0518(26 July 1989). 당시 자오에 대한 비판의 요약은 *CQ* 120(September 1989), 900-901 참조.

428 *WHB*, 28 June 1989.

429 1990년 봄, 덩은 '수색과 조사' 기간이 처음 연장되고 나서 결국 자오에게 일부 행정적 책임을 부과하도록 승인한 것으로 알려졌다. *South China Morning Post*, 24 and 25 July 1990.

추진할 특별조사기관을 설치했다. 그러나 여전히 대다수 기관의 지도자들이 수동적 저항과 형식적 순응만을 함으로써 당내 조사의 엄격성은 효과적으로 약화되었다.[430]

도시의 불만 제거: 새로운 반부패 투쟁

당정 지도부는 6월 진압을 위한 마차의 순회 기간에도, 4월과 5월에 광범위한 도시 저항을 야기했던 근본 문제를 해결해야 할 강한 압력에 직면해 있었다. 이미 6월 6일에 국무원 대변인 위안무는 광범위한 사회경제적, 정치적 문제에 관한 정부와 시민 간 대화 재개의 필요성을 인정했다. 그는 "일단 모든 상황이 안정되면, 정부는 공직의 부정행위 처벌, 부패의 근절, 민주주의 확대 등 학생들을 포함해 다양한 집단이 제기한 제안과 건의를 고려할 것이며, 다양한 방면의 제안을 진지하게 수용할 것이다."라고 말했다.[431] 같은 맥락에서 덩샤오핑은 6월 16일 연설에서 당과 정부에 대한 인민들의 신뢰 회복과 개혁의 지속성, 그리고 공직부패 문제를 즉시 처리해야 할 필요성을 분명하게 상기시켰다.

우리는 인민들을 만족시킬 수 있도록 확실히 일을 해야 한다. 여기에는 두 가지 측면이 있는데, 첫째는 개혁개방정책의 보다 적극적인 추진이며, 다른 하나는 부패에 개입한 사람의 처벌이다…. 우리가 부패한 사람, 특히 당내 인사를 처벌하지 못하면, 실패의 위험을 감수해야 한다.[432]

인민의 신뢰 회복이라는 덩의 목표에 부응하여 당은 1989년 여름, 확고한 반

---

430 가령 *JB*, 10 November 1989, in *FBIS*, 14 November 1989; *BX*, 16 December 1989, in Ibid., 19 December 1989; Daniel Southerland, National Public Radio, *Weekend Edition*, 10 March 1990 참조. 흥미롭게도 표면상 가장 강경한 발언을 한 일부 당 지도자가 자신들의 부하에게 피해가 가는 것을 가장 효과적으로 막았던 것으로 드러났다.

431 *SWB/FE* 0476(7 June 1989).

432 *ICM*, September 1989, 3-5. 덩도 수십 명의 부패한 고위 간부들을 엄격하게 처벌하여 대중들의 본보기로 삼을 것을 권고했다.

부패운동에 뒤늦게 착수했다. 7월 10일, 『인민일보』는 수백 명의 부패 당원을 제명을 발표했다. 2주 후에 정치국은 향후 모든 고관자제들의 개인사업 종사를 금지하고, 당 고위 간부들의 수입 차량과 사적인 식료품 공급을 제한한다고 결정했다. 동시에 정치국은 악명 높던 캉화발전총공사의 해체를 명령했다.[433] 한 달 후, 중국 회계감사당국(審計署)은 캉화, CITIC, 광다, 중국경제개발공사, 중국농촌신용합작사 등 중국 5대 준사영기업에 인민폐 5000만 위안(1280만 달러) 이상의 벌금을 부과했다. 9월에 하이난 성장 량샹(梁湘)이 갖가지 경제범죄에 대한 책임으로 직위가 해직되었고, 그가 새로운 반부패 투쟁에 연루된 최고간부였다.[434]

시끄럽던 1989년의 여름: '내적 긴장과 외적 평온'

한여름, 불안할 정도로 평온하고 '내적 긴장과 외적 평온(內緊外松)'으로 표현되는 상황이 중국의 수도를 뒤덮었다. 개인적 권위와 당 기율을 특별히 강조하면서 덩샤오핑은 인민해방군의 이른바 양씨(杨家) 장군들의 강력한 지지를 기반으로 눈앞의 위기를 돌파하고, 중국 공산주의 정권의 와해를 위협하던 당·군 고위 간부들의 이탈 흐름을 멈출 수 있었다.[435] 그렇지만 정부가 공공질서를 가시적으로 확보하는 데에는 상당한 비용이 수반되었다. 중국 도시에서 대중적 정당성이 얼

---

[433] 앞서 언급했듯이 덩푸팡의 이름이 캉화의 활동이나 막대한 이윤에 자주 연루되었다. 그가 캉화에 연루된 것 외에, 덩의 동생도 1988년에 도색잡지 출판으로 RMB 15만 위안의 벌금을 받은 중국장애인복지기금(덩푸팡이 이사장임) 자회사인 화하출판사(华夏出版社) 사안에 깊이 연루된 것으로 알려졌다. 덩푸팡과 다른 고관자제들의 유명한 경제부패 사안은 "The politics of prerogatives in China: The case of the *Taizidang*"(unpublished manuscript, n.a., n.d., 1990) 참조.

[434] 1991년 4월, 톈안먼 사태 이후의 공직부패와 자산계급 자유화로 7만 2000명의 공산당원이 제명되었으며, 추가적으로 25만 6000명이 이보다 약한 기율 처분을 받은 것으로 보도되었다. 그러나 이에 관한 통계분류가 범죄유형에 따라 제시되지는 않았다. *CND*, 18 April 1991 참조. 1989년 반부패운동의 시행에 대해서는 Michael D. Swaine, "China faces the 1990s: A system in crisis", *POC* 39, 3(May-June 1990), 20-35 참조.

[435] 양상쿤은 톈안먼 사후 새로 개편된 중국의 군사지휘계통에서 강력한 발언권을 갖는 대신, 장쩌민이 이끄는 덩의 새로운 중도연합 배후에서 자신의 최고 권력을 휘둘렀고, 그것을 인민해방군 내 '가족'(이복동생 양바이빙 장군, 그리고 27군 지휘계통의 고위직으로 소문난 최소한 두 명의 다른 친척을 포함)에게까지 확장시켰다고 널리 알려졌다. *South China Morning Post*, 25 July 1990 참조.

마나 훼손되었는지를 살펴보면 놀라울 정도였다. 성 지역에서 중앙 권위의 심각한 침식, 인민해방군 내 깊은 균열의 등장, 경제적 의사결정의 마비, 외국 정부·투자자·차관공여기관 등이 중국에 가한 외교적 고립과 경제제재 등의 현상이 나타난 것이다.[436]

"레이펑(雷锋)을 따라 배우자."[437]라는 운동과 인민해방군의 대중적 이미지 개선을 위한(가령 군인들이 길가의 쓰레기를 치우고, 시민들에게 이발을 해 주고, 길을 건너는 노인을 돕는 일) 주목할 만한 캠페인이 시작되었지만, 인민해방군의 명예와 사기는 항상 낮았던 것으로 알려졌다. 고위급 인민해방군 정보에 따르면, 100명이 넘는 고위 장교가 6월 초 학생시위를 진압하는 과정에서 '심각한 방식으로 기율을 어겼고', 그 외에 1400명의 인민해방군 군인이 진압이 이루어지는 동안 "무기를 팽개치고 달아났다."[438]

계엄군에 대한 산발적인 저격 시도가 1989년 여름 내내 계속되었다. 7월 말 중국 언론들은 한 베이징 주민이 계엄군을 죽이기 위해 양동이에 독을 탄 물을 먹이려 시도했다고 보도했다.[439] 엘리트 내부에서는 아주 비정상적인 갈등이 전개되었으며, 8월에 베이징의 한 선전회의에서는 6월 3일 밤 무시디 근처에서 시민

---

436 이러한 부정적 효과는 Tony Saich, "The reform decade in China: The limits to revolution from above", in Marta Dassu and Tony Saich, eds., *The reform decade in China: From hope to dismay*에서 검토되었다. *Swaine*, "China faces the 1990s ⋯"; Hsiung, "Mainland China's paradox ⋯"도 참조.

437 레이펑은 1962년 사고로 죽은 젊은 인민해방군 신병이었다. 중국 지도자들은 절대적 충성, 자기희생, 의무에 대한 끊임없는 헌신 등의 성격을 갖는 '레이펑 정신'을, 엄격한 이데올로기나 군대 사기의 강조가 필요한 시기에 반복적으로 호소했다.

438 이 수치는 인민해방군 정치위원 양바이빙이 폭로했다. '기율 위반' 혐의를 받은 111명의 장교 중에는 사단 사령관이나 그 이상이 21명, 연대나 대대 사령관 36명, 중대 사령관 54명이 포함되었다(*South China Morning Post*, 28 December 1989). 곧이어 1500명에서 3000명 사이의 군 장교들이 6월 동란이나 그 이후의 의심스러운 행동으로 인해 충성심 점검을 받아야 한다고 보도되었다(*The Observer*[London], 18 February 1990). 5월과 6월의 위기 및 그 이후의 군부 역할에 대해서는 Harlan Jencks, "Party authority and military power: Communist China's continuing crisis", *I&S* 26, 7(July 1990), 11-39; Dreyer, "The People's Liberation Army ⋯", 42-5; Wilson and Ji, "Leadership by 'lines' ⋯", 38-43; *Swaine*, "China faces the 1990s ⋯", 26-7, 32-4 참조.

439 *JJRB*, 31 July 1989.

들을 향한 발포명령을 처음 받은 것으로 알려진 제27군 사령관이 연설을 위해 연단에 올랐는데, 주로 문민간부로 구성된 청중들은 그에게 격렬한 야유를 보냈다. 그는 이에 아주 당황하며, 자신의 부대가 무고한 시민을 학살하지 않았다고 강력히 부정했다.

인민해방군 내부도 심각하게 분열되었다. 양상쿤이 쿠데타를 시도한 4명의 인민해방군 고위 간부, 즉 국방부장 친지웨이와 3명의 군구 사령원인 베이징의 저우이빙, 광저우의 장완녠(张万年), 난징의 샹서우즈(向守志)를 가택에 연금시켰다는 소문이 1989년 여름, 중국을 휩쓸면서 사람들에게 회자되었다(신빙성은 계속 떨어짐). 그 소문은 거짓으로 드러났지만, 군부 내에 6월 진압의 지지세력(양씨 장군들이 주도한 것으로 알려짐)과 반대세력(친지웨이 및 많은 군구와 지역 사령원) 사이에 심각한 분열이 존재했음을 보여 주었다.[440]

학생들의 계속되는 동요도 1989년 여름 내내 당정 지도자들의 중요한 관심사 중 하나였다. 7월 21일 정부는 학생저항을 근본적으로 차단할 의도에서 1989~1990년 인문 및 사회과학 전공의 신입생 정원을 전체 3만 명 줄인다고 발표했다. 이틀 후 수백 명의 베이징대학 학생들이 정원 감축과 시위 진압에 항의하기 위해 밤늦도록 캠퍼스 전역을 자발적으로 행진했다. 행진과정에서 그들은 가사가 잘 알려진 혁명가인 "공산당이 없다면, 신중국도 없다."라는 노래를 강한 풍자와 빈정거림을 담아 불렀다. 그 노래를 끝내고 학생들은 이중적 의미의 경쾌한 노래를 부르기 시작했는데, 그 가사는 텔레비전의 살충제 광고 CM송인 "우리는 강력한 해충이다. 우리는 강력한 해충이다. 오, 오, 여기 무시무시한 살충제가 온다. 여기서 도망치자!"라는 것이었다. 3주일 후 8월 중순에는 인자하고 개혁지향적인 베이징대학 총장 딩스쑨(丁石孙)이 해임되었다. 이어서 2000명에서 겨우 800명으

---

440 인민해방군 군구 사령원의 전반적 교체는 1990년 봄에 이루어졌으며, 그 과정에서 7명의 군구 사령원 가운데 6명, 7명의 정치위원 가운데 5명이 전임이나 퇴임을 했다. 결국 '양씨 장군'이 인사 조치의 최고 수혜자였다. *FEER*, 14 June 1990, 32; Jencks, "Party authority and military power …", 25-6 참조.

로 정원이 줄어든 1989년 베이징대학 신입생들은 전원이 정규 과정이 시작되기
도 전에 1년간의 군사 훈련을 받아야 했다.

8월 중순, 베이징 시장 천시퉁은 예전에 발표했던 10월 1일 중화인민공화국 건
국 40주년 행사를 위한 베이징의 군사 퍼레이드 계획을 취소한다고 공식 발표했
다. 동시에 6월 4일 이후 대중들에게 폐쇄되었던 톈안먼 광장을 곧 일부 관광객
에게만 '조직화된 방식으로' 개방할 것임을 발표했다. 이제 중국의 수도에서 모든
업무가 일상으로 돌아왔다고 정부가 판에 박힌 듯 주장했지만, 대규모 정복 차림
의 완전무장한 계엄군이 베이징 심장부에 계속 주둔하고 있다는 사실은 내적 긴
장과 외적 평온(內緊外松)이라는 상반된 상황을 대변했다. 그 상황을 강조하듯 여
름이 끝날 무렵, 베이징 당국은 결국 베이징대학 캠퍼스에서 톈안먼 사건 100일
기념으로 공연될 예정이던 베르디(Verdi)의 진혼곡(Requium) 연주를 취소하라고 개
입했다. 취소된 공연을 대신해 학생들은 운동장에서 촛불집회를 열었다. 이완(放)
과 통제(收) 사이클이라는 또 다른 혁명 속에서 자유화가 진압의 재앙에게 자리를
내주었지만, 학생들의 깜박거리는 촛불은 결국 새로운 한 차례 이완에 대한 거대
한 믿음을 대변하는 것처럼 보였다.

에필로그: 시대의 종언?

톈안먼 사건의 여파로 중국이 장기간 받게 될 국가적 충격은 단지 예상만 가능
할 뿐이었다. 그러나 중화인민공화국이 1989년 10월에 40주년 행사를 거행했을
때, 축하와 웃음은 많지 않았다. 밝게 차려입은 많은 무용수들과 아낌없이 쏘아
올린 불꽃이 톈안먼 광장의 모습을 밝혔지만, 중국의 수도는 경축 분위기가 아니
었다.

그것은 1949년 10월 1일과는 완연히 달랐는데, 그때는 마오쩌둥이 우레와 같
은 박수소리에 톈안먼 연단을 올라 "중국 인민들이 일어섰다."라며 승리를 선언
했다. 당시에는 중국의 미래에 대해 인민들이 진정으로 의기양양해했으며, 커다

란 희망을 갖고 있었다. 40년이 지난 지금은 수도가 계엄령 아래 있었고, 희망은 길을 잃은 것처럼 보였으며, 국가의 어깨가 톈안먼의 비극에 짓눌려 아래로 축 쳐지면서 의기양양함도 완전히 사라졌다.

모든 위대한 혁명은 천년의 비전을 제시하지만, 궁극적으로 바라는 것을 다 얻지는 못한다. 마오의 당초 혁명도 마찬가지였으며, 그것은 두 가지의 숭고하지만 결국 아주 파괴적이었던 인간의 사회공학적 실험, 즉 대약진과 문화대혁명 과정에서 피폐해졌다. 이제 덩샤오핑의 '두 번째 중국 혁명'도 거의 피폐해지는 지점에 도달했고, 신선한 아이디어와 그것을 집행할 사람을 소진한 것처럼 보였다.

1980년대가 1990년대로 대체되었듯이, 폭포처럼 쏟아지는 자산계급 자유화 물결이 소련, 동유럽, 중유럽을 휩쓸었고, 공산주의 정권이 권력을 양도했다. 모스크바에서는 예전 레닌의 볼셰비키 정당이 정치적 다원주의 원칙을 공식적으로 수용했고, 72년간의 권력 독점을 청산했다. 바르샤바에서는 저항적 노동운동가가 대통령으로 선출되었다. 프라하에서는 반체제 극작가가 지도자 자리를 승계했다. 부쿠레슈티에서는 공산당 군대가 자신들의 인민에 대한 발포 명령을 거부했고, 명령을 내린 독재자는 처형되었다. 이러한 사건들에 대응하여 베이징의 원로 간부들은 자신들의 마차 순회를 강화하며 4항 기본원칙에 대한 새로운 충성을 요구했고, 그들의 정열적 투사인 덩리췬을 다시 중앙위원회 정치국으로 승진시킬 것을 제안했다. 이러한 상황하에서 많은 중국 인민들은 긴 여정을 위해 몸을 웅크렸고, 중앙고문위원회의 까다로운 원로 간부들은 정기적 수혈과 기공 수련에도 불구하고, 영원히 살 수는 없음을 암시하는 보험설계사의 테이블에서 위안을 얻고 있었다.

중국
현대정치사

건국에서 세계화의 수용까지
1949~2009

제6장

반동, 부활 그리고 승계

톈안먼 사건 이후의 중국 정치

조지프 퓨스미스

보스턴대학 국제관계정치학 교수

톈안먼 사건은 중국공산당을 근본부터 흔들었다. 자오쯔양 전임 총서기에 대한 비판은 "그는 당과 국가의 생존에 관련된 중요한 시점에 동란을 지지하고 당을 분열시키는 과오를 저질렀고, 동란의 발생과 전개에 피할 수 없는 책임이 있다. 그가 저지른 오류의 성격과 결과는 매우 엄중하다."라는 것이었다.[1] 그러나 당이 직면한 문제는 이러한 비판보다 더욱 심각하게 전개되었다. 톈안먼 사건은 지난 수년 간 수면 아래 잠재해 있던 일련의 문제들을 공개적으로 드러내었다.

그중 가장 근본적인 문제는 개혁 자체의 성격이었다. 많은 당 지도자들은 톈안먼 사건이 자오가 이끌고 상징하던 개혁정책의 피할 수 없는 대단원이었다고 생각했고, 특히 개혁정책의 내용이 자오의 후원자인 원로 지도자 덩샤오핑과도 깊이 연관되었다고 믿고 있었다. 당시 톈안먼 사건으로 제기된 문제는 덩의 지도력의 특징, 나아가 덩이 정의한 개혁을 당이 지속할 것인지의 여부였다. 많은 사람들은 그럴 수 없을 것으로 믿었다.

개혁의 내용, 혹은 중국적 표현으로 정치노선 문제[2]는 국가-사회 관계의 많은 쟁점과도 연관되었다. 그것은 주로 중앙정부와 지방 간의 관계, 중간계층의 출현을 포함하는 중국 사회의 급속한 구조 변화, 지식 엘리트들의 독립성 증가, 사회의 기대 수준 향상, 개혁이 자신들에게 이익이 되기보다 해로울 것으로 생각하는 많은 사람들의 실질적인 두려움 등이었다. 달리 표현하면 개혁은 심각한 수준의 사회 변화를 초래했고, 수년간 당을 괴롭혔던 문제는 이러한 변화에 어떻게 대응

---

1 "中国共产党第十三届中央委员会第四次全体会议公报", 『十三大以来重要文献选编』, 中(이후 『十三大以来』, 2), 544.

2 개혁기에 개혁의 범위, 속도, 목표에 대한 상이한 관점은 천원과 덩샤오핑을 중심으로 형성되었다. 비록 천이 덩의 '핵심' 지위에 직접 도전하지는 않았지만, 그와 그 동료들은 개혁에 관한 덩의 접근방식을 체계적으로 비판했다. 이러한 비판은 개혁의 저지에 이용되었다. 개혁에 대한 보수파의 비판은 일련의 정책들과 톈안먼 사후 덩의 지도력을 묵시적으로 비판하는 근거가 되었다. 따라서 이러한 투쟁은 묵시적 형태에 머물렀지만 '노선' 투쟁으로 간주하는 것이 합당해 보인다. 천과 덩의 갈등에 관한 논의는 Jeseph Fewsmith, *Dilemmas of reform in China: Political conflict and economic debate* 참조. 상반된 해석은 Fredrick C. Teiwes, "The paradoxical post-Mao transition: From obeying the leader to 'normal politics'", *China Journal*, 34(July 1995), 55-94 참조.

할 것인지 하는 점이었다. 이처럼 사회 변화로 야기된 요구사항을 어떻게 결집하고, 통제하고, 통합할 것인가?

톈안먼 사건이 초래한 다른 광범위한 문제는 중국의 대외관계를 둘러싼 것이었다. 덩샤오핑은 이 문제를 1989년 6월 9일 계엄군에 대한 자신의 연설에서 제기했다. 덩은 톈안먼 사건을 '국내적 소기류와 국제적 대기류의 불가피한 결과'라고 선언했다.[3] 국내 동란이 외부 압력에 영향을 받았다는(선동하지는 않았지만) 이러한 생각은 중국의 대외관계, 특히 대미 관계의 재조정 문제를 야기했다. 동유럽과 소련이 차례대로 공산주의를 거부하고, 대미관계가 전반적인 긴장국면으로 치닫고, 동아시아와의 밀접한 관계가 대안적 발전 모델로 제시되면서 이 문제는 톈안먼 사후 줄곧 중국 국내 정치를 교란시켰다.

톈안먼 사건에서부터 덩샤오핑이 정치 무대에서 사라지기까지의 7년 동안 중국의 정치는 엘리트 사이의 깊은 분열, 사회 변화에 대응하는 방법에 대한 불확실성, 국제환경의 급격한 변화, 그리고 마지막으로 중화인민공화국 건국 세력을 대체하는 새로운 세대의 출현 등에 의하여 주도되었다. 1989년 6월 당시 동요와 분열에 휩싸여 있던 당 지도부는 국내 및 대외정책을 변화시킬 것인지, 또 변화시킨다면 어떻게 변화시킬 것인지 고심하면서 스스로 변화하고자 노력했다. 초기의 이러한 노력에 영향을 끼친 것은 전임 총서기 자오쯔양의 그림자였으며, 그는 곧바로 개혁 비판 세력과 대비되었다.

자오의 문제

자오쯔양 처리 문제는 덩샤오핑의 지도력 문제와 불가피하게 연결되었는데, 그 이유는 자오를 총리와 총서기로 선택한 덩샤오핑의 판단이 틀린 것처럼 보였기 때문만이 아니라, 자오가 덩이 줄곧 지지한 정치 및 경제 노선을 집행해 왔기

---

3 邓小平, "在接见首都戒严部队军以上干部时的讲话", 『邓小平文选』, 3, 302.

때문이었다.[4] 덩은 (1987년 1월 전임 총서기 후야오방의 축출에 이어) 두 번째 후계자의 해고가 자신의 판단력을 의심하게 만들 것이라는 점과 승자들에게 승리의 결과를 안겨 주는 대신 자신의 이익을 최대한 확보해야 한다는 점을 분명하게 깨닫고 있었다.

사건 진압 나흘 전, 그리고 지도부 교체를 위한 당 중앙위원회가 소집되기 3주 훨씬 전에 덩샤오핑은 당시 상하이 당서기인 장쩌민을 상대적으로 낮은 지위에서 제3세대 공산당 지도부의 '핵심'으로 발탁할 뜻을 전하기 위해 리펑 총리와 정치적 상무위원 야오이린을 만났다.[5] 덩은 자신의 결정을 설명하며 리와 야오에게 "사람들은 현실을 본다. 만약 우리가 내세우는 표면적인 간판을 사람들이 경직되고 보수적인 지도부로 느끼거나, 혹은 중국의 미래를 반영하지 못하는 평범한 지도부로 믿는다면, 문제가 계속되고 평화로운 날이 오지 않을 것이다."라는 아주 모욕적인 말을 했다. 그는 또한 "제13차 당대회의 정치보고는 당의 대표들에 의해 통과되었고, 한 글자도 바뀌어서는 안 된다."라고 선언함으로서 자오의 정책(그리고 그 자신)에 대한 전면적인 공격을 차단하려 노력했다.[6]

6월 9일 계엄군 지도부를 만났을 때, 덩은 1987년 제13차 당대회에서 채택한 '1개의 중심, 2개의 기본점(경제발전이 중심이며, 개혁개방과 자산계급 자유화 반대가 2개의 기본점)' 노선이 정당하며, 개혁개방을 더욱 강력히 추진할 것이라고 선언했다.[7] 게

---

4 혹자는 자오와 덩의 차별성을 제시하지만, 유사성이 더 많다. 전반적으로 자오는 후야오방보다 더 많은 문제에서 덩에게 근접했던 것으로 보인다. 비록 자오가 톈안먼 시위의 대응에서 덩보다 개방적이었지만, 전혀 자유주의적이지는 않았다. '신권위주의' 논쟁을 후원한 것도 결국은 자오였다. 자오의 흔적이 깊이 각인된 제13차 당대회를 덩은 강력히 지지했다. 경제 문제에서도 덩은 어떤 의미에서 더 급진적이었거나, 최소한 1988년 급진적 가격개혁의 옹호에서 보듯이 더 성급했다. 확실히 자오와 덩의 비판 세력들 눈에는 차별성보다 유사성이 더 많았다.

5 5월 31일 리펑과 야오이린과의 대화에서 덩은 지도부의 3대 '세대'를 첫 번째는 마오쩌둥이, 두 번째는 자신이, 세 번째는 장쩌민이 이끈다고 규정했다. 邓小平, "组成一个实行改革的有希望的领导集体", 『邓小平文选』, 3. 298-9.

6 Ibid., 296-301.

7 邓小平, "在接见首都戒严部队军以上干部时的讲话", 『邓小平文选』, 3. 302-8. 물론 덩은 그의 개혁개방 선언을 4항 기본원칙을 지지하고 이데올로기적·정치적 교육을 확대할 필요성과 결부시켰다.

632

다가 4중전회 개최 1주일 전에 덩은 당이 파괴적인 이데올로기 논쟁을 피할 것을 촉구했고, "지금 우리가 이데올로기 논쟁, 가령 시장과 계획에 관한 논쟁을 시작한다면, 이 논쟁은 안정에 불리하게 작용할 뿐 아니라, 우리의 기회를 놓치게 만들 것이다."라고 했다.[8]

제13기 4중전회가 정치국 확대회의 3일 후인 1989년 6월 23~24일에 개최되었고, 장쩌민을 총서기로 지명하는 덩의 결정이 확증되었으며, 그와 더불어 최고의 계획 전문가인 쑹핑, 톈진 시장 리루이환이 정치국 상무위원에 포함되었다. 리루이환과 덩의 카드 게임 파트너인 딩관건이 실각한 자오의 동료들인 후치리, 루이싱원, 옌밍푸 등을 일부 대신해 서기로 임명되었다. 그러나 전체회의에서 자오의 행위에 대해 최종 결론을 짓지는 못했다. 자오의 행위를 가혹하게 비판했지만, 그 비밀회의에서는 단지 당이 '그의 문제를 계속 조사할 것'이라고 선언하는 데 그쳤다.[9]

전체회의에서 자오 사건의 결론이 나지 않은 것은 심각한 당내 분열을 반영했다. 분명히 당내 일부 인사는 형사고발로 자오의 죄를 추궁하기 원했지만, 그 일은 덩샤오핑이나 개혁의 지속성에 깊은 의미를 지녔다. 강경파 국무원 대변인이자 리펑 총리의 수하였던 위안무는 자오 사건의 법적 조치 가능성을 제기하며, '법적 기준에 부합하도록' 처리해야 한다고 언급했다.[10] 일부 당 원로들은 더 노골적이었다. 국가 주석 리셴녠은 자오를 '폭동과 반란의 주모자'로 불렀으며, 한편 당 원로 펑전은 자오를 "공산당 전복을 시도했고, 국내외 적대 세력과 결탁하여 사회주의 체제의 혼란을 초래했다."라고 비난했다.[11]

8　邓小平, "第三代领导集体的当务之急", 『邓小平文选』, 3, 312.

9　"中国共产党第十三届中央委员会第四次全体会议公报", 『十三大以来』, 2, 543-6.

10　Xinhua, trans. in *Foreign Broadcast Information Service Daily Report: China*(이후 *FBIS-Chi*), 12 July 1989, 25.

11　[Zeng Bin]Tseng Pin, "Party struggle exposed by senior statesmen themselves; meanwhile, the new leading group is trying hard to build new image", 竞报(이후 *JB*), 145(10 August 1989), trans. in *FBIS-Chi*, 10 August 1989, 14. 또한 『文汇报』(香港) 참조(이후 *WHB*), 24, July 1989.

사실상 톈안먼 사건 이후 '자산계급 자유화' 반대 운동이 확대되는 동안, 자오
쯔양에 대한 비판은 이데올로기 및 당 노선 문제와 분리하기 어려웠고, 당내 강
경파들은 덩의 권위를 축소하고, 당의 개혁 개념을 1970년대 후반과 1980년대 초
반 수준으로 되돌리려는 의도에서 그 문제들을 밀어붙이고자 했다. 1989년 국경
절(10월 1일) 연설에서 장쩌민은 두 가지의 개혁 유형이 있는데, 하나는 4항 기본원
칙을 견지하는 것이며, 다른 하나는 '자산계급 자유화'에 기초하는 것이라고 주장
했다. 장은 사회주의 원칙을 견지할 수 있는지가 관건이라고 말했다.[12] 이러한 문
제제기 방식을 통해 장은 무엇이 사회주의이고, 무엇이 자본주의인지를 향후 2년
이상 중국 정치를 지배할 쟁점으로 제시했다.

동일한 맥락에서 만약 자오가 '자산계급 자유화'에 기초하여 자본주의 성격의
개혁을 옹호했다면, 자오의 과오는 단순한 집행의 문제(덩과 마찬가지로 한 손은 움켜
쥐고, 한 손은 느슨하게)가 아니라 노선의 문제였다. 당이 비록 개혁 초기에 이데올로
기 논쟁을 유보하고 당내 갈등을 '노선투쟁'이 아닌 것으로 묘사했지만, 정치노선
과 노선투쟁 개념은 엘리트들의 당내 활동에서 상당한 부분을 차지했다. 가령 전
국 조직부장 회의 연설에서 쑹핑은 자오가 노선 오류를 범했다고 암묵적으로 비
판했다. 쑹의 관점에서 톈안먼 사건은 1978년 민주의 벽에서 비롯된 자산계급 자
유화 풍조의 불가피한 산물이었고, 결코 효과적으로 막지 못했으며, '생산력 기
준'과 같은 '잘못된 이론(謬论)'을 낳았다. 경제발전에 유리한 것은 무엇이든 그 자
체로서 사회주의라는 주장에 이용되는(주로 비판자들에 의해) 생산력 이론은 1988년
2월 자오쯔양의 『인민일보(人民日报)』 사설에 분명히 반영되었으며,[13] 그렇지만 쑹
의 발언은 덩샤오핑에 대해서도 분명히 마찬가지였다. 결국 "고양이의 색깔이 중

---

12 江泽民, "在庆祝中华人民共和国成立四十周年大会上的讲话", 『十三大以来』, 2. 618. 덩은 5월 31일 리
펑과 야오이린과의 대화에서 이러한 분석 방식을 공개했다. 그 대화에서 덩은 "그들의(자오쯔양과 그 세
력을 언급) 이른바 '개혁'의 중심은 자본주의화이다. 내가 이야기하는 개혁과는 다르다."라고 말했다. "组
成一个实行改革的有希望的领导集体", 3. 297.

13 Zhao Ziyang, "Further emancipate the mind and further liberate the productive forces", 『人民日报』(이
후 *RMRB*), 8 Fubruary 1988, trans. in *FBIS-Chi*, 8 February 1988, 12-4.

634

요하지 않고, 쥐를 잡는 고양이가 좋은 고양이다."라고 항상 주장했던 것은 덩이 었다.[14] 쑹은 자산계급 자유화 풍조가 1978년 3중전회에서 확정된 마르크스주의 정치노선에 위배되고, 톈안먼 사건은 "이러한 [마르크스주의] 노선을 위반한 뼈 아픈 결과."라고 주장했다.[15]

덩의 전략

덩은 천안문 사태의 여파, 그리고 자오와 그 동료들의 공격과 억압을 받았던, 자신들을 진정한 마르크스주의자로 여기는 강경파의 이데올로기 공격의 분출에 따라 경제발전 촉진, 이데올로기 갈등의 완화, 그리고 안정을 강조하는 상대적으로 수동적인 전략을 취할 수밖에 없었다. 4중전회 전날 지도부와의 대화에서 덩은 당이 이데올로기 논쟁에 에너지를 소모하지 말 것을 촉구하고, '인민들을 만족시키는 일을 하도록' 요구했다.[16] 이에 따라 7월에 국무원은 인민들의 관심사 해결, 고위 간부 가족들의 활동 제한, 의심쩍은 회사의 개편 등에 관한 결의를 통과시켰다.[17] 또한 덩이 이데올로기 책임을 맡긴 목수 출신의 리루이환도 여름에 반(反)도색산업 캠페인을 전개하여 이데올로기 갈등의 완화에 노력했다.[18] 이것은

---

14 1992년 초 덩의 남순강화 이후 덩의 사상을 과장한 한 선전 책자는 덩의 '생산력 표준'을 부끄러운 기색 없이 크게 선전했다. 余习广, 李良栋 主编, 『大潮新起: 邓小平南巡前前后后』.

15 宋平, "在全国组织部长会议上的讲话", 『十三大以来』, 2. 568-9, 574. 정치적 충성에 대한 송의 강조를 "영도간부 평가에서는 그의 정부 내 업적이 우선된다."라는 리루이환의 언급과 비교해 보라. 『南方日报』, 28 October 1989, trans. in *FBIS-Chi*, 6 November 1989, 22 참조. 또한 1991년 11월 중앙고문위원회에 전달된 천원의 '6개항'도 참조하라. 그 3번째 항목은 "마르크스주의자는 당내의 노선투쟁을 인정해야 하고, 그것은 일상적 당 활동의 일부이며, 적극적으로 당내비판과 자아비판을 전개할 필요가 있다."라는 것이다. [Luo Bing] Lo Ping and [Li Zejing] Li Tzu-ching, "Chen Yun raises six points of view to criticize Deng Xiaoping", 『争鸣』(이후 *ZM*, 171), (1 January 1992), 18-19, trans. in *FBIS-Chi*, 3 January 1992, 22-3.

16 邓小平, "第三代领导集体的当务之急…".

17 "中共中央, 国务院关于近期做几件群众关心的事的决定", 『十三大以来』, 2. 555-7.

18 캠페인은 1989년 7월 11일 시작되었고, 국가신문출판서(国家新闻出版署)는 문화시장 정비에 관한 회람을 통지했다. 여름 내내 리는 도색산업 문제를 여러 차례 언급했다. 가령 Beijing television service, 24 August 1989, trans. in *FBIS-Chi*, 25 August 1989, 15-6 참조.

보수파를 난처하게 만드는 영리한 책략이었다. 도색산업도 결국 서구의 영향력과 결부되지만, 그것은 보수파가 추구하는 핵심적 이데올로기 문제는 제기하지 않았다. 9월에 리는 중국 소유 홍콩 저널인 『대공보(大公报)』의 비판적 인터뷰에서 "우리는 왜 항상 극단으로 치달아야 하는가?"라고 물었다. 리는 보수적 이데올로그들을 질책하며 "우리는 자산계급 자유화에 대한 비판에서 교조적이고 경직된 방법을 사용해서는 안 된다."라고 말했다.[19]

덩도 안정의 문제를 장황하게 호소하고[결국 "안정이 일체를 압도한다(稳定压到一切)."라는 새로운 표현을 만듦[20]], 개혁개방의 연속성을 강조했다. 덩은 1987년 후야오방 총서기의 급작스런 축출과 유사한 전략을 성공적으로 구사했다. 그러나 1989년의 상황은 상당히 달랐다. 첫째 톈안먼 사건으로 초래된 당의 분열은 후야오방 축출 때보다 훨씬 깊었다. 둘째 당내에서 덩의 권위도 톈안먼 사건과 자오의 불명예로 심각하게 훼손되었다. 천윈은 덩이 경제정책은 우파이며, 군사력의 사용은 좌파라고 비난함으로서 많은 보수파들의 공감을 이끌어 내었다.[21] 덩은 더 이상 중국의 정책 의제를 지배할 수 없었다.

마지막으로 국제상황도 덩을 더욱 어렵게 만들었다. 중국의 과잉 진압 및 이어진 제재 조치로 중국과 서구, 특히 대미 관계가 악화되었다. 덩의 활동 여지는 극히 제한되었다. 다른 한편으로 동유럽 공산주의 붕괴로 '화평연변(和平演变)'이 중국 지도자들에게 매우 현실적인 위협이 되었으며, 중국이 국제 사회주의 문제에서 이데올로기적 지도력을 발휘해야 한다는 보수파들의 주장에 무게를 실어 주었다. 덩은 이러한 주장을 일축하며, 중국 지도자들에게 "냉정하게 관찰하고, 안정되게 나아가고, 침착하게 반응해야 한다."라고 촉구했다. 덩은 세계에 무슨 일

---

19 "Li Ruihuan meets with Hong Kong journalist", 『大公报』(이후 *DGB*), 20 September 1989, trans. in *FBIS-Chi*, 20 September 1989, 10-2.

20 분명히 덩은 이 표현을 1989년 10월 31일 리처드 닉슨(Richard Nixon)과의 대화에서 처음 사용했다. 邓小平, "结束严峻的中美关系要由美国采取主动", 『邓小平文选』, 3, 331.

21 Richard Baum, *Burying Mao: Chinese politics in the age of Deng Xiaoping*, 319.

이 일어나든, 중국은 경제발전에 집중해야 한다고 말했다.[22]

보수파의 도전

덩과 리루이환이 이데올로기 갈등을 완화하고, 당의 관심을 개혁개방에 집중시키려 노력함에 따라 보수파들은 자신들의 이점을 강조할 수밖에 없었다. 보수파들은 베이징과 기타 지역의 저항운동 진압과 자오쯔양의 축출을 통해 그의 경제적 리더십을 비판하고, 경제개혁에 관한 자신들의 관점을 관철시킬 기회를 잡았다. 그 시도는 덩샤오핑 발언의 편집에서부터 시작되었다. 그들은 덩이 6월 9일 담화에서 '계획경제와 시장경제의 결합'에 관해 언급한 부분을 인용했다.[23] 이 발언은 보수파들이 선호하는 표현법을 복원시켰으며, 이를 통해 그들은 1981~1982년의 시장 지향적 개혁에서 후퇴를 강요할 수 있었다.[24] 이후에 드러난 것처럼 덩은 원래 '계획경제와 시장경제'의 결합을 요구했고, 두 경제유형을 하나의 그릇에 담았다. 그러나 보수파들은 그의 발언이 『인민일보』에 발표되기 전에 자신들의 의도에 맞게 편집했다.[25]

1989년 11월, 제13기 5중전회에서 천원의 경제사상이 정통성을 확보했다. 전체회의에서 채택된 '치리정돈(治理整頓) 확대와 개혁심화에 관한 중국공산당 중앙위원회의 결정'(흔히 '39개항'으로 불림)은 자오의 경제 관리에 대해 암묵적이지만 체계적인 비판을 가했다. 그 '결정'은 톈안먼 사후 이어진 몇 달간의 많은 논평과 마찬가지로 경제구조 개혁에 관한 결정이 채택된 1984년부터 정세가 잘못되기 시작했다고 함으로서 당내에 존재하는 암묵적 노선투쟁을 암시했다. 그때부터 5중전회의 결정은 경제정책이 중국의 국력(천원의 유명한 이론)을 무시하고 총수요가 총

22 邓小平, "改革开放政策稳定, 中国大有希望", 『邓小平文选』, 3. 321.

23 邓小平, "在接见首都戒严部队军以上干部时的讲话…", 306.

24 Fewsmith, *Dilemmas of reform in China*…, ch.3.

25 Baum, *Burying Mao*…, 294.

공급을 훨씬 초과하게 함으로써 공업과 농업의 균형을 무너뜨렸고, 기간산업을 간과했으며, 재정을 너무 폭넓게 분산시켰고, 따라서 국가의 거시경제 통제능력을 약화시켰다고 선언했다. 결정에서는 이 문제들이 경제에 '치명상(致命伤)'을 입혔다고 선언했다.[26]

전체회의 연설에서 장쩌민은 중화인민공화국의 과거 경제로부터 얻을 수 있는 '최고의 교훈'은 국가가 "국정을 벗어나거나, 국력을 넘어서거나, 성공만을 염려하거나, 지나친 등락을 해서는 안 된다는 것이다."라고 선언했다.[27] 이 모두는 천윈의 유명한 이론이었고, 따라서 장이 덩의 개혁개방 노선에 천윈의 사상을 결합시킨 것이 분명했다.

당 보수파들은 덩의 경제노선을 부정한 것과 마찬가지로 이데올로기적 갈등을 완화시키려는 시도도 일축하였다. 앞서 언급하였듯이, 그들이 이러한 덩의 시도를 거부한 것은 심각한 당내 분열뿐 아니라, 동유럽 사회주의의 붕괴와도 연관되었다.[28]

12월 15일 선전부장 왕런즈(王忍之)는 당조직 간부와의 대화에서 자산계급 자유화를 맹렬히 공격하기 시작했다. 왕은 경제발전이 사회 안정을 촉진할 것이며, 이데올로기 논쟁을 미루거나 가능하면 착수하지 말라는 덩의 주장을 직접 반박하고 안정은 마르크스주의 이데올로기를 기반으로 할 때 비로소 확립될 수 있다고 주장했다. 왕은 이것만이 사회주의 경향을 벗어나지 않고도 경제 업무를 수행할 수 있는 방법이라고 주장했다. 사실상 왕은 이데올로기 갈등의 완화가 목적이었던 "안정이 일체를 압도한다."라는 덩의 슬로건을 이데올로기 투쟁이 미래 안정의 기반이라는 명쾌한 호소로 재해석했다. 사람들이 반(反)자산계급 자유화 운

---

26 "中共中央关于进一步治理整顿和深化改革的决定(摘要)", 『十三大以来』, 2. 680-708. 이러한 모든 비판은 최소한 1984년 이래로 지속된 개혁에 대한 보수파의 비판 가운데 일부였다.

27 江泽民, "在党的十三届五中全会上的讲话", 『十三大以来』, 2. 711.

28 당내 일부 인사는 동유럽에서 개혁 추진이 공산주의 붕괴를 초래했다고 주장했으며, 다른 일부는 계획경제가 계속해서 이들 국가를 지배했기 때문에 공산주의가 붕괴되었다고 주장했다. 吴敬琏, 『计划经济还是市场经济』, 41.

동을 이완시키지 못하도록 할 의도에서 왕은 이데올로기적 오류를 밝히기 위해 "우리는 단지 출발을 했을 뿐이고, 투쟁의 논리는 참혹하고 무자비하다."라고 선언했다.[29]

왕의 연설은 악명 높은 1987년의 '줘저우회의(涿州会议)'를 찬양하는 『인민일보』 전면 사설로 이어졌다. 그 회의에서 보수파 당 지도자들은 후야오방의 축출 이후 펼쳐진 반(反)자산계급 자유화 운동을 자오와 그 동료들이 약화시킬 것을 우려하여 그것에 새로운 불을 지피려 했다. 반(反)자산계급 자유화 운동을 끝내고, 가을에 개최될 제13차 당대회를 위해 정치적 분위기를 조성하고자 했던 자오의 유명한 1987년 5월 13일 연설에 덩이 권위를 부여한 것도 그 회의 이후였고, 아마도 그 회의 때문이었다. 이제 자오가 축출됨에 따라 보수파 작가 청다이시(程代熙)는 '이런(弋人)'이라는 필명 아래 자오가 줘저우회의를 억압하기 위해 '가장 부당한 동기로 모든 부정한 수법'을 동원했다고 그를 고발했다.[30] 천은 분명히 당시의 다른 보수파 작가들과 마찬가지로 덩이 1987년 운동의 중단을 전적으로 지지했고, 다시는 그가 그렇게 하지 못하도록 저지해야 한다고 인식했다.

국가계획의 재강화

1989~1990년 겨울, 당내 보수 진영의 영향력은 덩의 이데올로기적 권위에 대한 직접 도전뿐 아니라, 국가의 중요한 경제계획 수단을 장악하려는 주요 시도에서도 나타났다. 수년 간 보수파들은 희소 에너지, 교통, 원자재 분야의 중대형 국유기업과 경쟁하는 소규모 저효율 기업(대부분 향진기업들)의 투자에 개혁이 집중된다고 불평했다. 그러한 투자 결과로 교통 및 에너지 분야의 공급이 항상 수요에

---

29 王忍之, "关于反对资产阶级自由化", *RMRB*, 22 February 1990. 또한 왕이 8월에 『구시(求实)』 간부들에게 행한 맹렬한 연설인 "理论工作面临的新情况和当前的主要任务", 『学习, 研究, 参考』, 11(1990), 8-17도 참조.

30 弋人, "涿州会议的前前后后", *RMRB*, 14 February 1990.

의해 왜곡되면서 기초 에너지와 원자재 영역은 투자자본이 고갈되었다. 게다가 동부 연안의 향진기업은 성장하고 발전한 반면, 내륙의 산업 및 생활수준은 낙후되면서 개혁전략이 지역 격차를 초래했다.

중대형 국유기업이 요구하는 경제의 '대들보' 강화를 위한 주요 시도는 1989년 후반 리펑이 '생산에 관한 주요 문제를 즉시 해결하기 위해' 국무원생산위원회(国务院生产委员会) 설립을 선포함으로서 이루어졌다.[31] 석탄산업 전문가 예칭(叶青)이 이끄는 새 위원회는 과거 국가경제위원회 산하 부서들을 통합했다.[32] 일반적으로 산업 분야 이익을 옹호하며 매우 보수적인 국가계획위원회와 자주 충돌한 국가경제위원회를 부활시키는 대신 신설된 국무원생산위원회는 국가계획위원회에 확실히 종속되었다. 국무원생산위원회 설립의 의도는 분명히 생산위원회가 관리를 맡는 동시에 국가계획위원회의 감독을 받는 새로운 '이중보장' 체제를 확립하여 기획과 계획집행 기능을 더욱 효과적으로 조정하려는 것이었다. 이중보장 체제는 한편으로 핵심 국유기업에 필요한 원자재와 자금 공급을 보장하고, 다른 한편 기업의 이윤·세금·산출의 국가 상납을 보장하려는 의도였다.[33] 이중보장 체제는 처음에 동북 지역의 50개 핵심 기업에서 시행되었고, 이후 234개의 중국 대규모 기업으로 확대되었다.

생산위원회 설립과 이중보장 체제 시행은 당내 보수 진영, 특히 리펑의 분명한 승리였으며, 그는 사회주의적 관리를 강화하는 자신의 정책을 시도할 기회를 확보했다. 리펑의 승리는 수년간 그의 절친한 동료였던 저우자화(邹家华)를 (보수파 계획전문가 야오이린을 대체하여) 1989년 12월 국가계획위원회 주임에 임명함으로써 예고되었다.

---

31 *Hong Kong Standard*, 18 December 1989; and 『经济导报』(이후 *JJDB*), 50(18 December 1989), trans. in *FBIS-Chi*, 20 December 1989, 22-3.

32 *JJDB*, 50(18 December 1989), trans. in *FBIS-Chi*, 20 December 1989, 22-3.

33 『金融时报』, 30 January 1990, trans. in *FBIS-Chi*, 14 February 1990, 24-5.

경제의 방향에 관한 새로운 논쟁

톈안먼 사건 이후 한동안, 적어도 주요 신문에는 경제의 진로에 관한 논쟁이 거의 없었다. 실제 처음 몇 달 동안은 무명의 기자나 경제학자들이 『인민일보』와 『광명일보』의 주요 경제사설을 작성했다. 『인민일보』가 경제적 관점을 다시 진지하게 제기한 것은 1989년 11월 당의 5중전회 이후였다. 마홍(马洪), 장줘위안(张卓元), 리청루이(李成瑞), 왕찌예 등 많은 유명한 경제학자들은 모두 신중한 학술적 관점에서 5중전회의 지속적인 긴축 요구를 반박했다.[34] 동시에 자유주의 경제학자들은 개혁과 조정 정책이 인플레이션 통제라는 주요 목표를 이미 달성했고, 지나친 수요 억제가 경제발전에 해롭다고 지적했다. 이러한 긴축정책 관련 논쟁의 촉발은 언론지상에서 거의 반년 동안 진행된 합리적 토론 분위기의 출발점이었다. 이러한 흐름은 이듬해 봄인 1990년 3월 리펑의 전국인민대표대회 연설까지 이어졌다. 리는 비록 '치리정돈(治理整顿)'이라는 명칭의 1988년 봄의 긴축정책이 지속적으로 필요하다는 견해는 양보하지 않았지만, 계획과 시장조절의 성공적인 '결합' 수단을 찾을 것을 요구했다.[35] 이 연설은 중화인민공화국 역사상 3번째로 이 주제에 관한 대중적 논쟁을 촉발시켰다. 기존 두 차례 논쟁은 1959년과 1979년의 경제적 곤란 때문에 일어났고, 시장 확대를 정당화할 의도였다. 반면에 이번 새로운 논쟁은 계획을 기반으로 결합을 정당화할 의도였다. 그렇지만 적어도 경제에 관한 합리적 토론의 장은 만들어진 것이다.

---

34 Ma Hong, "Have a correct understanding of the economic situation, continue to do a good job in economic improvement and rectification", *RMRB*, 17 November 1989, trans. in *FBIS-Chi*, 5 December 1989, 37-9; Zhang Zhuoyuan, "Promoting economic rectification by deepening reform", *RMRB*, 27 November 1989, trans. in *FBIS-Chi*, 7 December 1989, 28-31; Li Chengrui, "Some thoughts on sustained, steady, and coordinated development", *RMRB*, 20 November 1989, trans. in *FBIS-Chi*, 12 December 1989, 32-4; Wang Jiye, "Several questions on achieving overall balance and restructuring", *RMRB*, 8 December 1989, trans. in *FBIS-Chi*, 19 January 1990, 30-3 참조.

35 李鹏, "为我国政治经济和社会的进一步稳定发展而奋斗", 『十三大以来』, 2. 948-94.

리펑은 경제의 재집권화와 주요 계획 집행 정책을 제시하고 옹호했지만, 경제의 흐름은 보수파의 경제적 관점이 얼마나 잘못되었는지를 드러내었다. 노튼(Naughton)이 주장했듯이, 1989년 중국 경제는 보수파가 심각한 경제위기라고 선언한 것보다 훨씬 건전했다.[36] 엄격한 신용과 투자 제한으로 수요가 성공적으로 억제되어 1989년 9월 소비자 물가가 실질적으로 낮아졌지만, 중국 계획가들은 월별이 아닌 연간 물가상승을 계산했기 때문에 이러한 극적인 선회를 몰랐다.[37] 연도별 통계조차 1990년 전반기 물가상승은 겨우 3.2%였으며, 모든 사람들이 보기에 긴축정책을 유발할 만한 긴급 상황은 지나간 것 같았다. 반면 보수파 정책이 지지했던 영역인 대형 기업 수익성은 폭락했다. 1990년 예산에서 국유기업 수익은 57% 하락했다.[38] 동시에 재고가 쌓이기 시작했고, 기업 손실은 전년도 동기 대비 89% 상승했으며, 상품 소매판매는 1.9% 하락했다.[39] 국유기업의 어려움으로 정부는 1989년 4/4분기의 1260억 위안(元) 대출에 이어 1990년 다시 2700억 위안의 추가 대출을 쏟아부어야 했다.[40]

물가 불안이 줄어들고 공업 생산이 정체됨으로써 개혁 활성화 요구가 다시 제기되었는데, 보수파들의 경제 통제로 야기된 침체를 감안하면 이렇게 뒤늦게 요구가 나왔다는 것이 오히려 놀라웠다. 1990년 5월과 6월, 일부 지도자들은 중국 경제가 경기 저점을 벗어났는지의 여부에 관해 경제학자들에게 정보를 요청하였다.[41] 이러한 요청은 한 차례의 새로운 경제 논쟁을 야기하였고, 여름에는 류궈광(刘国光)이 이끄는 중국 사회과학원 경제문제소조가 개혁 '비중'의 확대를 제안하

---

36 Barry Naughton, *Growing out of plan: Chinese economic reform, 1978-1983*, 275.

37 Ibid., 281, 347 n.2.

38 Ibid., 284-5.

39 [He Dexu] Ho Te-hsu, "China has crossed the nadir of valley but is still climbing up from the trough: Liu Guoguang talks about the current economic situation in China", *JJDB*, 38-9(1 October 1990), 12-13, trans. in *FBIS-Chi*, 12 October 1990, 27-30.

40 吴敬琏, 『计划经济还是市场经济』, 12-3.

41 Ibid., 14. 우는 어떤 지도자가 이 문제를 제기했는지 밝히지 않았다.

였다.[42] 이 제안에서는 1988년 채택된 긴축정책을 결코 반대하지 않았지만(실제 류는 그 정책 제안자 중 한 명이었다), 치리정돈이 계획경제를 다시 제도화하기보다 시장지향적 개혁에 파급 효과를 가져오려는 시도였다고 강조했다.

제8차 5개년 계획에 관한 중앙-지방 갈등

자오의 경제 관리에 관한 보수파의 가장 큰 불만 중 하나는 1980년대 추진된 분권화 전략이 베이징의 경제적 통제력, 그리고 아마도 성(省)에 대한 정치적 통제력 상실을 초래했다는 점이었다. 보수파의 의도는 더욱 직접적인 경제 통제를 통한 재집권화였다. 이것이 바로 1990년 여름 거의 완성 단계이던 제8차 5개년 계획 초안에 담긴 내용이었다. 부총리이자 국가계획위원회(경제계획 입안의 1차 책임기관) 주임이던 저우자화는 경제정책 결정에서 "중앙계획과 시장조절의 결합이 기본원칙이지만, 그 두 가지가 동등한 지위를 갖지는 않는다. 중앙계획이 우선적으로 중요하다. 시장조절은 보완적이다."라고 했다.[43]

이러한 계획 개념과 기존 개혁방식을 고수하려는 성(省)의 이해관계 차이가 1990년 9월 경제업무회의의 핵심의제였다. 두 가지 쟁점이 갈등의 원인이었다. 하나는 개혁에 관한 평가였다. 리펑은 개혁이 경제에 다양한 '혼란'을 초래했다고 주장한 반면, 성 정부는 제8차 5개년 계획 속에 개혁의 확정과 언급을 주장했다. 다른 쟁점은 성 정부의 재정적 이해관계와 관련되었다. 중앙정부는 성이 정해진 액수만을 베이징에 상납할 책임을 지는 지방재정 도급제를 중앙정부와 지방성부의 조세가 명확하게 확정된 '분세제(分稅制)'로 대체할 것을 원했다. 광둥성장 예솬핑(叶选平), 상하이 당서기이자 시장인 주룽지(朱镕基), 산둥성장 자오즈하오(赵志浩)

---

42 Ibid., 25; "Promote stability through reform, achieve development through this stability: Basic concepts of development and reform based on 'seeking progress through stability' in the 1990s", 『经济研究』(이후 *JJYJ*), 7(20 July 1990), 3-19.

43 *JJDB*, 5 November 1990, as cited in Willy Lam, *China after Deng Xiaoping*, 56.

등의 주도로 성들은 중앙정부의 권위에 실질적으로 반발했다.[44]

9월 업무회의는 흔히 성 정부 자율성 확대의 상징으로 여겨졌으며, 일정 정도 그것은 사실이었다. 수년 간의 개혁으로 성 지역은 주로 예산 외 수입의 형태로 상당한 자원을 축적하였고, 이로 인해 중앙정부에 대한 의존에서 자유롭게 되었다. 성 당국은 자금 운용과 은닉 방법을 정교하게 했고, 자신들의 경제적 이익을 쉽게 포기하지 않으려 했다.

그러나 성 지역의 이러한 '반발'에는 중앙정부 내의 성을 지지하는 일부 정치 지도자와 조직의 내부 분열이라는 다른 중요한 측면이 있었다. 그중 가장 중요한 인물은 다름 아닌 덩샤오핑이었으며, 그는 리펑이 추진한 보수적 의제가 개혁의 (따라서 덩샤오핑의) 성과를 부정하고, 낮은 성장률을 초래할 것을 우려했다. 1980년대 내내 덩은 높은 경제성장률의 옹호자였는데, 그 이유는 중국의 경제성장이 자신의 지도력과 역사적 지위를 우호적으로 반영할 뿐 아니라, 경제의 발전에 따라 정치사회적 갈등도 더욱 쉽게 해결되고, 그러한 갈등이 다른 문화대혁명을 야기할 가능성도 줄일 것이라는 믿음 때문이었다.[45] 그래서 경제업무회의 전날, 덩은 양상쿤(楊尙昆)을 보내 주룽지, 예솬핑과 같은 성 지도자들과 대화하도록 했고, 리펑에 대한 그들의 반대를 덩이 지지한다는 사실을 알렸다.[46]

중·미 관계

1990년 주도권을 장악하려는 개혁파의 시도 가운데 중요한 것은 중·미 관계의 개선이었다. 6월 9일의 계엄군에 대한 연설에서 덩샤오핑은 6·4 '사태'가 '국제적 대기류'와 '국내적 소기류'의 불가피한 산물이라고 선언함으로서 반(反) '화평연변

---

44 Baum, *Burying Mao*…, 326-8.

45 높은 성장률을 지지한 세 번째 이유는 반드시 계획 범위 밖에서 더 많은 성장이 초래되며, 이를 통해 개혁을 통제하고 억압하는 국가계획위원회 같은 보수적 관료조직의 능력이 줄어들 것이라는 점이었다.

46 高新, 何頻, 『朱鎔基傳』, 212.

(和平演变)' 운동의 기초를 마련했다.[47] 1주일 후 덩은 "전체 서구 제국주의 세계는 모든 사회주의 국가들이 사회주의 길을 버리고, 국제 독점자본의 통제하에서 자본주의 길을 가도록 기도한다."라고 하며, 만약 중국이 사회주의를 견지하지 않으면, 자본주의 국가의 부속물로 바뀔 것이라고 더욱 분명하게 발언했다.[48] 게다가 1989년 10월 전임 대통령 리처드 닉슨(Richard Nixon)과의 대화에서 덩은 학생운동에 "미국이 지나치게 깊이 개입했다."라고 비난했다.[49]

미국을 깊이 의심한 보수파 지도자들은 덩의 발언에 근거해 반(反) '화평연변' 운동에 박차를 가하였다. 이들 보수파는 미국이 1950년대와 1960년대 사회주의 봉쇄와 전복에 실패함으로서 중국의 제3세대나 제4세대에게 희망을 걸었으며, 그들은 서구의 영향력을 간과하고 내부의 변화를 초래했다고 비난했다. 1989년 여름, 이들 간부들은 중국이 남아 있는 사회주의 국가나 제3세계와 강한 연대를 맺기 위해 서구와 원거리 외교정책을 펼칠 것을 주장했다.[50]

보수파의 이러한 주장이 승리하지는 못하였지만, 그들의 관점은 중국 최고지도부에 확실하게 영향을 미쳤다. 중화인민공화국 40주년을 기념하는 1989년 10월 1일 행사에서 장쩌민이 한 연설은 언론으로부터 가장 권위 있는 연설에만 주어지는 일종의 찬사를 받았는데, 여기에서 당 총서기는 "국제 반동세력은 사회주의 체제를 전복하려는 그들의 근본적 적대감(그리고 욕망)을 결코 포기하지 않았다."라고 비난하였다.[51]

보수파들이 중국의 외교정책 방향을 근본적으로 전환시키지는 못했지만, 그들은 중국 정부가 주도적으로 관계를 개선하는 일은 확실히 막을 수 있었다. 따라서 덩이 닉슨에게 말했듯이 "미국이 일부 주도권을 행사할 수 있다. 중국은 주도

---

47 邓小平, "在接见首都戒严部队军以上干部时的讲话…", 302.

48 邓小平, "第三代领导集体的当务之急…", 310.

49 邓小平, "结束严峻的中美关系要有美国采取主动…", 331.

50 Harry Harding, *The fragile relationship: The United States and China since 1972*, 236.

51 江泽民, "在庆祝中华人民共和国成立四十周年大会上的讲话…", 631.

권을 행사할 수 없다."라고 말했다.[52]

미국은 1989년 12월 국무부 차관 로렌스 이글버거(Lawrence Eagleburger)와 국가안보 보좌관 브렌트 스코크로프트(Brent Scowcroft)를 베이징으로 파견하여 덩의 충고에 대응했다. 방문 일정은 좋지 않은 것으로 드러났다. 동유럽 사회주의 붕괴로 베이징에서 새로운 논쟁이 촉발되었고, 보수파의 영향력이 상승 국면에 있었다. 따라서 중국은 방문에 대한 보답으로 최소한의 양보만을 했다. 6·4 사태 이후 주 베이징 미국 대사관으로 피신했던 중국 천체물리학자 팡리즈의 망명이 결국 허용된 것은 1990년 6월이 되어서였다. 팡의 석방이 너무 늦어져 미국 의회와 대부분의 언론에게는 상당한 양보로 받아들여지지 못했지만, 중·미 관계의 긴장이 완화되기 시작했다. 1990년 후반 중국 외교부장 첸치천(钱其琛)의 방미로 관계가 다시 개선되었고, 부시 대통령과의 회담으로 그것은 더욱 고양되었다. 회담 이후 첸은 방미가 "양국 관계의 밝은 전망에 도움이 될 것이다."라고 선언했다.[53]

개혁 재개를 위한 덩의 활동

1990년 후반 무렵, 덩은 중국의 상황과 자신의 리더십을 발휘하지 못하는 무력감 때문에 상당히 괴로워하는 듯 보였다. 1990년 12월 당의 제13기 7중전회 공식 발표에서는 중국 개혁개방의 '놀라운 성과'를 '높이 평가' 했지만, 그럼에도 여전히 '계획경제와 시장조절의 결합'을 강조하고, '지속적, 안정적, 통합적' 경제발전과 '역량에 부합하는 행동(量力而行)'을 요구하는 천원의 경제사상과 같은 주제가 반복되었다.[54]

---

52 邓小平, "结束严峻的中美关系要有美国采取主动…", 332.

53 Beijing radio, 1 December 1990, trans. in *FBIS-Chi*, 3 December 1990, 6-7.

54 "中国共产党第十三届中央委员会第四次全体会议公报", 『十三大以来』, 2, 1420-6. 역량에 부합하는 행동(量力而行)이라는 표현은 1980-1981년 사이 천원의 영향력 확대와 다양한 긴축수단 채택에 따라 광범위하게 사용되었다.

이처럼 덩의 관점이 제한적으로 인정되면서 선도자인 그는 확실히 좌절했다. 덩은 "이제 아무도 나의 말을 듣지 않는다."라고 불평한 것으로 알려졌다. "이러한 상황이 계속되면, 나는 내 생각을 밝히기 위해 상하이로 갈 수밖에 없다."[55] 그렇게 말하면서 덩은 동부 연안 대도시를 순방하며 개혁의 불을 다시 붙일 의도에서 많은 담화를 발표했다. 덩은 담화에서 시장과 계획은 모두(각각 자본주의와 사회주의의 특성을 대변하는 것이라기보다) 경제적 '수단'이라고 선언했으며, 사회주의 경제를 발전시키는 것은 모두 사회주의라고 주장했다. 홍콩 언론들은 즉시 이 담화를 고양이의 색깔은 상관없다던 1960년대부터 유명했던 그의 경구를 따라 '새로운 고양이 이론'(생산력을 향상시키는 것은 모두 사회주의라는 사상)이라고 불렀다.

상하이에서 이루어진 덩의 담화의 요지는 '황푸핑(皇甫平)'이라는 필명 아래 상하이 당기관지 『해방일보(解放日报)』에 4개의 논평으로 요약되었다. 그것의 집필과 출판은 덩의 딸 덩난(邓楠)과 상하이 당서기 주룽지가 감독했다.[56] 그 논평은 1980년대 후반의 개혁 전성기 이후 듣지 못하던 용어를 사용했고, '화석화된 사상'을 비난하며 새로운 '사상해방'의 물결을 계속해서 요구했다. 가령 한 논평은 만약 중국이 자본주의와 사회주의가 무엇인지 걱정하며 수렁에 빠진다면 '좋은 기회를 놓칠 것'이라고 선언했고,[57] 다른 논평은 자본주의 사회가 "유능한 인재의 발견과 등용에 매우 대담하다."라고 하며 많은 수의 '현명한 사람'이 승진해야 한다고 촉구하던 덩의 말을 인용했다.[58]

55　Cited in [Liu Bi] Liu Pi, "Deng Xiaoping launches 'northern expedition' to emancipate mind; Beijing, Shanghai, and other provinces and municipalities 'respond' by opening wider to the outside world", *JB*, 166(10 May 1991), trans. in *FBIS-Chi*, 6 May 1991, 26-9.

56　황푸핑은 '상하이 논평'이라는 말과 같은 의미이다. 4개의 논평은 1991년 2월 15일, 3월 2일, 3월 22일, 4월 12일에 발표되었다. 황푸핑 논평 집필자는 저우루이진(周瑞金), 링허(凌河), 쉬쯔훙(施芝鸿)이었다. [Wei Yongzheng] Wei Yung-cheng, "Reveal the mystery of Huangfu Ping" 참조. 가오신과 허핀에 따르면, 각 논평 교정본은 덩의 딸 덩난이 개인적으로 승인했다. 『朱镕基傳』, 218 참조.

57　Huangfu Ping, "The consciousness of expanding opening needs to be strengthened", 『解放日报』, 22 March 1991, trans. in *FBIS-Chi*, 1 April 1991, 39-41.

58　Huangfu Ping, "Reform and opening require a large number of cadres with both morals and talents", 『解放日报』, 12 April 1991, trans. in *FBIS-Chi*, 17 April 1991, 61-3.

성의 반응

중국의 일부 성(省) 지도자들은 즉시 덩의 주도권에 반응했다. 1990년 3월 11일, 자오쯔양과 친밀한 관계이던 광둥 성 당서기 린뤄(林若)는 광둥의 당기관지『남방일보(南方日报)』에 사설을 발표했고, 다소 축약되고 완화된 내용이 다시『인민일보』에 발표되었다. 린은 지난 십여 년간 광둥의 급속한 성장이 시장 지향적 정책의 시행에서 기인한다고 지적했다. 톈진 시 당서기 탄샤오원(谭绍文)도 역시 "국제환경의 변화, 국내 정치의 격변, 그리고 수많은 난관이라는 어려운 시험을 통과한 것은 우리가 실시한 개혁개방 때문이다."라고 선언했다. 덩과 마찬가지로 탄은 "경제 안정이 정치사회적 안정의 기초이다."라고 주장했다.[59]

동시에 허베이(河北) 성장(省长) 청웨이가오(程维高)도 경제권한을 재집권화한 베이징의 계획가들을 날카롭게 비판하며 중앙에 기업 자율성 정책의 시행과 기업법(1988년에 통과되었지만 실제 효력은 없었음) 집행을 요구했다.[60] 장시 성장(江西省长) 우관정(吴官正) 역시 그의 동료들에게 '사상해방'과 '개혁의 비중 확대'를 요구했다.[61]

가장 놀라운 일은 베이징 시장 천시퉁(陈希同)이 '사상해방'을 촉구한 것이었다. 가장 보수적인 중국 고위 관료 중 한 명이며, 1989년 시위 진압에서 무력 사용을 적극 조장했던 강경파인 천이 결코 덩의 절친한 추종자는 아니었지만, 그의 요구에는 부응했다. 천은 '화석화된 사상'을 비판하며 덩의 '새로운 고양이 이론'을 확고하게 지지했다.[62] 반면에 베이징 당서기 리시밍(李锡铭)은 유사한 개혁적 표현은

---

59 Tan Shaowen, "Emancipate the mind, seek truth from facts, be united as one, and do solid work",『天津日报』, 17 April 1991, trans. in *FBIS-Chi*, 18 June 1991, 62-8. 탄의 연설은 1월의 시 당위원회 제5차 전체 회의에서 이루어졌으나, 4번째 황푸핑 논평이 있기 전까지는 공개되지 않았다.

60 Cheng Weigao, "Further emancipate the mind and renew the concept, and accelerate the pace of reform and development",『河北日报』, 18 April 1991, trans. in *FBIS-Chi*, 12 June 1991, 60-8.

61 "Increase weight of reform, promote economic development: Speech delivered by Wu Guanzheng at the provincial structural reform work conference",『江西日报』, 4 May 1991, trans. in *FBIS-Chi*, 12 June 1991, 45-9.

62 『半月谈』, 25 March 1991. 또한 베이징 시정부 회의에서 이루어진 사상해방에 관한 천의 요구는 *Beijing*

언급하지 않았으며, 1992년 선전(深圳) 순방 이후 이어진 덩의 정책에 분명하게 저항함으로서 직위에서 축출되었다.

과학과 기술발전에 대한 캠페인

덩이 '남순강화(南巡讲话)'를 위해 상하이를 여행할 때조차 걸프전의 극적인 결과로 중국 지도부는 현대 사회에서 과학기술의 영향과 그것의 이데올로기적 함의를 새롭게 평가해야 했다. 이러한 재평가는 분명히 1991년 3월부터 시작되었고,[63] 5월에 덩샤오핑의 사무실이 『인민일보』에 보낸 한 편의 사설에서 정점에 이르렀는데, 그 속에는 1983~1984년 자오쯔양과 그 동료들이 반(反) '정신오염' 운동을 위해 이용했던 새로운 과학혁명에 관한 논쟁과 결부된 많은 주제가 있었다.[64] 걸프전이 이 운동에 직접 영향을 미친 점은 그 전쟁에서 첨단무기의 성능 때문에 과학기술의 중요성을 강조하게 되었다는 장쩌민의 발언에서 분명하게 나타났다.[65]

주룽지의 지도부 진입

전국인민대표대회 정기회기 기간에 주룽지가 부총리로 발탁되었다. 그의 승진은 보수파 저우자화의 부총리 동시 발탁과 균형을 이루었지만, 1991년 봄에 덩이 이룬 중요한 성과의 하나였다.[66] 주는 중국 정치계에서 독특한 인물로서 국내외

---

ribao, 8 March 1991 참조.

63 내부 연설에서 리펑은 과학기술을 4개 현대화의 첫 번째 위치로(통상적으로 세 번째 위치임) 높였다. *WHB*(香港), 10 March 1991.

64 『新华』(이후 *XH*), 2 May 1991, trans. in *FBIS-Chi*, 3 May 1991, 23-6.

65 장은 창당 기념일 연설에서 무기가 아닌 사람이 전쟁에서 가장 중요하다고 말하면서도 그것의 인정을 멈추지 않았다.

66 전국인민대표대회 회의 이후 부총리는 야오이린, 톈지윈(田纪云), 우쉐첸(吴学谦), 저우자화, 주룽지 등 5명이 맡았다. 야오는 정치국 상무위원이었고, 톈과 우는 정치국원이었다. 저우는 중앙위원회 위원이었으나, 주는 후보위원에 불과했다. 중앙위원회 후보위원의 부총리 승진은 아주 특별한 일이었다.

관찰자로부터 많은 관심을 받았다. 그는 1957년에 우파로 비판받았음에도 불구하고 권력 내부에서 부상했고, 경제개혁에 대한 확고한 사상, 그리고 강한 반대를 무릅쓰고 그것을 추진하는 개성을 지녔다. 덩이 그를 발탁한 것은 톈안먼 사후에 권력 상충부를 지배하게 된 보수파 관료들과 균형을 맞출 필요성과 결심에 따른 것이었다.

톈진의 리루이환과 마찬가지로 주는 1989년 상하이 학생시위의 능숙한 처리 때문에 덩의 주목을 받은 것으로 보인다. 주는 압력에 굴하지 않고 도시의 계엄령 선포 요구를 거부했고, 대신에 질서 회복을 위한 노동자 가두행진을 조직했다. 베이징에서 시위자에 대한 폭력 진압이 이루어진 이후, 주는 "언젠가는 사실이 밝혀질 것이다."라는 발언을 하며 유명해졌다.[67] 그렇지만 주는 자유주의자가 아니었다. 기차 사고로 흥분한 군중들이 운전사를 폭행하고 기차에 방화하자, 주는 8일 동안 3명을 체포하여 형을 선고하고 집행하는 일을 감독했다.[68]

주가 처음 베이징에 부총리로 부임했을 때, 리펑은 그의 장관직 겸직을 확고히 거부했다. 3개월 후, 덩의 압력으로 리는 결국 주에게 국무원생산위원회를 넘겼고, 그 명칭도 국무원생산판공실(国务院生产办公室)로 바꾸어 이중보장 체제를 감독하는 당초 업무 대신 기업 삼각부채 문제를 부각시키는 데 주력했다.[69] 주도 삼각부채 청산 업무를 맡았고, 그 일은 리펑의 오랜 수하이자 1990년부터 그 업무를 맡았던 저우자화가 확실히 해결하지 못한 일이었다.[70] 주는 국무원생산판공실의 책임을 맡아 분명히 리펑, 저우자화, 예칭의 정책 실패로 인식된 삼각부채를 청

67　Ibid., 170.

68　Ibid., 173-8.

69　삼각부채는 지령성 계획을 할당받은 기업이 원자재를 공급하거나 제3자를 위한 생산을 완료했지만, 보상을 일부만 받거나 전혀 못 받았을 때, 공급자·생산자·구매자 사이에 발생하는 부채였다.

70　삼각부채해결 영도소조는 저우자화를 책임자로 하여 1990년 3월에 설립되었다. 당시 삼각부채는 1000억 위안(元) 이상에(1998년의 320억 위안에서) 달했다. 국무원이 이러한 부채 청산을 위해 4개월 기한의 통지를 하달하고, 약 1600억 위안의 재정을 지출했음에도 불구하고, 1990년 말 무렵 기업채무는 1500억 위안에 근접했다. *Chinese Daily*(이후 *CD*), 6 July 1991.

산하면서 관료기구를 장악할 기회를 잡았다.

주는 즉시 예전 국가경제위원회 동료이던 전임 부주임 장옌닝(张彦宁)과 자오웨이천(赵维臣)을 발탁했으며, 그들은 새로운 생산판공실의 부책임자가 되었다. 주와 생산판공실은 1993년 5월 국가경제무역위원회로 확대 개편되면서 역할이 더욱 강화되었다. 이 기구는 국가계획위원회와 동등한 관료적 위상을 가졌고, 일상적 경제 관리를 주관함으로서 국가계획위원회를 효과적으로 배제시켰으며, 주로 거시경제 업무를 처리했다.[71] 게다가 주는 적어도 일시적으로 삼각부채 문제의 축소도 성공하였다. 1991년 6월, 기업부채가 약 3000억 위안(元)으로 상승했으나, 1992년 말에는 약 3분의 2가 청산되었다.[72] 결국 주는 이러한 성공을 바탕으로 1992년 후반의 제14차 당대회에서 정치국 상무위원회에 진입할 수 있었다.

보수파의 대응

1990년 가을에서 1991년 봄 사이에 있었던 덩의 공세는 그의 이듬해 노력을 위한 사전 시도로 드러났지만, 1991년에는 그것이 단기에 그쳤다. 그는 제8차 5개년 계획 초안을 문제 삼아 자신의 관점을 선전하고 진척시키고자 성 간부들을 활용했으며, 주룽지를 승진시키고 그에게 리펑과의 경쟁 구조를 제공함으로서 향후의 난관을 타결할 기반을 다졌다. 그렇지만 보수파의 반대도 격렬하게 지속되었다. 리루이환이 이데올로기 영도소조의 공식 책임자였지만, 보수파들은 1989년 이후로 경제정책 결정부서뿐 아니라 선전부와 조직부의 상층을 시배했다.[73] 그들은 투쟁 없이 포기하려 들지는 않았다.

---

71 高新, 何頻, 『朱镕基傳』, 242-56.

72 *XH*, 25 December 1992, trans. in *FBIS-Chi*, 28 December 1992, 36-9.

73 이데올로기 업무에서 리루이환의 지도력에 대한 도전은 왕런즈와 쑹핑과 같은 지도자의 연설이나 가오디가 관장하는 『인민일보』뿐 아니라, 리가 옹호했던 반(反)도색산업 캠페인이 "자산계급 자유화 반대를 결코 대체될 수 없다."라는 1989년 12월 왕런즈의 논평에서도 분명히 나타났다. *RMRB*, 23 December 1989 참조.

이 대결은 천원과 인민은행 부행장 천위안(陈元) 부자가 주도했다. 덩이 상하이에 메시지를 전달할 때조차 『인민일보』에는 "지도간부로서 우리는 다른 사람들, 특히 우리와 반대 의견을 가진 사람과의 의견 교환에 주의해야 한다."라는 천원의 말이 인용되었고, 이 말은 덩이 그의 동료들과 논의하지 않은 것에 대한 암묵적인 비판이었다.[74] 이와 거의 동시에 1990년 12월 천위안은 지난 10여 년의 경제권한 이양으로 초래된 중앙 권위의 축소를 비판하는 보고서를 제출했다. 천은 '지방 제후'의 출현과 '거시통제력의 약화'를 해결할 '신집권화'를 요구했다.[75] 1991년 5월에 천원은 "단순히 상급자나 책의 내용을 따르지 말고, 현실에 따라 행동하라."라고 요구하는 운율시를 상하이 지도부에 선물했다.[76]

덩에 대한 천의 비판이 점잖고 모호했던 반면, 다른 사람들은 아주 직접적이었다. 황푸핑 논평에 대한 예리한 공격은 결국 덩에 대한 공격이었고, 이는 보수파 저널인 『당대사조(當代思潮)』에 논평기사 형태로 등장한 다음 곧바로 『인민일보』에도 게재되었다. 그 기사는 1년 전 쑹핑과 왕런즈가 제기한 주제를 반복하며, '자산계급 자유화'를 선호하는 사람들이 '여전히' 남아 있고, "한때 보편적 추세였던 사상과 정치적 영향력의 자유화 경향은 폭동 진압에서 승리했음에도 사라지지 않고 있으며, 다시 새로운 형태로 교묘하고 끈질기게 우리를 공격할 것임을 냉정하게 깨달아야 한다."라고 경고했다.[77]

---

74 *RMRB*, 18 January 1991.

75 陈元, "我国经济的深层问题和选择(纲要)", *JJYJ*, 4(April 1991), 18-9. Joseph Fewsmith, "Neoconservatism and the end of the Dengist era", *Asian Survey*(이후 *AS*), 35·7(July 1995), 635-51. 陈元에 대해서는 何頻, 高新, 『中共 "太子党"』, 97-124.

76 *XH*, 15 May 1991. trans. in *FBIS-Chi*, 17 May 1991, 22.

77 "Why must we unremittingly oppose bourgeois liberalism?" *RMRB*, 24 April 1991, 5, trans. in *FBIS-Chi*, 26 April 1991, 18-21.

개혁 노선의 굴곡

『당대사조』기사를 발췌한『인민일보』기사 발행과 황푸핑 논평에 대한 공격으로 개혁파들은 침묵에 빠져 들었다. 이 갑작스런 좌절에는 네 가지 설명이 가능하다.

첫째는 1991년 봄, 덩이 단지 새로운 개혁 비전을 제시할 정치적 역량을 결여했다는 것이다. 이 설명은 덩이 그의 반대자들을 굴복시키지(혹은 위협하지) 못했을 뿐 아니라, 정치적 갈등 시기에 어느 한쪽으로 기울지 않고 정치적 중립을 지킨 당내 '침묵하는 다수' 원로들의 지지를 얻지 못했음을 보여 준다. 둘째, 보다 그럴 듯한 설명은 반대와 불확실성에 직면한 덩이 분명히 지난 2년 동안 여러 차례 그랬던 것처럼, 자신의 공세를 재개할 보다 적절한 순간까지 다시 때를 기다렸다는 것이다. 이 설명은 덩이 우위를 차지할 권력이 있었으나(1년 후에 그것을 증명함), 당시는 우위의 필요성보다 당의 통합에 대한 비용이 더 중요하다고 믿었을 것이라고 가정한다. 셋째, 고르바초프가 우파로 전향한 소련 상황, 그리고 1991년 1월 이후 고조된 발트 해 공화국들의 붕괴가 베이징에서 보수파의 입지를 강화시켰다. 그들은 그 변화를 소련이 급진적 개혁에서 후퇴할 징조로 보았을 것이다.[78] 넷째, 미국의 신속한 걸프전 승리는 분명 중국이 소홀해진 틈을 이용했으며, 그것은 세계가 단극화되고, 미국이 중국에게 새로운 압력이 될 것이라는 베이징의 새로운 우려를 자아내었을 것이다. 이 우려는 당 지도부로 하여금 상황을 은밀히 주시하며, 결정적 갈등을 피하도록 했을 것이다.

결국 1991년 7월 1일 중국공산당 창당 70주년 기념행사의 장쩌민 연설은 개혁

---

[78] 8월 중순에서 말까지『인민일보』가『당대사조』기사를 재발행할 당시에 고르바초프는 다시 한 번 급진 개혁으로 선회했고, 그로 인해 보수파들이 놀라서 강경노선을 취했음을 주목해야 한다. 그것은 일관적이지 않아 보이지만, 중국 보수파들이 중국의 이데올로기적 정통성 제고를 요구함으로서 결속력과 소련에서의 정치적 이완 모두에 반응했던 것으로 볼 수 있다. 그들이 전자를 통해서는 개혁의 통제 불가능성을 막아야 할 필요성을 보고, 후자를 통해서는 국내에서 사회주의 가치의 제고가 요구되는 적대적 국제환경을 보았을 것이다.

의 견지를 다시 명확히 했다. 장의 연설은 '화평연변과 반(反)화평연변 사이의 투쟁에서 이데올로기 영역이 중요한 무대'라고 강조하며 국내 계급투쟁과 국제 계급투쟁을 연계시켰다.[79] 개혁파에 대한 굴복에도 불구하고 장의 연설은 이데올로기와 정책의제 전반에 대한 보수파의 영향력을 분명히 보여 주었다. 더욱 중요한 사실은 당이 소련의 새로운 자유화를 더욱 예의 주시하며 대응하는 동안, 장의 연설에 나타난 개혁파의 정서가 곧바로 무시되었다는 점이었다.

1991년 7월 말 소련공산당은 정치권력의 독점을 포기하고 자신의 이데올로기적 입장을 민주사회주의로 전환했다. 이러한 변화는 중국에 상당한 불안감을 초래했고, 보수파가 더욱 강경한 노선을 걷도록 자극했다. 특히 8월 16일 『인민일보』 논평기사는 장의 공산당 창당 기념일 연설에 더욱 보수적 입장을 견지하여 국내외 '적대세력'으로부터 국가를 보호하기 위해 '화평연변에 대한 강철 성벽'을 쌓을 것을 요구했다. 그 논평기사는 만약 이들 적대세력이 승리한다면, '역사의 퇴보와 인민의 재앙'이 있을 것이라고 경고했다.[80]

소련 쿠데타

일련의 소련 붕괴 사건들에 대한 강경파의 반응을 감안하면, 8월 19일 시작된 보수 쿠데타 소식을 접하면서 그들이 전혀 기뻐할 수 없었음은 당연하다. 중국 대사는 쿠데타 세력에 축하를 보냈고, 당시 신장(新疆)에 머물던 보수파 원로 왕전은 중국 당 지도부에 마르크스–레닌주의–마오쩌둥 사상에서 '결코 벗어나지 말고', 공산주의를 위해 '죽을 때까지 투쟁할 것'을 요구했다. 장쩌민은 정치국 회의 연설에서 쿠데타를 환영한 것으로 전해졌으며, 그의 발언 요지는 "소련 인민의

---

79 江泽民, "在庆祝中国共产党成立七十周年大会上的讲话", 『十三大以来』, 3. 1627-60. 인용은 각각 1647, 1640, 1646, 1639, 1638에서 이루어졌다.

80 "Build up a great wall of steel against peaceful evolution", *RMRB* Commentator, 16 August 1991, trans. in *FBIS-Chi*, 19 August 1991, 27-8.

승리는 중국 인민의 승리이다."라는 제목의 비밀문건을 통해 유포되었다.[81] 분명히 좌파들은 자신들의 대응 논의를 위해 많은 회의를 소집하였다.

끓어넘치던 분위기는 오래 지속되지 않았다. 쿠데타가 3일 만에 실패하자 중국 지도부는 낙담했다. 덩조차 옐친이 소련공산당을 축출하면, 중국만이 유일한 사회주의 대국이 될 것을 우려했다. 그는 "그렇다면 우리는 어떻게 해야 하나?"라고 물었던 것으로 전해졌다.[82]

실패한 소련 쿠데타의 의의는 중국공산당이 이데올로기와 사회주의 가치를 강조하며 자신의 통치 유지에 노력해야 하는가, 아니면 대중적 지지 확보와 지속적 경제발전을 통해 국가를 부강하게 해야 하는가라는 당시의 근본 문제를 가장 적나라하게 물었다는 점이다. 당내 좌파들은 분명히 전자의 길을 원했다. 천윈은 새로 승진한 주룽지 부총리를 거침없이 공격하며, 중국에 '옐친과 같은 인물'의 등장을 허용해서는 안 된다고 여러 차례 경고했다.[83]

처음에 덩은 소련 사건에 낙담했지만, 계속 그 길에 머물지는 않았다. 덩은 소련 쿠데타 추종을 주장하는 보수파에 신속히 대응하여 개혁개방의 가속화를 주장했다. 이후에 중국공산당 산하 홍콩 저널의 표현처럼, "덩은 소련 쿠데타 경험에 대한 중국의 오판을 막고, 당내 '좌파' 세력의 영향력 확대 기회를 차단하는 데 중요한 역할을 했다."[84]

국제적으로 덩은 중국이 "조용히 맞서고, 냉정히 관찰하고, 자신의 국내 문제

---

81 Xinjiang television, 24 August 1991, trans. in *FBIS-Chi*, 27 August 1991, 28-9; *RMRB*, 29 August 1991. 신장(新疆)에서는 왕이 과격한 발언을 많이 했다. 기령 Xinjiang television, 21 August 1991, trans. in *FBIS-Chi*, 22 August 1991, 20 참조. 왕의 여행에 관한 『인민일보』 기사는 "죽을 때까지 싸운다."라는 그의 맹세를 포함해 대부분의 거친 표현들을 삭제했다. 장쩌민의 반응에 대해서는 James Miles, *The legacy of Tiananmen: China in disarray*, 71 참조.

82 *South China Morning Post*, 26 August 1991.

83 Ibid., 4 September 1991; Baum, *Burying Mao…*, 333. 실패한 쿠데타에 대한 조사에서 옐친을 '위험한' 사람으로 표현한 *WHB*의 언급을 주목하라. *WHB*(Hong Kong), 23 August 1991, trans. in *FBIS-Chi*, 27 August 1991, 8-9 참조.

84 Sun Hong, "Anecdotes about Deng Xiaoping's political career and family life", *JB*, 11(5 November 1993), 26-31, trans. in *FBIS-Chi*, 18 November 1993, 34-9.

를 충분히 주의해야 한다."라고 말하며, 경계심을 가질 것을 수차례 강조했다.[85] 국내적으로 그는 자신의 지도력을 다시 강조하고, 자신의 개혁 입장에 중점을 두는 확실한 캠페인에 착수했다. 그 캠페인은 소련 쿠데타 실패 이후부터 1992년 10월 제14차 당대회를 소집할 때까지 지속되었다.

정치적 분위기 변화의 첫 번째 공식 징후는 신화사의 9월 1일자 사설 원문이 다음날 『인민일보』게재를 위해 전달된 것이었다. 사설에서는 지난 봄 이후 가장 개혁적 언어를 구사했으며, 그것도 아주 권위적인 맥락이었다. 그렇지만 사설의 첫 문장은 나머지 문장과 모순되면서 그것을 효과적으로 부정하고 있었다. 그 내용은 "개혁개방을 추진할 때 우리는 사회주의를 시행하는지, 자본주의를 시행하는지 우리 자신에게 물어보고, 사회주의 원칙을 견지해야 한다."라는 것이었다. 이 사설이 전달되고 7시간 후 신화사는 첫 문장이 "개혁개방을 추진할 때 우리는 사회주의 길을 확실히 지키고, 공유제의 지배적 역할을 견지해야 한다."라고 극적으로 바뀐 새 버전을 내놓았다.[86] 개혁이 '사회주의'인지, '자본주의'인지에 관한 비판적인 질문은 삭제되었다.

사실은 두 번째 버전이 당초 승인된 사설이었으나, 『인민일보』 사장 가오디(高狄)에게 전달되기 전에 보수파의 입장을 전달하기 위해 첫 문장을 수정한 것으로 드러났다.[87] 그 사실이 드러나자, 덩의 지시에 따라 리루이환은 거슬리는 문장을 없애라고 명령했다. 그래서 『인민일보』의 9월 2일자 사설은 전날 저녁 청취자들

---

85 [He Yuan] Ho Yuen, "CCP's 'five adherences' and 'five oppositions' to prevent peaceful evolution", 『明報』(이후 *MB*), 29 August 1991, trans. in *FBIS-Chi*, 29 August 1991, 23-5.

86 두 내용 모두 1991년 9월 2일 신화사에서 발표되었으며, 첫 번째는 0723 GMT에서, 두 번째는 1456 GMT에서였다. *FBIS-Chi*, 2 September 1991 참조.

87 1980년대 초반에는 편집장(总编辑)이 『인민일보』의 최고위 간부였다. 1983년 반(反)정신오염운동에 따라 운동 당시에 비판을 받았던 후지웨이(胡绩伟)에게 '2선'의 직위를 맡기기 위해 사장 직위가 신설되었다. 그렇지만 후는 사장으로서 신문에 상당한 영향력을 행사할 수 있었고, 이는 후에서 개방적인 친촨(秦川)으로 편집장이 대체된 것에서 증명되었다. 따라서 사장과 편집장 사이의 구분은 유지되었지만, 톈안먼 사건 훨씬 이전부터 사장은 『인민일보』의 효과적인 책임자가 되었다. 톈안먼 사건 이후 가오디가 사장으로 지명되었고[첸리런(钱李仁)을 대체함], 사오화쩌(邵华泽)가 편집장이 되었다[탄원루이(谭文瑞)를 대체함]. 1992년 12월에는 사오는 가오 대신 사장이 되었고, 판징이(范敬宜)가 편집장이 되었다.

656

이 라디오에서 들은 것과는 달랐다. 덩은 화가 나서 "『인민일보』가 덩샤오핑을 대대적으로 비판하고 싶어한다."라고 선언했다.[88]

이 사건은 중국에서 '문건정치'의 결정적 중요성뿐 아니라, 개혁파가 지난 봄 이후 지연된 개혁을 재개함으로서 일련의 소련 사건에 신속히 대응했음을 여실히 보여 준다.[89] 단지 그 일의 어려움은 전임 조직부장 천예핑(陈野苹)의 9월 1일자 『인민일보』 논설에서 제시되고 있다. 천은 전례가 드물게 전임 총서기 자오쯔양을 거명하는 방식으로(거명을 통한 공격은 통상 1년 훨씬 전부터 사라졌음), 그가 '생산력을 간부 선발의 기준'(이것은 지난 봄 황푸핑의 논평이 요구한 기준임)으로 옹호했다고 비판했으며, 그의 "잘못된 관점이 일부 지역과 부서에서 간부 업무에 영향을 미쳤다."라고 주장했다.[90]

개혁파는 즉각 이에 대응했다. 9월 말 덩은 장쩌민과 양상쿤에게 개혁개방의 견지를 지시했고,[91] 양은 곧바로 1911년 혁명 제80주년 기념식에서 개혁의 의의를 상기시키며, 개혁이 쑨원과 함께 시작된 중국의 부흥과 발전을 위한 역사적 노력의 일부라고 말했다.[92] 이어진 정치 논쟁과 관련해 더 중요한 사실은 양이 경제건설에 '다른 모든 업무가 종속되고 봉사해야' 하며 당은 경제건설에서 '관심이 멀어지거나 사라지게' 해서는 안 된다고 솔직히 선언한 점이었다.[93]

88　高新, 何頻, 『朱镕基傳』, 231-2.

89　Guoguang Wu, "Documentary politics: Hypotheses, process, and case studies", in Carol Lee Hamrin and Suisheng Zhao, eds., *Decision-making in Deng's China: Perspectives from insiders*, 24-38.

90　Chen Yeping, "Have both political integrity, ability, stress political ability: On criteria for selecting cadres", *RMRB*, 1 September 1991, trans. in *FBIS-Chi*, 6 September 1991, 26-31.

91　Baum, *Burying Mao*…, 334에서 인용.

92　애국주의에 대한 강조와 공산주의이든 아니든 경제발전이 모든 중국인의 공통된 목표라는 평가 속에서, 양의 연설은 사회주의 문명 건설에 관한 1986년 제12기 3중전회의 결의에 반영되었다. 그 결의는 모든 애국적 중국인이 동의하는 '공동의 이상'을 옹호하는 한편, 공산주의 이데올로기의 중요성은 가볍게 다루었다. "Resolution of the Central Committee of the Communist Party of China on the guiding principles for building a socialist society with advanced culture and ideology", *XH*, 28 September 1986, trans. in *FBIS-Chi*, 29 September 1986, K2-13 참조.

93　杨尚昆, "在辛亥革命八十周年大会上的讲话", 『十三大以来』, 3, 1713-9.

이처럼 덩과 그 지지자들의 명확한 신호에도 불구하고 보수파는 저항을 계속했다. 리펑은 11월 상하이를 방문하며 황푸핑 기사의 편집을 감독한 주룽지에게, "'황푸핑' 기사의 영향은 심각했다. 사람들은 모두 중앙이 혼란을 다시 초래하는 데 너무 많은 노력을 쏟았다고 생각한다."라고 말했다.[94]

10월 23일 『인민일보』는 강력한 논조의 좌파 이론가 덩리췬의 사설을 게재했으며, 사설은 중화인민공화국 건국 이래 어느 때보다 계급투쟁이 첨예해졌다고 선언했다. 편집자의 주석에서는 "투쟁의 가혹한 현실은 우리에게 실용주의가 화평연변의 계기가 될 수 있음을 명확하게 보여 주었다."라고 말했다.[95] '실용주의'라는 용어는 분명히 덩샤오핑의 정책을 암시했다.

11월 29일 소집된 중앙고문위원회 회의에서 당 원로 보이보(薄一波)는 당조직 강화, 미국에 의한 화평연변의 위협, 지나친 경제발전 가속화 노력의 위험성 등을 강조하는 천윈의 6개 항목을 전달했다.[96]

11월 말 덩샤오핑은 화평연변 문제를 빈번히 제기하지 말고, 미국과 인권문제를 타협하여 대미 관계를 개선하도록 지도부에 촉구했다. 덩의 제안을 듣자 당 원로 왕전은 상당히 격분하며, 덩의 정책은 국가를 자본주의의 길로 내몬다고 단언했다.[97] 왕의 분노가 폭발할 당시, 당은 '화평연변'의 위험성에 대해 심각히 분열된 상태였다. 9월에 선전부장 왕런즈를 비롯한 많은 사람들은 화평연변이 지도부 내의 '실용주의자'에 의해 유지되고 있다고 경고하며 중앙당교에 '반(反)화평연변' 연구소조를 조직했다. 이 소조에 참여한 보수파는 리루이환을 '고르바초프가 되길 원하는 사람'으로 매도했고, 차오스(喬石)를 '기회주의자'로 불렀다.[98]

---

94 高新, 何頻, 『朱鎔基傳』, 232에서 인용.

95 [Jing Wen] Ching Wen, "Abnormal atmosphere in *Renmin ribao*", *JB*, 178(5 May 1992), 46-7, trans. in *FBIS-Chi*, 18 May 1992, 22.

96 [Luo] and Li, "Chen Yun raises six points of view to criticize Deng Xiaoping."

97 *South China Morning Post*, 1 January 1992; Baum, *Burying Mao*…, 336.

98 『当代』14(15 May 1992), 21-2, trans. in *FBIS-Chi*, 21 May 1992, 18-20.

덩의 '남순강화(南巡讲话)'

1월 19일, 중국의 대외개방이 시작된 첫 선전(深圳) 방문 이후 거의 8년 만에 덩은 다시 경제특구를 찾았다. 덩은 양상쿤과 다른 관리들을 대동하여 며칠 동안 선전과 주하이(珠海) 경제특구를 순방했고, 가는 곳마다 개혁의 중요성을 말하며 자신의 반대자를 비판했다.

역시 가장 비판적인 그의 발언은 10년간의 개혁개방이 없었다면, 중국공산당은 1989년 봄에 직면했던 격변에서 살아남지 못했을 것이라는 주장이었다. 이 판단은 소련공산당과 동유럽의 많은 공산당 사례처럼 개혁이 톈안먼 사태를 촉발했으며, 공산당의 몰락을 가져올 수 있다는 반대자들의 주장에 대한 덩의 대응이었다.

비판자들의 주장에 맞서 자신의 개혁 비전을 방어하기 위해 덩은 1년 전 상하이에서 제기했던, 이론적으로는 세련되지 않았지만 결국 아주 효과적이었던 주장인 계획과 시장은 결코 사회주의와 자본주의를 구별하는 요소가 아니라, 단순히 두 경제체제가 공유하는 경제 '수단'일 뿐이라는 발언을 계속했다. 게다가 덩은 지난 2년간 제기된 이른바 생산력 기준에 관한 경멸적인 비판들을 직접 반격했다. 자오쯔양이 이 주제를 4년 전 『인민일보』 1면에서 옹호했던 이래 가장 대담한 방식으로, 덩은 사회주의를 세 가지 '유리한 점', 즉 무엇이 사회주의 생산력 발전에 유리한지, 무엇이 사회주의 국가의 종합 국력 증강에 유리한지, 무엇이 인민의 생활수준 제고에 유리한지에 따라 정의할 수 있다고 선언했다.[99]

덩은 마오의 가장 유명한 은유 중 하나를 들어 신중한 태도의 동료들을 비판했다. 그는 그들에게 '전족의 여인'처럼 행동하지 말고, 개혁을 좀 더 대담하게 하고, 발전 속도를 좀 더 빠르게 해야 한다고 촉구했다. 덩은 "대체로 우리와 같은 개발도상국은 경제성장 속도가 더 빨라야 하고, 항상 고요하고 안정되어서는 안

99　邓小平, "在武昌, 深圳, 珠海等地的谈话要点", 『邓小平文选』, 3. 372.

된다.”라고 말했다. 덩은 천원의 사상을 암묵적이지만 정곡을 찔러 비판하며, “우리는 경제의 안정적, 통합적 발전에 주의해야 하지만, 안정과 통합은 상대적이지 절대적인 것은 아니다.”라고 선언했다.[100]

그러나 덩의 가장 주목되는 발언은 ‘좌파’에 대한 솔직한 비판이었다. 자산계급 자유화와 화평연변에 대한 지난 2년간의 일관된 비판과는 아주 대조적으로, 덩은 당에 대한 주요 위협이 ‘좌파’에게 있다고 지적했다. 이 최고지도자는 “우파가 사회주의를 매장시킬 수 있으며, 좌파도 역시 사회주의를 매장시킬 수 있다.”라고 표명했다.[101] 덩은 많은 보수파 지도자를 직접적으로 비판했다. 다만 나중에 당에 회람되고 덩의 문선(文选)에 수록된 원고에는 그 발언들이 삭제되었다.

권력투쟁

처음에 중국 매체는 덩의 여행을 보도하지 않았고, 공산당도 내부적으로 그의 발언을 전달하지 않았다. 여행 보도에 대한 명백한 저항과 그 저항이 지속되는 동안 일련의 과정들은 1990년대 초 중국공산당 최고지도부 내의 권위 관계가 모호했음을 반영한다. 덩의 호소력 있는 표현을 빌리자면, 자신은 예전의 마오처럼 1978년 12월 제11기 3중전회 이래 당의 ‘핵심’이었다. ‘핵심’이라는 용어는 최고지도자로서 권력을 유지하고 행사하는 일련의 공식적, 비공식적 권력 구조를 반영하며, 거미줄의 중심에 있는 거미의 이미지를 상기시킨다.[102]

덩은 1987년 9월 제13대에서 정치국 상무위원직을 사직하고, 1989년 9월 당 중앙군사위원회 직위를 장쩌민에게 이양하면서 자신의 공식 권위를 내려놓기 시작했다. 그러나 덩은 모든 공식 권위의 외투를 벗고, 오직 비공식 정치를 통해서

100　Ibid., 3. 377.

101　Ibid., 3. 370-83.

102　Tang Tsou, “Chinese politics at the top: Factionalism of informal politics? Balance-of-power politics or a game to win all?” *China Journal*, 34(July 1995), 95-156.

660

만 통치할 의도는 없었다. 따라서 제13차 당대회는 모든 주요 결정을 당의 '조타수'인 덩샤오핑이 참조하도록 하는 비밀 결의를 통과시켰다.[103] 그러나 이 결의가 부여한 권위는 모호하였고, '조타수'는 공식 지위가 아니었으며, 덩이 원하는 것을 여전히 그의 퇴임 전과 똑같이 따라야 할지도 분명하지 않았다. 톈안먼 사건으로 당내에서 덩의 위신은 추락했고, 비공식적 권위를 행사할 능력도 약화되었다. 그 사건 이후 3년 동안 보수파의 전략은 덩이 권위를 행사할 능력을 무력화시키는 것이었지 그의 '핵심' 직위에 대해 직접적으로 도전하려는 것은 아니었다. 그 의도란 1960년대 초 류사오치와 덩 자신이 마오에게 의도했던 것처럼, 덩을 당의 유명무실한 지도자로 남기는 것이었다.

1992년 봄의 권력투쟁 당시, 덩은 자신의 의도대로 명목적 복종을 강요할 만큼 충분한 권위를 가졌지만(혹은 다시 얻었지만), 반대편을 즉각 굴복시킬 정도는 아니었다. 덩이 반대편과의 결정적 대치 상태에서 물러선 1991년 봄과 달리, 제14차 당대회가 수면 위로 떠오른 1992년에 덩은 당 지도력을 놓고 경쟁하는 도박을 결정했다. 이 경쟁에서 '핵심'은 이점이 다소 모호했지만 결국 덩의 승리를 뒷받침했다. 그러나 반대편도 저항 없이 물러서지는 않았다.

권력투쟁의 첫 번째 전환점은 덩의 확실한 압력 아래 1992년 2월 12일 정치국 회의가 부급(部级), 성급(省级), 군급(军级) 이상 간부들에게 덩의 담화 내용을 구두로 전달하도록 결정한 때였다.[104] 이처럼 덩의 입장이 제한적으로 확산되는 것은 봄 동안 줄곧 유지되던 방식으로서, 덩의 직접적 압력에 굴복하지만(따라서 직접적 대치는 회피함) 가능한 한 최소한도로 그렇게 하는 것이었다(덩이 저항에 굴복할 것이라는 희망에서).

이러한 수동적 저항에 직면하여 덩의 지지자들은 여전히 침묵하는 베이징 공

---

103 Beijing television, 16 May 1989, trans. in *FBIS-Chi*, 16 May 1989, 28; *RMRB*, 17 May 1989, trans. in *FBIS-Chi*, 17 May 1989, 16.

104 Suisheng Zhao, "Deng Xiaoping's southern tour: Elite politics in post-Tiananmen China", *AS* 33, 8(August 1993), 751.

식매체를 압박하기 위해 지방매체를 이용했다. 마침내『인민일보』도 압력에 굴복하기 시작했다. 2월 22일『인민일보』는 10일 전의 정치국 회의를 반영하는 권위 있는 개혁 확대 기사를 발표했다. 최근 몇 달 동안 언론보도를 지배했던 점진적, 안정적 경제성장 강조와는 달리 이제『인민일보』는 "사회주의 견지의 근본 핵심은 가능한 한 빠른 경제발전이다."라고 선언했다.[105] 이틀 후 두 번째 기사는 인민들에게 '개혁을 더욱 과감히 수행할 것'을 촉구했고, "실천이 진리의 유일한 기준이다."라는 덩의 공식 견해를 인용했다.[106]

두 기사의 발표에도 불구하고 베이징 매체들은 덩의 남순강화에 대해 침묵했으며, 이는 당내에 덩과 그의 입장에 대한 심한 반대가 있음을 의미했다. 덩의 반대자들은 그의 새로운 공격에 맞서기 위해 적극적 수단들을 강구했다. 덩리췬은 남방을 여행하며 우한(武汉)과 시닝(西寧)을 방문하고, 그곳에서 "경제업무의 핵심 지도자가 있지만, 화평연변과 싸우고 계급투쟁을 수행하는 다른 핵심 지도자도 있다. 그리고 때로는 반(反)화평연변이 더 중요하다."라고 선언했다.[107] 천윈도 2월 17일 베이징에서 개최된 중앙고문위원회 회의를 주재하며 중국공산당이 소련 공산당과 같은 붕괴를 피할 유일한 방법은 공산주의 이데올로기의 강조와 당 건설의 강화라고 선언했다. 그 회의에서 35명의 원로 지도자들은 공산주의 이데올로기를 계속 선전하고, 당의 강력한 화평연변 반대를 요구하는 내용으로 덩에게 보낼 편지 초안을 작성했다.[108]

3월 1일에 덩의 발언이 중앙문건 제2호의 형태로 당내에 공식 회람되었으나, 이 조치도 반대편을 제압하지 못했다. 선전 부서가 문건 회람을 제한했을 뿐 아

---

105   "Adhere better to taking economic construction as the center", *RMRB* editorial, 22 February 1992, trans. in *FBIS-Chi*, 24 February 1992, 40-1. 그 기사는 '계급투쟁을 핵심 고리로 간주'함으로서 과거에 '재앙'이 초래되었다고 지적했으며, 이를 통해 당내 '좌파'를 확실하게 비판했다.

106   "Be more daring in carrying out reform", *RMRB* editorial, 24 February 1992, trans. in *FBIS-Chi*, 24 February 1992, 41-2.

107   *South China Morning Post*, 11 May 1992.

108   Zhao, "Deng Xiaoping's southern tour", 754.

니라,[109] 당의 원로 간부 쑹런충은 어떤 좌파 경향도 발견할 수 없다고 선언했고, 『인민일보』 사장 가오디는 "우리는 이미 두세 번의 논평을 발표했고, 이것으로 당장은 충분하다. 더 이상의 기사는 발표할 수 없다."라고 도전적으로 선언했다.[110]

이러한 신랄한 논쟁 와중에 3월 10~12일 사이, 정치국 확대회의가 소집되었다. 덩의 절친한 동료이자 계속 중앙군사위원회 부주석이었던 양상쿤이 중앙을 덩의 경제적 관점에 동참하도록 이끌 책임을 맡았다. 장쩌민은 개혁개방 확대에 소홀했다는 자아비판을 했으며, 양의 견해에 찬성했다.[111] 정치국원이자 전국인민대표대회 위원장인 완리도 덩의 입장에 강력히 찬성했고, 정치국 상무위원 차오스는 당 지도부가 좌파 이데올로기의 방해를 받고 있고, 그것이 당의 원칙과 정책의 효과적 집행을 어렵게 만든다고 날카롭게 지적했다. 반대로 정치국 상무위원 야오이린은 좌경주의를 경계하는 덩의 발언은 경제 영역에 국한되며, 다른 영역에는 좌경주의가 없다고 주장했다. 야오의 발언은 역시 정치국 상무위원인 쑹핑도 찬성했다.[112]

덩은 결과에 만족했다. 정치국 회의의 공식 발표는 경제발전이라는 '하나의 중심'을 견지할 필요성을 승인했고, 당에게 '개혁개방 속도의 가속화'를 요구했다. 게다가 당이 직면한 주요 위험이 좌경주의라는 덩의 견해도 인정되었다.[113] 따라서 중국 중앙매체들은 결국 덩의 순방을 발표했다. 3월 31일, 『인민일보』는 덩의 선전(深圳) 활동을 길고 상세하게 '동풍이 주위에 봄을 불러 온다: 덩샤오핑 동지의 선전 현장보고'라는 제목으로 다시 게재했다.[114]

---

109 *MB*, 7 March 1992, trans. in *FBIS-Chi*, 9 March 1992, 26-7.

110 [Ling Xuejun] Ling Hsueh-chun, "Wang Zhen and Li Xiannian set themselves up against Deng", *ZM*, 175(1 May 1992), 14-5, trans. in *FBIS-Chi*, 12 May 1992, 26; and [Jing] Ching, "Abnormal atmosphere in *Renmin ribao*", 21.

111 *XH*, 11 March 1992; Baum, *Burying Mao*…, 347.

112 [Ren Huiwen] Jen Hui-wen, "Political bureau argues over 'preventing leftism'", 『新报』, 14 April 1992, 6, trans. in *FBIS-Chi*, 17 April 1992, 28-9.

113 Zhao, "Deng Xiaoping's southern tour…", 752.

114 *RMRB*, 31 March 1992, trans. in *FBIS-Chi*, 1 April 1992(supplement), 7-15. 그 기사는 원래 3월 26

이처럼 중요한 결과에도 불구하고 정치국 회의는 다가올 전국인민대표대회 회의에 보고될 리펑의 정부업무보고 초안에서 좌경주의 경계에 관한 언급을 삭제하기로 결정했으며, 그것은 정부(당과는 대립되는) 업무보고에 의견이 일치하지 않는 내용을 포함하는 것이 부적절하다는 이유 때문이었다.[115] 위원석에서는 분명히 전국인민대표대회 위원장 완리가 선동했을 비판이 쏟아졌으며, 그들은 총리의 업무보고에서 주요 위험이 좌파에게 있음을 경고해야 한다고 요구했고, 149개의 크고 작은 수정이 이루어졌다.

거대한 이해관계가 얽혔고, 승리를 위해 덩은 어떠한 수단이라도 동원할 의지가 있었으며, 이는 중앙군사위원회 부주석 양바이빙(楊白冰)이 인민해방군은 개혁을 "수호하고 지지한다(保駕护航)."라고 선언한 전국인민대표대회 회의에서 여실히 드러났다.[116] 이후 몇 달 동안 4명의 인민해방군 고위 간부들이 개혁개방에 대한 지지를 과시하기 위하여 선전 경제특구를 방문하였고, 군 기관지『해방군보(解放军报)』는 개혁 지지 기사를 여러 차례 게재하였다.[117] 1989년에 시위 진압을 위해 군대를 동원해 악화되었던 군의 전문화와 탈정치화 노력이 다시 위협을 받았다. 군부의 지지가 덩의 통치를 위한 마지막 보루임이 분명해졌고, 명목상으로만이

일『선전특구보(深圳特区报)』에 처음 등장했다.『인민일보』는 그 기사를 다시 발간하여 그 내용으로부터 멀어지지 않으려는 의도를 드러내었다.

115 [Ren] Jen, "Political bureau argues over 'preventing leftism…'".

116 *XH*, 23 March 1992. 전국인민대표대회 폐막을 축하하는『해방군보』기사가 개혁을 "수호하고 지지한다."라는 주제를 활발하게 전개했음을 주목하라. "Make fresh contributions on 'protecting and escorting' reform, opening up, and economic development: Warmly congratulating conclusion of the Fifth Sessions of the Seventh National People's Congress and Seventh Chinese People's Political Consultative Conference",『解放军报』(이후 *JFJB*), 4 April 1992, trans. in *FBIS-Chi*, 21 April 1992, 36-7 참조.

117 첫 번째 그룹의 인민해방군 지도자들이 2월 말 선전을 방문했고, 네 번째 그룹은 6월 초 방문했다. *WHB*(香港), 16 April 1992, 2, trans. in *FBIS-Chi*, 16 April 1992, 38; *XH*, 19 May 1992, trans. in *FBIS-Chi*, 21 May 1992, 31-2;『新闻报』, 11 June 1992, 2, trans. in *FBIS-Chi*, 16 June 1992, 32-3. 해방군보의 개혁 지지에 관해서는 가령 Shi Bonian and Liu Fang, "Unswervingly implement the party's basic line", *JFJB*, 18 March 1992, trans. in *FBIS-Chi*, 15 April 1992, 44-7; He Yijun, Jiang Bin, and Wang Jianwei, "Speed up pace of reform, opening up", *JFJB*, 25 March 1992, trans. in *FBIS-Chi*, 22 April 1992, 30-3; and Lan Zhongping, "Why do we say that special economic zones are socialist rather than capitalist in nature?" *JFJB*, trans. in *FBIS-Chi*, 11 June 1992, 25-6 참조.

아니라 실제로 당의 '핵심'이 되기 바라던 장쩌민에게도 그러한 지지의 확보가 가장 중요했다.

계속된 논쟁

1992년 3월 정치국 회의와 이어진 전국인민대표대회 회의는 다소 모호하지만 덩에게는 중요한 승리를 가져왔다. 개혁에 관한 투쟁은 계속되었다. 4월 8일 중앙고문위원회 위원들은 중앙위원회에 보낼 편지 작성을 위해 회의를 개최했고, 회의는 이후 14일 동안 계속되었다. 편지에서는 마르크스-레닌주의-마오쩌둥 사상의 이론들을 '완전히 부정하는' 경향을 경고했고, 덩의 선전(深圳) 발언들을 직접 반대하며 "가장 큰 위험은 지난 10년간의 '우파' 경향과 자산계급 자유화이다."라고 선언했다.[118]

곧이어 4월 14일에는 리펑의 심복이자 국무원연구실(国务院研究室) 주임인 위안무(袁木)가 작성한 장문의 기사가 『인민일보』에 게재되었고, 그 기사는 덩이 과거 마오에게 했던 것처럼, 지도자의 사상을 '종합적으로' 조망해야 한다고 주장하며 덩의 사상을 재해석하였다. 가령 위안은 좌파의 경계가 중요하다는 덩의 관점에 동의했지만, 동유럽과 소련 사례와 같은 '진화'를 방지하기 위해 '자산계급 자유화에 대한 경계'가 필요하다고 계속 강조했다.[119]

이에 대응하여 덩의 지지자들도 결집하였다. 4월 6일 차오스는 개혁개방 노선에 복종의 시늉만 하는 '일부 지도간부들'을 소동하였다. 차오는 그런 사람을 권력에서 축출할 것을 주장하였다.[120] 또한 차오는 4월 16~22일의 산시성(山西省) 방

118　[Yue Shan] Yueh Shan, "Central Advisory Commission submits letters to CCP Central Committee opposing 'rightist' tendency", *ZM*, 175(1 May 1992), 13-14, trans. in *FBIS-Chi*, 30 April 1992, 15-6.

119　Yuan Mu, "Firmly, accurately, and comprehensively implement the party's basic line: Preface to 'Guidance for studying the government work report to the fifth session of the Seventh NPC'", *RMRB*, 14 April 1992, trans. in *FBIS-Chi*, 16 April 1992, 20-3.

120　Lin Wu, "Deng's faction unmasks face of 'ultraleftists'", *ZM*, 175(1 May 1992), 17-8, trans. in *FBIS-*

문에서 덩의 주장을 선전하며, 인민들이 개혁 필요성을 깨닫도록 하는 '이데올로기 해방'을 요구하였다.[121] 4월 13일에는 전임 선전부 부부장이자 덩의 오랜 지지자인 궁유즈(龔育之)가 중앙당교에서 '사상과 생산력의 해방'을 요구하는 연설을 하였다. 이 연설은 지식인에게 중요한 신호탄이 되어 좌파를 더욱 맹렬히 공격하는 길을 열었다.[122]

4월 말 부총리 톈지윈(田纪云)은 중앙당교를 방문하여 좌파들이 "개혁개방 이래 우리가 견지한 대부분의 근본적, 실질적 요소를 완전히 부정하고 있다."라며 크게 비판했다. 분명히 총서기 장쩌민을 겨냥하여 톈은 "'좌파'의 영향에서 벗어나기 위해서는 시류에 편승하거나, 정치적 입장이 쉽게 동요하는 정치적 변절자들을 특히 경계해야 한다."라고 주장했다. 톈은 중국 정치에서는 드문 패러디를 구사하며 청중들에게 좌파들은 완전한 국가계획이 이루어지고 공급이 할당되며, 인민들이 식료품이나 다른 소비재를 위해 줄을 서는 '좌파특구'로 가야 한다고 말했다.[123] 얼마 후 톈의 발언을 담은 복사본이 베이징 거리에서 팔려 나갔다.

덩이 군대 동원을 강조하며 이번에는 물러서지 않겠다고 시위를 하자, 천원은 상당 부분 양보할 수밖에 없었다. 노동절 전날 상하이를 방문한 이 당 원로는 그곳 지도부에 '자신의 사상을 해방하고', '대담하게 나아가도록' 독려했다. 천은 1978~1979년에 경제특구 설립을 반대하고, 특히 상하이의 특구 설립을 반대했는데, 이제 "나는 푸둥(浦东)의 발전과 개방을 아주 찬성한다!"라고 말한 것으로 알려졌다.[124] 분명히 천은 "상하이는 자신의 경험을 결집하고, 선전 사례를 기계

Chi, 12 May 1992, 27-8.

121 *XH*, 22 April 1992, trans. in *FBIS-Chi*, 23 April 1992, 11-2.

122 Gong Yuzhi, "Emancipate our minds, liberate productive forces: Studying Comrade Deng Xiaoping's important talks", *WHB*(上海), 15 April 1992, trans. in *FBIS-Chi*, 20 April 1992, 25-8.『当代』, 14(15 May 1992), 21-2, trans. in *FBIS-Chi*, 21 May 1992, 18-20도 참조.

123 *South China Morning Post*, 7 May 1992; "Summary of Tian Jiyun's speech before Party school",『百姓』(이후 *BX*), 266(16 June 1992), 4-5, trans. in *FBIS-Chi*, 18 June 1992, 16-18; Baum, *Burying Mao*…, 353.

124 *XH*, 1 May 1992, trans. in *FBIS-Chi*, 1 May 1992, 18-9.

적으로 추종하지 말라."라고도 했으나, 이 말은 언론에 보도되지 않았다.[125]

천이 상하이에서 일부 양보했음에도 불구하고, 덩샤오핑은 지도부 내에 실질적 변화가 부족해 여전히 좌절하고 있었다. 5월 22일 덩은 수도철강(首都铁钢)을 방문해 이 모델기업의 오랜 지도자이자 개인적 친구로 알려진 저우관우(周冠五)에게 기업개혁 경험을 보고받았다. 덩은 많은 지도자들이 '단지 시늉만으로' 개혁을 지지하며, 그들은 직업을 잃을 위험에 처해 있다고 불평했다.[126] 중요한 사실은 덩이 1991년 3월 부총리가 되도록 후원했던 주룽지에게 강력한 지지를 표명한 것이다. 덩은 주가 경제 방면에서 "상당히 유능하다."라고 말했다.[127]

중국 지도부에 대한 덩의 비판이 결국 장쩌민의 행동을 자극했다. 6월 9일 총서기는 차오스와 톈지윈에 이어 중앙당교에서 중요한 연설을 했다. 결국 장은 "일차적인 초점은 '좌파'를 경계하는 것이다."라고 공개적으로 승인했다. 장은 이제 덩의 선전(深圳) 담화를 자유롭게 인용하며, 개혁은 "조류를 역행하는 배를 젓는 것과 같다. 만약 우리가 앞으로 나아가지 못하면, 뒤로 밀려날 것이다."라고 주장했다.[128]

5월 말 '개혁 촉진과 개방 확대, 그리고 더 옳고 신속한 방법으로 경제를 한 단계 향상시키는 업무에 관한 중국공산당 중앙위원회 의견'이라는 4호 문건이 회람되어 개혁은 새로운 동력을 얻었다. 이 문건은 분명히 주룽지의 지원으로 기안

---

125 [Ren Huiwen] Jen Hui-wen, "There is something behind Chen Yun's declaration of his position", 『新報』, 12 May 1992, trans. in *FBIS-Chi*, 13 May 1992, 21-2. 바움에 따르면, 천의 지지자들은 상하이 시 간부들이 천의 발언을 왜곡했다고 고소했다. Baum, *Burying Mao*…, 449 n. 63 참조.

126 덩의 발언이 5월에 홍콩 매체에서 보도되었으나, 상하이의 『해방일보(解放日報)』가 결국 오랜 침묵을 깬 7월 초까지는 중국 매체에 출판되지 않았다. *MB*, 28 May 1992, trans. in *FBIS-Chi*, 28 May 1992, 15; *South China Morning Post*, 28 May 1992; and Agence France Presse, 7 July 1992. 다음 달 덩은 동북 순방에 이어 상하이 순방에 나섰다. *South China Morning Post*, 24 June 1992 참조.

127 [Yan Shenzun] Yen Shen-tsun, "Deng Xiaoping's talk during his inspection of Shoudu Iron and Steel Complex", 『广角镜』, 238(16 July 1992), 6-7, trans. in *FBIS-Chi*, 17 July 1992, 7-8.

128 *XH*, 14 June 1992, trans. in *FBIS-Chi*, 15 June 1992, 23-6. 장의 연설은 2월 이후 개혁에 관한 『인민일보』의 가장 권위 있는 논평의 근거가 되었다. "New stage of China's reform and opening to the outside world", *RMRB* editorial, 9 June 1992, trans. in *FBIS-Chi*, 9 June 1992, 17-18 참조.

되어 중국 대외개방 정책에서 새로운 이정표를 세웠으며, 양쯔 강에 인접한 주요 내륙도시 5개와 국경 무역도시 9개가 개방되고, 성급 정부 소재지 30개도 경제특구와 동일한 특혜 조건과 정책을 향유할 것임이 선포되었다. 게다가 이 문건은 덩이 1월에 말했던 것처럼, 광둥이 20년 내에 4마리 작은 용을 따라잡을 것이라고 공식 언급했다.[129]

봄 동안의 보다 개방적인 정치 분위기는 오랫동안 침묵하던 자유주의 지식인들이 다시 한 번 좌파와의 대결에서 목소리를 내도록 만들었다. 전 문화부장 왕멍(王蒙), 전 『인민일보』 편집장 후지웨이(胡绩伟), 전 『과학기술보』 편집인 순창장(孙长江)과 같은 유명 지식인들의 에세이집이 『역사조류(历史潮流)』라는 제목으로 출간되자 폭발적 반응이 일어났다.[130] 이 책의 날카로운 좌파 비판은 선전부의 분노를 촉발시켜 금서가 되었다.[131] 책의 출판에 이어 편집자인 베이징대학 법학강사 위안훙빙(袁红冰)은 100명이 넘는 유명 지식인들을 베이징에 소집했다. 전 『인민일보』 부편집장 왕뤄수이, 1987년 당에서 제명된 유명 극작가 우쭈광(吴祖光)과 같은 인사들이 여기서 연설을 했다.[132] 그 다음 달에는 좌파를 비판하는 다른 책들도 출간되었다.[133]

이처럼 자유주의 지식인들의 활동 재개가 좌파에게는 분명히 이익이었다. 베이징의 포럼에 바로 이어 덩리췬은 새로운 공격에 착수했다. 당사연구실(党史研究室) 내부 연설에서 덩은 '최근 우파 경향의 부상에 대해 각별히 경계할 것'을 요구했다.[134]

---

129 [Xia Yu] Hsia Yu, "Beijing's intense popular interest in CPC Document No. 4", *DGB*, 12 June 1992, trans. in *FBIS-Chi*, 12 June 1992, 17-18; "The CCP issues Document No. 4, fully expounding expansion of opening up", *DGB*, 18 June 1992, trans. in *FBIS-Chi*, 18 June 1992, 19-20.

130 袁红冰, 『历史潮流』.

131 [lu Mingsheng] Lu Ming-sheng, "Inside story of how Historical trends was banned", *ZM*, 177(1 July 1992), 33-4, trans. in *FBIS-Chi*, 7 July 1992, 19-21.

132 *MB*, 15 June 1992, trans. in *FBIS-Chi*, 15 June 1992, 26-7.

133 赵士林 , 『防'左'备忘录』; 文書, 『中国'左'祸』; 袁永松, 王均伟, eds., 『左倾二十年, 1957-1976』 참조.

134 *South China Morning Post*, 24 June 1992. Meng Lin, "Deng Liqun reaffirms disapproval of phrase

많은 지식인들은 덩샤오핑의 남순강화와 좌파에 대한 맹렬한 비판에 용기를 내었다. 그들은 최고지도자가 결국 덩리췬, 왕런즈, 가오디 등의 좌파 지도자에게 치명적 타격을 가할 것으로 기대했다. 그러나 덩의 판단은 지식인들의 기대와 달랐다. 그의 목표는 두 가지였다. 첫 번째, 그는 당내에 자신의 지배력이 살아나기를 원했다. 그는 남순강화와 강력한 표현, 당내 투쟁에 군대를 활용할 의사를 통해 자신의 결의를 드러냈으며, 제14차 당대회에서 그의 사상이 공식화됨으로써 목표가 성공한 것으로 보였다. 그러나 두 번째로 덩은 자신의 진로에서 안정이 보장되는 길을 모색했지만, 톈안먼 사건과 그 후의 국제환경 변화로 촉발된 심각한 당내 투쟁은 그 목표가 얼마나 불확실한지를 보여 주었다. 1988년에 덩은 신권위주의 개념을 승인했고, 그것은 중국 주변 국가들의 경우처럼 국가의 권위가 강력한 경제와 안정된 사회 건설에 이용될 수 있다는 관점이었다. 남순강화 동안 덩은 싱가포르 사례를 찬양했다. 그리고 수도철강 방문 기간에는 그러한 사회 건설의 수단으로 주룽지를 발견했다고 알렸다.

따라서 1992년 10월 소집된 제14차 당대회에서는 천윈에 대해 확실한 우위를 점하는 동시에, 당내 '자산계급 자유주의자'에게는 승리의 열매를 부정하려는 상호모순적인 일이 있었다.

제14차 당대회

1991년 초 상하이 순방에서 소련의 쿠데타 실패에 대한 대응, 그리고 선전(深圳) 순방에 이르기까지 작년부터 계속된 덩의 노력은 중국공산당사에서 가장 자유주의적인 경제 문건을 채택한 1992년 10월 제14차 당대회에서 마침내 최고조에 달했다. 1년 전에 덩리췬이 개혁개방을 화평연변의 근원으로 지칭한 것에 반해,[135]

'Deng Xiaoping thought'", *JB*, 180(5 July 1992), 42, trans. in *FBIS-Chi*, 6 July 1992, 28-9도 참조.

135 Baum, *Burying Mao…*, 334.

제14차 당대회의 보고는 "새로운 역사 시기의 가장 명확한 특성은 개혁개방이다."라고 하면서, 덩이 촉발한 "새로운 혁명은 경제구조의 조합보다 더 근본적인 변화를 목표로 한다."라고 선언했다. 정치보고는 덩의 혁명이 요구하는 깊이 있는 변화를 강조하며, 개혁 목표를 '사회주의 시장경제체제' 확립에 있다고 천명했고, 그 자체로 모순적인 '사회주의 계획상품경제' 확립이라는 1984년 명제를 넘어서는 진보를 이루었다.[136]

게다가 정치보고는 덩샤오핑의 남순강화와 관련된 중요한 주제들, 가령 계획과 시장은 경제를 조절하는 단순한 경제적 '수단'이라는 발언, 1978년 제1기 3중전회 노선은 100년간 추구해야 한다는 제안, 그리고 가장 중요한 "당내, 특히 지도급 간부들 사이에서 '좌파적' 경향을 주로 경계할 필요가 있다."라는 주장 등을 승인하였다.[137]

제14차 당대회는 확실히 덩의 개인적 승리였다. 1989년 이래 그의 정책은 끊임없이 공격을 받았고, 천원의 경제사상이 계속해서 연설문이나 정책 문건에 삽입되었던 반면, 제14차 당대회는 덩에게 '사회주의 건설에서 새로운 길을 개척한 대단한 정치적 용기, 그리고 마르크스주의에서 새로운 영역을 개척한 대단한 이론적 용기'에 갈채를 보냈다. 개혁기의 어떤 회의나 전국인민대표회의 보고도 그렇게 개인적이거나 찬양 일색은 아니었다. 덩의 지위가 마오보다 높지는 않더라도 적어도 표현상으로는 그에 필적할 정도였다.

제14차 당대회의 인사변동도 덩이 선호하는 방향으로 전개되었다. 보수파 지도자 야오이린과 쑹핑은 정치국 상무위원에서 물러났고, 주룽지, 중앙군사위원회 부주석으로 승진한 원로급 군사 현대화론자 류화칭(刘华清), 51세의 전임 공청단 간부이자 전임 티베트 당서기인 후진타오가 새로 진입했다. 남순강화 당시

---

136 "Political report" to the Fourteenth Party Congress, Beijing television, trans. in *FBIS-Chi*, 13 October 1992, 23-43. 인용은 25쪽과 24쪽에서 이루어짐. 저자가 강조.

137 Ibid., 29.

덩의 표적이던 보수파 리시밍은 정치국에서 축출되었고, 그후 베이징 당서기는 1989년 학생운동에 강경 입장을 취했음에도 1991년 덩의 '사상해방' 운동에 충성한 천시퉁으로 교체되었다. 정치국 정위원에는 다수의 젊은 성급 지도자들이 당당히 합류하고, 일부 원로들[양상쿤, 완리, 친지웨이(秦基伟), 우쉐첸(吳学谦), 양루다이(杨汝岱)]이 퇴임하여 전체 14명에서 20명으로 증가했다.[138] 게다가 천윈이 수장이었고, 오랫동안 덩에 반대하는 보수파의 요새였던 중앙고문위원회도 폐지되었다.

이러한 변화가 중국 최고 정책 결정 집단의 주요 변화였지만, 덩은 근본적 변화는 꺼려 했다. 특히 덩은 전임 총서기 자오쯔양 지지자들의 최고위직 진입을 차단하려 했다. 따라서 자오의 수하이자 지난 봄 덩의 사상을 강력히 지지했던 부총리 톈지윈은 정치국 상무위원 직위를 차지하지 못했다. 게다가 후치리, 옌밍푸 등 자오의 동료들이 1991년 봄에 일부 복권은 되었지만, 사람들의 희망과 기대대로 각각 정치국과 서기처에 재진입하지는 못했다.[139]

가장 중요한 사실은 그 변화가 최고지도부의 이른바 장-리(江-李) 구조에 영향을 미치지 않았다는 점이다. 많은 사람들은 주룽지나 톈지윈이 이듬해 봄 전국인민대표대회 회의에서 리펑의 후임 총리가 되어 2인자로 부상할 것을 기대했다. 아마도 그 예상과 희망은 현실적이지 않았던 것 같다. 덩은 지도부 개편 과정에서 개혁파와 보수파의 균형을 조심스럽게 유지했다. 유명 작가 바이화가 지적했듯이, "그[덩]는 일단 좌파가 일소되면, 마치 [파벌] 균형이 무너지고 또 다른 '자산계급 자유화' 물결이 밀려올 것이라고 두려워하는 것 같았다."[140] 그 균형의 핵심은, 우리가 보듯이 덩의 유산이 장에게 위임되었는지 분명하시는 않지만 덩이

---

138 Joseph Fewsmith, "Reform, resistance, and the politics of succession", in William A. Joseph, ed., *China briefing*, 1994, 8-11.

139 전임 정치국 상무위원 후치리는 1989년 학생시위 당시 자오를 지지했다는 이유로 실각했으며, 기계전자공업부 부부장에 임명되었다. 전임 서기처 서기이자 중앙통전부 부장이던 옌밍푸는 민정부 부부장에 임명되었다. 세 번째 자오의 동료인 루이싱원(芮杏文)은 같은 시기에 국가계획위원회 부주임에 임명되었다. *XH*, 1 June 1993, trans. in *FBIS-Chi*, 4 June 1991, 30.

140 Lam, *China after Deng Xiaoping*, 171에서 인용.

자신의 세 번째 후계자인 장쩌민의 권위를 지키는 것이었다.

덩은 최소한 장을 지지하는 두 가지 일을 했다. 가장 중요한 첫 번째 일은 덩이 제14차 당대회 이전에 양바이빙을 축출하기로 한 것인데, 그는 강력한 중앙군사위원회 부주석으로서 지난 봄 '개혁을 수호하기' 위해 인민해방군을 이끌었다. 그 과정에서 덩은 자신의 오랜 친구이자 지지자이며, 양바이빙의 이복형인 양상쿤의 권위도 약화시켰다. 일정 부분 덩의 이 조치는 전문화된 상당수 군부(정치위원과는 대조적으로)가 양바이빙의 전문적 군사 경험 부족에 분개했기 때문이며, 또한 대부분 사람이 그의 부상을 형의 영향력 탓으로 믿었기 때문이었다. 게다가 양바이빙은 자신에게 충성하는 사람만 승진시켜 군부의 분노를 자극했고, 주요 승진 인사를 중앙군사위원회 주석인 장쩌민에게 맡기지 않고 혼자 결정하여 장쩌민의 권력을 약화시켰다. 양의 축출에 이어 300여 명 고위 장교들의 퇴임이나 보직 순환이 이루어졌다. 이러한 대부분의 변화를 일상적 순환으로 여길 수도 있지만, 양씨 형제의 일부 부하들이 핵심 직위에서 물러난 것은 분명했다.

양씨 형제를 대신해 덩은 정치국 상무위원과 중앙군사위원회 부주석으로 지명된 연로한 류화칭(1992년 당시 77세), 그리고 중앙군사위원회 제2부주석으로 지명된 장전(張震, 1992년 당시 79세)에 의지했다. 류와 장의 놀라운 승진은 확실히 인민해방군의 새로운 전문화를 배경으로 했지만(류는 인민해방군, 특히 해군의 선도적인 현대화론자 중 한명으로 군 현대화를 수년간 주도했고, 장은 국방대학 사령관이었음), 그들의 승진은 민간 지도자의 나이가 계속 낮아졌지만, 군부 지도자를 젊은 세대로 교체하는 것은 불가능했음을 여실히 보여 주었다.

군부 계층을 흔들어 장의 권위를 지킨 것 외에도 덩은 좌파의 축출을 제한했다. 비록 리시밍이 정치국과 베이징 당서기에서 물러나고, 가오디도 『인민일보』 사장에서 물러났지만, 많은 좌파들이 영향력 있는 지위에 머물렀다.

중도 회귀

새로운 균형 모색 노력은 제14차 당대회 이후 분명해졌다. 연초의 남순강화 이후 덩의 새로운 개혁이 중국 정치를 지배했지만, 당대회 폐막 직후 중국 지도자들은 자유주의 지식인들에게 너무 앞서가지 말 것을 경고하기 시작했다. 11월 말 장쩌민은 마르크스–레닌주의–마오쩌둥 사상의 비판을 조심하라고 경고했고, 그들의 관점은 '일정 영역에서 사회와 당 내부의 가장 새로운 형태의 계급투쟁'을 대변한다고 말했다. 정치적 분위기가 더욱 보수화되자 제14차 당대회 때 정치국 상무위원에서 물러난 야오이린은 경제 황제(czar) 주룽지를 처음에는 국무원 회의에서, 그 다음은 정치국원과 국무위원을 위한 회의에서 날카롭게 비판했다. 야오는 자본투자가 계획을 지나치게 초과했고(38%), 은행대출도 계획을 너무 초과했으며(120%), 부채와 재고가 다시 누적되고 있다고 주장했다. 주는 경제에 문제가 있지만, '지나친 과열'은 아니라고 주장하며 계속 자신을 방어했다.[141] 그렇지만 장쩌민과 리펑도 연말의 국가계획회의와 국가경제회의에서 '과열된 경제'를 경고했다.[142]

이처럼 급속한 경제성장에 대한 새로운 공세 때문에 덩이 다시 개입했다. 덩은 3년 연속 상하이를 방문해 높은 성장과 개혁을 격려했다. 당시 덩은 "나는 당신들이 지금의 기회를 잃지 않기를 바란다. 거대한 발전을 위한 기회가 중국에서는 흔치 않다."라고 말한 것으로 전해졌다.[143] 많은 경제학자들의 의견과는 달리, 중국 매체들은 즉시 중국 경제가 왜 과열이 아닌지를 설명하기 시작했다.

---

141 [Zheng Delin] Cheng Te-lin, "Yao Yilin launches attack against Zhu Rongji, Tian Jiyun", *JB*, 1(5 January 1993), 44-5, trans. in *FBIS-Chi*, 22 January 1993, 46-7; [Ren Huiwen] Jen Hui-wen, "Deng Xiaoping urges conservatives not to make a fuss", 『新报』, 1 January 1993, trans. in *FBIS-Chi*, 4 January 1993, 43-4; [Chen Jianbing] Chen Chien-ping, "Zhu Rongji urges paying attention to negative effects of reform", *WHB*(Hong Kong), 13 January 1993, trans. in *FBIS-Chi*, 15 January 1993, 27-8.

142 *XH*, 27 December 1992, trans. in *FBIS-Chi*, 28 December 1992, 34-6.

143 Central television, 22 January 1993, trans. in *FBIS-Chi*, 22 January 1993, 20-1.

덩의 개입과 매체를 통한 선전의 통상적 의도는 분명 개혁 동력의 유지에 있었고, 구체적 의도는 3월에 예정된 전국인민대표대회 회의에 영향력을 행사하는 것이었다. 3월 초, 전국인민대표대회에 앞서 정책을 조율하기 위해 제14기 2중전회가 소집되었고, "개혁개방과 현대화 추진의 가속화를 위해서는 현재와 1990년대 전반에 걸쳐 국내외의 우호적 기회를 장악해야 한다."라는 덩샤오핑의 관점이 승인되었다. 이러한 낙관적 평가에 기초해 전체회의는 제8차 5개년 계획(1991~1995)에서 확정된 연간 성장률을 6%에서 8%로 상향조정할 것을 승인했다.[144]

이러한 전체회의 결의에 따라 리펑과 그의 정부업무보고 초안팀은 업무보고 작업에서 후퇴할 수밖에 없었고, 리는 결국 지난해 업무보고의 원고를 수정했다. 중국 소유 홍콩 저널인 『문회보(文汇报)』에 따르면, 업무보고는 '더 긍정적으로, 더 종합적으로, 더 정확하게' 제14차 당대회의 지도원칙을 반영하도록 수정되었고, 그것은 초기 원고가 덩의 정책에서 얼마나 벗어났는지를 시인하는 것이었다. 업무보고 수정안은 덩의 상하이 담화의 본질인 "중국에는 좋은 기회가 많지 않기 때문에, 이 기회를 잡을 필요성이 있다."라는 점을 강조했다.[145]

제8차 전국인민대표대회

1993년 3월 소집된 제8차 전국인민대표대회는 세대교체와 정치전략 변화가 두드러졌다. 개회식에서 덩의 오랜 충복이자 초기 농촌개혁을 선도적으로 지도하고 발전시켰던 완리는 그 회의에서 '중국 특색 사회주의 건설에 관한 덩샤오핑 동지의 이론'을 지침으로 삼아 '개혁개방과 현대화 건설을 열정적으로 추진할' 것을 선언했다. 이 말과 동시에 완은 자신을 승계한 차오스에게 의사봉을 전달했고,

---

144 *XH*, 7 March 1993, in *FBIS-Chi*, 8 March 1993, 13-14.

145 "Major revisions to the government work report", *WHB*(香港), 16 March 1993, trans. in *FBIS-Chi*, 16 March 1993, 23-4.

인민대회당을 떠나면서 그를 껴안았다.[146]

차오스가 전국인민대표대회 위원장에 임명됨으로써 개혁기 이후 정치국 상무위원이 위원장을 맡은 적이 없던 입법기구의 위상이 높아졌고, 동시에 덩의 오랜 전략인 당정 분리도 포기되었다. 최소한 덩은 1980년의 유명한 '당정 지도체제 개혁에 관하여'라는 연설 이래 국가행정 효율화와 당의 개입 축소를 위한 방편으로 당정 분리를 옹호해 왔다.[147] 그 노력은 제13차 당대회에서 자오쯔양이 공무원 제도 도입과 정부기구의 당조(党組) 철폐를 제안하며 고조에 달했다. 덩은 중국 분석가들이 일정 부분 당정 분리 탓으로 여기는 소련의 붕괴, 그리고 소련과 유사하지만 보다 제한적인 중국의 시도들을 확실히 고려하면서, 결국 자신의 초기 개혁전략을 포기하고, 오로지 당의 최고지도자에게 정부 요직을 맡겨야만 당의 지배력이 보장될 것으로 판단했다.

또한 전국인민대표대회는 장쩌민을 중국 국가주석으로 공식 선출했으며, 그는 양상쿤을 대신해 당·정·군의 최고 직위를 동시에 장악했다. 그것은 그와 자주 비교되던 불운한 화궈펑(华国峰) 이래 처음이었다.[148] 전국인민대표대회는 또한 리펑을 다시 총리로 선출했지만, 210표가 그를 반대했고, 210명의 대표가 기권했으며, 1표는 자오쯔양을 지지했다. 이와 동시에 진행된 중국정치협상회의에서는 서열 4위의 정치국 상무위원 리루이환을 주석으로 지명했다. 따라서 정치국 최고지도자 4인이 정부 요직도 동시에 장악했다.[149]

그러나 전국인민대표대회의 가장 중요한 결과는 국가계획위원회의 권한을 축소한 점이었다. 통상 '작은 국무원'으로 불리던 국가계획위원회는 선룽석으로 중

---

146 *XH*, 14 March 1993, in *FBIS-Chi*, 15 March 1993, 19.

147 邓小平, "党和国家领导制度的改革", 『邓小平文选(1975-1982)』, 280-302.

148 1976년 마오 서거 이후 1980년까지 당 주석은 화궈펑이었고, 그 후 후야오방으로 교체되었다. 이후 당 주석 직위가 폐지되었고(1982년 당장 규정에 따름), 당의 최고 직위는 총서기가 되었다.

149 Joseph Fewsmith, "Notes on the first session of the Eighth National People's Congress", *Journal of Contemporary China*, 3(Summer 1993), 81-6.

국 계획경제의 중추신경이었다. 개혁기에 그것은 천원의 충직한 지지자들이 장악했으며, 보수적 경제사상의 요새였다. 리펑의 오랜 심복인 저우자화가 1989년 국가계획위원회 위원장에, 이어서 1991년 부총리에 임명되었을 때 그 경향이 명확해졌다.

그러나 1993년 3월에 전임 상하이 부시장(1970년대 후반과 1980년대 초반)이자 중국 석유화학총공사 책임자(1983~1990)인 천진화(陈锦华)가 저우자화를 대신해 국가계획위원회 위원장이 되었다. 천은 비록 중앙위원이었지만, 정치국원은 아니고, 상무위원(야오이린처럼)이나 부총리(저우자화처럼)는 더욱 아니었다. 이러한 국가계획위원회의 위상 격하는 1993년 설립된 중국 경제정책 결정에서 가장 권위 있는 기구인 국가경제무역위원회가 출현할 전조였고, 그 위원장을 맡은 주룽지도 권한이 더욱 커졌다.

경제 황제인 주의 역할은 리펑이 심장발작을 일으킨 대략 4월 25일경부터 예상치 못하게 더욱 커졌다. 리는 경제 업무에서 주의 1차 경쟁자였으나, 6월 중순에 두 번 잠깐 모습을 드러내기까지 두 달 동안 대중의 시야에서 사라졌다가, 그 후 다시 두 달간 사라졌다. 최소한 이 시기 초반에 총리의 병이 심각했던 점은 의심의 여지가 없으나, 그의 문제는 정치적으로도 마찬가지였다. 결국 경제전선에서 아무도 리펑보다 앞장서서 기존 계획경제를 지지하고 덩의 새로운 개혁을 반대하지 않았으며, 이것은 1992년과 1993년 그가 전국인민대표대회 업무보고를 수정할 필요가 있던 때와 마찬가지였다.

주룽지와 경제

주의 경제 관리 권한은 1993년 6월에 크게 확대되었다. 장쩌민이 주재한 '중앙 금융·은행업무회의'에서 주는 경제질서 회복과 물가상승 억제를 목표로 하는 16개 항목을 제안했다. 리펑의 오랜 심복이자 중국인민은행장인 리구이셴(李贵鲜)은

주의 제안을 격렬히 반대했다. 결말은 리가 축출되고, 주가 중앙은행장을 겸직하는 것으로 끝이 났다.[150]

저우자화가 국가계획위원회 위원장에서 물러나고 리펑이 활동을 멈추자, 주룽지는 중국 경제의 거의 전반을 통제하게 되었다. 주는 새로 설립된 금융·조세·은행구조 개혁을 위한 영도소조 책임을 맡아 중앙재정경제 영도소조 부조장이라는 강력한 지위에 또 하나의 지위를 더하였다.[151] 게다가 주는 자신을 도와 경제를 관리할 믿을 만한 조력자들을 대거 신속히 충원했다. 가령 상하이에 기반을 둔 교통은행장 다이샹룽(戴相龙), 중국은행 상하이 지부 부지점장 주샤오화(朱小华), 그리고 시장 지향적 경제학자이자 자오쯔양의 뛰어난 고문이던 우징렌(吳敬璉)과 연결된 많은 경제학자들이 자문역으로 초빙되었다.[152]

주가 6월 회의에서 제시하고, 곧바로 중앙위원회 회람(6호 문건)으로 공포한 16개항 계획은 새로운 긴축정책의 발단이자, 경제개혁을 베이징과 성 사이의 관계 재정립에 활용하려는 새롭고 오랜 노력의 출발점이었다.

서방 언론은(그의 국내 정적들도 마찬가지로) 주를 흔히 '중국의 고르바초프'로 언급했지만, 중국에서 그에게 그 역할을 원했거나 그럴 가능성을 보여 주는 경제적 사고는 전혀 없었고, 정치적 지위는 말할 것도 없었다. 사실 주는 개혁적 마인드의 중국 경제학자들과 상당한 갈등을 빚었다.[153] 경제개혁과 정치통제에 대한 주

---

150 [Ren Huiwen] Jen Hui-wen, "Different views within the CCP on the banking crisis", 『新报』, 9 July 1993, trans. in *FBIS-Chi*, 12 July 1993, 41-2.

151 장쩌민이 비록 경제 관리 세부사항까지 관여한 흔석은 서의 없지만, 그는 이 그룹의 책임자였다.

152 당시 중국건설은행 부행장(현재는 행장)이자 야오이린의 사위였던 왕치산(王岐山)도 중국인민은행 부행장으로 지명되었으며, 이는 아마도 보수적 반대파들과 제휴하려는 의도였을 것이다. 천원의 아들 천위안은 네 번째 부행장이었다. 우징렌(吳敬璉)의 경제사상에 관해서는 Fewsmith, *Dilemmas of reform in China*…, 161-6 참조.

153 가령 1993년 10월, 많은 자유주의 경제학자들은 주의 긴축정책이 개혁의 후퇴를 가져올 것이라는 우려를 표명했다. 『中国新闻社』, 25 October 1993, trans. in *FBIS-Chi*, 2 December 1994, 24-5 참조. 반대로 주는 서구의 자유방임적 경제학을 '맹목적으로 숭상하는' 일부 중국 교재들을 비판했다. 『中国通讯社』, 2 December 1994, trans. in *FBIS-Chi*, 2 December 1994, 24-5 참조. 시장 효과를 따라 행정 수단을 사용하려는 주의 의지는 그의 연설, "Should the government intervene in the market and regulate prices in a so-

의 접근방식은 한국의 박정희나 싱가포르의 리콴유(李光耀) 모델을 따르는 것처럼 보였고, 시장화된 경제와 강한 국가 통제의 결합을 선호했다. 한편으로 그는 기존 계획경제를 탈피하는 강력한 경제정책을 선호했고, 다른 한편으로 '보이는 손'을 이용해 그 과정을 위에서 지도하려는 성향이 있었다. 자오쯔양과 관련된 많은 개혁파들이 상당한 의사결정 권한의 지방 이양을 원했던 것과 달리, 주는 분명히 너무 많은 권한이(그리고 너무 많은 재정자원이) 베이징의 통제를 벗어났다고 믿었다. 이 접근방식은 동아시아 발전국가의 경험을 상당히 흡수함으로서 흔히 '신권위주의'로 불렸다.

이 접근방식은 1993년 여름에서 가을 사이, 주가 추진했던 투기 및 인플레이션 통제 정책에 반영되었다. 덩이 더욱 빠른 경제성장을 요구함에 따라 1992년에 화폐공급 통제가 약화되었고, 투기와 부패가 확산되었다. 부동산 시장이 팽창했고, 1992년 말 무렵 부동산 회사는 전년 대비 2.4배 증가한 1만 2000개 이상이 존재했다.[154] 동시에 지방은 외자 유치의 기대 속에 '개발구'를 설치하고, 재정 규제의 허점을 이용하는 일을 계속했다. 1992년 말 무렵에는 개발구가 약 8000개 존재하는 것으로 알려졌다.[155]

이러한 투기시장이 숨겨진 많은 화폐를 빠르게 흡수했고, 농민의 곡물에 지급되던 환어음(IOU, 期票) 문제를 악화시켰다. 한 보고에 따르면, 최소한 570억 인민폐가 은행간 대출 형태로 연해지역에 투입되어 부동산과 주식시장 투기에 이용되었다. 그 결과는 '경고도 없이 사라질' 수 있는 '거품경제'였다.[156] 이러한 투기행

---

cialist market economy?" 『价格理论与实践』, 10(October 1993), 1-5, trans. in *FBIS-Chi*, 10 January 1995 참조.

154 *XH*, 21 May 1993, trans. in *FBIS-Chi*, 21 May 1993, 28-9. 또한 Zhu Jiahong and Jiang Yaping, "Development and standization are necessary: Perspective of real estate business", *RMRB*, 11 May 1993, trans. in *FBIS-Chi*, 24 May 1993, 56-7.

155 Xiang Jingquan, "Review and prospects of China's economic development", 『光明日报』(이후 *GMRB*), trans. in *FBIS-Chi*, 19 March 1993, 48-50.

156 "Central authorities urge banks to draw bank loans and stop promoting the bubble economy", *DGB*, 1 July 1993, trans. in *FBIS-Chi*, 1 July 1993, 31-2.

위 억제와 경제 통제를 위해 주는 은행들에게 규정을 벗어난 대출의 회수를 명령했고, 정부지출의 20% 삭감을 지시했다.[157]

3중전회

제14기 3중전회는 1993년 11월 11~14일 베이징에서 개최되었으며, '사회주의 시장경제' 건설이라는 제14차 당대회의 목표를 구체적인 개혁 프로그램으로 전환하는 일에 착수하였다. 전체회의 결정의 요지는 경제 수단으로 경제를 관리할 수 있도록 금융·조세·통화 제도를 구축하여 거시경제체제를 개혁하는 것이었고, 다른 한편으로는 '사회주의 현대기업제도'를 구축하여 미시경제체제를 개혁하는 것이었다. 이러한 중국 기업체제 개혁은 소유제 문제와 연관되었기 때문에 3중전회 토론 과정에서 가장 뜨거운 논쟁 영역이었으며, 소유제 개혁은 이데올로기 문제나 기득권과 밀접하게 결부되어 있었다. 그렇지만 3중전회의 결정은 사회주의 현대기업의 재산권이 명확하고, 기업은 자신들의 독립적인 자산관리 권한을 갖고, 이윤과 손실에 책임을 지며, 기업 가치를 유지하고 증식시킬 것을 구체화하였다.[158]

결정에서는 재산권 분배와 국가이익 보호 방법을 구체화하지 않았다. 결정은 국가의 기업소유를 배제할 의도가 없었다. 결국 그것은 '공유제'가 '사회주의 시장경제의 기초'로 남을 것임을 분명히 한 것이다. 그렇지만 결정은 소유제 개혁 방향에서 1년 전의 가능성이나 1980년대 후반의 개혁 전성기보다도 훨씬 신선뇌었다. 장쩌민은 전체회의 개최 전의 내부연설에서 공유제의 지배는 단지 공유가 국

---

157 [Chen Jianbing] Chen Chien-ping, "The CCP Central Committee announces 16 measures", *WHB*(Hong Kong), 3 July 1993, trans. in *FBIS-Chi*, 7 July 1993, 12-3.

158 "Decision of CCP Central Committee on some issues concerning the establishment of a socialist market economic structure"(이후 "Establishment of a socialist market economy structure"), *RMRB*, 17 November 1993, trans. in *FBIS-Chi*, 17 November 1993, 23.

가 차원에서 지배력을 가지는 것을 의미할 뿐이며, 개인 자산이나 기업은 이러한 요구에 구속될 필요가 없다고 선언하기까지 했다.[159] 아마도 기업개혁에 관한 전체회의 결정의 가장 중요한 측면은 모든 기업들, '특히' 국유영역에서는 시장에서 동등하고 '차별 없이' 경쟁할 것이라는 약속이었다.[160] 즉 국유기업은 '시장경쟁이 강요'되었고, 이것은 바로 소유제 유형의 차이를 사회주의 개혁과 자산계급 자유화의 구별에 이용했던 톈안먼 직후의 공식 정책과 극적으로 다른 점이었다.

이 결정의 집행을 위해 3중전회는 주요 은행제도 개혁과 조세제도의 철저한 조사를 요구했다. 중국인민은행은 결국 '화폐정책을 독립적으로 수행하는' 진정한 중앙은행으로 전환되었다.[161] 주룽지의 절친한 고문이자 국가경제체제개혁위원회 종합계획사(综合规划司) 사장(司长)인 궈수칭(郭树清)은 인민은행이 연방준비은행(Federal Reserve)이나 분데스방크(Bundesbank)처럼 독립되어야 한다고 주장했다.[162] 동시에 국가나 적자기업의 중요한 자본건설 프로젝트뿐 아니라, 기업과 경제 영역의 관리를 위해 '정책은행' 설립이 필요했다. 이러한 방식을 통해 적자기업 문제가 전반적인 경제 관리와 분리될 수 있었다.

조세제도 개혁

3중전회는 경제적 이유뿐 아니라, 정치적인 이유로 중국 조세제도의 중요한 변화를 승인했다. 경제적으로는 모든 형태의 기업에 단일 세율을 적용하는 의미가 있었고, 그것은 결국 전체회의 결정에서의 요구처럼 국유기업과 다른 기업 사이

---

159 [Ji Wenge] Chi Wei-ke, "Three new moves on the eve of the Third Plenary Session of the CPC Central Committee; Deng makes new comments on macrocontrol", *JB*, 12(5 December 1993), 30-4, trans. in *FBIS-Chi*, 8 December 1993, 18-22.

160 "Establishment of a socialist market economy structure", 25.

161 Ibid., 28.

162 *South China Morning Post*, 14 November 1993.

에 차별 없는 재정 지원을 제공할 것이었다. 그러나 보다 강제적인 것은 정치 논리였다. GNP와 전체 정부수입 가운데 중앙정부 수입 비중은 개혁기 내내 지속적으로 하락했다. GNP 대비 전체 국가수입 비중은 1978년의 31.2%에서 1993년의 16.2%로 계속 하락했으며, 전체 국가수입에서 중앙정부가 차지하는 비중은 1981년의 57%에서 1993년의 33%로 하락했다.[163] 게다가 주로 1989~1990년 보수파들의 경제 관리 실패로 국유기업은 더 이상 중앙예산의 재정적 후원자가 되지 못했다. 중앙정부의 오랜 수입원이던 이들 기업은 1990년 이후 자신들의 손실, 은행상환, 보유이윤을 차감하고 나면 다음 국가예산에 전혀 이윤을 상납하지 못했다.[164] 따라서 새로운 수입원이 필요했다.

전체 정부수입 대비 중앙수입이 하락한 근본 이유는 개혁 초기에 지방의 생산 '열기'를 자극하기 위해 중국이 '다른 부엌에서 밥 짓기(分灶吃饭)'로 알려진 재정제도를 채택했기 때문이며, 그 제도의 본질은 지방당국에게 재정적 혜택을 줌으로써 경제발전과 조세징수에서 지방의 이익을 자극하자는 것이었다. 이후 국가는 재정도급책임제를 채택했으며, 그것은 기본적으로 지방당국(그리고 일부 산업영역)에게 수입 중의 정해진 양, 혹은 일정 비율을 중앙에 상납하고 나머지는 유보하도록 허용하는 것이었다.

이러한 재정체제는 여러 가지 측면에서 그들이 의도했던 대로 경제발전 확대를 위한 지방당국의 열정을 불러일으키는 목표를 확실하게 달성했다. 개혁기 중국 경제발전의 대부분은 지방정부가 재정체제를 통해 지역경제발전에 모험을 할 수 있었기 때문이었다. 진 오이(Jean Oi)의 지적대로 중국의 성세빌진은 중국이 '조세를 잘못 징수했기' 때문에 가능했다.[165]

비록 중국 조세체제가 경제발전을 위한 동기 부여에 결정적 역할을 했지만, 부

---

163   Jae Ho Chung, "Central-provincial relations", in Lo Chi Kin, Suzanne Pepper, and Tsui Kai Yuen, eds., *China review*, 1995, 3. 7.

164   Naughton, *Growing out of the plan*⋯, 286.

165   Jean Oi, *Rural China takes off: Incentives for industrialization*.

적절한 부작용도 많았다. 특히 이 체제는 지방당국에게 중앙정부로 상납할 필요가 없는 대규모 '예산 외' 수입원의 발굴을 유도했고, 지방정부는 그것을 지역산업 발전과 보호에 할당했다. 예산 외 수입은 개혁기 내내 급속히 증가하여 1978년 347억 위안에서 1992년 3850억 위안이 되었다. 즉 예산 외 자금은 1978년에 예산수입의 단지 31%였던 것이 1992년에는 98%로 상승했다. 지방당국이 '치리정돈' 기간의 엄격한 경제정책을 우회할 수 있었던 것도 바로 이 예산 외 수입이 축적되어 있었기 때문이었다. 중앙정책이 향진영역과는 명백히 상반되었지만, 대부분의 지방당국은 지역산업을 보호할 수 있었으며, 많은 지역에서 이들 산업들은 중앙의 제한에도 불구하고 계속 빠르게 성장했다.[166]

지방정부에게 관대한 재정도급제로 인해 베이징의 수입은 상대적으로 하락했다. 보수파들은 이 제도로 유발된 중앙권력의 상실을 오래 전부터 비난해 왔고, 실제 '치리정돈' 정책의 주요 목표는 그 흐름을 반전시키는 것이었다. 그러나 1990년 12월의 7중전회는 그해 9월 경제업무회의에서 표출된 중앙과 성간 긴장관계의 부분적 완화를 위해 제8차 5개년 계획 기간(1991~1995) 동안 조세구조를 바꾸지 않을 것임을 약속했다.

수년간의 예산적자, 물가상승 압력, 그리고 탈세 확대(1990년대 초반 약 1000억 위안으로 추정) 등 중앙정부의 계속된 재정능력 침식으로 조세개혁 문제가 다시 제기되었다. 가장 중요한 점은 스스로 수차례 밝혔듯이, 주룽지가 시장주의자였던 만큼 국가주의자이기도 했다는 점이었다. 3중전회 결정이나 다른 조치들에도 반영되었지만, 주의 의도는 경제체제의 합리화와 시장화를 위해 국가권력을 사용하는 것이었다.

이에 따라 3중전회는 재정도급제를 분세제(分稅制)로 대체한다고 선언했다. 새 제도는 강화된 공상세(工商稅)를 영업세(지방당국 보유)와 부가가치세(지방과 중앙정부 공유)로 나누었다. 또한 부가가치세뿐 아니라 다른 공유세도 부과했다. 새 제도는

---

166 Ibid.

"국유기업을 시장으로 밀어낸다."라는 정부 목표에 부합하여 모든 기업에게 33%의 동일 세율을 적용시켰다.[167]

이 조세제도의 목표는 국민소득 대비 예산수입 비중을 기존 16%에서 단기적으로 25%, 장기적으로 35%까지 향상시키고, 예산수입 가운데 중앙 비중을 기존 33%에서 단기적으로 50%, 장기적으로 65% 이상 향상시키는 것이었다.[168]

이러한 재정 통제의 재집권화 노력은 예상대로 성(省)의 저항을 초래했다. 전체회의 이전에 주룽지는 16개 성과 직할시에 복종을 요구하는 압력을 행사했다. 일부에 대해 그는 아주 신랄하게 지적했다. 특히 장쑤성(江苏省) 당서기 선다런(沈达人)이 솔직한 조세개혁 비판자였는데, 주룽지는 그를 본보기로 삼아 해직시켰다. 그러나 다른 성 간부들, 특히 연안 지역의 반대가 심했으며, 그들은 조세개혁을 '부유한 지역에서 빼앗아 빈곤한 지역을 돕는' 계획이라고 믿었다. 광둥과 푸젠 간부들은 윈난이나 구이저우 지도자들과 다른 이유에서 개혁에 비판적이었다.[169] 1994년 전국인민대표대회에서 대표들의 거의 4분의 1이 새로운 예산법 투표에서 반대나 기권을 행사했다.[170]

3중전회의 다른 중요한 변화는 외환증권 사용을 중단하고, 외환 환율을 인민폐와 자유 태환되도록 통일하는 결정이었다. 새로운 제도하에서 수출기업은 자신들의 모든 외환수입을 13개 은행에 매각하고, 인민폐로 그들이 필요로 하는 외환 달러를 얼마든지 매입할 수 있게 되었다. 3중전회가 채택한 다른 조치들과 마찬가지로, 이러한 변화는 중국을 더욱 시장경제체제로 변화시키면서 동시에 중앙 권한을 강화시키는 노력으로 보였다.[171]

---

167   Chung, "Central-provincial relations", 5, 9-12.

168   Ibid., 3, 12.

169   구이저우와 윈난은 조세개혁을 통해 담배와 술 생산으로 생기는 많은 수입이 사라질 것이기 때문에 반대했다. Ibid., 3, 14 참조.

170   Ibid., 3, 15.

171   Ibid., 3, 24.

승계를 향하여

1994년 말, 최소한 두 가지 사건이 중국 정치상황과 충돌하기 시작했다. 가장 중요한 첫째는 수차례 우여곡절과 계속된 소문 끝에 결국 국가사무를 감독할 덩의 육체적 능력이 소진되었음이 확실해진 점이다. 특히 1994년 12월에서 1995년 1월 무렵, 덩은 분명히 생사의 갈림길에 놓였다. 샤오룽(小榕)으로 불린 그의 딸은 1995년 1월 『뉴욕 타임스』와의 특별 인터뷰에서 부친의 건강이 '날마다' 악화되고 있다고 전했다.[172] 사실 인터뷰 무렵 덩은 지난해 1월부터 대중 앞에 나타나지 않았고, 1993년 국경절(10월 1일) 당시 앉아서 불꽃축제를 즐기는 아주 쇠약한 덩의 사진이 공개되었을 때, 최고지도자가 마침내 '총리와 함께 할 날'(덩이 한 때 이렇게 표현했음)이 멀지 않았음이 분명해졌다.[173] 1995년 여름 덩의 건강이 상당히 호전되었다는 소식조차 그가 정치상황을 더 이상 통제할 수 없다는 인상을 지우지는 못했다.

두 번째 사건은 중국을 시장경제의 길로 확고하게 전환시키려는 주룽지의 대담한 노력이 상당히 지연된 것이다. 물가압력은 1994년 내내 강하게 존재했고, 국유기업의 시장화 개혁에 대한 기대도 대규모 실업 노동자가 야기할 사회 불안의 두려움으로 억제되었다.

이러한 상황에서 장쩌민은 보다 조심스러운 경제개혁 방식을 채택하면서도 자신이 명목상만이 아니라 실제적인 후계자임을 강력하게 증명하기 시작했다. 이미 언급했듯이, 장은 제14차 당대회에서 양씨 형제를 대신해 덩의 지지를 얻는 데 성공했다. 또 한 차례의 군부 순환보직은 1993~1994년에 시작되어 거의 1000

---

172 *The New York Times*, 13 January 1995. 후에 샤오룽은 자신의 말이 잘못 인용되었다고 주장했다. Jean Philoppe Beja, "The year of the dog: In the shadow of the ailing patriarch", in Lo, Pepper, and Tsui, eds., *China review*, 1995, 1. 8-10.

173 덩은 일부 지도자들에게 다가올 1994년 10월 9일 4중전회에 대해 말한 것으로 알려졌다. *ZM*, 205(1 November 1994), 6-8, trans. in *FBIS-Chi*, 4 November 1994, 15-7.

명에 가까운 간부들을 이동시켰다.[174] 동시에 장은 군부의 지지를 확보하고, 자기 지지자의 승진을 위해 강력히 노력했다. 1993년 6월, 그는 개인적으로 19명의 고위 장교를 장군으로 승진시켰고, 항상 성공하지는 못했지만 자신이 신뢰하는 많은 장교들을 요직으로 이동시켰다. 특히 장은 요직인 중앙경위국장을 양더중(杨德中)에서 상하이 출신 군 동료인 여우시구이(由喜贵)로 교체했다. 또한 장은 상하이경비구(上海警备区) 사령원 바중탄(巴忠倓)을 인민무장경찰부대 사령원으로 임명했지만, 그는 부대 경비병이 전국인민대표대회 부위원장 리페이야오(李沛瑶)를 살해한 후 곧바로 사직할 수밖에 없었다.[175]

1994년 가을 덩의 건강이 악화되자 장은 다가올 제14기 4중전회의 의제를 당 건설 문제에 집중하기 위해 경제 문제를 배제했다. 그 결과 10월 전체회의에서 채택된 '당 건설 강화에 관한 몇 가지 주요 문제와 관련된 중국공산당 중앙위원회 결정'은 '민주집중제' 강화를 역설했으며, 그것은 상부에 대한 하부의 복종, 전체에 대한 부분의 복종, 그리고 당 중앙에 대한 일체의 복종을 강조했다.[176]

전체회의는 장이 크게 승리한 것으로 입증되었다. 『인민일보』는 "제2세대 중앙 지도부가 제3세대 중앙 지도부로 성공적으로 교체되었다."라고 논평했고, 이 말은 11월에 리펑의 한국 방문과 다시 며칠 후 장쩌민의 말레이시아 방문에서도 반복되었다.[177] '결정'에 따라 장의 '핵심' 지도자 지위가 확고해졌을 뿐 아니라, 그의 3명의 부하들도 중앙으로 승진했다. 상하이 시장 황쥐(黄菊)가 정치국원으로 승진했으며, 상하이 당서기이자 정치국원인 우방궈(吴邦国)와 산둥성 당서기 장춘윈(张

---

174 Lam, *China after Deng Xiaoping*, 213-16.

175 여우와 바의 임명에 대해서는 R. N. Schiele, "Jiang's men move out of the shadow", *Eastern Express*, 27 December 1994, in *FBIS-Chi*, 27 December 1994, 27-9 참조. 바의 사직에 대해서는 Tony Walker, "Security chief's sacking seen as rebuff for Jiang", *Financial Times*, 27 February 1996, 6 참조.

176 "Decision of the Central Committee of the Communist Party of China concerning some major issues on strengthening Party building", *XH*, 6 October 1994, in *FBIS-Chi*, 6 October 1994, 13-22.

177 [Xu Simin] Hsu Szu-min, "On the political situation in Post-Deng China", *JB*, 210(5 January 1994), 26-9, trans. in *FBIS-Chi*, 30 January 1994, 13-7.

春云)은 당서기처에 추가되었다.

우방궈와 장춘원의 승진으로 중앙에서 장쩌민의 지지 기반이 확고해졌으며, 잠재적 라이벌인 주룽지의 권위는 약화되었다. 주가 1993년 제14기 3중전회에서 주도한 개혁이 지연되자, 장은 이제 주의 개혁방안 상당수를 챙기기 시작했다. 우방궈가 중앙재정경제 영도소조 부조장으로 지명되었으며(리펑을 대체), 그는 당시 조장이던 장의 전반적 감독하에서 이 핵심기구의 지도력을 주와 공유하였다. 더욱 중요하게도 우는 1995년의 경제개혁 중점과제였던 국유기업 개혁의 책임을 맡았다. 동시에 장춘원은 농업관리 업무를 맡았으며, 이것도 기존에 주룽지가 맡았던 일이었다.

연말 경제회의에서 장의 의도는 개혁을 점진적이고 안정적으로 추진하는 것임이 분명해졌고, 지난해 주가 했던 것처럼 비효율적 국유기업을 시장으로 밀어내기보다 그것을 지원하는 쪽을 선호했다. 장쩌민과 다른 보수파 지도자들은 주가 지난해에 촉구한 이를 악물고 버티는 행위는 당정의 권위를 침식하고, 남아 있는 사회주의 이데올로기를 훼손시킬 것이라고 두려워했다. 리펑 총리는 "견고한 국유기업이 없다면, 사회주의 중국도 없을 것이다."라고 표명했다.[178] 따라서 1995년 개혁은 현대기업제도 확립을 위한 시범사업 대상으로 국유기업 100개를 선정하는데 주력했으며, 마치 중국이 지난 10여 년간 수행한 수백 개의 시범사업을 없던 일로 치려는 것 같았다. 동시에 지도부는 물가상승 억제를 공언하며, 1989~1991년의 긴축정책과 같은 '경착륙'은 반복하지 않을 것을 약속했다.

장은 부하들의 전략적 승진을 통해 개인적 권력을 강화했고, 민주집중제를 재차 강조함으로서 지방분권 추세를 통제했다. 물가상승 억제와 경제개혁 속도의 완화를 통해 '안정과 통합'을 지향했으며, 한편으로 지속적인 반부패 투쟁으로 일부 정적에게 결국 타격을 가하고 대중적 지지를 확보하려는 극적인 시도를 했다.

---

178 "Forward: Explosive economic growth raises warning signal", 『九十年代』(이후 *JSND*), 10(1 October 1993), 58-9, trans. in *FBIS-Chi*, 11 January 1994, 49-50.

당의 부패에 대한 대중적 분노는 1989년 학생운동뿐 아니라 계속해서 1989년 후반, 그리고 1990년 초반 부상한 '마오(毛) 열풍'으로 확산되었으나, 일부 심각한 부패분자를 보호하는 정치적 영향 때문에 부패 척결이 쉽지는 않았다. 후야오방은 이 사실을 1986년 자신의 강력한 반부패 투쟁으로 당 원로들의 분노를 초래하고, 다음 해 1월 결국 실각되면서 알게 되었다.

당은 톈안먼 직후 즉시 반부패 투쟁에 착수했으나, 결과는 신통치 않았다. 결국 1993년 여름, 부패가 통제 불가능할 정도로 확산되는 가운데 당은 새로운 투쟁에 착수했다. 첫 해에 이 투쟁은 호랑이는 잡지 못하고, 파리만 잡던 예전과 거의 같아 보였다.[179] 그러나 1994~1995년 겨울에 투쟁이 고조되기 시작했다. 첫 번째 주요 희생자는 전임 구이저우 성(贵州省) 당서기 류정웨이(刘振威)의 아내 옌젠훙(阎健宏)이었으며, 그녀는 수백만 위안의 횡령과 착복을 위해 자신의 연고를 이용했다는 혐의로 1월에 기소되었다.[180]

이어서 1995년 2월 저우베이팡(周北方)이 체포되었다. 홍콩의 국제수도철강 책임자이던 저우는 당시 모델기업인 수도철강 책임자이자 완리, 펑전, 덩샤오핑 등의 원로 지도자와도 친분이 있던 저우관우(周冠五)의 아들이었다. 다음 날 부친인 저우가 수도철강에서 물러났다. 게다가 덩샤오핑의 아들이자 국제수도철강 관리자였던 덩즈팡(邓质方)도 그 사건과 관련해 구금되고 심문을 받았으나, 혐의는 인정되지 않았다.[181]

동시에 베이징 시에 대한 계속된 부패 조사로 당서기 천시퉁, 시장 리치옌(李其

---

179 1993년에 반부패 투쟁의 속도가 느렸던 것은 덩샤오핑이 그해 10월 31일 베이징 주변을 시찰하며 투쟁이 간부와 시민들의 '개혁 열정'을 훼손시켜서는 안 된다고 분명하게 발언했기 때문일지 모른다. *South China Morning Post*, 30 November 1993 참조. 덩이 부하에게 했던 행동이 강력히 암시하는 바처럼, 이 발언은 1994년 말에 장쩌민이 투쟁을 촉구하여 예전의 후원자로부터 정말로 거리를 두려는 의도를 가지고 있었음을 더욱 확실하게 보여 준다.

180 "Crimes behind the power: Analyzing the serious crimes committed by Yan Jianhong", *RMRB*, 14 January 1995, trans. in *FBIS-Chi*, 24 January 1995, 29-31.

181 张伟国, "陈希同案与权力斗争", 『北京之春』, 30(1995 第11期), 30-2.

炎) 등 약 60명의 시 간부들이 구금되었다. 그 후 4월 초에 조사를 받던 부시장 왕
바오선(王宝森)이 자살을 했다. 이 도시의 격변은 4월 말에 정치국원이자 덩샤오핑
의 동료인 당서기 천시통이 직위해제당하고 곧바로 조사에 착수되면서 최고조에
달했다. 1995년 9월 제14기 5중전회에서 천은 정치국원에서 공식 해임되었으며,
그는 중국공산당사에서 부패로 고소된 최고위직 간부가 되었다.[182]

천시통의 해임으로 분명히 '민주집중제' 강화 노력, 반부패 투쟁, 그리고 지도
부 내 권력투쟁이 모두 해결된 것처럼 보였다. 장쩌민은 일거에 가장 기반이 탄
탄한 지방 지도자 중 한 명을 제거했고, 반부패 투쟁으로 대중적 지지를 얻었으
며, 덩의 가족과 당 원로 완리(완은 오래 전부터 수도철강 지지자였고, 전임 부시장으로서 베
이징 지도부와 밀접한 유대를 가졌음)를 포함해 장차 그의 강력한 잠재적 반대세력을 견
제할 수 있었다.

1995년 가을 장쩌민은 자신이 중국의 진정한 지도자가 되기 위한 또 다른 조치
를 취했다. 10월의 제14기 5중전회에서 장은 당과 정부가 다음 해에 다룰 12개
항목의 핵심 관계를 강조하는 중요한 연설을 했다. 전반적으로 그 연설은 한편으
로 발전과 시장화를, 다른 한편으로 안정과 국가능력 제고를 요구했다. 그것은
확실히 장이 사려 깊은 지도자로서 중국이 직면한 난관을 인지하고 있고, 문제
접근 방식도 합리적임을 제시하려는 의도였다. 간단히 표현하면 그것은 장쩌민
지도부의 초석을 마련하려는 의제 설정 연설이었다.[183]

장이 지도부 핵심으로서 자신의 지위를 확고히 하려 했지만, 다른 인물들도 경
쟁적 이슈와 권력기반을 선점하려 했다. 장의 권력에 가장 도전적이었거나, 최소
한 장의 핵심 지위를 제한하려 했던 지도자는 차오스였다. 차오는 1993년 3월에
전국인민대표대회 위원장을 맡으면서 중앙정법위원회 서기나 중앙당교 교장이

---

182 "Communiqué of the Fifth Plenary Session of the Fourteenth Central Committee of the CCP", *XH*,
28 September 1995, in *FBIS-Chi*, 28 September 1995, 15-7.

183 Jiang Zemin, "Correctly handle some major relationships in the socialist modernization drive", *XH*, 8
October 1995, trans. in *FBIS-Chi*, 10 October 1995, 29-36.

라는 다른 강력한 직위는 내려놓았다. 그러나 차오는 자신이 경력을 쌓은 보안계통의 영향력은 계속 유지하고 있었다. 차오는 런지엔신(任建新)이 자신을 승계해 정법위원회 서기를 맡도록 승진시켰고, 사회질서종합소조 책임자가 되었다가 다시 천시통을 대신해 베이징 당서기가 된 웨이지엔싱(尉健行) 역시 차오와 강한 유대를 갖고 있었다.[184] 1981년에서 1988년 사이 펑전이 전국인민대표대회를 맡아 반개혁 기반으로 이용한 것과 같이 차오는 전국인민대표대회를 현실적인 지지 기반으로 만들었다.

혁명시기 상하이 지하조직에서 장쩌민의 상급자였던 차오는 개혁 문제에 대해 장에게 자주 도전했다. 앞서 언급했듯이 차오는 장쩌민이 지지하기 훨씬 이전인 1992년 봄부터 덩의 개혁운동에 동참했다. 제도건설과 법치를 강조한 차오는 전국인민대표대회 취임연설에서 "민주주의는 제도화와 입법화가 필요하며, 이러한 체제와 법률은 지도부가 바뀌거나, 그들의 관점과 관심이 바뀐다고 변해서는 안 된다."라고 선언했다.[185] 1995년 1월, 장쩌민이 민주집중제와 핵심의 역할을 강조할 때조차 차오는 정치개혁과 민주화를 강조했다.[186] 차오는 입법을 확대하고 많은 전문가를 입법 과정에 투입시켰으며, 장쩌민이나 리펑보다 성의 자율성 및 경제개혁 속도에 더 많은 비중을 두었다.[187]

이러한 차오의 노력을 도운 사람은 톈지윈이며, 그는 정치국원으로서 1992년 4월에 좌파를 강력히 비판하지 않았기 때문에 정치국 상무위원 자리를 잃어버렸다. 1995년 3월 전국인민대표대회 기간에 톈은 중국 통치자들 때문에 전국인민대표대회가 헌법이 요구하는 '최고 통치기관'이 되지 못한다고 불평하는 성난 대표들의 발언을 호의적으로 청취했다. 이러한 민감한 논의가 있었던 다음 날, 전

---

184 Gao Xin and He Pin, "Tightrope act of Wei Jianxing", 『当代』, 23(15 February 1993), 42-5, trans. in *FBIS-Chi*, 24 February 1993, 24-6.

185 *XH*, 31 March 1993, trans. in *FBIS-Chi*, 1 April 1993, 23.

186 *XH*, 5 January 1995, trans. in *FBIS-Chi*, 6 January 1995, 11-3.

187 가령 *XH*, 13 October 1994, trans. in *FBIS-Chi*, 20 October 1994, 35-7 참조.

국인민대표대회 대표의 36%는 장쩌민이 직접 부총리로 지명한 장춘윈에게 기권이나 반대표를 던졌다. 중국 입법부가 그처럼 크게 저항한 적은 없었다.[188]

포스트 덩 시대를 향하여

톈안먼 사건은 서로 연관된 세 가지 잘못된 노선, 즉 당지도부 내의 개혁파와 보수파, 당정체제와 새로 등장하는 사회세력, 그리고 중국과 외부세계, 특히 미국과의 관계에서 격변을 초래했다. 덩은 줄곧 개혁개방이 예전처럼(사실은 '더 빨리') 지속될 것을 주장했지만, 보수파들은 덩이 옹호한 개혁을 1989년 사태의 근원으로 간주했다. 그들의 관점에 따르면 개혁을 재정의하고(보다 정확하게는 1984년 이전의 의미로 돌아가고), 대외관계 개선을 지연시키고, 국내의 통제는 이데올로기와 '무산계급 독재'에 대한 강조를 통해 강화해야 했다. 덩이 이러한 암묵적 '두 노선 간의 투쟁'에서 승리하기까지는 꼬박 3년이 걸렸다.

이처럼 천윈이 이끄는 당내 보수 진영과 덩샤오핑이 이끄는 개혁 진영 사이의 투쟁은 톈안먼 사건 10년 전부터 줄곧 진행되던 일이 지속되고 강화된 것이었다. 그러나 그 투쟁은 아무리 필사적이더라도 천윈의 죽음과(1995년 4월) 닥쳐올 덩의 죽음 때문만이 아니라, 기존 계획경제와 유사한 체제의 확립은 더 이상 불가능했기 때문에 역사 속으로 사라질 운명이었다. 그렇게 원로세대 거물 정치인들 사이의 투쟁은 끝이 났지만, 중국의 정신을 위한 새로운 경쟁은 더욱 분명하게 나타났다.

이제 한편으로 세대 교체에 따라, 다른 한편으로 역동적이고, 다양하고, 자기주장이 강한 사회의 출현으로 새로운 정치적 동력이 만들어지고 있었다. 중국의 경제적 동력은 오래 전부터 분명했다. 1995년 중국 GDP는 5조 7700조 위안에 달해(공식 환율로 약 6600억 달러이고, 구매력 평가 기준으로 계산할 때 약 16억 달러였음) 1994

---

188 *South China Morning Post*, 17 March 1995.

년 GDP보다 10.2% 증가했고, 1994년에는 1993년보다 다시 11.8% 높아졌다. 중국 경제는 급속한 팽창에 따라 분화되고 점점 국제화되었다. 1992년 중국 농업 부문이 처음으로 산업생산의 50% 이상을 차지했고, 앞서 언급했듯이 중국의 성들은 전례 없는 재정 자율성을 누렸다. 1995년에 중국의 전체 수출입은 2800억 달러에 이르렀고, 그해 외국인 투자는 380억 달러 넘게 유치되었다.[189]

집체 및 사영기업은 다양한 방식으로 얽혀 있었기 때문에, 중국 사영기업 규모를 평가하거나 그 중요성을 해석하기는 쉽지 않다. 1990년 초의 공식 통계는 12만 개의 사영기업이 200만 명 이상의 노동자를 고용한 것으로 밝혔다. 여기에 전국 2300만 개체호가 더해진다.[190] 비국유영역(사영경제로만 제한되지 않음)은 1992년 4호 문건을 통해 인정되었으며, 이로서 당기관과 간부들의 사업이 허용되었다. 당원로 보이보의 아들인 보시청(薄熙成)은 호텔 경영 회사를 차리기 위해 베이징 여행국(北京旅游局) 국장직을 사임하여 여론의 주목을 받았다. 그가 비즈니스의 '바다로 뛰어듦(下海)'에 따라 간부 자제(보통 '태자당'으로 불림)가 비국유경제에 합류하는 추세는 고조되었다. 그들이 당연히 국유기업, 정부부서, 고위 지도자 등과 연결된 점을 감안하면, 이들 태자당은 전례 없는 부패 확산뿐 아니라 공사(公私) 기업의 결합(아마 인도네시아와 필리핀의 '천민자본주의'와도 다르지 않음)에도 기여했다.

이러한 기업가적 영역은 중국 사회와 정치에서 점점 중요한 역할을 하게 되었다. 최초의 비국유기업 집단이 설립되기 전에도 시장 지향적 비즈니스는 지방뿐 아니라, 국가 차원의 동맹자를 찾고 있었다. 그것의 중요한 사례는 중앙 기획가들이 향진기업을 정비하려고 시도한 1989년에 있었다. 중국 향진기업의 이해관계는 지역 주민의 생활과 경제적, 사회적, 정치적 관련성을 지닌 지방당국뿐 아

---

189 State Statistical Bureau, "Intensify reform, accelerate structural adjustments, promote healthy development of the national economy: Economic situation in 1995 and outlook for 1996", *RMRB*, 1 March 1996, trans. in *FBIS-Chi*, 4 April 1996, 32-8;『中国新闻社』, 23 January 1996, trans. in *FBIS-Chi*, 24 January 1996, 40.

190 Susan Young, *Private business and economic reform in China*.

니라 일부 중앙 관료들도 지키려 하였다. 가령 농업부는 향진기업에 대한 선도적 옹호자였고, 그 기관지 중의 하나인 『향진기업보(乡镇企业报)』는 국가경제뿐 아니라 농촌을 위한 향진기업의 중요성을 계속해서 강조하였다. 노동인사부와 같은 다른 관료 부문 역시 향진기업을 지지하였다. 보수파 지도자들의 계획이 왜 무산되고 파기되었는지는 중앙 관료들과 지방정부의 계속되는 동맹을 통해 설명이 가능하다.[191]

기업가적 경제와 다양한 차원의 정부 간 연계는 점점 더 조직화되어 갔다. 예를 들어 1993년 후반 중화전국공상업연합회(中华全国工商业联合会)는 중국민간상회(中国民间商会)로 전환되었고, 그 설립 목적은 비국유영역을 위한 '지침의 제공'이었다. 이러한 조직들은 구성원의 사업이나 이익을 보호하고, 그들의 일을 줄여 주는 것처럼 보였다. 이러한 추세는 중국이 조합주의 체제로 나아갈 수 있음을 보여 준다.[192]

경제가 점점 복잡해지고 국가 통제가 줄어들면서 중국 지식인들도 더욱 체제로부터 독립적이고 비판적인 사고를 했다. 공산주의 시기 중국 지식인들은 흔히 이견을 조심스럽게, 마음 맞는 당 간부에게 개인적으로 표현했으나(이러한 제한적 의사표현조차 막대한 희생을 치렀다), 최근에는 경제와 마찬가지로 점점 국가 통제를 벗어났다.[193] 중국공산당 통치의 명백한 실패, 동유럽 공산주의의 붕괴와 소련의 이탈, 그리고 톈안먼에서의 표현의 억압 등은 모두 마르크스 사상의 설득력 약화, 심지어는 파탄에서 기인했다. 이어진 이데올로기의 공백으로 5·4운동 이래 전례 없던 사상의 모색이 이루어졌고, 일부 지식인은 전통적 사고로 회귀하고, 어떤 사람은 서구를 주시하고, 또 어떤 사람은 동양적 모델을 추구했다.

---

191 Dali Yang, *Catastrophe and reform in China*, ch.9.

192 국가–사회관계에 대한 중국의 전통적 유기체 개념은 다양한 조합주의 사고를 반영하고 있으며, 일정한 조합주의 조직 형태가 국민당 시기에도 존재했다. Joseph Fewsmith, *Party, state, and local elites in republican China* 참조. 조합주의 방향의 현대적 추세는 Jonathan Unger and Anita Chan, "China, corporatism, and the East Asian model", *AJCA*, 33(January 1995), 29-53 참조.

193 Merle Goldman, *Sowing the seeds of democracy in China*.

게다가 이러한 이데올로기적 의미 탐색은 중국 사회에서 지식인의 역할이 심각한 변화를 겪던 때에 일어났다. 한편으로 중국 사회의 상업화, 다른 한편으로 중국 국가의 관료제화가 중국 지식인들에게 전통적인 사회적 양심의 역할을 제한하였다. 다소 당황스럽게도 중국 지식인들은 비즈니스의 바다로 뛰어들어 대중('평범한 교양) 문학이나 드라마 작가와 같은 낯선 직업을 선택했다.[194] 이러한 추세가 결국 중국을 인민의 요구 표출에 더욱 대응적인 국가로 만들지, 혹은 중국 정치에서 지식인을 주변으로 내몰지는 지켜보아야 할 것이다.

동시에 중국의 통치 엘리트는 더 이상 혁명을 위해 투쟁하고, 국가를 거의 반세기 가까이 통치했던 세대, 즉 투쟁에 단련되고 대부분 교육 수준이 낮은 간부 세대에서 벗어났다. 그들의 후계자는 일반적으로 기술관료나 관료였고, 이데올로기에 치우진 원로들보다 타협의 정치에 더 익숙하며 실용적 해결책을 추구하는 사람들이었다.[195]

톈안먼 사후 중국 정치의 역사와 이 장에서 묘사된 경제, 사회, 그리고 지식인의 추세는 덩 이후의 시대에 다양한 방향으로 변화할 가능성이 있는 아주 유동적인 상황을 보여 준다.

1978년 개혁파 연합이 권력을 장악한 이래 이데올로기와 정책 통제를 위한 심각한 당내 투쟁이 시작되면서, 톈안먼 사태가 당에 얼마나 깊은 상처를 입혔는지는 분명하다. 물론 그 투쟁은 톈안먼 사태 이전부터 견지하던 주장의 연장선상에 있었고, 그래서 비극을 낳는 데 기여했지만, 잘못은 결국 톈안먼 사태로 촉발된 것이다. 이어진 동유럽 공산주의 붕괴로 당내 갈등이 사실상 확대되었으며, 그때 덩샤오핑의 핵심 지위도 약화되었다. 비록 이 갈등이 제14차 당대회에서 덩의 승리와 일부 보수파 지도자의 서거[1992년 3월 중국정치협상회의 부주석 왕런중(王任重), 1992년 6월 전임 국가주석이자 중국정치협상회의의 주석인 리셴녠, 1992년 9월 마오의 전임비서 후차오무,

---

194 Jianying Zha, *China pop*.

195 Hong-yung Lee, *From revolutionray cadres to party technocrats in socialist China*.

1995년 4월 천원]로 완화되었지만, 장쩌민, 주룽지, 차오스 같은 지도자 사이의 명백한 당내 논쟁은 리더십이나 정책 의제가 여전히 확립되지 못했음을 보여 준다.

사실 중국에서 리더십을 이어받은 세대는 개인이나 집단 모두 혁명 정당성의 결여, 기술관료적 훈련, 상대적으로 좁은 직업 경로, 관료적 권력 축적, 그리고 권력의 전반적 취약성 등의 특징을 갖는다.

21세기를 향한 중국의 리더십 구축이나 일정한 제도 건설 과정에서 이 세대가 직면한 가장 큰 단점은 혁명 정당성의 결여이다. 여전히 혁명 원로들의 역할이 남아 있지만 그들의 장악력은 약화되었으며, 정치적 리더십은 좋건 나쁘건 중국 공산당사에서 처음으로 비혁명세대 지도자에게 넘어갈 것이다. 만약 그들이 권위를 확립한다면 그들의 선배들보다 이데올로기 주장이나 갈등이 줄겠지만, 권위의 확립이 쉽지는 않을 것이다. 그들은 사회적 관점뿐 아니라 동료들의 관점에서도 정당성을 결여했다. 간단히 표현하면, 선배들은 물론이고 비슷한 연령과 경험의 지도자들이 장쩌민이나 리펑 같은 사람을 따를 특별한 이유가 없는 것이다.[196] 게다가 새로운 세대의 지도부는 자신들의 리더십 강화를 위해 제도적 권위에도 의존할 수 없었다. 따라서 그들은 마오와 덩 시대의 가장 불운한 유산, 즉 건전하고 신뢰할 만한 제도 구축의 실패에 따른 대가를 치러야 할 것이다.

이 세대는 또한 기술적, 관료적 배경을 가진 것으로 분류된다. 이 후계자 세대 대부분은 기술자로 훈련받았다. 장쩌민은 자신의 경력 대부분을 전기 공정에서 쌓았고, 리펑은 수력 발전 산업에서 쌓았으며, 관료체제의 특수한 사다리를 통해 한 계단씩 올라갔다.

이러한 직업 경로는 후계자 세대와 혁명 원로 사이의 중요한 차이점을 보여 준다. 덩샤오핑 세대의 사람은 대체로 정치적 관리자였다. 이들은 대부분 군사, 정

---

196 1995년 12월 15일 『뉴욕 타임스』에 이름을 밝히지 않은 '중국의 가장 유명한 군부 지도자 중 한 사람'의 아들의 말이 인용되었는데, 그는 장쩌민이 중국의 주권을 수호하지 않는다면, "변했을 것이다. 그것은 대단한 일은 아니다. 우리는 집단지도 체제를 갖고 있다."라고 했다.

치, 조직, 이데올로기 등의 전반적 업무에 참여했다. 혁명 원로들은 또한 자신감이 충만한 사람들이었다. 그들은 역사적으로 위대한 혁명 투쟁의 하나에 참여했고, 새로운 질서 창조를 추구하며 '천지를 뒤엎었다.' 마오와 덩은 모두 대담한 실험에 착수할 자신감이 있었고, 무슨 일이 일어나도 그것을 통제할 수 있다고 믿었다.

반대로 제3세대 지도자들은 새로운 질서의 산물이다. 일반적으로 그들은 상상력과 창조력이 거의 요구되지 않으며, 상부와 연장자에게 깊은 복종과 존경을 요구하는 체제를 통해 천천히 단계적으로 부상했다. 그들이 대담하고 혁신적인 사람이라는 징후는 거의 없다.

이러한 세대적 특성은 제도로서의 당이 직면한 문제, 당과 군대와의 관계, 당의 정당성 결여, 중앙정부와 지방당국의 갈등 관계뿐 아니라 앞서 살펴본 지도부 내의 분열에 따라 일부 사람들의 예측대로 당의 붕괴를 가져올 수 있다.[197] 사실 사회 내에는 당의 권력 장악에 의견을 표출하고 도전하는 갈등이 많이 존재한다. 관료부패에 대한 대중적 분노가 다시 표출되고 있고, 지방 간부에 대한 농민들의 분노도 계속해서 크고 작은 대결국면을 초래하고 있고, 파산한 국유기업의 폐쇄도 대규모 노동자 실업을 야기할 수 있으며, 범죄와 마약 관련 조직의 확대는 정치·사회적 질서 모두에 도전할 수 있다. 당내 갈등과 혁명세대의 서거를 감안하면, 1989년 발생한 사회운동이 반복되어 당을 돌이킬 수 없이 분열시키고, 붕괴를 초래할 가능성도 분명히 있다.

그러나 이러한 대부분의 상황을 능숙하게만 처리한다면, 상대석으로 안징되게 포스트 덩 시대로 전환될 수도 있다. 이미 제시하였듯이, 중국의 비국유경제는 비국유기업의 이익을 지원하는 국가기구를 통해, 혹은 적어도 부분적으로 이

---

197 *The New York Review of Books*에 로드릭 맥파커가 쓴 다음 논문들, "The end of the Chinese revolution" (20 July 1989), 8-10; "The anatomy of collapse"(26 September 1991), 5-9; "Deng's last campaign"(17 December 1992), 22-8 참조. 또한 현대 중국에 대한 비관적 묘사는 Miles, *The legacy of Tiananmen*… 참조.

들 사회세력의 통제 목적으로 설립된 새로운 협회를 통해 일정한 대표성을 확보했다. 우리는 이들 조직이 더욱 제도화되고 법에 기초한 질서를 확립하기 위해 체제 내의 개혁지향적 세력과 협력하는 것을 상상할 수도 있다. 시장의 성장으로 국가는 새로운 현실에 적응하고, 주변국의 '발전국가' 경로를 따를 수밖에 없을 것이다.[198]

현재의 사회경제적 추세는 더욱 개방된 법치 사회를 발전시키겠지만, 현재의 발전이 정치체제를 더욱 권위주의적인 방향으로 몰고 갈 수도 있다. 사실 개혁의 성공은 기존 계획경제를 탈피하여 국유영역의 소멸을 압박할 것이며, 따라서 모든 희생을 치르더라도 국유영역을 보호하려는 반작용도 일어날 수 있다. 전통적으로 국유기업 보호는 보수파들의 요구였고, 그들은 마르크스-레닌주의 관점에서 공유제의 중요성과 계획의 우월성을 주장했다. 그러나 최근의 신보수주의 논쟁은 동일한 사례를 다른 각도에서 주장하고 있다. 신보수주의자들은 이데올로기 관점에서 공유제를 강조하는 것이 아니라, 실용적 관점에서 국유산업이 국가를 지원하고, 국가는 '극단적 경제상황'만 통제할 수만 있다면 거시적 통제를 행사할 것을 주장한다. 즉 국유경제는 정치 통제의 문제이지 공산주의 실현 문제가 아니라는 것이다. 전통적 보수주의자가 진정한 신자(信者)라면, 신보수주의자는 권위주의적이지만 실용주의자이다.[199]

개혁의 필수조건이던 분권화 역시 신권위주의와 신보수주의 모두의 공격을 받았다. 이들은 모두 지방의 경제적, 정치적 자율성이 국가의 거시경제적, 정치적 통제 능력을 위협했고, 따라서 국가정책의 결정과 집행에 피해를 입혔다고 믿는다. 분권화는 지역 불균형도 확대시켰는데, 중국의 '황금연안' 지역들은 동아시아의 기적에 동참한 반면, 내륙지역은 여전히 제3세계의 일부로 남아 있게 되었다.

---

198 이것은 윌리엄 오버홀트(William Overholt)가 그의 *The rise of China: How economic reform is creating a new superpower*에서 밝힌 시나리오이다.

199 Fewsmith, "Neoconservatism and the end of the Dengist era…".

아마도 가장 잘 알려진 특징은 농촌에서 도시로 이주한 농민의 수일 것이다. 이들은 지금 1년에 약 2000만 명에 이른다. 개혁 초기의 특징이던 농촌 수입의 놀라운 확대는 1980년대 중반부터 느려지기 시작했다. 교역 조건이 점차 도시 쪽으로 편향되고, 이주의 장애물이 사라지면서 점점 많은 농민들이 도시에서 일시적, 혹은 영구적 일자리를 찾기 시작했다. 최근 이러한 이주 노동자의 물결은 도시 자원을 압박하고, 도시범죄를 확대시키고 있다. 그 결과 이들 이주자에 대한 도시의 적대감이 강해졌고, 중앙 및 지방 당국에게 그 추세를 막을 조치를 취하도록 요구하고 있다.[200]

농촌에서 농민의 유입에 따른 도시민의 분노는 1994년 뜻밖의 베스트셀러였던 『제3의 시각에서 본 중국』이 다룬 (그리고 선전한) 핵심 쟁점의 하나였다. 이 책은 농촌개혁이 농민을 반(半)기아 상태와 공동체의 결속에서 해방시키고, 그들의 기대 수준을 높임으로서 중국의 미래 안정을 위협했다고 주장한다. 이 책은 농민들이 일단 배를 채우고 나면 계속 새로운 요구를 제기하고, 그들의 희망을 충족시키기 위해 토지를 떠나기 시작한다고 주장한다. 그 결과는 거대한 유민의 등장이었으며, 그것이 도시범죄를 초래하고, 중국 사회와 국가의 안정을 위협하는 '활화산'을 만들었다는 것이다.[201]

『제3의 시각에서 본 중국』 저자와 같은 신보수주의자들은 개혁이 통제를 벗어나 곤두박질치고 있으며, 그 결과 사회 해체와 계급 갈등이 초래되고, 사회적 분노가 고조되려 한다고 주장한다.[202] 이러한 추세를 막기 위해 신보수주의자들은 중앙의 권위 회복을 요구하고, 이데올로기적 통합의 필요성을 빈번히 호소힌다. 사실 장쩌민 자신은 그 필요성을 인식했으며, 제1세대 공산주의 지도자(마오가 인

---

200 Dorothy Solinger, "China's urban transients in the transition from socialism and the collapse of the communist 'urban public goods regime'", *Comparative Politics*(January 1995), 127-46; idem, "China's transition and the state: A form of civil society?" *Politics and Society*, 21, 1(March 1993), 91-122.

201 洛伊宁格尔, 『第三只眼睛看中国』(이후 『第三只眼睛』), 28, 60-3. Joseph Fewsmith, "Review of *Looking at China through the third eye*", *Journal of Contemporary China*, 7(Fall 1994), 100-4.

202 『第三只眼睛』, 178.

도함)가 혁명적 사회주의 이론을 창조한 반면, 제2세대(덩이 인도함)는 중국 특색의 사회주의 건설 이론을 개발했고, 제3세대(장을 핵심으로 가정함)는 아직 중국 정치에 이데올로기적 각인을 찍지 못했다고 언급했다.[203] 사실 앞서 언급한 장쩌민의 1995년 제14기 5중전회 연설은 이러한 비전을 정의하려는 시도로 볼 수 있다.

덩샤오핑의 유산

부와 권력을 향한 세기에 걸친 꿈을 이루기 위해 덩샤오핑이 중국 현대사에서 어느 누구보다 많은 일을 했음은 의문의 여지가 없다. 1979년 베트남과의 짧은 전쟁, 1989년 톈안먼 사태와 같은 예외를 제외하면, 중국 국정을 주재한 18년 동안 덩은 중국 현대사에서 국내외적으로 가장 오랜 평온을 구가했다. 1978년 덩이 권력을 장악할 당시, 농민 1인당 수입은 단지 132위안이었고(당시 환율로 66달러임), 중국 농촌 인구의 4분의 1 이상이 50위안도 안 되는 1인당 수입을 얻었다. 이에 비해 도시 인구의 경우는 훨씬 여유가 있어서 1인당 평균수입이 383위안이었지만, 노동자 임금은 문화대혁명 초기 이래 약 19% 정도 실질적으로 하락했다. 1995년 농촌 수입은 1578위안으로 상승했고, 도시 수입은 3893위안이 되었다.[204]

물론 통계는 상황의 단면 중에 대체로 덜 중요한 단면만을 보여 준다. 이 18년간 중국 사회의 전환은 마오쩌둥이 주재했던 중국 사회의 변화보다 확실히 놀라우며, 훨씬 더 호의적이었다. 정치적으로 덩 시대의 출발 당시에는 '실사구시(实事求是)'와 '실천이 진리의 유일한 기준'이라는 슬로건이 부각되었다. 그것은 오직 당을 교란하여 승리를 이끌고, 당이 지배하는 국가를 혼란시킨 사람으로부터 당과 국가를 구하려는 노력이었다.

덩은 마오의 급진적, 탈기능적 이데올로기를 벗어나 당의 이데올로기를 '재기

---

203 *Hong Kong Standard*, 8 April 1995.
204 『中国统计摘要』, 1995, 51; State Statistical Bureau, "Intensify reform⋯".

능화'하고, 4항 기본원칙 견지를 통해 당의 통제를 확보하려 했다.[205] 문화대혁명 시기의 두 노선 사이의 투쟁과는 대조적으로 덩은 두 진영(좌파와 우파) 모두에 대한 투쟁을 통해 중도 노선을 걸었다.[206] 그러나 많은 사람들이 지적했듯이 중도 노선을 걷는 것은 쉽지 않았고, 개혁은 자신들을 자유롭게 해 준 제도의 전복을 위협하는 많은 세력들을 촉발시켰다.[207]

이 장과 리차드 바움(Richard Baum)의 글(제5장)에서 보듯이 개혁기의 갈등은 당내, 그리고 당정 체제와 사회 모두에 존재했다. 게다가 그 상이한 갈등들은 당내 각 파벌들이 사회가 발산하는 압력과 결부하여 상이한 입장을 취함에 따라 서로 얽혀 있었다.

많은 사람들의 지적처럼 덩의 가장 큰 잘못은 이러한 압력과 갈등을 적절하게 다룰 의지나 능력이 없었다는 점이다. 이것은 새로운 요구를 체제 내로 통합하거나, 더욱 중요하게는 1949년 이후의 정치에만 국한되지 않는 중국 정치체제의 기본적인 결함을 다루는 데 실패했다는 것이다. 중국 정치가 다루어야 할 핵심 문제는 정치권력이 통합되고, 단일하며, 개인적이라는 가정이다.[208] 정치적 갈등이 협상과 타협을 통해 해결되기보다 '모두를 제압하는' 게임의 일부가 되었다.[209] 초기에는 이러한 근본적 역학이 공산당 지도부의 분열을 불러왔으며, 결국에는 문화대혁명을 초래했다. 개혁 초기에 덩은 이데올로기의 역할이 갖는 중요성을 무시하는 방식, 즉 무엇이 '사회주의'이고, 무엇이 '사회주의'가 아닌지는 논쟁이 아닌 실천을 통해 결정된다는 논리로 정치 문제를 다루는 것처럼 보였다. 이 전략은 덩이 이데올로기 논쟁을 참지 못했음을 의미하며, 이를 통해 일상적인 삶의

---

205 '재기능화'라는 용어는 Peter Ludz, *Changing party elites in East Germany*에서 유래한다.

206 Tang Tsou, "Political change and reform: The middle course", in Tang Tsou, ed., *The cultural revolution and post-Mao reforms: A historical perspective*, 219-58.

207 Gordon White, *Riding the tiger: The politics of economic reform in post-Mao China*.

208 Tang Tsou, "The Tiananmen tragedy", in Brantly Womack, ed., *Contemporary Chinese politics in historical perspective*, 265-327.

209 이 주제에 대한 가장 탁월한 설명은 Tsou, "Chinese politics at the top⋯"이다.

방식으로 돌아가려는 인내심 많은 사회의 욕구에 보조를 맞췄고, 10여 년의 혼란으로 파괴된 광범위한 당내 연합의 구축에도 기여했다.

1980년의 중요한 연설이었던 '당의 개혁과 국가 지도 체제의 개혁에 관하여'에서 반영되었듯이, 당내 문제에 대한 덩의 이해와 그것을 해결하려는 확고한 욕구는 그가 전통적 중국 통치 방식의 정치 행태에 매몰됨에 따라 정치체제 자체의 제약을 받고 결국 소실되었다.[210] 당내 이견은 타협의 정치로 조정되지 않고, 오히려 그 변화가 당의 표면적 고요를 천천히 잠식하는 구조적 힘이 되었다. 덩이 개혁 초기 천윈의 제한적 경제개혁 개념에서 결정적으로 탈피함에 따라 1984년 '경제체제 개혁에 관한 결정'의 채택에 이어 당내 노선 오류가 더욱 심화되었다. 보수파들이 가한 비판은 자오쯔양의 중국 경제체제 전환 시도가 상당히 성공함에 따라 발생한 잠재된 힘의 충돌을 반영했으며, 그 힘은 1989년 봄에 폭력적으로 바뀌었고, 이 장에서 기록했듯이 당내의 깊은 균열을 초래했다.

덩은 자신의 마지막 투쟁에서 승리했지만, 그가 주도권을 장악한 투쟁 방식에 비추어 보면 중국에서 정치적 갈등의 해법이 거의 변하지 않았음이 분명하다. 따라서 덩은 자신이 창출한 경제체제 전환에 수반하여 당내 갈등 측면이나 당정 체제와 사회의 관계에서 정치체제의 근본적 변화를 가져오지는 못했다. 따라서 우리가 덩의 유산을 평가할 때 남는 문제는 다른 세대 지도자들이 덩 자신은 해결하지 못한 중국 정치체제의 문제와 맞설 수 있는 조건을 만들었는지의 여부이다. 현재 상태로서는 그렇지 않아 보인다. 덩은 정치체제 정상에 있던 18년 동안 많은 업적을 쌓았지만, 아쉽게도 제도 건설은 그중의 하나가 아니었다.

---

210 Lucian W. Pye, "An introductory profile: Deng Xiaoping and China's political culture", *China Quarterly*, 135(September 1993), 413-43.

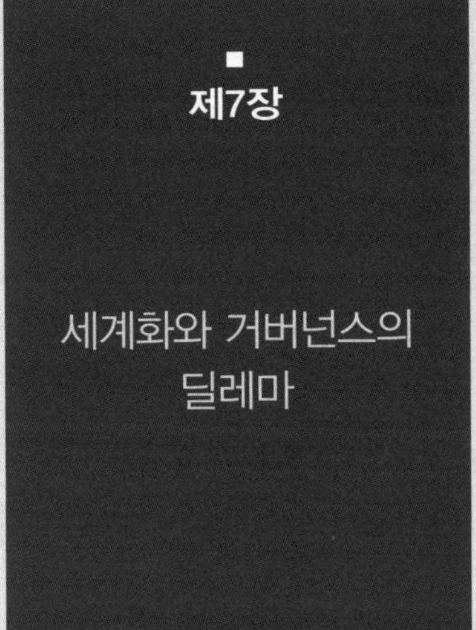

앨리스 L. 밀러

스탠퍼드대학 후버연구소 연구교수

덩샤오핑의 임종이 임박해 보이던 1995년, 그가 1978년 개혁을 착수한 이래 중국이 목도했던 변화의 속도와 규모가 지속될지에 대해 상당한 회의론이 존재했다. 중국의 경제개혁이 여전히 부분적인 상황에서 베이징 당국은 1984년부터 시작한 개혁 과제인 침체된 국유산업의 변화가 필요했고, 광범위한 정치경제 영역에서 급속히 성장한 사영경제의 법적 기초도 확보해야 했다. 중국이 세계무역의 주요 행위자로 등장했지만, 새로 설립된 세계무역기구(WTO) 가입은 베이징 당국이 1994년부터 추진했음에도 불구하고 여전히 이루지 못했다.

국제적으로는 냉전의 여파로 베이징의 국제정치적 위상이 1989년 톈안먼 시위의 진압 이후 계속 위축되었으며, 1995~1996년 대만해협 위기 때 국제사회가 중국의 행위를 호전적으로 인식함에 따라 그 상황은 더욱 악화되었다. 게다가 베이징은 미국의 국제적 영향력하에서 국제정치를 다루어야 했는데, 미국 대통령이 세계의 '민주주의 확대'를 자신의 임무로 선언하며 베이징을 외교적으로 고립시키고 있었다.

정치적으로는 1978년 이후 중국 개혁의 총설계사였던 덩샤오핑의 임종이 가까워지면서 지도부의 안정과 그가 추진한 정책의 연속성에 대한 불확실성이 초래되었다. 1990년 3월 덩은 마지막 공식 직함인 중화인민공화국 중앙군사위원회 주석에서 물러났음에도 불구하고 퇴임 후 계속 정책과 정치에 개입했으며, 그 중 가장 유명한 일은 새로운 경제개혁을 위한 1992년 초의 '남순강화(南巡讲话)' 활동이었다. 그러나 1994년 개인 사무실과 보좌관이 해체되면서 덩샤오핑의 정치 생명은 끝이 났고, 1995년 10월 1일 국경절 불꽃놀이를 관람하는 그의 늙고 쇠약한 모습이 TV에 방영되며 임종이 멀지 않았다는 확실한 공개 메시지가 전해졌다.

그 사이 당 총서기 장쩌민만은 톈안먼 사후 국내외 통치 문제에 대해 계속 분열하고 경쟁하던 최고지도부 내에서 자신의 지위를 강화하기 시작했다. 결국 앞장의 결론처럼, 덩이 제도화된 집단지도 체제를 통해 더욱 복잡해진 경제 관리와 그에 상응하여 분화된 사회 통치에 그들의 전문성과 경험을 이용하는 한편, 기존

규범과 관습에 따라 파벌 갈등과 개인적 야망을 억제하는 리더십 정치를 성공적으로 안정시켰는지는 전혀 불확실했다.

그러나 2009년 가을 건국 60주년이 가까워질 무렵, 1990년대 중반에 전망되던 미래의 불확실성은 사라졌다. 중국의 경제, 사회, 정치는 불과 15년 이전의 수준을 훨씬 뛰어넘어 진화했다. 다방면에서 2009년의 중국은 1995년의 중국과 달랐으며, 그것은 1995년의 중국이 1970년대 후반의 개혁 초기와 다른 것과 마찬가지였다. 1995년에서 2009년 사이 중국 경제는 개혁기 15년간 지속된 거의 10%의 연평균 성장률을 유지했다. 국유산업 영역은 1990년대 후반 일련의 강력한 개혁 조치를 통해 변화되면서 국유지주산업과 기업집단, 공공법인, 사영 및 외자기업 등 다양한 형태로 전환되었다. 또한 세계은행 통계에 따르면, 2006년 중국 제조업 부문이 국내총생산액의 거의 50%까지 상승한 반면, 농업 부문은 12%에 못 미치는 정도로 하락했다.

21세기의 첫 10년 동안 중국은 세계경제의 제조 기지로 부상했고, 제조업 생산이 미국 다음의 2위가 되었다. 중국은 2001년 11월 WTO에 가입했고, 그 과정에서 WTO의 핵심 정책 결정 그룹에 포함되었다. 중국은 세계경제에서 제3위의 무역국이 되었으며, 2010년에 외환 보유액이 2조 4000억 달러에 이르렀다. 외자유입이 1992년 회복되기 시작하여 중국으로 쏟아져 들어왔으며, 국내 경제성장의 주요 요인이 되었다.

이처럼 세계경제로의 빠른 편입은 1990년대 중반 세계화의 조류에 편승하려는 중국 지도부의 신중한 정책 결정에서 비롯되었다. 그것은 또한 1970년내 초반 세계경제에서 거의 배제되었던 중국이 점차 그것에 의존하게 되었음을 의미했다. 세계은행 통계에 따르면, 2006년 전체 GDP 중의 수출입 비중으로 측정되는 세계경제 의존도가 중국은 70% 이상이었으며, 미국과 일본은 25% 약간 상회했고, 러시아는 약 55%, 인도가 50%에 조금 못 미쳤다.

이러한 경제발전의 정치적 의미는 무엇보다 중국 지도부의 경제 관리가 더욱 복잡해졌다는 점이다. 1990년대 중반 이후 15년 동안, 중국 지도부는 광범위한 시장경제 관리를 위해 법률 구조, 규제 체제, 재정금융 수단 등을 갖추고자 열정적으로 매진했다. 둘째, 중국의 세계경제 의존도는 외국의 이해관계가 중국 국내 정치와 더욱 복잡하게 연결되고, 중국의 많은 국민이 세계경제의 운명에 더욱 깊이 연루되었음을 의미했다. 이제 중국의 세계경제 편입에 따른 상호 이해관계와 그로부터 초래된 상호 취약성으로 인해 한때 중국의 대외관계를 국내 정치와 분리하던 엄격한 경계는 무너졌다. 이러한 상호 의존적 현실은 2008년 후반에 강력하게 드러났는데, 당시 미국 금융체제의 위기가 세계경제의 침체를 촉발했고, 중국에서는 10여 년 만에 가장 심각한 국내 경기 하락을 경험했다.

이 시기의 경제 변화는 중국 사회에도 상당한 변화를 야기했다. 지속적인 경제 발전은 보다 다양하고 복잡한 사회를 동반했다. 2001년 중국사회과학원 사회학 연구소가 널리 공개한 분석에 따르면, 중국 사회는 10개의 새로운 '계층(阶层)'으로 분화되었다. 이 분석은 개혁기 이전에 사회의 전통적 '계급(阶级)' 분석에서 제시되던 산업노동자, 농민, 그리고 (때때로) 지식인과 더불어 중국 사회구조에 새롭게 관리자, 사영기업가, 기술자, 전문가, 간부, 서비스 종사자 등을 포함시켰다. 어느 논평자는 20여 년의 시장 지향적 개혁에 따른 사회 현실의 변화가 전통적인 마르크스-레닌주의 이데올로기에 미친 영향을 강조하며, 중국 사회에 대한 새로운 분석이 제기된 것은 개혁 이전 '정치적 지위, 거주 등기, 행정 편제에 기초한' 접근법을 대신해 '전문성에 기초한' 사회적 계층의 분류 필요성 때문이라고 지적했다.[1]

이 시기 중국의 지속적인 경제성장이 최소한 중국 사회의 일부 영역에 번영을 가져다주었다는 것은 분명한 사실이다. 1978년 중국의 1인당 실질소득은 200달러였다. 1995년에는 1인당 실질소득이 거의 800달러에 근접하였고, 2008년에

---

1 汝信, 陆学艺, 李培林, 『2002年: 中国社会形式分析与预测』; Lu Pipi, "The Strata of Chinese Society", *Bejing Review*(이후 *BR*), 45. 12(21 March 2002), 22-3.

는 2330달러까지 상승하였다.[2] 일례로 개혁 초기인 1980년대 초반에 도시의 젊은 연인들은 '세 가지 둥근 물건', 즉 자전거, 손목시계, 그리고 자신들의 옷을 만들 재봉틀의 소유를 원했다. 1980년대 말경에 그들은 전자레인지, 세탁기, 그리고 VCR을 원했다. 1995년에 도시 중산층은 막 자가용 승용차 구매 계획을 세우기 시작했다. 2009년에 자동차는 중국 주요 도시의 교통을 정체시켰다. 1995년에 베이징은 도시 교통을 원활하게 하는 순환도로가 3개밖에 없었다. 2009년 9월 베이징은 6차 순환도로 개통을 선포했다.

그러나 번영이 중국 사회에 균등하게 전파되지는 않았다. 1990년대 중반에 이미 사회를 양극화시켰던 도시와 농촌 주민, 그리고 도시 계급 내부의 소득 불균형이 그 후 15년 동안 더욱 극심해졌다. 2006년에 '군중시위'의 빈번한 발생에 따른 공식적 우려 속에서 중국 경제학자들은 소득 불균형의 표준 지표인 지니 계수가 위험 수준에 달했음을 경고했다. 게다가 중국 서부 지역을 '활성화'시키고, 동북의 노후 공업 지역을 '진흥'시키려는 중앙의 정책에도 불구하고 지역 격차는 지속되었고, 국가 전체의 불균형 발전 국면이 계속되었다.

중국 사회도 점차 네트워크화되었다. 1997년 중국은 전체 62만 개의 인터넷 계정을 가졌다. 2009년 1월에 인터넷 사용자가 2억 9800만 명이었고, 인터넷 카페는 크고 작은 도시에서 모두 보편화되었다. 2008년 말, 중국 인터넷에는 1억 700만 개의 블로그가 존재했다. 1995년 중국에는 370만 명의 휴대전화 이용자가 있었다. 2009년 3월에 그 수치는 6억 7000만이 되었고, 제3세대 통신 기술의 장점을 보유했다. 전통적인 매체들도 활성화되었다. 개혁 초기인 1978년에 중국에서는 모두 186개의 신문이 발행되었고, 1995년에는 1049개에 달했다. 다시 1000개가 추가된 것은 겨우 2003년이었다. 1978년 중국의 출판업계는 1만 5000권에 조

---

2   United States Department of Agriculture Economic Research Service, "Historical Gross Domestic Product(GDP) Per Capita and Growth Rates of GDP Per Capita, 1969-2009", 2 November 2009, at www.ers.usda.gov/Data/.../HistoricalRealCapitaIncomeValues.xls.

금 못 미치는 신간을 발행했는데, 1995년에 10만 1381권의 신간이 발행되었고, 2003년에는 신간 규모가 19만 391권으로 증가했다. 2003년 중국은 9000종 이상의 정기 간행물을 발행했는데, 1995년보다 대략 1500종이 많았다.[3]

이러한 통신 및 출판의 발전은 중국이 1990년대 중반 이래 경험한 경제의 현대화와 성장을 더욱 촉진시켰다. 이는 중국 지도부가 개입해야 할 보다 강력한 사회 여론의 출현도 부추겼다. 이러한 새로운 매체로 인해 폭넓은 스펙트럼에서 독립적이고 비판적인 정치 시각을 가진 새로운 대중적 지식인 집단의 출현이 가능해졌다.[4] 그들로 인해 국제적 굴욕과 국내적 사건을 인지한 대중들의 광범위한 반응을 자극하는 중국 민족주의의 표출도 촉발되었다. 새로운 정보 통신 기술은 사회정치적 쟁점과 관련된 대중선동과 동원을 촉진했고, 저항적 시위와 때로는 폭력적 '군중시위'를 초래했다. 2005년 봄, 일본의 유엔(UN) 안전보장이사회 의석 신청과 기타 쟁점으로 인해 많은 중국 도시에서 인터넷 블로그와 청원을 통한 폭력적 반일 시위가 일어났다. 2007년 6월에는 문자 메시지를 통해 샤먼 시(廈门市)의 새로운 화학 공장 건설을 반대하는 대중시위가 성공했다. 2008년 6월에는 구이저우 성(贵州省) 윙안 현(瓮安县)에서 경찰의 공권력 남용과 여학생 살해에 저항해 공공건물과 차량을 불태운 대중소요의 기사와 사진이 인터넷을 통해 유포됨으로서 공식 매체의 검열을 피했다.

정치적으로 중국의 이러한 모든 사회경제적 조류는 중국 정치 지도부가 해결해야 할 새로운 통치 문제로 부상했다. 따라서 1990년대 중반 이후 정치의 핵심 초점은 급변하는 경제와 사회를 관리해야 할 새로운 도전에 맞서 공산당 정권이 적응 능력을 개선하는 문제였다. 이에 대한 관심은 개혁 과정에서 새롭게 부상한 기업가, 기술자, 전문가 집단의 엘리트를 충원하려는 공산당의 노력에서 분명해

---

3 National Bureau of Statistics, *China statistical yearbook 2004*, 846.

4 이러한 대중적 지식인 집단의 출현은 Joseph Fewsmith, *China since Tiananmen: From Deng Xiaoping to Hu-Jintao*, 2nd ed.에서 간결하게 밝혀져서 평가되고 있다.

졌으며, 그것은 2000년 장쩌민 총서기의 '3개 대표론'으로 제시되었다. 또한 보다 균형적인 경제발전을 요구하는 후진타오 총서기의 제안으로 2003년에 제시된 '과학적 발전관', 그리고 이후 '사회주의 조화 사회론'의 천명에도 그것이 반영되었다. 또한 그것은 2004년 공산당의 '통치 능력' 개선과 이어진 2005년 공산당의 '선진성' 고양 캠페인에 관하여 중앙위원회에서 내린 좀 더 권위적인 결정의 핵심 내용이었다.

이러한 핵심은 1990년대 후반 이래 가시화된 정치의 점진적 제도화를 가져왔다. 1990년대 중반 이후의 리더십 정치로 중국 정치는 과거 어떤 시기보다 뛰어난 상대적 안정성, 연속성, 예측 가능성을 갖게 되었다. 이러한 현상은 덩샤오핑과 개혁 이후 20여 년간 정치를 지배해 온 원로 혁명세대의 임종이 임박함에 따른 불확실성, 그리고 중국의 사회경제적 발전이 초래한 도전에 직면하는 가운데서도 가능했다.

세계적으로 더욱 상호 의존적이고 시장 주도적이 된 경제, 이에 상응하여 보다 복잡하고 정교해진 사회의 통치 문제는 전문가 정치를 일정하게 요구했다. 이러한 이유로 개혁 초기부터 덩샤오핑과 천원은 정치적 원칙이 있을 뿐 아니라 '젊고, 교육 수준이 높고, 전문성을 갖춘 유능한' 간부의 충원과 승진을 강조했다.[5] 이러한 요인 때문에 1990년대에 덩 세대의 원로 혁명가들이 사망하자, 그들은 새로운 최고지도부, 즉 처음에는 장쩌민 중심의 '제3세대', 이후에는 후진타오 중심의 '제4세대'로 대체되었으며, 그들은 개혁정책의 집행 과정에서 보여 준 전문성과 행정 경험을 통해 요직으로 승진했다. 점차 공산당 정치국과 상무위원회 진입

---

5 덩은 1980년 8월 18일 그의 역사적 연설인 '당정 지도 체제의 개혁에 관하여'에서 처음 이러한 요구를 제기했으며, 당이 '젊고, 교육 수준이 높고, 전문성을 갖춘 유능한' 간부를 충원하고 승진시켜야 한다는 천원의 견해를 인용했다. 1980년 12월 25일 중앙업무회의의 한 연설에서 덩은 간부가 '혁명적'이어야 한다고 덧붙였다. [邓小平], *Selected works of Deng Xiaoping, 1973-1982*, 308, 342. 1982년 9월 제12차 당대회에서 후야오방이 한 중앙위원회 업무보고는 이러한 견해를 승인했으며, 당이 '혁명적이고, 젊고, 교육 수준이 높고, 전문성을 갖춘 유능한(革命化, 年轻化, 知识化, 专业化)' 간부론'을 승진시킬 것을 요구했고, 이를 당 충원 업무의 '4화(四化)'로 표현했다.

은 단순히 강력한 지도자나 그 파벌과의 정치적 연계가 아니라 드러난 의사 결정 능력에 기초하여 배분되었다. 리차드 로웬덜(Richard Lowenthal)의 표현을 빌리면, 공산당의 리더십은 마오 시기에 평등주의적 공산주의 이념에 따라 중국 사회의 변혁을 수행한 '혁명적(revolutionary)' 지도자에서 경제와 사회의 급속한 현대화를 유능하게 관리할 수 있는 '탈혁명적(post-revolutionary)' 지도자로 전환되었다.[6]

효과적인 통치를 위해서는 최고지도부 내의 합의 정치도 필요했다. 중국이 개혁정책을 통해 더욱 강력하고 부유해짐에 따라 정치 질서의 변화를 초래하는 이해관계와 인민의 구성도 점차 복잡해지고 정치적 위기도 심화되었다. 이러한 측면에서 중국의 과거 변덕스러운 초인 정치(strongman politics)는 권력의 과도한 집중, 극단적 파벌 경쟁, 그리고 그에 수반되는 정책 왜곡 등으로 말미암아 국가 발전을 희생시키는 극히 부정적인 선례를 제공하였다. 1989년 톈안먼 위기 때 지도부가 분열되었던 경험도 외관상 대중들에게 지도부의 합의를 보여 줄 필요성을 강조하였다. 개혁 초기부터 덩샤오핑은 정치 과정의 질서와 업무의 예측성, 그리고 제도의 안정과 지속성을 위해 집단적 정책 결정 체제를 강조했다. 1980년대 정치의 명백한 실패에도 불구하고, 이러한 과정들이 1990년에 가시적으로 확립되기 시작하였다.

따라서 장쩌민과 후진타오 시대에는 집단지도 체제의 과두제적 정치가 출현했다. 비록 장쩌민은 공산당 최고지도자로 재임하는 동안 리더십 정치에서 '핵심 지도자'의 특권을 향유했지만, 후진타오는 2005년 장의 마지막 직함을 물려받은 후에도 아무런 상징적 수단을 갖지 않았다. 또한 후의 재임 기간에는 그가 개인적으로 창안했다고 알려진 어떠한 이데올로기적 혁신도 선전되지 않았으며, 반면에 그에 앞선 장쩌민, 덩샤오핑, 마오쩌둥은 이론적 공헌이 있다고 주목받았다.

---

6 Richard Lowenthal, "Development and utopia in communist policy", 33-116; and Richard Lowenthal, "The post-revolutionary phase in Russia and China", *Studies in Comparative Communism*(이후 *SICC*), 13, 3(Autumn 1983), 91-101.

대신에 후는 분명한 책임을 갖고 있었음에도 집단지도 체제에서의 그의 위상은 의식적으로 단지 '동년배 중의 선두(primus inter pares)'라고 계속해서 선전되었다. 간단히 말하면, 엘리트 정치의 규칙이 경제와 사회 변화에 따라 바뀌는 것처럼 보였다. 분명히 후의 시기에도 지도부 갈등과 파벌 경쟁이 이어졌지만, 그들은 이제 여전히 비공식적이지만 점차 구속적인 규범, 그리고 합의 정치에 대한 압력으로 제약받게 되었다.

중국이 건국 60주년이 되면서 공산당은 지도부의 성과를 자축했다. 그렇지만 한편으로 극적이고 놀라운 방식으로 변화하는 국가의 관리를 위해 새롭고 다루기 힘든 도전에도 직면해야 했다. 따라서 가장 중요한 문제는 공산당이 그러한 도전에 충분히 적응하여 권력을 유지할 수 있을지 여부였다.

제15차 당대회를 향하여

보통 다가올 당대회에 대한 기대감으로 정치 분위기는 2년 전부터 미리 타오른다. 1997년에 소집될 예정이던 제15차 당대회의 경우에도 몇 가지 주요 쟁점들이 있었다. 그 중 가장 중요한 것은 37만 중국 국유기업의 개혁과 지도부 세대교체였다.

앞 장에서 언급했듯이, 1992년 제14차 당대회는 개혁 목표가 '사회주의 시장경제'의 창출임을 선언하며, 중국 경제구조의 근본적 전환을 위한 이데올로기적 기반을 제공했다.[7] 당대회에서 승인된 이러한 표현은 덩샤오핑이 대회에 앞선 '남순강화(南巡讲话)' 당시 사회주의 경제에서 시장의 역할을 절대적으로 지지했음을 의미하며, 그것은 중국 정치경제체제에서 기존 '사회주의 상품경제'가 갖는 권위적 성격을 변화시켰다. 후자의 표현은 1984년 경제개혁에서 공산당의 핵심 결정

---

7 Jiang Zemin, "Accelerating reform and opening-up", report to the 14th CCP Congress, 12 October 1992, *BR*, 35, 43(26 October−1 November 1992), 18-9.

으로 채택되었고, 중국 정치경제체제의 '사회주의 생산품경제'라는 전통적 이데올로기의 특성을 수정함으로써 사회주의 경제에서 시장의 역할을 암묵적으로 승인한 것이다. 이러한 용어의 내재적 차이는 국가계획의 근본적 역할과 관련되었다. 즉 계획경제는 '생산품(产品)'을 생산하는 반면, '상품(商品)'은 시장을 위해 생산되는 것이다. 따라서 제14차 당대회에서 승인한 '사회주의 시장경제' 목표는 10여 년간 진행된 계획과 시장의 역할, 중국 경제에서 국유기업 체제의 미래 등에 관한 격렬한 당내 논쟁을 종결시켰다.

이처럼 1992년 당대회의 국유기업에 관한 이데올로기 변화가 갖는 의미는 1년 뒤 1993년 11월에 소집된 제14기 3중전회에서 분명하게 드러났다. 이 전체회의는 포괄적인 50개 항목의 '사회주의 시장경제체제 구축에 관한 몇 가지 결정'을 채택했다. 이 결정은 국유기업, 주식회사, 집체기업, 사영기업 등 다양한 소유제 형태와 관리 방식을 합법화시킴으로써 '국유기업 운영 체제의 변화와 현대기업제도의 확립'을 요구했다. 그것은 또한 은행, 재정, 무역 체제의 보완적 개혁을 추진함으로써 직접적·관료적 통제를 통한 경제 관리라는 국가의 전통적 역할을 간접적 재정금융 수단으로 바꾸도록 요구했으며, 기존 국유기업 체제의 사회복지 기능을 대체하여 사회보장 체제를 확립하는 보상적 조치도 승인했다.

그러나 1988년의 상승률에 필적하는 1993~1994년의 새로운 물가상승에 직면하면서 이러한 목표를 향한 발전은 지연되었다. 1988년 가을에 리펑 총리와 다른 보수파 당 지도자들은 3년간의 긴축정책으로 경기과열을 억제하려 했으며, 그러한 시도는 1989년 톈안먼 시위로 이어져 대중들의 불안을 가중시켰다. 이번에는 리펑이 병으로 물러나면서 주룽지 부총리가 3중전회의 기업개혁 사전 조치로서 물가상승을 억제하고, 성(省)으로 이관된 재정금융 권한을 재집권화하는 3년간의 정책을 주도했다.

물가 안정을 회복하려는 과정에서 '현대기업제도'를 시행할 도시와 기타 정책 수단을 선정하는 개혁 시범 사업은 지연되었다. 역시 이 시기의 가장 중요한 조치는 국유기업 체제를 전환할 법적 기초의 확립이었다. 회사법이 1993년 12월 29일 전국인민대표대회 상무위원회에서 채택되어 1994년 7월 1일 시행되었으며, 1993년 3중전회에서 회사 설립 절차가 원칙적으로 승인되어 회사화된 기업은 자본 조달 수단으로 주식을 공모할 수 있게 되었다. 1995년 5월과 6월에 장쩌민은 상하이와 동북 지방의 중공업 기지에 있는 국유기업들을 방문했고, 그가 언급한 기업개혁의 필요성이 대대적으로 선전되었다. 1995년 9월 제14기 5중전회에서는 1990년대 말까지 합병과 파산 등의 수단으로 '대형 기업은 활성화하고, 소형 기업은 자유화하는 방안', 즉 '큰 것은 잡고, 작은 것은 놓아 주는(抓大放小)' 방안에 기초한 '현대기업제도'의 확립을 규정한 제9차 5개년 계획 초안의 기본 방침을 마련했다.[8]

주룽지 부총리의 강력한 지도하에 물가상승률이 1994년 말의 25%에서 1995년 말의 약 15%, 1996년 말의 6.1%로 떨어진 반면, 중국 경제는 1996년에 9.7% 비율로 성장했다.[9] 매년 개최되는 중앙경제업무회의가 1996년 11월 21~24일 개최되었고, 베이징 당국은 "3년간의 노력을 통해 물가상승률을 효과적으로 통제한 반면, 빠른 경제성장률도 유지했다."라고 선언했다. 이 회의는 '대형 기업은 개혁하고, 소형 기업은 유연하게 처리하는' 기본 방침에 따라 이듬해에도 국유기업에 대해 '개혁을 가속화할' 것을 요구했다. 이어진 3월의 전국인민대표대회 업무보고에서 리펑 총리는 물가상승에 대한 승리를 선언했고, 당국은 중국의 대부분 소형 국유기업을 합병과 파산을 통해 처분하는 반면, 1000개 대형 국유기업은 자본 투

---

8 "Proposal of the Central Committee of the Communist Party of China for formulating the ninth five-year plan(1996-2000) for national economic and social development and the long-term target for 2010", adopted 28 September 1995, *XH*, 4 October 1995, available in *Summary of World Bradcast*(이후 *SWB*), 7 October 1995.

9 国家统计局, "中华人民共和国国家统计局关于1996年国民经济和社会发展的统计通报", 4 April 1997, http://www.stats.gov.cn/tjgb/ndtjgb/qgndtjgb/t20020331_15391.htm에서 이용 가능함(2010. 8. 9 접속); Barry Naughton, *The Chinese economy: Transitions and growth*, 442-4; Avery Goldstein, "China in 1996: Achievement, assertiveness and anxiety", *Asian Survey*(이후 *AS*), 37. 1(January 1997), 30.

입 및 경쟁 관계의 기업 집단과 합병시켜 '회생'에 집중할 것임을 밝혔다.[10] 마침
내 1997년 4월 중순, 국무원은 회람을 공포하여 자산 평가와 정리해고 노동자의
지원, 그리고 주룽지가 선호하는 기구인 국가경제무역위원회하에 합병, 파산, 노
동력 재배치를 위한 중앙영도소조 설립 등을 포함한 국유기업 개혁에 관한 전례
없이 구체적인 조치들을 밝혔다.[11]

개혁에 대한 반대

장의 지도부가 1950년대 구축된 사회주의 경제 질서의 핵심인 중국 국유기업
을 외국과의 경쟁에 점차 개방되는 시장 체제에서 운영될 기업 집단, 주식회사,
사영기업 등으로 전환하려 하자, 1995년 일부 진영의 정치적 반대가 있었다. 가
장 직접적인 공격은 덩리췬이 연계된 '만언서(万言书)'였다. 그는 불행히도 1987년
제13차 당대회에서 중앙위원회에 선출되는 것을 실패했으나 당의 좌파 진영과
강력히 연계된 매체를 기반으로 하는 전임 당 사상 및 선전 책임자였다.

4편의 '만언서'가 1995년 가을부터 1997년 9월의 제15차 당대회 때까지 당의
내부 경로를 통해 회람되었다. 정치적 불만에 대한 '만언서'의 비유는 11세기까지
거슬러 올라가며, 1058년 북송 황제인 인종(仁宗) 시대에 개혁가 왕안석(王安石)은
보수파가 지배하는 조정에 개혁 사상을 건의했다.[12] 그와 유사하게 1895년 청일
전쟁 이후 굴욕적인 시모노세키조약에 항거한 캉유웨이(康有为), 량치차오(梁启超),
그리고 약 600명의 진사(進士) 시험 응시생에 관한 비유도 인용되었다.[13] 또한 펑
더화이(彭德怀)가 대약진 시기의 문제점에 관해 1959년 7월 루산회의(庐山会议) 때
마오쩌둥에게 보낸 편지는 '만언서'로 부르지 않았지만, 가끔 그것과 유사한 마오

---

10 Li Peng, "Report on the work of the government", 1 March 1997, *BR*, 40, 13(31 March-6 April 1997),
   I -XVI.

11 『新华』(이후 *XH*), 19 April 1997.

12 왕의 건의문과 그 영향에 관한 배경 지식은 Frederick W. More, *Imperial China: 900-1800*, 139ff 참조.

13 캉의 '만언서 건의문'에 관해서는 Immanuel C. Y. Hsu, *The rise of modern China*, 6th ed., 366-7 참조.

사후의 편지로 불리기도 했다.[14] 비록 실제로는 제15차 당대회 이전 2년 동안 회람된 4편의 '만언서'는 전부 길이가 1만 자보다 상당히 더 길었지만, 그것을 '만언서'로 부름으로써 국가적 위기상황에서 원칙에 입각한 저항이라는 함의를 전달하였다.[15]

첫 번째 '만언서'는 1995년 봄에 '중국 안보에 영향을 미치는 몇 가지 요인'이라는 제목으로 임박한 국유기업 개혁을 비판했다. 그 내용은 중국의 경제개혁 이후 국유기업 체제의 약화와 사유제의 확산으로 수반된 새로운 자산계급 등장이 중국 사회주의와 공산당에 미치는 함의에 초점을 두었다. 두 번째는 '향후 10~20년간 중국 국가 안보의 대내외 형세와 주요 위협 요인의 예비적 탐색'이라는 제목으로 1995년 가을에 회람되기 시작했다. 그것은 중국이 시장 주도적 경제를 향해 나아감으로서 '화평연변(和平演变)'을 통해 정권 교체를 기도하는 서구 세력의 손에서 놀아나고 있다고 주장하며, 결국 소련과 동유럽 지역의 사회주의 붕괴에 이어 중국도 정치적 해체에 직면할 것임을 경고하는 것이었다.

초기 두 편의 '만언서'에서 제기된 주제들은 당시 3개의 좌파 저널에서 이어진 국유기업 체제의 개혁 현안에 대한 지속적인 공격을 통해 더욱 정교해졌다. 그 저널들인 『진리의 추구(真理的追求)』, 『중류(中流)』, 『당대사조(當代思潮)』는 모두 1989년 톈안먼 위기의 즉각적인 여파로 출간이 승인되어 1990년에 처음 발행되었다. 게재 논문들은 사회주의 경제에서 국유기업의 중심적 역할을 옹호하거나, 노동자 이익의 보호에 공산당의 지배적 책임성을 주장하는 이데올로기적으로 편향된 주제들을 강조했다. 가령 1996년 『진리의 추구』 1호에 게재된 논문은 중국이 '현

---

14 펑의 편지에 관한 배경 지식은 이 책의 160쪽 참조. 펑의 편지 원문은 彭德怀, 『彭德怀自述』, 281-7에서 볼 수 있다. 루산회의와 펑의 편지에 관한 마오 비서의 직접 설명은 리루이(李锐)의 회고록, 『庐山会议实录』, 121-34에 있다.

15 첫 3편의 '만언서' 원문은 石柳子 编, 『北京地下万言书』에 수록되어 있다. 초록은 제15차 당대회가 끝나고 1998년 당에서 출간한 책인 马立诚, 凌志军, 『交锋: 当代中国三次思想解放思路』, 242-51, 276-80, 312-16, 351-2에 포함되어 있다. 배경 지식은 Fewsmith, *China since Tiananmen*…, 2nd ed., 176-7 and 194-5 참조.

대기업제도'를 채택함에 따라 '노동력이 사회주의 시장경제에서의 상품'이며, '기업가'와 주주에 의한 기업의 '배타적 관리'가 타당하고, 기업 내 당조직이 폐지되어야 한다는 등의 주장이 포함된 '노동자 계급 축소' 관점이 확립되었다고 경고했다.[16] 『진리의 추구』에서 한 논문은 중국 경제에서 기업 소유제 형태가 다원화됨으로써 공산당 일반 당원들이 3가지 형태의 "부패한 서구 자산계급의 이념과 가치에 의해 침식되었다."라고 경고했다. 그것은 사유제 개념에 의한 공유제 개념의 침식, '배금주의' 가치에 의한 공산주의 가치의 침식, 자산계급 개인주의에 의한 공산주의 집체주의 원칙의 침식이었다.[17]

1996년의 다른 논문은 서구 경제 이론, 특히 하이에크(Friedrich von Hayek)의 신자유주의 이론이 중국에서 마르크스-레닌주의를 지속적으로 대체하고 있다고 주장했다.[18] 일부 논문들은 '사회주의 시장경제'의 전환으로 국유기업이 오랫동안 생산해 온 토착 브랜드가 희생되고 외국 기업의 중국 시장 침범과 지배가 허용되었다고 경고했다. 만약 중국이 중국 시장에서 국유기업의 지위를 방어하지 않으면 다시 '식민경제'가 초래될 것이라고 예견하는 논문도 있었다.[19]

많은 논문들은 중국의 사회경제적 변화에 따른 궁극적 결과가 정권 교체일 것이라고 예측했다. 당연히 고르바초프(Mikhail Gorbachev)의 페레스트로이카(perestroika) 때에 보인 소련의 운명이 좋은 본보기였다. 일부 논문들은 1991년 소련의 붕괴 원인을 고르바초프와 소련공산당 지도부가 소련 경제의 개혁 시도 과정에서 사회주의의 근본에 부합하는 명확한 방향을 유지하지 못하고, 결과적으로 대중들의 지지를 상실한 것에서 찾았다. 한 논문은 "부정적 실례로서 소련과 동유럽의 변동이 우리에게 주는 뼈아픈 교훈은 우리의 사고를 경제문제에 국한한 채

16　李永海, "工人阶级的领导地位不容动摇", 『当代思潮』, 1(1996), 18-24.

17　郑志飚, "试论社会主义市场经济条件下的党内主要矛盾", 『真理的追求』, 1(1996), 20-3.

18　刘日新, "西方经济学与我国经济体制的改革", 周光春, '新自由主义经济学在我国的实际影响", 『真理的追求』, 6(1996), 2-6, & 6-8.

19　周光春, "外商加紧抢占我国市场", 『真理的追求』, 2(1996), 26-7.

714

이념과 신념을 논하지 않고, 정치적 방향을 고려하지 않았던 것이 가져온 결과이다."라고 결론지었다. 이러한 실패는 '자신들의 카드 모두를 한꺼번에 보여 주지 않고, 우선 조금씩 수정한 모호하고 잘못된 마르크스주의 개념을 제시하는' 국내외 '적들'이 공모한 결과였다는 것이다. 그 저자는 "대중들이 그 선례를 따라 자신들의 전망을 바꾸자마자, 적들은 사회주의의 정치경제적 붕괴를 통해 이를 자본주의로 대체시킨다."라고 경고했다.[20]

세 번째와 네 번째 '만언서'는 1996년 말과 1997년 초에 회람되었고, 당시 장과 당 지도부는 1997년 가을에 소집될 공산당 제14차를 열심히 준비하고 있었다. '공유제의 주체적 지위 견지에 관한 약간의 이론 및 정책 문제'라는 제목의 세 번째 '만언서'는 1996년 10월에 처음 등장했고, 12월에 『당대사조』에 다른 제목에 내용을 수정한 형태로 게재되었다.[21] 그것은 공유제의 범주 내에 주식제 기업을 포함시키는 광범위한 쟁점을 다루었다. 나아가 중국의 대형, 중형, 소형 국유기업이 '통합적, 포괄적 체계'로 유지되어야 하고, '큰 것은 잡고, 작은 것은 놓아 주는 것'이 공공 영역의 대규모 사유화에 이를 수 있다고 주장했다. 또한 국유영역이 비록 어려운 환경에 직면했지만, "공유제가 지배적 지위를 상실하면, 심각한 계급 양극화가 도래하고, 전체 노동자 계급이 단순한 임금노동자로 전락하고, 공산당 지배의 경제적 기반이 상실되고, 국가 통치가 퇴보하고, 사회주의의 이상이 해체되고, 사회주의의 정신적 기둥이 붕괴되고, 국가 전체의 사회주의 성격이 변화하여 국제 자본주의의 부속물이 될 것이다."라고 경고했다.[22] 네 번째 '만언서'는 '1992년 이래 자산계급 자유화의 동태와 특징'이라는 제목으로 1997년 초에 회람되었고, 이론적, 경제적, 법적, 문화적 영역에서 반사회주의 자유화 사상의 흐

---

20   周浩, "政治的核心: 政治方向和政治立场", 『真理的追求』, 3(1996), 7-11. *Foreing Broadcast Information Service*(이후 *FBIS*), FTS19960301000003에서 번역된 것을 다소 수정함.

21   特约评论员, "以公有制为主体的基本标志及怎么样才能坚持公有制的主体地位", 『当代思潮』, 4(1996), 2-17.

22   *FBIS*, FTS19970519001420에서 수정된 것을 번역.

름을 공격했다.

이처럼 '현대기업제도' 구축 노력에 대한 공격이 날카롭고 가시적이었지만, 1990년대 중반 이데올로기 좌파 세력도 점차 위축되었다. 그렇지만 장과 최고지도부는 그러한 공격이 근본적인 측면에서 기업개혁에 대한 저항 동력을 제공했기 때문에 그것을 무시할 수 없었다. 만약 '큰 것은 잡고, 작은 것은 놓아 주는' 계획이 추진되었다면, 대략 1500만 명의 잉여 노동자가 일자리를 잃게 되어 심각한 도시불안을 초래할 수 있었다. 게다가 중국 국유기업이 1990년 전체 2200만 명에서 1994년 2800만 명에 이를 만큼 늘어나는 퇴직자를 지원했으며, 개혁은 그들에 대한 대비가 되어 있지 않았다. 개혁의 복잡성이 확대되는 가운데 많은 국유기업들이 피고용인들을 위해 학교, 생활시설, 의료기관을 제공했으며, 후원기업의 해체는 그러한 모든 복지 제공의 해체를 의미했다.[23] 1200만 명에 이르는 대규모 국유영역 노동자의 삶을 바꾸는 일은 기업개혁 현안에 대한 강력한 저항을 초래하는 것이었다.

게다가 아직 파산 기업 자산의 처분에 관한 권위적인 방안도 마련되지 않은 상태였다. 전국인민대표대회가 시범적으로 채택한 1986년의 기업파산법은 입법 과정에서 취지가 손상된 채 1988년에 시행되었으며, 자산 처분이나 채권자 간의 분배에 관한 규정이 명확하지 않았다. 이러한 쟁점과 관련된 1986년 법안의 수정은 1993년 제14기 3중전회에서 '현대기업제도'를 구축하기 위한 50개조의 결정이 채택된 뒤부터 시작되었다. 1996년 10월에 수정 초안이 전국인민대표대회 상무위원회 심의를 위해 제출되었고, 그해 말에 통과될 예정이었다. 그러나 이 수정 초안은 1997년 말에도 여전히 승인되지 못한 채 대기 중이었다. 1998년 3월 전국인민대표대회 상무위원회의 제9차 전국인민대표대회 업무보고에서 톈지윈(田纪云)은 파산법 수정안과 국유자산에 관련된 법률들이 '관련된 이해당사자들의 합의

---

23 "中国经济改革任重道远", 『经济参考报』, 16 December 1997, 4, trans in *FBIS*, FTS19980203000476.

실패'로 통과되지 못했음을 인정하였다.[24] 결국 새로운 기업파산법은 2006년 전국인민대표대회에서 채택되었다.

마지막으로 미국 및 일본과의 관계가 불확실하여 국제적 여건이 어두웠고, 따라서 국내에서 급속한 기업개혁 추진이 적절한지에 의문이 제기되었다. 클린턴 행정부는 첫 번째 재임 기간 대부분 동안, 중국의 인권 상황에 회의를 표시하며 베이징 당국과 일정한 거리를 두었다. 클린턴은 APEC와 UN 회의 등의 다자 협상에서 여러 차례 장쩌민을 만났지만, 양국 수도에서의 정상회담은 갖지 않았다. 마찬가지로 국무장관 크리스토퍼(Warren Christopher)도 중국측 상대인 첸치천(钱其琛)과 여러 차례 다자 회담을 가졌지만, 클린턴의 1차 재임 기간 동안 두 차례의 양자 회담만을 가졌다. 그것은 1993년 첸의 워싱턴 방문, 그리고 클린턴이 자신의 체면을 살릴 수 있도록 1993년 제시한 인권 개선 조건을 충족시키고 중국이 가장 원한 무역 당사국 지위를 얻기 위해 시도한 1994년 3월 크리스토퍼의 실망스러운 베이징 방문이었다. 게다가 베이징 당국은 1994년의 우루과이 라운드를 통해 새로 조직될 세계무역기구(WTO) 가입이 적시에 허용될 수 있도록 1993~1994년 사이에 쌍무무역협정 체결을 적극 추진했다. 베이징과 워싱턴의 쌍무협정 체결이 실패하자 EU 및 일본과의 동일한 협상도 어려워졌고, WTO 설립멤버가 되려던 베이징의 야망도 무산되었다. 마지막으로 클린턴 행정부가 자신의 모교인 코넬대학을 방문하려던 중화민국 리덩후이(李登辉) 총통의 비자를 허용하기로 결정함에 따라 1995~1996년의 대만해협 위기가 촉발되었고, 이것은 중국 인민해방군이 타이완의 주요 항구인 가오슝(高雄)과 지룽(基隆) 해안에 미사일을 발사함으로써 고조되어 이미 악화된 관계에 군사적 긴장을 가중시켰다.

---

24 Huang Zhiling, "New law to better guide bankruptcy", *China Daily*, 18 June 1996, 4; Sun Shangwu, "Economy forces NPC to revise some laws", *China Daily*, 1 November 1997, 1; Tian Jiyun, "Report on the work of the NPC Standing Committee", *XH*, 22 March 1998, available in *SWB*, 26 March 1998.

새로운 기업개혁 추진

그러나 1996년 중반, 일부 요인으로 말미암아 기업개혁이 촉진될 수밖에 없었거나, 최소한 그것이 선호되었다. 그중 하나는 이미 심각한 와중에 더욱 악화되고 있던 기업 손실이었다. 1990년대 초반 30%의 국유기업이 손실에 처해 있었다. 1995년에 그 비율이 40%에 이르렀고, 1996년 상반기에는 그 수치가 43%였다. 게다가 전체 기업 이윤이 적자로 돌아섰다. 1994년까지만 해도 기업 순이윤이 RMB 900억 위안에 달했는데, 1996년 중반에 국유기업들은 RMB 130억의 순손실하에서 운영되었다.[25]

게다가 대미 관계가 1996년 하반기에 호전되었다. 대만해협 위기로 클린턴 행정부는 대중 관계에 새로운 접근 방식이 필요하다고 확신했다. 국가안보보좌관 레이크(Anthony Lake)의 베이징 방문에 이어 장쩌민의 워싱턴 공식 방문과 고어(Al Gore) 부통령의 베이징 공식 방문 일정이 계획되었고, 계속해서 클린턴 대통령의 공식 방문도 이어졌다. 대미 관계의 호전으로 중국의 WTO 가입 노력에 대한 전망이 밝아졌다.

마침내 1995년 말, 국유영역 개혁에 보수적 관점을 견지했던 퇴임한 노인 지도자들이 세상을 떠났다. 후차오무(胡乔木)와 리셴녠(李先念)이 1992년에 죽었고, 왕전(王震)이 1993년에 죽었다. 전임 국무원 부총리이자 정치국 상무위원인 야오이린(姚依林)이 1994년 12월에 죽었고, 1950년대 초반 국유영역 기획가의 한 명이었던 천원은 1995년 4월에 죽었다. 천, 리, 야오는 리펑(李鹏) 총리와 더불어 1988년 봄 덩샤오핑이 제안하고, 자오쯔양 총서기가 추진한 임금 및 물가 개혁이 정치적 실패로 이어지는 데 결정적 역할을 했다. 대신에 그들은 그해 늦가을까지 물가상승을 통제하는 3년간의 경제 긴축정책을 시행했다.[26] 이들 지도자들이 사라짐에 따라 기업개혁에 대한 중요한 정치적 장애가 제거되었고, 리펑은 국유기업영역

---

25 "中国经济改革任重道远…".

26 이 책의 574-580쪽 참조.

의 옹호자로서 고립되어 버렸다.

1995년 후반, 장은 당내 이데올로기 좌파들의 공격을 이미 약화시키기 시작했고, 우파들의 비판도 잘 빠져나갔다. 9월 말과 11월 초에 장은 성급 이상 당 지도자들을 위해 '정치 담론(讲政治)'의 필요성을 강조하는 연설을 했다.[27] 9월 연설에서 그는 '정치 담론'이 '정치적 방향, 정치적 입장, 정치적 관점, 정치적 원칙, 정치적 안목, 정치적 통찰'에 특별히 주의하는 것임을 설파했다. 또한 1월 초 전국선전업무회의 연설에서 장은 '마르크스주의 대 반마르크스주의, 공공 영역이 주도하는 사회주의 경제의 발전 대 다양한 소유제 형태 및 사유화의 공존, 사회주의 민주 대 서구 의회 민주주의, 변증법적 유물론 대 이상적 형이상학, 사회주의 이데올로기 대 부패한 연방제 및 자본주의 사상, 선진적 서구 체제의 학습 대 서구의 숭배 및 외제에 대한 맹신을 식별할' 필요성을 강조했다. 이러한 연설 요지는 지도부의 개혁 노선에 대한 합의를 이끌어 내고, 좌파와 우파 모두의 비판을 약화시키려는 것이었다.

1996년 3월, 장은 제8기 전국인민대표대회 4차 회기에 참석한 당원 및 인민해방군 대표에 대한 각각의 연설에서도 이 주제를 다시 강조했다.[28] 이번에는 특히 좌파의 비판에 대한 조직화된 대응으로 일련의 치밀한 논평이 이어졌다. 3월 15일 인민해방군 총정치부는 인민해방군 대표들에게 군 전체에 장의 연설을 학습하도록 명령하는 통지를 하달했다. 인민해방군 기관지인 『해방군보(解放军报)』 4월 1일자는 장이 식별을 요구했던 다양한 영역에 관한 8개의 논평 기사를 게재하기

---

27 江泽民, "领导干部一定要讲政治"(1995년 9월 27일의 5중전회 기간 분임토의에서 한 연설의 초록), in 『江泽民文选』 1, 455-9; 江泽民, "讲学习, 讲政治, 讲正气"(1995년 11월 8일 베이징에서 업무 시찰 동안 했던 연설의 초록), in 『十四大重要文献选编』 2, 1559-62. 두 연설 모두 당시에는 출판되지 않았으나, 9월 27일 연설은 머지않아 1996년 1월 17일 『신화』에 게재되었다.

28 江泽民, "关于讲政治"(1996년 3월 3일 제8차 전국인민대표대회 및 제8차 전국정협 4차 회기에서 당원 대표에게 행한 연설 초록), in 『十四大以来中央文献选编』 2, 1743-9; 『江泽民文选』 1, 514-7; Jiang Ze-min, "President Jiang reaffirms China's stance on Taiwan, stresses army building", talk to PLA delegates attending the Second Plenary Session of the Fourth Session of the NPC, CCTV, 11 March 1996, *SWB*, 12 March 1996.

시작했다. 이 기사들은 좌파와 우파 모두의 비판을 논박했지만, 결국 좌파에 초점이 맞춰졌다.

보다 광범위한 당원들을 위해 『인민일보』 4월 1일자는 권위 있는 논설위원 런중핑(任仲平, '중요한 인민일보 논평자'와 동음이의어)의 명의로 "영도간부는 정치를 논해야 한다."라는 장의 1995년 9월 5중전회 연설에 대한 긴 논평을 게재했다. 이 논평은 특히 좌파에 대한 분명한 반론과 실천에 근거한 정확한 정치 노선의 필요성을 강조하면서, "정치 담론의 필요성을 강조하고, 경제 건설은 정치적 보장이 있어야 함을 강조하는 것이 '탁상공론 정치'라는 낡은 길로의 회귀나 '정치가 일체를 압도하도록 허용하는' 것을 의미하지는 않는다."라고 선언했다.[29] 6월 1일, 장의 1996년 9월 연설이 광범위한 당원들의 학습을 위해 『해방군보』에서 4월과 5월 초에 발표된 8개를 포함한 15개 사설과 함께 책으로 출판되었다.

마침내 『인민일보』는 6월 6일에 '마르크스주의와 반마르크스주의의 명확한 경계를 구분할' 필요성에 관한 싱번쓰(邢賁思)의 장문의 사설을 게재함으로써 비판에 대한 반론을 완성했다.[30] 후진타오 아래의 중앙당교 부교장이자 전임 사회과학원 철학연구소 소장이었던 싱은 마르크스-레닌주의에 대한 자유주의적 이론가로 오랫동안 명성을 쌓았고, 후와 장의 요청에 따라 그것을 현대 중국의 실정에 적용했다. 싱은 장의 연설에서 사용된 말들을 반복하면서 중국이 개혁 과정의 '결정적 순간'에 처해 있다고 선언했다. 그는 자유주의 개혁가의 특징적 주제를 설파하면서, 유일한 진로는 덩이 '중국 특색 사회주의'를 개척하며 했던 '마르크스주의의 발전'을 지속하는 것이며, 마르크스주의가 완고한 '도그마'가 되어서는 안 된다고 주장했다. 사설 전체에 걸쳐 싱은 '현대기업제도' 구축에서 소유제, 임금 격차, 그리고 계획경제 대 시장경제와 같이 여전히 민감한 문제에 대해 이데올로기 좌파

29　任仲平, "为经济建设和社会发展提供强有力的政治保证-学习江泽民同志'领导干部一定要讲政治'的讲话", 『人民日报』(이후 *RMRB*), 1 April 1996, 1, 3, trans. in *SWB*, 4 April 1996.

30　邢贲思, "坚持马克思主义不动摇-划清马克思主义与反马克思主义的界限", *RMRB*, 6 June 1996, 9, trans. in *SWB*, 27 June 1996.

와 기회주의적 우파 모두를 비난했다. 마지막으로 싱은 이러한 문제에 대해 "우리는 중앙 당국의 결정에 절대 복종해야 한다."라고 결론지었다.

1996년 10월, 제14기 6중전회가 개최되었다. 이 회의는 '사회주의 정신문명 건설'에 관한 장문의 결정을 채택함과 동시에 1997년 후반 당의 제15차 당대회 일정을 통과시켰다. 이와 함께 대회에서 발표할 장쩌민의 정치보고 초안도 열심히 준비하기 시작했으며, 그것은 작년 봄의 비판에 대한 반론에서 분명하게 드러난 바로 그 중도 노선에 입각했다.

암울한 덩의 서거와 당대회 준비

4개월 후인 1997년 2월 19일, 덩샤오핑이 죽었다. 1976년 마오의 희망을 벗어난 화궈펑의 결정과는 달리, 장쩌민은 덩의 가족이 전달한 편지에 적힌 덩의 결정을 따랐으며, 덩의 유골은 화장되어 바다에 뿌려졌다. 2월 25일의 공식 추모행사에서 장쩌민은 공개적으로 눈물을 흘리며 추모사를 읽었으며, 1981년 당의 역사에 관한 결의에서 마오쩌둥에 대한 평가와 필적할 정도로 덩을 "위대한 마르크스주의자, 위대한 프롤레타리아 혁명가, 정치인, 군사 전략가와 외교관, 오래 검증된 전사, 중국 개혁개방과 현대화의 최고 설계자, 중국 특색 사회주의 건설 이론의 창설자."라고 묘사했다. 장은 마오 사후 공산당의 진로에서 덩의 영향을 고찰하며, 덩이 '무엇이 사회주의이고, 그것을 어떻게 건설할지'의 질문을 해결했다고 인정했다. 장은 덩에 대해, 중국이 '사회주의 초급단계'에 처해 있다는 판단, '중국 특색 사회주의' 공식, 사회주의에서 시장의 역할에 대한 인식, 1987년 공산당의 기본 전략으로서 경제발전이라는 '하나의 중심'과 '개혁개방', '4항 기본원칙'이라는 '두 개의 기본점'을 연계시킨 것 등을 통해 당에 지속적으로 기여하였다고 밝혔다. 당의 정치와 관련해 장은 덩의 당 지도자 '종신제' 철폐 요구와 스스로 영도직에서 물러난 선례에 경의를 표했으며, 따라서 "중앙의 제2세대 집단지도 체제에서 새로운 중앙 집단지도 체제로 원활하게 전환되도록 충분한 조건을 창출

하고 결정적 역할을 수행했으며, 당과 국가의 안정을 보장했다."라고 언급했다.[31]

이즈음 장이 당의 제15차 당대회에서 발표할 제14기 중앙위원회 업무보고 초안 과정이 무리 없이 진행되었다. 1996년 10월 중전회에서 당대회를 의제로 설정한 이후, 장은 12월에 업무보고에서 다룰 주요 주제를 제시하기 위해 초안팀과 만났다. 이어진 10개월 동안 정치국 상무위원회는 초안을 계속해서 세 번 검토했다. 1997년 7월 초안은 당내 채널 및 통일전선부를 통해, 전국정협의 민주당파와 협회에서 검토와 조언을 위해 회람되었다.[32]

초안 작업이 이어지는 동안 장은 5월 29일 중앙당교에서 당대회 업무보고의 일부 핵심 주제를 검토하고, 이전에 당내 좌파의 공격을 냉정하게 반박하는 긴 연설을 했다.[33] 먼저 장은 당이 '덩샤오핑 이론의 기치를 확고하게 지지할' 것임을 선언했으며, '최초의 상대적으로 체계적인 방식'으로 중국에서 '무엇이 사회주의이고, 사회주의를 어떻게 건설할지에 대한 기본적 이론 문제'에 대답했기 때문에 그것을 '현대 중국의 마르크스주의'라고 규정했다. 따라서 장은 당내 자유주의자들의 표현을 빌려 좌파의 비판을 확실하게 공격하면서 마르크스주의가 실천 속에서 '발전해야' 한다고 선언했다. 그는 "국가 현실과 동떨어진 마르크스주의를 논하고, 고립적이고 정적인 방식으로 마르크스주의를 연구하며, 마르크스주의 경전의 일부 고립된 단어나 문구로부터 당면 문제의 해답을 구하는 것은 무의미하다."라고 언급했다. 둘째 장은 중국이 '사회주의 초급단계'이며, 당분간 여기에 머무를 것이라는 판단을 재확인함으로써 당대회가 국유기업 개혁 현안의 이데올로기적 정당성을 승인할 수 있는 단계를 설정했다. 이러한 평가는 제11기 6중전회에서 1981년 당의 역사 결의를 통해 처음 등장했으며, 강력한 개혁노선을 걸었

---

31 江泽民, "在邓小平同志追悼大会上江泽民同志之悼词", 1997年 2月 25日, *RMRB*, 26 February 1997, 1ff.

32 *XH*, 25 Sptember 1997.

33 장문의 초록이 *RMRB*, 30 May 1997, 그리고 *BR*, 40. 34(25-31 August 1997), 10-13에 게재되었다. 그 연설은 장의 공식 문집인 『江泽民文选』에 수록되지 않았다.

던 제13차 당대회의 핵심 의제가 되었다. 그것은 1992년 제14차 당대회에서 '중국 특색 '사회주의'의 본질적 요소로 재차 강조되었다. 장에 따르면, 그것은 "우리가 노선, 원칙, 정책을 결정하는 기본 출발점이 되었다." 장은 그의 지도하에서 당이 '사회주의 기본 체제를 포기하고' 있다는 좌파의 비난을 다시 비판하며, "그러한 우리들의 행동이 사회주의로부터 벗어나기보다 실제적인 방식으로 사회주의 건설에 기여하고 있음을 우리의 실천이 증명한다."라고 언급했다. 셋째 장은 1993년 제14기 3중전회의 요구를 재천명하여 '비교적 완전한 사회주의 시장경제'를 건설하고, '현대기업제도'의 창출을 통해 '공유제를 주체로 하며', 다양한 소유제 형태가 함께 발전하는 소유제 구조를 만들고자 했다.

그 이후로 장의 5월 29일 연설 주제에 관한 언론 기사와 인터뷰를 통해 당대회를 기대하게 만드는 다양한 노력이 증폭되었다. 가령 7월 15일, 국가경제무역위원회 기관지『경제일보(经济日报)』는 당 선전부 이론국 부국장이자 상하이 사회과학원 덩샤오핑이론연구소 소장인 리쥔루(李君如)의 글을 1면에 게재했다. 리는 중국이 '사회주의 초급단계'에 있으며, 당분간 오랫동안 그 상태에 머물 것이라는 장의 평가가 중요하다고 강조했다. 리는 이 판단의 정당성을 덩샤오핑과 연계시키면서 옹호했고, 그것을 새롭게 주목할 필요성을 국유기업 영역의 개혁 노력에 대한 논쟁과 직접 연결시켰다.[34] 싱번쓰는 국무원 발전연구중심 기관지『중국경제시보(中国经济时报)』와 일주일에 걸친 인터뷰를 했으며, 그 서두에 덩샤오핑이 경제발전을 강조함으로써 '제2세대 지도부를 제3세대 지도부로 대체하려는' 의도를 비판하기 위해 좌파들이 '정치의 강조'에 대한 장쩌민의 요구를 어떻게 이용하려 했는지 자세히 묘사했고, 이러한 중요한 개혁 단계에서 '좌경주의'에 대한 경계가 가장 우선되어야 한다고 강조했다.[35]

---

34 李君如, "一切从社会主义初级阶段的实际出发",『经济日报』(이후 *JJRB*), 15 July 1997, 1, 3, trans. in *FBIS*, FTS19971006000205.

35 邢贲思, "充分认识初级阶段, 坚决防'左'",『中国经济时报』, 29 July 1997, 1, trans. in *SWB*, 31 July 1997.

8월 5일, 『중국경제시보』는 '우시장(吳市场)'으로 불리는 개혁파 경제학자 우징 렌(吳敬琏)과의 인터뷰를 게재했고, 당시 우는 사회주의는 국유제 경제의 우위를 필요로 한다는 당내 좌파들의 '미신적' 주장을 스탈린주의 정치경제적 관점의 잘 못된 잔재이자 소비에트 블록 경제의 실패로 그 오류가 판명된 것이라고 질책했 다.[36] 마지막으로 8월 12일 『중국경제시보』는 리쥔루와의 인터뷰를 게재했고, 그 는 장의 중앙당교 연설을 '제3차 이데올로기 해방'을 촉발시킨 것으로 묘사했다. 첫 번째 사상해방은 '실천이 진리를 검증하는 유일한 기준'이라는 1978년 논쟁으 로 '중국 특색 사회주의'를 향한 길을 열었고, 두 번째는 1992년 덩샤오핑의 광둥 과 상하이 순방 시기로 사회주의하에서 시장의 역할을 명확하게 했으며, 장의 연 설은 사회주의하에서 국유제, 공유제, 사유제 사이의 관계를 명확히 했다.[37]

좌파들의 기업개혁 비판을 반격하는 언론 논평이 확대되는 가운데, 두 권의 주 목할 만한 책이 이러한 노력에 기여했다. 그중 하나는 『총서기와의 솔직한 대화』 라는 제목으로 1996년 10월에 출간되었고, 12개의 '대관계(大关系)'를 열거한 장쩌 민의 1995년 9월 제14기 5중전회 연설을 게재했으며, 사회과학원 부원장이자 상 하이 시절부터 장쩌민의 동료였던 류지(刘吉)가 서문을 적었다. 류는 서문에서 그 책이 장의 전체회의 연설을 학습하는 3일간의 회의에서 표출된 청년학자 중심의 사회과학원 인문사회과학센터에서 일부 젊은 연구자들이 가진 관점을 대변한다 고 설명했다. 그 책은 각각의 '대관계'를 개별 장(章)으로 다루었고, 새로운 개혁을 철저하게 해명했다. 실제로 그중의 한 장은 "개혁, 개혁, 개혁: 중국은 다른 선택 이 없다."라는 제목이었다.[38]

다른 한 책은 『관건적 시기: 당대 중국이 시급히 해결해야 할 27개 문제』라는

---

36 吳敬琏, "社会主义基本特征是社会公正＋市场经济", 『中国经济时报』, 5 August 1997, 1, trans. in *FBIS*, FTS19971016000355.

37 李君如, "第三次思想解放: 冲破姓'公'姓'私'的思想疑惑", 『中国经济时报』, 12 August 1997, 1, trans. in *FBIS*, FTS19971101000220.

38 翁杰明 et al., eds., 『与总书记谈心』.

제목으로 1997년 4월에 출간되었고, 역시 류지가 서문을 적었다. 류는 중국의 현대화가 '관건적 시기'에 이르렀다는 장쩌민의 연설에 편승하면서, 개혁이 '질적 도약' 지점에 이르렀다고 설명했다. 만약 이러한 도약이 이루어지지 않는다면 중국의 사회주의 현대화 프로젝트는 실패할 것이라고 하였다. 그러한 인식에서 출발하여 일단의 젊은 사회과학원 전문가들은 그 책의 21개 장을 함께 작업하였고, 각자 국제 전략에서 국유기업 개혁, 환경 악화, 문화적 위기 등에 이르는 중국의 시급한 해결 과제들을 상세히 설명하였다. 류는 "1997년이 중국의 운명에서 결정적인 시기임을 역사가 이미 보여 주었고, 더욱 더 증명해 보일 것이다."라고 결론 지었다.[39]

제14기 7중전회가 1997년 9월 6~9일에 소집되었고, 제15차 당대회를 9월 12일에 개최하기로 일정을 잡았다. 이 회의는 정치국을 통해 업무보고 초안을 계속 수정하고 최종 승인했으며, 중앙위원회를 위해 이를 장에게 전달했고, 당대회에 상정할 당장(党章) 수정안도 승인했다. 마지막으로 이 회의는 천시퉁(陈希同)에 대한 당 중앙기율검사위원회 조사 보고를 승인했다. 그는 이미 1995년 9월 5중전회에서 정치국원 자격이 박탈되었고, 계속해서 부패에 따른 형사기소가 예정되어 있었다.[40]

제15차 당대회: 장의 권력 강화

제15차 당대회는 1997년 9월 12~18일 베이징에서 소집되었고, 중국의 국유경제 전환에 관한 오랜 논쟁에 권위적인 최종 결성을 내렸다. 그것은 또한 중국의 리더십 정치에서 장쩌민의 권력과 위상을 강화시켜 최고지도자 지위를 확보하려는 8년에 걸친 투쟁을 종결시켰다. 또한 지난 2월 덩샤오핑의 죽음은 그의 보수

---

39 许明 ed., 『关键时刻: 当代中国亟待解决的27个问题』.

40 "Communique of the Seventh Plenary Session of the 14th CCP Central Committee", *XH*, 9 September 1997, available in *SWB*, 10 September 1997.

파 동료들이 이미 죽은 다음에야 무대에서 사라지는 장의 기민한 정치적 통찰력을 다시 한 번 과시했는데, 이로서 장은 '해방 이후' 중국 지도자 가운데 처음으로 당대회를 통해 등장한 지도자가 되었다. 이것만으로도 제15차 당대회는 근본적인 전환점이 되었다. 이후 중국 정치는 건국 이후 40년 이상 정치와 정책을 지배했던 전문적 공산주의 혁명가들과는 경험과 업적이 완전히 다른 지도자들이 지배하게 되었다.

장쩌민이 개막일에 발표한 장문의 제14기 중앙위원회 업무보고에서는 긴급한 국유기업 체제 전환에 대한 이데올로기 기반을 제시하는 한편, 당대회의 '핵심 주제'가 '덩샤오핑 이론의 위대한 기치를 높이 들자'라고 발표했다.[41] 장은 덩샤오핑 이론만이 중국에서 '사회주의의 미래와 운명에 관련된 쟁점을 해결'할 수 있고, '사상해방과 실제를 통한 진리 탐색' 수단을 제공한다고 선언했다. 따라서 그것은 "전임자의 성과를 물려받을 뿐 아니라, 새로운 실천의 기초 위에서 시대에 뒤떨어진 관습을 타파하는 것이다." 덩샤오핑 이론은 이것을 '중요한 역사적 시점'에서 보여 주었다. 첫째는 '실천이 진리를 검증하는 유일한 기준'이라는 1978년 논쟁으로 이는 마오의 문화대혁명 '계급투쟁' 원칙이 당 이데올로기에서 갖는 지배력을 타파했다. 둘째는 1992년 덩의 광둥 및 상하이 순방 시기의 담화로 사회주의하에서 시장경제의 정당성을 주장했다. 덩샤오핑 이론은 다시 사회주의의 미래와 운명에 관한 문제를 해결하게 되었다. 현재 당은 '이전에 접하지 못했던 많은 어려운 문제들에 직면'해 있으며, '사회주의란 무엇이고, 어떻게 건설해야 하는가'의 질문을 해결하기 위해 다시 '사상을 해방해야' 했다. 당대회는 이러한 개혁적 해석에 권위를 부여하며 공산당 당장을 수정했고, '행동 지침' 측면에서 '덩샤오핑 이론'을 마오쩌둥 사상의 반열에 올렸다.

---

41 Jang Zemin, "Hold high the great banner of Deng Xiaoping theory for an all-round advancement of the cause of building socialism with Chinese characteristics into the 21st century", delivered on 12 September 1997, *BR*, 40, 40(6-12 October 1997), 10-33.

업무보고는 당의 '사회주의 초급단계' 시기의 '기본 노선'에 많은 분량을 할애했다. 장은 "지난 20년 동안 개혁개방과 현대화가 성과를 거둔 근본 이유 중 하나는 사회주의 초급단계를 초월하는 잘못된 개념과 정책을 바로잡고, 사회주의 기본 체제를 포기해야 한다는 잘못된 전제를 거부했기 때문이다."라고 선언했다. 그는 계속해서 "다양한 모순을 해결하고, 의심을 떨쳐내고, 우리가 왜 다른 어떤 노선과 정책이 아닌 기존 노선과 정책을 수행해야 하는지 이해하는 일은 오늘날 사회주의 초급단계에서 중국의 기본 상황을 통합적이고 정확하게 이해하는 데 달려 있다."라고 했다. 이러한 측면에서 그는 "우리가 '우파적' 경향을 경계해야 하지만, 일차적으로는 '좌경'을 경계해야 한다."라고 결론지었다.

업무보고는 다시 기업개혁에 있어 이러한 이데올로기 탐색의 함의를 자세히 설명했다. 보고는 소유제와 '사회주의' 요건이라는 민감한 주제를 언급하며, '공공 영역'이 사회주의 경제를 '지배'해야 한다는 오래 지속된 노선을 재확인했다. 그러나 그것은 이른바 공공 영역의 '완전한 의미'를 국가와 집체 소유의 기업뿐 아니라(전통적 의미로 규정됨), '혼합 소유제 영역에서 국가와 집체가 소유한 부분'으로까지 확대했다. 즉 공공 영역은 1993년 기업개혁에 관한 50개 항목의 결정으로 승인된 다양한 공개 상장기업에서 국가와 집체가 소유한 주식까지 포함했다. 그러한 기업이 본질적으로 공적인지 사적인지에 관해, 보고에서는 '누가 통제권을 갖는지가 핵심'이라고 주장했다. "국가나 집체가 통제권을 갖는다면, 그것은 명백히 공유의 성격을 갖는다." 보고에 따르면 "설사 국유영역이 경제에서 낮은 비중을 차지하더라도, 이것이 중국의 사회주의 성격에 영향을 미치지 않는다."라는 것이 최종 결론이었다.

다음으로 업무보고는 1993년 전체회의에서 결정된 '현대기업제도' 창출 요구를 반복했고, 국유영역의 전환을 2000년까지 완성하도록 요구하면서 '큰 것은 잡고, 작은 것은 놓아주는' 계획을 승인했다. 전환된 기업의 인력 감축이나 일부 기업의 파산이 필요하기 때문에 "인력이나 해고 노동자의 유동성을 피하기 어려울 것이다. 그러한 일부 노동자들의 일시적 어려움에도 불구하고 그것이 경제발전을 유도하고, 노동계급의 장기적 이익에 부합한다."라는 설명이 이어졌다. 그것은 마치 프롤레타리아 노동자 정당의 권위적 합의라기보다『월스트리트저널(Wall Street Journal)』이나『이코노미스트(Economist)』같은 신고전적 경향의 편집자 의견으로 들렸으며, 보고는 중국 노동자들에게 국유기업이 어려운 시장 환경에 적응하는 것처럼 "고용에 대한 사고를 바꾸고, 개혁과 발전의 새로운 요건을 충족하도록 자질을 개선하라."라고 촉구했다.

덩 사후 당의 지도부

제15차 당대회는 9월 18일에 폐막되었고, 9월 19일의 1중전회에서 제15기 중앙위원회가 선출되었다. 전체 중앙위원의 교체율이 57%라는 사실은 의미심장하다. 이는 마오 사후에 있었던 1987년 제13차 당대회 이후 가장 높은 수치였다. 이로서 1985년 시작된 당 혁명 간부들의 은퇴가 일단락되었다.[42] 일부 예외를 제외하고 193명 신임 중앙위원 거의 전부가 65세 이하였다. 당대회는 중국의 31개 성급 단위 거의 전부에서 광범위한 지도부 교체를 단행했으며, 29명의 성급 당서기와 27명의 성장이 교체되었다. 제15기 신임 중앙위원회에는 30명의 성급 당서기, 26명의 성장, 14명의 군구 사령원과 정치위원 가운데 12명이 위원에 포함되었고, 그들은 모두 당대회 이후 일정 기간 자신들의 지위를 유지할 것으로 기대되었다. 41명의 현직 부장 중에서는 단지 30명만 중앙위원회에 포함되었으며, 이는 다음 해 봄에 개최될 제9차 전국인민대표대회에서 대규모 국무원 개혁이 있을 것을 예고하는 것이었다.

9월 19일 제15기 1중전회의 당 지도부 임명에서 드러난 것처럼, 지도부 승계 절차의 시급한 제도화와 장쩌민의 권력 강화라는 두 측면에서 모두 정치국의 교체

---

42 연속적인 중앙위원회의 비교분석을 위해서는 Li Cheng, and Lynn White, "The Fifteenth Central Committee of the Chinese Communist Party", *AS*, 38. 3(March 1998), 231-64, 특히 241ff.

가 중요했지만 그 수준은 온건했으며, 장은 당 총서기와 중앙군사위원회 주석 직위를 보유하게 되었다. 기존 정치국의 19명 위원 중에서 4명과 2명의 후보위원 가운데 1명이 퇴임했으며, 새로운 정치국은 22명으로 확대되고 2명의 후보위원이 있었으며, 8명의 신임 위원이 포함되었다.[43] 7명의 정치국 상무위원 중에는 2명이 퇴임했으며, 정치국에서 승진한 2명이 그들을 대체했다.

지도부 승계 과정의 초기 제도화는 장쩌민을 제외한 70세 이상의 기존 정치국 내 모든 지도자들이 퇴임했다는 사실에서 명확히 드러난다. 덩샤오핑은 1980년 '당정 지도 체제의 개혁에 관하여'라는 유명한 연설에서 종신제 지도자의 퇴임을 강력히 주장했으며, 당시 정치국원의 명확한 퇴임 연령 문제도 논의는 되었지만 결정된 바는 없었다. 1982년 중화인민공화국 헌법은 전국인민대표대회 상무위원장과 총리 임기를 5년씩 두 차례만 가능하도록 제한했고, 1982년 공산당 당장은 최고지도자의 공식적 임기 제한은 언급하지 않았지만 당 지도자가 "종신 임기를 부여받아서는 안 된다."라고 규정했다. 이에 근거하여 다음 해부터 성급 당서기, 성장, 중앙위원, 국무원 부장 등을 포함한 다양한 수준의 당정 간부들에 대한 퇴임 기준이 확립되었다. 1988년과 1994년에 중앙군사위원회, 인민해방군 본부, 7대 군구에서도 계급에 따라 군 간부들의 강제 퇴임 연령이 정해졌다. 이러한 맥락에서 비록 공개되지는 않았지만, 연령 기준에 따른 정치국원의 퇴임 기준도 결국 최고지도부 수준에서 확립되었음을 알 수 있다.

당대회에서 이러한 기준의 적용에 따른 영향은 정치국 상무위원회 서열 3위이자 전국인민대표대회 상무위원장인 차오스(喬石)의 운명에서 극명히 드러났다. 차오는 외부 관찰자들에 의하면 장쩌민의 라이벌이자 특히 상당히 권위적인 개념인 '법에 따른 국가 통제(依法制国)'를 반대하고, '법에 따른 국가 통치(依法治国)'

---

43 전체 20명의 위원과 2명의 후보위원이 1992년 제14기 중앙위원회 정치국에 임명되었으나, 톈진 당서기 탄샤오원(譚紹文)은 제14차 당대회 이후 6개월만인 1993년 2월에 죽었고, 천시퉁(陈希同)은 1995년에 숙청되었다. 상하이 당서기 황쥐(黃菊)는 1994년에 죽었다.

를 존중하는 자유주의 개혁의 지지자로 간주되었다. 이처럼 라이벌이기도 하지만, 그가 관할하는 전국인민대표대회가 1993년 회사법을 포함해 시장 지향적 개혁의 법적 기초를 다지는 많은 법률을 제정했다는 측면에서 협력자이기도 했다. 이러한 추측의 진실이 무엇이든, 당대회 당시 차오의 미래는 다가올 승계 기준의 조정에 달려 있었다. 한편으로 차오는 중화인민공화국 헌법에 따라 두 번째 전국인민대표대회 상무위원장 직무가 적법했다. 반면에 73세인 그는 70세 이상의 퇴임이 유지된다면 정치국과 상무위원회에서 퇴임해야 했다. 결국 그의 퇴임으로 정치국 퇴임 기준도 강화되고, 장의 정치적 라이벌도 제거되었다. 일부의 설명에 따르면, 장이 70세 퇴임 기준에서 예외가 된 것은 당 원로 보이보(薄一波)의 적절한 개입에 따른 것이며 그는 장을 제외한 70세 이상의 모든 지도자가 퇴임하고, 장이 임기를 유지하는 것은 전환기에 '당의 통합'을 위해 필요하다고 제안함으로써 정치국 내 지도자 퇴임에 대한 교착 상태를 타개했다.[44]

신임 정치국 상무위원은 서열에 따라 리펑이 총리로 5년 연임을 했기 때문에 제9차 전국인민대표대회에서 상무위원장인 차오를 대체했다. 부총리로 재임하며 1993~1994년 물가 통제를 주도하고, 성급 지도자에게 넘어간 정책 영역에서 중앙의 권위를 회복했던 주룽지는 리를 대신해 총리가 되었다. 이에 따라 초래된 권력 구성, 즉 보수파 리펑이 자유주의적인 차오스를 대신해 전국인민대표대회 상무위원장이 되고, 자유주의적인 주룽지가 보수파인 리를 대신해 총리가 되며, 장이 그 중간에 놓인 형태는 제15차 당대회 이전부터 갖추어져 있었고, 덩샤오핑이 1980년대 초반 이래 전국인민대표대회 상무위원장과 총리의 균형을 맞추려던 사려 깊은 설계를 잘 반영하는 구조였다.[45]

---

44 보의 개입에 대해서는 Richard Baum, "The Fifteenth National Party Congress: Jiang takes command?" *China Quarterly*(이후 *CQ*), 153(March 1998), 150-1; Joseph Fewsmith, *China since Tiananmen···*, 2nd ed., 201 참조.

45 따라서 1983년에서 1987년까지 보수파 펑전(彭真)이 전국인민대표대회 상무위원장으로 재임한 반면 자유주의자 자오쯔양은 총리로 재임했으며, 1988년에서 1993년까지 자유주의적인 완리(万里)가 전국인민대표대회 상무위원장으로 재임한 반면 보수파 리펑은 총리로 재임하였다.

장쩌민은 제15차 당대회를 통해 지위가 개선되었다. 차오스의 퇴임으로 상무위원회의 라이벌이 사라졌다. 중앙군사위원회에서는 류화칭(刘华淸)과 장전(张震)이 물러나고 장완녠(张万年)과 츠하오톈(迟浩田)이 등장함에 따라 인민해방군 장군들과 장의 관계가 개선되었다. 정치국원 가운데는 새로 베이징 당서기에 지명된 자칭린(贾庆林), 당대회 당시 허난(河南) 당서기였으나 이듬해 봄 광둥(廣东) 당서기가 된 리창춘(李长春), 그 외에 장춘윈(姜春云), 황쥐(黃菊), 우방궈(吳邦国) 등이 '상하이방(上海帮)'으로 분류될 수 있었다. 마지막으로 장의 개인 비서이자 막료 중에서 쩡칭훙(曾庆红)이 서기처 서기와 정치국 후보위원으로 임명되었다. 1989년 장은 총서기에 부임하면서 상하이에서 그의 최고 개인 막료였던 쩡을 동반했으며, 그를 당 중앙판공청 부주임으로 임명했다. 1993년 쩡은 원자바오(溫家宝)를 대신해 판공청 주임이 되었다. 중앙판공청은 지도부 내의 의사소통과 문서 수발에서 지도자의 사무실 공간, 주거 지역, 여행 안배, 보안 등에 이르기까지 전반적인 업무 조정 기능을 맡기 때문에 자기 심복을 주임으로 발탁하는 일이 총서기 권력 강화에 핵심적이었다. 따라서 쩡을 정치국과 서기처 성원으로 임명함으로써 장의 권력이 더욱 강화되었고, 최고지도부 내에서 쩡이 장의 대리인으로 부상했으며, 2년 후에는 당조직부장으로 임명되었다.

후진타오는 서기처 서기로 재임명됨과 동시에 정치국 상무위원회 서열이 7위에서 5위로 상승했다. 그는 계속해서 1998년 제9차 전국인민대표대회에서 중화인민공화국 부주석과 1999년 9월 제15기 4중전회에서 중앙군사위원회 부주석으로 임명됨에 따라 다음에 있을 2002년 제16자 당대회의 최고지도부 교체에서 장을 승계할 최고지도자가 될 것이 충분히 예정되었다. 이러한 측면에서 원자바오의 정치국 진입도 주목할 만한 일이었다. 1992년 이래 원은 서기처에서 경제 분야 책임을 맡은 서기로 있었으며, 리펑이나 특히 주룽지와 협력했다. 정치국원 및 제9차 전국인민대표대회 부총리 지명으로 그는 주룽지 총리를 승계할 가능성이 있는 두 명 중의 한 명이 되었다. 다른 한 명은 우방궈로서 그는 상하이 당서기로 있으면서 1992년 정치국에 지명되었고, 장쩌민에 의해 1994년 베이징으로 발탁되고 서기처 서기를 겸임했다. 제15차 당대회에서 우는 서기직에서 내려와 정치국에 재임명되었으며, 부총리로 지명되었다. 1994년에서 1997년 사이 서기처에서 우방궈와 원자바오는 업무 분장이 이루어졌으며, 원은 금융 업무 집행을 관리하고, 우는 기업개혁을 관리했는데, 이러한 안배는 1997년 이후로도 지속되었다. 1997년 원과 우는 모두 56세였고, 이것은 둘 중 누구든 2003년에 총리직을 승계할 수 있고, 또 정년인 70세까지 5년씩 두 번 연임할 수 있음을 의미했다.

전반적으로 1997년 정치국 지도부 임명으로 1949년 공산당의 승리를 이끌고 40년 이상 중국 정치를 지배해 온 두 세대의 당 원로에서 1949년 이전의 직접적인 투쟁 경험이 적거나 없는 새로운 지도부 세대로 원활한 전환이 이루어졌다. 중국을 건국한 전문적 혁명가였던 기존 공산당 지도부에 대한 신뢰와 달리 새로운 지도부는 무엇보다도 덩샤오핑이 신중하게 모색한 기준, 즉 보다 젊고, 교육받고, 기술적으로 유능하고, 따라서 급속한 현대화 과정의 국가를 관리할 수 있는 기준에 부합했기 때문에 승진을 했다. 장쩌민을 중심으로 한 제15기 중앙위원회 정치국 지도부는 중화인민공화국 시기 권력에 부상했기 때문에 '해방 이후' 세대이며, '계급투쟁'을 추구하는 사회변혁보다 현대화와 관리의 추구에 부합하기 때문에 '혁명 이후' 세대로 묘사될 수 있다.

이들의 자질은 제15기 중앙위원회 정치국의 24명 집단 체제와, 덩샤오핑이 자신의 권력을 강화하던 개혁 초기의 1982년에 지명된 제12기 중앙위원회 정치국의 25명을 비교하면 분명해진다. 첫째, 장의 정치국원은 1982년 정치국원보다 임명 시점에 평균연령이 10년 가까이 젊었는데, 이들은 63세이고 덩 그룹은 73세였다. 둘째, 후속 세대의 교체가 곧바로 이루어졌으며, 1997년 정치국원 대부분(24명 중 14명)은 자신들의 당직 경력을 1949년 혁명 이후에 시작했고, 나머지 10명은 1940년대에 당에 가입했다. 1982년 정치국은 소련 지도부의 '구볼세비키(old Bolsheviks)' 시기와 동등한 위상을 갖는 1935~1936년의 대장정 시기 이전에 당에

732

가입한 인물이 25명 가운데 23명에 이르렀으며, 그중 16명이 1921년 창당된 뒤 1927년 제1차 통일전선이 끝나기 전에 당에 가입했다.

셋째, 장의 지도부가 덩샤오핑 중심의 1982년 지도부보다 교육 수준이 월등히 나았다. 덩의 지도부 25명 중에는 아무도 대학 학위가 없었다. 단지 2명(후차오무와 랴오청즈)만이 대학에서 2년간 공부했으며, 다른 2명(쉬샹첸과 녜룽전)은 황포군관학교(Whampoa Military Academy), 녜가 모스크바의 군사학교와 벨기에(Belgium) 샤를루아(Charleroi) 노동자대학(Universite de Travail)에서 2년간 공학을 공부했고, 또 다른 2명은 모스크바(Moscow) 중산대학(Sun Yat-sen University)에서 공부했다. 이와 대조적으로 장의 정치국원은 17명이 대학 학위를 갖고 있었다. 17명 가운데 14명이 공학학위를 가졌고, 2명이 기술학위를 가졌으며, 1명(리란칭)이 기업관리학위를 가졌다.

넷째, 장쩌민을 둘러싼 정치국 지도부는 연해 지역과 밀접히 관련되었다. 13명이 산둥, 장쑤, 저장, 푸젠, 광둥 등의 연해 성과 2개의 성급 연해 도시인 톈진과 상하이 출신이었다. 다른 4명(주룽지, 우방궈, 자칭린, 쩡칭훙)은 1980년대와 1990년대 초 경제개혁이 한창일 당시 연해 지역에서 오랜 기간 근무한 다음 중앙 정치로 부상했다. 따라서 1997년 정치국원 24명 가운데 17명이 개혁기에 연해 핵심 지역과 밀접히 연계되어 있었다. 이와 대조적으로 1982년 지도부는 25명 가운데 6명만이 연해 지역 출신이었으며, 나머지 대부분은 덩의 고향인 쓰촨(四川)과 당의 예전 중남국 지역 출신이었으며, 일부가 산시(山西) 지도자였다.

마지막으로 1997년 정치국은 철저하게 문민 지도부였다. 24명의 위원 가운데 단지 2명의 전문적인 군 지도자, 즉 내전과 한국전에 참여하였던 장완녠과 츠하오톈만이 직접적인 군대 경험이 있었고, 자신들의 경력을 인민해방군이나 군과 관련된 기관에서 쌓았다. 장쩌민을 포함한 나머지 22명은 군대 경험이 없었다. 이와 대조적으로 1982년 정치국은 25명 가운데 20명이 항일 전쟁과 내전에서 지도자나 전투 역할을 통하여 중요한 군대 경험을 쌓았고, 그들 가운데 덩샤오핑을 포함한 7명이 1949년 이후로도 군 경력에 종사하거나 중요한 군사적 역할을 수행하였다.

이러한 지도부 교체의 중요성은 과장하기 어렵다. 대체로 장을 둘러싼 지도부는 교육을 받았고, 1950년대에 정치적 경력이 시작되었고, 문화대혁명을 통해 이익을 얻기보다 그것을 견뎌야 했다. 그들이 권력으로 부상하기 시작한 것은 마오쩌둥의 '혁명' 정치가 끝나고 1980년대에 덩샤오핑의 개혁이 도래하면서였다. 그들은 교육과 경험을 통해 기술적 전망을 공유했으며, 그들 자신을 영웅적 사회혁명가로 간주하기보다 중국의 현대화에 대한 실용적이고 해결적인 접근을 선호했다. 그리고 그들은 전례 없이 강력한 문민 지도자였으며, 안보가 오랫동안 가장 우선적 과제였던 국가를, 그리고 군대가 오랫동안 정치권력의 일차적 기반이었던 당을 통치했다.

장쩌민과 세계화의 딜레마

제15차 당대회에서 국유기업 체제를 '현대기업제도'로 전환하는 계획을 포함시킴으로써 '큰 것은 잡고 작은 것은 놓아 주는' 방식의 개혁 노력이 진지하게 전개될 수 있었다. 이듬해 봄에 소집된 제9차 전국인민대표대회에서는 '정부와 기업의 분리'라는 보완적 목표가 달성될 수 있도록 국무원 조직 개편이 전면적으로 착수되었다. 이러한 조치나 혹은 1998년 제15기 3중전회의 '삼농문제' 해결과 2000년 서부대개발 추진과 같은 요구가 WTO 가입을 승인받으려는 새로운 노력과 동시에 이루어졌다.

종합하면 그러한 노력들은 일단의 중국 지도부가 중국에 대한 세계화의 영향에 저항하기보다 그것을 수용하기로 결정했음을 나타냈다. 장쩌민이 제9차 전국인민대표대회에 참석한 홍콩 대표들에게 한 발언을 보면 이러한 결정이 잘 드러난다.

우리가 배운 것 중의 하나는 이런 것이다. 우리는 경제의 '세계화' 문제를 종합적이고 정확하게 이해해야 한다. 경제의 '세계화'는 세계경제발전의 객관적 추세이다. 아무도 이 추세를 피할 수 없다. 이 문제의 핵심은 우리가 '세계화'를 변증법적으로 다루는 것이다…. 우리는 이러한 경제의 '세계화' 추세 속에서 국제적 경제 협력 및 경쟁의 참여에 대담하고 능숙해져야 한다. 우리는 어떻게 이익을 추구하고, 손해를 회피할지 배워야 한다. 한편으로 우리는 우리의 발전을 가속화하기 위해 그것이 제공하는 기회와 우호적 조건을 충분히 이용해야 한다. 다른 한편 우리는 그것으로 초래될 불리한 요인과 위기를 충분히 인지하고 적절하게 방지해야 한다.[46]

장의 발언 이후 언론에서 중국의 세계화에 대한 함의와 관련된 논의가 1997년 아시아 금융위기의 촉발과 더불어 점점 빈번해졌다. 그 중에는 『진리의 추구』와 『당대사조』와 같은 좌파 저널들의 국유기업 개혁 현안에 대한 새로운 비판도 포함되었으며, 그들은 WTO 가입이 중국 경제를 다국적기업에 의한 외국인 투자와 지배에 개방시켜 중국을 외국에 종속시킬 것이라고 주장했다. 세계화의 함의에 대한 언론의 논쟁은 1998년까지 이어졌고, 이 문제에 대한 지도부의 노선은 장이 전국인민대표대회 회의에서 발언한 내용을 따라 정리되었으며 당국의 입장에 대한 기준이 되었다.[47]

따라서 당대회 이후 기업개혁과 WTO 가입 노력은 세계경제 흐름의 불확실성과 국내의 정치사회적 불안에 대한 관심이라는 맥락을 따라 전개되었다. 그것은 기업개혁에 수반된 노동자들의 대규모 정리해고와 1997년 아시아 금융 위기의 불확실성뿐 아니라, 중국의 지속적 개방이 초래한 세계화의 정치사회적 결과, 즉 경박한 대중적 민족주의, 공공 담론 영역에서 촉발된 지속적인 논쟁, 새로운 관

---

46 "China: Jiang Zemin, HK Deputies Mull Work Report", *XH*, 9 March 1998, available in *FBIS*, CHI-98-069.

47 가령 "Chinese president on diplomatic work", *XH*, 28 August 1998, available in *SWB/Asia Pacific*, 28 August 1998 참조.

료부패 방식, 새로운 매체를 활용한 선동과 저항 등으로부터도 파생되었다.

제9차 전국인민대표대회

제9차 전국인민대표대회는 1998년 3월 5~19일 개최되었고, 1983년 자오쯔양의 조직 개편 이래 가장 광범위한 국무원 및 산하 부서와 기관에 대한 개혁이 추진되었다. 1983년 제6차, 1988년 제7차, 1993년 제8차 전국인민대표대회도 국무원 및 이에 상응하는 하급 정부기관의 개혁을 성공적으로 추진했지만, 당시의 조치는 조정, 인력과잉, 기능 중첩 등의 근본 문제에 미치는 영향이 상대적으로 작았다. 실제 당시의 리펑 총리는 1993년 제8차 전국인민대표대회 업무보고에서 국무원 개혁 현안을 설명하며, 기존 1983년과 1988년 두 차례 조직 개편이 감축이라는 목표에도 불구하고 국무원을 예전보다 더 확대시켰다고 논평했다.[48]

1993년 개혁은 국무원의 부, 위원회, 산하기관을 86개에서 59개로 축소하였고 (41개의 부와 위원회를 포함), 이들 기구의 인력을 25% 감축하고자 하였다. 1998년 국무원 개혁은 부와 위원회 규모를 29개로 더욱 축소하였고, 인력은 50% 감축을 목표로 3만 1000명의 승인 규모에 맞추어 1998년에 4만 7000명까지 줄이는 수준이었다.[49]

1998년 정부개혁의 우선적 목적은 한편으로 국무원 부서 및 그에 대응되는 성 및 지방정부 산업국과 다른 한편으로 그들이 관리하는 국유기업 간의 오래된 연계를 단절시키는 데 있었다. 따라서 석탄, 기계, 화학, 금속 산업 등을 감독하는 산업 부서의 변화가 가장 두드러졌고, 이들 조직은 개편된 국가경제무역위원회 산하의 정책 기획을 담당하는 국으로 변모했다. 우전부(邮电部)와 같은 일부 부서

---

48 Li Peng, "Report on the work of the governance", delivered at the Eighth NPC, 15 March 1993, *BR*, 36, 15(12-18 April 1993), I-XVI.

49 국무원 개혁의 내용과 논리는 뤄간의 제9차 전국인민대표대회 보고에 상세히 설명되었다. [Luo Gan], "State Councillor Luo Gan sets out structure for government streamlining", 6 March 1998, 『大公报』(이후 *DGB*), 7 March 1998, B1-B2, trans. in *SWB*, 13 March 1998.

는 통합을 거치면서 감독 권한을 상실했다. 한때 이러한 부서들이 관리하던 국유기업은 독립적 기업집단으로 재편되었다. 마지막으로 개혁을 통해 국유기업의 사회복지 기능을 분리시키며 노동부를 노동사회보장부로 확대했으며, 과거 여러 부서에 분산되었던 사회보장 기능을 통합했다.

경제와 관련된 3개 주요 국가 위원회의 역할도 재편되었다. 국가경제무역위원회는 국무원에서 최고의 산업 및 무역정책 주체로 등장했다. 개혁기 이전 중국 정치체제에서 가장 강력한 관료기구 중 하나였던 국가계획위원회는 기획과 계획 역할의 축소로 위상이 하락했다. 국가경제체제개혁위원회는 주룽지 총리가 직접 관할하며 국유기업 체제의 전환을 관리하는 의사 기구로 격상되었다. 이러한 변화는 1980년대 이들 기구의 역할과 우선순위를 효과적으로 부활시켰는데, 자오쯔양 총리 시기에 이들 기구가 했던 역할이 1988년 이후 리펑 총리하에서 뒤바뀌었다. 자오는 1982년에 국가경제체제개혁위원회를 설립하고, 그것을 직접 관할했다. 리펑은 그것의 역할을 축소했고, 1990년에 국가경제위원회를 국가생산위원회로 격하시켰다. 이것은 그의 보수적 관점에서 일관적이었으며, 1988년 가을에 승인되고 1989년 39개 항목의 중앙위원회 결정에 따라 공식화된 경제 긴축정책과도 보조가 맞았다. 1991년 주룽지가 상하이 시장에서 중앙으로 승진했을 당시 그는 축소된 국가생산위원회의 주임을 맡았다. 결국 1993년 국무원 개편에서 국가생산위원회는 다시 위상이 강화되어 조직을 국가경제무역위원회로 확대했으며, 주의 수하인 왕중위(王忠禹)가 주임을 맡았다.

이러한 제도적 변화와 국유기업 개혁 방안이 3년간 지속됨에 따라 중국의 산입 영역이 변화되었으며, 1950년대 구축된 계획경제 질서는 국유기업과 독립적 기업집단, 공유제 기업, 외국인 투자 기업, 그리고 다양한 형태의 기업으로 구성된 새로운 모습으로 변모했다. 새로운 질서는 확실히 불완전했다. 특히 주룽지가 제9차 전국인민대표대회에서 은행 및 금융 영역의 독립된 중앙은행을 구축하고, 국유기업을 약화시키는 인민은행의 정부 주도적 대출 관행을 타파하기 위해 새로운 개혁 방안을 선언했지만, 이러한 개혁이 충분히 이루어지지 못했다.[50] 또한 개혁의 여파로 국유 경제에 속한 자산을 관리할 새로운 기관이 필요했는데, 이 문제는 2003년 국유자산관리감독위원회의 설립, 그리고 2004년과 2005년에 성 및 지방 수준에서 상응하는 기관의 설립으로 다소 해결되었다.[51] 그렇지만 1990년대 후반의 국유기업 개혁은 중국 경제가 WTO에 가입하고 계속해서 세계경제에 깊이 편입될 더 좋은 여건을 제공하는 근본적 변화를 초래했다. 결국 WTO 가입의 추가적 추진으로 장과 주는 저항적인 정부 관료 및 기업 관리자들에게 기업개혁의 촉진을 촉구하는 수단을 갖게 되었으며, 외국과의 경쟁이 시작되면 개혁을 하지 않는 비효율적 기업들은 결국 망할 것임을 경고했다.

WTO 가입 추진

제9차 전국인민대표대회에서 주룽지가 리펑의 총리직을 승계함에 따라 베이징 당국은 WTO 가입 협상을 재개할 수 있었다. 1995년 WTO가 창설되기 이전 1990년대 초반에 가입 협상이 합의되었지만 결국 실패했는데, 어디로 보나 리는 총리로서 그것에 저항했으며, 장쩌민과 주는 지지했다. 중국의 대외무역부에서 오랜 경력을 쌓은 리란칭(李岚清)이 제15차 당대회에서 정치국 상무위원, 제9차 전국인민대표대회에서 부총리로 임명됨에 따라 WTO 가입을 위한 노력도 강화되었다. 그 가입의 핵심은 워싱턴과의 쌍무협정 타결에 있었으며, 그것이 성사되면 미국과의 협정을 기다리며 베이징과의 쌍무협정을 미루고 있는 유럽과 일본과의 합의도 이어질 것이었다. 그러나 앞서 논의했듯이, 클린턴 대통령의 첫 임기 동안 베이징과 워싱턴의 관계는 불확실했으며, 그것은 톈안먼 사태 이후 대통령 자

---

50 그러한 조치들과 그것을 주도해 간 주룽지의 금융 집권화 노력은 Victor C. Shih, *Faction and finance in China*, 161-78 참조.

51 국유자산관리감독위원회의 설립은 Barry Naughton, *The Chinese economy*…, 316-19; Barry Naughton, "The State Asset Commission: A powerful new government body", *China Leadership Monitor*, 8(Fall 2003); Barry Naughton, "SASAC rising", *China Leadership Monitor*, 14(Spring 2005) 참조.

신과 미 의회의 중국에 대한 적대적 관점 때문이었다.

그러나 주가 총리에 임명되었을 때 중·미 관계는 호전되는 와중에 있었고, 그 것은 제15차 당대회 직후인 1997년 10월 장쩌민의 워싱턴 공식 방문, 그리고 제 9차 전국인민대표대회 직후인 1998년 3월에 앨 고어 부통령의 베이징 방문으로 분명해졌다. 클린턴의 방문은 이어서 6월에 예정되었고, 그것은 1989년 2월 조 지 부시(George H. W. Bush) 대통령의 방문 이후 현직 미국 대통령의 첫 방문이었다. 그러한 상황에서 중국 지도부는 WTO 가입을 위한 쌍무협정 추진에 대한 관심 을 표시하기 시작했다. 그러나 워싱턴과 베이징 사이의 일련의 문제를 둘러싼 정 치적 논쟁으로 그 움직임이 느렸다. 1999년 초까지는 합의를 향한 중요한 진전이 이루어지지 않았고, 이어서 1998년 11월과 1999년 2월의 두 차례에 걸쳐 WTO 가입에 관한 클린턴의 서신이 장쩌민에게 전달되었으며, 1999년 1월에 연방준비 제도이사회 의장 그린스펀(Alan Greenspan)과 3월 초 미국 무역대표부의 바쉐프스 키(Charlene Barshevsky)가 베이징을 방문했다. 이러한 노력은 주가 쌍무협정을 타결 할 것으로 기대된 4월 6~10일에 워싱턴을 방문하면서 고조에 달했다.[52]

이러한 기대는 큰 실망으로 이어졌다. 주가 워싱턴에 도착했을 때, 로스앨러모 스(Los Alamos)의 미국 핵연구소가 중국의 스파이 행위를 주장함에 따라 1999년 미 사일 유도 기술의 불법 이전에 대한 의회 콕스위원회의 조사, 1996년 클린턴 대 통령의 재선 캠페인에 대한 중국의 부정적 기여에 대한 비난, 그리고 중국 인권 관행에 대한 지속적 압력 등으로 이미 구름이 낀 분위기가 더욱 어두워졌다.[53] 이

---

52 주룽지의 워싱턴 방문과 그 여파에 대한 미국의 관점부터 WTO 가입에 대한 1999년 11월 중·미 협정 에 이르기까지의 권위적 설명은 Robert L. Suettinger, *Beyond Tiananmen*, 358-88 참조. 베이징의 관점에 대한 분석은 Joseph Fewsmith, "China and the WTO: The politics behind the agreement", *NBR Analysis*, 10, 5(December 1999), 23-29 참조. 중국 지도부의 이러한 안건 처리에 대한 흥미롭지만 확인되지 않은 설명은 宗海仁(가명), 『朱镕基在 1999』, 25-43, 71-99 참조.

53 로스앨러모스 첩보 활동 이야기는 『뉴욕 타임스(*New York Times*)』(이후 *NYT*)의 1999년 3월 5일 "특 집 보도"인 James Risen & Jeff Gerth, "Breach at Los Alamos: China stole nuclear secrets for bombs, U.S. aides say"를 통해 알려졌다. 나중에 그 기사에 의문을 제기하는 『뉴욕 타임스』의 설명은 William J. Broad, "Spies vs. *sweat*: The debate over China's nuclear advance", *NYT*, 7 September 1999 참조. 『뉴욕 타임스』의

미 공화당 우파와 민주당 좌파, 의류 생산업자, 노동조합, 그리고 기타 이해 관계
자들의 지속적인 중국 WTO 가입 반대에 봉착하면서 클린턴은 국내 정책 고문
들의 자문에 따라 베이징의 관점에서 보았을 때, 워싱턴에 상당한 양보였던 합의
안에서 멀어졌다. 주는 크게 당황하면서 합의 없이 워싱턴을 떠났다.

중국에 연루된 미국 비즈니스 업체들의 즉각적인 비판에 직면하면서 클린턴은
자신의 결심을 신속히 바꾸어 대화 재개를 모색했다. 한편 당시에 합의 도출에
실패한 주는 격렬한 비판에 직면했고, 5월 7일 코소보(Kosovo) 전쟁에 참여한 나토
군이 베오그라드(Belgrade)의 중국 대사관을 폭격한 후 사태는 더욱 악화되었으며,
당시 3명의 중국인이 죽고 베이징에 있는 미 대사관 밖에서 격렬한 민족주의 시
위가 촉발되었다. 이처럼 여론이 폭발하면서 주와 정도는 덜하지만 장도 WTO
가입뿐 아니라 전반적인 문제에서 수세적 입장에 놓였다. 5월과 6월에 지도부는
베오그라드 폭격에 대한 상반된 반응을 언론에 표출하면서 이견이 분명히 드러
났다. 한편으로 5월 9일 후진타오 부주석과 5월 13일 장쩌민의 공식 발표 및 여섯
차례의 연속적인 『인민일보』 사설은 “우리들의 아주 정당한 분노…, 그리고 아주
애국적인 열정을 강력한 추진력으로 전환하고, 하나의 마음으로 단결하고, 경제
력, 국가 안보, 국가 통합을 지속적으로 향상시키기 위해 열정적으로 일해야 한
다.”라고 권고했다. 다른 한편, 같은 시기에 『옵서버(Observer)』는 중요하지만 합의
에 이르지 못한 지도부 내부 관점을 전달하는 세 편의 기사를 실었으며, 이 기사
들은 베오그라드 폭격을 미국 ‘패권주의’에 대한 파상적 공격의 출발점으로 삼아
혹평하고 마오 사후에 전례가 없을 정도의 독설을 퍼부었다.[54] 그 후 양안 관계의

자체 비판은 “The *Times* and Wen Ho Lee”, *NYT*, 26 September 2000.

54　“Full text of Vice-President Hu Jintao's speech on NATO attack”, *XH*, 9 May 1999, available in *SWB/ Asia Pacific*, 9 May 1999; and “Jiang Zemin speech at ceremony to welcome back embassy staff members from Yugoslavia”, *XH*, 13 May 1999, available in *SWB/Asia Pacific*, 17 May 1999. 여섯 차례 『인민일보』 사설은 1999년 5월 21일, 25일, 28일, 그리고 6월 2일, 3일, 8일에 발표되었다. 세 편의 『옵서버』 기사는 다음과 같다. “是人道主义, 还是霸权主义?”, *RMRB*, 17 May 1999, trans. in *SWB/Asia Pacific*, 17 May 1999; “论美国霸权主义的新发展”, *RMRB*, 27 May 1999, trans. in *SWB*, 29 May 1999; “奉劝当今霸权主义照

새로운 긴장으로 지도부의 의제가 복잡해졌으며, 당시 중화민국 총통 리덩후이(李登輝)는 7월 9일 도이체 벨레(Deutsche Welle) 특파원에게 타이완과 베이징은 '특수한 양국 관계'라고 언급하며, 중화인민공화국의 '하나의 중국 원칙'에 효과적으로 도전했다.

그러나 가을 무렵, 장과 주는 제15차 당대회와 제9차 전국인민대표대회에서 착수한 국유기업 체제의 전환을 새롭게 추진했다. 여름과 초가을을 거치며 장은 개혁의 중요성을 재확인하는 지방 시찰 여행을 통해 몇 차례의 연설을 했다.[55] 그 후 1999년 9월 19~22일 제15기 4중전회에서 지도부는 국유기업 개혁 프로그램 확대에 관한 새로운 결정에 합의했다. 전체회의 공보(公报)에서는 개혁이 '관건적 시기'에 이르렀으며, "세기의 전환점에서 글로벌 경쟁이 치열해지는 가운데, 국유기업 개혁과 발전을 추진할 시간을 허비해서는 안 된다."라고 촉구했다.[56]

그 후 베이징 당국은 9월 오클랜드 APEC 회의 때 클린턴이 장과의 회담에서 제시한 개인적 요청을 포함해 WTO 가입에 대한 중·미 쌍무협정 타결을 위한 클린턴 행정부의 요청에 보다 수용적이 되었다. 11월 중순 4일에 걸친 장시간의 협상을 거쳐 중·미 양국 대표들은 합의에 도달했다. 유럽과 일본을 포함해 다른 WTO 성원국과의 쌍무협정 타결을 거쳐 베이징은 2001년 12월 11일 WTO에 가입했다. 이를 통해 중국의 세계경제로의 통합, 즉 세계화의 적응에 관한 정치는 분수령을 지났다.

一照历史这面镜子", *RMRB*, 22 June 1999, trans. in *SWB*, 25 June 1999. 퓨스미스는 장이 워싱턴 당국이 그랬던 것만큼 그들에게 냉혹할 수 있음을 자신의 비판사들에게 보여 주기 위해 미국 '패권주의'를 공격하는 『옵서버』 기사를 승인했다고 그럴듯하게 주장한다.(Fewsmith, "China and the WTO: The politics behind the agreement…", 34-6; Fewsmith, *China since Tiananmen*…, 2nd ed., 220 참조) 어떻든 최고지도부 사이에서는 이 문제에 대해 분명한 논쟁이 있었다.

55 江泽民, "坚定信心, 深化改革, 开创公有制发展的新局面"(1999년 8월 12일 기업개혁에 관한 다롄 포럼에서 한 연설), 『十四大以来中央文献选编』 2, 916-32; Editorial, "General Secretary Jiang Zemin on the reform of state-owned enterprise", 『瞭望』, 36(6 September 1999), 2-8, trans. in *FBIS*, FTS19990920000076.

56 "Decision of the Central Committee of the Chinese Communist Party(CCP) on major issues concerning reform and development", *XH*, 26 September 1999, available in *SWB/Asia Pacific*, 27 September 1999.

여론의 비등

1990년대 후반 경제개혁의 미래와 중국의 WTO 가입을 둘러싼 논쟁이 국내 정치 무대에서 과거와는 근본적인 방식부터 다르게 펼쳐졌다. 1990년대 중반부터 장의 지도부가 현안을 둘러싸고 정부 노선에서 벗어난 대중적 여론의 표출을 허용 가능한 범위 내에서 인내하기 시작한 점이 가장 두드러졌다. 이러한 변화는 1980년대까지 거슬러 올라가며, 당시 여론 표출 공간의 확대는 개혁 초기부터 사회에 대한 국가 통제의 약화에서부터 자연스럽게 초래되었다. 정치 쟁점에 대한 대중적 담론의 확대는 1970년대 이래 광범위한 정책 과정에서 나타난 싱크탱크의 빠른 확산과 연구자의 역할에서 일부 비롯되었다. 정책 결정에 '연성과학(軟科學)'의 적용이 확대되면서 실현 가능성 연구, 비용-편익 분석, 배경 분석, 정책 대안의 요약 등을 위해 싱크탱크의 연구자와 전문가를 활용함으로써 정치 과정이 더욱 협의적으로 바뀌었다.[57] 당 지도부가 개혁의 근본적 쟁점을 논의하면서 연구 기관들은 자신들의 영향력을 확대할 방법으로 소속 연구자의 관점을 공표할 동기를 갖게 되었고, 당 지도자는 자신들의 관점을 지지하는 공개된 전문가의 연구와 의견이 유용함을 알게 되었다. 게다가 1980년대 초반 국가의 언론 보조가 줄어들었고, 결과적으로 신문과 출판사들은 점차 생존을 위해 수익 창출의 필요성에 직면했다. 상업화의 압력에 의해 발행인들은 광범위한 독자를 만족시킬 책, 잡지, 기사, 그리고 다른 생산품을 제공하고자 했으며, 출판물에 대한 기존의 엄격한 통제는 완화되었다.[58] 결국 당은 자신의 활동과 관련된 투명성의 정도, 그리고 광범위한 중국의 현대화 사업에 기여할 정보 및 아이디어에 대중의 자유로운 접근이 유용하다는 것을 인식했다. 이러한 모든 요인들이 결합되어 1980년대에

---

57 1980년대 이러한 발전에 관한 역사적 논의는 "정책 결정의 민주화와 과학적 방법론의 채택이 정치체제 개혁의 핵심 요소이다."라는 제목으로 완리가 1986년 7월 31일 연성과학 연구에 관한 국가 토론회에서 한 연설이었으며, 그것은 *XH*(31 July 1986)에 보도되었고, *SWB*(4 August 1986)에서 이용할 수 있다. 당시 삼협댐 건설에 관한 지도부의 논의가 '연성과학' 접근법의 유익한 사례로 자주 인용되었다.

58 이러한 발전에 관한 철저한 분석은 Zhao Yuezhi, *Media, market, and democracy in China* 참조.

는 미디어의 확산과 지적, 문화적, 오락적 콘텐츠의 확장이 이루어졌으며, 이것은 과거와는 동떨어진 세계였다.

텐안먼 위기와 이어진 정치적, 지적 담론의 억압으로 진화가 늦어지기는 했지만, 결코 중지되지는 않았다. 1990년대 중반 무렵, 당 지도부는 출판을 통한 표현 가능성에 관해 한 차례 도약을 허용했다. 그 비판과 '허용된 반대'의 측면에서 놀라운 수위를 보이며, 넓은 범위를 포괄하는 새로운 출판물이 홍수를 이루었다.[59] 1990년대 후반, 휴대전화의 광범위한 사용과 인터넷 혁명의 시작 등을 통해 새로운 전자 매체가 정착되기 시작했으며, 여기에 1980년대 초반의 텔레비전 확산이 한 역할까지 종합하면 이러한 발전은 여론 형성의 기반을 제공했으며, 지도부가 고려하고, 관리하고, 다루어야 할 새로운 현실이었다.[60]

지도부가 이러한 발전을 허용한 이유가 아주 분명하지는 않다. 부분적으로는 단순히 지도부의 정치적 필요에 부합했을 수도 있다. 중국이 1994년 이후 포스트 덩 시기로 접어들고, 당시 기업개혁이나 대미 정책과 같은 쟁점에서 지도부 내에 중요한 이견이 존재했을 때, 장쩌민은 최고지도자로서 덩만큼 엘리트 정치를 통제하고 심판할 위상을 갖지 못했다. 게다가 지도부는 기본적인 시장 지향적 체제로 명령경제체제를 완전히 대체하면서, 중국의 정치질서가 그처럼 성장하고 분화되는 인민들 사이에서 합의를 도출할 새로운 적합한 메커니즘이 필요하다고 계산했을지 모른다. 마지막으로 그 움직임은 중국이 세계경제의 글로벌화 과정에 통합되면서 예상한 결과로부터 직접 파생했을지도 모른다.

결과적으로 공공 담론은 관점, 논쟁, 주장 등에서 놀랍도록 나양한 분포를 이

---

59 '허용된 반대'라는 용어는 디나 스페클러(Dina Spechler)에게서 인용한 것이며, 소련의 스탈린 사후 '해빙기'에 소비에트 지식인의 관점을 전파하기 위한 무대를 제공하고, '진정한 여론'의 형성에 기여한 노비 미르(*Novy Mir*)의 저널의 역할에 대한 예리한 연구는 상당히 유사한 부분이 있다. *Permitted dissent in the USSR*, xv-xxi.

60 이 기간 여론의 역할에 대한 선구적인 평가는 Joseph Fewsmith & Stanley Rosen, "The domestic context of Chinese foreign policy: Does 'public opinion' matter?" in David M. Lampton, ed., *The making of Chinese foreign and security policy in the era of reform*, 151-87 참조.

루었다. 그 속에는 주요한 싱크탱크나 대학 연구센터와 연계된 관변 지식인의 관점도 포함되었으며, 그들은 초기에 지도부의 지속적 논쟁에 기여하거나 그쪽으로 편향된 견해를 제시했다. 이러한 유형의 옹호는 『진리의 추구』와 같은 좌파 진영 저널에 게재된, '현대기업제도' 구축을 위한 장쩌민 지도부의 노력에 대한 '구좌파'의 공격, 그리고 싱번쓰와 리쥔루와 같은 중앙당교나 다른 기관과 연계된 지식인들의 반격에서 잘 드러났다. 또한 이러한 옹호에 대한 전형적인 예는 제9차 전국인민대표대회가 소집된 1998년 3월에 출간된, 두 명의 『인민일보』 작가인 마리청(马立诚)과 링즈쥔(凌志军)이 쓴 논쟁적인 책이었다. 그 책은 『교봉(交锋)』이라는 제목으로 장쩌민의 동료였던 류지(刘吉)가 서문을 적은 '중국 문제' 시리즈로 출판되었으며, '진리의 유일한 기준인 실천'에 관한 1978년 논쟁이 '개인숭배를 타파했고', 덩샤오핑의 1992년 남순강화가 '계획경제 숭배를 타파한' 것처럼, 제15차 당대회에서 승인된, 무엇이 사회주의 경제를 규정하는지에 관한 개념 수정이 '소유제 숭배를 타파한 사상해방'인 것으로 묘사했다.[61] 그 책은 예전에 출판되지 않았던 '만언서'를 길게 인용하며, 제15차 당대회와 제9차 전국인민대표대회에서 승인된 기업개혁에 대한 '구좌파'의 반대를 통렬하게 공격했다.

1990년대 후반의 공공 담론에서 새로운 점은 관변과의 제도적 연계가 없고, 대체로 광범위한 대중 독자들을 대상으로 하는 작가나 '대중 지식인'의 관점에서 저술된 작품이 출판되었다는 것이었다. 그 속에는 왕후이와 같은 '신좌파' 작가가 포함되며, 그는 검증되지 않은 모더니즘과 1980년대 많은 지식인들이 가지고 있던 본질적으로 서구 자유주의적인 시각을 비판했다. 또한 민족주의적인 저작도 등장했는데, 왕산(王山)의 1994년 『제3의 눈으로 본 중국(第三只眼睛看中国)』과 같은 책은 덩의 개혁이 공산당의 권위와 사회에 가져온 결과를 아쉬워했고, 1996년 논쟁이 된 『노라고 말할 수 있는 중국(中国可以说不)』은 부상하는 중국의 힘을 '봉쇄'하거나 저지하려는 미국의 노력에 중국이 더욱 강력하게 저항할 것을 요구했다. 또

61　马立诚, 凌志军, 『交锋』, 424.

한 허칭렌(何淸漣)의『현대화의 함정(現代化的陷阱)』과 같은 대중적인 저작은 개혁이 초래한 사회적 불평등을 비난했다.[62] 이러한 관점들은 즉각『노라고 말할 수 있는 중국』에 대한 반론인 1998년 선지루(沈驥如)의『중국은 '미스터 노'가 될 수 없다: 당대 중국의 국제 전략문제(中国不當'不先生': 当代中国的国际战略问题)』와 같은 관변 지식인들의 반응을 촉발시켰고, 류지(刘吉)가 서문을 적은 다른 '중국 문제' 시리즈 책들도 출간되었다.[63] 분명히 과거에는 엄격한 통제 대상이었던 외교정책 쟁점조차도 논쟁이 될 수 있었다.[64]

반대 의견의 한계

중국 매체에서 이처럼 금기를 제외한 모든 담론이 강력하고 자유롭게 확산되자, 허용된 논쟁과 금지된 반대 사이의 경계 설정이 어려워졌다. 그러나 경제개혁과 세계화로 초래된 사회적 혼란이 정권의 관심사인 시기에, 정치적 소요에 대한 톈안먼 사후의 금지 명령이 강하게 남아 있었음은 분명했다. 1998년 6월과 7월, 클린턴 대통령과 영국 수상 블레어가 베이징을 방문할 때 시위 활동이 금지되었다. 1998년 가을에 공산당에 반대하는 중국민주당을 등록하려던 민주의 벽 반체제인사인 쉬원리(徐文立) 일행의 시도가 억압되었고, 쉬, 왕유차이(王有才), 친용민(秦永敏) 등이 체포되어 각각 13년, 11년, 12년의 형을 선고받았다.

가장 시선을 집중시킨 대중소요는 혼합적 기공에 근거한 종교 운동인 파룬궁(法轮功) 신도 수천 명이 자금성 서쪽에 지도부의 업무공관인 중난하이(中南海) 입

---

62 이 기간에 출현한 지식인 논쟁에 관한 유용한 조사와 평가는 Joseph Fewsmith, *China since Tiananmen*, 2nd ed.에 있다. 왕후이의 두 논문 "The 1989 social movement and the historical roots of China's neoliberalism"과 "Contemporary Chinese thought and the question of modernity"가 시어도어 허터스(Theodore Hutters)의 유익한 "introduction"과 함께 번역되어 있는 Wang Hui, *China's new order*도 참조. Zheng Yongnian, *Globalization and state transformation in China*, 162-86도 참조.

63 沈驥如, 『中国不当 "不先生"』.

64 H. Lyman Miller and Liu Xiaohong, "The foreign policy outlook of China's 'third generation' elite", in David M. Lampton, ed., *The making of Chinese foreign and security policy in the era of reform*, 146-7.

구로 동원된 일이었다. 파룬궁 수련은 1990년대 초반, 사회에서 물러난 덩 추종자들이 묵인한 종교적 깨달음의 일부로 출현했다.[65] 그 창설자인 리훙즈(李洪志)는 수련자들이 정신적 교화와 신체적 건강을 유발할 것으로 믿는 일련의 훈련을 위해 불교 및 도교적 요소에 의지했다. 1992년 이후 리는 정신적 치유자로서 추종자들을 끌어들였고, 국제적 무대를 구축하고 당국과 예상되는 갈등을 피하기 위해 1995년 뉴욕으로 가기 전까지 자신의 가르침에 대한 책과 강연 테이프를 판매했다. 공산당 정권은 다른 기공 교파들과 마찬가지로 파룬궁이 성장하기 전까지 그것을 용인했다. 그러나 1996년 당은 사회에 '미신'이 확산되고 있다고 비판하며 파룬궁을 겨냥하기 시작했고, 당 선전부는 관련 서적의 출판을 금지했다.

1998년 4월, 톈진의 파룬궁 추종자들은 보수 진영 이론가 허줘슈(何祚庥)를 통해 톈진의 사회과학 저널에 자신들의 믿음을 미신으로 비판하는 것에 항의했다.[66] 그 후 휴대전화를 이용해 사람들을 동원하면서 거의 1만 명의 항의자들이 4월 25일 베이징의 중난하이 밖에 운집했다. 베이징의 권력에 대항한 시위로는 1989년 이후 가장 큰 규모였던 이 항의시위에 당 지도부는 완전히 소스라쳤다. 수련 추종자들의 범위가 국가보안 부문에서 인민해방군까지 포함된다는 사실을 알게 되면서 민정부는 7월 22일 파룬궁 조직을 금지했다. 같은 날 중앙위원회 회람은 공산당원들의 파룬궁 수련을 금지시켰다.[67] 수련 추종자들을 근절하기 위해 무자비한 탄압이 이어졌고, 수천 명 지지자들의 죽음과 수만 명의 투옥이 초래되었다.[68]

---

65 파룬궁의 출현과 탄압은 David Ownby, *Falungong and the future of China* 참조. 일반적인 기공의 출현은 Nancy N. Chen, "Urban space and experiences of *qigong*", in Deborah S. David et al., eds., *Urban spaces in contemporary China*, 347-61 참조.

66 허줘시우(何祚庥)의 정치에 대한 분석은 H. Lyman Miller, "Xu Liangying and He Zuoxiu: Divergent responses to physics and politics in the post-Mao period", *Historical studies in the physical and biological sciences*, 30, Part I (1999), 89-114에서 찾을 수 있다.

67 *XH*, 22 July 1998.

68 파룬궁 탄압으로 투옥되고 사형된 사람의 수치는 중국 공식 보도의 낮은 수치에서 파룬궁 측의 높은 수치까지 다양하다. 평가에 대해서는 Human Rights Watch, "Dangerous meditation: China's campaign against Falungong", January 2002; David Ownby, *Falungong and the future of China*, 15-16, 161-4 참조.

당국의 입장에서는 중국민주당과 파룬궁 지지자들이 한계점을 넘어섰기 때문에 단속을 실시했지만, 용인된 표현과 억압 사이의 경계가 항상 쉽게 구분되지는 않았다. 특히 대중의 민족주의 시위가 때에 따라 장려되거나, 조종되거나, 억압되었다. 1996년 여름, 일본 시민이 센카쿠 열도(중국은 댜오위다오로 주장)의 한 곳에 등대를 건설하자 민족주의적 시위가 타이완과 홍콩에서 발생했지만, 중국 베이징에서는 당시 도쿄와 관계 개선을 위해 노력 중이었기 때문에 이를 억압하였다. 나토군이 1999년 5월 베오그라드의 중국 대사관을 폭격한 후 분노한 대중시위대가 베이징의 미국 대사관을 포위했다. 공안과 인민해방군이 시위대의 대사관 공간 진입을 차단했으나, 그들은 시위대가 돌을 던지고 창문을 깨트릴 때 가만히 서 있기만 했다. 4일 후 시위는 놀랄 만큼 갑자기 멈추었다. 2001년 7월 13일 국제올림픽위원회가 베이징을 2008년 올림픽 개최국으로 선정했을 때, 40만 명이 자발적으로 베이징의 톈안먼 광장으로 몰려들었고, 장쩌민과 다른 지도자들이 국가적 승리의 순간을 축하하기 위해 합류했다.[69]

이러한 상황에서 새로운 매체가 대중적 시위와 항의를 유도할 가능성에 대응하기 위해 국무원은 2000년 11월, 중국에서 처음으로 인터넷과 통신 서비스를 관리할 규정을 채택했다. 인터넷 규정 제15조는 서비스 공급자가 '국가 안보를 위협하고', '민족적 증오와 차별을 선동하고', '악의 숭배나 봉건적, 미신적 신념을 설교하고', '소문을 유포하고 사회 질서를 교란하거나 사회 안정을 파괴하는' 정보를 포함한 9개 항목에 해당하는 정보의 '생산, 재생산, 공개, 유포'를 금지했다. 새로운 통신규성 세5/소노 동일한 규정을 포함했다.[70]

---

69 *XH*, 13 July 2001.

70 国务院, "互连网信息服务管理办法", Order No, 292, 25 September 2000, http://www.chinaculture.org/library/2008-02/06/content_23369.htm(2010년 8월 9일 접속); 信息产业部, "中华人民共和国电信条例", 25 September 2000, http://tradeinservices.mofcom.gov.cn/en/b/2000-09-25/18619.shtml(2010년 8월 9일 접속)

세계화와 부패

중국의 세계경제 진입이 확대됨에 따라 부패의 진화도 새로운 국면을 맞이했다.[71] 개혁기 이전에 부패는 명령경제의 일부였으며, 개인적 관계를 통한 호의의 교환이 때로는 내재적으로 비효율적이고 관료화된 체제의 작동에 필요한 윤활유가 되었다. 시장 지향적 개혁의 착수로 소유제 형태가 국유에서 공유와 사유로 전환되고, 상업화가 정착됨에 따라 새로운 유형의 부패가 초래되었다. 기존에 시골에서 농촌 집체를 관리하던 당 간부들이 농촌 중개업자로서 기회를 발견했고, 도시의 당 간부들도 1980년대와 1990년대 초반 부분적인 이중가격 체제의 개혁으로 중개의 기회라는 이익을 누리게 되었다.

개혁정책의 '개방' 요소도 세계경제에서 부패에 연루될 환경을 만들었다. 당시 밝혀진 일련의 밀수 사건들로 미루어 보면, 이것은 1990년대 후반의 세계화를 수용하는 과정에서 대규모로 이루어졌다. 역시 그중에서 가장 이목을 집중시킨 것은 타이완과 마주보는 푸젠(福建)의 경제특구인 샤먼(厦门)에서 있었던 위안화기업(远华公司) 사례였다. 이 사건은 1999년에 드러났고, 주룽지는 이를 중국 역사에서 밀수로 기소된 것 중 최대 규모라고 밝혔다. 1996년에서 1999년 초 사이 위엔화기업은 450만 톤의 석유, 300만 케이스의 담배, 3000대 이상의 고급 승용차, 방대한 분량의 전자제품, 의류 및 기타 제품을 밀수했으며, 이는 인민폐 530억 위안의 가치에 이르고, 300억 위안의 관세를 탈루한 것이었다.[72] 위엔화기업의 연결망에는 300명 이상의 지방, 성, 심지어 중앙 관리가 연루되었고, 공안부 부부장도 포함되었다.[73] 2000년 가을의 재판에서는 처형된 12명을 포함해 80명 이상이 선고를 받았다. 위엔화의 창립자 라이창싱(赖昌星)은 캐나다로 피신했으나 중국으로 범죄인 소환이 시도되었다. 이 사건으로 푸젠 성 당정 부문의 대개편이 있었

---

71 중국의 변화하는 경제체제에서 일어난 부패의 근원에 관한 일반적 논의는 Wu Jinglian, *Understanding and interpreting Chinese economic reform*, 391-8 참조.

72 *XH*, 25 July 2001.

73 *XH*, 25 January 2001.

으며, 장쩌민의 동료이자 전임 푸젠 당서기였던 정치국원 자칭린과 그의 아내도
이에 연루되었다는 혐의를 받았다.[74]

부패에 대한 관심은 1998년 7월 인민해방군의 합작투자사업 운영을 금지하는
중앙군사위원회의 결정을 통해서도 유발되었다. 1985년에 인민해방군의 현대화
작업이 시작되면서 국가 예산을 보충하기 위한 대외 무기판매나 기타 활동을 포
함한 투자사업에 참여하는 것이 1980년대 후반 동안 독려되었다. 1997년 장쩌민
과 주룽지는 인민해방군의 부패와 밀수에 대한 개입이 군의 전문화와 규율, 그
리고 관세 수입 유실에 미치는 영향을 계속 경고하였다. 따라서 1988년 7월 22일
의 중앙군사위원회 회의에서 장쩌민은 인민해방군이 지난 10여 년 동안 구축한
사업 관계의 청산을 명령하였다. 그러나 이러한 명령에 대한 순응 정도는 상당히
불확실하였다.[75]

'3개 대표론'

결국 공산당은 중국 사회에서 1990년대 후반에 진행된 개혁의 영향을 수용했
다. 2000년 2월 25일 장쩌민은 1992년 초 덩샤오핑의 역사적인 '남순강화'를 상기
시키는 광둥 시찰 과정에서 차후에 '3개 대표론'으로 요약되는 공산당의 임무와
성격에 관한 새로운 공식을 제시했다. 장은 "우리 당이 인민의 지지를 확보했던
이유는 항상 노동자 계급의 전위대로서 중국의 선진적 사회 생산력 발전의 요구
를 대표했고, 중국의 선진적 문화 발전의 방향을 대표했고, 중국의 광범위한 대
중의 근본적 이익을 대표했기 때문이다."라고 선언했다.[76]

---

74 『广州日报』, 25 January 2000, trans. in *FBIS*, FTS20000126000372.

75 James Mulvenon, *Soldiers of fortune*; James Mulvenon, "To get rich is unprofessional: Chinese military
corruption in the Jiang era", *China Leadership Monitor*, 6(Spring 2003); and James Mulvenon, "So crooked
they have to screw their pants on: New trends in Chinese military corruption", *China Leadership Monitor*,
19(Fall 2006).

76 江泽民, "在新的历史条件下更好的'三个代表'", 25 February 2000, 『江泽民文选, 3』, 1-5. 일부 영어 번
역은 *FBIS*, CPP20000225000113에서 이용할 수 있다.

그 후 3개월 동안 적절히 조율된 언론 캠페인을 통해 새로운 공식의 중요성이 강조되었다. 3월 7일 장은 베이징의 전국인민대표대회 정례회의에서 상하이 대표단을 위한 연설을 통해 그 공식을 강조했다.[77] 전국인민대표대회 회의 기간인 3월 4일, 7일, 9일, 『인민일보』는 권위적 방식으로 계속해서 '3개 대표론'의 각 항목에 대한 논평 기사를 게재했다. 3월 17일 신화사는 당기관지 『구실(求实)』 근간호에 논평 기사를 게재했으며, 그것은 "'3개 대표론'의 과학적 총괄과 공식화는 장쩌민 동지의 새로운 시기의 당 건설에 관한 마르크스주의 이론의 창조적 적용이자 발전이며, '3개 대표론'은 마르크스–레닌주의와 마오쩌둥 사상, 덩샤오핑 이론의 보고를 풍부하게 만들었다."라고 선언했다.[78] 3월 23일 『인민일보』는 '3개 대표론'에 대한 장쩌민의 '중요한 공헌'의 이데올로기적 근원에 관해 인민해방군 최고 군사학교인 국방대학 내 장의 싱크탱크인 덩샤오핑이론연구소가 쓴 긴 주석을 게재했다.[79]

5월 14일 장은 상하이에서 공산당을 위한 '3개 대표론'의 필요성 및 함의를 논의하는 당 건설 관련 포럼에 참여하여 긴 연설을 했다. 장은 "새로운 역사적 상황에 따라 중국 사회에 광범위하고 격심한 변화가 생겨났으며, 다양한 사회경제적 현상, 조직 형태, 이익 분배, 고용 형태 등의 확산이 더욱 진전될 것이다."라고 언급했다. 그는 계속해서 이러한 진전으로 특히 '비공유' 기업에서 당 건설과 '현대기업제도' 확립의 우선적 연계가 필요하다고 말했다.[80] 동시에 공산당 중앙조직업무위원회, 당 중앙기율검사위원회, 감찰부, 인민해방군 총정치부가 공동 하달한 공람에서는 자신들의 관할하에 있는 당원들에게 장의 '3개 대표론'에 대한 '중

---

77   *XH*, 7 March 2000.

78   评论员, "加强新时期党的建设的根本指导思想: 学习江泽民在广东考察工作时的重要讲话", 『求实』, 2006年 6號, 7-9, trans. in *FBIS*, CPP20000317000143.

79   "永远立于不败之地的法宝: 学习江泽民同志关于'三个代表'的重要论述", *RMRB*, 23 March 2000, trans. in *FBIS*, CPP20000323000048.

80   江泽民, "始终做到'三个代表'是我们党的立党之本,执政之基,力量之源", 14 May 2000, in 『江泽民文选, 3』, 6-33. *XH*, 15 May 2000에도 게재되었고, *FBIS*, CPP20000515000070에서 이용할 수 있다.

요한 공헌'을 학습하도록 요구했다.[81] 5월 18일, 『인민일보』는 후진타오의 개인 비서이자 중앙당교 부교장인 정비젠(郑必坚)이 쓴 '3개 대표론'의 중요성에 대한 장문의 평가를 실었다. 정은 장의 '3개 대표론' 공식이 제15차 당대회의 업무보고 당 건설 부분에서 제기된 '어떠한 종류의 당을 건설하고, 그것을 어떻게 건설할지'의 질문에 대한 '가장 응축된 과학적 응답'이라고 언급했다. 정은 "만약 우리가 눈을 감고, 귀를 닫고, 진보를 거부하여 정체되고, 세계화와 개혁이 초래한 선진적 생산력의 발전과 변화를 철저히 무시한다면, 사람들을 선진적 생산력의 해방과 발전으로 이끄는 것이 불가능하며, 계속되는 시대의 진보에 의해 우리가 쓰러질지도 모른다."라고 경고했다. 마지막으로 정은 '현대기업제도'를 구축하려는 노력에 따라 국유기업 노동자들을 정리 해고하는 것이 중국 '노동자 계급'의 '선진성'을 상실하거나, 노동자 계급이 더 이상 공산당의 '계급적 기초'가 아님을 의미하지는 않는다고 주장했다.[82] 5월 22일 통상 가장 권위적인 논평 수단인 『인민일보』 사설은 '3개 대표론' 개념에 대한 지도부의 합의를 강조하며, 그것이 '장쩌민 동지를 핵심으로 하는 당 중앙위원회가 내린 뛰어난 이론적 결론'이라고 서술했다.[83]

'3개 대표론' 공식의 도입은, 지난 몇 년에 걸친 국유 및 집체경제의 '현대기업제도' 전환에 대한 지도부 결정과 글로벌화된 세계경제와의 통합에 저항하지 않고 그것을 수용하려는 결정에 이어서 곧바로 나왔다. 20여 년 전 농촌 지역에서 농가생산책임제를 통해 집체경제를 해체한 것과 마찬가지로 국유기업 체제의 해체는 도시 공업 경제의 많은 영역에서 공산당의 뿌리를 와해시켰다. 게다가 공유주식제 기업, 사영기업, 외국인 투자 기업 등 새로운 합법적 경제조직 형태, 그리고 선진 경제와 결합된 새로운 직업이 동시에 출현하면서 더 이상 당과의 공식적 연결 고리가 없는 새로운 사회 엘리트들이 등장했다. 일부 논설 기사들은 이들

---

81 *XH*, 18 and 19 May 2000.

82 郑必坚, "'三个代表'重要论述与面向二十一世纪的中国共产党", *RMRB*, 18 May 2000, modified trans. in *FBIS*, CPP20000518000074.

83 评论员, "全面加强党的建设的伟大纲领", *RMRB*, 22 May 2000.

엘리트가 자신들의 정치적 이해관계가 수용되지 않는다면 정치질서에 도전할 수 있는 자원과 역량을 갖추었다고 경고했다.

따라서 장쩌민의 '3개 대표론'은 경제 개혁의 결과 중국 사회에 등장한 기업적, 관리적, 기술적, 전문적 엘리트의 정치적 충원 전략을 추구하는 당 지도부의 결정을 반영하였다. 그 공식은 당의 '계급적 기초'에 대하여 불가피한 의문을 제기하였기 때문에 당연히 논란의 소지가 많았다. 만약 공산당이 예전 중국 사회주의 체제의 핵심이었던 국유기업 해체를 주도하고, 시장 지향적 경제 질서 속에서 수백만의 해고 노동자를 실업의 불안으로 내몬다면, 그것을 여전히 전위적 '프롤레타리아' 정당이라고 할 수 있을까? 노동자 계급을 기초로 삼았던 정당이 '부르주아' 정당과 비슷해지지 않고도, '선진적 생산력의 대표'라는 명분으로 기업 간부, 사영기업가, 법률가, 과학자, 기술자, 지식인 등을 당원으로 충원할 수 있을까? 사영기업가의 충원은 1980년대에 논쟁이 있었으나 1989년에 결국 거부되었다.[84] '3개 대표론'의 논리는 소련공산당이 '전체 인민의 정당', 즉 단지 소비에트 노동자 계급만이 아닌 전체 소비에트 인민의 정당이며, 그들 사이에 근본적인 이익 갈등과 그에 따른 '계급투쟁'이 더 이상 존재하지 않는다고 했던 1961년 프로그램에서의 선언과 흡사했다. 공산당의 '계급적 성격'에 관한 전통적 관점에 충실했던 '구좌파'는 이 문제에 대한 1960년대 모스크바의 논쟁을 상기시키는 '3개 대표론'을 몹시 싫어했다.

'3개 대표론' 지침의 함의에 대한 논쟁이 지속되던 2001년 7월 1일, 장쩌민은 공산당 창당 80주년을 기념하는 긴 연설을 하였다. 그 연설은 장의 개인적 관점의 반복을 넘어 정치국과 상무위원회가 면밀히 검토한 최고지도부의 합의를 반영하였다. 그 연설은 중국의 사회경제적 질서가 진화하는 가운데 공산당의 발전을 이끄는 개념인 '3개 대표론'을 아주 권위적이고 체계적으로 방어했다. 장은 "'3개 대표론' 요구를 충족시키기 위해 우리는 노동자 계급의 전위대로서 당의 성격을 유

---

84 이 문제에 대한 공산당의 논쟁의 역사는 Bruce J. Dickson, *Wealth into power*, 66-83 참조.

지하고, 그것을 확고하게 선진적으로 만들어야 한다. 동시에 경제발전과 사회진보 속에서 우리는 당의 계급적 기초를 지속적으로 강화하고, 대중적 지지를 확장하고, 사회적 영향력을 증대시켜야 한다."라고 언급하였다. 중국의 '사회계층(社會阶层)'이 진화하고, 개혁 결과 '많은 사람들이 하나의 소유 영역에서 다른 영역으로 이동하고 있음'을 주목한다면, 당의 충원 기준도 이에 부응해 조정될 필요가 있었다.

개인의 당 가입 주요 기준은 그가 당의 노선과 정책을 진심으로 따르고 당원의 자격을 충족하는지 여부이다. 당의 기본 구성원과 주력은 노동자, 농민, 지식인, 군인, 간부이다. 동시에 사회의 다른 영역에서 당의 정책과 당장에 동의하고, 당의 노선과 정책을 위해 헌신적으로 일하고, 오랜 시험 기간을 거쳐 당원 자격을 충족시키는 것으로 증명된 우수한 인력을 수용할 필요가 있다.[85]

연설이 있고 나서 당조직은 1989년 이래 지연되었던 사영기업가의 입당 허용 준비를 했다.

그러나 장의 창당기념일 연설은 당의 충원을 위한 '3개 대표론'과 그 함의에 대한 논쟁을 종식시키지 못했다.[86] 7월 말에 다시 다른 '만언서'가 회람되었고, 이것은 덩리췬, 위엔무, 그리고 다른 잔존 '구좌파'가 서명을 했다. 이 문건은 사영기업인에게 당원 자격을 부여함으로써 당장과 기존 당 규정을 위반했으며, 서구 자본가들이 옹호하고 소련 몰락에서 목격된 '화평연변'을 통해 당을 변질시킬 길을 열었으며, 분열을 통해 당을 파멸시켰다고 언급했다. 문건에서는 당의 충원 정책 변화와 '3개 대표론'의 강요로 장쩌민이 직접 당의 절차를 위반했고, '자신을 당의 상위에 놓았고', '신4인방'을 구성하는 상하이 일파와 협력하여 자신에 대한 '개인

85　江泽民, "庆祝中国共产党成立八十周年大会上的讲话", 1 July 2001, in 『江泽民文选, 3』, 264-99, modified trans. by *XH*, 1 July 2001, available in *SWB/Asia Pacific*, 2 July 2001.

86　장의 7월 1일 연설에 따른 논쟁의 충실한 분석은 Joseph Fewsmith, "Rethinking the role of the CCP: Explicating Jiang Zemin's Party anniversary speech", *China Leadership Monitor*, 2(Spring 2002).

숭배'를 조장하고 있다고 비난했다.[87] 그러나 당시 당 지도부는 제16차 당대회 소집 준비를 시작했고, 9월 24~26일 소집된 제15기 6중전회는 2002년 하반기에 당대회를 개최하기로 하였다.[88] 그러한 맥락에서 지도부는 좌파의 비난을 1997년 제15차 당대회를 준비할 당시와 같이 더 이상 인내하려 하지 않았다. 8월, 3개의 좌파 저널 가운데『진리의 추구』와『중류』, 2개의 출판이 중단되었다.

'제4세대' 지도부로의 전환

2002년 11월 8~14일 개최된 제16차 당대회와 더불어 2003년 3월 5~18일 개최된 제10차 전국인민대표대회에서 퇴임하는 최고지도자로부터 신중하게 승계를 준비해 온 젊은 지도자로 중국 역사상 최초의 질서 있고 계획적인 권력 전환이 이루어졌다. 당과 인민대표대회는 장쩌민을 중심으로 한 '제3세대' 지도부에서 젊은 '제4세대' 지도부로 최고지도부의 광범위하고 전면적 교체를 이루었다. 결국 그러한 전환으로 정치와 정책에 계속 영향을 미칠 것으로 예상되는 새로운 '제3세대' 퇴임원로 그룹도 형성되었다. 당 정치국에 새로 지명된 지도자들은 대체로 1992년과 1997년 지명된 기술관료적 특성을 지닌 성원들이었다.

2002년 11월 15일 제16기 1중전회에 보고된 정치국과 상무위원회 지도부 교체는 전면적이었다. 전임 제15기 중앙위원회의 21명 정치국원 가운데 13명이 퇴임했다. 7명의 전임 상무위원 가운데에서는 총서기 장쩌민, 전국인민대표대회 상무위원장 리펑, 총리 주룽지, 전국정협 주석 리루이환 등을 포함해 6명이 퇴임했고, 후진타오만이 유일하게 유임되었다. 13명의 퇴임 정치국원 가운데 11명이 퇴임 기준으로 간주되는 70세를 넘어섰다. 68세의 리루이환과 66세의 리톄잉(李铁映)의 두 사람만이 그러한 퇴임 기준에서 벗어나 있었다.

87　Text trans. in *FBIS*, CPP20010802000183, from the *RMRB* Web site, 28 July 2001.

88　"Communique of the 15th Central Committee Sixth Plenum", *XH*, 26 September 2002.

기존에 정치국에서 퇴임하지 않은 7명의 정치국원은 모두 신임 정치국 상무위원으로 승진했다. 그 외에 쩡칭훙이 기존 정치국 후보위원에서 정치국 상무위원으로 승진했으며, 전체 상무위원은 7명에서 9명으로 확대되었다. 전임 후보위원 우이(吳儀)를 포함해 15명의 신임 정위원이 정치국에 지명되었고, 당판공청 주임 왕강(王剛)이 후보위원으로 더해져 전체 정치국원은 25명이 되었다. 7명의 당서기처 서기 중에서는 6명이 교체되고, 쩡칭훙만이 유일하게 유임되었다.

이듬해 봄의 제10차 전국인민대표대회에서 이루어진 국가기관의 교체도 상당했다. 전임 부총리 원자바오가 주룽지의 총리직을 승계했고, 전임 부총리 우방궈는 리펑을 대신해 전국인민대표대회 상무위원장이 되었다. 4명의 부총리와 5명의 국무위원 모두가 물러나 새로운 직무를 맡았다. 28명의 국무원 부장 가운데 18명이 신임이었다. 마지막으로 전국인민대표대회와 동시에 개최되는 제10차 전국정협 회기 중, 자칭린이 리루이환의 주석직을 승계했다.

중앙위원회의 변화도 실질적이었지만, 최고지도부의 전환만큼 극적이지는 않았다. 제16기 중앙위원회 정위원 198명 가운데 54%와 후보위원 158명 가운데 72%가 신임이었고, 둘을 합쳐 총 61%가 신임위원이었는데, 이는 1987년 이후의 당 중앙위원회와 비교해 평균적인 교체율이었다.[89]

11명의 당 및 국가 중앙군사위원회를 보면, 3명의 부주석 중 2명, 7명의 위원 중 4명이 퇴임했다. 단지 3명만이 신임으로 지명되었는데, 이러한 낮은 교체율은 이미 3명이 16차 당대회에서의 퇴임을 예상해 1999년 4중전회에서 중앙군사위원회로 승진된 사실에서 기인했다. 2004년 9월 제16기 4중전회에서 중앙군사위원회 위원은 인민해방군 3개 특별군(해군, 공군, 제2포병전략부대)을 포함하는 것으로 확대되었다.

---

89 Li Cheng, and Lynn White, "The Sixteenth Central Committee of the Chinese Communist Party: Hu gets what?" *AS*, 43.4(July-August 2003), 560.

승계의 동학

중앙의 당과 국가기관의 교체만큼 극적이었던 것은 국내외 관심을 모은 장쩌민에서 후진타오로 이어진 최고지도자의 권력 교체였다. 당대회를 앞두고 홍콩 및 서구 언론에서는 장이 완전히 퇴임할지(全退), 부분적으로 퇴임할지(半退), 전혀 퇴임하지 않을지(不退) 등 불확실한 승계에 대한 추측이 난무했다. 장이 지도부 교체 과정에서 자신이 퇴임하는 대신 동료들의 고위직 임명을 위해 협상한다는 소문이 많았다. 그의 리더십에 대한 인민해방군의 찬양은 군부가 계속해서 그를 중앙군사위원회 주석에 추대하기 위해 압력을 행하거나, 혹은 지난 13년간의 재직에 대해 경의를 표시하는 것으로 해석되었다.

결국 장은 2002년에서 2005년까지의 3년 동안 세 단계에 걸쳐 퇴임했다. 제16차 당대회에서 그는 당 총서기직을 후진타오에게 물려주었다. 이듬해 3월의 제10차 전국인민대표대회에서는 후가 중화인민공화국 주석직을 승계했다. 2004년 9월 제16기 4중전회와 2005년 3월 제10차 전국인민대표대회 3차 회기에서 그는 공산당과 국가의 중앙군사위원회 주식직을 각각 후에게 양도했다. 이처럼 오랫동안 권력을 누린 최고지도자가 신중하게 승계할 준비를 해 온 젊은 사람으로 교체된 것은 과거의 실패에 견주어 볼 때 중국 정치사, 더욱 광범위하게는 주요 공산주의 국가의 역사에서 하나의 분수령이었다.

중국 국내외의 많은 관찰자들은 이처럼 장에서 후로 이어지는 최고지도자의 단계적 전환을 장이 오래 전에 구축된 승계 계획에 저항하고 권력을 연장하려는 증거로 간주했다. 결국 이러한 관점에 따르면, 장은 먼저 당의 최고 직위에서, 2년 후에는 군의 최고 직위에서 떠밀리며 퇴임한 것이다. 게다가 장은 자신이 물러나는 대신 당의 수장으로서, 4개월 후에는 국가수반으로서 일부 동료들을 확대된 정치국 상무위원회로 승진시키는 협상에 성공했다. 이에 따라 새로운 당의 수장인 후진타오, 주룽지의 총리직을 승계한 원자바오가 정치국 상무위원회에 진입했고, 그 속에는 리펑의 정치적 후계자인 뤄간(罗干), 장쩌민 후계자인 우방궈,

자칭린, 쩡칭훙, 황쥐, 우관정, 리창춘이 포함되었다.[90]

이러한 설득력 있는 분석 못지않게 주목할 점은 첫째 장에서 후로 이어지는 지연된 권력 전환이 1987년과 1990년 사이 덩샤오핑의 퇴임으로 만들어진 선례를 따른 것이었다는 점이며, 둘째 정치국 상무위원이 7명에서 9명으로 확대됨으로써 상무위원회의 운영 구조 및 폭넓은 당기구와의 관계가 정교해졌다는 점이다. 그러한 측면에서 상무위원회의 확대는 단순히 장이 당 총서기에서 퇴임한 이후, 자신의 영향력을 보장해 줄 동료들을 그 속에 포진시킨 것만은 아니었다. 장이 2004년 9월과 2005년 3월, 당과 국가의 중앙군사위원회 주석에서 물러날 때까지 분명하지 않았지만, 그가 당과 군사 직위에서 퇴임을 지연한 것은 덩샤오핑이 각각 1987년 제13차 당대회에서 정치국 상무위원회에서, 그리고 1989년 11월과 1990년 3월 당과 국가의 중앙군사위원회 주석에서 퇴임을 지연한 것과 정확히 일치했다.[91] 게다가 2002~2005년 사이 당, 국가, 군대의 최고 직위에 대한 후진타오의 취임이 지연된 것은 장이 동일한 방식으로 국가수반과 중앙군사위원회의 대표로 승진한 선례에 따른 것이었다. 따라서 후는 1997년 제15차 당대회에서 당의 서기처 서기로 재임명된데 이어, 이듬해 봄 제9차 전국인민대표대회에서 중화인민공화국 부주석, 그리고 1999년 9월 제15기 4중전회 및 1999년 3월 제9차 전국인민대표대회 3차 회기 때 각각 당과 국가 중앙군사위원회 부주석으로 임명되었다. 덩샤오핑 퇴임의 선례에 따라 장의 퇴임이 지연된 사실과 마찬가지로, 장쩌민 집권 당시 국가와 당의 직위에서 후진타오의 승진이 지연된 사실은 모두 2002~2005년 사이 장의 단계적 퇴임이 수년에 걸친 신중한 계획이있다는 것을 보여 준다.

---

90 가령 이러한 노선을 따른 정교한 분석은 Joseph Fewsmith, "The Sixteenth National Party Congress: The succession that didn't happen", *CQ*, 173(March 2003), 1-16 참조.

91 덩의 선례와의 관련성은 당시 홍콩의 당기관지 『문회보(文汇报)』(이후 *WHB*)에서 지적했다. *WHB*, "Jiang's control of the military is conductive to smooth transition", 16 November 2002, trans. in *FBIS*, CPP200 21116000016.

정치국 상무위원회의 확대와 관련해 당대회 이후 신임 정치국의 첫 회의에서 분담시킨 정책 역할은 정치 체제의 일상 업무에서 상무위원회의 직접적 감독 역할이 강화되었음을 분명히 보여 주었다. 신임 정치국 상무위원들의 정책 분담은 다음과 같았다.

후진타오(胡锦涛)	공산당 총서기, 중화인민공화국 주석, 중앙위원회 대외관계 및 타이완 문제 영도소조 조장
우방궈(吴邦国)	전국인민대표대회 상무위원장
원자바오(温家宝)	국무원 총리, 중앙위원회 재정경제 영도소조 조장
자칭린(贾庆林)	전국정협 주석
쩡칭훙(曾庆红)	서기처 서기
황쥐(黄菊)	부총리
우관정(吴官正)	중앙기율검사위원회 주석
리창춘(李长春)	중앙위원회 선전 및 이데올로기 영도소조 조장
뤄간(罗干)	중앙위원회 정법위원회 주석

1997년 제15기 중앙위원회에서 정치국 상무위원의 정책 분담은 후가 지배하는 2002년 정치국 상무위원회에서도 서열이 앞선 7명에게 승계되어 동일한 감독 역할을 맡는 형태를 띠었다. 기능적 측면에서 정치국 상무위원회가 7명에서 9명으로 확대되면서 추가로 뤄간이 국내 보안을 책임진 영도소조 조장(1998년에 책임을 맡음)이 되고, 리창춘이 선전 계통 책임자가 되었다.[92] 특히 동일한 9명의 정책 분담은 2007년 임명된 제17기 중앙위원회 정치국 상무위원회에서도 계속되었다(보다 상세한 내용은 다음의 "제17차 당대회와 후의 권력" 부분 참조).

이러한 정책 감독 역할의 확대는 상무위원회가 의사결정과 지도부의 업무 핵심으로서의 역할을 강화하는 노력이라는 점에서 중요하다. 광범위한 정책 영역에서 중앙 지도부는 일상적 업무의 모든 주요 쟁점들에 대한 정확한 결정을 필요로 했다. 그 과정에서 보안과 선전 영역을 추가하여 집단지도 체제로서 상무위원

---

92 1958년 처음 조직된 이래 중앙위원회 영도소조의 목록과 분석은 Alice L. Miller, "The CCP Central Committee's leading small groups", *China Leadership Monitor*, 26(Fall 2008) 참조.

회의 대표성이 강화되었다. 그와 동시에 관련 영도소조와 당서기처를 통해 정책
결정의 집행에 대한 상무위원회의 감독과 감시 능력도 증진되었다. 상무위원회
의 역할 강화는 그보다 더 광범위한 정치국의 역할이 줄어들었음을 의미했으며,
따라서 정치국은 대체로 상무위원회가 내린 결정을 승인하고 강화했다.

상술한 바에 따르면, 2002년에서 2005년 사이 장쩌민에서 후진타오로의 지연
된 권력 전환과 상무위원회의 확대는 선례에 따라 만들어진 오랜 기간의 승계 계
획, 그리고 당의 리더십 구조와 과정의 변화를 통해 설명할 수 있다. 장은 정치적
동맹자의 승진을 협상하기 위해 자신의 임박한 퇴임을 이용하려 했을지도 모른
다. 그러나 결국 그의 퇴임은 덩샤오핑이 만든 선례를 따라 이루어졌고, 당 지도
부의 의사결정 과정은 제16차 당대회에서 수정되었다.

다른 기술관료 리더십

당대회가 폐막된 다음날의 제16기 1중전회 때부터 등장한 후진타오 리더십 하
의 정치국은 하나의 집단으로서 1997년 제15차 당대회 이후 임명된 장쩌민 집권
기의 정치국과 그 특성을 공유하면서 더욱 확장되었다. 1997년 장의 정치국원은
임명 당시 평균연령이 63세였고, 2002년 후의 정치국원 평균연령은 60세였다.
1997년의 정치국원 24명 가운데 17명이 대학교육을 받았고, 그중 14명이 기술자
였고, 다른 2명은 과학 분야의 학위를 소지했다. 2002년 후의 정치국원 25명 중
에서는 22명이 대학 학위를 가졌다. 17명이 기술자였고, 1명(원자바오)이 지질학
학위를 소지했다. 1997년 장의 정치국원 대부분은 1950년대에 공산당에 가입했
고, 후의 정치국원 대부분은 문화대혁명 이전인 1960년대 초중반에 당에 가입했
으며, 따라서 그들은 당시의 혼란으로 경력의 출발이 방해받고 지연되었다.

1997년 정치국이 경제개혁의 전위대였던 연해지역과 강력히 연계되었고, 그
지역 출신이거나 그곳에서 오랜 기간 경력을 쌓은 사람이 17명이었던 반면, 후의
정치국원은 보다 균형적으로 지역을 대표했으며, 연해지역 출신이 단지 7명이었

다. 마지막으로 1997년 정치국과 마찬가지로 2002년 정치국은 철저히 문민 간부였다. 정치국에 임명된 2명의 인민해방군 지도자를 제외하고, 단지 쩡칭훙과 천량위(陳良宇) 2명만이 1960년대 군대 기술자로 짧은 기간 군대에서 복무한 경험이 있었으며, 나머지 21명은 전혀 경험이 없었다. 또한 상술한 바와 같이 1997년 장의 정치국과 마찬가지로 후의 신임 정치국도 덩샤오핑이 1980년대 초반 공산당 지도부에 승진시키려 했던 '해방 이후, 혁명 이후' 세대라는 동일한 특성을 공유했다.

후진타오와 거버넌스의 정치

장쩌민이 제16차 당대회에서 발표한 장문의 제15기 중앙위원회 업무보고는 그가 1997년 이래 강조했던 주요 발언, 특히 당의 충원을 위한 '3개 대표론' 공식과 그 함의에 대한 지도부의 합의를 승인했다. 보고는 '3개 대표론'을 '당의 집단적 지혜의 결정체이자, 당이 앞으로 오랫동안 따라야 할 지도적 이데올로기'로 묘사했다.[93] 그러한 기초 위에서 '3개 대표론의 중요 사상'이 마오쩌둥 사상, 덩샤오핑 이론과 함께 당의 '지도 이데올로기'로 공산당 당장에 삽입되었으나, 장에 대한 특별한 언급은 없었다. 보고는 당에게 '대중적 기초의 확대를 통해 계급적 기초를 확대하도록' 요구하며, 당이 개혁 이후 등장한 사람들, 특히 '비공유의 과학기술 기업에 고용된 기업가와 기술 인력, 외자 기업에 고용된 관리 및 기술 간부, 자영업의 사영기업가, 중개 조직의 피고용인, 그리고 자유 계약의 전문가'를 포함하는 '모든 사회계층의 사람들을 통합할' 것을 당에 요구했다. 그것은 나아가 '사람이 정치적으로 진보적인지 후진적인지를 그들의 재산 소유 여부나 재산 소유 정도

93　Jiang Zemin, "Build a well-off society in an all-round way and create a new situation in building socialism with Chinese characteristics", text of report delivered to China's 16th National Party Congress, 8 November 2002, *SWB*, 8 November 2002.

로 판단하는 것이 중요하다'는 주장을 비판했다. 대신 그들은 '정치적 인식, 의식 상태와 성과, 재산을 획득하고 사용한 방식, 중국 특색적 사회주의 건설의 대의를 위해 헌신한 정도'에 따라 평가되어야 한다고 했다. 보고에서는 당이 계속해서 당원을 '주로' 노동자, 농민, 군인, 지식인 중에서 충원해야 한다고 규정했지만, '다른 사회 계층의 선진적 인물'뿐 아니라 '노동과 생산의 최전선에 있는' 사람, '뛰어난 지식인과 청년들' 가운데서도 충원할 것을 '강조해야 한다'고 덧붙였다.

따라서 당장 서문은 공산당이 '중국 특색적 사회주의의 대의를 위한 리더십의 핵심'일 뿐 아니라, '중국 노동자 계급, 중국 인민과 중화 민족의 전위대'이며, 중국의 선진적 생산력의 발전 추세, 중국의 선진적 문화의 방향성, 광범위한 중국 인민의 근본적 이해관계를 대변하고 있음을 선언하는 것으로 수정되었다.[94] 당장은 이전에 공산당이 '중국 노동자 계급의 전위대, 중국 내 모든 민족의 이익에 대한 충실한 대변인, 중국 사회주의 기업의 리더십 핵심'이라고 언급했다.[95] 신당장의 제1장은 당원의 신청은 '어떠한 중국 노동자, 농민, 군인, 지식인, 혹은 다른 사회 계층의 선진적 인물'에게도 개방되어 있다는 규정으로 수정되었다.

제16차 당대회의 업무보고는 1990년대 장의 리더십 아래 충만했던 경제성장과 기술에 대한 강조도 다시 폭넓게 언급했다. 그것은 첫 문단에서 '다극화와 세계화 경향', 과학과 기술의 진보가 지속적으로 확대되고 있고, 따라서 '종합 국력의 경쟁'이 '점점 격렬해지고 있다'고 지적했다. 장은 "이러한 시급한 상황을 고려할 때, 우리는 전진하지 않으면 낙오할 것이다."라고 선언했다. 비록 중국이 '사회주의 초급단계'에 머물러 있음을 재확인했지만, 상의 보고는 당에게 '소깅사회(小康社会)'의 건설과 2020년까지 2000년 중국 GDP의 4배 달성을 요구했다.

94　"Constitution of the Communist Party of China", amended and adopted by the 16th National Congress of the CPC on 14 November 2002, in *Documents of the 16th National Congress of the Communist Party of China*, 76-114.

95　"Constitution of the Communist Party of China", partially revised by the 15th National Congress of the Communist Party of China and adopted on 18 September 1997, in *Selected Document of the 15th CPC National Congress*, 59-88.

당대회 보고의 지침과 퇴임 이후에도 남아 있을 장의 상당한 영향력을 고려할 때, 신임 총서기 후진타오가 새로운 정치 및 정책 주도권을 행사하기에는 지위가 약했을 것으로 추정되었다. 그럼에도 불구하고 후와 원자바오는 향후 5년 동안 두 가지 광범위한 영역에서 펼쳐질 새롭고 명확한 정치적 역할과 정책의 강조에 착수했다. 하나는 경제성장이라는 장 시대의 단편적 목표를 넘어 발전의 사회경제적 결과를 강조함으로써 '발전'의 개념을 확장하는 것이었다. 그러한 노력은 '인간 중심의' 거버넌스라는 새로운 표제 아래에서 진행되었고, 새로운 몇 가지 공식, 즉 '과학적 발전관'의 채택, '새로운 사회주의 국가' 건설을 위한 노력 등을 포함했다. 두 번째 초점은 당의 개혁과 거버넌스 문제로서 당의 '선진성'에 기초해 '지배 정당'으로서의 공산당의 능력을 고양시키고, 당 운영에서 '당내 민주주의', 투명성 및 책임성을 개선하고, '사회주의 조화사회'를 실현하라는 요구를 구체화하는 것이었다. 이러한 많은 주제들이 전적으로 새로운 것은 아니었다. 어떤 경우 장의 집권 후반기에 시작된 의제를 끌어왔으며, 일부는 제16차 당대회의 업무보고에서 이미 제시되었다. 그러나 결론적으로 그것은 새로운 지도부의 우선순위를 반영했다.

새로운 의제 설정

후가 제16차 당대회에서 정해진 의제 외에 새롭게 우선순위를 부여한 것이 즉각 명확해졌다. 11월 15일 제16기 1중전회에서 신임 정치국원이 임명된 다음날, 신화사는 당대회 문건을 학습하는 당 차원의 캠페인에 착수한다는 정치국 회의 내용을 발표했다.[96] 한 달 보름이 지난 후, 신화사는 3개의 다른 정치국 회의의 심의 내용을 보도했고, 향후 2007년 10월 제17차 당대회가 소집될 때까지 5년에 걸쳐 신화사는 전체 56번의 정치국 회의를 보도했다. 1949년 이래의 역사에서 정치국 회의는 거의 실제 시점으로 보도되지 않았다. 예외로는 자오쯔양이 총서기로

---

96 *XH*, 16 November 2002.

있던 1987년 후반에서 1989년 톈안먼 위기까지의 시기가 있었다. 후의 리더십하에서 정치국 회의를 일상적으로 보도한 것은 따라서 1987년 개혁파에 의한 제13차 당대회의 결과, 자오쯔양이 출발시킨 관행이 부활했음을 의미했다.

게다가 신화사는 정치국 상무위원회 회의도 가끔 실제 회의 시에 보도하기 시작했는데, 그것은 후의 집권 이전에는 전례가 거의 없던 관행이었다.[97] 마지막으로 정치국은 신화사가 언제나 보도하는 정기적 '학습회의'를 개최하기 시작했다. 대부분의 회의는 정치국 회의 이후 즉시 개최되었고, 대외정책, 경제정책, 사회정책 등의 주요 주제를 다루었으며, 처음에는 학자나 싱크탱크 전문가들의 강의를 듣는 것에서 점차 후의 그 주제에 대한 정치국 토론 요약 논평을 듣는 것으로 이어졌다. 2002년 12월 26일 처음 개최된 학습회의는 당시 '법에 의한 통치(依法治国)'의 기반을 위해 1982년 헌법을 학습했다. 2007년 제17차 당대회까지 5년 동안, 44차례의 학습회의가 개최되었다. 후야오방과 자오쯔양 시기에는 학습회의가 일반적으로 공개되지 않는 비공식 관행이었으며, 그것의 부활은 당시 관행으로의 회귀를 의미했다.

예전에는 매우 비밀리에 이루어졌던 당 최고지도부의 업무를 다소 공개하기 시작한 것에 이어 당과 국가의 다른 수준에서 보고 임무를 명분으로 하여 새로운 투명성 확대 조치가 이어졌다.[98] 그중에는 정치국의 중앙위원회에 대한 보고 임무를 강조하기 위해 후진타오가 정치국 업무를 중앙위원회 전체회의에 정기적으로 보고하는 일도 포함되었다.[99] 그 후 몇 개월 동안, 일부 성 및 하급 단위의 당대

---

97 유일한 예외는 춘절(春节) 전에 빈곤 구제 정책을 논의하기 위해 장쩌민이 주재한 정치국 상무위원회 회의에 대한 2002년 2월 2일 신화사의 설명이었다.

98 이러한 조치의 근거에 대한 후진타오의 간략한 논의는 2003년 2월 제16기 2중전회에 대한 그의 보고에서 찾을 수 있다. "关于中央的工作", 26 February 2003, 『十六大以来重要文献选编』 1, 152-3. 정치국이나 다른 기관의 회의 홍보를 지시하는 중앙판공청 통지는 "中共中央办公厅印发'关于进一步改进会议和领导同志活动新闻报道的意见'的通知", ibid., 285-6.

99 전체회의 공보에서 후의 발언을 일상적으로 언급했지만, 이러한 보도가 현재 시점에서 발표되지는 않았다. 일부 내용은 『十六大以来重要文献选编』와 『十七大以来重要文献选编』에서 이용할 수 있다.

회가 당위원회의 업무보고를 청취하기 위해 (5년마다가 아니라) 매년 회의를 소집하기 시작했다는 발표가 있었다.[100] 2003년 3월 제10차 전국인민대표대회 이후로는 각 언론 매체에서 원자바오 총리가 관할하는 국무원 회의에 대한 보다 광범위한 보도도 시작되었다. 2003년 가을, 국무원정보판공실(国务院信息办公室)은 중앙과 성급 당정기관의 대변인 교육을 위한 수업을 개설했다.[101] 2005년경 많은 중앙 및 성급 당정기관들은 자신들의 인사, 운영, 사업에 대한 정보를 정기적으로 유포하는 웹사이트를 개설했다.

사스(SARS)의 확산으로 위기가 초래되면서 투명성 확대 조치는 기대하지 않은 새로운 동력을 얻었다. 이 극도로 전염적인 질병은 2002년 11월 광둥에서 발견되었고, 베이징과 홍콩 등 일부 주요 도시로 급속히 확산되었다. 전염병의 확산은 그것이 국내 경제 및 사회 안정에 미칠 영향을 측정하기 어렵게 했고 그리고 베이징 당국은 이 전염병을 국제적 기준에 따라 공개하지 않음으로써 외국인들을 경악하게 만들었고, WHO는 베이징 여행을 금지시켰다. 그러한 상황에서 원자바오는 2003년 4월 2일 국무원 회의를 주재하여 전염병이 통제하에 있고 감염 사례가 제한적임을 위생부(卫生部)가 보장한다고 결론지었다. 이러한 판단은 1주일 후에 세 곳의 인민해방군 병원에서의 사스 사례를 직접 알고 있는 퇴임한 군의관인 장옌용(蔣彦永)이 외신에 폭로함으로써 거짓으로 드러났다.[102] 중앙과 인민해방군 관리들은 비록 수뇌부에 대해서는 그렇지 않았지만, 전염병 확산에 관한 정보를 명백히 통제하고 있었다.

결국 4월 17일, 신화사는 후진타오가 정치국 상무위원회를 소집하여 전염병 확산을 억제하는 즉각적 조치를 명령했고, "지연되거나 기만적인 보고는 허용되지 않는다."라고 경고했음을 보도했다.[103] 3일 후 위생부장(장쩌민이 지명)과 베이징 시

---

100 *WHB*, 27 August 2003, trans. in *FBIS*, CPP20030827000091.

101 *XH*, 22 September and 3 November 2003.

102 Allen T. Cheng et al., "WHO seeks full probe on virus", *South China Morning Post*, 10 April 2003.

103 *XH*, 17 April 2003.

장(후진타오의 협력자)이 전염병 처리에 책임을 지고 해임되었다. 이후 몇 주 동안 후와 원은 신속한 조치로 100명 이상의 중앙 및 성급 관리들을 파면하고, 병원 환자들을 순회하고, 공공 여행을 제한하고, WHO와의 협력을 서약하고, 새로운 감염 사례를 언론에 매일 보도할 것을 승인했으며, 후는 이러한 모든 조치를 전염병 확산에 대한 '인민의 전쟁'이라고 불렀다. 6월 24일 WHO는 베이징 여행 금지를 해제했다. 사스 사례에서 드러난 투명성 부족은 결국 자연재해나 주요 사고와 같이 이전에는 억압하던 사건을 중국 매체들이 보다 개방적으로 다룰 수 있게 만들었다.

후진타오는 제17차 당대회 이후 곧바로 새로운 사실을 강조했는데, 이것은 나중에 장애인이나 기존 경제개혁에서 낙오된 사람의 곤란을 강조함으로써 '인민 중심의' 정책으로 불렸다. 2002년 12월 5~6일, 후는 서기처 서기 대부분을 대동하여 1949년 3월 베이징으로 입성하기 이전 공산당 본부가 있었던 허베이 시바이포(西柏坡) 마을을 방문했다. 예전 그곳에서 마오쩌둥은 제7기 2중전회를 소집했고, 곧 국가 권력을 장악하려는 당에게 '검소한 삶과 고난의 투쟁'이라는 전통을 유지하고, 특권과 지위에 따른 부패를 차단하고, 인민에게 힘껏 봉사할 것을 요구하는 연설을 했다. 시바이포에서 후진타오는 공산당이 '소강사회' 건설을 위한 노력과 '3개 대표론'의 집행에서 상당한 도전에 직면했다고 선언했다. 후는 자신의 동료들에게 새로운 지도부는 1949년 마오가 제시한 '품위 있고, 신중하고, 경솔하지 않으며', '검소한 삶과 고난의 투쟁'이라는 방식을 유지하는' '두 가지 의무'를 지켜야 한다고 촉구했다.[104]

시바이포에서 이러한 화두를 던지며, 후는 마오쩌둥뿐 아니라 덩샤오핑 및 장쩌민(그도 1991년 시바이포를 방문했음)과의 연속성, 그리고 그것이 장에 대한 완곡한 비판이 아님을 조심스럽게 강조했다. 시바이포 방문 이후 『인민일보』의 권위적 논평과 나머지 지도부의 '두 가지 의무'에 대한 연속적인 강조를 포함해 언론의

104　*XH*, 7 December 2002, available in *FBIS*, CPP20021207000055.

협력적인 홍보가 이어졌으며, 이는 그 주제가 광범위한 지도부의 합의를 반영하고 있음을 보여 주었다. 12월 12일, 신화사는 빈곤 계층 지원 방안을 논의한 정치국 상무위원회 안건을 공개했고, 이어진 몇 주일 간과 춘절(春节) 기간 동안 언론 매체들은 후, 원, 그리고 나머지 정치국원들이 도시와 농촌의 빈곤 계층, 실업 노동자, 곤경에 처한 인민해방군 퇴역 군인을 찾아가 그들의 어려움에 대한 동정을 표시했다고 보도했다.

이러한 노선을 따른 후속 조치들도 이어졌는데, 그 중 가장 인상적인 것은 지도부가 매년 여름 베이다이허(北戴河) 해변 휴양지로 떠나던 휴가를 그만둔 일이었다. 1953년 이후 거의 매년 당 지도부는 7월과 8월 베이징의 열기와 흙먼지를 피하고, 이듬해의 쟁점을 논의하기 위해 베이다이허로 피서를 떠났다.[105] 이러한 피서는 당대회 소집을 준비하는 마지막 단계라는 점에서 특히 중요했으며, 2002년에도 마찬가지로 베이다이허에는 당의 제16차 당대회에 지명될 지도부 인선을 위한 계속된 협상 자리가 마련되었다. 그러나 2003년 7월, 홍콩의 공산당 신문인 『문회보(文汇报)』는 향후 당 지도부는 '투명하고, 개방적이고, 접근 가능하고, 실용적인 당과 정부의 새로운 이미지'를 고양하기 위해 연례적인 베이다이허 피서를 중단할 것이라고 밝혔다.[106] 대신에 베이다이허 휴양지는 중국의 현대화에 기여한 공로에 보답할 수 있도록 '중앙위원회와 국무원을 위해' 이용되었으며, 그 예로 지난 해 봄 사스 확산을 막기 위해 수고한 의료진과 과학자들을 위해 2003년 7월 29일에서 8월 7일까지 정치국 상무위원 쩡칭훙이 리셉션을 열었다.[107] 비록 그 후 여러 해 동안 홍콩의 독립적인 중국 관찰 언론과 외국 관찰자들은 매년 베이다이허에 지도부의 피서가 부활할 것으로 추측했지만, 2003년 이후 매년 그러한 증거는 드러나지 않았다.[108]

---

105 가끔, 가령 1959년, 1961년, 1970년에 지도부는 장시(江西)의 루산(庐山) 휴양지로 피서를 갔다.

106 *WHB*, 18 July 2003, trans. in *FBIS*, CPP20030718000062.

107 *XH*, 13 August 2003, available in *FBIS*, CPP20030813000147.

108 Alice L. Miller, "Beijing prepares to convene the 17th Party Congress", *China Leadership Monitor*,

과학적 발전관

'검소한 삶과 고난의 투쟁'이라는 주제와 '인간 중심의' 정책이 강조된 것은 후진타오와 원자바오의 개인적 관점과 경험에서 기인했을지 모른다. 1990년대 중국 정치에서 두드러지게 부상하기 전까지 그들은 모두 중국의 가장 빈곤한 성의 하나인 간수(甘肅)에서 초기 경력의 상당 부분을 쌓았으며, 후는 구이저우(貴州)와 티베트에서 당서기로 복무했다. 그러나 이러한 개인적 선입견 때문에 그 주제의 오랜 근원을 간과해서는 안 된다. 상술한 '새로운 의제 설정'에서 논의했듯이, '검소한 삶과 고난의 투쟁'이라는 주제는 후가 시바이포에서 강조한 당의 오랜 전통을 반영했고, '인간 중심의' 주제는 최소한 1980년대 이래 지식인과 당이 심사숙고하던 주제였다. 게다가 후는 그의 전임자 장쩌민의 리더십과 연속성의 측면에서 그러한 주제를 억압하는 것을 조심스러워했다. 그러나 후의 지도부가 2003년 가을에 '과학적 발전관'을 주창함으로써 새로운 이데올로기적 전환이 시작되었다.[109] 그렇지만 그것을 선언하며, 후진타오는 가령 2000년 초반 장쩌민이 '3개 대표론' 개념을 제시할 때처럼 새로운 공식을 발표하는 전통적 방식을 따랐다. 후는 1920년대 후반과 1930년대 초반 마오쩌둥의 농촌 소비에트 근거지였던 루이진(瑞金)을 포함해 장시(江西) 지역 시찰 기간에 했던 발언에서 처음으로 '과학적 발전관'을 언급했다.

협력적, 전반적, 지속 가능한 발전이라는 과학적 발전 개념을 채택하고, 현실에 부합하는 새로운 발전 경로를 적극 탐색하고, 사회주의 시장 체제를 더욱 개선하고, 구조 조정 강화 노력을 새로운 경제성장 요소의 육성과 결합하고, 도시 발전의 촉진을 농촌 발전의 촉진과 결합하고, 과학기술의 역할을 활성화하는 노력을 인적 자원의 장점을 활성화하는 노력과 결합하고, 경제발전을 자원과 환경

22(Fall 2007), 2-4 참조.

109 이 개념의 등장에 관한 분석은 Joseph Fewsmith, "Promoting the scientific development concept", *China Leadership Monitor*, 11(Summer 2004) 참조.

의 보호와 결합하고, 대외 개방을 다양한 영역의 개방으로 확대하고, 생산의 발전, 소강사회, 양호한 생태 환경으로 특징되는 문명적 발전 경로를 힘껏 추구하는 것이 필요하다.[110]

10월 초, 3중전회에 임박하여 후는 후난(湖南)을 순방하며 그 개념을 다시 제기했다.[111]

2003년 10월 11~14일 베이징에서 소집된 제16기 3중전회는 장문의 '사회주의 시장경제체제 개선에 관한 몇 가지 문제의 결정'을 채택했고, 그것은 '과학적 발전관'을 명확히 인용하지는 않았지만, 그러한 정책 제안을 고안하는 개념을 분명하게 사용했다. 따라서 '결정'은 다섯 가지 영역의 '포괄적 기획'의 필요성을 규정했는데, 그것과 직접 관련된 쟁점들은 모두 경제성장만의 일방적 추구로 악화되었으며, '과학적 발전관'이 요구되는 것이었다. 이 영역들은 도시와 농촌의 발전 격차 확대, 중국의 지역 간, 특히 연해와 내륙 지역의 불균형 발전, 사회적 요구나 함의를 거의 고려하지 않은 경제발전의 치중, 환경적 결과를 고려하지 않은 경제성장의 일방적 추구, 수출 지향적 성장과 국내 소비의 불균형 등이었다. '과학적 발전관'에 대한 후의 표현 속에는 '결정'에 반영된 새로운 '포괄적 기획' 접근법의 모토, 즉 '지속적으로 사람을 기본으로 삼고, 전반적·협력적·지속 가능한 발전 개념을 구축하고, 경제·사회·인간의 전반적 발전을 촉진하자'는 내용이 강력히 반영되었다.[112] 전체회의의 결정이 후진타오의 표현을 명시적으로 인용하지는 않았지만, 그는 전체회의 연설에서 그것을 명확하게 설명했으며, 당시에 그것이 출판되지는 않았다.[113]

전체회의 결과, '과학적 발전관'이 당기관지 『인민일보』에서 공식적으로 선전되었고, 그 표현이 이제 많은 지도자들 사이에서 일치된 지지를 확보했다. 이 사

---

110 *XH*, 2 September 2003, available in *FBIS*, CPP20030902000029.

111 *XH*, 4 October 2003.

112 "中共中央关于完善社会主义市场经济体制若干问题的决定", 『十六大以来重要文献选编』 1, 464-82.

113 胡锦涛, "树立和落实科学发展观", 14 Octorber 2003, in 『十六大以来重要文献选编』 1, 483-4.

실은 2003년 11월 24일, 신화사의 당일 설명에 따르면 정치국이 '과학적 발전관'에 기초해 2004년 경제 업무를 기획하고, 그것을 연례적 중앙회의에 제시하기 위해 소집한 점에서 분명해졌다.[114] 이어진 몇 개월 동안, 지도자들은 거의 동일하게 보조를 맞추며 자신들의 대중 담화에서 '과학적 발전관' 공식을 반복하였다. 2월에 각 부 및 성급 지도자를 위한 '과학적 발전관의 정착과 집행'에 관한 '특별 학습 과정'이 베이징에서 개최되었고, 그곳에서 원자바오는 그 개념의 중요성을 설명하는 긴 연설을 하였다.[115] 2004년 2월 23일, 정치국은 제10차 전국인민대표대회 2차 회기를 준비하면서 그 개념과 '인간 중심의' 접근법을 다시 승인하였다. 2월 16일 전국인민대표대회 회의에서 원자바오의 국무원 업무보고는 '과학적 발전관'의 관점에서 구성되었고, 5개 영역의 포괄적 기획은 이제 '5개 균형점'으로 기술되었다.[116]

중국 언론은 '과학적 발전관'의 부상을 공산당이 사회주의 시장경제의 발전을 위해 몇 가지 출발점에서 '포괄적 기획'이 필요하다는 사실을 충분히 이해했기 때문이라고 설명했다. 전형적인 예로 2004년 11월 9일 전체회의 결정의 입안에 관한 신화사의 설명에 따르면, 그것은 1993년 제14기 3중전회에서 채택된 '현대기업제도' 구축에 착수한다는 경제개혁 결정의 후속 조치로 묘사되었다. 그 계획은 '도시와 농촌 지역의 불균형 발전, 완전한 재산권 제도 발전의 결여, 시장의 무질서, 정부 기능의 불완전한 전환' 등의 부작용과 '새로운 모순'을 낳았으며, 이제 경제의 세계화와 WTO 가입이라는 추가적 압력에 의해 심화되었다. 게다가 그 결정을 입안한 집단은 사스 위기 와중에 조직되었는데, 신화사의 설명에 따르면, 그 위기는 "경제와 사회의 발전, 도시와 농촌의 발전을 조정하는 과제가 있으

---

114 *XH*, 24 November 2003.

115 温家宝, "提高认识, 统一思想, 牢固树立和认真落实科学发展观", 21 Febraury 2004, in 『十六大以来重要文献选编』1, 755-6, trans. in *SWB*, 23 February 2005.

116 Wen Jiabao, "Report to the 2nd session of the 10th NPC", delivered on 16 March 2004, *XH*, 16 March 2004, trans. in *FBIS*, CPP20040031600088.

며, 따라서 종합적, 협력적, 지속 가능한 발전을 요구하는 '과학적 발전관'의 구축
과 집행이 극도로 중요하다는 점을 깨닫게 만들었다."[117] 그러나 정치적 관점에서
'과학적 발전관'은 후진타오 지도부의 최초의 주요 혁신이자 장쩌민 집권기와 구
분되는 정책의 출발점이었다.

'사회주의 조화사회' 건설

'과학적 발전관' 공식에서 대표되는 것처럼, 후진타오 지도부가 경제개혁을 사
회적, 환경적 중요성과 폭넓게 결부시킨 것은 사회 안정과 정치 불안에 대한 지
속적이고 예민한 관심에서 비롯되었다. 농촌 지역에서 농가 수입의 정체는 1990
년대 후반 농산품 가격의 하락에서 기인했고, 그것은 도시 주민들과의 소득 격차
를 확대시켰다. 지방정부의 업무가 축소되면서 지방 관리들은 지방행정 예산의
증대를 위해 축소된 세금과 수수료를 농가에 부과했고, 개발업자와의 빈번한 충
돌을 일으키며 낮은 보상으로 토지 계약을 수용함으로써 농민들을 토지에서 몰
아내어, 농가는 생계 수단 없이 떠나야 했다. 일자리와 높은 생활수준을 기대하
며 농촌에서 도시로 유입된 농민들이 1980년대에 상당한 '유동 인구'를 형성하기
시작했고, 1990년대 후반에는 이주 비율이 급증했다.[118] 도시에서는 1990년대 후
반 국유기업 체제 개혁으로 고용센터를 만들어 새로운 일자리를 지원하려는 정
부의 노력에도 불구하고, 실업이나 해고 상태의 노동자들이 불확실한 미래에 직
면했다. 한편으로 국유영역의 복지 기능 해체로 많은 도시 주민들이 은퇴, 자녀
교육, 의료보험 등을 자력으로 해결해야 했다. 많은 소수민족이 거주하는 중국의
'자치지역'에서는 지속적인 반감과 불안이 광범위한 경제적, 문화적, 종교적, 민

---

117 孙承斌, 赵承, "吹响经济体制改革的新号角: 中共中央关于完善社会主义市场经济体制若干问题的决
定起草工作纪实", 『党的生活』 II (2003), 16-19, trans. in *FBIS*, CPP20031109000025.

118 그 수치는 1988년에 7000만, 1997년에 1억, 2008년경 2억으로 추산되었다. Kam Wing Chan, "Inter-
nal labour migration in China: Trends, geographical distribution and politics", UN Population Division,
UN/POP/EGM-URB/2008/05, 3 January 2008.

770

족적 긴장을 조장했다.

지도부의 사회 불안에 대한 관심은 그만큼 근거가 있었다. 2005년 초반 '과학적 발전관'을 설명하는 공식 논의에서는 중국의 1인당 GDP가 1000달러에 이르렀고, '소강사회' 건설의 목표가 달성된다면 2020년에 3000달러로 상승할 것이라고 지적했다. 그 분석에 따르면 이러한 전환은 중국이 기회이자 잠재적 위기인 결정적 시기로 진입했음을 의미한다고 경고했다. 후자의 경우, "빈부의 양극화가 확대되고, 실업 인구가 증가하고, 도농 및 지역간 격차가 확대되고, 사회 갈등이 격화되고, 생태 환경이 악화되고, 결국 경제사회적 발전의 장기적 침체나 심지어 사회적 격변과 퇴보가 초래된다."[119] 게다가 언론에 발표된 2000년대 중반의 공식 통계에 따르면, '군중시위'의 발생이 1993년의 8700건에서 2005년의 8만 7000건으로 10배 증가했다고 한다. 정확히 무엇을 '군중시위'로 정의할지가 명확하지 않지만, 전반적인 추세임에는 의심의 여지가 없었다. 게다가 언론에서 사회과학자들의 논평은 도시와 농촌 주민뿐 아니라, 일부 중국인들이 아주 부유해지면서 도시 주민 사이에서도 소득 격차의 확대가 위험 수준에 이르렀다고 경고했다. 재정부 부부장 러우지웨이(楼繼伟)는 2006년 중앙당교 기관지 『학습시보(学习时报)』 기사에서 사회의 소득 불균형 지표인 지니 계수가 0.46에 이르렀고, 이것은 심각한 사회적 불안을 예고하며, '사회 정의'와 '공정성'을 주요 쟁점으로 제기해야 하는 수준이라고 지적했다.[120]

이러한 사회 불안에 대한 인식은 부분적으로 베이징 당국에게 그 원인을 밝혀 개선하도록 만들었다. 가령 2005년 12월 중앙위원회와 국무원의 공동 '의견'이 '사회주의 신농촌' 건설을 요구하는 2006년 중앙 1호 문건으로 회람되었고, 그것은 1998년 농업에 관한 3중전회 결정 이래 이른바 '삼농(三农) 문제'로 불린 것의

---

119 温家宝, "提高认识, 统一思想, 牢固树立和认真落实科学发展观…". 任仲平, "再干一个二十年: 论我国改革发展的关键时刻", *RMRB*, 12 June 2004, 1, 2, trans. in OSC, CPP20040712000083도 참조.

120 楼繼伟, "关于效率, 公平, 公正相互的若干思考", 『学习时报』, 19 June 2006, 1-5, trans. in OSC, CPP20060713442001.

완화를 모색했다. 그 문건은 농민의 수입 하락을 보상하기 위해 농산품에 대한 새로운 보조금과 가격 유지를 요구했고, 농촌의 인프라와 서비스에 대한 정부 지원을 확대했고, 관리와 기업가의 약탈 행위에 맞서 토지 사용권의 보호를 강화했다. 또한 그 문건은 농업세 폐지를 요구했으며, 원자바오 총리는 두 달 후 전국인민대표대회 회의에서 그것을 분명하게 선언했다.[121]

당국에서는 새로운 정책적 노력을 통해 사회적 긴장을 완화하려 했지만, 한편으로 소요와 반대는 용인하려 들지 않았다. 어떤 경우에 지방 관리들은 강력한 억압을 통해 자신들의 행위로 초래된 지방의 불안과 소요에 대응했고, 다른 어떤 경우에는 베이징의 중앙 당국이 개입하여 대중적 저항을 초래한 지방 관리들의 비행을 처벌하거나 인민의 편에서 개혁의 대리자로 나섰다. 그러나 중앙 지도부는 잠재적 사회 불안이 2003년 구소련의 조지아, 2004년 우크라이나, 2005년 키르기스스탄에서 '색깔 혁명' 방식의 정치적 격변을 초래했음을 상기시키며, 2008년 3월 티베트와 2009년 7월 신장(新疆)의 소요 사태에서처럼 그것이 현명하다고 판단될 때에는 주저하지 않고 무력을 행사했다. 사회 불안을 촉발하는 전자 매체를 더욱 제약하기 위해 국무원정보판공실(国务院信息办公室)과 정보산업부(信息产业部)는 2005년 9월에 새로운 인터넷 관련 규정을 만들었으며, 그 속에는 '불법적 집회, 조직 결성, 행진이나 시위를 선동하거나', '사회 질서를 교란하기 위해 사람을 조직하는' 콘텐츠, 그리고 '불법적 시민사회 조직을 명분으로' 유포되는 콘텐츠의 금지가 포함되었다.[122]

이러한 상황에서 '사회주의 조화사회 건설'에 관한 장문의 결의를 채택하기 위해 제16기 6중전회가 2006년 10월 8~11일에 소집되었다. 2002년 11월의 제16차

---

121 "中共中央、国务院关于推进社会主义新农村建设的若干意见", 31 December 2005, in 『十六大以来重要文献选编, 3』, 139-55. 영문 번역은 OSC, CPP20060221045001 참조.

122 State Council Information Office and the Ministry of Information Industry, "Rules on the management of Internet news information services", 25 September 2005; available at http://www.cecc.gov/pages/virtualAcad/index.phpd?showsingle=24396(2010년 8월 9일 접속)

당대회에 대한 장쩌민의 업무보고는 '사회 조화'를 우선순위로 설정했다. 그러나 '사회주의 조화사회' 건설의 목표는 2004년 가을 당의 공식 언급, 즉 그해 9월 4중전회에서 채택된 공산당의 통치 능력 개선을 위한 중앙위원회 결의에서 처음 제시되었다. 그 후 후진타오는 2005년 2월 중앙당교에서 행한 주요 연설에서 '사회주의 조화사회'의 요소를 규정했다. 그 목표는 2005년 10월 5중전회에서 채택된 제11차 5개년 계획에서 그것을 구성하는 '다양한 제안'으로 구체화되었다. 2006년 3월 4일, 전국정협 대표들과의 회의에서 후는 '사회주의 조화사회'에서 구체화될 시민 윤리의 기초로 여덟 가지 기준의 '명예와 불명예'를 제시했다. 이 기준들은 중앙위원회 내 사회주의정신문명건설위원회가 밝힌 공식적 '의견' 체계에 의해 더욱 정교해졌다.[123]

'사회주의 조화사회 건설의 주요 문제'에 관해 6중전회가 채택한 장문의 결의는 후의 리더십 아래 2년간 이루어진 노력의 결정체였으며, 1990년대 후반의 경제 개혁이 심화시킨 위협적인 사회적 갈등에 대해 당이 실용주의적 대응책을 제시한 것이었다. 결의는 2020년까지에 이르는 당 업무의 우선순위를 제시하며, 사회 안정과 정치 질서의 유지에 중요하다고 판단되는 몇 가지 쟁점들을 열거했다. 그 속에는 첫째 '사회주의 신농촌 건설'이라는 제목 아래 농촌의 불만과 반감 표출을 억제할 수 있도록 농촌 지역의 적절한 사회 서비스와 법적 절차를 제공하는 조치를 기술했고, 둘째 중앙 재정을 중서부 지역으로 이전·확대함으로써 지난 20년간 연해지역의 빠른 경제성장으로 초래된 지역 발전의 불균형을 해소하도록 요구했고, 셋째 교육 지출을 강조하며, 중잉의 자원 배분 확대를 통한 서발선 지역의 교육 기회 보장에 새로운 초점을 두었고, 넷째 기존 국유 및 집체경제의 해체로 약화된 중국의 의료 및 공공 위생 서비스를 재구축하도록 했고, 다섯째 경제 발전의 환경적 영향에 대한 관심을 상기시켰다. 결의에 따르면 이러한 노력의 목표는 '민주주의와 법에 기초하고, 공명정대하고, 신뢰와 우의를 가지고, 열정과

---

123 *XH*, 23 May 2006.

활력으로 충만하고, 안전과 질서를 유지하고, 사람과 자연이 조화를 이루는 사회주의 사회'를 건설하는 것이었다.[124]

일부 관찰자들은 '사회적 조화'의 목표에 대한 결의의 초점과 후진타오의 '8개의 명예와 불명예(八榮八恥)'에 담긴 가치 속에서 중국 정치담론의 유교적 전통이 부활하는 것으로 보았다. 중국 사회에서 조화의 강조는 마오 시기의 '계급투쟁'에 대한 몰두와 완전히 모순됨을 부정할 수 없다. 그러나 '사회주의 조화사회' 개념과 후가 추진하는 가치들의 이데올로기적 뿌리는 전통적 유교 가치보다는 1961년 구소련공산당이 제시한 '전체 인민의 정당'이라는 사상 및 그와 관련된 가치와 더 유사한 것으로 보인다. 당연하게도 전체회의 이후 중국 언론들의 논평은 두 가지 전통 모두에서 '사회주의 조화사회'의 이념을 분리시켰다.[125]

당의 통치 능력 제고

총서기 재임 기간 초기에 당의 의사결정과 운영에 일정한 투명성을 확보하려는 후진타오의 노력은 당시의 표현을 빌자면, 공산당이 '지배 정당'으로서 '통치 능력'을 제고시킬 의도의 몇 가지 조치들로 이어졌다. 이러한 노력들은 '당의 리더십과 거버넌스 방식의 개선' 조치를 요구하는 2002년 장쩌민의 제16차 당대회 보고에서 이미 선행되었으며, 그 속에는 지도부의 의사결정에 대한 '과학적이고 민주적인' 접근, 집단지도 체제와 '민주적' 과정을 강화하는 당 운영의 변화, 법과 인민에 대한 책임성 확대, 부패 통제 등을 포함했다. 당대회 이후 즉시 착수된 지도부 회의의 투명성 제고와 같은 경우처럼, 이러한 노력 중 일부는 자오쯔양 리더십하의 1987년 제13차 당대회에서 실패했던 정치개혁 과제로까지 거슬러 올라가서 그 근원을 찾을 수 있다. 그러나 그러한 노력들은 1990년대 후반 이후 현저

---

124 "中共中央关于构建社会主义和谐社会若干重大问题的决定", 14 October 2003, 『十六大以来重要文献选编』 3, 648-71, trans. in OSC, CPP20061018707007.

125 이 점에 대해서는 Alice L. Miller, "Hu Jintao and the Sixth Plenum", *China Leadership Monitor*, 20(Winter 2007) 참조.

히 변화된 새로운 사회경제적 거버넌스 문제, 그리고 가령 구소련이나 멕시코처럼 정치사회적 변동에 직면한 국가에서 정당의 운명에 대한 지도부의 인식에 의해 새로운 동력을 얻게 되었다.

이러한 고려에 따라 무엇보다 특히 2004년 2월에 시범적으로 운영된 '당내 감독을 위한 공산당 규정'을 포함해 새로운 당 규정과 지시가 꾸준하게 늘어났다.[126] 이러저러한 조치들이 2004년 9월 16~19일 베이징에서 소집된 제16기 4중전회에서 채택한 장문의 '당의 통치 능력 제고를 위한 결정'으로 강화되었으며, 그것은 통상 많은 방면에서 당의 노력에 정당성을 부여했다. 전체회의 논평에 보다 분명하게 설명되었듯이, 그 속에는 당대회의 '영구적 권한(permanent tenure)'에 대한 지속적인 시범 사업이 포함되었고, 이를 통해 각 하급 단위에서 당대회는 '당의 최고 권력기구'가 되었으며, 정례 회기나 혹은 필요하다면 임시 회기에서 하급 의사결정 기구의 업무를 검토하고, 신임투표를 통해 그것을 확대 혹은 거부할 수 있었다. 또한 이미 '권력을 장악한' 최고지도부의 '가족 왕국'을 포함한 부패 네트워크 및 지도부의 권력 남용을 보다 효과적으로 근절할 수 있도록 당 기율검사위원회에 자율성과 강제력을 부여하는 '당내 감독에 대한 규정'에 포함된 조치들도 승인되었다.[127] 그 결정은 당 간부의 임명과 승진, 집단적 의사결정 강화 등에 대한 새롭고 확대된 투표 절차도 요구했다. 마지막으로 전체회의 결정은 2005년 1월에 시작되고 8개월에 걸쳐 3단계로 진행된 당원들의 '선진성' 고양을 위한 당 차원의 캠페인도 승인했다.

공산당의 개혁을 위한 많은 노력들은 당의 하급 단위에서 시범 사업으로 신행되었고, 그것은 결국 중앙 단위의 당기관으로 확대될 것이었다. 그러한 노력이 중앙의 리더십 정치에 얼마나 빨리 영향을 미칠지는 확실치 않았다. 그러나 지도

---

126 "(Trial) CPC regulations on inner-party supervision", *XH*, 17 February 2004, available in *SWB*, 19 February 2004.

127 *DGB*, 14 July 2004; *WHB*, 26 August 2004.

부 선출 방식에서 '당내 민주개혁'을 진전시키려는 조치 가운데 아마도 가장 흥미로운 것은 공산당 제17기 1중전회에서 선출될 정치국 후보 지명을 위해 비공식 여론조사를 이용한 사실이었다. 당대회 이후에야 나온 보도에 따르면, 2007년 6월 25일 후진타오는 거의 200명의 '추천인 명부'에 투표한 약 400명의 중앙위원회 위원과 후보 및 '관련된 책임 간부'가 참석한 회의를 주재했다. 이러한 '민주추천(民主推荐)' 절차를 통해 향후 제17차 당대회에 제출할 최종 후보 명단을 작성할 때 정치국과 상무위원회가 고려할 간단한 명부가 만들어졌다. 신화사는 비공식 여론조사 절차가 '당정 지도부 선출 방식의 개선과 고위급 당정 간부를 젊은 계층으로 대체하는 제도화(制度化), 규범화(规范化), 절차화(程序化)의 촉진에 대한 경험'을 제공했고, '당내 민주주의의 발전과 당내 민주체제 개선에 상당한 의의'를 가졌다고 언급했다.[128]

제17차 당대회와 그 이후

2007년 10월 15~21일 제17차 당대회의 소집, 그리고 당대회 폐막 이후 1중전회에서 이루어진 지도부 임명을 통해 당의 최고지도자로 재직한 첫 임기 동안 후진타오가 추진한 정책 주도권이 얼마나 허용되었는지, 중국의 최고지도자로서 그의 권력이 얼마나 강화되었는지를 평가할 기회가 주어졌다. 후는 두 가지 모두에서 상당히 진전하였다. 이 당대회는 다른 측면에서도 중요했는데, 무엇보다 중요한 것은 2012년 지도부 승계를 위한 준비에 착수했다는 것이다.

당대회 이후 몇 개월 동안은 2008년 8월 베이징에서 올림픽이 개최된다는 기대감이 가득했으며, 중국 입장에서는 그것이 한 세기 반의 시련과 굴욕을 거친 이후 비로소 세계 속에 성공적으로 편입됨을 상징하는 기대와 성공의 순간이었

---

128 刘思扬, 刘刚, 孙承斌, "为了党和国家兴旺发达长治久安: 党的新一届中央领导机构产生纪实", *XH*, 21 October 2007, available in *SWB/Asia Pacific*, 24 October 2007.

고, 일본의 1964년 도쿄 올림픽과 한국의 1988년 서울 올림픽이 갖는 의의에 필적했다. 그러나 당국은 베이징 올림픽이 끝나자 곧바로 중국의 세계경제에 대한 깊은 편입에 따른 새로운 도전에 직면했다. 2008년 가을, 미국 금융체제의 거품이 촉발한 세계경제의 침체로 중국의 수출 지향적 경제에도 상당한 위축이 예상되었고, 경제성장의 지연 및 그에 수반되는 실업과 잠재적 사회 불안, 정치적 소요가 예고되었다. 2008년 11월 초 노련하게 관리된 국내 경기 부양을 위한 자금 투입으로 세계경제의 침체 영향은 약화되었고, 이어진 여름에 베이징 당국은 건국 60주년 경축 분위기 속에서 위기 관리 능력에 대한 자신감을 드러냈다.

제17차 당대회와 후의 권력

제17차 당대회에서 최고지도부의 변화는 지도부의 세대교체로 비쳐졌던 2002년 제16차 당대회에 비해 규모 면에서 훨씬 덜 극적이었다. 당시 정치국 상무위원 9명 중에는 4명만이 퇴임하여 4명이 신임 위원으로 교체되었다. 2002년에는 25명의 정치국원 중 15명이 신임이었던 반면, 2007년에는 25명 가운데 9명만이 추가되었다. 당대회에서 퇴임한 사람들은 모두 68세 이상이었고, 따라서 2002년 제16차 당대회에서 시행된 퇴임 기준이 계속 유지되었다. 당 중앙서기처 및 중앙군사위원회 구성원의 변화도 2002년보다 훨씬 제한적이었다.

게다가 신임 당 지도부가 공유한 특성에는 강한 연속성이 있었다. 신임 정치국원의 평균연령은 임명 당시 63세로 2002년 정치국원의 평균 60세보다 약간 많았지만, 당대회가 2002년에 인명된 지도부에게 기대되는 10년 임기의 중간에 있음을 고려할 때 놀라운 결과는 아니었다. 출신 지역으로는 신임 정치국원이 보다 균형을 이루었다. 10명의 지도자만이 연해 출신이었으며, 15명이 중부 지역 출신이었고, 서부 지역 출신은 아무도 없었다.

신임 정치국은 대학 학위를 소유한 지도자를 선출하는 1990년대의 추세에 비해서도 진전을 보였다. 25명의 신임 정치국원 가운데 23명이 대학 학위를 가졌으며, 22명이 대학 학위를 소유했던 2002년에 필적했다. 신임 정치국은 대학에서 공학과 자연과학 학위를 가진 '기술관료' 지도자의 비중이 처음으로 낮아졌다. 1997년 정치국은 17명의 학위 소유자 가운데 그 분야 인사가 16명이었으며, 그중 14명은 기술자였던 반면, 2002년 정치국은 22명의 학위 소유자 중에서 17명이 기술자이고 1명은 지질학자였다. 신임 정치국의 23명 학위 소유자 중에서는 단지 11명만이 기술자였고, 2명은 자연과학과 수학을 전공했다. 나머지 10명의 학위 소유자는 4명이 경제학, 1명이 정치학을 전공했으며, 3명은 인문학을 전공했다. 마지막으로 신임 정치국은 처음으로 일부 대학원 학위 소유자를 포함했다. 시진핑(习近平), 리위안차오(李源潮), 류옌둥(刘延东) 3명이 법학 학위를 가졌고, 리커창(李克强)은 경제학 박사를, 2명은 석사 학위를 가졌다.

군대 경력과 관련해서는 25명의 정치국원 가운데 22명이 인민해방군에 복무하거나 군 관료기구에서 근무한 적이 없었다. 3명의 예외로는 여전히 군 고위직에 근무하는 2명의 전문 군인과 특히 시진핑이 포함되었다. 요약하면 신임 정치국 지도부의 경우 과거 20년 동안 지도부의 특성에서 명백했던 추세가 강화되었다. 신임 정치국은 중국 역사상 가장 학력이 높은 지도부이고, 덜 철저하게 기술관료적이며, 경력면에서는 확실한 문민 간부였다.

제도적 측면에서 정치국 상무위원회 규모는 9명을 유지했고, 2002년 이 기구를 확대한 것이 조직 구조에서 중앙 지도부의 역할을 확대시킬 의도가 일부 있었

후진타오(胡锦涛)	공산당 총서기, 중화인민공화국 주석, 중앙위원회 대외관계 및 타이완 문제 영도소조 조장
우방궈(吳邦国)	전국인민대표대회 상무위원장
원자바오(温家宝)	국무원 총리, 중앙위원회 재정경제 영도소조 조장
자칭린(贾庆林)	전국정협 주석
리창춘(李长春)	중앙위원회 선전 및 이데올로기 영도소조 조장
시진핑(习近平)	서기처 서기
리커창(李克强)	부총리
허궈창(贺国强)	중앙기율검사위원회 주석
저우융캉(周永康)	중앙위원회 정법위원회 주석

다는 인상을 강화했다. 신임 상무위원의 역할은 2002년의 업무 분담 형태와 거의 유사했다.

후진타오가 최고지도부 내에서 권력을 강화했다는 것은 몇 가지 이유에서 명확했다. 첫째, 장쩌민에 의해 지도부로 승진했던 '상하이방'이 당대회의 지도부 변화를 통해 현저하게 줄어들었다. 그 변화 가운데 가장 주목할 점은 지도부 가운데 장과 가장 밀접한 동료였던 쩡칭훙이 나이가 68세에 이르렀기 때문에 정치국 상무위원에서 퇴임한 사실이다. 게다가 상하이 당서기 천량위(陈良宇)는 2006년의 부패 혐의로 이미 상하이와 정치국의 권력에서 제거되었으며, 장쩌민의 승인을 받은 것으로 알려졌다. 일부 설명에 따르면, 천은 원자바오의 투자 억제 정책에 크게 저항했고, 이 일로 원과 후의 분노를 불러일으켜 이미 요주의 인물이 되었다. 그가 부패로 숙청되면서, 장쩌민이 제15차 당대회에 대한 주도권 강화 노력의 일환으로 1995년 베이징 당서기 천시퉁을 부패 혐의로 숙청했던 사건이 즉각 상기되었다. 천량위는 제17차 당대회에 앞서 숙청 대상이었던 것으로 보였다. 여하튼 2007년 6월 정치국 상무위원 황쥐의 죽음과 마찬가지로, 그의 몰락은 '상하이방'의 해체를 촉진시켰다. 지도부에 남아 있는 장의 지지자 그룹 대부분, 가령 정치국 상무위원 자칭린, 정치국원 류치(刘淇) 등은 영향력이 약하고 후의 권력에 장애가 되지 않는 것으로 보였다.

'상하이방'의 약화를 보완한 것은 후가 자신의 동료를 정치국으로 승진시키는 능력이었다. 그들 중에는 정치국 상무위원회의 리커창을 비롯해 정치국에 진입한 조직부장 리위안차오(李源潮), 광둥성 당서기 왕양(汪洋), 진임 통일진신부장 류옌둥(刘延东) 등이 포함되었다. 이들 지도자 모두는 후의 1980년대 초반 공산주의 청년단 지도부 시기에 그와 유대를 형성했다. 게다가 후는 자신의 최고 막료인 링지화(令计划)를 당 중앙판공청 주임으로 임명할 수 있었다. 자신이 선호하는 방향으로 리더십을 행사하기 위해서는 자신의 동료를 이 기구의 책임자로 두는 것이 당 총서기의 권력에 결정적이었다. 장쩌민도 자신의 인맥인 최고 막료 쩡칭훙을 1993년 이 요직에 임명했다.

후는 또한 제17차 당대회 이후 즉시 자신의 동료 리위안차오를 조직부장에 임명함으로써 당의 노멘클라투라(nomenklatura)를 확고하게 장악했다. 당의 임명 과정은 전통적으로 총서기, 서기처 제1서기, 조직부장의 세 사람이 관리했으며, 조직부장이 정치국과 상무위원회가 승인한 인사이동 과정을 원활하게 진행했다. 후의 첫 번째 총서기 재임 기간에는 그 과정을 후, 쩡칭훙, 전임 조직부장 허궈창이 함께 관리했는데, 이 구성은 후가 일방적으로 지배하기 어려웠다. 새로운 구성에서는 후가 시진핑 및 자신의 동료 리위안차오와 협력하게 되었다. 이 3자 연합의 경우 시는 후계자로 예정되어 후와 협력할 동기가 있었다.

마지막으로 후진타오의 첫 번째 총서기 재임 기간에 핵심 주제였던 '과학적 발전관'이 당장의 서문에 삽입되었다. 당장에서는 '과학적 발전관이 마르크스-레닌주의, 마오쩌둥 사상, 덩샤오핑 이론, 3개 대표론의 주요 사상과 동일한 노선에 있고, 시대에 부합하는 과학적 이론'이며, 따라서 '중국의 사회경제적 발전을 위한 중요한 지도 원칙이자, 중국 특색적 사회주의의 발전을 견인하고 그것에 적용할 주요 전략적 사상'임을 선언하였다. 이 공식이 당의 기본 문건에 구현됨으로써 다음 지도부의 정책 결정에 권위가 확보되었고, 그것은 후의 상징적 성과로 반영되었다.

후는 당대회 덕분에 지도부의 핵심적 의사결정에서 더욱 강력한 연대를 확보했지만, 그에 필적할 만큼 그의 권위가 상승하지 못했다는 점도 주목할 만하다. 당의 최고지도자로서 후의 첫 번째 재임 기간 놀라운 발전 중의 하나는 과거 덩샤오핑, 그리고 덩 사후에 장쩌민에게 주어진 최고지도자로서의 권위가 후에게까지 확장되지 않은 점이었다. 총서기 재임 기간 동안 장은 중국 언론에서 '제15기 중앙위원회의 집단지도 체제'에서 '핵심'으로 언급되었지만, 2002년 이후 후진타오에게는 그러한 위상이 부여되지 않았고, 대신에 후는 단순히 정치국 내 동급자 중의 선두 주자(primus inter pares)라는 새로운 관점에서 일관되게 언급되었다. 따라서 언론에서는 '총서기 후진타오 동지와 함께 하는 제16기 중앙위원회'로만 일관되게 언급했다. 게다가 후가 당의 최고지도자로 재임한 동안, 후가 리더십을 행사한 어떠한 이데올로기적 발전, 가령 '인간 중심의' 거버넌스, '사회주의 신농촌' 발전 노력, '사회주의 조화사회' 건설, 경제성장에 관한 '과학적 발전관' 추진 등은 후 개인의 천재성에서 비롯된 독점적 지적 재산으로 승인받지 못했다. 대신 그것들은 집단지도 체제의 산물로 선전되었다.

이처럼 제17차 당대회 이전에 후진타오가 최고 권력의 상징을 부여받지 못한 것은 그가 당의 최고지도자로서 권력을 충분히 강화하지 못했다는 것을 보여 주는 근거라고 할 수도 있다. 아니면 후를 지도부 내에서 동급자 중의 선두 주자로만 규정하고 이론적 발전을 후 혼자가 아닌 광범위한 지도부 집단의 공헌으로 삼은 것은 총서기의 역할을 축소하는 집단지도 체제의 새로운 정치적 원동력과 부합하는 것으로 해석할 수 있다. 후가 당대회를 통해 지도부 내에서 실질적 권력을 강화했으나, 제17차 당대회 이후 후의 권력 지배가 아닌 집단지도 체제의 상징이 지속된 것은 후자의 해석이 더 정확함을 보여 준다.

과두제적 당 지도부에서 집단지도 체제의 이미지는 다른 두 가지 사실에서도 강화되었으며, 그것은 정치국에서 기관 안배의 명확한 균형과 인민해방군의 제한적 대표성이었다. 상무위원회에 주요 기구의 수장, 즉 당 총서기, 전국인민대표대회 상무위원장, 총리, 전국정협 주석을 배정하는 것과 별도로, 당기구, 국가기구, 성급에서 겸임하는 지도자의 수가 적절하게 균형을 이루었고, 어느 단일 영역이나 혹은 총서기가 그 기구를 지배하는 것을 분명하게 제한했다. 1997년 이후 정치국에 인민해방군 대표가 2명으로 제한된 이유도 총서기의 권력 제한에 대한 변함없는 관심 때문일 것이다.

승계 준비

기존에 정치국 경력이 없던 시진핑과 리커창의 상무위원 승진은 이 두 사람이

2012년과 2013년의 최고지도자 승계를 준비하는 것으로 비쳐졌다. 시와 리의 상무위원회 지위와 당대회 직후 그들의 업무 분담을 보면, 시가 2012년 제18차 당대회에서 후진타오를 대신해 당 총서기가 되고, 리는 원자바오를 승계해 총리가 될 것으로 보였다.

당대회에 앞서 누가 후의 후계자로 등장할지에 관해 추측과 소문이 무성했으며, 많은 관찰자들은 특히 후의 동료인 리커창과 리위안차오 중 한 명이 될 것으로 예측했다. 후의 유망한 후계자로 시가 선택된 데에는 많은 요인들이 작용한 것으로 보인다. 그는 탁월한 공산주의 혁명 원로이자 덩샤오핑의 오랜 지지자였던 시중쉰(习仲勋)의 아들이었고, 따라서 신뢰할 만한 공산주의 혈통을 가진 '태자당'이었다. 그의 교육 수준을 보면, 중국의 이공계열 최고 학부인 칭화대학에서 화공학으로 학위를 받고, 마르크스 이론 및 법학으로 대학원에서 학위를 받았다. 그는 폭넓은 지방 경험을 가졌으며, 1985년에서 2002년 사이 푸젠 성(福建省) 당정 체제의 하위직에서 최고 지위에 올랐으며, 이어서 저장 성(浙江省) 성장과 당서기로 5년을 보내고 상하이 당서기로 6개월의 짧은 기간 동안 경력을 쌓았다. 그는 지방에서 근무하는 동안 부패의 오점 없이 깨끗한 기록을 가진 것으로 알려졌다. 그는 제17차 당대회에서 상무위원으로 임명될 당시 54세였고, 2012년 후진타오의 총서기 지위를 승계할 때는 59세가 되며, 따라서 퇴임 전까지 5년씩 두 번의 임기를 보낼 수 있었다. 신임 정치국원 가운데 그 혼자만이 중요한 군대 경험이 있었으며, 그의 공식 경력에 따르면 중앙군사위원회 판공청에서 '현역 장교'로 3년간 복무했고, 이를 통해 고위급의 당군(党军) 관계에서 직접적인 인맥을 형성하고 있었다. 그는 장의 '상하이방'이나 후진타오 중 어느 그룹에도 속하지 않았고, 따라서 현 지도자가 자신의 후계자를 지목하지 않는다는 과두제 정치의 결정적 요소를 만족시켰다. 마지막으로 그는 대중가수 펑리위안(彭丽媛)이라는 매력적인 아내가 있었다.

시가 상무위원회에서 자신의 서열에 따라 받은 직위 배정도 그가 후를 승계할 예정임을 보여 주었다. 1990년대 후가 권력으로 부상하는 동안의 임명 패턴이 반복되면서 시는 10월 22일 제17기 1중전회에서 서기처 제1서기가 되었고, 12월에 중앙당교 교장이 되었다. 2008년 3월 제11차 전국인민대표대회에서 시는 국가부주석으로도 임명되었다. 이러한 임명을 모두 고려하면, 후의 승진에서 요직 임명이 지연된 동일한 방식이 2012년 시가 후진타오를 승계하는 과정에서도 나타날 것이다.

그러나 2009년 9월 18일 제17기 4중전회를 거치며 이러한 승계 시나리오에 대한 끊임없는 의문이 제기되었다. 후가 임명된 방식에 근거하면, 시는 중앙군사위원회 부주석으로 임명되어 후 주석 바로 아래에서 아마도 2014년에 있을 군부에 대한 리더십 승계 준비를 할 것으로 예상되었다. 그러나 4중전회에서는 그러한 임명이 이루어지지 않았으며, 후가 시를 대신해 리커창을 자신의 후계자로 삼으려고 하는 바람에 승계 계획이 무산되고 있다는 추측이 제기되었다. 그렇지만 전체회의 결과, 시와 리 어느 누구의 업무 분담도 바뀌지 않았다. 시는 계속해서 후를 위해 당기구를 책임진 반면, 리는 계속해서 원자바오의 확실한 대역을 맡아 전적으로 국무원에서 일했다. 따라서 시가 2012년에 후를 승계하더라도, 지도부는 가령 제17차 당대회 이전인 2007년 6월 채택된 '민주적' 선거 절차를 모델로 삼아 다른 절차를 따르려고 했을 수도 있다.[129] 그 이유는 단지 시간이 지나야만 알게 될 것이다.

중화인민공화국 60주년

중국은 2009년 10월 1일 중화인민공화국 60주년을 경축했고, 베이징에서는 1949년 이후 이루어진 국가의 발전을 입증하는 대규모 행진이 있었다. 2009년의

---

129 이러한 쟁점에 대해서는 Alice L. Miller, "The case of Xi Jinping and the mysterious succession", *China Leadership Monitor*, 30(Fall 2009), and "The preparation of Li Keqiang", ibid., 31(Winter 2010) 참조.

중국은 진정으로 건국 당시의 모습과는 동떨어진 세계였고, 마오쩌둥이 서거한 1976년의 국가와도 확연히 달랐으며, 덩샤오핑이 서거한 1997년의 모습과도 달랐다. 불확실성이 가득했지만, 2009년의 중국은 근대 역사상의 어떠한 순간보다 더 부유하고, 더 강력했다.

중국의 정치 질서 또한 겨우 15년 전에 비해서도 완전히 달라졌다는 것이 느껴졌다. 1990년대 후반 중국 경제의 전환과 세계화 수용은 보다 복잡한 시장 지향적 경제, 보다 다원적인 사회, 점점 네트워크화되고 세련되어진 대중 속에서 이루어졌고, 공산당이 예전에는 결코 직면한 적 없었던 거버넌스 문제를 제기했다. 7700만 당원의 공산당도 '지배 정당'이 되려는 과정에서 변화되었다. 더 이상 엄격한 '노동자, 농민, 군인'의 프롤레타리아 정당이 아니라, 2009년경 당원의 교육 수준과 전문적 배경에 대한 통계로 판단할 때, 마오쩌둥이 '부르주아'로 인식할 만한 정당이 되었다. 장려하지 않았지만, 1990년대 후반 이후 당의 정책에서 기인한 수입 격차의 정도와 '사회주의 조화사회'라는 여전히 논쟁적인 당의 비전은 분명히 주석을 망설이게 했을 것이다.

2009년의 정치 질서가 1995년보다 훨씬 더 제도화되기도 했다. 이러한 전환의 기초는 1980년대 초반 덩샤오핑이 닦았으며, 그는 조직의 권위와 제도적 일상의 회복이 중국의 현대화를 이끌고 마오 후반기처럼 '혁명적' 자발성의 강조에 따라 예측 불가능한 재앙이 발생하는 것을 막는 데 필수적이라고 여겼다. 1980년대 이래 당대회, 중앙위원회 전체회의, 전국인민대표대회 회기, 국무원 회의, 그에 상응하는 지방 수준의 업무가 당과 국가 헌법에 규정된 일정을 따르는 것처럼, 정치 과정이 더욱 명확하게 일상화되었다. 이 과정들은 다시 예산 편성, 계획과 기획 작업, 정보와 통계 수집을 위해 요구되는 하부 관료제의 제도적 일상화도 가져왔다. 시간이 지나면서 정치 체제는 더욱 확실하게 안정되고, 더욱 예측 가능해졌다.

정치의 제도화는 승계라는 아주 민감한 문제도 변화시켰다. 덩샤오핑 시기에 규정된 정부 직위에 대한 공식적 임기 제한과 최고 정치 지도자 아래의 당 지도부 교체에 대한 내부 규범이 1990년대 후반기와 이어진 10년 동안 뚜렷하게 강화되었다. 1980년대 후반에 규정되고 1994년에 정교해진 인민해방군 장교의 승진과 퇴임 기준은 군대와 보다 전문적인 장교 집단에서 일상적인 지도부 세대의 교체를 이끌었다. 최고지도부에 대해 2002년과 2007년 당대회에서 68세의 연령 제한을 확실하게 견지한 것은 승계의 정치가 여전히 진화하고 있지만, 제도화의 길을 따라 발전하고 있음을 보여 준다. 마지막으로 2002년에 정치 체제의 최고 직위를 승계할 준비가 된 젊은 사람으로 최고지도자의 차분하고 계획된 퇴임이 진행된 것은 중국 역사에서, 혹은 그 문제에 관한 한 구소련에서도 전례가 없던 성과였다. 2009년 현재로 당 지도부는 2012년에도 동일한 성과를 거두고자 하는 것으로 보인다.

후의 재임 기간에 걸쳐 지도부는 더욱 명확하게 과두 체제로 운영되었다. 결코 지도부의 '핵심 지도자'로 묘사된 적이 없었던 후진타오가 자신과 결부된 최고지도자의 상징을 결여하고, '과학적 발전관'이라는 확정된 공식을 갖게 된 후에 이 이데올로기적 혁신을 지도부 전체의 공헌으로 돌렸다는 사실은 당 총서기의 위상을 낮추고, 그를 단지 동급자 중의 선두 주자로 간주하려는 신중한 노력을 대변했다. 게다가 1990년대 후반 이후 표출된 당의 통치에 대한 복잡한 도전으로 인해 관료적 대표성과 기술적, 행정적 전문성이 점점 정치국원의 중요한 기준이 되었다. 이것은 지도부가 더 이상 파벌이나 연합을 형성하지 않고, 명확한 정책 관점을 옹호하지 않고, 권력을 위해 투쟁하지 않는다는 의미는 아니었다. 그러나 그들은 더욱 제도화된 정치체제의 계층구조 내에서 그렇게 한다는 것이 보다 명확해졌다.

마지막으로 민군(民軍) 관계는 장과 후의 시기 동안 분수령을 지났다. 장쩌민은 한 세기에 걸친 중국의 군사화된 정치 기간 동안 군대를 지휘한 최초의 철저한 문민 지도자였다. 1912년 수립된 공화국을 차지했던 위안스카이(袁世凱)의 리더십부터 시작하여 1928년 난징에서 장제스(蔣介石)의 공화국 재수립을 거쳐 중화인민공화국의 마오쩌둥과 덩샤오핑의 리더십에 이르기까지, 중국 지도자들은 전문적인 군인이거나 광범위한 군 지휘 경력을 가진 혁명가였다. 톈안먼 위기가 끝난 지 겨우 한 달이 지나고, 정치 지도부에 대한 인민해방군의 대응에 관심이 쏠린 시기의 주목할 만한 조치로 덩이 1989년과 1990년 당과 국가 중앙군사위원회에서 퇴임했으며, 그 후 장쩌민이 두 기관의 주석으로 임명되었고, 2004년과 2005년에는 후진타오가 그 직위에 임명되었는데, 이것은 과거의 방식을 무너뜨렸다.

종합하면, 이러한 모든 변화들은 정치체제를 강화시켰다. 그러나 그것이 공산당의 권력을 유지시키기에 충분했는지는 의문이 남는다. 당국의 권력 지배는 급속하게 진화하는 경제, 점차 다루기 힘들어지는 사회, 중국이 더욱 중요한 행위자가 된 험난하고 세계화된 국제 질서로 인해 끊임없이 도전을 받고 있다. 장과 후 지도부 모두가 1990년대 이후 여러 차례 목격했듯이, 공산당은 정체되어 있을 여유가 없다. 게다가 아리스토텔레스가 말했듯이, 과두제는 지속되기 어려운 정치체제이다. 안정된 집단지도 체제는 어떠한 개별 지도자, 특히 총서기가 집단지도부 내의 다른 구성원에 대해 최고의 지배력을 구축하려고 하거나 그와 동시에 외부 구성원에게 영향을 미쳐 집단 체제를 와해하려는 시도에 대해 지속적으로 저항할 것을 요구한다. 마지막으로 군대에 대한 문민 당국의 절대적 지배권이 20년 동안 자리를 잡아 왔지만, 그것이 위기의 순간에 검증된 적은 없었다.

이러한 모든 이유들로 인해 중국의 정치 궤도를 수정하는 일은 불안정한 작업이다. 그래서 2009년의 관점에서 볼 때, 톈안먼 연단 위에서 장엄한 퍼레이드를 지켜보는 지도부는 자신감과 불안감을 함께 갖고 있다.

부록

지도자와 회의

당 지도자, 1992~2010

제14차 중국공산당 전국대표대회(1992. 10. 12~18)

정치국 상무위원회

장쩌민(江泽民)*, 리펑(李鹏), 차오스(乔石), 리루이환(李瑞環), 주룽지(朱镕基), 류화칭(刘华清), 후진타오(胡锦涛)
* 총서기

정치국원*

(간체자 획수 순) 딩관건(丁关根), 톈지윈(田纪云), 리란칭(李岚清), 리톄잉(李铁映), 양바이빙(杨白冰), 우방궈(吴邦国), 저우자화(邹家华), 천시퉁(陈希同)++, 장춘윈(张春云), 첸치천(钱其琛), 웨이젠싱(尉健行), 셰페이(谢非), 탄샤오원(谭绍文)+
* 상무위원 제외
황쥐(黄菊) 1994년 9월 28일 4차 중앙위원회 전체회의에서 추가
+ 1993년 2월 3일 사망
++ 1995년 9월 28일 4차 중앙위원회 전체회의에서 해임

후보위원

원자바오(温家宝), 왕한빈(王汉斌)

제15차 중국공산당 전국대표대회(1997. 9. 12~18)

정치국 상무위원회

장쩌민(江泽民)*, 리펑(李鹏), 주룽지(朱镕基), 리루이환(李瑞環), 후진타오(胡锦涛), 웨이젠싱(尉健行), 리란칭(李岚清)
* 총서기

정치국원*

(간체자 획수 순) 딩관건(丁关根), 톈지윈(田纪云), 리창춘(李长春), 리톄잉(李铁映), 우방궈(吴邦国), 우관정(吴官正), 치하오톈(迟浩田), 장완녠(张万年), 뤄간(罗干), 장춘윈(张春云), 자칭린(贾庆林), 첸치천(钱其琛), 황쥐(黄菊), 원자바오(温家宝), 셰페이(谢非)+
* 상무위원 제외
+ 1999년 10월 27일 사망

후보위원

쩡칭훙(曾庆红), 우이(吴仪, 여)

제16차 중국공산당 전국대표대회(2002. 11. 8~14)

정치국 상무위원회

후진타오(胡锦涛)*, 우방궈(吴邦国), 원자바오(温家宝), 자칭린(贾庆林), 쩡칭훙(曾庆红), 황쥐(黃菊)+, 우관정(吴官正), 리창춘(李长春), 뤄간(罗干)

* 총서기
\+ 2007년 6월 2일 사망

정치국원*

(간체자 획수 순) 왕러촨(王乐泉), 왕자오궈(王兆国), 후이량위(回良玉), 류치(刘淇), 류윈산(刘云山), 우이(吴仪, 여), 장리창(张立昌), 장더장(张德江), 천량위(陈良宇)+, 저우용캉(周永康), 위정성(俞正声), 허궈창(贺国强), 궈보슝(郭伯雄), 차오강촨(曹刚川), 쩡페이옌(曾培炎)

* 상무위원 제외
\+ 2006년 직무정지

후보위원

왕강(王刚)

제17차 중국공산당 전국대표대회(2007. 10. 15~21)

정치국 상무위원회

후진타오(胡锦涛)*, 우방궈(吴邦国), 원자바오(温家宝), 자칭린(贾庆林), 리창춘(李长春), 시진핑(习近平), 리커창(李克强), 허궈창(贺国强), 저우용캉(周永康)

* 총서기

정치국원*

(간체자 획수 순)
왕강(王刚), 왕러촨(王乐泉), 왕자오궈(王兆国), 왕치산(王岐山), 후이량위(回良玉), 류치(刘淇), 류윈산(刘云山), 류옌둥(刘延东, 여), 리위안차오(李源潮), 왕양(汪洋), 장가오리(张高丽), 장더장(张德江), 위정성(俞正声), 쉬차이허우(徐才厚), 궈보슝(郭伯雄), 보시라이(薄熙来)

국가 지도자, 1998-2010

제9차 전국인민대표대회(1998. 3. 5~19)

국가주석: 장쩌민(江泽民)

국가부주석: 후진타오(胡锦涛)

전국인대 상무위원장: 리펑(李鹏)

국무원 총리: 주룽지(朱镕基)

국무원 부총리: 리란칭(李岚清), 첸치천(钱其琛), 우방궈(吴邦国), 원자바오(温家宝)

(이탤릭체는 임명 당시 정치국원, 그 외는 임명 당시 정치국 상무위원)

제10차 전국인민대표대회(2003. 3. 5~18)

국가주석: 후진타오(胡锦涛)

국가부주석: 쩡칭훙(曾庆红)

전국인대 상무위원장: 우방궈(吴邦国)

국무원 총리: 원자바오(温家宝)

국무원 부총리: 황쥐(黄菊)+, 우이(吴仪, 여), 쩡페이옌(曾培炎), 후이량위(回良玉)

+ 2007년 6월 2일 사망

(이탤릭체는 임명 당시 정치국원, 그 외는 임명 당시 정치국 상무위원)

제11차 전국인민대표대회(2008. 3. 3~18)

국가주석: 후진타오(胡锦涛)

국가부주석: 시진핑(习近平)

전국인대 상무위원장: 우방궈(吴邦国)

국무원 총리: 원자바오(温家宝)

국무원 부총리: 리커창(李克强), 후이량위(回良玉), 장더장(张德江), 왕치산(王岐山)

(이탤릭체는 임명 당시 정치국원, 그 외는 임명 당시 정치국 상무위원)

고위급 당대회, 1992~2010

제14차 중국공산당 전국대표대회(베이징 1992. 10. 12~18)

제1차 중앙위원회 전체회의	1992. 10. 19
제2차 중앙위원회 전체회의	1993. 3. 5~7
제3차 중앙위원회 전체회의	1993. 11. 11~14
제4차 중앙위원회 전체회의	1994. 9. 25~28

제5차 중앙위원회 전체회의　1995. 9. 25~28
제6차 중앙위원회 전체회의　1996. 10. 7~10
제7차 중앙위원회 전체회의　1997. 9. 6~9

제15차 중국공산당 전국대표대회(베이징 1997. 9. 12~18)

제1차 중앙위원회 전체회의　1997. 9. 19
제2차 중앙위원회 전체회의　1998. 2. 25~26
제3차 중앙위원회 전체회의　1998. 10. 12~14
제4차 중앙위원회 전체회의　1999. 9. 19~22
제5차 중앙위원회 전체회의　2000. 10. 9~11
제6차 중앙위원회 전체회의　2001. 9. 24~26
제7차 중앙위원회 전체회의　2002. 11. 3~5

제16차 중국공산당 전국대표대회(베이징 2002. 11. 8~14)

제1차 중앙위원회 전체회의　2002. 11. 15
제2차 중앙위원회 전체회의　2003. 2. 24~26
제3차 중앙위원회 전체회의　2003. 10. 11~14
제4차 중앙위원회 전체회의　2004. 9. 16~19
제5차 중앙위원회 전체회의　2005. 10. 8~11
제6차 중앙위원회 전체회의　2006. 10. 8~11
제7차 중앙위원회 전체회의　2007. 10. 9~12

제17차 중국공산당 전국대표대회(베이징 2007. 10. 15~21)

제1차 중앙위원회 전체회의　2007. 10. 22
제2차 중앙위원회 전체회의　2008. 2. 25~27
제3차 중앙위원회 전체회의　2008. 10. 9~12
제4차 중앙위원회 전체회의　2009. 9. 15~18
제5차 중앙위원회 전체회의　2010. 10. 15~18

『百姓』(BX). 月刊. 香港: 1981-.
『不尽的十年』. 北京: 中央文献, 1987.
『潮流月刊』. 月刊. 香港: 1987-92.
陈诗惠. "关于反对高岗, 饶漱石反党阴谋活动的问题". 『教学参考(下)』.
陈元. "我国经济的深层问题和选择(纲要)", 『经济研究』, 4(April 1991), 18-26.
陈云. 『陈云文选(1956-1985)』. 北京: 人民, 1986.

중국
현대정치사

건국에서 세계화의 수용까지

1949~2009

참고문헌

陈再道. "武汉'七二零事件'始末". 『革命史资料』 2(1981年 第9期), 7-45.

『大公报』(DGB), 香港.

『当代』. 月刊. 香港: 1991-5.

『当代思潮』. 隔月刊. 北京: 1990-2004.

『党的教育』. 天津.

『党的生活』. 半月刊. 哈尔滨: 中共黑龙江省委, 1959-.

『党史会议报告集』. 全国党史资料征集工作会议和中国共产党六十周年学术讨论会秘书处 编. 北京: 中共中央党校, 1982.

『党史通讯』. 隔月刊 1980-4; 月刊 1984-8. 北京.

『党史教研』. 北京: 中共中央党校, 1980-7. 参见『中共党史研究』

邓力群. 『向陈云同志学习做经济工作』. 北京: 中共中央党校, 1981,

邓力群. "学习'关于建国以来党的若干历史问题的决议'的问题和回答". 『党史会议报告集』, 74-174.

邓小平. "党和国家领导制度的改革", 『邓小平文选(1975-1982)』, 280-302.

邓小平. 『邓小平文选(1975-1982)』. 北京: 人民, 1983.

邓小平. 『邓小平文选』. 第3卷. 北京: 人民, 1993.

邓小平. "第三代领导集體的當务之急". 『邓小平文选, 3』. 309-14.

邓小平. "改革开放政策稳定, 中国大有希望". 『邓小平文选, 3』. 315-21.

邓小平. "结束严峻的中美关系要由美国采取主动". 『邓小平文选, 3』. 330-3.

邓小平. "在接见首都戒严部队军以上干部時的讲话". 『邓小平文选, 3』. 302-8.

邓小平. "在武昌, 深圳, 珠海等地的谈话要点". 『邓小平文选, 3』. 370-83.

邓小平. "组成一个实行改革的有希望的领导集體". 『邓小平文选, 3』. 296-301.

邓子恢. "在全国第三次农村工作会议上的开幕词". 『党史研究, 2』. 1(1981), 2-9.

丁望. 『王洪文, 张春桥评传』. 香港: 明报月刊, 1977.

『法学』. 上海: 上海法学会, 1957-.

『法学研究』. 隔月刊. 北京: 中国社会科学, 1979-.

房维中 主编. 『中华人民共和国经济大事记(1949-1980)』. 北京: 中国社会科学, 1984.

高皋, 严家其. 『文化大革命十年史, 1966-1976』. 天津: 人民, 1986.

高新, 何频. 『朱镕基傳』. 香港: 新新闻, 1993.

『革命思潮』. 第2卷. 北京: 第二外语学院, 1977.

『革命史资料』. 季刊. 上海: 1986-9.

『工人日报』(GRRB). 北京: 1949. 7. 15(1967. 4. 1 停刊, 1978. 10. 6 重新發刊)

『光明日报』(GMRB). 北京: 1949-.

"关于国民黨造谣污蔑地登载所谓'伍豪启事'问题的文件". 『党史研究』, Ⅰ.1(1980), 8.

『≪关于建国以来党的若干历史问题的决议≫注释本(修订)』. 北京: 人民, 1985.

国务院, "互连网信息服务管理办法", 第292号, 2000年 9月 25日,

郭沫若. 『郭沫若诗词选』. 北京: 人民文学, 1977.

郝梦笔, 段浩然 编. 『中国共产黨六十年(下)』. 北京: 解放军, 1984.

何頻, 高新.『中共"太子黨"』. 香港: 时报, 1992.

『红旗』(HQ). 北京: 1958-88.

胡华 主编.『中国社会主义革命和建设史讲义』. 北京: 中国人民大学, 1985.

胡锦涛. "关于中央的工作", 2003年 2月 26日.『十六大以来重要文献选编, I』. 149-53.

胡锦涛. "树立和落实科学发展观", 2003年 10月 14日.『十六大以来重要文献选编, I』. 483-4.

胡耀邦. "理论工作务虚会引言",『中共十一届三中全会以来中央首要讲话及文件选编, 2』. 48-63.

『怀念周恩来』. 北京: 人民, 1986.

『华侨日报』. 纽约: 1940-89.

江泽民. "关于讲政治", 1996年 3月 3日.『十四大以来重要文献选编, 2』. 1743-9.

江泽民. "坚定信心, 深化改革, 开创公有制发展的新局面", 1999年 8月 12日.『十四大以来重要文献选编, 2』. 916-32.

江泽民. "讲学习, 讲政治, 讲正氣", 1995年 11月 8日.『十四大以来重要文献选编, 2』. 1559-62.

江泽民.『江泽民文选』, 北京: 人民, 2006.

江泽民. "领导干部一定要讲政治", 1995年 9月 27日.『江泽民文选, 1』. 455-9.

江泽民. "庆祝中国共产党成立八十周年大会上的讲话", 2001年 7月 1日.『江泽民文选, 3』. 264-99, modofied trans. by *XH*, 1 July 2001, available in FBIS, CPP20010701000035.

江泽民. "始终做到'三個代表'是我们黨的立黨之本, 执政之基, 力量之源", 2000年 5月 14日.『江泽民文选, 3』. 6-33.

江泽民. "在黨的十三届五中全会上的讲话",『十三大以来, 2』. 709-20.

江泽民. "在邓小平同志追悼大会上江泽民同志之悼词", 1997年 2月 25日,『人民日报』, 1997年 2月 26日, 1ff.

江泽民. "在庆祝中国共产黨成立七十周年大会上的讲话",『十三大以来, 3』. 1627-60.

江泽民. "在庆祝中华人民共和国成立四十周年大会上的讲话",『十三大以来, 2』. 609-35.

江泽民. "在新的历史条件下更好的做到'三個代表'", 2000年 2月 25日.『江泽民文选, 3』. 1-5.

『教学参考: 全国党校系统中共党史学术讨论会, (上)(下)』. N.P.: 中共安徽省委党校, 1980年 12月. Cited as『教学参考(下)』

『解放军报』(JFJB). 1956-.

金春明. "文化大革命的十年", 中共党史研究会 编,『学习历史决议专辑』, 144-69.

『京报』(JB). 月刊. 香港. 1977-.

『经济参考报』. 北京: 新华, 1991-.

『经济导报』(JJDB). 周刊. 香港: 1947-.

『经济日报』(JJRB). 北京: 1955-.

『经济研究』(JJYJ). 隔月刊, 1955-7; 月刊, 1958-66, 1978-. 北京.

『九十年代』(JSND). 月刊. 香港: 1984-98. 从1970年到1983年,『七十年代』.

『开拓』. 隔月刊. 北京: 工人, 1985.

李君如. "第三次思想解放: 冲破姓'公'姓'私'的思想疑惑",『中国经济时报』, 1997年 8月 12日, 1, trans. in *FBIS*, FTS19971101000220.

李君如. "一切从社会主义初级阶段的实际出发". 『经济日报』, 1997年 7月 15日, 1 & 3, trans. in *FBIS*, FTS19971006000205.

李鹏. "为我国政治经济和社会的进一步稳定发展而奋斗". 『十三大以来, 2』, 948-94.

李锐. 『庐山会议實錄』. 北京: 春秋, 1989.

李永海. "工人阶级的领导地位不容动摇". 『當代思潮』, 1(1996), 18-24.

『了望』(LW). 周刊. 北京: 1981-.

『历史讲义』. 参见 孙敦璠 等 主编 『中国共产党历史讲义』.

刘宾雁. "第二种忠诚". 『开拓』, 1985年 第3期.

刘日新. "西方经济学與我国经济體制的改革". 『真理的追求』, 6(1996), 2-6.

刘思扬, 刘刚, 孙承斌. "为了黨和国家兴旺发达长治久安: 黨的新一届中央领导機構产生纪实". *XH*, 2007年 10月 21日. available in *SWB/Asia Pacific*, 24 October 2007.

楼繼伟. "关于效率, 公平, 公正相互的若干思考". 『学习时报』, 2006年 6月 19日, 1-5, trans. in *OSC*, CPP20060713442001.

洛伊寧格尔. 『第三只眼睛看中国』. 太原: 山西, 1994.

马立诚, 凌志军. 『交锋: 當代中国三次思想解放思路』. 北京: 今日中国, 1998.

毛泽东. 『选集』. 北京: 人民, 第1-4卷, 1960; 第5卷, 1977.

毛泽东. "在上海市各界人事会议上的讲话"(1957年 7月 8日). 『万岁』(1969), 109-21.

毛泽东. "在中共中央召开的关于知识分子问题会议上的讲话"(1956年 1月 20日). 『万岁』(1969), 28-34.

『毛泽东思想万岁』. N.p.: n.p., 1969. 引用为『万岁』

明报(MB). 月刊. 香港: 1968-.

国家统计局. "中华人民共和国国家统计局关于1996年国民经济和社会发展的统计通报". (1997. 4 4); available at http://www.stats.govn.cn/tjgb/ndtjgb/qgndttjgb/t20020331_15391.htm (2010. 8. 9 접속)

聂荣臻. 『聂荣臻回忆录』. 第3卷. 北京: 解放军, 1983, 1984.

『农民日报』(NMRB). 日刊. 北京.

彭德懷. 『彭德懷自述』. 北京: 人民, 1981. Translated as *Memoirs of a Chinese marshal*. Beijing: FLP, 1984.

评论员. "全面加强黨的建设的伟大纲领". 『人民日报』, 2000年 5月 22日.

评论员. "加强新时期黨的建设的根本指导思想: 学习江泽民在廣东考察工作时的重要讲话". 『求实』, 7(2000), 7-9, trans. in *FBIS*, CPP20000317000143.

强远淦, 林邦光. "试论1955年党内关于农业合作化问题的争论". 『党史研究』2.1(1981), 10-17.

『七十年代』(QSND). 月刊. 香港: 1970-1983. 在1984年, 刊名变为『九十年代』(JSND).

裘之倬. "邓小平在1969-1972". 『新华文摘』, 4(1988年 第4期), 133-55.

『求实』(QS). 24/年. 北京: 1988. 7-.

"全国党史资料…" See『党史会议报告集』

任仲平. "为经济建设和社会发展提供强有力的政治保证–学习江泽民同志'领导干部一定要讲政治'的

讲话,"『人民日报』, 1996年 4月 1日, 1, 3, trans. in *SWB*, 4 April 1996.

任仲平. "再干一个二十年: 论我国改革发展的关键时刻", 『人民日报』, 2004年 7月 12日, 1, 2. trans. in *OSC*, CPP20040712000083.

『人民日报』(RMRB). 北京: 1946–.

汝信, 陆学艺, 李培林. 『2002年: 中国社会形式分析與预测』. 北京: 社会科学文献, 2002.

邵华泽. "关于'文化大革命'的几个问题", 『党史会议报告集』, 337-92.

『社会科学』(SHKX).

沈骥如. 『中国不當"不先生": 当代中国的国际战略问题』. 北京: 今日中国, 1998.

史敬棠 等 主编. 『中国农业合作化运动史料』. 北京: 三联书店, 1957.

石柳子 编. 『北京地下万言书』. 香港: 明镜, 1997.

『世界经济导报』(SJJJDB). 周刊. 上海: 1980-9.

『十六大以来重要文献选编』, 中共中央文献研究室 编. 第3卷. 北京: 中央文献, 2005, 2006, 2008.

『十七大以来重要文献选编』, 中共中央文献研究室 编. 北京: 中央文献, 2009.

『十三大以来重要文献选编, (中)(下)』. 北京: 人民, 1991. 引用为『十三大以来, 2, 3』.

『十四大以来重要文献选编』, 中共中央文献研究室 编. 第3卷. 北京: 人民, 1996, 1997, 1998.

『十五大以来重要文献选编』, 中共中央文献研究室 编. 第3卷. 北京: 人民, 2000, 2001, 2003.

宋平. "在全国组织部长会议上的讲话", 『十三大以来, 2』. 566-77.

孙承斌, 赵承. "吹响经济體制改革的新號角: 中共中央关于完善社会主义市场经济體制若干问题的决定起草工作纪实", 『党的生活』, II (2003), 16-19.

孙敦璠 等 主编. 『中国共产党历史讲义』. 第2卷. 济南: 山东人民, 1983. 引用为『历史讲义』

谭宗级. "林彪反革命集团的崛起及其覆灭," 『教学参考(下)』, 38-57.

特约评论员. "以公有制为主體的基本标志及怎么样才能坚持公有制的主體地位", 『當代思潮』, 4(1996), 2-17.

童懷周 主编. 『天安门诗文集』. 北京: 人民文学, 1978.

王靈书. "纪登奎谈毛泽东", 『了望(海外版)』, 1989年 第2期, 6-13. trans. in *FBIS Daily Report: China*, 14 February 1989, 22-26.

王年一. 『1949-1989年的中国: 大动乱的年代』. 郑州: 河南人民, 1988.

王年一. "'文化大革命'错误发展脉络". 『黨史通讯』, 1986年 10月.

王忍之. "关于反对资产阶级自由化". 『人民日報』, 1990年 2月 22日.

王忍之. "理论工作面临的新情况和当前的主要仁务". 『学习, 研究, 参考』, 11(1990), 8-17.

王若水. "从批'左'倒向反右的一次个人经历". 『华侨日报』, 12-21, 1989年 3月.

王若水. "为人道主义辩护". 『文汇报(上海)』, 1983年 1月 17日, 4.

『万岁』(1969) See『毛泽东思想万岁』.

温家寶. "提高认识, 统一思想, 牢固树立和认真落实科学发展观", 2004年 2月 21日, 『十六大以来重要文献选编, I 』. 755-76, trans. in *SWB*, 23 February 2005.

文聿 主编. 『中国'左'祸』. 北京: 朝华, 1993.

翁杰明, 张西明, 张弢, 曲克敏 主编. 『與总书记谈心』. 北京: 中国社会科学, 1996.

『文汇报』(WHB). 上海: 1938-.

吴敬琏.『计劃经济还是市场经济』. 北京: 中国经济, 1993.

吴敬琏. "社会主义基本特徵是社会公正+市场经济",『中国经济时报』, 1997年 8月 5日, 1, trans. in *FBIS*, FTS19971016000355..

萧兰 主编.『天安门诗抄』. 北京: FLP, 1979.

信息产业部. "中华人民共和国电信条例", 2000年 9月 25日.

『新华(通讯社)』(XH)

『新华文摘』. 月刊. 北京: 1981-.

邢贲思. "充分认识初级阶段, 坚决防左'",『中国经济时报』, 1997年 7月 29日, 1, trans. in *SWB*, 31 July 1997.

邢贲思. "坚持马克思主义不动摇 – 劃清马克思主义与反马克思主义的界限",『人民日报』, 1996年 6月 6日, 9, trans. in *SWB*, 31 July 1997.

许明 主编.『关键时刻: 当代中国亟待解决的27个问题』. 北京: 今日中国, 1997.

薛冶生 编.『葉剑英光辉的一生』. 北京: 解放军, 1987.

『学习时报』. 隔月刊. 北京: 中共中央党校, 2002.

阎方鸣, 王亚平. "70年代初期我国经济建设的冒进與调整",『党史研究』, 5(1985), 55-60.

阎景堂. "中央军委沿革概况", 朱成甲 编,『中共党史研究论文选(下)』, 567-87.

杨国宇 等 编.『刘邓大军征战记』. 第3卷. 昆明: 云南人民, 1984.

杨尚昆. "在辛亥革命八十周年大会上的讲话",『十三大以来, 3』, 1713-19.

『羊城晚报』. 日刊. 广州: 1957-1966; 1980-.

"萦思录"编辑小组.『萦思录: 懷念葉剑英』. 北京: 人民, 1987. 引用为『萦思录』

"永远立于不败之地的法寶: 学习江泽民同志关于'三個代表'的重要论述".『人民日报』, 2000年 3月 23日, 9, trans. in *FBIS*, CPP20000323000048.

于南. "周总理处置'9·13'林彪叛逃事件的一些经过",『党史研究』, 3(1981), 59.

余习广, 李良栋 主编.『大潮新起: 邓小平南巡前前后后』. 北京: 新华书店, 1992.

袁红冰 主编.『历史的潮流』. 北京: 中国人民大学, 1992.

袁永松, 王均伟. "左倾二十年, 1957-1976』. 北京: 农村读物, 1993.

张伟国. "陈希同案與权力斗争",『北京之春』, 30(1995年 第11期), 30-2.

张云生.『毛家湾纪实: 林彪秘书回忆录』. 北京: 春秋, 1988.

赵士林 主编.『防左'备忘录; 文革, 中国'左'祸』. 太原: 书海, 1992.

郑必坚. "'三個代表'重要论述與面向二十一世纪的中国共产党",『人民日报』, 2000年 5月 18日, modified trans. in *FBIS*, CPP20000518000074.

郑志飚. "试论社会主义市场经济条件下的党内主要矛盾",『真理的追求』, 1(1996), 20-3.

『争鸣』(ZM). 月刊. 香港: 1977.

『真理的追求』. 月刊. 北京: 1990-2001.

仲侃.『康生评传』. 北京: 红旗, 1982.

『中报』(ZB). 日刊. 纽约: 1982-7.

『中共黨史大事年表』. 中共中央党史研究室 编. 北京: 人民, 1987.

『中共党史研究』. 隔月刊. 北京: 中共中央党校, 1988−. 刊名变为『党史研究』.

中共党史研究会 编. 『学习历史决议专集』. 北京: 中共中央党校, 1982.

『中共十一届三中全会以来中央首要讲话及文件选编』. 第2卷. 台北: 中共研究雜志社, 1983.

"中共中央办公厅印发'关于进一步改进会议和领导同志活动新闻报道的意见'的通知". 2003年 4月 5日. 『十六大以来重要文献选编, 1』. 285-6.

『中共中央党校年鉴, 1984』. 北京: 中共中央党校, 1985.

"中共中央关于構建社会主义和谐社会若干重大问题的决定", 2006年 10月 11日, 『十六大以来重要文献选编, 3』. 648-71, trans. in *SWB/Asia Pacific*, 27 October 2006.

"中共中央关于进一步治理整顿和深化改革的决定(摘要)", 『十三大以来, 2』. 680-708.

"中共中央关于完善社会主义市场经济體制若干问题的决定", 2003年 10月 14日, 『十六大以来重要文献选编, 1』. 464-82.

"中共中央, 国务院关于近期做几件群众关心的事的决定", 『十三大以来, 2』. 555-7.

"中共中央, 国务院关于推进社会主义新农村建设的若干意见", 2005年 12月 31日, 『十六大以来重要文献选编, 3』. 139-55, trans. in *OSC*, CPP20060221045001.

『中国共产党第九次全国代表大会(画册)』. 香港: 三联书店, 1969.

"中国共产党第十三届中央委员会第七次全體会议公报", 『十三大以来, 2』. 1420-6.

"中国共产党第十三届中央委员会第四次全體会议公报", 『十三大以来, 2』. 543-6.

『中国共产党历次重要会议集』. 中共中央黨校黨史教研室资料组 编, 上海: 人民, 第1卷, 1982; 第2卷, 1983.

『中国共产党六十年大事简介』. 政治学院中共党史教研室. Cited as Teaching and Research Office for CCP History of the [PLA] Political Academy, 『中国共产黨…』北京: 国防大学, 1985.

"中国经济改革任重道远". 『经济参考报』, 1997年 12月 16日, 4, trans. in *FBIS*, FTS 19980203000476.

『中国青年报』. 3/周. 北京.

『中国人民解放军将帅名录』. 星火燎原编辑部. 北京: 解放军, 第1卷, 1986; 第2卷, 1987; 第3卷, 1987.

『中国统计年鉴, 1981』. 中华人民共和国国家统计局 编. 北京: 中国统计年鉴, 1982.

『中国统计年鉴, 1983』. 中华人民共和国国家统计局 编. 北京: 中国统计年鉴, 1983.

『中国统计摘要, 1995』. 北京: 中国统计年鉴, 1995.

『中国之春』. 月刊. 纽约: 1982−.

『中华人民法院特别法庭审判林彪 江青反革命集团案主犯纪实』. 最高人民法院研究室 编. 北京: 法律, 1982.

『中华人民共和国第五届全国人民代表大会第三次会议文件』. 北京: 人民, 1980.

『中流』. 月刊. 北京: 光明日报, 1990-2002.

『周恩来书信选集』. 北京: 中央文献, 1988.

周光春. "外商加紧抢占我国市场", 『真理的追求』, 2(1996), 26-7.

周光春. "新自由主义经济学在我国的实际影响", 『真理的追求』, 6(1996), 6-8.

周浩. "政治的核心: 政治方向和政治立场", 『真理的追求』, 3(1996), 7-11, slightly modified trans. from that in *FBIS*, FTS19960301000003.

周明 主编.『历史在这里沉思: 1966-1976年纪实』. 第1-3卷, 北京: 华夏, 1986; 第4-6卷, 太原: 北岳, 1989.

『周总理生平大事记』. 成都: 四川人民, 1986.

朱成甲 编.『中共党史研究论文选(下)』长沙: 湖南人民, 1984.

『注释本』. See『关于建国以来…』

宗海仁.『朱熔基在1999』. 香港: 明镜, 2001.

"Adhere better to taking economic construction as the center." *RMRB* editorial, 22 February 1992, trans. in *FBIS Daily Report: China*, 24 February 1992, 40-1.

Agence France Presse. Press service.

"Agricultural cooperativization in communist China." *CB*, 373 (20 January 1956), 1-31.

Ahn, Byung-joon. *Chinese politics and the Cultural Revolution: Dynamics of policy processes.* Seattle, Wash. and London: University of Washington Press, 1976.

AJCA. Australian Journal of Chinese Affairs.

Amnesty International. *China: The massacre of June 1989 and its aftermath.* London: 1990.

Amnesty International. *China: Violations of human rights.* London: 1984.

[An Ziwen] An Tzu-wen. "Training the people's civil servants." *PC*, 1 January 1953, 8-11.

AS. Asian Survey.

Ashbrook, Arthur G., Jr. "China: Economic modernization and long-term performance," in U.S. Congress [97th], Joint Economic Committee, *China under the Four Modernizations*, 1. 99-118.

Asian Survey: A monthly review of contemporary Asian affairs. Bimonthly. Berkeley: Institute of East Asian Studies, University of California Press, 1961-. Cited as *AS*.

Asiaweek. Weekly. Hong Kong: Asiaweek Ltd., 1975-2001.

Associated Press. News service.

Australian Journal of Chinese Affairs, The. Semiannual. Canberra: Contemporary China Centre, Australian National University, 1979-1995. Cited as *AJCA*.

Bachman, David. "Differing visions of China's post-Mao economy: The ideas of Chen Yun, Deng Xiaoping, and Zhao Ziyang." *AS*, 26.3 (March 1986), 292-321.

Bao Ruo-wang (Jean Pasqualini), and Chelminski, Rudolph. *Prisoner of Mao.* New York: Coward, McCann, 1973.

Barnett, A. Doak. *Communist China: The early years, 1949-55.* New York: Praeger, 1964.

Barnett, A. Doak, with Ezra Vogel. *Cadres, bureaucracy and political power in communist China.* New York: Columbia University Press, 1967.

Bastid, Marianne. "Economic necessity and political ideals in educational reform during the Cultural Revolution." *CQ*, 42 (April-June 1970), 16-45.

Baum, Richard. *Burying Mao: Chinese politics in the age of Deng Xiaoping.* Princeton, N.J.: Princeton Uni-

800

versity Press, 1994.

Baum, Richard. "China: Year of the mangoes." *AS*, 9.1 (January 1969), 1-17.

Baum, Richard. "China in 1985: The greening of the revolution." *AS*, 26.1 (January 1986), 30-53.

Baum, Richard. "The Cultural Revolution in the countryside: Anatomy of a limited rebellion," in Thomas W. Robinson, ed., *The Cultural Revolution in China*, 367-476.

Baum, Richard. "Elite behavior under conditions of stress: The lesson of the 'Tangch'üan p'ai' in the Cultural Revolution," in Robert A. Scalapino, ed., *Elites in the People's Republic of China*, 540-74.

Baum, Richard. "The Fifteenth National Party Congress: Jiang takes command?" *CQ*, 153 (March 1998), 141-56.

Baum, Richard. "Modernization and legal reform in post-Mao China: The rebirth of socialist legality." *SICC*, 19.2 (Summer 1986), 69-103.

Baum, Richard. "The perils of partial reform," in Richard Baum, ed., *Reform and reaction*, 1-17.

Baum, Richard. *Prelude to revolution: Mao, the Party, and the peasant question, 1962-66.* New York: Columbia University Press, 1975.

Baum, Richard, ed. *Reform and reaction in post-Mao China: The road to Tiananmen.* New York and London: Routledge, Chapman and Hall, 1991.

"Be more daring in carrying out reform." *RMRB* editorial, 24 February 1992, trans. in *FBIS Daily Report: China*, 24 February 1992, 41-2.

Bei Dao. "Terugblik van een balling," in *Het Collective Geheugen: Over Literatuur En Geschiedenis*, 77-84.

Beijing Review. Cited as *BR.* See *Peking Review.*

Béja, Jean-Philippe. "The year of the dog: In the shadow of the ailing patriarch," in Lo Chi Kin, Suzanne Pepper, and Tsui Kai Yuen, eds., *China review, 1995*, ch. 1.

Bennett, Gordon A. *China's Eighth, Ninth, and Tenth Congresses, Constitutions, and Central Committees: An institutional overview and comparison.* Occasional Paper, no. 1. Austin: Center for Asian Studies, University of Texas, 1978.

Bennett, Gordon A., and Montaperto, Ronald N. *Red Guard: The political biography of Dai Hsiao-ai.* New York: Anchor Books, 1972; Garden City, N.Y.: Doubleday, 1971.

Bernstein, Thomas P. "China in 1984: The year of Hong Kong." *AS*, 25.1 (January 1985), 33-50.

Bernstein, Thomas P. *Up to the mountains and down to the villages: The transfer of youth from urban to rural China.* New Haven, Conn.: Yale University Press, 1977.

Binder, Leonard et al., contribs. *Crises and sequences in political development.* Studies in Political Development, no. 7. Princeton, N.J.: Princeton University Press, 1971.

Blecher, Marc J., and White, Gordon. *Micropolitics in contemporary China: A technical unit during and after the Cultural Revolution.* White Plains, N.Y.: M. E. Sharpe, 1979.

Bonavia, David. *Verdict in Peking: The trial of the Gang of Four.* New York: Putnam; London: Burnett Books, 1984.

BR. Beijing Review.

Bridgham, Philip. "The fall of Lin Piao." *CQ*, 55 (July-September 1973), 427-49.

Bridgham, Philip. "Mao's Cultural Revolution: The struggle to consolidate power." *CQ*, 41 (January-March 1970), 1-25.

Bridgham, Philip. "Mao's Cultural Revolution: The struggle to seize power." *CQ*, 34 (April-June 1968), 6-37.

British Broadcasting Corporation. *Summary of world broadcasts. Part 3: The far east.* Caversham Park, Reading: British Broadcasting Corporation, 1939-. Cited as *SWB/FE.*

Broad, William J. "Spies vs. sweat: The debate over China's nuclear advance." *NYT*, 7 September 1999.

"Build up a great wall of steel against peaceful evolution." *RMRB* Commentator, 16 August 1991, trans. in *FBIS Daily Report: China*, 19 August 1991, 27-8.

Burns, John P. "China's governance: Political reform in a turbulent environment." *CQ*, 119 (September 1989), 481-518.

Burns, John P. "Chinese civil service reform: The Thirteenth Party Congress proposals. *CQ*, 120 (December 1989), 739-70.

Burton, Barry. "The Cultural Revolution's ultraleft conspiracy: The 'May 16 Group.'" *AS*, 11.11 (November 1971), 1029-53.

Butterfield, Fox. *China: Alive in the bitter sea.* New York: Bantam Books, 1983; New York: Times Books, 1982.

Cambridge History of China, The (CHOC). Vol. 1. *The Ch'in and Han empires, 221 B.C.- A.D. 220*, ed. Denis Twitchett and Michael Loewe (1986). Vol. 3. *Sui and T'ang China, 589-906, Part 1*, ed. Denis Twitchett (1979). Vol. 7. *The Ming Dynasty, 1368-1644, Part 1*, ed. Frederick W. Mote and Denis Twitchett (1988). Vol. 10. *Late Ch'ing 1800-1911, Part 1*, ed. John K. Fairbank (1978). Vol. 11. *Late Ch'ing 1800-1911, Part 2*, ed. John K. Fairbank and Kwang-Ching Liu (1980). Vol. 12. *Republican China 1912-1949, Part 1*, ed. John K. Fairbank (1983). Vol. 13. *Republican China 1912-1949, Part 2*, ed. John K. Fairbank and Albert Feuerwerker (1986). Vol. 14. *The People's Republic, Part 1: The emergence of revolutionary China 1949-1965*, ed. Roderick MacFarquhar and John K. Fairbank (1987). Vol. 15. *The People's Republic, Part 2: Revolutions within the Chinese revolution 1966-1982*, ed. Roderick MacFarquhar and John K. Fairbank (1991). Cambridge: Cambridge University Press.

Carrère d'Encausse, Hélène, and Schram, Stuart Reynolds, comps. *Marxism and Asia: An introduction with readings.* London: Allen Lane, Penguin Press, 1969.

CB. See U.S. Consulate General, *Current Background.*

CCP CC Document Research Office. 中共中央文献研究室.

CCP CC Party History Research Office. 中共中央党史研究室.

CCP. *Resolution on CPC history (1949-81).* Beijing: FLP, 1981.

CCP Chinese Communist Party. 中国共产党.

"CCP Central Committee's notification of the question of propagandizing and reporting on the struggle to seize power," 19 February 1967, in "Collection of documents."

CCP documents of the Great Proletarian Cultural Revolution, 1966-1967. See Union Research Institute.

"The CCP issues Document No. 4, fully expounding expansion of opening up." *DGB*, 18 June 1992, trans. in *FBIS Daily Report: China*, 18 June 1992, 19-20.

CD. China Daily.

"Central authorities urge banks to draw bank loans and stop promoting the bubble economy." *DGB*, 1 July 1993, trans. in *FBIS Daily Report: China*, 1 July 1993, 31-2.

Chan, Anita. "Images of China's social structure: The changing perspectives of Canton students." *World Politics*, 34.3 (April 1982), 295-323.

Chan Kam Wing. "Internal labour migration in China: Trends, geographical distribution and policies." UN Population Division, UN/POP/EGM-URB/2008/05, 3 January 2008.

Chang, Parris H. "From Mao to Hua to Hu to Chao: Changes in the CCP leadership and its rule of the game." *I&S*, 25.1 (January 1989), 56-72.

Chang, Parris H. *Power and policy in China.* University Park: Pennsylvania State University Press, 1978 [1975].

Chang, Parris H. "Provincial Party leaders' strategies for survival during the Cultural Revolution," in Robert A. Scalapino, ed., *Elites in the People's Republic of China*, 501-39.

Ch'en, Jerome, ed. *Mao.* Englewood Cliffs, N.J.: Prentice-Hall, 1969.

Ch'en, Jerome, ed. *Mao papers: Anthology and bibliography.* London: Oxford University Press, 1970.

[Chen Jianbing] Chen Chien-ping. "The CCP Central Committee announces 16 measures." *WHB* (Hong Kong), 3 July 1993, trans. in *FBIS Daily Report: China*, 7 July 1993, 12-13.

[Chen Jianbing] Chen Chien-ping. "Zhu Rongji urges paying attention to negative effects of reform." *WHB* (Hong Kong), 13 January 1993, trans. in *FBIS Daily Report: China*, 15 January 1993, 27-8.

Chen, Nancy N. "Urban spaces and experiences of *qigong*," in Deborah S. Davis et al., eds., *Urban spaces in Contemporary China*, 347-61.

Chen Yeping. "Have both political integrity, ability, stress political ability: On criteria for selecting cadres." *RMRB*, 1 September 1991, trans. in *FBIS Daily Report: China*, 6 September 1991, 26-31.

Cheng, Allen et al. "WHO seeks full probe on virus." *South China Morning Post*, 10 April 2003.

Cheng Weigao. "Further emancipate the mind and renew the concept, and accelerate the pace of reform and development." *Hebei ribao*, 18 April 1991, trans. in *FBIS Daily Report: China*, 7 June 1991, 60-8.

Chevrier, Yves. "Micropolitics and the factory director responsibility system, 1984-1987," in Deborah Davis and Ezra F. Vogel, eds., *Chinese society on the eve of Tiananmen*, 109-33.

Chi Hsin. *The case of the Gang of Four.* Hong Kong: Cosmos Books, 1977.

Chien Yu-shen. *China's fading revolution: Army dissent and military divisions, 1961-68.* Hong Kong: Centre of Contemporary Chinese Studies, 1969.

"China: Jiang Zemin, HK deputies mull work report." *XH*, 9 March 1998, available in *FBIS*, CHI-98-069.

China Daily. Beijing: 1981-. [Printed and distributed in Beijing, Hong Kong, New York, et al.] Cited as *CD*.

China Information. Quarterly. Leiden: Documentation and Research Center for Contemporary China, 1986-. Cited as *CI.*

China Journal. Semiannual. Canberra: Contemporary China Centre, Australian National University, 1995-.

China Leadership Monitor. Quarterly (online). Stanford: Hoover Institution, 2002-.

China News Analysis. Fortnightly. Hong Kong: 1953-82; 1984-98.[1953-82 issues published by Fr. Ladany.] Cited as *CNA.*

China News Digest (Global News). Daily. Internet Electronic Edition: CND-INFO. LIBRARY. UTA. EDU. Cited as *CND.*

China Quarterly, The. Quarterly. London: Congress for Cultural Freedom (Paris), 1960- 8; Contemporary China Institute, School of Oriental and African Studies, 1968-. Cited as *CQ.*

China Review. Monthly. Hong Kong. 1988-90.

China Update. Irregular. Cambridge, Mass.: China Scholars Coordinating Committee, Fairbank Center, Harvard University, 1989-90.

Chinese communist internal politics and foreign policy: Reviews on reference materials concerning education. Taipei: Institute of International Relations, 1974.

Chinese Law and Government: A journal of translations. Quarterly. Armonk, N.Y.: M. E. Sharpe, 1968-. Cited as *CLG.*

Chinese Literature. Monthly. Beijing: FLP, 1951-2000.

"Chinese president on diplomatic work." *XH*, 28 August 1998, available in *SWB/Asia Pacific*, 28 August 1998.

Chinese Sociology and Anthropology: A journal of translations. Quarterly. Armonk, N.Y.: M. E. Sharpe, 1968-.

Chinese statistical yearbook. See『中国统计年鉴』.

Chinese Studies in History: A journal of translations. Quarterly. Armonk, N.Y: M. E. Sharpe, 1967-. [Formerly *Chinese Studies in History and Philosophy.*]

CHOC. Cambridge history of China, The.

Chong, Woei Lien. "Petitioners, Popperians, and hunger strikers," in Tony Saich, ed., *The Chinese people's movement*, 106-25.

Chong, Woei Lien. "Present worries of Chinese democrats: Notes on Fang Lizhi, Liu Binyan, and the film 'River Elegy.'" *CI*, 3.4 (Spring 1989), 1-20.

Chow Ching-wen. *Ten years of storm: The true story of the communist regime in China.* Westport, Conn.: Greenwood Press, 1960.

Christman, Henry M. *See* Lenin, Vladimir Il'ich.

Chung, Jae Ho. "Central-provincial relations," in Lo Chi Kan, Suzanne Pepper, and Tsui Kai Yuen, eds., *China review, 1995,*ch. 3.

CI. China Information.

"Circular of [the] Central Committee of [the] CCP [on the Cultural Revolution]," 16 May 1966, in "Collection of documents concerning the Great Proletarian Cultural Revolution."

CLG. Chinese Law and Government.

CNA. China News Analysis.

CND. China News Digest.

"CND Interview with Gao Xin." *CND*, 7-8 April 1991.

Cohen, Jerome A. *The criminal process in the People's Republic of China, 1949-63: An introduction.* Cambridge, Mass.: Harvard University Press, 1968.

"Collection of documents concerning the Great Proletarian Cultural Revolution." *CB*, 852 (6 May 1968).

"Communiqué of the 15th Central Committee Sixth Plenum." *XH*, 26 September 2001.

"Communiqué of the Fifth Plenary Session of the Fourteenth Central Committee of the CCP." *XH, in FBIS Daily Report: China*, 28 September 1995, 15-17.

"Communiqué of the Seventh Plenary Session of the 14th CCP Central Committee." *XH*, 9 September 1997, available in *SWB*, 10 September 1997.

Communist Affairs: Documents and analyses. Quarterly. Guilford, Surrey: Butterworth Scientific, 1982-4.

Communist China 1955-1959: Policy documents with analysis. With a foreword by Robert R. Bowie and John K. Fairbank. Cambridge, Mass.: Harvard University Press, 1965.

Comparative Politics. Quarterly. New York: Political Science Program, City University of New York, 1968-.

"Constitution of the Communist Party of China." *BR*, 25.38 (20 September 1982), 14-16.

"Constitution of the Communist Party of China," amended and adopted by the 16th National Congress of the CPC on 14 November 2002, in *Documents of the 16th National Congress of the Communist Party of China*, 76-114.

"Constitution of the Communist Party of China," partially revised by the 15th National Party Congress of the Communist Party of China and adopted on 18 September 1997, in *Selected Documents of the 15th CPC National Congress*, 59-88.

CQ. China Quarterly, The.

Cremerius, Ruth, Fischer, Doris, and Schier, Peter, eds. *Studentenprotest und repression in China, April-Juni 1989: Analyse, chronologie, dokumente.* Hamburg: Institut für Asienkunde, 1990.

"Crimes behind the power: Analyzing the serious crimes committed by Yan Jianhong." *RMRB*, 14 January 1995, trans. in *FBIS Daily Report: China*, 24 January 1995, 29-31.

Current Background. See U.S. Consulate General.

Current History. 9/year (monthly except June, July, and August). Philadelphia: Current History, Inc., 1914-.

Dassu, Marta, and Saich, Tony, eds. *The reform decade in China: From hope to dismay.* London: Kegan, Paul International, 1990.

Daubier, Jean. *A history of the Chinese Cultural Revolution.* Trans. Richard Seaver. Preface by Han Suyin. New York: Vintage Books, 1974.

Davis, Deborah, and Vogel, Ezra F., eds. *Chinese society on the eve of Tiananmen.* Cambridge, Mass.: Council on East Asian Studies, Harvard University, 1990.

Davis, Deborah S. et al., eds. *Urban spaces in contemporary China: The potential for autonomy and community in post-Mao China*. New York: Cambridge University Press and Washington, D.C.: Woodrow Wilson Center Press, 1995.

"The debate on the neo-authoritarianism." *Chinese Sociology and Anthropology*, 23.2 (Winter 1990-1), 3-93.

"Decision of the CCP Central Committee… on resolute support for the revolutionary masses of the left," 23 January 1967, in "Collection of documents concerning the Great Proletarian Cultural Revolution."

"Decision of the CCP Central Committee on some issues concerning the establishment of a socialist market economic structure." *RMRB*, 17 November 1993, trans. in *FBIS Daily Report: China*, 17 November 1993, 22-35.

"Decision of the Central Committee of the Chinese Communist Party concerning the Great Proletarian Cultural Revolution," in "Collection of documents concerning the Great Proletarian Cultural Revolution."

"Decision of the Central Committee of the Chinese Communist Party (CCP) on major issues concerning reform and development." *XH*, 26 September 1999, available in *SWB/Asia Pacific*, 27 September 1999.

"Decision of the Central Committee of the Communist Party of China concerning some major issues on strengthening Party building." *XH*, 6 October 1994, in *FBIS Daily Report: China*, 6 October 1994, 13-22.

"Decision of the Central Committee of the Communist Party of China on reform of the economic structure," 20 October 1984. *BR*, 27.44 (29 October 1984), I-XVI.

Deng Xiaoping. "Answers to the Italian journalist Oriana Fallaci," in *Selected works of Deng Xiaoping (1975-1982)*, 326-34.

Deng Xiaoping. *Fundamental issues in present-day China*. Beijing: FLP, 1987.

Deng Xiaoping. "On opposing wrong ideological tendencies" (27 March 1981), in *Selected works of Deng Xiaoping (1975-1982)*, 356-9.

Deng Xiaoping. "On the reform of the system of Party and state leadership," in *Selected works of Deng Xiaoping (1975-1982)*, 302-25.

[Deng Xiaoping] Teng Hsiao-ping. "Report on the revision of the constitution of the Communist Party of China" (16 September 1956). *Eighth National Congress of the Communist Party of China*. I. 169-228. Beijing: FLP, 1956.

[Deng Xiaoping]. *Selected works of Deng Xiaoping (1975-1982)*. Beijing: FLP, 1984.

Deng Xiaoping. "Uphold the four cardinal principles," in *Selected works of Deng Xiaoping (1975-1982)*, 166-91.

"Deng Xiaoping's visit to special zones shows China is more open." *WHB* (Hong Kong), editorial, 28 January 1992, trans. in *FBIS Daily Report: China*, 28 January 1992, 23-4.

Diao, Richard K. "The impact of the Cultural Revolution on China's economic elite." *CQ*, 42 (April-June 1970), 65-87.

Dickson, Bruce J. *Wealth into power: The Communist Party's embrace of China's private sector*. New York: Cambridge University Press, 2008.

"Did Marx fall, or was he pushed?" *The Economist*, 15 December 1984.

Dittmer, Lowell. "Bases of power in Chinese politics: A theory and an analysis of the fall of the 'Gang of Four.'" *World Politics*, 31.1 (October 1978), 26-60.

Dittmer, Lowell. "China in 1988: The continuing dilemma of socialist reform." *AS*, 29.1 (January 1989), 12-28.

Dittmer, Lowell. "China in 1989: The crisis of incomplete reform." *AS*, 30.1 (January 1990), 25-41.

Dittmer, Lowell. *Liu Shao-ch'i and the Chinese Cultural Revolution: The politics of mass criticism*. Berkeley: University of California Press, 1974.

Dittmer, Lowell. "Patterns of elite strife and succession in Chinese politics." *CQ*, 123 (September 1990), 405-30.

Dittmer, Lowell. "Reform, succession and the resurgence of mainland China's old guard." *I&S*, 24.1 (January 1988), 96-113.

Dittmer, Lowell. "The Tiananmen massacre." *POC*, 38.5 (September-October 1989), 2-15.

Dittmer, Lowell. "The 12th congress of the Chinese Communist Party." *CQ*, 93 (March 1983), 108-24.

Djilas, Milovan. *The new class: An analysis of the communist system*. New York: Praeger, 1957.

Documents of the Chinese Communist Party Central Committee, September 1956-April 1969. See Union Research Institute.

Documents of the Thirteenth National Congress of the Communist Party of China (1987). Beijing: FLP, 1987.

Documents of the 16th National Congress of the Communist Party of China. Beijing: FLP, 2002.

Domes, Jürgen. "The Cultural Revolution and the army." *AS*, 8.5 (May 1968), 349-63.

Domes, Jürgen. *The government and politics of the PRC: A time of transition*. Boulder, Colo.: Westview Press, 1985.

Domes, Jürgen. *The internal politics of China, 1949-1972*. Trans. Rudiger Machetzki. New York: Praeger; London: C. Hurst, 1973.

Domes, Jürgen. "The role of the military in the formation of revolutionary committees, 1967-68." *CQ*, 44 (October-December 1970), 112-45.

Doolin, Dennis J., trans. *Communist China: The politics of student opposition*. Stanford, Calif.: Hoover Institution, 1964.

Dreyer, June Teufel. "The People's Liberation Army and the power struggle of 1989." *POC*, 38.5 (September-October 1989), 41-8.

"East wind brings spring all around: On-the-spot report on Comrade Deng Xiaoping in Shenzhen." *RMRB*, 31 March 1992, trans. in *FBIS Daily Report: China*, 1 April 1992 (supplement), 7-15.

Eastman, Lloyd E. *The abortive revolution: China under Nationalist rule, 1927-1937*. Cambridge, Mass.: Harvard University Press, 1974.

Economist, The. Weekly. London: Economist Newspaper Ltd., 1843-.

Editorial. "General Secretary Jiang Zemin on the reform of state-owned enterprise." *Liaowang*, 36 (6 September 1999), 2-8, trans, in *FBIS*, FTS19990920000076.

Edwards, R. Randle, Henkin, Louis, and Nathan, Andrew J. *Human rights in contemporary China*. New York: Columbia University Press, 1986.

Eighth National Congress of the Communist Party of China. Vol. I: *Documents*. Vol.II: *Speeches*. Beijing: FLP, 1956.

Eleventh National Congress of the Communist Party of China (documents). Beijing: FLP, 1977.

Esquire. Monthly. Chicago: Esquire, Inc., 1933-.

Etzioni, Amitai, ed. *Complex organizations: A sociological reader*. New York: Holt, Rinehart and Winston, 1969 [1961].

Faison, Seth. "The changing role of the Chinese media," in Tony Saich, ed., *The Chinese people's movement*, 145-63.

Fan, K., ed. *Mao Tse-tung and Lin Piao: Post-revolutionary writings*. Garden City, N.Y.: Anchor Books, 1972.

Fan Shuo. "The tempestuous October: A chronicle of the complete collapse of the 'Gang of Four.'" *Yangcheng wanbao*, 10 February 1989, trans. in *FBIS Daily Report: China*, 14 February 1989, 16-22.

Fang, Percy Jucheng, and Fang, Lucy Guinong J. *Zhou Enlai: A profile*. Beijing: FLP, 1986.

Far Eastern Economic Review. Weekly. Hong Kong: Far Eastern Economic Review Ltd., 1946-2004. Dec. 2004-Dec. 2009, 10/yr. Cited as *FEER*.

Fathers, Michael, and Higgins, Andrew. *Tiananmen: The rape of Peking*. London: Doubleday, 1989.

FBIS. Foreign Broadcast Information Service.

FEER. Far Eastern Economic Review.

Feng Shengbao. "Preparations for the blueprint on political restructuring presented by Zhao Ziyang at the Thirteenth Party Congress." Unpublished paper presented to the Harvard University East Asia Colloquium, July 1990.

Feuerwerker, Albert. *China's early industrialization: Sheng Hsuan-huai (1844-1916) and mandarin enterprise*. Cambridge, Mass.: Harvard University Press, 1958.

Fewsmith, Joseph. "China and the WTO: The politics behind the agreement." *NBR Analysis*, 10.5 (December 1999), 23-39.

Fewsmith, Joseph. *China since Tiananmen: From Deng Xiaoping to Hu Jintao*. 2nd ed. New York: Cambridge University Press, 2008.

Fewsmith, Joseph. *Dilemmas of reform in China: Political conflict and economic debate*. Armonk, N.Y.: M. E. Sharpe, 1994.

Fewsmith, Joseph. "Neoconservatism and the end of the Dengist era." *AS*, 35.7 (July 1995), 635-51.

Fewsmith, Joseph. "Notes on the first session of the Eighth National People's Congress." *Journal of Contemporary China*, 3 (Summer 1993), 81-6.

Fewsmith, Joseph. *Party, state, and local elites in Republican China*. Honolulu: University of Hawaii Press, 1985.

Fewsmith, Joseph. "Promoting the scientific development concept." *China Leadership Monitor*, 11 (Summer 2004).

Fewsmith, Joseph. "Reform, resistance, and the politics of succession," in William A. Joseph, ed., *China briefing*, 1994, 7-34.

Fewsmith, Joseph. "Rethinking the role of the CCP: Explicating Jiang Zemin's Party anniversary speech." *China Leadership Monitor*, 2 (Spring 2002).

Fewsmith, Joseph. "Review of *Looking at China through the third eye*." *Journal of Contemporary China*, 7 (Fall 1994), 100-4.

Fewsmith, Joseph. "The Sixteenth National Party Congress: The succession that didn't happen." *CQ*, 173 (March 2003), 1-16.

Fewsmith, Joseph, and Rosen, Stanley. "The domestic context of Chinese foreign policy: Does 'public opinion' matter?" in David M. Lampton, ed., *The making of Chinese foreign and security policy in the era of reform*, 151-87.

Field, Robert Michael, McGlynn, Kathleen M., and Abnett, William B. "Political conflict and industrial growth in China: 1965-1977," in U.S. Congress [95th], Joint Economic Committee, *The Chinese economy post-Mao*, 1.239-83.

Fifth session of the Fifth National People's Congress (main documents). Beijing: FLP, 1983.

Foreign Broadcast Information Service. Washington, D.C.: U.S. Department of Commerce, 1941-. Cited as FBIS. *The Daily Report*는 지정된 특정 지역의 단면을 보여 준다. 그러나 이 지역들의 이름은 때마다 바뀌어 정밀한 계보를 구성하기가 어렵다. 다음 지정 지역들은 다양한 상황에서 쓰였다: Asia and Pacific, China, Communist China, East Asia, Eastern Europe, Far East, People's Republic of China, USSR, USSR and Eastern Europe. *FBIS* is discussed in *CHOC*, 14.557 et passim.

Foreign Languages Press. Cited as FLP.

"Forward: Explosive economic growth raises warning signal." *JSND*, 10 (1 October 1993), 58-9, trans. in *FBIS Daily Report: China*, 11 January 1994, 49-50.

Francis, Corinna-Barbara. "The progress of protest in China." *AS*, 29.9 (September 1989), 898-915.

Fraser, John. *The Chinese: Portrait of a people*. London: Fontana/Collins, 1982; New York: Summit Books, 1980.

Friedman, Edward. "Permanent technological revolution and China's tortuous path to democratizing Leninism," in Richard Baum, ed., *Reform and reaction*, 162-82.

"Full text of Vice-President Hu Jintao's speech on NATO attack." *XH*, 9 May 1999, available in *SWB/Asia Pacific*, 9 May 1999.

Gang Zou. "Debates on China's economic situation and reform strategies." Paper presented to the annual meeting of the Association for Asian Studies, Washington, D.C., March 1989.

Gao Xin, and He Pin. "Tightrope act of Wei Jianxing." *Dangdai*, 23 (15 February 1993), 42-5, trans. in *FBIS Daily Report: China*, 24 February 1993, 24-6.

Gardner, John. *Chinese politics and the succession to Mao*. London: Macmillan, 1982.

Gardner, John. "Educated youth and urban-rural inequalities, 1958-66," in John Wilson Lewis, ed., *The city in communist China*, 235-86.

Garside, Roger. *Coming alive! China after Mao*. New York: McGraw-Hill; London: Andre Deutsch, 1981.

Gittings, John. "Army-Party relations in the light of the Cultural Revolution," in John Wilson Lewis, ed., *Party leadership and revolutionary power in China*, 373-403.

Gittings, John. "The Chinese army's role in the Cultural Revolution." *Pacific Affairs*, 39.3-4 (Fall-Winter 1966-7), 269-89.

Gittings, John. "The 'Learn from the army' campaign." *CQ*, 18 (April-June 1964), 153-9.

Gittings, John. *The role of the Chinese army*. London and New York: Oxford University Press, 1967.

Gold, Thomas B. "'Just in time!' China battles spiritual pollution on the eve of 1984." *AS*, 24.9 (September 1984), 947-74.

Gold, Thomas B. "Party-state versus society in China," in Joyce K. Kallgren, ed., *Building a nation-state*, 125-52.

Gold, Thomas B. "Urban private business and China's reforms," in Richard Baum, ed., *Reform and reaction*, 84-103.

Goldman, Merle. *China's intellectuals: Advise and dissent*. Cambridge, Mass.: Harvard University Press, 1981.

Goldman, Merle. *Sowing the seeds of democracy in China*. Cambridge, Mass.: Harvard University Press, 1994.

Goldman, Merle, with Cheek, Timothy, and Hamrin, Carol Lee, eds. *China's intellectuals and the state: In search of a new relationship*. Cambridge, Mass.: Council on East Asian Studies, Harvard University, 1987.

Goldstein, Avery. "China in 1996: Achievement, assertiveness and anxiety." *AS*, 37.1 (January 1997), 29-42.

Gong Yuzhi. "Emancipate our minds, liberate productive forces: Studying Comrade Deng Xiaoping's important talks." *WHB* (Shanghai), 15 April 1992, trans. in *FBIS Daily Report: China*, 20 April 1992, 25-8.

Goodman, David S. G. *Beijing street voices: The poetry and politics of China's democracy movement*. London and Boston: Marion Boyars, 1981.

Gray, Jack, and Cavendish, Patrick. *Chinese communism in crisis: Maoism and the Cultural Revolution*. New York: Praeger, 1968.

"The Great Proletarian Cultural Revolution: A record of major events - September 1965 to December 1966." JPRS, 42,349 *Translations on Communist China: Political and Sociological Information*, 25 August 1967.

A great trial in Chinese history: The trial of the Lin Biao and Jiang Qing counterrevolutionary cliques, Nov. 1980-Jan. 1981. Beijing: New World Press, 1981.

Guo Moruo. "On seeing 'The monkey subdues the demon.'" *Chinese Literature*, 4 (1976), 44.

Guo Moruo. "Three poems." *Chinese Literature*, 1 (1972), 50-2.

Gurtov, Melvin. "The foreign ministry and foreign affairs in the Chinese Cultural Revolution," in Thomas W. Robinson, ed., *The Cultural Revolution in China*, 313-66.

Halpern, Nina P. "Economic reform, social mobilization, and democratization in post-Mao China," in Richard Baum, ed., *Reform and reaction*, 38-59.

Halpern, Nina P. "Learning from abroad: Chinese views of the East European economic experience, January 1977-June 1981." *Modern China*, 1 (1985), 77-109.

Hamrin, Carol Lee. *China and the challenge of the future: Changing political patterns*. Boulder, Colo.: Westview Press, 1990.

Hamrin, Carol Lee, and Cheek, Timothy, eds. *China's establishment intellectuals*. Armonk, N.Y.: M. E. Sharpe, 1986.

Hamrin, Carol Lee, and Zhao, Suisheng, eds. *Decision-making in Deng's China: Perspectives from insiders*. Armonk, N.Y.: M. E. Sharpe, 1995.

Harding, Harry. *China's second revolution: Reform after Mao*. Washington, D.C.: Brookings Institution, 1987.

Harding, Harry. *The fragile relationship: The United States and China since 1972*. Washington, D.C.: Brookings Institution, 1992.

Harding, Harry. "From China, with disdain: New trends in the study of China." *AS*, 22.10 (October 1982), 934-58.

Harding, Harry. *Organizing China: The problem of bureaucracy, 1949-1976*. Stanford, Calif.: Stanford University Press, 1981.

Harding, Harry. "Reappraising the Cultural Revolution." *The Wilson Quarterly*, 4.4 (Autumn 1980), 132-41.

Harding, Harry, and Gurtov, Melvin. *The purge of Lo Jui-ch'ing: The politics of Chinese strategic planning*. Santa Monica, Calif.: The RAND Corporation, R-548-PR, February 1971.

Hartford, Kathleen. "Socialist agriculture is dead; long live socialist agriculture! Organizational transformations in rural China," in Elizabeth J. Perry and Christine Wong, eds., *The political economy of reform in post-Mao China*, 31-61.

[He Dexu] Ho Te-hsu. "China has crossed the nadir of the valley but is still climbing up from the trough: Liu Guoguang talks about the current economic situation in China." *JJDB*, 38.9 (1 October 1990), 12-13, trans. in *FBIS Daily Report: China*, 12 October 1990, 27-30.

He Yijun, Jiang Bin, and Wang Jianwei. "Speed up pace of reform, opening up." *JFJB*, 25 March 1992, trans. in *FBIS Daily Report: China*, 22 April 1992, 30-3.

[He Yuan] Ho Yuen. "CCP's five adherences' and 'five oppositions' to prevent peaceful evolution." *MB*, 29 August 1991, trans. in *FBIS Daily Report: China*, 29 August 1991, 23-5.

Het Collectieve Geheugen: Over Literatuur En Geschiedenis. Amsterdam: DeBalie/Novib, 1990.

Hinton, Harold C., ed. *The People's Republic of China, 1949-1979: A documentary survey*. 5 vols. Wilmington, Del.: Scholarly Resources, Inc., 1980.

Historical Studies in the Physical and Biological Sciences. Semi-annual. Berkeley: 1971-.

History Writing Group of the CCP Kwangtung Provincial Committee. "The ghost of Empress Lü and Chiang Ch'ing's empress dream." *Chinese Studies in History*, 12.1 (Fall 1978), 37-54.

Howe, Christopher, ed. *Shanghai: Revolution and development in an Asian metropolis.* Cambridge: Cambridge University Press, 1981.

Hsiung, James C. "Mainland China's paradox of partial reform: A postmortem on Tienanmen." *I&S*, 26.6 (June 1990), 29-43.

Hsu, Immanuel C.Y. *The rise of modern China.* 6th ed. New York: Oxford University Press, 2000.

Hsu, Robert C. "Economics and economists in post-Mao China." *AS*, 28.12 (December 1988), 1211-28.

Huang Zhiling. "New law to better guide bankruptcy." *China Daily*, 18 June 1996, 4.

Huangfu Ping. "The consciousness of expanding opening needs to be strengthened." *Jiefang ribao*, 22 March 1991, trans. in *FBIS Daily Report: China*, 1 April 1991, 39-41.

Huangfu Ping. "Reform and opening require a large number of cadres with both morals and talents." *Jiefang ribao*, 12 April 1991, trans. in *FBIS Daily Report: China*, 17 April 1991, 61-3.

Human Rights Watch. "Dangerous meditation: China's campaign against Falungong," January 2002; available at http://www.hrw.org/en/reports/2002/02/07/ dangerous-meditation (accessed 3 August 2010).

Hunter, Neale. *Shanghai journal: An eyewitness account of the Cultural Revolution.* New York: Praeger, 1969; Boston: Beacon Press, 1971.

Huntington, Samuel. *Political order in changing societies.* New Haven, Conn.: Yale University Press, 1968.

Hutterer, Karl. "Eyewitness: The Chengdu massacre." *China Update*, 1 (August 1989), 4-5.

I&S. Issues & Studies.

ICM. Inside China Mainland.

"Increase weight of reform, promote economic development: Speech delivered by Wu Guanzheng at the provincial structural reform work conference." *Jiangxi ribao*, 4 May 1991, trans. in *FBIS Daily Report: China*, 12 June 1991, 45-9.

Inside China Mainland. Monthly. Taipei: Institute of Current China Studies, 1979-99. Cited as *ICM*.

Issues & Studies. Monthly. Taipei: Institute of International Relations, 1964-98; Bimonthly, 1999-2001; Quarterly, 2002-. Cited *as I&S*.

Jencks, Harlan. "Party authority and military power: Communist China's continuing crisis." *IS*, 26.7 (July 1990), 11-39.

[Ji Weige] Chi Wei-ke. "Three new moves on the eve of the Third Plenary Session of the CCP Central Committee; Deng makes new comments on macrocontrol." *JB*, 12 (5 December 1993), 30-4, trans. in *FBIS Daily Report: China*, 8 December 1993, 18-22.

Jiang Zemin. "Accelerating reform and opening-up," report to the 14th CCP Congress, 12 October 1992. *BR*, 35.43 (26 October-1 November 1992), 9-32.

Jiang Zemin. "Build a well-off society in an all-round way and create a new situation in building socialism with Chinese characteristics," text of report delivered to China's 16th National Party Congress, 8 November 2002, *SWB*, 8 November 2002.

Jiang Zemin. "Correctly handle some major relationships in the socialist modernization drive." *XH*, 8 October 1995, trans. in *FBIS Daily Report: China*, 10 October 1995, 29-36.

Jiang Zemin. "Hold high the great banner of Deng Xiaoping theory for an all-round advancement of the cause of building socialism with Chinese characteristics into the 21st century," delivered on 12 September 1997. *BR*, 40.40 (6-12 October 1997), 10-33.

[Jiang Zemin]. "President Jiang reaffirms China's stance on Taiwan, stresses army building," talk to PLA delegates attending the Second Plenary Session [of the Fourth Session] of the NPC, CCTV, 11 March 1996, *SWB*, 12 March 1996.

"Jiang Zemin speech at ceremony to welcome back embassy staff members from Yugoslavia." *XH*, 13 May 1999, available in *SWB/Asia Pacific*, 17 May 1999.

"Jiang's control of the military is conducive to smooth transition," 16 November 2002, *WHB*, trans. in *FBIS*, CPP20021116000016.

[Jing Wen] Ching Wen. "Abnormal atmosphere in *Renmin ribao*." *JB*, 178 (5 May 1992), 46-7, trans. in *FBIS Daily Report: China*, 18 May 1992, 22.

Joffe, Ellis. "The Chinese army under Lin Piao: Prelude to political intervention," in John M. H. Lindbeck, ed., *China: Management of a revolutionary society*, 343-74.

Joffe, Ellis. *Party and army: Professionalism and political control in the Chinese officer corps, 1949-1964*. Cambridge, Mass.: East Asian Research Center, Harvard University, 1965.

Joffe, Ellis. "Party and military in China: Professionalism in command?" *POC*, 32.5 (September-October 1983), 48-63.

Johnston, Alastair I. "Party rectification in the People's Liberation Army, 1983-87." *CQ*, 112 (December 1987), 591-630.

Johnson, Chalmers, ed. *Change in communist systems*. Stanford, Calif.: Stanford University Press, 1970.

Joint Economic Committee. *See* United States Congress.

Joint Publications Research Service (JPRS). Washington, D.C.: U.S. Government. Various series. See Peter Berton and Eugene Wu, *Contemporary China: A research guide*. Stanford, Calif.: Stanford University Press, 1967, 409-30, and M. Oksenberg summary in *CHOC*, 14.557-8. Includes regional, worldwide, and topical translations and reports. Published periodically. The following items are cited in footnotes: Joint Publications Research Service. *China Area Report (CAR)*. 1987-94. Joint Publications Research Service. *Miscellany of Mao Tse-tung Thought. See* [Mao Zedong] Mao Tse-tung. *Miscellany…* Joint Publications Research Service. *Translations on communist China: Political and sociological information*. 1962-8.

Joseph, William A. *The critique of ultra-leftism in China, 1958-1981*. Stanford, Calif.: Stanford University Press, 1984.

Joseph, William A., ed. *China briefing, 1994*. Boulder, Colo.: Westview Press, 1994.

Journal of Asian Studies. Quarterly. Ann Arbor: Association for Asian Studies, University of Michigan, 1956-
. Cited as *JAS.*

Journal of Communist Studies. Quarterly. London: Frank Cass, 1985-93.

Jowitt, Kenneth. "Soviet neotraditionalism: The political corruption of a Leninist regime." *Soviet Studies,* 35.3 (July 1983), 275-97.

JPRS. *See* Joint Publications Research Service.

Kahn, Joseph F. "Better fed than red." *Esquire,* September 1990, 186-97.

Kallgren, Joyce K., ed. *Building a nation-state: China at forty years.* China Research Monograph, no. 37. Berkeley: Institute of East Asian Studies, University of California, 1990.

Kau, Michael Y. M. [Ying-mao], ed. *The Lin Piao affair: Power politics and military coup.* White Plains, N.Y.: International Arts and Sciences Press, 1975.

Kau, Yi-maw [Ying-mao]. "Governmental bureaucracy and cadres in urban China under communist rule, 1949-1965." Ph.D. dissertation, Cornell University, 1968.

Kau, Ying-mao. "The case against Lin Piao." *CLG,* 5.3-4 (Fall-Winter 1972-73), 3-30.

Kelly, David A. "The Chinese student movement of December 1986 and its intellectual antecedents." *AJCA,* 17 (January 1987), 127-42.

Kelly, David A. "The emergence of humanism: Wang Ruoshui and the critique of socialist alienation," in Merle Goldman, with Timothy Cheek and Carol Lee Hamrin, eds., *China's intellectuals and the state,* 159-82.

Kessler, Lawrence D. *K'ang-hsi and the consolidation of Ch'ing rule, 1661-1684.* Chicago: University of Chicago Press, 1976.

Khrushchev remembers: The last testament. Trans. and ed. Strobe Talbott, with detailed commentary and notes by Edward Crankshaw. Boston: Little, Brown, 1974; New York: Bantam, 1976.

Kissinger, Henry. *White House years.* Boston: Little, Brown, 1979.

Klein, Donald W., and Clark, Anne B. *Biographic dictionary of Chinese communism, 1921-1965.* 2 vols. Cambridge, Mass.: Harvard University Press, 1971.

Klein, Donald W., and Hager, Lois B. "The Ninth Central Committee." *CQ,* 45 (January-March 1971), 37-56.

Kraus, Richard. "Bai Hua: The political authority of a writer," in Carol Lee Hamrin and Timothy Cheek, eds., *China's establishment intellectuals,* 201-11.

Kuan, H. C. "New departures in China's constitution." *SICC,* 17.1 (Spring 1984), 53-68.

Kuhn, Philip A. *Rebellion and its enemies in late imperial China: Militarization and social structure, 1796-1864.* Cambridge, Mass.: Harvard University Press, 1980 [1970].

Kwong, Julia. "The 1986 student demonstrations in China: A democratic movement?" *AS,* 28.9 (September 1988), 970-85.

Kyodo. News service.

Ladany, Laszlo. *The Communist Party of China and Marxism, 1921-1985: A self-portrait.* Stanford, Calif.:

Hoover Institution Press. 1988.

Lam, Willy Wo-lap. *China after Deng Xiaoping*. New York: Wiley, 1995.

Lampton, David M. *The politics of medicine in China: The policy process, 1949-1977*. Boulder, Colo.: West-view Press, 1977.

Lampton, David M.,ed. *The making of Chinese foreign and security policy in the era of reform*. Stanford, Calif.: Stanford University Press, 2001.

Lampton, David M., ed. *Policy implementation in post-Mao China*. Berkeley: University of California Press, 1987 [1985].

Lan Zhongping. "Why do we say that special economic zones are socialist rather than capitalist in nature?" *JFJB*, 22 May 1992, trans. in *FBIS Daily Report: China*, 11 June 1992, 25-6.

Landsberger, Stefan R. "The 1989 student demonstrations in Beijing: A chronology of events." *CI*, 4.1 (Summer 1989), 37-63.

LAT. Los Angeles Times.

Latham, Richard J. "The implications of rural reforms for grass-roots cadres," in Elizabeth J. Perry and Christine Wong, eds., *The political economy of reform in post-Mao China*, 157-73.

Lee, Hong Yong. "China's 12th Central Committee." *AS*, 23.6 (June 1983), 673-91.

Lee, Hong Yung. *From revolutionary cadres to party technocrats in socialist China*. Berkeley: University of California Press, 1991.

Lee, Hong Yung. *The politics of the Chinese Cultural Revolution: A case study*. Berkeley: University of California Press, 1978.

Lenin, Vladimir I. "The state and revolution," in Henry M. Christman, ed., *Essential works of Lenin*. New York: Bantam Books, 1966, 271-364.

Lewis, John Wilson. *Chinese Communist Party leadership and the succession to Mao Tse-tung: An appraisal of tensions*. Washington, D.C.: Policy Research Study, U.S. Department of State, January 1964.

Lewis, John Wilson, ed. *The city in communist China*. Stanford, Calif.: Stanford University Press, 1971.

Lewis, John Wilson, ed. *Party leadership and revolutionary power in China*. Cambridge: Cambridge University Press, 1970.

Li Cheng, and White, Lynn. "The Fifteenth Central Committee of the Chinese Communist Party: Full-fledged technocratic leadership with partial control by Jiang Zemin." *AS*, 38.3 (March 1998), 231-64.

Li Cheng, and White, Lynn. "The Sixteenth Central Committee of the Chinese Communist Party: Hu gets what?" *AS*, 43.4 (July-August 2003), 553-97.

Li Chengrui. "Some thoughts on sustained, steady, and coordinated development." *RMRB*, 20 November 1989, trans. in *FBIS Daily Report: China*, 12 December 1989, 32-4.

Li Hong Kuan. "Ode to the constitution," in David S. G. Goodman, *Beijing street voices: The poetry and politics of China's democracy movement*, 70.

Li Kwok Sing. "Deng Xiaoping and the 2nd field army." *China Review*, 3.1 (January 1990), 40-2.

Li Peng. "Report on the work of the government," delivered at the Eighth NPC, 15 March 1993. *BR*, 36.15

(12-18 April 1993), I-XVI.

Li Peng. "Report on the work of the government," 1 March 1997. *BR*, 40.13 (31 March-6 April 1997), I-XVI.

"Li Ruihuan meets with Hong Kong journalists." *DGB*, 20 September 1989, trans. in *FBIS Daily Report: China*, 20 September 1989, 10-12.

Liang Heng, and Shapiro, Judith. *Son of the revolution*. New York: Knopf, 1983; New York: Vintage, 1984.

[Liao Gailong] Liao Kai-lung. "Historical experiences and our road of development (October 25, 1980)." *I&S*, 17.10 (October 1981), 65-94; 17.11 (November 1981), 81-110.

Liberation Army News. See *Jiefangjun bao*.

Lieberthal, Kenneth. "The political implications of document no. 1, 1984." *CQ*, 101 (March 1985), 109-13.

Lieberthal, Kenneth. *A research guide to central Party and government meetings in China 1949-1975*. Foreword by Michel Oksenberg. Michigan Papers in Chinese Studies, Special Number. White Plains, N.Y.: International Arts and Sciences Press, 1976.

Lieberthal, Kenneth, and Dickson, Bruce J. *A research guide to central Party and government meetings in China 1949-1986*. Armonk, N.Y.: M. E. Sharpe, 1989.

Lieberthal, Kenneth, with the assistance of James Tong and Sai-cheung Yeung. *Central documents and Politburo politics in China*. Ann Arbor: Center for Chinese Studies, University of Michigan, 1978.

Lifton, Robert Jay. *Revolutionary immortality: Mao Tse-tung and the Chinese Cultural Revolution*. New York: Vintage, 1968.

[Lin Biao] Lin Piao. "Long live the victory of People's War!" *PR*, 8.36 (3 September 1965), 9-30. Also Beijing: FLP, 1965.

"Lin Doudou who lives in the shadow of history." *Huaqiao ribao*, 14-16 June 1988.

Lin Wu. "Deng's faction unmasks face of 'ultraleftists.'" *ZM*, 175 (1 May 1992), 17-18, trans. in *FBIS Daily Report: China*, 12 May 1992, 27-8.

Lindbeck, John M. H., ed. *China: Management of a revolutionary society*. Seattle: University of Washington Press, 1971.

Ling, Ken. *The revenge of heaven: Journal of a young Chinese*. Trans. Miriam London and Lee Ta-ling. New York: Putnam, 1972.

[Ling Xuejun] Ling Hsueh-chun. "Wang Zhen and Li Xiannian set themselves up against Deng." *ZM*, 175 (1 May 1992), 14-15, trans. in *FBIS Daily Report: China*, 12 May 1992, 26.

[Liu Bi] Liu Pi. "Deng Xiaoping launches 'northern expedition' to emancipate mind; Beijing, Shanghai, and other provinces and municipalities 'respond' by opening wider to the outside world." *JB*, 166 (10 May 1991), 24-7, trans. in *FBIS Daily Report: China*, 6 May 1991, 26-9.

[Liu Shaoqi]. *Collected works of Liu Shao-ch'i, 1945-1957*. Hong Kong: URI, 1969.

Lo Chi Kin, Suzanne Pepper, and Tsui Kai Yuen, eds. *China review, 1995*. Hong Kong: Chinese University Press, 1995.

Los Angeles Times. Daily. Los Angeles: Times Mirror Co., 4 December 1881-. Cited as *LAT*.

Lotta, Raymond, ed. *And Mao makes 5: Mao Tse-tung's last great battle*. Chicago: Banner Press, 1978.

Lowenthal, Richard. "Development and utopia in communist policy," in Chalmers Johnson, ed., *Change in communist systems*, 33-116.

Lowenthal, Richard. "The post-revolutionary phase in Russia and China." *SICC*, 13.3 (Autumn 1983), 91-101.

[Lu Mingsheng] Lu Ming-Sheng. "Inside story of how *Historical trends* was banned." *ZM*, 177 (July 1, 1992), 33-4, trans. in *FBIS Daily Report: China*, 7 July 1992, 19-21.

Lu Pipi. "Ten strata of Chinese society." *BR*, 45.12 (21 March 2002), 22-3.

Ludz, Peter. *Changing Party elites in East Germany*. Cambridge, Mass.: MIT Press, 1972.

[Luo Bing] Lo Ping, and [Li Zejing] Li Tzu-ching. "Chen Yun raises six points of view to criticize Deng Xiaoping." *ZM*, 171 (1 January 1992), 18-19, trans. in *FBIS Daily Report: China*, 3 January 1992, 22-3.

[Luo Gan]. "State Councillor Luo Gan sets out structure for government streamlining," 6 March 1998. *DGB*, 7 March 1998, B1-B2, trans. in *SWB*, 13 March 1998.

[Luo Ruiqing] Lo Jui-ching. "Commemorate the victory over German fascism! Carry the struggle against U.S. imperialism through to the end!" *HQ*, 5 (1965), in *PR*, 8.20 (14 May 1965), 7-15.

[Luo Ruiqing] Lo Jui-ching. "The people defeated Japanese fascism and they can certainly defeat U.S. imperialism too." NCNA, 4 September 1965, in *CB*, 770 (14 September 1965), 1-12.

Ma Hong. "Have a correct understanding of the economic situation, continue to do a good job in economic improvement and rectification." *RMRB*, 17 November 1989, trans. in *FBIS Daily Report: China*, 5 December 1989, 37-9.

Ma Shu Yun. "The rise and fall of neo-authoritarianism in China." *CI*, 5.3 (Winter 1990-1), 1-18.

MacFarquhar, Roderick. "The anatomy of collapse." *The New York Review of Books*, 38.9 (26 September 1991), 5-9.

MacFarquhar, Roderick. "Aspects of the CCP's Eighth Congress (first session)." University Seminar on Modern East Asia: China, Columbia University, 19 February 1969.

MacFarquhar, Roderick. "Deng's last campaign." *The New York Review of Books*, 39.12 (17 December 1992), 22-8.

MacFarquhar, Roderick. "The end of the Chinese revolution." *The New York Review of Books*, 36.7 (20 July 1989), 8-10.

MacFarquhar, Roderick. *The origins of the Cultural Revolution, 1: Contradictions among the people 1956-1957*. London: Oxford University Press; New York: Columbia University Press, 1974.

MacFarquhar, Roderick. *The origins of the Cultural Revolution, 2: The Great Leap Forward 1958-1960*. London: Oxford University Press; New York: Columbia University Press, 1983.

MacFarquhar, Roderick. "Passing the baton in Beijing." *The New York Review of Books*, 35.2 (18 February 1988), 21-2.

Mackerras, Colin. "'Party consolidation' and the attack of 'spiritual pollution.'" *AJCA*, 11 (January 1984), 175-85.

Maier, John H. "Tian'anmen 1989: The view from Shanghai." *CI*, 5.1 (Summer 1990), 1-13.

Major, John S., ed. *China briefing, 1985*. Boulder, Colo.: Westview Press, 1987 [1986].

"Major revisions to the government work report." *WHB* (Hong Kong), 16 March 1993, trans. in *FBIS Daily Report: China*, 16 March 1993, 23-4.

"Make fresh contributions on 'protecting and escorting' reform, opening up, and economic development: Warmly congratulating conclusion of the Fifth Sessions of the Seventh National People's Congress and Seventh Chinese People's Political Consultative Conference." *JFJB*, 4 April 1992, trans. in *FBIS Daily Report: China*, 21 April 1992, 36-7.

Mao. *SW. See* [Mao Zedong] Mao Tse-tung. *Selected Works of Mao Tse-tung*.

[Mao Zedong] Mao Tse-tung. *Miscellany of Mao Tse-tung Thought (1949-1968)*. 2 vols. Arlington, Va.: JPRS, Nos. 61269-1 and -2, 20 February 1974. [Trans. of materials from *Mao Zedong sixiang wansui*.]

[Mao Zedong] Mao Tse-tung. "Opening address at the Eighth National Congress of the Communist Party of China" (15 September 1956). *Eighth National Congress of the Communist Party of China*. 1. 5-11.

[Mao Zedong]. *Selected works of Mao Tse-tung* [English trans.]. Beijing: FLP, vols. 1-3, 1965; vol. 4, 1961; vol. 5, 1977. Cited as Mao. *SW*. For the Chinese ed., *see* Mao Zedong, *Xuanji*.

Massacre in Beijing: China's struggle for democracy. New York: Warner Books, 1989.

Materials Group of the Party History Teaching and Research Office of the CCP Central Party School. See *Zhongguo gongchandang lici zhongyao huiyi ji*.

Maxwell, Neville. "The Chinese account of the 1969 fighting at Chenpao." *CQ*, 56 (October-December, 1973), 730-9.

Meaney, Connie Squires. "Market reform and disintegrative corruption in urban China," in Richard Baum, ed., *Reform and reaction*, 124-42.

Meng Lin. "Deng Liqun reaffirms disapproval of phrase 'Deng Xiaoping thought.'" *JB*, 180 (5 July 1992), 42, trans. in *FBIS Daily Report: China*, 6 July 1992, 28-9.

Miles, James. *The legacy of Tiananmen: China in disarray*. Ann Arbor: University of Michigan Press, 1996.

Miller, Alice L. "Beijing prepares to convene the 17th Party Congress." *China Leadership Monitor*, 22 (Fall 2007).

Miller, Alice L. "The case of Xi Jinping and the mysterious succession." *China Leadership Monitor*, 30 (Fall 2009).

Miller, Alice L. "The CCP Central Committee's leading small groups." *China Leadership Monitor*, 26 (Fall 2008).

Miller, Alice L. "Hu Jintao and the Sixth Plenum." *China Leadership Monitor*, 20 (Winter 2007).

Miller, Alice L. "The preparation of Li Keqiang." *China Leadership Monitor*, 31 (Winter 2010).

Miller, H. Lyman. "Xu Liangying and He Zuoxiu: Divergent responses to physics and politics in the post-Mao period." *Historical Studies in the Physical and Biological Sciences*, 30, pt. I(1999), 89-114.

Miller, H. Lyman, and Liu Xiaohong. "The foreign policy outlook of China's 'third generation' elite," in David M. Lampton, ed., *The making of Chinese foreign and security policy*, 123-50.

Mills, William deB. "Generational change in China." *POC*, 32.6 (November- December 1983), 16-35.

Miscellany of Mao Tse-tung Thought. See Mao Zedong.

Modern China: An international quarterly of history and social science. Quarterly. Newbury Park, Calif.: Sage, 1975-.

Mote, Frederick W. *Imperial China-900-1800*. Cambridge, Mass.: Harvard University Press, 1999.

Mulvenon, James. "So crooked they have to screw their pants on: New trends in Chinese military corruption." *China Leadership Monitor*, 19 (Fall 2006).

Mulvenon, James. *Soldiers of fortune: The rise and fall of the Chinese military business complex, 1978-1998*. Armonk, N.Y.: M.E. Sharpe, 2001.

Mulvenon, James. "To get rich is unprofessional: Chinese military corruption in the Jiang era." *China Leadership Monitor*, 6 (Spring 2003).

Munro, Donald J. "Egalitarian ideal and educational fact in communist China," in John M. H. Lindbeck, ed., *China: Management of a revolutionary society*, 256-301.

Munro, Robin. "Who died in Beijing, and why?" *The Nation*, 11 June 1990, 811-22.

Myers, James T. "China: Modernization and 'unhealthy tendencies.'" *Comparative Politics*, 21.2 (January 1989), 193-214.

Nakajima, Mineo. "The Kao Kang affair and Sino-Soviet relations." *Review*. Tokyo: Japanese Institute of International Affairs, March 1977.

Nathan, Andrew J. "Chinese democracy in 1989: Continuity and change." *POC*, 38.5 (September-October 1989), 16-29.

Nation, The. Weekly. New York: Nation Enterprises, 1865-.

National Bureau of Statistics. *China statistical yearbook 2004*. Beijing: China Statistics Press, 2004.

Naughton, Barry. *The Chinese economy: Transitions and growth*. Cambridge, Mass.: The MIT Press, 2007.

Naughton, Barry. "The decline of central control over investment in post-Mao China," in David Lampion, ed., *Policy implementation in post-Mao China*.

Naughton, Barry. *Growing out of the plan: Chinese economic reform, 1978-1983*. Cambridge: Cambridge University Press, 1995.

Naughton, Barry. "Macroeconomic obstacles to reform in China." Paper presented at the Southern California China Colloquium, UCLA, November 1990.

Naughton, Barry. "SASAC rising." *China Leadership Monitor*, 14 (Spring 2005).

Naughton, Barry. "The State Asset Commission: A powerful new government body." *China Leadership Monitor*, 8 (Fall 2003).

NBR Analysis. Irregular. Seattle: 1990-.

NCNA. New China News Agency.

Nelsen, Harvey W. *The Chinese military system: An organizational study of the Chinese People's Liberation*

Army. Boulder, Colo.: Westview Press, 1981 [1977].

Nelsen, Harvey W. "Military bureaucracy in the Cultural Revolution." *AS*, 14.4 (April 1974), 372-95.

Nelsen, Harvey W. "Military forces in the Cultural Revolution." *CQ*, 51 (July- September 1972), 444-74.

Nethercut, Richard D. "Deng and the gun: Party-military relations in the People's Republic of China." *AS*, 22.8 (August 1982), 691-704.

New China News Agency (NCNA). *See*『新华通讯社』.

"New stage of China's reform and opening to the outside world." *RMRB* editorial, 9 June 1992, trans. in *FBIS Daily Report: China*, 9 June 1992, 17-18.

New York Review of Books, The. 21/yr. New York: *NYRB*, 1963-.

New York Times, The. Daily. New York: 13 September 1857-. Cited as *NYT*.

Niming, Frank. "Learning how to protest," in Tony Saich, ed., *The Chinese people's movement*, 83-105.

"Nothing is hard in this world if you dare to scale the heights." *RMRB, HQ, JFJB* joint editorial, 1 January 1976. Trans. in "Quarterly chronicle and documentation." *CQ*, 66 (June 1976), 411-16.

NYT. New York Times.

Observer, The. Daily. London. 1791-.

Observer. "奉劝当今霸权主义照一照历史这面镜子",『人民日报』1999年6月22日, trans. in *SWB*, 25 June 1999.

Observer. "论美国霸权主义的新发展",『人民日报』1999年5月27日, trans. in *SWB*, 29 May 1999.

Observer. "是人道主义, 还是霸权主义?"『人民日报』1999年5月17日, trans. in *SWB/Asia Pacific*, 17 May 1999.

Oi, Jean C. "Partial market reform and corruption in rural China," in Richard Baum, ed., *Reform and reaction*, 143-61.

Oi, Jean. *Rural China takes off: Incentives for industrialization.* Berkeley: University of California Press, 1999.

Oi, Jean C. *State and peasant in contemporary China: The political economy of village government.* Berkeley: University of California Press, 1989.

Oksenberg, Michel. "China's 13th Party Congress." *POC*, 36.6 (November-December 1987), 1-17.

Oksenberg, Michel. "The exit pattern from Chinese politics and its implications." *CQ*, 67 (September 1976), 501-18.

Oksenberg, Michel, and Yeung Sai-cheung. "Hua Kuo-feng's pre-Cultural Revolution Hunan years, 1949-1966: The making of a political generalist." *CQ*, 69 (March 1977), 3-53.

OSC. Open Source Center. Washington, DC: 2005-. (Formerly Foreign Broadcast Information Center [*FBIS*], 1941-.)

Overholt, William. *The rise of China: How economic reform is creating a new superpower.* New York: W. W. Norton, 1993.

Ownby, David. *Falungong and the future of China.* New York: Oxford University Press, 2008.

Pacific Affairs: An international review of Asia and the Pacific. Quarterly. Vancouver, B.C.: 1926-. Vols. 1-33 published by the Institute of Pacific Relations. Vols. 34 to the present published by the University of British Columbia, Vancouver.

Parish, William L. "Factions in Chinese military politics." *CQ*, 56 (October-December 1973), 667-99.

PC. People's China.

Peking Review. Beijing: 1958-. Cited as *PR.* (From January 1979, *Beijing Review.*)

Peng Dehuai. *Memoirs of a Chinese marshal: The autobiographical notes of Peng Dehuai (1898-1974).* Trans. Zheng Longpu; English text edited by Sara Grimes. Beijing: FLP, 1984.

Peng Zhen. "Report on the draft of a revised constitution of the PRC." *BR*, 25.50 (13 December 1982), 9-20.

People's China. Semimonthly. Beijing: 1950-7. Cited as *PC.*

People's Daily. See *Renmin ribao.*

Pepper, Suzanne. *Civil war in China: The political struggle, 1943-1949.* Berkeley: University of California Press, 1978.

Pepper, Suzanne. "Deng Xiaoping's political and economic reforms and the Chinese student protests." *Universities Field Staff International Reports*, 30 (1986).

Perry, Elizabeth J. "Social ferment: Grumbling amidst growth," in John S. Major, ed., *China briefing, 1985*, 39-52.

Perry, Elizabeth J., and Wong, Christine, eds. *The political economy of reform in post-Mao China.* Cambridge, Mass.: Councilon East Asian Studies, Harvard University, 1985.

Petracca, Mark, and Xiong, Mong. "The concept of Chinese neo-authoritarianism: An exploration and democratic critique." *AS*, 30.11 (November 1990), 1099- 1117.

POC. Problems of Communism.

Polemic on the general line of the international communist movement, The. Beijing: FLP, 1965.

"Political report" to the Fourteenth Party Congress. Beijing television, trans. in *FBIS Daily Report: China*, 13 October 1992, 23-43.

"The politics of prerogatives in China: The case of the *Taizidang* (Princes' party)." Unpublished manuscript, 1990.

Powell, Ralph I. "Commissars in the economy: The 'Learn from the PLA' movement in China." *AS*, 5.3 (March 1965), 125-38.

PR. Peking Review.

Problems of Communism. Bimonthly. United States Information Agency. Washington, D.C.: U.S. Government Printing Office, 1952-1992. Cited as *POC.*

"Promote stability through reform, achieve development through this stability: Basic concepts of development and reform based on 'seeking progress through stability' in the 1990s." *JJYJ*, 7 (20 July 1990), 3-19.

"Proposal of the Central Committee of the Communist Party of China for formulating the ninth five-year plan (1996-2000) for national economic and social development and the long-term target for 2010," adopted 28 September 1995. *XH*, 4 October 1995, available in *SWB*, 7 October 1995.

Prybyla, Jan. "Why China's economic reforms fail." *AS*, 29.11 (November 1989), 1017-32.

Pusey, James R. *Wu Han: Attacking the present through the past.* Cambridge, Mass.: East Asian Research Center, Harvard University, 1969.

Pye, Lucian W. "An introductory profile: Deng Xiaoping and China's political culture." *CQ*, 135 (September 1993), 413-43.

Pye, Lucian W. "Tiananmen and Chinese political culture: The escalation of confrontation from moralizing to revenge." *AS*, 30.4 (April 1990), 331-47.

"Quarterly chronicle and documentation." *CQ* in each issue.

Red Flag. *See*「红旗」

[Ren Huiwen] Jen Hui-wen. "Deng Xiaoping urges conservatives not to make a fuss." *Xinbao*, 1 January 1993, trans. in *FBIS Daily Report: China*, 4 January 1993, 43-4.

[Ren Huiwen] Jen Hui-wen. "Different views within the CCP on the banking crisis." *Xinbao*, 9 July 1993, trans. in *FBIS Daily Report: China*, 12 July 1993, 41-2.

[Ren Huiwen] Jen Hui-wen. "Political Bureau argues over 'preventing leftism.'" *Xinbao*, 14 April 1992, trans. in *FBIS Daily Report: China*, 17 April 1992, 28-9.

[Ren Huiwen] Jen Hui-wen. "There is something behind Chen Yun's declaration of his position," *Xinbao*, 12 May 1992, trans. in *FBIS Daily Report: China*, 13 May 1992, 21-2.

"Reports from Shenzhen." *BR*, 27.47-28.6 (26 November 1984-11 February 1985).

Research Office of the Supreme People's Court. *See*「中华人民共和国…」.

"Resolution of the Central Committee of the Communist Party of China on the guiding principles for building a socialist society with advanced culture and ideology." *XH*, 28 September 1986, trans. in *FBIS Daily Report: China*, 29 September 1986, K2-13.

Resolution on certain questions in the history of our Party since the founding of the People's Republic of China [27 June 1981]. NCNA, 30 June 1981; *FBIS Daily Report: China*, 1 July 1981, K1-38; published as *Resolution on CPC History (1949-1981)*. Beijing: FLP, 1981.

Reuters. News service.

Review of Socialist Law. Quarterly. Leiden: 1975-91.

Reynolds, Bruce, ed. *Chinese economic policy*. New York: Paragon House, 1989.

Reynolds, Bruce I., ed. and intro. *Reform in China: Challenges and choices*. Chinese Economic System Reform Research Institute, Beijing. Armonk, N.Y.: M. E. Sharpe, 1987.

Risen, James, and Gerth, Jeff. "Breach at Los Alamos: China stole nuclear secrets for bombs, U.S. aides say." *NYT*, 5 March 1999.

Robinson, Thomas W. "Chou En-lai and the Cultural Revolution," in Thomas W. Robinson, ed., *The Cultural Revolution in China*, 165-312.

Robinson, Thomas W. "The Wuhan incident: Local strife and provincial rebellion during the Cultural Revolution." *CQ*, 47 (July-September 1971), 413-38.

Robinson, Thomas W., ed. *The Cultural Revolution in China*. Berkeley: University of California Press, 1971.

Rosen, Stanley. "China in 1986: A year of consolidation." *AS*, 27.1 (January 1987), 35-55.

Rosen, Stanley. "The Chinese Communist Party and Chinese society: Popular attitudes toward Party membership and the Party's image." *AJCA*, 24 (July 1990), 51-92.

Rosen, Stanley. *Red Guard factionalism and the Cultural Revolution in Guangzhou (Canton)*. Boulder, Colo.: Westview Press, 1982.

Rosen, Stanley. "The rise (and fall) of public opinion in post-Mao China," in Richard Baum, ed., *Reform and reaction*, 60-83.

Rosen, Stanley. "Youth and students in China before and after Tiananmen," in Winston Yang and Marcia Wagner, eds., *Tiananmen: China's struggle for democracy*, 203-27.

Rubin, Kyna. "Keeper of the flame: Wang Ruowang as moral critic of the state," in Merle Goldman, with Timothy Cheek and Carol Lee Hamrin, eds., *China's intellectuals and the state*, 233-50.

Saich, Tony. "The fourth constitution of the People's Republic of China." *Review of Socialist Law*, 9.2 (1983), 113-24.

Saich, Tony. "Party consolidation and spiritual pollution in the People's Republic of China." *Communist Affairs*, 3.3 (July 1984), 283-9.

Saich, Tony. "The People's Republic of China," in W. B. Simons and S. White, eds., *The party statutes of the communist world*, 83-113.

Saich, Tony. "The reform decade in China: The limits to revolution from above," in Marta Dassu and Tony Saich, eds., *The reform decade in China*, 10-73.

Saich, Tony. "The rise and fall of the Beijing people's movement," *AJCA*, 24 (July 1990), 181-208.

Saich, Tony. "The Thirteenth Congress of the Chinese Communist Party: An agenda for reform?" *Journal of Communist Studies*, 4.2 (June 1988).

Saich, Tony. "Urban society in China." Paper presented to the International Colloquium on China, Saarbrucken, 1990.

Saich, Tony, ed. *The Chinese people's movement: Perspectives on spring 1989*. Armonk, N.Y.: M. E. Sharpe, 1990.

Scalapino, Robert A. "The transition in Chinese Party leadership: A comparison of the Eighth and Ninth Central Committees," in Robert A. Scalapino, ed., *Elites in the People's Republic of China*, 67-148.

Scalapino, Robert A., ed. *Elites in the People's Republic of China*. Seattle: University of Washington Press, 1972.

Schiele, R.N. "Jiang's men move out of the shadows." *Eastern Express*, 27 December 1994.

Schram, Stuart. "China after the 13th Congress." *CQ*, 114 (June 1988), 177-97.

Schram, Stuart [R.]. "'Economics in command?' Ideology and policy since the Third Plenum, 1978-1984." *CQ*, 99 (September 1984), 417-61.

Schram, Stuart R. "From the 'Great Union of the Popular Masses' to the 'Great Alliance.'" *CQ*, 49 (January-March 1972), 88-105.

Schram, Stuart R. *The political thought of Mao Tse-tung*. New York: Praeger, 1969 [1963].

Schram, Stuart R., ed. *Authority, participation and cultural change in China*. Cambridge: Cambridge University Press, 1973.

Schram, Stuart R., ed. *Chairman Mao talks to the people. See* Schram, Stuart R., ed., *Mao Tse-tung unrehearsed.*

Schram, Stuart R., ed. *Mao Tse-tung unrehearsed: Talks and letters, 1956-71*. Middlesex, Eng.: Penguin Books, 1974. Published in the United States as *Chairman Mao talks to the people: Talks and letters, 1956-1971*. New York: Pantheon, 1975.

Schurmann, Franz H. *Ideology and organization in communist China*. Berkeley and Los Angeles: University of California Press, 1968 [1966].

SCMM. See U.S. Consulate General (Hong Kong). *Selections from China Mainland Magazines.*

SCMP. See U.S. Consulate General (Hong Kong). *Survey from China Mainland Press.*

Selected Documents of the 15th CPC National Congress. Beijing: New Star, 1997.

Selected Studies on Marxism. Irregular. Beijing: Institute of Marxism-Leninism and Mao Zedong Thought, 1981-7.

Seybolt, Peter J., ed. *Revolutionary education in China: Documents and commentary*. White Plains, N.Y.: International Arts and Sciences Press, 1973.

Seymour, James D. "Cadre accountability to the law." *AJCA*, 21 (January 1989), 1-27.

Shambaugh, David L. "The fourth and fifth plenary sessions of the 13th CCP Central Committee." *CQ*, 120 (December 1989), 852-62.

Shi Bonian, and Liu Fan. "Unswervingly implement the Party's basic line." *JFJB*, 18 March 1992, trans. in *FBIS Daily Report: China*, 15 April 1992, 44-7.

Shi Tianjian. "Role culture and political liberalism among deputies to the Seventh National People's Congress, 1988." Paper presented to annual meeting of *AAS*. Washington, D.C., 1989.

Shih, Victor C. *Factions and finance in China: Elite conflict and inflation*. New York: Cambridge University Press, 2008.

Shirk, Susan L. "Playing to the provinces: Deng Xiaoping's political strategy of economic reform." *SICC*, 23.3/4 (Autumn-Winter 1990), 227-58.

Shirk, Susan. *The political logic of economic reform*. Berkeley: University of California Press, 1993.

SICC. Studies in Comparative Communism.

Sicular, Terry. "Rural marketing and exchange in the wake of recent reforms," in Elizabeth J. Perry and Christine Wong, eds., *The political economy of reform in post-Mao China*, 83-109.

Simmie, Scott, and Nixon, Bob. *Tiananmen Square; An eyewitness account of the Chinese people's passionate quest for democracy*. Seattle: University of Washington Press, 1989.

Simons, W. B., and White, S., eds. *The party statutes of the communist world*. The Hague: Martinus Nijhoff, 1984.

Skinner, G. William. "Marketing and social structure in rural China." *JAS*, Part I, 24.1 (November 1964),

3-43; Part II, 24.2 (February 1965), 195-228; Part III, 24.3 (May 1965), 363-99.

Skinner, G. William, and Winckler, Edwin A. "Compliance succession in rural communist China: A cyclical theory," in Amitai Etzioni, ed., *Complex organizations*, 410-38.

Snow, Edgar. *The long revolution*. New York: Vintage Books; London: Hutchinson, 1973.

Socialist Upsurge in China's Countryside. Beijing: FLP, 1957.

Solinger, Dorothy. "Capitalist measures with Chinese characteristics." *POC*, 38.1 (January-February 1989), 19-33.

Solinger, Dorothy. "China's transients and the state: A form of civil society?" *Politics and society*, 21.1 (March 1993), 91-122.

Solinger, Dorothy. "China's urban transients in the transition from socialism and the collapse of the communist 'urban public goods regime.'" *Comparative Politics*, 27.2 (January 1995), 127-46.

Solinger, Dorothy. "Urban entrepreneurs and the state: The merger of state and society." Unpublished paper presented at the Conference on State and Society in China, Claremont-McKenna College, 16-17 February 1990.

Solomon, Richard. *Mao's revolution and the Chinese political culture*. Berkeley: University of California Press, 1971.

South China Morning Post. Daily. Hong Kong. 1903-.

Soviet Studies. Quarterly. Glasgow: University of Glasgow, 1949-92.

Spechler, Dina. *Permitted dissent in the USSR: Novy Mir and the Soviet Regime*. New York: Praeger, 1982.

Starr, John Bryan. "Revolution in retrospect: The Paris Commune through Chinese eyes." *CQ*, 49 (January-March 1972), 106-25.

State Statistical Bureau. *See*『中国统计年鉴』.

State Statistical Bureau. "'Intensify reform, accelerate structural adjustments, promote healthy development of the national economy: Economic situation in 1995 and outlook for 1996." *RMRB*, 1 March 1996, trans. in *FBIS Daily Report: China*, 4 April 1996, 32-8.

State Statistical Bureau. *Statistical yearbook of China*, 1984. Hong Kong: Economic Information & Agency, 1984.

Stavis, Benedict. *China's political reforms: An interim report*. New York: Praeger, 1988.

Stavis, Benedict. *The politics of agricultural mechanization in China*. Ithaca, N.Y.: Cornell University Press, 1978.

Studies in Comparative Communism. Quarterly. Los Angeles: School of International Relations, University of Southern California, 1968-71; Oxford: 1971-92. Cited as *SICC*.

Su Shaozhi. "Develop Marxism under contemporary conditions." *Selected Studies on Marxism*, 2 (February 1983), 1-39.

Suettinger, Robert L. *Beyond Tiananmen: The politics of U.S.-China relations, 1989-2000*. Washington, D.C.: Brookings Institution, 2003.

Sullivan, Lawrence R. "Assault on the reforms: Conservative criticism of political and economic liberalization in China, 1985-86." *CQ*, 114 (June 1988), 198-22.

"Summary of the Forum on the Work in Literature and Art in the Armed Forces with which Comrade Lin Piao entrusted Comrade Chiang Ch'ing." *PR*, 10.23 (2 June 1967), 10-16.

"Summary of Tian Jiyun's speech before Party school." *BX*, 266 (16 June 1992), 4-5, trans. in *FBIS Daily Report: China*, 18 June 1992, 16-18.

Summary of World Broadcasts. Daily and weekly reports. Caversham Park, Reading: British Broadcasting Corporation, Monitoring Service, 1939-. Cited as *SWB/FE*.

Sun Hong. "Anecdotes about Deng Xiaoping's political career and family life." *JB*, 11 (5 November 1993), 26-31, trans. in *FBIS Daily Report: China*, 18 November 1993, 34-9.

Sun Shangwu. "Economy forces NPC to revise some laws." *China Daily*, 1 November 1997, 1.

Swaine, Michael D. "China faces the 1990s: A system in crisis." *POC*, 39.3 (May-June 1990), 20-35.

SWB/FE. Summary of World Broadcasts/Far East.

Tan Shaowen. "Emancipate the mind, seek truth from facts, be united as one, and do solid work." *Tianjin ribao*, 17 April 1991, trans. in *FBIS Daily Report: China*, 18 June 1991, 62-8.

[Tan Zheng] T'an Cheng. "Speech by Comrade T'an Cheng" (18 September 1956). *Eighth National Congress of the Communist Party of China. 2. 259-78.*

Tanjug. Press service. Yugoslavia.

Teiwes, Frederick C. *Leadership, legitimacy and conflict in China: From a charismatic Mao to the politics of succession.* Armonk, N.Y.: M. E. Sharpe, 1984.

Teiwes, Frederick C. "The paradoxical post-Mao transition: From obeying the leader to 'normal politics.'" *China Journal*, 34 (July 1995), 55-94.

Teiwes, Frederick C. *Politics and purges in China: Rectification and the decline of Party norms 1950-65.* White Plains, N.Y.: M. E. Sharpe, 1979.

Teiwes, Frederick C. *Provincial leadership in China: The Cultural Revolution and its aftermath.* Ithaca, N.Y.: China-Japan Program, Cornell University, 1974.

Tenth National Congress of the Communist Party of China (documents), The. Beijing: FLP, 1973.

Terrill, Ross. *Mao: A biography.* New York: Harper Colophon Books, 1981.

Terrill, Ross. *The white-boned demon: A biography of Madame Mao Zedong.* New York: William Morrow, 1984.

Tian Jiyun. "Report on the work of the NPC Standing Committee." *XH*, 22 March 1998, available in *SWB*, 26 March 1998.

"The *Times* and Wen Ho Lee." *NYT*, 26 September 2000.

Ting Wang. *Chairman Hua: Leader of the Chinese communists.* Montreal: McGill-Queen's University Press, 1980.

Tong, James, ed. *Chinese Law and Government*, 23.1 (Spring 1990)and 23.2 (Summer 1990).

"(Trial) CPC regulations on inner-Party supervision." *XH*, 17 February 2004, available in *SWB*, 19 February 2004.

Tsou, Tang. "Chinese politics at the top: Factionalism or informal politics? Balance-of-power politics or a game to win all?" *China Journal*, 34 (July 1995), 95-156.

Tsou, Tang. "Political change and reform: The middle course," in Tang Tsou, ed., *The Cultural Revolution and post-Mao reforms*, 219-58.

Tsou, Tang. "The Tiananmen tragedy," in Brantly Womack, ed., *Contemporary Chinese politics in historical perspective*, 265-327.

Tsou, Tang, ed. *The Cultural Revolution and post-Mao reforms: A historical perspective*. Chicago: University of Chicago Press, 1986.

Twelfth National Congress of the CPC (September 1982). Beijing: FLP, 1982.

Unger, Jonathan, and Chan, Anita. "China, corporatism, and the East Asian model." *AJCA*, 33 (January 1995), 29-53.

Union Research Institute [URI]. *The case of Peng Teh-huai, 1959-1968*. Hong Kong: URI, 1968.

Union Research Institute [URI]. *CCP documents of the Great Proletarian Cultural Revolution, 1966-1967*. Hong Kong: URI, 1968.

Union Research Institute [URI]. *Documents of the Chinese Communist Party Central Committee, September 1956-April 1969*. Hong Kong: URI, 1971.

United States. Department of Agriculture. Economic Research Service. "Historical Gross Domestic Product (GDP) Per Capita and Growth Rates of GDP Per Capita, 1969-2009," 2 November 2009; available at www.ers.usda.gov/Data/.../HistoricalRealPerCapitaIncomeValues.xls.

United States Congress [95th]. Joint Economic Committee. *The Chinese economy post-Mao*. Vol. 1: *Policy and performance*. Washington, D.C.: U.S. Government Printing Office, 1978.

United States Congress [97th]. Joint Economic Committee. *China under the four modernizations*. 2 vols. Washington, D.C.: U.S. Government Printing Office, 1982.

Universities Fieldstaff International Reports.

Urban, George, ed. and intro. *The miracles of Chairman Mao: A compendium of devotional literature, 1966-1970*. London: Tom Stacey, 1971.

URI. Union Research Institute. Hong Kong.

U.S. Consulate General. Hong Kong. *Current Background*. Weekly (approx.). 1950-77. Cited as *CB*.

U.S. Consulate General. Hong Kong. *Extracts from China Mainland Magazines*, 1955-60. Cited as *ECMM*. Title changed to *Selections from China Mainland Magazines*, 1960-77.

U.S. Consulate General. Hong Kong. *Selections from China Mainland Magazines*, 1960-77. Cited as *SCMM*. Formerly *Extracts from China Mainland Magazines*.

U.S. Consulate General. Hong Kong. *Survey of China Mainland Press*. Daily (approx.). 1950-77. Cited as *SCMP*.

U.S. Consulate General. Hong Kong. *Survey of China Mainland Press, Supplement*. 1960-73.

van Ginneken, Jaap. *The rise and fall of Lin Piao*. Harmondsworth: Penguin Books, 1976.

Walder, Andrew G. *Chang Ch'un-ch'iao and Shanghai's January Revolution*. Ann Arbor: Center for Chinese

Studies, University of Michigan, 1978.

Walder, Andrew G. "The political sociology of the Beijing upheaval of 1989." *POC*, 38.5 (September-October 1989), 30-40.

Walder, Andrew G. "Urban Industrial Workers." Paper presented to the Conference on State and Society in China, Claremont-McKenna College, 16-17 February 1990.

Walker, Kenneth R. "Collectivisation in retrospect: The 'socialist high tide' of autumn 1955-spring 1956." *CQ*, 26 (April-June 1966), 1-43.

Walker, Tony. "Security chief's sacking seen as rebuff for Jiang." *Financial Times*, 27 February 1996, 6.

Wan Li. "The democratization of policy decision-making and the adoption of scientific methods are vital parts of the reform of the political system," reported in *XH*, 31 July 1986, available in *SWB*, 4 August 1986.

Wang Hui. *China's new order: Society, politics, and economy in transition*, trans. Theodore Huters. Cambridge, Mass.: Harvard University Press, 2003.

Wang Hui. "Contemporary Chinese thought and the question of modernity," in Wang Hui, *China's new order*, 139-87.

Wang Hui. "The 1989 social movement and the historical roots of China's neoliberalism," in Wang Hui, *China's new order*, 41-137.

Wang Jiye. "Several questions on achieving overall balance and restructuring." *RMRB*, 8 December 1989, trans. in *FBIS Daily Report: China*, 19 January 1990, 30-3.

Washington Post, The. Daily. Washington, D.C.: The Washington Post Co., 1877-.

Wasserstrom, Jeffrey N. "Student protests and the Chinese tradition," in Tony Saich, ed., *The Chinese people's movement*, 3-24.

[Wei Yongzheng] Wei Yung-cheng. "Reveal the mystery of Huangfu Ping." *DGB*, 7 October 1992, and 8 October 1992, trans. in *FBIS Daily Report: China*, 16 October 1992, 18-21.

Wen Jiabao. "Report to the 2nd session of the 10th NPC," delivered on 16 March 2004. *XH*, 16 March 2004, trans. in *FBIS*, CPP20040316000088.

White, Gordon. *Riding the tiger: The politics of economic reform in post-Mao China*. Stanford, Calif.: Stanford University Press, 1993.

Whitson, William W., with Huang Chen-hsia. *The Chinese high command: A history of communist military politics, 1927-71*. New York: Praeger, 1973.

"Why must we unremittingly oppose bourgeois liberalization?" *RMRB*, 24 April 1991, trans. in *FBIS Daily Report: China*, 26 April 1991, 18-21.

Wilson, Ian, and Ji, You. "Leadership by 'lines': China's unresolved succession." *POC*, 39.1 (January-February 1990), 28-44.

Wilson Quarterly. 5/yr. Washington, D.C.: Woodrow Wilson International Center for Scholars, 1976-.

Witke, Roxane. *Comrade Chiang Ch'ing*. Boston: Little, Brown, 1977.

Womack, Brantly, ed. *Contemporary Chinese politics in historical perspective*. Cambridge: Cambridge University Press, 1991.

Wong, Christine. "Central-local relations in an era of fiscal decline." Paper presented at the annual meeting of the Association for Asian Studies, New Orleans, April 1991.

Wong, Christine. "The second phase of economic reform in China." *Current History*, 84.503 (September 1985), 260-3.

World Economic Herald. See *Shijie jingji daobao.*

World Politics: A quarterly journal of international relations. Quarterly. Princeton, N.J.: Center of International Studies, Princeton University Press, 1948-.

Wright, Kate. "The political fortunes of Shanghai's 'World Economic Herald.'" *AJCA*, 23 (January 1990), 121-32.

Wu, Guoguang. "Documentary politics: Hypotheses, process, and case studies," in Carol Lee Hamrin and Suisheng Zhao, eds., *Decision-making in Deng's China: Perspectives from insiders*, 24-38.

Wu Jinglian. *Understanding and interpreting Chinese economic reform.* Singapore: Thompson, 2005.

Wylie, Raymond F. *The emergence of Maoism: Mao Tse-tung, Ch'en Po-ta and the search for Chinese theory, 1935-1945.* Stanford, Calif.: Stanford University Press, 1980.

[Xia Yu] Hsia Yu. "Beijing's intense popular interest in CPC Document No. 4." *DGB*, 12 June 1992, trans. in *FBIS Daily Report: China*, 12 June 1992, 17-18.

Xiang Jingquan. "Review and prospects of China's economic development." *GMRB*, 23 February 1993, trans. in *FBIS Daily Report: China*, 19 March 1993, 48-50.

Xiao Lan, ed. *The Tiananmen poems.* Beijing: FLP, 1979.

[Xu Simin] Hsu Szu-min. "On the political situation in post-Deng China." *JB*, 210 (5 January 1994), 26-9, trans. in *FBIS Daily Report: China*, 30 January 1994, 13-17.

Xue lilun. Monthly. Harbin: 1981?-.

Yahuda, Michael. "Kremlinology and the Chinese strategic debate, 1965-66." *CQ*, 49 (January-March 1972), 32-75.

[Yan Shencun] Yen Shen-tsun. "Deng Xiaoping's talk during his inspection of Shoudu Iron and Steel Complex." *Guangjiaojing*, 238 (16 July 1992), 6-7, trans. in *FBIS Daily Report: China*, 17 July 1992, 7-8.

Yang, Dali. *Catastrophe and reform in China.* Stanford, Calif.: Stanford University Press, 1996.

Yang, Winston, and Wagner, Marcia, eds. *Tiananmen: China's struggle for democracy.* Baltimore: University of Maryland School of Law, 1990.

Yao Ming-le. *The conspiracy and death of Lin Biao,* Trans. with an introduction by Stanley Karnow. New York: Knopf, 1983. Published in Britain as *The Conspiracy and murder of Mao's heir.* London: Collins, 1983.

[Yao Wenyuan] Yao Wen-yuan. "On the new historical play *Dismissal of Hai Jui,*" *WHB*, 10 November 1965. Reprinted in *RMRB*, 30 November 1965; *CB*, 783 (21 March 1966), 1-18.

[Yao Wenyuan] Yao Wen-yuan. *On the social basis of the Lin Piao anti-Party clique.* Beijing: FLP, 1975. Also in Raymond Lotta, ed., *And Mao makes* 5, 196-208.

Yi Mu, and Thompson, Mark V. *Crisis at Tiananmen: Reform and reality in modern China.* San Francisco: China Books and Periodicals, 1989.

Yomiuri Shinbun. Daily. Tokyo: 1912-.

Young, Susan. *Private business and economic reform in China.* Armonk, N.Y.: M. E. Sharpe, 1995.

Yuan Mu. "Firmly, accurately, and comprehensively implement the Party's basic line: Preface to 'Guidance for studying the government work report to the Fifth Session of the Seventh NPC.'" *RMRB*, 14 April 1992, trans. in *FBIS Daily Report: China*, 16 April 1992, 20-3.

Yuan Ssu. "Bankruptcy of Empress Lü's dream." *Chinese Studies in History*, 12.2 (Winter 1978-9), 66-73.

Yue Daiyun, and Wakeman, Carolyn. *To the storm: The odyssey of a revolutionary Chinese woman.* Berkeley: University of California Press, 1985.

[Yue Shan] Yueh Shan. "Central Advisory Commission submits letter to CCP Central Committee opposing 'rightist' tendency." *ZM*, 175 (1 May 1992), 13-14, trans. in *FBIS Daily Report: China*, 30 April 1992, 15-16.

[Zeng Bin] Tseng Pin. "Party struggle exposed by senior statesmen themselves; meanwhile, the new leading group is trying hard to build new image." *JB*, 145 (10 August 1989), trans. in *FBIS Daily Report: China*, 10 August 1989, 14.

Zha, Jianying. *China pop.* New York: The New Press, 1995.

[Zhang Chunqiao] Chang Ch'un-ch'iao. "On exercising all-round dictatorship over the bourgeoisie," in Raymond Lotta, ed., *And Mao makes 5*, 209-20.

Zhang Yufeng. "Anecdotes of Mao Zedong and Zhou Enlai in their later years." *GMRB*, 26 December 1988-6 January 1989, trans. in *FBIS Daily Report: China*, 27 January 1989, 16-19 and 31 January 1989, 30-37.

Zhang Zhuoyuan. "Promoting economic rectification by deepening reform." *RMRB*, 27 November 1989, trans. in *FBIS Daily Report: China*, 7 December 1989, 28-31.

Zhao, Suisheng. "Deng Xiaoping's southern tour: Elite politics in post-Tiananmen China." *AS*, 33.8 (August 1993), 739-56.

Zhao Yuezhi. *Media, market, and democracy in China: Between the Party line and the bottom line.* Urbana: University of Illinois Press, 1998.

Zhao Ziyang. "Further emancipate the mind and further liberate the productive forces." *RMRB*, 8 February 1988, trans. in *FBIS Daily Report: China*, 8 February 1988, 12-14.

Zhao Ziyang. "Report on the work of the government." *BR*, 26.25 (4 July 1983), XVIII-XIX.

[Zheng Delin] Cheng Delin. "Yao Yilin launches attack against Zhu Rongji, Tian Jiyun." *JB*, 1 (5 January 1993), 44-5, trans. in *FBIS Daily Report: China*, 22 January 1993, 46-7.

Zheng Yongnian. *Globalization and state transformation in China.* New York: Cambridge University Press, 2004.

[Zhou Enlai]. *Selected works of Zhou Enlai.* Vol. 1. Beijing: FLP, 1981.

Zhou Yang. "Inquiry into some theoretical problems of Marxism." *RMRB*, 16 March 1983, 4-5.

Zhu Jianhong, and Jiang Yaping. "Development and standardization are necessary: Perspective of real estate business." *RMRB*, 11 May 1993, trans. in *FBIS Daily Report: China*, 24 May 1993, 56-7.

Zhu Rongji. "Should the government intervene in the market, and regulate prices in a socialist market economy?" *Jiage lilun yu shijian*, 10 (October 1993), 1-5, trans. in *FBIS Daily Report: China*, 10 January 1995, 68-72.

Zweig, David. *Agrarian radicalism in China, 1968-1981*. Cambridge, Mass.: Harvard University Press, 1989.

Zweig, David. "Dilemmas of partial reform," in Bruce Reynolds, ed., *Chinese economic policy*, 13-40.

Zweig, David. "Strategies of policy implementation: Policy 'winds' and brigade accounting in rural China, 1966-1978." *World Politics*, 37.2 (January 1985), 26-93.

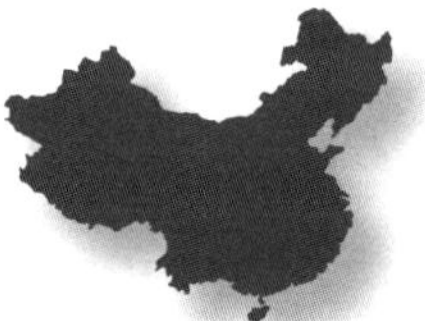

Sixty Years of the People's Republic of China